Henriette Herz

In Erinnerungen, Briefen und Zeugnissen

Die Andere
Bibliothek

Begründet von
Hans Magnus Enzensberger

Henriette HERZ

In Erinnerungen,
Briefen und Zeugnissen

Neu ediert von
RAINER SCHMITZ

Erinnerungen

Briefe

Zeugnisse   472

E

Erinnerungen

Aus den
KINDERJAHREN

Mein Vater war portugiesischer Jude,

dessen Großvater mit vielen seiner Glaubensgenossen aus Portugal fliehen mußte, um nicht in die Hände der Inquisition zu geraten.

Der früheste Zeitpunkt meines Lebens, dessen ich mich erinnere, ist der, in welchem ich die Blattern hatte, die man damals noch völlig der Natur überließ, indem man weder inokulierte noch vaccinierte. Das letzte war vielleicht noch ganz unbekannt. Ich hatte viel, aber gutartige Blattern, und obschon ich erst zwei Jahre alt war, so weiß ich doch in diesem Augenblick des fast überreifen Alters noch den Ort im Zimmer, wo mein Bette stand, und wie ich einen kleinen Napfkuchen mit Rosinen geschenkt bekam. Mein Vater war ausübender Arzt von gutem Rufe und behandelte mich selbst in der Krankheit. Ich war das erste Kind in seiner zweiten Ehe. Die Kinder der ersten waren noch vor der Mutter gestorben, und er liebte mich sehr. Nicht lange nach den Blattern, ich mochte etwa drei Jahre alt sein, hatte ich einen unglücklichen Tag. Ich hatte neue Schuhe an, fiel mehrere Male im Tage, weil die Sohlen sehr glatt waren, und als ich das letzte Mal fiel, hätte es beinah mein junges Leben gekostet; ich fiel nämlich mit dem Kopfe an eine scharfe Ecke der Türe, meine Mutter kam herzu, und ohne zu sehn, ob ich mich beschädigt hatte oder nicht, legte sie mich über ihren Schoß und strafte mich für meine Unvorsichtigkeit; mein Schreien störte sie nicht in der Ausübung der eingebildeten Gerechtigkeit, und als sie mich entließ, sah sie mein Gesicht und ihre Schürze voll Blut – nun erst merkte sie, daß ich mich beschädigt hatte, es ward nach dem Wundarzt geschickt, und es fand sich, daß die Kopfwunde bis auf die Hirnhaut ging; wäre auch diese verletzt gewesen, so hätte ich ohne Rettung sterben müssen.

Als ich das gehörige Alter erreicht hatte, wurde ich in eine Schule geschickt, und es ist mir sehr gegenwärtig, daß ich sehr oft, wenn ich dahin geführt wurde, den Vorsatz faßte, meinem Führer auf irgendeine Weise zu entspringen, aber immer hielt mich der Gedanke ab, was wohl nachher aus mir werden solle, doch aber wollte ich es fast jeden Tag wieder tun. Es waren sehr gute Leute, denen ich anvertraut wurde, und der Gefährtinnen hatte ich auch nur wenige – eine von diesen kenne ich noch, sie war Erzieherin der jüngsten Tochter eines der ersten Fürsten Deutschlands und lebt noch jetzt bei der jungen Fürstin; sie spielte schon damals gut Klavier (war um mehrere Jahre älter als ich), und das gab mir den Wunsch, auch Musik zu lernen, und auf meine Bitte gaben meine Eltern mir einen Lehrer. Die Stunden wurden in der sogenannten Wohnstube genommen; die andere Zeit, die ich nicht in der Schule war, brachte ich in der Kinderstube zu, die damals der alleinige Aufenthalt der Kinder war, die nicht wie jetzt sich der Nähe der Eltern zu erfreuen hatten; sie durften nur selten im Lauf des Tages zur Mutter kommen, und sie selbst kam noch seltner zu ihnen. Ich machte sehr schnelle Fortschritte in der Musik, und in meinem achten Jahre spielte ich in einem öffentlichen Konzert mit vielem Beifall, was mir indes gar kein Beweis ist, daß ich auch nur erträglich gespielt habe, da die Zuhörer wohl schwerlich imstande waren, es zu beurteilen, und ein hübsches Kind leicht in dem gefällt, was es auch nur halb gut macht. Die Gesellschaft bestand aus Leuten der Mittelklasse, vielleicht auch wohl aus solchen, die sich nicht

---

ICH WARD NUN IN EINE ANDERE SCHULE GESCHICKT, WO ICH NUR LERNTE, WIE ANGENEHM ES SEI, HÜBSCH ZU SEIN

einmal dazu zählen konnten. Doch erinnere ich mich, daß außer vielen Juden auch einige Offiziere da waren – einer von diesen spielte das Violoncell und begleitete mich; er war ein Bekannter meines Schulherrn und ist als ganz alter Mann vor zwei Jahren durch wild gewordene Pferde getötet worden. Nach dem Konzerte ward getanzt, und mein Tanz gefiel wie mein Spiel; man drängte sich zum Tanzplatz, stellte sich auf Stühle, um mich mit meinem Tanzmeister, einem kleinen ältlichen Franzosen, ein Menuett tanzen zu sehen. Der Mittelstand, zu dem ich gehörte, war damals weniger luxuriös und machte weniger Ansprüche an Vornehmigkeit als jetzt, daher mein Erscheinen an diesem öffentlichen Orte mit meinen Eltern, was jetzt niemand von gleichem Stande tun würde, und dort, wo die Gesellschaft sehr gemischt war, mag leicht der erste Grund zu der Eitelkeit in mir gelegt worden sein, gegen welche ich sehr viel zu kämpfen hatte.

Die Musik, zu der ich wohl kein eigentliches Talent hatte, trieb ich nicht weiter, mein Meister war gestorben, der den Unterricht für einen geringen Preis gab, und das sich vergrößernde Hauswesen meiner Eltern erlaubte es ihnen nicht, mir wieder einen Meister zu geben. Meine Eltern waren mit einem reichen israelitischen Hause sehr befreundet; es waren treffliche Menschen, welche ihrer zahlreichen Familie die beste Erziehung geben ließen; diese Freunde wollten mich mit in dieser bilden lassen, ich ward hingeführt, es mißfiel mir aber dort alles so sehr, daß ich fast immer heulte und schrie und man mich endlich nicht mehr haben wollte. Mit mehreren dieser Familie bin ich jetzt noch befreundet, doch war eine Reihe von Jahren zwischen jener ersten Zeit und der, in welcher ich es ward. Ich ward nun in eine andere Schule geschickt, wo ich nur lernte, wie angenehm es sei, hübsch zu sein, sowohl durch das, was mir selbst gesagt wurde, als was ich den andern jungen Mädchen von jungen Offizieren, welche das Haus oft besuchten, sagen hörte, welche teils Schülerinnen, teils Besuchende waren. Unter den letzten waren zwei Schwestern, Töchter eines sehr reichen jüdischen Hauses, die eine zwar elegante, aber nicht eben gute bürgerliche Erziehung genossen hatten; der Vater war alt und gehörte zu der ganz ungebildeten Klasse der damaligen Israeliten, die Mutter war wahnsinnig. Die jüngste Tochter war sehr schön. Beide waren bedeutend älter als ich, sahen schon Gesellschaften in ihren Zimmern, und es machte mich sehr glücklich, wenn sie mich auch einmal kommen ließen – denn man fand mich dort auch sehr schön, und obschon ich noch so Kind war, daß ich oft wegen kleiner Vergehungen von meiner Lehrerin an den Bettpfosten gebunden ward, von welchem ich zwar bald von irgendeinem jungen Herrn losgebeten ward, so gefiel es mir doch gar wohl, wenn man mir sagte, daß ich hübsch sei – wie würde ich mich sonst noch jetzt mancher Momente erinnern, in welchen es geschah. Ich hatte den Ruf eines schönen Kindes, und einst, als die Prinzessin Amalie, Schwester Friedrichs des Großen, eine Laubhütte bei einem der reichsten Israeliten besah, wurde ich hingeholt, um mich ihr zu zeigen, und ich mag wohl in meinem blaustoffenen Kleide mit bunten Blumen recht gut ausgesehn haben – ich weiß, daß die Fürstin mir die Backen klopfte und daß ich vor ihren schielenden Augen erschrak. Die Freude, das Haus jener oben erwähnten beiden Schwestern zu besuchen, dauerte fort, und in meiner Unschuld erzählte ich zu Hause von diesen sowohl als von den Besuchen der Offiziere in der Schule, und meine Mutter hielt es für besser, mich nicht mehr dahin zu schicken, sondern mir einige Lehrer zu geben, die mich im Notwendigsten unterrichten sollten – im Hebräischen, Französischen, Schreiben, Rechnen und Geographie –, in der ersten Sprache fing ich an, die Bibel zu übersetzen und sogar mit einigen ihrer Kommentatoren; mein Lehrer darin sowohl in den andern Dingen gehörte zu den allerunsittlichsten Männern, die man hätte wählen können – meine gute Mutter glaubte gut zu wählen, wie schlecht aber die Wahl war, lernte ich erst später verstehn. Meine Eltern konnten mit dem besten Willen nichts selbst für meine Bildung tun. Die Geschäfte meines Vaters hielten ihn den Tag über bis spätabends aus dem Hause, und meine Mutter hatte weder Talent noch Geduld, mich in irgend etwas zu unterrichten; auch vermehrte sich die Zahl meiner Geschwister, also auch der Hausstand, und sie arbeitete fleißig für Kinder und Haus. Obschon ich das älteste Kind war, das sonst, als das erste, wohl oft vorzüglich geliebt wird, so schien meine Mutter mich dennoch nicht sehr zu lieben, denn soweit ich zurückdenken kann, bin ich nie, solange ich im väterlichen Hause war, freundlich von ihr behandelt worden. Das ging so weit, daß ich ihre Unfreundlichkeit, selbst wenn ich unwohl war, erfuhr. Ich hatte oft Anfälle von Engbrüstigkeit, besonders wenn ich schnell gegangen war, so daß man mir eilig die Schnürbrust lösen mußte, und ich erinnere mich, daß einst, als der Anfall sehr stark war, man mich in der Wohnstube auf Stühle gelegt hatte; mein Vater war nicht zu Hause, meine Mutter spielte im daranstoßenden Schlafzimmer Karten, und als mein Vater nach Hause kam, sagte sie ihm nicht einmal, daß ich krank sei. Mein Vater hingegen war immer sehr milde gegen mich, obschon leicht empfindlich und sehr oft durch meine Mutter zum Zorn gegen mich gereizt, und so gleichgültig mir das immerwährende Schelten dieser war, so tief schmerzte mich ein unfreundliches Wort meines Vaters, und stieg sein Unwillen gar so hoch, daß er mir den Segen versagte, welchen die im Gesetz lebenden Israeliten noch jetzt am Sonnabend ihren Kindern geben, die Hand auf das Haupt derselben legend, dann war ich sehr unglücklich und ließ nicht ab mit Bitten und Flehen, bis er versöhnt war; – gegen meine Mutter ward ich aber bei solchen Gelegenheiten immer unwilliger, weil sie fast immer die Ursache zu dem Unwillen meines Vaters gegen mich war; sie ward mir durch ihr ewiges Zanken, das ich immer für ungerecht hielt, so zuwider, daß ich oft Gesichter hinter ihr schnitt, wenn sie zur Türe hinausging.

Das, was ich über meine Mutter hier sage, ist das, was ich als Kind gegen sie fühlte; war es Sünde, so beging ich sie unbewußt, und die Überwindung, die es mich kostet, es jetzt niederzuschreiben, sehe ich als Buße an. – Was in jener frühen Zeit schon mich hätte sollen ertragen machen, was mich drückte, war mir nicht gegeben worden – die Grundsätze der Religion, wie denn die Erziehung, in dieser Hinsicht, bei den damaligen Juden noch viel mangelhafter war, als sie jetzt ist. Das Kind, besonders aber die

UND MEINE MUTTER HATTE WEDER TALENT NOCH GEDULD, MICH IN IRGEND ETWAS ZU UNTERRICHTEN

Mädchen, wurden gar nicht eigentlich im *Glauben* ihrer Eltern unterrichtet, wurden aber angehalten, die *Formen* desselben zu beobachten, d. h. sie mußten alle die unzähligen Gebräuche beobachten, welche er oder vielmehr die Rabbinen vorschrieben. Das Mädchen mußte in hebräischer Sprache beten, ohne daß es verstand, was es betete, und ich erinnere mich wohl, mit Andacht und Inbrunst zuweilen so gebetet zu haben, besonders aber, wenn es gewitterte, was mich immer sehr ängstigte, dann sagte ich geschwind viele, irgendwelche Gebete hintereinander her. Jetzt tun die Judenkinder dies freilich nicht mehr, denn die Gebete sind ins Deutsche übersetzt worden, aber – frömmer sind sie deshalb nicht: ihre Eltern, die noch auf jene Weise erzogen worden, warfen die ihnen lästigen Beobachtungen der jüdischen Gebräuche, worin allein die Religion bestand, beiseite, sobald sie ihre eigne Herrn wurden, es trat nichts in die Stelle, und so lebten sie fort ohne Gedanken an Gott, als höchstens in Zeiten der Not. Die Kinder wurden nun auf dieselbe Weise erzogen, man wollte sie nicht lehren, was man selbst nicht glaubte, und so wurden und werden sie in keinem Glauben erzogen – keine Andacht erfüllt ihr Gemüt, und sie können nicht beten zu Gott, wenn ihr Herz gedrückt ist und geängstigt von unendlicher Qual. – Die Vernunft, welche die Gebildeteren sich zur Stütze und Hilfe nehmen, reicht nicht hin, sie zu tragen in schweren Leiden. Glücklich der, dem später im Leben wenigstens noch das schöne Licht des Glaubens im Innern aufgeht, und er nicht stirbt, ohne von jenem erhebenden, beglückenden Gefühl der Andacht durchdrungen gewesen zu sein. – Gottes Gnade sei es Dank, daß auch mir dieses Glück ward. Ich fahre fort, die Erinnerungen aus meiner Kindheit niederzuschreiben.

Oben schon erwähnte ich, daß man mich ein schönes Kind nannte; jetzt nannte man mich auch ein kluges, und wenn in der jüdischen Kolonie irgendeine Feierlichkeit begangen werden sollte – als Überreichung eines Karmens oder Halten einer Anrede –, ward ich dazu gewählt. Die Königin Ulrike von Schweden, Schwester Friedrichs des Großen, war einst in Berlin und wollte den Zeremonien einer jüdischen Hochzeit beiwohnen; sie sollte nun würdig empfangen werden – Ehrenpforten, weißgekleidete Mädchen und dergleichen, durften nicht fehlen –; ich ward, ein Kind von acht bis neun Jahren, gewählt, ihr mit einer kleinen Rede einen Karmen zu überreichen – höchst beglückt erwarte ich den Tag – eine Entzündung am Auge aber machte es mir unmöglich, des Glücks zu genießen; ich sah nun aus einem Fenster der Feierlichkeit zu und weinte mein krankes Auge noch kränker.

Einst hatten mehrere junge Leute sich verabredet, Komödie zu spielen, meine Eltern wurden gebeten, mich mitspielen zu lassen, und sie erlaubten es. – Ich war noch nie im Schauspielhause gewesen, hatte aber im Hause jener oben erwähnten reichen Schwestern ›Richard III.‹ aufführen sehn und war überglücklich, nun auch eine Bühne betreten zu dürfen. – Ich sollte ein Landmädchen in einer Operette vorstellen – es ging eine fröhliche Zeit für mich an, die vielen Proben gaben Gelegenheit zu öfterem Ausgehn, und das Zusammensein mit Erwachsenere machte mir besondere Freude. Ein junger Mann, der sehr musikalisch war und sich für das lustige Unternehmen interessierte, übernahm es, uns die Gesänge zu lehren, und so kam er denn auch oft zu mir – ich mochte acht bis neun Jahr alt sein, und dieser junge Mann machte einen solchen Eindruck auf mich, daß ich nur immer an die Zeit dachte, wo er mit seiner Violine wiederkommen sollte; ich ging dann wohl vor die Haustüre und erwartete ihn mit Ungeduld. Endlich war alles wohl eingerichtet und einstudiert, das kleine Theater war im Hause einer reichen Israelitin errichtet, und die ganze spielende Gesellschaft bestand aus Israeliten. Schon war der Tag der Aufführung genannt, als zum größten Schrecken der Gesellschaft ein Verbot von den Ältesten der Gemeinde an sie erging, Komödie zu spielen. – Dies Verbot nicht zu achten oder sich dagegen aufzulehnen war in jener Zeit noch nicht tunlich. Wir waren höchst unglücklich, man lief zu- und untereinander und beschloß, zu einem und dem andern angesehenen Mann und zu den Vorstehern der Gemeinde zu gehn und die Erlaubnis zu erbitten – man ging, man bat – vergebens – sie wurde uns nicht erteilt. Ohne einem von der Gesellschaft, ohne meinen Eltern etwas davon zu sagen, faßte ich den Entschluß, am nächsten Sonntage, als der Tag, an welchem die Ältesten der Gemeinde sich gewöhnlich versammelten, mich vor ihnen zu stellen und um ihre Einwilligung zu der unschuldigen Belustigung zu bitten. – Ich führte meinen Vorsatz aus – ging allein in den Versammlungssaal, trat an das Gitter, hinter welchem die ehrwürdigen Männer saßen, die nicht wenig verwundert waren, das dreiste kleine Mädchen vor sich zu sehen. Zuerst sprach ich einige bittende Worte, dann sagte ich, daß es sich für so würdige Männer gar nicht zieme, sich um Kinderspiel zu bekümmern – kurz, ich erreichte meinen Zweck. – Vor Freude außer mir, lief ich von einem der Gesellschaft zum andern.

Es war Winter und sehr glatt, ich gleitete oft und fiel mehrere Male, aber ohne mir Schaden zu tun, lief immer weiter, ohne zu denken, wie meine Eltern meine lange Abwesenheit von Hause aufnehmen würden. Die wohl verdienten Verweise, die ich von ihnen bekam, gingen in der großen Freude meines Herzens an mir vorüber. Aus einer Komödie wurden nun drei, bis endlich der Sache durch die Verständigern ein Ende gemacht wurde; der Zeitverlust und die Nachteile, die ein solches Treiben, besonders für Kinder und junge Mädchen, unleugbar hat, sind nicht zu berechnen. Auch hier ward meiner Eitelkeit reichliche Nahrung gegeben, man bewunderte mein Spiel, meinen Gesang und vor allem meine Gestalt und mein Gesicht – ohne daß ich mich des letzten deutlich erinnerte, habe ich doch ein dunkeles Bild von meinem Aussehen im ganzen – vorzüglich gefiel ich mir und andern in meinem Theaterkleide. Ein weißseidener Rock, mit rosenfarbenen Bändern besetzt, ein Mieder von derselben Farbe, alles mit guten Silberflittern besetzt, ein weißseidenes Hütchen mit vielen Porzellanblumen vollendete den Putz. Man hob mich gewöhnlich nach geendigtem Schauspiel von der Bühne herab, küßte und herzte mich und sagte mir viel Schmeichelhaftes. Nun fing mein stilleres Leben wieder an – doch ehe ich mehr davon sage, will ich von meinen Eltern und einigen Hausbewohnern sprechen, mit denen ich fast ausschließlich lebte.

Mein Vater war, wie ich schon oben gesagt, ein portugiesischer Jude und hatte in Hamburg gelebt, bis er die hohe Schule bezog; er hatte in Halle die Arzneiwissenschaft studiert und war der erste Arzt jüdischer Nation, in Berlin bekam er schon bald Praxis bei seinen Glaubensgenossen, so wurde er doch zu Anfang so schlecht bezahlt, daß er manchen Mittag sich mit Kartoffeln oder Kaffee begnügen mußte, da er alles, was er verdiente, auf seine Kleidung, auf die er sehr viel hielt, verwenden mußte – auch gab es damals nicht so viel reiche Israeliten in Berlin als späterhin; manche von denen, welchen mein Vater mit einigen Groschen aushalf, wurden sehr reich, sie gedachten aber der früheren Zeit dann nicht. Mein Vater heiratete, seine Praxis vermehrte sich, und er konnte ohne eigentliche Sorge leben, – seine Frau starb bald, nachdem sie zwei Töchter verloren hatte, und mehrere Jahre nach ihrem Tode heiratete er meine Mutter. Ich habe meinen Vater nicht jung gekannt, er soll aber sehr schön gewesen sein, was sowohl an einem Jugendbilde, das ich von ihm besitze, zu sehn ist, als man auch noch bis zu seinem Tode Schönheitsspuren in seinem Gesichte sah. Nase und Mund, dem fast schon alle Zähne fehlten, als ich ihn mit Bewußtsein ansehn konnte, waren ausgezeichnet schön, ein sanfter, höchst lieblicher Ausdruck des Gesichts, den schönsten Fuß und Hand, edle Haltung und Gelenkigkeit machten, daß er selbst im Alter noch schön war: seine Sprache war rein, wie denn die portugiesischen Israeliten überhaupt den jüdischen Jargon und Ton nicht haben. Mein Vater lebte streng im Gesetz seines Glaubens, hatte aber die Milde und Liebe des Christentums im Herzen und war daher duldsam gegen alle die, welche dagegenhandelten. Das Haus war völlig nach jüdischen Gesetzen und Gebräuchen eingerichtet. Die Geschäfte des ausübenden Arztes waren in jener Zeit beschwerlicher als in der jetzigen, weil die wenigsten Equipage hatten und mein Vater auch nicht so bezahlt ward, sich welche halten zu können; auch legte er sorgsam jeden Taler, den er erübrigen konnte, für die immer größer werdende Familie zurück. Bis spät am Abend besuchte er die Kranken, von einem Bedienten begleitet, der in dunkeln Winterabenden ihm mit einer Stocklaterne vorleuchtete – wie oft sah ich ihn von Regen durchnäßt oder mit Schnee bedeckt nach Hause kommen! Er genoß aber einer sehr guten Gesundheit, und ging er schon nie mit Überrock oder Mantel, so war es höchstens ein Schnupfen, den er sich zugezogen hatte. Seine Kleidung war, nach damaliger Zeit, elegant, feine tuchene und seidne und samtne Kleider, mit Tressen besetzt, immer Schuh und seidene Strümpfe, seidne Westen und dergleichen, die feinste Wäsche, eine Knoten-perücke und feinen dreieckigen Hut – und fing dieser Anzug auch schon damals an, altmodig zu werden, so stand er ihm doch sehr gut, und die älteren Ärzte zeichneten sich in der Zeit alle in ihrem Anzuge auf diese Weise aus. Sein reinlicher Kattunschlaf-rock und die weiße Mütze an Werkeltagen, der rotdamastene, mit ebensolcher Mütze und Pantoffeln an Festtagen, kleideten ihn fast besser als jedes andere.

Meine Mutter, die ich nur kränklich und mit bösen Augen kannte, welche sie sich durch unaufhörliches Weinen über den Tod eines zweijährigen Knaben verursachte, soll sehr hübsch gewesen sein, obschon, ich gestehe es, mir keine Spuren davon sichtbar waren. Sie war sehr heftig und fast immer verdrüßlich wegen ihres Augenübels, gegen das alles, was die besten Ärzte und Augenärzte verordneten, vergebens angewandt wurde. – Sie war geschickt in Handarbeiten, selten aber konnte sie welche machen. Sie war wirtschaftlich, ordentlich, reinlich, sehr gefällig und dienstfertig gegen jedermann und liebte meinen Vater bis zur Anbetung, was er ihr auch ebenso erwiderte. Ich erinnere mich nicht, daß sie einander je bei ihren Namen genannt hätten; immer riefen oder redeten sie einander mit Zärtlichkeitsnamen an, und nie war ein Streit oder ein unfreundliches Wort zwischen ihnen zu hören. Meine Mutter war die Ratgeberin vieler Men-schen und tätige Helferin in Not und Freude; diese Eigenschaf-ten machten sie vielen teuer, und sie verdiente es. Sie hatte gera-den, richtigen Verstand, und ohne eigentlich gebildet zu sein, würdigte sie doch alles, was zur höheren Bildung gehörte; sie ließ sich gerne vorlesen und hatte ein sehr gutes Gedächtnis: wenn sie einmal im Theater war, so erzählte sie nachher nicht nur den Inhalt der Vorstellung sehr genau, sondern auch, wie Akte und Szenen folgten. Sie liebte ihre Kinder, glaubte aber vielleicht, daß zur Erziehung wie zu guter Führung eines Hausstandes vieles Schelten gehöre, und oft ward ihr Unwille durch die geringfügigste Kleinigkeit gereizt, was aber wohl oft durch ihre

Schwächlichkeit, besonders durch ihr Augenübel herbeigeführt wurde – und welch ein kleines Mittel hätte das letzte nicht heilen können, wenn die Ärzte es früher erkannt hätten! Das Übel war nämlich folgendes: Durch das viele Abwischen der Tränen nach dem Tode des oben erwähnten Kindes wurden die Augenwimpern nach innen gebogen, und endlich gar wuchsen sie aus den Lidern nach innen zu – das hatte aber viele Jahre lang keiner der Augenärzte bemerkt, sondern [sie] richteten ihre Kuren immer nur auf die daraus entstandenen Entzündungen, bis nach vielen Jahren endlich ein alter und berühmter Augenarzt die wahre Ursache des Übels entdeckte; zu spät, es heilen zu können, denn schon waren die Augen rot und getrübt, erleichterte er die stechenden Schmerzen dadurch, daß er die Wimpern mit einer kleinen feinen Zange auszog – es kam zwar nun keine Entzündung mehr, die Augen waren aber fast zerstört, sie wurden nie wieder klar, doch erblindete sie nicht, und fast jeden Tag mußten die kleinen, sehr schnell wachsenden Wimpern ausgezogen werden, sonst kam Entzündung.

Zu meiner nächsten Umgebung gehörten noch eine alte Tante und ihr Mann, beides sehr gewöhnliche Leute; sie hatten ein paar Hinterstübchen inne und ihre eigne kleine Wirtschaft, zankten und schimpften sich oft und waren nicht sehr von meiner Mutter geliebt. Ein alter Verwandter meiner Mutter, ein höchst unreinlicher Mann, der mir oft Naschwerk gab, bewohnte eine kleine dunkele Kammer im Hause. Die andern Mieter des Hauses, alles Israeliten, waren Handelsleute, die oft abends zu uns kamen. Der älteste Sohn dieser Leute, der ein völlig verwachsener und sehr liederlicher Mensch war, hätte mir, eben durch meine Unschuld, verderblich werden können. Gott hat mich beschützt.

Ich mußte viel arbeiten und durfte nur höchstens einmal in der Woche mit der oben erwähnten alten Großtante ausgehen. Die Besuche, die ich mit ihr machte, waren bei zwei alten Leuten und ihrer nicht mehr jungen Tochter, und ich war sehr froh dort, aber das jedesmalige Schelten meiner Mutter, wenn ich nach Hause kam, vergällte mir die gehabte Freude – indes mochte ich wohl sehr oft die Schelte verdient haben, denn ich war sehr wild und sehr unordentlich, und zwar das erste in sehr hohem Grade. Ich ging eigentlich nie, sondern lief oder sprang: so erinnere ich mich, einst mitten im Laufe stillgestanden zu sein, mich selbst fragend, ob ich denn gar nicht gehn könne? Eigentliche Fremde sahen meine Eltern nie zum Essen, meine Mutter hatte aber oft Besuche von Frauen, die gewöhnlich in der Putzstube aufgenommen wurden, zu der ich dann auf einige Augenblicke Zutritt hatte, um einen kleinen Kuchen oder einen Apfel zu bekommen; solche Kaffeebesuche endigten gewöhnlich mit einer Spielpartie. Jedes Jahr ging ich einmal mit meinen Eltern in die große italienische Oper – es war in der Blütezeit der Mara. Die Näschereien, die mitgenommen wurden, und die Mara hatten gleichen Wert für mich – doch aber erinnere ich mich noch jetzt der wunderherrlichen Stimme, mit welcher sie das durch sie berühmte *mi paventi* sang, und der Wirkung, welche sie auf das volle Schauspielhaus machte. Zur Zeit Friedrichs II. war das Parterre voll von Soldaten, die auf Befehl des Königs in die Oper geführt wurden; niemand sonst bekam einen Platz darin. Wir hatten unsere Plätze in einer Parkettloge, und oft störte uns das Geräusch, das die dicht aneinandergedrängten Soldaten machten, oder ihr Geflüstere; laut durften sie nicht sein; wenn aber die Mara eine Bravourarie sang, hörte man auch nicht den geringsten Laut oder Bewegung, nicht einen Atemzug konnte man vernehmen – es herrschte die tiefste Stille – und wenn sie geendigt hatte, war es, als hörte man einen tiefen Atemzug von der ganzen

ICH HÖRTE SEHR FRÜH AUF ZU SPIELEN,
UND FRÜHER VIELLEICHT, ALS ES GUT FÜR
MICH WAR, FAND ICH GESCHMACK AM LESEN

Menge. Die Freude der Oper ward mir aber auch immer durch das Schelten und Keifen der Mutter, beim Nachhausekommen, verdorben. Oft schützte mich die alte Tante, die mich liebte und verzog, vor ihrem Zorne – ich schlief bei dieser und war immer um sie, und war sie in der Küche, so verließ ich sie, wider den Willen meiner Eltern, auch dort nur selten – und da ich lieber kochen und scheuern als Handarbeiten machen mochte, so half ich ihr und der Köchin oft tüchtig und fleißig nach meinen Kräften. Ich hörte sehr früh auf zu spielen, und früher vielleicht, als es gut für mich war, fand ich Geschmack am Lesen; ich las fertig und mußte meiner Mutter oft im Winter des Abends vorlesen, ehe mein Vater nach Hause kam und sie keinen Besuch hatte. Die Sommerabende durfte ich wohl zuweilen mit der alten Tante durch ein paar Straßen spazierengehn oder auch nach einem

Garten, welchen meine Eltern in einem Sommer bewohnten, nachdem mein Vater eine schwere Krankheit überstanden hatte. Gespielinnen meines Alters hatte ich nur zwei, von denen die eine früh gestorben, die andere noch jetzt meine Freundin ist; mit diesen und meiner jüngeren Schwester ging ich dann wohl vor der Türe auf und ab. Diese Schwester war von meiner Mutter viel mehr geliebt als ich, und ich mochte sie deshalb nicht leiden, wir zankten uns oft, einmal haben wir uns sogar geprügelt, worüber meine Mutter sehr böse auf mich ward, daß ich mich den ganzen Tag nicht durfte vor ihr sehn lassen – das tat mir unendlich weh, ich setzte mich in einen Winkel auf den Boden und weinte den ganzen Tag – meine Tante, um meiner Mutter zu zeigen, daß ich ihre Härte tief fühlte, sagte ihr, daß ich mich mit einem Messer habe umbringen wollen (was aber völlig unbegründet war); das machte sie wirklich für diesen Tag milder, und ich durfte den Abend zu Tische kommen.

Ich bin nicht klar und gewiß, ob ich mich täusche oder ob es Wahrheit ist, mich dünkt aber, als hätte ich damals so gedacht und gefühlt, wie ich es jetzt noch würde, wenn ich in meinem gegenwärtigen Alter plötzlich wieder in jene Welt versetzt werde. Ich erinnere mich keines eigentlich kindischen Wesens oder Denkens, die übergroße Lustigkeit ausgenommen könnte ich kindisch nennen, die kein Zanken der Mutter dämpfen konnte. Früh schon hatte ich einen großen Hang zur Wohltätigkeit, und um ihn zu befriedigen, borgte ich mir von einem Hausfreunde fünf Reichstaler; er sagte es meinem Vater, der sie ihm bezahlte. – Ich ward streng befragt, zu welchem Behuf ich das Geld geborgt hatte, ich gestand die Wahrheit, und mir ward vergeben.

Wir waren selten allein, denn, ohne Fremde zu sehen, besuchten uns die Hausbewohner sehr oft – meine Mutter spielte gewöhnlich Karten mit einem oder dem andern von ihnen, und wenn mein Vater nicht zu spät von seinen Geschäften nach Hause kam, so spielte er zuweilen mit, gewöhnlich las er aber in heiligen Büchern; ich konnte nun tun, was ich wollte, trieb mich mit meinen jüngern Geschwistern in der Kinderstube umher, hörte dort dummes und schlechtes Zeug von den Leuten, die oft Gespenstergeschichten erzählten, wovon mir noch bis jetzt ein leichtes Gefühl Grauen der Mitternachtsstunde geblieben ist, oder las schlechte Romane und Komödien oder schlief auch wohl bis zur Essenszeit in einem Winkel des Zimmers. Unsere Hausbewohner waren harmlose Leute, bis auf den oben Erwähnten, der zu den gemeinsten Menschen gehörte, denn ohne alle Scheu, ohne alle Schonung meiner Unschuld und Jugend sprach er die niedrigsten Worte und die zweideutigsten Dinge. Wenn er mich küßte, und [das] tat er oft und viel, war eine große Heftigkeit in seinem Kusse; ich verstand es nicht, denn ich war etwa zehn Jahr alt; er hatte freien Zutritt zu uns, und niemand achtete auf ihn, und ohne daß ich es mir selbst bewußt war, bekam ich durch ihn die Kenntnis, daß es zwei Geschlechter gäbe. Dieses Unwesen ging übrigens glücklich an mir vorüber, es schadete mir nicht – denn eine höhere Hand beschützte mich. Meine Lebensweise blieb sich nun gleich, am Tage arbeitete ich bei meiner Tante, die mich nähen lehrte, und abends nach dem Essen, wenn mein Vater allein noch wachte, saß ich bei ihm, während er las, machte meine Arbeiten für den Französischlehrer oder las selbst. Meine eigentlichen Freuden waren Hochzeiten, wo immer getanzt wurde, und gewöhnlich konnte ich die Nacht zuvor, in der Hoffnung auf diese Freude, nicht schlafen; oft aber hatte ich den Schmerz, daß, obschon ich sehr hübsch tanzte, mir doch ältere Mädchen vorgezogen wurden, und dann weinte ich still in einem Winkel des Tanzsaals, Tränen, die der nächste Tanz wieder trocknete – wie ich denn überhaupt fast immer heiter und vergnügt und nicht selten ausgelassen war – bei dem allen aber hatte ich zuweilen ein trübes, sehnsüchtiges Gefühl, dann saß ich wohl im kleinen Pelzmäntelchen gehüllt auf einer Galerie und guckte in den Mond und weinte, ohne zu wissen, warum. Das Leben des Siegwarts und mehr dergleichen sentimentalen Romane mögen wohl das Ihre zu dieser Stimmung beigetragen haben, und oft dachte ich, daß dergleichen Entführungen und wunderbare Dinge, wie ich sie so viel las, auch mit mir vorgehn müßten – auch hatte ich eine solche Wut, dergleichen Bücher zu lesen, daß ich gar nicht arbeitete, und da meine Tante, die mich nähen lehren sollte, mir allen Willen ließ, sah meine Mutter sich genötigt, mich in die Nähschule zu schicken; ich konnte nun an Wochentagen wenig lesen, tat es aber am Sonnabend und Sonntage desto mehr, und zwar mit einer solchen Schnelligkeit und Anhaltsamkeit, daß ich an einem Tage mehrere Teile eines Romans durchlas und immer nach der Leihbibliothek lief, die nicht weit von unserm Hause war, um mir andere Bücher zu holen. Am Freitagabend las ich meinen Eltern vor; mein Vater hörte am liebsten Schauspiele; diese las ich auch gerne laut, Romane lieber für mich allein, sie rührten mich immer zu bittern Tränen, und ich schämte mich zu weinen. Das Schauerliche war besonders von großer Wirkung auf mich, und alles, was ich von Gespenstergeschichten las, ward mir in der Kinderstube bestätigt. Das Sentimentale aber kam wohl ganz aus mir allein, denn niemand, den ich sah, erregte es auf irgendeine Weise, und ward es auch meine Eitelkeit, so kam sie doch nur zuweilen recht hervor – so zum Beispiel ging ich während eines Sommers jeden Abend mit meiner Tante nach einem Garten, in welchem mein Vater wohnte, und ich weiß, daß ich mich jedesmal vor den Spiegel stellte und mir die Backen rot kniff; auch ward zuweilen wohl der Spiegel verhängt, weil ich immer hineinsah, doch gab ich

BEIM MITTAGSESSEN FRAGTE MICH MEIN VATER, OB ICH LIEBER EINEN DOKTOR ODER EINEN RABBINER HEIRATEN WOLLE

wenig auf meinen Anzug, am liebsten war ich in einem Kostüm, in welchem ich scheuern und kochen konnte. Von jenen oben erwähnten Gespielen, die ich vorzüglich liebte, die eine war still, tief, besonnen und kalt und sehr verständig, sie hatte viel Verstand, war aber ohne alle Erziehung und Bildung, da ihre Eltern nicht zu der sogenannten aufgeklärten Klasse der Juden gehörten; sie starb nach kurzer Ehe, an der Schwindsucht; die andere war sehr lebhaft, tief wie jene, aber warm, oft glühend enthusiastisch für irgendeinen Romanenheld oder Heldin – sie hatte viel Verstand und war ungemein klug, ihr Vater gehörte zur höheren Bürgerklasse und war [ein] sehr geachteter Gelehrter – er liebte meine Freundin vorzugsweise und bildete sie selbst. Wir drei jungen Mädchen, fast noch Kinder, wohnten ziemlich nahe zusammen, und sobald es eine von uns wagen durfte, sich von Hause zu entfernen, kam sie zur andern, und mit der letzten machte ich immer schon Pläne auf die Zukunft.

Ich war nun zwölf Jahre alt – man sah als schönes Kind, das für sein Alter ungemein groß war, mit Wohlgefallen auf mich. – Ein ältlicher Mann, ein portugiesischer Jude, war um diese Zeit in Berlin – er hielt um mich an, wollte noch drei Jahre warten, aber die Gewißheit von meinen Eltern haben, mich dann als seine Frau heimzuführen – er sprach von Mohren und Papageien, die auf dem Wege nach Berlin seien und seine Schätze mitbrächten – die Geschichte endigte damit, daß er meinem Vater eine silberne Tabaksdose stahl und verschwand. Meine Mutter fand es nun nötig, daß ich in eine förmliche Nähschule geschickt werden müßte, weil ich wohl Französisch sprechen, tanzen und lesen könnte, aber weder stricken noch nähen, und die Tante, die es mich lehren sollte, zu nachsichtig gegen mich sei. – Ich mochte wohl sechs Monate in die Nähschule gegangen sein, als mir die Mutter sagte, ich solle wieder bei der Tante nähen lernen, und wie sehr erstaunte ich nicht, als diese mir im Vertrauen sagte, ich solle Braut werden – mit wem, fragte ich sie, und sie nannte mir den Mann; er war angehender praktischer Arzt – ich hatte ihn einige Male bei meinem Vater und auch wohl an seinem Fenster gesehn; er wohnte in unserer Nähe, und ich mußte vor seinem Hause vorübergehn, wenn ich mir Bücher aus der Leihbibliothek holte – da begegnete es mir auch einmal, daß ich an einem Wintertage, mit einem schauerlichen Roman in der Hand, vor seinem Hause gleitete und fiel – meine Beschämung war groß, denn er war im Fenster. Ich freute mich kindisch dazu, Braut zu werden, und malte es mir recht lebhaft aus, wie ich, von meinem Bräutigam geführt, nun spazierengehn würde, wie ich bessere Kleider und einen Friseur bekommen würde, denn bis jetzt machte mir die Tante das Haar, mit Talg geschmiert, nach ihrem eigenen Geschmack zurechte; ferner hoffte ich auf ein größeres Taschengeld, das jetzt in zwei Groschen monatlich bestand, und von den kleinen, etwas feineren Gerichten, die zuweilen für meinen Vater bereitet wurden, etwas zu bekommen. Mit Ungeduld erwartete ich den Tag der Verlobung, den mir die Tante im Vertrauen genannt und mir dabei gesagt hatte, daß mein Vater mich fragen würde, ob ich zufrieden mit seiner Wahl für mich sei. Der ersehnte Tag erschien, der Morgen verstrich, und mir ward nichts gesagt – beim Mittagsessen fragte mich mein Vater, ob ich lieber einen Doktor oder einen Rabbiner heiraten wolle? Mir klopfte das Herz mächtig, und ich antwortete, daß ich mit allem zufrieden sei, was er über mich beschließen würde. Nach dem Essen sagte mir meine Mutter, daß ich am Abend mit dem Doktor Marcus Herz verlobt werden würde – und hielt mir eine lange Rede, die mir im Augenblick langweilig und unangenehm war, von der ich mich aber in späteren Zeiten manch Gutes erinnerte. Sie sagte mir, wie ich mich gegen meinen

Bräutigam betragen und ihre Ehe zum Muster meiner künftigen nehmen sollte – und wahr ist es, daß es nie eine glücklichere gegeben.

Die Gesellschaft versammelte sich, ich war in einem andern Zimmer; es war damals nicht Sitte, daß die Braut in dem Zimmer, in welchem die Eltern und die Notarien [waren, sich aufhielt], und erst, nachdem sie förmlich um ihre Einwilligung gefragt worden und der Ehekontrakt unterschrieben ist, kömmt sie zur Gesellschaft. In banger Erwartung saß ich geputzt da – glühend vor Angst – ich wollte nähn, die Hand zitterte mir aber, ich ging im Zimmer auf und ab, kam zufällig dem Spiegel vorbei und erschien mir zum ersten Male mehr als hübsch – ein apfelgrün und weiß gestreiftes, seidnes Kleid, ein schwarzer Hut mit Federn standen mir sehr gut, mein dunkeles Auge glänzte durch die Röte der Wangen, und der kleine Mund war freundlich. Viele Jahre sind seitdem vorübergegangen, das jugendliche Gesicht jenes Augenblicks steht aber so lebhaft vor mir, daß ich es malen könnte. Ich wollte ruhig scheinen, als ich die Tür öffnen und den Notarius und zwei Zeugen hereintreten sah – sie fragten mich, ob ich meine Einwilligung zu der Verbindung gäbe, und ich stammelte das *Ja*. Bald darauf kam Marcus, küßte mir die Hand und führte mich zur Gesellschaft. Meine Eltern waren sehr vergnügt und zärtlich und liebevoll gegeneinander wie immer – eine Nachbarin machte Marcus aufmerksam darauf und sagte, daß es eine Freude sei, eine solche Ehe zu sehen – gedulden Sie sich ein paar Jahre, antwortete er, und Sie sollen eine zweite sehn.

Ich wußte wenig von meinem Bräutigam, er war fünfzehn Jahre älter als ich, klein und häßlich, hatte aber ein geistreiches Gesicht und den Ruf eines Gelehrten – er war geliebter Schüler Kants, – und hatte sowohl Arzneiwissenschaft als Philosophie in Königsberg studiert; auch hatte er schon einige scharfsinnige kleine philosophische Schriften herausgegeben. Seine frühe Jugend war ihm in sehr gewöhnlicher Umgebung verflossen, seine spätere in bloß wissenschaftlichem Umgang, [so] lernte er weder Menschen noch Welt kennen, und so ward sein Geist gebildet, ohne daß es sein Charakter ward. Mein Leben im väterlichen Hause blieb sich gleich, so wie auch das Betragen meiner Mutter gegen mich. Man gab mir nicht besser und nicht mehr zu essen als sonst, und was immer weniger war, als ich essen mochte, doch bekam ich statt zwei Groschen sechs Groschen wöchentlich und wurde zweimal in der Woche vom Friseur frisiert. – Ich durfte fast gar nicht ausgehn, selten nur mit dem Bräutigam, und war ich einmal allein ausgegangen, so ward ich früh abgeholt, weil Marcus gewöhnlich einen Abend um den andern kam und Karten spielte – was mich entsetzlich langweilte, da ich kaum eine Karte kannte und immer neben ihm am Spieltisch sitzen mußte, und oft ward ich aus sehr vergnüglicher Gesellschaft zu dieser Langenweile geholt. Allein war ich fast nie mit Marcus, denn ich hatte kein eigenes Zimmer – wenn er fortging, begleitete ich ihn, und war dann alles still im Hause, so blieben wir im Hausflur, seine Liebkosungen taten mir dann wohl, doch verstand ich manche in meiner Unschuld nicht, denn trotz allem, was ich gehört und gesehn hatte, war mein Sinn doch völlig rein geblieben. So fragte ich einmal eine junge Frau in unserm Hause, auf welche Weise man ein Kind bekäme – und sie antwortete mir, wenn man sehr oft an denselben Mann denke – das tat ich oft und viel an Marcus, und ich ängstigte mich, daß ich so Schande über meine Eltern bringen würde. Ich freute mich mit der Aussicht, bald Frau zu werden, um ausgehn und essen zu können, soviel und was ich wollte. Marcus behandelte mich meistens wie ein Kind, was ich denn auch war, doch verdroß es mich, wenn man mich so nannte.

Marcus führte mich nun in mehrere befreundete Häuser ein, wo es mir aber gar nicht gefiel, sie gehörten alle zu den Vornehmeren und schienen mir unerträglich steif. – Zu einer Familie mußte ich besonders oft hingehn, und Marcus hätte es bald sehr bedauren müssen, mich dort eingeführt zu haben – da einer der Söhne, mit welchem ich mich zufällig allein im Zimmer befand, so zudringlich ward, daß mein lautes Geschrei mich nur rettete.

Die Zeit, die zu meiner Hochzeit bestimmt war, näherte sich – meine Schwester Hanne und ich nähten emsig an meiner Ausstattung. Die Wirtschaft war auch größer geworden, denn meine Mutter hatte Zwillinge geboren. Meine Mutter zankte fortwährend mit mir, und nur die Abende waren gegen die Zeit der Hochzeit angenehm, wo mehrere junge Leute, Marcus' Freunde, kamen und viel gescherzt und gelacht wurde. Unangenehmes fehlte aber auch nicht – Marcus und mein Vater hatten oft harte Gespräche über einige Artikel des Ehekontrakts, und das war mir sehr schmerzlich – doch war das nur sehr vorübergehend in mir – denn alle die schönen neuen Kleider und der Putz, der vor mir ausgebreitet lag, und die nahe Aussicht zur Freiheit erfüllten mich mit jugendlichem Entzücken.

Der Hochzeitstag erschien endlich, und obschon viele, viele Jahre seitdem verstrichen sind, so ist mir der Morgen und der ganze Tag fast in jedem Moment erinnerlich. Mit unbeschreiblicher Wehmut erwachte ich, der Gedanke, meinen Vater zu verlassen, tat mir unendlich weh, und unter tausend Tränen ließ ich mir das Brautkleid anziehn, das von weißem Atlas war, mit roten Rosen besetzt. – Der Bräutigam kam, und die Gäste versammelten sich – kurz vor der Traue suchte ich meinen Vater allein zu sprechen – ich bat ihn mit heißen Tränen, mir in diesem Augenblick der Trennung alles zu verzeihen, wodurch ich ihn je gekränkt und geärgert hätte, und mir seinen Segen zu geben, er tat es, umarmte mich mit Tränen und sagte: Kind, brich mir das Herz nicht: Bis zu meinem letzten Atemzuge werden diese Worte mir unvergeßlich bleiben. – Sein Segen ist von Gott erhört worden – denn ich ging einem schönen, reichen Leben entgegen. Es war 1. Oktober des Jahres 1779, glaube ich. Es lag hoher Schnee auf dem Hofe, auf welchem der Baldachin stand, unter welchem ich, nach jüdischem Gebrauche, getraut ward – mehrere Vornehme, die Herz kannten, waren gegenwärtig. Ein Mittagsmahl, das bis spät am Abend dauerte, beschloß den Tag. – Herz' Freund Friedländer und seine Frau begleiteten das neue Ehepaar nach Hause.

Die ersten drei Jahre
NACH MEINER HEIRAT

Herz' Friseur war der erste Mensch,

der die fünfzehnjährige Frau am Morgen nach der Hochzeit sah. Wie viele Jahre auch seitdem verstrichen sind, so weiß ich doch noch, wo ich saß und wie ich in einem, nach damaliger Mode, reizenden Morgenanzug gekleidet und wie stolz ich auf meine neue Würde als Hausfrau war, da der alte Friseur ins Zimmer trat. Eine Köchin, die gleich am Morgen meine Befehle zum Mittagessen einholte, und eine alte, etwas betrunkene Frau, die

Herz schon früher in seinem Dienste hatte, machten meinen Hausstand. Den Abend war Ball im Hause meiner Eltern. Ich zog mich an – ich gefiel mir nicht – änderte und änderte am Putz, und ich gefiel mir nicht besser – die Ursache war, weil, nach jüdischem Gebrauch, ich mein Haar als Frau völlig verbergen mußte und das Kopfzeug, mit Perlen und Blumen geziert, mir nicht gut stand; ich kam etwas später als einige Gäste, und meine Mutter empfing mich mit Unwillen und schalt, daß hie und da etwas von meinem Haar unter dem Kopfzeug hervorsah – wie bald war das aber vergessen, als mein geliebter Vater mich zu einem Menuett aufforderte und den Ball mit mir eröffnete! Herz tanzte nicht. Mein Vater war schon in den sechziger Jahren und tanzte noch

ICH WAR GLÜCKLICH,
LIEBTE MIT DER FÜNFZEHNJÄHRIGEN LIEBE
EINEN DREISSIGJÄHRIGEN MANN

mit vieler Anmut und Festigkeit, daß er die Bewunderung der zahlreichen Gesellschaft vermehrte; mir ist wenig mehr von dem Abend erinnerlich, als daß ich Langeweile hatte und froh war, als ich das Fest geendigt sah. Die nächsten Tage vergingen mit Besuche machen und empfangen; das eigentliche neue Leben fing erst einige Wochen später an. Alle jungen Leute, die mein väterliches Haus besuchten und die meistens Studenten waren, kamen nun auch zu mir, und nicht einer war unter ihnen, den ich besonders interessiert hätte; ich fand auch keinen unter ihnen interessanter als den andern. Heiter und unbefangen ging ich mit ihnen um, und mein Mann sah sie gerne in seinem Hause. Meine Mutter besuchte mich und war meistens mit allem unzufrieden, was sie mich tun sah – ach, sie hatte wohl gewiß recht. Mein Vater kam seltener – es war mir aber immer ein Fest, wenn er kam. Freitag mittag aßen gewöhnlich einige jener jungen Leute und meine Mutter bei uns. Wir waren oft im elterlichen Hause, wo Herz spielte und ich mich langweilte.

Ich war glücklich, liebte mit der fünfzehnjährigen Liebe einen dreißigjährigen Mann, ich hatte viele Romane gelesen und sie in mich aufgenommen. Herz lachte mich aus, wenn ich schwärmte – tanzte ich um ihn her, hing ich mich an seinen Hals, wies er mich zur Vernunft. Dorothea und ich sahn uns nun fast täglich, und konnten wir uns nicht sehn, so schrieben wir einander. Herz war Arzt in ihres Vaters Hause, unsere Männer waren gute

Freunde, und sahn wir uns nicht öfterer, als es geschah, so lag es an der Verschiedenheit unseres Umganges.

Schon in Königsberg hatte er [Herz] viel von der Bildung gehört, welche in Berlin durch alle Stände verbreitet sei, und so kenntnisreich er war, so trat er doch aus diesem Grunde seine Reise hierher mit einer gewissen Bangigkeit an. Die Antwort eines Schusterburschen sollte ihn sehr bald in seiner Furcht bestärken. Er hatte unterweges einen seiner Pantoffeln verloren, und kaum hier angekommen, bestellte er sich einen anderen genau nach dem Muster des ihm gebliebenen. Diese Bedingung fand sich jedoch keinesweges erfüllt, als der neue Pantoffel

---

SCHON ZUR ZEIT UNSERER VERHEIRATUNG WAR HERZ EIN GEACHTETER ARZT

ankam, und er fragte etwas erzürnt den Überbringer, den Burschen des Schuhmachers, ob er wohl in der Tat der Meinung sei, daß dieser Pantoffel dem andern völlig gleiche? – So auffallend nun auch die Ungleichheit war, so brachte dies den Jungen doch nicht einen Augenblick in Verlegenheit. Er maß vielmehr Herz mit keckem Blicke von oben bis unten, und sprach dann: »Sie wissen wohl noch nicht, liebes Herrchen, daß es in der ganzen Welt nicht zwei völlig gleiche Dinge gibt?« – Herz stand ganz verblüfft vom Stuhle auf, zahlte schweigend den Pantoffel und ließ eine ziemliche Zeit vergehen, bis er sich in eine Berliner Gesellschaft wagte.

Schon zur Zeit unserer Verheiratung war Herz ein geachteter Arzt. Bald wurde er ein sehr gesuchter, und dies brachte uns in gesellige Beziehungen zu vielen größtenteils sehr achtbaren Familien, welche er ärztlich behandelte. In kurzem fing er auch an, in unserer Wohnung philosophische Collegia zu lesen, zu welchen sich ein sehr gewähltes Publikum einfand. Diese hatten um so mehr eine förderliche Ausdehnung unserer Verbindungen zur Folge, als er die tüchtigeren und ihm interessanteren unter seinen Zuhörern bisweilen zum Abendessen einlud. Später traten noch sehr beifällig aufgenommene, durch Experimente erläuterte Vorlesungen über Physik hinzu, in welchen er durch vortreffliche Instrumente und Apparate unterstützt wurde. Sie wurden von Personen aus den höchsten Ständen besucht, sowohl Wißbegierigen als allerdings auch bloß Neugierigen, und führten unseren Gesellschaften viele der ausgezeichnetsten Notabilitäten zu. Diesen Vorträgen wohnten selbst die jüngeren Brüder des Königs bei, und auch den damals etwa fünfjährigen Kronprinzen brachte späterhin dessen Erzieher Delbrück mit sich, um ihn einige interessante Experimente sehen zu lassen. Ich erinnere mich, selbst für den kleinen Prinzen einige solche mit Phosphor angestellt zu haben.

Der Ruf dieser Vorlesungen machte, daß man Herz um mancherlei dahin Gehöriges um Rat frug, so auch um die damals erst aufkommenden Blitzableiter, und eines Tages kam der jetzige Geheimrat Kunth, dann Hofmeister in einem vornehmen Hause, um Herz wegen eines Blitzableiters, der in Tegel errichtet werden sollte, um Rat zu fragen. Diese Angelegenheit führte ihn oft zu uns, und er brachte bald seine beiden Zöglinge Wilhelm und Alexander von Humboldt mit sich, – 16–17 Jahr alt –, diese beiden in der Folge so höchst merkwürdig gewordenen Menschen.

So jung und unwissend ich auch war, unterhielten sie [die Gäste] sich doch viel mit mir, weil sie mir und auch wohl sich selbst einbildeten, ich sei klug, weil ich hübsch war; doch waren diese Gespräche nicht ohne Nutzen für mich, denn es waren größtenteils gescheite Leute, die sie führten, und konnten sie auch nicht immer *mit* mir sprechen, so sprachen sie doch *zu* mir.

Herz war ein scharfer Kritiker. Es gehörte nicht viel dazu, damit er ganze Werke der Unklarheit beschuldigte. Oft und gern führte er einen Ausspruch von Malebranche an, daß es eine ganze Klasse sehr fruchtbarer Autoren gäbe, in deren Werken sich kaum eine Stelle finde, von welcher man behaupten könne, daß sie sie selbst verstanden hätten.

Das Erscheinen von Goethes ›Götz‹ und ›Werther‹ bezeichnete einen Wendepunkt in der schönen Literatur. Es ist begreiflich, daß ein solcher zugleich eine allgemeine literarische Parteiung zur Folge haben mußte. Sie fehlte selbst in unserer Ehe nicht. Mich, die junge, mit lebhafter Phantasie begabte Frau, zog alles zu der neu auftauchenden Sonne, zu Goethe, hin. Mein Mann, älter, mit Lessing persönlich befreundet, in diesem nicht nur den größten Kritiker der Deutschen, sondern, im Widerspruch mit Lessings eigener Ansicht, einen großen Dichter achtend, wies selbst in der schönen Literatur alles zurück, was nicht mit Lessingscher Klarheit und Durchsichtigkeit geschrieben war. Er teilte diesen Sinn mit mehreren seiner Freunde, unter anderen mit David Friedländer. Als dieser eines Tages mit der Bitte, ihm eine dunkle Stelle in einem Goetheschen Gedichte zu erklären, und die stille Hoffnung im Herzen, er werde es nicht vermögen, zu ihm kam, wies er ihn mit den Worten an mich: »Gehn Sie zu meiner Frau; die versteht die Kunst, Unsinn zu erklären!«

Als einst Karl Philipp Moritz eben bei mir war, trat Herz, Goethes Gedicht ›Der Fischer‹ in der Hand, zu mir ein. – »Kühl bis ans Herz hinan!« rief er. »Erkläre mir doch gefälligst einer, was das hier sagen will!« – »Aber wer wird dies Gedicht auch da verstehn wollen!« erwiderte Moritz, den Zeigefinger auf die Stirn legend. – Herz sah ihn groß an. – Es gibt gewiß vieles in der Poesie, was nur demjenigen verständlich ist, welcher Gleiches oder doch Ähnliches selbst empfunden hat, und ich darf sagen, daß Herz nicht vieles solcher Art empfunden hatte.

Mit dem Auftauchen der romantischen Schule steigerten sich nun vollends meine ästhetischen Leiden. Hier war für Herz alles unwahr oder unverständlich. Aber den Höhepunkt erreichten sie mit Novalis. Für die Mystik hat freilich die bloße Wissenschaftlichkeit kein Organ. Und dazu kam, daß auch mir allerdings in den Schriften dieses Dichters manches unverständlich blieb, wenngleich ich seinen Geist und sein Streben im Ganzen wohl begriff. Herz, der eben in Novalis' Schriften nur blätterte, um seinen Witz an ihnen zu üben, wußte meisterlich ebensolche Stellen aufzufinden. Eines Tages las er mir wieder eine solche vor und wollte sie von mir erklärt haben. Nach einigen vergeblichen Versuchen mußte ich gestehn, daß ich sie nicht verstände. – »Aber du meinst wohl etwa«, sprach Herz mit einem sehr sarkastischen Lächeln, »daß das Männchen selbst sie verstanden hat?«

Sosehr Herz die Geselligkeit liebte, so suchte er doch eigentlich nur Erholung von seiner Tätigkeit in ihr. Denn diese war in der Tat unermüdlich, und er achtete nichts feindlicher gegen sich, als was ihn an ihr hinderte. Daher vor allem die Migräne, an welcher er oft litt. Er trotzte ihr, solange es irgend möglich war. War sie jedoch heftig genug, um ihn von seinen Berufsgeschäften abzuhalten, so stieg seine Ungeduld und sein Ärger, sie nicht überwinden zu können, aufs höchste. – »Aber«, rief er einmal in einem solchen Anfall dieses Übels, »wie ist es nun, wenn ein Feldherr am Tage einer Schlacht, die über das Schicksal eines Staates entscheidet, von solcher Migräne befallen wird?«

Mein Hang zum Lesen wuchs, und ich konnte ihn jetzt ungestört befriedigen. Das erste Buch, das ich ganz eigentlich unter Leitung meines Mannes las, war Eulers Brief an eine deutsche Prinzessin. War Herz schon zu sehr beschäftigt, um mich eigentlich unterrichten zu können, so konnte er mir doch manches erklären, was ich nicht verstand. Was ihn damals neben seiner Praxis beschäftigte, war die Übersetzung einer kleinen englischen Broschüre. Ich sah oft in das Buch hinein, mit dem Wunsche, es zu verstehen; er ward bald befriedigt, indem mein Mann mir einen alten Schottländer zum Lehrer annahm. Ich machte schnelle Fortschritte, die aber unterbrochen wurden, indem ich den Lehrer abschaffen mußte, weil – er sich in mich verliebte. Nun sollte ein anderer angenommen werden, dazu kam es aber nicht so bald, weil Herz in eine gefährliche Krankheit fiel. Er mußte wohl ganz zu Anfang derselben das Gefühl davon haben, denn als der Staatsrat Rose ihm das Honorar für die Vorlesungen, die er gerade in dem Winter hielt, geben wollte, wollte er es nicht annehmen, sagend, daß er vielleicht sterben würde. Dies war meine erste wahre Leidenszeit. Ich war noch kein volles Jahr verheiratet und liebte meinen Mann mit der ganzen Liebe eines noch nicht sechzehnjährigen weiblichen Wesens. War diese Liebe schon mehr in mir gelegt als in mir entstanden, so kannte und ahnete ich doch nichts anderes und Schöneres. Siebzehn Tage und Nächte kam ich nicht aus meinen Kleidern. In den ersten Tagen der Krankheit pflegte und wartete ich den lieben Kranken allein, am achten Tage saß ich auf seinem Bette, da sagte er mir, daß er mir etwas, das ihn sehr quäle, vertrauen wolle, und er erzählte mir eine ganz gräßliche Geschichte von einem uns befreundeten Hause, die sich am Tage vor seiner Krankheit daselbst zugetragen hätte, mich bittend, einen Verwandten desselben rufen zu lassen, weil er ihn notwendig sprechen müsse. Ich tat, wie er wollte, der Mann kam, Herz sprach ihn, jener Geschichte aber erwähnte er nicht, und am Abend zeigte es sich, daß diese im genauesten Zusammenhänge erzählte Geschichte das Werk einer krankhaften Phantasie war, die nun durch steigendes Fieber immer mehr zerrüttet ward und eine so traurige Richtung für mich nahm, daß ich auf das Verlangen des trefflichen Selle, der Herz' Arzt und Freund war, das Krankenzimmer meiden mußte. Nie hatte Herz die kleinste Spur von Eifersucht geäußert, obschon viele jüngere und ältere

Männer in unser Haus kamen; plötzlich aber zeigte sie sich in einem so hohen Grade, daß er mich gar nicht mehr sehn wollte, weil ich, wie er sagte, mit all den jungen Leuten, die ihn bewachten und pflegten, in einem schlechten Verhältnis wäre. Ich war völlig ruhig bei dieser Beschuldigung, da ich das volle Bewußtsein meiner Unschuld hatte und überzeugt war, daß ein solcher Gedanke nur die Ausgeburt eines kranken Gehirns bei Herz sein konnte. Als einzige mögliche Ursache konnte ich mir nur denken, daß die jungen Leute und ich, die fast noch Kind war, über die wunderliche, oft komische Phantasie lachten, die Herz hatte. Die Entfernung vom Krankenbette tat mir indes sehr weh, und ich saß still hinter einem Schirm, auf die kleinste Bewegung des Kranken lauschend.

Am zwölften Tag der Krankheit, die sich als ein heftiges hitziges Fieber entschieden hatte, verging Herz plötzlich die Sprache, und die Ärzte glaubten seinen Tod nahe. Wie mir ward, als ich von einem derselben zu hören glaubte, er stirbt, kann ich nicht sagen; ich weiß nur, daß ich ins Nebenzimmer lief, dort, fast ohne Bewußtsein, im Kreise umhergehend, fortwährend die Worte wiederholte: »Ich bin noch so jung.« Dann bat ich, mir ein Werkzeug zu geben, mit welchem ich mich töten könnte. – Später erfuhr ich, daß ich das Fenster aufgerissen hatte, um mich hinauszustürzen. Die augenblickliche Gefahr ging vorüber, und in der Freude meines Herzens, das Verbot vergessend, trat ich ans Bett, legte mich liebkosend über den Kranken und fragte: »Ist dir besser?« – »Besser?« war seine Antwort, »ich war ja fast schon tot, aber geh nur, geh!« In so schmerzlichem Zustande verbrachte ich noch mehrere Tage – am vierzehnten der Krankheit war endlich den Ärzten alle Hoffnung geschwunden, die Nacht sollte entscheidend sein, und wirklich erreichte die Krankheit in derselben den höchsten Grad. Ein Unbesonnener unter den Wächtern lief zu meinem alten Vater, ihm die äußerste Lebensgefahr seines Schwiegersohnes zu verkünden, und der Schrecken lähmte ihm die Zunge augenblicklich. Meine gute Mutter, die mein Haus nur nachts verließ, zitterte nun für des geliebten Gatten Leben. Nach einigen Stunden wich die Gefahr nach vielen angewandten Mitteln wieder, und Herz erholte sich ein wenig. Ich wand mich in meinem Schmerz, als mir die bessere Nachricht gebracht ward, und mein erster Gedanke war, daß sie sogleich meinem Vater mitgeteilt werde. Der Bote fand den lieben frommen Mann mit Andacht und Inbrunst zu Gott beten; Gedanken nur konnte er zu seinem Schöpfer senden, denn noch war seine Zunge gebunden – als er aber die freudige Botschaft vernahm, ward sie ihm im Augenblick gelöst; ein ›Gott lob‹ kam von seinen Lippen, wie wohl nie ein frömmeres von heiligen Lippen gekommen war. Die Ärzte hofften indes wenig für Herz von dieser augenblicklichen Besserung und sagten, daß allein ein ruhiger Schlaf, den er die ganzen sechzehn Tage der Krankheit nicht genossen hatte, ihn vielleicht retten könnte. Seit mehreren Tagen schon hatte er gesagt im fortwährenden Delirio, daß er gern schlafen möchte, es aber in diesem fremden Hause und fremden Zimmer nicht könne; wenn man ihn aber aus diesem Lazarett heraus nach Hause und in das Zimmer bringen würde, wo die Bilder von Leibniz, Euler, Lessing usw. hingen (unser Putzzimmer meinte er; sein Bett stand in seinem Studierzimmer, weil die Schlafkammer zu klein war), dann würde er schlafen. Die Kälte war sehr heftig, und die Ärzte wollten eine Ortsveränderung, nach einem nicht durchheizten Zimmer, nicht zugeben; meine Mutter drang darauf, daß es geschehe, und am siebzehnten Tage der Krankheit, wo die Ärzte den Kranken völlig aufgegeben hatten, erlaubten sie es – da nichts mehr zu verlieren wäre. Das Zimmer war auf Befehl meiner Mutter schon den Tag zuvor geheizt worden, es war durchwärmt, und der Kranke wurde

DANN BAT ICH, MIR EIN WERKZEUG ZU GEBEN,
MIT WELCHEM ICH MICH TÖTEN KÖNNTE

gegen Mittag in seinem Bette hineingetragen, und fast in demselben Augenblick fiel er in einen ruhigen, sanften Schlaf, der sechs Stunden dauerte, während welchen wir in ängstlicher, gespannter Erwartung waren, weil Selle gesagt hatte, daß es ungewiß sei, ob der jetzt gut scheinende Schlaf nicht Todesschlaf würde. Er erwachte, und die Krankheit war gebrochen. Schwämme von der Lippe bis tief in den Schlund waren die Krise. War das volle Bewußtsein schon zurückgekehrt, so war der Grad der Schwäche doch so groß, daß er auch keinen Finger bewegen konnte; seine ganze Kraft verglich er mit der einer Mücke. Von meiner, meiner Eltern und der Umgebung Freude über die plötzliche Gewißheit der Genesung schweige ich. Die Rekonvaleszenz ging anfangs langsam wegen der Schwämme, welche der treffliche Voitus, der Mitarzt war, behandelte; als diese aber vorüber waren, nahmen die Kräfte sehr schnell zu. Herz war sehr vergnügt, denn sehr bald war er überzeugt, daß alles, was ihn im Delirio gequält hatte, Eifersucht, Entfernung vom eignen Hause, Unfälle, die Freunde betroffen hatten usw., Erzeugnisse seines kranken Gehirns waren. Die große Teilnahme, die Freunde und Bekannte ihm bewiesen, die Treue der jungen Leute, die fast alle angehende Ärzte waren, worunter einer ein Bruder meiner Mutter war – ein lieber Mann, der jetzt (1824) 70 Jahre alt, Arzt in der Provinz ist –, die jetzt teils tot, teils in der weiten Welt zerstreut sind. Die Heiterkeit kehrte nun in Herz und die Lustigkeit, ja Ausgelassenheit in mir wieder, das Andenken an alle Phantasien, die Herz hatte, hielt er nur noch in psychologischer Rücksicht fest und beschrieb die ganze Krankheit in einem an einen nun auch schon heimgegangenen Freund [gerichteten Brief], von welchem Herz einen sehr interessanten Auszug in Moritz' Erfahrungsseelenkunde gegeben.

Das frühere Leben ward nun wieder begonnen. Herz ging seinen Geschäften nach, die anfingen zuzunehmen; ich nähte, las, wusch, scheuerte und ging aus; das letzte indes selten; meine neuen Bekanntschaften waren noch eingeschränkt, und von den alten war mir fast keine geblieben. Ich wuchs und blühte immer mehr und mehr empor, vernachlässigte meinen Anzug und meinen Körper aber auf unerhörte Weise, so auch meinen kleinen Hausstand. Die Unordnung und Unreinlichkeit, welche mit so großem Rechte den Unwillen und Zorn meiner Mutter auf mich zogen, ehe ich verheiratet war, hatte ich mit in das neue Leben genommen, und mein Mann tadelte mich sehr ernstlich darüber, besonders dann, wenn seine Wäsche zerrissen war, die ich ihm, weiß, aus irgendeinem Winkel des Hauses hervorgeholt hatte. Er ließ mich dann zu sich rufen und machte mir gerechte Vorwürfe darüber. Da es nicht half, ward er ernstlich böse, obschon ich erschrak, wenn er mich während seines Anziehns nach seinem Zimmer kommen ließ, so half es doch noch immer nicht, und sonderbar ist es, als ich in späterer Zeit fast zum andern Extrem übergegangen war, ich noch immer, heftig sogar, erschrak, wenn er mich während seines Anziehns rufen ließ. Meiner Eitelkeit ward auch sattsam nach Herz' Krankheit gefrönt. Es kam nämlich ein russischer General nach Berlin, der eine sehr schöne Zirkassierin geheiratet hatte; er wohnte in einem der ersten Gasthöfe, wo auch vornehme Polinnen wohnten, bei welchen Herz Arzt war; sie hatten mich gesehn und schöner als jene schöne Zirkassierin gefunden, wollten den Gemahl derselben davon überführen, daß sie recht hätten, und ohne daß ich etwas davon wußte, ward ein Frühstück in ihren Zimmern angeordnet, wo ich gesehen werden sollte. Wer den Sieg davontrug, weiß ich nicht mehr, ich kann aber versichern, daß, wenn ich der phrygische königliche Hirtenknabe gewesen wäre, die Zirkassierin den goldenen Apfel bekommen hätte. Ich sehe sie noch in ihrer Schöne vor mir, im leichten weißen Morgengewand von dünnem, schön sich faltendem Zeuge und dem schwarzen, langen, fliegenden, sich wellenden Haar; die anmutigste Gestalt, die zierlichsten Bewegungen, und alles, was sie sagte, war kindlich und naiv; sie mochte ein paar Jahre älter gewesen sein als ich. Meine Kleidung war besser, konnte mir aber nicht stehn, denn ich hatte eine tiefe Haube auf, weil ich mein Haar verbergen mußte, und wenn unordentlicher Anzug und selbst Unlust an Pflege des eignen Körpers weder zu verteidigen noch zu entschuldigen ist, so dürfte das Mißfallen an mir selbst, eben durch den gesetzlichen Kopfputz, doch die Hauptursache davon gewesen sein.

Dorothea sah ich sehr oft, öfterer aber noch ein junges Mädchen aus meiner nahen Nachbarschaft, die ich sehr liebgewonnen hatte, Marianne Schadow, und Reil, der um diese Zeit als Student in Berlin war und durch Herz' Freund in Halle, Goldhagen, empfohlen worden. Er gab sich bei uns in die Kost, und sein Geist, seine Kenntnisse und Tüchtigkeit machten ihn Herzen sehr lieb, und meinem Oheim. Das Mädchen und ich waren von gleichem Alter und meinten beide, daß noch große Dinge mit uns vorgehn müßten, denn so ruhig, wie unser Leben damals war, dürfe es nicht verfließen. Leider war das ihre nur kurz; sie kam mit einem jungen Manne in ein Verhältnis, das ihr Ehre und Leben nahm; sie verließ heimlich ihr väterliches Haus und starb bald darauf im Wochenbett, doch geschah das erst zu Ende des Sommers, und den vorhergegangenen Winter sah ich sie täglich, besonders während einer Maserkrankheit, die ich durchmachte, wo ich das Bett hüten und fast niemanden sehn durfte. – Kurz vor meiner Krankheit hatte ich eine junge, sehr liebenswürdige Frau kennengelernt. Sie war aus Prag, wo sie, sich von einer unglücklichen Ehe losmachend, in ein Kloster geflüchtet war. Ihr Vater, ein frommer, im Gesetz lebender Jude, entführte sie daraus, obschon sie bereits, auf Zu- und Bereden der Klosterfrauen, katholische Christin geworden war. Der Vater ließ sie in Berlin zurück, wir gewannen uns lieb und sahen uns oft; sie ward später Gattin eines trefflichen Künstlers. Auch wurden ihre Söhne, wovon der älteste nur zu früh starb, wackere Künstler. Diese Frau sah ich oft, und mein Krankenzimmer war belebt durch sie und die andern Genannten. Ich genas bald und ward schöner und blühender. Meine Eitelkeit bekam auch Gelegenheit, sich zu freuen, weil um diese Zeit den jüdischen Frauen gleichsam die Erlaubnis gegeben ward, wenn auch nicht ihr eigenes, doch falsches Haar tragen zu dürfen, und da meine Eltern nichts dagegen hatten, wurde eine Perücke angefertigt, die mir sehr gut stand, doch ward sie bald beiseite gelegt, und das eigne, rabenschwarze, glänzende Haar ersetzte sie. Ich lebte fröhlich und fleißig; unser kleines Haus war viel besucht, und wir besuchten viele Häuser, unter andern auch das jener Freunde, von denen Herz in seiner Fieberphantasie mir die schreckliche Geschichte erzählt hatte. Dieses Haus war sehr elegant und gewaltig nach Vornehmigkeit strebend. Dorthin wurden wir oft eingeladen. Die Männer spielten, und die Frau und ich gingen, war es Sommer, wohl in den am Hause stoßenden Garten. So geschah es eines Abends, daß wir in den Garten kamen und zwei Herrn darin fanden, die mir völlig unbekannt waren. Madame Cohen nannte sie mir beide; der ältere war der englische Gesandte: ein schöner Mann, der jüngere Offizier und zur Gesandtschaft gehörig, beide Bewohner des Hauses; der letztere gab mir den Arm, und wir gingen im nicht sehr großen [Garten] spazieren, als die Cohen, eine Klingel hörend, sagte, sie müsse

WIR LASEN, UND ER ERKLÄRTE MIR IN ZARTEN WORTEN SEINE LIEBE

fort; ihr Führer begleitete sie; sie waren so schnell verschwunden, daß ich mich schon mit dem meinigen allein sah, ehe ich mich noch von seinem Arm losmachen konnte. Mir war gleichsam unheimlich zumute, und ich gab den Bitten des hübschen jungen Mannes, länger im Garten zu bleiben, nicht nach, sondern eilte ins Haus zurück. Da wir diese sogenannten Freunde oft besuchten, so konnte Ewart (der Name des jungen Mannes) mich auch oft sehn, wozu die englische Kammerjungfer, wahrscheinlich auf Geheiß ihrer Herrin, Gelegenheiten veranstaltete, die ich, wäre ich älter als sechzehn Jahre gewesen, wohl nicht benutzt und in ihrem rechten Lichte erkannt hätte. Nun aber ließ ich mir's gefallen, mir, wenn ich Ewart wie zufällig antraf, was nicht selten geschah, Schmeicheleien von ihm vorsagen zu lassen; auch dauerte es nicht lange, so kam er zu uns ins Haus, er war sehr klug und wußte Herz zu gewinnen, mit dem er Französisch sprach, Deutsch wußte er nicht, und sehr oft kam er schon morgens um neun Uhr und blieb bis Mittag um zwei Uhr. Wir lasen, und er erklärte mir in zarten Worten seine Liebe, die ich zwar nicht eigentlich erwiderte, mich aber doch nicht ruhig ließ, und ich kann mit der größten Wahrheit sagen, daß ich ihm auch nicht die geringste Gunstbezeugung gewährte, denn kaum erlaubte ich ihm, mir die Hand zu küssen, dennoch aber fühlte ich mich nicht ganz gleichgültig gegen ihn, wenn er vor mir auf den Knien lag und mit feuchten Augen um einen Kuß bat, und wenn ich an Herz dachte, weinte ich über mein Vergehen gegen ihn, das nur in ganz vorübergehenden Gefühlen und Gedanken bestand. Wie oft bat ich Herz nicht, daß er, wenn Ewart am Morgen käme, ihn nicht annehmen möchte, damit er dann nicht so viele Stunden bei mir sein könne. Herz meinte aber, was es mir denn täte, ich könne ihn ja da sitzen lassen und immer arbeiten. Welche Sicherheit? Ewart kam nun zu allen Tageszeiten, vernachlässigte die Kreise, in welchen er sonst gelebt, wozu auch die Höfe gehörten, und war immer da, wo ich war; konnte er es irgend möglich machen, so ließ er sich, ich weiß nicht, durch wen, auch bei Moses Mendelssohn einführen, den wir oft besuchten. Da er sah, daß er durch Feinheit seinen Zweck, der mir endlich nicht mehr verborgen bleiben konnte, nicht erreichen würde, ward er zudringlich, und das rettete meine Seele. Sie wandte sich ab von ihm, und er ward jedesmal von meiner Türe abgewiesen, wenn ich allein war. Eines Sonnabends mittag kam ich von meinen Eltern nach Hause und fand ihn an meiner Türe, die mir eben geöffnet ward; ich mußte ihn jetzt schon des Dienstmädchens halber hereinlassen. Kaum waren wir im Zimmer, so beschwor er mich, ihm eine Zeit zu bestimmen, in welcher er mich allein und ungestört sehn könne; er kniete vor mir nieder und schwur, daß er nicht eher aufstehn würde, bis ich ihm eine Stunde genannt hätte. Ich hörte klingeln, hörte Tritte – ich beschwor ihn aufzustehn – umsonst – man näherte sich der Tür, – er sagte, daß es ihm gleich wäre, wer käme, es sei mein

Mann oder ein Fremder – man war an der Türe, und ich nannte ihm neun Uhr am andern Morgen – mit dem Gedanken, dann nicht mehr zu Hause zu sein. Ich war ruhig, und war Ewart schon der erste Mann, der meine Brust auf eine Weise bewegte wie kein anderer, so war es doch in sehr geringem Grade, und es durfte mehr der hübsche englische Offizier sein als der Mensch in ihm. – Am Abend desselben Tages, den ich außer dem Hause zugebracht hatte, sagte mir mein Mädchen beim Auskleiden, daß Ewart mehrere Male dagewesen wäre und daß er ihr einen Brief für mich gegeben; ich nahm ihn ihr ab, erbrach ihn nicht, schlief ruhig und eilte am andern Morgen vor neun Uhr mit dem Briefe zu meiner Freundin, mit der ich näherkam, da ihr nachheriger Gatte, mit dem sie in einem Hause wohnte, meine Büste machte, Marianne, sie um ihren Rat bittend. Ich wollte nämlich den Brief nicht erbrechen, sondern ihn entweder unerbrochen zurückschicken oder ihn meinem Manne geben; gegen das letzte war sie entschieden, und ihre Neugier, vielleicht auch die meinige, machte, daß wir den Brief erbrachen: sein Inhalt läßt sich leicht erraten; er war in englischer Sprache geschrieben, teils in Versen, teils in Prosa, voll der glühendsten Leidenschaft. Ich ward fest und fester, den Brief meinem Manne zu zeigen und dann zu tun, was er mir sagen würde. Der Umgang mit Ewart hatte mir eine ziemliche Fertigkeit im Verstehn des Englischen gegeben, wir lasen viel miteinander, und daher ist es kein Wunder, daß ich mehr wußte als Herz. Ich mußte ihm daher fast den Brief wörtlich übersetzen, er blieb ruhig und sagte, ich möchte ihm alle Bücher, deren er mir viele geliehen hatte, zurückschicken und ihm folgende Worte dabei schreiben: Sachez que la comédie est finie et que vous ne trouverez jamais plus ni moi ni mon mari à la maison. Es kostete mich keinen Kampf, dies zu tun, mir war ganz leicht dabei, und meine Heiterkeit war auf keine Weise gefährdet. Daß die Bekanntschaft Ewarts im Cohenschen Hause gemacht war, wußte Herz. Die Gelegenheiten, ihn zu sehn, aber, die mir gemacht wurden, verschwieg ich ihm, was freilich nicht recht war; aber – so jung, so schön – man verzeihe mir's. Mehrere Wochen verstrichen, ohne daß ich Ewart sah, es geschah einmal – wahrscheinlich veranstaltet –, und er sagte mir, daß man ihn auf unerhörte Weise in Hinsicht meiner hintergangen habe, daß man ihm gesagt (und zwar ließ er es mich durchsehn, daß es jene eben genannten Freunde gewesen wären), daß es ihm leicht werden würde, was er nun als unmöglich erkenne, daß ich ihm doch nur wieder erlauben möchte, zu mir zu kommen. Ich glaubte ihm, was er sagte, da ich der Cohen nie recht getraut hatte, sprach mit Herz, sagte ihm alles, und da er Ursache hatte, Cohens zu schonen, so ließ er geschehn, daß Ewart wiederkam. Er war nun ganz anders in seinem Betragen, ich bin aber weit entfernt, zu glauben, daß diese Änderung aus dem rechten Grund entstand, glaube vielmehr, daß er kälter ward durch eine neue Verbindung mit einer Hofdame der Königin, die später seine Gattin ward; seine Besuche wurden immer seltner und hörten endlich ganz auf; ich blieb ruhig, und als ich ihn nach Jahren einmal wiedersah, ward ich wohl einen Augenblick bewegt, blieb aber ruhig. Mehrere Jahre nachher ward er Gesandter am hiesigen Hofe, und ich sah ihn höchst selten, doch erinnere ich mich, daß, als ich ihn zum ersten Male nach langer Zeit sah, ich erschrak und Herzklopfen bekam. So endigte die erste Begebenheit dieser Art, und ich danke noch heute Gott, daß sie mich nicht ins Verderben gestürzt hat. Seine Hand allein konnte mich dagegen schützen, und er hat sie über mich gehalten. Dorothea wußte auch einen Teil der Geschichte; auch sie war unbefangen und unschuldig wie ich; mehr und um alles wußte Marianne, die ich öfterer sah, weil ihr Freund und nachheriger Gatte meine Büste in seinem Hause machte, in welchem sie wohnte, und sie gewöhnlich den Sitzungen beiwohnte. Sah ich nun schon Dorothea seltner, so war sie meinem Herzen dennoch näher; auch verstand sie mich oder vielmehr meine Unschuld besser, weil sie selbst unschuldig war. Vor meiner Bekanntschaft mit Ewart hatte ich nie die Möglichkeit gedacht, daß eine verheiratete Frau von einem anderen als von ihrem Manne geliebt werden oder einen andern als ihn lieben könnte. Wie durch einen allmählichen Zauber ward mir langsam ein Vorhang weggezogen, hinter welchem ich eine neue große Welt erblickte und fühlte. Oft sagte ich das zu Dorothea, die ich jede Woche einmal sah, wozu eine in ihrem Hause eingerichtete Lesegesellschaft Gelegenheit gab.

Ich fahre nun fort in der Erzählung meiner früheren Lebenszeit. Bald nach der glücklich vorübergegangenen Zeit, in der ich Ewart sah, verließen wir die Wohnung und bezogen eine größere, ganz in der Nähe von Freunden, deren älteste Tochter, um einige wenige Jahre jünger als ich, ein sehr ausgezeichnetes Wesen war; wir wurden bald näher befreundet und sahen uns oft. Der Vater, der Juwelenhändler war, bezog die Leipziger Messe, und ich war außer mir vor Freuden, als er und seine Frau mir sagten, daß sie mich zur nächsten Ostermesse mitnehmen wollten. Es war die erste Reise, die ich machen sollte, und ich dachte still in mir, daß die Leute über Potsdam hinaus doch wohl anders aussähen als bis dahin, und mit Freude und Neugier trat ich die Reise an.

Mein Mann konnte seiner großen ärztlichen Praxis halber sich nicht wohl von Berlin entfernen. Eigentlicher Zweck der Reise war ein Ausflug, welchen ich von dort auf seinen Wunsch nach Halle machen sollte, damit sein Lehrer und Freund Goldhagen mich kennenlerne. Ich erfüllte diesen Wunsch, und es wurde mir bei dieser Gelegenheit in Halle zugleich die Bekanntschaft zweier vielgenannter, aber sehr verschiedenartiger Menschen, des Romandichters Lafontaine, damals noch ein sehr junger Mann, und des mehr berüchtigten als berühmten Theologen Bahrdt. Aber ungeachtet jener vielleicht niemandem jemals ein Haar gekrümmt hat und seiner Zeit der Liebling vieler, zumal fast aller romanelesenden, Frauenzimmer war, während dieser schon damals fast mit aller Welt, namentlich mit der Geistlichkeit, in Streit und Hader lebte, so gestehe ich doch, daß er mich viel mehr interessierte als der weiche sentimentale Lafontaine, der im Leben vielleicht ebensooft gerührt war, als er durch seine Werke Leser und Leserinnen gerührt hat. Bahrdt war in der Tat in der Gesellschaft ein durchaus angenehmer Mann, wenn in dieser nur nicht die Gegenstände seines Grolles und seiner Polemik berührt wurden. Er war unterhaltend, er sprach fließend, ja elegant, und oft mit einer Wärme, welche meinem jugendlichen Gemüte sehr wohl tat. Er und der zu jener Zeit in Halle studierende, später als Arzt berühmt gewordene Formey begleiteten mich nach Leipzig zurück, und ich gedenke noch seiner lebendigen und anregenden Unterhaltung auf dieser kleinen Reise.

In der letzten Stadt lernte ich teils damals, teils auf einem späteren Ausfluge dahin in Gesellschaft meiner Freundin Dorothea Veit noch andere in jener Zeit glänzenden Sterne am Himmel der Kunst und Literatur kennen, welche alle aber auch zugleich als Menschen höchst achtenswert und liebenswürdig waren. Liegt es an dem Fortschritt, oder auch nicht, teilweise wenigstens, an dem Undank und der Selbstgenügsamkeit der jetzigen Generation, daß ihr Andenken heute fast gänzlich verschollen ist? Und doch gehörte zu ihnen Ernst Platner, zugleich Arzt, Physiolog und Philosoph, und in allen diesen Fächern ausgezeichnet; Friedrich von Blankenburg, der, nachdem er im Siebenjährigen Kriege sich als tapferer Offizier bewährt, aber auch infolge der Strapazen der Feldzüge seine Gesundheit eingebüßt hatte, durch ästhetische Werke sich einen Namen in der damaligen Literatur erwarb, ein wackerer, milder Mann, der nach dem Tode seines Heldenkönigs nie anders als in Trauer erschien, jedenfalls eine sehr interessante Persönlichkeit, und der schon deshalb nicht ganz vergessen sein sollte; der liebenswürdige C. F. Weiße, der Kinderfreund, und eine Reihe von Jahren hindurch sehr beliebter dramatischer Schriftsteller; der treffliche Oeser, der als Mensch vielleicht noch höher stand, wie er, der Sohn einer wenig erquicklichen Kunstzeit, als Künstler stehen konnte, der aber doch die Kunst des Bildhauers und die des Malers in seiner Person vereinte und in seiner Epoche in beiden hervorragte, dessen größtes Verdienst jedoch das jetzt fast vergessene sein möchte, daß er infolge seiner vielseitigen Bildung seinem Freunde Winckelmann die erste Anleitung zu seinen archäologischen Studien geben konnte; Bause, der Kupferstecher, dessen noch heute hochgeschätzte Blätter sein Andenken wenigstens unter den Kupferstichsammlern erhalten haben wird.

Als ich auf meiner Reise nach Italien wieder durch Leipzig kam und von allen diesen nur noch Platner am Leben fand, schien mir diese Stadt fast verwaist. Mit diesem körperlich und geistig noch frischen Greise jedoch verlebte ich zu meiner Freude noch schöne Stunden bei der Frau Löhr, der Tochter Bauses, aber ich hatte fast Ursache, diese Freude zu bereuen, und mußte über die Vergänglichkeit alles Irdischen schmerzliche Betrachtungen machen, als ich kurz nachher erfuhr, daß der eben noch so lebensfrohe Mann von einer Gemütskrankheit befallen worden sei, von welcher ihn glücklicherweise ein baldiger Tod erlöste.

Zurück jedoch zu der befreundeten Familie, mit welcher ich jene erste Reise nach Leipzig machte. Sie bestand aus dem Juwelenhändler Levin, seiner Frau und ihrer Tochter Rahel, später Frau von Varnhagen. Der Vater war der geistreichste und witzigste Despot, den man sich denken kann, und eben deshalb der verletzendste. Aber darum kümmerte er sich wenig, denn in der Tat war seine größte Lust die an der Unlust. Wie es hieß, hatte er ein sehr schlechtes Leben geführt, soll unter einer Räuberbande gewesen und gebrandmarkt gewesen sein. Er war ungemein klug, aber nicht gut. Sein Wille war sein höchstes Gesetz, und unter diesem eisernen Willen litt seine ganze Familie; doppelt aber Rahel, welche auch das Leid mitlitt, unter welchem ihre gute, sanfte, doch etwas geistesbeschränkte Mutter seufzte. Das etwa fünfzehnjährige Mädchen war infolge dieser Verhältnisse wirklich sehr unglücklich. Denn neben dem Geiste und der Freiheitsliebe, welche sie schon damals vor allen Mädchen ihres Alters auszeichneten, war sie auch durch ein fühlendes Herz hervorragend, wie sie mir denn überhaupt immer für die schlagendste Widerlegung der Behauptung gegolten hat, daß Herzensgüte nicht neben einem scharfen und kritischen Verstande bestehen könne. Sie war von der regsten Teilnahme für die Ihrigen und für ihre Freunde, und diese Teilnahme war um so wohltuender und wirksamer, als Rahel tief in die Geschichte der Herzen eindrang. Hilfreich war sie bis zur Selbstaufopferung, und dies von jenen frühen Jahren an bis zu ihrem Lebensende.

Der Vater war reich. Er machte in Berlin auf gewisse Weise ein Haus, denn er sah viele Leute bei sich, aber es waren größtenteils Schauspieler, ein Umstand, der auf manche Lebensansichten der Kinder nicht ohne Einfluß blieb. Die Frau war einfach und gut, dem Mann in jedem Sinne unterworfen.

Wir reisten mit Extrapost, kehrten daher immer in den Posthäusern ein, wo die bessere Gesellschaft war, und so geschah es auch in Beelitz. Beim Hereintreten ins Gastzimmer fiel mir Gesicht und Gestalt eines Jünglings auf, der wohl zu den schönsten in allen Zeiten gehören dürfte. Ein ältlicher Mann war mit ihm, wir kamen allmählich ins Gespräch, und ich erfuhr, daß sie nach Berlin gingen, wo der Jüngling sich längere Zeit aufhalten würde. Als wir fortfuhren, stand er vor der Türe und nickte mir ein gar freundliches Lebewohl zu.

Auch hier in Leipzig lebten wir auf anständigstem Fuße. Wir speisten in den ersten Hotels. Mein Aufenthalt in Leipzig, der vier Wochen dauerte, gehört zu den angenehmsten Erinnerungen meiner Jugendzeit. Täglich des Vormittags auf Auerbachs Hof, den damaligen Sammelplatz der eleganten Welt, wo man sich einfinden mußte, weil es zum guten Ton gehörte, und des Abends ins Theater.

Ich glaube, daß ich damals in der Tat schön war. Hatten sich schon in Halle die Studenten haufenweise meinem Fenster gegenüber versammelt, so konnte es mir nicht minder verborgen bleiben, daß ich in Leipzig große Aufmerksamkeit erregte, ja, dienstfertige Seelenverderber sagten mir später, man sei des Morgens eigens nach Auerbachs Hof gegangen, um mich zu sehn, weil ich dann gewöhnlich dort zu finden war. Ich lernte auf diese Weise viele Leute äußerlich kennen, aber es knüpften sich hier auch zwei Freundschaftsverhältnisse an, die mir für das

---

TÄGLICH DES VORMITTAGS AUF AUERBACHS HOF, DEN DAMALIGEN SAMMELPLATZ DER ELEGANTEN WELT

Leben blieben. Das eine mit dem feinen, geistreichen und vielseitigen Schweden Gustav von Brinckmann, einem Altersgenossen von mir, das andere mit dem viel älteren Goeckingk, welches aber schon deshalb ein innigeres wurde, weil ich länger mit ihm als mit jenem an demselben Orte lebte und wir uns zuzeiten fast täglich sahen.

Man darf sich das Aufsehen, welches Goeckingk in der Zeit vor dem Auftreten der Koryphäen unserer Dichtkunst bei dem gebildeten Publikum erregte, nicht als ein geringes denken. Die gewandte Form und die Tiefe und Zartheit der Empfindungen in seinen ›Liedern zweier Liebenden‹ hatten sie mir nicht weniger als der ganzen Lesewelt jener Zeit wert gemacht, und seine damals berühmten ›Episteln‹, in welchen Feinheit der Beobachtung mit Gefühl und Anmut wetteifern, mich geradezu entzückt. Ich hatte mir immer seine Bekanntschaft gewünscht, und nun wurde sie mir durch ein zufälliges Zusammentreffen. Und wunderbar! – ich war gewohnt, mir ein Bild von der Persönlichkeit mir interessanter Menschen zu machen, und nie fand ich es der Wirklichkeit entsprechend, wenn ich sie später kennenlernte; ihn allein hatte meine Phantasie mir ganz entsprechend gebildet. Deshalb stand er mir auch vom ersten Augenblicke näher, als es sonst bei neuen Bekannten der Fall ist.

Wer das Interesse, welches ich an ihm nahm, zuerst bemerkte und mir dies scharf genug bezeichnete, war der Buffo einer italienischen Truppe, welche sich damals – es war zur Meßzeit – in Leipzig befand. Er galt für vortrefflich, da ich jedoch noch kein Wort Italienisch verstand, so war es nur seine Gewandtheit und vor allem sein höchst ausdrucksvolles und zuzeiten ungemein komisches Mienenspiel, was ich an ihm würdigen konnte; aber dies ließ mich, auch wenn er auf der Szene war, selten aus dem Lachen kommen. Er bemerkte dies bald, da wir immer in einer Prosceniumloge saßen, und zum Dank für meine Anerkennung schnitt er, beim Abgehen, aus der Kulisse hinaus immer noch ein paar Gesichter zum Totlachen eigens für mich. Heute hatte mich Goeckingk ins Theater begleitet, und seine Unterhaltung interessierte mich zu sehr, als daß ich viele Aufmerksamkeit für die Lazzi des Buffo gehabt hätte. Als ich nun aber die Fratze aus der Kulisse erwartete, nachdem ich meinen Begleiter auf sie vorbereitet hatte, erfolgte sie nicht, und statt ihrer wurde mir ein zorniger, vorwurfsvoller Blick aus dunkelglühenden Augen heraufgeschleudert.

Nach dem Theater – es war ein schönes Frühjahr – gingen wir gewöhnlich noch spazieren, und ein junger Engländer, dem ich im Theater aufgefallen war, folgte uns gewöhnlich, sowie einige andere junge Leute, die ich auch nicht kannte. Ich bin jetzt 65 Jahr alt, wir zählen 1829, und ich darf daher wohl von meiner damaligen, anerkannten Schönheit sprechen, von der auch keine kleinste Spur mehr sichtbar ist. Die dunkeln, glänzenden Augen sind heller und matt geworden, das rabenschwarze Haar weiß, die weißen perlenartigen Zähne schwarz und schadhaft, das schöne Oval des Gesichts mager und lang … [hier fehlen zwei Blätter im Manuskript] … Mein Lehrer gab zu seinem Besten jährlich den ›Tod Jesu‹ in der Nikolaikirche, und in diesem Jahre ging ich hin, weil er eben mein Lehrer war. Kaum hatte ich einen Sitz in einer Reihe mit der Kanzel genommen, als ich den Beelitzer Jüngling erblickte; er stand angelehnt unter der Kanzel und sah mich mit unverwandtem Blicke an; daß meine Aufmerksamkeit jetzt mehr auf ihn als auf die Musik gerichtet war, läßt sich denken. Beim Hinausgehn aus der Kirche seh ich ihn an meiner Seite, er redete [mich] an, indem er mich fragte, ob ich mich wohl erinnere, ihn gesehn zu haben. »O ja«, war meine Antwort, »Sie stehn auch in meinem Tagebuch.« Das schien zuviel, und ich setzte schnell hinzu: »Es war meine erste Reise, und da habe ich alles, was ich sah, Mensch und nicht Mensch, bemerkt.« Wenige Tage nach diesem Wiedersehn kam der Staatsrat Kunth zu uns und bat um die Erlaubnis, einen jungen Freund, den Sohn von Sophie La Roche, einführen zu dürfen. Das geschah denn nach wenigen Tagen, und ich war nicht wenig erstaunt, meinen Beelitzer Jüngling in dem Eingeführten zu erblicken. Er kam oft, und wir wurden Freunde, ohne daß ich mich erinnere, daß irgendein leidenschaftliches Gefühl sich hineingemischt hätte. In der Nähe meiner Wohnung wurden Vorlesungen gehalten, denen Karl beiwohnte und einer seiner Freunde, und es ist mir wohl zu verzeihen – ich war 17 Jahr alt –, wenn ich am Fenster war, wenn die Vorlesungen zu Ende waren, um Karl Vorbeigehen zu sehn. Nach einem Jahr verließ er Berlin.

LESEGESELLSCHAFTEN

In meiner Jugendzeit

wurde viel mehr gemeinschaftlich gelesen als jetzt. Teils kaufte man damals noch weniger schönwissenschaftliche Bücher, während es doch in Berlin zu jener Zeit nur eine irgend wohlversehene Leihbibliothek gab, die Viewegsche in der Spandauer Straße, teils bezweckte man, sich über das Gelesene gegenseitig zu verständigen. Wie es denn überhaupt hinsichtlich der Mittel, welche man ergriff, um sich zu bilden, und die Art, auf welche jeder im geselligen Verkehr sein Wissen anderen mitteilte, anders stand als jetzt. Einmal schon sprach man unbefangen und rückhaltlos aus, man habe das Bestreben, sich zu bilden, ein Wort, welches jetzt beinah lächerlich geworden ist. Weil man aber die Absicht und das Verlangen darnach aussprach, fanden sich sehr tüchtige Männer, und später, als die Pedanterei schon mehr einer freieren Bewegung Platz gemacht hatte, selbst berühmte Gelehrte, welche es nicht unter ihrer Würde hielten, den so Strebenden ihr Bestes mitzuteilen. Oft trugen sie in geselligen und sehr gemischten Kreisen vor, was unsere heutigen Gelehrten vielleicht nur Studierenden und Studierten vorzutragen der Mühe wert achten würden. Ebenso vereinigten sich sogar Gelehrte aller Fächer, Philologen, Philosophen, Theologen, Juristen usw. mit Frauen und Männern, welche an Wissen und Urteil weit unter ihnen standen, um sich miteinander an Erzeugnissen der schönen Literatur zu erfreuen, welche man sich wie gesagt zu diesem Zwecke vorlas.

Daß unter solchen Verhältnissen die Fähigkeit, gut vorzulesen, lebhaft angestrebt wurde, ist begreiflich. Auch mein Mann achtete dies Talent sehr, und kurz nach unserer Verlobung fragte er mich, ob ich lesen könne? – Da er mich während meines Brautstandes, und namentlich während der ersten Zeit desselben, meist wie ein Kind behandelte – und in der Tat war ich dies, denn ich zählte damals kaum dreizehn Jahre, und wurde auch im Hause selbst als Braut zu meinem großen Verdrusse noch so genannt –, so bezog ich diese Frage auf das Mechanische des Lesens und fühlte mich um so mehr durch sie gekränkt, als ich nicht nur schon fast die ganze Viewegsche Leihbibliothek zweimal durchgelesen hatte, sondern auch einst auf dem Wege dahin, einen schauerlichen Roman in der Hand, vor seinem Fenster, zu welchem er eben hinaussah, ausgeglitten und hingefallen war; was er, meiner Meinung nach, um so weniger hätte vergessen dürfen, als meine Beschämung darüber ihm nur zu sichtbar geworden war. Tränen rollten über meine Backen, und kaum vermochte ich ein leises: Ja! herauszubringen. Er bat mich nun, ihm etwas vorzulesen. Aber nach den ersten Zeilen schon sagte er, lächelnd zwar, doch mit der ihm eigentümlichen witzigen Schärfe: »Das nenne ich: ablesen!« – Nun las er mir seinerseits vor, und er las ganz vortrefflich. Jetzt verstand ich erst, was er gemeint hatte, und erklärte ihm, nun müsse ich freilich gestehn, nicht lesen zu können. »Ich werde es Sie lehren!« sprach er; und ich mußte mir schon den meine Eitelkeit verletzenden, aber mir sehr förderlichen Unterricht gefallen lassen.

Ich las später, wie man mir sagte, gut. Als ich einmal Goethes ›Fischer‹ in Gegenwart Zelters las, schien dieser sehr erfreut von der Art meines Vortrages des Gedichts, ja er sagte dem Dichter davon. Es zeugt von Goethes trefflichem Gedächtnis, selbst für Unbedeutendes, daß er, als ich ihn nach Jahren in Dresden sah, Zelters Bericht noch in Erinnerung hatte. Ich dankte diesem sehr freundliche Äußerungen des Dichters über die Sache.

Eine der frühesten Lesegesellschaften, deren ich mich erinnere, war die, welche sich wöchentlich im Hause meiner ein Jahr früher als ich verheirateten Freundin Dorothea Veit, der Tochter Mendelssohns, später Friedrich Schlegels Gattin, versammelte. Zu ihr gehörten außer dieser Freundin und mir unter anderen mein Mann, Moritz, David Friedländer und eine zweite Tochter Mendelssohns. Gewöhnlich wurde Dramatisches gelesen, und ich darf sagen, gut. Mendelssohn war uns ein fleißiger und aufmerksamer Zuhörer. Aber wie schlichen wir auch um ihn herum, um ein Wort des Urteils von ihm zu hören! War es gar ein beifälliges, wie glücklich waren wir! – Der Weise war so gut und mild in seiner Weisheit. Dabei liebte er den Scherz, aber der seine war nie beißend. Selbst seinem Tadel wußte er eine anmutige, ja wohltuende Form zu geben. Ich war verwöhnt, weil man mir huldigte, und geneigt, selbst über harmlose Neckereien empfindlich zu werden. Als dies eben einmal wieder der Fall gewesen war, tadelte er mich ernst deshalb, schloß aber mit den Worten: »Sie sollten doch so etwas ruhig ertragen können!«

Etwas später, etwa um das Jahr 1785, bildete sich eine Lesegesellschaft, an welcher die ausgezeichnetsten Männer Berlins von den verschiedensten Fächern und Altern teilnahmen. Ich will unter ihnen nur Engel, den stets alten und etwas pedantischen Ramler, Moritz, Teller, Zöllner, Dohm, den Juristen Klein und meinen Mann nennen. Auch die weiblichen Mitglieder ihrer Familien gehörten ihr an. Außerdem aber auch die beiden sechzehn- bis achtzehnjährigen Brüder Wilhelm und Alexander von Humboldt, damals schon von feiner Sitte, lebendig, geistreich, kurz, durchaus liebenswürdig, und von umfassendem Wissen.

UM 1785 BILDETE SICH EINE LESEGESELLSCHAFT, AN WELCHER DIE AUSGEZEICHNETSTEN MÄNNER BERLINS VON DEN VERSCHIEDENSTEN FÄCHERN UND ALTERN TEILNAHMEN

Sie waren zu jener Zeit schon in unser Haus eingeführt, und so konnte es denn bei ihrem Interesse für alles Schöne, welchem sich später wohl auch einiges für die Schönen unserer Gesellschaft beimischte, nicht fehlen, daß sie dieser angehörten.

Die Versammlungen fanden stets bei dem Kastellan des Königlichen Schlosses, Hofrat Bauer, statt, dessen Frau ihrer Zeit den Anspruch machte, ein bel-esprit zu sein, und zwar im Winter im Schlosse, im Sommer in einem Garten, welchen Bauer vor dem Königstor besaß. Gelesen wurde jedesmal. Kleinere und größere Aufsätze, lyrische und epische Dichtungen, Dramatisches usw. wechselten ab, und sowohl Männer als Frauen lasen vor. Aber im Winter tanzten wir Jüngeren nach dem frugalen Abendessen, und ich erinnere mich, daß Alexander von Humboldt mich an einem jener Abende die damals noch neue Menuet à la Reine lehrte, und im Sommer spielten wir allerlei gesellige Spiele im Freien, bei welchen sich jedoch oft auch die Älteren beteiligten, schlugen Ball usw. Diese Allotria wurden freilich stets nur zu großer Unzufriedenheit der Frau Bauer getrieben, welcher nie genug gelesen werden konnte.

Engel präsidierte gewissermaßen in dieser Lesegesellschaft. Er führte die Irrenden auf den richtigen Pfad, und zwar im Winter von einem Platze hinter dem Ofen aus, welchen er stets einnahm, wann er nicht las. Ich erinnere mich noch, daß, als eines Abends Frau Bauer das Wort: Krítiker in einem Aufsatze, in welchem dasselbe wiederholt vorkam, stets: Krítiker aussprach, Engel nicht müde wurde, den Fehler zu korrigieren »Krítiker!« erschallte es immer von neuem hinter dem Ofen hervor, und wie die Folge bewies, immer vergebens. Die Sache war allerdings geeignet, den Anwesenden ein Lächeln abzunötigen, aber deshalb erschien uns die Frau noch nicht lächerlich, und Engel und alle die Notabilitäten unseres Kreises erschienen sich nicht so, in ihren literarischen Unterhaltungen eine solche Frau zur Genossin zu haben.

So lebten wir ein ganzes Jahr auf hochvergnügliche Weise miteinander, von manchem geistigen Nutzen für alle. Der Eindruck, den ich auf Wilhelm gemacht, entging mir nicht, auch schrieben wir einander – ich ihm sehr ruhig, denn ich war es, er mir weniger so, doch wäre es nicht zur Leidenschaft in ihm gekommen, wäre ich zurückhaltender gewesen, so wie überhaupt weder irgendeine Art von Verhältnis noch auch, was man den Hof machen nennt, stattfinden kann, wenn die Frau nicht entweder darin eingeht oder doch geschehn läßt, was sie nicht sollte geschehn lassen. Jede Frau hat es in ihrer Gewalt, den sich ihr

SO LEBTEN WIR EIN GANZES JAHR AUF HOCHVERGNÜGLICHE WEISE MITEINANDER

nähernden Mann, auf wie feine, geistige Weise er es auch tue, von sich entfernt zu halten, denn sieht er, daß es ihr wahrer Ernst ist, *daß* er fernbleibe, so bleibt er es auch, und die entstehende Neigung oder auch Leidenschaft geht in sich selbst zurück, und – hiermit habe ich mir mein Urteil gesprochen, denn meine Eitelkeit allein war schuld, daß so viele Männer aller Arten und aller Stände mir den Hof machten und in heftiger Leidenschaft entbrannten.

Etwas später bildete sich ein sogenanntes »Teekränzchen«, in welchem jedoch ebenfalls öfter gelesen wurde und an welchem unter anderen G. v. Brinckmann, Graf Christian Bernstorff, Ancillon, Gentz und Leuchsenring teilnahmen, welches jedoch

auch von solchen Freunden, die sich in Berlin damals nur zeitweise aufhielten, wie zum Beispiel von Dohm und Karl La Roche,
bei ihrer Anwesenheit hier stets besucht wurde.

In den letzten Jahren des vorigen Jahrhunderts endlich
wurde eine Lesegesellschaft gegründet, welche sich noch bis jetzt
erhalten hat. Ihr Gründer war Feßler, welcher sich durch sie
vielleicht das beste Andenken erwarb, welches er in Berlin hin-
terließ, da seine anderweite Tätigkeit hier, oft nicht mit Unrecht,
vielfach angegriffen wurde. Diese Gesellschaft jedoch, welche
noch heute unter dem Namen »Mittwochs-Gesellschaft« besteht,
hat sehr förderlich gewirkt. Sie versammelte sich damals im Englischen Hause. Auch an ihr nahmen gleich anfangs Männer der
verschiedensten Fächer teil, Gelehrte, Künstler, Staatsmänner.
Aber Frauen waren auch hier nicht ausgeschlossen, ja sie waren
tätige und gern gesehene Mitwirkende. Zu den ersten Teilnehmern gehörten unter anderen Herz, Fischer, der Physiker, Hirt,
Schadow und der große Schauspieler Fleck. Herz las hier wissenschaftliche Abhandlungen aus verschiedenen Fächern, Fischer
physikalische, die er durch Experimente erläuterte. Schönwissen-
schaftliches fehlte auch hier ebensowenig als Dramatisches, und
keiner las das letztere schlechter als der, welcher der erste Stern
an einem damals wahrhaft glänzenden Theaterhimmel war,
als Fleck. Ihn inspirierten nur die Bretter. Auf ihnen sprach er
hinreißend, jedes Gefühl mit unnachahmlicher Wahrheit aus-
drückend, jedes unwiderstehlich in dem Hörer anregend.

Freilich mußte man auch in dieser Gesellschaft hinsichts der
geistigen Kost bisweilen genügsam sein; immer aber hinsichts
der leiblichen, denn man aß nach dem Lesen ungemein schlecht.
Und dies bei einigen Talglichten, die kaum mehr als einen Däm-
merschein über einen Saal, lang und schmal wie ein Darm, verbreiten. Aber keiner war anspruchsvoll, keiner tat vornehm, und
so störten uns denn diese Äußerlichkeiten nicht.

Mehrere der Teilnehmer der Feßlerschen Gesellschaft kamen
in unser Haus, so wie fast jeder an Geist bedeutende Fremde es
besuchte. Unter so begünstigenden Umständen bildete sich
unser Haus, von welchem ich ohne Übertreibung sagen kann,
daß es in nicht langer Zeit eines der angesehensten und gesuch-
testen Berlins wurde. Herz zog durch seinen Geist und als
berühmter Arzt die Leute an sich, ich durch meine Schönheit
und durch den Sinn, den ich für alles Wissenschaftliche hatte,

denn es gab kaum eine, in der ich mich nicht einigermaßen umgesehen hätte, und einige betrieb ich ernstlich, so Physik und später mehrere Sprachen.

Eine lange Reihe von Jahren lebte ich mit allen vorzüglichen Menschen Berlins in geselligem Verkehr. Wozu das Leben mich durch den Umgang mit ausgezeichneten Menschen gemacht hat, dafür danke ich allein Gott.

Man las damals anders als jetzt, so wie auch auf der Bühne anders gesprochen wurde als jetzt. Zunächst meist mit gerundeter, klangvoller Stimme. Denn wer vorlesen oder gar die Bühne betreten wollte, strebte vor allem, sein Organ zu bilden. Die Annahme, daß die wohltuenden Stimmen, welche man damals von den Brettern herab hörte, und deren einige noch in die neuere und neueste Zeit hinüberreichten, z. B. in der Bethmann, in Beschort, in der Schröck, eben nur Gaben der Natur waren, würde sehr irrig sein. Die damaligen Bühnenkünstler hielten vielmehr die sorglichste Ausbildung ihres Organs für eine ihrer ersten Berufspflichten. Sie glaubten nicht, man spreche tönend, rund, weich, weil man überhaupt spreche, wie sie auch nicht einmal glaubten, man gehe auf eine gefällige Weise, weil man sich überhaupt gehend fortbewegen könne; sie lernten beides. Dafür ersparten sie sich andererseits manche Mühe, an welcher es unsere neuen Bühnenhelden und -heldinnen leider nicht fehlen lassen. Denn hatten sie jene Vorbildung erworben, so strebten sie, eine Rolle einstudierend, wohl sich in sie hineinzudenken, sich hineinzufühlen, meinten aber nicht, beim Vortrage derselben etwas anderes tun zu müssen, als mit ihren eigenen schönen menschlichen Stimmen zu sprechen, wie es der jedesmalige Moment des Dramas erforderte oder ihnen eingab. Daß solch ein Held, Liebhaber, Bösewicht von der Bühne herab mit einem ganz anderen Tonfalle sprechen müsse, als irgendein Mensch in der Wirklichkeit spricht, ja mit dem absonderlichsten, und zumal im ernsten Drama, fiel ihnen entfernt nicht ein, und Iffland, der schon etwas von dieser Unart hatte, galt auch trotz seines trefflichen Spiels bei allen Leuten von Geschmack in dieser Beziehung für einen Manieristen, namentlich solange der so ganz unverkünstelte Fleck mit seinem wahrhaft wunderbaren Naturell neben ihm stand, und mehr noch der, wenn auch in einigen Rollen sehr anerkennungswerte, Mattausch, der nun wieder ein Nachahmer der Manier Ifflands war.

Gleiche Ansichten leiteten die Dilettanten bei dem damals sehr häufigen Lesen dramatischer Werke mit verteilten Rollen. Man trug sie mit möglichstem Verständnis des betreffenden Charakters und seines Verhältnisses zum Ganzen des Werkes und mit möglichst gebildetem Organe vor, dann aber auch mit möglichster Natürlichkeit. In dieser Art hatte ich in früherer Zeit oft die Leonore von Sanvitale in Goethes ›Tasso‹ mit Beifall gelesen. In späterer forderte mich der verstorbene Delbrück einmal auf, mit Frau von Knoblauch, der Tochter des Ministers Schrötter, und der Schauspielerin Demoiselle Beck, welche sich in die Rolle der Prinzessin teilen wollten, den ›Tasso‹ zu lesen. Ich sagte ihm: das geht nicht, das wird abscheulich! Jedes Wort dieser Damen wird gewichtig auftreten wie ein Flügelmann, denn sie werden glauben, auch die Kehlen müßten vom Kothurn zeugen. Ich werde leichtweg lesen, wie ich spreche. Wie soll da Einklang in die Bewegung kommen? – Aber Delbrück bestand, ich fügte mich dem Wunsche des Freundes, und der Erfolg war, wie ich ihn vorhergesagt hatte. Ich sah ein, daß ich nicht mehr vorlesen dürfe und daß man froh sein müsse, wenn das Vernünftige sich auch nur eine Zeit hindurch geltend gemacht hat.

DOROTHEA VON SCHLEGEL

Moses Mendelssohn lebte streng

nach dem mosaischen Gesetze. Die Leute glaubten jedoch den vertrauten Freund Lessings zu »aufgeklärt« und »vernünftig«, als daß es ihm um das Judentum ernst sein könne. Ihrer Ansicht nach hielt er die jüdischen Gesetze und Gebräuche nur, weil er andernfalls das Vertrauen seiner Glaubensgenossen verloren hätte und sein Zweck, sie aufzuklären, dadurch vereitelt worden wäre. Ich bin anderer Ansicht über ihn. Eben die Duldung und Nachsicht, mit welchen er auch die sogenannten Freidenker ertrug, sind mir ein Beweis für die innere Wahrhaftigkeit des ebenso weisen als milden Mannes, der Gott im Herzen trug, und sprechen mir dafür, daß er in der Tat auf dem Wege des Judentums zu ihm zu gelangen hoffte. Im Judentum erzogen, ohne Glauben für das Christentum, an welches er daher nur den Maßstab seiner Philosophie anlegte, lebte er gläubig in dem ersteren fort und hielt darauf, daß sein Haus nach jüdischen Gesetzen und Gebräuchen geführt wurde und seine Kinder Unterricht im Judentum erhielten. Indes blieben diese in einer Zeit des religiösen Indifferentismus, wie dies namentlich die spätere Zeit Mendelssohns schon war, nicht lange innerlich Juden.

Die Freunde des Hauses, zum großen Teil sogenannte aufgeklärte Juden und Christen, d. h. eigentlich bloße Deisten, trugen eben auch nicht dazu bei, den Kindern einen andern Sinn einzuflößen als den, welcher im Geiste der Zeit lag, und um so weniger, als diese Freunde aus ihrem eigenen Innern die Ansicht schöpften, daß der Vater es mit dem Judentume nicht ernst meinen könne. Da, wo das religiöse Element in den Kindern hätte wohnen können, blieb nun eine Leere. Aber begabte Naturen, wie sie alle waren, machte sich in allen später das Bedürfnis rege, diese Leere auf irgendeine Weise auszufüllen. Bei mehreren von ihnen brach eben das lang unterdrückte religiöse Bedürfnis um so mächtiger durch, so bei meinen Freundinnen Dorothea und Henriette Mendelssohn, welche sich später dem Katholizismus mit Eifer zuwendeten.

Ohne noch zum Bewußtsein gekommen zu sein, war der Umgang mit diesem Hause wohl von sehr gutem Einfluß auf mich, und der treffliche Mendelssohn trug meine jugendliche, wahrhaft ausgelassene Lustigkeit mit großer Nachsicht.

Der sonst so treffliche Mendelssohn beging doch das Unrecht, die Neigung seiner Töchter bei ihrer Verheiratung nicht zu Rate zu ziehen, wenngleich er ihnen auch nicht gerade einen Zwang in dieser Beziehung antat. Dorothea war die Gespielin meiner Kindheit gewesen. Sie war ein Jahr vor mir verheiratet worden, und gleich mir sehr früh. Mendelssohns Scharfblick sah in dem Manne, welchen er ihr bestimmt hatte, dem Bankier Veit, schon alle die trefflichen Eigenschaften im Keime, welche sich später bei ihm entwickelten, aber der Tochter genügte eine Anweisung auf die Zukunft nicht, und der Vater irrte, wenn er meinte, daß sie den Mann so erkennen würde, wie er es vermochte. Wie sollte aber auch das etwa siebzehnjährige, lebendige, mit glühender Einbildungskraft begabte Mädchen, gebildet von einem solchen Vater – er hatte für sie und ihren ältesten Bruder eigens die ›Morgenstunden‹ geschrieben –, erzogen in einem Hause, das von den vornehmsten wie von den geistig hervorragendsten Personen besucht wurde, einen Mann lieben, der, damals noch von sehr beschränkter Bildung, ihr nur als philiströser Kaufmann erschien und nicht einmal durch äußere Vorzüge ihr irgendeinen Ersatz bot, denn er war unschön von Gesicht und unansehnlich von Gestalt. Erst später trat die hohe Moralität des Mannes hervor, bildete sich seine wahrhaft edle Gesinnung aus und gab sich ein Streben nach geistiger Ausbildung bei ihm kund, in welchem er dann bis zu seinem Lebensende nicht nachließ. Sie liebte ihn nicht, als sie ihm ihre Hand gab, sie lernte niemals ihn lieben, und auch als sie ihn erkannt hatte, lernte sie nur ihn achten. Ihr junges Leben ward in seiner Blüte geknickt.

Ich hatte sie seit ihrer Hochzeit aus den Augen verloren. Wenige Tage nach der meinen begegnete ich ihr auf der Straße. Wir sprachen viel in wenigen Augenblicken. Ich wußte nun zu meinem Schmerze, daß sie nicht glücklich war.

Die Voraussetzung jedoch, daß sie, sowenig innere Befriedigung sie in ihrem ehelichen Verhältnisse fand, der Neigung zu einem anderen Manne Raum gegeben hätte, würde eine durchaus irrige sein, und ebensowenig bot das äußerliche Leben des Ehepaares ein Bild der Uneinigkeit dar. Aber sie verzehrte sich, und ich sah sie so unglücklich, daß ich später selbst mit ihr von einer Trennung von ihrem Gatten sprach. Sie wies den Vorschlag jedoch mit Entschiedenheit zurück. Sie wollte um keinen Preis

SIE LIEBTE IHN NICHT, ALS SIE IHM IHRE HAND GAB, SIE LERNTE NIEMALS IHN LIEBEN

den Ihrigen, und namentlich ihrem Vater, der noch lebte, den Schmerz verursachen, mit welchem dieser Schritt sie erfüllen würde. – Aber auch die Geburt zweier Söhne, der späteren Maler Johann und Philipp Veit, vermochte nicht, dem Verhältnisse eine höhere Weihe zu verleihen.

Nun aber kam Friedrich Schlegel nach Berlin. Er war mir durch Reichardt zugewiesen worden, und bei mir sah er seine nachherige Frau zum ersten Male. Doch sogleich bei diesem ersten zufälligen Zusammentreffen machte sie einen so gewaltigen Eindruck auf ihn, daß er sogar mir bemerkbar wurde. Nicht lange, und das Gefühl war ein gegenseitiges, denn Schlegel konnte in der Tat ein liebenswürdiger Mann genannt werden und mußte allen Frauen gefallen, welchen er gefallen wollte.

Jetzt aber wurde die Trennung ihrer Ehe in der Tat eine Notwendigkeit. Das Herz erfüllt von einem anderen Manne, welcher eine soviel geistreichere und glänzendere Erscheinung war als ihr Gatte, den sie nie geliebt hatte, wäre die Fortdauer des ehelichen Verbandes für Dorothea wahrhaft zu einer Pein geworden. Auch bestand das Hindernis nicht mehr, welches sie früher vermocht hatte, jeden Gedanken an eine Trennung abzuweisen: ihr Vater war längst tot. Als aufrichtige Freundin beider Eheleute eignete ich mich am füglichsten dazu, die betreffende Verhandlung zu führen, und ich unterzog mich dem allerdings kritischen Geschäfte im Interesse beider.

Veit wollte anfangs von einer Trennung nichts wissen. Bei dem äußerlich durchaus einträchtigen, ja freundlichen Verhältnisse zwischen den Eheleuten hatte er kaum eine Ahnung von der inneren Unbefriedigung seiner Frau. Ich war genötigt, ihm einen Blick in ihr Inneres zu eröffnen, und dies hatte seine endliche Einwilligung zur Folge. Er handelte dabei aufs großmütigste gegen sie, denn sie war ohne väterliches Vermögen, und er konnte dies bewirken, ohne den Schein von Großmut anzunehmen, indem er ihr den ältesten Sohn überließ und eine ansehnliche Pension für ihn zahlte. Später ließ er diesem auf die dringenden Bitten der Mutter auch den zweiten nachfolgen, ich glaube nach Bonn hin. – Nie ließ er in seiner lebendigen Teilnahme für seine frühere, in der Tat hochbegabte Gattin nach. Er sah sie nachmals öfter, einmal unter andern in Dresden, und wann es dem Schlegelschen Ehepaare nicht eben gut erging, wie dies zum Beispiel zu einer Zeit sogar in Wien der Fall war, erhielt sie ansehnliche Unterstützungen von ihm, ohne zu wissen, woher sie kamen.

Die Schließung der neuen Ehe konnte nicht unmittelbar auf die Trennung der früheren folgen. Dorothea bezog eine Wohnung in der Ziegelstraße, in einem damals sehr abgelegenen Teile der Stadt, denn die Umgegend dieser Straße war fast noch gar nicht angebaut, und machte dort eigene Menage. Ich erinnere mich nicht, daß Schlegel bei ihr wohnte, aber er aß bei ihr und war fast immer um sie; seine literarische Tätigkeit war eben damals eine bedeutende, und er arbeitete gern unter ihren Augen, ja mit ihrem Beirat. Das gegen die Sitte Verstoßende dieses Verhältnisses war nicht zu leugnen. Und wird schon im allgemeinen bei einem Weibe ein Verstoß gegen die Sitte fast einem gegen die Sittlichkeit gleichgeachtet, so setzt auch die arge Welt nur zu gern selbst die Unsittlichkeit da voraus, wo sich nur irgendein Anlaß zu einer solchen Voraussetzung bietet. Es ist gewiß, daß das Verhältnis großes Aufsehen machte. Mein Mann hätte gewünscht, daß ich den Umgang mit der Freundin meiner Kindheit abgebrochen hätte. Ich erklärte ihm, daß er Herr in seinem Hause sei, daß ich ihn aber bitte, mir zu gestatten, hinsichts meines Umgangs außer seinem Hause auch ferner meiner Ansicht zu folgen, und daß ich eine so liebe Freundin in einer so schwierigen Lage nicht verlassen würde. – Auch Schleiermacher nahm keinen Anstoß an dem Umgang mit beiden. Er war eben in dieser Zeit viel sowohl mit Dorothea als mit Schlegel, mit welchem letzteren er damals die Übersetzung des Platon im Werke hatte, die er später allein fortsetzte. Gegen die Trennung der Veitschen Ehe hatte er durchaus nichts gehabt, weil, seiner damaligen Ansicht nach, eine Ehe gleich dieser eben eine Entheiligung der Ehe war.

Daß nun eben in der Zeit eines solchen Zusammenlebens Schlegels mit Dorothea die ›Lucinde‹ erschien, machte das Verhältnis ihrer Freunde zu ihnen allerdings etwas schwierig. Denn von dem sofort als höchst unsittlich verschrieenen Buche, mit welchem doch nur eine Verklärung der sinnlichen Liebe gemeint war, wurde nun von allen dem Paare ferner Stehenden behauptet, daß Schlegel, wie umhüllt auch, wesentlich darin sein Verhältnis zu Dorothea dargestellt habe. Dies war geradehin lächerlich. An Dorothea war nichts zur Sinnlichkeit reizend. Nichts war schön an ihr als das Auge, aus welchem freilich ihr liebenswürdiges Gemüt und ihr blitzender Geist strahlten, aber sonst auch gar nichts, nicht Gesicht, nicht Gestalt, ja nicht einmal Hände und Füße, welche doch an sonst unschönen Frauen mitunter wohlgeformt sind. – »Mit der Lucinde werden wir wohl beide unsere Not haben«, schrieb mir Schleiermacher nach dem Erscheinen des Buchs. »Der vertraute Freund eines Predigers soll so ein Buch schreiben, und dieser soll nicht mit ihm brechen! – Ich werde es machen wie Sie, und habe es schon unterschiedlich so gemacht.« – Er meinte damit, daß er sich um das Gerede nicht kümmern werde.

Dorothea war anfangs mit dem Buche gar nicht zufrieden. Sie klagte sehr über das »Herauswenden alles Inneren in der Lucinde«. – Auch Schleiermacher hatte sich nicht sofort in dasselbe hineingefunden. Er schrieb mir gleich nach dem Erscheinen, daß er »doch eigentlich keine rechte Idee von der Lucinde habe«. Aber bald gewann er diese, und das oft fast vorsätzlich erscheinende Mißverstehen des Buches seitens des großen Lesepublikums und ein gewisser Oppositionsgeist, welcher ihm überhaupt und namentlich gegen alles innewohnte, was ihn philisterhaft dünkte, veranlaßte ihn nach einiger Zeit, mit seiner Ansicht über dasselbe in den ›Briefen über die Lucinde‹ hervorzutreten. Ich will jedoch bemerken, daß einige dieser Briefe nicht von ihm, sondern von einer Dame sind, zu welcher er damals in sehr freundschaftlicher Beziehung stand, der Gattin des hiesigen Predigers Grunow.

Ich gestehe, daß ich seit der Verbindung meiner Freundin mit Schlegel nicht ohne Befürchtungen für ihr künftiges Lebensglück war. Ich glaubte nämlich bald die Überzeugung erlangt zu haben, daß es ihm an Gemüt fehle. Ich hatte diese namentlich aus seiner Beziehung zu dem für seine Freunde so durchaus hingebenden, gemütvollen Schleiermacher geschöpft und sie diesem

*WIE SIE DIE GEISTIGE HÖHE UND DIE
POETISCHE NATUR IHRES ZWEITEN GATTEN
UM SO WOHLTUENDER EMPFAND*

auch sowohl mündlich als schriftlich ausgesprochen. Schleiermacher, unendlich mild in seinem Urteil über seine Freunde und stets ihrer Individualität selbst da, wo sie ihm verletzend entgegentrat, wie dies bei derjenigen Schlegels öfter der Fall war, große Rechnung tragend, wollte es nicht Wort haben. Die Folge erwies, daß ich mich nicht getäuscht hatte. Ich glaube, daß meine Freundin, wie sie die geistige Höhe und die poetische Natur ihres zweiten Gatten um so wohltuender empfand, wenn sie ihn in dieser Hinsicht mit ihrem früheren verglich, doch das warme Gemüt des letztern, welches sich in der liebendsten Sorgfalt für sie äußerte, bisweilen schmerzlich vermißte. Weniger schmerzlich jedoch, als es in ihren früheren Jahren der Fall gewesen wäre. Denn ihr späteres Leben war ein fortwährender innerer Läuterungsprozeß, infolgedessen sie immer höhere Ansprüche an sich selbst und immer geringere an andere, namentlich sofern es deren Beziehungen zu ihr betraf, machte.

Nachdem die Liebenden ihren Bund durch die Ehe geheiligt hatten, gingen sie zunächst nach Jena. Schon dieser erste Ausflug brachte meiner Freundin unangenehme Tage, denn das Ehepaar wurde von August Wilhelm Schlegel und seiner ersten Frau, einer gebornen Michaelis, nicht eben freundlich aufgenommen. Hierauf lebten sie eine Zeitlang in Dresden, wo ich sie wiedersah, dann, nachdem sie in Köln zur katholischen Religion übergetreten waren, in Bonn. Später gingen sie nach Paris und dann nach Wien, wo Schlegel Anstellung fand. Es war ein Leben, das, wie interessant auch, doch ein unruhiges zu nennen war. Aber es gab Dorotheen eine Masse neuer Anschauungen von Welt, Menschen und Kunst, welche sie dazu benutzte, und bei der Schärfe ihres Geistes geeignet war, dazu zu benutzen, das Nichtige von dem Unvergänglichen immer mehr unterscheiden zu lernen, um nur das letztere festzuhalten.

Dann sah ich das Ehepaar im Jahre 1811 in Wien wieder. Ich fand ein zufriedenstellendes Verhältnis, aber wohin war die Poesie entschwunden, welche das frühere, von der Welt so verpönte durchdrungen hatte! Freilich lag auch die poetische Jugendzeit hinter ihnen. – Ich hatte meine Wohnung bei ihnen genommen, nachdem ich in dem etwas geräuschvollen Hause meiner Freundin, der Baronin Arnstein, vom kalten Fieber befallen worden war. Eines Abends war auch Dorothea leidend. Ich saß vor ihrem Bett. Wir klapperten beide ein wenig in Fieberfrost. Schlegel saß uns gegenüber an einem Tische, aß Orangen und leerte dazu eine Flasche Alicante! Ich weiß nicht, ob er auch uns dadurch von einiger südlichen Glut zu durchhauchen dachte.

Im Jahre 1818 ward mir von neuem die Freude, Dorothea zu sehen, und diesmal in dem ewigen Rom, wohin sie gekommen war, um ihre dort weilenden Söhne zu besuchen. Ich bekenne, daß ich in der ersten Zeit unseres dortigen Zusammenseins nicht von einer Art Unmut, ja von einem gewissen Gefühle von Eifersucht frei war. Es wendete sich damals bei den in Rom anwesenden deutschen Katholiken, und namentlich den neubekehrten, fast alles um den Katholizismus, und in allem freundlichen, ja vertraulichen Umgange hatte man mitunter wahrzunehmen, daß man als ein Heide, ja als eine Art Halbmensch angesehen wurde. Aber ich mußte doch bald durch alle Äußerlichkeiten hindurch den tiefreligiösen Kern in meiner Freundin entdecken. Sie war ganz mit Gott und mit sich einig. Die Klarheit, Sicherheit und Ruhe, welche sie in allem und über alles besaß, wurde mir wahrhaft wohltuend, und ein Sommeraufenthalt in Genzano in ihrer Nähe wird mir unvergeßlich bleiben.

Ich sah sie seitdem nicht wieder. – Sie lebte später in Frankfurt bei ihrem Sohne, dem Maler Philipp Veit, von einer kleinen österreichischen Pension, welche in ihren letzten Lebensjahren um etwas erhöht wurde. Eine lange gehaltvolle Korrespondenz mit ihr habe ich auf ihren Wunsch vernichten müssen. Nur ihrem letzten, etwa zwei Monate vor ihrem Tode geschriebenen Briefe habe ich ein längeres Dasein vergönnt. Sie war müde und sehnte sich nach dem Jenseits, aber trotz der Unbilden des Alters und trotz dieses Sehnens ertrug sie das Leben mit Ruhe und Heiterkeit. Ein kalter Frühling hatte sie unangenehm afficiert. »Nun«, schrieb sie in diesem Briefe, »man muß es sich eben gefallen lassen wie die Pflanzen und Blüten, die ihre Schuldigkeit tun und in ihrem Beruf fortblühen, als machte es ihnen das größte Vergnügen.« Und an einer anderen Stelle, in Beziehung auf eine Äußerung, die ich in einem Augenblicke des Unmuts niedergeschrieben hatte: »Alles was wir Weltkinder sonst Poesie des Lebens genannt haben, das ist weit, weit! – Ich könnte sagen wie Du, ich bin es satt. Aber ich sage es dennoch nicht, und ich bitte und ermahne Dich: sage auch Du es nicht mehr. Sei tapfer! das heißt, wehre Dich nicht, sondern ergib Dich in tapferer Heiterkeit! – Laß den Überdruß des Lebens nicht herrschend werden, ich bitte Dich darum, sondern denke beständig daran, daß dieses arme Leben weder Dein Eigentum noch Dir zur willkürlichen Benutzung oder zur angenehmen Beschäftigung verliehen worden ist; jeder Tag desselben ist ein Kleinod der Gnade, ein Kapital, das Du weder vergraben noch von Dir werfen darfst.«

So dachte die teure, oft verkannte Freundin, und ich will ihrem letzten Rate folgen.

Zur Geschichte
DER GESELLSCHAFT UND DES KONVERSATIONSTONES IN BERLIN

Mit Moses Mendelssohn war das Streben,

sich deutsche Bildung und Gesittung anzueignen, in den Juden Berlins, und namentlich in der jüngeren Generation, erwacht. Die Männer wendeten sich, durch ihn angeregt, philosophischen Studien zu. Aus diesen Bestrebungen gingen allerdings sowohl philosophisch gebildete Männer, wie zum Beispiel David Friedländer, als tüchtige Philosophen von Fach, wie Salomon Maimon, Bendavid und andere, hervor. Da jedoch die Philosophie von ihren Jüngern wissenschaftliche Vorbildung, geistige Tiefe und bedeutende Opfer an Zeit fordert, die meisten damaligen Juden aber Kaufleute waren und ihren Handelsgeschäften mit Eifer oblagen, so ist es begreiflich, daß ein Teil bald von diesem Studium gänzlich abließ, ein anderer es doch sehr dilettantisch betrieb. Die Frauen wendeten sich, teils durch Mendelssohn persönlich, teils durch seine Aufsätze in den ›Briefen, die neueste

*ZUERST WAR ES DIE AM DRASTISCHSTEN
WIRKENDE POESIE, DIE DRAMATISCHE,
MIT WELCHER MAN SICH VORZUGSWEISE
BESCHÄFTIGTE*

Literatur betreffend‹ und in der ›Allgemeinen Deutschen Bibliothek‹ veranlaßt, mit dem Feuer, mit welchem lebhafte Naturen ihnen bis dahin gänzlich Unbekanntes erfassen, der schönen Literatur zu. Ihnen standen natürlich in diesen Bestrebungen viel weniger Hindernisse entgegen als den Männern in ihren philosophischen. Die größten waren diejenigen, welche manchen von ihnen durch ihre Eltern entgegengesetzt wurden. Denn diese sahen nicht nur in einer deutschen Bildung zugleich eine auf christlichem Boden ruhende, sondern waren auch jeder Beschäftigung ihrer Kinder abhold, welche diese, ohne einem äußern Berufe zu dienen, von dem Kreise und den Interessen der bis dahin patriarchalisch gestalteten Familie abziehen konnte. Aber der Widerstand wurde nur zu einer neuen Anregung. Die reicheren Juden, schon durch ausgebreitete Geschäftsbeziehungen in manchen Berührungen mit Christen, waren in dieser Hinsicht die nachsichtigsten.

Zuerst war es die am drastischsten wirkende Poesie, die dramatische, mit welcher man sich vorzugsweise beschäftigte. In den Häusern der reicheren Juden wurden bereits in meiner Kindheit Schauspiele aufgeführt. Schon etwa in meinem neunten Jahre, also ungefähr um 1773, wohnte ich, wie ich früher erzählt habe, in dem Hause eines jüdischen Bankiers der Darstellung eines Trauerspiels bei. Es war dies ›Richard der Dritte‹ – von welchem Verfasser, weiß ich nicht mehr –, und die Töchter des Hauses hatten in demselben die weiblichen Hauptrollen übernommen. Der Eindruck dieser ersten dramatischen Vorstellung, welche ich überhaupt sah, wurde ein unauslöschlicher. – Später war das Lesen mit verteilten Rollen sehr an der Tagesordnung und blieb es bis in das erste Jahrzehent dieses Jahrhunderts hinein. Aber man war bald nicht bei der dramatischen Literatur stehengeblieben. Man suchte sich mit der deutschen schönen Literatur in ihrem ganzen Umfange bekannt zu machen, und eine besondere Gunst des Geschickes wollte, daß die Blütezeit derselben eben damals begann. Ihre Meisterwerke wurden mit uns, und es ist etwas anderes, eine große Literaturepoche erleben, schon was das Interesse an ihren Erzeugnissen und das Verständnis derselben betrifft, und an dem ersten Urteil über die letzteren mitarbeiten, als sie als ein Abgeschlossenes nebst den fertigen Urteilen über sie und ihre Werke überkommen.

Der daneben noch fortdauernde Einfluß der französischen Literatur auf einen Teil der deutschen führte bald auch auf sie hin. Noch lebte Voltaire im Anfange der Epoche, von welcher ich spreche, ja er schrieb noch, und kein Name hatte einen Klang gleich dem seinen. Die französische Sprache war von den Töchtern der wohlhabenden Juden schon etwas früher, wie oberflächlich auch immer, getrieben worden. Die Alten hatten aus Gründen der Nützlichkeit nichts dagegen; sie war eine Sprache, durch welche man sich in allen zivilisierten Ländern verständlich machen konnte. Die Töchter hatten freilich meist ganz andere Gründe. Sie bezweckten hauptsächlich, ungeniert und in der Modesprache mit den Hofkavalieren und hübschen jungen Offizieren zu konversieren, die das Geld, welches sie von den Vätern erborgten, oft nur durch die Aufmerksamkeiten bezahlten, welche sie den Töchtern erwiesen. Jetzt aber wurde sie aus besseren Gründen mit Erfolg studiert, man wollte sich befähigen, die älteren und neueren Schriftsteller Frankreichs in der Ursprache zu lesen.

Aber doch hatte damals schon Lessing die dramatische Poesie der Franzosen mit seiner hellen kritischen Leuchte beleuchtet und zugleich die Aufmerksamkeit auf Shakespeare gelenkt. Die Übersetzungen der Dramen des letzteren, welche man vor der Schlegelschen besaß, waren weniger geeignet zu befriedigen als auf die Quelle hinzuleiten, und dieser Weisung genügen zu können, suchte man sich Kenntnis der englischen Sprache zu erwerben. Sie eröffnete zugleich den Zugang zu manchen Romanen der Zeit, welche der Liebesschwärmerei der jugendlichen Mädchenherzen süße Kost boten. Und daß ich es gestehe, wir hatten alle selbst einige Lust, Romanheldinnen zu werden. Keine von uns, die nicht damals für irgendeinen Helden oder eine Heldin aus den Romanen der Zeit schwärmte, und obenan stand darin die geistreiche, mit feuriger Einbildungskraft begabte Tochter Mendelssohns, Dorothee. Aber auch an Wissen und geistiger Fähigkeit stand sie obenan.

Auch die Kenntnis der italienischen Dichter in der Ursprache eröffneten sich mehrere aus unserm Kreise, der allgemach um so mehr nun auch schon junge Ehefrauen umfaßte, als die jüdischen Mädchen damals sehr früh heirateten. Da nun manche der jungen Ehepaare ihr Haus den beiderseitigen Bekannten eröffneten, so wurde dies Gelegenheit, den Geist, welcher sich durch die Beschäftigung der Frauen mit der Literatur, ihre Unterhaltung darüber und die Ideen, welche sich durch beide in ihnen erzeugten, gebildet hatte, zur Kunde und Teilnahme weiterer Kreise zu bringen. Und dieser Geist war in der Tat ein eigentümlicher. Er war allerdings einerseits aus der Literatur der neueren Völker hervorgegangen, aber die Saat war auf einen ganz ursprünglichen, jungfräulichen Boden gefallen. Hier fehlte jede Vermittelung durch eine Tradition, durch eine von Geschlecht zu Geschlecht sich fortpflanzende, mit dem Geist und dem Wissen der Zeit Schritt haltende Bildung; aber auch jedes aus einem solchen Bildungsgänge erwachsene Vorurteil.

Einer solchen Natur dieses Geistes und dem Bewußtsein derselben in seinen Trägerinnen ist die Üppigkeit, der Übermut, ein sich Hinaussetzen über hergebrachte Formen in den Äußerungen desselben zuzuschreiben; aber er war unleugbar sehr originell, sehr kräftig, sehr pikant, sehr anregend und oft bei erstaunenswerter Beweglichkeit von großer Tiefe. Die höchste Blüte desselben offenbarte sich etwas später in Rahel Levin. Sie war etwa sechs Jahre jünger als ich wie die meisten meiner Freundinnen, aber die Wärme ihres Geistes und Herzens im Verein mit dem Unglück hatten sie früh gereift. Ich habe sie von ihrer ersten Kindheit an gekannt und weiß daher, wie früh sie die hohen Erwartungen rege machte, welche sie später erfüllte.

Die christlichen Häuser Berlins boten andererseits nichts, welches dem, was jene jüdischen an geistiger Geselligkeit boten, gleichgekommen oder nur ähnlich gewesen wäre. Allerdings gab es auch schon damals hier Männer der Wissenschaft, wenngleich Berlin erst dreißig bis vierzig Jahre später eine Universität erhielt. Aber diese blieben, nachdem sie den größten Teil des Tages ihren Studien und ihren Amtsgeschäften gewidmet hatten, entweder zurückgezogen im engsten Kreise ihrer Familie oder trafen einander an irgendeinem öffentlichen Orte, wo sie bei einem Glase Bier sehr ernst und sehr pedantisch über gelehrte Gegenstände diskutierten; und ein sogenannter Montags-Club, dessen Teilnehmer aus den geistigen Notabilitäten der Stadt bestanden, brachte es damals selten nur auf zehn Mitglieder. Ihre Frauen hätten ihrer Eigenschaft als gute und ehrsame Hausmütter Eintrag zu tun geglaubt, wenn sie geistigen Interessen irgend Raum in sich gegönnt hätten, und nächstdem wäre ihre Gegenwart bei den gelehrten Gesprächen ihrer Eheherren diesen eine Störung geworden, hätte sie ihnen nicht gar eine Profanation ihres Heiligtums der Wissenschaft geschienen. – Zu den wenigen, welche bisweilen geladene Gesellschaft bei sich sahen, gehörte Nicolai. Er war auch gastfreundlich gegen fremde Gelehrte, so wie er denn auch später an einem Kränzchen teilnahm, welches sich abwechselnd bei dem Juristen Klein, dem General-Chirurgus Görcke, in unserem Hause und in dem einiger anderer Freunde versammelte, zu welchem auch jeder in das Haus des jedesmaligen Wirts eingeführte Fremde geladen wurde und welches für die damalige höhere Geselligkeit Berlins nicht ohne Bedeutung war: aber ein eigentliches Haus machte auch Nicolai nicht, ungeachtet er die Mittel dazu besessen hätte. Nur von einem Gelehrten Berlins läßt sich sagen, daß er ein Haus machte, wenn man es nämlich als ein Kennzeichen eines solchen betrachtet, daß Freunde und Eingeführte auch ungeladen gastlichen Empfanges sicher sind, und dieser eine gehörte seinem äußeren Berufe nach dem Kaufmannsstande an. Es war dies Moses Mendelssohn. Das Haus dieses trefflichen Mannes, dessen Einkünfte als Disponent in einer Seidenwarenhandlung im Verein mit dem Ertrage seiner schriftstellerischen Arbeiten immer noch wenig bedeutend waren und welchem die Sorge für sechs Kinder oblag, war dennoch ein offenes. Selten berührte ein fremder Gelehrter Berlin, ohne sich bei ihm einführen zu lassen. Seine und der Seinigen Freunde kamen ungeladen, daher auch die geistreichen Freundinnen der Töchter des Hauses. Fehlten alte orthodoxe Juden ebenfalls nicht, gegen welche Mendelssohn sich stets als ein freundlich gesinnter Glaubensgenosse erwies, so waren es doch die intelligentesten der Stadt. Und Mendelssohn übte diese ausgedehnte Gastfreundschaft, ungeachtet die Familie sich ihrethalben große Beschränkungen auferlegen mußte, wobei dennoch die materiellen Genüsse, welche sein Haus den Gästen bot, die Grenzen strengster Mäßigkeit nicht überschreiten durften. Ich wußte, als genaue Freundin der Töchter, daß die würdige Hausfrau die Rosinen und Mandeln, damals ein Naschwerk de rigueur, in einem bestimmten Verhältnis je nach der Zahl der Gäste in die Präsentierteller hineinzählte, bevor sie in das Gesellschaftszimmer gebracht wurden. – Aber Mendelssohns Haus war immer nur eines und konnte nicht das geistige Bedürfnis vieler befriedigen.

Von einem christlichen bürgerlichen Mittelstande, welcher andere geistige Interessen gehabt hätte als diejenigen, welche der äußere Beruf etwa anregte, war damals hier noch nicht die Rede. Es gab da viele ehrenwerte Familientugenden, aber jedenfalls noch mehr geistige Beschränktheit und Unbildung. Der höhere christliche Kaufmannsstand zählte nur noch wenige Mitglieder, und es stand bei ihm in geistiger Beziehung nicht viel anders. In den Häusern desselben wurden wohl große prächtige Gastmähler und Feste gegeben, die Töchter des Hauses wurden in dem verweichlichendsten Luxus erzogen, aber von Bildung ward nur der äußerlichste Firnis angestrebt. Von dem Beamtenstande war der niedere bei geringen Einkünften mit Amtsgeschäften überhäuft, die Not in den Büros und die Not im Hause, letztere durch die oft zahlreiche Familie verursacht, drückte jede etwa erstrebte geistige Erhebung sofort nieder. – Die hohen Zivil- und Militärbeamten teilten das Geschick des Hofes, welchem der bei weitem größte Teil durch adelige Geburt angehörte und welchem eine geistreiche und anregende Geselligkeit gänzlich abging.

Das letztere war erklärlich genug. In einem monarchischen Staate kann nur der gesellige Kreis des Herrschers den Mittelpunkt für die Geselligkeit des Hofes bilden. Und an einem solchen fehlte es eben unter der Regierung Friedrichs des Großen sowie unter der seines Nachfolgers. Den Umgang des ersteren bildete nur eine kleine Anzahl von Freunden, meist Franzosen. Wenige andere Personen, selbst vom Hofe, wurden zugezogen, und von einer aus Herren und Damen gemischten Gesellschaft war da nicht die Rede. Die Königin aber lebte getrennt von dem Könige in fast gänzlicher Zurückgezogenheit im Schlosse zu Schönhausen und kam nur mitunter zu Haupt- und

Staatsaktionen nach Berlin. Unter seinem Nachfolger konnten die anderweiten Verbindungen des Königs der Gemahlin desselben wenig Veranlassung sein, ihren Sinn für Ruhe und Bequemlichkeit zu überwinden, die Kreise des Königs aber konnten eben jener Verbindungen halber nicht zu jenem Mittelpunkte werden. Es gab nur hergebrachte große Hoffeste, Couren, vorschriftsmäßige Assembléen bei den hohen Zivil- und Militärbeamten zur Karnevalszeit und tödliche Langeweile, namentlich für die jungen Edelleute.

Diesen wehte von Frankreich schon die revolutionäre Luft entgegen, welche die Schriften der Enzyklopädisten angefacht hatten, in Deutschland hatte ihnen Goethe die Ahnung einer neuen geistigen Zukunft erschlossen. Was konnten ihnen nun jene Gesellschaften bieten, was selbst das Haus, sogar wenn man in diesem nicht ohne geistige Interessen war! Hier waren Haller, Hagedorn, Gellert, Ewald von Kleist und die dramatischen Schriftsteller à la Gottsched und Bodmer noch die Heroen der deutschen schönen Literatur. Lessing war dort schon ein freigeistiger Neuerer. – Auch in den Familienkreisen Geistlosigkeit und Langeweile! – Wenn Alexander von Humboldt in jenen Jahren einer gemeinschaftlichen Freundin und mir von dem seiner Familie gehörenden Schlosse Tegel aus schrieb, datierte er den Brief gewöhnlich von: Schloß Langeweile. Freilich tat er dies meist nur in solchen Briefen, welche er in hebräischen Schriftzügen schrieb, denn in dieser Schrift hatte ich ihm und seinem Bruder Wilhelm den ersten Unterricht erteilt, den später ein anderer auf sehr erfolgreiche Weise fortsetzte, und sie schrieben sie trefflich. In Briefen, deren Inhalt jedem zugänglich gewesen wäre, kundzugeben, man unterhalte sich besser in Gesellschaft jüdischer Frauenzimmer als auf dem Schlosse der Väter, war damals für einen jungen Edelmann nicht ganz unbedenklich!

War es aber zu verwundern, daß, als inmitten solcher gesellschaftlichen Verhältnisse oder eigentlicher Mißverhältnisse eine geistreiche Geselligkeit sich bot, sie trotz der damals gegen die Juden herrschenden Vorurteile begierig von denjenigen ergriffen wurde, welche überhaupt auf dem Wege mündlichen Ideenaustausches geistige Förderung suchten? Nicht minder begreiflich aber ist es, daß es unter den Männern die jüngeren waren, welche sich zuerst diesen Kreisen näherten. Denn der Geist, welcher in diesen waltete, war der einer neuen Zeit, und nächst dem waren die Trägerinnen desselben durch eine Gunst des Zufalls zum Teil sehr schöne junge Mädchen und Frauen. Und ebenso lag es in den Verhältnissen, daß zuerst der strebende Teil der adeligen Jugend sich anschloß, denn der Adel stand in der bürgerlichen Gesellschaft den Juden zu fern, um selbst, indem er sich unter sie mischte, als ihresgleichen zu erscheinen.

Freilich aber änderten sich innerhalb unseres Kreises die Verhältnisse früh genug. Der Geist ist ein gewaltiger Gleichmacher, und die Liebe, welche hin und wieder auch nicht unterließ, sich einzumischen, wandelte oft den Stolz gar in Demut. Höfisches Wesen vollends hätte sich hier, wo Zwanglosigkeit eine Lebensbedingung war, bald der Satire ausgesetzt gesehen. Sie richtete sich ohnedies schon gegen die ganze Klasse des Hofadels mit seinem kalten steifen Formenwesen. Da der Hof damals aber viel um allerlei Prinzen und Prinzchen trauerte, die niemand kannte, auch er selbst nicht, und man ihn daher kaum anders als mit sogenannten Pleureusen sah, so wurde der Hofadel in unserm Kreise gewöhnlich durch den Spitznamen »Pleureusenmenschen« bezeichnet.

In diesen Kreis war nach und nach wie durch einen Zauber alles hineingezogen, was irgend Bedeutendes von Jünglingen und jungen Männern Berlin bewohnte oder auch nur besuchte. Denn Selbstbewußtsein und Lebensfrische duldeten nicht, daß das einmal aufgesteckte Licht unter den Scheffel gestellt würde, und schon leuchtete es daher in weitere Fernen. Auch geistesverwandte weibliche Angehörige und Freundinnen jener Jünglinge

---

IN DIESEN KREIS WAR NACH UND NACH WIE DURCH EINEN ZAUBER ALLES HINEINGEZOGEN, WAS IRGEND BEDEUTENDES VON JÜNGLINGEN UND JUNGEN MÄNNERN BERLIN BEWOHNTE

---

fanden sich allgemach ein. Bald folgten auch die freisinnigen unter den reiferen Männern, nachdem die Kunde solcher Geselligkeit in ihre Kreise gedrungen war. Ich meine, pour comble kamen wir zuletzt in Mode, denn auch die fremden Diplomaten verschmähten uns nicht.

Und so glaube ich nicht zuviel zu behaupten, wenn ich sage, daß es damals in Berlin keinen Mann und keine Frau gab, die sich später irgendwie auszeichneten, welche nicht längere oder kürzere Zeit, je nachdem es ihre Lebensstellung erlaubte, diesen

Kreisen angehört hätten. Ja die Grenze ist kaum bei dem König-lichen Hause zu ziehen, denn auch der, jedenfalls geniale, Prinz Louis Ferdinand bewegte sich später viel in denselben. Rahels Briefwechsel, soweit er erschienen ist, kann einigermaßen zum Belege meiner Behauptung dienen. Ich sage einigermaßen, denn waren gleich die Freunde und Freundinnen, an welche ihre Briefe gerichtet, und die, welche in denselben erwähnt sind, mehr oder minder auch die der Genossen dieser Gesellschaft, so würde doch die vollständige Veröffentlichung desselben gewiß noch mehr bedeutende ihr befreundete Persönlichkeiten vorfüh-ren; und überdies stand sie zu mehreren einer etwas früheren Zeit angehörenden nicht in Beziehung. Ja ebensowenig fürchte ich zu übertreiben, wenn ich ausspreche, daß der diesen Kreisen entsprossene Geist in die Gesellschaften selbst der höchsten Sphären Berlins eindrang, denn schon die äußere Stellung vieler, welche ihnen angehörten, macht dies erklärlich. Nächst dem aber fand dieser Geist fast überall leere Räume.

KARL PHILIPP MORITZ

Moritz war ein genauer Freund

unseres Hauses. Solange er nunmehr (1838) auch schon tot ist, so habe ich ihn doch aufs lebendigste in Erinnerung. Er war in der Tat ein genialer, aber ein kränklicher und hypochondrischer Mensch. Man hat dies bei seiner Beurteilung nicht genug in Anschlag gebracht. Unwahr gegen sich selbst, wie man ihn oft hat schildern wollen, habe ich ihn nie gefunden. Es war ihm mit allen Empfindungen, die er aussprach oder die seine Handlun-gen bestimmten, im entsprechenden Augenblicke ernst, aber er war unstet, und daher mußte öfter sein Handeln ohne Konse-quenz erscheinen. Sein Gemüt war von einer liebenswürdigen Kindlichkeit; da er jedoch gewohnt war, sich gehen zu lassen, so konnte es nicht fehlen, daß er bisweilen kindisch erschien. Die Gesellschaft stimmte ihn in der Regel zu schweigendem Ernst; regte ihn jedoch irgend etwas zur Munterkeit an, so lachte er, wie ich noch kaum einen Menschen lachen gehört habe. Selbst Unbedeutendes, aber ihm Neues, ja irgendein Gerät, ein Möbel, konnte ihn zu lauten Ausbrüchen des Erstaunens und der Freude hinreißen. »Ja, das lobe ich mir! – Ja, wer so etwas auch haben könnte!« – habe ich ihn bei solchen Gelegenheiten einmal über das andere ausrufen hören.

Den Eindruck, welchen einer unserer jungen feinen, wohl-geputzten, sprachgewandten und sprechseligen Gelehrten, das Entzücken der geistreichen Damen unserer Teezirkel, uns gibt, machte der lange Moritz mit seiner hektischen Gestalt auf diese Weise freilich nicht. Aber ward er einmal durch irgendeinen Gegenstand angeregt genug, um sich zur Äußerung über ihn gedrängt zu fühlen, so war die Lebendigkeit, mit welcher er es tat, von um so größerem und bleibenderem Eindruck. Nie werde ich in dieser Beziehung seine Schilderung der Peak-Höhle in Derbyshire vergessen, die er uns sogleich nach seiner Rückkunft von seiner von einem Spaziergange aus angetretenen Reise nach England mündlich machte, später aber in seiner Reisebeschrei-bung auch dem Publikum gab. – Auch las er ganz vortrefflich. In unserer damaligen Lesegesellschaft wurde fast jährlich einmal Lessings ›Nathan‹ mit verteilten Rollen gelesen. Moritz las die Rolle des Tempelherrn, und ich habe sie nie wieder so vortragen hören.

Als Herz die bekannt gewordene Kur mit ihm vornahm, war ich schon verheiratet. Eine lediglich eingebildete Krankheit war Moritzens Übel nicht. Er war in der Tat krank, jedoch nicht gefährlich. Aber der Wahn, daß er ein Opfer des Todes sei, hatte ihm ein Fieber zugezogen, welches ihn aufzureiben drohte. Leb-haft erinnere ich mich noch der Besorgnis, welche Herz, der ihn sehr liebte, um ihn hegte. »Gott!« rief er an jedem Abende, »wenn ich doch dem Moritz helfen könnte!« – Eines Morgens jedoch, als er sich zur Umfahrt bei seinen Patienten bereitete, eröffnete er mir, er habe in der Nacht ein Mittel ersonnen, wel-ches, wenn überhaupt Hülfe möglich sei, Moritz retten werde. Ich glaubte, es handle sich von einer Arznei; und da ich mit mei-nem Manne auf dem Fuße stand, über seine Berufsangelegen-heiten mit ihm sprechen zu können, so bat ich ihn, mir das Mittel zu nennen. »Laß es gut sein«, antwortete er mir. »Ich werde es dir mitteilen, sobald ich eine Wirkung davon wahrnehme.«

Er fuhr nun zu Moritz, dessen Fieber er noch gesteigert fand. Der Arme warf sich im Bette hin und her und rief wie gewöhnlich dem Arzte entgegen: »Aber muß ich denn sterben? – eben ich? –

Ist denn keine Hülfe möglich?« – »Keine!« antwortete Herz, »länger will ich es Ihnen nicht verhehlen. Aber es ziemt sich für einen Mann, und gar für einen Weisen, dem Unvermeidlichen mit Ruhe, ja mit Heiterkeit entgegenzutreten.« – Und nun sprach er trefflich, wie er sprechen konnte, in diesem Sinne weiter mit ihm, immer aber den Tod des Patienten dabei als gewiß hinstellend. Gründe der Religion konnte er ihm dabei freilich nicht anführen, denn gab es je einen Freigeist, so war es Moritz, und nie wurde er heftiger, als wenn es galt, gegen eine geoffenbarte Religion zu Felde zu ziehen.

Als Herz am nächsten Morgen seinen Kranken besuchte, fand er ihn zum ersten Male ruhig im Bette liegend und dieses selbst mit Blumen geschmückt. – »Nun, wie geht es Ihnen?«

GOETHE INTERESSIERTE SICH AUFS LEBENDIGSTE FÜR MORITZ, UND IN JENER FRÜHEREN EPOCHE SEINES LEBENS TAT ER DIES SELTEN FÜR ANDERE

fragte Herz. – »Sie sehen es!« antwortete Moritz. »Ich gehe mit Fassung, ja mit Seelenruhe meiner Auflösung entgegen. Der Tod soll in mir keinen Feigling finden.« – »Brav!« erwiderte Herz. »So habe ich Sie zu finden erwartet. Dies Bild will ich mir nach Ihrem Abscheiden von Ihnen bewahren!« Er fühlte dem Kranken den Puls. Das Fieber hatte bedeutend nachgelassen. Nach drei Tagen, welche Moritz mit der Gemütsruhe eines sterbenden Weisen zugebracht hatte, war es gänzlich verschwunden und nicht lange darauf der Kranke völlig hergestellt.

Goethe interessierte sich aufs lebendigste für Moritz, und in jener früheren Epoche seines Lebens tat er dies selten für andere als für sehr bedeutende Menschen. Beide waren in Rom viel miteinander, und nach jenem, auch durch Goethe bekannt gewordenen, tragisch-komischen Ereignisse, dem Ritte zu Esel nämlich, welchen sie miteinander machten und bei welchem Moritz in einen Laden hineinritt, vom Esel fiel und ein Bein brach, pflegte Goethe ihn aufs freundschaftlichste. In Rom und seiner Nähe war zur Zeit meiner Anwesenheit daselbst, also dreißig Jahre nachher, das Andenken an Goethe und Moritz noch nicht erstorben. Man nannte sie oft gemeinsam, und namentlich erinnere ich mich, daß der Wirt in der ›Sibilla‹ in Tivoli mir noch mancherlei von ihnen zu erzählen wußte.

Mir ist der Tag noch in lebendiger Erinnerung, an welchem Moritz mir seine Braut, eine geborne Matzdorff, in meiner Wohnung vorstellte. Kaum hatte er es getan, so winkte er mir, mit ihm in das anstoßende Kabinett zu treten, und fragte mich ganz ernst und trocken: »Nicht wahr, ich habe da« – hier wies er mit dem Zeigefinger auf das Zimmer, in welchem sich seine Braut befand – »einen sehr dummen Streich gemacht?« – Ungeachtet schon diese Frage bewies, daß er einen gemacht hatte, denn wie konnte ein unter solcher Voraussetzung geschlossenes Ehebündnis zu seinem Heile ausschlagen, und trotz meines lebendigen Interesses für den Fragenden, war ich im Begriff zu lachen, so komisch wurde die Frage durch Art, Zeit und Ort. Später ging denn auch die Frau mit einem gewissen Sydow oder Zülow – ich erinnere mich des Namens nicht mehr genau –, der ein Buch über die Art, sich in Gesellschaft zu benehmen, geschrieben und, wie es schien, seine Theorie in der Gesellschaft der Frau Moritz mit gutem Erfolge angewendet hatte, auf und davon. Moritz eilte den Flüchtlingen nach und kam ihnen endlich auf die Spur. In einem Dorfe oder Städtchen angekommen, erfährt er auf Nachfrage im Gasthofe, daß der Herr, welchen er bezeichnet, sich im Hause befinde, und man deutet ihm an, daß er bei Moritzens Ankunft sich unter einem umgestülpten Fasse versteckt habe. Moritz tritt an das Faß, steckt die Mündung eines Pistols in das Spundloch und ruft: »Meine Frau mir herausgegeben, oder ich schieße!« Der geängstete Entführer gibt das Versteck der Frau an, denn er weiß nicht, daß das Pistol nicht geladen ist. Moritz führt seine Frau zum zweiten Male heim, und, so unglaublich es scheinen mag, die Eheleute lebten nachher ganz erträglich miteinander, ja die Frau pflegte den Mann in seiner letzten Krankheit, einem Lungenübel, so treu, daß sie von ihr angesteckt wurde und gleichfalls an derselben starb!

MIRABEAU

Auch Mirabeaus Gesicht schwebt mir,

so viele Jahre vergangen sind, seit ich ihn sah, doch noch ganz deutlich vor. Denn es zu vergessen war schwer, wenn man ihn auch nur einmal gesehen hatte, wie es doch andererseits wegen seiner großen und ganz absonderlichen Häßlichkeit immer von neuem auffiel, wenn man ihn wiedersah. Am wenigsten trugen seine Pockennarben zu dieser Häßlichkeit bei, wenngleich sein Gesicht von ihnen gänzlich zerrissen war; weit mehr die Eigentümlichkeit, daß das ganze sowie alle einzelnen Teile desselben auf eine kolossale Weise in die Breite gezogen waren. Breiteste Nase, erdenklich größter Mund mit dicksten wulstigsten Lippen. Dabei war er zur Zeit seiner Anwesenheit in Berlin schon nahe den Vierzigern, und war gleich seine Gestalt noch von großer, ja auffallender Kräftigkeit, so waren über sein Gesicht die Ausschweifungen seiner Jugend nicht spurlos hingegangen.

Aber man vergaß alles, wann er sprach. Denn er sprach hinreißend, wie ich nie jemanden sprechen gehört habe, und namentlich ist mir eine solche Eleganz der Sprache in der Leidenschaftlichkeit – und in diese geriet er leicht – nie weiter vorgekommen. Leider weiß ich nichts mehr vom Inhalte seiner Unterhaltungen mit mir, was vielleicht daran liegt, daß es das Ganze seiner Erscheinung war, was mich zunächst in Anspruch nahm. Aber ich weiß, daß, als er einige Jahre später einer der ersten Helden der Französischen Revolution wurde, nichts von dem, was man über die gewaltige Wirkung seiner Reden las und hörte, mich in Erstaunen setzte.

Übrigens genoß er schon bei seiner Anwesenheit in Berlin eines bedeutenden Rufes. Schon hatte er in Gutem und Üblem viel von sich reden gemacht. Man wußte auch, daß er alle Frauen, die er gewinnen wollte, für sich gewonnen hatte, seine eigene ausgenommen, und es sprach sehr für das Vertrauen,

BREITESTE NASE,
ERDENKLICH GRÖSSTER MUND
MIT DICKSTEN WULSTIGSTEN LIPPEN

welches mein Mann mir stets bewies, daß er mir, einer jungen und hübschen Frau, diesen gefährlichen Menschen zuführte. Denn er war es, der es tat. Ein Baron Nolde, ein Kurländer, hatte ihn ihm vorgestellt. Aber da Herz nur schlecht französisch sprach, so überwies er ihn mir; was der Einführende hatte erwarten können und auch dem Eingeführten weder unerwartet noch unerwünscht zu sein schien.

FRIEDRICH VON GENTZ

Hat man, gleich mir,

in Beziehung zu vielen bedeutenden Menschen gestanden, deren Leben später Gegenstand öffentlicher Besprechung geworden ist, so wird man oft sehr schmerzlich durch die Art berührt, auf welche es geschieht. Während ich die ausgezeichnetesten Menschen nicht nur nicht genug gewürdigt, sondern oft schwer verkannt, ja verlästert gefunden habe, und zwar letzteres oft wegen Handlungen, deren achtungswerte Motive ich wußte, und in Hinsicht auf Gesinnungen, um welche es ihnen ein heiliger Ernst war, mußte ich Handlungen, deren nichtsnützige Beweggründe offen vor mir lagen, als Frucht trefflichster Gesinnung herausstreichen sehen. Das letzte möchte eher hingehen. Mögen immerhin Menschen, die im Leben nicht viel taugten, nach dem Tode auf solche Weise zu Ehren kommen. Doch immer ist solches Verfahren nicht nur eine Versündigung gegen die Wahrheit, sondern es wirft oft ein unverdient nachteiliges Licht auf diejenigen, welche sich eben im Interesse dieser in völlig entgegengesetztem Sinne aussprechen. Sind nun die dargestellten Personen gar etwa zu historischen geworden, so darf man sagen, daß eine Fälschung an einem Gemeingute begangen ist. Hat aber vollends die Ungerechtigkeit ihren Grund allein in persönlicher Neigung oder Abneigung gegen die Dargestellten, so kann ich sie nicht scharf genug tadeln. Denn von diesen sollte sich jeder frei machen, welcher sich öffentlich über Menschen ausspricht.

So soll Gentz jetzt durchaus ein Mann von Gesinnung gewesen sein! – Möge man immerhin bei der Beurteilung des Publizisten und des Politikers von seinem sittlichen Leben absehen, möge man die seinerseits so ohne Scheu affichierten Ausschweifungen seiner alten Tage mild, ja lobend der unvertilgbaren inneren Jugendlichkeit des Mannes zuschreiben – den ich doch schon lange vor jener so bekannt gewordenen zärtlichen Liaison als einen Graukopf mit zitternden Händen in Wien wiedersah – und dem alten aimable roué deshalb beifällig zulächeln: aber niemand soll mir sein Umspringen aus einem Erzliberalen in einen Konservativen als eine achtungswerte Folge geänderter innerer

Überzeugung darstellen wollen! Wüßte ich nur nicht allzu gut
und genau, wie es um diese Änderung stand!

Ich habe Gentz viel gesehn, am meisten aber doch beim Aus-
bruche und in den ersten Zeiten der Französischen Revolution.
Nie werde ich vergessen, wie hingerissen er gleich vielen von ihr
war, namentlich zur Zeit der Versammlung der Notablen, aber
auch nicht wie hinreißend. Denn mit seinem geistreichen Wesen
und der Klarheit seines Verstandes verband er, damals wenigstens, eine Gewandtheit und Gewalt der Rede, hinter welcher

*FÜR DIE FRANZÖSISCHE REVOLUTION HATTE
FREILICH SEINE SYMPATHIE, GLEICH
DER SO MANCHER ANDEREN ZEITGENOSSEN,
NACHGELASSEN*

seine treffliche, schlagende Schreibart noch weit zurückblieb.
Diesem Vorzuge sind denn auch die Erfolge zuzuschreiben,
welche ihm bei den Frauen wurden. Denn wenngleich hoch
gewachsen, war er doch nicht eigentlich hübsch, und von Gemüt,
einer Eigenschaft, welche große Macht über die Frauen übt, habe
ich nie etwas an ihm bemerkt. Freilich war er leidenschaftlich
und dadurch geeignet, im Sturm zu erobern. Durch diese Leidenschaftlichkeit unterschied sich auch seine Genußliebe von der
eines seiner, später noch berühmter als er gewordenen Jugend-
freunde und Gefährten auf den Pfaden der Sinnlichkeit, der sich
stets sorglichst gegen jeden Affekt wahrte und heitere Ruhe als
die Grundbedingung jedes Genusses betrachtete. In der Genußsucht selbst begegneten sich beide jedoch ganz und gar. Aber
so wie diese Gentz zu allbekannten Perfidien verleitete, deren
Form noch weniger zu rechtfertigen war als ihre Beweggründe,
so war er auch gegen den anderen durch die nicht aufhörenden
Verlegenheiten im Nachteil, in welche diejenigen seiner Genüsse,
welche nur durch Geld zu erlangen waren, ihn stürzten. Und
er war Bonvivant in jeder Beziehung. In solchen Augenblicken
war ihm jedes Mittel, sich diesen Verlegenheiten zu entreißen,
völlig gleichgültig, führte es nur nicht eine größere für ihn herbei, als diejenige es war, welcher er gerade entgehen wollte. So
zog er einmal einer Frau meiner Bekanntschaft, auf deren Nachsicht er glauben mochte ein Recht zu haben, bei einem Besuche
einen kostbaren Diamantring vom Finger. Vergebens stellte sie
ihm vor, daß das Fehlen dieses Ringes ihr die empfindlichsten

häuslichen Ungelegenheiten zuziehen würde; nur nach langem Flehen, vielleicht auch durch pekuniäre Opfer, gelang es ihr, ihn wiederzuerhalten.

Doch in der Zeit seiner drückendsten Geldverlegenheiten huldigte er fortwährend den freisinnigsten politischen Ansichten. Für die Französische Revolution hatte freilich seine Sympathie, gleich der so mancher anderen Zeitgenossen, nachgelassen, nachdem sie weit von ihrer ursprünglichen Richtung abgewichen war, aber er schwärmte noch für Preßfreiheit, welche er dem jetzigen Könige bei seiner Thronbesteigung dringend anempfahl, sowie für möglichste Freisinnigkeit aller politischen Institutionen. An einem schönen Morgen jedoch war die allen, welche ihm näherstanden, sehr bekannte Geldnot, wenn auch nicht gehoben – dazu hätte er sehr ansehnlicher Summen bedurft –, doch ganz augenscheinlich gemildert und die Freisinnigkeit verschwunden. Der Grund beider Änderungen war mir mit Gewißheit bekannt, ich wußte den Moment, in welchem er eintrat, und konnte die Gleichzeitigkeit von Ursach und Wirkung genau beobachten. Eine österreichische Pension hatte beide Wunder bewirkt. Er war damals noch, und noch längere Zeit nachher, als Kriegsrat beim General-Direktorium in preußischen Diensten. Durch den österreichischen Gesandten, Grafen Stadion, auf ihn aufmerksam gemacht, der ihn nicht minder als der englische mit großer Auszeichnung behandelte, erkannte das Wiener Kabinett seine Brauchbarkeit, wie es seine Geldverlegenheit kannte.

Von da an schrieb Gentz, was dieses Kabinett begehrte, selbst wenn es gegen die Absichten und die Interessen der preußischen Regierung oder gar gegen deren Handlungen gerichtet war, wie einige seiner Schriften aus jener Zeit, deren ich mich erinnere, das letztere in der Tat sind. Wenn er jedoch Österreich in manchen Beziehungen in Berlin nützlicher werden konnte als in Wien, so mußte ihm selbst doch eine so zweideutige Stellung auf die Länge unhaltbar erscheinen, und er ging, die Quelle seines Heils aufzusuchen. Aber von Freisinnigkeit war keine Spur mehr in ihm, wenigstens in seinen Reden und Schriften nicht. Er verließ Berlin als vollkommener Konservativer oder, wie man es damals ausdrückte, als eingefleischter Aristokrat.

FRAU VON GROTTHUIS — FRAU VON EYBENBERG

Varnhagens Feder

wird dem Andenken einiger Personen Dauer verleihen, welche durch sich selbst wenig Anspruch darauf haben. Ich zähle Frau von Grotthuis zu diesen. Sie war eine hübsche Frau, es hat dümmere gegeben, als sie war, aber, Gott verzeihe mir, daß ich es ausspreche, ungeachtet sie nun gestorben und, wie ich glaube, sinnverwirrt gestorben ist, unter allen ihren Eigenschaften stand die Narrheit obenan. Wenn sie in Beziehung zu bedeutenden Männern war, so dankte sie dies zumeist den Aufmerksamkeiten, welche sie ihnen erwies und für welche diese, als von einer hübschen Frau ausgehend, nicht unempfänglich waren. Von diesem Gesichtspunkte aus ist auch ihr Verhältnis zu Goethe zu betrachten.

Ein anderes war es jedenfalls mit ihrer Schwester, Frau von Eybenberg, ungeachtet diese zu denjenigen gehörte, deren völlige Bedeutung Frauen nur durch einen Rückschluß zu erkennen vermögen, durch den Eindruck nämlich, welchen sie auf Männer, und auf tüchtige Männer, machen. Freilich konnten auch Frauen körperliche und geistige Vorzüge an ihr nicht verkennen. Sie war

IHR TEMPERAMENT WAR LEBHAFT, WENNGLEICH UNSTET

hübsch, von elegantem Wuchse, in ihren Bewegungen durchaus anmutig. Ihr Temperament war lebhaft, wenngleich unstet. Ihr Geist war mehr anregend als schöpferisch; konnte man sie auch nicht gerade geistreich nennen, doch ebensowenig geistlos. Sie hielt darin eine Mitte, wie sie den meisten Männern und Frauen sehr wohlgefällig ist. Mit ihren Kenntnissen stand es so, daß man sie den damaligen Ansprüchen an weibliches Wissen nach ein unterrichtetes Frauenzimmer nennen durfte. Verschweigen will ich nicht, daß namentlich einige unserer gemeinschaftlichen männlichen Bekannten ihr wenig Gemüt und vielen Leichtsinn zutrauten. Sie fanden diese Ansicht von ihr besonders zu einer Zeit bestätigt, als Mariane Meyer, so hieß sie früher, ohne Wissen ihrer sehr orthodoxen Eltern zur christlichen Religion übergegangen war und sich ausgelassen lustig erwies, während sie wußte, daß die Kunde von ihrer Religionsänderung für ihre Eltern ein überwältigender Schlag sein mußte.

Als Tochter eines Kaufmanns und als Jüdin, und sonach, bei der Kluft zumal, durch welche Verschiedenheit des Standes und des Glaubens damals noch die Menschen trennte, vermöge ihrer Stellung in der Welt nicht auf den Umgang oder gar auf eine nähere Verbindung mit christlichen Männern hohen Standes angewiesen, sah sie doch eben von diesen letzteren einen nach dem andern zu ihren Füßen, ja ernstlich um sie werbend. Die Liebe des ersten derselben erwies sich freilich der Ungleichheit der äußeren Verhältnisse nicht gewachsen. Dieser war Graf Geßler, der sächsische Gesandte am preußischen Hofe. Er verhehlte seine Gefühle für Mariane Meyer so wenig, daß man nicht Anstand nahm, auch mit ihm bei Gelegenheit von seiner Liebe zu sprechen. Als nun nach seiner Abreise von Berlin Mariane zum christlichen Glauben übergetreten war und öffentlich und laut behauptet ward, Graf Geßler sei nur abgereist, um alles Erforderliche vorzubereiten, sie aus dem elterlichen Hause zu führen und sich dann mit ihr zu vermählen, glaubte ich, als ich ihn in Leipzig traf und er sich angelegentlichst nach der Dame seines Herzens erkundigte, wohl von dem mit ihm sprechen zu dürfen, was das Gespräch des ganzen Kreises der gemeinsamen Bekannten war. Wie erstaunte ich jedoch, als ich ihn stutzen, erschrecken sah! Er leugnete jede Absicht, sich mit Marianen zu verbinden, und ich erfuhr nachher, daß er eiligst verschiedenen Freunden in Berlin Briefe geschrieben habe, in welchen er das Vorhaben, welches man ihm beimaß, eifrigst desavouierte. Ich mußte hier wie bei anderen ähnlichen Gelegenheiten den Scharfblick Alexanders von Humboldt auch hinsichts solcher Verhältnisse anerkennen. Er hatte von Anfang an im Widerspruche mit der Meinung aller ausgesprochen, daß Geßler sie nie heiraten werde. Und doch war es gewiß nur Mangel an Kraft, sich über Vorurteile hinwegzusetzen, was diesen so handeln machte. Er hörte niemals auf, die lebendigste Teilnahme für Mariane zu haben, dies bewies die Art, auf welche er sich später, sooft wir uns wiedersahen, nach ihr erkundigte.

Hatte nun in diesem Falle das Vorurteil eines der Liebenden verhindert, daß das zärtliche Verhältnis zu einem ehelichen wurde, so wurde ein zweites, welches sich bald nachher knüpfte, durch die Vorurteile Dritter von diesem Ziele abgewendet. Graf Christian Bernstorff, später preußischer Minister, zu jener Zeit bei der dänischen Gesandtschaft in Berlin angestellt, wurde von den lebhaftesten Gefühlen für Mariane Meyer ergriffen. Aber seinem Vorsatze, sich mit ihr zu verbinden, stellte sich der sehr entschiedene Widerspruch seines Vaters, des dänischen Ministers, entgegen. – Schon gleichzeitig mit ihm war Fürst Reuß, österreichischer Gesandter am preußischen Hofe, ihr Bewunderer gewesen, ein guter, wackerer Mann, aber ihr ziemlich ungleich an Jahren und häßlich wie die Nacht. Er bat später um

ICH MUSSTE HIER WIE BEI ANDEREN ÄHNLICHEN GELEGENHEITEN DEN SCHARF-BLICK ALEXANDERS VON HUMBOLDT AUCH HINSICHTS SOLCHER VERHÄLTNISSE ANERKENNEN

ihre Hand. Gewiß ist's, daß sie ihn achtete, aber ich weiß nicht, ob sie ihn liebte. Fast schien es mir, als nahm sie seine Hand nur an, weil sie von den Revers gelangweilt war, welche ihr bis dahin stets vereitelnd entgegengetreten waren, wann eine ihrer zärtlichen Verbindungen zu einer Ehe zu führen schien. Und soll ich es nun Tücke des Geschicks oder Vergeltung nennen, eben am Morgen ihrer Verehelichung mit dem Fürsten Reuß erhält sie einen Brief von Bernstorff, den sie zuverlässig so sehr liebte, als sie bei einem nicht sehr warmen Gemüte überhaupt lieben konnte, in welchem er ihr, ich weiß nicht mehr genau, ob infolge des Todes seines Vaters oder einer geänderten Gesinnung des letzteren, seine Hoffnung ausspricht, sie in kurzer Frist die Seine nennen zu dürfen. Sie hat mir dies, wenn mein Gedächtnis mich nicht trügt, selbst erzählt.

Trug nun gleich Fürst Reuß seine Gattin auf Händen, so konnte doch, da er Prinz eines souveränen Hauses war, seine Ehe mit dem bürgerlichen Mädchen nur eine morganatische sein. Ja sie wurde auch bei Lebzeiten des Fürsten niemals öffentlich erklärt, und deshalb wohnte auch die Gattin nicht im Hause des Gatten. Ihre eheliche Verbindung war deshalb nicht minder bekannt, und hier in Berlin wurden in jede Gesellschaft, bei welcher nicht Hoffähigkeit die Zulassung bedingte, stets beide Eheleute eingeladen, wenngleich jeder Teil durch besondere Einladung.

Als nun nach einigen Jahren Fürst Reuß starb, fühlte sich Mariane in einer peinlichen Lage, ja ihre Stellung schien ihr gewissermaßen zweideutig. Sie wurde nicht als Mädchen, nicht als Frau, nicht als Witwe betrachtet. Und während sie sich einerseits doch die Witwe eines Fürsten wußte, war sie, da Rang und Ansehn ihres Gatten ihr nicht mehr zur Seite standen, dort, wo Wohlwollen sie nicht freiwillig höher stellte, auf Stand und Stellung eines bürgerlichen Mädchens gewiesen. Das vermochte sie nicht zu ertragen. Sie ging nach Wien, und man spricht von einem Fußfalle, den sie vor dem Kaiser tat. Sie wurde freundlich empfangen. Aber zu einer Fürstin Reuß konnte der Kaiser sie nicht machen, oder doch nicht ohne die Bewilligung der fürstlich reußischen Häuser, welche schwerlich zu erlangen gewesen wäre, und so machte er sie denn zu einer Frau von Eybenberg.

Ich sah sie im Jahre 1811 in Wien wieder. Sie litt in solchem Grade an der Wassersucht, daß ich ihre Auflösung nahe glaubte. Und als ich sie eben tief bewegt verlassen habe, treffe ich Bernstorff, der als dänischer Gesandter nach Wien gekommen war. Eine seiner ersten Fragen ist nach Marianen. Ich erzählte ihm von ihrem trübseligen Zustande, und er eilt sogleich zu ihr. Es war ein schmerzliches Wiedersehn nach jahrelanger Trennung, denn auch er konnte sich über die Hoffnungslosigkeit ihres Zustandes keinen Augenblick täuschen.

Ein Tugendbund — WILHELM VON HUMBOLDT

Die Kinderjahre der Brüder

von Humboldt waren nicht eben heiter zu nennen. Sie hatten den Vater früh verloren. Die Mutter war eine kränkliche Frau, die durch ihren leidenden Zustand öfter verstimmt wurde und zu einer lebendigen Unterhaltung wenig geeignet war. Auch der Erzieher der Knaben, Kunth, später Geheimer Staatsrat und als tüchtiger Beamter wohlverdient, Freund und Gesellschafter der sehr zurückgezogen lebenden Mutter und von großem Einflusse im Hause, war ein ernster, dem regsamen Geiste seiner Zöglinge wenig entsprechender Mentor. Doch mußten die Knaben jeden

Abend mehrere Stunden in der Gesellschaft beider zubringen, Stunden, welche besonders dem lebhaften und geistreichen Alexander langsam genug vergingen.

Auf ihren Unterricht wurde von früh an große Sorgfalt verwendet. Außer mehreren anderen Notabilitäten gehörten Campe und Engel zu ihren frühesten Lehrern. Kunth selbst erteilte ihnen wenig Unterricht und war auch bescheiden genug, sich nur geringen Anteil an der geistigen Höhe zuzuschreiben, welche sie später erreichten. Als Alexander von Humboldt im Winter von 1827 auf 1828 hier vor einem gemischten Publikum dem Inhalte wie der Form nach bewundernswerte Vorträge hielt und einmal die Blicke aller Zuhörer mehr als je von freudiger Befriedigung erstrahlten, flüsterte mir Kunth ins Ohr: »Von mir hat er's wahrhaftig nicht!«

Die Zurückgezogenheit seiner früheren Jahre hatte die lebhafte Empfänglichkeit Wilhelms von Humboldt für den Umgang mit Frauen nicht unterdrücken können. Er schloß sich sehr bald, nachdem wir uns kennengelernt hatten, an mich an. Er war damals etwa 17 Jahr alt, und obgleich ich nur einige Jahre mehr zählte, so war ich Frauenzimmer und Gattin und daher doch um

ICH FÜHRTE IHN GEWISSERMASSEN IN DIE WELT EIN

vieles älter als er. Heute mag es anmaßend klingen, wenn ich es ausspreche, aber ich übte damals, ganz ohne es zu beabsichtigen, eine gewisse Superiorität über ihn. Ich führte ihn gewissermaßen in die Welt ein, und bald war er der Freund aller meiner Freundinnen geworden, deren Mehrzahl allerdings durch Geist und Herz hervorragte.

In dem Kreise der Bekannten wurde bald darauf ein Bund gestiftet, in welchen wir nach und nach auch uns persönlich Unbekannte, deren ernstes Streben und deren Bedeutung uns durch gemeinschaftliche Freunde kundgeworden war, hineingezogen. Der Zweck dieses Bundes, einer Art Tugendbund, war gegenseitige sittliche und geistige Heranbildung sowie Übung werktätiger Liebe. Er war ein Bund in aller Form, denn wir hatten auch ein Statut und sogar eigene Chiffern, und ich besaß noch in späteren Jahren manches von der Hand Wilhelms von Humboldt in diesen Chiffern Geschriebene. Zu den Mitgliedern gehörten unter anderen Karl von La Roche, Sohn der trefflichen

Sophie von La Roche – mit welcher ich mich auf Anlaß ihres Sohnes in briefliche Verbindung setzte, aus der eine vieljährige Korrespondenz erwuchs –, Dorothea Veit und ihre Schwester Henriette Mendelssohn, aber auch die uns persönlich unbekannten: Caroline von Wolzogen, Therese Heyne, die Tochter des berühmten Philologen, später Gattin des unglücklichen Georg Forster und dann L. Fr. Hubers, und Caroline von Dacheröden, mit welchen ein brieflicher Austausch von Gedanken und Gefühlen stattfand. Meine nur kurze Beziehung zu Therese Heyne wurde durch Wilhelm von Humboldt von Göttingen aus veranlaßt, wo der etwa siebzehnjährige Jüngling die Bekanntschaft der drei Jahre älteren Jungfrau gemacht hatte und in dem Maße ihr Verehrer geworden war, daß ich damals die feste Überzeugung hegte, er werde niemals eine andere als sie die Seine nennen. Und doch traf es sich, daß ich mehr als dreißig Jahre später (1819) eben in Gesellschaft seiner nachherigen Gattin und seiner Kinder in Stuttgart zuerst ihre persönliche Bekanntschaft machte. – Ich will hier noch als ein eigentümliches Zusammentreffen bemerken, daß ich acht Tage später, und zwar in Frankfurt, eine andere der mir bis dahin persönlich unbekannt gebliebenen früheren Bundesschwestern kennenlernte, Caroline von Wolzogen. Sie gefiel mir, ich darf es sagen, besser als Therese Huber, in welcher jedoch vielleicht eben durch unseren Besuch manche Erinnerungen an frühere herbe Schicksale auf eine verstimmende Weise rege geworden sein mochten.

Unser Bund mußte in der Tat ganz achtunggebietend sein. Wir wollten auch Wilhelm von Humboldt in denselben aufnehmen, dieser kam jedoch an einem Sonnabend vormittag zu meiner Mutter, um mich dort aufzusuchen – ich weiß den Tag genau, denn ich brachte den Vormittag des Sonnabends stets bei ihr zu –, und erklärte mir mit sehr zerknirschtem Gemüte, er fühle sich nicht würdig, in unseren Kreis einzutreten! – Aber wir rechneten dem Jünglinge die Reue und die Strenge gegen sich selbst, vielleicht auch den Respekt vor unserer sittlichen Größe, hoch genug an, um ihn dennoch aufzunehmen. – Dieser Bund gab auch später Anlaß zu seiner Heirat. Der Briefwechsel mit Caroline von Dacheröden, in welchem sie uns ihr Herz und ihren Sinn auf die gemütvollste und geistreichste Weise eröffnete, hatte sie uns als seiner völlig würdig kennen gelehrt. Therese Heyne hatte bereits Forstern geheiratet, und so konnten wir ihm raten, die Bekanntschaft dieser ihm geistig Ebenbürtigen zu machen. Er befolgte den Rat, fand sie unserer Schilderung mehr als entsprechend, und sie wurden ein Paar.

Wir Bündner duzten einander. Jedoch machten hinsichtlich mehrerer derselben spätere Lebensverhältnisse in Beziehung hierauf ihre Rechte geltend. Als Wilhelm von Humboldt mit seiner jungen Frau nach Berlin kam, wo ich sie dann zum ersten Male sah, nannte sie mich »Sie«, und als fast notwendige Folge hörte später auch das »Du« zwischen ihrem Gatten und mir auf.

Mein Mann sah dem bündnerischen Treiben lächelnd zu, ohne jedoch irgend störend einzugreifen. Als ich aber in tugendhafter Werktätigkeit ein wunderschönes Kind, Tochter jüdischer Bettler, an mich nahm, welches ich auf der sogenannten Landwehr gefunden hatte (einem Hause außerhalb der Stadt, welches als Herberge für fremde Juden der ärmeren Klasse diente, die damals nicht in der Stadt übernachten durften), um es, wenngleich für den dienenden Stand, jedoch sehr zur Tugend zu erziehen, war er höchlich dagegen, ließ es jedoch am Ende geschehn. Aus meiner Erziehung ging aber leider ein Erztaugenichts hervor. Das Mädchen war mir weit über das Bestehen des Tugendbundes hinaus eine sehr herbe Frucht desselben. Sie machte mir vielen Kummer, und der Zögling der Tugend starb zuletzt als Dienstmädchen in der Charité im Wochenbette.

Doch zurück zu einer für mich erfreulicheren Frucht dieses Bundes, meiner näheren Beziehung zu Wilhelm von Humboldt. Auch in Rom brachte sie mir viele Annehmlichkeiten zuwege, denn die Aufmerksamkeit für seine Familie während ihres mehrjährigen Aufenthaltes daselbst, mit welchem der meine zum Teil gleichzeitig fiel, war überaus groß, und ich hatte mich der damit verbundenen Vorteile oft wenigstens mittelbar zu erfreuen. Pius VII. und der Kardinal Consalvi wußten nämlich sehr

DOCH ZURÜCK ZU EINER FÜR MICH
ERFREULICHEREN FRUCHT DIESES BUNDES

wohl, was Rom Wilhelm von Humboldt zu danken hatte. Denn sehr zu bezweifeln ist es, ob überhaupt noch ein Kirchenstaat existierte, hätte nicht er auf dem Wiener Kongresse sich so lebhaft dafür verwendet, daß dem Papste das frühere Gebiet zurückgegeben werde. Die meisten anderen Mächte waren dieser Restitution eher entgegen, keine eigentlich dafür, selbst die beiden einflußreichsten katholischen nicht. Ich betrachte Frankreich, wenngleich damals besiegt, als die eine derselben, weil es durch Talleyrand repräsentiert wurde, dessen Klugheit dem Schwerte eines Siegers gleich in der Waage der Unterhandlungen wog. Frankreich hatte jedoch in Wien zuviel um andere, ihm und zumal dem Sinne seines Vertreters näherliegende Interessen zu kämpfen. Österreich aber, die andere dieser Mächte, würde in dem Kirchenstaate ein gänzliches oder teilweises Besitztum für sich oder doch für einige Fürsten seiner Dynastie nicht verschmäht haben. Ob jedoch die geistliche Macht ohne den Rückhalt und Stützpunkt einer weltlichen und politischen wieder festen Fuß hätte fassen können, steht dahin.

Preußen wähnte kein unmittelbares politisches Interesse zu haben, welches gegen die Herstellung des Kirchenstaates spräche, und der milde Sinn des an trüben Erfahrungen reichen Pius VII. machte vergessen, daß er anders gesinnte Nachfolger haben könnte. Auch kamen mittelalterliche Ideen, zu welchen man sich nach den Befreiungskriegen bei uns, und zumal in höheren Kreisen, hinzuneigen anfing, dem historischen Humboldt entgegen, welchem es unmöglich war, sich, während alles ringsumher in geschichtlich begründete Rechte und Besitztümer wieder einzutreten strebte, den Kirchenstaat als Besitztum einer weltlichen Macht, und dadurch seine mehr als tausendjährige Färbung immer mehr einbüßend, zu denken.

So habe ich diese Verhältnisse aus bester Quelle kennengelernt, und so kannte man sie auch in Rom noch während meiner dortigen Anwesenheit. Sehr betrüben mußte es mich daher, als man später von dort aus so eifrig bemüht war, Preußen Verlegenheit zu bereiten, und sich jedes Dankes gegen dasselbe überhoben glaubte.

Alles hat seine Kehrseite. Auch die Annehmlichkeiten, welche mir aus der Geltung Humboldts in Rom erwuchsen, schlugen bei einer Gelegenheit in das Gegenteil um. Frau von Humboldt hatte nämlich für sich und ihre älteste Tochter Caroline am Fronleichnamstage 1818 Eintrittskarten zu dem Balkon eines Hauses auf dem Petersplatz erhalten, von welchem aus die Prozession sich sehr gut und bequem ansehn ließ. Sie wurde unwohl, ihrer Tochter kam eine Hinderung, und so bot sie mir die Billetts an. Ich wollte sie nicht annehmen, weil sie auf ihren Namen lauteten. »Nehmen Sie sie!« rief sie in ihrer Freundlichkeit, »Sie sehn das so nicht wieder!« Endlich nahm ich sie an und ließ mich von einem Dänen nach dem bezeichneten Hause begleiten. Bald trat ein Hauptmann von der Schweizergarde auf den Balkon und fragte laut nach Eccellenza Umbolde. Als die Frage öfter wiederholt wurde, sah ich mich, wie ungern auch, endlich genötigt, Eccellenza Umbolde zu spielen, worauf dann die Mitteilung erfolgte, daß Eminenza Cardinale Consalvi sich erkundigen ließen, ob Eccellenza Umbolde von ihrem Platze aus gut sähen. Aber damit war es nicht abgetan. Als die Prozession der Geistlichkeit vorüber war und nur noch das Militär vorüberzog, ertönte von neuem die Frage nach Eccellenza Umbolde aus dem Munde eines Offiziers, welcher uns dann hinuntergeleitete und uns vier Schweizergardisten übergab, um uns nach der Peterskirche zu eskortieren. Der Zug des Militärs mußte haltmachen, um uns durchzulassen, und unsere Begleiter trieben und stießen dann mit solchem, ihnen ohne Zweifel zur Pflicht gemachten, Eifer alles, was von Zuschauern irgend unserm Vordringen hinderlich war, auseinander, daß dagegen meine lebhaftesten Vorstellungen vergeblich waren. Ja ich bot ihnen zuletzt Geld, wenn sie uns nur verlassen wollten, aber auch dies Erbieten blieb fruchtlos. – Ich nahm mir heilig vor, niemals wieder eine andere Person darzustellen als meine eigene, am wenigsten aber in Rom jemals wieder die Eccellenza Umbolde, vor welcher auf höchsten und heiligsten Befehl alles mit Kolbenstößen aus dem Wege getrieben wurde.

SCHLEIERMACHER

Ich machte Schleiermachers Bekanntschaft

zuerst um das Jahr 1794, als er noch in dem Schullehrerseminar angestellt war, welches unter Gedikes Leitung stand. Der Graf Alexander Dohna war es, der ihn mir zuführte. Aber diese erste Bekanntschaft war nur flüchtig, weil er bald als Hülfsprediger nach Landsberg an der Warthe ging, wo er etwa zwei Jahre blieb. Erst nach seiner Rückkehr von dort, im Jahre 1796, wurde unsere Verbindung enger. Schleiermacher war damals Prediger an der Charité und wohnte auch in dem Charité-Gebäude, dessen Umgegend noch wüst, unangebaut, ja ungepflastert war. Dennoch kam er fast jeden Abend zu uns, die wir damals in der

Neuen Friedrichsstraße nahe der Königsstraße wohnten. An Winterabenden war sein Weg zu uns, namentlich jedoch der Rückweg, gar nicht ohne Beschwerlichkeit. Aber er wurde noch weiter und beschwerlicher, ja an Winterabenden sogar bedenklich, als Schleiermacher während eines Umbaues in der Charité eine Wohnung auf der jetzigen Oranienburger Chaussee bezogen hatte, damals eine abends unbeleuchtete Landstraße, an welcher nur wenige Häuser in weiten Entfernungen voneinander standen. Er hatte sich jedoch bereits in dem Maße an meinen Mann

VON EINER BERÜHMTHEIT ODER AUCH
NUR VON EINEM RUFE SCHLEIERMACHERS
WAR DAMALS NOCH NICHT DIE REDE

und mich angeschlossen und wußte seinerseits uns ihm so aufrichtig befreundet, daß er dadurch nicht von seinen allabendlichen Besuchen abgehalten wurde. In unserer Besorgnis um ihn verehrten wir ihm eine kleine Laterne, dergestalt eingerichtet, daß er sie in ein Knopfloch seines Rockes einhaken konnte, und so angetan ging dann der kleine Mann an jedem Winterabende von uns, wenn er nicht schon so ankam.

Von einer Berühmtheit oder auch nur von einem Rufe Schleiermachers war damals noch nicht die Rede. Erst in jener Zeit fing seine literarische Tätigkeit insofern an, als er Predigten aus dem Englischen übersetzte; aber diese Art der Tätigkeit war nicht geeignet, ihm zu einem Namen zu verhelfen. Doch ich darf sagen, daß sowohl mein Mann als auch ich sehr früh seine Bedeutung erkannten.

Als Friedrich Schlegel nach Berlin kam, beeilte ich mich, ihn mit Schleiermacher bekannt zu machen, überzeugt, daß ein näheres Verhältnis beiden förderlich sein würde. Auch Schlegel wurde bald inne, welch einen großen Schatz an Geist der kleine Körper seines neuen Freundes barg, denn die Beziehung war in kurzem eine vertraute geworden. Schlegel und ich nannten ihn daher bald nicht anders als unser Bijou. Wir waren es auch, welche ihn zuerst aufmunterten, selbstständig als Schriftsteller aufzutreten, indem wir ihn veranlaßten, einen Beitrag zu dem von den Brüdern Schlegel herausgegebenen ›Athenäum‹ zu liefern. Dies war die erste Original-Arbeit, welche von ihm im Druck erschien. – Schon im Sommer 1798 wurde dann zwischen ihm und Friedrich Schlegel die erste Verabredung hinsichts der Übersetzung des ›Platon‹ getroffen, zu welcher der Vorschlag von Schlegel ausging. Aber sie war, größtenteils durch Schlegels Schuld, noch sehr wenig vorgerückt, als dieser im Jahre 1802 Berlin verließ und auch Schleiermacher als Hofprediger nach Stolpe ging. Von da an ließ Schlegel den letzteren ganz im Stich, so daß er, nicht ohne Kampf und Zagen, sich entschloß, das Werk allein fortzuführen. So konnte erst im Jahre 1804 der erste Band erscheinen.

Schleiermachers erstes größeres und selbstständiges Werk waren die ›Reden über die Religion‹. Er schrieb sie in Potsdam, und zwar von etwa Mitte Februar bis Mitte April 1799. Wir korrespondierten während seines dortigen Aufenthalts, welcher sich noch bis in den Mai hinein verlängerte, fast täglich miteinander, und während er die ›Reden‹ schrieb, gab er fast in jedem seiner Briefe Rechenschaft über das Fortschreiten des Werks, so wie er mir auch stets jede fertige Rede zuschickte, die ich dann gewöhnlich Friedrich Schlegeln und unserer gemeinschaftlichen Freundin Dorothea Veit mitteilte, bevor sie zur Zensur und in

WÄHREND ER DIE ›REDEN‹ SCHRIEB,
GAB ER FAST IN JEDEM SEINER BRIEFE
RECHENSCHAFT ÜBER DAS FORTSCHREITEN
DES WERKS

die Druckerei ging. Wir sagten ihm auf seinen Wunsch auch stets redlich unsere Ansicht über die fertigen Teile des Werks, ohne daß jedoch unsere hie und da von der seinen abweichende Ansicht irgendeine Änderung zuwege brachte, denn er war zu einig mit sich, bevor er ans Werk ging, als daß dies hätte der Fall sein können, und nur die Änderungen, welche jedem Autor die Ausführung des im ganzen und großen konzipierten Werkes im einzelnen, die Feder in der Hand, fast notwendig auferlegt, fanden statt; aber auch über diese gab er uns Rechenschaft.

Überhaupt legt seine Korrespondenz mit mir von den Jahren 1798 bis 1804, einer Zeit großer innerer und äußerer Tätigkeit Schleiermachers, ja vielleicht seiner eigentlichen Entwickelungs-Periode, das lebendigste Zeugnis für Geist und Gemüt des trefflichen Mannes ab. Wir waren in Berlin gewohnt, uns täglich zu sehen, und waren wir voneinander getrennt, mußte briefliche Mitteilung den mündlichen Verkehr tunlichst ersetzen. Nun war er in dieser Zeit oft länger von Berlin abwesend, unter anderem zwei ganze Jahre als Hofprediger in Stolpe, und andererseits brachte ich, solange er in Berlin war, den Sommer größtenteils auf dem Lande zu; daher Anlaß zu vielen Briefen. Und der Drang, sich Freunden mitzuteilen, ja sich ihnen ganz bis in alle kleinsten Falten des Sinnes und Herzens hinein zu eröffnen, war mächtig in ihm. Ebenso nötig jedoch waren ihm Lebens- und Liebeszeichen seiner Freunde, die er, wenn er einmal von ihrer Freundschaft überzeugt war, über Verdienst hochstellte; und ich rechne mich selbst zu diesen. Eine Stelle aus einem seiner Briefe an mich – wie fast immer trotz der tiefen Empfindung nicht ohne die ihm eigene Beimischung von Humor – charakterisiert den Mann in diesen Beziehungen ganz. »Ach, Liebe«, heißt es darin, »tun Sie Gutes an mir, und schreiben Sie mir fleißig. Dies muß mein Leben erhalten, welches schlechterdings in der Einsamkeit nicht gedeihen kann. Wahrlich, ich bin das allerabhängigste und unselbstständigste Wesen auf der Erde, ich zweifle sogar, ob ich ein Individuum bin. Ich strecke alle meine Wurzeln und Blätter aus nach Liebe, ich muß sie unmittelbar berühren, und wenn ich sie nicht in vollen Zügen in mich schlürfen kann, bin ich gleich trocken und welk. Das ist meine innerste Natur, es gibt kein Mittel dagegen, und ich möchte auch keines.«

So war der Mann, der hin und wieder des Mangels an Liebe beschuldigt worden ist, bloß weil er sich in seiner Polemik bisweilen da der Form der Ironie bediente, wo ihm eben keine andere passender und eindringlicher erschien. Freilich berührte diese Ironie, wenngleich nur gegen Sachen gerichtet, doch auch die Personen der Gegner unangenehm, aber das wäre auch bei einer anderen Form kaum weniger der Fall gewesen.

Es ist begreiflich, daß Leute, welche so viel miteinander verkehrten wie Schleiermacher und ich, auch außer dem Hause oft miteinander gesehen wurden. Und da mag denn der Kontrast zwischen mir, der sehr hochgewachsenen und damals noch mit ziemlicher Fülle begabten Frau, und dem kleinen magern, nicht eben gut gebauten Schleiermacher wohl sein Komisches gehabt haben. So verstieg sich denn der Berliner Witz gar bis zu einer Karikatur auf uns, einer damals hier noch überaus seltenen Äußerungsweise der Satire. Ich spazierte nämlich mit Schleiermacher, indem ich ihn als Knicker, einer damals gebräuchlichen Art kleiner zusammenzulegender Sonnenschirme, in der Hand trug, während ihm selbst wieder ein solcher Knicker im kleinsten

Format aus der Tasche guckte. Diese Karikatur blieb uns nicht verborgen, und ich glaube, daß niemand in Berlin mehr über sie gelacht hat als Schleiermacher und ich, denn der Witz derselben war eigentlich ziemlich wohlfeil.

Es fehlte auch nicht an Leuten, welche, die Innigkeit unseres Verhältnisses kennend, ein anderes Gefühl als das der Freundschaft in uns voraussetzten. Sie waren im Irrtum. Man konnte sich mit niemandem unumwundener über das gegenseitige Verhältnis aussprechen als mit Schleiermacher, ja es war recht eigentlich sein Bestreben, sich und den anderen über dasselbe ins klare zu setzen, damit nicht irgendeine Täuschung in dieser Beziehung ein Verhältnis trübe, welches, so wie es eben in Wirklichkeit bestand, ein schönes und das allein angemessene war. So haben wir uns denn auch öfter darüber ausgesprochen, daß wir kein anderes Gefühl für einander hätten und haben könnten als Freundschaft, wenngleich die innigste, ja, so sonderbar es scheinen mag, wir setzten uns schriftlich die Gründe auseinander, welche verhinderten, daß unser Verhältnis ein anderes sein könne.

Schleiermachers großes inneres Wohlwollen war Ursach, daß er, so vorzugsweise erfreulich ihm auch eine geistig anregende Unterhaltung war, doch auch sehr gern mit Leuten umging, die nicht auf gleicher geistiger Höhe mit ihm standen, ja überhaupt geistig nicht bedeutend waren, denn schon Gemütlichkeit allein konnte ihn aufs mächtigste anziehen. Deshalb waren auch seine geselligen Beziehungen sehr ausgedehnt und haben ihm viele Zeit gekostet, ja sie tragen vielleicht allein die Schuld, daß er seine Vorlesungen nicht für den Druck bearbeitet hat. Nun konnte er zwar zu jeder ihm beliebigen Zeit arbeiten und war stets gesammelt genug zur Arbeit, auch ging ihm jede aufs leichteste und schnellste vonstatten, aber eben deshalb glaubte er, noch mehr Zeit übrig zu haben, als er in der Tat hatte. Selten nur wies er eine Einladung zurück, und ebenso sah er viele Leute in seinem Hause. Aber freilich konnte er sich auch unmittelbar nach dem reichsten und fröhlichsten Diner oder Souper, und nach einem der letzteren oft in später Nacht, an den Schreibtisch setzen und war im Augenblick mitten in der tiefsinnigsten Spekulation. Hatte er am nächsten Tage zu predigen, so pflegte er sich, und wenn er Gesellschaft hatte, im Gesellschaftszimmer, auf etwa eine Viertelstunde an den Ofen zu stellen und denkend vor sich hinzublicken. Seine näheren Freunde wußten, daß er dann über seine Predigt dachte, und ließen ihn ungestört: In kurzem war er wieder mitten in der Unterhaltung. Auf irgendeinem kleinen Papierstreifchen hatte er sich wohl mit Bleistift einige Notizen gemacht, dies war jedoch alles, was er von einer Predigt zuvor aufschrieb. Und nach solcher scheinbar flüchtigen Vorbereitung habe ich ihn oft am nächsten Morgen die gedankenreichste und gefühlteste Predigt halten hören.

Nie gab es überhaupt wohl einen Menschen, dessen Geist eine gleiche Macht über seine physische Natur geübt hätte wie der seine. Noch auf dem Sterbebette, und mit der Gewißheit, daß er nur noch Stunden zu leben habe, berichtete er über seine inneren – seligen – Zustände, zum Teil auch in der ausgesprochenen Absicht, seinen Lieben damit kundzugeben, daß er nicht so viel leide, als es wohl scheinen möchte. Die Geschichte seiner letzten Tage, wie sie seine Witwe niedergeschrieben hat, gibt uns das erhebendeste Bild eines bis zum letzten Atemzuge liebenden, selbstbewußten, geistesklaren, in sich befriedigten großen Menschen.

FRAU VON GENLIS

Ich habe Frau von Genlis während ihrer Anwesenheit in Berlin viel gesehn, denn ich nahm Unterricht bei ihr. Eine Freundin von mir, welche sie sehr für sich zu interessieren gewußt hatte, führte sie mir – es war im Jahre 1798 – nach meiner Sommerwohnung im Tiergarten zu. Als ich zur Erwiderung des Besuches zu ihr nach der Stadt fuhr, fand ich sie in dem schlechten kleinen Zimmer einer engen Straße der Neustadt, nahe der heutigen Dorotheenstraße. Hier saß die berühmte Gräfin Genlis, Marquise de Sillery, vor einem Windofen und kochte ihre Schokolade. Auf einem etwas gebrechlichen Tische stand ein schlechter hölzerner Leuchter mit einem dünnen Talglichte. Auf einem sogenannten Schappen, wie sie sonst nur in Küchen stehen, fehlte es nicht an Töpfen, Pfannen und anderem Kochgeschirr, und ein gewisses Gerät unter dem Bett bemühte sich nicht im mindesten, sich zu verbergen. Auch die Bewohnerin des Zimmers wäre nicht imstande gewesen, den Eindruck eines niederländischen Genrebildes der unfeineren Gattung, welchen das Ganze machte und der sich mir sogleich beim Eintreten aufdrängte, zu verwischen, denn in der gewöhnlichsten und vernachlässigtesten Kleidung, das schon ergrauende Haar unordentlich unter der wenig sauberen Haube herabhängend, saß sie bei ihrem Geschäfte, hätte nicht eine schöne Harfe, welche in einer Ecke des Zimmers stand, die wenig erfreuliche Illusion gestört. Sie schien in dieser Umgebung einen ganz ausgesprochenen Ausdruck zu haben, sie sah ernst und befremdet aus wie ein gebildeter Mann, der durch Zufall in eine unfeine Gesellschaft geraten ist. Bald aber ward uns ein zweiter, wenngleich nicht so in die Augen fallender Gegensatz bemerkbar. Auf einem Tische befanden sich, unter vielen anderen sehr heterogenen Gegenständen, künstliche Blumen und saubere Körbchen, welche Frau von Genlis anfertigte.

Schon damals traf ich Verabredungen mit ihr wegen eines mir zu erteilenden Unterrichts im französischen Stil; nächst dem wollte ich französische Klassiker mit ihr lesen. Aber für diesmal scheiterte das Vorhaben an der auf höheren Befehl erfolgten Ausweisung der Frau von Genlis. Das Hindernis, welches ihrem Aufenthalt entgegenstand, wurde jedoch in kurzem beseitigt, und sie kehrte nach Berlin zurück.

Als nun der Unterricht beginnen sollte und Frau von Genlis von mir hörte, daß ich die Stunden nicht allein nehmen wolle, erklärte sie mir sofort, daß, wenngleich sie auch Herren unter ihren Schülern zähle, sie doch nie einen Herrn und eine Dame gemeinschaftlich unterrichte. Wie sie denn überhaupt die Trennung der Geschlechter bis ins wunderlichste trieb. So trennte sie zum Beispiel, als sie sich später in Berlin wieder in den Besitz eines kleinen Büchervorrats gesetzt hatte, die männlichen Schriftsteller aufs sorgfältigste von den weiblichen. Nicht nur wurde jedem Teile eine andere Seite des Repositoriums eingeräumt, zu größerer Sicherheit blieb auch noch ein leerer Zwischenraum zwischen ihnen. – Ich sah mich nach einer Gefährtin um und fand sie in der als Schriftstellerin nicht unbekannten Frau Sophie Bernhard, geborene Gad.

Frau von Genlis wohnte jetzt schon etwas besser; das Zimmer, in welchem sie Unterricht erteilte, war ein reinliches Zweifenster-Zimmer. Auch war sie nicht mehr allein. Sie hatte eine Frau Klebe, geborene de la Garde, von der französischen Kolonie, zu sich genommen, und nächstdem wohnte der kleine Casimir bei ihr, welcher ihr Schüler auf der Harfe war, später als einer der ersten Virtuosen auf diesem Instrumente Europa durchreiste und sich namentlich in Frankreich einer gewissen Berühmtheit erfreute.

Mich hatte sie besonders in Affektion genommen, weil ich, ihrer Behauptung nach, ihrer Tochter oder Pflegetochter, ich weiß dies nicht mehr genau, ähnlich sah. Aber das hinderte sie nicht, mit meinem französischen Stil sehr unzufrieden zu sein. Meine Arbeiten unterlagen vielfachen Korrekturen, während sie sich von denen meiner Gefährtin sehr befriedigt erwies. Doch die Szene änderte sich, als es an das Vorlesen der französischen Klassiker ging. Da wurde ich mit Lob überschüttet, während

---

»CE N'EST PAS LÀ LE TON DE LA TRAGÉDIE!« RIEF SIE EINMAL ÜBER DAS ANDERE

die andere ihr nichts zu Dank tun konnte. Die Komödie namentlich las ich, ihrer Behauptung nach, vortrefflich. Aber als wir zur Tragödie übergingen, wurde sie wieder unzufrieden. »Ce n'est pas là le ton de la tragédie!« rief sie einmal über das andere. Ich wußte wohl, woran es lag, daß sie diesen bei mir vermißte, und bat sie, mir einige Stellen aus einem Trauerspiele vorzulesen; worauf ich ihr denn erklärte, daß ein solcher hohler Pathos mir völlig unerträglich sei und ich lieber darauf verzichte, Tragödien zu lesen, als daß ich mich zu ihm verstände. »Vous ne voulez pas lire la tragédie?« rief sie, »vous qui êtes fait pour la jouer? vous avec votre figure tragique?«

Sie selbst war freilich eine ganz vortreffliche Schauspielerin. Ich sah sie einmal in dem Hause des reichen jüdischen Kaufmanns Cohen so meisterhaft spielen, daß ich nicht umhin konnte, ihr nach der Vorstellung mein Kompliment deshalb zu machen. »Mais«, rief sie mit einem vieldeutigen Lächeln, »j'ai joué la comédie toute ma vie!«

Ich glaube übrigens nicht, daß sie jemals schön war, ungeachtet man ihr selbst damals, wo sie schon im Anfänge der Fünfziger stand, sehr deutlich ansah, daß sie früher den Anspruch gehabt hatte, hübsch genannt zu werden. Sie war schlank und gut gewachsen, ihr Teint war von großer Klarheit, ihr Auge dunkel und lebendig, ihre Züge waren fein, aber es fehlte den Verhältnissen des Gesichts einiges an der Regelmäßigkeit, welche ein notwendiges Erfordernis der Schönheit ist. Daß sie niemals gut und fest angekleidet war, schadete nächstdem ihrer Erscheinung. Ich wenigstens habe, solange ich sie kannte, ihre Kleidung nie anders als salope gesehen.

Ihr früheres Verhältnis zu dem Herzoge von Orleans wurde viel besprochen. Aber wenn es in der Tat so verfänglicher Art war, wie man behauptete, so muß man erstaunen, daß Louis-Philippe und seine Schwester, welche beide nicht nur sehr sittlich sind, sondern auch das Andenken ihrer Mutter hoch verehren, sie mit so vieler Rücksicht behandelten. Der erstere bot ihr sogar eine Wohnung im Schlosse an. Sie nahm sie jedoch, an ihre bisherige einmal gewöhnt, nicht an. Ich meinerseits habe bei unserer Bekanntschaft nichts an ihr wahrgenommen, was mich berechtigt hätte, sie für unsittlich zu halten, und würdige und einsichtige Frauen teilten meine Ansicht. So schrieb mir Sophie von La Roche im Jahre 1798 während der Anwesenheit der Genlis in Berlin über sie: »Genlis sehen Sie vermutlich und beurteilen Sie selbst. Es fällt mir schwer, das Böse zu glauben, so man von ihr sagt. Man überhäufte mich schon in Paris damit, wo ich nur sagen konnte: prouvez moi qu'elle a le temps d'écrire des livres, d'élever et d'instruire les enfans d'Orléans et de faire ce que vous dites, alors je vous croirai. Es ist schwer, geistvoll oder schön zu sein, weil man immer in Gefahr ist, von Männern, die gern leiten – oder gern versuchen wollten, verleumdet zu werden.«

JEAN PAUL FRIEDRICH RICHTER

Ich lernte Jean Paul

schon bei seiner ersten kürzeren Anwesenheit in Berlin im Frühjahr 1800 kennen. Er wohnte damals in einem ziemlich obskuren Wirts- oder eigentlich Kaffeehause, ja das vulgäre Wort »Kneipe« möchte für dasselbe das bezeichnendste Wort gewesen sein. Mit ihm, dem überaus Unbefangenen, wohnte dort die schon von mir erwähnte Sophie Bernhard, geborne Gad, welche später Domeier, den Leibarzt des Herzogs von Sussex, heiratete, dessen Bekanntschaft sie in Berlin gemacht hatte, wohin er im Gefolge des Herzogs gekommen war. – Sophie Bernhard war eine geistreiche und sehr gutmütige Frau, nichts weniger als schön, aber sehr empfänglichen Herzens, und vorzugsweise richtete sich ihr Gefühl auf Literaten. Da sie mit einer großen Fülle des Busens gesegnet war, so wurde in Berlin scherzweise von ihr gesagt: sie lege die Gelehrten an ihre Brüste.

Richter war im allgemeinen in Berlin nicht eben wählig hinsichts seiner Wohnungen, und einmal hatte er sich in dem Hause in der Neuen Friedrichsstraße, in welchem ich wohnte, ein ziemlich schlechtes Stübchen im Hofe gemietet. Dies hinderte

---

ER WOHNTE DAMALS IN EINEM ZIEMLICH OBSKUREN WIRTS- ODER EIGENTLICH KAFFEE-HAUSE, JA DAS VULGÄRE WORT »KNEIPE« MÖCHTE FÜR DASSELBE DAS BEZEICHNENDSTE WORT GEWESEN SEIN

jedoch nicht, daß die ausgezeichnetsten und vornehmsten Damen dort bei ihm vorfuhren und ihn besuchten, und besonders viel war die bekannte Gräfin Schlabrendorf, zugleich eine Freundin Sophiens, dort bei ihm.

Überhaupt ist es kaum zu beschreiben, wie viel Aufmerksamkeit ihm von den Frauen, selbst von denen der höchsten Stände, erwiesen wurde. Sie wußten es ihm Dank, daß er sich in seinen Werken so angelegentlich mit ihnen beschäftigt und bis in die tiefsten Falten ihres Sinnes und Gemüts zu dringen gesucht hatte; hauptsächlich aber dankten es ihm die von höherer Bildung und die vornehmen Damen, daß er sie *so* viel bedeutender und idealer darstellte, als sie in der Tat waren. Dies hatte jedoch seinen Grund darin, daß, als er zuerst Frauen der höheren Stände schilderte, er in Wirklichkeit noch gar keine solche kannte und einer reichen und wohlwollenden Einbildungskraft hinsichtlich ihrer freien Spielraum ließ, diejenigen aus diesen Klassen jedoch, welche er später kennenlernte, alles anwendeten, um die ihnen schmeichelhafte Täuschung in ihm zu erhalten und ihm möglichst ideal zu erscheinen. So hat er die Frauen der höheren Stände, so viele er deren auch später sah, eigentlich niemals kennengelernt, ja diejenigen, deren Bekanntschaft er machte, in gewisser Beziehung immer falsch beurteilt. Nicht, als ob er die Bedeutenden für unbedeutend gehalten hätte – das Umgekehrte begegnete ihm wohl bisweilen –, aber die Kenntnis der Eigenschaften, welche eben ihre Eigentümlichkeit ausmachten, erlangte er am wenigsten, weil fast keine sich ihm gab, wie sie war, sondern meist alle ihm nur ihre glänzendsten Seiten zuwendeten, welche selten ihre bezeichnenden waren. Dadurch verwirrte sich auch sein Urteil hinsichtlich der wenigen, welche ihm für nichts anderes gelten wollten als für das, was sie wirklich waren, und ich rechne mich zu diesen. Er war viel, und ich glaube gern, in unserm Hause, aber zu meinem Verdruß glaubte ich zu bemerken, daß er in mir vor allem eine von ihm vorausgesetzte Gelehrsamkeit achtete, eine Eigenschaft, auf welche ich weder Anspruch hatte noch machte.

Zeichnete ihn die Berliner Gesellschaft aus, so stellte er seinerseits diese sehr hoch. Es war die Mischung aller Stände innerhalb derselben, welche ihm besonders behagte, und allerdings kontrastierte die hiesige Gesellschaft in dieser Beziehung sehr von der damaligen sächsischen, welche er bis dahin vorzugsweise gekannt hatte.

Man darf übrigens von seiner Schreibart keinen Schluß auf seine Unterhaltung ziehen, wozu man um so eher geneigt sein könnte, als fast jedes seiner kleinsten Handbilletts den Stil seiner Schriften trägt. Er sprach anspruchslos, klar, geordnet und sehr selten humoristisch. Dabei war er sehr eingehend und ließ

MAN DARF ÜBRIGENS VON SEINER
SCHREIBART KEINEN SCHLUSS
AUF SEINE UNTERHALTUNG ZIEHEN

noch lieber mit sich sprechen, als daß er selbst gesprochen hätte. – Es wohnte ein tiefes Gefühl in ihm, namentlich für seine Freunde, und es war mir immer rührend, wenn er mir von seinem Freunde Emanuel sprach, für welchen, als einem Juden, er ein besonderes Interesse in mir voraussetzen konnte. Emanuel wollte im Herbst 1801 nach Berlin kommen. Er empfahl ihn mir brieflich als »seinen Glaubensgenossen in höherem Sinne«, der nach Berlin, »der hohen Schule seiner Religionsgenossen«, reisen wolle. Aber Emanuel, der jedenfalls ein ausgezeichneter Mann gewesen sein muß und dessen Bekanntschaft ich gern gemacht hätte, kam nicht, schickte jedoch den Brief.

Von den Damen, welche von der zuvorkommendsten und schmeichelhaftesten Aufmerksamkeit für Richter waren, sind selbst die Königin Luise und ihre Schwester, die damalige Prinzeß Luise von Preußen, nicht auszunehmen. Die Königin führte ihn selbst in Sanssouci umher, und die Aufmerksamkeiten, welche ihre hohe Stellung sie verhinderte ihm persönlich zu zollen, ließ sie ihm durch ihren ebenfalls für ihn sehr eingenommenen Bruder, den Prinzen Georg, jetzigen Großherzog von Mecklenburg-Strelitz, erweisen. Unter den Damen des Hofes war viel und mit hoher Anerkennung die Rede von Jean Paul, und als er beabsichtigte, sich in Preußen niederzulassen, wurde der König sogar bewogen, ein Kabinettsschreiben an ihn zu erlassen, in welchem

DIE KÖNIGIN FÜHRTE IHN SELBST
IN SANSSOUCI UMHER

er ihm erklärte, daß ihm seine Übersiedlung nach Preußen angenehm sein würde. Als er jedoch später beim Könige um eine Präbende anhielt, wurde sie ihm nicht bewilligt. Dem Könige war es zuletzt der Begeisterung für Jean Paul zuviel geworden. Ich habe dies von einer Freundin der Königin, irre ich nicht, von Frau von Berg. Der König äußerte: »Höre denn doch zuviel diesen Jean Paul herausstreichen. Mag ganz gute Romane geschrieben haben – für den Liebhaber, denn mir war das, was mir davon zu Händen gekommen ist, ein bißchen gar zu kraus –, aber dies ist doch ein Verdienst, das sich noch halten läßt. Wie will man erst von einem großen Staatsmann sprechen, oder von einem Helden, der das Vaterland gerettet hat? Die Damen verstehen immer das Maßhalten nicht.«

Ich hatte Jean Paul mit Schleiermacher bekannt gemacht, dessen ganze Persönlichkeit ihm sehr wohl gefiel, und ihm auch dessen ›Reden über die Religion‹ zu lesen gegeben, welche er mir mit einem Schreiben voll begeisterten Lobes zurückschickte. Später kamen ihm auch Predigten Schleiermachers zu. Auch über diese schrieb er mir. Sie seien vortrefflich, sagte er in diesem Schreiben, und nur seine ›Reden‹ seien zehnmal besser.

Viel weniger zufrieden als Jean Paul mit Schleiermachers Leistungen war dieser es mit denen des anderen. Dem Manne der klassischen Form konnte Jean Pauls Formlosigkeit nicht behagen. Aber auch der Inhalt mancher seiner Werke befriedigte ihn wenig, und selbst an dem hochgefeierten ›Titan‹ hatte er viel auszusetzen. Er schrieb mir kurz nach dem Erscheinen über diesen: »Es sind doch wahrlich alles die alten Sachen und auch in der Geschichte und den Dekorationen die alten Erfindungen, welches eine schreckliche Armut verrät. Selbst die Charaktere sind, wenn auch nicht gerade kopiert, doch ganz in dem alten Genre. Indes ist vieles besser als in dem ›Hesperus‹ und der ›Loge‹, selbst die Geschmacklosigkeit.« – Nachdem er den Anhang und die ›Clavis‹ gelesen hatte, fuhr er fort: »Nachgerade wird doch Richter so klug, die Sachen, die gar nicht in das übrige hineinwollen, allein zu drucken, er richterisiert aber doch so sehr, daß sie dem anderen angehängt werden müssen und daß sie auch unter sich nicht zusammenhängen dürfen. Nur wie er den Anhang komisch und satirisch nennen kann, ist schwer zu begreifen. Das einzige recht Komische ist eine Satire auf ihn selbst, eine Anweisung, seine Bücher zu machen, nämlich ein Erzählungsspiel, wo man in eine angefangene Erzählung hineinbringen muß, was einer sagt. Doch wird es nicht übelgenommen, wenn man auch bisweilen nur scheint, es hineingebracht zu haben. Auch fängt er an, Noten zu machen zu seinem Witz, und schließt sogar mit einer solchen, und wenn noch mehrere Frauen ihm sagen, daß er schwer sei – fällig nämlich, so wird er gewiß noch mehrere Verbesserungen dieser Art anbringen.«

Doch würde man Unrecht tun, diese brieflichen Expektorationen Schleiermachers an eine Freundin so zu betrachten, als sprächen sie seine vollständige Ansicht über Jean Pauls schriftstellerische Leistungen aus. Er wußte auch vieles an diesem zu schätzen. Um eine erschöpfende Kritik war es ihm in solchen flüchtigen Mitteilungen nicht zu tun.

Auf meiner Reise nach Italien ging ich hauptsächlich deshalb über Bayreuth, um Jean Paul nach 16 Jahren wiederzusehen. Ich verfehlte ihn, denn er war verreist. Aber in seinem Hause, wo ich seine Frau und Kinder fand, wurde mir sein von Maier gemaltes Porträt gezeigt, welches sehr ähnlich sein sollte. Ich hätte es nie für das seine gehalten. Nach diesem Bilde hatte sich sein Äußeres durchaus nachteilig verändert. Sein sonst schmales und bleiches Gesicht war ganz rot und bierdick geworden. Sein Auge, welches außer dem immer schon etwas sonderbaren Blick früher schon klein war, war durch die Aufgedunsenheit des Gesichts noch kleiner geworden. Ich wünschte, daß hinsichts der Ähnlichkeit eine Täuschung obwalte. Sah er in der Tat so aus, so schien mir meine Folgerung, daß die kleine bierselige Stadt überhaupt nicht vorteilhaft auf ihn gewirkt habe, nicht zu kühn.

Der Zufall wollte, daß ich ihn auf meiner Rückreise von Italien gegen Ende des Juni 1819 in Stuttgart bei Cotta traf. Das Bild erwies sich als ähnlich. Wir waren gegenseitig erstaunt über die Änderung unseres Äußeren. Er war wohlbeleibt, ich war mager geworden. Meine Voraussetzung, daß er einiges von dem Spießbürgertum der kleinen Stadt angenommen habe, war nicht unrichtig. Dennoch war genug von dem früheren Richter geblieben, und wir freuten uns sehr miteinander. Es war das letzte Mal, daß ich ihn sah.

LUDWIG BÖRNE

Ludwig Börne war von seinem Vater,

dem Bankier Baruch in Frankfurt a. M., für die Arzneikunde bestimmt worden. Da dieser Bedenken trug, den 16- bis 17jährigen jungen Menschen ohne Aufsicht auf eine Universität zu schicken, so wendete er sich an meinen Mann mit der Bitte, daß er ihn in sein Haus aufnehmen und seine Studien leiten möge. Schon vor Errichtung der Universität bestanden hier nämlich medizinische Lehranstalten und Institute.

Börne, damals noch Louis Baruch und in unserem Hause schlechtweg Louis genannt, tat wenig in dem ihm bestimmten Fache, zu welchem er keine Neigung zu haben schien, ja im ganzen sehr wenig. Es schien ihm überhaupt nicht darum zu tun zu sein, sich eine wissenschaftliche Bildung anzueignen. Aber auch die Gelegenheit, sich durch den Umgang mit bedeutenden Menschen zu bilden, welche unser Haus ihm in reichem Maße bot, benutzte er nicht, wie er gekonnt hätte. Ja er schien solche Leute vielmehr zu meiden. Ihr freundliches Entgegenkommen, sogar ihre bloße Nähe schien oft ihm drückend zu sein. Aber dennoch gab sich mitunter ein bedeutendes Selbstbewußtsein bei ihm kund, welches, da es unbegründet erscheinen mußte, für Dünkel galt und ihm manche der Besucher unseres Hauses entfremdete. Was er tat und unterließ, sollte nächstdem den Anschein haben, als geschähe es aus Grundsatz, und vielleicht verhielt es sich auch so. Er gebärdete sich daher auch nie, als wenn er irgend fleißig sei und seine Kenntnisse zu vermehren strebe, vielmehr gab er zu verstehen, daß er seine Trägheit und Gleichgültigkeit in dieser Beziehung nicht überwinden könne, es aber auch nicht wolle, daß jedoch diese Zeit seines Lebens deshalb noch keine verlorene sei. Warum nicht? – darüber schwieg er.

Ich weiß nicht eigentlich Rechenschaft darüber zu geben, warum er unter solchen Umständen nicht mir, wie manchen sehr Scharfsichtigen unter meinen Freunden, als ein kleiner selbstzufriedener Faulenzer erschien. Allerdings hatte ich mehr Gelegenheit als andere, welche weniger oft in seiner Nähe waren, mitunter irgendeine geistreiche oder witzige Bemerkung einem Blitze gleich ihm entsprühen zu hören, auch verriet sich mir oft, eben

---

KURZ, MOCHTE AUCH VIELLEICHT
DAS EINIGERMASSEN MYSTERIÖSE
IN SEINEM WESEN DAZU BEITRAGEN,
ER WAR MIR INTERESSANT

---

wann er völlig teilnahmslos schien, ein aufmerksames Beobachten der Menschen. Nächstdem sah er viel zu klug aus, um beschränkt sein zu können. Kurz, mochte auch vielleicht das einigermaßen Mysteriöse in seinem Wesen dazu beitragen, er war mir interessant. Sprach ich dies jedoch meinen Freunden aus, so sahen sie mich ziemlich befremdet an.

Er war nicht lange bei uns, als mein Mann starb, aber er bat mich so dringend, ihm ferner den Aufenthalt in meinem Hause zu gönnen, daß ich, die ich füglich seine Mutter hätte sein können, ganz arglos seinen Bitten nachgab. Ich wurde zuerst aus meiner Unbefangenheit aufgeschreckt, als mir eines Tages, da ich mich eben bei meiner Mutter befand, von einem meiner Dienstmädchen ein von ihm an den Apotheker Lezius in der Königsstraße gerichteter Zettel gebracht wurde, in welchem er diesen unter Beifügung von zehn Friedrichsdor, als Zahlung seiner Rechnung, welche bedeutend weniger betrug, bat, ihm durch Überbringerin eine Dosis Arsenik zu schicken, weil er in seinem Zimmer sehr von Ratten und Mäusen geplagt sei und seine Abwesenheit während einer vorhabenden kurzen Reise zur Vertilgung derselben durch dieses Mittel benutzt werden solle. Dem Mädchen war jedoch sowohl der Inhalt des – offenen – Zettels als das Benehmen des Absenders aufgefallen, und dies war der Grund, weshalb sie das Papier statt zu dem Apotheker zu mir brachte. Ich erschrak so heftig, daß es mir unmöglich war, sogleich nach Hause zu gehen, schickte jedoch sogleich meine

Schwester Brenna zu dem jungen Menschen. Und durch sie wurde mir denn zu meiner großen Betrübnis zuerst die Gewißheit, daß er andere Empfindungen für mich hege als die für eine mütterliche Freundin. Aber sie glaubte ihn zur Vernunft zurückgebracht zu haben.

Doch eine Zeit nachher, und wieder während meiner Abwesenheit vom Hause, fand das Stubenmädchen beim Reinigen seines Zimmers einen an mich gerichteten Zettel auf seinem Tische, in welchem er mit der Erklärung, daß wir uns in diesem Leben nicht wiedersehen würden, Abschied von mir nahm. Sie brachte mir auch diesen, ich hieß sie ihn still wieder auf sein Zimmer legen und folgte ihr sehr bald nach Hause. Ich traf Louis schon auf der Straße in der Nähe meiner Wohnung und forderte ihn auf, mir dahin zu folgen. Es ist begreiflich, daß ich ihn nicht aus den Augen ließ. Am Abend ging ich mit ihm ins Theater, um es ihm um so weniger möglich zu machen, sich von meiner Seite zu entfernen.

Doch war es mir unter solchen, mich zugleich betrübenden und ängstigenden, Verhältnissen nicht ferner möglich, den jungen Mann in meinem Hause zu behalten. Ich fragte bei Reil in Halle an, ob er ihn bei sich aufnehmen wolle, denn ich wußte, daß er dort gut aufgehoben sein würde, und als dieser es bewilligt hatte, schrieb ich seinem Vater, es gehe nicht wohl an, daß sein Sohn ferner bei mir bleibe, ich habe jedoch seinetwegen Schritte bei Reil getan, und wenn er damit einverstanden sei, daß er sich zu diesem begebe, möge er ihm befehlen, augenblicklich Berlin zu verlassen und nach Halle zu gehn. Der Vater tat dies, und der Sohn mußte gehorchen. Bei seinem Abschiede übergab er mir als ein Andenken das Tagebuch, welches er in den letzten Monaten geführt hatte, und an mich gerichtete Briefe, die ich damals jedoch zuerst zu Gesicht bekam. Ich muß gestehen, daß ich bis dahin sein Benehmen einer romanhaften Grille zugeschrieben hatte, aber nachdem ich diese Papiere gelesen hatte, mußte ich von dieser Ansicht zurückkommen. Es sprach eine Leidenschaft aus ihnen, die mir allerdings als eine wahnsinnige erscheinen mußte, die mich aber den Entschluß segnen ließ, ihn aus meiner Nähe entfernt zu haben.

Doch ließ ich ihn nicht abreisen, ohne ihm dringende Empfehlungen an meine Freunde in Halle mitzugeben, namentlich an Schleiermacher, welcher damals schon als Professor dort angestellt war und ihn schon von Berlin aus kannte. Im Anfange war das gegenseitige Verhältnis ein recht freundliches. Börne war oft und gern mit Schleiermacher, wie er mir berichtete, und Schleiermacher hatte den besten Willen, ihm nützlich zu sein. »Daß Louis gern mit mir ist«, schrieb er mir unterm 21. November 1804, »freut mich; ich mag ihn auch sehr wohl leiden und denke, ihm noch nützlich zu werden, wenn wir recht zusammenkommen.« – Aber nach und nach wurde dem unermüdlich tätigen Manne, dem Manne, der durch eigene gewaltige Kraft sich über alle Ungunst äußerer Verhältnisse sowie über alle wie auch begründete innere Mißstimmungen hinaushob, der untätige junge Mensch, der gar keine Anstrengung machte, sich aufzuraffen, ja sich in seiner Untätigkeit zu gefallen schien, unangenehm. Seine Teilnahme für ihn nahm stets mehr ab, und Börne seinerseits mied ihn fast. Ja Schleiermacher wurde vielleicht ungerecht gegen ihn, indem er ihn auf Grund sich widersprechender Äußerungen über an sich unwesentliche Dinge, während diese Widersprüche vielleicht nur Folge ungleichartiger Stimmungen waren, des Mangels an Wahrhaftigkeit beschuldigte. Ich suchte zum Besten meines früheren Zöglings noch aus der Ferne die Mißverhältnisse auszugleichen, als ich durch diesen davon erfuhr, aber mit geringem Erfolge.

»Wegen Louis«, schrieb mir Schleiermacher am 10. April 1806, »hast Du etwas recht, und er etwas recht, und ich gar nicht unrecht. Er kam mir ein paar Mal sehr ungelegen wegen J. und W., und das mag es wohl sein, was ihm aufgefallen ist. Freundlich bin ich ihm übrigens immer, aber gleichgültig ist er mir sehr. Wie soll man mehr Interesse an einem Menschen nehmen, als er selbst an sich nimmt? Er fängt gar nichts mit sich selbst an, vertändelt seine Zeit, versäumt seine Studien, ruiniert sich durch Faulheit und sieht dies selbst mit der größten Gelassenheit an und sagt mir immer: es wäre ihm nun einmal so, und wenn er sich zu etwas anderem zwingen wollte, so wäre es ja dann doch nicht besser. Wie kann man auf einen Menschen wirken, der sich so den Willen selbst wegräsonniert? Ich weiß nicht, ob er untergehen wird, manche Natur rettet sich aus diesem Zustande; aber in diesem Zustande ist nicht auf ihn zu wirken und kein Teil an ihm zu nehmen. Dabei ziert er sich noch und ist falsch. So hat er sich zum Beispiel gegen mich angestellt, als ginge er höchst ungern nach Frankfurt und fürchte sich dort vor der schrecklichsten Langeweile, dagegen versichert mich die Reil, er habe sich gefreut darauf wie ein Kind. – Wie er klagen kann, daß er trübe ist, begreife ich wohl, aber nicht, wie Du es als Klage aufnehmen kannst. Was hat ein gesunder junger Mensch, dem nichts abgeht, trübe zu sein? Aller Trübsinn kommt aus seiner Untätigkeit, die ihn schlaff macht. – Du kannst ihm das alles schreiben, ich sage es ihm auch selbst ganz gewiß, wenn er wiederkommt. – Schade ist es um ihn, wenn er in diesem Gange bleibt, aber helfen kann ihm niemand, wenn er sich nicht selbst hilft.«

Mein Interesse für ihn machte, daß ich immer noch in meinen Bemühungen nicht nachließ, aber der Riß wurde stets größer. »Mit Louis und mir, liebe Jette«, schrieb er noch zuletzt am 10. Oktober 1806, »ist es weiter nichts geworden. Er liebt

---

ER LIEBT UND HÄTSCHELT SEINE FAULHEIT
UND EITELKEIT UND WILL VON ALLEN MENSCHEN
ENTWEDER GEHÄTSCHELT WERDEN
ODER HOCHMÜTIG ÜBER SIE WEGSEHEN

und hätschelt seine Faulheit und Eitelkeit und will von allen Menschen entweder gehätschelt werden oder hochmütig über sie wegsehen. Das letzte kann er nicht über mich, und das erste kann ich nicht gegen ihn, denn Faulheit und Eitelkeit sind mir an jungen Leuten ekelhaft und verhaßt. Auf diese Weise ist er eigentlich von mir abgekommen. Ein interessanter Mensch, wenn Du es so nennen willst, kann er wohl immer bleiben, aber weiter glaube ich nicht, daß er etwas wird, zumal ich auch nicht einmal ein entschiedenes, tüchtiges, bestimmtes Talent an ihm bemerkt habe, auf welches ich meine Hoffnung setzen könnte, daß es Herr über ihn werden und ihn durcharbeiten würde.«

Und doch blickt für denjenigen, welcher Schleiermacher kannte, durch alle diese wenn auch ungünstige Äußerungen über den jungen Mann eine größere Teilnahme für ihn hindurch, als er selbst zugestand. Die gänzliche Nichtigkeit hätte ihn kaum zu einer Betrachtung veranlaßt, viel weniger zu einer Auseinandersetzung des Wesens und Charakters eines Menschen, wie jene Briefe sie enthalten. Sprach er ihm jedoch ein entschiedenes Talent ab, so mußte man ihm darin beistimmen. Ein solches schlummerte gewiß schon in ihm, aber erst spätere politische Zustände erweckten es, und ohne das Eintreten derselben wäre Börne als ein wirkungsloser, unberühmter, ja anscheinend unbedeutender Mensch gestorben. Doch konnte auch Schleiermacher in allem seinem sittlichen Zorne über ihn nicht ganz in Abrede stellen, wie es manche andere taten, daß er ein interessanter Mensch war. Wie wäre dies jedoch möglich gewesen, hätte nichts in dem Jünglinge auf geistige oder sittliche Anlagen mindestens schließen lassen?

Auch war Schleiermacher einer der ersten, die ihren früheren Irrtum einsahen, sobald Börne als politischer Schriftsteller aufgetreten war. Stimmte er auch mit manchen Ansichten desselben nur teilweise überein, war ihm gleich die, wie auch witzige und humoristische, Form, in welcher er andere aussprach, zu herb und bitter – ich war in gleichem Falle mit ihm –: als er im Jahre 1819 eine Reise an den Rhein vorhatte, lud er den faulen Louis, der sich seit einigen Jahren in einen der tätigsten politischen Schriftsteller umgewandelt hatte, zu einem Rendezvous ein.

Auch ich sah ihn, der inzwischen ein berühmter Mann geworden war, in demselben Jahre auf meiner Rückkehr aus Italien zuerst, und zwar in Frankfurt a. M., seinem damaligen Wohnorte, wieder. Ich ließ ihn sogleich nach meiner Ankunft zu mir einladen. Er war sehr bewegt, als er mich wiedersah, wenngleich er, Gott sei Dank, von seiner tollen Leidenschaft geheilt war. Ich fand ihn vorteilhaft verändert. Durch alle Einfachheit seines Wesens blickte eine gewisse Genialität hindurch. Ich sah ihn während meines zweimaligen Aufenthalts in Frankfurt fast täglich und las die meisten seiner bis dahin erschienenen Journal-Artikel hier zuerst; denn da sie noch nicht gesammelt waren, so waren sie schwer zu erreichen, auch hatte er die bedeutendsten derselben erst während meiner Reise geschrieben. Ich gestehe, daß mich namentlich die Darstellungsweise höchlichst überraschte.

Sein Vater, welchen er mir zuführte, erschien mir als ein recht gescheiter und wackerer Mann, und sehr gefiel mir seine Freundin, eine verwitwete Frau Wohl. Sie war eine ruhige, verständige, unterrichtete Frau von gefälligem Benehmen, und ich hätte es für ein Glück für ihn erachtet, hätte sie ihm ihre Hand gegeben, denn ein eheliches Band war ihm notwendig. Als ich ihn später bei seiner Anwesenheit in Berlin fragte, warum sie nicht ein Paar würden, antwortete er mir: »Sie traut mir nicht!« Aber der Grund muß ein anderer gewesen sein, denn es war damals schwer, an seiner Aufrichtigkeit und an seiner Treue zu zweifeln, wenn man ihn so genau kannte wie diese vieljährige Freundin.

Und ich hörte von anderen, daß die Rücksicht auf ihre alte, sehr orthodox-jüdische Mutter sie hinderte, Börnen ihre Hand zu geben, der längst zur christlichen Religion übergetreten war. Sie heiratete bekanntlich später einen Herrn Strauß, der ihre Verehrung für ihn teilte und dessen vielbesprochener Auftritt mit Heinrich Heine, der sich Verunglimpfungen Börnes erlaubt hatte, seinerzeit großes Aufsehen erregte.

Was mir noch zur Kenntnis Börnes, des gereiften Mannes, fehlte, ergänzte mir sein späterer Aufenthalt in Berlin. Es war damals in manchen Kreisen Berlins an der Tagesordnung, ihn, wenn die Rede von ihm kam, mit Heine gewissermaßen in einen Topf zu werfen. Wenngleich ich keineswegs mit allem, was er schrieb, einverstanden bin, so muß ich ihn doch gegen diesen Vergleich verwahren. Es war ihm um alles, was er schrieb, heiliger Ernst, der sich nur hinter der Form des Scherzes und der Satire versteckte. Bei Heine scheint mir gerade das Umgekehrte der Fall zu sein. Er affektiert den Ernst zuweilen, lediglich um die Wirksamkeit des Spaßes, um welchen es ihm eigentlich zu tun ist und dessen plötzliches Eintreten nur selten bei ihm ausbleibt, zu erhöhen.

Die Herzogin
DOROTHEA
VON KURLAND
und ihr Haus

Goeckingk war es,

welchem ich die Bekanntschaft der trefflichen Herzogin Dorothea von Kurland verdankte, die Bekanntschaft mit ihm aber verschaffte mir eine Reise nach Leipzig, auf welcher ich wenige Jahre nach meiner Verheiratung eine unserm Hause befreundete Familie begleitete.

Die Herzogin von Kurland hielt sich anfangs dieses Jahrhunderts im Winter in der Regel in Berlin auf, und im Jahre 1803 machte mir Goeckingk den Vorschlag, ihre jüngste Tochter im Englischen zu unterrichten. Meine pekuniäre Lage machte mir zu jener Zeit, wo die Pensionen aus der Witwenkasse noch pünktlich gezahlt wurden, diesen Schritt nicht zu einer Notwendigkeit, und ich war daher wenig geneigt, ihn zu tun. Aber Goeckingk hatte sehr richtig bemerkt, daß meine geselligen Verhältnisse, welche zu Lebzeiten meines Mannes eine seltene Ausdehnung hatten, nach dessen Tode beschränkter geworden waren, weil sowohl Schicklichkeit als das Versiegen der reichen Einnahmen, welche dieser aus seiner ärztlichen Praxis gezogen hatte, mir nicht mehr erlaubten, wie bis dahin, selbst ein bedeutendes Haus zu machen, während doch, wie ich nicht leugnen will und bei der Art der Gesellschaft, in welcher ich mich stets bewegte, zu leugnen nicht Ursach habe, das Leben in der Gesellschaft mir ein Bedürfnis geworden war. Er legte daher einen besonderen Akzent auf die schönen geselligen Verhältnisse, in welche ich durch meine Einführung in das Haus der Herzogin treten würde, und besiegte so sehr bald meinen Widerstand.

In der Tat kann man sich die Annehmlichkeiten, welche das Haus der Herzogin in dieser Hinsicht bot, nicht groß genug denken. Schon die liebenswürdige, geistvolle Dame des Hauses hätte es zu einem anziehenden machen müssen. Aber die Herzogin war die erste Frau so hohen Standes, und ist vielleicht die einzige in Berlin geblieben, welche die Ansicht, daß in der Gesellschaft der Geringste dem Stande nach dem Höchsten gleichzusetzen sei, wenn er den Erfordernissen einer höheren Geselligkeit entspreche, praktisch durchführte, und überhaupt so durchzuführen imstande war. Denn es war hierzu erforderlich, daß das Haus von jemandem gemacht wurde, welcher die höchsten Personen zu sich einzuladen berechtigt war. Und dennoch gehörte die Unabhängigkeit, die Energie, der Geist und die taktvolle Humanität der Herzogin dazu, um nicht an dem Unternehmen zu scheitern, und leugnen läßt es sich bei alledem nicht, daß es ihr von manchem eifrigen Kämpen für das Althergebrachte Anfechtungen und Verkennung genug zugezogen hat. Aber sie hat sich durch dessen Durchführung nicht bloß um die geselligen Verhältnisse Berlins, sondern weit über diese hinaus um die Förderung der Achtung wahren Menschenwertes seitens der äußerlich Höhergestellten ein großes Verdienst erworben. Diese letzteren, und namentlich der weibliche Teil derselben, welche bis dahin selten Personen, die außerhalb der Hoffähigkeit standen, in engeren Kreisen gesehen hatten, lernten nun auch diese, befreit vom Zwange einer geistbeengenden Etikette, kennen, ja sie, die sich bis dahin im ausschließlichen Besitze feiner geselligen

Formen geglaubt hatten, mußten sich gestehen, daß Geist und Urbanität im Verein sich auch hier zugleich natürlichere, wohltuendere, mannigfaltigere und bedeutungsvollere zu schaffen wissen. Einladungen an Personen der höchsten Stände waren der Herzogin nie ein Grund, Niedergestellte, welche zu ihrem geselligen Kreise gehörten, uneingeladen zu lassen. Man speiste abends stets an verschiedenen Tischen, und es herrschte völlige Zwanglosigkeit hinsichts der Plätze, welche die Gäste einnehmen wollten, aber mit großer Feinheit wußte die edle Wirtin doch auch hier eine ihr erwünschte Mischung der Stände zu bewirken. So erinnere ich mich, öfter meinen Platz am Tische neben der liebenswürdigen Prinzessin Luise von Preußen, Gemahlin des Fürsten Radziwill, gehabt zu haben. – Daß man in diesem Hause zugleich die höchsten geistigen Notabilitäten fand, darf ich wohl kaum versichern.

Der Frau von Staël verhalf ihre Einführung bei der Herzogin zur schnellen Bildung eines geselligen Kreises für ihr Haus. Sie wählte eben die Personen dazu, welche sie im kurländischen Palaste kennengelernt hatte. – In beiden Kreisen war mir ein Mann, der sich damals eines europäischen Rufes erfreute und fast nie in denselben fehlte, die am wenigsten angenehme Erscheinung. Dies war Johannes von Müller. In der Tat war es auch nur sein Name, welcher ihn zum Zutritt zu denselben berechtigte, seine geselligen Vorzüge waren es nicht. Seine Unterhaltung klang schon nicht geistreich, wenn er französisch sprach, eine Sprache, die Leute von einigem Geiste gewissermaßen zum Esprit herausfordert, aber sie erschien oft plump, wenn er mit seiner schweizerischen Aussprache und seinem besonders störenden, gurgelnden »ch« deutsch sprach. Dabei war sein Äußeres unangenehm, seine Gesichtszüge waren breit, zerflossen, sein Mund sah stets aus, als sei er mit Fett bestrichen, eine Voraussetzung, welche bei dieses Gutschmeckers Rüstigkeit im Essen sehr berechtigt gewesen wäre, hätte man nicht zugleich vorauszusetzen gehabt, daß der Wein, welchen er in großer Fülle genoß, das Fett wieder abspülen mußte. Es konnte unter diesen Umständen nicht fehlen, daß er das Stichblatt der Scherze und der Satire des anmutigen und etwas übermütigen Prinzen Louis Ferdinand wurde, in dessen Gesellschaft er sehr viel war. Er, der Prinz und der holländische Gesandte Dedel schlemmten fast jeden Abend miteinander. Nach den Soiréen bei Frau von Staël wenigstens war dies regelmäßig der Fall, denn dort machten sie gar kein Hehl aus ihrem Vorhaben. Müllers Weinlaune ergötzte, wie es schien, den Prinzen sehr. »Laßt uns sehen«, rief er eines Abends im Hinausgehen, »was unser Gelehrter heute noch für Streiche machen wird!« Das Verhältnis erinnerte mich ein wenig an das seines Großvaters Friedrich Wilhelm I. zu Gundling.

Die Herzogin von Kurland hätte bei aller schönen Weiblichkeit doch Energie genug gehabt, um ein großes Reich zu beherrschen, und ihr politischer Blick machte zuweilen den Gedanken rege, daß eine solche Bestimmung eine ihr angemessene gewesen wäre. Schon als sie eine Frau in den Zwanzigern war, hatten

DIE HERZOGIN VON KURLAND HÄTTE BEI
ALLER SCHÖNEN WEIBLICHKEIT DOCH ENERGIE
GENUG GEHABT, UM EIN GROSSES REICH
ZU BEHERRSCHEN

die Stände Kurlands gewünscht, daß sie die Regentschaft übernehme, und an ihr lag es nicht, wenn der Herzog, ihr Gemahl, nicht in besserem Einvernehmen mit diesen Ständen war, denn trat ein solches vorübergehend ein, so hatte eben sie es durch oft schwierige Unterhandlungen vermittelt. Um so höher hatte man die Anspruchslosigkeit der hochbegabten Frau zu schätzen, welche in ihrem Hause nur bestrebt schien, die freundliche Förderin einer schönen Geselligkeit zu sein.

Von ihren Töchtern, alle vier anmutig und geistreich, mochte vielleicht die Prinzessin Dorothea, später Herzogin von Dino, die hervorragendste gewesen sein. Auch sie war, gleich ihren Schwestern, hübsch, und man hätte an ihrem Gesichte höchstens aussetzen können, daß ihre oberen Zähne etwas hervorstanden. Dieser reichbegabten Prinzessin wurde nun das Los, einem wenig bedeutenden Manne vermählt zu werden. Denn dafür galt Graf Edmund Talleyrand schon, als zuerst von ihrer Verbindung mit ihm die Rede war, und es fehlte daher schon damals nicht an Einwendungen gegen die Partie. Es war deshalb auch nicht zu verwundern, daß die junge Frau sich bald dem geistvollen Oheim ihres Gatten zuwendete, der sie verstand, wie anderseits ihre Anmut und ihr Frohsinn geeignet waren, dem mehr witzigen als heitern Staatsmanne das Leben zu verschönen.

ELISA VON DER RECKE

Eine in vielen Beziehungen

von ihrer etwa fünf Jahre jüngeren Schwester, der Herzogin von Kurland, verschiedene Natur war Elisa von der Recke. Auch sie war schön. Ihr Äußeres war ebenso imposant als einnehmend. Ihr Wuchs war hoch und zierlich, ihr Gesicht fein, der Ausdruck desselben anmutig. Aber ein kräftiges, heiteres, geistreiches Wesen gehörte nicht zu ihren Eigenschaften. Sie litt vielmehr an einer Sentimentalität, welche sie teils der Zeit, in welcher sie ihre Ausbildung erhalten hatte, teils früheren, Geist und Herz bedrückenden, Verhältnissen, teils endlich physischen Einflüssen, ihren Nerven- und Unterleibsleiden nämlich, verdankte, auf welche letztere freilich jene Gemütsstimmung wieder steigernd zurückwirkte. Aber sie war überaus wohlwollend, ja von unerschöpflicher Güte, und so konnten ihr denn Freunde nicht fehlen. Freilich auch ließ ihre Arglosigkeit sie in dem Vertrauen auf die Freundschaft anderer oft zu weit gehen, und es gab gar viele Personen, welchen man lediglich äußere Motive für ihre Anhänglichkeit an die edle Frau zuzuschreiben hatte, von denen man die letztere mit Erstaunen mündlich, ja schriftlich äußern hörte: »diese gute Seele liebt mich innig!« – oder gar – »liebt mich unendlich!«

Sie hatte in ihren früheren Jahren des Trüben viel erfahren. Ich kenne manche Einzelheiten ihrer Erlebnisse aus jener Zeit sowie auch aus ihrem späteren Leben durch einen autobiographischen Aufsatz, welchen sie mir einst vorlas. – Ihre Mutter war ihr schon in den ersten Lebensjahren durch den Tod entrissen worden, und sie erhielt ihre Erziehung durch deren Mutter, eine Frau von Korff. Diese harte, leidenschaftliche Frau behandelte das arme Mädchen mit solcher Strenge, daß sie sich einst anderthalb Tage unter dem Bette versteckt hielt, um sich dort totzuhungern, und die Furcht, wieder aufgefunden zu werden, vermochte sie zu solcher Unbeweglichkeit in diesem peinlichen Versteck, daß keiner der Hausgenossen sie dort vermutete und man sie förmlich austrommeln ließ.

In ihrer Ehe ward ihr eine womöglich noch härtere Begegnung. Erst fünfzehn Jahr alt, wurde die Hand der schönen Elise, die schon in diesem frühen Alter sich vieler Werber erfreute, von einer sonst sehr liebevollen und einsichtigen Stiefmutter, welche später ihre Erziehung übernommen hatte, dem nicht mehr jungen Freiherrn von der Recke zugesagt, welcher sich in sie verliebt hatte. Aber als das Feuer der Liebe verraucht war, wozu es, wie es scheint, nur kurzer Zeit bedurfte, sah der Ehemann in seiner jungen Frau nichts als körperliche und geistige Verzärtelung. Die Mittel, welche er anwendete, um diese zu beseitigen, waren freilich die wunderlichsten. So litt er zum Beispiel nicht, daß seine Frau jemals, auch in der strengsten Kälte nicht, Handschuhe trug, und entzog ihr, soweit er es irgend vermochte, alle Lektüre. Eine Trennung wurde unter solchen Verhältnissen unumgänglich, aber eine förmliche Scheidung vermied sie, solange eine Tochter, welche aus dieser Ehe entsprungen war, lebte, und sie erfolgte erst nach dem Tode derselben. Sonderbar war es, wenngleich ähnliches nicht gerade zu den Seltenheiten gehört, daß nach der Scheidung ihr Mann ihr ein sehr treuer Freund wurde.

Die traurigen Erfahrungen in ihrer eigenen Ehe hatten in der jungen, etwa zweiundzwanzigjährigen Witwe ein solches Mißtrauen gegen alle Ehen rege gemacht, in welchen ihr die Keime zu Verhältnissen, die denen der ihren glichen, zu liegen schienen, daß, als der Herzog von Kurland, ebenfalls viel älter als ihre Schwester Dorothea, seine Bewerbungen um diese begann, sie sie aufs äußerste warnte, ihm irgend Gehör zu schenken. Ja der Standesverschiedenheit wegen fürchtete sie sogar, daß er nicht redliche Absichten hege. Dieses Bedenken suchte der Herzog jedoch dadurch zu beseitigen, daß er die Erhebung der Medemschen Familie in den Reichsgrafenstand bewirkte, und Dorothea ward die Seine.

Als ihre Schwester nun eine Herzogin geworden war, befand sich Elisa in so beschränkten Vermögensumständen, daß jede Kammerfrau der Schwester sich besser kleiden konnte als sie. Von einer Equipage war vollends gar nicht die Rede, und wurde sie zu Hofe eingeladen, so mußte sie in einem herzoglichen Wagen abgeholt werden, wenn sie nicht zu Fuß gehen sollte. Diese Verhältnisse verbesserten sich erst, ja sie nahmen eine glänzende Wendung, als die Kaiserin Katharina, durch ihr Buch über Cagliostro, welcher die zur Schwärmerei geneigte Frau anfangs nicht ohne Erfolg in seine Netze zu ziehen gesucht hatte, aber doch später als das, was er war, von ihr erkannt wurde, auf sie aufmerksam geworden, sie nach St. Petersburg einlud und ihr die Nutznießung einer bedeutenden Domäne in Kurland auf ihre Lebenszeit anwies. Aber unter der Regierung des Kaisers Alexander verlor sie wieder einen Teil ihrer Einkünfte, irre ich nicht, in Folge der Aufhebung der Leibeigenschaft. Sie mußte sich von da an wieder um so mehr einschränken, als sie viel Geld auf Zwecke der Wohltätigkeit verwendete. Hielt sie sich in Berlin auf, so machte sie gar kein Haus, sondern bewohnte eine Hofwohnung im Palaste ihrer Schwester, aber auch in Dresden lebte sie sehr einfach, wenngleich abends zum Tee jeder bei ihr Eingeführte auch ungeladen Zutritt hatte. Aber ebenfalls ungeladen fand sich auch sehr oft dort die Langeweile ein, und an solchen Abenden vermochte kaum irgend etwas, ein, wenngleich schnell unterdrücktes, Lächeln auf die Lippen der Gäste zu locken, als die abgöttische Verehrung für den Freund und Hausgenossen Tiedge. Freilich konnte man sich auch zuweilen des Ärgers über diese nicht erwehren. Denn kam zum Beispiel das Gespräch auf Literatur, so war es, als sei neben Tiedges ›Urania‹ kaum irgendein Erzeugnis derselben nennenswert. Komisch aber mußte es jedesmal wirken, wenn die gute Elisa selbst nichts genießen wollte, ohne daß ihr verehrter Freund Tiedge sein Teil davon erhielt. Als einmal ihre Kammerfrau, die Bodijella, ihr Pillen reichte, lispelte sie in süßem, bittendem Tone: »O Bodijella, Tiedgen auch eine Pille!«

Ach, es wäre fast tragisch, wenn die gute Elise diesem Tiedge auch für mehr Liebe dankbar gewesen wäre, als er für sie hegte! Daß außer für sie noch Raum in seinem Herzen war, wollten wenigstens die Hausgenossen aus eigener Wahrnehmung wissen. Denn der Gegenstand seiner Freundschaft sollte eben auch eine Hausgenossin sein, die Frau Pappermann, Frau des Kochs und Kammerdieners Elisens.

Die Voraussetzung einer aufopfernden Zuneigung für sie in dem Priester Tomaso, oben auf der Höhe von Ischia, beruhte jedenfalls auf einem Irrtum, und ich und meine Reisegesellschaft haben diesen Irrtum ziemlich teuer bezahlen müssen. Sie selbst habe längere Zeit bei ihm gelebt, sagte sie mir, und der gute Tomaso sei ihr innig zugetan. Nur aus Gefälligkeit nehme der allem irdischen Eigennutz ferne Mann Gottes Fremde auf, aber mich werde er gern und freudig aufnehmen, wenn ich ihm Grüße von ihr bringe. Als ich nun Ischia in Gesellschaft Atterboms, Thorwaldsens, der Lady Frances Mackenzie und anderer

Freunde besuchte, begaben wir uns sogleich zu ihm und baten um Aufnahme. Es war da oben in der Tat entzückend schön, die Gärten der Armida können nicht zauberischer gewesen sein, und so nannte ich den Ort auch. Der gute Tomaso aber erklärte, Fremde nicht aufnehmen zu können. Da schlug ich mit dem Blitze von Elisens Gruß in sein hartes Herz ein, und siehe, er zündete. Jetzt änderte sich alles. Wie könnte er Freunde der Signora Elisa abweisen! Heilig sei ihm ihr Andenken! – Mit bedeutsamer, geheimnisvoller Miene, als führe er uns zu der Reliquie einer Heiligen, führte er uns zu einem indischen Feigenbaume. »Ihn hat Elisa gepflanzt!«

Wirklich tat er auch vieles, um Raum für uns alle zu schaffen, und überhaupt fanden wir eine gute Aufnahme bei ihm. Und als wir abreisen wollten, weigerte er sich, irgendeine Zahlung anzunehmen. Zahlung von Freunden der Signora Elisa! Dabei konnten wir uns, wie er voraussehen durfte, nicht beruhigen. Wir baten ihn, uns nur die Erstattung seiner baren Auslagen zu erlauben. Endlich, endlich bewilligte er dies. Es war fabelhaft, wieviel

> *DA SCHLUG ICH MIT DEM BLITZE*
> *VON ELISENS GRUSS IN SEIN HARTES HERZ*
> *EIN, UND SIEHE, ER ZÜNDETE*

der gute Mann ausgelegt hatte! Die Reisegesellschaft dachte noch lange an diese freundschaftliche und uninteressierte Aufnahme aus Liebe zur Signora Elisa!

Eine nicht minder freundliche und jedenfalls uneigennützigere verschaffte mir Elisens Namen bei dem berühmten Erzbischof von Tarent. Ich fand in ihm einen wohlwollenden, lebendigen, ja liebenswürdigen Greis von schönem Äußern, ohne eigentlich geistliche Haltung, aber doch von sehr männlicher. Die Welt kannte er genug und ließ dies in seiner Unterhaltung mehr durchblicken, als ein so hoher geistlicher Würdenträger einer anderen Nation es wahrscheinlich getan hätte. Aber ich habe die geistige Tiefe nicht in ihm gefunden, welche seine Berühmtheit mich erwarten ließ. Wir Deutsche sind gar zu verwöhnt in dieser Hinsicht! Ich kann nicht sagen, daß die persönliche Bekanntschaft irgendeines italienischen Mannes der Wissenschaft oder der Kunst die Erwartungen erfüllt hätte, zu welchen sein Ruf mich zu berechtigen schien.

FRAU VON STAËL — AUGUST WILHELM SCHLEGEL

Eine Frau ganz anderer Art

als Frau von Genlis war freilich Frau von Staël, welche fünf bis sechs Jahre später in Berlin war als jene und zu welcher ich in mannigfachen Beziehungen gestanden habe. Es ist nicht möglich, sich eine lebendigere und geistreichere Unterhaltung zu denken als die ihre. Allerdings aber wurde man von ihr fast bis zum Übermaß mit Geistesblitzen überschüttet. Und nicht minder lebhaft als im Antworten war sie im Fragen, ja ihre Fragen folgten einander mit solcher Schnelligkeit, daß es kaum möglich war, ihr genügend zu entgegnen. Ihr unersättlicher Durst nach Vermehrung ihrer Kenntnisse ließ ihr keine Ruhe, aber ihre Sucht, den subtilsten Geist, welcher aus den Tiefen der Wissenschaft aufsteigt, im Fluge von der Oberfläche wegzuhaschen, war schon bei ihrer Anwesenheit in Berlin Gegenstand leichten Spottes, und dieser blieb ihr nicht immer verborgen. Prinz August fragte sie einmal in meiner Gegenwart: ob sie denn nun schon glücklich in den Besitz der ganzen Fichteschen Philosophie gelangt sei? »Oh, j'y parviendrai!« antwortete sie mit großer Entschiedenheit, zugleich aber auch mit einer Schärfe des Tons, welche bewies, daß sie die Meinung des Fragenden wohl verstanden hatte.

Mit dieser Fichteschen Philosophie hat sie manche gute Leute nicht wenig gequält. – Ich begegnete eines Tages dem Professor Spalding, dem Philologen. »Ach«, rief er mir schon in der

---

ES IST NICHT MÖGLICH, SICH EINE LEBENDIGERE UND GEISTREICHERE UNTERHALTUNG ZU DENKEN ALS DIE IHRE

Entfernung einiger Schritte entgegen, »morgen steht mir ein saueres Diner bevor! – Im Laufe desselben soll ich ein Werk, das ich nicht ganz verstehe, in eine Sprache übertragen, die mir nicht geläufig ist.« Und es ergab sich, daß er zu Frau von Staël eingeladen war, um ihr beim Diner so nebenher ein philosophisches Werk Fichtes in französischer Sprache beizubringen.

Ein Diner, und zwar bei der Herzogin von Kurland, war es auch, bei welchem ich ihre Bekanntschaft machte, und zwar ein sehr interessantes, denn in der nur kleinen Gesellschaft befand sich außer ihr und Johannes Müller noch Prinz Louis Ferdinand.

Ich sah sie seitdem öfter bei mir. Sie hatte kaum August Wilhelm Schlegel kennengelernt, als der Wunsch, daß er sich ihr anschließe und sie begleite, sehr rege in ihr ward, und da Schlegel demselben anfangs nicht entsprechen wollte, so bat sie mich, ihn dazu zu bestimmen. »Vous avez quelque ascendant sur lui!« sagte sie mir. »Ich will ja nichts von ihm, als daß er meinen Sohn und meine Tochter im Deutschen unterrichte, alle übrige

---

DA SCHLEGEL DEMSELBEN ANFANGS NICHT ENTSPRECHEN WOLLTE, SO BAT SIE MICH, IHN DAZU ZU BESTIMMEN. »VOUS AVEZ QUELQUE ASCENDANT SUR LUI!«

Zeit soll ihm ja bleiben! – Er schützt die Übersetzung des Shakespeare vor. Aber ich sehe die Notwendigkeit nicht ein«, rief sie mit großer Lebhaftigkeit, »den englischen Dichter eben in der Hauptstadt Preußens zu übersetzen!«

Es konnte ihr jedoch nicht lange verborgen bleiben, daß es in der Tat nicht der englische Dichter, sondern eine berlinische Dame war, was ihn an Berlin fesselte. Schlegel hing mit zärtlicher Freundschaft an Sophie Bernhardi, geborener Tieck, nacherigen Frau von Knorring. Sobald Frau von Staël dies erfahren hatte, drang sie in mich, Schlegel und seine Freundin zu mir einzuladen, damit sie die letztere kennenlerne. Vergebens stellte ich ihr vor, daß Frau Bernhardi nicht französisch spreche, während sie das gesprochene Deutsch nicht verstehe. »Je la verrai parler!« rief sie mit ihrer überwältigenden Lebhaftigkeit. – Ich mußte nun eine größere Gesellschaft einladen, um durch sie die Absicht der Frau von Staël möglichst zu maskieren.

Ein Wunder wäre es jedoch gewesen, hätte Frau Bernhardi nicht bemerken sollen, worauf es abgesehen war. Denn kaum hatte sie irgend etwas gesprochen, so rief Frau von Staël Schlegeln aufs lebhafteste zu: »qu'est-ce qu'elle dit?« – und dieser, der hinter ihrem Stuhle stand, mußte das Gesagte übersetzen. Dabei verfuhr er denn aber aus Treue so treulos als möglich. Denn hatte Frau Bernhardi irgend etwas gesagt, was möglicherweise der Staël nicht behagen konnte, so gab er etwas anderes dafür. Dies erregte dann in der Gesellschaft ein Lächeln, von welchem ich befürchten mußte, daß es der Frau von Staël, weil sie es eben nicht zu deuten wußte, befremdlich werden könnte. Um daher einer möglichen größeren Unannehmlichkeit vorzubeugen, benutzte ich eine Gelegenheit, dem trügenden Dolmetscher in scherzendem Tone das Handwerk zu legen. Als nämlich Frau Bernhardi einmal behauptete, die französische Sprache sei eine durchaus unmusikalische und für den Gesang im geringsten nicht geeignet, Schlegel aber auf das »qu'est-ce quelle dit?« der Frau von Staël der anderen eine Äußerung in den Mund legte, welche einem Lobspruch auf das melodische Element in der französischen Sprache ziemlich ähnlich sah, berichtigte ich den Übersetzer und machte so den Fragen der Frau von Staël ein Ende, die sich alsdann in der Tat hinsichts der Frau Bernhardi mit dem voir parler begnügte.

Frau von Staël gab während ihres Aufenthalts in Berlin an jedem Freitage eine Soiree, aber sie lud jedesmal nur drei Damen dazu ein. Ich gehörte öfter zu den Eingeladenen und erinnere mich des letzten dieser Abende als eines vorzugsweise geistvollen und anregenden. Die drei weiblichen Mitglieder der Gesellschaft waren diesmal, außer der Wirtin, die Herzogin von Kurland, Frau von Berg und ich. Besonders geistreich und liebenswürdig erwies sich an diesem Abende Prinz Louis Ferdinand; wie er denn überhaupt einer der liebenswürdigsten Fürsten war. Es ist wahr, daß er bei alledem einen gewissen ton de corps de garde nie völlig unterdrücken konnte. Doch machte ihn dieser nicht irgend unangenehm, er diente nur dazu, ihm eine bestimmte, eigentümliche Färbung zu verleihen. So verfuhr er eben an jenem Abende hinsichts meiner auf eine Weise, die, von jedem anderen geübt, unzart, ja verletzend gewesen wäre, bei ihm jedoch sich wie gemütliche Teilnahme darstellte. Er faßte mich nämlich bei der Hand und führte mich vor die Herzogin von Kurland. »Betrachten Sie diese Frau!« rief er. »Und diese Frau ist nie geliebt worden, wie sie es verdiente!« – Recht hatte er in letzterem freilich. So unendlich gut mein Mann gegen mich war, so liebend er sich die Bildung meines Geistes angelegen sein ließ, so vertrauensvoll er mir alle Freiheit gewährte, die mir das Leben verschönen konnte, eine Liebe, wie ich sie im Herzen trug, kannte er nicht, ja wenn ich sie äußerte, wies er sie gleich einer Kinderei zurück.

Schon vor dieser Szene hatte ich gegen den Prinzen geäußert, daß ich ihn noch nie Piano spielen gehört hätte, und er war so freundlich, mir zu versprechen, daß er am nächsten Freitage sein Instrument zu Frau von Staël bringen lassen wolle. Doch an diesem Freitage bei dieser gab es keine Soiree mehr. Sie hatte die Nachricht von der Krankheit Neckers, ihres Vaters, erhalten und war eiligst abgereist, um ihn noch zu sehn. Aber sie fand ihn nicht mehr unter den Lebenden.

Kurze Zeit darauf, bei der Anwesenheit Schillers in Berlin, wendete sich das Gespräch zwischen ihm und mir auf Frau von Staël. Er verhehlte mir seine Abneigung gegen sie nicht. An Anerkennung ihrer geistigen Vorzüge ließ er es zwar keineswegs fehlen. Er sagte mir in dieser Beziehung unter anderem, daß er erstaunt über die Fortschritte gewesen sei, welche sie in kurzer Zeit in der deutschen Sprache gemacht habe. Sie habe Manuskripte, welche Goethe und er ihr zum Durchlesen gegeben, vollkommen verstanden, was sich aus ihren Äußerungen über sie deutlich erwiesen habe. Aber von Schillers Ideal von Weiblichkeit war freilich Frau von Staël weit genug entfernt. Und eben der Mangel an Weiblichkeit, von welchem ich meinerseits zwar glaube, daß ihr lebhaftes, rasches Wesen ihn mehr voraussetzen machte, als daß er wirklich vorhanden war, mochte ihn hauptsächlich gegen sie eingenommen haben. – Sie hatte in Jena in einem Hause gewohnt, welches wegen eines Spukes – eines Papiermännchens, welches darin umgehen sollte – anrüchig war, und wußte sich etwas damit, daß während ihrer Anwesenheit sich von diesem nichts habe merken lassen. Schiller erzählte mir davon. »Aber«, schloß er, »hätte denn selber ein Geselle Satans mit der zu schaffen haben mögen?«

Wilhelm von Humboldt war bei seiner Anwesenheit in Paris im Jahre 1799 viel mit Frau von Staël, ja mehr vielleicht als mit irgend jemand anderem. Aber es war doch auch nur ihr Geist, der ihn zu ihr hinzog, einen Mangel echter Weiblichkeit glaubte doch auch er, und zwar auf eine wenig wohltuende Weise, bei ihr zu verspüren. Doch die übrigen Menschen in Paris genügten ihm damals so wenig, daß er sich vergleichsweise bei ihr wohl fühlte. Ihn erfreute überhaupt damals dort kaum etwas anderes als die Verehrung, welche man – in jener Zeit schon, noch vor dem Antritt der Reise, welche den Grund zu seiner Weiterberühmtheit legte – für seinen Bruder Alexander hatte. Diese Verehrung eines ausgezeichneten Menschen, dessen Inneres er so ganz kannte, schien ihm ein besserer Kultus als der, welchen er damals in den Kirchen von Paris sah, »in diesen Kirchen mit ihren moralischen Inschriften, ihren gipsernen Statuen der Freiheit und den paar Theophilanthropen, welche sich an jeder Dekade darin versammeln, um Gebote vorlesen zu hören, die nicht befolgt werden«, wie er mir schrieb. Ihm wurde erst wieder wohl in dem Tempel der Natur, der sich ihm auf der Grenze Frankreichs, welches er ohne irgendein Bedauern verließ, in den Pyrenäen auftat. Madrid, wohin er von da ging, interessierte ihn unendlich mehr, als Paris es damals getan hatte. Er schwelgte in den Kunstschätzen dieser Stadt, und besonders in denen des Escurials. Und konnte er auch viele der Motive nicht teilen, welche die herrlichen spanischen Kirchen füllten, immer gaben sie und ihre Besucher ihm ein schöneres, erhebenderes Gefühl als jene französischen. So sprach er sich auch hierüber in seinen Briefen an mich aus. Aber dennoch sehnte er sich, sobald er sich von seinem Bruder hatte trennen müssen, der von Coruña aus seine Reise um die Welt antrat, aufs lebhafteste von Spanien hinweg und wieder nach Deutschland. Er war durch und durch Deutscher.

Doch zurück von dem teueren heimgegangenen Freunde zu Frau von Staël. Hatte diese geistreiche Frau den Nutzen, welchen ihr August Wilhelm Schlegel bringen konnte, sehr richtig erkannt, so hatte sie doch auch eingesehen, daß dieser sich seinerseits bei ihr wohl fühlen, daß das Leben, welches er bei und mit ihr führen werde, ihm ein anregendes und förderliches sein müsse. So war es auch in der Tat. Von eigenen Produktionen war der ›Jon‹ die letzte bedeutendere vor seiner Bekanntschaft mit der Staël, ein Werk ohne Eigentümlichkeit und Leben. Er erhob sich wieder an dieser Frau, und was er während seines Zusammenlebens mit ihr teils ausführte, teils konzipierte, gehört zu seinem Besten.

Am wenigsten an seiner Stelle war er als Universitätslehrer in Bonn. Er paßte nicht zu einem deutschen Professor, er paßte nicht zu dem derben Wesen deutscher Studenten. Oft mußte er diesen lächerlich, seinen Kollegen mindestens fremd vorkommen. Ich sah ihn auf meiner Rückkehr aus Italien im Jahre 1819 in Bonn wieder, wo er sich überaus freundlich gegen mich erwies. Wie war er schon äußerlich verändert! – das sonst so glänzende Auge war erloschen, der Teint bleich, verschossen, die früher schlanke Gestalt aufgedunsen, sein sonst so geistreiches Wesen war nur noch zu ahnen! Wir machten eine Land- und Wasserpartie mit Bonner Professoren und ihren Frauen. Sie waren fröhlich und laut, aber je mehr sie dies wurden, desto ernster und stiller wurde Schlegel. Zuletzt saß er mit gänzlicher, aber anständiger Teilnahmlosigkeit da, ganz wie ein ältlicher Franzose, der nicht deutsch versteht, in einer deutschen Gesellschaft dasäße, und auch sein Äußeres widersprach diesem Bilde nicht. Eigentlich verstand er auch nicht, was um ihn her gesprochen ward, wenn er auch die Worte verstand. – Er machte einen schmerzlichen Eindruck auf mich.

SCHILLER — GOETHE

Schiller mußte auf die Mehrzahl

der Menschen notwendig einen angenehmeren Eindruck machen als Goethe. Die äußere Erscheinung sprach allerdings im ersten Augenblick mehr für den letzteren. Aber er gab sich denjenigen gegenüber, welche ihn nicht besonders zu interessieren wußten, gar zu sehr seiner augenblicklichen Stimmung hin und schien die Verehrung, welche ihm entgegengebracht wurde, als einen schuldigen Tribut zu betrachten, der auch nicht die kleinste Erwiderung seiner Seite erheische. Gewiß mag ihn die Neugier unbedeutender Menschen oft ungebührlich geplagt und um eine edle Zeit betrogen haben, von welcher er fühlte, daß er sie ersprießlicher anwenden konnte. Aber ich habe ihn auch bisweilen von einem Kreise anerkannt tüchtiger Männer und strebender Jünglinge umgeben gesehn, welche alle, entbrannt von dem Wunsche, irgendeine Ansicht, eine Meinung nur, von ihm aussprechen zu hören, an seinen Lippen hingen und doch als die Beute eines langen, vielleicht ihr ganzes Leben hindurch ersehnten Abendes nichts mehr als ein gedehntes »Ei- jä!« oder »So?« oder »Hm!« – oder bestenfalls ein »Das läßt sich hören!« davontrugen. Schiller war eingehender. Auch sein Äußeres war jedenfalls bedeutend. Er war von hohem Wuchse, das Profil des oberen Teiles des Gesichtes war sehr edel; man hat das seine, wenn man das seiner Tochter, der Frau von Gleichen, ins Männliche übersetzt. Aber seine bleiche Farbe und das rötliche Haar störten einigermaßen den Eindruck. Belebten sich jedoch im Laufe der Unterhaltung seine Züge, überflog dann ein leichtes Rot seine Wangen, und erhöhete sich der Glanz seines blauen Auges, so war es unmöglich, irgend etwas Störendes in seiner äußeren Erscheinung zu finden.

Bis zum Jahre 1804, wo ich ihn zum ersten und letzten Male, und zwar hier in Berlin, sah, hatte ich ihn nur aus seinen Schriften gekannt, und wie es begreiflich ist, daß wir uns das Bild der Persönlichkeit eines Dichters, den wir kennen und lieben, aus seinen Werken gestalten, so hatte ich ihn mir in seiner Ausdrucksweise feurig und in seinen Reden rückhaltlos seine Überzeugungen aussprechend gedacht. Ich meinte, er müsse so im Laufe eines Gesprächs etwa wie sein Posa in der berühmten Szene mit König Philipp sprechen. Zu meinem Erstaunen nun stellte er sich in seiner Unterhaltung als ein sehr lebenskluger Mann dar, der namentlich höchst vorsichtig in seinen Äußerungen über Personen war, wenn er irgend glauben durfte, Anstoß durch sie zu erregen.

Doch half ihm in Berlin die Zurückhaltung nicht viel. Die schlauen Hauptstädter wußten bald, daß seine Frau gegen ihre feingesponnenen Fragen weniger gewappnet war als er, wie ich denn überhaupt gestehen muß, daß sie auf mich nicht den Eindruck einer geistig bedeutenden Frau gemacht hat, namentlich nicht, wenn ich sie mit ihrer Schwester Caroline von Wolzogen vergleiche; und so erfuhr man denn von der Frau, was der Mann zu verschweigen für gut achtete. – Den auf ihre Bühne sehr eitlen Berlinern, deren Hauptinteressen sich damals um Schauspiel und Schauspieler wendeten, unter welchen letzteren sie sich in

DAS PROFIL DES OBEREN
TEILES DES GESICHTES WAR SEHR EDEL

der Tat sehr großer Künstler, wie eines Fleck, eines Iffland, einer Bethmann, zu rühmen hatten, lag es besonders daran, Schillers Urteil über die hiesige Darstellung seiner Stücke zu hören. Nun war gerade über die der Thekla im ›Wallenstein‹ das ganze intelligente Berlin in zwei Parteien geteilt. Diese Rolle wurde von Flecks Gattin dargestellt, einer hübschen, mit einem weichen und tönenden Organ begabten Frau, die später als Madam Schröck in den Rollen der edlen Mütter und Anstandsdamen alle

Stimmen für sich vereinigte, als jugendliche Liebhaberin jedoch von einem Teile des Publikums bis in den Himmel erhoben wurde, während ein anderer sie einer falschen langweiligen Sentimentalität beschuldigte, die bei ihr zur unaustilgbaren Manier geworden sei. So auch in der Rolle der Thekla. Aber von Schiller war nichts darüber herauszubringen. Seine Frau jedoch, so bemerklich ihr auch das Ausweichen ihres Mannes werden mußte, war bald zu der Mitteilung zu vermögen, daß ihm die Darstellung der Thekla gar nicht behage. Und allerdings konnte dies bei der gehaltenen und gemessenen, wenngleich wenig erwärmenden Art der Rezitation, welche Goethe und Schiller auf der Weimarschen Bühne eingeführt hatten, kaum anders sein.

Goethe hatte ich noch nie gesehen, als ich während eines Aufenthalts in Dresden im Jahre 1810 in einer Soiree bei Frau Seidelmann, der trefflichen Sepiazeichnerin, plötzlich seine Ankunft

UND ICH HÄTTE IHN ERKANNT, WÄRE MIR AUCH NIE EIN BILDNIS VON IHM ZU GESICHT GEKOMMEN

berichten hörte. Ich äußerte meine Freude so lebhaft, daß der ebenfalls anwesende, noch sehr junge Herzog Bernhard von Weimar ihn durchaus herbeiholen wollte, um mir seine Bekanntschaft sogleich zu verschaffen. Ich weiß nicht, wie er dies gegen Goethe hätte verantworten wollen, aber gewiß ist es, daß ich ihn noch in der Tür am Rockschoße zurückhalten mußte, um ihn von seinem Vorhaben abzubringen. Am andern Morgen jedoch kam Frau Körner zu mir, um mich zu benachrichtigen, daß Goethe auf der Galerie sein werde. Natürlich eilte ich dahin. Hatte ich ihn gleich nie gesehn, dennoch erkannte ich ihn auf der Stelle, und ich hätte ihn erkannt, wäre mir auch nie ein Bildnis von ihm zu Gesicht gekommen. War schon seine ganze Erscheinung in aller Einfachheit imposant, so zeichnete doch vor allem sein großes, schönes, braunes Auge, welches sogleich den bedeutenden Menschen verriet, ihn vor allen Anwesenden aus. Er war so freundlich, sich mir durch Frau Seidelmann vorstellen zu lassen. Und da diese, eine Venezianerin von Geburt, nur italienisch und französisch sprach, so wurde die Unterhaltung anfangs in der letzteren Sprache geführt. Er drückte sich in derselben gut und mit Geläufigkeit aus. Da man jedoch in einer fremden Sprache, spreche man sie auch gut, immer nur sagt, was man kann, in der eigenen aber, was man will, so suchte ich es bald dahin zu wenden, daß wir uns in der Muttersprache unterhielten.

Am Abend fand ich ihn bei Körners wieder. Da umstand ihn eben auch solch ein Kreis von Leuten, die nichts von ihm zu hören bekommen konnten. Und bald trat er zu mir heran und sagte: »Geht's Ihnen wie mir, und hat das heutige Sehen der Gemälde Sie angestrengt, so setzen wir uns ein wenig, und nebeneinander.« Nichts konnte mir erwünschter sein. – Die Gemälde gaben den Stoff zur Unterhaltung. So Treffliches er auch über manche historische Gemälde sagte, so war ich doch hier nicht überall mit ihm einverstanden, denn ich gehörte damals, gleich dem ganzen Kreise meiner Freunde, der romantischen Richtung an, auch spukte schon vor unseren deutschen Künstlern in Rom etwas von jener, bald auf die deutsche Kunst so einflußreich gewordenen Nazarenischen Richtung über die Alpen herüber. Und so hörte denn zum Beispiel die italienische Kunst für mich so ziemlich mit dem Meister auf, mit welchem sie für Goethe eben recht begann, mit Raffael. Aber da mir vor allem darum zu tun war, ihn zu hören, so hütete ich mich sehr, ihm hierin zu widersprechen. Über Landschaftsmalerei jedoch sagte er das Trefflichste. Hier war er ganz zu Hause. Der Dichter, der Kritiker, der Naturbeobachter und der ausübende Künstler gingen hier bei ihm Hand in Hand. Denn bekanntlich war er selbst meisterlicher Landschaftszeichner.

Wir sahen uns nun während seiner Anwesenheit in Dresden fast jeden Abend, denn alle seine Freunde und Bekannte waren auch die meinigen.

Diesen glänzenden Stern habe ich nun auf- und untergehen sehen, denn ich erinnere mich noch der Zeit, als sein ›Götz‹ und sein ›Werther‹ soeben erschienen waren und die Aufmerksamkeit aller, die sich für Literatur interessierten, auf ihn richteten. Habe ich ihm daher, nächst der Auszeichnung, welche er mir persönlich erwies, unendliche Genüsse, welche der Dichter mir gewährte, zu danken, so hat er mich doch auch in einem von mir hochverehrten Freunde sehr verletzt, und ich will nicht verhehlen, daß ich ihm dies stets ein wenig nachgetragen habe. Der Fall beweist, daß er sogar bis in seine Familienverhältnisse hinein sein Bestreben trug, alles, was ihm unbequem war, oder auch nur dies zu werden drohte, rücksichtslos zu beseitigen. Als die Tochter seiner einzigen geliebten Schwester, der Gattin Schlossers, Nicolovius heiratete, hatte er etwas gegen diese Verbindung. Der geistige und sittliche Wert der letzteren gibt mir ein Recht zu der Voraussetzung, daß diese Unzufriedenheit nicht eine des Dichters, sondern eine des Ministers war und nur die, allerdings damals noch nicht glänzende, äußere Stellung Nicolovius' betraf. Doch mußten die Äußerungen derselben verletzend genug gewesen sein, namentlich wenn man den milden und versöhnlichen Sinn des guten Nicolovius in Anschlag bringt. Denn nie haben Goethe und er einander gesehn, so leicht dies auch von dem Augenblicke an zu bewirken gewesen wäre, wo Nicolovius als Mitglied des Staatsrats nach Berlin versetzt wurde und so manche Anlässe sich auch dazu boten. Auf die Kinder des letzteren übertrug Goethe jedoch seinen Mangel an Freundlichkeit nicht, und namentlich hatte er für Alfred Nicolovius viele Teilnahme.

Aus der Zeit der
FRANZÖSISCHEN OKKUPATION

An den Palast der Herzogin von Kurland

unter den Linden, welche ich infolge meiner Beziehung zu dieser Fürstin und ihren Kindern vor dem Kriege von 1806 oft besuchte, knüpft sich für mich die Erinnerung an ein Erlebnis unter Verhältnissen, welche nicht nur im allgemeinen, sondern auch hinsichtlich der Bewohner dieses Gebäudes sehr verändert waren. Ich achte es schon deshalb der Erzählung wert, weil es beweist, wie der Grund so mancher der Vorfälle während der französischen Okkupation, welche als Folgen des Übermuts und der Rücksichtslosigkeit der Sieger erschienen, in der gemeinen Gesinnung einzelner unter den Besiegten zu suchen war.

Als die Herzogin von Kurland 1806 mit ihren Töchtern nach Rußland ging, blieb Goeckingk im Palast zurück. Er bewohnte einige Zimmer im Hofe, und ich besuchte ihn dort mitunter zu der Zeit, als der französische General Hulin, damals Kommandant von Berlin, das Gebäude für sich und die Kommandantur in Besitz genommen hatte. Die Herzogin hatte in demselben nächstdem noch einen Kammerdiener, und zwar einen, der nicht zu den geringeren Klassen ihrer Dienerschaft gehörte und der geläufig französisch sprach, als Organ zur Verständigung mit den Fremden zurückgelassen. Er war dadurch mit diesen näher bekannt geworden und gab bald eine Art domestique de palace bei dem General ab.

Eines Tages nun tritt dieser Mensch, der mich von der Herzogin her kannte, ziemlich cavalièrment, einen großen Hund hinter sich, in mein Zimmer und fordert mich im Namen des Kommandanten auf, zu diesem zu kommen. Diese befremdende Aufforderung machte mich über alle Maßen betreten. Ich wußte zwar, daß man mir französischerseits nicht mit Fug und Recht etwas anhaben konnte, denn die Gefahr nur zu gut kennend, welche in jener Zeit mit Äußerungen über politische Gegenstände verknüpft war, hatte ich mich außerhalb der zuverlässigsten Kreise vertrautester Freunde begnügt, patriotisch zu denken und zu fühlen. Aber ein Nichts genügte auch, um den Franzosen verdächtig zu werden. Und nächstdem hatte ich viel mehr Ursach als die meisten anderen Einwohner Berlins, selbst nur ein Mißfallen Hulins zu fürchten. Denn ich war, ohne mit einer Silbe bei ihm darum angehalten zu haben, wahrscheinlich auf die ohne mein Wissen erfolgte Verwendung seitens eines gemeinschaftlichen Bekannten, von Einquartierung frei, eine Vergünstigung, die nur von ihm ausgehn konnte und die eben mir von dem höchsten Werte war, weil ich, durch die Einstellung der Zahlung meiner Pensionen fast aller meiner Subsistenzmittel beraubt, die Last der Einquartierung nicht hätte tragen können, vielmehr unbedingt zur Auswanderung genötigt gewesen wäre, während doch die Sorge für meine in Berlin lebende alte und beinah blinde Mutter großenteils mir oblag. Und in der Tat war ich zu diesem betrübenden Schritte gezwungen, als unter Hulins Nachfolger, dem General St. Hilaire, jene Vergünstigung aufhörte. – Doch was half alles? – ich mußte dem Gebote folgen und versprach zu kommen.

Meine innere Unruhe und der Wunsch, nur recht bald Gewißheit über das Geschick zu erlangen, welches über mich verhängt war, ließen mich nicht lange zögern. Doch sprach ich, bevor ich zu dem General ging, bei Goeckingk vor, der meine Besorgnis teilte, ohne mir jedoch irgend Auskunft geben zu können. Wenigstens aber konnte er mir sagen, in welcher Art die mir wohlbekannten Zimmer des Palastes benutzt wurden. Und so faßte ich denn, um nur meine peinliche Ungewißheit nicht durch langes Antichambrieren vermehrt zu sehn, den Mut, in das mir von ihm als das Adjutanturbüro bezeichnete Zimmer zu treten und dort um Anmeldung bei dem General zu bitten. Diese erfolgte auch sogleich, und ich wurde augenblicklich vorgelassen.

»Sie haben befohlen, General!« sprach ich eintretend. »Ich befohlen?« erwiderte er erstaunt, und doch, wie mir schien, nicht ohne einen Anflug von Verlegenheit. – »Der N. N. war ja in Ihrem Namen bei mir, General!« – »Ist der Mensch von Sinnen?« Aber der Unsinnige wurde dennoch nicht von ihm vorgefordert, um die Sache aufzuklären. Ich sprach es nun aus, daß, sowenig ich mir einer Handlung bewußt sei, die mir seine Unzufriedenheit

»SIE HABEN BEFOHLEN, GENERAL!«
SPRACH ICH EINTRETEND

hätte zuziehen können, die Einladung mich dennoch nicht ohne Besorgnis gelassen habe. »Ich auf Sie zürnen?« erwiderte er. »Mais je ne connais que Madame Herz!« Als er eben im achtungsvollsten Tone noch einiges Schmeichelhafte hinzufügte, trat General Boyen ein. Ich blieb nur eben noch so lange, um ein leises Lächeln auf den Lippen beider zu bemerken, als ich mich mit erleichtertem Herzen empfahl und zu Goeckingk eilte, der in Unruhe meiner harrte. Doch kaum war die Besorgnis gewichen, so kehrte die Neugier ein. Gänzlich ohne Anteil an der Sache war Hulin nicht. Aber was wollte er eigentlich?

Ich traf bei einer Freundin zuweilen den Neffen des Schatzmeisters der Armee, Estève, welchen ich in ziemlich genauer Beziehung zu dem General wußte. Ihm erzählte ich den Vorfall und bat ihn, mir Aufklärung über denselben zu verschaffen. Als ich ihn nach einiger Zeit wiedersah, merkte ich wohl, daß er imstande war, sie mir zu erteilen, aber er wollte mit der Sprache nicht heraus. Endlich, nach manchen Präliminarien, und sich wiederholt darauf berufend, daß ich die Erklärung der Sache durchaus provoziere, kam er mit dieser hervor. Hulin hatte mich mehre Male gesehn, wann ich Goeckingk besuchte, und, da ich damals noch ganz stattlich aussah, sein Gefallen an mir geäußert. Jener Kammerdiener, in dem Augenblicke gegenwärtig, hatte dies aufgegriffen und gesagt: »Wenn Sie ihr einen Wink geben lassen, so kommt sie zu Ihnen.« Hulin hatte geschwiegen, und der dienstwillige Elende, der wohl wußte, wie er es zu machen habe, damit ich unfehlbar käme, hatte nun freie Hand zu haben geglaubt und dies mit der abscheulichen Bereitwilligkeit benutzt, deren Folgen mir so peinvolle Stunden verursacht hatten. Jedoch der Plan schlug fehl, und ich durfte von der Wirkung, welche mein persönliches Erscheinen gemacht hatte, sehr befriedigt sein.

Mir ward übrigens bald ein Beweis von einem, bis in die intimsten Verhältnisse eindringenden, Spioniersystem während der französischen Okkupation Berlins, welcher meine Befürchtungen in dem Augenblick, als mir jene Botschaft des Kommandanten zukam, vollständig rechtfertigte. Vor dem Kriege war mir durch Delbrück, den Erzieher des Kronprinzen, das ehrende Anerbieten gemacht worden, die Erziehung der Prinzessin Charlotte, jetzigen Kaiserin von Rußland, zu übernehmen, und ich hatte seinerzeit um so mehr nur mit einigen meiner vertrautesten Freunde von demselben gesprochen, als ich mich veranlaßt gefunden hatte, es abzulehnen. Wie erstaunt mußte ich nun sein, als eines Tages ein französischer Beamter zu mir sagte: »Nun? ist's jetzt nicht besser, daß Sie die Erziehung der kleinen Prinzessin nicht übernommen haben? Jetzt müßten Sie nun wahrscheinlich mit einem fliehenden Hofe nach Rußland ziehn!«

Aus
ROM

Die Zeit meines Aufenthalts

in Rom von 1817 bis 1819 bezeichnet einen Wendepunkt in der deutschen Kunst. Der Geist, welcher damals von den vielen dort anwesenden vaterländischen Künstlern ausging, verbreitete sich von jener Zeit an über Deutschland, und namentlich über das nördliche, und dies um so mehr, als manche derselben nach ihrer bald darauf erfolgten Rückkehr in das Vaterland sehr besuchte Schulen gründeten. Ich sah fast alle damals in Rom lebenden deutschen Künstler oft. Der Umgang mit ihnen war interessant genug. Es waren meist gesittete und kenntnisreiche junge Männer, welche über ihre Kunst zu sprechen wußten, ja mehrere derselben vielleicht besser, als es ihnen für ihre Leistungen nützte. Denn ihre Richtung war, wie auch eine ernste und würdige, doch von Einseitigkeit nicht frei; eine von dieser abweichenden Kunstansicht aber wurde, wenn auch vielleicht von einem oder dem anderen damals schon im Stillen gehegt, doch aus Furcht, Anstoß zu geben, nicht ausgesprochen, und so räsonierte man sich gewissermaßen immer tiefer in die Manier hinein. Wenn ich sage, daß kein Widerspruch geäußert wurde, so lag dies daran, daß jene Kunstansicht etwas von Fanatismus an sich trug, denn sie hing mit dem religiösen Bekenntnisse der Künstler zusammen, welche noch dazu meist Neubekehrte und daher im Glauben um so eifriger waren. – Dieser religiöse Eifer, der auch gegen Nichtkünstler gar nicht ohne seine Unduldsamkeit war, bildete jedoch für Protestanten auch eine Schattenseite des Umgangs mit diesen deutschen Künstlern.

Ich glaube gern, daß diese neue Kunstrichtung zum Teil eine sehr natürliche Gegenwirkung gegen die ihr vorangegangene völlig weltliche und flache war, bin aber doch auch der Ansicht, daß die Notwendigkeit, in welcher selbst die deutschen protestantischen Künstler sich befanden, ihrem religiösen Bedürfnisse in katholischen Kirchen zu genügen, nicht ohne Einwirkung auf

ICH GLAUBE GERN, DASS DIESE NEUE KUNST-RICHTUNG ZUM TEIL EINE SEHR NATÜRLICHE GEGENWIRKUNG GEGEN DIE IHR VORANGEGANGENE VÖLLIG WELTLICHE UND FLACHE WAR

die Gestaltung der neuen Richtung blieb. Es gab damals noch keinen protestantischen Gesandtschaftsprediger in Rom und daher auch keinen protestantischen Gottesdienst, und unleugbar mußte der katholische Kultus für den Kunstsinn wie für die Phantasie dieser jungen Männer ansprechender sein als der protestantische. Da gab es denn bald Konvertiten, und die Neubekehrten begründeten in kurzem eine Manier, die sich an den strengsten Stil christlicher Kunst anlehnte, weil er ihnen eben der christlichste schien, welcher jedoch nicht eben der den Anforderungen an Kunstschönheit entsprechendste war.

Ich machte Niebuhr vor meiner Abreise nach Neapel im Jahre 1818 hierauf aufmerksam, und er versprach mir, für Anstellung eines Gesandtschaftspredigers Sorge zu tragen. Er hoffe, fügte er hinzu, ich werde schon bei meiner Rückkehr einen solchen vorfinden. Und irre ich nicht, so fand ich in der Tat alsdann schon den ersten preußischen Gesandtschaftsprediger, Schmieder, in Rom.

Bleistiftzeichnung von Wilhelm Hensel, 1823

HENRIETTE HERZ

Silberstiftzeichnung von Anton Graff, um 1792

Zeichnung von Johann Gottfried Schadow, wahrscheinlich Studie zur Büste 1783, ca. 1781/83

Henriette Herz als Hebe, Gemälde von Anna Dorothea Therbusch, 1778

Bleistiftzeichnung
von Wilhelm Hensel, 1823

Bleistiftzeichnung

Gemälde von Anton Graff, 1792

Bleistiftzeichnung von Julius Schnorr
von Carolsfeld, 1820

Stahlstich von Albert Treichel
nach Anton Graff, 1850

Bildnis unbekannter Hand, undatiert

FRIEDRICH SCHLEIERMACHER

Gipsbüste von
Johann Gottfried Schadow,
um 1783

Gemälde Georg Adolf Schöner, 1802

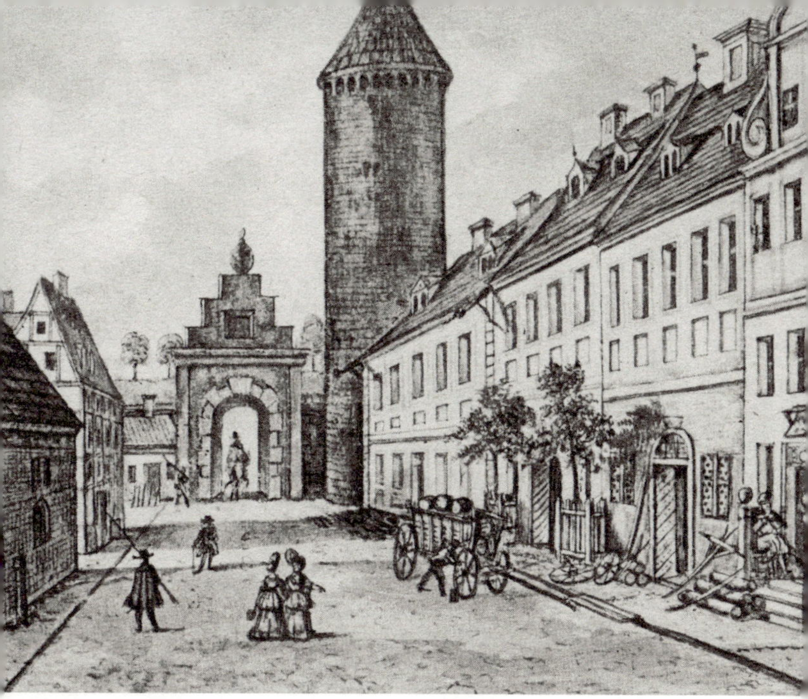

Spandauer Straße, 1770

Stahlstich der Zeit

MARCUS HERZ

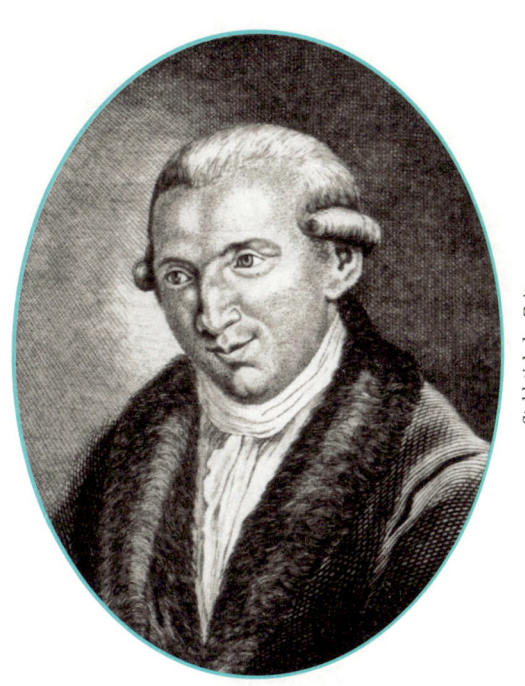

HENRIETTE HERZ
Replik unbekannter Hand des Gemäldes
von Anton Graff, 1792

Kupferstich von Anton Wachsmann

**GRÄFIN FELICITÉ
GENLIS**

**CAROLINE
VON HUMBOLDT**

Henriette Herz und Friedrich Schleiermacher.
Ausschnitt aus einer Karikatur, 1800

MADAME DE STAËL
Germaine Necker,
Baronin von Staël-Holstein,
Ölgemälde von Marie Eléonore
Godefroid, 19. Jh.

MARCUS HERZ

Schabkunstblatt von Karl Wilhelm Seeliger nach dem Gemälde von Friedrich Georg Weitsch

JOHANN GOTTLIEB FICHTE

Vorlesung haltend, Zeichnung von Wilhelm Hensel, um 1813

ALEXANDER VON HUMBOLDT

Gemälde, 1784

WILHELM VON HUMBOLDT

Relief von Martin Klauer, 1796

JOHANN WOLFGANG VON GOETHE

Zeichnung von Louise Seidler, 1810

FRIEDRICH SCHILLER

Bleistiftzeichnung von J. G. Schadow, 1804

Musikalischer Abend. Zeichnung von
J. G. Schadow, 1820. Links Henriette Herz,
am Klavier Abraham Mendelssohn

MIRABEAU

Gabriel de Riqueti, Comte de Mirabeau
Kupferstich von Gabriel Fiesinger
nach einer Zeichnung von J. Urbain,
undatiert

LUDWIG BÖRNE

**JEAN PAUL
FRIEDRICH RICHTER**

1804

Holzstich, 1817

**ERNST MORITZ
ARNDT**

**FRIEDRICH
VON GENTZ**

Ölgemälde von Johann Christoph Frisch, 1786

MOSES MENDELSSOHN

**KARL PHILIPP
MORITZ**

Ölgemälde von Anton Graff, 1790

Kohlezeichnung von Philipp Veit, um 1810

FRIEDRICH SCHLEGEL

DOROTHEA SCHLEGEL

Unter den Linden, Blick auf das Schloß, um 1800

DOROTHEA VON KURLAND

ELISA VON DER RECKE

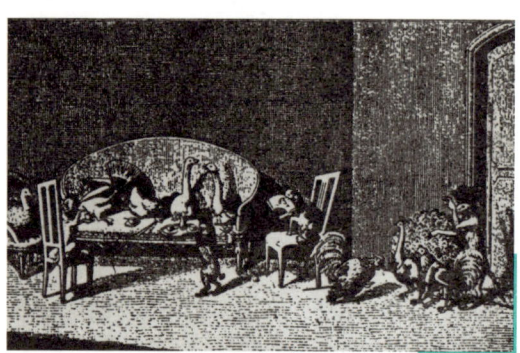

Caffée clatché. Karikatur auf die Berliner Salons
von Daniel Chodowiecki, um 1800

Geselligkeit bei Rahel Varnhagen.
Kolorierte Radierung von Erich M. Simon, undatiert

Abendgesellschaft, um 1820

FRIEDRICH WILHELM III.

KÖNIGIN LUISE

Bei einem »ästhetischen Thee« in Berlin,
Anfang des 19. Jh.

JOHANN ERICH BIESTER

FRIEDRICH GEDIKE

LEOPOLD FRIEDRICH GÜNTHER VON GOECKINGK

JOHANN HEINRICH VOSS

WILHELM ABRAHAM TELLER

JOHANN JAKOB ENGEL

Unter den Linden, Anfang des 19. Jh.

**AUGUST WILHELM
IFFLAND**

**KARL FRIEDRICH
ZELTER**

**FRIEDRICH HEINRICH
JACOBI**

**FRIEDRICH
NICOLAI**

**KARL WILHELM
RAMLER**

**JOHANN JOACHIM
SPALDING**

**FRIEDRICH
DE LA MOTTE FOUQUÉ**

**IGNAZ AURELIUS
FESSLER**

Gemälde von Tischbein

**AUGUST WILHELM
SCHLEGEL**

CAROLINE SCHLEGEL

Gemälde, um 1776

**SOPHIE
DE LA ROCHE**

**CHARLOTTE
VON KATHEN**

**CHRISTIAN AUGUST
BRANDIS**

SCHLEIERMACHERS FAMILIE
um 1820

**BARTHOLD GEORG
NIEBUHR**

Berliner Zimm
des Biedermeier, um 182

ADELBERT VON CHAMISSO

RAHEL VARNHAGEN

KARL AUGUST
VARNHAGEN VON ENSE

Eduard Gaertner, »Panorama von Berlin vom Dach
der Friedrich-Werderschen Kirche«, 1836.
Blick auf den Gendarmenmarkt mit Schauspielhaus,
Deutschem und Französischem Dom

ABBILDUNGSNACHWEIS

Den meisten dieser Kunstjünger haftete, bei der sonst höchst liebenswürdigen Persönlichkeit sehr vieler derselben, doch eine gewisse Krankhaftigkeit an, und nur zwei der damals in Rom lebenden Künstler gaben eigentlich den Eindruck zugleich von Ursprünglichkeit und unverkümmerter innerer Gesundheit, diese aber gehörten eben zu den älteren. Dies waren Koch und Thorwaldsen, der letztere allerdings kein Deutscher, der sich jedoch zu den deutschen Künstlern hielt, beide freilich durch ihre Kunstfächer, der erste als Landschafter, der andere als Bildhauer, jener frommen Kunstrichtung enthoben. Nur war mit beiden nicht allzuviel zu sprechen, mit Koch namentlich für ein Frauenzimmer nicht. Dieser Schöpfer so vieler schönen, geist-vollen, von tief eindringender Naturbeobachtung zeugenden Landschaften, und auch in der Unterhaltung ein Mann von geist-reicher Lebendigkeit, ist ein Tiroler Bauer und gewohnt, alles, was es auch sei, mit den nächstliegenden und derbsten, wenn-gleich oft bezeichnendsten und am meisten charakteristischen Namen zu nennen; mit Thorwaldsen nicht, weil er eigentlich gar keine Sprache spricht, denn seine Muttersprache hat er fast ver-gessen und doch keine andere Sprache genug gelernt, um sich mit Leichtigkeit in derselben auszudrücken. Oft betrachtete ich den herrlichen Kopf, das wunderbar strahlende blaue Auge des großen Künstlers, und dachte: wie trefflich müßte der Mann sprechen, wenn er überhaupt sprechen könnte! Was er aber aus-zudrücken wußte, zeugte von Gesundheit und Tüchtigkeit.

Die Deutschen, sowohl Künstler als Literaten, erregten damals bei den Römern, in höherem Grade aber noch als bei die-sen, welchen der Anblick nicht mehr neu war, bei den Fremden, einiges Aufsehen durch ihre sogenannte deutsche Tracht, und mehr noch als durch diese durch das lang herabhängende, oft sehr verwilderte Haar, welchen Schmuck keiner entbehren zu können glaubte, er mochte ihm nun gut oder schlecht stehn. Der große breitschulterige Rückert besonders tat in Beziehung auf das Haar das irgend Erreichbare. Er war außerhalb Roms ein Schrecken der Kinder, aber nicht bloß der Kinder, oft sogar der Erwachsenen. Als ich im Sommer 1818 mit meiner Freundin Dorothea Schlegel und einigen anderen Damen einige Monate in Genzano in einem am See von Nemi gelegenen Hause wohnte, gehörte auch eine ebenfalls in der Gegend wohnende Principessa Simonetta zu unsern Bekannten. Diese ging eines Tages, gefolgt von der Amme, welche ihr Kindchen trug, aus, als ihnen plötzlich Rückert, der sich damals in L'Arriccia aufhielt, in den Weg trat. »Simone mago, oimè Simone mago!« (Simon der Zauberer! Wehe mir, Simon der Zauberer!) rief entsetzt die Amme aus und war durch kein Zureden zum Stehen zu bringen. Spornstreichs und ohne sich auch nur umzublicken, lief sie wieder nach Hause, hinter ihr die Prinzessin, welche alle Ursach hatte, für ihr Kind zu fürchten. Es war eine überaus komische Hetzjagd. – Und dabei war der Gefürchtete selbst nicht ohne Furcht. Seine lebhafte Phantasie, welcher wir so viele schöne Schöpfungen danken, wurde ihm selbst in Italien mitunter zur Plage. Briganti und Schlangen waren die Gespenster, welche ihn schreckten. Um uns von L'Arriccia aus zu besuchen, hatte er einen Weg von einer Viertelstunde durch den Wald zu machen, und nie war er zu bewegen, bis zur Dämmerungszeit bei uns zu bleiben. Seine Einbildungskraft malte ihm stets Räuber vor, welche die macchia (den Buschwald) erfüllen würden, sobald es dunkelte, und doch verlautete nicht das mindeste von Unsicherheit der Gegend. Und als Frau von Schlegel und ich ihn einst baten, sich im Freien neben uns zu setzen, weigerte er sich dessen, so heiß und abmattend auch die Luft war, und erklärte uns auf unser Andringen endlich, er tue es nicht – der Schlangen wegen.

Die Erinnerung an solche kleine Schwächen macht es mir um so mehr zur Pflicht, einige schöne Züge von ihm im Gedächtnis zu bewahren. So hatte sich unter anderen Atterbom seiner Herzensgüte zu erfreuen. Dieser schwedische Dichter, daheim in mannigfache Streitigkeiten verwickelt, war in bester Absicht von Frau von Helvig nach Italien mitgenommen worden. Aber sie hatte übersehen, daß er in diesem Lande Mittel zur Subsistenz bedürfen würde, und dann welche zur Heimkehr. So befand er sich schon in Italien in großer Bedrängnis. Rückert befreite ihn durch tätige Unterstützung, ja durch eigene Aufopferung aus derselben.

Ich bin in der Tat geneigt zu glauben, daß die Lebhaftigkeit der Phantasie der Dichter, geeignet, alle Gefühle in ihnen zu steigern, auch das der Furcht mächtiger in ihnen erregen kann als in uns gewöhnlichen Sterblichen. So erzählte man sich bei meiner Anwesenheit in Rom von der Furchtsamkeit Oehlenschlägers gar wundersame Geschichten. Folgende ist eine derselben. Als er einmal mit den Brüdern Riepenhausen, den bekannten Kupferstechern, von Rom aus einen Ausflug nach Tivoli machte, beschlossen diese, welchen seine Furchtsamkeit bekannt war, einen Scherz auf sie zu gründen. Nach getroffener Verabredung mit der Wirtin im Gasthofe lief diese, anscheinend sehr unruhig, bald Treppe auf und Treppe ab, bald im Zimmer umher. »Was mag der Frau sein?« fragte Oehlenschläger, aufmerksam geworden. Einer der Riepenhausen befragte sie um den Grund ihres Treibens. Nach einigem Zögern erklärte sie, daß sie alle Vorzeichen eines Erdbebens bemerke. Ein gelblicher, schwefelfahler Ton der Luft, noch andere Erscheinungen, welche sie angab, alles deute auf ein solches hin. Oehlenschläger erbleichte, seine Begleiter waren anscheinend betroffen. »Aber was ist in solchem Falle zu tun?« fragte er endlich mit bebender Stimme. – »Ja was wäre da zu tun!« rief einer der Riepenhausen. »Sich seinem Schicksal zu ergeben! Wohl dem, der klettern kann! Denn auf einem hohen Baume allein gibt es einige Sicherheit.« Oehlenschläger schwieg, in sich versunken. – Plötzlich hob einer seiner Begleiter unbemerkt mit dem Knie den Tisch, so daß die Flaschen schwankten und aus den Gläsern Wein überfloß. Entsetzt fuhr Oehlenschläger auf und eilte aus dem Hause. Bald bemerkten die anderen durch das Fenster, wie der wohlbeleibte, unbeholfene Mann mit Händen und Beinen eine hohe Pinie umklammerte und hinaufzuklettern begann. Mit unsäglicher Anstrengung gelang es ihm endlich, den Gipfel zu erreichen. Da saß nun hoch oben unbeweglich, geduckt und ängstlich der Dichter, der den Mut so mancher Nordlandsrecken zu singen gewußt hatte, und erwartete bange die krampfhaften Zuckungen der Erde. Diese blieben freilich aus, aber nur mit Mühe gelang es endlich seinen Begleitern durch die beruhigendsten Versicherungen, ihn von dem Baume herabzukirren und zur Rückkehr nach Rom zu bewegen.

Aber auch Eitelkeit scheint zu den Schwächen Oehlenschlägers zu gehören, und dies ist um so mehr zu bedauern, als der als Dichter so bedeutende, als Mensch freundliche und wohlwollende Mann andernfalls alle Stimmen für sich vereinigen würde. Ich höre von einem jungen Freunde, welcher kürzlich aus Kopenhagen zurückgekehrt ist, daß diese Eitelkeit im Gegensatz zu der Bescheidenheit einer anderen, wie man wohl behaupten darf, ihm überlegenen Größe, des ebenfalls jetzt dort anwesenden Thorwaldsen, oft recht unangenehm in die Erscheinung tritt.

Man erzählt unter anderm dort, daß er geäußert habe, er besuche keine Kirche mehr, und zwar aus Rücksicht auf die Andacht der Gemeinde, welche durch die Aufmerksamkeit, die sich lediglich auf ihn richte, allzusehr von dem Zwecke des Kirchenbesuchs abgezogen werde.

Von den italienischen Künstlern, welche damals in Rom lebten, wüßte ich nicht viel zu sagen. Ich gestehe, daß sie weder als Künstler noch als Menschen mich besonders zu interessieren wußten. Selbst den damals hochgefeierten und bis zum Übermaß beschäftigten Canova kann ich davon nicht ausnehmen. Als Künstler hat er zwar die bis zu seiner Zeit in größter Ausartung durch geistlose Nachahmer herrschende Berninische Manier beseitigt, aber meiner Meinung nach nur eine andere Maniertheit an die Stelle gesetzt. Diejenige Berninis betraf die Gewandung, und dies war allenfalls zu ertragen, bei Canova äußert sie sich in den Linien und in der Bewegung der Figuren. Die ersteren sind von einer Weichheit, die bis zur Verweichlichung geht. Ein Perseus, welchen er nebst einem Paar unausstehlicher Fechter in einem Zimmer des Vatikans in fast unmittelbarer Nähe des ›Laokoon‹ und des ›Apoll von Belvedere‹ aufzustellen die Stirn hatte, gleicht einem schönen tänzelnden Mädchen.

Im Umgange war Canova von feiner Sitte und vieler Lebendigkeit. Wie fast alle Italiener, denen ihr Italien in jeder Beziehung genügt, bewunderte er es, wenn man noch eine andere Sprache sprach als die eigene. Aber er konnte auch gleich den meisten seiner Landsleute sein Erstaunen nicht bergen, wenn man ein vernünftiges Wort sagte. Italiener, wenn sie fremde Länder nicht sehr genau kennen, betrachten die Bewohner derselben noch immer mehr oder weniger als Barbaren.

Canova besuchte mich in Begleitung eines Freundes sehr bald nach meiner Ankunft in Rom. Als er das zweite Mal kam, hatten meine Reisegefährtin und ich einen Gipsabguß des Reliefs der ›Nacht‹ von Thorvaldsen, welcher in meinem Zimmer hing und dessen Wirkung von der gleichfalls weißen Wand beeinträchtigt ward, soeben mit einem Kranze von Lorbeern und Immergrün umgeben, welche wir zu diesem Behufe in den Orti inglesi gepflückt hatten. Der Zufall wollte, daß Canova der erste war, welcher ihn so umkränzt sah. Er äußerte nichts, aber er kam von da an nie wieder, ungeachtet ich ihn später noch mehre Male in seiner Werkstatt besuchte. – Das Verhältnis zwischen beiden

Künstlern war nicht das beste, und konnte es bei ebenso abweichender Persönlichkeit als künstlerischer Richtung auch kaum sein.

Nächst den Deutschen waren es die Engländer, welche damals in Rom die Aufmerksamkeit auf sich zogen. Die Frauen waren höchst wunderlich gekleidet, und noch mehr Aufsehn erregte die absonderliche Touristenkleidung vieler Männer, an welche man nach der vorhergegangenen mehrjährigen Ausschließung der Engländer vom Kontinent in Italien noch nicht so gewöhnt war als später. Dabei gab ihnen, eben infolge dieser längeren Isolierung, alles, was nicht englischer Sitte entsprach, Anstoß, und die Männer glaubten selbst Plumpheit und Roheit

NÄCHST DEN DEUTSCHEN WAREN
ES DIE ENGLÄNDER, WELCHE
DAMALS IN ROM DIE AUFMERKSAMKEIT
AUF SICH ZOGEN

nicht scheuen zu dürfen, um die Einwirkungen solcher ihnen nicht zusagender Sitten und Gewohnheiten von sich abzuwenden, was sie sehr unbeliebt und zur Zielscheibe des Spottes der Römer machte. Selbst meine Reisegefährtin und ich hatten uns auf solchen Anlaß über schlechte Behandlung seitens eines Engländers zu beklagen. Wir fuhren während des Karnevals maskiert im Korso, und unser Begleiter warf einen Engländer mit Konfetti, wie dies bei diesem Feste ganz gebräuchlich ist. In dem Reisehandbuche des guten Mannes mochte jedoch wohl von diesem Gebrauche nichts erwähnt gewesen sein. Er kam an den Wagen und stieß meine Gefährtin heftig mit dem Stock. Ich war ganz empört von dieser Roheit, meine Begleiterin aber sann auf Vergeltung. Maskiert und überhaupt sehr vermummt, steckte sie ihm am nächsten Tage auf dem Korso ein Billett in die Hand, worin ihm von einem »Wohlmeinenden« mitgeteilt wurde, daß sein Leben wegen seiner gestrigen Beleidigung einiger Damen in Rom aufs höchste gefährdet sei. – Wie viel wir uns auch seitdem an allen von Fremden besuchten Orten umherbewegten, wir sahen unsern Engländer nicht wieder.

Mir ward später in Berlin ein neuer Beweis davon, daß manche Engländer im Auslande ein im allgemeinen ehrenwertes Nationalgefühl bis zu dem Grade steigern, um die Sitte des fremden Landes selbst dann völlig unberücksichtigt zu lassen, wenn sie ihnen vollkommen berechtigt entgegentritt, und da der Fall wunderlich genug ist, so will ich ihn erzählen.

Lady Frances Mackenzie hatte mir Charles Scott, den Sohn Walter Scotts, empfohlen, als er Deutschland besuchte. Ich kann nicht leugnen, daß die Bekanntschaft mit ihm mich erstaunen machte, daß der Vater eben diesem Sohne seine Liebe vorzugsweise vor seinen anderen Kindern zugewendet hatte. Ich wenigstens mußte sein Wesen viel mehr abstoßend als anziehend finden. Lady Mackenzie hatte ihrer Empfehlung den Wunsch hinzugefügt, daß ich den jungen Mann in das Haus des Ministers Humboldt einführen möchte. Aber Herr Charles Scott sprach keine andere Sprache als seine Muttersprache, im Humboldtschen Hause jedoch hatte man damals – es war vor der Zeit von Humboldts Gesandtschaft in London – eine entschiedene Abneigung gegen das Englischsprechen. – Frau von Humboldt selbst bat mich deshalb, ihn ihr nicht zuzuführen, und es war mir hinterher angenehm, daß aus diesem Grunde eine Einführung unterblieb, welche mir manchen Verdruß hätte bereiten können. Denn Mr. Charles Scott war kürzer angebunden und rücksichtsloser, als man es im Humboldtschen Hause ertragen hätte, ohne verstimmt zu werden. Er gab mir selbst Gelegenheit, dies zu empfinden. Ich sprach einmal mit ihm in sehr anerkennender Weise von einem Romane seines Vaters, als von diesem verfaßt. Nun hatte sich Walter Scott damals zwar noch nicht öffentlich zu seinen Werken bekannt, seine Autorschaft derselben war aber bereits notorisch, und wiederholt öffentlich behauptet, von ihm jedoch niemals bestritten worden. »My father never spoke of such a book«, antwortete der Sohn sehr kurz. Und wahrscheinlich, um mir meine Indiskretion noch schärfer zu markieren und jeder weiteren Äußerung meinerseits über irgendein Werk seines Vaters zuvorzukommen, fügte er nach einer kurzen Pause die absonderlichen Worte hinzu: »He never spoke of a book!«

Der Fall jedoch, in welchem er auf eine sehr aufsehenerregende Weise gegen die deutschen Begriffe von Sitte und Schicklichkeit verstieß, ist der folgende. – Bei Hofe, irre ich nicht, bei dem Herzog Carl von Mecklenburg, sollte ein Ball im Kostüm stattfinden, zu welchem Mr. Charles, wie er mir mitteilte, eingeladen war. Ich fragte ihn, in welchem Kostüm er erscheinen werde. »In my highland-dress«, lautete die Antwort. Vergebens bezeugte ich, markierte ich mein Erstaunen, wiederholte ich meine Frage. »In my highland-dress!« lautete unverändert die Antwort. – »Ganz treu? Nicht mit einer den Umständen angemessenen Modifikation?« – »In my highland-dress!« wurde mir beharrlich geantwortet. – Zu verwundern ist es, daß der englische Gesandte, der ebenfalls von dem Vorsatze wußte und aus mehr als einem Grunde deutlicher mit ihm hätte sprechen können als ich, ihn nicht davon abzubringen suchte. Kurz, Mr. Charles erschien in der Tat in seinem highland-dress, und ein großer Teil der Unbefangenheit, mit welcher sich die Damen ohne diesen Umstand auf dem Feste bewegt hätten, wurde ihnen durch die Bemühungen geraubt, den Highland-dress des Mr. Charles Scott, oder vielmehr das, was an demselben eben nicht dress war, zu meiden.

Einen anderen seiner Landsleute, und zwar einen viel Höherstehenden und daher in der Gesellschaft viel Berechtigteren, seine Ansichten von Sitte zur Geltung zu bringen, habe ich dagegen wegen seines willigen Eingehens auf unsere deutsche Art zu loben. Es war dies der Herzog von Sussex, welcher um das Jahr 1800 einen Winter in Berlin zubrachte und welchen ich während seiner Anwesenheit daselbst viel sah. Schon damals zeichneten Wohlwollen und Humanität den äußerlich zwar ansehnlichen, aber nicht gerade schönen Prinzen aus, welcher in dieser Hinsicht seinem Bruder, dem Herzoge von Cambridge, nachstand. Auch die deutsche Literatur interessierte ihn lebhaft, und er ging gern mit Gelehrten und anderen unterrichteten Leuten um, welchen Standes sie auch sein mochten. Selbst an der Feßlerschen Lesegesellschaft nahm er zuweilen teil.

Dagegen gab mir dieser Prinz einmal Gelegenheit, mich zu überzeugen, wie selten so hochgestellte Personen eine richtige Ansicht von den äußeren Verhältnissen selbst solcher Leute haben, welche sie zu ihrem Umgange zuziehen. Es handelte sich wieder um einen Ball im Kostüm bei Hofe. Der Herzog bat mich schriftlich, ihm meinen Diamantschmuck zu demselben zu leihen. Und welchen Wert hätte dieser haben müssen, sollte ein englischer Prinz an einem königlichen Hofe in ihm glänzen können! – Ich antwortete ihm, ich sei überhaupt nicht reich genug, um einen Diamantschmuck zu besitzen, aber selbst wenn ich es in dem Maße wäre, um Eigentümerin eines seiner würdigen zu sein, so würde es mir an der dazu erforderlichen Eitelkeit fehlen.

Uns Deutschen ist der Vorwurf des Bestrebens, unsere Art und Sitte auch im fremden Lande durchzuführen, nicht füglich zu machen, unser Fehler vielmehr ist vielleicht der entgegengesetzte, der eines zu leichten Aufgebens unserer Nationalität, ja dieser geht bei manchen Deutschen, welche sich in fremden Ländern niedergelassen haben, bis zur Verleugnung der schönen Muttersprache. Und diese Betrachtung führt mich von meiner Abschweifung nach Rom zurück, weil ich eben dort die so seltene entgegengesetzte Erfahrung machte. Leider mußte ich sie durch einen sehr langweiligen Abend erkaufen.

Die Gemahlin des Marchese Massimo, Tochter des Prinzen Xaver, Bruders des Königs Friedrich August von Sachsen, war, wenngleich in Deutschland geboren, doch in Frankreich erzogen worden, daher das Französische ihre eigentliche Sprache war, und verheiratete sich dann jenem Marchese, mit welchem sie in Italien lebte, so daß das Italienische ihre zweite Muttersprache wurde.

Dessenungeachtet hatte sie sich eine große Vorliebe für die Sprache ihres Geburtslandes bewahrt. Sie ließ es ihre Kinder lehren und sprach es mit ihnen, gab auch öfter società tedesche (deutsche Gesellschaften). Ich hatte schon von diesen Gesellschaften gehört, welche auf einige Zeit durch den Tod eines Schwagers der Marquise unterbrochen worden waren, als ich nebst einigen Landsleuten von ihr zu einer picola società tedesca

UNSER FEHLER VIELMEHR IST
VIELLEICHT DER ENTGEGENGESETZTE,
DER EINES ZU LEICHTEN AUFGEBENS
UNSERER NATIONALITÄT

eingeladen wurde. Ich war, ich leugne es nicht, recht neugierig auf das deutsche geistige Mahl, welches man uns Deutschen in Welschland auftischen würde, denn es mußte ein tüchtiges sein, wenn es uns, die wir von der Quelle kamen, befriedigen sollte. Der Abend kam heran. Wir wurden mit bedeutungsvollen Mienen in einen kleinen Saal geführt, in dessen Hintergrund Schirme aufgestellt waren. Unsere Spannung auf das Geheimnis, welches sie bargen, war groß. Bald sollte es sich offenbaren. Hinter einem Schirme nach dem anderen trat irgendeiner, ein Papier in der Hand, hervor, aus welchem er eine Rolle aus einem dramatisierten Sprüchworte ablas. Die Kinder des Hauses waren unter den Lesenden. Alle diese Italiener aber, wenn sie auch sonst das Deutsche richtig aussprachen, hatten keinen Begriff von dem Tonfall oder Gesang der deutschen Sprache. Sie sprachen sie ungefähr, wie die Taubstummen sie sprechen. Das hätte der Sache etwas Komisches gegeben, hätte man nur lachen dürfen; so aber vermehrten die Bemühungen, das Lachen zu unterdrücken, noch die Pein. Glücklicherweise sind dramatisierte Sprüchwörter kurz, und man las ihrer nicht viele ab. Mir aber wurde nun die Ungeduld erklärlicher als je, von welcher ich oft Gelehrte erfaßt sah, wenn Laien ihnen dadurch besondere Aufmerksamkeit und großes Vergnügen zu erweisen meinten, daß sie ihre Kenntnisse in dem Fache der anderen vor ihnen auskramten. – So konnten wir denn der guten und freundlichen Marchesa für ihren deutschen Sinn in der Tat viel weniger Dank wissen, als wir ihr solchen ihrer guten Absicht und der Schicklichkeit wegen aussprachen.

Ist der Deutsche, wie ich schon bemerkte, im allgemeinen sehr geneigt, im fremden Lande seine Nationalität aufzugeben, ja zu verleugnen, und neigt dagegen der in Deutschland ansässige Fremde sehr selten dazu, so kannte ich doch einen der letzteren, und der noch dazu einem Volke angehörte, das sich sonst am schwersten in eine fremde Volkstümlichkeit hineinlebt, welcher durch und durch ein Deutscher geworden war. Dies war Chamisso. So wie seine Gedichte bekunden, wie sehr sein Sinn und sein Geist deutsch geworden waren, so ließ auch sein persönlicher Umgang kaum irgend etwas Französisches mehr hervorblicken. Aber nicht nur den Franzosen, sondern auch den Adeligen hatte er vollkommen abzustreifen gewußt. Erst sehr spät erfuhr ich, *daß* seine Familie bedeutenden regierenden Häusern, ja sogar dem dänischen Königshause, verwandt ist, aber ihre Vornehmheit leuchtete trotz ihrer Verarmung infolge der ersten französischen Revolution aus ihrem ganzen Wesen hervor, als sie während der letzteren nach Berlin kam. Chamisso wurde damals Page bei der Mutter des Königs, dann Offizier, und preußischer Offizier unter dem alten Regime, und wer hätte von diesem allen je etwas an ihm bemerkt? Niemand war weniger anmaßend als er, niemand machte für seine Person weniger Ansprüche. Die Begegnung, welche ihm bei seiner Weltumsegelung auf dem russischen Schiffe widerfuhr, hat er daher gewiß nicht verschuldet, und am wenigsten dadurch, daß er sich eine höhere Stellung als die ihm gebührende angemaßt hätte. In seinen Manieren war er durchaus bürgerlich im besseren Sinne des Wortes, in seinen Gewohnheiten schlicht, sein Äußeres vernachlässigte er sogar bisweilen bis zur Übertreibung.

Das letztere gab Anlaß zu einer komischen Geschichte. Ich pflegte einige Sommermonate auf dem Gute Lanke bei der Familie von Wülknitz zuzubringen, wo ich in der Frau vom Hause eine treffliche Freundin zu verehren hatte. Da tritt eines Tages der Bediente ein und überreicht mir eilfertig und ängstlich eine Karte, auf welcher die Worte stehen: *Ein Wilder von den Sandwich-Inseln.*

»Ein Wilder?« fragte ich erstaunt. »Ja, wild genug sieht er aus!« antwortete scheu der Bediente.

Ich trat sehr gespannt in das Vorzimmer. Ein Mann mit lang herabhängendem Haar, unrasiert, in einem schlechten grünen Kalmuck-Flausch, die Botanisiertrommel über die eine Schulter, über die andere einen Kasten gehängt, welcher, wie ich später erfuhr, ein Teleskop enthielt, stand vor mir. Es war Chamisso.

»EIN WILDER?« FRAGTE ICH ERSTAUNT.
»JA, WILD GENUG SIEHT ER AUS!«

Er war kurz vorher von seiner Reise um die Welt zurückgekehrt, hatte mich noch nicht wiedergesehn und benutzte jetzt, auf einer botanischen Exkursion in der Nähe des Gutes vorüberwandernd, die günstige Gelegenheit dazu. Wie ein Wilder von den Sandwich-Inseln sah er nun freilich nicht aus, aber doch dermaßen, daß ich nicht wagte, ihn in die feine Familie, in welcher man gewöhnt war, alles mit Glacé-Handschuhen anzufassen, einzuführen, ohne ihr in der Geschwindigkeit seine Geschichte gemacht und ihr als Mittel gegen den unrasierten Bart seinen Stammbaum und als Mittel gegen den Flausch seine Reise um die Welt eingegeben zu haben. Nun wurde er aber auch sehr freundlich aufgenommen, blieb den ganzen Tag über und setzte erst am nächsten Vormittage seine Wanderschaft fort.

Die Marchesa Massimo, von welcher ich vorhin sprach, erinnert mich, daß man in Berlin verschiedentlich verbreitete, ich hätte mich dem Papste vorstellen lassen, und an diese Vorstellung sogar Erzählungen von einem in Rom erfolgten Übertritte meinerseits zum katholischen Glauben knüpfte; denn jene Fürstin war es, welche damals das Ehrenamt der Einführung der fremden Damen bei dem Papste bekleidete. Aber auch nicht einmal jene Vorstellung fand statt. Zwar waren schon alle Verabredungen hinsichts derselben zwischen uns getroffen, sogar der Schleier, welcher für die Vorzustellende de rigueur ist, war schon gekauft, als mir die vernünftige Erwägung kam, daß die herkömmlichen Vorgänge bei einer Präsentation, darin bestehend, daß die Vorgestellte Miene macht, dem Heiligen Vater den Pantoffel zu küssen, dieser es abwehrt und dann ein paar Worte mit ihr spricht, der Umstände derselben nicht wert seien. Zudem hatte ich Pius VII. öfter in unmittelbarster Nähe gesehen, zum Beispiel am Weihnachts-Heiligabend 1817 in St. Maria Maggiore und am folgenden Gründonnerstag bei der Fußwaschung und Speisung. An dem ersten dieser Tage wurde der Sessel, welchen er verließ, um nach dem Throne zu gehn, dicht vor uns niedergelassen. Der Papst sah sehr bleich aus und enthielt sich merkbar des Hustens, doch war seine Stimme, als er der Messe beistand, stark und klar. Bei der Fußwaschung und der darauffolgenden Speisung der sogenannten Pilger fand ich ihn schon viel kränklicher und schwächer, so daß die Emsigkeit, mit welcher er trotzdem diese Priester, unter welchen auch ein Neger war, mit Speise und Trank bediente, mich wahrhaft rührte, und um so mehr, als ich meinte, der gute Greis müsse sich sagen, es dürfte das letzte Mal sein, daß er dies Symbol christlicher Demut übe. Auch diese Schwäche war ein Grund, daß ich ihn einer leeren Zeremonie halber nicht in Bewegung setzen wollte. Dennoch lebte er noch fünf Jahre und starb auch dann nur infolge eines Falles.

Seinen Günstling, den Kardinal Consalvi, sah ich oft, sowohl bei mir als bei gemeinschaftlichen Bekannten, am meisten und im engsten Kreise bei meiner Freundin Dorothea von Schlegel. Es konnte in Italien, wo man jeden sich darbietenden Vorteil zu benutzen bemüht ist, hiernach kaum fehlen, daß meine Verwendung bei dem allmächtigen Minister öfter in Anspruch genommen wurde. Einmal hat mich ein solches Ansuchen in peinliche Verlegenheit gesetzt. Es galt nämlich, einen jungen Mann, welcher sich mit einem Mädchen vergangen hatte, die Folgen jedoch nicht durch eine Heirat wiedergutmachen wollte, von der nach unseren Begriffen freilich sehr harten, in Rom jedoch gesetzlich darauf stehenden Galeerenstrafe zu befreien. Ich kämpfte lange mit mir. Endlich jedoch siegte die Erwägung, daß der junge Mann sich selbst von der Strafe durch einen Schritt befreien könne, welchen eben Ehre und Pflicht ihm ohnedies geboten. Ich fühlte wohl, daß beiden Teilen aus einer auf solche Weise geschlossenen Ehe kein besonderes Glück erblühen könne, doch war dies eben eine Folge ihrer Schuld, welche beide Teile zu tragen hatten. Ich versagte meine Verwendung.

Consalvi war ein hochgewachsener hübscher Mann von der feinsten weltmännischen Haltung. Ob von so weltlichem Sinne, daß, wie man sagte, Napoleon eine Manifestation dieses Sinnes benutzen konnte, um dem Kirchenfürsten in dem Konkordate, welches er mit ihm, als dem Bevollmächtigten Pius'VII., schloß, sehr vorteilhafte Bedingungen abzudringen, muß ich dahingestellt sein lassen. Gewiß ist, daß sich äußerst bequem mit ihm umgehen ließ und daß nichts an ihm den Geistlichen verraten hätte, hätte es seine Kleidung nicht getan.

Dagegen hatte sonderbarerweise Kardinal Fesch, welcher in seinen früheren Jahren dem geistlichen Stande schon auf längere Zeit Valet gesagt, Kriegskommissär geworden war, als solcher, wie man versichert, Lieferungsgeschäfte betrieben hatte und nur auf Napoleons Geheiß in den früheren Stand zurückgetreten war, ganz das Äußere eines kleinen feisten Prälaten. Im Anfange meines Aufenthalts in Rom gewährte er den Fremden mit großer Liberalität Zutritt zu seiner Gemäldesammlung, welche viel des Trefflichen enthielt. Gegen mich war er freundlich genug, mich selbst durch alle Zimmer zu führen. Aber sowenig ich sonst auf meine Kunstkennerschaft gebe, so möchte ich doch nicht auf die bedeutenden Namen schwören, die er vielen, wie mir schien ziemlich mittelmäßigen, Kunstwerken beilegte. Er teilte mir zuletzt mit, daß er die Sammlung gegen eine Leibrente von 12,000 Scudi zu verkaufen wünsche, und der ziemlich kaufmännische Geist, welcher aus ihm sprach, ließ einigen Verdacht in mir aufkommen, daß ich seine große Zuvorkommenheit vielleicht der Ansicht dankte, ich könnte ihm durch meine mannigfachen Beziehungen zur Erreichung dieses Zweckes verhelfen. Das Geschäft mußte aber jedem Kauflustigen als ein sehr gewagtes erscheinen, denn er sah sehr gesund und viel jünger aus, als er war. Englische Rücksichtslosigkeit entzog den Kunstfreunden später die leichte Zugänglichkeit zu der jedenfalls sehr interessanten Sammlung. Engländer, welche doch die Indiskretionen Fremder hinsichtlich ihrer Landsleute so scharf zu rügen lieben, hatten die fast unverzeihliche begangen, die auf dem Schreibtische liegenden Papiere des Kardinals zu durchstöbern, während er sie ungeleitet in den Zimmern sich ergehen ließ, damit sie desto ungestörter die Kunstwerke betrachten könnten. Diese unangenehme Erfahrung rechtfertigte allerdings Zurückhaltung und Vorsicht seitens des Eigentümers.

Der Wunsch, möglichst wenige Kunstwerke von Bedeutung in Rom ungesehen zu lassen, führte mich in die Wohnung eines zweiten Verbannten von europäischem Rufe, wenngleich nicht vom besten, in die des Friedensfürsten Don Manuel Godoy. Von Gemälden fand ich wenige von Wert, aber nicht ohne Bedeutung und bezeichnend genug erschien es mir, daß die Zimmer dieses Günstlings einer Königin ganz wie die Zimmer einer petite maîtresse eingerichtet waren, namentlich das Schlafzimmer.

Eine der angenehmsten und liebenswürdigsten Erscheinungen war mir, und gewiß allen damals in Rom befindlichen Deutschen, der Kronprinz Ludwig von Bayern. Es tat mir fürwahr weh, wenn ich später manche Stimmen des Tadels sich gegen ihn erheben hören mußte. Er, der äußerlich so Hochgestellte, welchem bei dem Alter des Königs, seines Vaters, der Thron bereits winkte, den er wenige Jahre später bestieg, und zugleich der schon durch sein umfassendes Wissen zu Ansprüchen berechtigte Mann, war gleichwohl der anspruchsloseste, welchen ich jemals gekannt hatte. Man vergaß bei ihm ganz seinen Rang, aber wahrlich nicht, um ihn deshalb weniger zu achten. Wie er sich seinerseits denen ganz hingab, welchen er wohlwollte, wo man dann seine Rechtlichkeit, seine Religiosität, seinen Sinn für Kunst, seine Verehrung alles Guten, seinen Fleiß anzuerkennen sich gedrungen fühlte, so schloß er auch andererseits so Begünstigten unwiderstehlich die Herzen auf, denn sie mußten sich ihm gegenüber zum Aufgeben aller Zurückhaltung gedrungen fühlen.

Alle irgend namhafte, damals in Rom befindliche Deutsche, zumal aber die Künstler, hatten sich mehr oder minder seiner wohltuenden Aufmerksamkeit zu erfreuen, aber ich darf sagen, daß er gegen mich ganz besonders freundlich war und nächst der Frau von Humboldt mich am meisten auszeichnete. Ich werde deshalb nie aufhören, eine dankbare Erinnerung an ihn zu bewahren. Ich sah ihn fast täglich, ja zuzeiten täglich zweimal, und unangemeldet schmückte er mitunter meine kleinen – stets ungeladenen – Abendgesellschaften durch seine Gegenwart. Ich erinnere mich besonders eines sehr anregenden Abends, an welchem er unter anderen Immanuel Bekker, Cornelius, Mosler, Koch, Ringseis und den wackeren Eberhardt bei mir fand, welchen letzteren, wenngleich ein Bayer, er in Rom erst würdigen lernte. Der Abend war der zwangloseste, welchen man denken kann, denn auch im gesellschaftlichen Umgange war der Prinz durchaus bequem. Wie er denn überhaupt seiner Würde nichts zu vergeben glaubte, wenn er weder anderen irgendwelchen Zwang auflegte noch selbst den Prinzen kundgab. »Noch zu Haus?« rief er mir wohl von der Straße aus nach meinem Fenster hinauf, wenn ich mich noch an diesem befand, während es in Rom etwas Besonderes zu sehen gab.

Daß er meist ohne Begleitung ausging, hätte ihm öfter beinah Unannehmlichkeiten zugezogen. Eines Abends rief er mir, bei mir eintretend, zu: »Soeben wäre ich bei einem Haar arretiert worden!« Er hatte sich in der Dunkelheit in dem Hause geirrt und war in die Wohnung ihm gänzlich Unbekannter geraten. Und da er in derselben ohne weiteres in die inneren Zimmer gegangen war, so hatten herzukommende Diener ihn für einen verdächtigen Menschen gehalten und ihn festnehmen lassen wollen.

Noch ein anderer im engeren Freundeskreise mit dem Prinzen sehr heiter verlebter Abend ist mir lebhaft im Gedächtnisse, und zwar wurde dieser in einem Hause zugebracht, welches oberflächliches Urteil vielleicht dem Rang und der Würde eines Thronerben noch weniger entsprechend erachtet haben möchte als das meine. Es war das der Signora Buti, einer achtungswerten Witwe, welche Fremde logierte, meist aber Deutsche, und vorzugsweise deutsche Künstler, bei welcher aber auch Thorwaldsen fast während der ganzen Zeit seines Aufenthalts in Rom wohnte. Das Abendessen nahmen in der Regel alle Hausbewohner gemeinschaftlich ein, wobei die Wirtin und ihre sehr hübschen Töchter denn auch nicht fehlten. Es ging da in interessanter Gesellschaft sehr heiter zu, und Frau von Humboldt, eine andere Freundin und ich hatten uns deshalb auch einmal für den Abend anmelden lassen. Dem Kronprinzen war durch Herrn von Ekardtstein ein Wink davon geworden, und ganz unerwartet stellte auch er mit seinem Gefolge sich ein. Der Abend, welcher sich bis zwei Stunden nach Mitternacht hinzog, war einer der fröhlichsten meines Lebens, ja ich darf ihn von Ausgelassenheit nicht freisprechen. Und man denke sich die bunte Zusammensetzung der

Gesellschaft von dem Kronprinzen an bis zu den Töchtern des Hauses, welche man dem Stande der Arbeiterinnen beizählen durfte, weil sie, um ihrerseits der früh verwitweten Mutter, welcher auch noch die Sorge für einen unmündigen Sohn oblag, die Bürde zu erleichtern, für Geld nähten und wuschen, durch die verschiedensten Nuancen der Stände und Bildungsstufen hindurch! Aber ein solch buntes Gemisch der Gesellschaft ist auch nur in dem glücklichen Süden möglich, wo nächst gesundem Verstande Grazie, Takt und gute Sitte in der Regel auch dem Geringsten inwohnen und die Macht über die anmutigsten Wendungen einer schönen und wohlklingenden Sprache Gemeingut ist. In Deutschland ist eine solche Gesellschaft fast eine unmögliche. Den Teilnehmern an derselben aus den höheren Ständen würde hier sofort der Vorwurf der Unschicklichkeit gemacht werden, ja es würden vielleicht sehr bereitwillig unsittliche Absichten präsumiert werden.

Auch in Rom hatte ich bisweilen Anlaß, mich an die Mittel meiner Bekannten behufs der Erleichterung Unglücklicher zu wenden. Der Prinz spendete bei solchen Gelegenheiten selbst für seinen Stand reichlich. Einmal war das letztere besonders hinsichtlich eines armen kranken Bildhauers der Fall, der, sollte er nicht unrettbar dem Tode verfallen, seine Wohnung, welche ihm im Winter auch nicht einen einzigen Kamin bot, wechseln mußte, jedoch aller Mittel entbehrte, die rückständige Miete für die jetzige und die vorauszuentrichtende für eine künftige zu zahlen. Als ich zudem nun noch erfuhr, daß der Prinz ihm auch seinen Arzt geschickt habe, dankte ich ihm sehr bewegt. Da ergriff er meine Hand und rief in einem Tone, aus welchem ungeschminkte Wahrheit sprach: »Ich danke *Ihnen*!«

Wurde dem Prinzen zu Ehren irgendeine Festlichkeit, etwa eine Beleuchtung usw., veranstaltet, welche ein Interesse für die deutschen Künstler und seine sonstigen Bekannten haben konnte, so verfehlte er nie, sie davon zu benachrichtigen. Unter den Genüssen, welche mir selbst durch solche Begünstigung wurden, nimmt die Beleuchtung der Antiken im Vatikan für mich eine erste Stelle ein.

Die Künstler geizten nach seinem Lobe, weil sie seine Kunstkenntnis anzuerkennen hatten und seine Kunstliebe eine durchaus ungeheuchelte war. Er hat diese später genugsam durch die mannigfachen und großartigen Werke bekundet, welche er ausführen ließ. Während er es nun so als die würdigste Benutzung seiner reichen Geldmittel erachtete, Kunstschöpfungen ins Leben zu rufen, mußte es ihn begreiflich mit Unwillen erfüllen, wenn er des Geldes halber einen reichen Fürsten sich trefflicher ererbter Kunstwerke entäußern sah. Und so habe ich ihn nur einmal zornig, und doch vielleicht in höherem Grade noch als zornig, ergriffen gesehn, als er das Casino der Villa Borghese seiner herrlichen Skulpturen beraubt sah. Sein Unwille machte sich in einem Gedichte Luft, welches er mir mitteilte und von welchem ich noch eine Abschrift besitze.

Vor allem aber rühmten sämtliche in Rom anwesende Deutsche von dem Prinzen, daß er, der in so vielen Beziehungen den Anspruch hatte, zu gelten, keinen höheren Ehrgeiz zu besitzen schien als den, ein Deutscher zu sein. Es war die Zeit des Deutschtums. Auch den Kronprinzen sah man nicht anders als im deutschen Rocke, auf dem Kopfe die Mütze mit dem Landwehrkreuze. Er liebte es aber auch, alle Deutsche in diesem Rocke und mit dem Barett zu sehn, und wer, namentlich unter den Künstlern, nicht die Mittel besaß, sich diese Kleidungsstücke selbst anzuschaffen, dem verehrte er sie. Ein Deutscher in gewöhnlicher Tracht wurde zuletzt gewissermaßen anrüchig. Er galt für einen Undeutschen, und wenn diese Anschuldigung nicht Platz greifen konnte, doch für einen Philister. Noch heute ist mir in der Erinnerung der Augenblick ergötzlich, in welchem ich meinen guten Immanuel Bekker, der sein Lebelang sich um nichts weniger Not gemacht hatte als um seine Kleidung, endlich aber der vielen Insinuationen und Andeutungen im betreff derselben satt und müde geworden war, mit süßsauerm Lächeln im altdeutschen Rocke in mein Zimmer treten sah.

Kurz, die Deutschen und namentlich die Künstler fanden in dem Prinzen den seltensten Verein aller schönen Eigenschaften und edlen Neigungen. Die letzteren waren für ihn enthusiasmiert, ja begeistert, und ihr Enthusiasmus wurde ansteckend. Auch mir erschien der Prinz von so großer Trefflichkeit, daß ich, wie denn alle irdische Größe und Höhe solche Befürchtung einzuflößen geeignet ist, für ihren Bestand fürchtete. Und als ich in solcher Stimmung einst, in seiner Begleitung die spanische Treppe hinaufsteigend, ihn fragte: »Werden Sie denn auch als König so bleiben, wie Sie jetzt sind?« antwortete er mir, die Schlußzeile des Schillerschen Gedichts ›Kolumbus‹ variierend:

»Was der Jüngling verspricht, leistet der Mann euch gewiß.« Der damalige Aufenthalt des Prinzen in Rom wurde vor seiner auf den nächsten Morgen festgesetzten Abreise nach Griechenland durch jenes herrliche, ihm von den deutschen Künstlern veranstaltete Fest beschlossen, dessen Beschreibung seinerzeit alle bessere deutsche Blätter enthielten. Ich will daher nicht auf sie zurückkommen und nur einige damals nicht bekannt gewordenen Einzelheiten erzählen. – Die Künstler beabsichtigten anfänglich, das diplomatische Corps zu dem Feste einzuladen, Frauen jedoch von demselben auszuschließen. Der Prinz verbat sich das erstere und erbat sich die letzteren. Es waren ihrer etwa zwanzig in der Gesellschaft, welche aus ungefähr hundertundzwanzig Personen bestand, unter ihnen mehre Frauen und Bräute anwesender Künstler, Frau von Humboldt, deren Töchter und ich. Die Herren nahmen das Souper stehend ein, mit Ausnahme des Kronprinzen, welcher seinen Platz zwischen Frau von Humboldt und mir eingenommen hatte, wie er sich denn überhaupt am meisten mit uns unterhielt. Das Fest zog sich bis spät in die Nacht hin. Auf 4 Uhr morgens hatte der Prinz seine Messe bestellt, um 5 Uhr wollte er abreisen.

Beim Abschiede verlangte er wiederholt von mir das Versprechen eines zweiten Zusammentreffens in Rom nach Verlauf von zwei Jahren. Ich konnte es ihm nicht geben und hätte es auch nicht halten können. Meine Bewegung bei diesem Abschiede war groß, meine Wünsche für den Prinzen waren die aufrichtigsten und heißesten.

Ein Erlebnis bei
ERNST MORITZ ARNDT

Arndt ist ein Mann, welchen ich sehr hochachte und der sich mir auch stets freundlich erwiesen hat. Dennoch bin ich niemals dazu gelangt, mich ihm so zu erschließen, wie ich öfter den Drang dazu in mir fühlte, selbst bei einem längeren Aufenthalt in seinem Hause nicht. Ich glaube den Grund darin zu finden, daß er nur ein Organ für kräftige, fast heroische weibliche Naturen besitzt. Die übrigen Frauen stehn in seiner Meinung zu tief unter den Männern. Sie sind ihm alle Blumen und Kinder.

Auf meiner Rückreise aus Italien gewährte er mir im Juli und August 1819 einen gastlichen Aufenthalt in seinem Hause in Bonn. Seine Frau, eine Schwester Schleiermachers, war schon vor ihrer Verheiratung meine Freundin. Sie war, als ich im Juli in Bonn ankam, erst seit kurzem von ihrem ältesten Sohne

---

NICHT LANGE NACHHER SAH ICH ARNDTS PAPIERE, IN EINE ANZAHL GROSSER SÄCKE MINDESTENS VON DER HÖHE VON MEHLSÄCKEN GEPACKT

entbunden. Wenige Tage nach meiner Ankunft, am 14. Juli, morgens gegen 6 Uhr, ward an die Tür meines Schlafzimmers gepocht. Ich schrieb ein so frühes Klopfen einem Irrtum in betreff des Zimmers zu und öffnete nicht. Nach einiger Zeit jedoch hörte ich ungewöhnliches Geräusch auf dem Korridor, und als ich nun öffnete, fand ich diesen von Polizeibeamten und Gensd'armen besetzt. Ans Fenster tretend, sah ich andere dieser Herren vor dem Hause aufgestellt. Bald ließ mich Frau Arndt wissen, daß die Papiere ihres Mannes durchsucht würden.

Mittlerweile war das Ereignis in der Stadt ruchtbar geworden. Studenten versammelten sich vor dem Hause. Einer von ihnen, welchem es gelungen war, in das Haus einzudringen, ein junger Mann aus Frankfurt a. M., trat in mein Zimmer und teilte mir seine Absicht mit, die vor dem Hause befindlichen Studenten einzulassen, worauf man dann Untersuchung und Beschlagnahme der Papiere verhindern und die letzteren, wenn möglich, in dem Tumulte über Seite schaffen wolle. Da er meine Ansicht über diesen Plan zu wünschen schien, so nahm ich nicht Anstand, ihm mit allem Ernst und aller Bestimmtheit zu erklären, daß er ein solch unüberlegtes, ja tollkühnes Beginnen unbedingt zu unterlassen habe. Nächst der Gefahr, welche es den Studierenden selbst brächte, müßte es auch Arndt und seiner Sache notwendig schaden.

Ich sah zu meiner Befriedigung auch bald darauf die Studenten auf Bänken, welche dem Hause gegenüberstanden, Platz nehmen und den Ausgang der Sache ruhig abwarten. – Nicht lange nachher sah ich Arndts Papiere, in eine Anzahl großer Säcke mindestens von der Höhe von Mehlsäcken gepackt, aus dem Hause bringen und in eine Chaise, welche zu diesem Behuf auf der Straße hielt, legen, welche dann mit ihnen abfuhr.

Bald klärte sich auch das frühere Klopfen an meine Tür auf. Die Frau des Professors Welcker, des Juristen, bei welchem man mit den Durchsuchungen angefangen hatte, hatte einen Boten abgeschickt, welcher mich wecken und mich von den Vorgängen in ihrem Hause unterrichten sollte, damit ich Arndt warne. Dies war nun zwar vereitelt worden, doch würde eine Benachrichtigung Arndts auch schwerlich irgend etwas in der Sache geändert haben. Er hätte sich ohne Zweifel dadurch nicht zu irgendeinem Schritte veranlaßt gefunden.

Arndts Haltung nach diesem Vorfalle, wie ernst sie auch war, verriet keine Bestürzung. Aber seine große innere Aufregung äußerte sich dadurch, daß er nachts so heftig perorierte, daß ich in meinem Schlafzimmer, welches neben dem seinen lag, öfter dadurch aus dem Schlafe geweckt wurde.

ZEITGESCHICHTLICHES

Betrachte ich das lebhafte Interesse,

mit welchem viele meiner Geschlechtsgenossinnen politische Angelegenheiten besprechen, und dies sogar oft nicht ohne Anerkennung seitens sachkundiger Männer, so muß ich mir sagen, daß ich wenig zur Politik hinneige; ja seit Jahren ist mir das Übermaß der Verhandlungen über sie in geselligen Kreisen fast drückend geworden. Denn es äußert sich auch hier der tiefe Riß, welcher sich in den politischen und sozialen Ansichten gebildet zu haben scheint und der sich von den höheren und urteilsfähigen Klassen bis zu den unteren zieht, welche leider meist nur durch dunkle Gefühle und Leidenschaften bestimmt werden. Seit das Wort *Salon* statt unseres guten deutschen Wortes *Gesellschaftszimmer* sich bei uns einbürgerte, hat das letztere aufgehört, ein neutraler Boden zu sein. Man mag auch heute noch zusammenkommen, um einander zu erheitern, sich geistig zu fördern, der Erfolg widerspricht der Absicht, und an Stelle der erwärmenden, leuchtenden, oft freilich auch nur blendenden Geistesblitze, welche das Gesellschaftszimmer durchzuckten, höre ich in dem Salon oft nur ein dumpfes Donnergrollen. Und dieses würde vielleicht zu heftigeren Ausbrüchen fortschreiten, stemmte sich nicht der Teil guter Sitte dagegen, welcher unseren gebildeteren Kreisen denn doch noch geblieben ist. Ich sage der *guten* Sitte, denn die *feine* Sitte, jene, ich möchte fast sagen bestrickende Courtoisie der früheren Zeit, ist dahin, vielleicht nicht ohne Notwendigkeit dahin, vielleicht als Folge des Stückes Geschichte, welche die zivilisierten Völker in dem letzten halben Jahrhundert durchlebt haben, aber ich regrettiere sie dennoch. Die Frauen herrschen nicht mehr in der Gesellschaft, die Interessen der Männer drehen sich in derselben nicht mehr um sie, – da steckt der Fehler. Denn für die feine Geselligkeit sind nur die Frauen eigentlich bildend. Wir sind überhaupt in der Geltung gesunken. Gutzkow hat recht, wenn er hinsichts der Liebe im letzten Viertel des vorigen Jahrhunderts sagt, die Leute verständen nicht mehr zu lieben wie damals. – Ich selbst habe von meiner Jugend an die Hinneigung der beiden Geschlechter zueinan-

DIE FRAUEN HERRSCHEN NICHT MEHR
IN DER GESELLSCHAFT,
DIE INTERESSEN DER MÄNNER DREHEN
SICH IN DERSELBEN NICHT MEHR UM SIE

der in drei Kategorieen geteilt, in Liebhaben, Verliebtsein und Lieben. Die letztere, die höchste, scheint mir nicht mehr zu existieren; die beiden anderen gewähren uns keinen tiefeingreifenden Einfluß auf die Männer.

Doch war es trotz meiner geringen Neigung zu den Bewegungen der Politik nicht möglich, daß ich zu irgendeiner Zeit ohne Kunde derselben blieb, denn es gehörten zu meinen nahen Kreisen viele Männer, welche, sei es durch äußeren oder inneren Beruf, selbst in die Speichen der Ereignisse einzugreifen strebten. Und daraus ergab sich für mich mit Notwendigkeit ein Interesse an den letzteren, aber auch die Möglichkeit, daß mein Urteil über sie zuzeiten durch die an ihnen beteiligten Persönlichkeiten bestimmt wurde. Eigentlich erwärmt, gehoben, ja ich möchte sagen elektrisiert habe ich mich jedoch nur durch drei Epochen der Geschichte meiner Zeit gefühlt: durch den amerikanischen Krieg, durch die ersten Zeiten der Französischen Revolution und durch die deutschen Freiheitskämpfe.

Ich war zwar erst 19 Jahr alt, aber doch schon vier Jahre verheiratet, als die Anerkennung der Unabhängigkeit der Vereinigten Staaten seitens Englands durch den Pariser Frieden erfolgte, und schon im Hause meines Vaters, noch mehr aber in meinem eigenen, wo sich alsbald ein Kreis bedeutender Männer um uns versammelte, bildete während der ganzen Dauer des Krieges zwischen dem Mutterlande und seiner Kolonie dieser einen Hauptgegenstand des Gesprächs. Ich glaube nicht, wenigstens erinnere ich mich nicht, daß irgend jemand aus diesem Kreise sich auf die Seite Englands gestellt hätte. Es war hauptsächlich die der Kolonie von diesem versagte Gleichberechtigung mit ihm, was für die Bestrebungen und Kämpfe der Amerikaner interessierte, für ihre Unabhängigkeit von England war die Teilnahme geringer. Wie ich denn versichern kann, daß die Idee völliger Gleichberechtigung vor dem Gesetze damals vielleicht noch eine mächtigere Herrschaft übte als heute, und selbst von den jungen Edelleuten in unserem Kreise lebhaft erfaßt wurde, so viele politische Vorzüge der Adel auch in Preußen genoß. Auch dies lebt noch heute in meinem Gedächtnis, daß der Verkauf der Hessen und Braunschweiger an England von jedem als eine Schmach erkannt wurde, die alle Deutschen traf. Für mich, meine Freundinnen und auch für viele junge Männer unserer Umgebung, die wir uns keines staatsmännischen Blickes rühmen konnten, der etwa auch die Veränderungen in seinen Gesichtskreis zog, welche die Emanzipation der Kolonie in der Gestaltung der Weltverhältnisse hervorbringen könnte, wendete sich das Hauptinteresse um den tapferen und doch milden, kühnen und doch vorsichtigen, festen und doch gemütvollen Helden der amerikanischen Revolution, um Washington, ja der ganze Kampf verkörperte sich für uns in ihm, und die Folie, die seinen Glanz noch höher für uns erstrahlen machte, mußte uns der starre und eigensinnige Georg III. bilden. Die Zeit, welche unsere ästhetische Bestrebungen uns übrigließen, wurde durch begeisterte Unterhaltungen über ihn ausgefüllt, und diese Stimmung klang in manchem fort, bis nicht viele Jahre nachher die Anfänge der Französischen Revolution ein näheres mächtigeres Interesse in Anspruch nahmen.

Ich sage die Anfänge der *Revolution*. Aber man darf nicht glauben, daß schon bei den ersten Ereignissen derselben dasjenige, was Frankreich, das anmutige Nachbarland, welches durch so viele Bande des Geistes und der Sitte mit uns verbunden, ja in der letzteren maßgebend für uns war, bewegte, mit diesem Namen benannt wurde. Und auch noch später, als man hie und da anfing, jene Bewegungen als eine Revolution zu erkennen, war man im allgemeinen entfernt davon, an einen Ausgang zu denken, wie der es war, welchen sie nahm. Das letzte europäische Ereignis, welchem man später den Namen einer Revolution beigelegt hatte, war die englische von 1688 gewesen. Ein unpopulärer König hatte den Thron geräumt, ein anderer Fürst hatte friedlich seine Stelle eingenommen, und von da an über ein zufriedengestelltes Volk geherrscht, – das war die Revolution gewesen.

Und wieviel schöner noch ließ sich alles in Frankreich an! Man kannte die Gebrechen des dortigen Regierungssystems, aber man wußte auch, daß dort ein menschenfreundlicher, nicht unbeliebter Fürst den Thron einnahm, und so war denn noch ein viel befriedigenderer Ausgang zu hoffen als in England. Man erwartete demnach ein rührendes Familiendrama, wie man es ja so häufig und so gern auf der Bühne sah, zwar in großem Maßstabe, durch größere Interessen in Bewegung gesetzt, und daher ergreifender, sonst aber ziemlich gleicher Art. Unverkennbare Mißstände, Irrungen, Zwiespalt, Edelmut, Selbstaufopferung, viele Tugendhafte belohnt, wenige Lasterhafte beschämt davonschleichend. Man konnte sich das gar nicht anders vorstellen.

Und begann denn nicht wirklich das große Drama auf die befriedigendste Weise? Schon die Ursache der Zusammenberufung der Notabeln, die Finanznot, mit welcher der erste Anstoß zur Revolution gegeben war, ließ niemanden einen blutigen Verfolg erwarten, denn man legte überhaupt materiellen Interessen nicht die Bedeutung bei wie heute, in meinen Kreisen vollends nicht. Schulden! Viele junge Männer, welche sich in unseren Gesellschaften bewegten, Beamte, hohe und niedere, Edelleute, wenige der letzteren ausgenommen, hielten sich ohne Schulden nicht für Leute comme il faut und schlossen mit liebenswürdigem Leichtsinn von den eigenen Verhältnissen auf die eines Staats. Und als nun Pairs und Adel allen ihren früheren Vorrechten entsagten, als die Bastille zerstört ward, an deren Namen sich die Erinnerung an so viele nicht allein infolge königlicher Launen Eingekerkte, die dem Leben entrissen wurden, ohne daß ihnen die Wohltat des Todes gewährt ward, an so viele düstere Mysterien knüpfte, wie wurde aufgejauchzt! Wie viele Tränen der Teilnahme wurden von uns Frauen geweint, als wir von Befreiten lasen, denen die Haft in dem düstersten Kerker so zum natürlichen Zustande geworden war, daß sie auf die Ruinen dieses Kerkers mit Trauer zurückblickten, weil Licht, Luft und Freiheit ihnen nur fremd und drückend geworden waren! – Und nun die Aufhebung des der Gleichberechtigung so feindlichen Feudalsystems, der gute König als Wiederhersteller der Freiheit begrüßt! Wie mußte ihm solcher Zuruf das Herz weiten! Endlich die so schöne romantische Feier des Bundesfestes auf dem Marsfelde! Noch heute lebt der freudige erhebende Eindruck der Beschreibung dieses Festes in mir fort! –

Bald sollten die Gefühle, die Interessen, eine andere, eine entgegengesetzte Richtung nehmen. Schon das nächste Jahr ließ uns ahnen, daß das rührende Familiendrama in eine blutige, welthistorische Tragödie umschlagen möchte. Unser Interesse wendete sich bald vorzugsweise auf den hartbedrängten König, den ein Dekret der Nationalversammlung fast zum Gefangenen machte. – Und als er mit seiner Familie dieser Gefangenschaft

SCHON DAS NÄCHSTE JAHR LIESS UNS AHNEN, DASS DAS RÜHRENDE FAMILIENDRAMA IN EINE BLUTIGE, WELTHISTORISCHE TRAGÖDIE UMSCHLAGEN MÖCHTE

zu entfliehen suchte und, in Varennes angehalten, nach Paris zurückgeführt wurde, da waren es nur er und die Seinen, die uns noch Teilnahme einflößten, was aber sonst noch von nun an in Frankreich geschah, erregte uns nur Abscheu und Grauen. Aus enthusiastischen Anhängern wurden wir erbitterte Feinde der Revolution; und ich spreche damit eine damals ziemlich allgemeine Umkehr aus. In den blutigen Greueln der Revolution die Bluttaufe einer neuen Zeit zu sehn, waren wir weit entfernt und hätten diese neue Zeit auch nicht durch solche Untaten erkauft sehn mögen. Wir hatten uns ja ganz wohl und behaglich gefühlt in unseren ästhetischen Kreisen, und wurden auch mitunter Wünsche für das Gemeinwesen wie für einzelne Stände des eigenen Vaterlandes in uns rege, um den Preis, den Frankreich zahlte, hätten wir ihre Erfüllung nicht begehrt.

Spannung, Neugier riefen nun freilich die Ereignisse in jenem Lande fortdauernd hervor, und ein Kannegießern, welches, da nun einmal das erhebende, das Herz weitende Interesse ängstigenden Gefühlen Platz gemacht hatte, mir und vielen meiner Freunde und Freundinnen sehr unangenehm und daher in unserm Kreise möglichst vermieden wurde. Ich sage kannegießern, denn von irgendeiner tieferen politischen Ansicht war damals bei den meisten Menschen, selbst aus den gebildeten Klassen, wenig die Rede. Es wurden hauptsächlich die kommenden Ereignisse konjekturiert; und zu solchen Konjekturen ließen die bedeutenden Zwischenräume, in welchen man ohne neue Nachrichten war, den erwünschtesten Spielraum. Denn die spärlichen Berliner Zeitungen erschienen damals und noch lange nachher nur zweimal wöchentlich, und ihr Inhalt war dürftig genug, ihre Nachrichten waren bei der Schneckenhaftigkeit der Kommunikationsmittel alt, oft von Kurier- oder Stafetten-Nachrichten überholt, und Mitteilungen aus den Kabinetten fehlten ihnen gänzlich. Mit Inbegriff aller Privatanzeigen überstieg ihr Volumen auch in den bewegtesten Zeiten selten einen Bogen in klein Quarto, und Beilagen gehörten zu den großen Seltenheiten. Um etwas besser unterrichtet zu werden, las man denn wohl noch den Hamburger Correspondenten, welcher, irre ich nicht, auch nur dreimal wöchentlich erschien; aber auch was dieser gab, würde heutzutage sehr ungenügend genannt werden.

Es ist die Art meines Geschlechtes, daß wir in kleinen Dingen gute Beobachterinnen sind. Und da entging mir denn die Wahrnehmung der wesentlichen Veränderung in den politischen Konversationen nicht, welche mit dem öfteren Erscheinen und dem reicheren Inhalte der politischen Zeitungen verbunden war. Die lästigen müßigen Konjekturen nahmen immer mehr ab und machten den Raisonnements Platz; man fing an, Ansichten und Prinzipien zu haben und zu vertreten, und die langweilige, kannegießernde Politik wurde damit immer seltener. Ich erwähne das, weil es auch eine Beziehung zu der Gesellschaft hat und das Bild derselben aus jener Zeit um etwas anders färben wird, als die jüngere und jüngste Generation gewohnt sein mag, sie sich zu denken. Zeit, viel Zeit ersparte das seltene Erscheinen und die Dürftigkeit der damaligen politischen Blätter allerdings. Seit dem täglichen Erscheinen und dem so sehr viel größern Umfange derselben ist fast eine andere Zeiteinteilung notwendig geworden, denn wer läse heute nicht täglich seine Zeitung? Fehlt doch selbst mir etwas, wenn mir in dieser Beziehung ein Hindernis in den Weg getreten ist, und ich vergesse nicht, das Versäumte nachzuholen.

Wie sehr man nun auch das unglückliche Geschick Ludwigs XVI. bedauerte, große Zustimmung fand dennoch die Kriegserklärung Preußens gegen Frankreich nicht. Die Siegesgewißheit, welche ein Friedrich dem Vaterlande gegeben hatte, war doch nicht mehr vorhanden, wenngleich wenig Zweifel an der Trefflichkeit des preußischen Heeres gehegt wurde. Die Sache, um welche gekämpft ward, blieb eine fremde. Und als gar der Einfall der Verbündeten in Frankreich dem Schicksale seines unglücklichen Königs eine so unheilvolle Wendung gab und der Verlauf des Krieges den Lorbeeren unseres Heeres wenig neue Blätter hinzufügte, war man eigentlich in Berlin ganz zufrieden, als Preußen einen Separatfrieden schloß.

Neue Befürchtungen, ja Schrecken erregte mehrere Jahre darauf der Mord der französischen Gesandten bei deren Abreise von dem Kongresse zu Rastatt, und bildet daher einen sehr hervorleuchtenden Punkt in meinen Erinnerungen. Man fürchtete davon eine Erneuerung des Kampfes, einen blutigen Rachekrieg, in welchen auch Preußen hineingezogen werden würde. Auch in der Berliner Gesellschaft wurde der Mord, besonders da die Papiere der Gesandtschaft von den Mördern geraubt worden waren, politischen Motiven zugeschrieben, und es war vielleicht meist eine Wirkung dieser Befürchtung und des Wunsches, sich von einem ängstigenden Gefühle zu befreien, daß man bald anfing, die französische Regierung selbst der Anstiftung der Untat zu bezichtigen. Mein Freund Dohm, einer der preußischen Abgesandten zu dem Kongreß, beauftragt, den Bericht über das unglückliche Ereignis zu erstatten, widerlegte dies Gerücht. Aber es dauerte lange, bis es gänzlich verhallte, und ein zufälliges, von mir gar nicht zu erwartendes Zusammentreffen mit Dohm auf seiner Rückreise vom Kongresse war mir daher um so erwünschter, als schon vage Nachrichten, welche ich über körperliche Leiden hörte, von denen er infolge der Anstrengung bei der Vollführung jenes Auftrages heimgesucht war, es mir erfreulich machten, ihn zu sehen.

Ich verband nämlich meine Rückreise von Dresden im Frühsommer 1799 mit einem Ausfluge nach dem Harz und besuchte auf dem Wege dahin die Kanzlerin N. N. auf ihrem Gute in Lochau. Kurz nachdem wir dort zur Weiterreise Postpferde bestellt hatten, kam der Postmeister, bedauernd, daß wir noch würden warten müssen, da er nicht viele Pferde habe und soeben ein sechsspänniger Wagen mit einem aus Rastatt kommenden Gesandten angelangt sei, der zunächst befördert werden müsse. »Welcher?« fragte ich schnell. »Dohm«, war die Antwort. Ich eilte unverzüglich nach dem Gasthofe, in welchem er und seine Frau abgestiegen waren. Wir freuten uns herzlich über das so ganz unerwartete Zusammentreffen.

Dohm bestätigte mir, daß seine genauen Forschungen ihm die aufrichtigste Überzeugung gewährt hätten, jenes erwähnte Gerücht sei ein leeres Märchen. – Ich fand ihn weniger angegriffen, als verbreitet worden war. Freilich hatte er durch jenes traurige Ereignis viel gelitten. Er mußte die ganze Schreckensnacht bei Regen und Wind unter freiem Himmel zubringen, am andern Tage nahm er das Protokoll über die Untat auf, und am zweiten bracht man ihn, vor Mattigkeit fast bewußtlos, nach Karlsruhe. Dort arbeitete er, im Bette sitzend, während zweier Tage und Nächte das Protokoll für den Druck aus. Seine Frau saß beständig an seinem Lager und konnte seine Lebensgeister nur durch sehr kleine, aber oft wiederholte Gaben kräftiger Brühe aufrechterhalten. Er ging jetzt behufs seiner völligen Wiederherstellung nach einem Bade.

Ein leuchtendes Gestirn, welches bereits früher am politischen Horizont aufgegangen war und bald die allgemeine Aufmerksamkeit auf sich gezogen hatte, begann um diese Zeit der Hauptgegenstand der geselligen Konversation zu werden. Der kühne abenteuerliche Zug nach Ägypten umgab Bonaparte mit

DER KÜHNE ABENTEUERLICHE ZUG NACH ÄGYPTEN UMGAB BONAPARTE MIT DEM ROMANTISCHEN ZAUBER

dem romantischen Zauber, welcher so sehr der Richtung der gebildeten Kreise Berlins entsprach, und als er bald darauf den Rat der Fünfhundert auseinandertrieb und als Erster Konsul die Regierung Frankreichs übernahm, glaubte man den Abgrund der verhaßt gewordenen Revolution durch ihn geschlossen, und es griff ein bewundernder Enthusiasmus für ihn Platz. Kaum taten Siege der französischen Heere in Deutschland und Italien dieser Stimmung Eintrag. Das deutsche Reich war fast ein lächerliches Ding geworden, man suchte Deutschland nur noch in Preußen, und die Schwächung Österreichs, welches trotz mancher in den letzten Jahren von ihm getanen annähernden Schritte seit den Zeiten Friedrichs des Großen als der Erbfeind Preußens betrachtet ward, wurde eher gern gesehn als bedauert. Die Bewunderung für den Helden des Tages erstreckte sich, wie man erzählte, bis auf die höchsten Kreise. Sollte doch selbst die hochverehrte allgeliebte Königin ihre Zimmer mit seinem Bilde geschmückt haben.

Die Besitznahme Hannovers seitens Frankreichs, eine nicht zu erwartende Gewalttat, denn das deutsche Reich war damals mit Frankreich im Frieden, erinnerte zuerst daran, daß der bewunderte Held ein sehr unbequemer, ja gefährlicher Nachbar werden konnte. Seine Heere hatten sich damit zwischen die getrennten Teile Preußens mitten inne geschoben. Die drohende Gefahr begann der Bewunderung Eintrag zu tun. Und als aus dem lebenslänglichen Ersten Konsul nun gar ein Kaiser der Franzosen erstand, erfolgte unter seinen berlinischen Anhängern ein bedeutender Abfall.

Was für einen Teil unserer Gesellschaft und namentlich für uns Frauen hinsichts der Gesinnungsänderung maßgebend wurde, war, daß eine letzte romantische Täuschung über ihn damit zerfloß. Der ritterliche Held der Pyramiden, der glühende Liebhaber seiner Gattin, von der wir wußten, daß ihr edles Herz sich nicht dem Gefühl für das Unglück der früheren Dynastie verschloß, unter deren Herrschaft sie und ihr erster Gemahl sich als wohlgelittene Erscheinungen in den Kreisen des Hofes bewegt hatten, ja daß sie nicht Anstand genommen hatte, dem Ersten Konsul ein Schreiben ihres Schwagers, des Marquis de Beauharnais, zu übergeben, in welchem dieser ihn aufforderte, dem vertriebenen Herrscherhause die Krone Frankreichs zurückzustellen, war für uns nun ein selbstsüchtiger Usurpator geworden. Unsere frühere Täuschung darf uns nicht allzusehr zur Last gelegt werden, hatten doch fast alle französischen Emigranten sie geteilt, ja gepflegt, von denen so manche sich in unseren Kreisen bewegten.

Auf die Gesellschaft übten diese letzteren im ganzen weniger Einfluß, als man denken könnte. Ich will nicht von denen der geringeren Stände sprechen, welche sich ebenfalls in nicht allzu kleiner Zahl bei uns eingefunden hatten, und von einem nicht unbedeutenden Teile derer man kaum wußte, welchem der verschiedenen Regimes, die während der Revolution in Frankreich herrschten, sie durch ihre Auswanderung zu entgehen gesucht hatten. Denn man argwöhnte unter diesen manche verkappte Jakobiner, ja, namentlich unter denen aus dem südlichen Frankreich, sogar manche, die den Greueln in Lyon und anderen Städten des Südens nicht fernstanden, während sie sich doch alle für Royalisten de pur sang gaben. Ich spreche von denen, welche dies wirklich waren und den höheren Ständen angehörten. Nicht nur, daß sie mit ihren Ideen bei den letzten Regierungsjahren Ludwigs XV. stehngeblieben waren, sie erkannten keine andere Bildung an als die französische, und behaupteten sie auch nicht, daß es noch gar keine deutsche Literatur gebe, denn dazu waren sie zu fein und zu hülfsbedürftig, so gebärdeten sie sich doch so. In irgendeine Richtung des deutschen Geistes einzudringen, fiel keinem von ihnen ein als dem trefflichen Chamisso, an welchem dies Bestreben sich dafür auch so schön belohnte, ja selbst in ihrer Kleidung hatten sie an derjenigen der ersten Jahre der Revolution festgehalten. Noch ist mir in dieser Beziehung ein Chevalier de St-Paterne erinnerlich, stets en escarpins und in seidenen Strümpfen, deren Farbe nur je nach Jahreszeit und Straßenkot zwischen weiß und schwarz wechselte, stets, auch im Winter auf der Straße, im Frack, in rotem Untergilet und in dem dreieckten Hut, dessen Form nach der Mode von 1789 kaum ein Hutmacher Berlins noch zustande zu bringen vermochte, und eines ähnlich gekleideten Chevalier Reinhard, der in einem ›Tableau de Berlin‹, um seinen Dank für die ihm hier gewordene freundliche Aufnahme zu bekunden, die schönen Gebäude Berlins weniger beschrieb, als durch gedrechselte Phrasen zu illustrieren strebte.

Die gute Gesellschaft hatte für diese Leute wohl Teilnahme, doch wenig geistige Anknüpfungspunkte. Aber als achtungswert mußte man fast alle in der Beziehung anerkennen, daß sie alles, was sie an Fähigkeiten oder auch bloßen Fertigkeiten besaßen, anwendeten, um sich selbstständig durchzubringen. Sie verwerteten ihr etwaiges musikalisches Talent, wie zum Beispiel die Genlis, erteilten Unterricht in ihrer Muttersprache, und manche, und gerade aus den niederen Ständen, deren einziger Beruf zum Lehrfache darin bestand, daß sie ihre Muttersprache zu sprechen, wenn auch nicht immer richtig zu schreiben wußten, verschafften sich die Erlaubnis, hier Schulen zu errichten, welche sie denn auch bestens auszubeuten strebten. Oft auch verwerteten Leute aus den höheren Ständen, ohne sich dessen irgend zu schämen, ihre Kenntnisse in Handwerken, welche sie daheim teils zu ihrer Unterhaltung in müßigen Stunden, teils einer unter dem französischen Adel herrschenden bezüglichen Mode folgend erlernt hatten, in welcher ihnen die Könige und Prinzen von Frankreich vorangingen. Aber auch der niedersten Arbeiten schämten sie sich nicht, wenn sie sich allein durch solche zu erhalten wußten. Als ich im Jahre 1799 Campe in Braunschweig besuchte, bearbeitete er, um sich von angestrengten geistigen Arbeiten durch rein körperliche zu erholen, einen 24 Morgen großen Garten selbst, und nur mit Unterstützung eines Gartenknechts und eines Tagelöhners. Der Gartenknecht aber war ein cidevant französischer Chevalier, der sich jedoch in seine jetzige

DAS EREIGNISREICHE, VERHÄNGNISVOLLE JAHR 1805 WAR HERANGEKOMMEN

niedere Stellung mit allem Anstand schickte. Beim Abendessen, an welchem ich mit einigen anderen Gästen teilnahm, fand ich ihn bei Tische wieder, denn er schien mit Rücksicht behandelt zu werden. Und seine, wie auch seiner jetzigen Stellung gemäß zurückhaltende, Konversation kontrastierte doch durch Anmut und Leichtigkeit sehr gegen die des guten Campe, der, wenn ich mich mit ihm und seiner Familie allein befand, zwar munter und ohne Affektation war, wenn aber irgendein Fremder hinzukam, in einen salbungsvollen, wenig angenehmen Ton verfiel.

Das ereignisreiche, verhängnisvolle Jahr 1805 war herangekommen. Das Schwanken der preußischen Politik zwischen einem Bündnisse mit Frankreich und einem mit den gegen dasselbe verbündeten Mächten rief zuerst die Gesellschaft beeinflussende Parteiungen hervor, und um so ausgesprochenere, als man nun anfing, den Ernst der Situation zu begreifen, ja die geistig bedeutendsten Männer aus unseren Kreisen wenn auch nicht die Existenz, doch die Machtstellung Preußens bedroht fürchteten, wenn nicht die richtige Partie ergriffen wurde. Drei Hauptansichten stellten sich heraus. Die eine verlangte nur, daß die Regierung einen Entschluß fasse, gleichviel welchen, und diesem mit Aufrichtigkeit und Energie Folge gebe; sie ging davon aus, daß Preußen nach jeder Seite hin den Ausschlag geben und sich dadurch die ihm gebührende Geltung verschaffen könne; die andere wollte ein mit den Verbündeten gemeinsames Vorgehn gegen Frankreich, die dritte, daß Preußen für jetzt dem Stern Napoleons folge, dessen Glanz so viele blendete, sich die Vorteile verschaffe, die aus einem Bündnis mit dem siegreichen Kaiser für dasselbe hervorgehn mußten, so zu einer in Norddeutschland gebietenden Macht wurde und den Kern eines Deutschlands bilde, dessen Hegemonie, wenn jener Stern einmal sänke und Preußen mit Klugheit den geeigneten Moment wahrnähme, um in eine andere Bahn einzulenken, ihm zum Heile Deutschlands notwendig anheimfallen müsse. Welche Ansicht sich zunächst zur Geltung bringen werde, war allen der Verhältnisse wie der wirkenden Persönlichkeiten Kundigen klar, als der, durch den in unsern Kreisen viel gesehenen Bignon, den mehrjährigen Geschäftsträger Frankreichs in Berlin, diesem Staate zugewendete Haugwitz nach Schönbrunn zu Napoleon abgesendet wurde. Die aus dieser Sendung hervorgegangene Erwerbung Hannovers, eines zur Abrundung der deutschen Provinzen Preußens so wünschenswerten Besitztums, war den Anhängern des Bündnisses mit Frankreich sehr genehm, als ein vielverheißender Beginn zur Verwirklichung ihrer Pläne, aber von der Mehrzahl wurde das Geschenk Napoleons als eine Danaergabe betrachtet. Seit der Schlacht bei Austerlitz hatte sich doch der Gesellschaft merkbar eine trübe Stimmung bemächtigt, über welche man sich hin und wieder zu zerstreuen suchte, die jedoch immer wieder die Oberhand gewann. Man ahnte, daß auf Napoleons Siegeszügen die Reihe bald an Preußen kommen würde, und mehr als andere war von Besorgnissen erfüllt, wer die Unentschlossenheit und die Parteiungen in den höheren Regionen kannte. Wir in unseren Kreisen kannten sie sehr genau, wenngleich sie auch dem großen Publikum nicht verborgen bleiben konnten.

Denn es fehlte ja an öffentlichen, sogar lauten Kundgebungen derselben nicht. Dem Grafen Haugwitz wurden nach der Rückkunft von der Wiener Mission die Fenster eingeworfen, dagegen dem, wie es hieß, für den Krieg gestimmten, Herrn von Hardenberg (dem späteren Staatskanzler und Fürsten), welcher der seiner Ansicht jetzt widrigen politischen Strömung weichen und sein Amt niederlegen mußte, bis zu seinem Abgange von Berlin allabendlich Ständchen von Militärmusik gebracht. Den Anhängern des Bündnisses mit Frankreich standen freilich so laute Manifestationen ihrer Ansicht nicht zu Gebote. Denn jene gingen von den Offizieren des Regiments Gens d'armes und der Garde du Corps aus, jungen, in vielen Beziehungen übersprudelnden Edelleuten, welche keinesweges geeignet waren, das

Verhängnisvolle eines Kampfes mit Napoleon zu erkennen, und vor allem ihrem Grimme darüber Ausdruck zu geben suchten, daß das preußische Heer, nachdem es einmal ins Feld gerückt, ohne Schwertstreich wieder heimgekehrt war. Ja man behauptete, sie hätten unter den Fenstern des friedliebenden und gewagten Entschlüssen abholden Königs ihre Säbel gewetzt.

Man hat vielfach den Prinzen Louis Ferdinand beschuldigt, der Anstifter dieser ungeschickten und teilweise rohen Demonstrationen gewesen zu sein. Der intellektuelle vielleicht, ja wahrscheinlich, denn er teilte jenen Grimm und scheute sich nicht, ihn im Gespräche in sehr drastischen, ja kaustischen Witzworten zu äußern, in anderer Weise jedoch nicht. Denn wie leidenschaftlich er auch war, und ich habe genug Äußerungen dieser Leidenschaftlichkeit von ihm gehört, da er in vertrauteren Kreisen gar nicht damit zurückhielt, er war weit entfernt, eine rohe Natur zu sein, vielmehr war er, trotz der Ausschweifungen, von denen man ihn nicht freisprechen kann, voll der edelsten Regungen. Bei dem Könige war er wegen seines dissoluten Lebens nicht beliebt, aber die Königin, welche wahrscheinlich diese Seite seines Lebens weniger genau kannte und edlen und liebenswürdigen Eigenschaften, wie der Prinz deren in der Tat viele besaß, sowie einem geistreichen Wesen selten Würdigung versagte, war nicht ohne Anerkennung für ihn, überdies behauptete man, daß auch sie das ruhige Hinnehmen der Unbilden, welche Napoleon Preußen in dem letzten Jahre zugefügt hatte, schmerzlich empfand. Und so hätte der Prinz schon der Königin halber Schritte nicht unmittelbar veranlaßt, welche den König in Rücksicht auf die Partie, die er ergriffen hatte, beleidigen mußten. Uns Frauen aus seinem Kreise riß er hin, viel weniger durch den Sarkasmus, mit dem er zuzeiten seinen Ärger über die Situation äußerte, als durch die viel öfter vorkommenden tiefgefühlten Ausdrücke echter, schmerzerfüllter, zu jeder Aufopferung bereiter Vaterlandsliebe. Von einem siegreichen Kampfe gegen Napoleon allein hoffte er zugleich den Sieg freisinniger Ideen, und dieser lag ihm ebensosehr am Herzen als die politische Unabhängigkeit des Vaterlandes. Er mußte untergehn, er war eine Abnormität, in ihm walteten die diametralsten Gegensätze: Ein Sklav seiner Leidenschaften, ein Mensch, ein Prinz, der beispielsweise eine ganze Nacht im Freien auf der Erde liegend zubringen konnte, nur um fortwährend die Fenster des Wohnzimmers eines hübschen, aber ziemlich gewöhnlichen Frauenzimmers zu sehn, welcher er schöne Emotionen und Gedanken andichtete, die sie gar nicht hatte, und ein Aar, der sich mit kühnem Schwunge über seine Zeit erheben konnte, der höchsten Ideen fähig und stets bereit, sein Leben für sie einzusetzen; in seinem Gebaren einerseits ganz ein damaliger preußischer Gensd'armes-Offizier – und man muß sie gekannt haben, um zu wissen, was das sagen will –, und dann wieder ein den zartesten Gefühlen und des entsprechendsten Ausdrucks derselben fähiger Mensch; ein stolzer hochfahrender Prinz, und zuzeiten ein schüchterner verlegener junger Mensch. Er rieb sich auf in diesen unausgleichbaren Gegensätzen, auch trug er die Ahnung eines frühen Todes lange in sich, und sie wäre auch ohne seinen Heldentod bei Saalfeld in Erfüllung gegangen.

Die Tage der Vergeltung für das, was in Zeiten politischer Krisen der größte Fehler ist und vielleicht schlimmer noch als ein Fehler, für das Schwanken hinsichts des zu fassenden Entschlusses, brachen heran. Der Krieg war Preußen nun aufgedrungen, und das unter viel ungünstigeren Verhältnissen, als diejenigen im vorangegangenen Jahre es waren. Jetzt stand es dem gewaltigen, ohne Schwertstreich schon bis an die Grenzen des Reiches vorgedrungenen Feldherrn ohne Bundesgenossen gegenüber, denn was man von dem Ungestüm seines Angriffes aus früheren Feldzügen wußte, berechtigte zu der Annahme, daß der Feldzug entschieden sein könne, bevor noch ein Russe deutsches Gebiet betreten habe.

Genau die Stimmung unter den geringeren Klassen Berlins zu ergründen, war ich nicht in der Lage; mir schien es jedoch, als herrsche dort höchstens eine gewisse Spannung; von einem Bewußtsein des Verhängnisvollen des Augenblicks bemerkte ich wenig, von großen Befürchtungen ward nichts laut, aber auch nichts von großen Hoffnungen. Verhielt es sich in der Tat so, so war es ein übles Zeichen, ein Beweis eines fast bis zur Nullität gesunkenen Nationalgefühls, und aus dem Verhalten des Volks nach dem Einzuge der Franzosen glaubte ich mich zu dem Rückschluß berechtigt, daß ich mich nicht geirrt hatte. In unseren Kreisen gelangte man erst zu ruhigen Erwägungen, nachdem die Berliner Garnison ins Feld gerückt war; bis dahin hatte uns der ungestüme Kriegsdurst der jungen Offiziere unserer Bekanntschaft wenn auch nicht hingerissen, doch gewissermaßen betäubt. An der Tapferkeit des Heeres, des gemeinen Mannes wie der Offiziere, wurde kein Zweifel in uns rege, aber die Heerführer waren geeignet, uns mit den bangsten Befürchtungen zu erfüllen.

Welche Männer waren es, die dem größten Feldherrn der Zeit und seinen infolge fast ununterbrochener Kämpfe kriegserfahrenen und dabei jugendkräftigen Generalen entgegengestellt wurden? Der 72jährige Herzog von Braunschweig, der sich hätte glücklich schätzen sollen, daß er dreizehn Jahre früher, schon fast ein Greis, ohne wesentliche Gefährdung eines noch um mehr als dreißig Jahre vorher erworbenen Kriegsruhms davongekommen war, der Feldmarschall Möllendorf, noch zehn Jahre älter als er, ein Mann, den wir täglich beobachten konnten, weil er in unserer Mitte lebte. Da sahen wir denn den hübschen Greis, der in früheren Jahren einen fast weiblichen Teint gehabt hatte, von dem er noch Spuren trug, mit seinem milden freundlichen Gesichte, im Schlafrock, eine schwarze Samtmütze auf dem Kopfe, vor einem Parterrefenster des Gouvernementsgebäudes in der Königsstraße stehn, im Frühjahr sich der Blüten der schönen Rosenbäume erfreuend, welche innerhalb eines Gitters vor dem Hause standen, stets aber, denn er fehlte dann fast nie am Fenster, den fröhlichen tobenden Kinderscharen, welche mittags und nachmittags den Schulen entströmten, teilnehmend und lächelnd zuschauend. Er war einer von den Leuten, von denen man trotz ihrer hohen Stellung gar nicht sprach; nur eine ihn betreffende Geschichte erinnere ich mich gehört zu haben, und sie wurde eben in jener Zeit öfter wiederholt. Als guter Wirt kümmerte er sich sorgsam um die Einzelheiten seines Haushalts, und da war er denn sehr erfreut, eines Tages in Abwesenheit seines Kochs einen fetten Truthahn, welchen einer jener Ausländer vor seinem Fenster vorübertrug, die damals noch im preußischen Heere dienten und denen es mitunter erlaubt ward, einen kleinen Handel zu treiben, für einen sehr billigen Preis zu erhandeln. Die Vorwürfe, welche der General-Feldmarschall dem heimgekehrten Koch machte, der ihm stets einen viel höheren für solches Geflügel anrechnete, begegnete dieser durch den Beweis, daß Exzellenz seinen eigenen, von dem Verkäufer unmittelbar vorher vom Hofe des Käufers gestohlenen Truthahn gekauft hatte. – Dieser gemütliche Greis und sorgsame Haushälter, der – unbeschadet seiner nun schon sehr antiquierten militärischen Verdienste – jetzt nur noch den Stoff zu einer Voßschen Idylle hätte abgeben können und nun, und das wider seinen Willen, denn er fühlte seine Jahre und seine Unzulänglichkeit, als einer der Oberbefehlshaber dem im kräftigsten Mannesalter stehenden kühnen Feldherrn entgegengestellt wurde, bildete seinen jetzigen Hinneigungen wie seiner äußeren Erscheinung nach einen für den Patrioten schmerzlichen Gegensatz zu diesem, den ein eben um jene Zeit an den Schaufenstern mehrer Kunsthändler Berlins ausgestellter Kupferstich uns in dem Augenblicke zeigte, als er – nicht viele Jahre zuvor –, die wehende Fahne in der Hand, im Sturmschritt seine Krieger den mörderischen Geschossen der Feinde entgegen auf die Brücke von Arcole führt und so die blutige Schlacht entscheidet.

Das waren nun selbst für die Gesellschaft Berlins, wie sehr sie auch durch günstige Ansichten vieler ihrer Mitglieder beeinflußt sein mochte, handgreifliche Übelstände. Aber sie wurde auch auf andere Bedenken geleitet. Was die Organisation des Heerwesens, die Verproviantierung, die Bekleidung betraf, so hatte man nie an ihrer Trefflichkeit gezweifelt; das heißt stillschweigend, denn man hielt es für unnötig, dies erst auszusprechen. Aber alles dies mußte notgedrungen Gegenstand der Besprechung werden, als beim Ausrücken der Truppen – ich weiß nicht mehr, ob im Jahre 1805, wo der erste Feldzug notwendig ein Winterfeldzug hätte werden müssen, oder im Herbst 1806, wo mit Wahrscheinlichkeit ein solcher bevorstand – öffentliche Aufforderungen zur Spendung von Mänteln für die Soldaten oder zu baren Gaben behufs der Anschaffung solcher erschienen. Diese schmucken, wohlaufgeputzten Soldaten, deren Uniformen nicht das kleine Stäubchen aufweisen durften, sollten nicht Stockprügel oder Arrest den Frevel empfindlich strafen, waren nicht gegen irgendwelche Unbilden des winterlichen Wetters geschützt! Das streifte doch sehr an »Sorglosigkeit«, und hin und wieder fing man an, sie auch da als möglich anzunehmen, wo man sie nicht bemerkte.

Aber man verzagte darum doch nicht, wenn auch hin und wieder gezagt wurde. Schien doch der geliebte und als das Gegenteil von leichtfertig bekannte König so wenig von Zweifeln bewegt, daß er noch sehr wenig Abende vor seinem Abgange zum Heere in der Stimmung war, einer Vorstellung der de Bachschen Kunstreiter-Gesellschaft beizuwohnen. Und am Ende: »die preußische Armee!« Ein Nimbus umgab noch immer das

Wort. – Auch dem Glücke behielt man eine Rolle in dem Drama vor. Der Stern Preußens! Er sollte den Bonapartes erbleichen machen, der doch bisher so hell gestrahlt hatte. Die Denkendsten und daher Bedenklichsten suchten doch kaum zu ertragende Gedanken von sich fernzuhalten und fürchteten sich, ganz soviel zu fürchten, als sie doch Grund zum Befürchten zu haben meinten, wenn sie teils so übermütig, teils mit so heiterem Sinne die verhängnisvollen Würfel werfen sahen. Ein letztes Beruhigungsmittel für diese war: il y'a un Dieu des ivrognes.

Aber was nützten alle Selbsttäuschungen und Opiate! Gleich einem Donnerschlage rüttelte die Kunde von Saalfeld auf und machte selbst die Zuversichtlicheren erschrecken. Das erste Treffen in diesem Kriege unglücklich, und unglücklicher noch durch den Tod einer so hervorragenden, so allgemein interessierenden Persönlichkeit, wie die des Prinzen Louis es war! Wie schmerzlich die Trauerkunde unsere Kreise berührte, ist leicht zu

ermessen. Aber auch die, welche dem Prinzen fernergestanden hatten und oft durch seinen anscheinenden Übermut, diejenige Seite an ihm, welche er ihrer Natur nach zumeist der Öffentlichkeit zuwendete, choquiert worden waren, waren versöhnt und tief ergriffen. – Doch es blieb keine Zeit, irgendeinen Schmerz durchzufühlen. Die Nachrichten vom Kriegsschauplatz überstürzten sich.

Die nächste war freilich eine falsche. Soult sollte geschlagen, sein ganzes Corps gefangen worden sein. Ein Anschlag in der Flur eines Ministerhotels in der Behrenstraße – ich glaube, es war das Haugwitzsche – gab dem Publikum die Nachricht. War sie gegründet, so war sie von unermeßlicher Bedeutung. Aber man bemerkte keine freudige Aufregung im Volke, nach der ersten Stunde nicht einmal einen Andrang im Ministerhotel, um das lächerlich winzige Zettelchen, welches in kaum zu entzifernder Schrift einen so großen Erfolg verkündete, zu lesen. Als ich einige Stunden nach dem Erscheinen dieses Bulletins mich nach dem Hotel begab, um mich gegen meine Zweifel durch den Augenschein zu stärken, fand ich außer mir nur noch eine Person in der Hausflur, und diese war der Portier, der griesgrämig auf und ab schlich. War das preußische Volk stumpfsinnig geworden? oder gab es überhaupt keines mehr? Noch standen aus meiner Kindheit die gehobene Stimmung, die leuchtenden Blicke des Geringsten aus dem Volke, wenn das Gespräch auf die Siege der Preußen unter Friedrich kam, vor meinen Sinnen, und dieser Friedrich war ja erst zwanzig Jahre tot. Oder hatte das fast welthistorische Ereignis von Jena schon Schatten vor sich hergeworfen, welche Sinn und Gemüt der Menschen umdüsterten? Bei den höheren Ständen war dies gewiß der Fall.

Allen Konjekturen machte die furchtbare Nachricht ein Ende, welche schon der nächste Tag brachte. Dem Anschlage, der diese verbreitete, bestritt niemand die Wahrhaftigkeit, und dies war bezeichnend genug. Er ist öfter ungenau wiedergegeben worden, ich glaube aber mich des Wortlautes genau zu erinnern, denn er drang ätzend in meinen Geist ein.

»Der König hat eine Bataille verloren. Ruhe ist jetzt die erste Bürgerpflicht. Ich fordere sie von den Einwohnern Berlins. Der König und seine Brüder leben.«

Welcher Lakonismus! – Und dabei immer noch Überflüssiges. Denn wer dachte in Berlin daran, die »Ruhe« zu stören! – Dieser Anschlag wurde nun zwar gelesen. Aber kaum auf einigen Gesichtern malte sich ein Ausdruck des Schreckens, auf den meisten gar nichts, höchstens gingen einige kopfschüttelnd davon, mit einer Miene, die da zu sagen schien: Nun, das ist doch etwas allzurasch gegangen! –

Diese zur Ruhe aufgeforderten Berliner waren so kindlich ruheliebend, daß, als der ruhepredigende General wenige Tage darauf zu Pferde an der Spitze einiger noch in der Stadt zurückgebliebenen Truppen auszog, sie ihn mit der Bitte umscharten, sie doch nicht zu verlassen. »Ich lasse euch ja meine Kinder zurück!« war die Antwort des Kriegers. Die Leute sahen sich verblüfft an. Fast keiner wußte, wer diese »Kinder« waren. Manche suchten ein Symbol, eine Art Mysterium, ein ihnen bis dahin unbekannt gebliebenes Palladium hinter dem Worte. Aber diese Kinder waren leibliche, und keine andere als die Fürstin Hatzfeld und ihr Gemahl; die Fürstin, eine mir sehr werte Freundin, die aber gewiß selbst sehr erstaunt war, als sie hörte, daß sie von ihrem Vater als Pfand für das Heil Berlins zurückgelassen wurde.

Dies war die letzte Tat des letzten preußischen Generals, welchen Berlin auf mehre Jahre hinaus an der Spitze von Truppen in seinen Mauern sah. Seine erste ist vielleicht nicht heldenmütiger gewesen. Er war General der Infanterie geworden, wie er Chef der Bank und Seehandlung, Generalpostmeister, Geheimer Staats- und Kabinettsminister, Kurator oder gar Präsident der Akademie und noch vieles andere geworden war und so die heterogensten Ämter und Würden in seiner Person vereinigte: weil es seit Jahren einmal hergebracht war, daß fast jedes vakante hohe und einträgliche Amt dem Grafen von der Schulenburg-Kehnert zufiel. Als die im Palast Monbijou residierende Königin, Mutter König Friedrich Wilhelms des Dritten, gestorben war, welche vom Volke Witwe Königin genannt wurde, begegneten sich zwei ehrsame Bürger vor diesem Palaste. »Weißt du schon, daß Witwe Königin gestorben ist?« sprach der eine. »Ei! – Aber wer wird denn nun Witwe Königin werden?« erwiderte der andere, der etwa glauben mochte, dies sei eine Würde oder eine Stelle, die niemals unbesetzt bleiben dürfe. »Wer wird's werden? Schulenburg wird's werden!« war die Antwort.

Die Furcht vor dem Heldenmut der Berliner mußte wohl in der Familie erblich sein. Denn kaum war der Schwiegervater abgezogen und hatte dem Schwiegersohn die Obhut der Stadt überlassen, so wußte dieser wieder nichts Eiligeres zu tun, als das Heldenvolk vor jedem Widerstand zu warnen: »Ein jeder werde schreckliche Folgen haben. Der Überwinder ehre nur ruhige Hingebung im Unglück.« Die letztere Behauptung war ebenso neu als kühn, aber die Warnung in der Tat lächerlich. Doch einigen bangen Gemütern wurde dadurch noch banger. Sie fürchteten, daß ein heimlicher Widerstand sich organisiert habe, etwa von rauf- und raublustigen Horden, die sich von auswärts hereingeschlichen haben mochten.

Das waren für die Einsichtigeren traurige Tage, das war ein klägliches Ende der vaterländischen Herrschaft. Aber wer 1813 erlebt hat, braucht sich nicht zu scheuen, die Erinnerung an 1806 zu fördern. Sie kann für jede Zukunft, wie sich diese auch gestalten möge, dazu dienen, das Vertrauen auf die Elastizität des preußischen Volks wie seiner Regierung aufrechtzuerhalten. Welche Änderung in wenigen Jahren! welch rascher Übergang von der Misere zur Hochherzigkeit, von der stumpfen Gesinnungslosigkeit zum klaren politischen Bewußtsein, von dem schwächlichsten Übersichergehenlassen zur kräftigsten Tat! – Aber auch dazu möge die Erinnerung beitragen, sie stets von neuem mit der an die Männer zu verbinden, welche die ersten

157

Impulse zu dieser Wandelung gaben, ihr die förderlichste Richtung anwiesen und dabei keine Gefahr scheuten, statt, wie es wohl geschehn ist und von manchen Seiten noch fortdauernd geschieht, in Pietätlosigkeit und Undank diese Männer in den Hintergrund zu schieben oder gar zu verunglimpfen, ja zu verfolgen.

Was man nach jener väterlichen Mahnung an die guten Berliner Kinder, sich artig und ruhig zu verhalten, wenn sie sich nicht verdienter Züchtigung aussetzen wollten, bis zum Einzuge der Franzosen an diesen vorherrschend bemerkte, war einige Neugier auf die Heere des Mannes, welcher soeben wieder einen so mächtigen Schritt auf der Laufbahn getan hatte, auf welcher er sich die Herrschaft über Europa zum Ziel gesteckt zu haben schien. Einem Fremden, der, unbekannt mit den welthistorischen Ereignissen, in diesen Tagen in Berlin eingetroffen wäre, wäre keine Ahnung von der Nähe eines für Stadt und Staat so verhängnisvollen Tages angeflogen. Hätte er früher Berlin gekannt, so hätte ihm höchstens auffallen können, daß trotz des schönen Herbstwetters die Spaziergänge etwas weniger belebt waren als sonst.

Als ich an einem der folgenden Tage in der Mittagsstunde durch die Königsstraße ging, sah ich eine kleine Schar französischer Kavalleristen von der Kurfürstenbrücke herkommen und vor dem berlinischen Rathause halten. Sie erregten wenig Aufsehn und wurden nur in etwas respektvoller Entfernung von einigen Straßenjungen begleitet, die offenbar keine andere Absicht hatten, als etwanigen Konkurrenten bei dem Amte des Pferdehaltens zuvorzukommen. Einige der Reiter stiegen ab und begaben sich auf das Rathaus, wo der Magistrat in Erwartung der Dinge, die da kommen sollten, in Permanenz versammelt war, und forderten denselben zu den nötigen Vorkehrungen für die Einquartierung der am nächsten Tage eintreffenden französischen Truppen auf. Es waren Chasseurs à cheval in ihrer grünen Uniform, und es möge zum Beweise dienen, wie selbst der Mittelstand in der Lage der Dinge orientiert war, daß ein vorübergehender, sehr wohlgekleideter Mann, durch die Farbe der Uniformen veranlaßt, meinen Begleiter fragte, ob das nicht Russen seien. Durch Hinweisung auf die dreifarbige Kokarde eines anderen belehrt, ging er, ohne irgendeine Emotion zu zeigen, mit den Worten fort: »Da wird man wohl nach Hause gehn und wegen der Einquartierung Vorkehrungen treffen müssen.« – Ich sah den Geist Friedrichs des Großen mit zornsprühenden Blicken über der ganzen Szene schweben und wankte mehr nach Hause, als ich ging.

Die Tage des Einzugs der französischen Heeresteile widersprachen solchen Vorgängen nicht. Die Fenster waren besetzt mit Neugierigen, als gälte es einer Kuriosität oder einem festlichen Aufzuge. Von diesem hatte nun freilich dieser Einzug nichts; und dieser Umstand erregte in den Berlinern vielleicht die erste innere Bewegung in diesen verhängnisvollen Tagen. Nach preußischen Begriffen in schlechtester Haltung, geräuschvoll miteinander plaudernd, zogen capotbekleidete kleine Kerlchen, drei auf einen Pommern gehend, dahin, und pour comble d'horreur, auf ihren dreieckigen Hüten, in vertraulichster Nähe mit jenen eine neue Ära bezeichnenden drei Farben, welche zwei Weltteile fast stets siegreich gesehn hatten, steckten Blechlöffel behufs bereitester Benutzung. Es galt einen Witz machen, und das Volk taute auf. Sowie die Berliner das Wort »Löffelgarde« als Bezeichnung für diese Krieger gefunden hatten, und sie fanden es am ersten Tage, belebten sich ihre Züge um etwas; jetzt war ihnen zumut, als hätten sie ihrerseits einen Sieg über die Sieger erfochten. Nur hin und wieder sah man ein trübes Gesicht. Es gehörte sicher jedesmal irgendeinem pensionierten preußischen Militär an, der das graue Haupt schüttelte, in welches der Gedanke an die Möglichkeit nicht eingehn wollte, daß diese ungeregelten Horden preußische, so sauber uniformierte, so trefflich dressierte, so zweckmäßig gedrillte Soldaten hätten besiegen können.

Ein reges Leben bewegte sich in den nächsten Tagen auf den Märkten, namentlich auf dem Gensd'armes-Markte, wo die Sieger die Früchte ihrer Beutelust, meist in Silber- und Goldsachen und fremden Münzen bestehend, zu Spottpreisen verhandelten und willige Käufer fanden, welche sie ihnen ohne Scheu und Scham abnahmen. Junge Dirnen, traurige Früchte anderer Siege als der auf den Schlachtfeldern errungenen, Städterinnen und Bäuerinnen in den verschiedensten Kostümen, mit den feindlichen Kriegern eingezogen, unter ihnen Mädchen, deren Haltung und Kleidung man es ansah, daß sie nicht den untersten Ständen angehörten, beobachteten je nach dem Grade ihrer Entsittlichung teils mit aufmerksamen, teils mit gierigen Blicken die

Feilschenden, wissend, daß der Erlös den mit ihren Buhlen zu feiernden Orgien zugut kommen werde. Der Zufall führte mich über einige dieser Plätze, aber Unwille, gemischt mit einem Gefühl tiefer Demütigung, trieb mir das Blut ins Gesicht, und ich suchte längere Zeit hindurch stets sie zu umgehen.

Von durch die Feinde verübten Exzessen hörte man nur wenig. Und da die für die französischen Truppen ausgeschriebenen Lieferungen und die Wirkungen der bald eingetretenen sogenannten Kontinentalsperre, die Fabriken belebend, manchen Industriellen Gewinn und manchen Händen Beschäftigung zuführten, so ward in vielen Kreisen der Druck der schweren Kontributionen nicht allzu fühlbar. Am fühlbarsten wurde, und das allen Ständen, die immer größere Entwertung der früher in ungeheueren Summen ausgeprägten, sehr geringhaltigen Scheidemünze. Aber der Unwille darüber kehrte sich gegen die vaterländische Regierung. Wie denn überhaupt alle Fehler derselben vermittelst ihrer jetzt augenfällig gewordenen verderblichen Wirkungen plötzlich in den grellsten Farben vor die Augen des Volkes traten und die letzten Reste der Anhänglichkeit an den Staat, wie er eben noch bestanden hatte, vernichteten. Ein warnendes Beispiel!

Und überhaupt wurden in dieser Zeit der Schmach alle Fehler bestraft, Fehler der Regierenden, wie nicht minder der Regierten, und auch die beiden gemeinsamen. Bei der ohnehin so gesunkenen Kraft des Vaterlandsgefühls vollendeten die Macht und der Zauber der Sprache des Feindes den Sieg desselben.

UND ÜBERHAUPT WURDEN IN DIESER ZEIT DER SCHMACH ALLE FEHLER BESTRAFT

Jetzt strafte sich die Torheit, daß man mit Hintenansetzung der schönen vaterländischen Sprache die französische zur Modesprache, zu derjenigen gestempelt hatte, in welcher allein man sich mit Feinheit und Anmut auszudrücken vermöge, und daß die französische Literatur vorzugsweise die geistreiche sei. War man doch sogar, mehr als man es heut glauben dürfte, wenn nicht schriftliche Dokumente es bewiesen, mit dem Gebrauche des Dativs und Akkusativs in der Muttersprache bis in die höchsten Klassen der Gesellschaft hinauf brouilliert, sprach aber die französische mit Geläufigkeit, oft sogar mit Eleganz. Verständige

Franzosen selbst äußerten sich tadelnd in dieser Beziehung. »Was gewinnt die vornehme Berliner Gesellschaft dabei, daß sie nur französisch spricht, daß sie es hin und wieder sogar zu einem französischen bon mot oder Calembourg bringt? Eine deutsche Gesellschaft kann dadurch nur eine flachere werden!« hörte ich einst Frau von Staël in einem vertrauten Kreise sagen.

Bis in die unteren Stände hinab, und am festesten vielleicht bei dieser in der betreffenden Beziehung so einsichtslosen Masse, hatte sich denn begreiflicherweise der Glaube festgesetzt, daß die größere oder geringere Fertigkeit in dieser fremden Sprache bis zu ihrer gänzlichen Unkenntnis hinab das sicherste Kriterium für die »Bildung« oder «Unbildung« eines deutschen Menschen abgebe, und in den Schulen der mittleren Stände machte daher sie einen wesentlichen Teil der Unterrichtsgegenstände aus. So brauchte denn der Feind es gar nicht erst auszusprechen, daß seine Nation »à la tête de la civilisation« marschiere. Man kam ihm mit dem stillen oder lauten Bekenntnis davon entgegen.

Die Mehrzahl sah demnach in den Feinden »gebildete Leute« – widersprachen auch die Handlungen einzelner bisweilen dieser Bezeichnung –, Leute, denen man seinerseits mit Achtung und Artigkeit entgegenzukommen habe. Und zu Hülfe kam diesen überdies bei den in der Kenntnis der fremden Sprache Vorge-schritteneren, daß auch die unteren Klassen der Franzosen, wie die aller südlichen Völker, gewandter in der Handhabung der Formen ihrer Sprache sind als die der nordischen. Tür und Tor der Herzen, besonders der so einflußreichen weiblichen, war ihnen geöffnet, ein sehr freundlicher Verkehr zwischen Quartier-gebern und Einquartierten stellte sich bald her, und als eine Frau aus dem Bürgerstande auf die Frage: warum sie denn für die Fremden so eingenommen sei? sehr naiv antwortete: »Weil sie alle so hübsch geläufig französisch sprechen«, hatte sie mit ihrer Antwort vielleicht mehr ins Schwarze getroffen, als der lachende Frager glauben mochte. – Ob es etwa dieselbe Frau war, hin-sichts deren einer meiner Bekannten einmal einen französischen Offizier, auf die Frage eines anderen, wer denn die Leute gewe-sen seien, mit welchen er ihn gestern auf dem Spaziergange gesehn habe, antwortete: »C'était la femme de mon bourgeois avec son mari«, mag ununtersucht bleiben.

Man hörte trotzdem allerdings manche Stoßseufzer guter Hausfrauen, bei denen Offiziere ins Quartier gelegt worden waren, über die Kosten der Einquartierung. Zwei üble Gewohnheiten trugen sie ihnen besonders nach, einmal, daß sie, unserer Art von Zimmerheizung ungewohnt, diese zwar nicht erließen, aber dann alle Fenster öffneten, und ferner, daß sie zu ihren Mahlzeiten Wein verlangten. Für Heizungsmaterial war freilich kein Surrogat zu finden, für den Wein fand der hausfrauliche Scharfsinn verschiedene. Nachdem schüchterne Fälschungsversuche bewiesen hatten, daß die Geschmacksnerven so mancher Offiziere nicht eben die feinsten waren, ging man bald dreister zu Werke, bis das übelberüchtigte Gebräu zustande kam, von dessen immer nur mit vorsichtiger Heimlichkeit betriebener Bereitung die Hausfrauen bald durch Wein- und sogenannte Materialwarenhändler enthoben wurden und das, mit dem technischen Namen Einquartierungswein benannt, von den Käufern mit lächelnder Miene bei den Verkäufern gefordert, von diesen mit einer noch lächelnderen verabreicht wurde; denn die trügenden Hausfrauen wurden durch die Händler zu noch weit größeren Betrügerinnen gemacht, als sie selbst wähnten. Kostspielig blieb zwar die Einquartierung noch immer: »Aber«, sagte mir eine gute Hausfrau und sorgsame Mutter, »ich kann doch eine nicht unbedeutende Ersparnis in die Waageschale legen; die französische Konversationsstunde für meine Kinder habe ich jetzt gratis.«

Bedeutungsvolleres, als man jetzt glauben mag, wendete sich daher um die durch unsere Torheit zur Herrscherin gewordene Sprache der Sieger. Und an diese Zeit denke ich, wenn ich nun schon seit Jahren wieder und stets von neuem in unseren öffentlichen Blättern Gesuche nach »Bonnes françaises ou suisses qui ne parlent que leur langue« finde. »Unsere Zeit geht schnell«, sagt man, und »keine Torheit, die nicht wiederkehre«; aber geht jene denn so schnell, daß Torheiten, deren Folgen kaum vernarbt sind, schon wieder auftauchen müssen? In dieser den meisten verständlichen, viele bestrickenden Sprache wurde von den Siegern mit den preußischen Bürgern im Tone der souveränsten Verachtung von der Politik, den Feldherren, der Heeresorganisation, den Institutionen ihres Landes gesprochen. Leider unterstützten soeben erlebte Tatsachen die in übermütigster Weise ausgesprochenen Worte der Fremden, aber sie allein hätten nicht halb so sehr gewirkt, hätte man sie nicht von diesen in so pietätloser Darstellung gehört. Die Achtung vor dem Staate, in dem man lebte, das Band, das alle einzelnen zu einem gemeinsamen, allen förderlichen Ganzen zu verbinden bestimmt ist, mit dem der einzelne sich daher im lebendigsten Zusammenhange fühlen soll, machte dem Unwillen, ja mitunter der Verachtung und in der Folge der Scham, ihm überhaupt anzugehören, Platz, für ihn etwas zu tun oder gar zu wagen hätte als Unsinn gegolten. Es gab kein Vaterland mehr, daher auch keine bessere Zukunft für dasselbe, wie andererseits die Geschichte seiner glorreichen Vergangenheit vergessen schien. Und das zwanzig Jahre nach dem Tode Friedrichs des Großen! – Es war sinnverwirrend für die wenigen, welche sich noch einen Sinn zu erhalten gewußt hatten.

Viel besser stand es mit geringen, um so achtungsvolleren Ausnahmen auch in den Provinzen nicht, und namentlich nicht in den vielen bedeutenden Städten derselben, welche schon im ersten Anlauf fast ohne jeden Widerstand dem Feinde zugefallen waren. Und diese gänzliche Apathie ersparte Napoleon ein Heer. Wie weit er auch vorrücken mochte, sein Rücken blieb ihm gedeckt. Wenige Jahre später, in Spanien, hat er empfunden, was es heißt, den Krieg in ein Land tragen, dessen Bewohner von einem Gefühle für das Vaterland beseelt sind.

Wie gut er die bei uns herrschende Gesinnung kannte, bezeugte, daß er die Bürger der Hauptstadt behufs der Erhaltung der Ordnung in derselben bewaffnete, oder vielmehr sich auf ihre Kosten bewaffnen ließ. Und wie gern übernahmen sie nicht die ihnen von dem Feinde übertragene Mission! Wußten sie ja doch, daß in Erfüllung derselben die Säbel, mit welchen man ihnen erlaubte, sich zu schmücken, von keinem kleinsten Rostfleckchen durch das Blut verunziert werden würde, welches sie in den Fall kommen möchten zu vergießen. Wie spreizten sich Gevatter Schneider und Handschuhmacher in der durch reiche goldne Epaulette gehobenen Offiziersuniform dieser gleichsam zum Hohne »Nationalgarde« genannten Heldenschar und schienen nur zu bedauern, daß sie sich in ihr nicht vor jenen so exklusiven Kameraden aus dem vaterländischen Heere sehn lassen konnten, von denen sie bis dahin – und auch wahrlich nicht zur Stärkung des Vaterlandsgefühls –, wenn eine unangenehme Notwendigkeit es erforderte, sie nicht gänzlich zu ignorieren, mit so wegwerfendem Hochmut behandelt worden waren und denen nun, zur Vergeltung, mit geringem Schmerz und vieler Schadenfreude fast allein die Schuld der Niederlagen des preußischen Heeres beigemessen wurde.

Aber wie wenig man auch des Staates eingedenk blieb, hinsichts des Herrschers desselben und seiner Familie war dies nicht der Fall. Man kann sagen, daß er, gleich als wäre er Herrscher eines echt verfassungsmäßigen Landes gewesen, über der politischen Diskussion stand. Keiner der Fehler, welche das Vaterland vernichteten, wurde ihm zugeschrieben. Er erschien dem Volke als ein verehrter, beklagenswerter Genosse desselben, mit ihm in den Abgrund gezogen durch die Täuschungen gewissenloser, durch die Fehler unfähiger Ratgeber, durch die Selbstüberschätzung untüchtig gewordener Feldherren. Und so wie er der Höchste im Staate gewesen war, um so tiefer und zerschmetternder wurde sein Fall erachtet, um so mehr er der Teilnahme werter als der Niederste im Volke, wie dieser auch unter dem Drucke des Feindes zermalmt werden mochte.

Es waren die persönlichen Eigenschaften der Mitglieder des Königshauses bis zu ihrer äußeren Erscheinung hin, die letztere namentlich für die sinnlichen Eindrücken so hingegebenen Massen kein unwesentliches Moment, sowie ihr schönes Familienleben, die ihnen die Liebe und die Verehrung des Volkes zugewendet hatten. Der König, von hoher imposanter Gestalt und edelster Haltung, der Gesichtsschnitt regelmäßig bis zu der Grenze hin, mit deren Überschreitung der Kopf des Mannes aufhört, den Eindruck männlicher Schönheit zu machen – man konnte dies aufs schlagendste bestätigt finden, als man ihn im Jahre 1805 neben dem schöneren Kaiser Alexander sah –, das klare blaue Auge von ernstem, doch nicht hartem Ausdruck, galt als Herrscher für einen höchst gerechten Mann, mit dessen Wissen und Willen auch dem Geringsten der Untertanen niemals ein Unrecht zugefügt wurde, als Gatte und Familienvater für musterhaft, letzteres bis zu dem Grade, daß er auch ein sehr genauer Haushälter war. Die Königin – nun eben unbeschreibbar. Man muß sie gesehn haben. Ich kenne selbst kein Bildnis von ihr, welches ich, wenn auch nur annähernd, ähnlich nennen möchte. Zum großen Teil mag dies wohl darin liegen, daß die Schönheit ihres Kopfes nicht hauptsächlich auf den Formen beruhte. Ihr Gesicht mochte im Verhältnis zu der Länge um ein wie auch weniges zu breit sein, so daß man dem Kopfe nicht ein vollkommen schönes Oval nachrühmen konnte. Aber der Teint war der zarteste und feinste, den man sich denken kann, das schöne blaue Auge das mildeste, ihr Lächeln, welches zwei liebliche

Grübchen auf ihren Wangen erzeugte, das holdseligste. Und nun die hohe majestätische Gestalt! Sie war zur Königin geboren. Aber der Verein von Lieblichkeit und Majestät war es, der sie über alle andere Fürstinnen hervorragend machte. Und damit ihr nichts fehle, was zu staunender Bewunderung hinzureißen geeignet war, war ihre Sprache Musik. Ich habe nie wieder einen so zauberischen Ton der Sprechstimme gehört als etwa bei der großen Schauspielerin Unzelmann, später Bethmann, welche aber auch ihrem Organe einen Teil ihrer großen Erfolge verdankte.

Daß die Königin, wenn sie bei irgendeiner feierlichen Gelegenheit im Glanz ihrer hohen Stellung öffentlich erschien, in einem seltenen Vereine Holdseligkeit mit Hoheit und Würde verband, ergibt sich nach dem Gesagten von selbst. Aber in welcher Eigenschaft sie auch sonst auftreten mochte, alles stand ihr aufs trefflichste an. Ich habe sie, ich glaube es war im Jahre 1805, an der Spitze eines Regiments Towarczys (unseren jetzigen Ulanen ähnlich), welches sie in Berlin hineinführte, im Reitkleide und in den Farben des Regiments hoch zu Rosse gesehn, ich habe sie im Königlichen Schlosse im antiken Kostüm mit einem großen Gefolge von Persern und Griechen als Statira – an ihrer Seite Prinz Heinrich von Preußen als Alexander – vor mir vorüberschreiten sehn, um sich zu einem Ball im Kostüm im Königlichen Schauspielhause zu begeben, – hier wie dort hätte man sich keine schönere und angemessenere Gestalt und Haltung denken können. Ohne es zu beabsichtigen, denn der Glanz ihres Kostüms war für eine Königin, die eine Königstochter darstellte, bescheiden zu nennen, überstrahlte sie bei der letzteren Gelegenheit weit alle anderen Damen, und der preußische Hof war damals nicht arm an hervorragenden Schönheiten. Viele der Zeitgenossen, denen das Glück des Anblicks dieser ebenso glänzenden als wohltuenden Erscheinung nicht mehr zuteil wurde, kennen doch die edle fürstliche Haltung der Prinzessin Marianne, Gemahlin des Prinzen Wilhelm, welche sich in den Kriegsjahren ein so unzerstörbares Denkmal in den Herzen aller Preußen gesetzt hat. Nun, diese Prinzessin, heute ein Muster schöner Fürstlichkeit auch in ihrer äußeren Erscheinung, machte – und ich übertreibe nicht, denn ich gebe nur die allgemeine Stimme jener Zeit wieder – neben der Königin gesehn, den Eindruck eines hübschen Landfräuleins, in solchem Maße verdunkelte die glänzende Erscheinung dieser alle Frauen, welche sich neben ihr bewegten. Aber durch ihre Milde wirkte sie auch bildend und zu sich emporziehend, und an ihrem hohen Anstande und ihrer anmutigen Sitte erhob sich denn auch die junge bildungsfähige Prinzessin ihrerseits äußerlich und innerlich zu der wieder mustergültigen Höhe, auf welcher wir sie jetzt kennen.

Dabei wußte, wie gesagt, das Volk das Familienleben in dem Königshause mustergültig, und weniges ist geeigneter, die Achtung vor den Herrschern in den Untertanen zu festigen. – Das öffentliche Auftreten war ebenso würdig als fern von steifer Etikette. Im Sommer bewegte sich die königliche Familie an den Sonntagen nach der Tafel im Schloßgarten zu Charlottenburg, wo die Musikcorps der in Berlin garnisonierten Regimenter alsdann spielten, frei und zwanglos, freundlich nach allen Seiten grüßend, unter dem Volke, dessen Haltung eben deshalb eine um so achtungsvollere war. Die der Umgebung des Königs und der Königin bewies, daß hier nicht ein hochfahrender Alleinherrscher walte; sie war nicht, gleich der der Hofleute an viel kleineren deutschen Höfen, eine sklavische. Man sah, daß die Kavaliere und Damen, auch in den Zeiten, wo sie bei dem Königspaare diensttuend waren, sich nicht in der Notwendigkeit befanden, ihre Geltung als Menschen aufzugeben. – Wie anders hatte sich mir das Gebaren des sächsischen Hofes dargestellt, als ich mich im Jahre 1799 eine Zeit hindurch in Dresden aufhielt!

Ich stand dort an einem Sonntage mit vielen anderen Schaulustigen nach der Musik in der katholischen Kirche in einem Gange, welcher nach den Gemächern der kurfürstlichen Familie führte und daher von dieser auf dem Rückwege von der Kirche passiert werden mußte. Mit gespreizten Schritten und wichtigen Mienen gingen Kammerherren und andere Hofdienerschaft in Erwartung der hohen Herrschaften in dem Gange auf und ab; hin und wieder schien ein leises Kopfnicken, aber ein sehr leises, alten Bekannten beweisen zu sollen, daß man auch hier und in so wichtiger Funktion noch gnädigst einige Notiz von ihnen nehme. Sobald aber der Zug der Herrschaften ankam, welchem diese Herren nun voranschritten, wurden sie bis zur Lächerlichkeit ernst und gemessen. Diesen selbst eröffneten zwei riesige gemästete Gardisten, Kammertürken genannt. Es wurden nämlich stets zwei der größten Leute aus der Garde ausgesucht, die vermittelst ihnen in Menge gereichter sehr nahrhafter Speisen fett gemacht wurden, während man sie zugleich auf das möglichst kleinste Maß körperliche Bewegung beschränkte, und denen, wenn sie den erforderlichen vorschriftsmäßigen Umfang erreicht hatten, um als respektable Kammertürken figurieren zu können, das türkische Kostüm angetan ward. Ihnen folgten zunächst nun jene Kammerherren, dann kamen die Fürstlichkeiten in geordnetem Zuge, Hofpersonal beider Geschlechter beschloß. Die Gemessenheit der Schritte, die Steifheit der Haltung, der Stolz in jeder kleinsten Gebärde, die geschmacklose altmodige Toilette der Damen versetzten mich um ein Jahrhundert zurück. Daß die Fürstlichkeiten Zuschauer gegrüßt oder auch nur eine Miene zur Freundlichkeit verzogen hätten, davon war nicht die Rede, dennoch aber unterließen sie, feierlich langsam vorüberziehend, nicht, jeden Fremden, und es fehlte ihnen nicht, einen jeden derselben unter den Einheimischen herauszufinden, mit diesen impassiblen Gesichtern vom Kopf bis zu den Füßen zu mustern. – Welcher Kontrast gegen das, was wir in Berlin zu sehn gewohnt waren!

Bei so großer Anhänglichkeit an das Königshaus und so geringer an den zerfallenden Staat fühlte man eigentlich die Schläge, welche den letzteren noch fortdauernd bis zur fast gänzlichen Vernichtung trafen, nur im Reflex der Wirkungen, welche sie auf das Herz des Königs und der Königin üben mußten. Niederlagen großer Heere ohne vorangegangene Kämpfe, Verlust der stärksten Festungen, die ohne Belagerung fielen, und

ALLES DIES TRAF DAS HERZ DES VOLKES SCHMERZLICH, WEIL ES DAS DES KÖNIGSPAARS ZERREISSEN MUSSTE

später Schlachten, mit ebensoviel Tapferkeit und heroischer Aufopferung als Erfolglosigkeit geschlagen, bis hin zu den Demütigungen in Tilsit und der willig angenommenen Bereicherung des Bundesgenossen aus der Beute, welche der Sieger dem unglücklichen Preußen abgenommen hatte – alles dies traf das Herz des Volkes schmerzlich, weil es das des Königspaars zerreißen mußte. Hatten doch schon rein persönliche Begegnisse der Mitglieder des Königshauses die lebhafteste Teilnahme erregt, wie die Hast der Flucht im Oktober 1806, welche ihnen nicht gestattete, auch nur die für ihre Personen nötigsten Bedürfnisse mitzunehmen, mehr noch das traurige Ereignis, daß der Prinzessin Wilhelm ihr erstgeborner Sohn, bis dahin ihr einziges Kind, unterweges starb und sie nun auf dieser überstürzten Flucht seinen Leichnam, den sie nicht auf einem Boden zurücklassen mochte, welcher bald nicht heimischer mehr zu sein drohte, beinah zwei Tage im Wagen in ihren Armen tragen mußte. Selbst ein rein materieller Verlust des Königs erregte schon deshalb großes Bedauern, weil man darin ein Zeichen der Unermüdlichkeit des Geschicks in der Heimsuchung des Monarchen finden wollte. Die Pretiosen des Königs von hohem Wert, denn es befanden sich darunter seine sämtlichen Orden und die Achselbänder und Epauletten seiner verschiedenen Uniformen in Brillanten, waren, ich weiß nicht, ob vor Beginn des Krieges oder nach der Schlacht bei Jena, nach der Hauptstadt eines neutralen Staates, nach Kopenhagen, geschickt worden, weil sie dort völlig sicher geglaubt werden durften. Aber im September 1807 ward dieser neutrale Staat von den Engländern plötzlich angegriffen, Kopenhagen ward von ihnen bombardiert, und durch den infolge des Bombardements entstandenen Brand der Zollhäuser ging auch die dort niedergelegte, jene Kostbarkeiten enthaltende Kiste verloren.

Bei solcher Stimmung im Volke waren der verachtende Ton, in welchem die französischen Blätter, und namentlich das offizielle Reichsblatt, der ›Moniteur‹, von dem Könige sprachen, und die böslichen Verleumdungen der Königin, welche sie enthielten, das, was in Preußen zuerst einen Haß und eine Erbitterung gegen Napoleon erweckte, die bei der anderweit in politischer Hinsicht herrschenden Apathie wahrscheinlich sonst lange noch geschlafen hätten. Aber der französische ›Moniteur‹ wie die anderen französischen Blätter kamen doch nur wenigen in Preußen zu Gesicht, und so trug man denn französischerseits in ebenso übermütiger als unkluger Weise Sorge dafür, daß diese Verunglimpfungen eines geliebten Herrscherhauses zur Kunde auch des Geringsten im Volke gelangten. Ein offiziöses, in Berlin in französischer und deutscher Sprache erscheinendes Blatt, der ›Telegraph‹, welchem auch von allen hiesigen Blättern durch das französische Gouvernement die frühesten Nachrichten vom Kriegsschauplatze zukamen, irre ich nicht, fast unmittelbar nach dem Einrücken der Franzosen in Berlin gegründet, redigiert von einem früher schon übelberufenen Subjekte, einem gewissen Lange – ich freue mich hinzufügen zu können, kein Preuße, sondern ein Braunschweiger –, wurde bestimmt, diese Unbilden nicht nur bei uns zu verbreiten, sondern zu verbreitern, und das letztere vermittelst Zusätzen von einem empörenden Zynismus.

Aber der erwachte Haß gegen Napoleon tat der ruhigen Ergebung in das für zweifellos erachtete Geschick, mit dem ganzen übrigen Europa, sei es mittelbar oder unmittelbar, seiner Herrschaft unterworfen zu werden, noch immer keinen Eintrag. Und diese Ergebung wie der Glaube an diese vorherbestimmte welthistorische Mission des Kaisers trugen etwas von einem religiösen Charakter, so daß es dem in jener Zeit sonst nicht allzu bibelgläubigen Volke gewissermaßen zu einer Beruhigung, weil zur Bestärkung in seinem apathischen Verhalten, diente, als irgendein Grübler auf Kap. 9, V. 7 bis 11 der Apokalypse aufmerksam machte. Da wurde denn ohne weitere philologische Bedenklichkeit, bloß auf Grund einiger Homotonie, der König Apollyon, der Engel aus dem Abgrunde, für den Kaiser Napoleon erklärt, und seine Untertanen, die menschenpeinigenden Heuschrecken, mit ihren menschengleichen Antlitzen, ihren Panzern wie eiserne Panzer, ihrer Kopfbekleidung wie Kronen dem Golde gleich, ihren Schwingen gleich den Skorpionen, konnten ja wohl gar nichts anderes sein als seine Soldaten, namentlich die bepanzerten Kürassiere und die Dragoner mit ihren glänzenden metallenen Helmen, von denen, wenn auch nicht Skorpionen, doch Roßschweife herabhingen. Aber auch die Besten und Bedeutendsten kannten doch kaum noch ein anderes Gefühl als das der Ergebung, keine andere Tat als stilles Dulden. »Jetzt ist nichts zu tun, als zu leiden, und zu retten, wo zu retten ist«, schrieb mir noch im November 1807 Wilhelm von Humboldt aus Rom.

Unsere geselligen Kreise waren aufgelöst. Ein Teil ihrer Mitglieder war nach allen Winden hin zerstreut. Von den Zurückgebliebenen hatten bei der materiellen Not der Zeit, welche vorzugsweise die höheren Stände traf, wenige die Mittel, und diejenigen, welche die Mittel hatten, nicht die Stimmung, um jetzt Gesellschaft bei sich zu sehn. Nur eine meiner Freundinnen machte hierin eine Ausnahme, anfangs fast notgedrungen, später nicht ohne eigene Befriedigung. Es war dies die treffliche Madame Levy. Früh schon Gattin, und damals schon seit mehren Jahren Witwe eines der ersten Bankiers Berlins, hatten die ausgedehnten auswärtigen Verbindungen ihres Gatten es mit sich gebracht, daß ihr Haus der Sammelplatz ausgezeichneter Fremder der verschiedensten Nationen wurde, welche sich kürzere oder längere Zeit in Berlin aufhielten, und dieser Umstand hatte die Unterhaltung in französischer Sprache in demselben einigermaßen zu einer Notwendigkeit gemacht, welcher die eigene Neigung der Wirtin, die in dem reichen väterlichen Hause der damaligen Sitte gemäß ihre Erziehung sehr nach französischem Zuschnitte erhalten und ihren Geist früh schon meist durch französische Literatur genährt hatte, sich keineswegs widerstrebend fügte. Bignon, der sich oft und gern in unseren Kreisen bewegt hatte, als er französischer Gesandter in Berlin war, und der nun nach kurzer Frist in einer von seiner früheren sehr verschiedenen Mission, nämlich zur Administration der Finanzen in den von den Franzosen besetzten Provinzen Preußens, dahin zurückgekehrt war, suchte bald wieder das gastliche und angenehme Haus der Freundin auf und ersetzte den Teil der deutschen Gesellschaft, welchen er nicht wieder vorfand, durch die Creme der Franzosen, namentlich von der Verwaltung, welche der Krieg nach Berlin geführt hatte. Es ist nicht zu leugnen, daß, wenn man die betrübenden Ereignisse auf Augenblicke vergessen konnte, welche diese Fremden nach der Hauptstadt Preußens geführt hatten, man sich in angenehmer, liebenswürdiger Gesellschaft fühlte und manchen Anlaß zu Vergleichen mit dem unfreundlichen hochfahrenden Wesen der Mehrzahl früherer preußischer Beamten hatte, die sich doch kaum an Kenntnissen und sicher nicht an Verwaltungstalent mit diesen meist noch sehr jungen Leuten messen konnten. Ich darf es aber auch, selbst auf Gefahr, ruhmredig zu erscheinen, aussprechen, daß sogar ein Grund des Patriotismus bestimmend sein konnte, sich von diesen Gesellschaften nicht zurückzuziehen. Bewies sich die für das Land so wichtige Verwaltung Bignons, wenn nicht der unbeugsame Wille seines despotischen Herrn dem zuzeiten entgegenstand, als eine den Verhältnissen nach möglichst milde und humane, so darf man es zum großen Teil seiner Hinneigung zu den geselligen Kreisen Berlins zuschreiben, unter denen die unseren zur Zeit seiner Gesandtschaft in dieser Stadt, und die im Hause der Freundin jetzt, keinen unwesentlichen Platz einnahmen und die eine der ganzen Stadt, und vielleicht bis über die Grenze Berlins und selbst Preußens hinaus für Deutschland überhaupt, günstige Gesinnung zur Folge hatte. Aber wir hatten öfter Anlaß zu bemerken, daß nicht minder die jetzt in unseren

Kreis eingeführten Franzosen in ihrem amtlichen Verkehr mit den Eingebornen sich freundlich und human erwiesen.

Der Tilsiter Friede war im Juli 1807 geschlossen worden. Dem Namen nach blieb ein Preußen bestehn. Auch hatte das Haus Hohenzollern nicht »aufgehört zu regieren«. Aber ob in Wirklichkeit ein Preußen bestand, ob in der Tat König Friedrich Wilhelm III. imstande war, in diesem Preußen seine volle Macht als Souverän auszuüben, konnte bei den Bedingungen jenes Friedens allerdings zweifelhaft bleiben.

Aber schon an die Möglichkeit davon sah man im Winter von 1807 zu 1808 den ersten schüchternen Versuch eines kleinen Anlaufs zu einiger, wenn auch nicht direkt preußischen, doch als zum Übergange zu dieser geeignet, deutschen Gesinnung sich knüpfen, doch so schlau vermummt, daß kein französischer Spion herausfinden konnte, was eigentlich unter der Maske stekke, so unschädlich, daß kein französisches Kriegsgericht den Pfiffikus, wenn trotz aller Vorsicht aus seiner Verhüllung ausgeschält, bestrafen konnte; eine Art Opposition, ganz wie sie nach der feigen Apathie, welche bis dahin geherrscht hatte, eben allein möglich war. Die gebildeteren Klassen legten nämlich ohne alle Ostentation, still, vorsichtig, die französische Literatur beiseite und griffen zur deutschen. Aber zu welcher? Darin steckte wieder eine Feinheit. Zur altdeutschen, als der, welche man – damals – von allen romanischen Einflüssen frei glauben durfte. Noch war von derselben wenig publiziert, was dem größeren Publikum zugänglich gewesen wäre. Tiecks ›Minnelieder aus dem schwäbischen Zeitalter‹, die soeben sehr gelegen erschienenen ›Deutschen Gedichte des Mittelalters‹, von von der Hagen und Büsching herausgegeben, und eine Übertragung des ›Nibelungenliedes‹ von von der Hagen bildeten ungefähr das zugängliche Material, und man nahm nicht Anstand, in kleinen vertrauten Kreisen – größere gab es keine – Kraft, Innigkeit, Minnigkeit, Ritterlichkeit, Gemütlichkeit und Tiefe der Altvordern mit derjenigen gemäßigten Ekstase zu bewundern, welcher eine Zeit, zu welcher die Wände noch einige Ohren mehr hatten als gewöhnlich, als die allein unbedenkliche erschien.

Doch man erhob sich bald zu etwas größerem Mut. Als im Winter von 1807 zu 1808 Dreher und Schütz ihr Marionetten-Theater in Berlin aufschlugen und man sich entsann, daß die Stücke, welche sie darstellten, alten deutschen Sagen entnommen waren, fingen die gebildeten Stände, welche bis dahin durch den Besuch von »Puppenspielen« ihrer Würde etwas zu vergeben geglaubt hätten, an, sich zahlreich bei diesen Vorstellungen einzufinden, mit kühner Nichtachtung der Gefahr, daß die fremden Gäste, welche sich ebenfalls, freilich nicht so heiligen Ernstes, sondern frivolen Spaßes wegen, dabei einstellten, diesen zahlreichen Besuch auffallend finden könnten.

Die Verschiedenheit der Intentionen der Zuschauer rief aber in der Tat mitunter Reibungen hervor, und ich wurde durch eine solche einmal tiefer und unangenehmer affiziert, als es der Zweck des Besuches dieses Theaters wert war. Ich wohnte nämlich einst in Begleitung Varnhagens der Vorstellung des ›Faust‹ bei, für uns die bedeutungsvolle alte deutsche Sage, nach einem volkstümlichen, in unvordenklichen Zeiten nach mündlichen Überlieferungen zusammengestellten Text, welchen damals nur diese glücklichen Dreher und Schütz besaßen, dargestellt, für die Franzosen Puppenkomödie mit Hanswurst und daher von ihnen nach Belieben durch laute Unterhaltung, Lachen, ja sogar, o Greuel! durch bessere oder schlechtere Witze unterbrochen, welche den achtenswerten Darstellern bei irgendeiner nicht menschenmöglichen oder doch sehr unglaublichen Bewegung

SIE SPRACHEN DEM ALTEN STAATE
DAS TODESURTEIL UND REINIGTEN DAMIT
DAS VOLK VOR SICH SELBER

ihrerseits zugerufen wurden. Darob unterließen wir denn nicht, gebührend ergrimmt zu sein, ich, versteht sich, still in mich hinein, mein Begleiter seinem Ärger durch wiederholtes lautes ›Silence!‹-Rufen Luft machend. Damit begann denn, wenn auch nicht die Stille, doch die Ernsthaftigkeit der Franzosen. Zu meinem nicht geringen Schreck rief ein französischer Offizier während des nächsten Zwischenaktes Varnhagen beiseite, und man wechselte Karten oder gab sich gegenseitig seinen Namen an. Andere Offiziere aber folgten uns noch beim Nachhausegehn und gaben durch wenig angenehme Reden kund, wie sehr sie sich beleidigt fühlten, öfter dabei versichernd, daß nur meine Anwesenheit noch stärkeren Äußerungen Schweigen gebiete. – Ich verbrachte eine peinvolle Nacht und atmete erst frei auf, als ich erfuhr, daß am nächsten Tage die fatale Sache infolge gegenseitiger, durch Sekundanten vermittelter Erklärungen ausgeglichen worden war. Der Varnhagens war, wie ich mich erinnere, der nachherige Geheime Justizrat Reinhard.

Aber diese nichtssagenden Plänkeleien waren doch, der Zeit nach wenigstens, die Vorläufer eines sehr ernsten Umschwungs in der Gesinnung des ganzen preußischen Volks. Er konnte in seiner Plötzlichkeit dem Beobachter fast wunderbar erscheinen und beruhte doch auf den natürlichsten Gründen. Steins Edikt vom Oktober 1807 und die Städteordnung vom folgenden Jahre waren es, welche, sobald nur ihre ganze Bedeutung dem Volke völlig klargeworden war und sie immer mehr zur Ausführung kamen, dieses anscheinende Wunder bewirkt hatten. Sie sprachen dem alten Staate das Todesurteil und reinigten damit das Volk vor sich selber, indem sie seiner bisherigen Apathie, in welcher es doch hin und wieder von einem unbehaglichen Gefühl mindestens seiner Pietätlosigkeit beschlichen worden war, zur Rechtfertigung dienten. Aber, was die Hauptsache war, sie stellten dem Volke in dem neuen Staate, welchen sie schufen, ein neues würdiges Objekt der Vaterlandsliebe hin. In diesem Staate gab es keine einen der nützlichsten und wesentlichsten Stände daniederhaltende und verdumpfende Hörigkeit mehr, in ihm kam den städtischen Gemeinden das Recht zu, durch selbstgewählte Delegierte über das, was die gemeinsamen Interessen betraf, zu beraten, in ihm war keiner seiner Bürger mehr an der möglichst freien Entfaltung und Nutzbarmachung seiner Kräfte gehindert, in ihm gab es keine Pflichten mehr, denen nicht Rechte gegenüberstanden. Und ich darf behaupten, daß mit der Gründung dieses neuen Staates auch die Pietät gegen den alten zurückkehrte. Freudige Hoffnungen auf die Zukunft stimmten mild gegen jene Fehler der Vergangenheit, welche den gegenwärtigen Druck verschuldeten, und die glänzenden Momente der früheren vaterländischen Geschichte fingen wieder an zu leuchten und zu dem Vertrauen zu erheben, daß die Taten, welche unter einem für jene Epoche zeitgemäßen Regierungssysteme möglich gewesen waren, unter einem jetzt zeitgemäßen wieder möglich sein, ja vielleicht überboten werden würden.

Und dieser Staat sollte noch ferner unter einer Fremdherrschaft erseufzen, deren Druck zu ertragen sein mochte, solange er nur das materielle Wohl gefährdete, jedoch jetzt unleidlich wurde, wo zu befürchten stand, daß er alle neue verheißende Blüten von höherem Werte vernichtete, bevor sie zu Früchten heranzureifen vermocht hatten? – Mit diesem Gedanken war der Haß gegen die fremden Unterdrücker geboren. Nicht Individuen mehr, die sich nach Umständen mit Individuen eines feindlichen Heeres sogar befreunden konnten, standen von nun an einander gegenüber, ein unterdrücktes Volk seinen Unterdrückern.

Der zweite Gedanke, daß das neuerworbene Gut nur vermittelst eines heißen blutigen Kampfes erhalten werden konnte, war von nun an nicht zu umgehn. Aber er hatte, dank den Heereseinrichtungen des neuen Staates, nichts Abschreckendes mehr. Die Zeit war vorüber, wo jeder schlichte Bauersmann, jeder redliche Bürger der kantonpflichtigen Städte fürchten durfte, statt seines wohlgearteten Sohnes nach Ablauf der Militärzeit desselben ein vermittelst der Genossenschaft mit jenen, meist verlorenen, Subjekten von Ausländern, durch welche teilweise das preußische Heer rekrutiert ward, ein bodenlos verderbtes, durch Stockprügel gänzlich entwürdigtes Familienglied bei sich aufnehmen zu müssen; wo ich und viele meiner Freundinnen zur Revuezeit während der Appellstunden nur notgedrungen über die Straße gingen, um nicht durch den widerwärtigen Anblick von Strafvollstreckungen an Soldaten, oft schon von vorgerückten Jahren, angeekelt zu werden, welche, vielleicht wegen einer jedem Laien unbemerkbaren Vernachlässigung ihres Zopfes, auf Befehl eines fünfzehn- oder sechzehnjährigen Lieutenants ausgeprügelt wurden, wobei ihnen denn ein unwillkürlicher Schmerzenslaut zu einem neuen prügelwürdigen Vergehen wurde; wo – es war kurz vor 1806 – der Familie eines reichen Berliner Kaufmanns, dessen Gattin in ihrer Sommerwohnung in Charlottenburg von ihrer Niederkunft mit einem Sohne überrascht wurde, der nun kantonpflichtig war – Berlin war es nicht –, zu der Geburt des neuen, der trübsten Zukunft anheimgefallenen Ankömmlings fast Beileid bezeugt wurde. Jetzt begann das Volk das Heer als eine Schule nicht nur für den zu erwartenden Krieg, sondern auch für das Leben zu betrachten. – Erwägt man nun noch, daß in dem Maße, als der Gedanke an einen Befreiungskampf auftauchte, der an die Unbesiegbarkeit des bisher unbesiegten, ja neuerdings gegen Österreich sogar wieder siegreichen, Feldherrn als unstatthaft in den Hintergrund gedrängt werden mußte, so wird man es begreiflich finden, daß ich bei meiner Rückkehr aus Rügen im Mai 1809 eine gegen die frühere, mir so schmerzlich gewordene, sehr gehobene Stimmung vorfand.

Und versichern darf ich mit vollster Überzeugung, daß der Kriegszug Schills trotz seines unglücklichen Ausgangs, und zum Teil vielleicht eben deshalb, wesentlich zu dieser beigetragen hatte. Er war eine Tat, die erste unter der neuen Ordnung der Dinge, und sie hatte vollgültig bewiesen, daß es in Preußen jetzt Männer gab, welche für ihren König und das Vaterland sogar unter Umständen alles aufzuopfern bereit waren, die es als möglich erscheinen ließen, daß dieser König selbst sie verleugnen, ja für ihre Hingebung strafen mußte; und dazu gehörte mehr und Höheres als Heldenmut. Und dieser Fall trat ein, mußte bei den politischen Verhältnissen der Zeit eintreten. Aber diese drückten nach solchen Vorgängen um so unerträglicher und stachelten zu gesteigerten Anstrengungen, sie zu beseitigen. Ein besserer Erfolg, wie er jedoch bei der Wendung, welchen der Krieg zwischen Frankreich und Österreich inzwischen genommen hatte, freilich kaum möglich war, hätte keine für die Sache des Vaterlandes heilsamere Wirkung üben können, und die Strafen, welche der fremde Unterdrücker über die Gefangenen verhängte, namentlich die Verurteilung vieler derselben zu der entehrenden Galeerenstrafe, stachelten bis zu derjenigen Erbitterung gegen ihn auf, welche er vier Jahre später so unheilvoll für ihn zu empfinden hatte.

Die große Volkstümlichkeit Schills ist dabei in Betracht zu ziehen. Er war der Held des neuen Preußen. Er war kein Stern solcher Größe, daß er nicht im Glanze eines glücklichen Krieges verdunkelt worden wäre, aber aus dem Dunkel des jüngst geführten strahlte er leuchtend hervor. Einem siegreichen großen Feldherrn gleich war er in Berlin empfangen worden, und zeigte er sich in den Straßen, so war der stattliche, ernst aussehende Mann mit dem etwas vollen, nach unten jedoch in ein schönes Oval ausgehenden Gesichte, der sanft gebogenen Nase, dem braunen, etwas schwärmerisch blickenden Auge, dem auf der Stirn gescheitelten Haar von gleicher Farbe, dessen Arrangement den jungen Berlinern, ja selbst vielen Damen auf längere Zeit zum Vorbilde ihrer Coiffure diente, ein Gegenstand allgemeiner achtungsvollster Aufmerksamkeit. Der Volksglaube ließ ihn sogar sich aus Stralsund retten, um am Tage der blutigen Entgeltung den vaterländischen Heerscharen voranzuziehn.

Den angeregten, dem Vaterlande Heil verkündenden Ideen einen bewußtvollen geistigen, den Gefühlen einen sittlichen Halt zu geben, und dadurch zugleich die nicht zu unterdrückende Leidenschaftlichkeit zu veredeln, konnte nichts förderlicher sein als die um diese Zeit ins Leben getretene Berliner Universität. Der Glücksstern Preußens – ich glaube nicht zu übertreiben, indem ich mich so ausdrücke – wollte es, daß die Lehrer, welche dahin berufen worden waren, nicht bloß Notabilitäten in ihren Fächern, sondern Männer von der tüchtigsten Gesinnung waren, daß ihr Herz nicht minder deutsch war als ihr Geist und ihre Wissenschaft. Ich wüßte kaum einen, der nicht die Aufgabe, die er sich in dieser Zeit sowohl auf dem Katheder als für sein sonstiges Wirken zu stellen hatte, vollkommen erkannt hätte. In einem Staate, in welchem so vieles faul gewesen war, konnte ein patriotischer Aufschwung allein die Bürger desselben nicht alsbald mit der nachhaltigen Kraft gehoben haben, die sich auch nach Erreichung des nächstliegenden Zweckes erhielt und ausreichend war, den verheißenen Neubau des Staates zu festigen und ihn mit einem würdigen Inhalt zu erfüllen. »Die geistige und sittliche Regeneration des Volkes« ward das Losungswort, welches mehr oder minder bestimmt und laut ausgesprochen ward, von Schleiermacher schon um etwa ein Jahr früher, als er, zuerst nur als Prediger an der Dreifaltigkeitskirche, nach Berlin kam.

Daß jeder von seinem Standpunkte aus und durch die Mittel, welche ihm sein Beruf bot, auf eben dieses Ziel hinwirke, war auch der Zweck des Tugendbundes, der sich damals von der Provinz Preußen aus auch nach unsern Gegenden zu verbreiten anfing. Da jedoch jeder, der sich in diesen Bund aufnehmen ließ, entsprechende Gesinnung und entsprechendes Streben schon hinzubringen mußte, wenn er überhaupt ein förderlicher Erwerb für den Bund sein wollte, so hat dieser Bund als solcher eigentlich wohl nie wesentlich genützt. Es war der stille Bund der Herzen und Geister seiner Mitglieder, welcher die Frucht trug, und diesen konnte Napoleon nicht vernichten, als er den Befehl des Königs zur Aufhebung des formalen Bundes durch das Gewicht seines Willens erzwang. – Auch Schleiermacher schrieb dem Bunde selbst nie eine bedeutende Wirksamkeit zu.

Als mit der Rückkehr des Königs, und der mit ihr verbundenen Zurückverlegung des Sitzes der Regierung in die Hauptstadt des Reichs, noch eine Zahl wie durch Gesinnung so durch Wissen ausgezeichneter Beamten sich zu den Notabilitäten der Wissenschaft gesellte, welche die neugegründete Universität herbeizog, wurde Berlin in der Tat die Hauptstadt der Intelligenz und übte so einen mächtigen Einfluß auf die Provinzen, der durch die akademische Jugend, die das neue Institut aus allen Teilen des Reichs herbeigeführt hatte und welcher hier so reiche Nahrung für Geist und echt vaterländische Gesinnung geboten ward, nur noch gesteigert werden konnte. Die Gesellschaft bildete sich von neuem. Äußerlich durch Elemente, welche von denen der früheren nicht sehr abweichend erschienen, dem Wesen nach doch sehr abweichende. An die Stelle jener glänzenden, halb übermütigen, halb sentimentalen, halb leichtsinnigen, halb über jede ihrer eigenen Stimmungen sowie über die ihrer schönen und geistreichen Freundinnen grübelnden Militärs traten ernste kenntnisreiche, über die Rolle, welche ihnen in dem großen Drama zufallen mußte, dessen letzter Akt die Befreiung des Vaterlandes sein sollte, denkende Krieger; Beamte à la Gentz machten weniger geistreichen, aber um so gesinnungstüchtigeren Platz; auch die Frauen fingen an, den früheren Esprit mit Geist und Gesinnung zu vertauschen, und bemerkten, daß sie dadurch nicht an Geltung verloren; ästhetische Genüsse wurden bald heitere, bald anregende, bald sogar erhebende Begleiter der Gesellschaft, ohne wie früher die Herrschaft über diese zu beanspruchen, und zuletzt leitete meist alle Konversation unwiderstehlich auf die Hoffnung einer Machtstellung und Größe des Vaterlandes, wie sie auf den schönsten Blättern seiner früheren Geschichte verzeichnet waren, einer diesmal doppelt beglückenden Hoffnung, weil Macht und Größe dann nicht aus dem Durst nach Gewinn und Ruhm, sondern nach der Wiedererlangung der heiligsten Rechte eines Volkes hervorgegangen waren. Kurz, es war die Zeit der Hoffnungen, und diese Zeit bleibt stets die schönste, selbst dann noch, wenn ihnen ungekürzte Erfüllung ward. – Und kaum scheint mir für jene Zeit das Wort Hoffnungen das erschöpfende, man könnte von einem Glauben sprechen, einem Glauben, der den Charakter eines religiösen trug. So war denn auch das Jahr 1812 mit seinen für den Unterdrücker so verhängnisvollen Ereignissen in unseren Augen unverkennbar der Beginn eines Gottesgerichtes, in dessen weiterem Verfolg Preußen ein auserwähltes Werkzeug zu werden bestimmt war.

Zwei Augen sollten die Tage der Vergeltung für so manche schwere Unbill nicht mehr sehn. Es waren dies die so schönen der Königin. Man hat ihren frühen Tod wesentlich dem Schmerze über die Ereignisse, welche Preußen und seinen Thron so jäh von einer glänzenden Höhe herabstürzten, zuschreiben wollen. Ich kann diese Ansicht nicht teilen. Sicher empfand sie diesen Schmerz tief, aber ich glaube kaum, daß er in dem Maße in ihr mit Hoffnungslosigkeit gepaart war, um so vernichtend auf sie zu wirken. Daß sie die Hoffnungen auf Wiedererhebung des Vaterlandes, welche schon vor ihrem Ableben das Volk beseelten, nicht geteilt haben sollte, ist kaum anzunehmen. Den Verunglimpfungen und Kränkungen, die sie persönlich trafen, hatte sie die Macht eines reinen Gewissens entgegenzusetzen, und diese mußte durch die Überzeugung eines ganzen Volkes, wenn möglich, noch gekräftigt werden. Auch sprach ihr Äußeres nach ihrer Rückkehr nicht für einen so nagenden Schmerz. Man sah sie wieder in ungebeugter Haltung, in voller Entfaltung sommerlicher Schöne. Todesahnungen oder gar Todesgefühl umdüsterten ihren Sinn sicher nicht. Sie veranlaßte bald nach ihrer Rückkehr aus Preußen den Anbau an dem Königlichen Palais, welcher diesen jetzt mit dem sogenannten Prinzessinnen-Palais verbindet, um künftig die Erziehung ihrer Töchter, welche das letztere bewohnen sollten, besser beaufsichtigen zu können. Glänzende Hoffeste wie vor dem Kriege fanden nicht mehr statt, sie konnten kaum den Verhältnissen angemessen erscheinen. Aber den bescheideneren Festen, die wohl vorkamen, entzog sie sich nicht und gab sogar den Tanz nicht auf, welchen sie früher sehr geliebt hatte. Ich glaube mich zu erinnern, daß sie noch auf der Reise nach Hohen-Zieritz zu ihrem Vater, wo sie verschied, einen Ball annahm, welchen Offiziere eines Regiments, das in einem der Städte, welche sie passierte, lag, ihr anboten. – Verschiedene Berlinerinnen, denen größere oder geringere Sorgfalt, auf die Toilette verwendet, zum Kriterium für größere oder geringere Lust am Leben galt, bemerkten zwar mit einigem bedenklichen Kopfschütteln, daß die Königin, vor dem Kriege ein Muster in frischer und geschmackvoller Toilette, einen carmoisin Sammethut mit weißer Feder, in welchem sie im Dezember ihren Einzug in Berlin gehalten hatte, den ganzen Winter über trug, wenn sie öffentlich erschien, und daß der lilafarbne Atlas eines mit braunem Pelzwerk verbrämten Überrockes, in welchem sie sich oft zeigte, an einigen Stellen Miene machte zu verschießen. Ich meine jedoch, daß dem nicht allzu hohes Gewicht beizulegen ist. – Aber sei dem, wie ihm wolle, die Hiobspost von ihrem Tode, welcher kaum eine Nachricht von einer ernsten Erkrankung vorangegangen war, wirkte tief erschütternd. – In den Herzen der Preußen wird sie fortleben.

Ich erzähle nicht von den Zeiten der Freiheitskriege, und wie Mann und Weib, Alt und Jung, Arm und Reich seine Pflicht tat, und vielfach noch weit über diese hinaus, und mit welcher Freudigkeit. Die Geschichte weniger Völker dürfte von einer Epoche zu berichten haben, in welcher sich so schwungvolle Begeisterung mit so viel klarer Besonnenheit, so heldenmütige

---

ICH ERZÄHLE NICHT VON DEN ZEITEN
DER FREIHEITSKRIEGE, UND WIE
MANN UND WEIB, ALT UND JUNG,
ARM UND REICH SEINE PFLICHT TAT

Aufopferung mit so bescheidener Anspruchslosigkeit gepaart hätte. Und fast jeder der Zeitgenossen müßte das Gefühl haben, daß er diese letztere aufgebe, wollte er in die Einzelheiten dessen eingehn, was er damals mitwirkte und mitlitt. War ja doch auch der Lohn so groß, daß er über Mühen und Leiden hinaushob.

Andauern konnte eine so schöne, gesteigerte Stimmung nicht, das wäre mehr gewesen, als uns Sterblichen beschieden ist. Diesmal waren es die Federn der Diplomaten, welche es verstanden, sie in kurzem herabzudrücken. Blüchers Worte über diese waren aus den Herzen aller Einsichtigen gesprochen, und ihre Wahrheit war bald auch von dem ganzen Volke anerkannt. Groll nach verschiedenen Richtungen hin trübte die bis dahin so reine Freude und richtete sich in einem Volke, das großmütiger Regungen fähig ist, von neuem auch auf den besiegten und daniedergeworfenen Feind. Denn man hatte ihn auf dem Felde der Verhandlungen Siege erringen lassen, welche die Früchte der auf dem Schlachtfelde gegen ihn errungenen schmerzlich verkümmerten. Dies war, meiner Ansicht nach, der Hauptgrund, weshalb der Haß gegen Frankreich noch manches Jahr nach dem Frieden fortdauerte, und das wieder hervorgesuchte Wort »der Erbfeind« ward gehegt, weil es eine erwünschte Rechtfertigung für die Dauer der diesseitigen Abneigung bot. Ich kann mich selbst von solcher Stimmung nicht freisprechen. Noch mehre Jahre nach dem Kriege war mir eine Signora Mari, die ich damals in Florenz kennenlernte und welche zu Ende des vorigen

Jahrhunderts an der Spitze des Aretiner Landvolks in Gesellschaft ihres Mannes diese Stadt von den Franzosen befreit hatte, eben deshalb eine der interessantesten und von mir verehrtesten Persönlichkeiten.

Als ich, erfüllt von den Eindrücken, welche Natur und Kunst des schönen Italien in mir hinterlassen hatten, im September 1819 wieder in Berlin eintraf, fand ich freilich Zustände in Deutschland vor, wohlgeeignet, den Sinn von Frankreich abzulenken. Gleichzeitig mit mir waren die Karlsbader Beschlüsse in Berlin eingetroffen, und die Mainzer Kommission begann kurz darauf ihre Wirksamkeit. Eine einzige unselige, und, wie sich später erwies, gänzlich alleinstehende Tat, die Ermordung Kotzebues, und viele vielleicht bedrohlich klingende Worte, denen jedoch zu fürchtende Taten kaum je gefolgt wären, waren imstande, diejenigen, welche die Jünglinge und Männer, die auf einmal zu gefährlichen Staatsumwälzern geworden sein sollten, nicht näher kannten, eine Reihe von Jahren in dem Wahn zu erhalten, daß Deutschland auf einem Vulkan stehe, und eine schwüle, ängstigende Stimmung hervorzurufen, die leider vielen nur erwünscht sein konnte. Die letzteren waren aber solche, die in den schönen Tagen der Erhebung, und als es der furchtlosen Tat und der Selbstaufopferung bedurfte, um zu gelten, wenig oder nichts von sich hatten bemerken lassen, jetzt aber auf einem weniger gefahrdrohenden Wege den deutschen Fürsten und Völkern als Retter des Vaterlandes gelten wollten.

Manche Erwartungen und Hoffnungen, welche namentlich der Jugend in den Jahren der Befreiungskriege mächtige Impulse zu heroischen und erfolgreichen Taten gewesen waren, waren freilich bis dahin unerfüllt geblieben. Die Bedeutung der Mitwirkung des Volkes bei diesen Kriegen war verkleinert worden, ja man ging mitunter so weit, dem Bewußtsein derselben im Volke mit Hohn entgegenzutreten, und es hatte sich nach und nach dadurch eine Verstimmung erzeugt, welche, da man auf anderen Seiten sich nicht gänzlich dem Gefühle ihrer Berechtigung verschließen konnte, zu Befürchtungen Anlaß geben mochte. Aber wären diese auch begründet gewesen, die Maßregeln, welche man nun ergriff, waren nicht geeignet, sie zu mindern. Sie hat noch lange nachgetönt und sich zu Zeiten lauter vernehmlich gemacht als zu anderen, und wer könnte behaupten, daß sie schon gänzlich verklungen sei.

Mich persönlich mußte vieles, was ich damals Männern geschehn sah, deren früheres Wirken für die Sache des Vaterlandes, deren reinen, ja großartigen Sinn ich kannte, aufs schmerzlichste ergreifen, und um so schmerzlicher, als ich im Geleit dieser Ereignisse hie und da eine Entsittlichung sich kundgeben sah, von der ich glaubte, daß sie nach den letzten Kriegen, deren schönstes Ergebnis ich in einer Läuterung, ja Heiligung des deutschen Charakters gesehn hatte, das Gemüt keines Deutschen mehr beflecken könne. Spionage und Angeberei schlichen sich in vertraut geglaubte Kreise ein, und Schleiermacher wurde wegen einer in einem solchen über den König getanen Äußerung denunziert, welche, was die Sache betraf, ihn nicht gravieren konnte, der Form nach aber zu mißbilligen gewesen wäre, hätte er sie, was jedoch niemals geschehn wäre, öffentlich, nicht aber in einem vermeintlichen Freundeskreise getan. Ich kenne die Sache genau, da ich für Schleiermacher mehre sie betreffende Piecen zu seinen Akten kopierte. – Er wendete sich zuletzt mit einer offenen Auseinandersetzung des Sachverhältnisses an den König selbst.

Ich verweile nicht gern bei dieser Epoche. Ich habe während derselben Tage erlebt, die mir zu dem heißen Wunsche Anlaß gaben, sie nicht erlebt zu haben. Für eine wahrhaft fördernde Geselligkeit, wie man in den nächsten Jahren nach den Kriegen sich ihrer zu erfreuen hatte, wirkte sie, wenigstens nach meinen Ansichten von dem Zwecke gesellschaftlicher Zusammenkünfte, vernichtend. Es gab jetzt Stoffe der Unterhaltung, die man nur mit Mißstimmung auftauchen sehn konnte und über welche, waren sie nun einmal nicht zu beseitigen, ein großer Teil der Gesellschaft sich gar nicht, oder mit großer Zurückhaltung, oder mit geringer Wahrhaftigkeit äußerte, und war alles dies etwa nicht der Fall, so trat oft der unangenehmere ein: ein heißer Kampf entgegenstehender Ansichten und Überzeugungen, den niemals eine Einigung, höchstens eine oft sehr spät beachtete Rücksicht auf den übrigen Teil der Gesellschaft endete.

Die Wogen beruhigten sich nach einigen Jahren wieder, nachdem es sich zum Schmerze der einen und zur Genugtuung der anderen gezeigt hatte, daß das Kind des mit so vielem Geräusch kreißenden Berges doch im Grunde nur eine Maus gewesen war; die Oberfläche der Gesellschaft erschien wieder eben und glatt, ich konnte mich der Geselligkeit wieder erfreuen, bis die plötzlich hereinbrechenden Ereignisse des Jahres 1830 erwiesen, daß die Gärung dennoch in der Tiefe fortgewühlt hatte. Die Befürchtungen, und zwar diesmal ernstgemeinte, hatten sich jetzt freilich nach einer anderen Seite hin gewendet, und es wurden nun politische Fehler dort zugestanden, wo sie früher lebhaft bestritten oder doch vornehm ignoriert worden waren. Aber sowie die diesmaligen Befürchtungen sich teils als übertrieben, teils als völlig unbegründet erwiesen hatten, wendete sich das Blatt von neuem, und Äußerungen, welche den Fürchtenden entschlüpft waren, wurden von diesen tief bereut und offener oder versteckter zurückgenommen, was wieder von anderen Seiten mit einem Mißbehagen, das sich mehr oder minder ernst oder spöttisch äußerte, aufgenommen ward.

Der Riß, welcher dadurch der Gesellschaft zugefügt wurde, war nicht wie der frühere vorübergehend, er ist noch heute bemerkbar. Der offizielle Teil derselben ward, durch die gemachte Erfahrung gewitzigt, nicht bloß in seinen Äußerungen über Politik, sondern auch über viele andere Gegenstände zurückhaltend; teils, um nicht durch einen Kontrast Absichtlichkeit bemerkbar werden zu lassen, teils, um überhaupt nicht von den Strudeln des Gesprächs fortgerissen zu werden und so dennoch unversehens an eine der Klippen zu geraten, die man ängstlich zu vermeiden strebte. Es ist dadurch, Dank sei es der leidigen Politik, für jede nicht aus völlig homogenen Elementen bestehende Gesellschaft viel Geist und viel Liebenswürdigkeit verlorengegangen. Doch ist zuletzt dieser kleinere Verlust in der neuesten Zeit, wo der Bankerott der Gesellschaft, infolge von Parteiungen, die sich schroffer als je entgegenstehn, in meinen Augen ein erklärter ist, kaum noch bedauernswert. Und so gewährt mir diese Gesellschaft denn auch keine Freude mehr. Die Geselligkeit bin ich freilich nicht imstande aufzugeben, und würde mir auch den Willen dazu verübeln, doch nur in einem kleinen Kreise vertrauter Freunde fühle ich mich wohl!

Aber jetzt, da ich somit am Ziele meines Lebens in der Gesellschaft stehe, ist mein Blick, glaube ich, freier und geeigneter zur Umschau über die Wandelungen geworden, welche ich seit den frühen Jahren, in welchen ich in sie eintrat, mit ihr durchgemacht habe. Manches sie Betreffende habe ich schon erzählt. Ein erschöpfendes Bild davon zu geben würde für jeden schwierig sein. Es erfordete nicht bloß eine Darstellung der politischen

Ereignisse, sondern auch eine der geistigen und sittlichen Zustände eines langen Zeitraums, welche zugleich die aller Klassen umfaßte, denn von oben herab und, genau betrachtet, auch von unten hinauf hat die in der Mitte stehende eigentlich gute Gesellschaft notwendig Einwirkungen erleiden müssen. Fern sei es daher von mir, dies unternehmen zu wollen. Aber einige einigermaßen ergänzende Züge kann ich meinen bisherigen Mitteilungen wohl noch hinzufügen. Sie werden nach dem Gesagten jedoch nur ziemlich aphoristischer Natur sein können.

Die Gesellschaft war von der Zeit meines Eintritts in dieselbe bis etwa in das erste Jahrzehnt dieses Jahrhunderts hinein eine von der jetzigen in vielen Beziehungen wesentlich verschiedene. Ich habe in meinen bisherigen Mitteilungen manche der Momente berührt, welche diesen Unterschied zum Teil bedingen mußten. Man hat jene Gesellschaft in neuerer Zeit oft unsittlich genannt. Will man die Unsittlichkeit damit als einen der charakteristischen Züge der ganzen damaligen Gesellschaft bezeichnen, so muß ich den Vorwurf entschieden ablehnen. In betreff mancher, und zwar vielleicht ihrer geistig eminierendsten Mitglieder, mag er in einem Punkte nicht unbegründet sein, und möglicherweise hat im allgemeinen in dieser Beziehung damals eine etwas laxere Moral geherrscht als jetzt. Ich sage vielleicht. Denn ich sehe in der heutigen Gesellschaft so viel bewußte Unwahrheit und Heuchelei, daß jetzt vielleicht das nur mit dichten und trügenden Schleiern bedeckt wird, was damals nicht allzu ängstlich verheimlicht ward. Man verwechsele aber den letztem Umstand nicht etwa mit einem frechen Affichieren. Ein solches würde zu einem Schluß auf eine Gewohnheit der Unsittlichkeit berechtigen und auch die Sittlichkeit des übrigen Teils der Gesellschaft in nicht allzu günstigem Lichte erscheinen lassen. Der Grund lag anderswo. Während jetzt die Sinnlichkeit vielleicht wegen einer mit ihr verbundenen Roheit ängstlich nach Verborgenheit streben muß, war sie damals bei den wenigsten ohne ihr ästhetisches Moment, ja ich darf sagen, daß ich Fälle ernstlichster, tiefster und offen eingestandener Reue kenne, wenn sie sich einmal ohne diesen Begleiter geltend gemacht hatte. Die Sinnlichkeit war, wenn ich mich so ausdrücken darf, mit einer Art reinigenden Prinzips gemischt, welches zu verletzen man sich scheute, und die ›Lucinde‹ ist gewissermaßen aus der Idee dieses Verbandes hervorgegangen.

Daß ein solches Raffinement nicht sein Gefährliches gehabt hätte, bin ich ebensowenig willens zu behaupten, als ich überhaupt mit der Darstellung eines Sachverhältnisses eine Rechtfertigung beabsichtige. Es hat Selbsttäuschungen genug erzeugt, in deren Folge Objekten sinnlichen Verlangens oft Gaben des Geistes und Herzens beigelegt wurden, welche sie nicht besaßen, und diese Überschätzung ist später oft schmerzlich empfunden worden. – Eines jedoch darf ich mit Wahrheit behaupten: auf die anderweite Sittlichkeit und Ehrenhaftigkeit der großen Mehrzahl der Männer, welche diesen Verirrungen anheimfielen, sowie auf ihr emsiges und meist höchst erfolgreiches Streben, ihre geistige Begabung, sei es in ihnen äußerlich angewiesenem oder in selbstgewähltem Berufe, nützlich zu machen, haben sie keinen Einfluß geübt.

In Verbindung mit jenem Vorwurf der Unsittlichkeit ist noch ein anderer und anscheinend noch schwererer erhoben worden, welcher vorzugsweise, wenngleich nicht ausschließlich, die Mitglieder der damaligen sogenannten guten Gesellschaft Berlins traf. Die Bedeutung, ja die Heiligkeit des ehelichen Bundes sei mißachtet worden, tadelswürdige Verhältnisse Verehelichter seien nicht selten, und die Folge davon seien bedauerlich häufige Ehescheidungen gewesen. Die Wahrheit des Tatsächlichen der letzteren Behauptung ist nicht zu leugnen.

Doch auf eine Verkennung der Bedeutung wie der Heiligkeit der Ehe ist daraus nicht zu schließen, vielmehr auf eine von der heutigen abweichende Ansicht über die notwendigen Bedingungen eines beiden Teilen wahrhaft förderlichen Ehebundes. Als ein solcher wurde nur derjenige erkannt, in welchem Geist und Gemüt des Ehepaars völlige oder doch beiden Teilen genügende Befriedigung fand, mit der Lösung des innern Bandes aber wurde das eheliche Verhältnis als die Heiligkeit der Ehe profanierend, ja als zu einem Konkubinat herabgesunken erachtet. In notwendiger Folge dieser Ansicht ward denn auch die Trennung eines solchen, nur noch äußerlich bestehenden, Bandes nicht als ein Übel, sondern als eine Wohltat, ja als eine Notwendigkeit für beide Ehegatten angesehn; nur durch die Lösung einer von jetzt an als unsittlich zu betrachtenden Verbindung konnte der verletzten Idee der Ehe Genugtuung gegeben werden. Solchen Trennungen wurde denn auch nicht entgegengetreten, es wurde eher auf die Beseitigung ihnen etwa entgegenstehender äußerer Hindernisse hingewirkt. – Mir selbst ist das letztere hin und wieder zum Vorwurf gemacht worden. Habe ich darin gefehlt, und ein Teil der jüngeren Generation scheint in der Tat die damalige Ansicht zu verwerfen oder gar zu verdammen, so bekenne ich offen meinen Irrtum, oder wenn man es so nennen will, meine Schuld. Aus einer frivolen Auffassung der Bedeutung der Ehe ist jene Ansicht wahrlich nicht hervorgegangen. In unserem ganzen Kreise, und er umfaßte Personen, deren hohe Sittlichkeit über allem Zweifel stand, wurde sie geteilt, und infolge davon erfüllte es uns denn auch wahrhaft mit Schmerz, wenn wir Ehen aus rein äußerlichen Rücksichten schließen sahen.

Ich mache kein Hehl daraus, und um so weniger, als der treffliche Freund selbst es sein ganzes Leben hindurch für seine Pflicht hielt, seine Überzeugungen mit aller Offenheit zu bekennen, daß Schleiermacher diese Ansicht teilte und in vorkommenden Fällen förderte. Wir sprachen uns einst, es war längere Zeit vor seiner Verheiratung, mit der Aufrichtigkeit, welche zwischen uns herrschte, und bis in einzelnes eingehend, über das, was wir voneinander dächten und füreinander empfanden, aus. »Uns bindet Freundschaft aneinander, die reinste, treuste, hingebendste!« rief ich zuletzt hingerissen von der so anregenden und seitens des Freundes so geist- und gemütvoll geführten Unterhaltung aus. »Aber niemals, niemals könnte, dürfte ich dir als Gattin angehören!« – »Du hast ein großes Wort ausgesprochen!« antwortete der Freund. »Denn wenn dann für dich der Rechte käme, oder für mich die Rechte, wie dann?«

Ich habe schon zugestanden, daß infolge dieser in den gebildeten Kreisen Berlins ziemlich verbreiteten Ansichten die Ehescheidungen innerhalb derselben häufiger waren als jetzt. Ich räume auch ein, daß, was oft Anstoß erregt hat, nicht selten nach einem langen, leeren, freudenlosen, oft peinvollen, die Sehnsucht eines liebebedürftigen Gemüts gänzlich unbefriedigt lassenden ehelichen Bunde, schon während der Dauer desselben eine anderweite Herzensverbindung eingegangen worden war. Aber mag es dafür heute nicht um soviel mehr die Ehegatten innerlich gänzlich unbefriedigt lassende, ja ihnen verderbliche, wenn auch, zu doppeltem Zwange, vor der Welt mit der Unwahrheit, welche diese oft »Anstand« nennt, ertragene Ehen geben?

Verhältnisse der hier bezeichneten Art durchwebten damals die Gesellschaft und trugen nicht unwesentlich zu ihrer Färbung bei. Strebten die Beteiligten auch sie zu verbergen, sie verrieten sich dennoch schon um so mehr, als die damalige Gesellschaft in der Erkenntnis der verschiedensten Gefühlsregungen eine viel größere Virtuosität besaß als die heutige. Es entspannen sich da ganze Romane, entwickelten sich, verwickelten sich und endigten mit einer befriedigenden, mitunter, wenn auch seltener, mit einer tragischen Katastrophe. Und der ganze Verlauf derselben – und es spielten fast in jedem geselligen Kreise einige solche – wurde mit ebensoviel herzlicher Teilnahme als psychologischem Interesse verfolgt und bildete in kleinen vertrautesten Kreisen einen anregenden Gegenstand des Gesprächs. – Verschweigen will ich jedoch nicht, daß manche solcher getrübten und der Trennung nahen Ehebündnisse infolge in der zwölften Stunde geänderter Entschlüsse ungelöst blieben, und zwar waren es dann gewöhnlich die Frauen, welche den entscheidenden Schritt nicht zu tun vermochten; teils, weil sie jedes fernere eheliche Glück der Rücksicht auf eine mit der Ehe eingegangene Verpflichtung unterordneten, teils, wenn sie Mütter waren, weil Befürchtungen für die Zukunft ihrer Kinder sie bestimmten. Achtung und Anerkennung solcher Selbstverleugnung fehlten seitens der Gesellschaft auch in solchen Fällen nicht.

Ich habe ausgesprochen, daß die Mitglieder der damaligen geselligen Kreise bessere Kenner der Herzen waren, als dies heute der Fall zu sein pflegt. Und will ich mich auch nicht zur Richterin darüber aufwerfen, ob nicht eine unseren damaligen Ansichten über das eheliche Verhältnis entgegengesetzte Auffassung, wie sie heute oft bekundet wird, ihre Berechtigung haben dürfte, im Betreff des Grundes jenes geübteren Blicks in das Innere der Menschen jedoch möchte ich der damaligen Zeit einen bedeutenden Vorzug vor der jetzigen zusprechen, dürfte ich gleich auch in diesem Punkte einer sehr abweichenden Ansicht begegnen.

Die Menschen waren sich damals mehr als jetzt gegenseitig Objekte der Betrachtung, und zwar – ich nehme nicht Anstand, es auszusprechen – weil mehr Liebe zu den Mitmenschen in ihnen wohnte als heut, wo sich der Egoismus tief in die meisten hineingefressen hat. Allerdings weiß dieser sich gegenwärtig in alle Gewänder, selbst in das der Menschenliebe, zu hüllen; aber dem ungetrübten Blicke erscheint er drum nur als ein raffinierterer. Damals fand von vornherein ein liebevolles Eingehn in die Individualität anderer statt, selbst bevor man diese ihrem Wesen nach noch genau erkannt hatte, diesem folgte aber das ernste und redliche Streben, sie richtig zu erfassen. Und hierbei bewährte sich denn auch hinsichts des einzelnen Menschen das Wort des Dichters, daß man nur in das volle Menschenleben hineinzugreifen habe, um es überall, wo man es packe, interessant zu finden. Daher war denn meistens bald ein Interesse gewonnen, welches, verbunden mit dem aus dem Gesagten mit Notwendigkeit hervorgehenden Umstande, daß man den Individualitäten der anderen vollkommene Rechnung trug, echte und dauernde Freundschaftsbündnisse erzeugte. Und für diese forderten die Freunde nicht Gleichheit der Gesinnung nach allen Richtungen hin, sie gestalteten sich vielmehr oft um so fester, als man Stoff zu gegenseitiger Ergänzung in sich fand.

Mit diesem Denken über die geistigen und Gemütsevolutionen der anderen ging als verwandt ein Reflektieren über die eigenen Hand in Hand, und war man nur irgend aufrichtig gegen sich, so war auch hieraus genügend zu lernen. Und dieses Reflektieren über sich und den anderen bildet auch fast drei Jahrzehente hindurch einen Grundzug wie einen Hauptgegenstand in dem brieflichen Verkehr der damaligen gebildeten Welt bis hinauf zu den Koryphäen der Literatur, namentlich der schönen. Ohne diese, ich wiederhole es, aus einer echt humanen Gesinnung hervorgegangene, geistige Disposition hätte der ›Werther‹ einerseits nie entstehn, andererseits nie so elektrisch wirken können, wie er getan.

War die von mir behauptete Liebe und Humanität, waren jene Freundschaftsbündnisse echter Art, so mußten sie sich in vorkommenden Fällen werktätig bewähren. Und das haben sie wahrscheinlich mannigfach getan. Aber nicht Befreundete allein haben sich freudig füreinander gemüht und freudig Opfer füreinander gebracht, manche, und zwar auch der ausgezeichnetsten Mitglieder unserer Kreise, haben dies ebenso mit allem Eifer für außerhalb ihrer Kreise Stehende getan. Und in Fällen, in denen sie unmittelbar zu helfen außerstande waren, mußte dies oft mit Aufopferung einer Zeit geschehn, von welcher sie sonst nicht gern eine Stunde den bedeutendsten und oft für Mit- und Nachwelt erfolgreichsten wissenschaftlichen Bestrebungen entziehen mochten.

Andere Generationen sind erstanden. Ich stehe unter ihnen, eine Ruine. Vor mir neues – mir nicht immer verständliches – Leben, hinter mir ein Leichenfeld. Aber noch ragt aus der neuen grünenden Welt in unversiegbarer Jugend ein Genosse der alten Zeit hoch empor. Möge, wer sich ein unparteiisches Urteil über meine Behauptungen bilden will, seine Rastlosigkeit, seinen Mitmenschen zu dienen und sie zu fördern, betrachten. Oft muß er sie durch am Schreibtische durchwachte Nächte zahlen.

Auch war die Dauer jener Freundschaftsbündnisse keine vergängliche. Sie waren meist alle Geleiter bis an das Grab. Man hat in neuerer Zeit aus veröffentlichten Briefwechseln mehrer geistigen Notabilitäten gern den Schluß gezogen, daß sie ziemlich vorübergehender Natur waren. Will man genau prüfen, so wird man in den meisten Fällen diese Ansicht nicht stichhaltig finden. Grade die strebendsten Geister und *eigentümlichsten Denker* konnten im Laufe der Jahre in ihren Ansichten am merklichsten divergieren, und dann am wenigsten hoffen, sich gegenseitig zu überzeugen. Sie schwiegen gegeneinander, als sie nicht mehr glauben durften, einander fördern, oft sogar noch einander verstehn zu können. Aber hat man den Willen, redlich zuzusehn, so wird man finden, daß auch hier die Trennung in den meisten Fällen nur eine der Geister war und daß die Herzen sich drum nicht weniger zugewendet blieben.

Man hat außerdem aus einer gewissen, jetzt, vielleicht nicht ohne Fug, beseitigten stark auftragenden Ausdrucksweise auf eine Überschwänglichkeit und daher Unwahrheit des Gefühls geschlossen. Es waren dies eben Formen, die aus der Konversationssprache in den brieflichen Verkehr übergegangen waren. Jede Zeit hat ihre eigentümlichen Redemünzen und kennt den wahren Wert derselben. Die jener Zeit hatten ein reicheres, schmuckvolleres Gepräge, wurden aber doch nur nach ihrem Gehalt an edlem Metall geschätzt. Ob die heutigen, einfacher ausgeprägten, mehr von diesem enthalten, dürfte in Frage stehn.

Die Treue war es vor allem, was geachtet wurde, und diejenigen, welche ohne die durchgreifendsten Gründe, auch nur in einzelnen Fällen, gegen sie fehlten, unterlagen dem Tadel. Rahel zum Beispiel, welche im allgemeinen ein überaus reges Gefühl für Freundschaft hatte und bei welcher sich gleichfalls die Teilnahme für den Befreundeten auf jede geistige und Gemütsbewegung desselben erstreckte, daher die meisten ihrer derartigen

Beziehungen nur der Tod hat lösen können, war doch auch imstande, manche derselben aufzugeben, mitunter infolge augenblicklicher Stimmungen, wie diese denn bei ihrer großen Lebhaftigkeit oft wechselnd waren. Über den Grund der Lösung solcher Verhältnisse befragt, war ihre Antwort und Entschuldigung gewöhnlich: »Es kann ja nicht alles ewig dauern!«, und bei ihr konnte eine Erwiderung solcher Art nur auf einen Mangel an besseren Gründen deuten. Wie viel Bewunderung man ihr auch, und mit vollem Recht, in der Gesellschaft zollte, ein wie leuchtendes Bild in dieser auch von ihr entworfen werden mochte, diese Antwort fehlte selten in demselben als ein Schattenstrich.

Mögen andere Interessen heute maßgebend sein, mag das Leben an Breite und, der Masse des Stoffes nach, an Inhalt gewonnen haben, mag der einzelne sich mehr in der Gesamtheit verlieren und daher an individueller Geltung aufgeben müssen, mag daher eine Zeit wie die, von welcher ich hier sprach, mit ihren Gebrechen und ihren Tugenden nie wieder heraufzubeschwören sein, mögen immerhin diese Tugenden der jetzigen Generation fast gänzlich mangeln; das nicht zu unterdrückende Gefühl dieses Mangels dadurch beschwichtigen, daß man ihn zu einem Verdienst erhebt und infolge davon auch die reinen und

NENNE MAN MICH IMMERHIN
EINE »LOBREDNERIN
DER VERGANGENEN ZEIT«

edlen Gefühle, an denen jene Zeit reich war, als heute glücklicherweise mit der Wurzel ausgereutete krankhafte Auswüchse mitleidig belächelt, wie ich dies jetzt oft erlebe, heißt denn doch, meiner Ansicht nach, nur das Urteil des Fuchses über die ihm zu hoch hängenden Trauben wiederholen. Nenne man mich immerhin eine »Lobrednerin der vergangenen Zeit«. Ganz fremd ist mir auch die gegenwärtige nicht, und wer weiß, ob diese mit ihrem kalten Verstande, ihrem schlecht verhehlten oder gar sich keck brüstenden Egoismus, ihrem vorherrschenden Streben nach materiellen Gütern jener Zeit der Hingebung an die Mitmenschen und des erfolgreichen Strebens nach geistigen Gütern von der Nachwelt vorgezogen werden wird!

B

Briefe

Ein Tugendbund 1785–1792

WILHELM VON HUMBOLDT
an Henriette Herz
[Tegel] Sonntag vormittag. 1786
[In hebräischer Schrift]

Wie oft werde ich mich noch mit innigem Vergnügen an die letztvergangene Woche erinnern! Seit langen, langen Jahren ist mir keine so angenehm verstrichen. Erst sah ich Sie Dienstag, dann empfing ich Ihren lieben freundschaftlichen Brief, Freitag konnte ich beinahe den ganzen Nachmittag mit Ihnen und Ihrer vortrefflichen Freundin – o grüßen Sie sie doch tausendmal von mir – allein sein; und dann noch Ihr gütiges, mir so teures Geschenk! Ich kann Ihnen nie genug für das alles danken, teuerste Freundin, ich kann Ihnen nur wiederholen, was ich Ihnen schon so oft sagte, und was gewiß so ganz wahr ist, daß ich jede recht glückliche Stunde nur Ihnen danke. Was habe ich bei der Durchlesung Ihres Briefes empfunden. O wie oft habe ich ihn gelesen und wiedergelesen! Er erregte ein so gemischtes Gefühl von Freude und Schmerz in mir, daß ich es Ihnen nicht beschreiben kann. Auf der einen Seite tat es mir so sehr, so innig leid, daß Sie, die Sie gewiß unter allen so vorzüglich glücklich zu sein verdienen, doch so oft Verdruß und Kummer erfahren müssen, und gerade von denen erfahren müssen, die Sie am meisten lieben, und von denen auch Sie wiedergeliebt sind; aber auf der andern freut es mich so herzlich, daß Sie mich des Vertrauens würdigten, mir Ihre Lage ein wenig genauer zu schildern. Denn seitdem ich mich Ihres Vertrauens, Ihrer Freundschaft schmeicheln darf, sehe ich mit einem weit ruhiger Blicke meinem künftigen Leben entgegen. Ich darf hoffen, Sie selbst berechtigen mich dazu, daß Ihre Freundschaft immerfort dauern wird, und wer eine solche Freundin hat, kann meiner Empfindung nach, das schwöre ich Ihnen, nie ganz unglücklich sein. Ich habe mich auch seit der Zeit meiner Bekanntschaft mit Ihnen fast ganz in meinem Charakter geändert. Sonst lebte ich mehr außer mir, weniger für mich und mit mir selbst; jetzt habe ich mich gleichsam mehr in mich zurückgezogen, den Kreis der Dinge und der Personen, die mich interessieren, verengt, und wenn ich gleich sonst oft munterer und aufgeräumter war, als ich jetzt bin, so bin ich doch nie

so im eigentlichsten Verstande ruhig gewesen als jetzt. Und so
hoffe ich nun auch mein ganzes Leben hindurch zu bleiben, mag
mich auch das Schicksal in eine noch so unglückliche Lage ver-
setzen. Denn ich fange nun an, meine Zufriedenheit in Dingen zu
suchen, die weniger dem Wechsel unterworfen sind, in dem Beifall meiner Freunde – und jetzt gewiß nur in dem Ihrigen – und
in mir selbst. Es wird nun auch gewiß nicht wieder eine solche
Veränderung meiner Denkungsart vorgehen, als bis jetzt so oft
vorgegangen ist. Denn in der Tat, ich bin schon in den wenigen
Jahren, die ich durchlebt habe, mehr als einmal zu ganz entgegengesetzten Arten zu denken und zu handeln übergegangen. Bis
in mein zwölftes Jahr war ich natürlich, wie alle andern Kinder
sind, nur ein wenig unartiger und verzogener als die gewöhnlichen. In meinem zwölften Jahre gewann ich durch die Lektüre
der alten Geschichte auf einmal Geschmack an Literatur und
Wissenschaften. Ich saß jetzt fast immer bei meinen Büchern
und war äußerst arbeitsam, nur, wie es sich nach meinem damaligen Alter wohl denken läßt, bald mit größerm, bald mit
geringerem Eifer. So dauerte es bis in mein achtzehntes Jahr. Da
verliebte ich mich, wie Sie wissen, zum erstenmal, und wenn ich
vorher ganz fühllos gewesen war, wenn ich mein Herz ganz
unbeschäftigt gelassen hatte, so wurde ich nun in der Tat schwärmerisch. Ich habe noch einen Abschiedsbrief an das Mädchen,
die ich damals liebte, den ich nicht Gelegenheit hatte abzugeben
und der ein redender Beweis meiner damaligen Schwärmerei ist.
Und dennoch werde ich mich dieses Sommers, wenngleich mit
einiger Scham vor meinem Verstande, der kindisch genug war,
so leichtgläubig zu sein, noch immer mit Vergnügen erinnern. Er
hat bei dem allen einen sehr wohltätigen Einfluß auf meinen
Charakter gehabt. Am Ende des Sommers mußte ich mich von
dem Gegenstande meiner Liebe trennen. Nun folgten ein paar
trübe, melancholische Wochen. Aber die Abwesenheit von der,
die ich liebte, erlaubte mir ein ruhigeres Nachdenken. Ich sah
nun die Geschichte des Sommers mit andern Augen an als vorher. Ich wurde wieder heiterer, ich fing an, weniger an meine
vorige Liebe zu denken, und nur wenige Wochen, so wurde ich,
der ich mich vorher hatte durch eine verstellte Empfindsamkeit
hintergehen lassen und der ich jetzt dies als eine törichte Leicht-
gläubigkeit verlachte, durch einen ganz entgegengesetzten Charakter betrogen. Eine Kokette, die viel in der Welt gelebt hatte

und sich meisterhaft darauf verstand, jedermanns Schwach-
heiten zu entdecken und zu benutzen, sonst ein kluges, kenntnis-
volles Mädchen, die aber fern von aller wahren und falschen
Empfindsamkeit nur der kältesten Galanterie fähig war, diese
wußte mich jetzt so an sich zu fesseln, daß sie meinem Herzen
schon unentbehrlich war, ehe ich noch gewahr wurde, daß ich sie
liebte. Man bildet sich immer nach dem, was man liebt; dies ist
eine Wahrheit, die ich damals bestätigen mußte. Vorher hatte ich
nie weder auf meinen Anzug noch auf mein Äußeres überhaupt
gesehen, jetzt wendete ich die größte Sorgfalt darauf, und es
fehlte nicht viel, so hätte ich mir eingebildet, nicht häßlich zu
sein. Vorher mied ich jede Gesellschaft, war ich am liebsten
allein, um ungestört an die denken zu können, die einzig mein
ganzes Herz beschäftigte; jetzt schätzte ich das Vergnügen in
jeder Gesellschaft nur nach der Anzahl ihrer Personen, und die
größeste war mir gewiß immer die liebste. Vorher war ich mit der
Liebe einer einzigen zufrieden und glücklich gewesen, jetzt
suchte ich, ungeachtet ich verliebt war, einer jeden zu gefallen;
und wie lächerlich dies nun mit meiner sonstigen Steifheit und
Ungelenksamkeit kontrastierte, mögen Sie selbst beurteilen,
beste Freundin. Das Schlimmste dabei war, daß in unserm
Hause dieses Betragen Beifall erhielt. Meine Mutter, so vernünftig sie auch sonst in diesem Stücke ist, hat doch einmal in der
Welt gelebt und wünscht eben das auch wieder von ihren Kindern; wenn sie daher auch wohl sahe, daß ich zu weit ging, so war
ihr doch dies Extrem lieber als das vorige entgegengesetzte. Kein
Wunder also, daß ich volle sechs Monate so blieb, und vielleicht
noch ebenso wäre, hätte ich Sie nicht kennengelernt, teuerste
Freundin. Ich mußte mich am Ende des Winters (ist es nicht
sonderbar, daß immer der Wechsel der Jahreszeiten meiner
Liebe so gefährlich war?) von Fanchon trennen, und wenn diese
Trennung mir gleich nicht so schmerzhaft war als die vorige, so
tat sie doch meinem Herzen sehr wehe. Indessen unterhielten
wir noch eine sehr lebhafte Korrespondenz. Nun fing die Dienstag-Gesellschaft an; ich lernte Sie kennen, und dies ist die letzte
wichtige Epoche in meinem Leben. Ich fing an, mich meiner Torheit zu schämen, ich schrieb seltener und kürzer an Fanchon, ich
hätte gern ganz aufgehört, aber mein einmal gegebenes Wort war
mir heilig. Ich entschloß mich, Sie selbst um Rat zu fragen, aber
nie hatte ich Mut genug dazu. Oft, o vielleicht merkten Sie es,

war ich in Bouchés Garten im Begriff, Ihnen zu sagen, wie innig ich Sie verehrte, wie glücklich mich Ihr Vertrauen, Ihre Freundschaft, Ihr Rat machen würde; Ihnen meine Lage zu schildern, Sie zu fragen, was ich tun sollte; aber nie gelang es mir. Endlich wurde mir der Briefwechsel unerträglich. Ich brach ihn unter einem falschen, aber scheinbaren Vorwande ab. Es war im Julius vorigen Sommer. Seitdem lebe ich weit ruhiger, nicht eben glücklich – denn Familienuneinigkeiten, die Verschiedenheit meines Charakters und des Charakters aller, mit denen ich leben muß, und was, ich schwöre es Ihnen, mich am meisten kränkt, Sie so selten sehen, mit Ihnen so selten recht von Herzen sprechen zu können, macht mir manche kummervolle Stunde. Aber wenn ich dann auch ein andermal etwas tue, wovon ich glaube, daß es Ihren Beifall erhalten würde, wenn Sie es wüßten, so macht mir das eine herzliche Freude. Überhaupt, solange ich Ihre Freundschaft, vielleicht gar Ihr Vertrauen besitze, solange Sie mit mir zufrieden sind, werde ich nie klagen. Aber sagen Sie mir ja – o ich beschwöre Sie darum, wenn Sie es nicht sind. Und dann noch eine Bitte, teuerste, innigstgeliebte Freundin, machen Sie für mich eben die Ausnahme, die Sie für die Veit gemacht haben. Ich habe hierin gleiche Ansprüche mit ihr. Auch ich, das beteuere ich Ihnen, will Ihnen nie etwas geheimhalten, wie nachteilig es mir auch sein möchte. Und wie könnte ich es auch Ihnen, der ich soviel danke, die ich so innig verehre, der ich so gern, was ich besitze, aufopfern möchte! – Da haben Sie nun vier vollgeschriebene Seiten, und alle von mir. Nun müssen Sie mir aber auch künftigesmal erlauben, ganz von mir zu schweigen und bloß Ihren vorigen Brief zu beantworten. Leben Sie tausendmal wohl, beste Freundin.

Wilhelm

WILHELM VON HUMBOLDT
an Henriette Herz
[Tegel] Sonnabend nachmittag 1786

Eben habe ich eine recht glückliche Stunde genossen. Jetzt muß ich Ihnen schreiben, beste Freundin, mein Brief wird heiterer werden, und Sie sind sicher, daß ich, wenn ich von den Ursachen meiner Unruhe oder meines Mißmutes rede, gewiß nicht übertreibe. Ich war eben ausgeritten. Es ist hier im Walde ein kleines, niedliches Birkental, abgelegen vom Wege, am Fuße eines ziemlich hohen Berges. Da hab ich Ihren Namen in eine recht schöne Birke gegraben, und deswegen, und weil man da so still und einsam sitzen kann, besuche ich diesen Ort so oft. Mein kleines Pferd findet nun schon den Weg ohne Zügel dahin und bleibt jedesmal bei dem Baume stehen, dann steig ich ab, und es graset indes. Klingt das nicht romantisch? Freilich wohl. Aber mag es immer. Ich danke doch einmal diesem kleinen Tale die süßesten Stunden dieses Sommers, meine reinsten Empfindungen, meine besten Vorsätze; und wie Sie auch darüber urteilen mögen, ich kann mich Ihnen einmal nicht anders zeigen, als ich bin. Verzeihen werden Sie mir doch gewiß. Ich hatte Ihren Brief bei mir; ich habe ihn recht oft gelesen. Wie kann ich Ihnen je genug für Ihre herzliche Teilnehmung an meinem Schicksal, für Ihre freundschaftliche Besorgnis danken. Wahrlich, wenn ich noch so traurig, noch so niedergeschlagen wäre, ein Brief, wie der Ihrige, würde mich wieder aufheitern. Wenn Sie es je fühlten, und gewiß fühlten Sie es, wie erquickend die Teilnahme der Freundschaft in jedem traurigen Augenblick ist, und wenn Sie wissen, was Sie, teuerste Henriette, mir sind, welchen Einfluß Sie und das, was Sie mir sagen, oder was Sie mir schreiben, auf mich, auf die ganze Stimmung meiner Seele hat; o so glauben Sie mir gewiß, daß ein Brief, wie Ihr letzter, mich ganze Tage von Kummer vergessen macht. Aber nennen Sie es doch nicht Zudringlichkeit, wenn Sie Vertrauen von mir fordern, wenn Sie wünschen, daß ich Ihnen etwas sagen soll, wovon Sie vielleicht glauben, daß ich es Ihnen verheimliche. In meinen Augen ist eine solche Forderung nur eine Erlaubnis, um die ich selbst schon gebeten hätte, wenn ich nicht fürchtete, zuviel von mir selbst zu reden. Sonst, liebe Freundin, soll nichts, nichts was mich angeht, ein Geheimnis vor Ihnen sein. Glücklich für mich, wenn Sie es nur immer hören wollen. Fahren Sie ja fort, es mir jedesmal, wie Sie jetzt getan haben, zu sagen, wenn Sie glauben, daß ich etwas auf dem Herzen habe, was ich Ihnen nicht sage. Sie wissen es ja, meine Beste, ich habe zu niemand ein so völliges, so uneingeschränktes Vertrauen als zu Ihnen, und, ich darf es ja wohl sagen, ich glaube es Ihnen bewiesen zu haben. Noch mit niemandem – die Nächsten meiner Familie ausgenommen – sprach ich, das schwöre ich Ihnen, von der Sache, von der wir gestern am Fenster redeten, und ich schmeichle mir, daß Sie vorteilhaft genug von mir denken, um diese Unterredung für den größten Beweis meines Vertrauens zu Ihnen zu halten. Wenn Sie mich nur nicht schon tadeln, auch nur mit Ihnen davon gesprochen zu haben. Aber Sie sind ja die beste, ja – ich kann es mit Wahrheit sagen – die einzige Freundin, die ich habe, und Sie haben sich gegen mich immer so edel, so vortrefflich, so großmütig gezeigt. Wäre ich dessen wohl wert, wenn ich Ihnen nicht alles, alles anzuvertrauen bereit wäre. Und der Punkt, von dem wir sprachen, ist gerade ein so wichtiger für mich, hat einen so nahen, so großen Einfluß auf meine ganze Lage, daß es unmöglich ist, diese zu kennen, ohne davon unterrichtet zu sein. Schade, daß ich hierüber nichts schreiben kann. Und warum nicht? werden Sie sagen. Nicht darum, liebste Freundin, weil ich fürchtete, meine Briefe würden noch von andern als von Ihnen gelesen; aber es steht dann so für ewig da – und der Gedanke ist mir verhaßt. Es wird ja wohl noch einen Nachmittag geben, ehe ich Sie auf ein halbes Jahr – o und wer weiß nicht, ob nicht auf ein ganzes! doch davon nachher – verlassen muß, wo ich Sie allein finde; und dann erlauben Sie Ihrem Freunde sein ganzes Herz, auch über diesen Punkt, vor Ihnen auszuschütten. Ich hoffe doch, Sie sollen mit mir und mit meinem Betragen zufrieden sein. Schon längst hätte ich mich gern deswegen gerechtfertigt; aber gegen wen? Nur gegen Sie darf ich es, und nur gegen Sie, teure Henriette, interessierte es mich auch im Grunde. Aber ich eile, Ihnen das zu sagen, worum Sie mich in Ihrem Briefe fragen. Sie könnten gar denken, ich wollte der Antwort ausweichen, und das will ich doch nicht. Es ist mir ja so angenehm, daß ich mit Ihnen darüber reden darf. Ich sagte Ihnen schon gestern, daß die größte Ursache meines Mißmutes in mir selbst liege, und das ist auch gewiß sehr wahr. Ich übergehe den Kummer, den mir so mancher Fehler macht, den ich noch immer an mir bemerke. Denn mit wie vielem Rechte ich ihn auch anführen könnte, so könnte es Ihnen eine erkünstelte Bescheidenheit scheinen; und das möchte ich so ungern. Ich habe, Gott weiß, ob durch die Natur oder durch Gewohnheit oder durch irgendeinen Umstand meines Lebens, einen Zug des Charakters erhalten, der meiner künftigen Bestimmung ganz zuwider ist. Nicht daß ich nicht Lust hätte, arbeitsam und tätig zu sein, nein, liebste Freundin, vielmehr ist es mein einziger Zweck, nützlich zu werden, und ich bin bereit, diesem Zwecke alles, wie schwer es auch werden möchte, aufzuopfern. Aber ich muß künftig mit vielen Menschen leben, und gerade mit

Menschen von meinem Schlage, wie ich sie nicht liebe. Und jetzt ist es mein einziger Wunsch, soviel als möglich allein, und einsam zu sein, jetzt würde ich, wenn ich meiner Meinung folgen könnte, die Einsamkeit nur mit der Gesellschaft eines Freundes, oder einer Freundin, wie Sie, vertauschen. Und nun ist es nicht bloß das Unangenehme, mit ihnen leben zu müssen, es entsteht auch noch das daraus, daß auch ich ihnen notwendig mißfallen muß, daß sie mich schief beurteilen und nur etwa eine und gerade die Seite an mir herausheben, auf die ich selbst den wenigsten Wert setze. Allein dies ist bei weitem nicht alles. Es gibt etwas, das seinen Sitz weit tiefer, so tief in meiner Seele aufgeschlagen hat, daß nichts es so leicht daraus verbannen wird. Es ist einmal mein einziger Wunsch, meine einzige Sehnsucht, die einzige Art der Glückseligkeit, die ich mir denken kann – zu lieben und wiedergeliebt zu werden, und dieses Glück werde ich nie, nie genießen. Fragen Sie nicht warum, teuerste Freundin. Ich kenne mich zu gut, die Ursache liegt in mir, und ich kann sie nicht ändern. Wenn ich selbst ein Mädchen fände, die gerade so wäre wie ich, ich selbst würde sie kaum lieben. Ich sagte neulich zur Holwede von einem Mädchen, das sie kennt, daß nur den ersten Tag es Überwindung kosten würde, sie zu lieben, hernach würde man recht glücklich mit ihr sein. Von mir möchte ich statt des Tages die ersten Jahre sagen, und auch dann möchte ich nicht den Erfolg versprechen. Ich weiß es zu gut, ich kann nichts als Gegenliebe wiedergeben, und das ist so wenig; aber die, das fühle ich, würde rein und treu und herzlich sein. Denn, was für mich noch das Unglücklichste ist, wenn ein Eindruck auf mein Herz geschieht, da ist er so tief, daß auch eine lange Zeit ihn auszulöschen Mühe hat! Glauben Sie darum nicht, daß ich vielleicht jetzt noch die liebe, von denen ich Ihnen in meinen ersten Briefen ein paarmal schrieb. Das war nicht rechte Liebe; damals hielt ich es wohl dafür. Aber ich fühl es, die war es nicht, die hätte sonst länger gedauert. Nehmen Sie nun diese innere Stimmung meiner Seele, denken Sie jene äußere Lage, von der wir noch gestern sprachen, hinzu, vergessen Sie auch ja nicht, daß ich nirgends auf der Welt so gern bin als bei Ihnen, teuerste Freundin, und daß ich jetzt nur so selten kommen kann – und dann frage ich Sie selbst, ob ich nicht Ursache, volle Ursache habe, traurig zu sein? Gewiß habe ich sie, und nur erst seit wenigen Monaten öffnen sich meinem Auge frohere Aussichten. Diese Aussichten gewährt mir die Freundschaft, die Sie mir beweisen. Oh, liebe Henriette, Sie können soviel dazu tun, meinem Herzen mehr Ruhe und meiner Seele mehr Heiterkeit zu verschaffen, wenn Sie fortfahren, mir so gut zu sein, als ich glaube – o verzeihen Sie meiner Offenherzigkeit –, daß Sie mir sind, wenn Sie mir Ihr Vertrauen wenigstens insofern geben, daß Sie mir alles das sagen, was Sie über mich denken. O tun Sie es ja. So selten ich Sie auch jetzt sehe, so sehe ich Sie doch zu oft, als daß ich nicht hie und da etwas sagen oder etwas tun sollte, das Ihnen mißfällt. Sagen Sie es mir doch jedesmal. Es ist mir ja so wichtig, ganz so zu sein, als Sie es wünschen, und haben Sie mich je widerspenstig gesehen? Auch in meinen Briefen mag so manches stehen, was Sie anders wünschten. Schreiben Sie es mir doch immer, wenn Sie vielleicht einmal glauben, daß ich nicht recht offenherzig schreibe, daß ich Ihnen etwas verschweige oder daß das, was ich Ihnen sage, nicht ganz so wahr ist; oder wenn ich einmal Ihre Güte mißbrauchen, wenn ich zu vertraulich werden sollte. – Hier haben Sie nun, was Sie forderten, beste Freundin. Die größte Ursach liegt, wie Sie sehen, in mir selbst und wird, wie ich glaube, nie gehoben werden. Nennen Sie es immer Schwachheit, nennen Sie es gar Schwärmerei; haben Sie nur wenigstens Mitleid mit mir, spotten Sie nur nicht darüber. Es ist doch einmal etwas, das ich empfinde, und so lebhaft empfinde, etwas, das sich nicht wegspötteln und nicht wegvernünfteln läßt. Nie hätte ich es Ihnen so ausführlich geschrieben, wenn Sie mich nicht dazu aufgefordert hätten. Lassen Sie mich nun aber auch Ihr Urteil darüber wissen, sagen Sie mir recht ausführlich, was Sie über mich und mein Schicksal denken. Von wem möchte ich das lieber wissen als von Ihnen, beste Henriette. – O ich nenne Sie jetzt immer bei diesem traulichen Namen; der Gedanke, Sie so nennen zu dürfen, ist mir so angenehm; aber wenn ich es auch nur darf, wenn Sie mich auch nur dieser Vertraulichkeit werthalten. O schreiben Sie es mir, wenn ich nicht soll. Aber Ihr Stillschweigen wird mir eine Erlaubnis sein, und darin danke ich Ihnen schon im voraus von ganzem ganzem Herzen dafür. Ich sagte erste von Frankfurt. Stellen Sie sich vor, man fängt jetzt an davon zu sprechen, daß es wohl leicht nötig sein dürfte, daß ich statt eines halben ein ganzes Jahr da bliebe. Sie können sich vorstellen, was mir dies für eine neue erfreuliche Aussicht gibt. Noch ein halbes Jahr länger von Ihnen entfernt zu sein! O das würde mir schwer werden! Bis jetzt aber ist noch alles ungewiß, und Kunth ist nicht dafür! Ich werde, das können Sie leicht denken, dagegen arbeiten, soviel ich kann. Allein wenn man nun sagt, daß es nützlich, vielleicht sogar notwendig ist, und wenn ich einsehe, daß man recht hat, was will ich dann tun? Auf alle Fälle kommt aber doch alsdann Kunth und mein Bruder auf Ostern zurück, und ich bleibe allein den Sommer in Frankfurt. Nun ist es wohl endlich Zeit, diesen überlangen Brief zu schließen. Mich soll nur wundern, was Sie dazu sagen werden. Wenn Sie aber auch mit vielem, was ich geschrieben habe, unzufrieden wären, so können Sie es doch damit nicht sein, daß ich es schrieb. Sie forderten ja doch Wahrheit. Leben Sie recht wohl, teuerste Freundin, und denken Sie manchmal an Ihren Freund.

W.

WILHELM VON HUMBOLDT
an Henriette Herz
[Tegel] Sonnabend früh [August 1787]

Wie geht es Ihnen denn, was machen Sie, beste teuerste Freundin? Mehr als acht Tage sind nun verflossen, seitdem ich Sie nicht gesehen, seitdem ich keine Zeile von Ihnen gelesen habe. Und da ich Sie das letztemal sah, waren Sie so mißvergnügt, so traurig. Ich kann Ihnen nicht beschreiben, wie lang mir die Zeit seit dem Freitag geworden ist, da ich zum letztenmal bei Ihnen war. Die Hollwede und alle, die sonst noch hier sind, klagen, daß ich unaufgelegt, daß ich verdrießlich bin; aber wie soll ich's ändern? Es sind nur noch zwei Monate hin, so muß ich mich auf ein ganzes halbes Jahr von Ihnen trennen, und nun werden mir von den wenigen Tagen, da ich Sie noch sehen, da ich noch Ihren Umgang genießen könnte, noch so viele geraubt. O und wenn dies nur die letzten wären, die ich verlieren muß; aber wer weiß, welche Hindernisse mich noch um so manchen Dienstag und Freitag bringen. Schon künftigen Freitag kann ich nicht zu Ihnen kommen. Mein jetziger Aufenthalt hier macht, daß ich ein paar Stunden, die ausgefallen sind, nachholen muß, und dazu ist kein anderer Tag als Freitag übrig. Dann bin ich also bis nach sechs Uhr beschäftigt, und dann ist es zu spät: Nehmen Sie nun dies alles zusammen, und setzen Sie noch hinzu, daß ich Donnerstag auf einer Hochzeit sein mußte, da drei Stunden lang Pfänderspiele spielen, wobei alles auf ein leidiges Küssen hinauslief –

und Sie wissen, was ein Kuß bei einem Pfänderspiele ist –, dann bis an den Morgen um drei Uhr tanzen, daß ich heute wieder tanzen muß, und daß man bei allen diesen Gelegenheiten doch wenigstens lustig scheinen muß, daß ich kaum einen habe, dem ich sagen kann, daß ich mißvergnügt bin, und keinen, dem ich sagen könnte, warum ich es bin, und ich frage Sie selbst, liebste Freundin, ob ich nicht volles Recht habe, verdrießlich zu sein? Möchten nur Sie recht vergnügt indes gewesen sein! Wie bald würde ich dann das Unangenehme dieser acht Tage vergessen! Wie oft habe ich daran gedacht, und wieviel hätte ich darum gegeben, nur zu erfahren, ob Sie vergnügter wären, als Sie es Freitag nachmittag waren. Ich wünsche wohl, daß Sie einmal drei oder vier Wochen allein auf dem Lande zubringen könnten. Ihre Gesundheit und Ihre Ruhe würden gewiß dabei gleich viel gewinnen. Der ungestörte Genuß der freien Natur würde – ich glaube Sie genug dazu zu kennen – Ihre Seele heiterer, für jeden angenehmen Eindruck empfänglicher machen; und dann würde weniger Gelegenheit zu Verdruß und Kummer sein, der Sie doch hier schwerlich je ganz entgehen können. Wie sehr bedaure ich Sie deshalb, teuerste Freundin. Und doch ist eben dies auf der andern Seite mit einem Vorteile verknüpft, den Sie gewiß um keinen Preis würden verlieren wollen. Denn woher entspringt eigentlich so oft dieser Kummer? Die, mit denen Sie am meisten leben und die vielleicht oft die Gelegenheit dazu sind, denken gewiß auch edel, lieben Sie gewiß aus dem Grunde ihres Herzens; aber sie empfinden nur nicht so fein, so lebhaft als Sie, und darum können sie sich oft nicht vorstellen, daß das, was sie sagen oder tun, einen solchen Eindruck auf Sie machen werde, da sie es gewiß nicht sagen und nicht tun würden, wenn sie das wüßten. Wären Sie, liebste Freundin, weniger empfindsam, weniger gefühlvoll, so würden Sie gewiß ruhiger leben. Wollten Sie aber wohl, ich frage Sie selbst, wollten Sie wohl diese größere Ruhe um einen solchen Preis erkaufen? ...

Sonntag morgen

Das war wieder ein ganzer Nachmittag vertanzt, von drei Uhr bis zehn. Vergnügen hat es mir eben nicht gemacht; aber es tötet doch wenigstens die Zeit und übertäubt gleichsam die Langeweile. Sonst habe ich recht gefühlt, wie wenig Vergnügen das Tanzen gewährt, wenn einem die Gesellschaft, mit der man tanzt, nicht wert ist. Aber, werden Sie fragen, war denn die Gesellschaft so schlecht, so langweilig? Das eben nicht, liebste Freundin, es waren recht hübsche Mädchen, ein paar sogar schön, auch tanzten sie sehr gut; es fehlte ihnen nur etwas mehr Geist und Bildung, und Sie wissen es, ich bin einmal verwöhnt. Vor einiger Zeit hätte es mir in dieser Gesellschaft gewiß sehr gut gefallen. Aber gestern hätte sie noch besser sein können, und ich würde doch wenig Vergnügen genossen haben. Ich konnte es immer noch nicht vergessen, daß alle diese Gesellschaften daran schuld waren, daß ich Freitag nicht hatte zu Ihnen kommen können. Und überhaupt – ich sollte es Ihnen nicht sagen, Sie könnten es wieder für Schmeichelei halten, aber es ist es gewiß nicht –, jede Gesellschaft, wo Sie nicht sind, ist mir jetzt uninteressant, höchst uninteressant, und Sie wissen gewiß selbst aus Erfahrung, wie nah das Uninteressante an das Langweilige grenzt. Eine halbe Stunde habe ich mich gestern von den übrigen losgemacht. Da bin ich spazieren gewesen und habe an Sie gedacht, teuerste Freundin, habe gewünscht, o recht innig gewünscht, daß Sie vergnügter sein möchten, als ich es war.

Sie sind so gütig gewesen, mir Dienstag durch andere sagen zu lassen, daß Sie nicht in die Gesellschaft kommen würden. Wie sehr danke ich Ihnen dafür. Ich sehe daraus, daß Sie doch manchmal an mich denken, daß es Ihnen leid tut, wenn Sie mir selbst das Vergnügen rauben müssen, Sie zu sehen; und wie soll ich Ihnen ausdrücken, wie sehr mich das freut. ...

WILHELM VON HUMBOLDT
an Henriette Herz
[Berlin] Sonnabend nachmittag

... Sie schreiben mir von La Roche. Sie haben gewiß sehr recht, teuerste Henriette, seine Freundschaft ungern verlieren zu wollen. Soviel ich ihn kenne, ist er ein überaus guter Mensch, und noch hörte ich kein Urteil über ihn fällen, das nicht damit übereinstimmte. Aber Sie werden sie auch nicht verlieren. La Roche ist gewiß nicht unbeständig, und mißverstanden kann er Sie unmöglich haben. Die Frage, die Sie ihm in Ihrem Briefe vorgelegt haben, ist gewiß sehr gerecht, und ich wüßte nicht, wie er auf irgendeine Art daraus eine Veränderung in Ihren Gesinnungen gegen ihn vermuten könnte. Sie fragen ihn ja, ob er eigentlich *Sie selbst* lieb hat, oder bloß das, was nur zu Ihnen gehört, was nur Abdruck, nur Bild Ihres Innern – Ihres Geistes und Ihres

Herzens –, nicht dieses Innere selbst ist. Das, dächt ich, müßte ihn freuen. Ich bin Ihnen auch für die Antwort Bürge, und nicht bloß für die Antwort des Mundes, nein auch für die Antwort des Herzens. Gewiß, liebe Henriette, auch unter den Bedingungen, die Sie machen, würde La Roche ebendas für Sie empfinden, was er jetzt empfindet. Und wer, der Ihre Freundschaft besitzt, würde das nicht? La Roche denkt gewiß zu edel, um Jugend und Schönheit – wie mächtig auch die Reize von beiden sind – allein zu schätzen, um sie nicht da ganz zu vergessen, wo er Vorzüge findet, die weit vortrefflicher, weit erhabner als jene sind. – Sie sind eine glückliche Frau, Henriette, Sie genießen das Glück, von manchen guten Menschen geliebt zu werden, gewiß ein seltenes, aber darum nur noch beneidenswerteres Glück. Ich beneide es Ihnen nicht, beste Freundin, ich wollte gern jede Glückseligkeit entbehren, wenn ich dadurch machen könnte, daß Sie sie genössen. Ich wünsche nur, daß Sie es immer genießen mögen, und das werden Sie gewiß, denn wenn irgendein irdisches Glück dauernd ist, so ist es dieses. – Ich schließe heute hier; ich will noch spazierenreiten. Sie wissen doch wohin? Ich werde gewiß viel Vergnügen haben. Es ist ein schöner Abend, und ich bin ja allein. Leben Sie recht wohl, liebe Henriette.

W.

WILHELM VON HUMBOLDT
an Henriette Herz
[Frankfurt a. d. Oder] Donnerstag abend um 12 1/2 Uhr
Ihr kleines Briefchen, liebe Henriette, hat mir viel, sehr viel Freude gemacht, mehr als mancher langer, den Sie mir oft schrieben. Denn in diesen klagten Sie oft, und in dem heutigen kurzen schreiben Sie, daß Sie vergnügt, daß Sie glücklich sind. Sie sind glücklich, Henriette, durch das Bewußtsein edler Taten, durch das Gefühl innerer Herzensgüte. O möchte doch nie eine widrige Begebenheit Sie hindern, alles das Glück zu genießen, was Ihnen dies Gefühl, das Sie gewiß immer begleitet, verschafft! Sie nähen also mit der guten Veit für das kleine Mädchen. Ist das nicht mehr Verdienst, als wenn Sie ihr etwas geben, das Ihnen keine Mühe zu erwerben gekostet hätte, ein Geld, das Ihnen unnütz gewesen wäre? Klagen Sie nicht, daß Sie nicht reicher sind, Henriette. Die Wohltaten, die Sie jetzt tun, kosten Ihnen mehr Sorge, mehr Arbeit, aber sie sind auch verdienstlicher, sie

machen Ihnen auch mehr Freude. Nicht wahr, Liebe? Ich bin begierig, ob Sie den Vorschlag wegen des Mädchens annehmen werden? Es würde mir viel Freude machen, Gott, Henriette, die Vergnügungen des Herzens sind die einzigen, recht beglückenden, recht beseligenden. Was ist gegen sie alle Freude, die Eitelkeit, Ruhmsucht, Ehrgeiz, sogar die Ausbildung des Kopfes und Gelehrsamkeit gewähren? Und doch wie selten genießen wir diese Vergnügungen des Herzens? Diese Vergnügungen, die aus dem Bewußtsein edler Taten und der daraus entspringenden Liebe der Menschen, und zwar der edelsten besten Menschen, entstehen. Es gab eine Zeit in meinem Leben, wo ich sie gar nicht kannte, wo mir ein Lob, ein Beifall, denn ehrgeizig war ich immer sehr, mehr wert war als ein herzliches Gespräch, als eine der Freundschaft geweihte Stunde. Aber wieviel anders ist das jetzt! Ich bin noch nicht gleichgültig gegen das Lob von Männern, deren Urteil beweisend ist. Aber für den Mangel des Genusses der Freundschaft und Liebe kann es mich nie in keiner Rücksicht entschädigen. Ich freue mich, daß Sie so glücklich sind, meine teure, herzensliebe Henriette! O könnte ich doch machen, daß Sie immer so wären. Gott! wenn meine Henriette so recht ruhig, recht zufrieden wäre, wieviel wollte ich darum geben. Aber wählen Sie sich nur immer so gute Menschen zum Umgange, dann werden Sie selten Kummer empfinden. Sie leben jetzt, dünkt mich, so recht, als es Ihrem Herzen und Ihrem Charakter gemäß ist; mit wenigen, nur mit zwei, aber mit den vortrefflichsten Menschen. Möchte ich doch erst wieder in diesem Zirkel sein. Wie glücklich wollte auch ich mit Ihnen leben! Aber wie viele Wochen müssen noch verstreichen, ehe die so lang, so sehnlich gewünschte Zeit herbeikömmt. Wieviel kann indes noch vorgehen? Was kann nicht die schönen Pläne, die ich jetzt mache, zerstören. Und wird dann auch G. bei uns sein? Und wenn das nicht ist, dann sind wir doch getrennt, dann sind wir doch weniger glücklich. Doch wozu diese Chimären! Carl wird dasein, wir werden uns täglich sehen, wir werden ganz das Glück reiner Liebe genießen. Sie müssen es schon Ihrem Wilhelm verzeihen, wenn ihm sein Unmut manchmal Grillen in den Kopf setzt, die er sonst nicht haben würde. Meine Lage ist zwar nicht schlimm hier. Aber ich bin nicht bei Ihnen, nicht bei der Veit, nicht bei Carl. Darin allein liegt die Quelle meines Mißvergnügens. Oh! Ich danke Ihnen herzlich, daß Sie mir diese Einsamkeit noch durch Ihre Briefe ertragen helfen. Was machte ich ohne diese? Sie sind doch nicht böse darüber, Liebe, daß ich immer einen hierbehalte? Aber den kann ich gewiß in acht nehmen, der fällt gewiß niemand in die Hände. Und ich kann unmöglich ganz ohne einen Brief von Ihnen sein. Ich trag ihn immer bei mir, und wenn ich Muße habe, so lese ich ihn und danke Ihnen in meinem Herzen, daß Sie mir ihn schrieben. Ich kann so Ihren Ring hier nicht tragen. Darum freue ich mich auf Göttingen. Da kann ich ihn tragen! Weil ich von Göttingen rede, es ist nun gewiß, daß S. mitgeht. Seine Eltern haben es erlaubt. Er ist mir sehr lieb. Er ist ein herzlich guter und fleißiger Junge. Sehr viel Kopf hat er zwar nicht, aber doch genug, doch soviel, um ein recht brauchbarer, nützlicher Mann zu werden, und was kann man mehr verlangen. Ich für mein Teil bin mit diesem Ruhme zufrieden, wenn ich ihn nur erlangen kann; ach und sollte ich das nicht? – Ich will nun für heute schließen, Henriette, morgen abend schreibe ich weiter. Was sagen Sie denn zu der Verwirrung, die in meinen Briefen herrscht? Ich schreibe Ihnen, wie ich's denke. Und das wird Ihnen, hoff ich, lieb sein. Sie sind ja die Vertrauteste meines Herzens. Nicht wahr, ist's Ihnen nicht lieb? – Gute Nacht, liebe Henriette.

WILHELM VON HUMBOLDT
an Henriette Herz
[Frankfurt a. d. Oder] Sonntag abend um 7 Uhr

Arme Henriette, also sind auch Sie unglücklich! O das, das fehlte nur noch, um mich die Härte meines eigenen Schicksals ganz fühlen zu lassen. Ihr Brief hat mich in Unruhe und in Bestürzung gesetzt. Ich habe ihn zwei-, dreimal überlesen, und soll ich Ihnen noch sagen, welche Empfindungen er in mir hervorgebracht hat? Und was noch das Schlimmste ist, so muß ich diese Empfindungen verbergen. Kunth fragte mich schon ein paarmal diesen Nachmittag, was mir fehle? Warum ich so ungewöhnlich traurig sei? Ich schützte Kopfschmerzen vor. Was sollte ich antworten? Aber was ist denn vorgefallen, liebste, beste Henriette? Oh, ich bitte Sie, schreiben Sie es mir, schreiben Sie es mir, und ganz so, wie es ist. Jetzt bitte ich Sie um Vertrauen, jetzt bitte ich Sie, mir die eigentliche Ursach Ihres Kummers zu entdecken. Denn jetzt kann ich Ihnen vielleicht nützlich werden, jetzt Ihnen vielleicht durch manches, was auch ich hörte, Aufschlüsse geben. Sie schreiben, daß man Sie so falsch beurteilt, daß das soweit geht, daß Sie Berlin deswegen zu verlassen wünschen, Gott, Henriette, was ist das, und wer ist daran schuld? Und wie ist das so plötzlich entstanden? Ich weiß wohl, daß man schon immer unwürdige, nur Verachtung verdienende Urteile von Ihnen gefällt hat. Ich weiß, daß Meyering davon wenn nicht die Schuld, doch wenigstens die Veranlassung ist; daß man wenigstens jetzt von ihm am meisten spricht. Ich habe Sie selbst so oft verteidigt, mich so oft nur hüten müssen, nicht durch zu große Heftigkeit und Erbitterung den Leuten Gelegenheit zu geben, zu glauben, daß auch ich parteiisch für Sie sei, und Ihnen dadurch mehr schädlich als nützlich zu sein. Ich erinnere mich noch besonders einesmals diesen Sommer, wo – Sie sollten es kaum glauben – Carmer, den Sie nicht leiden können, mit ungewöhnlicher Wärme Ihre Partei nahm – Sie wußten dies alles, Sie sprachen einigemal mit mir davon und sagten mir sogar, daß Sie das nicht beunruhige, weil es in Berlin jeder jungen und auch nur leidlich hübschen Frau so gehe. Wie kommt es nun, daß Sie jetzt auf einmal so bewegt darüber sind? Bing scheint mir ein zu unbedeutender Mensch, um auch mit aller Bosheit Ihnen viel schaden zu können. O erklären Sie es mir, ich bitte, ich beschwöre Sie darum. Ich werde nicht eher nur etwas ruhiger sein. Sie können ja – soll ich es Ihnen noch beteuern – auf meine Verschwiegenheit rechnen. Ich müßte ja der verabscheuungswürdigste, verworfenste aller Menschen sein, wenn ich Sie, gütige, freundschaftliche Henriette, hintergehen könnte. Und auch durch Unbesonnenheit verrat ich gewiß nichts. Ich spreche sogar überhaupt ungern von Ihnen. Nur mit der Veit und La Roche tue ich's gern; sonst verrät mein Mund und mein Gesicht zu sehr, was ich für Sie empfinde, und das wird so oft falsch beurteilt. Und daß Sie sogar wünschen, sich von Berlin auf eine Zeitlang zu entfernen! Um Gottes willen, arme, unglückliche Henriette, es muß weit gekommen sein. Ich weiß, wie wert Ihnen Berlin ist, wie wert Ihre Veit; wie wert – ich kann's doch hinzusetzen, La Roche, der nun bald hinkommt, und ich weiß, daß Ihre Schwester keine Frau für ihn ist. – Doch ich muß nun zu Tisch gehen. Sobald ich wiederkomme, noch soviel ich kann. Leben Sie wohl so lange, meine liebe, liebe Henriette. Gott, wenn ich Ihnen doch helfen könnte. Gern, gern wollt ich noch jede glückliche Stunde dafür einbüßen, die ich jetzt noch habe. O Sie gute, liebe Henriette! Ich kann den Namen nicht genug wiederholen, der meinem Herzen so über alles, so unendlich mehr als jeder andere teuer ist, und ewig sein wird!

Nach Tisch

... O Henriette, ich fühle jetzt selbst zu sehr das Schreckliche einer solchen Lage, um Sie nicht davor zu warnen. Melancholie mit allen ihren unseligen Folgen würde Ihr Los sein. Ach, die Tränen stehen mir in den Augen, indem ich dies schreibe. Ich zittere, wenn ich Sie mir in diesem Zustande denke, ich beschwöre Sie, führen Sie den Entwurf nicht aus, selbst dann, wenn Ihr Mann ihn billigte, nicht aus. Sie schreiben mir, Sie hätten es ihm vorgeschlagen, sagten Sie ihm aber auch die Ursache? Und was meint denn er dazu? O schreiben Sie es mir doch auch, wenn Sie mir doch auch sagen wollten, ob er wohl merkt, woher anfangs Meyerings großer Eifer, ihm zu dienen, gekommen ist, und warum er jetzt erkaltet? Nehmen Sie sich nur jetzt in acht, liebe teure Henriette, beharren Sie nur jetzt fest bei dem Entschlüsse, niemandem zu trauen, den Sie nicht recht genau kennen, gute und edle Seelen, wie die Ihrige, werden so leicht getäuscht. Schränken Sie den Kreis Ihrer Vertraulichkeit auf die Veit, Meyering, denn in diesem Punkt, glaub ich, sind Sie auch bei ihm sicher, und vorzüglich auf La Roche ein. Ich wollte wohl Bürge dafür sein, daß der immer der vorteilhaften Meinung entsprechen wird, die wir beide jetzt von ihm haben. Wollen Sie auch mir den Teil Ihres Vertrauens erhalten, den ich jetzt besitze, o so machen Sie mich so glücklich, so glücklich dadurch, und so sollen Sie es gewiß nie bereuen. Und doch, Henriette, doch habe ich einen Fehler begangen und begehe ihn noch, über den ich nicht eher ruhig sein werde, bis ich nicht Erklärung und Verzeihung darüber von Ihnen erhalten habe. Ich wollte ihn Ihnen schon oft gestehen, aber die Furcht, dadurch vielleicht Ihre Freundschaft und Ihr Vertrauen ach! auf ewig zu verlieren, oder doch die Furcht, Ihnen, wenn Sie es wüßten, vielleicht nicht so oft antworten zu dürfen, hielt mich zurück. Doch jetzt soll sie es nicht länger. Sprechen Sie mein Urteil, Henriette, sein Sie nur nicht, o nur nicht zu streng, nur darum bitte ich Sie. Das Posthaus ist nur etwa fünfzig Schritt von unserm Hause entfernt, und Kunth und Löfflers können jedesmal sehen, wenn jemand ins Posthaus geht. Nun fügt sich's gerade so, daß immer, wenn ich ausgehe, Kunth zu Hause ist, ich kann also nie wagen, ins Posthaus hineinzugehen, aus Furcht, bemerkt zu werden. Ich habe daher die Briefe an

Sie, nur einige wenige ausgenommen, durch meinen Bedienten besorgen lassen. Das, Henriette, das ist der Fehler, den ich begehe, für den ich Verzeihung bitte. Denn mein Bedienter ist einmal noch in Berlin mit einem Briefe an Ihren Mann geschickt worden und hat den Brief, weil Ihr Mann gerade bei der Veit gewesen ist, dahin gebracht. Er kann also wenigstens wissen, daß Sie und die Veit in Verbindung stehen, er kann fühlen, daß immer noch ein Brief darin liegt. – Die Gefahr ist klein, ich gestehe es; aber sie hat mich doch sehr beunruhigt und beunruhigt mich noch.

WILHELM VON HUMBOLDT
an Henriette Herz
[Frankfurt a. d. Oder] Sonntag abend um 12 Uhr
[Mit deutschen Lettern]

Wundern Sie sich nicht über die neue Gestalt meines Briefes, liebe Henriette. Sie fragen mich in Ihrem vorletzten Briefe, ob es mir wohl gleichviel sei, ob wir uns deutsch oder hebräisch schrieben? Ich schließe aus der Frage, daß Sie lieber deutsch schreiben wollen. Hab ich Sie unrecht verstanden, so sagen Sie's mir, und Sie sollen wieder hebräische Schrift bekommen. Aber warum fragen Sie mich erst? ist es nicht Bewegungsgrund genug, etwas zu wollen, daß Henriette es will? Gewiß, meine Teure, das ist es, und nicht bloß in Kleinigkeiten wie diese, sondern auch in wichtigen Dingen. Glauben Sie darum nicht, daß ich Ihnen überall blindlings folgen werde. In vielen Stücken werd ich's gewiß, aber in allen wird Henriette selbst es nicht wollen. Aber mein Herz, das gesteh ich, wird zuerst immer Ihrer Meinung sein, und mein Verstand wird viel Mühe haben, es zu überzeugen, daß doch auch Sie sich vielleicht geirrt haben, daß es Ihnen vielleicht nicht möglich war, die Sache von allen Seiten zu sehn. Aber, um auf das Hebräische zurückzukommen, so ist es mir wirklich gleichviel, wie wir uns schreiben. Das Hebräische ist mir freilich teuer, weil wir uns darin zuerst geschrieben haben. Man liebt auch solche leblose, an sich nichtssagende Dinge wegen der Ideen, die man damit verknüpft. Es ist vielleicht eine Schwachheit, aber geht es Ihnen nicht auch so, teure Henriette? Doch auf der andern Seite schreiben wir wahrscheinlich beide das Deutsche geläufiger als das Hebräische, und dann können wir uns vielleicht, ohne mehr Zeit auf unsren Briefwechsel zu verwenden, länger schreiben.

Und soll ich Ihnen noch sagen, wie wichtig es mir ist? Und auch Ihnen, gute Henriette, weiß ich, ist es lieber. Es ist nicht mehr bloß Stolz, wenn ich das sage. Es wäre Undankbarkeit, Ihre Liebe zu verkennen. Gott! sie macht mich so glücklich! Mehr zu befürchten haben Sie gewiß auch nicht, wenn wir uns deutsch schreiben. Fände man einen Ihrer hebräischen Briefe, so wäre die Verfasserin doch bald erraten, und je versteckter dann, je schlimmer. Und gewiß, Sie brauchen nichts zu befürchten, meine Beste. Ich schicke Ihnen ja die Briefe immer wieder zurück; und wer müßte ich sein, wenn ich weniger vorsichtig damit umginge? Ich kenne die Menschen, die mich umgeben, ich weiß, daß sie Sie nicht verstehn würden, selbst Kunth nicht, und an meinen Bruder, so gut er sonst ist, ist gar nicht zu denken. Ach, und ich freue mich so innig, daß ich Sie verstehe und daß Sie mir das zutrauen und mir so naiv, so offenherzig schreiben! O Henriette, sich eines reinen Herzens und schuldloser Absichten bewußt zu sein, und sich dann ganz einer dem andren zu vertrauen, das ist das seligste Gefühl. Sagen Sie mir, könnte ich bei der heißesten, aber nicht so edlen, nicht so reinen Liebe des schönsten, klügsten, besten Weibes, eines Weibes wie Henriette, wenn solch ein Weib auch einer solchen Schwachheit fähig wäre, nur halb so glücklich sein, als ich es jetzt bin? O meine Teuerste, ich bin von gewissen Seiten beneidenswert glücklich, beneidenswert glücklich, daß ich Sie gefunden, daß Sie mich lieben. Der Gedanke an Sie tröstet, richtet mich bei jedem Kummer, bei jedem Verdrusse auf; und wenn er mich manchmal nicht heiter zu machen vermag, so macht er mich doch ruhig und versetzt mich in einen Kummer, der selbst so süß ist! ...

WILHELM VON HUMBOLDT
an Henriette Herz
[Frankfurt a. d. Oder] Montag nacht um 1 Uhr

Ich danke Ihnen herzlich, liebe Henriette, für Ihr englisches Briefchen. Sehn Sie, Sie waren bange, es würde Ihnen an Stoff dazu fehlen, und nun haben Sie noch für einen andren übrig. Denn Sie erwähnen der Visite bei Bauers noch nicht. Meinen englischen Briefen müssen Sie es ansehn können, wieviel Mühe es mir macht, Ihnen weniger vertraulich zu schreiben. Ich möchte so gern für jedes »Madam«, ein »my dearest Harriet« schreiben. Setzen Sie es immer an die Stelle, vielleicht sind sie

Ihnen dann erträglicher. Aber, beste Henriette, Sie haben eine kleine Unvorsichtigkeit begangen, die uns bald hätte teuer kosten können. Begehn Sie sie ja ein andermal nicht wieder. Sie hatten Brenna die Aufschrift auf Ihren englischen Brief machen lassen. Sie hatten wahrscheinlich nicht daran gedacht, daß Brenna auch immer die Adressen auf den Briefen der vermeinten Sophie macht und daß Kunth die Hand kennt. – Er kennt sie so gut, daß er mir die Briefe gewöhnlich gleich so gibt, als sie kommen, noch versiegelt und an ihn adressiert. Hören Sie nur, wie's mir gestern ging. »Die Herz hat mir«, sagte er, »einen Brief an dich geschickt, aber er scheint nicht von ihr zu sein. Die Aufschrift ist von Sophiens Hand.« Sie können denken, wie ich erschrak. Ich ließ mir aber nichts merken; und es gelang mir, glaub ich, ihn zu überreden, daß er sich irre. Bis jetzt hat er wohl keinen Verdacht geschöpft; aber nehmen Sie sich doch ja künftig in acht. Es wäre doch sehr schlimm, wenn er erführe, daß die Briefe von Ihnen wären, nicht wahr? O Gott! teuerste Henriette, tausendmal habe ich mir schon bittre Vorwürfe gemacht, daß Sie meinetwegen etwas wagen, das Sie in der Folge bereuen könnten! Geben Sie mir nur in Ihrem Herzen das Zeugnis, daß ich Sie nicht darum bat, daß ich kaum mir nur heimlich es zu wünschen erlaubte. Ich wußte, welch ein Leben ich hier ohne diese Briefe führen würde; aber ich hätte lieber alles verlieren als Sie bitten wollen, nur das Geringste zu wagen. Sie selbst, innigstgeliebte, traute Freundin, Sie waren gütig, großmütig genug, mir es anzubieten. Sein Sie nur jetzt darum nicht böse auf mich, o gewiß nicht! Ich brauche sicher alle nur ersinnliche Vorsicht, und in wenigen Monaten ist der Zwang vorbei, dann schreiben wir uns frei. Wenn Sie nur bis dahin hübsch vorsichtig sind, dann ist gewiß nichts zu fürchten.

Ihr Mann schreibt mir in den paar Zeilen unter Ihrem Briefe von dem kleinen Aufsatz, den ich in Zöllners Lesebuch habe einrücken lassen. Ich habe nicht geglaubt, daß Sie etwas davon erfahren hätten. Aber da Sie es, wie ich nun vermute, schon seit einiger Zeit wissen, so wundert es mich, daß Sie mir nicht davon geschrieben haben. Sie sind doch nicht böse, liebe Henriette, daß ich es Ihnen nicht früher gesagt habe? Doch nein, das sind Sie nicht, daß es mir nicht an Zutrauen zu Ihnen mangelt, hab ich Ihnen, glaub ich, bewiesen, und Sie versprachen mir auch, mir immer zu sagen, wenn Sie böse wären, und Sie haben mir nichts gesagt. Warum ich aber bis jetzt nichts davon erwähnt habe?

Je nun die Wahrheit zu gestehn, hab ich diesen Aufsatz nie leiden können. Er lag schon seit zwei Jahren in meinem Pult. Den Mittag, als Ihr Mann bei uns im Tiergarten aß, schlug Kunth, ich wahrlich nicht, Zöllnern vor, ihn mit abdrucken zu lassen; und nun mußte ich in den letzten Tagen, wo ich schon so viel Sorgen und Unruhe und Verdruß hatte, Tag und Nacht sitzen und umarbeiten und Vorreden machen. ... Leben Sie wohl, liebe teure Henriette. Wenn ich nur erst wieder bei Ihnen wäre! Nur bei Ihnen und Brenna kann ich glücklich sein. Gute Nacht, Innigstgeliebte!

Wilhelm

WILHELM VON HUMBOLDT
an Henriette Herz
[Frankfurt a. d. Oder] Freitag abend 1787

... Ihr liebtet mich schon vorher, wie oft hab ich das mit inniger Rührung empfunden; ich liebte Euch, das weiß Gott. Aber jetzt habt Ihr mir durch diese Verbündung gleichsam ein Recht auf Eure Liebe, Eure Treue, Euer Vertrauen gegeben; nun haben wir uns gegenseitig gelobt, einander einen Vorzug in unsrem Herzen vor allen übrigen Menschen zu geben, bis wir vielleicht einen finden, den unsre Verbündung glücklich machen kann, mit dem wir dann gleich redlich, als jetzt mit uns, unsre Liebe teilen. O Henriette, nun bist Du ganz mein! Einen stärkern Beweis Deiner Liebe, Deines Vertrauens konntest Du mir nie geben, als indem Du mich in diese Verbündung aufnahmst, indem Du mich würdigtest, wie mit einer Schwester vertraut mit Dir auf Du und Du zu reden. Oh! wahrlich – soll ich es Dir noch schwören? – nein, nie wird Dein Wilhelm dieses Vertrauen mißbrauchen. Er wird es verdienen, gewiß verdienen; Du wirst ihn durch Dich ganz glücklich sehn, und dadurch selbst glücklich sein! – Es schlägt sieben. Ich muß hier schließen. Die Löffler ist ausgegangen, und da ihr Mann krank ist, soll ich sie abholen. Lebe wohl so lange!

WILHELM VON HUMBOLDT
an Henriette Herz
[Frankfurt a. d. Oder] Dienstag abend um 7 Uhr 1787

Wie herzlich hab ich mich gefreut, Deinen und unsres lieben Alexanders Brief zu erhalten! O wenn Du so ganz wüßtest, so wie ich's fühle, wieviel mir immer jeder Deiner Briefe ist, wie oft ich sie lese, wieviel Freude mir jede Zeile macht! Es ist ja der einzige Genuß jetzt, da wir voneinander getrennt sind! Wohl uns nur, daß wir es nun nicht mehr lange sein werden, daß ich nun mit jedem Tage den Augenblick näher sehe, wo ich meine Henriette und meine Brenna wieder in meine Arme schließe! – Der arme Alexander. Er schreibt mir, Mittwoch spätestens reise er ab. Ach Gott! vielleicht sitzt Ihr jetzt eben zum letztenmal auf lange Zeit beisammen. O könnte ich doch auch diese wehmütige Szene mit Euch teilen. Wie Euch sein muß, wenn Ihr nun wieder allein seid! Ihr wart jetzt gewohnt, ihn täglich zu sehen, Ihr brachtet so manchen glücklichen Abend mit ihm zu, und nun ist das, wenigstens auf mehrere Monate, wieder dahin! Sage es selbst, Henriette, wenn die Erfahrung uns nicht allmählich an diesen steten Wechsel unsrer Glückseligkeit gewöhnte, wie könnten wir solche Trennungen ertragen? Zwar hat Carl recht, die Seelen bleiben vereint, wenn auch Hunderte von Meilen ihre Hüllen trennen. Aber wenn sie sich nur auch gegenseitig mitteilen, gegenseitig verstehn könnten! Ohne das ist jede Idee zwar trö- stend, beruhigend, aber sie tut dem sehnenden Herzen dennoch nicht Genüge. Glücklich nur, daß Du in Brenna und Brenna in Dir einen Ersatz für unsre Abwesenheit – wie stolz müßte das jedem andern klingen! Aber Dir doch nicht, meine Teure? Wir lieben uns ja gegenseitig! – hat. Seid Ihr nicht beneidenswert glücklich gegen uns? Ihr seid doch immer zwei gleichgestimmte Seelen beisammen; aber wir? wir müssen jede Empfindung in uns selbst verschließen. Doch ich will ja nicht klagen.

Was Du und Alexander von unsrer Verbündung schreiben, scheint auch mir sehr gut und sogar notwendig. Du hast wohl recht, daß selbst das Adressieren an einen von uns nicht sicher genug ist, besonders Deines Mannes wegen. Und bei Chiffren ist, sobald sie nur gut gewählt sind, gar nichts mehr zu besorgen. Und was ist die kleine Mühe, den Chiffre zu lernen, gegen den großen Vorteil der Sicherheit, der daraus entspringt! Wir können Dir gewiß alle für diesen Vorschlag herzlichen Dank wissen. Denn Du hast wohl recht, daß wir verloren wären, wenn ein and- rer es fände. So unschuldig, und nicht bloß so unschuldig, sondern gewiß so edel, so vortrefflich diese Verbündung ist, so würden nicht alle so gerecht davon urteilen. Der eine würde Schwärmerei, überspannte Empfindsamkeit darin sehn, der andre vielleicht gar versteckte Absichten, die nur dessen würdig wären, der so etwas vermuten könnte, und wenigstens würden wir dem Gespötte manches schalen Kopfs ausgesetzt sein. Ich will nicht einmal von dem Eindruck reden, den es bei aller Vernunft und sonstigen Herzensgüte auf Deinen und Veit's Mann machen könnte. Und doch würde ich gerade die noch am wenigsten fürchten. Also ist gewiß keine Sorgfalt, auch die größeste nicht, überflüssig, um das Geheimnis unsrer Verbündung mit ins Grab zu nehmen. Nimm Dich nur recht in acht, liebe Henriette, ich bitte Dich um Deiner selbst willen, wenn ich nach Berlin komme. Wenn man sich immer Du nennt, so entschlüpft das Wörtchen so leicht auch da, wo es nicht gehört werden sollte, und dann fehlt es nicht selten an Gegenwart des Geistes, das Versehn wieder durch einen Scherz gutzumachen. Aber ist es Dir nicht lieber, daß wir uns Du nennen? Ich gestehe Dir, meine Liebe, ich wünschte es schon oft. Wenn ich einem so von ganzer Seele gut bin, wenn ich ihm mein ganzes Herz so zeige, wie es ist – und o sage es selbst, tat ich das Dir nicht immer, seitdem wir uns näher kannten? –, dann brauche ich so ungern die Sprache auch des kleinsten Zeremoniells. Wenn ich manchmal an Dich schrieb und das, was ich schrieb, bei mir überdachte und Dich dann in Gedanken Du nannte – denn in Gedanken konnte ich es nicht anders –, dann wünschte ich oft: möchtest Du auch jetzt so schreiben können, das traute Du würde sich viel besser zu der Herzlichkeit dieser Empfindung passen, und welchen Schaden könnte es haben? Ich kannte mein Herz und meine Gesinnung gegen Dich, und ich kannte auch Henrietten. Jetzt nenn ich Dich Du und darf Dich so nennen und danke es Dir in meinem Herzen, sooft ich es tue. – Was Alexanders Vorschlag betrifft, so billige ich ihn völlig. Wollten wir wohl so stolz sein zu glauben, daß wir alles so gut eingerichtet hätten, daß es keiner Verbesserung mehr fähig wäre? Und wenn wir das nicht glauben, muß dann nicht jedes Mitglied ebensogut als wir das Recht haben, neue Vorschläge zu machen? Darum, daß wir die ersten waren, welche die Verbündung stifteten, kommt uns doch nicht eigentlich ein Vorrecht zu. Und wer weiß, ob wir nicht durch solche neue Mitglieder manche gute neue Idee mehr erhalten. Schreibe doch also Alexander und bitte ihn, Deinen und seinen Vorschlag, wenn er's noch nicht getan hat, den Regeln zuzusetzen. Vergiß auch nicht, mir den von Alexander erfundenen Chiffre zu schicken. Du weißt, daß ich mir Alexanders Aufsatz abgeschrieben habe.

Ich werde mir ihn denn auch im Chiffre abschreiben und das alte verbrennen, damit wir ganz sicher sind. – Wie soll ich denn Alexandern jetzt schreiben? Geradezu, oder durch Dich, liebe Henriette? Schicke mir doch, wenn ich geradezu schreiben soll, seine Adresse. Ich weiß nicht einmal recht den Ort, wo er ist. Ich dachte, er hieße Schönebeck, aber er schreibt mir von Schöningen. Schreibe es mir doch recht ausführlich. – Die gute Brenna grüße tausendmal. Ich erwarte mit sehnlichem Verlangen ihren zeigbaren, aber noch mehr einen nicht zeigbaren Brief von ihr. – Du, Henriette, wirst mir doch wohl auch bald wieder schreiben? O tue es ja! Bedenke nur, wie wenig Freude ich ohne Deine Briefe habe. Und es macht Dir, das weiß ich, ja auch Vergnügen, mit einem Freunde zu reden. Lebe nun wohl, meine beste, teuerste Henriette! Gott! Ich liebe Dich unaussprechlich. Du hast mich so glücklich gemacht. Wärest Du es nur halb so sehr auch durch mich geworden! Lebe wohl, traute Freundin, und liebe Deinen
W.

WILHELM VON HUMBOLDT
an Henriette Herz
[Frankfurt a. d. Oder] den 23. Februar 1788
Liebe Freundin, der gestrige Tag war in der Tat nicht bloß der glücklichste, den ich in Frankfurt verlebte, sondern überhaupt einer der fröhlichsten meines Lebens. Minettens Ankunft machte mir eine große und noch dazu ganz unerwartete Freude; und wie sehr, wie unendlich wurde diese Freude durch Ihren so freundschaftlichen Brief vermehrt! Dadurch vermehrt, daß Sie äußern, es Minetten zu beneiden, daß nicht auch Sie mir die Freude machen können, Sie nach dieser längern Trennung einmal wiederzusehn! Die Güte und die Herzlichkeit, mit der Sie mir schreiben, hat mich innigst gerührt. Denn ich weiß, wenn Sie so schreiben, so fühlen Sie auch so; und waren wir nicht immer einig, daß die süßeste Wonne, die ein nicht ganz fühlloses Herz genießen kann, aus der Freundschaft edler, vortrefflicher Menschen entspringt? Nur das Gefühl, daß noch so vieles, was Ihre Freundschaft Sie von mir glauben läßt, nicht so ganz wahr ist, konnte meine Freude vermindern. Oh! in der Tat, Sie tun sich sehr unrecht, wenn Sie glauben, daß meine Bildung durch Sie nichts mehr gewinnen könnte; und wenn ich stolz genug sein könnte,

zu glauben, daß Sie recht hätten, daß es wirklich so wäre, wem würde ich es danken müssen als Ihnen? Sie wissen, ich schmeichle nicht – was ich sage, das fühl ich. Aber ich weiß es zu gut, wieviel ich durch Sie und durch Ihren Umgang, vortreffliche Frau, schon gewonnen habe; und meine Mutter müßte wenig Anteil an meinem Schicksale nehmen, wenn nicht auch sie es bemerkt und sich mit mir darüber gefreut hätte. – Ich erwarte mit Sehnsucht die Zeit, wo ich wieder bei Ihnen sein kann, und liebte ich Minetten nicht so sehr, so mißgönnte ich ihr das Vergnügen, Ihnen diesen Brief bringen zu können. Glücklich nur, daß jetzt nur noch wenige Wochen mich von meinen Freunden trennen. Leben Sie wohl, und vergessen Sie nie

Ihren Freund

Humboldt

Grüßen Sie doch die gute Veit.

WILHELM VON HUMBOLDT
an Henriette Herz
[Göttingen] d. 9. Mai 1788 [Zum Teil in Ziffern]

Gott! Gott! Ihr lieben, trauten Weiber, Schwestern, Freundinnen, wie glücklich, wie unbeschreiblich glücklich bin ich in diesem Augenblick! Oh! wenn ich doch nur alles das, warum ich es bin, auch so mit einem Worte sagen könnte; aber das so langsam, so nach und nach herauszubringen, das bin ich heute kaum imstande. Oh! meine Brust ist so voll, so voll, daß ich nicht schreiben, nicht reden, nicht denken kann! Stellt Euch nur vor, morgen abend bin ich bei Kunth, und die ganzen folgenden acht Tage sind wir beieinander, unzertrennlich beieinander, wachend und schlafend, zu Fuß, zu Pferde, zu Wagen, auf und unter der Erde! Und was sich der gute liebe Kunth freuen wird! Er erwartet mich erst den 11. in Goslar, und ich werde nun schon den 10. abends hinkommen. Aber ich rede da von Goslar, als wenn Ihr schon alles wüßtet. O verzeiht mir's, aber ich kann unmöglich jetzt nach der Ordnung erzählen. Lest nur Kurts Brief, den ich Euch mitschicke. Daraus werdet Ihr alles sehen. Auch Karoline seh ich nun wahrscheinlich. Wie nur mein Herz das alles wird fassen können! Den Zirkel, den wird nun Carl auch küssen, und Karoline wird ihn küssen, und dann geb ich ihn Euch zurück, und dann küßt Ihr ihn wieder. Und meinen Ring, Jette, wie wir alle die Verbundenen auf dem Sofa ihn küßten? Den küßt nun

Carl auch. O welche Freude, welche unbeschreibliche Wonne! Wenn ich nur nicht so unruhig wäre; denn ich schwör's Euch, kaum kann ich die Feder halten. Mein Herz fliegt nur. Wenn doch die Tage Augenblicke wären. Ach! morgen Abend erst seh ich meinen Carl, morgen Abend schließ ich ihn erst in meine Arme. Wie sich unsre Herzen gegenseitig ergießen werden. Oh! morgen Nacht schlafen wir gewiß nicht, dann sitzen wir und reden von Euch. Wenn Ihr es doch schon auch wüßtet, dann könntet Ihr auch sitzen und von uns reden. Gott! welch Entzücken wäre das. Und nun zu all der Freude und der Trunkenheit, in die mich der Gedanke, Carl und Karoline zu sehn, versetzte, kam nun noch Euer Brief, und so unvermutet, ich erwartete ihn erst Dienstag. O Brenna, Du warst noch unter meinem Fenster! Gott, Gott, könnt ich Dich doch jetzt in meine Arme drücken, könnt ich Dir mit tausend Küssen den herrlichen, den liebevollen, den himmlischen Gedanken lohnen! Meine Vernunft, sagst Du, hätte das nicht getan! Oh! Brenna ich bitte und beschwöre Dich, sage das nicht. Wehe der Vernunft, die sich da widersetzt. Sie mag für kalte unempfindliche Menschen taugen, aber für Euren Wilhelm taugt sie nicht, Deinen Wilhelm, den Du, den Jette, den Carl so lieben, für den taugt sie nicht, den würde sie entehren! Du bist glücklicher durch mich geworden, sagst Du! Oh! Brenna sage das nicht, ich kann's, ich vermag's nicht zu fassen. Es ist, als wollte mein Herz zerspringen, wenn ich den Gedanken nur denke. Und ich kann ihn nicht denken. Er hebt mich in einer Höhe empor, vor der mir schwindelt. Oder nein, sag es mir oft, sag es mir immer. Es wird meiner Seele wieder Ton, meinem Herzen wieder Kraft geben. Es wird mich mit mir und den Menschen wieder aussöhnen; ich werde mein Dasein wieder schätzen, weil Du dadurch glücklicher wurdest. Oh! wie es mich hinriß, als ich diese Stelle Deines Briefes las, es war mir dabei, als wären unsre Seelen nicht bloß mehr verschwistert, nein als wären sie eins, eins. Aber was redest Du von unermüdeter Sorgfalt? Ist Drang des lieberfüllten Herzens auch Sorgfalt? Konnte ich glücklich sein, ohne Dich glücklich zu sehn? Was sagst Du von den Angelegenheiten eines Herzens, die ich vergessen hätte? Sind denn die Angelegenheiten der Deinigen nicht auch die meinigen? Sind denn nicht Du und ich und ich und Du, Jette und ich, und Carl und Jette, und Carl und Du, kurz *wie* Du uns miteinander verbinden magst, sind wir nicht alle eins, nicht so eins, daß wir uns nicht mehr den Worten nach trennen können? O sei ferner so glücklich, liebe mich ferner auch so, und Du wirst mich noch glücklicher machen, als ich schon ehemals durch Dich und durch Jette und Carl war. – Und Du, geliebte, traute Jette, wie hat mich Dein Brief entzückt, wie der naive Ausdruck Deiner Liebe, die aus jedem Worte hervorleuchtet! Die ganze Nacht träumte ich von Dir, und wie wir uns küßten, und wie ich vor Deinem Schoß auf den Knien lag, und wie wir uns ansahen, und wie wir uns dann zuwinkten und zuriefen, wie wir von Carl und Brenna sprachen! Gott, was ich glücklich war! Antworten kann ich Dir unmöglich jetzt auf Deinen Brief. Schreib Du mir recht viel. Sobald ich zurückkomme, schreib ich, und schreibe einen recht langen Brief von Carl und Karoline und mir. Ich schicke den Brief wieder an Brenna. Vielleicht bist Du auch dann schon von Prenzlau zurück. Nun lebt wohl, o recht wohl und denkt an mich, und an Carl und mich zusammen, denn wir denken ja nun auch zusammen an Dich. Gott, wie ich Dich liebe. So oft wähnt ich, nun könne die Liebe nicht höher steigen, und doch stieg sie noch immer! Oh! das hat keine Grenzen; ist grenzenlos und unendlich, wie die Allgüte, die uns dies Gefühl einhauchte. Leb wohl, Ihr Trauten!

Euer W.

ALEXANDER VON HUMBOLDT
an Henriette Herz
4. September 1788

Wer des Scherzes Feind ist, trete nicht in unser Heiligthum. Wieland, Kleine Schriften.

Fr. Hofräthin Herz. Hab' ich nicht immer gesagt, daß der Humboldt ein rechter Windbeutel sei? – Mad. Veit. Er verspricht so viel und hält so wenig, daß ich fast glaube, meine Verheißungen werden erfüllt. – H.H. O! mit den Pleureusenmenschen hat er schon manches gemein! Schade nur um sein bißchen Gutmütigkeit, um … – M.V. Ach, um das alles, fürchte ich, wird sich noch eine dicke Pleureuse schließen wie die Schuppen im Luzian. – H.H. Nur mit dem kleinen Unterschiede, daß diese abfielen. Aber die Pleureusen hängen so fest! Der Mensch, der Freund verschwindet dann ganz, und was bleibt … M.V. Und was bleibt ist eine bunte Lappengruppe. Doch so arg wird es ja wohl …

H.H. Da kommt Bär! Sieht er nicht recht böse aus. – M.V. Sie haben meinen Bruder Joseph auch recht lange nicht besucht! – H.H. Sie sind gewiß wieder böse, Bär! – Bär. Ach, ich habe gar keine Zeit dazu. Den Augenblick muß ich zu Jenner, von Jenner zu ... H.H. Eine passende Antwort auf meine Frage. – M.V. Ei! Die Antwort galt mir! B. Ich verstehe Sie alle beide nicht. Freilich habe ich viel zu tun. Denken Sie nur. Erst die Chemie, dann die Pathologie und dann ... Man glaubt gar nicht, wie wenig Zeit mir übrig bleibt. – H.H. (leise) Sagt ich nicht, daß er böse wäre. (laut) Nicht wahr, Bär, Sie haben es übelgenommen. – B. Was denn? Sie fragen mich auch so lange, ob ich böse bin, daß ich es bald darüber werden könnte. Doch nun habe ich auch keinen Augenblick Zeit mehr (geht heraus).

M.V. Ein drolliges Intermezzo! Dem guten Bär möchte ich wohl ein paar Quentchen besserer Laune kaufen. – Es ist so ein braver Mensch. – H.H. Die könnte ihm Humboldt abgeben, der versteht die Kunst zu lachen. Sind die Menschen unterhaltend, so lacht er mit ihnen. Sind sie langweilig, so lacht er über sie. Die Moral ist nicht so übel. – M.V. Wenn sie unschädlich ist. Bequem ist sie wenigstens immer. – H.H. Medisieren tut der Humboldt noch am erträglichsten. Wenn er keinen anderen Stoff dazu hätte, ich glaube, er medisierte über sich selbst. – M.V. O, dazu hat er zu viel Eigenliebe. Die Männer ... – H.H. Eigenliebe? Daß Du Dich doch nie an meine Unterschiede gewöhnst. Lieben, Liebe haben, verliebt sein ... Das sind ja himmelweit verschiedene Dinge! – M.V. Tust Du nicht, als hätte ich geehrt und gut, schön und angenehm, gelehrt und klug, klug und weise ... ja ich weiß nicht was zu Synonymen gemacht. Nun, so ist Humboldt in sich selbst verliebt. Sagt so die Cyprische Grammatik? – H.H. Ach! Liebe, das klingt wieder gar zu hart. Es gibt der Torheiten so viele auf diesem Erdenrund. Ich glaube fast, der kritische Fall wird nimmer eintreten. – M.V. Das heißt den Zweifel von sich schieben, ohne ihn zu lösen. Dabei fallen jene alten Philosophen ein. Der eine sagt: Wie wenn Dich jemand früge ... O, ruft der andere: Es wird mich ja wohl niemand fragen! Doch wer klopft da? – H.H. Ich fürchte einen langweiligen Besuch. Die großen Helden mit den weitlauftigen Reden, langweilige Sterbliche! _ M.V. Etwa Amor ...

H.H. Ich habe den lebendigen Tod! – M.V. Gut, daß es der lebendige war. Für diesmal nur Amor mit dem orangenen Mantel! Ein Brief! – H.H. Gib ihn, Liebe! (besieht den Brief). Wenn ich Humboldts Faulheit nicht kennte, ich schwöre, es wäre seine Hand (bricht auf). Lebts! Von ihm! – M.V. Ei! laß doch hören. – H.H. Wenn er doch nicht so klein und unleserlich geschrieben wäre! (liest laut): »Ihnen, verehrenswerte Freundin, Ihnen sei diese Stunde ganz geweiht.« – M.V. Das fängt ja hochtrabend an. Ich fürchte das Ende. – H.H. »Schon sind drei volle Wochen verflossen, daß ich nichts von Ihnen gehört, keinen der Ihrigen gesehen habe. Meine Vernunft sagt mir, es wird bald eine längere Zeit vergehen ... Wie? Kann eine trübe Zukunft die Gegenwart erheitern? Elender Trost!« – M.V. Und eine Arznei, die doch so oft gebraucht wird. – H.H. »Ich bin Ihnen Rechenschaft schuldig für die späte Erfüllung meines Versprechens, die kann ich Ihnen leicht ablegen. Ein fast achttägiger Aufenthalt auf der Hinreise.« (legt den Brief nieder). Ein Schreibfehler! Soll nur vier Tage heißen, wie mir Zöllner gesagt. – M.V. Ja, er rechnet die Herreise mit. Als Entschuldigung läßt man das gelten. – H.H. »Zöllners Anwesenheit« – M.V. Der schon seit Montag wieder hier ist. – H.H. »Antrittsbesuche und mancherlei andre kleine Hindernisse mögen mich entschuldigen. Mit dem Können und Wollen, wissen Sie, ist es ein wunderbares Ding. Wenn ich einmal eine Welt einzurichten habe ...« – M.V. Die mögen der H. v. Humboldt auch allein bewohnen. Ich bleibe hier. – H.H. »werd ich die Ordnung einmal umkehren und das Können vom Wollen abhängig machen. Nicht wahr, meine Beste?« – H.H. Der Brief ist wie ein Gespräch. »Meine Lage ist wie ich sie Ihnen vorher schilderte. Es gibt hier der Menschen mit den guten Herzen so viele, daß einem ganz bange wird. Die Mädchen sind affektiert und die Weiber einfach wie die Natur in ihren Gesetzen. Wie sehr sehne ich mich nach Berlin zurück. Unsere Abreise ist auf übermorgen angesetzt. Ich fürchte la trinité se passe etc. ... Da ich erst in ein anderes Klima komme, so weiß ich nicht, wenn ich Sie alle einmal wiedersehe. Vielleicht, daß wir schon den Dienstag Tegel verlassen. Empfehlen Sie mich Ihrem vortrefflichen Manne und Ihrer Freundin ...« – (M. Veit macht eine Verbeugung nach ihrer Art) – »und sagen Sie beiden so viel Liebes und Gutes, als Ihnen Ihre Beredsamkeit einflößt. Den lieben Freund Bär umarme ich in Gedanken. Und nun leben Sie wohl, verehrungswerte Freundin, und vergessen Sie einen jungen Menschen nicht, der Ihrer Güte und Freundschaft immer werter zu werden sucht. Ringenwalde, den 4. September 1788. A. v. Humboldt« (legt den Brief wieder zusammen) Der gute Humboldt! Wenn er unser voriges Gespräch gehört hätte. – M.V. Ich habe nichts Übles von ihm gesagt. – H.H. Und ich noch weniger. – M.V. Und hätt' er es auch gehört! Unter allen seinen Eigenschaften ist das mit die beste, daß er Scherz mit Scherz erwidert.

* * *

Noch ein kleines Nachspiel!
Bär. Ein Brief von Humboldt ist da? O zeigen Sie ihn mir doch. – H. Herz. Ei! Sie haben ja keine Zeit dazu. Erst die Chemie und dann ... B. Wie, ich hätte auch der Freundschaft keine Zeit aufzuopfern? Das denken Sie von mir. – H.H. Das wohl nicht. Aber es steht mancherlei von Ihnen drin. Sie möchten es übel nehmen. – B. Ei! von einem Freund muß man nichts übelnehmen. ᵃ.ᵃ. Wenigstens war die Absicht gewiß, uns ein paar fröhliche Augenblicke zu machen, und wenn der Brief auch nicht witzig ist, so ist er doch von ganz eigener Art. Da lesen Sie selbst.
Ende des noch nie gesehenen Familienstücks.
Die Antwort muß ich leider verbitten. Denn Ihr Brief wird mich nicht mehr hier finden.

WILHELM VON HUMBOLDT
an Henriette Herz
Den 11. November 1787

Ich kam den 8. zurück, Ihr Lieben, und fand Eure Briefe hier. Mit welchen Empfindungen sie mich erfüllten, kann ich Euch nicht beschreiben. Ich antwortete Euch gleich den folgenden Tag ein paar Zeilen. Tausend Geschäfte und Sorgen – denn noch nie erinnere ich mich einer Zeit, in der ich so wenig zu mir selber komme als jetzt – hinderten mich, Euch mehr zu sagen. Gestern erhielt ich auf einmal Eure Briefe durch Bing. Ihr könnt nicht glauben, wie ich erschrak, als ich sah, daß Ihr meinen ersten Leipziger Brief nicht empfangen hattet. Ich lief gleich hin zu dem Menschen, dem ich die Besorgung übertragen hatte. Zum Glück beruhigte er mich. Er sagt, Du wärst, Jette, grade einen Tag früher von Leipzig abgereist als er, er habe also den Brief dem ältern Vieweg gegeben, der Buchhändler in Berlin ist, und Vieweg habe versprochen ihn zu besorgen. Hast Du ihn also nun noch nicht, so schicke gleich zu Vieweg hin, und gib mir augenblicklich Nachricht. Ich hoffe, es soll alles gut gegangen sein. Auf meinen

Kommissionär kann ich mich verlassen, und Vieweg kenne ich auch. Ich habe überdies gesagt, daß der Brief nicht von mir, sondern von einem guten Freunde von mir sei.

Nun, Liebe, laßt mich auf alles das antworten, was Eure Briefe zusammen enthalten. Ich antworte Euch allen dreien zugleich, es geht Euch doch alle drei gleich nah an, und ich spare etwas Zeit, die mir bei der ungeheuern Last von Geschäften, die ich habe, so teuer ist. [...] Ob wir das langsame Jahr überspringen und K.V.B. [Karoline von Beulwitz] gleich aufnehmen wollen, mein Carl? Ist das noch eine Frage? Das Jahr war nur festgesetzt, damit jeder Gelegenheit hätte, den Neuaufzunehmenden genau kennenzulernen. K.V.B. kennen wir jetzt schon, Carl kennt sie, Du kennst sie, und wir kennen Euch und Eure Menschenkenntnis. Überhaupt gesteh ich Dir, lieber Carl, daß es mir nicht ganz gefällt, eine Zeit zu bestimmen, eh jemand aufgenommen werden soll. Welche Zeit man auch so allgemein annehmen mag, so läßt sich nicht vermeiden, daß sie nicht im einzelnen Fall zu kurz oder zu lang sei. Suche die Stelle, wenn Du die Regeln für Karoline abschreibst, anders zu fassen. Überhaupt kannst Du vielleicht bei dieser Abschrift noch manche kleine andre Abänderung machen. Wichtige wüßte ich zwar nicht, aber z. B. stehen Zeichen darin, die doch keiner von uns je macht, kaum weiß, die auch Herzen, die sich lieben und eine natürliche Sprache durch Miene und Blick kennen, leicht entbehren können. Bliebe dies und vielleicht einiges andre weg; so würde auch unsre ganze Loge weniger die Gestalt eines Ordens haben. Denn nimmt man nun das Wesentliche aus der Loge heraus; so läßt sich doch alles auf folgende sehr simple Sätze herausbringen:

Der Zweck unsrer Loge ist Beglückung durch Liebe. Daher hat auch ein Verbündeter gegen den andern eigentlich keine Pflichten. Denn die Liebe kennt keine Pflichten. Sie beseligt eben darum so sehr, weil sie für das, was andre aus Pflicht tun, höhere beglückendere Prinzipien kennt.

Weil der Zweck der Loge Beglückung durch Liebe ist, und der Grad des Glücks wahrer Liebe immer im genausten Verhältnis mit dem Grade der moralischen Vollkommenheit der Liebenden steht; so ist moralische Bildung das, wonach jeder Verbündete am eifrigsten strebt.

Die Verbündeten haben alle Schranken des bloß konventionellen Wohlstandes untereinander aufgehoben. Sie genießen jede Freude, die nicht mit dem Verlust höherer Freuden erkauft wird. Jeder Verbündete geht mit jedem Neuaufgenommenen ebenso vertraut um als mit den alten Verbündeten. Dadurch werden die sonst notwendigen langen Prüfungszeiten erspart, dadurch wird der erste Augenblick der Bekanntschaft ebenso beseligend gemacht, als sonst vielleicht erst das zweite Jahr hätte sein können. Wie sehr fühlte ich das mit Lina!

Gleichsam um beweisen zu können, daß wir zueinander gehören, haben wir ein simples äußerliches Zeichen, den Namenszug der Verbündeten.

Ich soll also, lieber Carl, nach Erfurt oder Rudolstadt, Karoline aufzunehmen. Gern will ich's tun. Wer könnte so eine Freude versäumen. Aber freilich wird's Mühe kosten, es mit meinen Geschäften zu vereinigen. Mehr als vier, fünf Tage werde ich nicht abwesend sein können. Schreibe mir mehr von Carolinens Charakter. Nicht so bloß Bewunderung. Schildre mir sie genau. Schreib mir allenfalls einige interessante Gespräche, die Du gewiß mit ihr hattest.

Was mein Journal betrifft, so streiten sich Kunth und Du, liebe Jette, wahrlich um ein Ding, das gar nicht vorhanden ist. Ich schrieb nur sehr wenig auf, von den meisten Orten nichts, und was aufgeschrieben ist, ist so unleserlich, daß nur ich es herausbringen kann. Ich werde aber jetzt noch es umarbeiten, und dann erhältst Du – kannst Du noch fragen? – alles.

May und Gentz, die Du in Leipzig sprachst, kenne ich nur von Ansehn. Sie haben mir Deinen Gruß gebracht. May ist ein guter Mensch und der vertrauteste Freund von Karolinens Bruder Franz. Gentz ist ein Windbeutel, der jedem Weibe den Hof macht. Nun lebt wohl alle drei. Schreibe mir bald, Carl, recht ausführlich über alle Punkte dieses Briefes. Sei indes glücklich. Gewiß, Du wirst noch einmal L. besitzen. Arbeite nur, Deine Lage zu verändern. Kommst Du denn nicht nach Berlin? Du schreibst mir doch bald, Jette? Und Du, o geliebte Brenna. Ich hatte so lange nichts von Dir. Soll denn Dein Wilhelm nicht mehr durch Dich glücklich sein?

Euer W.

Für L. erhaltet Ihr Sonntag einen Brief.

CAROLINE VON DACHERÖDEN
an Wilhelm von Humboldt
Montag [5. Januar 1789]

Ich muß doch nun auch Deinen Brief beantworten, mein Lieber. In der Tat hatte ich die paar Worte, die Du den ersten Tag über Jettens, Brendels und Carls Unzufriedenheit mit Dir hattest fallen lassen, für nichts mehr als Scherz genommen, um so mehr, da mir die Weiber und Carl verschiedenemal geschrieben und nicht eine Silbe berührt hatten, welches Du aus den Briefen, die ich Dir von ihnen gegeben, selbst ersehen wirst. Ich weiß eigentlich nicht recht, was ich über den Vorwurf, den sie Dir machen, daß Du bloß Weiber aufsuchtest, Dich mit ihnen zu weit und mit zu vielen verbreitetest, sagen soll, weil ich, um darüber zu urteilen, Deine Briefe sehen müßte und ob sie dazu Anlaß gegeben; was aber die an mich gerichteten Briefe, die zu schwärmerisch sein sollen, betrifft, so haben Carl, Brendel und Jette unrecht. Außer daß die Grenze zwischen tiefer, wahrer Empfindung und Schwärmerei so fein ist, daß sie nur von wenigen entdeckt wird, so ist es immer vermessen, des andern Gefühle despotisieren oder auch nur beurteilen zu wollen, weil auch bei der innigsten und genauesten Kenntnis seines Charakters es uns doch unmöglich ist, den Gang seiner Empfindungen zu durchschauen und das Letzte und Höchste seiner Gefühle zu bestimmen. Daher kann bei dem einen *wahre* Empfindung sein, was bei dem andern nur erborgt ist, und daher läßt sich durchaus nichts Allgemeines über dies Sujet sagen, ohne Gefahr zu laufen, ein ungerechtes Urteil zu fällen. Was den andern Vorwurf betrifft, den Dir die lieben Geschöpfe gemacht haben, so finde ich ihn ernsthafter. Mangel an Vertrauen würde Mangel an Liebe voraussetzen, und Mangel an Liebe in einer Verbindung wie die unsre – ich mag nicht alles hernennen, was daraus folgen würde, denn Dein Herz hat sich auch nicht des fernsten Gedankens eines solchen Mangels schuldig gemacht. Wilhelm! ich sollte vielleicht nicht über eine Sache urteilen, die Dich betrifft, aus Furcht, für parteiisch erklärt zu werden, weil ich sie schon längst in einem so ähnlichen Gesichtspunkt betrachtet habe und noch betrachte – doch nein! Ich will Dir meine Ideen darüber ohne Hehl sagen: mein Herz sagt mir, daß es seine innigste Überzeugung ist, daß kein Schatten von Parteilichkeit stattfindet, und daß es sich gern eines Besseren will belehren lassen, wenn ihm die Richtigkeit einer andern

Meinung so anschaulich gemacht wird, wie ihm jetzt die Wahrheit seiner eigenen ist. Nach meinen Begriffen besteht die höchste Schönheit unsres Wesens in einer gewissenhaften Erfüllung aller unsrer Pflichten und *ihrem richtigen Verhältnis untereinander.* Diese Schönheit hört auf, sobald eine einzige vernachlässigt oder verletzt wird, und das Ganze leidet dadurch.

Ich weiß nicht, ob ich mich deutlich genug ausgedrückt habe, aber das Bild dessen, was ich meine, schwebt vor mir. Sage mir, ob Du mich verstanden hast und ob Du meiner Meinung bist. Nach diesem Grundsatz gehe ich weiter und wende ihn auf einzelne Umstände an, denn ich strebe im Herzen nach jenem harmonischen Verhältnis, weil es mir aller Vollkommenheit höchster Inbegriff ist. Unsre Verbindung legt einem jeden von uns dieselben Pflichten auf, aber sie würde nach meiner Einsicht ihren schönsten Zweck verfehlen, wenn sie so in andre Pflichten eingriffe, daß dieselben verletzt würden, da sie dazu beitragen soll, uns in der Ausübung aller Tugenden zu stärken und uns zum Edlen und Schweren zu erheben. Andre und von ihr verschiedene Pflichten hat ein jeder von uns, denn es wäre eine Ungereimtheit, zu behaupten, daß wir nur für sie existieren sollten, da nichts Einzelnes, sondern die Vervollkommnung des Ganzen für uns Zweck sein muß, und da der gewiß den rechten Gesichtspunkt noch nicht hat, der nur eine Lieblingsidee herausgezogen hat und sie verfolgt. Wenn Carl, Jette und Brendel behaupten, daß die Aufdeckung alles dessen, was uns von andern anvertraut wird, mit zu den Pflichten der Verbindung gehört, so scheinen sie mir unrecht zu haben, denn wie könnte die Erfüllung einer Pflicht nur durch die Verletzung einer andern bewirkt werden, um mit unbefleckter Schöne im Herzen zu blühen? Und diese Verletzung ist nicht ein Hirngespinst der Einbildung: sie ist reell. Jene Offenherzigkeit gegen die Verbündeten geschieht auf Kosten eines fremden Guts, das uns heilig sein muß. Ich weiß die Gründe, die unsre Lieben für die Richtigkeit ihrer Meinung anführen: die wichtigsten sind, daß jene Personen, die uns ein Geheimnis anvertrauen, es ihnen ebensogut anvertrauen würden, wenn sie sie so genau kennten, wie sie uns kennen, und zweitens, daß wir die Verbindlichkeit bei der Aufnahme in die Verbindung eingegangen sind, soviel uns möglich Menschenkenntnis zu vermehren. Ich ehre diese beiden Gründe, allein sie haben Ausnahmen und Einschränkungen. Über den ersten

könnte ich sagen, daß, da meist kleine Nuancen die Verschie-
denheit der Charaktere bestimmen, die Möglichkeit sehr leicht
existieren könnte, daß ein zu unserer Verbindung nicht gehöri-
ger Freund uns Sachen anvertraute, die er nie unsern übrigen
Verbündeten sagen würde, denn obgleich kein wirklich guter
Mensch einem guten abgeneigt sein kann, so ist doch dieses
Nichtzurückstoßen noch ungeheuer weit von jenem Erguß der
Seelen entfernt, wo gleichsam aus zwei Wesen eins wird und
Seele um Seele sich tauscht, und was den zweiten Grund betrifft,
so ist mir das Gute nicht mehr gut, wenn es durch etwas Böses
getan wird. Dies würde hier nach meinen Begriffen der Fall sein.
Vermehrung wahrer Menschenkenntnis ist sehr schätzbar, aber
die Art, wie man zu ihr gelangt, muß tadellos sein, damit sie
Nutzen bringe.

Carl hat in seinem letzten Briefe etwas sehr Wahres gesagt,
was mächtig an mein Inneres sprach. Die Worte weiß ich nicht
mehr, aber der Sinn war ungefähr der: »Das Gute bleibt ewig
gut, wenn es sich auch durch alle Krümmungen des Bösen
durchwinden muß.« Ich wende den Satz um, und es wird nicht
weniger wahr sein, und sage: »Das Schlechte bleibt schlecht, und
wenn es sich auch in den reizendsten Formen einzwänge«, und
am Ende laß mich den gewiß nicht unwichtigsten Grund noch
hersetzen: es wäre unsrer unwert, etwas wider unsre Überzeugung zu tun. Wider ihre Grundsätze handeln nur schwankende
Charaktere, die eigentlich gar keine haben und deren Wille und
Meinungen immer in des andern Gewalt sind. Auf solche Menschen kann man nicht bauen. Es ist gut und ist recht, daß Du
gemacht hast, daß dieser Unterschied unsrer Denkungsart einmal zur Sprache gekommen ist, in einer so genauen und innigen
Verbindung wie die unsre muß nichts unerläutert bleiben, was
uns selbst betrifft. Es ist zu wichtig. Darum dringe Du nur auf
Erklärung und Zurechtweisung von den andern, mein Wilhelm,
denn es ist möglich, daß wir im Irrtum sind; dringe darauf in
Deine und meine Seele, denn ich sehe aus Deinem Briefe und aus
Deinen Gesprächen, daß die Überzeugung unsres Verstandes
über diesen Punkt so übereinstimmend ist, wie es nur irgend von
zwei verschiedenen Wesen denkbar ist. Ich müßte mich sehr
irren, wenn Karoline hierüber nicht auch unsrer Meinung wäre.
Sie hält sehr viel von Diskretion, und sie hat recht, diese ist ein
heiliges Band der Gesellschaft. Was nun die Förstern einzeln

betrifft, ihre Freundschaft, ihr Briefwechsel, so sehe ich nicht ein, von was Dich das *ableiten* könnte. Uns darüber zu vergessen, zu vernachlässigen, zurückzusetzen, uns um einer neuen Bekanntschaft willen lauer zu lieben ist nicht denkbar – auch ist dieser Gedanke gewiß nie in Jettens, Carls und Brendels Herz gekommen, und in das meine? – O Wilhelm, wenn Du so vor mir stehst und Du mich ansiehst mit dem Blick – ich weiß nicht, was für einen Namen ich ihm geben soll, es ist so etwas Unbeschreibbares darin –, dann bebt es mir durch alle Adern und mit jedem Tropfen Blutes zum Herzen: er liebt mich!! – Eins sind wir, ineinandergewebt durch tausend Gefühle, verbunden durch die heiligsten Bande. Gott, ewiger Vater, Vater der Liebe, schau segnend herab! das Ziel, nach dem wir alle wallen, ist deiner unsterblichen Kinder nicht unwert. –

Sei wieder heiter, mein Geliebter – laß diesen Mißverstand unter Euch sein wie einen leichten Nebel, der einen Augenblick vor die glänzende Scheibe der Sonne getreten – aber ihre feurigen Strahlen zerstreuen ihn bald, und er entflieht, und sie tritt glänzender hervor. O daß ich Dich in meine Arme schließen könnte, guter, treuer, sanfter Wilhelm, und Dir sagen: das ist Deiner Jette, Deiner Brendel und Deines Carl Kuß; sie tragen Dich alle mit unendlicher Liebe im Herzen. – Aber wozu denn auch das, ich werde Dir's wohl nicht zu sagen brauchen, selbst ihre Briefe, so schmerzhaft sie Dir sein müssen, müssen Dir auch wieder Beweis ihrer Liebe sein. Wilhelm, Wilhelm! ich sage Dir, Du bist mir mit Deinem reinen, einfachen Herzen unaussprechlich teuer, ach! in jedem Augenblick möchte ich Dir das sagen, möchte es Jetten, Brendel und Karolinen sagen, wie ich Dich, wie ich sie liebe, wie diese Liebe mein Leben trägt und welchen wohltätigen Einfluß sie auf mein Wesen hat. Ewiger Gott! welches Meer von Liebe quillt in meinem Herzen! o Du, der Du diese Empfindung mir gabst, laß sie ein Quell des Segens werden für meine teuren Geliebten!

CAROLINE VON DACHERÖDEN
an Wilhelm von Humboldt
[Erfurt,] Mittwoch abend [21. Januar 1789]
...Ich bin jetzt voller Erwartung, Briefe von unsern Lieben aus Berlin zu empfangen. Karoline, die ihre Gedanken über die Vorschriften hingeschrieben hat, wird eine große Revolution in das

bekannte System bringen, von der ich mir viel verspreche. Ich habe Carls Papiere nicht gelesen, aber ich kann mir denken, daß unsre Vorstellungsarten und die Deinige sich hierüber sehr begegnen werden und unter anderen die festgesetzten Regeln oder, wie Jette immer schreibt, die ›Statuta‹ sich ein für allemal empfehlen werden. Ich denke doch, sie werden uns eine Abschrift zukommen lassen ...

CAROLINE VON DACHERÖDEN
an Wilhelm von Humboldt
[Erfurt,] Donnerstag [9. April 1789]

... Ich bin mit allem dem, was Du Carln über Verbindungssachen schreibst, gar sehr zufrieden. Närrisch genug, daß Carl und die Weiber bis auf den letzten Augenblick bei ihren lieben Statuta beharren wollen. Ich habe bis jetzt noch nicht eine Zeile von dem Aufsatz gesehen, den ihnen Karoline vor drei Monaten geschickt hat, noch von ihren Anmerkungen. Das einzige, was ich an Deinen Vorschlägen für einen Augenblick einzuwenden fand, war, daß man nicht genötigt sein solle, die Ursachen anzugeben, warum man diesen oder jenen nicht aufnehmen will. Ich habe es aber nachher besser bedacht und gefunden, daß Du vollkommen recht hast. Die Verbündeten müssen durch die innige Kenntnis ihres Charakters und ihr gegenseitiges unbegrenztes Zutrauen gegeneinander versichert sein, daß der, der die Aufnahme verweigert, triftige Gründe haben muß, wenn er sie gleich ihrem Urteil nicht unterwirft. Der Zwang, diese Ursachen mitzuteilen, wäre mit völliger Freiheit, an der uns so viel liegt, nicht kompatibel und könnte in andre Pflichten greifen, die uns darum nicht weniger heilig sein dürfen, wenn sie auch mit der Verbindung in gar keinem Zusammenhange stehen ...

WILHELM VON HUMBOLDT
an Caroline von Dacheröden
Göttingen, 30. Mai 1789

... Wohl hast Du recht, meine Li, Dich zu wundern, welche Freude Brendel und Jette und Carl an ihren Statuten finden; ich kann's auch nicht recht einsehen. Überhaupt haben sie, dünkt mich, viel zu hohe Begriffe von der Verbindung, glauben noch immer, daß von der Verbindung auch, wenn außer uns ein Fremder zutritt, etwas abhängt. Und das, gesteh ich Dir, begreife ich nicht. Soll nie ein andrer zu uns kommen, so gibt's keine Verbindung mehr unter uns, als die der Himmel knüpfte, indem er unsre Seelen harmonisch schuf. Oh! und was, was gleicht dieser Verbindung! was bedürfen so verschwisterte Seelen noch eines äußern Bandes! Ich weiß nicht, ob Du den Brief meiner guten Caroline gelesen hast, den sie mir neulich für die Weiber schickte. Doch auf alle Fälle kennst Du auch ohne das ihre Lage und ihre Art zu denken. Ich begreif es recht wohl, ich sehe es so klar, daß die Verbindung im strengsten Verstande ihr unlieb sein muß, daß sie ihr auf der andern Seite wenig oder, laß uns aufrichtig sprechen, nichts geben kann als die Hoffnung, durch eben diese Verbindung einmal wieder einen Freund wie Carl, eine Vertraute wie Brendel und Jetten zu bekommen, eine Hoffnung, die doch, wie schön sie ist, auch manches, vorzüglich in ihrer Lage, gegen sich hat. Nimm nun uns übrige. Gewinnen wir durch die Verbindung? Was könnten wir durch einen Namen gewinnen? Und ist's mehr als Name? Nie, nie werde ich's zugeben, daß das Gefühl, was mich für Euch alle durchglüht, Werk der Verbindung sei. Oh! das ist Gottes Werk, ewig wie das unendliche Wesen, das es mir gab, und erhaben wie er über jedes irdische Schicksal. Und können wir denn nicht auch ohne Verbindung früher zu Fremden Vertrauen gewinnen, ihnen früher unsre Liebe schenken? ...

WILHELM VON HUMBOLDT
an Caroline von Dacheröden
[Berlin, zwischen dem 15. und 29. Januar 1790]
... Sie [die Herz und Brendel] sind doch beide sehr gut, hängen außerordentlich an uns, und würden ganz unglücklich sein, wenn wir sie nicht liebten. Aber freilich hat Brendel nicht genug sanfte Liebenswürdigkeit im Charakter, haben beide zu wenig inneren Gehalt der Empfindung und – vorzüglich Brendel – zu wenig Schönheitssinn, zu wenig Grazie im Innern und Äußeren. Gegen zehnmal »Das ist recht, das ist gut« hört man kaum einmal von ihnen »Das ist schön«. Ach! und wen nicht das Schöne als Schönes hinreißt, wer es nicht als schön empfängt und schön darstellt – der vermag nicht wahrhaft zu genießen und wahrhaft zu geben. Bei allen wahrhaft großen Weibern ist das so stark. Bei Dir, der Forster, Caroline. ...

an Caroline von Dacheröden

[Berlin,] den 29. Januar [1790]

...Mit den Frauen geht's unendlich besser. Ich werde sie bald ganz beruhigt haben. Es wird mich innigst freuen; Jette ist doch sehr liebenswürdig, und Brendel hat viel Stärke. In ihrer Familie gefällt mir Brendel nicht. Sie kennt kaum die Idee, ihren Mann glücklich zu machen – ich wüßte doch nicht, wie ich ohne diese alleinige Idee mit einem Geschöpf, wie es auch sei, so nah leben könnte. Doch kenn ich das ganze Verhältnis noch nicht genug. Ich mag ihr unrecht tun. ...

WILHELM VON HUMBOLDT

an Caroline von Dacheröden

Berlin, den 26. Februar [1790], abends

...Die Jette ist ein so närrisches Geschöpf. Sie ist, ich möchte nicht sagen, so kindlich – das drückt etwas anderes aus – auch nicht kindisch – aber so kindähnlich. Ich habe nie so etwas Verlangenreiches gesehn. Nach allem streckt sie die Hände aus. Alles will sie haben, sein. Beständig macht sie Pläne, Projekte, und »morgen tue ich das«, »was tust Du morgen?« u. s. f., immer im zukünftigen Augenblick. Was sie denkt und empfindet, ist so voll und ganz und schnell, daß sie gar nicht begreifen kann, wie nicht jeder das auch denken und empfinden müsste. Daher ihre Intoleranz. Selbständigkeit hat sie gar nicht, dafür hängt sie aber auch mit so teuer, inniger Zärtlichkeit an einem, daß sie rühren müsste, wenn man sie auch nicht liebte, und so ohne Stolz, daß sie zufrieden sein könnte, nur aus Mitleid geliebt zu werden. ...

WILHELM VON HUMBOLDT

an Caroline von Dacheröden

[Berlin] 23. März 1790

...Ich weiß nicht, ob ich Dir schon schrieb, daß die Veit, seitdem ich hier bin, mit einem jungen Sohne niedergekommen ist. Ich bin sehr oft bei ihr und noch öfter bei Jetten, die ich jetzt Italienisch lehre. Dennoch geht es mit Jetten noch gar nicht gut. Sie behauptet, es sei keine Vertraulichkeit mehr zwischen uns, ich sei geändert u. s. f. Ich sehe kein Mittel ab, das in ihr zu ändern, also laß ich's gehen. Doch tut's mir innig leid, daß sie sich dadurch weniger glücklich und mir ihren Umgang durch unaufhörliche

Anspielungen weniger angenehm macht. Der eigentliche Fehler ist, daß sie sich ewig nur mit sich beschäftigt, ewig auf sich alles zurückführt, daß sie darum auch immer meistenteils mit sich, manchmal aber auch mit dem Betragen anderer gegen sie unzufrieden ist, daß sie sich nie in sich, sondern nur immer in andern sieht, daß sie, was sie dem andern ist, nicht aus seinem ganzen Wesen sieht, sondern nach gewissen Dingen, die ihr nun einmal Maßstab sind, beurteilt, daß sie einen schlechterdings nicht versteht und dabei über alle Beschreibung empfindlich ist, endlich, daß sie wenig eigenes Nachdenken und wenig tiefes Gefühl hat, aber das Süße und noch mehr den Wert, der in beidem liegt, kennt und nun nach beidem so in guter Unschuld strebt, ohne zu bedenken, daß *dies* Streben ewig umsonst ist. Dem allen ungeachtet besitzt sie aber doch eine Herzensgüte, eine Liebenswürdigkeit, eine Naivität und eine Anhänglichkeit, die immer jeden an sie anziehen wird. ...

CAROLINE VON DACHERÖDEN
an Wilhelm von Humboldt
[Erfurt] Mittwoch, den 28. April 1790
... Du hast wirklich eine große Gabe, die Menschen zu beobachten und das Bild, das Du empfängst, wieder darzustellen. Es tut mir leid, daß Jette *so* ist, wie Du mir einmal geschrieben, Du genießest doch unendlich weniger dadurch in ihrem Umgang und sie in dem Deinen. Ach möchte sie doch fühlen, daß keine Eigenheit des Charakters die Freude des Zusammenseins stört. ...

HENRIETTE HERZ
an Unbekannt
Berlin, den 20sten Mai 1790
Sehr herzlich hat Ihr Brief mich gefreut, meine liebe gute Seele, ich brauch es Ihnen, wenn Sie auch nur wenig mich kennen, nicht zu sagen, daß glückliche Menschen mich freuen, und wenn ich diesen Menschen nur liebe, so hätt ich doch selber Freude, nehme dreifachen Teil an ihrem Glück. Es ist so selten, glückliche Menschen zu sehen, daß ich es immer nicht zu glauben wage, wann mir einer sagt, daß er es ist, und doch liegt die Quelle der Glückseligkeit so ganz in uns selbst, es geht aber gewöhnlich so, wir übersehen das Gute, was uns nahe liegt, und suchen es auf, wo wir es nie finden. Das fühle ich selbst oft sehr lebhaft, daß ich

alle Unannehmlichkeit, die mir zuweilen aufstößt, arg räsonieren könnte, und doch hänge ich ihr nach, und jeder Mensch, wenige ausgenommen, tun dasselbe. Es geht hier wie mit den Elenden, die das mühseligste Leben eher ertragen, als daß sie selbst es enden, der Gedanke: das kannst du immer noch, dazu ist's immer Zeit: fällt sie zurück, bis die Natur es endet. Ich wollte in diesem Brief gar nicht räsonieren, und unvermerkt verfalle ich darin. – Ich habe Ihren Brief an unsere Brendel gelesen, warum, meine Liebe, quälen Sie sich selbst so sehr. Sie wird Sie gewiß immer lieben, die gute Brendel, und wer Sie kennt, wird Sie lieben, freilich gehört ein längerer Umgang dazu, Sie zu kennen, als mit vielen anderen Menschen. Aber wenn man Sie einmal kennt, so können Sie wirklich gewiß sein, daß man Sie liebt. Ihr zurückgehaltenes, etwas schüchternes Wesen macht die Menschen glauben, daß Sie nicht lieben und nicht geliebt sein wollen. – Ich weiß es besser und liebe Sie sehr herzlich, warum wollen Sie es mir nicht glauben, daß ich Ihre sehr warme Freundin bin, warum wollen Sie mich denn so ganz und gar nicht dafür erkennen, ich hätte es doch so gerne, daß Sie es wüßten, daß ich Sie liebe und daß Sie mich dafür wiederliebten; ohne es sich einfallen zu lassen, daß ich Sie verehren will, kann ich über dieses Gefühl von Vernachlässigung und Verachtung nichts sagen, weil ich selbst oft sehr darüber leide, wie oft zweifle ich nicht an der Liebe derer, an denen ich hänge und von deren Liebe ich doch wirklich überzeugt sein könnte, und doch habe ich oft sehr unglückliche Stunden drüber. Wir müßten stolzer werden, liebe Seele, ohne Wert ist kein Mensch, und wir sollten es sein. Sie werden mit mir viele andere Menschen unter uns fühlen, warum sollten wir es nicht einsehen, daß wir vor vielen anderen Vorzüge haben, sind unsere Freunde mehr als [unleserlich] nur gut, so werden sie das Gute, das wir haben, schätzen, und wenn sie ernstlich uns lieben, das Nichtgute verbessern, sind sie weniger als wir, so tragen wir zu ihrer Besserung bei. Wir sind also im gleichen Falle Liebende, wir wollen uns einander helfen und uns lieben. Ich gestehe Ihnen, daß es mir lieber wäre, wenn Sie geradezu etwas wider mich hätten, falls daß Sie aus Schüchternheit mich nicht lieben, denn das erste könnte ich widerlegen, das zweite aber ist schwer oder doch langsam nur zu ändern.

Leben Sie wohl, liebe beste J., behalten Sie mich lieb oder vielmehr grüßen Sie mich lieber. Das wird mir viel Freude sein. Ihre H.

Brendel hat mir gesagt, daß Sie abreisen, wie sonderbar Binny sich beträgt, ich bin, wie Sie wissen, sonst mehr für B. als für L., aber jetzt hat sie wirklich sehr recht, es fällt jedem auf, der sie sieht, sie stiefelt beständig des jungen Adels halber. Humboldt ist durch Stieglitz empfohlen und Brinckmann durch Humboldt. Sie kennen den einen, wissen, wie gut und klug er ist. Sie kann ihn aber nicht leiden und entfernt sich, wenn er kommt. Auch mit mir spricht sie nicht, am meisten noch mit Brinckmann. Ebenso beträgt sich Joseph; er spricht mit niemandem, brummt beständig. Wenn er bei uns ist, so bleibt er bei H. und kommt zum Essen erst vor. Wozu soll das Geheimnisvolle? Die Menschen könnten so glücklich miteinander sein und machen sich selbst das Leben schwer. D [unleserlich] mag sagen, was sie will, ruhig ist es nicht in ihr, das merkt man sehr, auch hat sie mir gesagt, daß sie so ungeduldig sei und nichts tun könne. – Meine Nachschrift wird größer als [der] Brief selbst. Leben Sie wohl, meine teure Freundin. Schreiben Sie mir bald, ich höre die Entschuldigungen nicht gerne von Ihnen, daß Sie mir so lange nicht geschrieben haben.

Vor 3 Tagen habe ich den Brief in Berlin angefangen und endige ihn hier in Schöneberg. Ich wohne bei Itzig und lebe wie Gott in Frankreich.

WILHELM VON HUMBOLDT
an Caroline von Dacheröden
[Berlin] den 26. Juni [1790]

...Schon in jedem Briefe hab ich Dir von den Menschen reden wollen, mit denen ich hier lebe. Aber nie komme ich dazu. Es ist so schwer, von Menschen zu reden. Ich will Dir auch nur von meinen Empfindungen mit ihnen sagen. Mit Jetten bin ich sehr auseinandergekommen. Ich kann mir nicht helfen, sie erscheint mir so ganz anders, als ich sie sonst in den Träumen meiner Phantasie sah. So wenig wahres und tiefes Gefühl, selbst mit Carl nicht, so viel Selbstsüchtiges, Kleines, Eitles und so viel Laune, dann selbst wenig Güte. Des Mangels an Delikatesse, noch mehr an Grazie, will ich nicht einmal gedenken. Ich würde glauben, ich irrte mich, wenn nicht Brendel und ihre übrigen Vertrauten im Grunde ebenso von ihr dächten. In jedem Verhältnis, in dem sie ist, muß sich der andere immer mit ihr beschäftigen. Sie beschäftigt sich nie mit ihm. Und dann die Sucht, alles wissen zu wollen, nach dem Erzählen alle Vertraulichkeit zu messen. Einmal hat sie mir sehr weh getan. Sie war einen Abend so launisch, und Brendel selbst litt dadurch so viel. Wir waren darauf einen Augenblick allein. Ich bat sie, anders zu sein, wenigstens gegen uns, die sie liebten, lag vor ihr wie sonst so oft, bat sie so freundlich und gut, daß Brendel mich kaum begriff, und sie blieb wie erst, gab mir einen kalten Kuß und fing, wie ich kaum schwieg, einen neuen Zank mit Brendel an. Es empörte uns beide, und wir ließen sie reden und gaben ihr recht. Jede andere, Du, wenn Du nicht mich, wenn Du einen andern nun so, wie ich es tat, so vor Dir gesehen hättest, hättest es nicht einen Augenblick erduldet. Ich begreife wohl, wie das in ihr ist, begreife, wie es neben manchem Guten bestehen kann, und darum bin ich ihr noch recht gut, aber wie sonst kann ich nicht sein, selbst nicht scheinen, und scheinen kann ich ihr noch weniger, da sie die Liebe nach so ganz andern Dingen mißt. Meinen Blick hat sie nie verstanden, überhaupt hatte ich dies Gefühl auch sonst nie mit ihr; sie sagte mir auch oft sonst, daß sich, was ich fühlte, nicht in mir ausdrückte, und da kriegt ich den Namen sans expression. Und ich glaubte das so, daß es mir manchmal weh tat, wenn ich anfangs neben Dir saß und nun so gewiß dachte, daß Du nichts in mir sähest, mein Blick, mein Händedruck nichts Dir sagten, bis ich so beglückend das Gegenteil in Dir las. Da fühl ich's denn wohl, daß die arme Jette sich mir fremder denkt noch, als sie mir ist, dann, daß es sie wechselweis kümmert und verdrießt. Aber glaub mir's, Lina, ich kann nicht mehr tun. Davon sagst Du doch Carln nichts? Zwar ist er in vielen Punkten einig mit mir über Jetten. Aber er fühlt, daß er mehr auf sie wirken kann, und darum, glaub ich, ist sie ihm soviel mehr. Ich mag wenigstens niemandes Empfindung beurteilen. Viel anders ist's mit Brendel. Ich bin wie immer und noch enger mit ihr. Sie ist unbeschreiblich unglücklich. Wenn Du den Mann kenntest, es gibt dafür keinen Ausdruck, für diese Plattheit und Hohlheit und Härte und Weibischheit! Und mit diesem Mann wachsen nun noch die Gefühle für mich. Sie liebt mich in jedem Verstande des Worts. Sie fühlt und weiß, daß sie mir nicht ist, was ich ihr bin, und nun läßt bald

Stolz, bald Liebe selbst, weil sie mich zu beunruhigen glaubt, sie schweigen. Das gibt ihr so eine edle, hohe und gehaltene Stimmung und, wenn sie sich einmal hingibt, so unendliche Fülle der Empfindung. Sympathisieren könnt ich nie mit ihr. Ihr Leben unter den platten Menschen, ihr Unglück selbst gibt ihr so eine Härte der Verzweiflung oft; so ein Lachen, weil man nicht weinen mag, ist so oft in ihr, sie ist mir das lebhafteste Bild mutwilliger Zerstörung einer schönen, herrlichen Blüte, sooft ich sie sehe, und so wechselt Bewunderung und Bedauern in mir. Und von allen andern ist sie so ummauert, es sieht keiner in sie, selbst Jette nicht, mit der sie doch am vertrautesten ist, diese Einsamkeit verödet sie noch mehr. Gegen mich nimmt sie sich unendlich schön, und doch kann ich ihr so wenig sein, seh ich sie selbst so selten ...

WILHELM VON HUMBOLDT
an Caroline von Dacheröden
[Berlin] Sonnabend, 18. September 1790

Heute erst war ich bei Jetten und Brendel. Aber es war nicht Nachlässigkeit von mir. Gestern hatten die Juden Lange Nacht, wo sie nicht besuchbar sind, und vorgestern war ich in Tegel. Ach! so eine lange Nacht, liebe Li! Wenn ich so heraussah, und es war noch so finster. – Aber ich muß Dir noch von Jetten erzählen. Es ist doch ein sonderbares Weib, wirklich so kleinlich, von wenig innerem Gehalte. Ich fühle das immer mehr und mehr, und es tut mir leid, weil ich selbst empfinde, daß ich noch kälter und wirklich verschlossen dadurch werde. Aber sie fordert auch so Vertraulichkeit, und ich kann nicht von Dir mit ihr reden. Sie versteht einen doch nicht und ist gleich so fordernd, so anmaßend. Ich habe ihr also fast nichts als das Gewöhnlichste von Dir gesagt, aber freilich merkte ich auch wohl, daß es ihr gar nicht recht war. Sie spricht aber auch wirklich entsetzliche Dinge von mir. Stell Dir nur vor, neulich hat sie ganz positiv erzählt, wie ich eigentlich Dich nicht liebte, sondern hier in Berlin eine ganz andere Verbindung hätte. Ich schreibe Dir das, damit Du mich doch nicht tadelst, wenn ich mich mehr von ihr zurückziehe. Denn sage, wieviel Schwachheit gehört dazu, so etwas sich einzubilden und es dann erst zu erzählen und das von mir zu erzählen, für den sie doch noch immer Achtung und Liebe haben will. Sie wird mir noch manche unangenehme Stunde hier machen, und was mir das drückendste ist, so sind alle ihre Schwächen doch von so einer Art Gutmütigkeit begleitet, um die es einem manchmal leid tut. Und freilich verliert sie jetzt viel. Auch Carl soll ihr häufig in geändertem Tone schreiben. Und wie könnt es anders sein? Alle diese Verhältnisse waren erzwungen. Was vergehen muß, vergeht. Es hat doch nichts Dauer, was nicht in ungebundner Freiheit erst ledig nebeneinander existiert, eh es sich umfaßt und zu ewiger Unzertrennlichkeit verknüpft. ...

WILHELM VON HUMBOLDT
an Caroline von Dacheröden
[Berlin] Sonntag abend, 14. November 1790

Schilt Billn nicht, daß er so kindisch ist. Hat heut noch eine Entdeckung gemacht, die ihn so gefreut hat. Li heißt auf hebräisch *mein*, brauche nun nicht mehr zu sagen »meine Li«, Li ist schon mein; aber Bill heißt nicht Dein und ist doch auch Dein. Ach! wohl ist er Dein. [...] Der arme Carl hat mit Jetten so viel zu tun. Ich weiß nicht, ob ich Dir schon davon schrieb. Vor etwa sechs Wochen hatte ich mit Jetten eine übergroße Konferenz. Du weißt Jettens und Carls altes Verhältnis. Jette liebt Carln wirklich. Denn wenn mir auch das nie Liebe eigentlich scheint, was sie fühlt, so spreche ich doch so ungern über anderer Empfindung ab. Es ist doch wohl das Höchste, was sie zu fühlen vermag. Denn wem außer mir gewährte das Schicksal das Glück, eine Liebe zu genießen, gegen die jede, auch die glühendste Empfindung kalt scheint? Ach, es scheint mir so ungerecht, mich dieses Glücks zu überheben, nach dem Maßstabe der Wonne, die Du mir gibst, den Gefühlen, die Dein einziges Wesen in mir weckt, andere zu beurteilen, daß ich vielleicht nie so sanft und behutsam im Beurteilen anderer war, als ich es jetzt bin. Jette liebt also Carln, und Carl – Carl hat sie wahrscheinlich nie geliebt oder höchstens eine kurze Zeit es nur geglaubt und hernach ihr die Idee, durch die er sah, daß sie Freude hatte, nicht entreißen wollen. Ich könnte eine solche Täuschung nicht unterhalten. Es gibt doch keinen Genuß ohne Gefühl der Wahrheit; nur ist es wohl kindisch, das hier anzuwenden, da der Getäuschte ja Gefühl der Wahrheit hat. Aber mir kommt's immer so vor, als sei die Freude dessen, was wahr ist, doch immer höher als die dessen, was wir nur dafür halten, selbst auf so lange, als die Täuschung währt. Es kommt nicht bloß, dünkt mich, auf unser Meinen und Glauben, sondern vor allem auf die Wirkung des Gegenstandes an, den wir empfinden. Indes tat das Carl. Seit einigen Monaten aber wurde er kälter und nachlässiger, und endlich schrieb er einmal: »Ich bin von der Bühne abgetreten, nehme teil an allem, bin aber für mich nicht mehr interessiert.« Denke, wie Jette das auffaßte. Aber sie ist keines eigentlichen Schmerzes fähig. Sie tut einem wohl leid, weil sie leidet, aber es ist immer mehr Verdruß als Schmerz und dieser Verdruß nie ohne sichtbares Streben, ihn bemerklich zu machen. Sie fragte mich um Rat. In die Sache selbst mocht ich mich nicht mischen, ich sagte, sie würde Carln nur nicht verstanden haben, hätte sie aber recht und liebte Carl sie wirklich nicht, nun, so gäb es nur ein feines und edles Mittel, ungeliebt still zu lieben und zu dulden. Alles das nahm sie recht gut auf, schrieb aber Carln, gewiß nicht, ohne daß er merken mußte, wie es in ihr sei. Denn das kann sie gar nicht. Auch schrieb sie ihm, er möchte den Winter nicht herkommen. Ich versicherte zwar immer, es hätte ohnehin keine Gefahr, allein umsonst, sie muß wirken, arrangieren: so geschah's. Carl ließ den Brief bis heute unbeantwortet. Heute aber ist's auch ein Paket, das auf einmal das halbe Verbindungsarchiv füllt. Ich sprach seitdem nicht mit ihr davon. Sage selbst, ist's möglich, mit so verschieden empfindenden Menschen über so etwas zu reden? Schon daß Carl nicht herkommen sollte! ...

CAROLINE VON DACHERÖDEN
an Wilhelm von Humboldt
[Erfurt] Mittwoch abend, 24. November 1790

... Armer Carl hat so viel mit Jetten zu schicken. Daß Jette ihn liebte, wußte er wohl, und er legte etwas darauf. Ich erinnere einiger Worte, die er mir einmal schrieb und die mir sehr auffielen: »Ich war Jettens *erste* Liebe, und *darin* liegt für einen Mann etwas sehr Schmeichelndes.« Ich konnte nie solchen suffizienten Ton mit unsres lieben Carls Wesen reimen. Jette tut mir weh, denn in ihrer Natur ist die Empfindung, die sie für Carln hegt, die höchste, aber sie weiß nicht, was wahre Liebe ist. Das Bedürfnis, ihren Schmerz, ihren Verdruß, wenn Du es so nennen willst, bekanntzumachen, kann ich nicht leiden. Es ist so klein, es zeugt von so wenig innerem Gehalt und Leben in eignen, teuer erkauften Gefühlen – laß mich abbrechen. ...

an Caroline von Dacheröden
[Berlin, 29. November 1790] *Montag mittag*

Ich schrieb Dir ja wohl neulich, daß Carl Jetten geantwortet hat.
Es war eine fürchterlich dicke Epistel. Gelesen hab ich sie nicht,
aber Jette ist nicht zufrieden damit. Sollen sonderbare Sachen
drinstehen. Die Liebe wird eine Seifenblase, ein Possenspiel u. s. f.
genannt. Der arme Carl, ich glaube, ich versteh ihn. So schreibt
er, wenn er nicht schreiben will, wie er ist. Wäre Jette anders und
mehr, so würde sie mir weh tun. Einmal geglaubt zu haben, von
Carln geliebt zu werden, und dann auf einmal die schöne
Hoffnung hingeben zu müssen, das muß tief schmerzen. So wie
Jette ist mit ihrem leichten, alles bald vergessenden Sinn, schadet's wenig. Indes wollt ich, Carl hätte sich anders benommen.
Wäre er nur am Anfang wahr gewesen. Diese Täuschungen
geben ja doch kein Glück. War er's aber da nicht oder täuschte er
sich selbst, so sollte er jetzt es werden. Sagte er geradezu, daß er
sie nicht liebte, es wäre besser. Er ließe sie doch dann wirklich in
das Innere seiner Seele sehen, und sie behielte den Genuß dieses
Anblicks und das Bewußtsein, daß er ihre Gefühle, wenn nicht in
einem liebenden, doch in einem gütigen, teilnehmenden Herzen
trüge. Bei nicht erwiderter Liebe kann nichts trösten als der
Anblick der hohen Schönheit des geliebten Gegenstandes. Der
hebt die Seele und macht ihr zugleich die Empfindung selbst
noch teurer, die sie verzehrt. Allein so, sind die Ideen Wahrheit
in Carln, hält sie sie dafür – oh! dann ist's doch zerstörend, über
seine eigenen liebsten, innersten Gefühle so sprechen zu hören.
Hält sie sie nicht für Wahrheit? – Einer Erdichtung wert geachtet
zu werden, das muß schrecklich sein. – Carl mit diesem wahrhaft
großen Herzen, mit dieser Wahrheit und Tiefe des Gefühls, so zu
schreiben! Auch las ich den Brief nicht. Also mag vieles entstellt
sein. – Hat Carl gefehlt, so ist's nur sein alter Fehler, die Dinge
nicht gehen zu lassen, wie es das Schicksal und sein Gefühl will,
sondern mit seiner Vernunft hineinzuräsonieren. Und in diesem
Fehler liegt doch auch wieder ein sehr großer Teil der Schönheit
seines seltenen Wesens, denn diese Stärke des Entschlusses bei
dieser Heftigkeit der Empfindung fand ich noch nirgend, am
wenigsten bei Menschen, die mehr gewöhnt sind, ihr Gefühl als
ihren Kopf zu beschäftigen, wie es bei Carln der Fall ist. Sie weiß
ziemlich genau, wie ich über sie denke, weiß aber doch dabei, daß

ich nie aufhören werde, ihr gut zu sein, und ist es mir wieder. Anfangs habe ich sehr gewaltsam zerrissen. Aber mein Wesen trägt es nicht, unwahr zu sein, und ich unternehme nie, wovon ich fühle, daß ich's nicht auszudauern die Kraft habe.

DOROTHEA VEIT
an Gustav von Brinckmann
Berlin, den 25sten Dez. 1791

… Bei unserer Herz werden Sie manches verändert finden, wenn man anders eine ewige Wiederholung gewisser Auftritte neu nennen kann; wenn Sie das nicht verstehen, so müssen Sie Geduld haben, bis Sie es selbst hören und sehen können. Sie ist ein ganz eigenes Wesen, die Henriette! man kann sie trotz aller ihrer Fehler und trotz der gêne, die ihre Freunde ausdauern müssen, doch nicht verlassen! Die berühmten Freitagsabende bei Herz dauern noch immer fort; aber sie werden jetzt so entsetzlich ennuyant, daß ich ernsthaft Anstalten machen will, um mich von diesem Klub los zu machen. Stellen Sie sich vor, Herz führt die Leute mit keinen andern Worten zusammen als: »Der Herr … auch ein großer Kantianer!«, und wenn er dann so recht viel zusammengehetzt hat, denn können Sie sich den Lärm denken! Und unter dieser Philosophen Hetze müssen wir Frauen denn sitzen, und hier und da kömmt wohl einer, der sich unter unsern Schutz begibt, aber wir dürfen nicht ein Wörtchen reden, wir würden die Philosophie profanieren; kurz – man konnte Spaldingen (der vorigen Freitag da war) die Langeweile vom Gesicht lesen; und das ist doch sonst ein Mensch, der gegen jede Langeweile undurchdringlich ist. …

Briefe von Marcus Herz

MARCUS HERZ
an Anton Graff

Wohlgeborner, insonders hochzuehrender Herr.
Ihr schönes Meisterstück ist wohlbehalten angelangt, von Herrn Darbes aufgespannt und hängt nun bereits seit acht Tagen in meiner Stube zur Bewunderung aller echten Kunstkenner. Die Ähnlichkeitskritiker denken sich bald hier, bald da vollkom-

menere treffendere Züge. Ich selbst kann wegen der zu genauen Bekanntschaft mit dem Urgegenstand über diesen Punkt nicht befugter Richter sein. Indessen, was auch an dieser Kleinigkeit sein mag, so ist es doch nur eine Kleinigkeit, bei welcher der wahre Geschmack sich kaum verweilt und der allenfalls bei Ihrer einstmaligen Gegenwart in Berlin mit einem Pinselzuge abzuhelfen ist.

Nebst meinem ergebensten Dank folgt hier eine Anweisung von 10 Stück Louisdor und 3 Stück Dukaten an den Herrn Gregory, die Sie einzukassieren belieben werden.

Haben Sie die Güte, mich in Ihrem freundschaftlichen Andenken zu behalten, und besuchen uns bald wieder.

Berlin, den 5. Mai 1792

Ihr ergebenster Diener und Freund

Marcus Herz

Meine liebe Frau im Original macht Ihnen für die Mühe, die Sie sich mit Ihrem Gesichte gegeben, einen so freundlichen Knix, der, einem andern als meinem lieben Graff gemacht, mich leicht zur Eifersucht reizen könnte.

MARCUS HERZ
an seine Frau
[Ohne Datum]

Soeben war mein lieber Salinger bei mir, die Menschen bleiben nur bis Freitag hier und sind morgen und übermorgen abend in der Komödie, um die von ihnen bestellten Wallenstein und Piccolomini zu sehn. Ich esse nebst Lemos heute mittag bei ihnen und bedarf Deines Essens nicht. Meine Anordnungen sind nun folgende:

Morgen mittag essen die Leute bei uns draußen en Familie, ich kann Dir nicht helfen. Du mußt es schon machen, es bedarf keiner Traktierung, wenig und gut und weich. Des Abends verlassen sie uns, und ich wünsche dann wohl eine Partie zu haben. Bestelle bei Loewen, was Du nicht selbst haben kannst.

Donnerstag mittag aber dinieren wir bei Loewen. Bestelle, denke ich, für 15 Personen zum Taler und 4 Gr. Lade die Ephraims dazu ein, auch die Salomon und Mendelssohn. Die übrigen besorge ich, ich werde auch eine Partie zum Abend behalten, wo wir kalt bei Loewen oder bei uns speisen werden.

Ich habe die Idee, heute nicht zu Dir zu kommen, das Wetter ist zu elend, ich will mancherlei zu Hause tun und dann vielleicht bei Halles sein.

Es soll seit gestern mit Sarah auf eine neue Medizin etwas besser gehen.

Guten Tag

Herz

Im Kreis der Frühromantiker
1797–1807

FRIEDRICH SCHLEIERMACHER
an seine Schwester Charlotte
[Berlin] Den 4ten Oktober 1797

Daß Dein Brief die Nachricht von dem Abscheiden Deiner treuen und so sehr geliebten Stubengefährtin enthalten würde, hatte ich wohl im voraus vermutet, ja sogar von Herzen gewünscht, denn bei einem Übel von der Art, was hilft da langes Leiden, wenn doch keine Besserung zu hoffen ist. Welchen Eindruck dies alles auf Eure Kinder gemacht haben muß, kann ich mir gar leicht vorstellen und freue mich herzlich jeder guten Empfindung, welche dieses Bild bei mancher unter ihnen hervorbringen wird, wenn auch jetzt unmittelbar wenig davon zu bemerken wäre. Bekannte Personen und besonders solche, die ihre Wohltäter gewesen sind, sterben zu sehn, das pflegt auch Kindern schon sehr heilsam zu sein. – Auch ich bin in diesen letzten Wochen durch die Krankheit eines Mannes erschreckt worden, mit dem ich freilich so genau nicht verbunden war als Du mit L., aber für den ich mich doch von ganzer Seele interessiere. Der alte Propst Spalding nämlich, ein Mann von beinah 83 Jahren, bekam vor einigen Wochen eine ziemlich heftige Ruhr und war lange in Gefahr. Aber welche Natur, sich in solchem Alter durch solches Übel hindurchzuarbeiten, und er hat es richtig getan und zwar wohnt er noch in seinem Sommeraufenthalt Charlottenburg, wo er doch nicht jeden Augenblick, wenn ihm etwas Besonderes zustieß, ärztliche Hülfe haben konnte. Jetzt ist über den herrlichen Mann ein neues Unglück ausgebrochen: seine Frau, die seiner mit der größten Zärtlichkeit und Sorgfalt gepflegt hat, hat nun die Ruhr in einem weit heftigeren Grade bekommen, als er sie hatte, und man ist sehr für ihr Leben besorgt; seit gestern fängt sie an, sich etwas zu bessern. Die Zärtlichkeit, welche zwischen diesen beiden ehrwürdigen Alten stattfindet, und die kindliche Verehrung aller ihrer Kinder und Angehörigen ist in unsrer Stadt, wo es fast zum guten Ton gehört, mit seinen nächsten Blutsverwandten so wenig als möglich nahe verbunden zu sein, ein seltnes Beispiel echt patriarchalischer Eintracht und Pietät, und was ich davon höre – denn ich sehe nichts davon, weil sie Besuche unter solchen Umständen nicht gern haben –, erfreut mich immer fast bis zum Entzücken.

Meine verreisten Freunde – ich habe schon in meinem letzten Briefe, wo ich nicht irre, der Reise der beiden Dohnas erwähnt – bleiben etwas länger als Deine Lotte, denn sie sind noch nicht zurück und werden erst gegen Ende des Monats erwartet. Über sie wie über Lotte Schede freue ich mich herzlich. Wie gern gönne ich es jedem guten Menschen, von Zeit zu Zeit die Freuden des Wiedersehns mit den Seinigen zu genießen. Daß L. zu ihrem Vorteil verändert befunden worden ist, nimmt mich gar nicht wunder. Ich weiß aus eigner Erfahrung, daß nichts mehr bildet als das Bilden andrer Menschen und nur in der Selbsttätigkeit zu einem großen Zweck die Frauenzimmer, und besonders bei Euch, nur als Vorsteherinnen oder in der Erziehung froh werden können. Dies zusammen muß freilich eine große Wirkung aufs Gemüt machen. Die Heiterkeit, mit der sie zurückgekommen ist, hat freilich verursacht, daß ihr Dein Zustand noch weit übler erschienen ist, als er gewesen sein mag, aber gewiß wird von ihrer Freudigkeit auch viel auf Dich übergegangen sein, und wenn sie und ihre Sorge um Dich nicht wäre, wie bange müßte mir bei Deiner fortwährenden Schwachheit sein. Grüße sie herzlich von mir. – Sonderbar, daß mir auch kurz vor der Ankunft Deines Briefes etwas Ähnliches begegnet ist wie Dir, in Absicht auf Ähnlichkeit. Ich gehe unter den Linden und begegne da einem sehr anständig, aber sehr bescheiden angekleideten jungen Frauenzimmer, welches Dir – den einzigen Umstand abgerechnet, daß sie etwas, jedoch auch nicht bedeutend, größer war – so vollkommen glich, wie mir noch nie etwas vorgekommen ist. Sie schien zu promenieren und hatte einen Bedienten hinter sich; ich beobachtete sie ein paar Mal die Linden auf und ab, um zu hören, ob sich niemand zu ihr gesellen und ob sie nicht sprechen würde; am Ende aber ging mir nicht sowohl die Neugierde als vielmehr die Zeit aus, und ich mußte ganz unbefriedigt abtrollen. Einige Tage darauf bin ich bei Herz zu einem Tee, wo viele Leute waren, und siehe da, auch ein Gesicht, von dem ich nicht zweifeln konnte, daß es das nämliche sei, welches ich vor wenigen Tagen vergeblich verfolgt hatte. Es war ein Fräulein aus Sachsen, aber Deinen Ton der Sprache und Dein Lachen hatte sie nicht. Sollte die Ähnlichkeit vollkommen sein, so müßte ich an ihr auch noch eine kleinere Nase gefunden haben als die Deinige, die, wie Du wohl weißt, ungebührlich klein ist. Ich sprach mit ihr, und sie redete sehr verständig und ungezwungen über Iffland, über das Theater, über einige Bücher und was dergleichen Unterhaltungs-Plätze in solchen Zirkeln mehr sind; aber ein besonderes Interesse fand ich denn auch nicht an ihr.

Für heute leb wohl, ich habe Dir noch viel zu sagen, und der Brief wird sich wohl noch ein paar Posttage gedulden müssen.

Den 22sten Oktober

Aus den paar Posttagen sind ein paar Wochen geworden, und dessen, was ich Dir zu sagen habe, ist unterdes nicht weniger, sondern mehr geworden. Da sind vor einigen Tagen die Dohnas zurückgekommen und haben mir viel aus Preußen erzählt. Alles befindet sich wohl, alles lebt einträchtig; der frohen Feste sind während dieses Aufenthalts viele gefeiert worden, unter anderm ist Graf Louis' Geburtstag den 8ten September mit einer großen militärischen Fête begangen worden. Graf Fabian, der bisher als Junker in Königsberg vielerlei Unannehmlichkeit erduldet, ist Offizier geworden, und meiner erinnern sich alle, wie die Grafen versichern, freundlich und liebreich. Es tut mir doch immer noch sehr wohl, von dort zu hören, und mein herzliches Interesse an diesen lieben Leuten wird nie aufhören. – Da haben die Grafen noch einen andern Dohna mitgebracht, und in dem hab ich einen alten Bekannten entdeckt, den ich als Knabe in der Anstalt zu Niesky gekannt habe und der mit Carl auf einer Stube wohnte. Es war ein außerordentlich schönes Kind und ist jetzt, mit starken traits und von den Pocken verdorben, nichts weniger als hübsch; was innerlich aus ihm geworden, das kann ich freilich von einmal sehen nicht beurteilen. Eigentlich wollte ich Dir aber von einer weit interessanteren Bekanntschaft erzählen, die ich zwar dem äußeren nach schon diesen Sommer gemacht, die aber erst seit kurzem für mich recht wichtig und fruchtbar geworden ist. Es ist nichts Weibliches, sondern ein junger Mann, der Schlegel heißt und sich jetzt hier aufhält. Ich lernte ihn zuerst in einer geschlossenen Gesellschaft kennen, von der ich ein Mitglied bin, wo man zusammenkommt, um sich Aufsätze vorzulesen, schöne schriftstellerische Werke zu beherzigen, literarische Neuigkeiten mitzuteilen usw. Ich weiß nicht, ob ich Dir von dieser Gesellschaft, unter dem Namen der Mittwochsgesellschaft, schon etwas geschrieben habe; wo nicht, so soll Dir nächstens eine nähere Nachricht davon zu Diensten stehn. Hier lernte ich Schlegel zuerst kennen, dann sah ich ihn öfters bei Herz, und Brinckmann, der seine Bekanntschaft schon vor einigen Jahren gemacht hatte, brachte uns näher zusammen. Er ist ein junger Mann von 25 Jahren, von so ausgebreiteten Kenntnissen, daß man nicht begreifen kann, wie es möglich ist, bei solcher Jugend so viel zu wissen, von einem originellen Geist, der hier, wo es doch viel Geist und Talente gibt, alles sehr weit überragt, und in seinen Sitten von einer Natürlichkeit, Offenheit und kindlichen Jugendlichkeit, deren Vereinigung mit jenem allen vielleicht das wunderbarste ist. Er ist überall, wo er hinkommt, wegen seines Witzes sowohl als wegen seiner Unbefangenheit der angenehmste Gesellschafter, mir aber ist er mehr als das, er ist mir von sehr großem, wesentlichen Nutzen. Ich bin zwar hier nie ohne gelehrten Umgang gewesen, und für jede einzelne Wissenschaft, die mich interessiert, hatte ich einen Mann, mit dem ich darüber reden konnte. Aber doch fehlte es mir gänzlich an einem, dem ich meine philosophischen Ideen so recht mitteilen konnte und der in die tiefsten Abstraktionen mit mir hineinging. Diese große Lücke füllt er nun aufs herrlichste aus; ich kann ihm nicht nur, was schon in mir ist, ausschütten, sondern durch den unversiegbaren Strom neuer Ansichten und Ideen, der ihm unaufhörlich zufließt, wird auch in mir manches in Bewegung gesetzt, was geschlummert hatte. Kurz, für mein Dasein in der philosophischen und literarischen Welt geht seit meiner näheren Bekanntschaft mit ihm gleichsam eine neue Periode an. Ich sage: seit meiner *näheren* Bekanntschaft, denn obgleich ich seine Philosophie und seine Talente weit eher bewundern lernte, so ist es doch eine Eigenheit von mir, daß ich auch in das Innere meines Verstandes niemand hineinführen kann, wenn ich nicht zugleich von der Unverdorbenheit und Rechtschaffenheit seines Gemüts überzeugt bin. Ich kann mit niemand philosophieren, dessen Gesinnungen mir nicht gefallen. Nur erst, nachdem ich hievon soviel Gewißheit hatte, als man mit gesunden Sinnen aus dem Umgang und den kleinen Äußerungen eines Menschen schöpfen kann, gab ich mich ihm näher und bin jetzt sehr viel mit ihm. Er hat keine sogenannte Brotwissenschaft studiert, will auch kein Amt bekleiden, sondern, so lange es geht, spärlich, aber unabhängig von dem Ertrag seiner Schriftstellerei leben, die lauter wichtige Gegenstände umfaßt und sich nicht so weit erniedrigt, um des Brotes willen etwas Mittelmäßiges zu Markte zu bringen. An mir rupft er beständig, ich müßte auch schreiben, es gäbe tausend Dinge, die gesagt werden müßten und die gerade ich sagen könnte; und besonders, seit er mich in der erwähnten Gesellschaft eine kleine Abhandlung hat vorlesen hören, läßt er mir keinen Tag Ruhe. Wir kauen jetzt an einem Projekt, daß er auf Neujahr zu mir ziehn soll, und ich würde mich königlich freuen, wenn das zustande käme; denn jetzt kostet mich jeder Gang zu ihm hin und zurück immer eine Stunde Weges. Nota bene den Vornamen hat er von mir, er heißt Friedrich; er gleicht mir auch in manchen Naturmängeln, er ist nicht musikalisch, zeichnet nicht, liebt das Französische nicht und hat schlechte Augen. Seit 8 Tagen habe ich einen großen Teil meiner Vormittage, die ich sonst sehr heilig halte, bei ihm zugebracht, um eine philosophische Lektüre mit ihm zu machen, die er nicht gut aus den Händen geben konnte. Daß ich so viel von ihm geplaudert habe, wird Dir hoffentlich nicht unlieb sein, da er zu denen gehört, die mir jetzt hier die liebsten sind. ...

FRIEDRICH SCHLEIERMACHER
an seine Schwester Charlotte
[Berlin] Den 31sten Dezember 1797

Wie ist das Jahr zu Ende gegangen, ohne daß diese Epistel vorwärtsgekommen ist! Da kam das Fest, wo ich diesmal gepredigt habe, da kam Schlegels Einziehen und Einrichtung bei mir, und so ist die Zeit vergangen, ohne mich zu fragen. Eine herrliche Veränderung in meiner Existenz macht Schlegels Wohnen bei mir. Wie neu ist mir das, daß ich nur die Türe zu öffnen brauche, um mit einer vernünftigen Seele zu reden, daß ich einen guten Morgen austeilen und empfangen kann, sobald ich erwache, daß mir jemand gegenübersitzt bei Tische und daß ich die gute Laune, die ich abends mitzubringen pflege, noch früh jemand mitteilen kann. Schlegel steht gewöhnlich eine Stunde eher auf als ich, weil ich meiner Augen wegen des Morgens kein Licht brennen darf und mich also so einrichte, daß ich vor 1/2 9 Uhr nicht ausgeschlafen habe. Er liegt aber auch im Bette und liest, ich erwache gewöhnlich durch das Klirren seiner Kaffeetasse. Dann kann er von seinem Bett aus die Türe, die meine Schlafkammer von seiner Stube trennt, öffnen, und so fangen wir unser Morgengespräch an. Wenn ich gefrühstückt habe, arbeiten wir einige Stunden, ohne daß einer vom andern weiß; gewöhnlich wird aber vor Tisch noch eine kleine Pause gemacht, um einen Apfel zu essen, wovon wir einen gemeinschaftlichen schönen Vorrat der auserlesensten Arten haben; dabei sprechen wir gewöhnlich über die Gegenstände unsrer Studien. Dann geht die zweite Arbeitsperiode an bis zu Tisch, d. h. bis halb zwei. Ich bekomme mein Essen, wie Du weißt, aus der Charité, Schlegel läßt sich seines aus einem Gasthause holen. Welches nun zuerst kommt, das wird gemeinschaftlich verzehrt, dann das andere, dann ein paar Gläser Wein getrunken, so daß wir beinah ein Stündchen bei unserm Diner zubringen. Über den Nachmittag läßt sich nicht so bestimmt sprechen; leider aber muß ich gestehn, daß ich gewöhnlich der erste bin, der ausfliegt, und der letzte, der nach Hause kommt. Doch ist nicht die ganze Hälfte des Tages dem gesellschaftlichen Genuß gewidmet; ich höre einigemal die Woche Collegia und lese einigemal welche – versteht sich privatissime, nur einem oder dem andern guten Freunde, und dann erst gehe ich, wohin meine Lust mich treibt. Wenn ich abends zwischen 10 und 11 nach Hause komme, finde ich Schlegel noch auf, der aber nur darauf gewartet zu haben scheint, mir gute Nacht zu geben, und dann bald zu Bette geht. Ich aber setze mich dann hin und arbeite gewöhnlich noch bis gegen 2 Uhr, denn von da bis halb 9 kann man noch vollkommen ausschlafen. Unsre Freunde haben sich das Vergnügen gemacht, unser Zusammenleben eine Ehe zu nennen, und stimmen allgemein darin überein, daß ich die Frau sein müßte, und Scherz und Ernst wird darüber genug gemacht. Seit Schlegel hier ist, ist es doch schon ein paarmal geschehn, daß ich einen ganzen Abend zu Hause geblieben bin und daß wir zusammen von 7–10 traulichen Tee getrunken und uns dabei recht ausgeplaudert haben. Wahrscheinlich aber wirst Du auch wissen wollen, wie ich nun bei dieser nächsten aller Bekanntschaften den Mann selbst finde? Ich weiß wirklich nicht, wieviel ich Dir schon von ihm gesagt habe, und so stehe denn ein für allemal eine kleine Schilderung von ihm hier. Was seinen Geist anbetrifft, so ist er mir so durchaus supérieur, daß ich nur mit vieler Ehrfurcht davon sprechen kann. Wie schnell und tief er eindringt in den Geist jeder Wissenschaft, jedes Systems, jedes Schriftstellers, mit welcher hohen und unparteiischen Kritik er jedem seine Stelle anweist, wie seine Kenntnisse alle in einem herrlichen System geordnet dastehn und alle seine Arbeiten nicht von ungefähr, sondern nach einem großen Plan aufeinander folgen, mit welcher Beharrlichkeit er alles verfolgt, was er einmal angefangen hat – das weiß ich alles erst seit dieser kurzen Zeit völlig zu schätzen, da ich seine Ideen gleichsam entstehn und wachsen sehe. Aber nach seinem Gemüt wirst Du unstreitig mehr fragen als nach seinem Geist und Genie. Er ist äußerst kindlich, das ist gewiß der Hauptzug darin; offen und froh, naiv in allen seinen Äußerungen, etwas leichtfertig, ein tödlicher Feind aller Formen und Plackereien, heftig in seinen Wünschen und Neigungen, allgemein wohlwollend, aber auch, wie Kinder oft zu sein pflegen, etwas argwöhnisch und von mancherlei Antipathien. Sein Charakter ist noch nicht so fest und seine Meinungen über Menschen und Verhältnisse noch nicht so bestimmt, daß er nicht leicht sollte zu regieren sein, wenn er einmal jemand sein Vertrauen geschenkt hat. Was ich aber doch vermisse, ist das zarte Gefühl und der feine Sinn für die lieblichen Kleinigkeiten des Lebens und für die feinen Äußerungen schöner Gesinnungen, die oft in kleinen Dingen unwillkürlich das ganze Gemüt enthüllen. So wie er Bücher am liebsten mit großer Schrift mag, so auch an den Menschen große und starke Züge. Das bloß Sanfte und Schöne fesselt ihn nicht sehr, weil er zu sehr nach der Analogie seines eignen Gemüts alles für schwach hält, was nicht feurig und stark erscheint. Sowenig dieser eigentümliche Mangel meine Liebe zu ihm mindert, so macht er es ihm doch unmöglich, ihm manche Seite meines Gemüts ganz zu enthüllen und verständlich zu machen. Er wird immer mehr sein als ich, aber ich werde ihn vollständiger fassen und kennenlernen als er mich. Sein Äußeres ist mehr Aufmerksamkeit erregend als schön. Eine nicht eben zierlich und voll, aber doch stark und gesund gebaute Figur, ein sehr charakteristischer Kopf, ein blasses Gesicht, sehr dunkles, rund um den Kopf kurz abgeschnittenes ungepudertes und ungekräuseltes Haar und ein ziemlich uneleganter, aber doch feiner und gentlemanmäßiger Anzug – das gibt die äußere Erscheinung meiner dermaligen Ehehälfte. In Deinem Brief, meine Liebe, kommt auch etwas vom wahren ernstlichen Heiraten vor, das mir ein sehr wichtiges Kapitel ist; auch die leiseste Vermutung, daß mir das lächerlich sein könnte, kann nicht Dein Ernst sein, da Du weißt, wieviel mir Häuslichkeit und Herzlichkeit ist. Ich will Dir nächstens meine Gedanken darüber recht ausführlich mitteilen; denn fragmentarisch will ich mich auf einen solchen Gegenstand nicht einlassen; nur so viel, daß leider, leider, Deine Vermutung wohl wahr werden könnte! Ich habe gestern abend ein langes und sehr merkwürdiges Gespräch mit der Herz gehabt darüber, wieviel jedem Menschen von dem, was eigentlich in ihm ist, verlorenzugehn pflegt durch äußere Lagen. Ach, wie viel ginge in mir verloren bei diesem Sinn fürs Familienleben, wenn ich nicht heiratete – und doch! aber ich will mich nicht melancholisch machen, denn wenn ich bei diesem Punkt verweile, bin ich auf dem geraden Wege, es zu werden. ...

FRIEDRICH SCHLEIERMACHER
an Henriette Herz
[Berlin] d. 1t. Januar 1798, 4 Uhr morgens
Hier haben Sie Ihr Fragment, liebe Freundin, die Überzeugungen, die es enthält, stehen für sich, aber die Aussichten für mich mag Ihre fortdauernde Güte wahr machen.

Wenn eine ruhige und schöne Seele sich zwischen den lieblichen Ufern des Wohlwollens und der Liebe bewegt, so gestaltet sie ihr ganzes Leben sich ähnlich. Es gleicht einem stillen Bach, der nicht nur die Bläue des Himmels in voller Klarheit abbildet, sondern aus dessen Spiegel selbst die grauen trüben Wolken in milderer Gestalt zurückstrahlen, weil die schönen Bilder der buntfarbigen Blumen, mit denen jene Ufer überall besetzt sind, sich unmittelbar mit ihrem düsteren Kolorit vermischen. Wenn die zarten Äußerungen eines solchen Gemüts sich nur dem Vertrauteren offenbaren, wie der nur das Herz seines Freundes schlagen hört, der am Busen desselben ausruht, so vervielfältigt es dafür sein ganzes schönes Dasein. Denn, wer ein schöngestaltetes Leben mitgenießend anschauen darf, dem fließt das seinige gewiß ruhig daneben hin, und wem es vergönnt ist, auf der Ruhe eines wohlgeordneten Gemütes mit seinen Blicken zu verweilen, dessen Leben kann auch nicht ohne Züge von Schönheit bleiben, weil ein solcher Anblick mit dem wohltätigsten Zauber alles, was den Grazien feind ist, entkräftet und verscheucht. ...

AUGUST WILHELM SCHLEGEL
an Friedrich Schleiermacher
Jena, 22. Januar 1798

Ihr Brief würde mir eine ganz reine Freude gemacht haben, wenn er mir nicht sehr lebhaft die Besorgnis erregt hätte, daß Sie meinen Bruder ungebührlich verwöhnen. Wie könnte es ihm sonst einfallen, eine weit geistreichere Feder wie die seinige sich auf diese Art dienstbar zu machen? [...] Daß er Sie Fragmente suchen läßt, ist ebenfalls die verkehrte Welt. Sie könnten gewiß mit weit geringerer Mühe und Zeitverlust unsre Anfangssymphonie von Fragmenten durch weit schönere bereichern. Aber diese Anmutung ist ganz im Charakter eines Menschen, der unaufhörlich seine inneren Reichtümer in allerlei Ungestalten von sich gibt und doch einen auf der Treppe verlornen Gedanken mit unsäglichem Kummer wie eine Stecknadel suchte. Mit den Reichtümern ist es auch so so; erst hatte er ihrer ganz unendlich viele; sechs, siebe, acht Bogen voll konnte er geben. Nun da ich doch wenigstens einen Bogen voll geliefert, hofft er mit Mühe und Not vier bis fünf Bogen zustande zu bringen, und ich fürchte, da wird noch viel heruntergedungen werden. Daß der junge Mann doch gemerkt, daß das Mystifizieren gegen ihn gerichtet ist, das nenne ich wirklich ungemein gescheit von ihm. Er ist überhaupt, was der alte Nicolai von mir rühmt, »ein Jüngling von herrlichen Anlagen«, und wenn Sie sich mit seiner Erziehung bemühen wollen, kann noch etwas aus ihm werden. Die Art, wie Sie mir seine Arbeit am Wilhelm Meister schildern, überzeugt mich, daß er noch ganz der alte geblieben ist. Walten Sie ja ein wenig über der Chronologie seiner Arbeiten – erschöpfen und ergründen läßt sich ja doch in dieser Welt einmal nichts, und wenn man ihn sich selbst überläßt, so wühlt er sich wie ein Maulwurf immer tiefer ein – man kann nicht wissen, wann er etwas zutage fördern wird, ja er kommt vielleicht einmal unvermutet bei den Antipoden wieder zum Vorschein. [...] Ich kann Ihnen meinen Verdacht nicht verbergen, daß Sie an der Abgeneigtheit meines Bruders Berlin zu verlassen große Schuld haben. Ich freue mich von ganzem Herzen darauf, Rache an Ihnen zu nehmen, wenn ich hinkomme. Auch habe ich mit Ihnen nein Hühnchen darüber zu pflücken, daß Sie meinen Bruder schlechthin Schlegel nennen und mich dadurch selbst null und nichtig erklären, soviel an Ihnen ist. Wenn einer von uns Schlegel ist, so bin ich es doch wohl und er ist Friedrich Schlegel – ich will mir aber auch allenfalls das A. W. gefallen lassen. Der ältere bin ich zwar ursprünglich nicht, aber der raue Esau hat mir, dem sanfteren Jakob, die Erstgeburt für ein Linsengericht verkauft.

FRIEDRICH SCHLEIERMACHER
an seine Schwester Charlotte
Berlin, d. 30st. Mai 1798
... Du mußt Dich nicht wundern, Liebe, daß es mit meinem Schreiben so auffallend schlecht geht, es steckt nichts dahinter als das lautere Wohlbefinden und Lebensgenuß. Der Sommer hält mich an tausend Stricken gefangen und läßt mich nicht los; ich komme kaum dazu, die Hälfte von alledem zu tun, was ich mir vorsetze, und doch kann ich eigentlich nicht unzufrieden mit mir sein. Ich lebe, ich mache andern angenehme Stunden, ich bin ihnen nützlich beiher, was kann man denn auf dieser Welt mehr tun? Am meisten lebe ich jetzt mit der Herz; sie wohnt den Sommer über in einem niedlichen kleinen Hause am Tiergarten, wo sie wenig Menschen sieht und ich sie also recht genießen kann. Ich pflege jede Woche wenigstens einmal einen ganzen Tag bei ihr zuzubringen. Ich könnte das bei wenig Menschen, aber in einer Abwechslung von Beschäftigungen und Vergnügungen geht mir dieser Tag sehr angenehm mit ihr hin. Sie hat mich Italienisch gelehrt oder tut es vielmehr noch, wir lesen den Shakespeare zusammen, wir beschäftigen uns mit Physik, ich teile ihr etwas von meiner Naturkenntnis mit, wir lesen bald dies, bald jenes aus einem guten deutschen Buch, dazwischen gehn wir in den schönsten Stunden spazieren und reden recht aus dem Innersten des Gemüts miteinander über die wichtigsten Dinge. So haben wir es seit dem Anfang des Frühlings getrieben, und niemand hat uns gestört. Herz schätzt mich und liebt mich, sosehr wir auch voneinander unterschieden sind. Der Herz ihre Schwestern, ein Paar liebe Mädchen, freuen sich, sooft ich komme, und sogar ihre Mutter, eine verdrießliche und strenge Frau, hat mich in Affektion genommen. Kannst Du nach diesem wohl denken, daß uns vonseiten unserer besten Freunde ein paar unangenehme Tage gekommen sind? Schlegel und die Veit

haben zusammen Besorgnisse gebrütet, daß ich gegen jenen und die Herz gegen diese, ihre älteste und unzertrennliche Freundin, kälter würden. Die Veit machte mir Vorwürfe, daß ich Schlegeln nicht wäre, was ich ihm sein könnte, daß ich über sein Tun und seine Werke nicht offen gegen ihn wäre, daß ich sein Gemüt nicht schonte, zu ihr käme ich auch nicht, man müßte am Tode sein, um meine Teilnahme zu erregen, ich wäre alles nur par charité, und wenn die Leute wieder auf den Beinen und glücklich wären, ließe ich sie gehn. Schlegel bekannte mir aufrichtig, er wäre eifersüchtig auf die Herz, meine Freundschaft mit ihr wäre so schnell und so weit gediehen, als er es mit mir nicht hätte bringen können, er sei fast nur auf meinen Verstand und meine Philosophie eingeschränkt, und sie habe mein Gemüt. Was hatte ich da ins klare zu bringen, und wie stach ich ab gegen die andern mit meiner Ruhe und Sicherheit. Beim Licht besehn, war dann neben dem allen noch etwas andres. Beide nämlich, sowohl Schlegel als die Veit, hatten einige Besorgnis, daß ich mich über mich selbst täuschte, daß Leidenschaft bei meiner Freundschaft gegen die Herz zum Grunde läge, daß ich das früher oder später entdecken und daß es mich unglücklich machen würde. Das war mir denn zu arg, und ich habe ausgelassen darüber stundenlang gelacht. Daß gewöhnliche Menschen von gewöhnlichen Menschen glauben, Mann und Frau könnten nicht vertraut sein, ohne leidenschaftlich und verliebt zu werden, das ist ganz in der Ordnung, aber die Leiden von uns beiden! So wunderbar war es mir, daß ich mich gar nicht darauf einlassen konnte, sondern nur ganz kurz Schlegeln auf mein Wort versicherte: es wäre nicht so und würde auch nie so werden. Die arme Herz aber war ein paar Tage ganz zerrüttet über diesem Mißverständnis. Dem Himmel sei Dank, ist aber alles wieder im Gleichen, und wir gehn ungestört unsres Weges fort. Von Schlegel habe ich aber jetzt wenig Genuß. Seit einigen Tagen ist sein Bruder aus Jena hier, der als Dichter und als neuer Übersetzer des Shakespeare bekannt ist. Er wohnt in der Stadt in einem Hause, wo ich nur wenig sein kann, und Schlegel ist fast immer da. Dieser Bruder hat weder die Tiefe noch die Innigkeit des hiesigen, er ist ein feiner, eleganter Mann, hat sehr viel Kenntnisse und künstlerisches Geschick und sprudelt von Witz, das ist aber auch alles. Ich habe Schlegeln geweissagt, daß sein Bruder keinen Sinn für mich haben würde, und wie es scheint, habe ich recht. Vor einigen Tagen habe ich mit ihnen beiden bei Iffland gegessen, den ich sonst schon ein paarmal gesehn habe, und mich da sehr gut amüsiert. Das komische Talent dieses Mannes ist ganz einzig, er ist voll lustiger und ergötzender Anekdoten, und die agiert er gleich so köstlich, daß man so seiner Kunst weit mehr froh wird als auf dem Theater. Dabei ist er höchst gutmütig, was Leute mit dieser Gabe so selten sind, und das Bewußtsein, daß er seiner Gesinnungen wegen, mit denen er aber nicht prahlt, Achtung verdient, läßt es einem recht wohl bei ihm sein. Die Herz ist auch sehr auf dem Wege der Besserung, und ich denke, sie soll in acht Tagen ganz wiederhergestellt sein. Alsdann geht auch der ältere Schlegel wieder ab, und ich bekomme den meinigen wenigstens zum Teil wieder und hoffe ganz in mein gewohntes Leben zurückzukehren. ... Deinen Wunsch, etwas von mir gedruckt zu sehn, kannst Du jetzt noch auf eine andre Art erfüllen; aber freilich nur sehr im kleinen. Die beiden Schlegels nämlich geben zusammen ein neues Journal heraus unter dem Titel: Athenäum. In dem zweiten Stück desselben steht unter der Rubrik: *Fragmente* eine große Menge einzelner Gedanken, von denen freilich viele, welche sich bloß auf die abstrakte Philosophie beziehen, Dich eben nicht interessieren können; andere aber wirst Du gewiß gern lesen. Unter diesen nun sind mehrere von mir, und ich überlasse Dir, wenn Dir dies Journal zu Gesicht kommt, herauszufinden, wo Du etwas von meiner Art witterst; ich dächte, es sollte Dir nicht schwer werden, mich zu entdecken. Schicken kann ich Dir's nicht, weil man einzelne Stücke nicht bekommt; auch wird das zweite Stück nur eben erst gedruckt. So weit hat mich nun Schlegel gebracht, aber daß ich etwas Größeres schreiben sollte, daraus wird nun nichts. Ich kann meine Zeit besser brauchen, und überdies macht es mir eine höchst unangenehme Empfindung, etwas von mir gedruckt zu sehn. Kaum habe ich es bei diesen paar Gedanken ausgehalten, die zusammen wohl schwerlich einen Bogen ausmachen. ... Romane kommen jetzt überhaupt nicht vor meine Augen. Statt aller andern habe ich vor einiger Zeit mit der Herz den ›Wilhelm Meister‹ wieder gelesen. Ihre Krankheit hat aber eine Unterbrechung gemacht, und wir sind mitten in den ›Bekenntnissen einer schönen Seele‹ stehngeblieben. Daß Goethe hierbei irgendeinen Original-Aufsatz in Händen gehabt hat, ist mir sehr klar, und ich getraue mich sogar mit der größten kritischen Gewißheit ganze Stellen anzugeben, die gewiß echt und bis auf Kleinigkeiten unverändert, und andere, die gewiß sein Machwerk sind. Im Anfang hat er gewaltig viel teils gemacht, teils anders zusammengestellt, um die ganze Denkungsart, wie die Leute sagen, psychologisch einzuleiten und verständlich zu machen, und hat dadurch eigentlich nichts verständlich gemacht, als daß er nichts davon versteht. Die Anmaßung, auch so etwas in einem Buch zu haben, welches gewissermaßen die ganze menschliche Natur umfassen soll, hat sich selbst gestraft. Ich rede, als ob Du den ›Wilhelm Meister‹ gelesen hättest, und weiß es doch nicht; ich wollte aber wohl, Du läsest ihn der Merkwürdigkeit wegen. [...] Einen andern unserer lieben Schriftsteller, Friedrich Richter, den Verfasser des ›Hesperus‹, werde ich wahrscheinlich in einigen Wochen sehn; er hält sich jetzt in Leipzig auf und will eine Reise nach Berlin machen. ...

HENRIETTE HERZ
an Graf Wilhelm von Dohna
Berlin, den 10ten Juli 1798

Ja, ich bin wieder völlig hergestellt, lieber Graf, nur daß ich noch fühle, daß ich krank war. Recht innigen Dank sage ich Ihnen für Ihren herzlichen Anteil an meiner Gesundheit. Ich war wohl nicht gefährlich krank, habe aber sehr viel gelitten und war entsetzlich herunter, jetzt fühle ich nur noch kleine Spuren meiner Krankheit, die eine gute Diät, nicht sowohl Eß- als Luftdiät, bald völlig vertilgen wird.

Gar sehr erfreuen mich die Nachrichten Ihrer wahrlich sehr glücklichen Reise. Schöne tote und lebendige Natur haben Sie genossen, alles, was Erfreuliches Ihnen auf dieser Reise werden konnte, ist Ihnen geworden, und es war gewiß nicht wenig. Goethes schöne Augen scheinen gewaltig auf Sie gewirkt zu haben, Sie erwähnen seiner so oft. Haben Sie Schiller nicht gesehen? Er ist ja wohl auch in Weimar, wie käme sonst die Imhoff dahin. Wie hat Ihnen meine weiland Freundin, die Verfasserin der ›Agnes‹, gefallen? Sie sagen ja kein Wort über sie. Hat die bescheidene liebenswürdige junge Dichterin ihr so alles weggenommen? Hätte ich Ihren Reiseplan so recht gewußt, so hätte ich Ihnen noch manche Empfehlung gegeben, das heißt mich mehreren meiner Bekannten, nicht um Sie zu empfehlen [...]

Leben Sie wohl und haben Sie Dank für Ihren jedesmaligen Gruß in Alexanders Briefen. In jedem der seinigen an Sie sollte ein recht freundlicher von mir sein, denn jedesmal gebe ich ihm einen für Sie, und bekommen Sie ihn nicht, so ist es seine Schuld.

Adieu

H.

an seine Schwester Charlotte
Berlin, d. 25st. Juli 1798

...Am Anfang dieses Monats hat mich Schlegel verlassen, um mit seinem Bruder auf einige Wochen nach Dresden zu gehn, wo sie eine verheiratete Schwester haben. Da, wie ich aus Deinem Brief sehe, die preußischen Jahrbücher auch in Deine Gegend kommen und zwar ziemlich bald, so werde ich mein Exemplar von dem schönen Gedicht, welches der ältere Schlegel kurz vor ihrer Abreise auf die Huldigungsfeier gemacht hat, lieber für Karl aufheben. Aufmerksam will ich Dich hiemit darauf gemacht haben; es ist ein Meisterstück von Versifikation und an Gedanken und Wendungen so reich, wie ich noch kein Gelegenheitsgedicht gesehn habe. Hoffentlich wird es Dir auch gefallen. Der Strohwitwerstand ist mir nun gar sehr fatal vorgekommen und will mir noch immer nicht schmecken, ob wir uns gleich die letzte Zeit von Schlegels Hiersein wenig sahen und uns nun wie zärtliche Eheleute alle acht Tage schreiben. Dieser Zustand beschleunigte denn eine traurige Entdeckung, die ich sonst vielleicht später gemacht haben würde. Zwar hatte unser ganzer Zirkel schon darüber geklagt, daß ich von Herzen maussade wäre, entblößt von aller Munterkeit und allem Witz; aber nun fühlte ich auf einmal, daß ich nicht nur schwerfällig, sondern von Herzen krank war. Zu nichts aufgelegt, schläfrig von Morgen bis Abend, matt in allen Gliedern. Dieser Zustand und besonders die Schläfrigkeit vermehrte sich täglich. Herz rät mir einen Aderlaß. [...] Das ist mir nun freilich herrlich bekommen, und ich befand mich schon nach einigen Stunden weit munterer, den folgenden Tag aber bekam ich die fürchterlichsten Schmerzen am Arm; ich schleppte mich mit Mühe zur Herz; ihr Mann war denselben Morgen ins Bad gereist. Der Chirurgus wurde geholt, und als er die Ader, die ganz geheilt zu sein schien, besah und befühlte, verfiel ich, der ich einen tüchtigen Puff aushalten kann und nichts weniger als weichlich gegen den Schmerz bin, aus bloßem Schmerz in eine Art von Ohnmacht. [...] Doch ist das Kleinigkeit, und ich bin froh, die fatale Schlafsucht los zu sein und wieder arbeiten zu können; denn ich habe Schlegeln versprochen, in seiner Abwesenheit recht fleißig zu sein. [...] Am Huldigungstage, von dessen Feierlichkeiten ich nichts sah, weil ich meinen Arm keinem Gedränge aussetzen wollte, hatte ich das Vergnügen, daß die Herz ihre Sommerwohnung wieder bezog, und ich habe seitdem wieder manche schöne Stunde bei ihr zugebracht. Auch meine Reise nach Freienwalde habe ich mit ihr gemacht. Wir hatten einen schönen Tag, waren beide sehr aufgelegt und haben eine schöne Menge interessanter Dinge abgesprochen. Dort wohnte ich in einem Hause, wo unten ein verrückter Mensch war, wo ich abends ein Stümpfchen gezogenes Licht auf dem schmutzigsten Küchenleuchter bekam und wo die Schweine haufenweise bis in die zweite Etage hinaufstiegen und sich vor meiner Tür lagerten. Doch ich war den ganzen Tag mit Herzens, und so ging mich mein Logis nichts weiter an. Das Badeleben und die Badegäste habe ich gleich abscheulich und fade gefunden; aber die Gegend ist nächst Potsdam gewiß die schönste, die man in dieser armen Mark Brandenburg haben kann. Ich fand eine üppige und mannigfache Vegetation, dergleichen ich seit meinem Aufenthalt in der Mark nicht gesehen habe; ich freute mich, den vaterländischen Fleiß wieder zu sehn, und jeder Tag zeichnete sich durch eine Fahrt nach einem interessanten Punkt in der Nähe aus, so daß ich nur einmal in schlechtem Wetter auf dem eigentlichen Brunnen war. Meinen Rückweg mußte ich allein machen, die Herz wird mit ihrem Mann erst morgen zurückkommen. Unterdes habe ich hier schon wieder eine Fatalität gehabt. Sack hatte vom Kirchendirektorio den Auftrag, mich zu fragen, ob ich als Hofprediger nach Schwedt gehn wollte, einem angenehmen Städtchen, wo die Gemeine nicht unbedeutend und das Gehalt von der Art ist, daß die Stelle zu den besseren gehört. Sack war sehr dafür, und Du kannst denken, daß die Sache mir den Kopf nicht wenig warm machte. Alles wohl überlegt, habe ich es aber abgelehnt. Denke Dir, daß ich dort von so manchem Studium, welches ich hier mit Eifer betreibe, gänzlich hätte Abschied nehmen müssen, daß meine wissenschaftliche Bildung wegen der Entfernung von allen Hülfsmitteln und dem Mangel an literarischem Umgang ihre Endschaft erreicht hätte, daß ich in ein luxuriöses Städtchen gekommen wäre, wo die Geselligkeit in Festen und Spielen besteht, und daß ich mich von meinen hiesigen Freunden hätte losreißen müssen, ohne andere zu finden, um diesen Preis ein Einkommen von etwa 600 Talern zu erkaufen, mit dem man doch eine Familie nur sehr kümmerlich ernähren kann, dazu, denke ich, ist es im Notfall in zehn Jahren auch noch Zeit genug. [...]

D. 2ten August. ... Manchmal möchte ich mir einreden, wenn man Bücher schriebe, erzöge man auch an der Welt nach bestem Wissen; es ist aber nicht wahr, es ist nur ein wunderliches Treiben ohne Leben, ohne Anschauung, ohne Nutzen. Das Predigen ist wohl etwas mehr, aber nach der gegenwärtigen Einrichtung doch auch wenig genug. Doch ich bin ganz von Deiner Reise abgekommen. Daß Du Albertinis nicht gesehn hast, tut mir sehr weh; gar zu gern wüßte ich, wie er lebt mit seinem Amt und mit seiner Frau, und ob er Kinder hat, und ob er noch an mich denkt. Wie oft erinnere ich mich bei meinen gemeinschaftlichen Lesereien mit Schlegel und mit der Herz an unsre Nieskyschen Studien. Weit auseinander sind wir freilich jetzt und aus aller Verbindung; aber wie es im Grunde seines Herzens aussieht, daß weiß ich doch noch recht genau, und sein ganzes Wesen kann ich mir, wie es jetzt sein muß, sehr lebhaft denken. Er möchte seinen alten Pylades mehr verändert finden, wenn wir noch einmal zusammenkämen. ...

D. 4t. August. Soeben, meine Liebe, komme ich von der sich so nennenden reisenden Dame, die in ihren Briefen über Berlin der jüdischen Frauen so angelegentlich und so sonderbar gedenkt. Es ist Madame Unger, eine kränkliche, ältliche, grämliche Frau, die Berlin gewiß seit vielen Jahren nicht länger als auf einige Tage verlassen hat. Warum sie so eine eigne Pique gegen die Juden hat, weiß ich nicht, sie soll aber in ihr schon sehr alt sein. Daß junge Gelehrte und Elegants die hiesigen großen jüdischen Häuser fleißig besuchen, ist sehr natürlich, denn es sind bei weitem die reichsten bürgerlichen Familien hier, fast die einzigen, die ein offenes Haus halten und bei denen man wegen ihrer ausgebreiteten Verbindungen in allen Ländern Fremde von allen Ständen antrifft. Wer also auf eine recht ungenierte Art gute Gesellschaft sehn will, läßt sich in solchen Häusern einführen, wo natürlich jeder Mensch von Talenten, wenn es auch nur gesellige Talente sind, gern gesehn wird und sich auch gewiß amüsiert, weil die jüdischen Frauen, die Männer werden zu früh in den Handel gestürzt, sehr gebildet sind, von allem zu sprechen wissen und gewöhnlich eine oder die andere schöne Kunst in einem hohen Grade besitzen. Auch ich würde ein paar von diesen Häusern besuchen, wenn ich nicht den Zirkel meiner Bekanntschaften ein für allemal geschlossen hätte und wenn mich nicht dieses Mißverhältnis zwischen den beiden Geschlechtern abschreckte, bei dem es nur gar zu auffallend ist, daß man nur der Frauen wegen hingeht. Mit Herzens und Veits ist das eine ganz andere Sache. Die ersten sehen zwar auch viele Fremde, und es kommt nicht leicht ein merkwürdiger Mensch nach Berlin, der sie nicht besuchte, und auch hier sind sie in den ausgebreitetsten Verbindungen, aber sie halten doch nicht, was man ein offenes Haus nennt, und ich besonders bin meistenteils en famille bei ihnen und vermeide es, große Gesellschaft dort zu sehn, weil mir wirklich zu wenig daran liegt. Sie besonders, die Herz, schränkt ihre persönliche Bekanntschaft sehr ein, und wenn sie nicht des Mannes wegen müßte, und weil sie einmal eine bekannte Frau ist, so würde sie gewiß nur mit ein paar Menschen leben. Veits aber sind gar nicht in diese Klasse zu setzen und leben sehr eingezogen. In dieser Rücksicht also gehöre ich weder unter die Elegants noch unter die jungen Gelehrten, obgleich ich mich in anderer Rücksicht bestrebe, zu beiden gerechnet zu werden. Mit Sack habe ich auch dieser Tage eine Herzenserleichterung über meinen jüdischen Umgang gehabt. Er sagte mir offenherzig, er hätte auch deswegen gewünscht, daß ich nach Schwedt gegangen wäre, weil er fürchte, meine Art zu existieren möchte meiner Beförderung hier hinderlich sein, und ein paar Jahre Abwesenheit würden das besser gutmachen, was sich sonst vielleicht nicht ändern ließe. Er sei, wie ich wisse, nicht pedantisch genug, gegen den Umgang mit Juden zu sein (wie denn auch sein Vater und sein Schwiegervater mit Mendelssohn viel umgegangen sind), aber für diese bureaux d'esprit, für den Umgang, wie ihn Madame Unger beschriebe, habe er doch keinen Sinn, und wenn es gar zu bekannt wäre, daß ich so ganz unter diesen Menschen lebte, so müßte das doch auf viele Leute einen nachteiligen Eindruck machen, und er selbst besorge, der Ton, den man in diesen Gesellschaften nach und nach annehme, würde mir mit der Zeit Gleichgültigkeit und Widerwillen gegen mein Amt geben. Über den letzten Punkt suchte ich ihn denn zu beruhigen und ihn über das erste eines Besseren zu überzeugen. Was kann einem doch das unbefugte Schreiben über Gegenstände, die der Schreiber nicht recht kennt, für Not machen! Die Lieder aus dem ›Meister‹, welche Du wünschest, habe ich schon abgeschrieben hier. Musiziert nur fleißig, Ihr lieben Lotten, und recht schöne Sachen. Nicht alles, wovon Du mir gesagt hast, kenne ich, das Matthissonsche nicht, nur die Reichardtschen Kompositionen von Goethe. Schreibe mir doch, ob Ihr diese Goethischen Lieder von Reichardt alle habt, oder welche Ihr abschriftlich besitzt, so kann ich Euch entweder die ganze Sammlung schicken oder wenigstens von Zeit zu Zeit eins einlegen. Wenn ich nur wüßte, was Ihr liebt, würde ich keinen Brief notenleer schicken; meine musikalischen Freundinnen werden mir dazu gern behülflich sein. Ich gehe jetzt öfter als sonst, um Musik zu hören, ins Theater und habe nun kürzlich zwei gar herrliche Operetten gehört, den ›Arur‹ von Salieri und die beiden kleinen Savoyarden von Dalayrac. Bei Gelegenheit des letzten sah ich denn auch in einem kleinen Stück, das vorher ging, unsern Iffland wieder spielen, ein Vergnügen, das ich lange nicht genossen habe und das mich ganz aufs neue ergriff. ...

FRIEDRICH SCHLEIERMACHER
an Henriette Herz
Landsberg, d. 3t. September 1798

Noch weiß ich zwar nicht gewiß, liebe Freundin, ob mir die gestrige Post einen Brief von Ihnen gebracht hat, denn es ist aus Versehen nicht hingeschickt worden, ich zweifle aber doch gar sehr daran. Lanke tut mir also doch Schaden; wenn es Ihnen aber nur Vergnügen macht, wenn Sie nur im Freien leben und Ihre Sehnsucht nach Dorf einmal recht befriedigen können, so will ich mirs gern gefallen lassen. Gestern habe ich gepredigt, zur großen Freude der Cousine, ob auch der andern Menschen, weiß ich nicht, denn ich habe es ganz ohne gute Lebensart betrieben und ihnen eine Lektion gegeben, von der ich wußte, daß sie sie gar wohl brauchen könnten. Einen eignen Eindruck hat es auf mich gemacht, auf meiner alten Kanzel zu stehen, es war halb Freude, halb Schreck, und beides scheint mir sehr natürlich. Denn es war, als wären die zwei Jahre, die zwischen mir und der Gewohnheit, hier zu predigen, stehen, auf einen Schlag vernichtet, und wieviel Schönes und Herrliches liegt nicht in diesen zwei Jahren! Es ist nicht wahr, daß man das Gute am lebhaftesten durch den Kontrast fühlt, hier, wo ich des Guten und Schönen so viel habe, fühle ich das, was mir durch Sie geworden ist, so lebhaft als je. Geschmollt hat die Cousine gestern auch ein wenig mit mir. Seien Sie nicht boshaft und meinen Sie, das wäre ja doch im Grunde ein Kontrast; nein, es gehört zu ihren Eigentümlichkeiten. Kann man denn gar nichts ausrotten, was einmal in einem gewesen ist? Beinah sollte ich das denken; daß die Cousine das Schmollen nicht läßt, daß bei mir, wie Sie bemerkt haben, noch Spuren von Heftigkeit sind und daß ich noch mit Hitze spiele, das sind einige starke Beweise. Es ist traurig, und ich könnte eine Elegie darüber machen, auf der andern Seite ist es doch aber auch sehr bedeutend und gehört mit zu der Ewigkeit, die ich um keinen Preis missen möchte. Haben Sie nichts von dergleichen Reliquien aufzuweisen? Ich finde gar nichts, Sie sind, wie Sie waren und sind und sein werden. Von heute will ich mich auch darüber hermachen, die Predigt aufzuschreiben, die recht gut werden kann, wenn ich sie noch bearbeite, und so hoffe ich denn doch etwas zu bringen. Mit den beiden Essays ist es nichts: ich habe nicht mitgebracht, was ich schon dazu aufgeschrieben habe, ich habe auch nicht Ruhe und Muße genug, und die Hauptsache ist, daß ich sie in Ihrer Nähe und unter Ihren Auspizien arbeiten muß. Die ›Offenheit‹ habe ich der Cousine vorgelesen, sie hat aber keinen besonderen Eindruck auf sie gemacht, einige von meinen kleinen haben ihr weit besser gefallen, und gegen den Katechismus verschwindet ihr alles. Leider habe ich auch die, welche Schlegel aus meinen andern Rhapsodien herausgezogen hat, noch einmal gelesen, nun Fragmentarischeres gibt es wohl nichts; ich wollte, er hätte es mir überlassen, so hätte die Fragmentenmasse einen großen Fleck weniger. ...

FRIEDRICH SCHLEIERMACHER
an Henriette Herz
Landsberg, d. 6t. September 1798

Mein Gott, wie bin ich überströmt von lauter Herrlichkeit und Freude von Berlin her. Sie im Tiergarten, Schlegel zurück und zum Überfluß sogar in Oranienburg, und unabhängig von allen Nachrichten Eure lieben schönen Briefe, es ist wahrlich fast zuviel. Ich weiß nicht, warum ich Sie so früh nicht zurückerwartet hatte. Sie sind eigentlich sehr kurz in Lanke gewesen und haben doch so viel Entzücken eingesogen, und das schlechte Wetter ist nicht einmal ein Leiter gewesen, der Ihnen diese elektrische Fülle wieder abgezogen hätte? Führen Sie mich doch ein in die Mysterien Ihrer unbefriedigten Wünsche. Wir müssen wirklich etwas erfinden, damit sich diese Elektrizität nicht häuft und uns irgendwo einschlägt. Ach, Liebe, meine Saat steht so schön, meine Wohnungen sind alle so niedlich und heimisch, daß mir wohl vor dem kleinsten Wölkchen bange sein darf, das irgendwo aufsteigt, und gar in Ihnen? Ich will einmal meine kalte und fühllose Seite herauskehren und Ihnen sagen, daß ich gar nicht begreife, was und wie's Ihnen das Land tut. Sind *wir* etwa nicht mit in der großen Tätigkeit? Eigentlich gibt es doch keinen größeren Gegenstand des Wirkens als das Gemüt, ja überhaupt keinen andern; wirken Sie etwa da nicht? O Sie Fruchtbare, Sie Vielwirkende, eine wahre Ceres sind Sie für die innere Natur und legen einen so großen Akzent auf jene Tätig-keit in die Außenwelt, die so durchaus nur Mittel ist, wo der Mensch in dem allgemeinen Mechanismus sich verliert, von der so wenig bis zum eigentlichen Zweck und Ziel alles Tuns hinge-deihet und immer tausendmal soviel unterweges verlorengeht! Und jenes Tun und Treiben, wobei sich der Mensch müht und schwitzt, was er doch eigentlich nie tun sollte, ist es nicht lär-mend und tobend gegen unsere stille Tätigkeit? Wer vernimmt etwas von uns? was weiß die Welt von unsrer inneren Natur und ihren Bewegungen? Ist ihr nicht alles Geheimnis? Eine Prieste-rin der Venus Urania sollte nie der Isis dienen, der ungestaltenen mit ihren tausend Brüsten, an die sich alles nichts werte anlüm-melt. Jene Göttin hat freilich nur zwei, aber sie sind der Sitz der Freundschaft und Liebe, und sie deckt sie mit einem Händchen gegen die Blicke aller Personen der Welt. Da und nur da wollen wir anbeten, und vor diesem Altare werden Sie gewiß bekennen müssen, daß Sie an der rechten Stelle stehen. Sehen Sie nur, was Sie getan haben und noch tun und tun werden, und gestehen Sie, daß dieses Tun und Bilden unendlich mehr ist als alles, was der Mensch über das große Chaos, welches er sich zurechtmachen soll, gewinnen kann. Bin ich nicht recht dithyrambisch gewor-den, und das aus lauter Polemik! Aber recht habe ich doch! und künftiges Jahr will ich wirklich die physikalische Reise machen und die große Elektrisier-Maschine in Lanke besehen.

FRIEDRICH SCHLEIERMACHER
an Henriette Herz
Landsberg, d. 9t. September 1798

Arme Freundin, was ist Ihnen begegnet! dacht ich doch, wunder was für ein Unglück es wäre. Ja, das müssen Sie allein fühlen, da kann ich Ihnen nun nicht helfen. Es ist freilich unbequem, wenn zwei Personen eine geworden sind und sind doch für den Dritten noch nicht ein Individuum. Übrigens ist es mir eben recht, daß Schlegel ein wenig den Korsaren gegen Sie spielt und alles, was er von Ihnen auf offener See oder an alliierten Küsten findet (Sie sehen, ich habe eben die Zeitungen gelesen), als eine gute Prise aufbringt. Es gibt einmal kein ander Mittel gegen Sie. Was schadet's auch, daß er alle guten Worte weiß, die zwischen uns gewechselt werden, er kennt ja doch die innerste Quelle derselben, und so könnte er sie in Ermangelung unserer Mitteilung aus eignen Kräften supplieren, und sein Recht daran läßt sich aus dem ewigen Gesetz deduzieren, daß jeder alles verdient, was er sich anzueignen versteht. Ich habe nichts dagegen, daß Sie Ihr Vertrauen nicht erzwingen, das aktive nämlich, aber auf das passive hat Schlegel doch durch seine doppelte Verbindung ein volles Recht, und ich fordere es für ihn aus meinem Recht. Lassen Sie uns wenigstens eine Welt sein, Sie werden sehen, es gibt einen schönen Sphärenklang, und wir werden alle glücklich sein. Lassen Sie sich auch nicht schwindeln! Zwei solche Menschen überspringen sich nicht. Wenn ich nicht so viel Mut hätte und so viel aufs Unvergängliche hielte, hätten Sie mir wahrlich bange machen können. Fühlen Sie denn nicht selbst die Ewigkeit von allem, was ist, und es ist nicht eine untrügliche, sittliche Anschauung, daß dasjenige ist, was sich so offenbart? Sie üben durch diese Furcht ein kleines Vergeltungsrecht aus; waren doch jene auch bange, daß wir uns übersprangen. Ich weiß auch nicht, wie Ihnen aus unserm Standpunkte diese Höhe so überhoch scheinen kann, wir stehen freilich auf einem andern Gipfel; aber es gibt noch nicht Maßtheorie genug für diese Größe, um zu bestimmen, welcher höher ist. Wer nur auf dem Boden gehn kann, für den ist freilich eine Kluft dazwischen; die geht uns aber nichts an. ...

an Graf Wilhelm von Dohna
Berlin, den 15t. Oktober [17]98

Mit jedem Posttage hoffte ich, ein paar Zeilen von Ihnen zu erhalten, lange habe ich vergebens gehofft, und ich danke Ihnen jetzt für die freundliche Erfüllung dieser Hoffnung. Der Aufenthalt in Königsberg wird Ihnen in der Folge noch besser behagen als jetzt, denn noch können Sie nicht eingewöhnt sein, und das gehört doch allerdings dazu, um sich wohl zu fühlen. Die kleinen Veränderungen, die in und um Ihre Verwandte und Bekannte gewiß während Ihrer Abwesenheit vorgegangen sind, werden Ihnen mehr auffallen, wenn Sie mehr mit Ihnen gelebt haben, und werden Ihnen wieder verschwinden, teils, weil Sie sich daran gewöhnt, und teils, weil die andern sich wieder verändern werden. Dieser ewige Wechsel ist tröstend und schrecklich, was man bleibend wünscht, vergeht, und was wir wegwünschen, bleibt gewöhnlich. Nur mit Leichtsinn oder Kälte kann man ununterbrochen glücklich sein, und wer mögte es wohl um diesen Preis!

Meine Art zu leben, ist noch immer die, welche Sie kennen, und ohne gewaltsame Eingriffe des Schicksals mögte sie wohl fürs Leben so mit mir bleiben. Ich bin bald mehr, bald weniger in Gesellschaft, bald mehr, bald weniger fleißig, geize, soviel ich kann, mit der Zeit und benutze das Ergeizte nach meinen Kräften, wozu Schleiermacher mir sehr hülfreiche Hand leistet. Nie werde ich es Ihnen vergessen, daß Sie mir die Bekanntschaft dieses Mannes verschafft haben, kann ich noch etwas Gescheites in der Welt werden, so verdanke ich es ihm.

Vorgestern haben Schleier, meine Schwester Brenna und ich Tee bei Alexander getrunken. Herz war zu faul, um mitzufahren. Alexander ist jetzt sehr wohl und findet viel Geschmack am Reiten, was ihm gewiß sehr zuträglich ist, er ist heiter und froh und nur dann trübe, wenn von Ihrer lieben Schwester Friederike die Nachrichten nicht ganz so erwünscht sind. Herz beruhigt ihn dann, weil er in der Tat gar keine Gefahr sieht und von kleinen Rückfällen nichts besorgt. Ich wünsche nur, daß Ihre arme Schwester bald imstande sein mögte, die Reise nach Königsberg zu machen, wo sie doch gute Ärzte haben kann, wenn sie will, und ich hoffe, daß sie, um völlig hergestellt zu sein, kleine Vorurteile, die sie gegen einen oder den andern hat, willig ablegen wird. Die Veit ist so glücklich, einen Wunsch erfüllt zu sehen, den sie schon 14 Jahre lang hegt, den nämlich, von ihrem Manne getrennt zu werden, in einigen Wochen wird sie geschieden und frei. Ich freue mich damit, weil es sie glücklich zu machen scheint, tausend kleine Umstände aber verhindern, daß meine Freude rein sei. Sie wird vorderhand in Berlin bleiben, und diese sehr verdrüßliche Sache wird mit aller möglicher Schonung und Delikatesse betrieben.

Leben Sie wohl, lieber Graf Wilhelm, erhalten Sie mir Ihr Andenken und sagen mir zuweilen, wie es Ihnen innerlich und äußerlich geht. Sagen Sie mirs, wenn Sie ein Haus gefunden, wo man Sie so gern so freundlich aufnimmt, als Sie bei uns es waren, und was Ihre Bescheidenheit und Güte für so unersetzlich hält.

Herz, meine Schwester, mein Bruder und Schleier grüßen Sie alle aufs freundschaftlichste.

Ihre Freundin
Henriette Herz

FRIEDRICH SCHLEIERMACHER
an seine Schwester Charlotte
⌈Berlin,⌉ D. 26st. Oktober ⌈1798⌉

... Daß Du Dich über meine Art zu existieren beunruhigtest, habe ich Deinem letzten Briefe eben nicht abmerken können und es also auch ehrlicherweise nicht gedacht, ob ich es gleich gewissermaßen erwartete. Hättest Du aber nicht, meine Liebe, die ich so gern mit allem bekannt mache, was zu meiner Existenz gehört, ebenso aufrichtig sein können als der gute Sack, der nicht halb soviel davon weiß? Ich wünschte nur, Du hättest Dich über Deine eigentliche Meinung deutlicher erklärt, so wäre ich gewiß, Dich vollständiger zu beruhigen als ihn, der manches schlechterdings nicht sehen will, wie es ist. Das glaubst Du mir gewiß auf meine bloße Versicherung, daß in meinem Verhältnis zu den Frauen nicht das geringste ist, was auch nur mit einem Anschein von Recht übel gedeutet werden könnte; Du wirst in allem, was ich über sie gesagt habe, auch nicht eine Spur von Leidenschaft angetroffen haben, und ich versichere Dich, daß ich von jeder Anwandlung dieser Art weit entfernt bin. Die Zeit, die ich mit ihnen zubringe, ist keineswegs bloß dem Vergnügen gewidmet, sondern trägt unmittelbar zur Vermehrung meiner Kenntnisse und zur Anspornung meines Geistes bei, und ich bin zugleich wieder ihnen auf dieselbe Art nützlich. Daß übrigens die Herz eine Jüdin ist, schien anfangs gar keinen nachteiligen Eindruck auf Dich zu machen, und ich glaubte, Du seist mit mir überzeugt, daß, wo es auf Freundschaft ankommt, wo man ein dem seinigen ähnlich organisiertes Gemüt gefunden hat, man über solche Umstände hinwegsehn dürfe und müsse. Es streitet auch ein solcher Umgang gar nicht so sehr mit meinen äußern Verhältnissen, als Du denken magst. Herr Teller und Herr Zöllner, zwei der angesehensten Geistlichen, sind beide öfters im Herzischen Hause, freilich nicht auf dem vertrauten und herzlichen Fuß als ich, aber ich denke, wenn man um unwichtigere Absichten willen dieses alte Vorurteil beiseite setzen darf, so muß dies da um so rechtmäßiger sein, wo die Absicht reeller und die ganze Art des Umgangs erheblicher ist. Sage mir nur recht bestimmt, Liebe, was Dich drückt in dieser Sache, es liegt mir gar zuviel daran, daß Du ruhig über mich bist...

D. 8t. November

Das ist eine lange Pause, die gar nicht in meinem Plan lag; aber ich war diese Zeit über zu beklemmten Herzens, als daß ich ein vernünftiges Wort hätte schreiben können. Mir selbst ist nichts begegnet, aber allerlei Unheil, das meine Freunde betraf und mir viel zu schaffen machte, hat mich sehr angegriffen. Die Herz und ich haben alle unsere Kräfte angestrengt. Wie wir beide über alle Verhältnisse des menschlichen Lebens einig denken und fühlen, das habe ich auch bei dieser traurigen Gelegenheit mit Freude wahrgenommen. Selbst da, wo unser herrschendes Gefühl Unzufriedenheit über unsere Freunde sein mußte, waren wir immer ganz einig. Wenn ich je die Herz hätte heiraten können, ich glaube, das hätte eine kapitale Ehe werden müssen, es müßte denn sein, daß sie gar zu einträchtig geworden wäre. Es macht mir oft ein trauriges Vergnügen zu denken, welche Menschen zusammengepaßt haben würden, indem oft, wenn man drei oder vier Paar zusammennimmt, recht gute Ehen entstehen könnten, wenn sie tauschen dürften. Ebenso geht es mit den Menschen, welche zusammen Geschäfte treiben oder sich in die Hand arbeiten müssen; es ist fast alles verkehrt und könnte mit leichter Mühe besser sein. Dem Schicksal, welches die Menschen für das rechte halten, laufen sie nach, soweit ihre Füße sie tragen können; aber nach angemessenen Menschen gehn sie keinen Schritt und wüßten sie nicht einmal festzuhalten, wenn sie sie haben. Verzeihe mir diese Anmerkungen; [...]

FRIEDRICH SCHLEGEL
an Caroline Schlegel
Berlin, Anfang Dezember 1798

... Ich habe noch einen andern wichtigern und tiefern Kummer. Schleiermacher verdirbt durch den Umgang mit der Herz an sich und auch für mich und die Freundschaft. Die Weiblichkeit dieser Frau ist doch wirklich so gemein, daß sie selbst diesen fünften Mann am Wagen *allein* besitzen muß, wenn es ihr Freude machen soll. – Sie machen sich einander eitel: es ist kein großer Stolz, sondern ein alberner Dampf wie von barbarischem Punsch. Jede kleine noch so lausige Tugendübung rechnen sie sich hoch an: Schl.'s Geist kriecht ein, er verliert den Sinn für das Große. Kurz, ich möchte rasend werden über die verdammten und winzigen *Gemütereien*! – Doch ist ihr *Betragen* gegen uns bei dieser Sache tadellos gewesen.

Das schlimmste ist, daß ich keine Rettung für Schl. sehe, sich aus den Schlingen der Antike zu ziehen. Ich weiß nicht, ob Sie nicht das alles für eine Schwärmerei oder Tand halten. Aber es ist nun einmal so, mit der feinsten Blüte ist in der männlichen Freundschaft alles weg; ich werde schwerlich wieder einen Freund finden, der so fein und tief in alle Fugen meines Geistes einklänge und eingriffe; und ich bin nun einmal eine unendlich gesellige und in der Freundschaft unersättliche Bestie ...

DOROTHEA VEIT
an Gustav von Brinckmann
Berlin, den 2. Februar 1799

Seit drei Wochen bin ich, nach vielen Kontestationen, Szenen – nach manchem Schwanken und Zweifeln – endlich von Veit geschieden, und ich wohne allein, aus diesem Schiffbruch, der mich von einer langen Sklaverei befreit, habe ich nichts gerettet als eine sehr kleine Revenue, von der ich nur äußerst sparsam leben kann, vielen guten, frohen Mut, meinen Philipp, einige *Menschen*, mein Klavier und das schöne Bureau, den ich von Ihnen habe und vor dem ich Ihnen jetzt schreibe – da haben Sie in wenigen Worten alles, was ich nun *besitze* – aber wie soll ich Ihnen alles herrechnen, was ich *losgeworden* bin? – Jetzt, jetzt wünscht ich, Sie wären wieder einmal in unserer Mitte! Sie täten mir grausames Unrecht, lieber Freund, wenn Sie nicht recht überzeugt wären, daß ich oft, sehr oft mit der freundschaftlichsten Teilnahme Ihrer gedenke, ich wenigstens habe den festen Glauben, daß, wären Sie jetzt hier, ich dürfte Sie mit zu der kleinen Zahl Auserwählten zählen, die ich bei dieser Gelegenheit bewährt gefunden habe, und würdig, meine Freunde zu heißen. O lieber Brinckmann! ich habe manche Menschen kennengelernt bei diesem Vorfall, der meine ganze Wachsamkeit erforderte – meine lange Untätigkeit verhinderte es bis jetzt: es war mir nichts wichtig genug, es zu untersuchen, nicht einmal die Menschen, die sich meine Freunde nannten, – wenn ich auch nur diesen Vorteil davon hätte, es wäre schon der Mühe wert! – Wie durch einen Zauberschlag kam mir Ihr Brief gerade jetzt, in einem Moment, wo ich seit langer Zeit wieder einmal recht lebhaft, recht tief im Herzen das Bedürfnis fühle, alles, was mir lieb, was mir wert ist, recht eng um mich zu versammeln und mich meines erworbenen, meines kostbaren Eigentums zu erfreuen, wie eine Freigelassene, die nun erst etwas ihr eigen nennen darf, nachdem sie sich selbst angehört; und nun mit eifersüchtiger Sorgfalt es bewacht. Denken Sie sich mein Gefühl, solange ich lebe, ist dies das erstemal, daß ich von der Furcht frei bin, eine unangenehme Unterhaltung, eine lästige Gegenwart, oder gar eine demütigende Grobheit ertragen zu müssen. Kaum fühle ich mich noch recht – noch bis jetzt ist mir es wie einer, der lange eine große Last getragen, er glaubt sie noch zu fühlen, nachdem er ihrer schon längst entledigt ist. Jetzt bin ich, was ich längst hätte sein sollen, lieber Freund! jetzt bin ich glücklich, und gut – *keine Gruselei* mehr, keine Beschämung, vielleicht würden Sie mich auch nicht mehr so hart finden, ich lebe in Frieden mit allem, was mich umgibt! – Es war noch eben Zeit – hätte ich diesen letzten glücklichen Moment nicht festgehalten und benutzt, so wäre es dann zu spät gewesen, und – glauben Sie mir – ich hätte es nicht ertragen – was die Welt ein geehrtes Alter nennt, wäre für meine Überzeugung ein schmachvolles Alter gewesen, und dies wollte ich nicht erleben – *mein Tod* war beschlossen, wenn ich hätte unwürdig leben müssen! Diese innere Notwendigkeit hat mich bestimmt, einen Schritt zu tun, der, wie Sie längst denken werden, die öffentliche Meinung gegen sich hat – vielleicht wird selbst bis nach Paris allerlei darüber geschrieben werden – von allen Motiven, die man mir unterschieben wird, glauben Sie nichts, als was ich Ihnen hier darüber geschrieben – ich habe nach meiner Überzeugung gehandelt; daß ich es bis jetzt noch nicht getan habe, ist unverzeihlich von mir, zu meiner Verteidigung kann ich nur das einzige anführen, daß ich bis jetzt meine Rechte eigentlich gar nicht kannte, die Freunde, denen ich mich entdeckte, nicht meiner Meinung waren, so daß ich mich fürchtete, ganz allein stehen zu müssen. – Schlegel, Schleiermacher und die Herz haben mich jetzt redlich unterstützt – und nun erzählt man sich freilich vieles. – Wären Sie doch hier, lieber Freund! Unsere kleine Levin hat freilich recht viel Verstand – aber an Weltklugheit fehlt es uns beinah allen, von Ihnen würde ich lernen – Ihren guten Rat würde ich oft in Requisition setzen! Daß Jette nach Wien reist, um dort ihre Selbständigkeit an sich und ihre Pädagogik an anderer Leute Kinder zu probieren, das wissen Sie vermutlich schon durch sie selbst – ich würde ihre Entfernung von mir nicht so ruhig zugegeben haben, wenn ich nicht dächte, daß es ihr im Grunde doch nicht schaden kann, ihre Kräfte zu versuchen, da sie, sobald sie will, zu mir zurückkehren kann und es doch alsdann vorteilhaft für uns beide sein wird, wenn sie gelernt hat, etwas Ernsthaftes auszuführen – ich werde doch auch auf irgendeine Unternehmung sinnen müssen, wodurch ich meine Einkünfte etwas verbessere; und das können wir ja dann gemeinschaftlich besser als einzeln. Wären Sie doch hier und könnten uns aussinnen helfen! wenigstens lachen helfen über die tausend närrischen Pläne. [...] Schlegel schreibt jetzt vortreffliche Sachen; im Athenäum – einen Roman – das sind die wirklichen – Pläne hat er unendlich, und auch zu lauter Unendlichem. Welch eine vortreffliche Seele ist dieser Schlegel! Von ihm Ihnen zu schreiben wäre ein vergebliches Bestreben. Sie kannten ihn etwas, Sie ahndeten in dieser kurzen Bekanntschaft manches – wenn Sie aber so wie ich um ihn wären, und so nah der Entwicklung dieser reichen üppigen Fülle von Geist, Seele und Leben. Beneiden Sie mich immer um diesen Genuß – oder noch besser, kommen Sie und teilen Sie ihn – – mit Tieck lebe ich viel und schätze ihn ungemein hoch. Grüßen Sie doch Humboldts, den D. Veit und den Bildhauer Tieck, auch meinen Bruder, wenn Sie ihn sehen. Humboldts ganz besonders. – Schlegel hat mir aufgetragen, Sie herzlich zu grüßen, er schreibt Ihnen gewiß bald.

Die Ihrige   D. V.

FRIEDRICH SCHLEIERMACHER
an Henriette Herz
Potsdam, d. 15t. Februar 1799

... Ich habe einen Dialog im Platon gelesen, ich habe ein kleines Stück Religion gemacht, ich habe Briefe geschrieben, kurz, ich habe alles versucht, außer die gute Lebensart, und was soll ich mit der ohne Gesellschaft? Aber es geht alles nur sehr mittelmäßig. Vielleicht geht's morgen besser, wenn ich ein Federmesser habe und mir die Feder nach meiner Hand schneiden kann. Ach, liebe Jette, tun Sie Gutes an mir und schreiben Sie mir fleißig, das muß mein Leben erhalten, welches schlechterdings in der Einsamkeit nicht gedeihen kann. Wahrlich, ich bin das allerabhängigste und unselbständigste Wesen auf der Erde, ich zweifle sogar, ob ich ein Individuum bin. Ich strecke alle meine Wurzeln und Blätter aus nach Liebe, ich muß sie unmittelbar berühren, und wenn ich sie nicht in vollen Zügen in mich schlürfen kann, bin ich gleich trocken und welk; das ist meine innerste Natur, es gibt kein Mittel dagegen, und ich möchte auch keins. In Landsberg war ich zwar weiter von Ihnen, aber was hilft mir der Raum, ich war doch nicht so verkommen und lebte in einem bessern Klima. Mein letzter Gedanke, als Sie mir Lebewohl sagten und mir mit wenigen Worten ein so inniges Gefühl Ihrer Freundschaft gaben, war, daß das Wegreisen doch auch etwas Schönes sei; es war sehr frevelhaft, aber doch auch sehr religiös, ja wenn man nur nicht fortbliebe! Doch ich will Sie nicht weichmütig machen, Sie werden meiner doch genug denken. Vergessen Sie nicht, mich in jedem Brief um die Religion zu mahnen, damit sie mir nicht ins Stocken gerät. Berichten will ich Ihnen treulich, wie weit ich bin, aber Handschrift schicke ich wohl nicht eher, bis ich die zweite Rede zu Ende schicken kann; ich habe bemerkt, daß es der Religion nicht bekommt, wenn ich gar zu kleine Portionen ins reine schreibe. ...

FRIEDRICH SCHLEGEL
an Novalis
[Berlin, 17. Februar 1799]

...Wir wünschen sehr, Dich zu sehen. Du würdest Dich an Dorothea freuen, an äußerer Bildung und Zierlichkeit steht sie der Schwägerin weit nach. Sie ist nur eine Skizze, aber durchaus in einem großen Stil. Ihr ganzes Wesen ist Religion, obgleich sie nichts davon weiß. Wenn sie mich verlöre, sie würde mir nach indischem Gebrauch folgen aus eigentlicher Religion und ohne zu ahnden, daß das außerordentlich, oder auch nur, daß es recht wäre. Ich sage Dir das, weil ich es Dir nicht länger verhehlen mag, daß ich ihr Deine Mysterien mitgeteilt habe. Alle diese Gedanken und Ansichten sind ihrem Gefühl so nah, daß es mir unnatürlich schien, sie nicht einzuweihen. Ja die Religiosität ihres Gefühls ist um so entschiedener, als ihr Verstand noch vom Unglück so betäubt ist. ...

FRIEDRICH SCHLEIERMACHER
an Henriette Herz
Potsdam, 22. Februar 1799

... Über mein Verhältnis zu Schlegel haben Sie das Urteil recht klar ausgesprochen, aber Sie können doch nicht sagen, daß ich mir das nicht gestände, ich habe immer etwas Ähnliches zugegeben, wenn wir darüber gesprochen haben. Ich habe nie gesagt, daß ich mit Schlegel einerlei Gemüt hätte, nur habe ich gestritten, er hätte keins. Mit den verwandten Substanzen aber, das haben Sie recht auf den Kopf getroffen, die trennen uns immer. Ja, Sie sind doch eigentlich meine nächste verwandte Substanz, ich weiß so weiter keine, und keine kann mich von Ihnen trennen. Das war nur so nebenbei; denn eigentlich sprach ich doch von Schlegel, aber ich habe eine recht ordentliche Pause hier gemacht. Sehen Sie, der wundert sich über die Trennung, welche die nahen verwandten Substanzen verursachen, und das Wundern bekommt unserer Freundschaft schlecht. Übrigens ist die Bindung doch nicht so locker, wie Sie meinen. Wenn man Kenntnisse, Witz und Philosophie, alles dreies erst aufheben muß, das sind denn doch artige Dinge, und die beiden letzten können doch bei einem ordentlichen Menschen schlechterdings nicht vom Gemüt abgesondert sein. Diese Dinge sind kein bloßer Kitt, und was dadurch gebunden ist, ist nicht mit Gewalt gebunden ...

FRIEDRICH SCHLEIERMACHER
an Henriette Herz
Potsdam, d. 25st. Februar 1799

... Mit Ihrer Ansicht von der Veit haben Sie freilich recht, mit ihr und Schlegel würden Sie nicht leben können, aber war nicht jede andre Ansicht nur ein langer Irrtum? Könnten Sie das nicht wissen, daß ihr Leben nicht so ruhig neben dem Ihrigen hinfließen würde, daß sich beide am Ende vermischen könnten? Darauf müssen Sie sich freilich bereiten, aber sehen Sie es nur recht an, so wird auch das kein drückendes und störendes Gefühl erregen. Ihre Liebe zur Veit gleicht auch darin deren Leben, daß so wenig Einheit in ihr ist wie in einer wahren Person; sie hat unmerklich alle ihre Züge geändert, und es kommt nur darauf an, daß Sie sich dessen bewußt werden, so werden Sie sie doch immer wieder erkennen. Bewahren Sie das Bild ihres kindlichen Alters in Ihrem schönen Herzen, aber lassen Sie sie sich auch so gefallen, wie sie jetzt ist, mit einem andern Charakter und mit den Spuren der Zeit und der Begebenheiten. [...] Die dritte Rede liegt mir noch gar nicht fertig im Kopf, es fehlt mir noch eine Inspiration, und ehe die nicht kommt, kann ich nichts anfangen. So etwas läßt aber lange auf sich warten. Wüßte ich doch, wie Wilhelm Schlegel es immer macht de se battre les flancs, wenn's not tut, ich täte es ihm gern nach. Von Friedrich habe ich noch immer keine Zeile, was mich sehr beunruhigt. Von Furcht und Hoffnung sage ich Ihnen nichts, ich habe keine als Sie. Möchte ich Sie bald in einer ruhigen Stimmung wissen ohne irgendeinen Mißlaut. Wie gepeinigt werde ich Freitag in dem Zehlendorf sein, und doch kann ich nicht die andre Hälfte auch machen, weil ich Sonnabend hier nicht fehlen darf. Es ist freilich nur ein optischer Betrug, daß ich Ihnen dann näher wäre, aber es quält mich doch. Was macht das Griechische? Ich lege es Ihnen recht ans Herz. ...

FRIEDRICH SCHLEIERMACHER
an Henriette Herz
[Potsdam] Sonntag, d. 3t. März, abends 1799

Heute habe ich die größte Hälfte des Phädon gelesen und nur zwei Seiten Religion gemacht; ich habe aber nun noch sechs dergleichen zu machen und hoffe also immer noch, Dienstag fertig zu werden. Im Ernst aber merke ich, daß hier alles nach und

nach schlechter wird, und wenn die folgenden Reden nicht gar
erbärmlich werden sollen, so muß ich schon aus Religion um der
Religion willen nach Berlin kommen, aus Religion, denn wahrlich, ich will das Universum in Ihnen schauen. In jeder Rücksicht
habe ich's nötig, mir einmal gütlich zu tun. Es ist so viel Bedürfnis in meinem Wunsch, Sie zu sehen, als in Ihrem unmöglich
sein kann. Das können Sie mir immer lassen, Ihrer ist nur desto
schöner. Das Athenäum habe ich bekommen und heute viel in
den ›Gemälden‹ geblättert, die doch gar schön sind. Auch im
Hülsen habe ich geblättert; das ist aber nur Zeitverderb, man
muß ihn ordentlich lesen und noch mehr als lesen. Klar ist er
eben nicht, und ich hoffe, daß meine Religion wenigstens etwas
mehr hierin leistet. Es scheint mir, als ob Sie die Veit wenig
sähen, da Sie weder Schlegels Nichtwohlbefinden noch des Auf-
satzes erwähnt haben, den ihm Hülsen doch schon vor mehren
Tagen geschickt hat und der sogar religiös und heilig sein soll. Es
ist aber Naturreligion, und da weiß ich nicht, ob es mir viel tun
wird. Meine Religion ist so durch und durch Herzreligion, daß
ich für keine andre Raum habe. ...

FRIEDRICH SCHLEIERMACHER
an Henriette Herz
*[Potsdam] Dienstag, d. 5t. März,
morgens halb zwei Uhr, 1799*

Carolinens Wort über die ›Lucinde‹ ist gar schön, aber über Ihr
Urteil, liebe Freundin, kann ich nicht eher etwas sagen, bis ich
mehr von der ›Lucinde‹ kenne. Nur gegen das Dilemma möchte
ich im voraus protestieren. Nicht als ob etwas ein Kunstwerk im
strengsten Sinne wirklich ist, sondern ob es eins sein will, das
muß drüber entscheiden, ob es einen Zweck haben muß oder
nicht; von der materiellen Seite mögen Sie dann über das, was
besser ungedruckt wäre, ganz recht haben. Die Frage bleibt aber
immer, ob es die Form nicht gefordert hat und ob das Ganze
nicht ein anderes Individuum hätte sein müssen, wenn dies
anders sein sollte. Verstehen werden Sie den Hülsen wohl, aber
Sie werden sich gewaltig durchlesen müssen durch den Stil und
den sehr dunkeln Faden, die Sachen scheinen mir aber nicht
schwer. Was dieser und Hardenberg zur Religion sagen werden,
darauf wäre ich neugierig. Was Sie mir darüber sagen, ist sehr
schön, aber haben Sie auch die Liebe gehörig ausgepumpt, ehe

Sie Ihr Urteil einfüllten? Das nicht Mißverstandenwerden wäre mir sehr viel, aber können Sie mir dafür stehen, daß man nicht, um es nicht mißzuverstehen, außer der Religion auch mich kennen muß? Das ist eben die Frage, die wir nicht auflösen können, weil es unseren Experimenten an der ἀκρίβεια gar sehr fehlen müßte.

FRIEDRICH SCHLEIERMACHER
an seine Schwester Charlotte
Potsdam, d. 23st. März 1799

... Der Herz ihr Leben ist freilich ganz anders, still und ruhig, ohne solche Stürme und Angst vor Schiffbruch, wie der Benecke ihres, und ich kann also auch solche Verdienste nicht um sie haben, auch ist ihr Gemüt und ihr Charakter in sich viel fester, daß sie sich auf sich selbst verlassen kann und meiner nicht bedarf. Ich gehöre aber doch in anderer Rücksicht wesentlich zu ihrer Existenz, ich kann ihre Einsichten, ihre Ansichten, ihr Gemüt auf mancher Seite ergänzen, und so tut sie mir auch. Etwas Leidenschaftliches wird zwischen uns nie kommen, und da sind wir wohl in Beziehung aufeinander über die entschiedensten Proben hinweg. Nimm es nicht für Eigendünkel, daß ich darüber so gewiß spreche; es ist eine lange Erfahrung und eine sorgfältige Beobachtung, was mich dazu in Stand setzt, und ich glaube, wenn Du uns nur eine Stunde zusammen sähest, würdest Du dieselbe Überzeugung haben. Was mir in dieser Art begegnet ist, habe ich Dir aufrichtig bekannt, es ist mir eine lehrreiche Begebenheit, die ich aber auch nicht missen möchte, und die Grunow und ich sind nun in einem freundschaftlichen Verhältnis, was durch keine Rückerinnerung verstimmt wird. Es liegt sehr tief in meiner Natur, liebe Lotte, daß ich mich immer genauer an Frauen anschließen werde als an Männer; denn es ist so vieles in meinem Gemüt, was diese selten verstehen. Ich muß also, wenn ich nicht auf wahre Freundschaft Verzicht tun will, was Du denn doch auch nicht fordern wirst, auf diesem sonst so gefährlichen Standpunkt stehenbleiben, der aber eben deswegen, weil ich *so* darauf stehe, nicht so gefährlich ist. Dessen will ich mich aber nicht überheben, sondern immer auf meiner Hut sein. Du meinst, eben diese Verhältnisse wären wohl auch meinen Berufspflichten im Wege und setzten mich wenigstens einem bösen Schein aus. Was das erste betrifft, da mußt Du Dich nun lediglich auf mein Wort verlassen, daß es nicht so ist. Ich verrichte alles, was mir obliegt, sehr pünktlich und genau, aber darauf würde ich, wie Du leicht denken kannst, gar keinen Wert legen, wenn ich nicht auch wirklich mit ganzem Herzen dabei wäre, eine Sache, die wenige von meinen Freunden recht verstehn und die nur die Herz sich eigentlich reimen kann. Was aber den Schein betrifft, so habe ich darüber meine eignen Grundsätze; ich glaube, daß es meinem Stande gradezu obliegt, ihn zu verachten, ich meine, nicht aus leidigem Übermut Dinge zu tun, die man sonst nicht tun würde, nur um zu zeigen, daß man sich aus der gemeinen Meinung nichts macht, sondern das, daß, sooft es hinreichend Gründe gibt, etwas zu tun, man nach dem Schein dabei nichts fragen müsse. Das ist, wie mir's scheint, sehr nötig und ganz eigentlich Pflicht. Daß ein Mann mit einer rechtlichen Frau allein ist, Stunden und halbe Tage lang, ist wohl gar nichts Auffallendes in der Welt, und niemand sucht einen bösen Schein dahinter. Eine Frau eigentlich zur Freundin zu haben ist schon übler, und daß die Herz grade eine Jüdin ist, gereicht gewiß vielen zum Anstoß; aber das ist eben eins von den jämmerlichsten Vorurteilen. Gewacht habe ich bei ihr nur auf ausdrückliches Bitten ihres Mannes, als ihre weiblichen Freundinnen nicht mehr konnten, und ich finde darin nichts unter der männlichen Würde. Das liegt wohl nie in wirklichen Diensten, die man einer Frau erzeigt, sondern nur in der kleinlichen Galanterie und den süßlichen Aufmerksamkeiten, zu denen ich, wenn sie mir auch nicht sonst zuwider wären, immer zu unbeholfen sein werde. Jeder Mensch muß schlechterdings in einem Zustande moralischer Geselligkeit stehn; er muß einen oder mehrere Menschen haben, denen er das Innerste seines Wesens, seines Herzens und seiner Führungen kundtut, nichts muß in ihm sein womöglich, was nicht noch irgendeinem außer ihm mitgeteilt würde. Das liegt in dem göttlichen Ausspruche: Es ist nicht gut, daß der Mensch allein sei, mehr als irgend etwas anderes. Ihr steht in einer solchen Art von Geselligkeit mit Euren Arbeitern und bedürft selten anderer Menschen dazu. Dergleichen gibt es aber in der Welt nicht, und da die Menschen gegeneinander mit ihrem Innern wie billig sehr zurückhaltend sind, so muß man sich erst ein sehr freundschaftliches Vertrauen erwerben, ehe man so etwas herauslockt, und um zu so einer vertrauten Freundschaft zu kommen, muß man mit mehreren Verbindungen anfangen, in denen man sie suchen und anzutreffen hoffen kann. So mußt Du die Sache auch ansehn, und in der Tat bin ich bei allen Menschen, die ich sehr liebe, mehr oder weniger Arbeiter, und sie sind es auch bei mir. Da hast Du mein Glaubensbekenntnis über diesen Gegenstand ganz offen und so ausführlich, als ich es jetzt geben konnte. Du wirst wenigstens, hoffe ich, daraus sehen, wie ernstlich ich Deine freundlichen Warnungen nehme und wieviel mir daran liegt, mein Gemüt und mein Leben so offen als möglich vor Dich hinzustellen und Dich in Stand zu setzen, daß Du richtig darüber urteilen könnest. Du sollst diese Aufrichtigkeit immer bei mir finden, es ist mir gar viel daran gelegen, daß dieses Verhältnis unter uns bewahrt bleibe. ...

FRIEDRICH SCHLEIERMACHER
an Henriette Herz
[Potsdam] Sonntag, d. 24st. März 1799

Ich habe mich beim Kaffee (denken Sie nicht, daß ich alle Nachmittage welchen trinke, aber wenn ich so unmittelbar von der Kanzel komme, pflegt er sehr gut zu schmecken) mit Ihrem Briefe unterhalten, den ich heute früh nur sehr flüchtig durchlaufen konnte, und will nun ein wenig mit Ihnen plaudern, vor Abend komme ich doch nicht zur ›Religion‹ und vor übermorgen wird doch wohl das Letzte nicht abgehen. Ich habe jetzt eine häßliche Periode, es sind die kurzen Tage bei mir; ich bin um Mitternacht schläfrig und komme doch vor sieben Uhr nicht auf, und dann gibts noch eine Sonnenfinsternis nach Tisch. Mit gestern bin ich zufrieden, ich habe ein gut Teil von der Religion gemacht, die Sie bekommen, und noch ein gut Teil drüber, was nur noch nicht ins reine geschrieben ist, und am Abend habe ich zwar keine Religion, aber doch etwas sehr Religiöses gemacht, eine große Epistel an meine Schwester, die eine ausführliche Deduktion meines Lebens und meiner Grundsätze von manchen Seiten erhielt, denn das gute Mädchen hatte allerlei Bedenklichkeiten über mich gehabt, über meine Verhältnisse zu den Frauen, zu meinem Amt, zur Männlichkeit und so dergleichen. Es war mir recht etwas Heiliges, ihr das ganz auseinanderzusetzen, und ich hätte es Ihnen gern zu lesen gegeben; es war ein Bogen, so eng beinah wie der, den ich Ihnen heut geschickt habe, und ich habe ihr in einem Stück geschrieben, die Tassen Tee abgerechnet, die dazwischen getrunken sind. So ein Brief ist ein ordentliches Werk, und er war in seiner Art auch gemacht, ob er gleich ganz aus dem Herzen kam. Mir ist bange danach, das liebe Mädchen einmal zu sehen, aber es ist doch keine Möglichkeit dazu.

Beim Tee. Zittern Sie nur nicht, meine Predigt enthielt zwar rührende und christliche Sachen, aber sie war weder rührend noch christlich, und so wird sie schwerlich gefallen haben, ob sie gleich sehr gut war. Morgen früh habe ich nun noch einmal zu predigen, und dann sind die lieben Festtage auch vorbei zu meiner Freude, wäre nur auch die Religion erst fertig, dann würde ich ganz frei atmen und auch einmal wieder nach Berlin kommen. Mit Sack zu sprechen, kann ich wohl nicht vermeiden, ich kann's höchstens in die Länge ziehen, weil wir doch für eine Zeit genug haben, ausführlich zu reden. Werde ich in Ihrem nächsten Brief eine Äußerung von Schlegel über die dritte Rede finden? Ich bin begierig darauf. ...

FRIEDRICH SCHLEIERMACHER
an Henriette Herz
[Potsdam] d. 27st. März 1799

... Das ist recht fatal, daß Sie die letzten Seiten immer ungelesen gelassen haben, so konnten Sie freilich zu gar keinem Totaleindruck kommen, und ich bin nun nicht einmal vor der traurigen Wahrheit sicher, ob sie wirklich keinen gibt. Wenn sich die beiden Gedanken nicht durch das Ganze durchziehen, daß alle religiöse Menschen zugleich Priester sind und daß alle Eins sind, so habe ich meinen Endzweck allerdings verfehlt und der Polemik gegen den gegenwärtigen Zustand der Dinge, so wichtig diese auch ist, zuviel Spielraum gelassen. Warum haben Sie sich mit dem Weggeben der Bogen so geeilt? Unger kann sie doch nicht eher zur Zensur schicken, bis er die Rede ganz hat [...] D. 28st. [...] Da habe ich eine ganze Weile über das Christentum meditiert, welches sich nun bald äußerlich gestalten soll, es wird aber wohl noch einige Tage innerlich wachsen müssen, und da Schlegel mich ausdrücklich gebeten, recht faul zu sein und mir alle Zeit zu lassen, so will ich's noch diese Woche so innerlich wallen lassen. Wüßte ich nur erst Ihre und Schlegels Meinung über die vierte Rede, und hätte ich nur eine recht genaue Idee davon, wie weit der Druck ist. Ob Sack die vierte Rede schon gehabt hat, werde ich wohl morgen erfahren. Sonderbar ist es, daß ich in der ersten und zweiten Rede noch jetzt nichts zu verbessern oder zuzusetzen wüßte (obgleich Schlegel an der zweiten auch noch manches auszusetzen hat), an der dritten und vierten aber schon mancherlei. Ob das gerade ein Beweis ist, daß die ersten beiden vollkommen sind, weiß ich nicht, es ist aber ein Beweis gegen das Machen überhaupt.

FRIEDRICH SCHLEIERMACHER
an Henriette Herz
[Potsdam] Dienstag [d. 2t. April] morgens

Da ist ihr Brief. […] Das ist ja eine rechte Sympathie, Sym und auch Pathie, daß Sie auch dumm und faul gewesen sind. Was das mit dem Archiv ist, möchte ich doch wissen; aber so geht's, wenn man sich erst mit solchen Leuten abgibt. Soll mir der Feßler einen Refüs geben dürfen? Könnte ich mich ärgern, so täte ich's. Ich habe nichts gegen den Biester, es war ja mein erster Vorschlag, aber taugt es, daß Herz mich meldet? Das sieht aus, als machte ich Partie mit ihm, und Biester ist eine Plaudertasche, die das in der christlichen Welt herumträgt; am Ende mögte er einen Krypto-Judaismus riechen. Überlegen Sie das, aber ohne Herz, versteht sich. Ich kann ja leicht, wenn es soweit ist, ein paar Zeilen an Biester schreiben. Mit der ›Lucinde‹ werden wir wohl beide unsre Not haben. Der vertraute Freund eines Predigers soll so ein Buch schreiben, und dieser soll nicht mit ihm brechen! Ich werde es machen wie Sie und habe es schon unterschiedlich so gemacht. …

DOROTHEA VEIT
an Friedrich Schleiermacher
[Berlin] 8. Apr.[il 17]99

…Kommen Sie nur bald, lieber Freund! und wenn dieser Brief Sie noch trifft, so bitte ich Sie, richten Sie sich die Zeit Ihres Hierseins so ein, daß Sie recht lange bei uns bleiben, das heißt mit uns. Helfen Sie uns lachen, denn weiter wird doch nichts getan, wenn Feierabend ist und das Handwerkzeug ruht. Gutes Wetter werden wir auch wohl haben; seit heute früh weht der Geist Gottes wieder über die Erde, und der kleine Garten macht ein hoffnungsvolles Gesicht. – Was ›Lucinde‹ betrifft – – ja was ›Lucinde‹ betrifft! – Oft wird mir es heiß und wieder kalt ums Herz, daß das Innerste so herausgewendet werden soll – was mir so heilig war, so heimlich; jetzt nun allen Neugierigen, allen

Hassern Preiß gegeben. Umsonst sucht er mich durch den Gedanken zu stärken: daß Sie noch kühner wären als er. – Ach es ist nicht die Kühnheit die mich erschreckt! Die Natur feiert auch die Anbetung des Höchsten in offnen Tempeln, laut durch die ganze Welt – aber die Liebe? – Ich denke aber wieder: alle diese Schmerzen werden vergehen, mit meinem Leben, und das Leben auch mit, und alles was vergeht, sollte man nicht so hoch achten, daß man ein Werk drum unterließe das Ewig sein wird. – Ja dann erst wird die Welt es recht beurteilen, wenn alle diese Nebendinge wegfallen. – Sie sollen sich freuen lieber Schl., wenn Sie lesen was unterdessen ist gemacht worden. Die Kätzin unter- läßt nicht schon jetzt alles, was sie mit ihrem giftigen Atem er- reichen kann, davon mitzuteilen, man spricht schon jetzt von der *Unanständigkeit* der ›Lucinde‹, und das kömmt von ihr her, sie hat sich beklagt: daß kein junger Mensch es setzen dürfte: ist das nicht ein Pendant zu Reichards 7 Töchtern?

FRIEDRICH SCHLEIERMACHER
an Henriette Herz
[Potsdam] D. 10t. [April 1799]
…Ein halber Bogen ist fertig und etwas zum zweiten gemacht, ich zweifle aber doch, daß dieser gegen die Postzeit morgen noch fertig wird, denn für heute ist Feierabend. Ich kann jetzt schon wieder des Morgens besser arbeiten als in der Nacht, das ist ein sichres Zeichen, daß Sommer wird, wenn nur meine Morgen ruhiger wären. Sack ist mir oft eingefallen bei der Arbeit mit sei- nem zu *originell*, das ist ein recht theologisches Diktum! Mein Christentum, bis zu dem ich übrigens noch nicht gekommen bin, wird ihm wohl auch zu originell sein, obgleich es eigentlich sehr alt ist. In dem Briefe von der Veit, der übrigens, wie Sie leicht denken können, zugleich Schlegels Brief war, stand von der vier- ten und fünften Rede nichts als Berufung auf Sie. Sie werden also jeden Tag Manuskript bekommen, bis ich nähere Nachricht habe, denn nach den letzten Progressen zu schließen, muß Unger schon morgen an der fünften Rede anfangen, und dann werde ich eben immer so mitkommen mit dem Setzer. Die Idee der Vorrede scheint Schlegel zu behagen; Sie haben noch kein Wört- chen darüber gesagt. Sehr liegt sie mir nicht am Herzen, und wenn sie mir nicht von selbst kommt, werde ich sie nicht holen, es kann recht gut ohne Vorrede gehen. Doch wie der H. Geist

will. Übrigens ist's ein schöner Brief, der Veit ihrer. Sie klagt über das Herauswenden alles Inneren in der ›Lucinde‹ und meint, meine Kühnheit in der Religion tröste sie nicht. Da hat sie auch recht, es ist ein großer Unterschied. Bei der ›Religion‹ kann man sich nur wundern, wie man so etwas der Welt sagen mag, bei der ›Lucinde‹ vielleicht auch, wie man so etwas seinen Freunden sagen mag, für die es einen viel individuelleren Sinn hat als für die Welt, ich sage: vielleicht, weil ich doch eigentlich keine rechte Idee von der ›Lucinde‹ habe. ...

FRIEDRICH SCHLEIERMACHER
an Henriette Herz
⌈Potsdam⌉ Freitag, d. 12t. April früh ⌈1799⌉
Da ist Ihr Brief, an dem ich diesmal vieles durchaus nicht verstehe. Ich verstehe noch immer nicht, wie das mit den zwei Tagen zusammenhängt, an denen Sie nichts von mir gehört haben, da ich täglich geschrieben habe. Ich verstehe nicht, wie Sie haben glauben können, daß ich nach Berlin kommen würde, da wir so bestimmt ausgemacht hatten, daß ich nicht eher als nach Beendigung der ›Religion‹ kommen sollte. ... Ich könnte noch mehr Unbegreifliches finden, als da ist, daß Sie, qui court la ville und alle Viertel befährt, nur nach der Ziegelstraße nicht kommen können und es für ein großes Glück halten müssen, die Veit auf der Akademie zu sehen, daß Sie immer noch von meinen zwei Tagen reden, aber Ihnen gar nichts darüber einfällt, daß ich nun wirklich volle zweimal 24 Stunden gewesen bin, ohne von Ihnen zu hören, und daß Sie den Brief, den ich Montag abend auf die Post gegeben, erst Dienstag abend erhalten zu haben scheinen. Oh! und ein Hauptstück hatte ich vergessen, daß Sie reden, als wäre zu vermuten, ich würde nun nichts tun als immerfort machen, und daß Sie sich unser schönes Leben gar nicht denken können. Kurz, das einzige, was ich recht begreife, ist, daß Sie *recht* meine Jette sind: das lese *ich* in und zwischen allen Zeilen. ...

Freitag, d. 12t. April, abends ⌈1799⌉
... Denken Sie, auch die Eleonore hat schon von der Unanständigkeit der ›Lucinde‹ reden hören, wahrscheinlich durch Parthey und Nicolai, wie weit das schon verbreitet ist! Ich habe sie letzthin förmlich eingeladen, meine Reden nicht zu lesen; ich fühle, sie seien dunkel, und es würde sie fast niemand verstehen, mit dem ich nicht sonst aus der Sache gesprochen hätte. Nun schreibt

sie ihrer Mutter, sie habe gehört, Schlegels ›Lucinde‹ sei gar so natürlich, daß eine sittliche Frau sie nicht lesen könne, und so seien ihr zum Unglück die Bücher der beiden Freunde verboten, das eine, weil es ihr zu hoch, und das andre, weil es zu natürlich sei. Auch habe ich heute Nicolais Briefe der Adelheid durchblättert, was ich wohl hätte bleiben lassen sollen; ich hätte die schöne Zeit für die Religion brauchen können, von der ich erst eine Seite gemacht habe. Das ist einmal wieder ein schlechtes Buch. Und welche Dummheit und zugleich auch welche Perfidie, Dinge, die in den Fragmenten stehen, einem Menschen in der Konversation in den Mund zu legen und einen vis à vis von seiner Geliebten wörtlich aus dem Fichte und Kant sprechen zu lassen. Das Naivste ist, daß die Adelheid schreibt: Wer wohl der Fichte sein mag, von dem er sprach? Dann kam auch noch ein gestiefelter Kater vor, der auf den Dächern der dramatischen Kunst herumspaziert, ob das wohl derselbe ist? Das mag Nicolais Theorie von der Wirklichkeit sein, daß eine Frau so zuhören muß. Ein paarmal sind Fragmente von mir zitiert; da habe ich unaussprechlich gelacht. ...

FRIEDRICH SCHLEIERMACHER
an Henriette Herz
[Potsdam] Dienstag, d. 16t. April 1799

Als Ihr Brief ankam, hatte ich eben die ›verkehrte Welt‹ gelesen und war sehr guten Humors, und so hat es mich weniger affiziert, was Sie mir von der Publizität meiner Autorschaft sagen. Wenn die Leute mit mir davon reden wollen, werde ich sie fragen, ob sie nicht wissen, daß ich inkognito geschrieben habe. Unter den Juden mag es am Ende herumkommen, wenn es nur die Geistlichen nicht erfahren, das ist das Eigentliche. [...] Lassen Sie sich doch die ›verkehrte Welt‹ geben. Es ist wirklich sehr witzig, und ich habe schrecklich lachen müssen. Der Tieck ist doch einzig in seiner Art. Aber was Bernhardi in der Bambocciade gemacht hat, scheint mir noch schlechter zu sein als der erste Teil. Wenn der Tieck sich den Bernhardi nicht angeschafft hätte, ich gäbe was drum! Vielleicht sagen aber so viele Menschen: wenn der Schlegel sich nicht den Schleiermacher angeschafft hätte!! [...]

Beim Montag bleibt's auf jeden Fall, und wenn ich Geld hätte, käme ich sogar Sonntag; denn einige Stunden sind besser als einige Taler. Daß ich soviel bei Ihnen bin als möglich, wissen Sie.

Auf den Abend mit Heindorf freue ich mich; ich bin ihm wirklich sehr gut, und wie Sie ihm die Unschuld nicht abgemerkt haben, wenn Sie mit ihm von Menschen gesprochen haben, begreife ich nicht. Mit dieser Art von Unschuld aber wird man mit der Welt nicht durch andre bekannt, weil man immer von falschen Voraussetzungen ausgeht. Es gibt hierin auch eine ursprüngliche Anschauung; wer zu der nicht kommt aus sich selbst, der ist eben für dieses Fach verloren. Über die Unschuld mache ich auch wohl einmal einen Essay. Eigentlich glaube ich, daß ich von den Menschen ziemlich viel weiß, von ihrem Innern nämlich, da habe ich bald eine klare Anschauung; aber in dem, was man Welt nennt, in der Kenntnis ihrer Routine und ihrer kleinen Tricks, da bin ich ein grausamer Stümper; es scheint mir immer nicht der Mühe wert, darauf zu sehen. Jenes kostet mich nichts als Zeit, und dazu hat man sie ja. Ich möchte wohl einmal etwas schreiben, wo das alles drin wäre; aber das ist auf viele Jahre hinaus; ich müßte lange am Stoff sammeln und weiß auch keine Form dazu. ...

FRIEDRICH SCHLEIERMACHER
an Henriette Herz
[Potsdam] d. 2t. Mai 1799

Heute habe ich in den Zeitungen von Fichtes kleiner Demütigung gelesen. Ein falscher Schritt zieht immer den andern nach sich. Er mußte es freilich den Leuten sagen, daß sie sich bei der Demission, die sie ihm gäben, unter diesen Umständen auf sein Fordern derselben nicht berufen könnten; aber das hätte auf eine ganz andre Art geschehen müssen. Und um so etwas zu sagen, wie er in seinem ersten Briefe sagte, von mehreren, die ihm nachfolgen würden, da muß man seiner Sache und seiner Leute sehr gewiß sein. Ein anderes Katheder findet nun Fichte gewiß nicht, und im ganzen, muß ich gestehen, halte ich es für ein vorteilhaftes Ereignis, daß seine Philosophie vom Katheder, wohin sie gar nicht paßt, vertrieben ist. Spinoza hat eine philosophische Professur abgelehnt, ohnerachtet er so enthusiastisch für seine Philosophie war, als Fichte nur immer für die seinige sein kann, und hat sehr wohl daran getan. ...

FRIEDRICH SCHLEIERMACHER
an seine Schwester Charlotte
Berlin, d. 23st. Mai 1799

...Hernach ist mir die Zeit wieder so hingegangen in dem Stumpfsinn, der bei mir immer entsteht, wenn ich isoliert bin. Darüber kann ich nicht heraus; ohne Freund, ohne herzliches Gespräch, ohne Wechsel zwischen Arbeit und geselligem Genuß ist für mich kein Leben, und wenn ich ein paar Jahre so existieren müßte, würde es mir schwer werden, mich selbst beisammenzuhalten. In dieser Rücksicht bin ich denn unendlich froh, wieder hier zu sein, obgleich mir eben auch keine glückliche Zeit bevorsteht. Die Herz macht eine Reise nach Dresden und dem Harz, Schlegel wird wahrscheinlich um dieselbe Zeit auf einige Wochen nach Jena reisen, und ich habe mich noch dazu in ein paar weitläufige Arbeiten eingelassen, die mich einen großen Teil meiner Zeit kosten, aber freilich auch dazu dienen werden, meinen Stil zu bilden und mir manche Kenntnisse zu verschaffen....

FRIEDRICH SCHLEGEL
an Friedrich Schleiermacher
[Jena, Mai oder Juni 1799]

Ich ward das letztemal eben unterbrochen, liebster Freund, als ich Dir noch einige Nachrichten von den Effekten Deiner Rede geben wollte.

Goethe hat sich mein prächtiges Exemplar geben lassen und konnte nach dem ersten Lesen von zwei oder drei Reden gegen Wilhelm die Bildung und die Vielseitigkeit dieser Erscheinung nicht genug rühmen. Je nachlässiger indessen der Stil und je christlicher die Religion wurde, je mehr verwandelte sich dieser Effekt in sein Gegenteil, und zuletzt endigte das Ganze in einer gesunden und fröhlichen Abneigung. Also ein neuer Beleg für die innere Duplizität dieses Mittels.

Hardenberg hat Dich mit dem höchsten Interesse studiert und ist ganz eingenommen, durchdrungen, begeistert und entzündet. Er behauptet, nichts an Dir tadeln zu können und insofern einig mit Dir zu sein. Doch damit wird es nun wohl so so stehen. Er hat mir einen Aufsatz über Katholizismus verheißen, auch will er über Dein Buch mir etwas aufschreiben. Ich verspare also das übrige bis dahin, da ich ihn ohnehin nur einen halben Tag gesehen und nichts gründlich mit ihm habe durchsprechen können. [...] Schelling geht es mit Deinen Reden fast wie Fichten. Jedoch hatte er Hochachtung und sagte mir, wenn Du nun etwa noch etwas des Inhalts oder der Art schriebst, oder auch etwas zur Verteidigung der jetzigen Schrift, so wolle er dann damit anfangen und hernach auch die jetzige Schrift gründlich studieren, die ihm wie Fichten sehr schwer zu lesen und zu verstehn wird. Er ist ungefähr ebensoweit darin gekommen wie Fichte.

In dem Meßkatalog ist eben nicht viel von Bedeutung, auch nicht viel, was uns gute Hoffnung gibt, ich meine für Deine Notizen.

Der Fabel vom Herzog magst Du nur allenthalben widersprechen. Was er etwa darüber gesagt hat, wissen wir nicht, und es geht uns nichts an: aber sagen lassen hat er uns *nichts,* und Goethe würde, wenn es damit was auf sich hätte, sich nicht so günstig für die Teufeleien geäußert haben, wie er getan hat.

Persönlich kann ich mit Schelling sehr gut fertig werden, ja ich habe sogar einen Anfall gehabt, ihn zu lieben. Von seiner Naturphilosophie hält er beinah nicht mehr als billig, und übrigens arbeitet er im stillen an einem großen Gedicht über die Natur, und groß dürfte das wohl in jeder Rücksicht werden.

Wie groß erst die Ungeduld und dann die Freude über Dorothea war, kannst Du denken. Aus der ersten hast Du mich durch Deinen letzten Brief errettet, der mir sehr erfreulich war. Nun habe ich gar keine Entschuldigung mehr, wenn ich nicht arbeite; daher sollst Du auch bald erhalten, was nötig ist. Das verfluchte Lesen! Ich habe einmal wieder alle italienischen Dichter gelesen. Das schlimmere Denken nicht zu erwähnen.

Daß Fichte die Ideen liest, überrascht mich mehr, als daß es mich freut. Die Form oder Unform wird ihm zu sehr widerstehen. Ich werde ihm doch selbst darüber schreiben müssen. Aber Freund, Du hättest unrecht, wenn Du nicht die Zeit nutztest. Das geht darauf, daß Du in Deinem letzten Brief an Dorothea Fichte seit ihrer Abreise noch nicht wieder gesehen hattest.

Was ich noch sagen wollte. Du siehst nun also, daß Du mit den eigentlichen Philosophen (Hülsen geht immer mehr über die Philosophie hinaus; den rechne ich also nicht) durch die Reden nicht en rapport kommen kannst. Das tut auch gar nichts; da Du es aber doch wohl überhaupt wollen wirst, so wäre es ein Motiv, das über Spinoza oder auch das über die Grenzen der

Philosophie recht bald zu schreiben. Vielleicht würde auch dieses letzte nicht zu lang fürs Athenäum.

FRIEDRICH SCHLEIERMACHER
an Henriette Herz
[Berlin, d. 19t. Juni 1799] Mittwoch abend

...Diesen Mittag habe ich bei der Veit gegessen, habe dann meine Notiz von Kants Anthropologie dort zu Ende ins reine geschrieben, und dann sind wir in Bellevue gewesen, wo die Akazien göttlich riechen; hernach habe ich mit Schlegel noch ein wunderbares Gespräch über mich gehabt, wobei wir uns wahrscheinlich beide nicht verstanden haben. Er notiziert jetzt die Religion, und da studiert er mich ordentlich; er will mein Zentrum wissen, und darüber haben wir nicht einig werden können. Ob ich mich wohl selbst so verstehe, wie er mich verstehen will? Ich habe ihm gesagt, ich würde wohl nie bis ins Zentrum kommen, mit dem *Machen* nämlich, meinte ich; das hat er für eine Blasphemie gegen mich selbst genommen, kurz, wir sind nicht zusammengekommen. Was ist denn mein Zentrum? wissen Sie es? Gestern, denken Sie sich, habe ich in der größten Eil wenigstens zehn Bogen Religion lesen müssen, weil der Setzer, der wirklich auf dem letzten Bogen ist, die Druckfehler verlangte. Das hat mich entsetzlich fatigiert. In Schlegels Notiz, die erst angefangen ist, steht unter anderm, »der Stil der Reden sei eines Alten nicht unwürdig«; das ist wohl zuviel gesagt. Übrigens bin ich sehr begierig darauf, was alles in dieser Notiz stehen wird. – Gute Nacht! in welchem Nest mögen Sie schlafen? Morgen kommen Sie nach Ilsenburg, und ich denke, mit dem Harz soll Ihnen eine neue Göttlichkeit und ein neuer Enthusiasmus aufgehen. ...

FRIEDRICH SCHLEIERMACHER
an Henriette Herz
[Berlin] d. lt. Juli 1799

Wie ich mit Friedrich stehe, weiß ich eigentlich nicht; es drückt mich gewaltig. Auch nun bin ich nicht ganz Ihrer Meinung; unsre Gemüter sind wohl recht füreinander, Friedrichs und meines, nur nicht auf die Art wie Ihres und meines, sondern eben insofern sie einander nicht ähnlich zur Ergänzung. Daß man unter diesen Umständen nicht so leicht auf den rechten Punkt zusammen kommt, ist natürlich; aber es kann doch gehen und muß gehen, wenn Schlegels Heftigkeit und Ungeduld uns nicht aus dem Wege bringt. Ich weiß nicht, ob er ein solches heruntergebrachtes Verhältnis leiden kann, ich kann es nicht, und werde mir nächstens das Herz fassen, wieder mit ihm zu reden. Es ist nur so übel, daß ich ihn ungern jetzt auf eine Art affizieren möchte, die ihn beunruhigt, weil es einen solchen Einfluß auf seine Arbeiten hat. Ach, es ist ein großes Elend! Mit Dorothea kann ich über diese Dinge gar nicht reden; sie stellt sich so sehr auf einen unrechten Standpunkt, daß ich gar nicht hierüber sprechen kann. Worauf Sie zurückgehen, das ist wohl etwas. Sein gänzliches Nichtverstehen unseres Verhältnisses geht aus mehreren Stellen in der ›Lucinde‹ klar hervor; aber es ist doch nicht alles, er versteht auch mein Verhältnis zu ihm nicht und deutet meine Demut und meine ehrerbietige Schonung nicht recht, aus der ich mir gar vieles versage. Doch das muß man mündlich besprechen, und ich hoffe auch dafür viel von Ihrem Hiersein. Was Sie von Tieck in den Zeitungen gelesen haben, weiß ich nicht; mir ist nichts dergleichen vorgekommen; aber übermütig wird er nicht werden durch das Lob, weil er die Menschen viel zu sehr verachtet. Übrigens überzeuge ich mich, daß er sehr viel ist für die deutsche Literatur, und zwar etwas, was weder Goethe noch Schiller noch Richter sein können, und was vielleicht außer ihm niemand sein kann; müßte er sich nur nicht auch mit seinen Arbeiten eilen. Die Grobheiten im ›Athenäum‹ werden Sie doch auch wohl billigen, wenn es notwendige Wahrheiten sind und wenn sich zeigen läßt, daß es nach richtigen Begriffen viel gröber wäre, wenn man sie anders sagte. Mit der Natur, das ist mir noch immer nicht klar. Sie haben sie doch eben auch als einen toten Stoff angesehen, der behandelt werden muß, und es ist Ihnen immer der von uns eingefallen, der gerade diese oder jene bestimmte Gattung desselben am besten behandeln konnte. Aber wie haben Sie ihn denn selbst behandelt? Friedrich meint in seiner Notiz, wo ich mich in der Religion der Natur nähere, da offenbare sich meine Irreligion als Mangel. Er hat besondere Begriffe von Natur, die ich noch nicht verstehe, aber meine Behandlung derselben verstehe ich wohl. Was Sie mir oft als Polemik ausgelegt haben, daß ich gleich geradezu auf die Unendlichkeit der Chemie gehe, damit ist es mir bitterer Ernst, obgleich mancher einzelne Genuß dabei verlorengeht, der aber freilich von einer Art ist, die ich für niedriger halte. Ein großes Wort hat

Friedrich doch über mich gesagt in unserm Gespräch, ich weiß nicht recht, woher es bei ihm gekommen ist, aber wahr ist es nach allen Seiten, nämlich ich müsse aus allen Kräften darauf arbeiten, mich innerlich frisch und lebendig zu erhalten. Niemand ist dem Verwelken und dem Tode immerfort so nahe als ich, ich kann das weder konstruieren noch demonstrieren, aber es ist leider wahr. Mit dem Befragen, das übertreiben Sie, liebe Jette, und ich bitte Sie, schlagen Sie einmal die entgegengesetzte Maßregel ein. Es ist nichts wohltätiger für mich, als wenn man mich über mich zum Reden bringt, ich dächte, Sie müßten das gefühlt haben, sooft es der Fall gewesen ist. Es mag eine schwierige Operation sein, aber ich bitte Sie inständig, lassen Sie es sich nicht verdrießen. ...

FRIEDRICH SCHLEIERMACHER
an Henriette Herz
[Berlin] Donnerstag, d. 4t. Juli 1799. Abends.

Wissen Sie wohl das Neuste, liebe Freundin? Fichte ist hier, vorderhand auf einige Wochen, um sich zu besehen. Friedrich hatte es schon seit einiger Zeit gewußt und ihm eine Chambre garnie unter den Linden besorgt; es war aber tiefes Geheimnis, und da man das Schicksal der Briefe nicht wissen kann, habe ich Ihnen nichts davon schreiben mögen. Auch Tieck hat es nicht gewußt und sich heute des Todes gewundert. Heute früh brachte ihn Dorothee zu uns, und wir sind, ein paar Stunden ausgenommen, den ganzen Tag zusammen gewesen. Beschreiben kann ich ihn nicht, und sagen kann ich Ihnen auch nichts über ihn, Sie wissen, daß mir das nicht so früh kommt.

FRIEDRICH SCHLEIERMACHER
an Henriette Herz
[Berlin] Freitag [d. 5t. Juli 1799], abends

Ich habe ordentlich eine kleine Furcht davor, daß Fichte gelegentlich die Reden lesen wird; nicht davor, daß er viel dagegen einzuwenden haben möchte, das weiß ich vorher, und es macht mir nicht bange, sondern nur, daß ich nicht weiß, wo er mir alles in die Flanke fallen wird, und daß ich nicht werde würdig mit ihm darüber reden können. Bei der ›Lucinde‹ ist er eben und hat Friedrich gesagt, vieles einzelne gefalle ihm, um aber eine Meinung über die Idee des Ganzen zu haben, müsse er es erst recht studieren. Er hat schon heute einen Besuch von der Polizei gehabt, man hat so horchen wollen, ob er etwa gesonnen sei, sich hier zu etablieren. Er hat dann gesagt, er sei zu seinem Vergnügen hier und wisse nicht, wie lange er sich aufhalten werde. Observiert wird er wahrscheinlich provisorisch von der kleinen Polizei. Es sollte mir leid tun, wenn er irgend Unannehmlichkeiten hätte, und es wäre auch höchst inkonsequent. Große Sachen habe ich noch nicht mit ihm gesprochen, ich will es so sachte angehen lassen nach meiner Manier. [...] Schlegel hat mir letzthin verschiedentlich demonstriert, ich müßte einen Roman schreiben; meine religiösen Ideen über Liebe, Ehe und Freundschaft ließen sich nicht anders mitteilen, und mitgeteilt sollten sie werden, also müßte ich den Roman auch schreiben können. Ich habe ihm gestanden, ich hätte es schon seit einiger Zeit als meinen Beruf gefühlt, ich zweifle aber am Können, und das tue ich auch noch. Mit Ihrem Nichtschreibenkönnen, liebe Jette, das hat nichts zu sagen, üben müssen Sie sich freilich an allerlei Formen; aber dann ist auch gar nicht daran zu zweifeln. Wir wollen schon machen. Lassen Sie uns nur erst wieder zusammen leben.

FRIEDRICH SCHLEGEL
an Friedrich Schleiermacher
[Jena, August oder September 1799]

Es ist endlich Zeit, daß ich Dir einmal wieder einige vernünftige Zeilen schriebe. Und heute kann ich mir schon ein außerordentliches Vergnügen verstatten, da ich mit dem Briefe über die Philosophie fertig bin. Etwas so Populäres habe ich noch nie geschrieben [...] In der Tat ist damit eine neue Epoche in meiner Schriftstellerei angefangen, und ist mir ein Felsen von der Brust genommen. Mir ist es darum so froh, weil ich weiß, wie auch Du Dich mit mir und an mir freuen wirst. Ich weiß sehr gut, wenn ich mich täusche, und es schmerzt mich tief, wenn irdische Sorge die reine Göttlichkeit unserer Freundschaft trübt. [...] Meine Satanisken über die Herz und Dich hast Du sehr schön erwidert. Es lag nichts dabei zum Grunde als folgendes. Dein eigentlicher Beruf ist die Freundschaft, und was für uns andere Beruf ist, Amt oder literarischer Cynism, ist für Dich nur Element, in dem Du Dich leicht bewegst. Wenn ich Dir noch durch etwas anderes wohlgetan habe als durch meine Existenz und mein unersättliches Bedürfnis Deiner Freundschaft, so war es vielleicht durch den Sinn für die Freundschaft und ihre Mysterien überhaupt, durch meine Philosophie der Freundschaft, die mich Deinen Wert nicht bloß fühlen, sondern auch verstehen lehrte. Aber ich halte Freundschaft und Liebe nicht bloß so für Schwesterkünste, daß zwei sie, jeder eine für sich, nebeneinander treiben sollten, wo dann etwa erst vier Stück Personen einen ganzen Menschen ausmachen würden. Sondern jede sollte sie selbst beide treiben, und gleich ganz sein. Ich habe oft mit Sorge daran gedacht, welch ein Phönix eine Frau sein müßte, die für Deine Liebe eben recht wäre, und ich bin von der Notwendigkeit, Musik und Poesie zu verbinden, so überzeugt, daß ich nicht umhin kann zu *wünschen*, obgleich es eigentlich, wenn Du willst, ein Frevel ist, nicht mit Deiner bloßen Existenz zufrieden zu sein, und auch noch um Deine Wohlexistenz sorgen zu wollen. Vielleicht wird die Liebe Dir nur Element und Supplement sein; aber auch so ist ein Phönix nötig. Eine, die in dem, was vom äußern Glanz und Zier schön ist, Deine Ergänzung sein kann, findest Du leicht. Du hast eine Freundin gefunden, die durch den Sinn für Deine Tiefe Dich ans Licht lockt, oder, wie Du's nennst, herausarbeitet, denn dazu hat die Herz wohl soviel gewirkt als ich. Aber es müßte doch Liebe sein, und diese *sie* müßte noch eine Eigenschaft haben, die ich nicht zu nennen weiß, obwohl ich sie als *eine* fühle und bestimmt weiß. Sonst wäre sie Deiner nicht wert.

DOROTHEA VEIT
an Friedrich Schleiermacher
Jena, den 11. Oktober 1799

…Denken Sie sich, ich war auf dem Wege von Leipzig hieher einen Mittag in Weißenfels. Ein gewisser Doktor Lindner, der mit mir fuhr, besuchte Hardenberg, und ich habe nichts dazu getan, ihn zu sehen, so begierig ich auch war. Lindner durfte es ihm gar nicht einmal sagen, daß ich dort wäre. Er kommt mir erschrecklich paradox und eigensinnig vor nach allem, was ich von ihm höre; er ist ganz toll in Tieck und in seine Frau, als Tiecks Frau, verliebt und verachtet alles übrige. *Alles* übrige, sagt man. Wie lange dieses Delirium anhalten wird, weiß man nicht zu sagen. Enfin, mir hat aber sein Wesen, das ich schon immer ahndete, eben keinen Mut gemacht, ihm mit einem Schritt zuvorzukommen, um seine Bekanntschaft zu machen. Ungeheuer aber ist es, daß Goethe hier ist und ich ihn wohl *nicht* sehen werde. Denn man scheut sich ihn einzuladen, weil er wie billig das Besehen haßt, und er geht zu niemandem als zu Schiller, obgleich Schlegels und Schelling ihn täglich auf seiner alten Burg besuchen, in der er haust. Bis die andre Woche bleibt er nur hier. Zu Schiller geht man nicht; also, ich werde in Rom gewesen sein, ohne dem Papst den Pantoffel geküßt zu haben. Es ist unrecht, und was noch mehr ist, dumm, und was noch mehr ist, lächerlich. Aber man kann mir nicht helfen. [...] Mit Friedrich, der mir immer lieber wird, je mehr ich andre neben ihm sehe, will es nur nicht so recht fort; das Arbeiten wird ihm immer schwerer, und er dadurch immer betrübter. Ich hüte mich, ihm meine tiefe Besorgnis blicken zu lassen, weil das ihn völlig niederdrücken würde; auch Wilhelms sind mit mir darüber einverstanden, daß man ihn nicht quälen dürfte, und man läßt ihn in Ruhe. Das ist wirklich das einzige, was man für ihn tun kann, damit er nicht zerstört werde. [...] Es scheint, die Berliner können nicht ruhen; sie können ebensowenig ein Leben als einen Roman sich ohne geschloßnen Schluß denken, und nehmen nun gar bei mir die heilige Taufe als völligen Ruhestand und Auflösung an. Wie wäre es, wenn sie mich tot sein ließen? so wären sie aus der Ungewißheit, und mir geschähe auch kein kleiner Dienst damit. ...

DOROTHEA VEIT
an Friedrich Schleiermacher
Jena, den 28. Oktober 1799

... Sie haben mir schön geschrieben, lieber Schleier. Ich war einmal einen Morgen bei Ihnen, wie Friedrich in Dresden war; da waren Sie ungemein gut, und ebenso ist mir Ihr Brief vorgekommen. Lieber Freund, sein Sie gut gegen Friedrich; denn niemand ist so gequält wie er bei seinem Nichtgelingen. Reden kann ich nicht viel darüber; wie es gehen wird, weiß ich auch nicht. Jetzt arbeitet er, wie er sagt, am zweiten Teil der ›Lucinde‹; aber er ist nicht so frei, so munter, als er sein sollte. Es ist entsetzlich, daß ihn die *Sorgen* am Arbeiten verhindern, anstatt ihn zu spornen. Noch entsetzlicher ist es, daß die Sachen, die er doch in so kurzer Zeit gemacht hat, nicht so viel eintragen, daß er wieder ruhen und sammeln könnte. Entsetzlich, daß er von Kunstwerken leben soll, die wie Handwerksarbeiten bezahlt werden. Bei alledem habe ich die beste Hoffnung, daß wenn wir ihm nur noch einige

Jahre durchhelfen, so wird es gewiß besser gehen. Die Welt scheint ja wieder von der Sonne beschienen zu werden, die *Guten* siegen ja wieder. Ich träume mir noch immer, daß Schlegel einmal eine andre Karriere ergreift, als die er jetzt hat. Gibt uns das Schicksal einen *Staat*, so wird er gewiß auch noch *Bürger*. Bald, nur bald, lieber Himmel, ehe es für uns zu spät ist! Was in aller Welt sagen Sie nur zum Bonaparte? Darf man wohl dem Glück eines wahrhaft großen Menschen mißtrauen?

Schelling? Ich weiß noch nicht viel von ihm, er spricht wenig; sein Äußeres ist aber so, wie man es erwartet; durch und durch kräftig, trotzig, roh und edel. Er sollte eigentlich französischer General sein, zum Katheder paßt er wohl nicht so recht, noch weniger glaube ich in der literarischen Welt. Überhaupt bin ich der Meinung jetzt: Ihr revolutionären Menschen müßtet erst mit Gut und Blut fechten, dann könntet Ihr, um auszuruhen, schreiben, wie Götz von Berlichingen seine Lebensgeschichte. Darum gefällt mir auch Benvenuto Cellini so gut. Ich möchte auch gern einmal vom Luther lesen; ich ahnde, daß der eine rechte Ähnlichkeit von den beiden haben muß. Und so sollte es mit Euch nur auch sein. Denn Euer Wesen und Euer Wollen, das paßt zum Literarischen ganz, und zur Kritik und alle dem Zeuge, wie ein Riese in ein Kinderbettchen. Ich sehe es jetzt recht deutlich, daß die, die das Ruder führen, höfliche, kalte, geschmeidige Flachköpfe sind und Euch nicht brauchen können zu den kleinen Maschinen, die sie für ihre schwächlichen Hände eingerichtet haben. Sie gehen tief gebückt durch die kleine Pforte, und Ihr wollt gerade aufrecht durch; freilich zerstoßt Ihr Euch die Köpfe. Der Zwist mit der Literaturzeitung ist angezettelt, und es wird wohl nun bald etwas Öffentliches darüber erscheinen. Wilhelm ist ein rüstiger Kämpe; aber mir tut es leid, daß er Witz und Kräfte gegen die Wichte so verschwenden muß. Nächstens sollen Sie ein herrliches Sonett erhalten, die Frucht einer herrlichen Stunde von Wilhelm und Tieck (Tieck ist aber ein Geheimnis dabei). Ich habe es recht gewünscht, daß Sie hier dabeigewesen wären, um das Sprudeln und das Funkensprühen der beiden Menschen zu sehen. Sie hätten sich gewiß ebensosehr als ich ergötzt. Überhaupt ist Tieck hier eine gute Figur; er nimmt sich sehr brav aus und ist an seiner rechten Stelle. – Ja, lieber Freund, Sie sollten herkommen; wenn es so recht kunterbunt hergeht mit Witz und Philosophie und Kunstgesprächen und Herunterreißen, dann erinnere ich mich sehr lebhaft Ihrer. Sie würden eine rechte Lust haben, und schwerlich würden Sie Zeit genug zu Ihrem mystischen Kugelwerfen nach Tische und zu den gefährlichen äquilibristischen Stuhldrehungen finden; denn sagen Sie, was Sie wollen, das waren doch nur immer Zeitverkürzungen, wenn sie gar zu lang werden wollte.

Daß ich den Hardenberg nicht aufsuchte, war ganz recht (als *ich* angenommen). Mich setzt eine Bekanntschaft, vollends eine so interessante Bekanntschaft, immer in Verlegenheit, die hernach so sänftiglich allmählich abnimmt; dazu gehört aber Zeit, und die hatte ich nicht. Hätte ich seine Bekanntschaft machen können, ohne daß er die meinige hätte machen müssen, so wäre es angegangen. Dann gehört auch einiges – Selbstbewußtsein will ich es nennen – dazu, um jemand so zu sich zu rufen, um ihn zu besehen. Eine solche edle Dreistigkeit haben nur schöne Frauen, oder sollten nur diese haben. Er kommt gewiß diesen Winter noch her. Wahr ist es, daß er ganz kürzlich eine sehr wunderliche Manier angenommen hat. Und nach dem, was man sich hier von ihm erzählt, ist es etwas wunderbar! So zum Beispiel ist er ganz toll und rasend in Tieck verliebt, und behauptet, das wäre noch ein ganz andrer Dichter als Goethe u. dergl. (*und dergleichen,* ist eine von Schellings Redensarten). Daß ich den Papst nicht gesehen, darüber kann mich kein Mensch trösten. ...

DOROTHEA VEIT
an Friedrich Schleiermacher
Jena, den 15. November 1799

Lieber Freund, es ist nicht recht, daß Sie so selten schreiben, Hardenberg ist hier auf einige Tage. Sie müssen ihn sehen; denn wenn Sie dreißig Bücher von ihm lesen, verstehen Sie ihn nicht so gut, als wenn Sie einmal Tee mit ihm trinken. Ich rede nur von der reinen Anschauung, zum Gespräch bin ich gar nicht mit ihm gekommen, ich glaube aber, *er* vermeidet es; er ist so in Tieck, mit Tieck, für Tieck, daß er für nichts anders Raum findet. Enfin, mir hat er's noch nicht angetan. Er sieht aber wie ein Geisterseher aus und hat sein ganz eignes Wesen für sich allein, das kann man nicht leugnen. Das Christentum ist hier à l'ordre du jour: die Herren sind etwas toll. Tieck treibt die Religion wie Schiller das Schicksal; Hardenberg glaubt, Tieck ist ganz und gar seiner

Meinung; ich will aber wetten, was einer will, sie verstehen sich selbst nicht, und einander nicht.

Nun hören Sie!

Gestern mittag bin ich mit Schlegels, Caroline, Schelling, Hardenberg und einem Bruder von ihm, dem Lieutenant Hardenberg, im Paradiese (so heißt ein Spaziergang hier), wer erscheint plötzlich vom Gebirg herab? Kein andrer als die alte göttliche Exzellenz, Goethe selbst. Er sieht die große Gesellschaft und weicht etwas aus, wir machen ein geschicktes Manöver, die Hälfte der Gesellschaft zieht sich zurück, und Schlegels gehn ihm mit mir grade entgegen. Wilhelm führt mich. Friedrich und der Lieutenant gehen hinterdrein. Wilhelm stellt mich ihm vor, er macht mir ein auszeichnendes Kompliment, dreht ordentlicherweise mit uns um und geht wieder zurück, und noch einmal herauf mit uns, und ist freundlich und lieblich und ungezwungen und aufmerksam gegen Ihre gehorsame Dienerin. Erst wollte ich nicht sprechen. Da es aber gar nicht zum Gespräch zwischen ihm und Wilhelm kommen wollte, so dachte ich, hol der Teufel die Bescheidenheit, wenn er sich ennuyiert, so habe ich unwiederbringlich verloren! Ich fragte ihn also gleich etwas, über die reißenden Ströme in der Saale, er unterrichtete mich, und so ging es lebhaft weiter. Ich habe mir ihn immer angesehen, und an alle seine Gedichte gedacht; dem Wilhelm Meister sieht er jetzt am ähnlichsten. Sie müßten sich totlachen, wenn Sie hätten sehen können, wie mir zumute war, zwischen Goethe und Schlegel zu gehen. Die Wasserprobe des Unmuts habe ich ehmals glücklich überstanden, werde ich auch die Feuerprobe des Übermuts überstehen? An Friedrich machte er auch ein recht auszeichnendes Gesicht, wie er ihn grüßte, das freute mich recht.

FRIEDRICH SCHLEIERMACHER
an seine Schwester Charlotte
Berlin, d. 20st. November 1799

... Auf die Art sind denn alle anderen Arbeiten und Geschäfte auch während dieser Zeit liegengeblieben, und ich habe während der letzten vier Wochen auch noch nicht zu Atem kommen können. Überdem habe ich recht viel innern nagenden Kummer gehabt über meines Freundes Schlegel häusliche und öffentliche Angelegenheiten und die üble Lage, in welcher er sich gegen die Welt gesetzt hat. Der guten Herz ist es ebenso in Rücksicht ihrer

Freundin, der Veit, gegangen, und da haben wir fleißig zusammen geklagt, uns getröstet und vergebliche Entwürfe gemacht. Dabei leidet die Herz schon seit sechs Wochen an den Folgen eines Falles, wobei sie sich die Hand beschädigt hat, und meine andre Freundin, die Grunow, hat mir auch das Herz schwer gemacht durch allerlei bittre Unannehmlichkeiten, die sie betroffen haben und die ich durch eine mit dem besten Willen und dem reinsten Eifer begangene Unvorsichtigkeit vielleicht vermehrt und verlängert habe. Dies alles zusammengenommen wird es Dich nicht wundern, daß ich lange Zeit geistig unwohl und auch einige Tage körperlich krank gewesen bin. Ein heftiger, mir bisher völlig unbekannter Kopfschmerz hat mich acht Tage recht ernstlich gequält und ist nur einer großen spanischen Fliege gewichen, die mir der gute Herz wohl früher hätte verordnen können. ...

D. 21st. Weiter hatten mich gestern die Augen und die Nacht nicht schreiben lassen, und heute sind mir schon tausend Erinnerungen und Gedanken, auch wohl einige Wünsche, aber wenige, durch den Sinn gegangen, und ich bin von freundlichen Beweisen des Andenkens meiner Guten umgeben und von dem tröstlichen Gefühl ihrer Freundschaft durchdrungen. Die Herz und ihre Schwester haben mich recht niedlich beschenkt; und die Grunow hat mich mit ihrer Schwester besucht, und wir haben recht vernünftig aus dem Innern des Gemütes miteinander gesprochen. Meine männlichen Freunde, Alexander Dohna und Schlegel, sind abwesend, und wie es Männern geht, vielleicht fällt ihnen nicht einmal ein, daß heute mein Geburtstag ist; von Dir aber weiß ich, daß Du meiner heute besonders in schwesterlicher Liebe gedenkst, und von Karl hoffe ich es ebenfalls. ...

DOROTHEA VEIT
an Friedrich Schleiermacher
Jena, den 9. Dezember 1799

Friedrich ist recht fleißig am Gespräch, es wird lang! Er ist wieder froh, seitdem ihm das Arbeiten vonstatten geht. – Er entbietet Ihnen seinen Gruß; Europa und der Widerborst werden beiderseits *nicht* im Athenäum gedruckt! Dem Himmel sei es tausendmal und noch tausendmal gedankt. Ich war gleich von vorneherein sehr dagegen, aber das war eine Stimme in der Wüste. Endlich wollte es Wilhelm nicht ohne eine Note, die wollte Schilling nicht, Goethe ward zum Schiedsrichter genommen, und der hat es ganz und gar verworfen! Vivat Goethe! Der ist übrigens nebst Schiller nach Weimar gereist, kömmt aber in acht Wochen wieder und hat gesagt, nun sie ihn so öffentlich und gradezu als Haupt einer Partei ausschrien, wollte er sich auch auf eine honette Weise als ein solches zeigen. Ein Gedicht, das Wilhelm gemacht hat und das ihm sehr gefiel, hat er mit nach Weimar genommen, um es anonym den Schlegels Feinden vorzulesen und den Eindruck [zu] bemerken, den es machen wird. Tieck hat ihm in zwei Abenden seine ›heilige Genoveva‹ vorlesen müssen, von der er überaus viel Gutes gesagt hat. Von Ihnen hat er gesagt, Sie gehörten sehr zum Berge, nämlich zu Schlegels. Jean Paul war in Jena, wir haben ihn aber nicht gesehen; er hat aber Tieck einigemal besucht. Fichten habe ich einigemal gesehen, aber noch nicht recht ordentlich gesprochen; heute abend wird er mit seiner Frau und seiner Schwägerin hier sein, Schlegel wird ›Heinrich IV.‹ vorlesen, den er eben fertig hat. ...

FRIEDRICH SCHLEIERMACHER
an Gustav von Brinckmann
Berlin, d. 4t. Jan. 1800

... Von Voss kann ich Dir gar nichts sagen. Ich habe ihn einen einzigen Augenblick beim Herausgehn aus dem Schauspiel grade nur gesehn: er hat hier fast allein mit Spalding gelebt, und der war damals in Friedrichsfelde, das heißt out of my reach; denn die Dohnas aus Preußen waren eben hier, und ich konnte keine Reisen machen. Fichte, der nun auch nicht mehr hier ist, habe ich freilich kennengelernt: er hat mich aber nicht sehr affiziert. Philosophie und Leben sind bei ihm, wie er es auch als Theorie aufstellt, ganz getrennt, seine *natürliche Denkart* hat nichts Außerordentliches, und so fehlt ihm, solange er sich auf dem *gemeinen Standpunkt* befindet, alles, was ihn für mich zu einem interessanten Gegenstand machen könnte. Ehe er kam, hatte ich die Idee, über seine Philosophie mit ihm zu reden und ihm meine Meinung zu eröffnen, daß es mir mit seiner Art, den gemeinen Standpunkt vom philosophischen zu sondern, nicht recht zu gehen scheine. Diese Segel habe ich aber bald eingezogen; da ich seh, wie eingefleischt er in der natürlichen Denkart ist, und da ich innerhalb seiner Philosophie nichts an derselben auszusetzen habe, das Bewundern aber für mich kein Gegenstand des Gesprächs ist und es außerhalb derselben keine andern als die ganz gewöhnlichen Berührungspunkte gab, so sind wir einander nicht sehr nahegekommen. Lehrreich ist er nicht; denn detaillierte Kenntnisse scheint er in andern Wissenschaften nicht zu haben (auch in der Philosophie nicht einmal, insofern es Kenntnisse darin gibt), sondern nur allgemeine Übersichten, wie unsereiner sie auch hat. Das ist übrigens sehr schade, weil er eine ganz herrliche Gabe hat, sich klarzumachen, und der größte Dialektiker ist, den ich kenne. So sind mir auch eben keine originellen Ansichten oder Kombinationen vorgekommen, wie er denn überhaupt an Witz und Phantasie Mangel leidet. Überdies habe ich ihm zuletzt abgemerkt, daß er ein beinah passionierter Freimaurer ist, und früher schon bin ich gewahr worden, daß er notdürftig Eitelkeit besitzt und gar gern Parteien macht, unterstützt und regiert, und was solche Wahrnehmungen auf mich für einen Eindruck machen können, weißt Du ohngefähr.

Von Schlegels ›Lucinde‹, die doch bald nach der Ostermesse herausgekommen ist, scheinst Du im Oktober noch nichts gewußt zu haben, denn sonst, hoffe ich, würdest Du sie auch schon gelesen und ein Wörtchen darüber gesagt haben. Hier in unserm Teile von Deutschland ist das Geschrei dagegen allgemein; der Parteigeist verblendet die Menschen bis zur Raserei, und die Verletzung der Dezenz, dieses höchst unbestimmte Verbrechen, dessen man bezüchtigen und loslassen kann, wie und wen man will, läßt auch vernünftige Menschen alles Schöne und Vortreffliche in diesem Buch und seinen eigentümlichen, gewiß großen Geist übersehen. Wenn man die Leute an die Alten erinnert und sich erbietet, ihnen in ihrem Wieland und andern verehrten Häuptern weit verführerische Dinge zu zeigen, so sind sie freilich in Verlegenheit. Überhaupt ist bei den meisten dieser Punkt nur Vorwand, um eine Brücke zu Schlegels Persönlichkeit zu finden, und bei andern ist es Verdruß, daß sie für die Verletzung der Dezenz nicht die Valuta in barem Sinnenkitzel empfangen haben, wie es doch hergebracht ist. Schon seit langer Zeit bin ich in Versuchung, etwas über die ›Lucinde‹ zu schreiben, damit die Leute doch dieses recht und das andre endlich auch einmal sehen, es sind nur äußere Verhältnisse, die mich daran gehindert haben; ich hoffe aber noch eine gute Auskunft zu finden. ...

an Friedrich Schleiermacher
Jena, den 6. Januar 1800

Was sagen Sie zu den Stanzen? Ich meine zu Friedrich seinen? Und was werden Sie erst sagen, wenn Sie hören, daß *ich, ich selbst* diese Stanzen-Wut und -Glut über unser Haus gebracht habe! Ich lese nämlich in einer Italienischen Reisebeschreibung, daß die Italiener in Stanzen improvisieren und daß Tassos und Meister Ludwigs ottave rime im Munde alles Volks dort sind. Ich nicht faul, lasse gleich meinen Florentin in solchen niedlichen fließenden Stanzen improvisieren, und sie gelingen mir so wohl, daß sie des Meister Wilhelms ganzes Lob erlangen. Diesem meinem Ruhm ward natürlich nachgeeifert, so entstanden Schellings Stanzen, und nun gar der heilige Friedrich! der mit seinem Glanz uns so verdunkelt, daß wir uns schämen, auf derselben Bahn mit ihm zu treten. Eben darum will ich es mir aber nicht nehmen lassen, daß ich die erste war, die es wagte. Friedrich ist sehr fleißig, es geht aber mit allem ersinnlichen Fleiß doch nur langsam vorwärts. Im übrigen geht es uns allen so gut, und wir leben so angenehm, als gewiß nur wenig Menschen in einem so engen Zirkel sich werden rühmen dürfen. ...

an Friedrich Schleiermacher
[Jena] Den 14. Februar 1800

... Wie sehr mich Ihr Vorsatz mit der *Über Lucinde* freut, kann ich Ihnen nicht sagen; aber ich muß Ihnen gestehen, daß ich es erwartete von Ihnen – möchte es doch kein Verhältnis geben, das Sie abhält, Ihren Namen zu Ihrer aufrichtigen Meinung zu geben! Friedrich steht mit Bohn in Unterhandlung wegen der Briefe; er hat ihm sehr artig geantwortet, stößt sich aber gewaltig an der Anonymität, Friedrich will ihm nun wieder schreiben, doch hoffentlich wird er Ihnen eigenhändig über die Sache schreiben. [...] Wolle mich nur das Glück begünstigen, daß ich noch einige Jahre lang meinen Freund unterstützen könnte! Es ist gewiß, und hier kann man das eher wahrnehmen als in Berlin, daß er in einigen Jahren große Schritte tun muß. Er arbeitet auch jetzt redlich und unermüdlich, aber wie kann man von einem Künstler verlangen, daß er mit jeder Messe ein Kunstwerk liefere, damit er zu leben habe? *Mehr verfertigen* kann er nicht, es dürfen aber nur einige Umstände zusammentreffen, so bekömmt er *mehr bezahlt,* und das müssen, das dürfen wir hoffen; treiben aber und den Künstler zum Handwerker herunterdrängen, das kann ich nicht, und es gelingt auch nicht. Was ich tun kann, liegt in diesen Grenzen: ihm Ruhe schaffen und selbst, in Demut als Handwerkerin Brot schaffen, bis *er* es kann. Und dazu bin ich redlich entschlossen. [...] O mein Freund! ich bin beschämt, daß ich Ihnen so viel für mich zu tun und zu denken gebe, wodurch werde ich Sie belohnen können? Wann werde ich Ihnen eine *reine Freude* mit meinen Briefen machen können? Ohne Aufträge, Besorgungen und Besorgnisse? Was werden Sie zu diesem ungeheuer großen schwatzhaften Briefe sagen? Ich konnte heute mit diesen Sorgen der wirklichen Welt für keinen Preis das lose und übermütige Wesen im Roman treiben, ich entschloß mich also, um nicht in dummen Trübsinn zu verfallen, Ihnen recht vieles zu schreiben und, was man nennt, mit Ihnen zu plaudern. Ich sitze dabei auf Ihrem gelben Sofa, die Füße bequem hinaufgelegt, Sie sitzen neben mir und treiben Scherz und Hohn mit meinen Sorgen und meinem betrübten Gesicht! Friedrich sieht über uns hin und denkt an das, was wir sagen, aber mit einem so tiefen Ausdruck, daß man schwören möchte, er denkt an die neue Mythologie. Apropos, wie gefällt Ihnen diese? Jetzt brütet er den zweiten Teil der ›Lucinde‹ witzig aus. Selten hat er einen so schönen, naiven, witzigen, erfreulichen und freundschaftlichen Brief geschrieben, daß er mich recht in die Seele erfreut. ...

FRIEDRICH SCHLEIERMACHER
an Henriette Herz
Berlin, den 21sten März 1800

Meinem Freund Schlegel geht es jetzt in Jena bei seinem Bruder recht wohl, und seine Briefe sind mir immer recht erfreulich wegen der guten Stimmung, die darin herrscht. Außerdem hat sich die Anzahl meiner Freunde um einen vermehrt, dessen Bekanntschaft ich mittelbarerweise durch Schlegel bei einer besonderen Gelegenheit gemacht habe, aber nur schriftlich. Es kam ein Brief von ihm an Schlegel, gerade den Abend vor der Abreise des letzteren; er trug mir auf, ihn zu beantworten, und die Sache, wovon die Rede war, gab Veranlassung zur Mitteilung so vieler Ideen aus dem Innersten des Herzens, daß wir uns durch einen Brief hin und her vertrauter geworden sind, als es sonst durch langen Umgang geschehn kann. Dir brauche ich das nicht weiter zu erklären, Du kennst aus mannigfachen Erfahrungen dieses glückliche und schnelle Berühren des Gemütes. Es ist ein junger Mann von viel Geist und Kenntnis, und dem Namen nach kannte ich ihn schon aus einem Buch, das er geschrieben hat, und aus Schlegels Erzählungen. Er hat sich aber aus der gelehrten und übrigen Welt ganz zurückgezogen und lebt mit einer Frau, die er kürzlich geheiratet, und ein paar Kindern, die er erzieht, in großer Einfachheit und Stille auf dem Lande, einige Meilen von hier, wo ich ihn im Sommer gewiß auf ein paar Tage besuchen werde. Sein Name ist Hülsen, und ich empfehle ihn im voraus Deinem Gedächtnis. Es soll mir nicht wieder so gehn wie mit meinem Stettiner Freunde, daß ich ihn einige Jahre habe, ehe Du etwas davon weißt. ...

FRIEDRICH SCHLEIERMACHER
an Gustav von Brinckmann
Berlin, d. 22st. März 1800

... Gar sehr empfehle ich Dir Friedrich Schlegels Gespräch über die Poesie in dem neuesten Stücke des Athenäums, welches in diesen Tagen erscheint – es ist voll sehr schöner Ideen und gewiß das Klarste, was er noch geschrieben hat. Nur die neue Mythologie hat mir so etwas Sonderbares an sich; ich kann nicht begreifen, wie eine Mythologie *gemacht werden* kann. Dagegen sind die Ideen noch ein, hoffentlich das letzte, Produkt seiner sich immer mehr verlierenden innern Unfertigkeit und ungeordneten Fülle von Gedanken und Anregungen. Dies ist ein Zustand, durch den er nach seinem ganzen innern Wesen, der Art seiner Bildung und der Größe seines Zieles und seiner Ansichten notwendig hindurch mußte, und ich glaube nach vielen Anzeichen ihn nun am Ende desselben zu sehen. Etwas Gründlicheres und dann hintennach Witzigeres als die Notiz von Wilhelm Schlegel über Voss etc. ist mir lange nicht vorgekommen. Der Wettgesang ist eine herrliche Idee, und die Eigentümlichkeit vortrefflich gehalten; nur der Zusammenhang ist mir etwas zu lose. Was von Garve darin steht, ist von mir, und ich bitte Dich dabei nicht an das zu denken, was Du vielleicht von Schlegel im Manuskript über ihn gelesen hast. Es ist dies nun der zweite Versuch, den ich im Rezensieren, wenn Du dies so nennen willst, mache, und beide sind mir, wie ich sehr bestimmt fühle, mißlungen. Doch muß ich's weiter versuchen; denn das Rezensieren ist mir durchaus notwendig, um mich im Lesen zu üben, nur daß ich's ein andermal nicht wieder drucken lassen werde. Hier hast Du eine Relation von mir, die doch so gründlich ist, als ob Du mein Pfleger wärest und mich gesprochen hättest. Daß Du von dem, was ich über Schlegel sage, keinen Gebrauch machst, bitte ich nicht erst. ...

FRIEDRICH SCHLEIERMACHER
an seine Schwester Charlotte
Berlin, den 29sten März 1800

Wir haben heute des guten Alexander Dohnas Geburtstag gefeiert, mit einem Tee bei unsrer gemeinschaftlichen Freundin Herz. Wir waren alle recht innig vergnügt, und wie wir beide uns freuten, einen so guten und lieben Freund zu haben, so freute auch er sich über uns. Von seinen Eltern und Geschwistern bekam er die zärtlichsten Briefe, voll Liebe und Dankbarkeit, die freilich dieses Jahr besonders in Regung waren, weil er doch durch seine Anwesenheit so sehr das gemeinschaftliche Wohl und die häusliche Ruhe befördert und noch fast jedem besonders nützlich gewesen war.

Es ist etwas ganz Eigenes und hat so etwas Patriarchalisches an sich, wie die ältesten Söhne in diesen vornehmen Häusern gehalten werden; die Geschwister sehn ihn an als den zweiten Vater, die Mutter ehrt ihn als ihren künftigen Beschützer, und der Vater selbst glaubt ihm von allem Rechenschaft schuldig zu sein. Alexander verdient es aber auch, er ist ein gar trefflicher Mensch.

DOROTHEA VEIT
an Friedrich Schleiermacher
[Jena] Den 11. April 1800

Sie behaupten, Sie hätten keinen Respekt für meine Gründe, mich nicht taufen und trauen zu lassen. Wieso das? Verdiente die Absicht, wenigstens noch mittelbar Einfluß auf die Erziehung meiner Kinder zu haben, keine Achtung, so weiß ich doch nicht, wodurch ich sie sonst bei Ihnen erhalten könnte, besonders da ich ein solches Glück mir versage, bloß dieser Absicht zu Gefallen. – Auch mit Ihnen und mit unseren besten Freunden würden wir wohl wahrscheinlich mehr einig werden, wenn es geschähe;

Sie sind ja alle dafür. Also wenn Sie es für Recht und in unsrer Lage für das beste halten, so mag es geschehen. Aber unter keiner andern Bedingung, als daß Sie beide Handlungen verrichten, weil das allerstrengste Geheimnis dabei notwendig ist, das nur zu seiner Zeit offenbar werden muß. Fichte und Alexander Dohna sehe ich nächst Ihnen als meine besten Freunde an, und diesen beiden mögen Sie alles mitteilen und mit ihnen überlegen, wie es am besten zu veranstalten sei. Ihr alle würdet Euch doch besser in uns finden, wenn wir getraut werden; auch Hardenberg und Charlotte; wer wird nun solchen Freunden zuliebe nicht tun, was man auch sonst vielleicht nicht getan hätte?

DOROTHEA VEIT
an Friedrich Schleiermacher
[Jena] Den 28. April 1800

Friedrich ist diesen Morgen um fünf Uhr zu Vater Goethe nach Weimar gewallfahrtet. Er hat mir aufgetragen, Ihnen zu schreiben, daß er auch Heindorfs Meinung in Ansehung des Platon wäre. Da ich um eine nähere Erläuterung dieses Diktums bat, schalt er mich naseweis und sagte, er würde Ihnen das schon nächstens selbst schreiben. Ich war nicht wenig zornig und hätte es gewiß nicht der Mühe wert gehalten, Sie eigenst 354 Groschen für diese Worte ausgeben zu lassen; auch habe ich es ihm nachgerufen, daß ich nun gar nicht schreibe, aber in diesem Moment schickt Frommann nach dem Manuskript der Lucindenbriefe; ich habe es hingegeben, soweit es da ist. Aber nun sein Sie hübsch fix, lieber S., denn der Druck geht heute noch an. Er wollte einen Titel haben; es kommt ja wohl kein anderer dazu als darauf steht. Sollte etwa Friedrich noch einen dazu machen, einen ausführlicheren äußeren, so ist es immer noch Zeit. [...] Über unsre liebsten wichtigsten Angelegenheiten schreibe ich Ihnen ein andermal. Ihre Gründe gegen die *Heimlichkeit* sind triftig; auch *war* mir diese gleich ängstlich, nur in der Angst dachte ich sie mir.

Die Lucindenbriefe, mein guter Freund, sind echte Briefe, und nehmen Sie dafür mein Lob und meinen Dank. Was noch mehr ist, sie sind weiblich; was noch mehr ist, mädchenhaft, der von Caroline transzendental mädchenhaft. Gegen den *Effekt* hatte ich ein kleines Gefühlchen darin. Was meinen Sie? Den letzten Brief habe ich, povera me! noch nicht lesen können, auch den vierten Monolog in Grunowscher Hinsicht noch nicht, der Sommer und der Frühling nehmen mir Zeit und Gedanken. Zumal solch ein Frühling! welches schöne Land!

UNBEKANNT
an Ludwig Tieck
[Berlin, ohne Datum]

Wie geht es denn mit dem poetischen Journal; ich habe nur noch nichts, was mir gut genug dazu scheint, sonst hätte ich es Dir längst geschickt. Frölich ist doch ein rechter Esel, daß er Bernhardi noch nicht angefangen hat zu drucken, am Ende werden sich beide noch darüber zanken müssen. Richter ist hier, bis dato hat er sich aber nicht in mich verliebt, ja was noch schlimmer ist, er hat mich noch nicht einmal besucht. Sein beständiger Umgang und teuerster Freund ist ein blonder fader Hr. v. Ahlfeldt, auf den Du Dich auch vielleicht besinnst, und seine Geliebte Madam Bernhard, geborne Gad, die über Iffland in den Denkwürdigkeiten nichts Denkwürdiges schrieb und die sich billig mit dem Theater = [unlesbar] verheiraten sollte. Nächst diesen Personen liebt er Bernhardi, der ihn einigemal besucht und Deinen Brief abgeholt hat, am meisten. Ich habe ihn bei der Vegelin gesehn, aber nicht drei Worte mit ihm gesprochen, denn er trieb ein beständiges Aufundablaufen in dem Garten, und die Damen waren so bemüht um ihn, daß ich, da ich jetzt nicht so behende auf den Füßen bin, gar keinen Anteil an der Unterhaltung nehmen konnte.

Die Herz hatte neulich eine ganze Gesellschaft auf diesen großen Mann gebeten, ich wollte ihn doch gern sprechen hören und war auch von der Partie, aber denke Dir die Kränkung, die die Herz erdulden mußte: er geht mit der Bernhard vor ihrem Fenster vorüber, ohne zu ihr heraufzukommen und sein Versprechen zu erfüllen.

Die Herz aber verlor beinah die Fassung, mir war es verdrießlich, den vergeblichen Weg gemacht zu haben, aber ich gab mich bald zufrieden; Du weißt, daß ich mir aus solchem Kennenlernen überhaupt nicht viel mache. [...] Ein Gedicht von der Veit habe ich gesehen bei Gelegenheit eines Puterbratens, wo Du und die übrigen Personen spaßhafterweise darin angebracht seid. Findest Du es denn auch witzig?

FRIEDRICH SCHLEIERMACHER
an seine Schwester Charlotte
[Berlin] D. 7t. Juni 1800

... Eine andere ebenso des Gegenstandes wegen interessante Bekanntschaft habe ich vor ein paar Tagen gemacht, nämlich des beliebten Schriftstellers Friedrich Richter, genannt Jean Paul. Du hast mir zwar nie geschrieben, daß Du etwas von ihm gelesen hättest, indes wird Dir sein Name gewiß nicht unbekannt sein, und Du wirst Dich erinnern, daß ich Dir einmal einige Stellen aus seinem ›Hesperus‹ geschickt habe, welche Dir zu gefallen schienen. Leider habe ich ihn zuerst in einer großen, sehr vermischten Gesellschaft gesehn, wo wir uns beide nicht gefallen haben. Er fand, daß mir von allem Guten, das er von mir gehört, nichts anzusehn noch anzuhören wäre, und ich fand eben auch an ihm nicht den Ausdruck des Gefühls und der Kindlichkeit, den ich erwartet hatte. Indes soll er in vertrauter Gesellschaft ganz anders sein; mit mir ist das grade auch der Fall, und es wird also darauf ankommen, ob wir Gelegenheit haben werden, uns so zu sehn. ...

FRIEDRICH SCHLEIERMACHER
an Gustav von Brinckmann
Berlin, d. 9t. Juni 1800

... Den Jean Paul über Fichte habe ich noch nicht gelesen; in einer Anmerkung komme ich auch vor, es ist aber ein wunderliches Wort. Wenn alle seine Widerlegungen so sind, so wird er eben nicht viel ausrichten. Ohne mein Bewußtsein soll mir immer der theologische Begriff von Religion zum Grunde gelegen haben, da ich ihn überall mit dem philosophischen vergleiche und darunter subsumiere, so daß doch jeder, wenn ich auch unrecht hätte, sieht, daß ich mir ihr Verhältnis sehr bestimmt und immer auf gleiche Weise gedacht habe und daß mir ohne mein Bewußtsein nichts passiert ist. Und das schließt er, weil das Universum nur durch *einen* Geist für einen Geist zu einem Ganzen wird, wo denn der ganze Streit, der erst abgetan werden soll, in dem unterstrichnen einen liegt. Daß er jetzt hier ist, wirst Du wissen, und die Levi Dir vielleicht mehr von ihm schreiben, ich habe ihn nur ein paarmal flüchtig gesehen, und er hat keine besondere Notiz von mir genommen. Er will eigentlich nur Weiber sehen und meint, selbst eine Gemeine wäre immer, wenn auch nicht eine neue Welt, doch ein neuer Weltteil. An unsern Gelehrten findet er mehr Talent als genialisches Gefühl, wobei er aber allemal den Bernhardi ausnimmt, ich weiß nicht, ob Du diesen jungen Mann, der jetzt Tiecks Schwager, gekannt hast, und er ist wohl nicht übel in mancher Rücksicht; aber daß gerade Richter ihn so unmenschlich lieben kann, gehört für mich unter die Unbegreiflichkeiten und ist mir ein starker Beweis gegen seine Männerkenntnis. Übrigens ist er ganz voll von seiner Polemik gegen den Idealismus, und er meint sie gewiß, ob sie gleich dem ›Titan‹ angehängt ist, nicht bloß für die Nichtdenker. Dabei äußert er höchst kuriose Sachen: so findet er es zum Beispiel höchst verdammlich, namentlich auch an mir, wie er gegen Schlegel geäußert hat, wenn man Idealismus spricht in andern als den hergebrachten idealistischen Terminologien, oder, wie er sich ausdrückt, in der realistischen Sprache, weil dann die Leute etwas vor sich hätten, was sie zu verstehen glaubten und doch nicht verständen. Nun sage mir nur, ob es ein anderes Mittel gibt, sich ihnen verständlich zu machen, als wenn man denselben Gedanken in Formeln, die ihnen bekannter sind, ausdrückt. Ich halte das für die größte philosophische Kunst und wollte wohl, es wäre wahr, daß ich sie geübt hätte. Richter meinte damit weniger die Reden als die Monologe, die ihm Schlegel gegeben hat. Dieser schreibt mir, er habe darüber nicht unverständig und über manches sogar herzlich und mit Liebe gesprochen, besonders über die Stelle vom Sterben der Freunde. Die ist ihm freilich am analogsten, und ich dachte, als ich sie niederschrieb, daran, daß er sie lieben müßte. Dir will ich sie hiemit auch noch besonders empfohlen haben, damit Du Dich möglichst lange vor der Sünde hütest. Weißt Du wohl, wieviel von mir mit Dir sterben würde? Allen, die Dich wirklich kennen, deren sind freilich nur sehr wenige, mußt Du unersetzlich sein, aber mir noch mehr als andern, welches Du auch recht gut wissen kannst....

DOROTHEA VEIT
an Friedrich Schleiermacher
Jena, den 16. Juni 1800

... Die Lucindenbriefe habe ich zu mir genommen und muß Ihnen dafür danken, denn es ist wahr, daß Sie mich manches in der ›Lucinde‹ haben besser verstehen gelehrt, wenigstens ihm klar und bestimmt seinen Platz angewiesen, wo ich es hinzutun

habe; sie sind eine erfrischend gereifte Frucht, aus der Lucinden-
blüte gesprossen, und Eleonorens Fragmente waren für mich der
süße Kern. Mich dünkt, Sie haben so scharfsinnig noch nichts
geschrieben, und so leicht und klar; Friedrich rühmte auch die
religiöse Gewissenhaftigkeit. Soll ich Ihnen aber ein Geständnis
ablegen? Eigentlich dürfte ich gar nicht darüber urteilen, denn
ich fühle es deutlich, daß Sie es weit schlechter hätten machen
können, und ich hätte mich dennoch damit gefreut, ich fühle es,
daß die Absicht mich besticht; jede andere Polemik wäre überflüssig, die Absicht der Briefe ist an sich schon eine fürchterliche
Rache, und die Zuneigung ist vollends das Flammenschwert, das
den Unverständigen am Eingang des Paradieses entgegenblitzt.
Dem Himmel sei Dank, daß diese nicht ist weggenommen worden, wie Sie es anfangs willens waren. Die andern sind sehr vom
Versuch über die Schamhaftigkeit entzückt; ich will aber nicht zu
schamhaft sein, Ihnen zu gestehen, daß ich ihn noch nicht so
recht fort habe; es wird aber wohl noch kommen. Mir war es, als
zögen Sie Diskretion und Bescheidenheit mit hinein; Schamhaftigkeit habe ich mir immer als das Bewußtsein der Blöße
gedacht, das ganz natürliche Gefühl, wovon in der Bibel steht,
daß es die Menschen durch den Fall erhielten mit dem Verstand
zu gleicher Zeit. Also je mehr Verstand, desto mehr innerliche
Schamhaftigkeit wegen des bekannten Bewußtseins, aber auf
keinen Fall eine Tugend. Haben Sie eben so gemeint? [...]
  War denn Jean Paul nicht bei Jetten? Über diese Begebenheit
müßte sie mir doch schreiben! was hat er zu ihr gesagt? was sagt
sie von ihm? – Daß Sie glauben, er könne Sie nicht leiden, und
daß Sie ihn sich abstemmen, das habe ich aus den Monologen
verstehen lernen. Seinen ›Titan‹ habe ich lesen wollen, aber es
geht nicht, man lernt nichts Neues von ihm darin, es sind immer
dieselben Narren mit andern Kappen. – Vorige Woche habe ich
einen Brief von Humboldt gehabt, also auch wahrscheinlich Jette
einen. Er wird im Herbst hier durch nach Berlin reisen. – Übrigens geht es uns gut. Wir haben hier seit einiger Zeit hübschen
Spaß mit einigen Bewundrern und Nachahmern von Tieck und
Friedrich, die auch in Tiecks Journal tüchtig persifliert werden.
Der eine ist Clemens Brentano; der legt sich darauf, Tiecks Nachahmer zu sein; und schämt sich seiner sentimentalen Ader, die er
doch gar nicht verleugnen kann. Er hat eine Farce geschrieben,
›Gustav Wasa‹, worin er glaubt, der Tieck des Tiecks zu sein; es

ist aber herzlich dumm und toll, und klingt doch wie Tieck ungefähr, so daß sich dieser tüchtig darüber erbost, und darum hat er
ihn auch so derb mitgenommen im Journal. Uns hat er aber den
Anfang eines sentimentalen Romans zu lesen gegeben; der ist
ungleich besser, und das verdrießt ihn nun wieder, er will von
Teufels Gewalt satirisch sein. Kurz, es ist ein Hauptspaß!

FRIEDRICH SCHLEIERMACHER
an Henriette Herz
Berlin, d. 8t. Juli 1800

Gestern habe ich nach der bekannten Notwendigkeit den ›Titan‹
durchlesen müssen. Es sind doch wahrlich alles die alten Sachen
und auch in der Geschichte und den Dekorationen die alten
Erfindungen, welches eine schreckliche Armut verrät. Selbst die
Charaktere sind, wenn auch nicht geradezu kopiert, doch ganz in
dem alten Genre. Indes ist vieles besser als im ›Hesperus‹ oder in
der ›Loge‹, selbst die Geschmacklosigkeit. Nun ist noch der
Anhang übrig, den ich noch beim Frühstück lesen will, und die
›Clavis‹.

Zwischen dieser Zeile und der vorigen liegt der ganze
Anhang, den ich indes gelesen habe. Nachgrade wird doch Richter so klug, die Sachen, die gar nicht in das übrige hineinwollen,
allein zu drucken, es richterisiert aber doch so sehr, daß sie
dem andern angehängt werden müssen und daß sie auch unter
sich nicht zusammenhängen dürfen. Nur, wie er den Anhang
komisch und satirisch nennen kann, ist schwer zu begreifen. Das
einzige recht Komische ist eine Satire auf ihn selbst, eine Anweisung, seine Bücher zu machen, nämlich ein Erzählungsspiel, wo
man in eine angefangene Erzählung hineinbringen muß, was
einer sagt. Doch wird es nicht übel genommen, wenn man auch
bisweilen nur scheint, es hineingebracht zu haben. Auch fängt er
an, Noten zu machen zu seinem Witz, und schließt sogar mit
einer solchen, und wenn noch mehrere Frauen ihm sagen, daß er
schwer sei, fällig nämlich, so wird er gewiß noch mehrere Verbesserungen dieser Art anbringen. [...] Ich verlasse Sie nun, beim
Frühstück die ›Genoveva‹ zu Ende zu lesen, die ich heute weg-
schicken muß. Es ist wohl gar viel Schönes darin, aber man muß
es öfter lesen und ordentlich studieren, wozu ich nur leider jetzt
keine Zeit habe. Auch Tiecks poetisches Journal, soweit es hier
ist, habe ich gestern gelesen. Es ist denn so allerlei nach seiner

Manier. Kritik und Theorie ist für jetzt eben noch nicht darin, und die angefangenen Briefe über Shakespeare enthalten fast noch gar keinen Shakespeare, und die Form hat mich bei weitem nicht so interessiert, wie mich Schlegel vermuten ließ. So ist mein Fichte nicht, daß die Leute sich hineinlesen könnten! Dafür ist gesorgt. Aber die meisten werden eben nicht wissen, was ich will, und wer das Buch nicht gelesen hat, kann von der Notiz schwerlich das Geringste verstehen.

FRIEDRICH SCHLEIERMACHER
an Friedrich Schlegel
[Berlin] Freitag, d. 11t. [Juli 1800], abends

Soeben komme ich von Bernhardi, der mir zu meinem großen Erstaunen sagt, Tieck hätte noch zuletzt an mich bestellt, daß ich bei der Korrektur des ›Heinrich von Ofterdingen‹ die Orthographie durchaus beobachten sollte, die – ich weiß nicht Du oder Wilhelm – angefangen hätte. Nun weiß ich gar nicht ein Sterbenswort davon, daß ich diese Korrektur machen soll, und was noch mehr ist, ich kann es auch nicht. Es tut mir sehr leid, daß ich Hardenberg diese erste Gefälligkeit nicht erzeigen kann; aber der Kalender drängt mich so, daß ich es nicht wagen darf, denn Korrekturen sind für mich meiner schlechten Manieren wegen etwas sehr Zeitspieliges. Bernhardi hat sie sehr bereitwillig übernommen und wird sie gewiß ebensogut machen als ich.

Über den Platon solltest Du mir bald recht ausführlich schreiben, wahrscheinlich wirst Du auch eher ein Spezimen von Übersetzung anfertigen können als ich, und aus dieser Gelegenheit läßt dann am allerbesten und anschaulichsten nach allen Seiten hin über das Übersetzen und die ganze Behandlung sich erklären. Sollte man nicht auch zu jedem einzelnen Dialog eine Art von, versteht sich, ganz kurzer Einleitung machen, um eine Ansicht aufzustellen und über manches Rechenschaft zu geben, was von der Art ist, daß es sich in Noten nicht so gut tun läßt? ...

FRIEDRICH SCHLEIERMACHER
an Gustav von Brinckmann
Berlin, d. 19t. Julius 1800

... Zu schicken hätte ich Dir auch etwas, nämlich meine ›Briefe über die Lucinde‹. Da aber Friedrich Bohn in Lübeck sie verlegt hat, so kannst Du sie dort näher haben. Sie sind eigentlich mehr etwas über die Liebe als etwas über die ›Lucinde‹, und ich erwarte, daß wir in Rücksicht der wenigen Gedanken, die sie enthalten, eben nicht sonderlich differieren werden. Im ganzen bedeuten sie nicht viel, und laß Dir darum ja Zeit, sie zu lesen, bis Du nichts Besseres zu tun hast. Über den Stil der Briefe und über die Form des Versuchs wünschte ich dann wohl gelegentlich Deine Meinung zu vernehmen. Nächstdem habe ich nicht längst eine Anzeige von Fichtes Bestimmung des Menschen fürs Athenäum beendigt, durch die ich mir wahrscheinlich seinen Unwillen zuziehen werde. Hätte ich das früher bedacht, oder wäre es mir im Schreiben so vorgekommen, so würde ich in Absicht auf die Manier vielleicht ganz anders verfahren sein, meine Meinung aber ebenfalls nicht verschwiegen haben. Die Tugendlehre verdient allerdings gar sehr, daß man sie studiert, dies schließt aber nicht aus, daß nicht sehr viel dagegen zu sagen wäre. Du siehst, wenn mir kein größeres Unglück droht als das Verfichten, so steht es noch gut genug um mich. Namentlich ist mir's wohl nie eingefallen, auf dem Wege eines formalen Gesetzes zur Religion kommen zu wollen, und ich hoffe, Jacobi wird dies auch nicht aus den Reden herauslesen können, wenn er sie ordentlich liest. Ich wünsche, daß der liebenswürdige Mann mich auch ein wenig lieben möge mit der Zeit; er ist der einzige von unsern namhaften Philosophen, von dem ich mir dies wünsche. Reinhold ist mir höchst gleichgültig, und Fichte muß ich zwar achten, aber liebenswürdig ist er mir nie erschienen. Dazu gehört, wie Du weißt, für uns etwas mehr, als daß man [ein], wenn auch der größte, spekulative Philosoph sei. ...

FRIEDRICH SCHLEIERMACHER
an Friedrich Schlegel
Berlin, d. 2t. August 1800

... Das Athenäum ist nun nicht nur so weit, als die Aushängebogen zeigen, sondern ich habe eben die Korrektur vom Titel, Inhalt und Druckfehlerverzeichnis gehabt, so daß es nun gewiß bald in die Welt geht und hoffentlich nicht weniger Skandal machen wird als jedes andre. Vor ein paar Tagen war ich bei Fichte; es kam die Rede aufs Athenäum; ich hatte die ›Unverständlichkeit‹, die ich der Herz vorgelesen, in der Tasche und ließ sie ihn auch lesen. Du kannst denken, daß er sein großes Ergötzen daran hatte. Bei der ersten Erwähnung des Tendenzenfragments meinte er: er hätte gleich gar wohl verstanden, daß ihm und Goethe durch das Fragment kein großes Kompliment hätte gemacht werden sollen, und hätte sich immer des Todes gewundert, daß die Leute so wenig begriffen, was eine Tendenz wäre. Er war nun etwas gespannt, wie die Sache hier ablaufen würde, aber der Schulterklimax und die Enkel brachten ihn in den vollkommensten guten Humor. Da ich ihm die Notiz von der Bestimmung doch nicht geben konnte, habe ich auch noch nicht mit ihm davon geredet; die Vorklagen haben etwas gar zu Klägliches an sich. Er scheint übrigens jetzt sehr fleißig zu arbeiten, hoffentlich doch an der neuen Darstellung der Wissenschaftslehre. [...] Was macht denn die zweite Lucinde, lieber Freund. Ehe die nicht fertig ist, glaube ich doch nicht recht an den Platon. Ich weiß nicht, ob ich Dir schon geschrieben habe, daß Brinckmann in Eutin gar viel mit Jacobi gewesen ist, daß er ganz entzückt von ihm ist und mir auch noch viel von ihm schreiben will. Ich habe ihn gebeten, Jacobi doch aufzufordern, daß er sein Innerstes einmal auf eine direkte Art ohne Polemik zutage geben möchte.

Sage mir doch, warum Bohn meine Briefe nirgends hat ankündigen lassen. Da sie im Meßkatalog auch nicht stehn, so kann ja ihre Existenz gar nicht bekannt werden, und das sollte mir doch leid tun, nachdem ich sie einmal geschrieben habe. Hat einer von Euch gelesen, was Nicolai wieder in der Berliner Monatsschrift geschimpft hat? Ihr habt mir meine Frage, wie ich Hardenbergs Hymnen signieren sollte, nicht beantwortet, und ich habe daher aus eigner Machtvollkommenheit Novalis gesetzt.

DOROTHEA VEIT
an Friedrich Schleiermacher
[Jena, August 1800]

Dafür sei Gott gedankt, daß Sie sich endlich nicht mehr von Herz einen Maulkorb anlegen lassen; es war sündlich, daß Sie es bisher litten. Es muß nichts in der Welt geben, um das man sich den Despotismus gefallen läßt. Man kann nicht von den Leuten verlangen, sie sollten verständig sein; aber warum jene das Gegenteil von andern sollten verlangen können dürfen, ist doch auch nicht abzusehen. Mir gefällt nun Ihre Engelsche Notiz ganz über die Maßen sehr; es ist ein ewiges Wetterleuchten von Witz. Friedrich betet ebenso die Notiz der Bestimmung an. Wahrhaftig, Sie sollten doch einmal Herz unterderhand fragen, ob er verlangt, daß Sie pour l'amour de ses beaux yeux mit dem Engel mehr Umstände machen sollten, als Sie sich selbst mit Fichten erlaubt haben. Friedrich hat einen Brief von Fichten gehabt. Übel scheint er nichts genommen zu haben; aber soviel ich von dem verstehe, was er darüber sagt, scheint er sich zu wundern, daß man nicht jedes Ding in der Welt für abgetan und fertig hält, sobald *er* darüber etwas gesagt hat, so als ob *seine* Meinung der Schlußstein wäre, nach dem sich nichts mehr hinzufügen läßt. Nehmen Sie meine Bewunderung und meine Anbetung wegen der Rezension im Archiv. So vortrefflich haben Sie sich meinem Gefühl nach noch nirgend ausgesprochen, wo die Rede nicht von Ihnen selbst war. So klar, so kräftig und nachlässig habe ich nichts mehr von Ihnen gelesen, diese Ruhe der Ansicht habe ich auch sonst nirgend von Ihnen gefunden; zu gleicher Zeit haben Sie sich auch in Absicht des Stils kunstreich, doch nicht künstlich verborgen, so daß ich wohl Ihre Gesinnungen darin vermutete, aber Ihre Art sich auszudrücken durchaus nicht darin finden konnte, wie wir es schon vermuteten, daß es von Ihnen sein könnte. Am zweiten Teil wird gedichtet, das weiß ich, wenn aber auch daran wird gedruckt werden können, das wissen die Götter! ich bin selbst still und ergeben, denn darüber hat kein Mensch Gewalt.

FRIEDRICH SCHLEIERMACHER
an Friedrich Schlegel
Berlin, d. 8. August [1800]

... Das mit der Lucinden-Anzeige ist lustig und hat mir ungemein viel Spaß gemacht! Freilich weiß ich um das Geheimnis, und eben deshalb schwieg ich ganz darüber; ich bin auch in einer Rücksicht Urheber desselben; denn daß Ihr nicht gleich erfahren habt, von wem sie ist, geschah auf meine Veranlassung. Übrigens ärgert es mich recht, daß Fichte sie nicht geschrieben hat, damit der Spaß auch einmal so käme, daß man etwas von Fichte für meins hielte. Wenn es Euch nur nicht geht wie Hülsen, der nur zwischen Fichte und Schelling schwanken zu dürfen glaubte und sich gar nicht einfallen ließ, daß ein Dritter die Reden geschrieben haben könnte. Mein Gott! hinterm Berge wohnen auch manchmal Leute! Aber nun habe ich Euch genug herumgezogen und will mich nun der speziellen Erlaubnis bedienen, welche mir der Verfasser sowohl als der Herausgeber gegeben haben. Euch zu erzählen, daß – ich die Ehre gehabt habe, diese Anzeige zu schreiben. Es kam ganz zufällig. Bernhardi sprach mit mir von seinen Kritiken und sagte, er würde schon lange im Archiv die ›Lucinde‹ angezeigt haben, wenn er sie nur recht verstände; es wäre ihm eine zu harte Nuß. Ich entgegnete drauf, ich glaubte wohl sie soweit zu verstehen, daß ich sie anzeigen könnte, und hätte schon lange ein kleines Lüstchen dazu gehabt; er bat mich drum, und ich war sehr bereitwillig. Es war zu der Zeit, als ich mit den Briefen beinah fertig war, und ich hoffte, ihm durch dieses Manœuvre jede Vermutung wegen der Briefe besser abzuschneiden; aber ganz im Gegenteil, er behauptet aus der Anzeige, die er schon hatte, als die Briefe herkamen, diese erraten zu haben. Dies scheint mir aber hyperkritisch; denn was in beiden vorkommt, sind wohl nur solche Dinge, die man gar nicht umgehen kann, wenn man von der ›Lucinde‹ redet, und es freut mich, daß Ihr bei Euren Divinationen von dieser Übereinstimmung nicht ausgegangen seid. Mich zu verleugnen, darauf bin ich übrigens gar nicht ausdrücklich ausgegangen, sondern nur mich in den Grenzen und der Manier einer solchen Anzeige zu halten und in einigen Wendungen Bernhardi nachzuahmen, der mir anfangs sagte, es solle unter seinem Namen gehen. ...

DOROTHEA VEIT
an Friedrich Schleiermacher
[Jena] Den 31. Oktober 1800

Mit klopfendem Herzen und errötenden Angesichts, als müßte ich sie Ihnen selbst in die Hände geben, schicke ich Ihnen die Aushängebogen; die übrigen sollen folgen, sowie ich sie erhalte. Sie behalten sie geheim, lieber Freund, wenigstens fürs erste, an die Herz, und wenn Sie es gut finden Ihrer Freundin, mögen Sie das Geheimnis anvertrauen. Wenn ich meiner eignen Überzeugung trauen dürfte, so würde ich Sie ersuchen, mir lieber nicht Ihr Urteil darüber zu schreiben; denn nun hilft's nichts, es muß fertiggemacht werden, und an Mut darf es mir nicht fehlen; aber Friedrich behauptet noch immer, es wäre recht amüsant, trotzdem daß es mir je länger, je mehr kindisch vorkömmt. Die beiden Sonette sind von Friedrich, sie werden vorgedruckt. Er hat sie mir heute vor acht Tagen an meinem Geburtstage gemacht. Das zweite ist sogar mit allen Flammen, Farben und Blumen Wort für Wort aufgeführt worden. Nämlich des Morgens gab er mir die Sonette; auf den Abend waren wir bei Paulus, da ward ich denn in ein Zimmer geführt, wo mir zuerst grüne, rote und weiße Flammen entgegenbrannten, die Ritter chemisch veranstaltet hatte. Diese Farben haben mehr als einen Sinn; für uns bedeuten sie Glaube, Liebe und Hoffnung; in der ersten Person wird Ritter gemeint als die weiße Flamme, die zweite rote ist Friedrich, und ich habe der Hoffnung Grün. Bei diesem Feuer brachten mir Philipp und die kleine Paulus, beide phantastisch aufgeputzt, ein Gehänge von Orangeblüten und einen Kranz von Myrte und Lorbeer, mit den Kindern nahte sich die Paulus und bekränzte mich damit, neben ihr stand Friedrich und brachte mir reife Pomeranzen und Rosen in einer Schale, und (hier erkennen Sie den ganzen Friedrich) mitten in diesem Tumult von Leben, Feuer, Blüten und Früchten, während Ritter auf dem Klavier die Arie von Erwin und Elmire spielte ›mit vollen Atemzügen saug ich Natur aus dir‹ und die Paulus es sang, brachte er mir einen verwelkten Veilchenkranz, den ihm Auguste einmal geschickt hatte, mit einem höchst rührenden Gedichte dazu. Ich war, als alle diese Dinge wie bekannte Erscheinungen so nach und nach heraustraten, wie in einem Traum, in dem man träumt, daß man träumt. Erst wie das Ganze beisammen war, besann ich mich, daß es das Sonett sei.

Friedrich schreibt Ihnen noch nicht; er ist auf seine bekannte Weise mit einem Gegenstande immer so einzig beschäftigt, daß es ihm nicht möglich ist, etwas anders vorzunehmen. Jetzt ist er nun wieder ganz bei den Vorlesungen. Wird *er* aber schwer über den Dingen oder die Dinge schwer über ihm – es ist nicht zu entscheiden, aber gewiß ist, daß das Leben ihm sauer wird. Gott helfe ihm und gebe ihm *Ruhe*! Wie die Vorlesungen ausfallen werden, das hängt nur vom Beifall ab, und dieser hängt ja wieder von den Vorlesungen ab. Aber hier ist es, wo die Ruhe ihn verläßt. Wie viele bezahlende Zuhörer er haben wird, ist noch nicht ausgemacht, und zu manchen Ausgaben haben ihn seine sanguinischen Hoffnungen verleitet, denen man nur fruchtlos widerspricht; ja sogar die schädlichsten Folgen hat es auf seine Stimmung und seine Arbeiten, wenn man es wagt, diesen zu widersprechen. Wilhelm ist noch nicht hier, kommt aber recht bald. Cotta hat geschrieben und scheint zurückzuziehen; Wilhelm ist ganz beruhigt darüber, daß die Annalen den Weg vieler Projekte gehen; Friedrich wünscht nichts mehr als das; Ritter ist über und über froh darüber, und Sie, mein Freund? welche Hast haben Sie denn mit diesen Annalen? haben Sie nichts Besseres zu tun? Denken Sie doch an Ihren Roman, an den Plato; lassen Sie Friedrich an den Plato, an die griechische Poesie und an die ›Lucinde‹ denken, Wilhelm an Shakespeare und an Tristan – seht, das sind andere Dinge! Mir war recht bange zumut bei diesen kritischen Anstalten. Laßt ja die Kritik zu Hause; es ist ein schlechtes Handwerk und ist in schlechten Händen; und Ihr sollt Euch nicht die Finger damit beschmutzen, denn Ihr lernt nichts zu von Eurem Kritisieren, und die andern danken schön. ...

FRIEDRICH SCHLEIERMACHER
an Dorothea Veit
Berlin, d. 6t. Dezember 1800

Schelten dürfen Sie nicht, liebe Freundin, daß ich Ihnen noch nicht wieder geschrieben habe. Da war erst der ›Florentin‹ zu lesen, und das konnte, da Jette und ich ihn zusammen lesen wollten, nur an einem ruhigen Abend geschehen, wo Herz abwesend war. Ihnen etwas darüber zu sagen, dazu bin ich noch gar nicht kompetent, das verspare ich, bis ich ihn einmal wieder allein und mit Bedacht gelesen haben werde, wozu ich noch nicht wieder habe kommen können. Jetzt kann ich Ihnen nur sagen, daß er ein sehr niedliches Buch ist, daß vieles drin mir sehr vorzüglich angelegt und ausgeführt geschienen hat, daß die Sprache etwas Eigentümliches hat, was ich noch nicht zu charakterisieren weiß, aber was einen sehr angenehmen Eindruck macht, und daß ich mich besonders darüber gefreut habe, daß die psychologischen Leser bei der Erzählung des Florentin, wo sie vollkommene Aufschlüsse über das Entstehen seines Charakters suchen werden, so hübsch geprellt werden. Nur die Stanzen! Diese sind meiner Meinung nach ein großer Fehler. Bedenken Sie nur, wie unwahrscheinlich, daß ein Maler *solche* Stanzen improvisiert! Beinahe ebenso unwahrscheinlich, als daß eine Frau, die nur eben zuerst einen Roman schreibt, nebenbei solche Stanzen macht. Bewundert haben wir Sie überhaupt was Ehrliches, Jette und ich; auch gezankt wurde dabei, denn wir waren über manche Dinge sehr verschiedener Meinung. Doch das sind nur einzelne Dinge, die ich sparen muß, bis ich ihn noch einmal gelesen habe. Machen Sie nur, daß das Velin bald kommt. Jette ist ohnedies höchst ungeduldig, den ›Florentin‹ bald in jedermanns Hände zu wissen, teils aus bekannter Menschenliebe, teils damit er durch seine persönliche Gegenwart die nachteiligen Gerüchte widerlegen möge, die ihm vorangegangen sind. ...

FRIEDRICH SCHLEIERMACHER
an seine Schwester Charlotte
Berlin, d. 20st. Dezember 1800

... Ich faßte erst nach Michaelis den Entschluß, ein Bändchen Predigten drucken zu lassen, wozu mancherlei Umstände und verschiedene sich von mir verbreitende Meinungen mich veranlaßt. Der Buchhändler, dem ich die Besorgung übertrug, äußerte mir erst, nachdem Dohnas weg waren, den Wunsch, sie noch vor Anfang des jetzigen Monates in die Druckerei geben zu können, und da habe ich denn, weil ich überhaupt keine Predigten aufschreibe, sondern nur ausführliche Entwürfe davon zu Papier bringe, tüchtig arbeiten müssen, und sooft ich mir vornahm, an Dich zu schreiben, dachte ich: erst kannst du doch noch diese Predigt fertigmachen. Darüber ging der Posttag hin, dann glaubte ich, es sei noch Zeit genug, und fing eine neue an, und so hat sich dasselbige Aufschieben mehrere Male wiederholt. Dem ohnerachtet bin ich erst in der Mitte des Monats mit der Arbeit zustande gekommen, wozu der Zustand meiner Gesundheit auch nicht wenig beigetragen hat. Seitdem ich in meiner neuen Wohnung bin, leide ich an einem eignen Übel, welches meine Ärzte sich nicht zu erklären wissen; Hände und Füße schwellen mir sehr merklich, welches dann in einigen Stunden wieder vergeht; dies ereignet sich des Tages mehrere Male, ohngefähr wie Ebbe und Flut. ... Nun habe ich mich drein ergeben, geduldig zu erwarten, wie es ablaufen wird. Wenn das Übel größer wird und sich zu irgendeiner bestimmten Krankheit determiniert, so wird sich dann auch am besten etwas Tüchtiges dagegen tun lassen. Mein Geburtstag ist mir stiller und wehmütiger vergangen als wohl sonst. Ich erhielt am Morgen kleine Geschenke von der Herz und Alexander und ein freundliches Briefchen von der Grunow, dann Briefe aus Landsberg von der Benecke und dem Onkel, und von der guten Tante eine selbstgestrickte Weste. Dies Geschenk ist mir doppelt wert und rührend gewesen, weil ich weiß, daß Handarbeiten ihr Mühe machen und sie sich nicht gern mehr, als notwendig ist, damit abgibt. Den Mittag aß ich bei der Herz, wo auch Alexander war; den übrigen Teil des Tages war ich wieder zu Hause, teils arbeitend, teils mancherlei Gedanken und Empfindungen Raum gebend. Ich wollte auch schreiben, das Papier lag vor mir, aber die Feder entfiel mir immer wieder. Zu der Wehmut, die mich beherrschte, gab größtenteils die Grunow Veranlassung, von deren trauriger Lage in ihrer unwürdigen Ehe ich ein paar Tage vorher aufs neue ein lebhaftes und nur allzu schmerzliches Bild vors Gemüt bekommen hatte. Daran knüpften sich dann Gedanken und Sorgen um andere Freunde, Fragen und Vermutungen über meine eigene Zukunft, und wenngleich das Vertrauen auf eine höchste Regierung bei mir ein ständiges Gefühl ist, das mich eigentlich niemals verläßt, so kann doch damit eine innige Wehmut bei der Aussicht, daß dieser und jener geliebte Mensch zu immerwährenden Prüfungen und Leiden bestimmt ist, gar wohl bestehen. Du wirst mich verstehn, und darum erkläre ich Dir das nicht weiter. ...

Abends. Da bin ich wieder, um weiter mit Dir zu plaudern, und damit Du doch siehst, was ich ohngefähr mit meiner Zeit anfange, will ich Dir zuerst erzählen, wo ich unterdes gewesen bin. Zuerst war ich ein paar Stunden bei der Herz und habe Griechisch mit ihr gelesen, welches ich sie jetzt lehre. Du weißt, sie hat keine Kinder, ihre Wirtschaft ist in so guter Ordnung, daß sie ihr nur ein paar Stunden täglich zu widmen braucht, und so wendet sie einen guten Teil ihrer Zeit darauf, sich in der Stille allerlei Kenntnisse zu erwerben. In den neueren Sprachen hat sie es lange zu einer seltenen Fertigkeit gebracht und kennt alles, was es darin Schönes und Gutes gibt. Da habe ich ihr denn geraten, sich auch mit dieser, die in so vieler Hinsicht das größte Meisterstück des menschlichen Geistes ist, bekannt zu machen. Es ist ihr anfangs, weil es so ein ganz anderes Wesen ist und auf eine ganz eigne Weise betrieben werden muß, sehr sauer geworden; nun aber kann ich schon sehr schöne Sachen mit ihr lesen und versäume nicht gern eine Stunde, die wir uns einmal bestimmt haben. Dann war ich eine Stunde auf der Ressource, dem einzigen Ort, wo ich bisweilen den größten Teil meiner Herren Amtsbrüder und einen Teil der Herren vom Magistrat sehe, die mich einmal, wenn es ihnen so gefällt, zum Prediger in der Stadt wählen sollen. Auch lese ich dort gelehrte Zeitungen und spiele dann und wann eine Partie Billard, welches Dir bei meiner bekannten Blindheit lächerlich scheinen kann, aber doch so notdürftig geht und meinen Augen recht gut bekommt. Von da bin ich zu Hause gegangen und habe bei meinem Abendbrot überlegt, was ich morgen am letzten Sonntage des Jahrs und Jahrhunderts zu Gemüte führen will. Dies weiß ich nun; der Tee, die Milchbrote und die geräucherte Wurst sind verzehrt, ich habe den großen Stuhl, auf dem ich beständig sitze, von dem kleinen Eßtisch herumgedreht zum großen Arbeitstisch, an dem ich dann immer noch bis nach Mitternacht sitze. Das ist jetzt meine gewöhnliche Lebensordnung; sehr selten bin ich einen ganzen Abend aus, aber nie laß ich einen Tag vergehn, ohne Bewegung zu haben und Menschen zu sehen, welches beides der Gesundheit meines Leibes und meiner Seele höchst notwendig ist. Alle meine Freunde haben ihre bestimmte Zeit, wenn ich sie am liebsten besuche; zur Grunow springe ich manchmal des Vormittags auf ein Stündchen herüber, dann ist sie entweder ganz allein oder hat nur ihre Kinder bei sich, und es läßt sich ein gescheutes Wort mit ihr reden. (Hoffentlich wirst Du nicht auf den Gedanken kommen, als geschähe das hinter dem Rücken des Mannes! Gott bewahre, er weiß es und darf nichts dawider haben.) Außerdem bin ich aber fast alle Woche einmal des Abends da. Zu Eichmanns gehe ich am liebsten zum Mittagessen, denn dann gehn die Kinder nach Tische in die Schule, und man kann noch eine Stunde ruhig plaudern. Die arme Frau hat ihr jüngstes Kind verloren, und der Mann, der, obwohl sehr brav und achtenswert, doch ein wenig verdrießlicher Natur ist, hat seitdem, wie mir's vorkommt, an übler Laune sehr zugenommen. Die Herz sehe ich am liebsten zwischen dem Mittagessen und der Teestunde, denn in dieser Zeit kommt nicht leicht jemand als vertrautere Freunde des Hauses; überraschen mich dann am Ende Fremde, so bleibe ich, je nachdem sie mir gefallen, wohl noch ein Stündchen oder nehme gleich meinen Abschied; zu größeren Gesellschaften lasse ich mich nur selten einmal bitten. Professor Spalding besuche ich immer des Abends, so auch einen andern jüngeren Sprachgelehrten, den ich sehr lieb habe; das geschieht aber nur alle Monate einmal. Außerdem gibt es noch ein paar Orte, wohin ich so im Vorbeigehn auf ein halbes Stündchen zu gehn pflege. Zu Hause arbeite ich dann abends von 7 oder 8 bis 12 oder 1, und das oben Beschriebene ist mein tägliches Abendbrot. Das gilt für den Winter. Im Sommer, wenn Herzens im Tiergarten und Eichmanns in Charlottenburg wohnen, ist es freilich ein anderes. Da ich einmal im Zuge bin, von meinen Bekannten und Freunden zu reden, will ich auch Deine Fragen nach einigen entfernten beantworten. Lotte Schede lebt bei ihrem Bruder in Kalisch, der dort Regierungsrat ist; sie war im Sommer auf ein paar Wochen hier, und ich habe sie noch ganz die alte gefunden, außer daß sie an Lebhaftigkeit noch gewonnen, dabei aber auch etwas von provinzieller Frivolität angenommen hat, was mir nicht ganz gefiel, indes kann das auch nur ein Schein sein, und ich habe es mir möglichst ausgeredet, um sie noch ebenso lieb haben zu können. Meinen guten Hülsen kenne ich noch immer nicht persönlich, seine Frau ist, wie leicht vorauszusehen war, im Herbste gestorben, er hat seine Zöglinge fortgeschickt, Haus und Garten verkauft und lebt jetzt einige Meilen weiter von hier, auch auf dem Lande bei einem Freunde, und wird wahrscheinlich im Frühjahr irgendeine große Reise machen, vielleicht auch das, ohne daß ich ihn gesehen habe. Er hat mir seit der traurigen Begebenheit noch nicht geschrieben, was ich ihm auch gar nicht übelnehme. Ach! das sind die wahren Unglücksfälle, alles übrige ist nichts. Die Veit hat meinen Zorn nicht erregt; aber die wunderliche Wendung ihres Schicksals und das Auffallende und Verwerfliche, was ihre Handlungsweise in den Augen der Welt hat, bekümmert mich sehr tief und ist ein Gegenstand ernster Sorge für mich, eben weil sie und Schlegel mir so im Herzen wert sind. Sie hatte sehr triftige, und, die wir den ganzen Zusammenhang kennen, hinreichende Ursachen, sich von hier zu entfernen. Schlegels Bruder und Schwägerin luden sie zu sich ein, und sie lebt in deren Hause in Jena. Friedrich lebt auch in Jena, und Du kannst denken, wie die Welt über dieses ganze Verhältnis redet. Auch würden sich beide schon auf das gesetzmäßigste und heiligste verbunden haben, da sie allerdings mit ganzer Seele aneinander hängen, wenn nicht die Bedingungen, unter denen allein ihr Mann sich dazu verstehn wollte, ihr den jüngsten Knaben zu lassen, der ihrer mütterlichen Pflege und ihrer verständigen Erziehung ganz unumgänglich bedarf, es nicht unmöglich machten. Dies geht nun, solange es geht, aber wenn der ältere Schlegel, der schon seit langer Zeit mit seiner Frau nicht im besten Vernehmen lebt, sich über kurz oder lang von dieser trennt, so weiß ich in der Tat nicht, was die arme Frau anfangen will. Das sind unglückliche Verwicklungen, die aus den Widersprüchen in unsern Gesetzen und unsern Sitten entspringen und denen oft die besten Menschen nicht entgehen können. Dazu kommt noch, daß Schlegel nicht ganz ohne seine Schuld in der literarischen Welt eine große Menge von Feinden hat, und am wenigsten hat dieses Verhältnis, dessen wahren Zusammenhang fast kein Mensch genau weiß, ihnen entgehn können, und so muß die arme Veit bald namentlich, bald ungenannt sich in allen Streitschriften und satirischen Ausfällen mit herumtragen lassen. Es ist eine unglückliche Geschichte, und ich bedaure die beiden Menschen von ganzer Seele, die nur deshalb so manche Kränkungen erdulden müssen, weil sie einfacher und redlicher gehandelt haben, als die Welt es gewohnt ist. Du siehst, daß auch ich mit meinen Freunden und für sie genug zu leiden habe, wie es sich denn gebührt und ein fühlbares Herz es nicht anders zu erwarten hat. Für jetzt macht mir unter allen die Herz am wenigsten Not; indes lassen sich auch Zeiten und Umstände voraussehen, wo ich für sie nicht weniger in Kummer sein werde. Schlegel verursacht mir in gewisser Hinsicht auch unmittelbare Unannehmlichkeiten; aber die sind das wenigste und leichteste. Es gibt nämlich Menschen, die, ohnerachtet ich mit der gelehrten Welt für jetzt noch rein gar nichts zu tun habe, bloß weil ich sein persönlicher Freund bin, ihre literarische Feindschaft gegen ihn auch auf mich ausdehnen; allein ich nehme gar keine Notiz davon, gehe ganz still meinen Gang fort und denke, so sollen sie es bald satt haben.

D. *29st.* [...] Mit meinem Lesen ist es, wie Du siehst, schlecht bestellt; selbst die merkwürdigsten Erscheinungen in der Literatur sind gewöhnlich sehr lange vorhanden, ehe ich sie genieße. So habe ich zum Beispiel Schillers ›Wallenstein‹ und Wielands ›Aristipp‹ noch nicht gelesen, Werke, worauf die Aufmerksamkeit der ganzen lesenden Welt gerichtet ist. Dies kommt größtenteils daher, weil das Lesen mir größtenteils weit mehr Zeit kostet als hundert andern Menschen. Um etwas so gut zu verstehn, als ich es wünsche, muß ich es gleich zwei-, dreimal lesen und dann noch einzelne Stellen besonders, sonst bekomme ich kein rechtes Bild von dem Ganzen. Aus eben dem Grunde, wenngleich nur im kleinen, komme ich höchst selten ins Theater. Ich sehe nicht gern ein Stück, was ich nicht vorher gelesen habe, weil mir sonst auch vieles verlorengeht; am liebsten nehme ich das Buch mit ins Schauspielhaus und blättere in den Pausen immer den folgenden Akt durch. Will ich überdies alles ordentlich sehen, ohne mir durch ein allzu scharfes Glas die Augen zu verderben, so muß ich ganz vorn im Parterre sein, und dazu gehört bei beliebten

Stücken, daß man fast zwei Stunden eher kommt, als es angeht. Konzerte, deren es im Winter hier viele gibt, besuche ich aus andern Gründen nicht. Teils sind sie sehr teuer, teils mache ich mir gar nichts aus der Virtuosen-Musik, selbst nicht aus dem Virtuosen-Gesang, notabene habe ich auch die ›Schöpfung‹ von Haydn noch nicht gehört; sie wird aber in acht Tagen hier von der Königlichen Kapelle aufgeführt werden, und vielleicht gehe ich dann doch hin, hier habe ich sehr verschiedene Urteile darüber gehört; einige sind ganz davon entzückt, andern scheint es mit Künsteleien überladen zu sein; der Text ist mir nicht bekannt, er pflegt aber größtenteils bei solchen Dingen schlecht zu sein. Die Musik, die ich am liebsten und öftesten höre, ist die der Singakademie, wo lauter Kirchenmusik im großen Stil aufgeführt wird und ich mich oft der Festmusiken und Wechselchöre auf den Gemeindesälen erinnere. Ich weiß nicht, ob ich Dir von diesem Institut jemals geschrieben habe oder ob Du es sonst kennst. ...

FRIEDRICH SCHLEIERMACHER
an seine Schwester Charlotte
Berlin, d. 12t. Februar 1801

... Über meine Gesundheit, meine Liebe, sei nur außer Sorgen. Das Schwellen, es mag nun damit beschaffen gewesen sein, wie es wolle, ist ganz vorbei. Herz, obgleich seine Mittel dies bewirkt zu haben scheinen, behauptet noch immer, er wisse nicht, wie es damit eigentlich zusammengehangen habe. Mir lag auch immer die Wassersucht dabei in Gedanken, indes ist eine solche, die nur in den fleischigen Teilen ihren Sitz hat, selten gefährlich, und so war ich auch für mein Leben noch nicht besorgt. Daß ich aber irgend einmal an einem chronischen Übel, und an diesem eher als an jedem andern, sterben werde, macht meine ganze Konstitution sehr wahrscheinlich, welche eigentlich doch schwach und dabei von jeder hitzigen Krankheit in einem sonderbaren Grade abgeneigt ist, so daß ich keine Übel, wozu Fieberbewegungen gehören, bekommen kann, wenn auch alles um mich herum daran leidet. Weder die Influenza noch die Katarrhal-Fieber, an denen jetzt in Berlin von allen, die nicht körperliche Arbeit treiben, gewiß der siebente Mensch daniedergelegen hat, haben mir das Geringste anhaben können. Um desto weniger aber darfst Du besorgen, irgend einmal unvermutet eine traurige Nachricht zu bekommen, indessen habe ich doch auch dafür gesorgt, so wie auch gewöhnlich in meinem Schreibtisch ein Papier liegt, welches meine Dispositionen enthält und von Zeit zu Zeit geändert wird. Dies sollte sich wohl jeder Mensch zur Pflicht machen und besonders jeder Mensch, der Papiere hat. In diesem Punkt werde ich jetzt wahrscheinlich in eine große Verlegenheit kommen, indem es allen Anschein hat, daß Alexander bald irgendwohin in die Provinz als Kammer-Direktor versetzt werden wird; dann weiß ich keinen Mann, den ich dazu beauftragen könnte, und einer Frau meine Papiere vermachen, das hieße noch zu guter Letzt meinem Leben den Stempel der Paradoxie aufdrücken, worüber ohnedies genug geklagt wird. Noch dazu müßte es die Herz sein, denn der Grunow könnte es nur Verdruß machen. Daß Du Dir, ohne es zu sehen, mein Wesen und Verhältnis mit der Herz nicht denken kannst, ist eigen, da es doch in der Tat viel leichter und viel weniger schwierig ist als das mit der Grunow. Es ist eine recht vertraute und herzliche Freundschaft, wobei von Mann und Frau aber auch gar nicht die Rede ist; ist das nicht leicht sich vorzustellen? Warum gar nichts anders sich mit hineingemischt hat und nie hineinmischen wird, das ist freilich wieder eine andere Frage; aber auch das ist nicht schwer zu erklären. Sie hat nie eine Wirkung auf mich gemacht, die mich in dieser Ruhe des Gemüts hätte stören können. Wer sich etwas auf den Ausdruck des Innern versteht, der erkennt gleich in ihr ein leidenschaftsloses Wesen, und wenn ich auch bloß dem Einfluß des Äußeren Raum geben wollte, so hat sie für mich gar nichts Reizendes, obgleich ihr Gesicht unstreitig sehr schön ist, und ihre kolossale königliche Figur ist so sehr das Gegenteil der *meinigen*, daß, wenn ich mir vorstellte, wir wären beide frei und liebten einander und heirateten einander, ich immer von dieser Seite etwas Lächerliches und Abgeschmacktes darin finden würde, worüber ich mich nur sehr überwiegender Gründe wegen hinwegsetzen könnte. Wie wir miteinander umgehn, davon habe ich Dir wohl schon genug gesagt, willst Du aber noch irgend etwas darüber wissen, so frage nur, denn es ist mir ängstlich, daß Du Dir gerade das nicht sollst vorstellen können. Daß ihre eine Schwester Brenna, die, welche ich meine Schwester nannte, schon seit einiger Zeit in einem reichen Kaufmannshause in Hamburg ist als Gesellschafterin, glaube ich Dir damals geschrieben zu haben. Anfangs war das arme Mädchen sehr traurig, jetzt

316

hat sie sich eingewöhnt, und es geht ihr sehr gut. Die jüngste Sara, mein Töchterchen, ist noch bei der Mutter, welche je länger, je mehr ihr Gesicht verliert und verdrießlicher wird, so daß das gute Kind oft recht schwere Tage hat. Dabei liebt sie jetzt recht ernstlich einen jungen Arzt, der aber noch gar kein sicheres Etablissement hat und mit dem wir andern alle in mancher Hinsicht nicht so zufrieden sind, als wir es mit ihrem Freunde zu sein wünschten. Das macht ihr denn auch manchmal das Herz schwer. ...

FRIEDRICH SCHLEIERMACHER
an Henriette Herz
Berlin, d. 17t. Mai 1801

... Passiert ist denn doch unterdes allerlei; man muß nur weg-reisen, so geschieht schon etwas. Lassen Sie sich nur vorrechnen. Erstlich ist Fichtes ›Nicolai‹ in aller Stille in Jena gedruckt wor-den. Wilhelm hat sich, der Zensurfreiheit wegen, als Heraus-geber auf den Titel gesetzt und eine petillante Vorrede dazu gemacht. Als ich bei ihm war, gab er mir ein Exemplar. Er versi-chert, daß nichts ausgelassen worden, als eine die sächsische Regierung betreffende Anmerkung, und so haben denn doch die Leute, was das Pasquillartige und das Schimpfen betrifft, entsetz-lich gelogen. Sie wissen, wie ich über diese Sache denke, und es gibt nur ein paar Stellen, die ich gerne striche. In diesen kommen allerdings ein paar Schimpfnamen vor, allein nach dem, was die Leute hier posaunt haben, wird sie jedermann sehr mäßig finden, und sie werden gar keinen Effekt machen. Zweitens ist die ›Maria Stuart‹ gedruckt, die ich aber noch nicht gesehen habe. Drittens ist Schillers ›Macbeth‹ da, von dem Schlegel wunderli-che Dinge erzählt, so daß es mich grausam in den Fingern juckt, ihn zu rezensieren; wer nur Zeit hätte! Viertens ist auch der zweite Teil der ›Charakteristiken und Kritiken‹ da, der wirklich mit einer Notiz von Friedrich über den ›Boccaccio‹ schließt, wel-che viel Studium voraussetzt. Fünftens, und das ist mir eigentlich fatal, wird am ›Platon‹ wirklich gedruckt, und Friedrich weiß schon, daß der ›Phädrus‹ sechs Bogen betragen wird. Das rech-net er immer zuerst aus. Unmöglich kann er auf diese Art meine Arbeit gründlich durchgehen, und das Ganze wird leider Gottes gewiß nichts Rechtes. Das wären Berichte, mehr weiß ich nicht, und ich hoffe, Sie haben genug. ...

FRIEDRICH SCHLEIERMACHER
an Ehrenfried von Willich
[Berlin] D. 11t. Juni 1801

... Mit Jette bin ich gewöhnlich einen Tag um den andern von eins bis fünf Uhr; wir essen dann zusammen, lesen, plaudern, schlafen auch wohl und gehn spazieren. Die beste Freude ist, wenn ich einmal einen ganzen Vormittag mit ihr sein und leben kann, aber das hat sich jetzt noch nicht machen wollen. Sie grüßt Euch beide gar herzlich. Gestern haben wir uns an einer schmählichen Rezension der ›Monologen‹ in der ›Deutschen Bibliothek‹ ergötzt. Es ist ordentlich das Verhängnis dieser Welt oder wenigstens dieser Zeit, daß das Heiligste und der Scherz dicht nebeneinander liegen sollen, denn ich habe mich des herzlichsten Lachens dabei nicht enthalten können, und es schien mir bei näherer Betrachtung eine ganz natürliche Wirkung, daß die Monologen Spaß dieser Art erzeugen müssen. Aber wie gern kehrte ich zu dem Ernst zurück, und wie schön und heilig war mir dann gleich wieder zumut. Du warst dabei, das kannst Du denken, Du bist ja das Schönste, was sie mir eingetragen haben, und von Dir weiß ich am gewissesten und sehe es aus Deinem Briefe aufs neue, daß Du das Innerste darin klar, wie es ist, aufgefaßt hast. Aber wie hat Dir mein langsames Auffassen eine Furcht vor einem einseitigen Auffassen geben können? Vielmehr bin ich eben durch diese Langsamkeit am besten davor gesichert, denn sie ist ja nichts anders als die Maxime, daß alles einzelne nur ein Teil ist und daß man erst mehrere Teile haben muß, um es recht zu verstehen, das ruhige Abwarten einer vollendeten Anschauung und eine aufrichtige Abscheu gegen das einseitige Urteilen und die superkluge voreilige Menschenkenntnis aus einzelnen Zügen. So sei auch nur nicht bange vor meinem naiven Bewegen und Fertigmachen, wenn ich Disharmonien in Dir zu finden glaube. Das werde ich nicht lassen, aber glaube mir, es ist gut so. Es gibt keine lebendige Erkenntnis als die selbsterworbene, so auch von Menschen, und es wäre eine unverzeihliche Trägheit, bei dem ersten flüchtigen Gedanken, der mir etwa durch den Kopf ginge, gleich zu fragen, sondern ich werde allerdings erst hinsehn nach allen Seiten und so den Gedanken entweder zerstören oder fertigmachen, aber wenn er nun fertig zu sein scheint, dann werde ich Dich fragen, ob auch dem also ist. Du wirst schon sehen, wie ich das treibe, und es wird Dir gewiß

recht sein. Aber warum sorgest Du denn voraus, daß ich Disharmonien in Dir zu sehn glauben werde? Das geschieht mir gar
nicht so leicht. Ich gehe bei wirklichen und wahren Menschen
immer von der Voraussetzung aus, daß, was in ihnen ist, auch zu
ihrer Natur gehört, und überzeuge mich schwer vom Gegenteil,
so daß auch von mir geglaubt wird, ich sei gegen ihre sogenannten Fehler viel zu indifferent, ja zärtlich. ...

FRIEDRICH SCHLEIERMACHER
an seine Schwester Charlotte
Berlin, d. lt. Julius [1801]

... Nun noch etwas Erfreulicheres. In der ersten Hälfte des Mai
habe ich eine kleine Ausflucht nach Prenzlau gemacht; Herzens
wollten beide hinreisen, um ihre dort verheiratete Schwester zu
besuchen, und da es mir angeboten wurde, nahm ich die Gelegenheit wahr, mitzureisen. Herz konnte hernach nicht, weil er
ein paar gefährliche Kranke bekam, und da wir uns alle aus dergleichen Zierereien nicht viel machen, so fuhr ich mit ihr und
ihrer jüngsten Schwester, meiner kleinen Tochter, wie ich sie
gewöhnlich nenne, hin. Von der Reise ist nicht viel zu sagen; es
sind zwölf Meilen, und wir machten sie mit doppelten Pferden in
einem Tage, fuhren des Morgens um drei Uhr aus und waren
abends um acht Uhr da; auf der letzten Hälfte hatten wir einen
sehr heftigen Regen, der uns aber nur vielen Spaß machte. Ich
war vornehmlich hingereist, um einen gewissen Prediger Wolf
und einen Herrn von Willich, auch einen jungen Theologen, kennenzulernen, die ich beide durch die Herz und auch sonst durch
andere Freunde kannte, die ebenso allerlei von mir gehört hatten
und ebenso nach meiner persönlichen Bekanntschaft verlangten
als ich nach der ihrigen. An Willich habe ich einen recht herzlichen Freund gefunden, der mich sehr liebt, an allem, was in
und mit mir vorgeht, herzlichen Anteil nimmt und es auch alles
versteht, und in dem ich auch soviel Schönes und Gutes finde,
daß wir uns gegenseitig gar innig zugetan sind. Ich war nur drei
Tage dort, aber freilich haben wir uns in dieser Zeit wenig verlassen. Willich war gewöhnlich bis spät in die Nacht da und des
Morgens bald wieder auf dem Platz, und es ist in dieser Zeit so
vielerlei vorgekommen und berührt worden, daß wir uns schneller kennenlernten und also auch lieb gewannen, als sonst in so
kurzer Zeit bei mir der Fall zu sein pflegt. Ich gebe mich nicht

leicht weg, stelle mich nicht gleich Menschen in ein blendendes, schmeichelhaftes Licht und bin mit meinem ersten Urteil über Menschen und meinen ersten Mitteilungen an sie sehr vorsichtig. Die Herz meint deshalb, ich wäre zu verschlossen, und vielleicht ist es Dir nicht unlieb zu hören, was sie mir über das Besondere dieses Falles schrieb. Du kannst Dir ja ohnedies meine Art mit ihr zu sein noch immer nicht denken; vielleicht tragen einige geschriebene Worte von ihr etwas dazu bei. Du mußt nur im voraus wissen, daß die Herz noch 14 Tage da blieb und ich allein auf der Post zurückreiste, die dort spät des Abends abgeht, daß wir den letzten Abend bei ihrer Schwester zusammen waren, nämlich Wolf, ich und noch ein paar Hausfreunde, die aber nicht so dazugehören, Punsch tranken und sangen (u. a. Schillers Lied an die Freude), wobei ich ein sehr inniges, stummes Gespräch mit Willich hatte. So schrieb mir bald darauf die Herz: ›Mir ist begegnet, was ich nicht für möglich hielt, ich habe Sie noch lieber bekommen; nicht etwa, weil ich etwas Neues, Schönes in Ihnen entdeckt hätte, denn ich kenne ja schon lange alles in meinem Freunde; die Leichtigkeit aber und die Offenheit, mit der Sie Willich entgegenkamen, der schöne Wille, sich ihm zu zeigen, wie Sie sind, das hat Sie mir viel, viel lieber gemacht. Alles das gehört zwar zu Ihnen, es bleibt aber oft verborgen, Sie denken, es hat ja Zeit, man bleibt ja lange zusammen; hier hatte es keine Zeit, und Sie benutzten die schönen Stunden so herrlich. Aber auch nicht verschwendet haben Sie die schöne Gabe; Willich ist voll von Ihnen und reichlich hat er wieder gegeben, was er empfing. Mein Herz war sehr voll, als Sie fortgingen; Ihr und Willichs Näherkommen während des Gesanges hatte ich mit inniger Freude und Rührung gesehen, und stimmte ich nicht ins Chor mit ein, so war es die Unmöglichkeit, einen Ton von mir zu geben, denn die Bewegung des Gemüts erstickte Worte und Töne; gern aber hätte ich Euer beider Hände an mein Herz gedrückt und dem andern Freundschaft gegeben, wie sie der eine schon hat. Sie gingen alle und ließen mich zurück.‹ (Die andern begleiteten mich alle nach dem Posthause, nur die Herz blieb zurück, weil sie nicht wohl war und die Nachtluft scheuen mußte.) ›Mir war's lieb, daß ich allein blieb, ich dachte Ihnen nach und ward nicht gestört. Mir war wohler zumut als seit langer Zeit; mit wahrer Andacht fühlte ich alles, was gut und schön ist, mit Andacht und tiefer, reicher Rührung. Alles kam zurück,

Willich setzte sich neben mich, ihm war ebenso, und still und heilig feierten wir Ihr Andenken. Er sagte mir leise, er sei lange nicht so religiös gewesen als in diesen Momenten; ich freute mich des Einklangs und schwieg.‹ Wie mich das wieder gerührt hat, kannst Du denken, aber freilich muß auch das Anschauen einer werdenden Freundschaft auf eine so fühlende Seele einen eignen und tiefen Eindruck machen. Willich ist mir sehr wert; er hat nicht das große, nicht den tiefen, alles umfassenden Geist von Friedrich Schlegel; aber meinem Herzen ist er in vieler Hinsicht näher und hat im Leben und fürs Leben mehr einen dem meinigen ähnlichen Sinn. Gelegentlich und nach und nach wirst Du wohl mehr von ihm erfahren.

FRIEDRICH SCHLEIERMACHER
an seine Schwester Charlotte
Berlin, d. 10t. November 1801

... Daß der ältere Schlegel den größeren Teil des Sommers hier war, weißt Du. Er reiste im August nach Jena, ist aber jetzt schon wieder hier, um den ganzen Winter hier zu bleiben. Der nimmt auch meine Teilnahme sehr in Anspruch. Ich weiß nicht, ob ich Dir schon von dem fatalen Verhältnis zwischen ihm und seiner Frau geschrieben habe, die ihm für die große Achtung, die er ihr beweist, und für die mehr als väterliche Zärtlichkeit, mit der er ihre Tochter aus der ersten Ehe geliebt hat, mit einer nicht einmal verhehlten Untreue lohnt, wodurch sie ihn zum Gespötte gemeiner Menschen macht, und zwar, da er in Deutschland so sehr bekannt ist, in einem sehr ausgebreiteten Kreise. Gott weiß, warum er den Mut oder die Lust nicht hat, sich ganz von ihr zu trennen, und wie es ihm möglich ist, mit dem jungen Manne, den sie liebt und begünstigt, sogar in einer Art von vertrauter Freundschaft zu stehen; dieser übertriebenen Gutmütigkeit ohnerachtet kann er es denn doch, wie sehr natürlich, in ihrer Nähe nicht lange aushalten und ist gewiß froh gewesen, als die Zeit herankam, da ihn die getroffene Verabredung wieder hieher rief. Das Allerübelste ist, daß die Frau alles Mögliche tut, um die beiden Brüder miteinander zu entzweien, weil Friedrich dem älteren den Rat gegeben hat, den ihm jeder vernünftige Mensch geben würde, und weil er sie vielleicht bisweilen die Verachtung hat fühlen lassen, welche sie verdient. Dieses Bestreben ist ihr nicht ganz mißlungen, und dabei leiden nun Friedrich und die Veit, die so gern still und ruhig vor sich hin lebten, innerlich gar sehr.

Wie diese fatalen Verhältnisse mich schmerzen, und wie unendlich leid es mir um den Wilhelm tut, ihn in diesem Zustande zu sehen, das kann ich Dir gar nicht genug sagen. [...] Ich wollte Dir noch sagen, daß ich in ein paar Wochen auch meinen lieben Friedrich Schlegel hier erwarte; er wird, aber freilich nur auf ein paar Wochen, bei mir wohnen, wir haben viel miteinander zu reden, und es ist einiger gemeinschaftlichen Arbeiten wegen sehr notwendig, daß wir einmal zusammenkommen. [...] Da hast Du nun einen ausführlichen Bericht von mir, an dem Du nur noch den Artikel von der Gesundheit vermissen möchtest. Mit der ist es recht gut bestellt, und alle Menschen sagen, daß ich noch nie so wohl ausgesehen, auch lebe ich in jeder Hinsicht Diät, Arbeit, Bewegung und Schlaf sehr ordentlich; im letzteren Punkte geschieht es freilich nicht ganz willkürlich, ich würde gern bisweilen später in die Nacht hinein arbeiten, allein die Natur widersetzt sich dem. Am Anfang des vorigen Monats war ich vierzehn Tage sehr elend; allein es war nur ein Zufall, an dem ich alle Jahr im Frühjahr oder Herbst einmal leide, der sich ohne Medizin wieder verliert und von dem keine Spur weiter übrigbleibt. ...

FRIEDRICH SCHLEIERMACHER
an Ehrenfried von Willich
Berlin, d. 13t. Dez. [180]1

Du weißt, lieber Freund, von Jette, was mich bis jetzt abgehalten hat, Dir zu schreiben, und was überhaupt mir jetzt wenig Zeit übrigläßt für die abwesenden und anwesenden Freunde, nämlich die längst gewünschte Anwesenheit dessen, der mir in so vielen Hinsichten so unendlich wert ist. Was ihn selbst betrifft, so habe ich ihn ganz unverändert wiedergefunden in dem, was mir zusagt, und auch in dem, worin wir voneinander abweichen – aber in seinem Denken und Umfassen menschlicher Erkenntnis, in Kunst und Wissenschaft hat er wohl noch größere Fortschritte gemacht. Alles hat sich mehr gestaltet und ist deutlicher herausgetreten, besonders ist er in das Wesen der Poesie sehr tief eingedrungen, und wir werden wohl in den nächsten Jahren eine Menge von Studien in verschiedenen Gattungen von ihm erhalten, die sich doch alle mehr oder minder dem Meisterhaften nähern werden. Er hat jetzt ein Trauerspiel gemacht, wogegen zwar, was die Komposition betrifft, viele vieles einwenden werden, aber alles einzelne ist so durchaus und rein tragisch und das Ganze in einem so großen Stil, daß alle jene theoretischen Einwendungen bei keinem Unbefangenen den Eindruck besiegen werden. Es liegt eine alte spanische Romanze zum Grunde, und es wird bereits gedruckt. – Den ›Platon‹ abgerechnet, werden wir also eine Zeitlang in unsern literarischen Arbeiten ganz verschiedene Wege gehen. Er wird durch Poesie die Darstellung seiner ziemlich poetischen, theoretischen Philosophie vorbereiten, und ich werde meine praktische Philosophie in verschiedenen Werken darlegen, von denen sich manche doch noch, in der Einkleidung wenigstens, dem Poetischen gewissermaßen nähern werden. – Daß Friedrichs Hiersein Dein Herkommen verzögert, ist freilich ein übler Umstand; indes, wenn es Dir nur späterhin nicht an einer guten Gelegenheit fehlt, so ist nichts daran verloren. Ich könnte Euch beide doch nicht genießen, da Ihr Euch noch nicht kennt, und Friedrich gehört gar nicht zu denen, mit welchen man sich bald befreundet. ...

FRIEDRICH SCHLEIERMACHER
an Ehrenfried von Willich
Berlin, d. 13t. Jan. [180]2

Schlegels fortdauernde Anwesenheit bringt, ohnerachtet ich weniger von seiner Gesellschaft genieße, als ich wünsche und auch wohl verlangen könnte, mein ganzes Leben in solche Unordnung, daß ich mir zu allem, was ich am liebsten tue, zum Besuch unserer Freundin und zum Briefschreiben die Zeit nur abstehlen muß. Seine äußern Verhältnisse, sein Mangel an innerer Freiheit in Absicht auf den Gebrauch seiner Zeit und die Notwendigkeit, während seines Hierseins für unsere gemeinschaftliche Arbeit das Beste zu tun, damit es an mir wenigstens nicht fehle – dies alles kommt auf eine sehr ungünstige Art zusammen. Denke Dir das alles so konfus durcheinander als möglich, und erkläre Dir daraus mein Nichtschreiben und mein Schreiben. Schlegel reist übrigens d. 27st. huj., es müßten denn irgend außerordentliche Umstände eintreten, und wenn sich damit Deine Aussichen zum Herreisen, wie ich hoffe, vereinigen lassen, so zaudere ja nicht und denke, daß es mir gar herzlich lieb sein wird, Dich hier zu sehn. Auf unsere Reise nach Prenzlau ist unter den gegenwärtigen Umständen wohl gar nicht zu denken. ...

HENRIETTE HERZ
an Ehrenfried von Willich
Berlin, den 14. Januar 1802

... Denn kommen müssen Sie, und das bald, denn Schlegel reist heute über 14 Tage ab. Das ist gerade Ende Januars, und träfe es sich auch, daß Sie um ein oder zwei Tage früher kommen, als er reist, so finde ich wohl ein Zimmer in meiner Nähe, wo Sie so lange bleiben, bis Sie zu Schleier ziehen können. Sie *schlafen* dann nur aus meinem Hause, wachen nur bei mir und Schleier. So lernen Sie doch auch Schlegel kennen, wenn auch nur äußerlich, denn innerlich paßt Ihr nicht. Ich wollte, daß mein Haus so eingerichtet wäre, daß Sie bei mir wenigstens ein paar Tage wohnen könnten, jetzt geht es aber nicht, und ich finde schon etwas aus meiner Nähe. Schöne Tage sollen es werden, mein guter Freund. Aber freilich anderer Art als jene ersten in Prenzlau. So wie das Erste wird nie wieder etwas, und äußerst niederschlagend ist es, wenn man während eines schönen Genusses sich sagen muß, dies ist der letzte der Art für dein ganzes Leben. Ja, mein Ehrenfried, ich bin jetzt in dem Fall, mir sagen zu müssen, daß ich jetzt meine schönste Zeit verlebe, und recht eigentlich verlebe, denn das Ende derselben ist vielleicht, ja gewiß näher, als ich selbst erwarte, und doch werd ichs ertragen und gut ertragen müssen, wenn ich gegen das, was mir bleibt, nicht ungerecht sein will. Ich muß Schleiers halber wünschen, daß er versetzt werde, denn seine Stelle ist schlecht; ich muß wünschen, daß Dohna versetzt werde, weil es besser für ihn ist, und *was* verliere ich in diesen beiden Menschen, wie nehmen Sie mir das Schönste aus meinem Leben mit sich fort! Vielleicht kommt eine Zeit der Wiedervereinigung, aber welche ungeheuere Kluft zwischen jetzt und dann!

Schleier hat wenig Freude von Schlegel, und es verstimmt ihn sehr, daß er so wenig von ihm hat. Sie können denken, daß ich zu delikat bin, mit ihm darüber zu sprechen, er sagte mir aber etwas davon, und das übrige sah ich. Ihre Besorgnis, die ich in Schleiers Brief las, ist durchaus unbegründet; und wenn Sie ihn durch und durch kennten, so könnte sie gar nicht in Ihnen aufkommen. Was soll denn ich sagen, wenn Sie durch Schlegel zu verlieren glauben? Bin ich nicht viel weniger als Sie dem Geiste nach? Und da nur ist Schlegel uns überlegen; in allem übrigen stehen wir gleich mit ihm, wenn nicht höher, und das erkennt und fühlt

Schleier; wir haben also gar nichts zu verlieren und also nichts zu besorgen. Sie nun gar nicht, und ich bin auch ruhig, da ich sogar durch seine Liebe zu einer andern nichts verloren habe. ...

HENRIETTE HERZ
an Ehrenfried von Willich
den 21. Jenner 1802

Sie wissen es nun schon, mein Freund, daß Schlegel den 24. reist und daß Sie nun kommen können, wenn Sie wollen, je eher, je lieber; zu mir kommen Sie zuerst. Mein Haus liegt am Wege zu Schleier. Sie kommen über die Königsbrücke, und wenn Sie darüber sind, gehen Sie in die erste Querstraße rechter Hand ins zweite Haus von der Ecke, No. 22 in der neuen Friedrichstraße, und nachdem es nun an der Tageszeit ist, danach richten wir uns mit dem übrigen. Sie bringen doch den Wilhelm mit? ...

FRIEDRICH SCHLEIERMACHER
an seine Schwester Charlotte
Berlin, d. 29st. Januar 1802

... Daß es mir eine große Freude gewesen ist, diesen langen ent-behrten Freund bei mir zu haben, kannst Du leicht denken. Mancher Endzweck seines Besuches ist freilich trotz der langen Zeit nicht erreicht worden, besonders haben wir nicht so viel über unsere gemeinschaftlichen Arbeiten geredet und studiert, als die Absicht war; aber das konnte ich, da ich ihn so genau kenne und da leicht vorauszusehen war, daß er in mancherlei Verbindungen und Zerstreuungen hineingeraten würde, sehr leicht berechnen, und es hat mich also nicht sonderlich gestört; nur das tut mir leid, daß mein Zeitverlust verhältnismäßig so ungleich größer gewesen ist als der Genuß, den ich von Friedrich gehabt habe. Übrigens ist in den drittehalb Jahren sein ganzes Wesen noch stärker hervorgetreten; die ganze Richtung seines Geistes ist bestimmter zu sehn, er ist über das, was er in der Welt leisten wird und soll, gewisser geworden, und ebenso ist auch in seinem Charakter alles, um deswillen ich ihn liebe, und alles, was mir fremd ist und widerstrebt, noch gewaltiger, kräftiger und deutlicher als zuvor. Der Herz hat er besser zugesagt, und sie ist vertrauter mit ihm geworden als sonst, wozu freilich wohl vieles beiträgt, daß die unangenehme Empfindung über jene kritischen Zeiten vorüber ist, daß er nun schon so lange und mit solcher

Treue ihre Freundin wirklich glücklich macht und zu einem höheren Dasein hebt, als sie sonst genoß, und daß er ernstlich damit umgeht, ihrer Verbindung auf dem einzigen Wege, der ihnen offensteht, nun auch vor der Welt gesetzmäßiges Ansehn zu geben. Die Grunow, die ihn jetzt erst kennengelernt hat, hat ihn sehr liebenswürdig gefunden. Wie ich ihm vorgekommen bin, weiß ich nicht genau; aber er hat mich schon immer für ein in meiner Art ganz fertiges und vollendetes, unveränderliches Wesen gehalten, soviel ich weiß. Auch schien er ein sehr bestimmtes und richtiges Gefühl davon zu haben, wo wir auseinander gehen und was mir an ihm nicht gefallen kann. Viele meiner Bekannten, die es herzlich gut mit mir meinen, aber mich wohl nicht so genau kennen, und die an Schlegel manches anders sehn, als es ist, und alles, was ihnen mißfällt, sehr vergrößert erblicken, haben auch bei diesem Besuch wieder gefürchtet, am Ende möchte doch der genaue Umgang mit ihm nachteilig auf mich wirken und manches in meinem Gemüt umändern und verstimmen. Ich begreife nicht, wie man so etwas von jemand besorgen kann, dem man doch einige Festigkeit und innern Wert zutraut, und ich überlasse es der Zeit, ihnen zu zeigen, daß ich noch immer derselbe bin. Während dieser Zeit habe ich auch die Freude gehabt, von Hülsen (ich habe seiner doch gewiß gegen Dich erwähnt), der mir seit dem betrübenden Tode seiner Frau nicht geschrieben, nicht nur einen Brief zu haben, sondern ihn auch persönlich kennenzulernen. Etwas anders, wie das gewöhnlich zu gehn pflegt, habe ich ihn doch gefunden, als ich ihn mir aus seinen Briefen vorgestellt hatte, aber nicht zu seinem Nachteil, sondern heiterer, kindlicher, irdischer. Das Erste, was ich mir darüber zu sagen wußte, und das beste, was ich auch noch weiß, ist, daß ich mir seine Briefe immer mit einem unrichtigen, zu feierlichen Akzent gelesen habe. Sonderbar war unser erstes Zusammentreffen. Es war des Abends, und ich wollte auf eine Stunde den älteren Schlegel besuchen und finde unten vor der Haustür einen großen, schwarzen, in einen dunkeln Mantel eingehüllten Mann, der unbeholfenerweise die Klingel nicht finden konnte. Ich klingle, wir gehen zusammen die Treppe hinauf, ohne ein Wort miteinander zu reden. Oben fragt er mich, ob hier Professor Schlegel wohne; ich bejahe es, führe ihn ins Vorzimmer, weise ihn zu Schlegel hinein, gehe aber nicht mit, weil ich noch einen Augenblick seinen Wirt sprechen wollte. Als ich darauf hineinkomme, redet mich Schlegel bei Namen an und fragt mich, ob ich etwa mit Hülsen gekommen wäre. Darauf wir beide zugleich: Wie, das ist Hülsen? Wie, das ist Schleiermacher? und fallen einander in die Arme. Nach einer stillen Beschauung von ein paar Minuten waren wir, als ob wir uns schon jahrelang täglich gesehen hätten. Hülsen war nur wenige Tage hier, er hing nicht ganz von sich ab, und ich habe ihn nur den ersten Abend eine halbe Stunde auf der Straße ganz allein gehabt; doch ist mir das Sehen von Angesicht sehr viel wert, und ich hoffe, es wird sich machen, daß wir in diesem Jahre noch einmal zusammenkommen. Der Schmerz hat seine Gewalt nun verloren, und die Bewegung, mit der er jetzt von seiner Gattin sprach, wird ewig bleiben, aber sein Leben ist noch zerrissen, er hat noch keinen festen Punkt, keine Bestimmung wieder gewonnen; unser Briefwechsel soll, denke ich, recht lebhaft fortgehn. Nächsten Mittwoch erwartet mich schon wieder eine ähnliche Freude, und eben deshalb will ich auf jeden Fall vorher diese Epistel abschikken. Nämlich Willich, den Du aus meiner Prenzlauer Reise kennst, wird herkommen und mit seinem Zögling, einem jungen Grafen Schwerin, einige Tage bei mir wohnen. Das ist recht die Ergänzung zu Schlegels Besuch, denn Willich hat grade das, was ich an Schlegel vermisse; worüber ich diesem schweige, darüber kann ich mich jenem am besten mitteilen, und wiederum in allem, worin ich von Schlegel lerne und dieser weit über mir steht, kann ich Willichs Lehrer sein.…

D. 8t. Februar. Da ist doch der Brief nicht weggekommen vor Willichs Ankunft; zu allerlei kleinen Störungen und dem Bestreben, die versäumten Freunde auch noch in der Zwischenzeit zu sehen, gesellten sich leider beträchtliche Augenschmerzen, welche mir das Schreiben in der Nacht unmöglich machten. Nun ist Willich seit dem 3t. hier und wird bis zum 19t. bleiben. Daß ich mehr Genuß von ihm habe als von Schlegel, kannst Du Dir leicht denken. Er lebt ganz mit mir und der Herz. Des Vormittags sind wir, wenn er nicht ausgeht, um irgendeine Merkwürdigkeit zu besehen, gewöhnlich zu Hause; teils arbeitet jeder für sich etwas, teils lesen wir interessante Sachen zusammen, und da wir beide Tee frühstücken, so gibt das ein schönes Plauderstündchen bei der Spiritus-Flamme, gewöhnlich bis nach neun Uhr. Essen wir des Mittags zu Hause, so sind wir des Abends bei Herz, oder es geschieht umgekehrt. Auch dort wird interessant gesprochen oder gelesen; so haben wir in zwei Abenden den herrlichen Roman gelesen, der das letzte, unvollendete Werk des seligen Hardenberg ist (von dem ich Dir einmal das Lied: Sehnsucht nach dem Tode, abgeschrieben habe), oder es sind auch einige Menschen da, die so für uns die liebsten in der Berliner Welt sind. Zu Hause lesen wir gewöhnlich, was ihm aus Schlegels Schriften das liebste ist, oder ich teile ihm meine aufgeschriebenen Gedanken mit oder Briefe von Hülsen, von Wedecke, von der Grunow. Ins Theater wird er wohl noch öfter gehn, und dann kann ich unterdes das Nötigste abmachen. Bis jetzt habe ich ihn nur einmal hinbegleitet, um die ›Maria Stuart‹ wieder zu sehn. Jetzt macht er mir den üblen Scherz und ist krank. Wenn nichts Ärgeres dahinter ist, wie ich hoffe, so hat er wenigstens ein vollständiges Flußfieber, und ich befleißige mich, einen großen Teil der Nacht bei ihm zu wachen, um zu sehn, wie es ihm geht. Sein Wilhelm ist ein guter Junge, der uns gar nicht stört; er hat Freundschaft geschlossen mit dem ältesten Sohn der Veit und findet sich sehr glücklich. ...

HENRIETTE HERZ
an Ehrenfried von Willich
[Berlin] den 4ten März 1802

... Mein Schicksal nahet sich seiner Vollendung, nur noch zwei Schläge und es ist vollendet, ich bin dann tot, ohne gestorben zu sein. Sie werden mich nicht verstehen, mein Freund, und schlecht nur werde ich mich deutlich machen.

Sie können zeugen, wie wenig ich an mich gedacht, und wie noch weniger ich über mich gesagt habe bei der Verhandlung über *Stolp*. Glauben Sie denn aber, daß ich gar nichts gefühlt habe von dem, was Schreckliches für mich in der Bestimmung lag, daß Schleier Berlin verlassen muß? Die Tränen, die ich an jenem heiligen Morgen vergoß, waren nicht reine Freudentränen, nicht aus reiner Teilnahme waren sie vergossen an das Glück unseres Freundes, das auf *dem* Wege sich ihm näherte. Ich habe wohl auch still an mich dabei gedacht und fühlte tief, was ich verlor an den prächtigen Freund; denn zum Teil verloren ist man füreinander, wenn ein weiter Raum uns trennt, und bleibt man lange getrennt, so schleicht sich doch auch manch Fremdes ein, woran man sich erst gewöhnen muß, wenn das Glück uns auch wird, einander wiederzusehen. Ich sah die Erfüllung von

Schleiers höchstem Wunsch und schwieg, machte mir selbst nicht klar, was ich verlor durch ihn, und äußerte auch das leiseste Wort nicht über meinen Verlust gegen Schleier. So ertrug und ertrage ich den Gedanken an die Trennung von ihm besser. Ich hatte diesen Schlag des Schicksals erwartet, mußte ihn sogar Schleiers halber wünschen und war dagegen gewaffnet mit Festigkeit und Mut; beide, mein Freund, werden jetzt auf eine noch härtere Probe gesetzt, und dennoch muß ich aushalten und gut aushalten.

Alexander ist nach Marienwerder versetzt und geht in der Mitte Aprils dahin ab. Nur *einen* Tag konnte ich mich nicht fassen, obschon ich auch diesen Schlag vorhersah und zwar als nahe, jetzt aber bin ich gefaßt, obschon kein Tag mir ohne Tränen vergeht. Es ist eine *sehr* harte Prüfung für mich, Ehrenfried, denn was Alexander seit 10 Jahren ungeteilt mir war, wird kein Mensch mir wieder und ich keinem. Er bleibt mir aber, wie Schleier mir bleibt, und ungeteilter noch. Sie wissen nichts von ihm, mein Guter, es ist aber seine Schuld allein, er ist sehr edel und gut, nur hat er eine Erziehung bekommen, die seine Außenseite, oder doch seine Äußerungen so wunderlich bildete, daß das schöne Innere nur selten sichtbar wird, und nur dem, der ihn ganz kennt, wird es hell und klar. – Ich werde aufrecht bleiben bei dem, was ich jetzt leide, weil ich Kraft genug habe, mir zu sagen, daß mir ein seltnes Glück ward und daß ich nicht klagen darf, wenn es, wie alles, was den Menschen nur angehört und nicht er selbst ist, dem Wechsel unterworfen ist. Glücklich schöne Stunden hatte ich, und alles, was an Kraft in mir ist, will ich zusammennehmen, um mich an das zu halten, was ich hatte, und nichts mehr zu wünschen; die Fähigkeit zur Freude und zum Glück will ich mir erhalten, damit, wenn es mir wieder kommen sollte, ich es gehörig würdigen kann. Böse Zeiten habe ich erwartet, sie kommen an, und ich will nicht erliegen.

Was in diesem Moment meine Trauer noch vergrößert, ist Herzens Unwohlsein, das ihn so gewaltig ängstigt, daß ich ganz ängstlich *mit* ihm werde. ...

an Henriette Herz
Stolp, d. 3t. Juni 1802

Sehr angenehm hat mich Ihr Brief überrascht, liebe Jette, ich hatte so zeitig auf keinen gehofft. Aber ehe ich etwas Weiteres schreibe, nur ein Wörtchen. Ich kann mir nicht helfen, es geht mir wie Salm, hier in der Entfernung ist es mir ganz unmöglich, Sie zu sagen, ich weiß nicht, wie wunderlich es auf mich wirkt, und noch kann ich nicht dahinterkommen, warum es mir hier so unerträglich ist, als es mir dort nicht war. Ich denke, dort sagte meine ganze Art, mit Euch zu sein, immer Du, wenn auch die Lippen Sie sagten, und so mag vielleicht noch etwas Pikantes im Kontrast gelegen haben, was die Unerträglichkeit versüßte. Hier fällt jene Auxiliärsprache weg, und es bleibt nur der leidige Schein von Fremdheit, die doch zwischen uns nie sein kann. Laß mich also. Wer unsre Briefe lesen kann, kann immer das Du auch lesen. Du kannst es halten, wie Du willst, aber es sollte mich wundern, wenn es Dir nicht auch so gemütlicher wäre. Zuerst, liebe gute Freundin, sei doch so heiter, als es Dir möglich ist. Du weißt, wie wenig ich jemandem zumute seine Natur zu ändern. Deine besteht eben von dieser Seite betrachtet darin, daß Du nur in der Zukunft lebst, darum machst Du so gern Pläne, darum denkst Du so ungern an den Tod. Zu dieser Natur gehört aber unumgänglich notwendig, wenn nicht das Ganze ein leerer Zirkel sein soll, auch dieses als die andre Hälfte, daß Du eine Prophetin sein mußt und also die Zukunft auch in der Gegenwart sehen und führen. Genieße also jetzt schon die Freude an allem Guten, was Du durch Deine seltene wohlwollende Tätigkeit noch um Dich her stiften wirst; genieß also schon jetzt die Ruhe, die es Dir geben wird, eine Menge von schwierigen Verhältnissen so richtig behandelt zu haben und unter tausend Entbehrungen Dir selbst immer treu geblieben zu sein; genieße endlich schon jetzt die späte Zukunft, die Deine Freunde Dir bereiten werden. Du brauchst es nicht zu bereuen, daß Du mich nicht an die goldenen Worte erinnert hast; ich habe sie nie vergessen. ...

FRIEDRICH SCHLEIERMACHER
an Ehrenfried von Willich
Stolp, d. 15t. Junius [180]2

...Von allem Literarischen bin ich bis jetzt hier noch rein abgeschnitten gewesen, habe auch noch nichts gelesen als Schellings ›Bruno‹, den ich mir mitgebracht hatte. Unter den Geistlichen hier ist sicherlich kein literarischer Mensch, ich werde also anfangen müssen Journale zu lesen und werde mir nächstens eine Meile von hier den Pastor Haken aufsuchen, den Verfasser der grauen Mappe. Vielleicht ist doch noch etwas mehr an ihm als seine ganz leidliche Prosa. Von meinen Amtsverhältnissen kann ich auch noch wenig sagen. Beifall scheine ich zu finden, indes habe ich freilich erst dreimal gepredigt und rechne noch gar nicht auf etwas Bleibendes. Morgen fange ich die Katechisationen an; das wird mir hoffentlich wohltun.

Ich wollte, ich könnte Dir etwas sagen von meinem Abschied von Leonoren, wie wir uns gesegnet und an alles, auch an das Sterben in dem Jahre, das noch zwischen uns liegt, gedacht haben. Ich bat sie, auch wenn ich stürbe, aus ihrer jetzigen Lage herauszugehen. Auch das war schon in ihr gewesen, und mit einem Tone, den Du noch nicht an ihr kennst, sagte sie: Wenn du stirbst, will ich in Ruhe deine stille, traurige Witwe sein. Als sie mir erzählte, was für Stützen und Freunde ich ihr zurückließ, sagte sie unaussprechlich rührend: Deine Lotte soll meine Schwester sein, Willich mein Bruder, Jette mein Rat, Brenna meine Gesellschaft. Ich hoffe, Du freust Dich über diese Stelle....

FRIEDRICH SCHLEIERMACHER
an Eleonore Grunow
Stolp, d. 8t. Juli 1802

...Mittwoch war die Synodalversammlung der hiesigen Diözese, und der Propst hatte die Artigkeit, mich dazu einzuladen. Damit ging fast der ganze Tag hin. Das hat mir einmal wehmütige Empfindungen gemacht! Ach, liebe Freundin, wenn man so unter 35 Geistlichen ist! Ich habe mich nicht geschämt, einer zu sein; aber von ganzem Herzen habe ich mich hineingesehnt und hineingedacht in die hoffentlich nicht mehr ferne Zeit, wo das nicht mehr so wird sein können. Erleben werde ich sie nicht; aber könnte ich irgend etwas beitragen, sie herbeizuführen! Von den offenbar Infamen will ich gar nicht reden, auch wollte ich mir gern gefallen lassen, daß einige dergleichen unter einer solchen Anzahl wären, besonders solange die Pfarren noch 1000 Taler eintragen, aber die allgemeine Herabwürdigung, die gänzliche Verschlossenheit für alles Höhere, die ganz niedere sinnliche Denkungsart, sehen Sie, ich war gewiß der einzige, der in seinem Herzen geseufzt hat: gewiß, denn ich habe so viel angeklopft und versucht, daß ich sicher den zweiten gefunden hätte.

Daß ich den Friedrich nicht liebe, lassen Sie sich ja nicht von Jette einreden. Daß sie es glaubt, ist ganz natürlich. Sie weiß, daß Friedrichs Charakter dem meinigen ganz heterogen ist, und sie glaubt nicht, daß man das Heterogene lieben kann. Dann habe ich auch vieles an ihm mit meiner bekannten Offenheit gegen sie getadelt und ihren Tadel eingestanden. Sie weiß, daß Friedrichs übermächtige stürmische Sinnlichkeit mir in einigen ihrer Äußerungen unangenehm und gleichsam meinem Geschmack zuwider gewesen ist, auch daß ich mit großer Mißbilligung gesprochen von der Leichtigkeit, mit der er sich bisweilen einem unrechtlichen Verfahren in seinen Angelegenheiten nähert, und nun erscheint ihr das als das Wesentliche seines Charakters, weil das Gegenteil davon, Ruhe und Ordnung, das Wesentliche des ihrigen ist. Sie weiß, daß es ihm an Sinn fehlt für manches, was mir viel wert ist, und nun glaubt sie, es fehlte ihm an Gemüt überhaupt, und meint, es wäre eigentlich nur sein Geist, was mich anzöge, und ich wäre mir selbst nicht klar. Aber ich verstehe mich hier sehr gut! Des Geistes wegen liebe ich niemanden. Schelling und Goethe sind zwei mächtige Geister, aber ich werde nie in Versuchung geraten, sie zu lieben, gewiß aber auch es mir nie einbilden. Schlegel ist aber eine hohe sittliche Natur, ein Mann, der die ganze Welt, und zwar mit Liebe, in seinem Herzen trägt, die Sinnlichkeit ist gar nicht in einem unschönen Mißverhältnis zu seinen übrigen Kräften, er ist auch dem Geiste nach gar nicht unrechtlich, wenn er es gleich dem Buchstaben nach bisweilen wirklich wird. Ich habe das der Jette öfters angedeutet; sie hat es aber nicht finden können, und so habe ich mir weiter keine vergebliche Mühe gegeben. Ich verlasse mich darauf, sie wird ihn noch sehen, wenn er wird fertig geworden sein in Absicht auf die Darstellung seines Wesens, und dann wird sie ihn und mich besser verstehen. Machen Sie auch noch einen Versuch, ihr das zu lehren und zu kommentieren; vielleicht gelingt es Ihnen besser! ...

FRIEDRICH SCHLEIERMACHER
an Eleonore Grunow
[Stolp] D. 29st. Juli 1802

Ich lese jetzt täglich, wenn auch nur ein halbes Stündchen, irgend etwas Schönes! Besonders habe ich den *Ofterdingen* vor. Den müssen Sie doch auch haben, und sobald Reimer aus seinem Vaterlande zurück ist, soll er Ihnen ein Exemplar schicken. Dies geht nicht allein auf die Liebe und auf die Mystik, die kannte ich ja schon im Hardenberg, sondern auch auf die dem Ganzen zugrunde liegende große Fülle des Wissens, auf die bei solchen Menschen so seltene Ehrfurcht vor dem Wissen und auf die unmittelbare Beziehung desselben auf das Höchste, auf die Anschauung der Welt und der Gottheit. Gewiß, Hardenberg wäre neben allem anderen ein sehr großer Künstler geworden, wenn er uns längst gegönnt worden wäre. Das war aber freilich nicht zu verlangen; er war nicht sowohl durch sein Schicksal als durch sein ganzes Wesen für diese Erde eine tragische Person, ein dem Tode Geweihter. Und selbst sein Schicksal scheint mir mit seinem Wesen zusammenzuhängen. Ich glaube nicht, daß er seine Geliebte richtig gewählt oder vielmehr gefunden hatte, ich überzeuge mich fast, sie würde ihm zu wenig gewesen sein, wenn sie ihm geblieben wäre. Meinen Sie nicht auch, daß man dieses aus seiner Mathilde schließen kann? Scheint sie Ihnen nicht im Vergleich mit der Art, wie alles andre ausgestattet ist, etwas zu dürftig für den Geist? Und würde er nicht eine andre haben schildern müssen, wenn ihm sein Gemüt mit dem Bilde einer reicheren Weiblichkeit wäre erfüllt gewesen? Damit tröste ich mich wenigstens für ihn. Doch läßt sich eigentlich nichts Bestimmtes darüber sagen, da leider das Ganze nicht vorhanden ist. ...

FRIEDRICH SCHLEIERMACHER
an Henriette Herz
Stolp, den 10ten August 1802

Den Nachrichten von Frommann wegen des Platon sehe ich mit Furcht und Schrecken entgegen, denn wenn Schlegel ihn wieder sitzenläßt und er also den ›Platon‹ aufgibt, so ist mein schönes Projekt, dies Jahr noch einen Teil meiner Schulden zu bezahlen, verdorben und ich werde übel genug daran sein. Freilich werde ich Himmel und Erde bewegen, um mir dann für mich allein einen Verleger zum Platon zu verschaffen, aber darüber geht auch im besten Falle ein halbes Jahr wenigstens hin. Unverantwortlich wäre es von Friedrich, aber ich vermute es fast. Von ihm weiß ich noch nichts, ich hoffe nun durch Sie, vermittelst Veit, bald etwas zu hören. Fleißig bin ich ziemlich gewesen. Morgen werde ich mit der ersten Bearbeitung des Sophisten fertig, eines der fruchtbarsten Gespräche, worin mir aber nur zwei sehr schwere und verdorbene Seiten bis jetzt etwas unverständlich geblieben sind, und welches ich – wenn mir über diese auch noch ein glückliches Licht aufgegangen ist – so klar machen zu können glaube, als nur irgend etwas dieser Art gemacht werden kann; wie ich denn überhaupt täglich besser den Platon verstehen lerne, so daß mir darin nicht leicht jemand gleichkommen möchte. Das Prophetische im Menschen und wie das Beste in ihm von Ahndungen ausgeht, ist mir aus diesem Beispiel ganz aufs neue klar. Wie wenig habe ich den Platon, als ich ihn zuerst auf Universitäten las, im Ganzen verstanden, daß mir oft wohl nur ein dunkler Schimmer vorschwebte, und wie habe ich ihn dennoch schon damals geliebt und bewundert, und wie habe ich über Kant, den ich damals auch etwa mit ebensoviel Glück und Kraft studierte, ganz dasselbe Gefühl gehabt von seiner Halbheit, seinen Verwirrungen, seinem Nichtverstehen anderer und seiner selbst, wie jetzt bei der reifsten Einsicht.

FRIEDRICH SCHLEIERMACHER
an Henriette Herz
Stolp, d. 19t. August 1802

Mit meinem Reichtum, meine herzlich liebe Jette, das hat seine volle Richtigkeit. Glaube nur, ich halte gutes Buch darüber, und Du glaubst nicht, wie ich meine Freude habe an jedem Zuwachs, der, dem Himmel sei Dank, gerade seit dem Punkt meiner Verwe(a)isung (die beiden Lesarten sind gleich richtig) so gesegnet gewesen ist. Denke nur an Reimer, an Dein immer näheres Verhältnis mit Leonore, an Lottens Liebe zu ihr und an den schönen Anfang, den sie gemacht hat, in meinen ganzen Kreis hineinzutreten. Denkst Du, daß ich das alles nicht fühle und daß es mich nicht glücklich macht? Nein, so schlimm steht es nicht um mich, sondern ich sage es mir recht oft, daß es wohl wenige glücklichere Menschen geben mag als mich. Aber kann nicht auch der reichste Mensch einen augenblicklichen Mangel haben, wenn er nun grade *alles* auf Zinsen getan hat? Siehst Du, das ist grade mein Fall, und hier ist kein Geld zu haben, und alle Prozente, die ich böte, würden nichts helfen. Es kann mir niemand helfen als Ihr, indem Ihr mir recht fleißig bare Rimessen schickt. Und ich habe ja seit Deiner Rückkunft alle Ursache, Dich zu loben. Nur Dein Wundern begreife ich nicht an etwas, das Du nicht nur lange kennst, sondern das auch so tief in meiner innersten Natur liegt. Oder liegt das nicht in meiner Natur, daß ich kein unabhängiges Dasein habe? Daß alle meine Tätigkeit ein Produkt der Mitteilung ist, und daß sie also nur mit dieser in Verhältnis steht? Für alles, was ich tun soll, kommt es darauf an, daß ich lebendig affiziert werde, und Eure Briefe helfen nicht nur meinem Sein, sondern auch meinem Wirken mehr als irgend etwas; ja sie allein sind es, an die ich mich halten muß und ohne die auch alles Gefühl meines Reichtums grade zum Wirken und Arbeiten nichts helfen könnte. ...

FRIEDRICH SCHLEIERMACHER
an Henriette Herz
[Stolp] Dienstag, d. 24st. August [1802]

... Zu dem allersimpelsten Unterschiede zwischen Liebe und Freundschaft gäbe es einen sehr leichten Übergang von hier aus, den ich aber demütig der Lucinde überlasse, die Du überdies nach diesem simplen Unterschiede wohl nicht gefragt hast. Aber was ist denn nun der geistige Unterschied, in welchem zuletzt auch dieser physische gegründet sein muß? Denn beides hängt gewiß genau zusammen. Wie sollte es sonst zugegangen sein, daß ich nie in meinem Leben in einem Gefühl gegen Dich aus den Grenzen der Freundschaft herausgegangen bin und daß auf der andern Seite in meiner Zuneigung zu den Mädchen ein gewisses Analogon von Liebe so leicht zu spüren ist? Ich will Dir aus meinen Papieren das verständlichste Fragment abschreiben, ein paar andre sind so kurz und so viel Mittelideen ausgelassen, daß ich erst darüber nachdenken mußte, um sie zu verstehen. Freundschaft geht auf gegenseitige Ergänzung und Unterstützung der Individualität, es sei nun zum Behuf des Selbstbildens oder des Wirkens außer sich. Liebe geht auf vollkommne Anschauung, auf gänzliche Vereinigung des Bewußtseins, auf Hervorbringung eines lebendigen Bildes, daher auch die Erzeugung mit der Liebe verbunden ist und nicht mit der Freundschaft. Zur Liebe allein gehört daher notwendig die Verschmelzung der Personalität im ganzen Umfange (Personalität und Individualität unterscheide ich nämlich so, daß zur letzteren nur das innerliche Charakteristische gehört, vermöge dessen der Mensch eine eigne Darstellung der Menschheit ist, zur Personalität alles, vermöge dessen er ein abgesondertes Wesen in der äußeren Welt ausmacht; sein Körper, seine Organe, seine Rechte, seine bestimmte Lage in der Welt). Diejenigen, welche in der Liebe bloß diese Verschmelzung wollen, sind praktische Materialisten, die von der Individualität nichts wissen. Von der rechten Liebe aber ist die Freundschaft ein natürliches Resultat, daher strebt auch jede rechte Liebe nach Ehe, welche im geistigen Sinn die Vereinigung zwischen Liebe und Freundschaft ist. In der Freundschaft daher liegt nicht die Liebe, denn es gehört dazu nur eine diskursive Erkenntnis der Individualität. Dem Geschlechtstriebe korrespondiert im Geistigen das Gefühl von der Einseitigkeit eines Geschlechts als Darstellung der Menschheit. Notwendig entsteht daher die Liebe nur zwischen Personen verschiedenen Geschlechts; möglich aber ist sie auch zwischen Personen desselben Geschlechts, aber ohne Verkehrtheit wohl nur unter Voraussetzung organisch verschiedener Zustände. So war die Knabenliebe der Griechen, welche in der Tat wahre Liebe ist und sich entschuldigen läßt, weil ihre ganze Individualität sich nur politisch äußerte, die Frauen aber keine politische Existenz hatten und also das Gefühl gegen sie nie eigentliche Liebe sein sollte. Bei den Römern hingegen und allen Modernen ist sie höchst unnatürlich und lasterhaft. Dies ist das Fragment, wahrscheinlich aus diesem entstanden ist folgender Zusatz. ›Wenn Gott in der Schöpfungsgeschichte spricht: Laßt uns ein Bild machen, das uns gleich sei, so darf man nur denken, daß er dies zu der eben geschaffenen Erde sagt, und es ist ein sehr schöner bedeutungsvoller Mythos.‹ Das sind aber lauter tote Buchstaben. Leonore muß sie beleben, wenn sie erst der philosophischen Zeichensprache das Recht angetan hat, sie zu belächeln. Redet Ihr aber etwa zusammen darüber, so bitte ich mir ein förmliches Protokoll darüber aus, und es darf nichts verschwiegen werden, denn man kann über alles reden, das ist der gemeinschaftliche Grundsatz der Freundschaft und Liebe. Die unterstrichenen Zeilen sind übrigens in der Theorie der Hauptpunkt, und wenn Du Dir ein Studium machen willst, so deduziere daraus alles, was in den Lucindenbriefen über die Liebe gesagt ist. [...] Denke nur, ich habe mir das Herz genommen,

Frommann zu fragen, ob er, falls Schlegel uns im Stiche läßt und er also von diesem Unternehmen zurückgeht, den Platon mit mir allein wagen will. Wenn er es nun annimmt, so denke, welche ungeheure Arbeit ich im Fall von Schlegels Treulosigkeit zwischen hier und Ostern bekommen würde; denn die beiden Bände, welche um diese Zeit im ersten Fall fertig werden sollten, sollen es im zweiten auch, und ich habe noch fünf Dialogen zu übersetzen nebst einer großen historischen Einleitung zu machen. Dennoch bin ich fest entschlossen, wenn Frommann nicht will, einen andern Verleger zu suchen; denn liegenlassen kann ich den Platon nun nach so vieler Arbeit unmöglich. Zu meinem Troste habe ich ganz das Gefühl, daß nun eine treffliche Arbeitszeit für mich angehen wird....

FRIEDRICH SCHLEIERMACHER
an Eleonore Grunow
[Stolp] Sonnabend, d. 28st. August [1802]

...Von Friedrich weiß ich unmittelbar noch gar nichts, und auch mittelbar werden Sie durch Jette wahrscheinlich eher etwas von ihm erfahren als ich. Den ersten Nachrichten sehe ich, was unsre gemeinschaftlichen Arbeiten betrifft, mit großen Sorgen, was aber ihn selbst angeht, mit vieler Freude entgegen. Frankreich behage ihm, wie es wolle, so wird er doch nun, wenn ihn der Geldmangel nicht zu sehr drückt, einmal in voller Ruhe und im Gefühl des ungestörten Besitzes leben, und sowohl die Nation als die dort aufgehäuften Kunstschätze werden ihn von tausend Seiten affizieren. Gedanken die Fülle werden daraus hervorgehn, ob aber auch Werke und wie bald, das wird die Zeit lehren. An meine Werke glaube ich jetzt je länger, je mehr, und auch ich werde den Winter sehr still und sehr fleißig zubringen. Die Kritik der Moral soll geschrieben werden, und mein liebster Genuß werden die größten und schönsten Briefe sein an andre Freunde, besonders aber an Sie. Ich fühle es schon im voraus, und wenn ich diese Briefe in Gedanken vergleiche mit denen, die Sie von Potsdam aus bekamen, als ich die Reden über die Religion schrieb, so macht das den schönsten Überblick aus über eine merkwürdige Periode des Lebens....

FRIEDRICH SCHLEIERMACHER
an Henriette Herz
Stolp, d. 6t. September 1802

Nach der neuesten Ordnung der Dinge, liebe Jette, ist heute Dein Geburtstag, und ich will ihn eben in der stillen Abendstunde einsam mit russischem Tee feiern und mit vielen treuen und guten Gedanken an Dich und über Dich. Es ist der erste solche Tag seit unserer Trennung, wie viele wird es geben? Wie lange wird sie dauern, wie wird sie sich enden, und was wird von unsern schönen Entwürfen für die ferne Zukunft in Erfüllung gehen? Doch daran will ich eigentlich gar nicht denken; diese stumme, verschleierte Person soll sich nicht zwischen uns drängen, sie macht doch immer einen wunderlichen Eindruck, und man verstummt mit ihr. Laß uns lieber an Zeit und Raum gar nicht denken, sondern nur an uns und was uns das Liebste ist, wieviel Schönes, was die Götter verliehen haben, und wir dessen froh sind und dabei gedeihen. Dieses Innere und Wahre wird und muß noch immer schöner und vollkommner werden. Ja, laß es uns stolz und froh gestehen, daß es nicht viel solche vereinigte Kreise von Liebe und Freundschaft geben mag als den unsrigen, der so wunderbar zusammengekommen ist, fast aus allen Enden der moralischen Welt. Alle sind meiner Seele in diesem Augenblick gegenwärtig, welche gemeinschaftlich dazugehören. Mögen sie sich alle noch immer enger um Dich, jeder nach seiner Weise und mit seinen Gaben des Geistes und des Herzens, vereinigen. Ich habe Dir auch einen gestern eingelaufenen Gruß von Alexander zu bringen, wiewohl er Deines Geburtstags nicht erwähnt, am Ende hat er auch wohl das Privilegium, die wechselnde Ordnung der Dinge vergessen zu haben. Deine letzten Briefe hatten ihn sehr glücklich gemacht, sollte ich mit der nächsten reitenden Post Dir schreiben, er müßte aber seine Antwort noch einen Posttag aufschieben. Nun wirst Du sie wohl mit dieser Nachricht zugleich bekommen; aber doch will ich mich des Auftrages gern entledigen, besonders heute. Warum komme ich noch immer nicht zu dem rechten schriftlichen Umgang mit unserm Freunde? Wir schreiben, aber es bleibt immer eine Art von Geschäftsbriefen. Er will wohl stärker aufgemuntert und angestoßen sein, als meine Weise ist; ich will aber mein Bestes versuchen. [...] Heute habe ich einen bedeutenden Fortschritt in der Kritik der Moral gemacht; ich habe den ganzen Plan vollständig entworfen und mir für jeden Abschnitt ein eignes Heft gemacht, in welche ich nun die bereits gesammelten Materialien nach und nach eintrage, wobei sie auch schon etwas an Ausbildung gewinnen, und nun kann ich bei dem weiteren Lesen und Sammeln gleich genauer auf die Stelle Rücksicht nehmen, die ein jedes bekommen soll, wodurch denn alles gar sehr erleichtert wird. Aber freilich, ich habe doch noch Kants Tugendlehre, Fichtes Sittenlehre, manches vom Platon und die letzte Hälfte des Spinoza zu lesen; das will etwas sagen. Überdies wäre es eigentlich meine Schuldigkeit, noch die beiden Werke des Helvetius zu lesen, wenn ich sie nur zu bekommen wüßte. Ich habe deshalb nach Danzig geschrieben, zweifle aber an dem Erfolg; weißt Du sie mir etwa auf ein paar Wochen zu schaffen? Die ›Kritik‹ soll übrigens wohl ein ganz gutes Buch werden, und so künstlich, daß niemand, selbst nicht ein kritisches Genie wie Friedrich, meine eigne Moral daraus soll erraten können, so daß diese den Leuten noch vollkommen neu sein wird. Gott gebe seinen Segen zur Vollendung. ...

FRIEDRICH SCHLEIERMACHER
an Henriette Herz
[Stolp] Sonnabend, d. 11t. September [1802]

Über Schlegel habe ich Bernhardi ziemlich ausführlich geschrieben, doch sehe ich aus Deinem Briefe, daß mir noch ein Nachtrag übrig ist. Du redest nämlich von seinem Benehmen gegen mich; das ist freilich nach unsern Begriffen nicht das Schönste, aber es ist ganz in seiner Natur, und warum sollte die Äußerung seiner Natur gegen mich meiner Liebe mehr Eintracht tun als dieselben Äußerungen gegen andere? Dann fehlte es mir ja an der ersten Rechtlichkeit in der Beurteilung der Menschen. Auch benimmt er sich eigentlich gegen mich nicht anders als gegen sich selbst, und kann ein Freund mehr verlangen? Was Dich aber so ganz besonders an ihm stört, das ist der Mangel an Sentimentalität. Aber warum soll denn diese durchaus überall sein? Kannst Du Dir kein schönes Gemüt denken als unter dieser Form? Es ist eben auch ein wunderliches Wort, und ich wollte, Du gäbest Dir und mir einmal genau Rechenschaft, was Du darunter verstehst. Das Lieben aus Willen ließe sich noch eher auf Dich und Dohna anwenden, zwischen Euch existiert doch die Macht der Gewohnheit; ich denke aber doch nicht so, am wenigsten von Dir. Am

Ende werden sie doch auf unsern Rat zurückkommen und an die deutsche Grenze zurückkehren; versteht sich, nachdem sie unnützerweise noch andre Teile von Frankreich durchzogen haben. ...

FRIEDRICH SCHLEIERMACHER
an Henriette Herz

... Dabei bin ich heute früh mit einem dicken Stockschnupfen aufgewacht, habe Schlafsucht gehabt und in diesem Zustande Fichtes Sittenlehre angefangen, die wie ein Igel nach allen Seiten die Stacheln herausstreckt und die schwachen Stellen sehr gut zu decken weiß. Das alles zusammen hat mir einen herzlich schlechten Tag gemacht. Ich habe an Dich gedacht, wie nachsichtig Du mich aufnahmst, wenn ich so miserabel zu Dir kam. Lauter dumme, verkehrte Gedanken, gar keine oder schlechte Empfindungen, zu nichts Gutem irgend Geschick oder Lust; ich glaube, nicht einmal einer guten Handlung, wie man's nennt, wäre ich fähig gewesen, gewiß aber mancher nichtswürdigen. Am Ende attrapierte ich mich nachmittags auf dem Wunsch, mir eine Spielpartie zu suchen. Das klärte mich denn vollends auf über die Erbärmlichkeit meines Zustandes; es war die Kulmination meiner moralischen Schlemihlerei; ich nahm meine Gedanken recht zusammen an Euch alle, und so wurde es etwas besser. Ich erzähle Dir das alles, weil Du immer so viel von meiner Pracht sprichst, damit Du das Übrige nicht ganz vergißt. Ach, solche Tage nur nicht viele, solange ich allein bin! Ich darf heute kein andres Motto haben, als: »denn ein erbärmlicher Schuft ist, wie der Hund so der Mensch«. Was Du mir helfen kannst, darüber sollte ich Dir eigentlich nichts sagen. Du kennst ja in Schillers arithmetisch moralisches Sprüchelchen vom Zahlen der schönen Seelen? Aber Du zweifelst am Ende auch gar an dem, was Du bist, und daran hast Du sehr unrecht. Bist Du nicht ein Individuum so gut als irgend jemand? Hast Du Dir nicht einen sehr eignen Stil des Lebens gebildet? Vereinigt sich nicht vieles in Dir auf eigentümliche Weise, was Du sonst nur getrennt oder wenigstens ganz anders modifiziert siehst? Soll ich Dir etwa alles vorrechnen? Deine Berufstreue, Deine Liebe, Deine passive Wissenschaftlichkeit, Deinen Weltsinn u. s. w.? Deine unendliche Mimik, aus der sowohl Deine Philologie als Deine Menschenkenntnis entspringt, Dein praktisches Talent, das bis zur Unersättlichkeit geht? Ach, was soll ich Deiner Trägheit weiter Vorschub tun! Denn träge bist Du fast nur in diesem einzigen Punkt des Selbstbeschauens, und eben darum solltest Du schreiben. Und nun gar nach dem, was ich Dir über die Freundschaft geschrieben habe, kannst Du mich fragen, warum ich Dich liebe? Hast Du es denn da nicht mit klaren Worten gefunden? Geh', geh' und rede mir nicht weiter so. [...] Bei mir ist die Winterzeit schon angegangen, ich schreibe dies gegen Ein Uhr Nachts und komme vor halb sieben schon nicht mehr aus dem Bett. Das sind gute Aspekte für die Kritik, mit der es mir noch immer leidlich geht; ich bin jetzt am Fichte und kriege ihn recht gut klein, wenn es nur nicht ein so fatigantes Manœuvre wäre, einen in einem Atem zu bewundern und zu verachten. ...

FRIEDRICH SCHLEIERMACHER
an Henriette Herz
Königsberg, den 26st. Oktober 1802

Eben, liebe Jette, habe ich in einem Buch von Scheffner etwas gelesen über die Koketterie, was mich natürlich auf Deinen vorletzten Brief und die Konfessionen in demselben zurückführt. Ich möchte aber wieder bei der Frage anfangen, was nennst Du Koketterie? Wollen wir an den Sokrates denken, der eine athenische Hetäre in der Kunst unterrichtet, die Menschen zu fangen? Etwas Ähnliches ist es freilich immer, allein es macht doch darin, ob diese Kunst eine liberale oder illiberale ist, einen großen Unterschied, ob der ganze Mensch gefangen werden soll oder nur seine Sinnlichkeit. Das letzte ist nach meiner Ansicht die Koketterie, welche eigentlich zu tadeln ist, und zwar um so mehr, wenn sie nicht auch *nur* die Sinnlichkeit braucht, um die Sinnlichkeit zu fangen, sondern wenn sie Geist und Verstand sogar als Mittel braucht, und der eigentliche Triumph doch nur auf die Sinnlichkeit gerichtet ist. Die Absicht überhaupt und das bewußte Bestreben, Männer an sich zu ziehen, liegt in der weiblichen Natur und gehört zu ihr (bei Mädchen ist es mehr Wunsch und Instinkt, bei Frauen mehr Wille und Absicht), nicht etwa als ein Fehler, sondern ganz notwendig und wesentlich. Denn nur dadurch entgehen die Frauen der Erniedrigung, zu welcher sie Fichte verdammt, untätig zu sein in dem ganzen Prozeß der Liebe vom ersten Anfang an. Es ist aber nicht nur in der Liebe so, sondern auch in der Freundschaft, weil Ihr auch diese in Eurer dermaligen Lage nicht offen anbieten dürft, so daß dies mir sehr wohl bekannte Phänomen meiner Ansicht von dem Unterschiede der Freundschaft und Liebe gar nicht im Wege steht. Auch nicht dies, daß die Koketterie der Freundschaft und der Liebe nicht wesentlich unterschieden sind. Das allgemeine Geschlechtsbewußtsein muß doch immer der Punkt sein, von dem man ausgeht; es muß erst arrangiert werden, wie es hiermit gehalten werden soll, ehe sich eine Verbindung zwischen Mann und Frau bestimmt zur Freundschaft entscheiden kann. Kommen wir nun auf Dich, so kann ich nur von Dir und mir reden, weil ich den Anfang Deines Verhältnisses mit einem andern, auch gegen Louis, nicht gesehen habe. Gegen mich habe ich Dich nie auf eine solche Art kokett gesehen, die ich tadeln möchte; ich weiß nicht, wo Du je etwas getan hättest, meine Sinnlichkeit zu fangen. Daß ich mich auch ohne Dein Zutun nie in Dich verliebt habe, dazu haben zwei sehr verschiedene Dinge beigetragen. Erstlich meine Überzeugung, daß Du Alexander angehörtest, der mich Dir zuführte, und zweitens das Gefühl unseres unermeßlichen physischen Abstandes voneinander. Ich würde mir lächerlich vorgekommen sein, wenn ich mich in irgendeiner sinnlichen Situation mit Dir gedacht hätte, und eben darum kam es mir auch so abgeschmackt vor, wenn die Leute dergleichen von uns vermuteten. Abgesehen nun von Dir, das heißt von der ernsthaften Seite der Sache, bohre ich Dir einen sehr graziösen Esel dafür, daß Du geglaubt hast, mir ein Mystère zu verraten. Nein, meine gute Jette, diese Erwartung läßt sich so wohlfeil nicht erfüllen; da Du sie aber einmal erregt hast und es gewiß dergleichen gibt, die ich noch nicht weiß, so sehe ich Dich an als in meiner Schuld und gebe Dir auf, immer tiefer zu gehen, bis Du auf etwas Geheimes kommst, was mir wirklich noch geheim ist. Dann sollst Du mir auch auflegen können, was Du nur immer willst.

Noch ein Wort von Deiner Sentimentalität. Da hast Du doch zwei ganz verschiedene Dinge vermischt; das Rechtliche, Edle ist eins, das Zarte und Feine ein ganz anderes. Es gibt große Gemüter, die mehr politisch oder künstlerisch sind als ethisch und denen die Verhältnisse, worin sich das Zarte und Feine gewöhnlich zeigt, zu klein sind, weil sie immer weiter sehen. Man kann ihnen deswegen das Schöne doch nicht absprechen, wenn man sich nur auf den Gesichtspunkt stellt, auf welchem man sie recht übersehen kann. Zum Teil gehört auch Friedrich zu diesen, wiewohl es nicht immer das Große ist, was ihn empfänglich für das Zarte macht. Ich möchte noch weiter gehen und sagen, es kann große und schöne Gemüter geben, freilich nicht, denen es an Gefühl fürs Rechtliche fehlt, aber die berufen sind, es zu verletzen, weil sie an solcher Stelle stehen, wo sie die Grenze desselben bestimmen sollen. Du siehst, auch diesen kann ich das Gefühl für das Rechtliche nicht erlassen, gar wohl aber jenen das Gefühl für das Zarte, nämlich nicht überhaupt, aber doch fast in allen einzelnen Fällen. Du mußt es Dir besonders zur Pflicht machen, nicht aus Vorliebe für das Zarte das Gefühl für das Große zu verlieren. ...

FRIEDRICH SCHLEIERMACHER
an Henriette Herz
[Stolp] Montag, d. 15t. [November 1802] abends

...Warum Dich die Männer nicht *mehr* suchen, fragst Du? Erstlich suchen sie Dich ja, und zweitens geht das in Männer-Mysterien hinein, die Du auch nicht zu wissen scheinst. Weil Du indessen fragst, so will ich Dich auch gar nicht schonen, sondern Dir vorrechnen, daß Du entsetzlich viel Fehler an Dir hast oder eigentlich nur einen, geistig und körperlich. Wenn die Männer auch nicht bloß ihre Sinnlichkeit befriedigen wollen, so soll diese doch immer mit affiziert werden, das ist, was ich an ihnen hasse, aber es ist doch so. Nun bist Du freilich sehr schön, aber ich möchte sagen, Du bist zu schön, Du bist zu imponierend und zu wenig pikant, es ist nichts an Dir, was ein bißchen liederlich aussähe, und das ist so notwendig für die Asthenie der Männer. Auch Dein Imposantes ist zu passiv; es frägt gar nicht: wollt Ihr nicht niederknien allesamt?, sondern es sagt nur ganz gelassen: ich will doch sehen, was Ihr mit mir machen sollt. Ebenso kläglich steht es nun um Deinen Geist; Du bist nicht recht witzig, nicht recht schalkhaft, nicht recht herrschsüchtig; kurz, die asthenische geistliche Sinnlichkeit kommt auch zu kurz, und Du wirst Dich mit all Deinem Charakter, Deinem Verstand und Deiner Schönheit mit ein paar so treuen Hunden begnügen müssen wie Alexander und ich. Jetzt sagst Du doch nur noch im Scherz, daß Du an uns zweifelst; Gott sei Dank, daß wir soweit sind mit Dir Ungläubigen! Mit dem *Behandeln* hast Du mich mißverstanden. Ich meine es gar nicht offensiv (wie hätte mir das einfallen können, und wieviel Esel soll ich Dir bohren!), sondern nur defensiv, auf welche Art Du Deinen Posten verteidigst, wenn es jemand entweder im ganzen auf ein Verhältnis anlegt, das Du nicht magst, oder im einzelnen die Grenzen forcieren will, die Du ihm in Dir gesteckt hast. Eine solche Taktik muß wohl auch die absichtloseste Frau haben, und gerade eine solche am meisten. Hierauf bleibst Du also mit der Antwort im Rest. Mit der Treue, liebe Jette, solltest Du nur auch den Anfang machen, Dich zu explizieren, daß ich nur erst weiß, was Du darunter meinst; Du weißt ja, daß mir die gewöhnlichen Worte in solchen Dingen immer zu kraus und unverständlich sind. Ich kann den Sinn Deiner Frage, ob es Grade in der Treue gibt, kaum ahnden und habe Dich fest im Verdacht, daß Du schon seit Jahren eine partielle Untreue im Schilde führst, weil Dir die Sache so sehr am Herzen liegt. Diese Vermutung soll ein Sporn sein, Dich desto eher zur Explikation zu bewegen. Mein Gott, nun geht mir das Licht aus, und ich wollte noch an zwei oder drei andere Briefe schreiben. Gute Nacht.

FRIEDRICH SCHLEIERMACHER
an Henriette Herz
Stolp, den 22st. November 1802

Ich habe diesmal meinen Geburtstag zwei Tage lang gefeiert, und gewiß, die Freude und der Schmerz verdienten jeder seine ganze Feier. Die Freude ist mir heute gekommen durch Eure Briefe, Du, Brenna, die Eichmann und Lotte, und wer nicht geschrieben hat von meinen Geliebten, ist mir doch ebenso nah und gegenwärtig gewesen. Liebe Kinder, sagt mir nur, ob es einen reicheren und glücklicheren Menschen gibt als mich, so geliebt von solchen Menschen und so vielen, wahrlich eine ganze Schar. Ich weiß recht gut, daß unter allem Lieben und Guten, was auch Du mir sagst, viel Schönes und zu Schönes ist; aber ich nehme es eben doch recht gern hin, weil es die Liebe verschönert hat. Wie habe ich Dich umarmt in Gedanken, meine liebe, einzige Jette, und auch nicht ohne Tränen. Ja, Du wirst mir immer bleiben mit Deiner Liebe und Treue, Du und alle; das hoffe ich nicht zu erleben, daß ich irgendeine Seele, die mir so nahe gewesen ist, anders verlieren sollte als durch die Hand der Natur. Die Treue, liebe Jette, ist wohl nichts Eigenes und Besonderes, wo die Liebe reif und besonnen gewesen ist; nur für ein unvollkommenes Verhältnis, als alle die meinigen sind (die von der ersten Klasse meine ich), kann die Frage danach sein. [...] Denke Dir den Spaß, ich gehe jetzt ordentlich mit einem förmlichen Tituskopf herum. Wem ich das verdanke? Gewiß keinem Friseur, sondern wie gewöhnlich einer Frau. Kriegt mich eine in Danzig vor und findet meine Haare zu lang (das waren sie auch freilich, denn seit Berlin war keine Schere darauf gewesen), ich sollte mich nur hinsetzen, sie wollte sie mir eins, zwei, drei, ein wenig verschneiden. Und siehe da, wie ich aufstehe, bin ich ein förmlicher Titus. Das Übel war nun geschehen, und also ließ ich mir gar nichts merken, zumal mich jedermann sehr emballiert fand. Aber mir hatte dergleichen, da sie meine geistliche Würde wußte, gar nicht geträumt. Noch zur rechten Zeit hat mir die Wedecke eine große Locke abgeschnitten, nun habe ich keine mehr zu verschenken. Ihr werdet Euch recht lustig machen über dies Mißgeschick, besonders die göttliche Brenna. ...

HENRIETTE HERZ
an Ehrenfried von Willich
Berlin, den 25sten November 1802

Ich lebe jetzt, so gut ich, nach der Lage, in welcher ich bin, leben kann, obschon nicht ohne alle Besorgnis. Herz' Gesundheit ist nicht recht gut, obgleich er heiter ist und seine Geschäfte ohne Anstrengung besorgt. Für den Augenblick läßt mich dies wohl ruhig, aber für die Zukunft nicht, ja nicht einmal für die nahe. Von meinen Freunden bin ich zwar getrennt, brauche aber dafür auch keinem Überlästigen zu leben, und das ist ein großer Gewinn. Ruhig und still bin ich in mir und nur um Herz betrübt, oder um Schleier, von welchem ich Ihnen weiter unten sprechen werde. Meine Zeit bringe ich allein mit dem Griechischen zu und mit meinem Briefschreiben an Schleier und Alex. Meine andern Sprachen müssen ruhen so wie meine Chemie. Täglich gebe ich eine oder zwei Stunden Unterricht, einem Pensionär, den wir haben, ins Französische und zwei anderen jungen Leuten ins Englische und Italienische. Den einen habe ich fast erzogen, und mit der Familie des andern bin ich so, was man liiert nennt, den unterrichte ich schon zwei Jahre, und er macht mir Freude. Von unserem Pensionär fürchte ich das Gegenteil, doch weiß ich eigentlich noch zu wenig von ihm. Des Abends bin ich gewöhnlich aus, weil meine Augen mir das Lesen und Schreiben bei

Lichte durchaus nicht erlauben. [...] Wie Alex durch Humboldts gelitten hat, soll ich Ihnen sagen? Ach Gott, dazu müßte ich Ihnen eine förmliche Charakteristik von beiden aufstellen, und das kann ich jetzt nicht. Das nur müssen Sie wissen, daß beide gleich schlecht sind. Kalt sind sie gegen alles, nur für sich nicht; ihre Eitelkeit, ihre Ehr- und Ruhmsucht sind die herrschenden Züge ihrer Charaktere. Gemüt haben beide nicht. Daß nun, um jedem zu gefallen, wozu ihre Eitelkeit sie treibt, sie oft falsch sind, ist sehr natürlich, und daß ein so treues Gemüt wie Alex dadurch leiden mußte, ist ebenso natürlich. Seine Handschrift ist übrigens wahr, aber steif, wie seine Erziehung war; die Folgen davon werden ihm ewig ankleben.

Schleier hat ihn jetzt zweimal gesehen; er war auf einer Geschäftsreise und mußte sich drei Wochen in Danzig aufhalten, wo Schleier durchmußte auf seiner, wie ich fürchte, zwecklosen Reise. Viel Freude hat unser Freund auf dieser Reise gehabt. Drei herrliche Tage hat er bei Wedecke verlebt, von denen er Ihnen wohl schon geschrieben hat.

FRIEDRICH SCHLEIERMACHER
an Georg Reimer
Stolp, d. 29st. Dezember 1802

...Meine Freunde in Preußen wollten mich gern nach Königsberg bringen, wo eine Hofpredigerstelle leer war; ich wollte aber nicht hinreisen, weil ich wußte, daß sie schon dem Bruder eines dortigen Kaufmanns zugesichert war. Endlich ließ ich mich durch ein auch von ihnen geglaubtes falsches Gerücht verführen, als ob dieser sie ausgeschlagen. Er ist nun doch gewählt worden, und ich bin vorderhand wieder fest hier. Dies ist die äußerliche Geschichte meiner Reise. Sehr wert ist sie mir aber gewesen durch das Wiedersehen alter Freunde und durch einige neue Bekanntschaften mit Freunden von diesen, so daß nun unter meinen nächsten Lieben Du und Willich die einzigen sind, deren vertrautesten Kreis ich nicht auch kenne. Mich wundert, ob mir nicht auch das noch beschieden ist, mich dem schönen Kreise von Menschen in Deinem Vaterlande und auf Rügen zu nähern, der mir durch Euch beide so wert ist. Am glücklichsten war ich in Preußen auf dem Lande im Hause meines Wedecke, von dem ich Dir wohl auch schon allerlei gesagt und geschrieben. Was für Menschen sind das beides, was für eine Ehe, und was für ein häusliches Leben! Daß es Dir mit Fr. Schlegel so schlecht geht, tut mir um so mehr leid, da er mir fest versprochen hatte, Du solltest nie über ihn zu klagen haben. Mich indes und Frommann behandelt er mit dem ›Platon‹ nicht besser, und ich wollte, die Sache wäre nur erst auf eine gute Art auseinander, denn an ein fröhliches Gedeihen ist doch nicht zu denken. Das Neueste von ihm habe ich kürzlich in den Zeitungen gelesen, ich selbst habe seit jener durch Dich erhaltenen Einlage nichts von ihm erhalten, und an Frommann hat er erst im Oktober die Einleitungen zu zwei Dialogen geschickt, aber noch keine Übersetzung. Wegen der ›Kritik der Moral‹ möchte ich Dich noch bitten, wenn Du es irgend vermeiden kannst, niemanden einzelne Bogen davon zu lesen zu geben. Mir ist nichts fataler als das Herumreden über Sachen, die noch niemand übersehen kann.

HENRIETTE HERZ
an Ehrenfried von Willich
[Berlin, Ende Januar 1803]

Fordern Sie in dieser zerstörten Zeit kein Detail von mir, mein Bruder. *Völlig erwartet* kam mir der Schlag; der Schmerz zerriß mich also nicht, obschon ich ihn fühle. Das Nähere von dem, was war, und von dem, was sein wird, sollen Sie erfahren mit allen Umständen, aber erst dann, wenn ich mehr äußere Ruhe habe.

Fremder Menschen Trost bedarf ich nicht. Keiner, kaum meine Freunde wissen meine wahren Trostgründe. Leben Sie wohl, mein Ehrenfried, ich sage Ihnen, wir wollen zusammen-halten in Not und Tod.

FRIEDRICH SCHLEIERMACHER
an Henriette Herz
Stolp, d. 26st. Januar 1803

Gott, meine einzige Jette, wie unerwartet schnell ist das über Dich gekommen! Welche sonderbare, kritische Zeit, die unser aller Leben so gewaltsam plötzlich durcheinander schüttelt! Bedenklich sehe ich dem Schicksal ins Auge, was es uns wohl daraus bereiten will; aber noch verrät es sich mir mit keiner Miene. Mit dem Ernst hast Du recht. Alles, was so tief ins Leben eingreift, muß Ernst machen. Wieviel mehr noch der Tod und besonders dieser; denn Herzens Verhältnis zu Dir und Deinem Leben war ein vielfaches und wunderbar verschlungenes. Ich will

Dir nicht zuviel auflegen auf den Grund Deines Bekenntnisses, daß Du fertig in Dir warst über alles; es gibt erste Eindrücke und Wirkungen der begleitenden Umstände, über die man nicht vorher fertig sein konnte, und diese walten immer zuerst. Laß sie ruhig ihr Recht behaupten. Dein Fertigsein und Deine Ruhe bleibt Dir unter ihnen doch versehrt. Wissen aber möchte ich gern alles, wie es Dir ergangen ist, und was Dich bewegt. Schreibe mir doch, soviel als Dir unter den mancherlei Verwirrungen möglich ist, und was Dir mies ist, mir zu wiederholen, weil Du es Alexander schon geschrieben, das laß mir Brenna sagen. Beständig denke ich an Euch, aber wie ins Blaue, solange ich nichts Genaues weiß. Außer der Sache selbst, und wie erschütternd und herzzerschneidend sie vielleicht war, je nachdem Herzens letzter Gemüts- und körperlicher Zustand gewesen ist, denke ich mir nun tausend lästige, unangenehme Dinge, die jene Zerschneidungen wieder zerschneiden auf die widrigste Art, kurz, einen vielfach schrecklichen Zustand, der Deine ganze Kraft auffordert. Dabei ist mir bange für Deine Gesundheit. Der Brustkrampf, der so gern den Gemütsbewegungen folgt, ist nun in dieser Kälte eine fürchterliche Idee. Um Gottes willen wache über Deine Gesundheit und gib mir jeden Posttag wenigstens davon ein paar Zeilen Nachricht. Pläne und weitere Aussichten liegen mir nach meiner Art, wie Du weißt, noch sehr fern, aber über das Nächste und Gegenwärtige bin ich sehr, sehr bekümmert....

GEORG LUDWIG SPALDING
an Friedrich Schleiermacher
Berlin, den 27./28. Februar 1803

Herz ist unterdes gestorben. Es wird Sie für seine Witwe erschüttert haben. – Ich habe sie gesehen, und ich glaube, sie wird die Verminderung des Glanzes in ihrer Lage mit Würde tragen. Anerbietungen von der Levi hier, und der Arnstein in Wien, bei ihnen zu leben, soll sie ausgeschlagen haben der Unabhängigkeit wegen; welches mir sehr gefällt. Das Gerücht, sie sei Erzieherin der jüngsten zehnjährigen Prinzessin von Kurland geworden, machte mir Freude, als ich es für wahr hielt. Nun verwandelt es sich in eine englische Lehrstunde, bezahlt, wie sie mir sagte, wie jede andre. Diese Bezahlung, über die ich also auch besser berichtet bin, schwellt das Gerücht an mit aller Gewalt. Herzlich wünsche ich, daß die Frau wenigstens nie Nahrungssorgen empfinde. – Mit andern Empfindungen als der Eitelkeit lese ich jetzt Tiedges ›Urania‹; mit Empfindungen eines gutmütigen Neides, oft auch einer mir entschiedenen Inferiorität. Nicht allein strahlt eine durchaus schöne Seele aus diesem gefühlvollen frommen Gedichte, sondern auch eine hohe Bildung der Sprache und Versifikation. Ob wahre Poesie darin sei, kann ich, wie Sie wissen, nicht beurteilen. Aber nächstens werde ich den Verfasser besuchen und ihm für sein Werk danken. Die Materien dieses Gedichtes begeisterten mich zu einer Epistel, die ich beilege.

FRIEDRICH SCHLEIERMACHER
an Friedrich Schlegel
Stolp, d. 15t. März [1803]

Du wirst Dich nicht wundern, lieber Freund, daß ich Deinen Brief an die Herz auch mir zu Herzen genommen und ihn als an mich geschrieben angesehen, bis auf die Hauptsache freilich, zu der ich leider nichts tun kann. Ihr armen Menschen, in welchem Zustande seid Ihr, und welch ein schreckliches Gefühl muß es sein, so zu leiden und zu wissen, daß durch etwas, was eigentlich so leicht herbeizuschaffen sein sollte als Geld, alle Pein könnte hinweggenommen werden. Ich bin vielleicht in einer andern Art ebenso unglücklich, aber ich habe doch das Gefühl, daß mir nichts Äußerliches in der Welt helfen kann, und dieses ist sehr tröstlich und aufmunternd. Das Unglück bekommt dadurch einen ganz anderen Charakter; es ist doch ein vernünftiges Wort mit ihm zu reden, und es lohnt im schlimmsten Fall immer der Mühe, es kennengelernt zu haben. Wollte Gott, ich hätte Geld; ich könnte es Euch mit jener derben Zunötigung anbieten, welche versichert, daß, wenn das Dargebotene nicht genommen wird, es doch nur für die Schweine geht. Tu nur um Gottes willen alles Mögliche, lieber Freund, um Dir irgendein Schicksal zu fixieren, sonst ist es unvermeidlich, daß Ihr immer wieder in einen ähnlichen Zustand zurückfallt. Geht es in Frankreich nicht, so sieh Dich lieber nach irgendeinem Kanal im südlichen Deutschland um. Nur an Dorpat denke nicht. Die Besoldungen sind dort gar nicht so, daß Du auch nur in zehn Jahren erübrigen könntest, was die Reise und die Einrichtung Dich kosten würde, und überdies haben, wie ehemals in Göttingen, die Professoren das Wahlrecht, unter denen ich keinen wüßte, der Dich gern dort sähe, außer etwa der ehrliche Morgenstern, der gewiß dort ebensowenig als irgend sonstwo in der Welt Einfluß hat.

Ich hätte nicht erwartet, so traurige Nachrichten von Euch zu hören, weder von Eurer Lage noch von Eurer Stimmung. Dein letzter Brief handelte so ruhig vom ›Platon‹; Dorothea selbst schien so gute Aussichten zu haben und sprach von der bevorstehenden Einrichtung als von einer Sache, deren Schwierigkeiten übersehen und berechnet wären. Wenn ich Dich bitte, doch ja alle Deine Kräfte zusammenzuhalten, um sie der Sorge für ihr Gemüt zu widmen, so ist es nicht, als zweifelte ich, sondern nur der natürliche Wunsch, daß, wenn Du in Deinem Namen schon genug getan, Du auch in meinem noch etwas tun mögest. Wie gern wäre ich Euch, ich, der ich hier zu nichts nutz bin und leider nichts zu versäumen habe! Deine Sehnsucht nach mir hat mich unendlich gerührt, aber, lieber Friedrich, kannst Du glauben, ich könnte Dich vergessen haben? Es waren die Erwartungen und die Täuschungen meines eignen Zustandes, die mich gänzlich unfähig zum Schreiben machten. Laß mich auch jetzt nicht von meinem Zustande reden; warum soll ich in Deinem Leiden noch das Bild des meinigen aufhängen. Die ›Kritik der Moral‹ wird freilich erscheinen, *wann* aber, weiß ich noch nicht. Ich tue alles Mögliche; aber das Gefühl von dem, was Leonore leidet und sich selbst leiden macht, und die Ahndung eines verhunzten Lebens für sie und mich, das sind schlechte Hülfen bei der Arbeit, und so kannst Du denken, daß meine Überzeugung von dem *Wie* eben auch nicht sehr erfreulich ist. Was Du der Herz vom Platon sagst, ich hätte mehr Lust, ihn allein zu übersetzen, und Du *wünschtest* nur, daß es erst entschieden wäre, läßt mich besorgen, daß Du mich über diesen Punkt gänzlich mißverstanden hast. Meine *Lust* soll nur das Surrogat der Deinigen sein, und die Entscheidung dieses Punktes brauchst Du gar nicht zu *wünschen*, da sie gänzlich auf Dir beruht. Denn wenn Du es nur nicht aufgibst, so habe ich gar nicht nötig, an ein Alleinübersetzen zu denken, und wenn Frommann Dein Manuskript hat, wovon er mich jedoch noch nichts wissen lassen, so hast Du schon entschieden. Dieser Wunsch also ist bloß von mir auszusprechen, und ich lege ihn Dir hiemit auf die Zeit, wenn Du wieder Ruhe haben wirst, zur freundlichen Beherzigung vor.

FRIEDRICH SCHLEIERMACHER
an Henriette Herz
Stolp, den 25sten Mai 1803

Warum soll ich es denn grade machen, daß Reimer Dir seine Frau bringt, warum kannst Du es nicht bei der ersten Gelegenheit, die sich darbietet, ganz ungezwungen und simpel? ich denke auch, es wird schon geschehen sein, ehe ich an Reimer schriebe. Die Frau wird Dir gefallen, wenn Du sie erst kennst. Es ist eine höchst kindliche Seele, und ja nicht etwa die leere Unschuld, aus der ich mir nicht viel mache, wie Du weißt, sondern sie hat Tiefe genug. Tue mir doch die Liebe und stelle dies allein an. Es würde mir wirklich eine besondere Freude sein. Denke Dir, daß ich neulich bei Gelegenheit, als mich Spalding fragte, ob ich ein Buch geschrieben, das man mir fälschlich zuschreibt, ihm die Lucindenbriefe bekannt habe; ich bin begierig, was er zu denen sagen wird (bei dieser Gelegenheit las ich sie wieder, wie wurde mir dabei zumut). Ich bin so weit mit ihm, daß ich gern noch weiter kommen möchte, und mein Glaube an seinen Glauben an mich macht mich dreist. Brahe aus Königsberg hat sich nun ordentlich in Korrespondenz mit mir gesetzt und ist also gewissermaßen als eine Augmentation meines Etats anzusehen. Ach, es hilft mir alles nichts! ich glaube, Jacobi könnte jetzt plötzlich mein Freund werden, und es würde mich nicht recht freuen. Freude habe ich an nichts! ich jage recht danach, aber umsonst. Einen Plan habe ich gemacht, liebe Jette, und das muß Dich erfreuen, ich fühle, daß mir im Sommer eine Reise recht heilsam sein wird, ja fast notwendig, um mir etwas Elastizität wiederzugeben. Nach Berlin mag ich nicht, solange dort alles im alten Zustande ist, das möchte ich nicht aushalten. – –

FRIEDRICH SCHLEIERMACHER
an Henriette Herz
[Stolp] 10ten Juni 1803

Es ist geschehen, liebe Jette, sie hat mich aufgegeben, sie hat getan, wie Du dachtest und wie ich nach allen ihren Äußerungen, die später waren, nicht erwarten konnte. Es ist recht gut, daß ich ihr diesen Brief, den Du ihr schicken wirst, in der ersten Milde geschrieben habe. Jetzt bin ich nicht mehr so. Gestern abend stand ich ganz ausgekleidet, im Begriff schlafen zu gehen, mit den Armen auf den Tisch gestützt, zwei Stunden lang; da überfiel es mich in seiner ganzen Bitterkeit und Herbe. Aber die Unglückliche, sie wird doch auch das hören müssen. Sie fühlt schon, daß es ihr das Leben kostet, und sie wird auch bald sterben. Ich kann ordentlich wünschen, daß sie eher stürbe als ich; denn wenn sie meinen Tod erlebte, würde sie wieder eine andre Reue anfallen. Sie mag sich sputen, denn Gram und Anstrengung werden auch mir bald zu Gift werden. Noch habe ich wenig an mich gedacht, aber wenn es kommt, überfällt mich ein kaltes Grausen. Was soll hier aus mir werden? Alle Morgen reichte ich ihr in Gedanken den Tee und scherzte freundlich mit ihr beim Frühstück, und wenn mir der verwaiste Knabe guten Morgen bot, dachte ich, armer Junge, deine Mutter ist noch nicht da. Und wie oft sah ich sehnsuchtsvoll nach dem Platz, wo ihr Schreibtisch stehen sollte. Hier brennt mir die Stelle unter den Füßen. Dann graut mir vor dem liebeleeren, beruflosen, Gott und Menschen höhnenden Leben eines Hagestolzen. Ich muß mich anschließen an ein Hauswesen, muß helfen eine Familie bilden und Kinder erziehen. Hier ist keins so, und Gott sei Dank, daß ich nicht nach Königsberg gekommen bin, dort auch nicht. Nach Berlin sehne ich mich. Da könnte ich leben bei Eichmanns oder noch stiller und reiner bei Reimers; da hätte ich Dich, da könnte ich auch den armseligen Beruf des Gelehrten noch besser treiben, ja sehr armselig kommt er mir vor, wenn die Würze der Liebe fehlt, wenn sich die Geliebte des Herzens nicht bewegt unter den Büchern und Papieren. Wenn sie Dich nicht scheut, wenn sie Dich sieht, liebe Jette, so wahr Du mich liebst, sei ihr liebevoll und mild, öffne ihr Deine Brust, laß sie ihre tiefen Schmerzen aushauchen daran, und laß es sie nicht entgelten, daß sie Deinen Freund unbeschreiblich elend gemacht hat. Ja, liebe Jette, wenn wir auf dem Felsen stehen werden am Meere, wirst Du einen Unglücklichen neben Dir haben, dem bis auf Dich und ein paar andre Menschenherzen alles so einerlei ist hier oben und so öde wie dort unten. Ich kann nicht mehr, liebe Freundin, ich zerfließe in Seufzer und Tränen. O weh, und es ist erst Morgen! Ich habe sie gebeten, wie Du lesen wirst, Dir den Brief zurückzuschicken auf ein paar Tage. Tue mir die Liebe, laß' Brenna eine Abschrift davon nehmen [...]. Bleibe mein Trost und meine Stütze, halte mich, solange Du kannst, so hoch es geht. Könntest Du nur auch ihr etwas sein, ihr, die tausendmal unglücklicher sein wird als ich! ...

FRIEDRICH SCHLEIERMACHER
an Henriette Herz
Stolp, d. 21t. Juni 1803

Endlich, liebe Jette, befinde ich mich in dem glücklichen Zustande, zwei große ordentliche Briefe von Dir vor mir zu haben. Da Du mir den zweiten auf den nächsten Posttag verhießest, habe ich ihn auch gleich abgewartet und danke Dir, daß Du so hübsch Wort gehalten hast. Wenn ich nun nur gleich wüßte, womit ich anfangen sollte; denn es ist gar viel darüber zu sagen. Am besten wohl mit Dir, denn das ist doch das Wichtigste. Wenn ich Dir zuerst das sagen soll über Dich, was am weitsten von aller Vernunft entfernt ist, so ist es dieses, daß es mir ordentlich harmonisch vorkommt, daß Du auch ein inneres Leiden davongetragen hast von dem herben Schlage, der uns alle getroffen hat. Es ist so ein schönes Unisono mit mir in dem: »wenn ich recht in mich hineingehe, möchte ich immer weinen«, und dann: »mir ist, als könnte ich nie wieder so werden, wie ich war,« daß es mir recht wohl tat als Übereinstimmung. Ist doch viel Übereinstimmung in den Gründen. Aber, liebe Jette, wie kannst Du nur tun, als wär es mir etwas Unbekanntes, was es sein muß, den eigentlichen Geliebten verlieren durch den Tod? Ich versichere Dich, ich wollte weit ruhiger sein, wenn * [Eleonore] gestorben wäre. Freilich würde ich auch mein Leben überflüssig finden und mir den Tod wünschen wie jetzt; aber es würde doch anders sein. Mein Leben würde doch bis dahin einen Charakter haben, den es jetzt nicht haben kann. Ein rechtes Verwitwetsein gibt ein schönes, schwermütiges Leben, das recht ausdrucksvoll sein kann. Jetzt ist aber mein Leben ganz zerfahren, unstet und nichtig. Aber sieh' nur, wie ich von Dir auf mich gekommen bin. Doch ich bin gleich wieder bei Dir. Denn das ist es eben, und Du mußt dies nicht für bloße Vernunft nehmen, denn es ist doch die ganze Seele drin. Du mußt so bald als möglich suchen, Deinem Leben einen bestimmten Charakter zu geben, und zwar nicht einen bloß spekulativen, wie Dein Griechisch und alles Wissenschaftliche, sondern einen recht praktischen. Du mußt Dir bestimmte Zwecke vorsetzen und einen bestimmten Wirkungskreis. So weit hatte ich es wirklich gebracht, als ich in Berlin war. Ich wußte genau, was ich allen Menschen sein wollte, mit denen ich lebte, und ich habe einen großen Teil davon wirklich erreicht. Nur muß keine Art von Despotismus dabei sein, wozu Du einige Anlage hast, sondern, was Du den Menschen sein willst, muß ganz nach ihrem Sinn sein, nämlich nach ihrem besten Sinne, mit und für sich selbst. So setze Dir nur Brenna und die Levi zum Zweck und noch ein paar andre Menschen, zu denen Du Dich am nächsten gezogen fühlst, und dann wirst Du bald sehen, daß es besser mit Dir werden wird. Was Deine Anlage zum Despotismus betrifft, so habe ich noch heute in meinem alten Gedankenbuch Folgendes darüber gefunden: »das Menschen Hüten- und Regierenwollen ist doch ein gar böser und eingewurzelter Fehler. Ich habe ihn noch neulich wieder bei J [ette] bemerkt und sie sah nicht einmal das Unrecht davon ein. Davon bin ich nun bestimmt ganz frei.« Ich weiß jetzt die Gelegenheit nicht mehr, gewiß aber habe ich, wenn auch nicht gleich, so doch später, mit Dir davon geredet. Heute und gestern habe ich überhaupt viel in Papieren gelebt und habe daraus einige Distichen gemacht, die ich Dir beilege. Wenn Du es der Mühe wert hältst, so gib sie doch gelegentlich Brinckmann, er möchte sie korrigieren. Du wirst auch aus diesen sehen, daß ich wohl heitre Worte reden kann, und wenn Du noch keine von mir gehört hast, ist das nur zufällig. Aber, liebe Jette, wie kann Dich das sonderlich freuen? Aller Spaß ist ja nur so oberflächlich wie A [lexander] s gezwungenes Lächeln, wenn er schläfrig ist oder ennuyiert, welches Du ihm so herrlich nachmachen kannst. [...] An mein Dickwerden glaube nur nicht. Ich kann Dich versichern, ich habe eine hundeschlechte Gesundheit, Brustschmerzen, Kolik, Kopfschmerzen, Kreuzschmerzen sind meine ständigen Gäste und machen mir das bißchen Leben noch ganz zunichte, so daß ich oft aus Verzweiflung, weil ich nichts arbeiten und nichts denken kann, in die Ressource gehe und sehr viel Geld verspiele. [...] In guten Stunden mache ich jetzt von weitem Pläne zu Dialogen, zu Novellen (nicht zum Roman) und zu einer Komödie auf Fichte, die aber schwerlich fertig und gewiß nie gedruckt werden wird. [...] ›Die Braut von Messina‹ kenne ich einigermaßen aus dem ›Freimüthigen‹, und aus dem wenigen ahndet mir schon viel Verfehltes. Wird man nicht Goethes ›Eugenie‹ bald geben? Die Chöre sind in solchen nordisch monströsen Versen, wie in Schillers Balladen vorkommen, und das ist unerträglich. Entweder müssen sie ganz antik sein oder Kanzonen. Warum sagst Du mir gar nichts vom spanischen Theater? Die beiden komischen Stücke haben mir großen Genuß gewährt, es sind wirklich Gegenstände zum Shakespeare,

so brillant und lebendig und doch so ganz anders; aber der
›Andacht zum Kreuz‹ habe ich keinen Geschmack abgewinnen
können; diese Seite des Katholizismus ist doch offenbar zu roh
für die Poesie. Mache doch, daß Du im Griechischen bald mal
Platons ›Gastmahl‹ liesest. Ich habe es vor einigen Tagen wieder
gelesen, und es hat mich aufs neue erstaunlich affiziert, ohnerachtet der ketzerische Friedrich es nicht für Platonisch halten
will. Mit dem Beweise, den Du aus Deinem Journal führen willst
gegen Dein Schreiben, lache ich Dich sehr aus. Wenn er bündig
sein soll, muß das Journal ganz vortrefflich sein. Denn sieh' nur,
liebe Jette, ich will ja, daß durch das Schreiben etwas in Dir werden soll, und nur, wenn Du schon vortrefflich schriebest, könnte
ich davon absehen. Glaube mir nur und folge hübsch. Was Du
schreibst, muß aber so subjektiv als möglich sein; immer Darstellung Deiner Ansichten und Empfindungen. Wenigstens ist dies
die Haupttendenz, wenn Du auch zur Übung beim Objektiven
anfängst. Spalding wird mir durch jeden Brief lieber; er hofft
Dich diesen Sommer von Zeit zu Zeit in Charlottenburg zu
sehen; mache doch, daß es, was Dich betrifft, geschehe. ...

FRIEDRICH SCHLEIERMACHER
an Henriette Herz
Stolp, d. 9t. Juli 1803

Ich hatte ganz gewiß darauf gerechnet, vorgestern einen Brief
von Dir zu haben. [...] Dein Journal will ich während Deines
Aufenthalts in Dresden lesen; aber ich wäre sehr dafür, daß Du
wieder eins hieltest, nur müßte recht viel Du selbst sein; Erzählungen und Beschreibungen nur das Fundament, die Hauptsache Deine Ansichten, Gedanken und Gefühle. Bei Deinem ersten
Aufenthalt war Dir die Galerie noch zu neu, jetzt wirst Du schon
bestimmterer Eindrücke fähig sein, und ich wünschte unter
andern, Du verglichest den Aufsatz die Gemälde im ›Athenäum‹
und die dahin gehörigen Sonette und berichtetest mir, ob Du
einige Ähnlichkeit findest im Charakter und im Eindruck mit
den Gemälden selbst. Mir ist diese Art von Übersetzung eine
Hauptsache für meine Theorie, und ich möchte wohl wissen, wie
es damit gelungen ist. Auch Friedrichs Gedanken über die Malerei in der ›Europa‹, besonders auch über Raphael und Correggio,
studiere doch recht durch. Hernach will ich sehen, ob ich von
meinen Gedanken über die Sache etwas aufs Klare bringen und

mitteilen kann. Ich habe jetzt endlich die ›Delphine‹ erwischt und die ersten drei Bände gelesen. Über die Frauen habe ich nichts Neues daraus gelernt, und ich weiß nicht, wie Du meinen kannst, daß viel von Euren Mysterien darin wäre. Erkläre mir das doch. Oder sollte ich Euch so gut kennen, daß es für mich keine Mysterien mehr gäbe? Nur so viel weiß ich bestimmt, was ich noch zu suchen und zu lernen habe, ist gar nicht das, was sich in irgend einer Art unmittelbar auf den Geschlechtstrieb bezieht, das weiß ich alles auswendig. ...

FRIEDRICH SCHLEIERMACHER
an Henriette Herz
Stolp, d. 2t. August 1803

Das ist ja herrlich, liebe Jette, daß Du schon im Fluge Besitz genommen hast von Deiner neuen Wohnung. Eigne sie Dir recht an, fest, aber nicht schwer, sondern frei und luftig, und genieße recht schöne Tage darin. Möge auch eine Zeit kommen, wo Du Deine liebsten Freunde darin begrüßest. Mit A [lexander] wird das nicht lange währen, aber mit mir? Denke dabei nicht an meine Gesundheit, sie ist besser, als ich dachte. Auch der Tod äfft mich mit leeren Hoffnungen. Von meiner Brust fühle ich wenig mehr, und was ich fühle, hat einen offenbar rheumatischen Charakter angenommen. Auch vernachlässigt sie der Arzt ganz und fürchtet nur, weil ich schrecklich gelb-grün aussehe und ganz gelbe Augen habe, für meine Leber, für die mir gar nicht bange ist, indes esse ich ganz geduldig seine Asafoetida und Ochsengalle, denn er ist ein braver Mann, und die Dinge können mir nicht schaden. Aber wie werde ich nach Berlin kommen? Sosehr ich mich sehne nach Euch, so ist mir der Gedanke fürchterlich. ...

FRIEDRICH SCHLEIERMACHER
an Henriette Herz
Stolp, d. 17t. Dezember 1803

... In unsrer Lebenstheorie, beste Jette, sind wir entweder nicht einig oder wir verstehen uns nicht. Ich meines Teils halte wenigstens auf das *Nützliche*. Wenn man das Leben nur für das nimmt, was der Mensch in der großen Masse und auf sie wirkt, so ist es in Tat nicht der Mühe wert. In diesem Sinn aber möchte auch zwischen Deinem Leben und dem meinigen wenig Unterschied sein; sie sind eben beide unbedeutend. Ich nehme aber die menschliche Natur als eine notwendige Stufe des geistigen Lebens, die eben da sein muß, und von dieser Stelle betrachtet ist kein Mensch unbedeutend, der etwas Eigentümliches hat, der die menschliche Natur von einer eigenen Seite darstellt. Dergleichen Individuen, liebe Freundin, sind wir nun beide, Du und ich. Du wirst nicht so bescheiden zu behaupten, daß Du bloße Masse wärest und kein eignes Wesen, und ich will auch keine Umstände damit machen. Allein jedes Leben ist ein beständiges Werden; es soll kein Stillstand darin sein, es soll weiterkommen und in ununterbrochener Entwicklung fortschreiten. In dieser eigentümlichen Bestimmung nun bist Du gar nicht gehemmt; Du hast dazu alle Mittel, die Du immer hattest, und vielleicht einige Hindernisse weniger. Ich habe das große Spiel gespielt, viel zu gewinnen oder alles zu verlieren, und habe alles verloren; was bleibt mir übrig? Daß Du mir sagst, ich kann noch nützen, ist mir nichts, rein nichts. Kannst Du mich überzeugen, ich könnte noch etwas werden, so will ich gewiß nicht sterben. Indeß ist es mit dem Nützen auch eine mißliche Sache. Du siehst ja, wie die Menschen sich alles verwahren oder alles von sich stoßen, was ich tue. Dies macht mich, wie Du weißt, nicht irre und verbittert mir das Leben nicht, aber es kann doch auch nicht helfen, daß ich auf meinen Nutzen ein großes Gewicht legen sollte. ...

FRIEDRICH SCHLEIERMACHER
an Alexander von Dohna
Stolp, d. 9t. Januar 1804

Was Sie, bester Graf, mir neulich rieten, auf irgendeinem Wege zu suchen, ist mir heute ganz ungesucht gekommen, nämlich durch die Hand des Professor Paulus ein offizieller Antrag, die Professur der praktischen Theologie protestantischer Sektion in Würzburg anzunehmen. Diese Professur ist gerade die einzige, die ich gern annähme, denn mit den gelehrten Fächern der Theologie mag ich meine Zeit nicht ausfüllen, und eine philosophische möchte ich, wo Schelling ist, nicht verwalten. Man weiß übrigens, daß ich reformiert bin, will aber dort von diesem Unterschied keine Notiz nehmen, und ich würde so zugleich eins der ersten Beispiele, um eine meiner Lieblingsideen zu realisieren. Die äußern Bedingungen sind nicht glänzend, aber ganz annehmlich. ...

FRIEDRICH SCHLEIERMACHER
an Henriette Herz
[Stolp] April 1804

... Man hat mir nun den Abschied aufs bestimmteste verweigert; die Idee, mich als Professor und Universitätsprediger nach Halle zu schicken, scheint sehr ernstlich gemeint zu sein; ob man sie wird ausführen können, ist eine andre Frage. Vorderhand hat man mir eine, was mir sehr recht ist, ziemlich unbedeutende Zulage von 200 Reichstalern gegeben. Doch wahrscheinlich weißt Du das alles schon. Alexander glaubt gar nicht an die Möglichkeit einer förmlichen Abschiedsverweigerung und war fest überzeugt, ich müsse nun nach Würzburg gehen. Ich bin über das Ganze sehr erfreut, vorzüglich weil so viel mir ganz unerwartete Wertschätzung darin liegt und weil es ein erfreulicher Beweis ist, daß doch bisweilen etwas ganz ohne das, was man Konnexionen nennt, geschehen kann. ...

FRIEDRICH SCHLEIERMACHER
an Henriette Herz
Halle, den 22sten Oktober 1804

Mein Amt habe ich nun angetreten und zwar gleich alle drei Kollegia angefangen. Ich bin ziemlich zufrieden mit mir, besser als ich dachte; was die Studenten sind, weiß ich nicht, und von Zulauf ist übrigens gar nicht die Rede. Gemeldet haben sich nur sehr wenige, aber freilich waren weit mehr als die gemeldeten heute drin, von denen indessen viele nur als Neugierige anzusehen sind, die sich wieder verlieren. Du weißt, daß ich den anfänglichen Beifall mehr fürchtete als wünschte, und so bin ich mit dieser Lage der Sache ziemlich zufrieden. ...

FRIEDRICH SCHLEIERMACHER
an Henriette Herz
Halle, den 15ten August 1805

Habe ich Dir denn schon geschrieben, daß ich nun auch Goethes Bekanntschaft gemacht habe? Gleich nach meiner Rückkunft sah ich ihn noch eine Stunde bei Wolf, den Tag darauf ging er nach Lauchstädt. Vorgestern war ich auf einem großen Diner mit ihm bei Wolf; gestern haben sie eine kleine Reise zusammen angetreten, und nach ihrer Rückkunft will er, glaube ich, noch 14 Tage hierbleiben, wo ich ihn denn hoffentlich mehr sehen werde. Er war gleich das erste Mal sehr freundlich zu mir, aber freilich ins rechte Sprechen bin ich noch nicht mit ihm gekommen, denn damals war Gall an der Tagesordnung, und neulich waren gar zuviel Menschen da. Steffens hat hier drei öffentliche Vorlesungen gegen Gall gehalten, über die man wahrscheinlich wunderlich genug in die Welt hinein urteilen wird. Schreibe mir doch ja, wenn Du in Berlin etwas darüber hörst. Steffens lacht und meint, ich würde mit meiner letzten Predigt, die auch eine solche Tendenz hatte, ebenso viel Ärgernis gegeben haben und ebenso bekrittelt werden.

FRIEDRICH SCHLEIERMACHER
an Henriette Herz
Halle, den 23sten August 1805

...Von Goethe kann ich Dir wahrlich weiter nichts sagen, als ich Dir gesagt. Als Mlne Wolf herüberging, ihm zu sagen, ich wäre da, lag er auf dem Bett und las und sagte: ei das ist ja ein edler Freund, da muß ich ja gleich kommen, und so kam er denn auch bald und nahm mich wie einen alten Bekannten, und ich auch so; denn man kann das sehr bald. Worüber ich am liebsten mit ihm spräche, darauf bin ich noch nicht gekommen; er war eben damals von Gall und Schiller voll, und das zweite Mal waren zuviel Leute da, als daß ich mich hätte besonders an ihn machen sollen. Ich hoffe Dir aber bald mehr zu sagen, wenn ich ihm anders nicht mißfallen habe; er soll gestern mit Wolf zurückgekommen sein. Die, welche Goethe früher gekannt haben, sagen übrigens fast einstimmig, daß er sich sehr zu seinem Nachteil verändert habe, in eben dem Sinne, wie man das von seinen Werken und seinen Kunstansichten sagen kann. Aber wie seine Werke immer noch etwas Herrliches sind, so ist er doch noch eine der edelsten und liebenswürdigsten Gestalten, die man sehen kann.

HENRIETTE HERZ
an Ehrenfried von Willich
Berlin, den 24sten August 1805

Unser Schleier kennt dies Bedürfnis nach freundlicher Umgebung in mir, und war, solange wir uns kennen, immer der Gedanke in ihm, daß wir einst zusammen leben müßten, so ist er doch jetzt um vieles lebendiger, da die Möglichkeit sich so sehr nähert. – Ja, lieben Freunde, der entscheidende Schritt wäre schon getan. Leonore wäre schon bei ihrem Bruder, wenn nicht ein kaltes Fieber sie an dem Tage, oder doch am vorhergehenden, befallen, welcher bestimmt war, sie zum Teil zu befreien – doch wird dies nun in wenigen Tagen geschehen – der Himmel gebe seinen Segen, daß nicht wieder, wie schon dreimal geschehen, etwas von oben herab komme, das es verhindere; geht alles gut, so haben wir künftigen Sommer auf Rügen ein heiliges Fest. Mein Herz hebt sich hoch, wenn ich es mir durchdenke. Schleier will, daß ich alsdann gleich einen Versuch mit Halle mache, das werde ich aber wohl nicht. – Auch kann Alexander sich noch gar nicht mit der Idee bekannt machen, daß ich Berlin völlig verlassen sollte; er meint, ich verlöre viel – er irrt aber, Berlin ist leer für mich, Reimer und Jösting allein sind mir *eigentlich* lieb hier – was kann ich also verlieren. Schleiers Nähe ist von unschätzbarem Wert für mich, und in literarischer Rücksicht gewinne ich in Halle auf jede Weise. Bin ich erst in mir selbst recht klar und gewiß, daß Leonore es wie Schleier wünscht, dann komme ich wohl und lebe schön und ruhig im Arm der Freundschaft. Bis dahin lebe ich hier mein leeres Leben fort und lerne, soviel ich kann, ohne die geistreiche, tätige Hülfe, wie die von Schleier war.

Es ist so sehr lange, daß ich gar nichts von meinen lieben Geschwistern gehört habe, daß ich dieses Mal besonders begierig nach einem Briefe von ihnen bin. Wie und wo habt Ihr gelebt? Wie geht es meiner guten Jette, die nun bald dem schönsten Ziele zum ersten Mal sich nähert? Einer von Euch muß mir recht bald und recht ausführlich schreiben.

Von mir selbst ist es besser, daß ich schweige, denn Erfreuliches kann ich meinen Lieben wenig mitteilen. Nun, ich habe ja schöne Zeiten gehabt, sehr schöne, und die Erinnerung daran will ich festhalten; bin ich ja jetzt noch sehr reich in der Liebe meiner Freunde, und wenn ich erst wieder ganz gesund bin, so wird meine alte mir angeborene Heiterkeit wohl zum Teil wiederkehren, und geht alles gut, so sehen wir uns froh nach bevorstehendem Winter versammelt auf dem mir heiligen Rügen. ...

FRIEDRICH SCHLEIERMACHER
an Henriette Herz
[Halle] Den 26sten [August 1805]

Goethe ist gestern abend mit Wolf zurückgekommen, und heute bin ich schon hingebeten, und zwar ohne andere Gesellschaft; da wird sich also mehr reden lassen, und nächstens sage ich Dir auch etwas mehr. Goethe ist übrigens gar nicht so für Gall, daß uns das irgend trennen könnte; Du kannst ja auch leicht denken, daß ich nicht gradezu gegen Gall auf der Kanzel geredet habe, aber wohl gegen die schlechte Gesinnung, die sich durch das einzelne offenbare, und dies gelte sowohl von der Menschenkenntnis als von dem Einwirken auf die Menschen, als auch von dem Urteil über die Menschen. Du siehst vielleicht schon hieraus, daß nichts einzelnes besonders auf Gall ging, sondern eben im gleichen Sinne die ganze Predigt. Die Leute deuteten aber einzelne Ausdrücke ganz besonders, die ebensogut auf jeden Physiognomiker alten Schlages gehen konnten als auf Gall. Hätte ich Zeit, so schriebe ich Dir die ganze Predigt auf.

FRIEDRICH SCHLEIERMACHER
an Henriette Herz
[Halle, 10. April 1806]

Wegen Louis Börne hast Du etwas recht und er etwas recht und ich gar nicht unrecht. Freundlich bin ich ihm übrigens immer, aber gleichgültig ist er mir sehr. Wie soll man mehr Interesse an einem Menschen nehmen, als er selbst an sich nimmt? Er fängt gar nichts mit sich selbst an, vertändelt seine Zeit, versäumt seine Studien, ruiniert sich durch Faulheit und sieht das selbst mit der größten Gelassenheit an und sagt nur immer, es wäre ihm nun einmal so, und wenn er sich zu etwas anderem zwingen wollte, so wäre es ja dann doch nicht besser. Wie kann man auf einen Menschen wirken, der sich so den Willen selbst wegräsonniert. Ich weiß nicht, ob er untergehen wird; manche Natur rettet sich aus diesem Zustande; aber in diesem Zustande ist nichts auf ihn zu wirken und kein Teil an ihm zu nehmen. Dabei ziert er sich noch und ist falsch. So hat er sich zum Beispiel gegen mich angestellt, als ginge er höchst ungern nach Frankfurt und fürchte sich dort vor der schrecklichsten Langenweile. Dagegen versichert mich die Reil, er habe sich gefreut darauf wie ein Kind. Wie er klagen kann, daß er trübe ist, begreife ich wohl, aber nicht, wie Du es als

Klage aufnehmen kannst. Was hat ein gesunder junger Mensch, dem nichts abgeht, trübe zu sein. – Aber Trübsinn kommt aus seiner Untätigkeit, die ihn schlaff macht. Du kannst ihm das alles schreiben; ich sage es ihm auch selbst, wenn er wiederkommt. Schade ist es um ihn, wenn er in diesem Gange bleibt, aber helfen kann ihm niemand, wenn er sich nicht selbst hilft. –

FRIEDRICH SCHLEIERMACHER
an Henriette Herz
[Halle, 10. Oktober 1806]

... Mit Louis Börne und mir, liebe Jette, wäre es, wie wir beide sind, nichts geworden. Er liebt und hätschelt seine Faulheit und Eitelkeit und will von allen Menschen entweder gehätschelt werden oder hochmütig über sie wegsehen. Das letzte kann er nicht über mich und das erste kann ich nicht gegen ihn; denn Faulheit und Eitelkeit sind mir an jungen Leuten ekelhaft und verhaßt. Auf diese Weise ist er eigentlich von mir abgekommen. Ein interessanter Mensch, wenn Du es so nennen willst, kann er wohl immer bleiben; aber weiter glaube ich nicht, daß er etwas wird; zumal ich auch nicht einmal ein entschiedenes tüchtiges bestimmtes Talent an ihm bemerkt habe, auf welches ich meine Hoffnung setzen könnte, daß es Herr über ihn werden und ihn durcharbeiten werde...

HENRIETTE HERZ
an die Freunde auf Rügen
Berlin, den 18ten Oktober 1807

Ich hoffe, daß Ihr, meine geliebten Freundinnen, meine Schwestern, die Briefe von Schleier und meinen kleinen erhalten habt, doch schweigt Ihr so lange gegen uns. Die Majorin Boye ist seit einigen Tagen hier und hat mir von Stralsund und Rügen erzählt; sie war lange auf Wittow, kennt Schwarzens alle, sagte mir, daß Lotte in Stettin versprochen sei, daß Theodor jammere, daß er seine schönsten Wünsche nicht befriedigen könne, daß Ihr in Sagard seid und daß Pistorius sich erhole; denn sie war drei Tage in Garz, wo sie Lotte Pistorius kennenlernte. Von unserer Lotte Kathen wußte sie mir nichts zu sagen.

Wie unglückselig bevölkert war das stille Rügen, und wie ist es jetzt besetzt! von welchen Menschen! Wenn ich mir Sagard denke, Euer stilles Haus, das Willichsche, von Menschen bewohnt oder besucht, die nicht wert sind, von Eurer Existenz zu wissen, Menschen ohne Sinn und Gefühl für jedes bessere, für jedes wahre Gute. Der augenblickliche Genuß ist ihnen alles, über diesen hinaus kennen sie nichts, und welcher Genuß! So sehe ich dieses ruchlose Volk, und mein Schicksal will es vielleicht, daß ich unter ihnen lebe.

Ja, lieben Schwestern, ich werde wohl zu Ostern Berlin verlassen müssen, weil die Pensionen noch immer nicht gezahlt und die Interessen noch immer nicht entrichtet werden. Von beidem lebte ich still und sehr angenehm, ich konnte Pflichten gegen die Meinen erfüllen, und ich konnte viel Gutes genießen – der Krieg drohte mir gleich anfangs eine Änderung meines Schicksals, und dieser Friede hat die Drohungen erfüllt. Meine mir nur mit mancher Aufopferung, mit vieler Entsagung erhaltene Freiheit muß ich nun auf einige Jahre aufgeben und mir ein anständiges Unterkommen suchen. Meine sehr unverdiente Zelebrität und die Jüdin sind mir in Deutschland im Wege; durch die erste fürchtet man sich vor meinen Forderungen, durch die andere wird alles gescheut, mir bleibt also das Ausland allein. Rußland ist mir so kalt, fern und fremd, daß ich wie an ein Grab denke, wenn ich dorthin sollte. Frankreich bleibt mir also allein; doch lasse ich nichts unversucht, in Deutschland bleiben zu können, und ich gebe Euch hiermit den Auftrag, Euch auch in Eurem Lande für mich umzusehen.

Ich habe nur zwei Bedingungen zu machen, freie Reise und freies Leben im Hause. Geld zu meiner Kleidung bleibt mir hinlänglich, ich brauche also keins zu nehmen, doch weiß ich, daß die Leute nur mit Geld bezahlen, was man ihnen oder ihren Kindern tut – sie mögen mir also etwas geben, wenn ihnen wohler dabei ist. Die Gouvernantenkünste verstehe ich alle, und Gesellschaft kann ich auch leisten. Die Pflichten der Erzieherin sind sehr schwer, ich würde sie aber treu erfüllen und mit *ganzer Seele*. Wo ich Gesellschaft leiste, da könnte man wohl zuweilen Langeweile haben, denn gesellschaftliches Talent bewegt sich frei am schönsten. Ich scherze, lieben Kinder, und wenn ich lebhaft daran denke, wie ich meiner Unabhängigkeit entsagen muß, so blutet mir das Herz. Meine eigentliche heitere Laune wird mich viel tragen lassen und meine Kraft und mein Wille alles. Schleier wird nun hier wohnen, und ich muß dennoch fort. Brenna ist in Prenzlau und wahrscheinlich brustkrank; entferne ich mich weit, so sehe ich sie wahrscheinlich nicht wieder. Meine Mutter ist alt, die Witwe meines verstorbenen Bruders lebt einzig in mir jetzt, und dennoch muß ich fort, wenn Vernunft und Recht es heischen. Noch habe ich eine schwache Hoffnung, bleiben zu können. Schwerer als je ist jetzt ein Unterkommen zu finden, weil alle Länder gelitten und jeder sich einschränkt.

Soll ich Euch wohl sagen, was mir vor einiger Zeit durch den Sinn ging? Ich *vertraue* es Euch, aber sagt es nicht weiter. Die Kathen suchte eine Erzieherin für ihre Kinder und bat mich, ihr eine zu suchen; jetzt wollte ich mich selbst vorschlagen, aber wie eine andere, und wollte zur bestimmten Zeit kommen. Dann fiel es mir aber ein, daß die Jüdin der alten Kathen vielleicht nicht recht sei und daß Kathen selbst es vielleicht sonderbar finden würde, – da wagte ichs nicht. Ihr könnt denken, daß bei Freunden mir am wohlsten wäre und daß, was bei Fremden mir Pflicht allein zu tun befähle, Neigung hier vollziehen hülfe. Ich habe nicht den Mut, zu nehmen, ohne zu geben, sonst könnte ich vielleicht bald hie, bald da bei Freunden, guten Freunden und Bekannten leben, die mir einen Aufenthalt angeboten; ich will aber nützlich sein für das, was man mir gibt.

HENRIETTE HERZ
an Henriette von Willich
Berlin, den 2ten Dezember 1807

Liebe, liebe Jette, ich zögere nicht länger, ich komme zu Euch, ich nehme an, was Lotte mir reicht, ich nehme es, weil ich auch geben kann und will.

Paris mit all seinen Herrlichkeiten hat unter den Umständen, selbst wie ich es einige Zeit sehen könnte, gar keinen Reiz für mich, so angenehm die Umstände auch sein mögten. Von dem Grundsatz nicht abgehend, nützlich sein zu wollen für das, was man mir gibt, habe ich ein Anerbieten in Paris fast ganz ausgeschlagen und zum Teil ein ähnliches in Wien, und nur weil ich dort unter bekannteren Menschen leben konnte, habe ich es *fast* angenommen und wünsche mir Glück [...], daß ich es nicht ganz angenommen, jetzt, da ich zu Euch kann. Schon habe ich den ersten Schritt getan, um mich völlig loszumachen, und immer gewisser wird mirs, daß ich komme. Nur einen Brief will ich noch von dorther abwarten, als Antwort auf den meinen, um dann Deiner trefflichen Schwester mit Gewißheit zu sagen, daß ich komme.

Ja, Jette, was ich mir nur immer wünschen konnte, wird mir durch Charlottens Anerbieten. Ich lebe bei Freunden und bin ihnen nützlich bei ihren Kindern. Gerade so wünschte ich mirs, und ich schwöre Dirs, Jette, daß ich eine ganze Nacht hindurch nur immer an alles das dachte, was mir Gutes und Schönes bevorstand – durch Lotte und Euch. Noch immerwährend denke ich daran, will mir den Gedanken aber selbst nicht so festhalten, weil ich ihn doch vielleicht noch aufgeben muß, da ich mich von Wien noch nicht frei weiß und ich fürchten muß, weil da wirklich reines Wohlwollen mich wünscht, obschon man mich eigentlich nicht nötig hat, schwer loszukommen. Überdies sind die Schwestern der Frau hier, und eine von diesen ist meine sehr gute Freundin. Du und Louise kennen sie. Ihr habt sie einen Abend, wo so viel Menschen hier waren, bei mir gesehen. Levy heißt sie: ist eine sehr treffliche Frau in jeder Rücksicht, obschon ihr vielleicht trotz ihrer Bildung etwas fehlt, das ihre Umgebungen sie nicht erreichen ließen. Diese nun wünscht natürlich, da sie mich schon auf einige Zeit hier verlieren soll, daß ich zu ihrer Schwester gehe, wo sie selbst hinzukommen Hoffnung hat, und liegt nur immer an, mich völlig zu entscheiden, da ich auch dort, obschon sie keine Kinder hat, nützlich sein kann.

Ich müßte Eurer aller Liebe nicht wert sein, wenn ich nicht die Vorzüge in jeder Art würdigen sollte, die ein Wohnen mit Lotten und in Eurer Nähe für mich hätte, und wenn ich nur früher Dir oder Lotten mitgeteilt hätte, was Schleiers und mein Gedanke sogleich war – nämlich zu Lottens Kindern zu gehen –, so wäre ich jetzt in gar keiner Verlegenheit und könnte sagen, ich komme im Frühjahr.

Es zieht mich so *sehr vieles* zu Euch hin – unter andern auch die Nähe Berlins. Es ist möglich, daß die Sachen sich für mich so vorteilhaft wenden, daß ich zum nächsten Winter wieder in meine alte Lage komme, und mehr als je wäre das gerade jetzt wünschenswert für mich, weil Schleier hier wohnt – von Wien kann ich nicht so schnell fort, weil es so gar weit ist. Und da Lotte ein gutes Mädgen bei den Kindern hat, würde ich mir kein Gewissen machen, sie nach 5–6 Monaten zu verlassen, und würde in der Zeit wenigstens für sie tun, was ich könnte, um nicht umsonst dagewesen zu sein.

Siehst Du, meine Jette, diesem Gedanken nach kann ich nicht, wie Du es wünschst, bald hier und bald dort sein, selbst wenn ich länger bleibe nicht, denn der Unterricht in einer Sprache oder in Musik sei auch noch so gering, so schadet doch jede Unterbrechung, und würde ich auch Rügen nicht wieder verlassen, ohne Jasmund – d. h. Sagard und Stubbenkammer und den Berthahain zu sehen, auch Bobien und Wiek, so müßte das doch schnell abgemacht werden. Wenn Ihr in Poseritz seid, so sehen wir uns öfterer, auch wohnet Ihr wohl einmal ein wenig in Götemitz und ich sehe Dich, liebe Jette, dann mehr mit den süßen Kindern und spiele mit ihnen und herze sie.

Zufällig habe ich eben die ersten Zeilen dieses Briefes gelesen und sehe, daß ich ihn mit einer Gewißheit angefangen, die ich, wie die Folge zeigt, nicht geben konnte – mein Wunsch war der Überlegung zuvor geeilt, und so sprach ich Dir auch. Noch mehrere Wochen werden darüber hingehen müssen, vielleicht gar Monate, ehe ich selbst gewiß, so *ganz gewiß* sein kann zu kommen. Denn hart kann ich nicht abbrechen, was ich zum Teil begonnen, weil auch Freundschaft, wenn auch nicht wie die unsere, mit anbot, was ich nicht fordern konnte. Nicht mißverstanden zu werden, weder von Euch noch von Lotten, darf ich hoffen. Schleier, alle meine Freunde und besonders meine Verwandten freuen sich überaus, daß ich in die Arme der Freundschaft gehen soll statt in die Fremde. In meinem Herzen tönt es immer, *ich komme*, und doch kann ich es noch nicht aussprechen. Wäre Lotte jetzt in der Notwendigkeit, jemand für ihre Kinder suchen zu müssen, so würde die Ungewißheit, in der ich sie jetzt meinetwegen lasse, mir sehr peinigend sein, so aber bin ich ruhig. Teils in der fast gewissen Hoffnung, daß ich komme, und teils in der, daß Lotte mich gerne aufnimmt, wenn ich ihr auch erst später die Gewißheit meines Kommens gebe. ...

Louis Baruch (Ludwig Börne) und Henriette Herz –
Tagebücher, Billets, Briefe

LOUIS BARUCH
Tagebuch
Dienstag, den 9. Nov. 1802 (Vormittags 12 Uhr)

Mir ist nicht wohl, mir ist nicht weh. Ich bin nicht froh, ich bin nicht traurig ... Mein Herz klopft in langsamen, starken Schlägen ... Wenn nur bald jemand käme, mir wird die Zeit lange. Jetzt schlägt es 12. Es wird erst um halb 3 gegessen. Diese Einrichtung gefällt mir nicht, doch ich will und muß mich drin schicken und mein Mißbehagen verbergen. Ich bin so ängstlich. Warum? Ich wollte, ich hätte Herzen schon gesprochen. – Wie gefällt mir Madame Herz? Ich habe sie noch nicht recht angesehen. Schön ist sie, auch höflich und zuvorkommend gegen mich. Wenn sie nur nicht stolz ist: das wäre mir fatal; denn ich mache nicht gerne Komplimente, und Madame Herz wird wissen, daß sie sehr gelehrt ist und den Ruf dafür hat. Lion, Lion, nimm dich in acht und sei nicht dumm! Wenn sie nur alle mögliche Vollkommenheiten hätte, damit ich ihr nicht zu schmeicheln brauche. – Wer ist denn wohl das Mädchen, das ich bei Madame Herz gesehen habe? ihre Tochter? nein. Sie ist ja schon ziemlich erwachsen. Ihre Schwester? das kann sein. Wenn sie nur auch im Hause wohnte, sie gefällt mir sehr. – Ich bin neugierig, was der Bruder der Madame Herz für ein Mensch ist. Wenn wir nur gute Freunde werden. – Mein Zimmer gefällt mir nicht. Es wird mir wohl noch manches mißfallen. – Ich habe mir aber auch alles zu schön, zu herrlich ausgemalt ... Wie träumte ich diese Nacht mit offnen Augen, so freundliche, liebliche Träume! – – – Und nur Träume? – – Wird die Wirklichkeit meinem Bilde nicht entsprechen? Geduld, es muß sich bald zeigen. – O nur Menschen, nur gute Menschen, die mich lieben, die ich lieben kann. Jetzt wird mir besser. Ich fühle mich leichter. – – Es ist eine Leere in meinem Herzen, ein Verlangen in meiner Brust; soll denn nie diese Lücke ausgefüllt, dieses Sehnen nie gestillt werden? – niemals? – – Nur eine Seele, nur ein Herz, dem ich ergeben bin, und weiter nichts – – Henriette, gute Henriette! – – – Die Gedanken, die ich in Gießen, in den ersten Stunden meines dortigen Aufenthaltes hatte, dieselben dringen sich mir auch heute am ersten Tage meines Hierseins auf. – ...Jetzt schlägt es halb 3, jetzt wird Professor Herz bald nach Hause kommen. – Ich bin sehr froh, daß die Frau Professorin keinen Puder in die Haare, und keine Ringe am Finger trägt. – Ich wollte mich sehr freuen, wenn ich Madame Herz recht lieb bekommen könnte. – Was soll ich denn zu Herz sagen? Ich bin ein wenig verlegen. – – –

Dienstag, den 9. November [1802] (Nachmittags 5 Uhr)

O, es sind herrliche Menschen! wie gut und herzlich. – ...Ihre Schwester, wie munter und liebenswürdig... Noch nie hat mir ein Frauenzimmer besser gefallen. Hat sie nicht einige Ähnlichkeit mit H.? Gutes, liebes Mädchen... O wüßtest Du, wie oft ich an Dich denke, wie hell Dein Bild noch in meinem Herzen lebt, wie warm, wie brüderlich ich Dich noch liebe!!! Du warst das erste Geschöpf, das mich erfahren ließ, daß ...Du warst das einzige Herz, dem ich teuer und lieb war! – Wann werde ich Dich wieder sehen? Deine blauen Augen.

(Nachts 11 Uhr)

Welche Augen! Welch ein holdes Lächeln! Welche Freundlichkeit umfließt den Mund! – Ich habe keine Worte. – Wer die Sprache erfand, hatte kein Gefühl für Schönheit; das erste schöne Weib hätte seiner Erfindung gespottet. – Ich habe keine Worte ... O, daß es mir gelänge, die Zufriedenheit und den Beifall dieser liebenswürdigen Frau zu erlangen. – Ich will alles tun, was ihr gefallen muß: alles, was gut ist und schön. – Gott des Traumes! Schicke mir liebliche Träume...

...So wäre nun der erste Tag vorüber. Und so wird der zweite und der dritte, so werden sie alle verfließen. – *Furcht und Hoffnung.* – Ich bin schwach, sehr schwach, und nicht gewohnt, meinen Leidenschaften Zügel zu geben, und ich bin in einer Stadt, wo mich Verführungen, Reizungen und Lockungen aller Art umgeben. Werde ich mich nicht sehr bald zum Bösen verleiten lassen? Und mein heißes Blut? – Nein. – Madam Herz – Nein. – Schon 12 Uhr? – Bescheine mich freundlich, morgende Sonne, bescheine mich freundlich und sey mir hold! – Ich bin noch gar nicht schläfrig. – –

LOUIS BARUCH
an die Eltern
Sonnabend, den 13. November [1802] (Morgen um 10 Uhr)

Montag Abend bin ich hier angekommen. Ich war sehr müde und blieb die Nacht im Gasthofe. Den andern Morgen um 10 Uhr ging ich zu Herrn Professor Herz. Ich traf ihn nicht zu Hause, aber seine Frau... Sie können sich denken, liebe Eltern, daß ich ein wenig Herzklopfen hatte, als ich zu Madam Herz in die Stube trat. Meine Ängstlichkeit verlor sich sogleich, nachdem ich sie gesehen und gehört hatte. Sie empfing mich sehr freundlich. – Herz ist ein sehr guter Mann. – Madam Herz besucht mich oft in seinem Zimmer.... Sie kann mich sehr gut leiden. – Sie kennt 4 fremde Sprachen. Haben Sie das je von einer Frau gehört? Sogar griechisch. – Ich will mich recht gut aufführen, liebe Eltern, und fleißig sein, damit Mad. Herz mit mir zufrieden ist. – ...

... Ich war auch schon in der Komödie, unsre gefällt mir besser. Aber Iffland müßten Sie spielen hören. – ... Es geht sehr vornehm zu. – – –

LOUIS BARUCH
Tagebuch
Sonnabend, den 13. November [1802] (Morgen um 12 Uhr)

Wie still ist es in dieser Straße, man hört ja kaum alle Stunde einen Wagen vorbeifahren; und eine häßliche Straße. – Mein Zimmer fängt doch an, mir besser zu gefallen als im Anfang. – Eine blaue Decke, einen Himmel über mir. – Ein schöner Himmel, statt Engel Fledermäuse! [...] Und schöne frohe Tage breiten sich vor meinen Augen aus; Tage der Freude und des Genusses. – Wie froh bin ich! – – Da ging sie weg! Ihre freundliche Sorgfalt wegen meinem Butterbrot entzückt mich. Ich fühle mich so unwiderstehlich angezogen. Ich glaube, ich würde ihr ohne Scheu alle meine Gedanken sagen, wenn ich nicht fürchtete, sie sagte alles ihrem Manne oder ihrer Schwester wieder. – Herrliches Brot hat man hier, das muß ich gestehen. Und aus solchen Händen. Wahre Götterspeise...

An Madam Herz

Ich habe mich entschlossen, meine Lebensgeschichte in Quart herauszugeben. Das Buch wird folgenden Titel bekommen:

Ludwig Bartel, ein psychologischer Roman.   Berlin 1804.

Sonntag, den 21. November [1802] (Abends 7 Uhr)

Wenn ich Stunde bei ihr habe, das ist meine schönste Zeit; aber lernen werde ich nicht viel. Wer kann aber auch da aufmerksam sein, wenn man ihr so nahe ist, so nahe ihren schwarzen Augen. –

Ich wollte, Madam Herz wäre meine Mutter, oder ich könnte meine Mutter so lieben wie sie. –

Ich merke jetzt, daß ich Mad. H. lieber habe als alle Menschen. Wenn sie's nur wüßte. Ich habe es ihrem Manne schon gesagt; bei der ersten Gelegenheit will ich's ihr selbst sagen. –

[...] Ich möchte Mad. Herz immer ehrfurchtsvoll den Rock küssen, wenn sie zu mir kömmt. Ich finde darin so was Erhabenes, Herablassendes. –

Gestern habe ich ihre Schwester gesehen, die scheint mir ganz außerordentlich schön. Wer die andere war, weiß ich nicht, aber sie gefiel mir gar nicht. –

Gestern Vormittag habe ich bei Md. Herz einen Menschen gesehen mit einem blauen Rock, der sieht so recht aus wie ein Frankfurter Judengalant. –

Professor Herz hat zwar ein kluges Gesicht; aber man sieht ihm den großen Mann gar nicht an. –

Mir wird diesen Abend die Zeit recht lang, und Madam Herz war noch gar nicht bei mir. – (Damals kamen Sie täglich zum wenigsten 3, 4 mal in meine Stube, und wenn Sie einmal zur gewöhnlichen Zeit Ihres Besuches ausblieben, ward ich ganz unruhig, und fühlte recht, was mir fehlte. *Damals.* Jetzt ist es nicht mehr so. –)

Montag, den 29. November [1802] (Morgen 8 Uhr)

Professor Herz will haben, ich soll mich am frühen Aufstehen gewöhnen, heute habe ich den Anfang gemacht, und ich saß schon um 6 Uhr an der Arbeit. –

Ich kann mirs nicht leugnen, daß ich froh bin, wenn Herz nicht bei Tische ist, ich weiß gar nicht warum, denn er geniert mich gar nicht. Und ich kann mich 8 Tage vorher freuen, wenn ich weiß, daß ich mit Madame Herz ganz allein essen werde. – [...] Die andere Woche, höre ich, soll hier im Hause eine große Gesellschaft zusammenkommen, mir ist ein wenig bange, unter die Menge neue Menschen zu treten. Man nennt dies ein Kränzchen. Ein schöner Ausdruck, ein Kränzchen, ein Blumenkranz. Mad. H. ist die Rose im Kranz. – [...] Wenn man Mad. Herz so sprechen hört, dann sollte man gar nicht glauben, daß sie so viel weiß. Sie tut sich gar nichts darauf zu gut. Madam Weil in Frankfurt ist unausstehlich stolz, weil sie italienisch und französisch spricht, und schön ist.

Freitag, den 3. Dezember [1802] (Vormittag 11 Uhr)
Ich bin jetzt fast 4 Wochen hier. Die Zeit scheint mir bald eine Ewigkeit, bald eine Stunde.

Ich kann mir gar nicht recht vorstellen, daß ich diese Menschen erst seit 3 Wochen kennen soll; Mad. Herz zum wenigsten hat für mich so ein bekanntes Gesicht, daß ich sie schon irgendwo gesehen zu haben glaube; denn als ich sie *hier* zum erstenmal sah, hätte ich gewußt, daß *sie* es sei, wenn man mir's auch gar nicht gesagt hätte. [...] Ich habe es nicht gern, daß mich Herz über Tisch lesen läßt. Zu einer andern Zeit wäre es mir viel angenehmer; muß es denn nicht für Madam Herz und ihre Schwester sehr langweilig sein, immer wenn auch schon gegessen ist, am Tische sitzen zu bleiben, bis ich mit dem Lesen fertig bin? Ich hätte mir die Mutter der Frau Professorin Herz nicht *so* vorgestellt. Jetzt, da ich ihre Schwester ohne Hut gesehen habe, gefällt sie mir nicht mehr so sehr wie sonst. –

Als ich gestern Mittag Madam Herz fragte, wer der Schleiermacher sei, von dem sie so oft sprächen, und sie mir antwortete: »ein sehr guter Freund von mir« kam ich in einiger Verlegenheit; aber ich dachte gar nichts dabei, und wußte mir einen solchen Eindruck dieser Worte gar nicht zu erklären. (Und auch jetzt, da ich dies abschreibe, weiß ich nicht, was ich davon denken soll.)

Das Essen an unserm Tisch ist sehr gut gekocht. – –

Ich kann mich in der Tat nicht genug verwundern, daß Madam Herz für ihr Alter noch so jung aussieht. Ich antwortete ihr gestern, ich schätzte sie 28 bis 30 Jahr; eigentlich glaubte ich bestimmt zu wissen, daß sie erst 24 Jahre alt sei, der Herr Fränkel hat mir es gesagt. Ich schämte mich aber, ihr zu sagen, daß ich noch für so jung hielt. Warum? kann ich selbst nicht begreifen. Ich setzte also noch einige Jahre zu. Aber 34, das ist erstaunlich. Mir wäre es lieb, sie wäre 10 Jahre älter, und noch lieber, 10 Jahre jünger. (Sie werden lachen, wenn ich Ihnen gestehe, daß mich Ihre 36 Jahre denselben Abend ein wenig verdrießlich gemacht hatten.) –

Mittwoch, den 15. Dezember [1802] (Vormittag 10 Uhr)

Ich fühle es, daß ich glühe, und mein ganzes Wesen hat sich verändert...

Donnerstag, den 30. Dezember [1802] (Nachts 12 Uhr)

... Ich sagte, Mad. Weil hat mich sehr lieb gehabt; und als sie mich fragte, ob sie denn auch *diese* Aehnlichkeit mit ihr habe – allmächtiger Gott! *Was* ich da fühlte, was *da* in mir vorging, vermag ich nicht mit Worten zu sagen. Ich habe ihr geantwortet, ich kann mich aber nicht besinnen, was. Ich zitterte leise; eine laue Wehmut ergriff mein klopfendes Herz; ein schmerzhaftes, namenloses Gefühl beherrscht mein Innerstes – – – Der Vorhang ist weggezogen, und mit Flammenzügen stets gräßlich vor meinen Augen: *Du liebst sie*, und diese Liebe wird Dich unaussprechlich elend machen. – O, daß ich in ihr Herz blicken könnte, daß ich wüßte, was sie dachte, als sie mir das sagte. – Ahndet sie, was ich ihr nicht sagen darf. Und warum sollte sie es nicht wissen? Kann es denn ihren Augen entgangen sein, wie verlegen ich war? Und wenn sie es weiß, war es Mitleid, Spott, Scherz, das in ihren Worten lag? – Da helfe mir jemand heraus, ich will ihn wie einen Gott verehren. – Wie mich das bewegt, wie mich das foltert! – – Morgen schenke ich ihr Blumen, und schreibe ihr alles, was ich fühle. Sie wird's ihrem Manne sagen, das will ich. – Kein Mensch ist und war mir jemals wert, und das wußte ich wohl, daß wenn ich liebe, ich rasend liebe. –

Und diese Liebe wird mich, und meine Eltern durch ihren Sohn, glücklich machen, oder sie bringt mir grenzenloses Verderben. ...

Sonnabend, den 1. Januar [1803]

Nehmen Sie diese Blumen, als einen Beweis, wie gern ich Ihnen Freude machen möchte, von meinem Herzen an. Ich fordre nur ein zum Dank: schenken Sie mir die schönste zurück. Ich wünschte Sie immer vor Augen zu haben – die Rose. –

Mittwoch, den 19. January [1803] (Morgen 9 Uhr)

Er ist tot, und alle meine Freuden sind hin. Ich muß Madam Herz verlassen und das schönste Glück! – Alle meine Gefühle sind abgestumpft; und ich brüte dumpf über mein schreckliches Geschick. Und keinen Freund, an dem ich mich festhalte; einsam und verlassen stehe ich da. *Er* lebt nicht mehr, und man blickt nicht auf mich; ich bin wie unter der Menge verloren, und man sucht mich nicht. – Von meiner Liebe soll ich scheiden, von meiner Liebe, die an meinem Leben hängt. – Dies Unglück kam mir zu schnell, ich *kann* es nicht ertragen. – Ein schöner Traum war's, ein wonnevoller Traum, und jetzt habe ich ausgeschlafen. – Allgütiger! Nimm nur von *ihr* die Last, lege *mir* sie auf, daß ich völlig zu Boden gedrückt werde. Mache *sie* nur froh und glücklich und laß mich sterben. Sterben? Wie kann ich sterben, ist denn ein Leben ohne sie?? – – Könnte ich meinen Schmerz nur denken, dann wollte ich mich eher beruhigen; hätte ich nur Worte, ich würde mich trösten. –

(Nacht 12 Uhr)
Sie will mich behalten, ich soll nicht weg von ihr. Hört Ihr's, Ihr Menschen?

Sonnabend, den 22. Januar [1803]
Ich kann es nicht fassen, dies unverhoffte, herrliche Glück. Sie gewährt mir gerne, mich ferner an ihren Augen zu sonnen. –

Sonntag, den 30. Januar [1803] (Abend 7 Uhr)
Ich habe ihr Blumen geschenkt, ich habe ihr Freude gemacht, und ich beneide keinen König. – –

O beweine mich, beweine Deinen armen verlorenen Freund; ich bin unglücklich, unaussprechlich unglücklich. Halte dieses nicht für die Sprache einer üblen Laune. Ich allein bin die Quelle meines Jammers, die Quelle, die nie versiegen wird. – Der ewige Kampf meiner Leidenschaft mit der Vernunft; das macht mich elend, und ich werde es immer bleiben, denn endlos ist dieser Kampf. –

LOUIS BARUCH
an Henriette Herz
Sonntag, den 27. Februar [1803]
Sie haben das seidne Band zerschnitten, das mir so wert war, weil *Sie* es mir schenkten. Sie haben mir einen frohen Tag verdorben. Können Sie meinem Herzen *so* wehe tun? –

Montag, den 28. Februar [1803]

... Edle Frau, verzeihen Sie mir, vergeben Sie meinem Herzen, wenn es fehlen sollte, es ist ein Kind, ein schwaches krankes Kind. – Ihre Schönheit, Ihre Liebenswürdigkeit, und Ihre freundschaftliche Teilnahme an mich, hat schon längst in meiner Brust eine Leidenschaft angefacht, die mich glücklich oder elend [machen], die mir nützen oder schaden wird, nachdem Sie es wollen oder das Schicksal es beschlossen hat. Ihre Menschenliebe verspricht mir: Sie werden nicht zürnen; Ihr edles Herz läßt mich hoffen, Sie werden mich dulden, aber mein Unwert raubt mir jede Hoffnung. Unmöglich kann Ihnen meine heiße Liebe entgangen sein, sie leuchtete stets aus meinen Augen, sie sprach aus jedem Worte hervor. – Ich schreibe dies gelassen, ohne Hitze, doch nicht ohne Überlegung nieder. Ich habe geflissentlich die ruhigste, kälteste Stunde gewählt, damit ich weiß, was ich tue. Macht mich dieses Geständnis in Ihren Augen strafbar, und nehmen Sie es mit Unwillen auf, so häufen Sie namenlose Schmerzen auf mich, die ich nicht werde ertragen können. –

LOUIS BARUCH
Tagebuch
Sonnabend, den 5. März [1803] (Morgen 11 Uhr)

... Sie ist 36 Jahr, und ich 17. Bin ich nicht ein Kind? – Ein breiter Strom der Zeit fließt zwischen ihr und meiner Liebe, ich stehe traurig am Ufer und weine bittre Tränen; und ich finde keine Schiffchen, mich hinüber zu rudern. – – Beim allmächtigen Gott, Freund, es gibt Augenblicke, wo ich mich für wahnsinnig halte und jede Schere und jedes Messer entferne, aus Furcht, ich möchte mir ein Leids tun. – Wahnsinn! Schauderst Du nicht zurück vor dieses schreckliche Wort? – – Jetzt ist's halb 3, ich werde nun bald zum Essen gerufen werden. Wie ich mich freue, sie zu sehen, ich habe sie heute noch gar nicht gesprochen. Sonst kam ich jeden Vormittag zu ihr. Sie sagte aber, ich störe sie, und ich sah überhaupt, daß ihr meine Gegenwart sehr unangenehm und lästig sei; deswegen habe ich mir vorgenommen, nur zum Essen zu ihr zu kommen, und mich gleich nach Tische wieder zu entfernen. Ob ich's halten werde? Lange gewiß nicht! ...

Sonnabend, den 5. März [1803] (Mittag halb 3 Uhr)
Ich kann nicht fort, wenn ich bei ihr bin. Wie angewurzelt sind meine Füße, wenn ich neben ihr stehe. – Seit 8 Tagen habe ich bei Madam Herz keine Stunde gehabt. Es schmerzt mich tief; es kränkt mich unbeschreiblich. –

Sonntag, den 6. März [1803] (Abend 6 Uhr)
»Werden Sie mir nicht bald wieder eine Stunde geben können?« fragte ich Madam Herz. »Solange Sie bei dieser Laune sind, nicht«, gab sie mir zur Antwort. – – Freund, was soll ich machen? Rate mir. Den ganzen Tag schwimmen meine Augen in Tränen. – Ich kann nicht mehr. – Ich tröste mich: mein Mißmut kann nicht höher steigen. Wie schnell hat sich das geändert! [...] Ich schäme mich fast, bei Tische froh zu sein.

Dienstag, den 8. März [1803] (Morgen 9 Uhr)
Wie mir so wohl ist, wenn ich mich in ihren großen schwarzen Augen spiegeln kann! [...] Werde ich denn nie glücklich werden? – Wo liegt denn die Quelle meines Glückes? Wo – In mir selbst? –

LOUIS BARUCH
an einen Freund
Dienstag, den 8. März [1803] (Morgen 9 Uhr)
Wie mir so wohl ist, wenn ich mich in ihren großen schwarzen Augen spiegeln kann! Wie ich mich so selig fühle, Freund, teuerster Freund! Und Brenna, ihre gute liebenswürdige Schwester, wie ich die so warm, so brüderlich liebe. Es ist ein Glück, von einem guten Herzen geliebt zu werden, und nicht minder eine Seligkeit, eine gute Seele zu lieben; ist mir auch jenes noch nicht zuteil geworden, so genieße ich doch diese in ihrer ganzen Fülle. – – – Werde ich denn nie glücklich werden? – Wo liegt denn die Quelle meines Glückes? Wo – In mir selbst? –

LOUIS BARUCH
an Henriette Herz
Donnerstag, den 10. März [1803]
Ich finde keine Worte, Ihnen mein Entzücken und meine Freude auszudrücken. Das Tuch haben Sie selbst getragen und jetzt ist es mein. Ich küsse es hundert tausendmal, danken kann ich nicht. –

... Ich bitte, schreiben Sie meinem Vater, daß ich nicht mehr in Berlin bleiben wolle, und er solle mir erlauben, daß ich nach Hause oder anderswo hinreise.

Sie sind grausam; Sie behandeln mich so kalt, Sie sind sehr grausam gegen mich. Reicht man doch dem Verurteilten noch Wein und Kuchen; und was bin ich anders? – Doch danke ich dem liebevollen Gotte, daß er mir das Gefühl für diese Schmerzen nahm. – Wer dem Richtplatz entgeht, fühlt keine Kopfweh mehr.

Wollen Sie tun, warum ich Sie bat?

Den 11. März 1803

Louis

LOUIS BARUCH
Tagebuch
Donnerstag, den 17. März [1803] (Morgens 10 Uhr)

... So wäre es geschehen, *unabänderlich* geschehen? – Ja. Der Pfeil, der einmal abgeschossen, kehret nicht zurück, und das Wort, das meine verschwiegene Brust bisher bewahrte, ist gesprochen. – Gott! erhalte meine Besinnung, fessle mein Bewußtsein. – Jetzt liest sie's. ... jetzt hat sie's gelesen ... jetzt schwebt Leben und Tod auf ihren erstaunten Lippen ... Mein Herz will springen; ich zittre wie ein Verurteilter; kalter Schweiß dringt aus meinen Gliedern ... Erbarmen? Sterben? ... Ist der Stab über mich gebrochen? Ahndungsvolles, furchtsames Herz, fasse Dich. – Mein Herz spricht: hoffe, und die Vernunft ruft mir: verzweifle, zu. Ich werde gedrängt von innen und von außen. – Barmherzigkeit! Himmel! – –

HENRIETTE HERZ
an Louis Baruch
[März 1803]

Sie sehen, daß ich für Sie fühlte u. Ihrem Wunsche zuvorgekommen bin, Ihr Vater *muß* nun entscheiden u. Sie sollten ihn auch durch einige Zeilen bitten, Sie nach Hause kommen zu lassen, weil Sie in Berlin nicht taugten. Nach Jahren, mein guter Louis, wollen wir über die jetzige Zeit sprechen.

H.

an Louis Baruch
[März 1803]

Ich schicke Ihnen hier eine Abschrift von einem an Ihren Vater bereits abgeschickten Briefe, ich hielt diese Art, Sie von Berlin zu entfernen, für die beste u. ich teile den Brief Ihnen mit, weil ich wahr gegen Sie sein will, und Sie dadurch vielleicht aus der Verlegenheit kommen, in welcher Sie sich vielleicht, wegen des Briefes, den auch Sie heute an Ihren Vater schreiben müssen, befinden. Zu sprechen haben wir übrigens den Brief betreffend nichts.   H.

LOUIS BARUCH
Tagebuch
Sonnabend, den 19. März [1803]

Das Leben ist ein Traum, und ich träumte hier ein schönes Leben. Ich bin nun aufgewacht, es ist zu Ende. Haltet mich fest, ihr guten Engel, kettet mich an diesen fürchterlich schönen Gedanken: ich will sterben. Sie stößt mich von sich, das schmerzt; sie tut es mit feindlicher Kälte, das bringt mich zur Verzweiflung. Sie liebt mich nicht, das will wenig sagen; aber sie haßt mich nicht, *das* ist das schrecklichste. – Nicht lieben und nicht hassen. Gleichgültigkeit. Gleichgültigkeit und meine glühende Liebe, Feuer und Wasser. – Was habe ich nun von meinem ganzen Leben? Welchen Genuß? – O hätte ich geschwiegen und mich bis an's Grab mit der lieblichen Hoffnung gelabt! Ich zog aber den Vorhang mit neugieriger Hand und unersättlichem Herzen hinweg, und jeglicher Wahn ist vorüber, es liegt sonnenklar vor meinen Augen, welch ein Kind, welch ein eitler Tor ich war. O ich kenne euch Ihr Menschen, ganz gut. –

–

»Nach Jahren wollen wir von der jetzigen Zeit sprechen.« Gute Frau, die Toten sprechen nicht. – Ich soll fort; gut, das kann mich heilen; ich soll mir einen Arm abnehmen lassen; ich genese, wenn ich die Operation überstehe [...] Vater im Himmel, ich falle vor Dir nieder und flehe Dich mit reinem Herzen an, ende meine Qual, oder gib mir Kraft und Ausdauer, sie geduldig zu ertragen. Sende mir einen Freund, der meine Schmerzen lindre, und mit warmer Teilnahme meine Tränen trockne. – Segne meine Angebetete, meine Heißgeliebte, mache sie froh und glücklich, und mich – nimm hinweg von dieser Erde, die mir so wenig Freude trägt. ...

LOUIS BARUCH
an Henriette Herz
[März 1803]

(Ich bin überzeugt, es wäre ein fruchtloses Unternehmen, wenn es ein junger Mann versuchen wollte, eine heftige Liebe mit Gewalt auszurotten, und es ist eine selbstmörderische Tat, wenn ihm dieser Versuch gelingt. Dies ist ein Urteil meiner Vernunft; es mag falsch sein, aber ich beteuere, daß mein *Herz* nicht den mindesten Teil daran hat).

–

– – Ich bin ein Mensch. – Sie haben mein Urteil gesprochen: ich kann nicht bestehen. Sie gossen Öl zu der Flamme, es verzehrt mir das Herz. Ich muß zu Grunde gehen, wenn ich noch länger in Ihrer Nähe bleibe. Ich will fort von hier, das will ich meinem Vater schreiben.

Ihre Vernunft wird mich tadeln, Ihr Herz mich bedauern!

Lachen Sie! – – So möge Sie in ihrer Todesstunde das Gedächtnis verlassen, daß Sie sich dieses Vergehens nicht erinnern.

Louis

Mir zittert die Hand, mir klopft ängstlich das Herz. Ich konnte nicht länger an mir halten. Das Haus steht in Flammen, ich muß mich retten, sonst gehe ich zu Grunde.

Wenn ich zu Ihnen komme, erwähnen Sie mit keinem Worte dieses Billets, darum bitte ich Sie.

März 1803

LOUIS BARUCH
an den Apotheker Lezius
[20. März 1803]

Da ich auf einige Zeit meiner Gesundheit wegen, von hier abreisen werde, so bitte ich Sie, mir meine Rechnung zu schicken. Ich werde in meiner Stube sehr von Ratten und Mäusen geplagt, die ich bisher nicht habe vertilgen können, da ich jetzt verreise, so könnte ich in meiner Stube Gift legen; wollen Sie mir wohl durch Überbringerin, eine Quantität Arsenik, versiegelt schicken?

Den 20. März

Der Ihrige   Louis.

LOUIS BARUCH
an Henriette Herz
31. März. [180]3

Lesen Sie dieses Billet und zürnen Sie nicht! Es sind die letzten Worte *dieser* Art, die ich Ihnen schreiben werde. Die Antwort, die Sie mir vorhin gaben, hat mich so niedergeschlagen, als ich wünschte, daß Sie mich froh gemacht hatten, Sie sagten, Sie können mich nicht froh machen. Das kam Ihnen unmöglich von herzen, denn wer anders als Sie, ist die Ursache meines Kummers, wer anders könnte die Quelle meines Frohsinns sein? Da ich Sie so unaussprechlich liebe, wie können Sie mir es verargen, daß ich in Ihrem Wohlwollen mein höchstes Glück setze und daß die Erwartung desselben, mein einziger, mein heißester Wunsch ist? Sie waren sonst so freundlich, so teilnehmend, so herzlich gegen mich? Warum sind Sie es jetzt nicht mehr? Wie soll mich dies nicht schmerzen? O erbarmen Sie sich meiner, daß Sie mir das Leben nicht so jammervoll, so freudenleer dahinfließt.

Ich bitte Sie um Antwort, ich bitte Sie recht sehr darum. Sein Sie nicht böse, es sind die Sterbeworte eines kranken Herzens.

Den 31. März. 3

HENRIETTE HERZ
an Louis Baruch
[März/April 1803]

Es ist völlig wider unsere Abrede, daß ich dergleichen Worte von Ihnen annehme, Louis, deshalb schicke ich sie Ihnen zurück. Ich wollte, daß strenger Ernst immer der herrschende Ausdruck in meinem ganzen Wesen gegen Sie gewesen wäre, vielleicht hätte ich dann anders auf Sie gewirkt und glücklicher, oder Sie hätten es wenigstens nicht zu sagen gewagt, wie ich auf Sie gewirkt habe.

Ich wiederhole, was ich erst gesagt, Sie allein können sich froh machen; ich *kann* nichts dazu tun.

HENRIETTE HERZ
an Louis Baruch
[März/April 1803]

Sie wollen diesen Mittag nicht zu Tische komme, Louis, sagte mir meine Schwester, warum nicht? Gehen Sie in die schöne Frühlingsluft, lieber Louis, und lassen Sie darin Ihr Gemüt froher werden u. kommen dann zu uns. Ich erwarte Sie zu Tische. Ernst zu sein haben Sie Recht, aber nicht so gedrückt u. unglücklich, wie Sie aussehen. Antworten Sie mir nicht, aber kommen Sie.

LOUIS BARUCH
an Henriette Herz
[März/April 1803]

Sie sehen, was ich für Sie tun kann. Ich entziehe mir die einzigen glücklichen Stunden, wo ich Sie ohne zu stören sehen könnte, bloß um Ihren frohen Kreis durch kein verdrießliches Gesicht zu stören. – Doch ich merke, Sie wollen mich, wie Sie es nennen, *taufen* lassen, Sie thun sehr wohl daran, Frau Professorin; und ich wundre mich recht sehr, daß Sie zur Anwendung dieses Mittels nicht früher geschritten sind, da Sie doch die Unfehlbarkeit der guten Wirkung dieser Arznei, gewiß genau berechnet haben werden.

HENRIETTE HERZ
an Louis Baruch
[Auf der Rückseite des Vorigen]

Ich bitte Sie, mir zu *sagen*, was ich wissen soll, nach Ihrem gestrigen Zettel nehme ich nichts Geschriebenes von Ihnen.

LOUIS BARUCH
an den Apotheker Lezius
[März/April 1803]

Schicken Sie mir meine Rechnung, denn ich reise bald von hier ab. Ich gebe Ihnen 10 Louisd'or, wenn Sie mir geben, warum ich Sie letzthin in ein Billet gebeten habe.

LOUIS BARUCH
an Henriette Herz
[März/April 1803]

Sie haben mich sehr aufgeheitert, ja sogar lustig gemacht. *»Ich kann Ihre Liebe zu nichts brauchen.«* Ich danke für diese Worte, sie machen mich um 100 Jahre klüger, nur lassen Sie sie ja nicht laut werden, sie könnten die beißendste Satire auf Ihr Geschlecht abgeben. *L.*

Sie können mich für keinen schlechten Menschen halten, dazu bin ich Ihnen zu gut, aber Sie halten mich für einen gewöhnlichen Menschen, und darin irren Sie sich, ich bin grade *das* nicht. Ich könnte mich von der niedrigen Stufe, auf der ich stehe, bis zur höchsten hinaufschwingen, wenn mich das meinem Himmel näher brächte; aber daß ich weiß, *dahin* kannst du kommen und *weiter* nicht, das lähmt alle meine Kraft. – Wenn ich sagte, es genüge mir nicht an Ihre Freundlichkeit, das wäre Undank, und auch würde ich anders sprechen, als ich denke, aber daß ich hier die Schranken sehe, das – macht mich verdrüßlich! – Die Grenzen Ihres Wohlwollens könnten enger gezogen sein, nur dürfte ich diese Grenzen nicht kennen.   *L.*

(Ein Billet mit Vernunft und Überlegung geschrieben.)

HENRIETTE HERZ
an Louis Baruch
[März/April 1803]

Ich muß wiederholen, was ich Ihnen schon unzählige Male gesagt habe, *mehr* als freundlich *kann* ich Ihnen nicht sein. Lügen mag u werde ich nicht, ich muß also *Ihr* [!] für mich sehr drückende Verdrüßlichkeit ertragen, wenn das Bekanntwerden mit der Grenze meines Wohlwollens sie nicht endlich heben wird. Ich halte Sie bei Gott weder für schlecht noch gemein, das könnte ich Ihnen beweisen, wenn ich Briefe hier hätte in welchen ich von Ihnen geschrieben; könnte ich Sie aber durch eine Lüge zum herrlichsten Menschen machen, ich würde dieser Lüge mich nicht schuldig machen. Daß Sie mich übrigens mehr als viele Menschen interessieren, gegen die ich auch freundlich bin, das liegt in unserm Verhältnis. Verderben Sie sich und mir das Zusammensein nicht. Müssen Sie mir denn ewig von dieser unseligen Leidenschaft sprechen.

Ich darf es eigentlich gar nicht anhören.

LOUIS BARUCH
an Henriette Herz
[15. April 1803]

Sie gestehen mir selbst mit kalten, trocknen Worten, ich sei Ihnen nicht mehr als jeder andere Mensch, das heißt – *gleichgültig*. Gewiß, ich habe Sie nie trostloser und trauriger verlassen als diesmal. Noch jedes Mal, wenn ich mit Scherzen und Qualen in der Brust, und mit blutendem Herzen zu Ihnen kam, noch jedes Mal vernahm mein Ohr, tröstende, freundliche Worte; ich beschwätzte mein Herz, und ich verließ Sie beruhigt, und war wieder heiter auf einige Tage. Diesmal haben Sie mir mein Elend zergliedert, und recht klar und deutlich vor Augen gelegt; diesmal haben Sie mir alle Hoffnung geraubt, die doch auch das härteste, unerbittlichste Schicksal nie den Menschen nimmt. Diesmal haben Sie mich betrübter entlassen, als ich zu Ihnen kam.

Liebe gute Frau, um eins bitte ich Sie: *hassen Sie mich*. Ich kann Ihren Haß eher ertragen, als Ihre Gleichgültigkeit, die mich noch rasend machen wird. Meine Bitte ist so lein, und Sie werden sie so leicht und gern erfüllen. Nicht wahr? –

Vor einigen Wochen war ich einmal einige Tage sehr munter. Das gefiel Ihnen und Sie sagten: *Lieber Louis, wenn Sie immer bei dieser Laune, und fleißig sind, habe ich Sie sehr lieb*. Als Sie diese Worte sprachen, war Sara gegenwärtig, ich wollte meine Empfindung nicht zeigen, und wendete mich herum und affektierte ein Lachen, um meine freudige Rührung zu verbergen. – Als ich mich gestern Abend zu Bette legte, erinnerte ich mich an diese Scene, und ich hätte mich gewiß zu tot darüber gelacht, wenn mich nur nicht – meine Tränen daran verhindert hätten.

Wenn ich auch die Sage vom goldenen Zeitalter für eine bloße Fabel halte, so bin ich doch gewiß, daß jeder Mensch eins hat. Vor 6 Wochen hatte ich goldene Stunden. Jetzt liegen sie schon in grauer Ferne, und ich träume davon, wie ein Greis von seinen frohen Jünglingsjahren. –

Wie wird das enden? wenn?

Den 15. April   *Louis*

LOUIS BARUCH
Tagebuch
Montag, den 18. April (Abend 6 Uhr)

... O ich bin froh wie ein Gott! Mad. H. ist wieder so freundlich gegen mich wie sonst. Ich hatte Worte für meinen Schmerz, und die Freude macht mich sprachlos. [...] Ich kann mich recht ärgern, wenn man Mad. Herz lobt. Wie kann man eine solche Frau *loben*? – Bewundern, anbeten muß man sie. [...] Als ich ungefähr 4 Wochen hier war, sagte ich einen Abend zu Mad. Herz: ich gestehe Ihnen, Ihre Stunde ist mir die angenehmste; ich bin aber doch in derselben am wenigsten aufmerksam. Sie erzählte dies bei Tische ihrem Manne wieder, und ich fühlte, daß ich rot und ein wenig verlegen ward. Da merkte ich zuerst, daß ich sie *liebte*; und anders wie man die Mutter oder Schwester liebt. –

Bei der Aufführung des Todes Jesu ging ich in der Kirche umher und suchte mir einen Platz. Es war überall gedrückt voll. Nur neben Mad. H. fand ich zufällig noch eine leere Stelle. Doch wüßte ich nicht, was ich lieber getan hätte, als mich hier hinzustellen. – Da fühlte ich recht deutlich, daß ich *verliebt* bin. – Verliebt? Nicht anders. Noch vor kurzer Zeit hätte ich um alles in der Welt, meine Zuneigung gegen sie nicht mit *diesem* Namen belegen mögen, und ich dachte immer bei mir selbst: was muß das für ein Mensch sein, der sich in Mad. H. verlieben könnte! Und jetzt? Ich kann nicht helfen. Ich kenne keinen andern passenden Ausdruck. – O unbegreifliche Eitelkeit. [...] Ich liebe Mad. H. weit mehr, wenn sie sitzt, als wenn sie steht. Wenn sie dies wüßte, ich glaube, sie würde dann immer stehen. Auch gefällt sie mir besser mit unbedeckten Haaren, als mit einer Haube. Wenn sie geputzt ist, kann ich sie auch besser leiden. Das ärgert mich, und ich habe mir's lange nicht eingestehen wollen. Es ist nun aber einmal so, und ich kann mir's mit aller Gewalt nicht ausreden. [...] Ich würde mich sehr freuen, wenn Mad. H. einen Mann heuratete, den sie sehr liebt. Dies ist mir in der Tat unerklärbar, ein wahres psychologisches Rätsel. Aber gewiß, ich würde mich sehr freuen. [...]

(Abend 8 Uhr) ... ich habe wirklich die Frau Doktorin recht gern, und wenn man nur Geduld genug hat, ihre langen Gespräche mit anzuhören, dann kann man sie recht freundlich machen. Aber wir jungen Leute sind sehr selten human, und schätzen das Alter zu wenig. [...] Wenn es einmal dahin kömmt, daß ich an Mad. H. alle meine Handlungen und Gedanken offenherzig und treu aufgeschrieben zu lesen geben darf, dann bin ich gewiß ein guter Mensch. Werde ich es wohl je dahin bringen können? Können? O ja. Aber nicht ernstlich wollen. [...] Wenn mich Mad. H. so liebte wie ich sie, ich glaube, dann würde sich meine Liebe zu ihr, wenn auch nicht ganz verlieren, aber doch gewiß sehr mindern. Indessen bin ich überzeugt, daß Mad. H., um mich zu heilen, diese Arznei doch nicht gebrauchen wird. Es wäre gar zu gewagt. [...] Ich spreche immer von meiner Liebe zu H., und ich bin ihr zu Liebe doch nicht ein bißchen fleißiger. [...] So eben kömmt Madam Herz nach Hause. Wenn ich nur weiß, daß sie in

ihrem Zimmer ist, wenn ich sie auch gar nicht sehe, dann ist mir schon wohl. – Könnte ich nur ihre Büste in meiner Stube haben. Ich schäme mich, es ihr zu sagen. – Ich werde wohl doch zu Hause bleiben. Wenn in meiner Abwesenheit H. zu mir kommen wollte, und ich hätte sie versäumt, ich wäre untröstlich. – Läse sie dies in meiner Gegenwart, sie würde *sagen*: Sie sind ein Kind, und *denken*: er ist in der Tat zu bedauern. –

Eigentlich kann ich gar nicht sagen, *was* ich an ihr liebe. Ich bewundere ihre Schönheit; ich schätze ihr gutes Herz; ich verehre ihren Verstand, aber dies alles *liebe* ich nicht. – Das ist Selbsttäuschung, lieber Louis. [...] Die Personen, die mir am teuersten waren, hatten an ihren Vornamen und Nachnamen immer ein H. zum Anfangs-Buchstaben. [...] Auch heißen sie alle Henriette. Geht das so fort, so werde ich abergläubisch. [...] Wenn ich Madam Herz die Hand küsse, so *will* ich es gar nicht tun; ich tue es ganz unwillkürlich. [...] Ich erinnere mich, daß Mad. H. zuweilen, wenn sie mir stehend den Rücken zuwandte, auf Augenblicke sehr gleichgültig war. Sah ich ihr wieder in's Gesicht, so war alles wie vorher. ...

(Nacht 11 Uhr)
Ich habe noch nie von Mad. Herz geträumt, und ich denke doch den ganzen Tag an ihr.

Dienstag, den 19. April (Morgen 6 Uhr)
... Ich höre von Mad. Herz lieber *guter Louis* als *lieber Louis*; am allerliebsten *mein guter Louis. Mein*, – es liegt ein Himmel in diesem Worte. – Vor einiger Zeit schrieb sie mir, sie wollte mich nicht länger bei sich behalten; dies brachte mich der Verzweiflung nah; ich konnte nicht weinen und erstickte fast. Am Ende des Billets stand: »Nach Jahren, mein guter Louis, wollen wir über die jetzige Zeit sprechen.« Dies löste meine Brust. Ich vergoß Tränen, und es ward mir leichter.

Madam Herz lenkt mit 3 Worten mein Gemüt, wie man die Marionetten mit dem Drahte lenkt. Zauberei der Liebe. – – Und sie sollte nicht eitel sein? Zwar habe ich noch keine Äußerung der Eitelkeit bemerkt, aber ich zweifle doch nicht dran. – Ist sie doch schön und ein Weib!!

Mittwoch, den 20. April (Abend halb 7)
... Madam Herz. – – – Um diesen Punkt, um diesen einzig

großen, ewig festen Punkt, drehen sich alle, alle meine Wünsche. Und still, wie die Sonne unbeweglich stille, steht dieser Punkt, und in unermeßlicher Ferne, ring ich wie die Erde stets um ihn. – Wie die Erde! Das ists!...

Mittwoch, den 20. April (Abend 7 Uhr)
Wer weiß, ob ich Mad. Herz jetzt nicht bloß aus Gewohnheit liebe, oder aus Trägheit, den Eindruck, den sie schon längst auf mich gemacht hat, auszurotten. – Als ich diesen Abend zwischen 3 und 6 Uhr bei ihr war, fühlte ich wieder die ganze Macht meiner Leidenschaft; ich hätte ihr um den Hals fallen mögen – – –

Ich bin jetzt so heiter, als ich's noch nie gewesen war, und es müßte gewiß etwas ungewöhnlich Schlimmes sein, das mich verdrießlich machen könnte. Sie hat Züge um den Mund, die unwiderstehlich sind. –

Madam Herz kann es nicht leiden, wenn ich sie lobe und bewundere. Das ist Stolz; und nichts kann mich so sehr kränken und mich in meinen eigenen Augen so sehr herabsetzen, als dieser Widerwille für die Äußerung meines Wohlgefallens.

(Abend 9 Uhr)
Ich denke wohl alle, wie ich es der Herzin sage; ich denke aber manches, das ich um alles in der Welt nicht sagen würde. [...] Seitdem ich Madam Herz kenne, wünsche ich mir Goethe oder Schiller zu sein....

(Nacht halb 11 Uhr)
...Ich kann mich stundenlang mit dem angenehmen Träume beschäftigen, wenn ich ein König wäre, wie ich der Herzin alles zu Gefallen tun und ihr alle Wünsche gewähren würde. Übrigens würde ich sie gewiß nicht zur Königin machen, denn es ist haushälterisch jedem *größten* Glücke freiwillig zu entsagen, damit einem noch etwas übrig bleibe – für teure Zeiten. [...] Ich habe es sehr gerne, daß es regnet und stürmt, wenn ich für Mad. Herz einen Gang gehe.

Den 17. Dezember 1802 hatte mich einmal Herz in der Logik examiniert, und ich hatte alles sehr gut gewußt. Als seine Frau kam, erzählte er ihr, ich wäre heute in der Logik sehr klar. Wir setzten uns bei Tische. Ich sprach wenig, und war sehr nachdenkend. Ich überlegte nämlich, wie es wohl dahinzubringen wäre, daß mir Madam Herz für jeden Tag, an dem ich fleißig war, einen Kuß gäbe. –

Wenn ich mit Madam Herz spreche, so schwindet alles um mich her im eigentlichen Sinne des Wortes, ich höre und sehe nichts außer sie. –

»Herr Lion, Sie sind ein Schalk«, sagte immer Henriette Herz zu mir, und das hörte ich sehr gern.

Donnerstag, den 21. April (Abend 8 Uhr)
Daß ich glaube, der Herzin alle Falten meines Herzens aufgedeckt zu haben, das ist ein Selbstbetrug ohne Ende. Ich war doch zuweilen so von mir eingenommen, daß ich glaubte, ich wär ein Feind der Schmeichelei. Das ist kein Mensch. –

Ich sagte der Herzin, heute wäre ich fleißig gewesen, und ich war es nicht. Ich wollte nicht lügen, ich hatte nur nicht Geistesgegenwart genug, die Wahrheit zu sagen.

LOUIS BARUCH
an Henriette Herz
[s.d.]

Es ist doch in der Tat sehr grausam von Ihnen, daß Sie mich gleich beim Worte fassen. Ich schrieb Ihnen, Sie möchten es nicht mehr unternehmen, mich aufzuheitern, und nie haben Sie eine meiner Bitten schneller und pünktlicher erfüllt als diese. Sie können sich ja leicht denken, daß dieses mein Ernst nicht kann gewesen sein. Ich gestehe es Ihnen ganz offenherzig, ich wollte Ihnen durch mein Billet nur Gelegenheit geben, zu mir zu kommen, und dann wäre meine Verstimmung durch Ihren holden Blick gleich wieder gehoben worden. Sie sagen ja immer, ich wäre ein wahres Kind, warum schonen Sie mich denn nicht wie ein Kind? Bin ich's ja auch bloß in diesem einzigen Punkt. – Was ich am meisten bei mir selbst entschuldigt, ist der Umstand, daß ich mich wegen meiner ungewöhnlichen Neigung für Sie gar nicht schäme; ich könnte Sie meinem Vater, ich könnte Sie der ganzen Welt entdecken; denn ich glaube, daß man sich keiner natürlichen Neigung des Herzens, sobald sie Liebe zeigt, zu schämen braucht, sie mag sich übrigens in jeder Gestalt äußern. Eigentlich bin ich von vorgestern her, wo Sie mich lästig fanden, noch verdrüßlich, aber ich habe nach reichlicher Überlegung der Sache gefunden, daß ich sogar bei meinem Herzen unrecht habe. Ich bitte Sie um Verzeihung und um Ihre vorige Freundlichkeit. Ich versichre Sie, die verflossne Woche war die glücklichste in

meinem Leben; ein Tag schöner als der andre und bloß durch
Sie, und mag ich Ihnen noch so gleichgültig sein, so muß es doch
Ihrem guten Herzen Freude machen, mich so froh, so froh durch
sich gesehen zu haben. Sie haben in den letzten Tagen zu meinem Frohsinn einen festen Grund gelegt, der noch nicht erschüttert ist; wenn Sie mir nur auf 5 Minuten erlauben, zu Ihnen zu
kommen, Ihre Hand zu küssen, Sie anzusehen, und wieder fortzugehen, dann bin ich wieder glücklich und vergnügt. Darf ich
kommen? – Ich will auch recht fromm sein und gut. Darf ich,
liebe Mutter? Ich habe auch Kopfschmerzen, haben Sie Mitlei-
den mit einem kranken Kinde.

HENRIETTE HERZ
an Louis Baruch
[s.d.]

Adieu, mein guter Louis, sage ich Ihnen auf schriftlich lieber
als mündlich; alle meine Gedanken waren Sie heute, ich dachte
für Sie u in Ihnen. Wenn Sie den Punkt, auf welchem Sie jetzt
stehen, so recht beherzigen wollten, so können Sie ein trefflicher
Mensch werden, wenn nicht, so gehen Sie zu Grunde ohne einmal das Bewußtsein davon zu haben. Louis, man muß sich entweder umbringen oder alles sein, was man nach seinen Kräften
sein kann, u hat man einmal den Mut zum ersten nicht, so muß
man ihn zum andern haben u es ist großer Genuß dabei.

Mit sehr gerührtem Herzen schwöre ich es Ihnen, daß mein
Anteil an Sie *nie* aufhören wird, wenn Ihr Herz so gut bleibt u
weich u treu. An Ihr besser werden wird mein Herz sich erfreuen
u wenn Sie Ihre Kräfte benutzen, so werden Sie besser und ich
werde Sie wieder sehen. Fangen Sie ein neues äußeres Leben an
u richten Sie es so ein, daß Sie durch Erbärmlichkeit nicht leiden,
worunter ich die zu großen Geldausgaben verstehe. Ich drücke
Ihnen mit Wärme u Rührung die Hand. Was ich Ihnen sein
wollte, als Sie bei mir waren, will ich Ihnen auch sein in jeder
Fremde, nehmen Sie das an, mein lieber Louis u wenden Sie in
diesem Sinne sich immer so an mich offen u frei ohne Rückhalt.
Adieu, reisen Sie glücklich u grüßen Sie Reil. Haben Sie auch
heute an Ihren Vater geschrieben? Adieu Adieu Sie sollen bald
in Halle etwas von mir hören.

an Louis Baruch
Berlin, den 5. Juni 1804

Ich will Berlin nicht verlassen, lieber Louis, ohne Ihnen zuvor ein kleines Wort zu schreiben. Übermorgen gehe ich nach der Insel Rügen u. werde mich dort einige Wochen unter guten Menschen in schöner Natur aufhalten u dann nach Prenzlow gehen. Schleiermacher kömmt auch dorthin u ich werde diesen idealisches – denn was gibt es wohl für ein schöneres Leben als in schöner, ja in großer, erhabener Natur mit teils völlig vertrauten Freunden u teils sehr interessanten Bekannten von morgen bis spät in den Abend zusammen zu sein? Zu den ersten gehört der Professor Schleiermacher, den Sie nun bald in Halle sehen werden. Ich bat ihn, Sie zuweilen zu sich kommen zu lassen, u lieber Louis, Sie bitte ich um Ihrer Selbst willen, alles anzuwenden, daß Sie ihn oft sehen u wo möglich, seine Kollegia hören, denn der Umgang u die Lehren eines so herrlichen Menschen können nicht anders als wohltätig auf jedes nicht ganz verdorbene Gemüt wirken. ...

LOUIS BARUCH
an Henriette Herz
[9. Juli 1803]

Ich grüße Sie herzlich, liebe Mutter. Leben Sie recht wohl und wünschen Sie mir Glück zu meiner Reise. Ich wollte nicht mehr nach Charlottenburg kommen, ich fürchtete so sehr das Abschiednehmen von Ihnen, als ich mich freue auf die Zeit, wo ich Sie wieder sehen werde. Möge ich Sie froh und glücklich wieder sehen, wie ich Sie verlasse. Vergnügen Sie sich recht in Dresden und kommen Sie gesund zurück. Den Ort, wo ich so frohe und traurige Tage verlebt habe, die Menschen, die ich anbetete und die ich doch so oft gekränkt habe, verlasse ich mit gepreßtem Herzen, das wissen Sie. Ich danke Ihnen für das, was Sie mir *waren*, nicht für das, was Sie haben *sein wollen*; dafür habe ich keine Worte; möge es Gott belohnen! Ich werde mich bestreben zu werden, was ich nicht bin; und was Leidenschaft in mir verdarb, soll Leidenschaft wieder gut machen. Bleibe ich wie ich bin, so sehen Sie mich nicht wieder, so wahr Gott lebt. Von dem, was ich Ihnen je gesagt oder geschrieben habe, nehme ich kein Wort zurück; ist es wünschenswert, daß ich meine Gesinnung verändre, so wird es kommen mit der Zeit, und mit der Verderbnis meines Herzens. Adieu!

Empfehlen Sie mich der Dmlle. Itzik und Blanc und Mad. Levi.

Den 9. Juli 1803   Louis

HENRIETTE HERZ
an Louis Baruch
Dresden den 23. Juli 05

Ihr Brief ist mir von Berlin hierher geschickt worden, wo ich noch beinahe drei Wochen bleiben werde, um mir zu ersetzen, was ich verloren habe, denn am zweiten Tage meiner Reise bekam ich das kalte Fieber u obschon es schnell von selbst verging, so sind es doch beinahe drei Wochen, daß ich mehr oder weniger leide und noch immer angegriffen bin, dazu kömmt, daß das Wetter so schlecht ist, daß man nichts damit anfangen kann. *Nun* von Ihnen. Meine Aufrichtigkeit muß Ihnen lieb sein u ist sie es nicht, so ist es Ihre Schuld mit dem Inhalt Ihres Briefes bin ich recht eigentlich unzufrieden. Lieber Louis, Sie sind auf schlechtem Wege, wählen ihn selbst u wollen sich drauf erhalten. Das, was Sie als Spaß betreiben, sollte Ihr heiligster Ernst sein. Sie nennen Philistereien, was Rechtlichkeit ist, ja was zur inneren Bildung eines Menschen unbedingte Notwendigkeit ist. Im spaßigsten Ton sprechen Sie von Ihrem unerhörten Müßiggang, von Ihrer Geldverschwendung u von Ihrem falschen Bestreben, sich lächerlich zu machen. Über den ersten sage ich Ihnen nichts mehr, so weh es mir auch tut, daß die schönen Anlagen, die in Ihnen sind, zu Grunde gehen, über die andern schweige ich auch, weil ich schon zuviel vergeblich gesprochen habe, das letzte aber ist so höchst unsinnig, daß ich Ihnen doch ein Wort darüber sagen will, besonders da es so ganz in Ihr übriges Leben eingreift. Sie werden es mir zutrauen, daß ich Welt und Menschen besser kenne als Sie, denn mehr habe ich in ihr gelebt u mehrere Menschen geprüft, von mehreren hart geprüft worden, ich kenne sie u mich, vielleicht jetzt mehr als vor einigen Jahren. Das, was Sie bezwecken, ist sehr leicht, lächerlich findet der Haufe leicht u gern besonders den Besseren auch ohne sein Hinzutun, wie viel mehr nicht mit seinem Willen. Wenn Sie sich u mir klarmachen können, was Sie daran erfreut, wenn die Menschen Sie für halb toll halten, so tun Sie es u wir können dann weitläufiger darüber sprechen. Nicht ganz neu ist mir an Ihnen dieses wunderliche

Wesen an Ihnen, doch habe ich es zuerst bei Ihrer letzten Anwesenheit in Berl– gemerkt u am auffallendsten einen Abend bei Reimer, wo es nicht mir allein, sondern allen auffiel.

Warum wollen Sie nicht auch scheinen, was Sie sind? Wollte Gott, Sie wären, was Sie sein könnten oder würden es noch! Sein Sie einfach u still u reden Sie nur, wenn Sie es der Mühe wert achten, u Sie bedürfen der übrigen Höflichkeit nicht. Louis, wie entsetzlich verkennen Sie sich u die Menschen u wie viel geht in Ihnen zu Grunde, wenn Sie sich nicht bald erheben, nicht bald erwachen aus dem kindischen jämmerlichen Schlummer, in den Sie so mutwillig sich einwiegen. Wie ich zu Ihnen spreche, so sprach zum Teil Schleiermacher über Sie zu mir u da er natürlicherweise weniger Interesse an Sie hat als, so hat er Sie losgelassen, denn nachdem, was er durch mich von Ihnen wußte u was er in den Briefen an mich gelesen, sah er wohl, daß Sie etwas lernen u werden konnten, u er nahm es sich ernstlich vor, Sie oft zu sehen u zu sprechen, als er Sie aber leben sah, verschleudern oder doch nicht benutzen sah die Gabe Gottes, da wurden Sie ihm natürlich weniger lieb – Grund, sich gegen Sie zu verstellen, hat er nicht, werden Sie, wie Sie werden können u dieser treffliche Mensch wird Ihnen freundlich sein.

Noch nie, Louis, habe ich Ihnen so rein die Wahrheit gesagt als heute, ich mußte es aber einmal u. die Benennung, die Sie mir geben, berechtigt mich dazu. Noch lange werde ich nicht aufhören, es Ihnen zu sagen, wie weh mir Ihr Leben u Ihr falsches Streben u Ihr nicht Streben tue, bleibt es aber völlig unwirksam, was ich wünsche u was Sie eigentlich als Recht erkennen müssen, so schweige ich *davon* u – schweige überhaupt.

Da ich nicht weiß, ob Schl. schon von seiner Reise zurück ist, so schicke ich Ihnen den Brief und bitte Sie, ihn so bald als möglich zu besorgen. *H.*

HENRIETTE HERZ
an Louis Baruch
Berlin, den 8. Jenner 1806

Mancherlei habe ich getrieben, ist mir begegnet u habe ich durchlebt, seit ich Ihnen geschrieben, lieber Louis. Erfreuliches u. Betrübendes. Um Sie mit dem Leben bekannt zu machen, das ich vom 1. 9br bis zu Ende des Jahres geführt habe, müssen Sie mit mir zurückgehen. Alle meine gewöhnlichen Beschäftigungen gab ich mit dem 1. 9 br auf, um Saran in Verfertigung ihrer Aussteuer behilflich zu sein, da ihre Hochzeit auf den 21 9br festgesetzt war. Den 14. kam meine Prenzlauer Schwester mit ihren vier Kindern, diese wohnten alle bei mir u. der Mutter u bis zum 3. Tage nach der Hochzeit war an keinen ruhigen Augenblick zu denken – dann aber ward es anscheinend ruhig – in mein altes stilles Leben aber konnte ich noch nicht eingehen, denn der Wille sowohl als die Schicklichkeit hielten mich beständig in der Gesellschaft meiner Schwester.

Der Hochzeittag selbst bewegte mein innerstes Gemüt sehr heftig – mit einem fremden Mann mußte ich Sara dem fremden Manne zuführen – ihr Vater war tot u mein Mann, der ihr ein anderer Vater ward, war auch tot, dazu kam der Gedanke an meinen Bruder, den ich sterbend wußte u zwar ich allein von allen, denn mir allein hatte er seinen Zustand beschrieben u so genau, daß er selbst wohl sehen mußte, daß er nur noch wenige Tage zu leben hatte – ich wollte die andern nicht stören in der Freude oder doch der Ruhe u behielt es in mir still – wie zerrissen mir aber das Herz war, können Sie kaum glauben. Seine unglückselige Witwe war u ist meine Besorgnis Durch treue Pflege ihres sehr geliebten Gatten hat sie, fürchte ich, sich die Krankheit zugezogen, an welcher er gestorben ist, u frei von aller Schwärmerei sieht sie es als ein Glück an, wenn dem so wäre, denn sie wünscht sich den Tod mit Ernst und Ruhe. Sie liebte meinen Bruder mit treuer, fester, warmer Liebe u lebte allein in ihm u für ihn – jetzt steht sie wieder allein in der Welt, ist arm, *sehr* arm u fällt wie ein Gut den Brüdern wieder anheim, die sie ausgestattet hatten. – Verzeihen Sie, lieber Louis, daß ich Ihnen da etwas vorschwatze, was nur ein sehr mittelbares Interesse für Sie haben kann – zu sehr aber war aber diese ganze Zeit über mein Gemüt damit beschäftigt, als daß ich mich dessen entschlagen könnte. Es zieht uns ja das Leben so oft herunter von allem höheren u. so selten wird es uns, daß der Strom der Begebenheiten nicht hemme, was uns das Liebste ist....

an Louis Baruch
Berlin den 24. März 1806

… Nein. Louis, warten Sie nicht, ziehen Sie herbei, was Sie fassen können u lassen Sie nicht wieder los – das Leben vergeht mit dem warten u kömmt am Ende etwas, so ist es zu spät, für den Körper wenigstens. Wäre ich ein Mann geworden, so hätte ich das, was ich als Frau im kleinen trieb, ins Große getrieben. Mit Mühe hätte ich mir u mit Fleiß eine bürgerliche Existenz geschafft wie ich das Kleid zur Bedeckung mir machen lasse, u so wie bei diesen Farbe u Schnitt mehr oder weniger dem Auge wohl gefällig ist, so hätte ich auch bei jener für das Bequemere und Erfreulichere gesorgt. Meine innere Welt hätte ich mir gesichert durch das äußere Leben in der äußeren u so wäre jene auf keine Weise gestört worden durch die Jämmerlichkeiten, mit welchen diese, vernachlässigt, sich rächt. Jeder sollte so tun, der ein inneres Leben hat u es führen will u die meisten versäumen das – daher eben das Klagen u das ewige sich gestört fühlen, worin die besseren selbst verschmachten u wozu auch Sie gehören. – Noch ist es Zeit, mein guter Louis, noch können Sie das bessere in sich retten, ehe es ganz versinke u kommen Sie auch mit Wunden bedeckt aus dem Kampf, so wird doch jeder Sie erinnernde Schmerz Sie an die Kraft mit zugleich erinnern, die Sie in jenem Kampfe angewandt u wodurch Sie ihn bestanden haben. …

an Louis Baruch
Prenzlow den 21. Juni 06

… Ich habe Ihren letzten Brief vor mir, lieber Louis, um ihn zu beantworten – dies aber ist bei ihm gar nicht anwendbar – obschon ich über manches einzelne darin etwas sagen könnte. – Man machte mir einmal die Frage, ob man einen Menschen wohl mehr durch seine Besuche oder durch Briefe kennenlerne, der doch auch eigentlich nur immer ein Besuch sei? Im ersten Augenblick schien mir ein Besuch, wo doch außer den Worten auch Ton u Miene, u Wesen vernehmbar, deutlicher den Menschen darzustellen, ich ward aber bald anderer Meinung. Durch unterbrochenes Gespräch läßt sich weniger erraten u verstehen als durch zusammenhängende Rede – ein Brief ist mehr das letzte u wer nicht ganz besondere Ursachen sich zu verbergen hat, der läßt, sich selbst unbewußt, sich durch den Brief durchgucken – u wer ihn anschaut, nimmt deutlich die Widersprüche wahr, die sich in ihm zeigen. So, lieber Louis, könnte ich Ihnen dergleichen in Ihnen zeigen, *wie* sicher Sie auch jedes Mal auftreten. – Wenn ich Sie frage, was Sie unter Genuß u was unter Herrschen verstehen, wollen Sie mirs wohl sagen? Vielleicht sind wir einerlei Meinung darin – doch glaube ich es kaum, denn wie könnten Ihnen das verächtlich geschienen haben, was an u für sich herrlich u groß ist, u was ich unter jene beide Worte verstehe, ist beides – ohne allen Mystizismus steht es vor mir, entschleiert u klar – Ahnung wars vordem in mir, was es wohl sein mögte, Gewißheit aber ist es geworden, nur gebricht es mir oft an Kraft. Nichts kömmt aus einem Chaos u nichts kehrt dahin zurück, weil keine ist u nirgends als in des Menschen ungeordnetem Gemüt – u was herausgekommen bildet sich allmählich mit anderm später oder früher gekommenen u kehret nicht zurück. Im Menschen ist die Welt, er in ihr u sie gehören ineinander. Welt u Natur ist Ein Wort, alles Herrliche ist uns, Louis, das weiß ich mit Klarheit u durch äußere u innere Anschauung.

Nicht des Silbenfalles wegen setzte ich die Liebe als das Höchste zuletzt. Ein Leben ohne Liebe ist totes Leben, wie wohl eigentlich es gar keins gibt – sie liegt nur oft tief verhüllt im Gemüte u wird später oder früher oder auch wohl gar nicht geweckt. Wenn Sie nicht mit Ernst davon sprechen können, Louis, so verstehen Sie sie nicht u ich begreife Sie noch weniger. Die Freundschaft scheinen Sie auch noch nicht zu verstehen, möge es mit der Wissenschaft besser; ich verzweifle aber auf keiner Weise an allem gutem, das Sie werden können u wollen, wenn Sie nur die Kraft haben, das Wollen auszuführen.

Ich lebe hier sehr still mit den Meinen, aber nicht ruhig, denn ich kann zu gar nichts kommen. Mein Bruder aus Hamburg war auf ein paar Tage hier u meine Schwägerin, Brenna u die Mutter sind noch mit mir hier; die gute Luft hier tut uns allen wohl, besonders der armen Jette, die tief unglücklich ist, aber ohne zu klagen. Sie u die andern grüßen Sie. [...] Die Bekanntschaft mit Steffens, der, wie Sie wissen werden, mit Schleiermacher in Berlin war, gehört zu den interessantesten u liebsten meines Lebens – einen sehr lieben Menschen habe ich in ihm gefunden u von so großer Einfachheit u kindlichem Enthusiasmus, wie ich es nie geglaubt. Sehr merkwürdig war es, ihn mit Humboldt im Gespräch zu sehen u zu hören. Leben Sie wohl Louis u sagen Sie mir bald etwas von sich.

Es ist noch möglich, daß ich im 7 br [September] nach Dresden reise, übrigens wohne ich bei Friedländers in Charlottenburg.

Adieu...

LOUIS BARUCH
an Henriette Herz
Halle, den 6. Januar 1807

Liebe Mutter!

Der Reil hat, auf seine Vorstellung, die er meinem Vater gemacht, daß ich diesen Winter hier in den Lazareten praktizieren soll, Antwort erhalten. Mein zu gütiger Vater hat alles bewilligt, und sich erboten, mir die nötigen chirurgischen Instrumente von Wien kommen zu lassen. [...] Nun gibt mir der Reil den Rat, ich sollte den künftigen Sommer nach Göttingen gehen, doch zuvor hier promovieren. Das erstere werde ich tun, das andere nicht. [...] Grossing schreibt mir, er werde bald das Glück haben, Schach mit Ihnen zu spielen. Ich lebe auch immer noch von der Erinnerung unserer Schachspiele, und ich werde mit dieser meiner einzigen Nahrung haushälterisch umzugehen wissen, daß sie mir reicht, bis ich wieder nach Berlin komme. Tapfer wie Pallas Athene haben Sie mich oft besiegt, doch tapferer, wenn Sie sich besiegen ließen, um meinen kranken Mut vom Tode zu retten. Hier spiele ich mit der Langeweile Schach und verliere aus Ungeduld.

HENRIETTE HERZ
an Louis Baruch
Den 21. April [180]7

Ärgerlich, verdrießlich, wehmütig u geängstigt, da haben Sie meine Stimmung, in der ich seit mehreren Wochen fast unverändert bin. Das erste bin ich über mich selbst, das zweite über die ewigen Neckereien des Schicksals, das dritte über Entfernung u Tod meiner Freunde u das letzte von mancherlei Nahem und Fernen.

Eine recht böse Zeit habe ich wieder verlebt. Br. [Brenna] u. Sara hatten das Scharlachfieber u in der vierten Woche kam Sara nieder u am 7. Tag des Wochenbettes bekam sie ein kaltes

Fieber – jetzt ist sie eigentlich besser, aber ungeheuer schwach. Br. erholt sich nur sehr langsam u seit 6 Wochen habe ich nichts getan, als die Schwestern gewartet u gepflegt, u an Ruhe ist noch auf keine Weise zu denken. Es geht gewiß wenigen Mcnschcn so gut u schlecht im Leben wie mir, deshalb bin auch oft so ganz ausgelassen lustig u so tief gebeugt, so laut heiter u so still sentimental. Meine Stimmung ist so ungleich unharmonisch wie mein Schicksal – das innere wenigstens, mein Charakter aber wie das äußere. Ich werde endlich anfangen müßen, auf eine gute Natur mehr zu halten, als auf etwas Gebildetes. Die Leute loben so vieles an mir, wofür ich gar keinen Dank verdiene, ich tue oder unterlasse es eben, weil mirs so kömmt, gar nicht aus großen Grundsätzen, die ich mir vorhalte u darnach handle, wäre die Welt nicht u ihr Lob, ich wäre viel unbesonnener, aber auch viel besser. Sie sehen, ich bin nicht faul, mich zu loben, aber auch andere lobe ich gerne, u. viel Freude würde mirs machen, wenn ich Sie loben könnte. Lassen Sie mich mit dürren Worten wieder sagen, was ich von Ihnen gehört: Louis führt sich sehr gemein auf. Sie wissen es nicht, Louis, wie weh es mir tut, daß Sie so ganz zu Grunde gehen, daß ich einen edlen Menschen voll Sinn fürs bessere, voll Verstand in Ihnen verloren sehe. Ich weiß recht wohl, daß nichts Sie retten kann, was nicht aus Ihnen selbst hervorgeht u hätte auch das wenige nicht sagen sollen, was ich gesagt habe, man spricht ja aber oft mit sich selbst laut – u weiß es doch gewiß vorher. Ich hoffe noch immer, daß der bessere Sinn in Ihnen die Oberhand gewinnen würde, hoffte aber umsonst u werde nun bald aufgeben müssen, was ich gerne fest hielt. Genug.

Wie lange werden Sie nun noch in H. [Heidelberg] bleiben? Ich glaubte, Sie wollten auf Ostern fortgehen. Wie es Ihnen geht u wie Sie in der Welt sich einrichten, wird mir immer interessant bleiben zu hören, wenn ich schon nie billigen werde, wie schlecht Sie mit sich verfahren und wie Sie sich verschleudern. Ich muß aufhören, sonst muß der Brief liegen bleiben.

H. Herz.

HENRIETTE HERZ
an Louis Baruch
Brl., den 15. Juni [180]7

In Heidelberg also u so plötzlich, daß niemand etwas wußte u Sie selbst mir kein Wort vorher davon sagten, nun viel Glück dazu. Jetzt stehn Sie ja ganz allein, wie tut Ihnen denn das? Wenn die neue Lage auch keine Veränderung in Ihnen hervorgebracht, so muß sie Ihnen doch eine Art von neuem Gefühl gegeben haben, denn so frei als jetzt waren Sie noch nie, so ganz sich selbst überlassen u wenn der Louis hier zu Grunde geht, ist es noch viel mehr schade, als es vorher war, weil es nun seine Schuld ganz allein ist, doch darüber wollen wir nicht mehr sprechen. Sie gehen zu Grunde, weil Sie es wollen, denn mit klarer Ansicht kann man allein nur wollen u da jeder seine eigne hat, so wird es nach der meinen nie aufhören, mir leid zu tun, daß Sie so wollen.

Ich lebe jetzt so vergnügt, als ich leben kann. Schleiermacher ist hier u liest *Kollegia*, ich wohne bei Reimers im Tiergarten u Schl. wohnt bei Reimer in der Stadt, wir sehn uns täglich, gehen spazieren u sprechen miteinander von u über alles. Mehrere Hallenser kommen oft hinaus zu Schl. u dort höre ich denn, was kluge Männer sprechen u freue mich, wenn ich verstehe, wie sie es meinen. Schl. ist die Wünschelrute von allem, was in mir ist, er weiß es hervorzuziehen mit einem Streiche u unvermerkt.

Meine Kranken sind alle so ziemlich hergestellt, u Brenna wird, um völlig hergestellt zu werden, nach Prenzlow gehen. Ich werde dann sehr allein sein u viel im Tiergarten, wo ich meine Bücher u meine Menschen habe; wie lange ich diese schöne Freiheit noch genießen werde, ist ungewiß, denn wenn nicht sehr bald Friede wird, muß ich Berl. verlassen u irgendwo ein Unterkommen suchen, um nicht wie ein Feuerländer da zu sitzen u mich nicht bewegen zu können, ich werde wohl irgendwo etwas finden, das mir behagt, u auf kurze Zeit ist es auf jeden Fall nur, nach dem Kriege bekomme ich meine Freiheit wieder. Jetzt glaube ich mir Muth genug, die Trennung von meinen Verwandten zu überstehen mit Leichtigkeit, meine vier Pfähle, in denen ich Herrin war, mit Ruhe verlassen zu können, ich fürchte aber, daß, wenn das Ganze mir näher tritt, es mich all meine Kräfte kosten wird, um aufrecht zu bleiben. Mit mancher Aufopferung habe ich mir meine Freiheit erhalten, es wird mir nicht leicht werden, sie aufzugeben – noch schreien meine Freunde, daß ich

Berlin verlassen will, ich werde aber tun, was ich tun zu müssen glaube....

HENRIETTE HERZ
an Louis Baruch
Berlin, den 14. Jenner [180]8

So wie nichts in der Welt ganz gut u ganz schlecht ist, so sind es auch die Menschen u die Zeiten nicht. Kummer u. Elend hat man geglaubt, müsse in Berlin herrschend werden, u noch ist es nicht so, man sieht noch viel fröhliche Gesichter, obschon die meisten Menschen klagen, im ganzen wird man arm u im einzelnen reich, äußerst wenige können ihre Reichtümer vermehren, aber keiner stirbt eigentlich Hunger, man geht spazieren u man tanzt u doch ist jetzt schon viel Elend, wird aber noch viel mehr werden; es hält sich alles eine Zeit lang aus u während des Aushaltens wird es oft besser oder es hält sich nicht aus, nun: Dann ist es vorbei.

Was die öffentlichen Blätter Ihnen gesagt haben, ist wahr, viele Pensionen werden gar nicht, die meisten halb u keine ganz bezahlt. Zu den mittelsten gehört die meine, u deshalb muß ich so lange Berlin verlassen, bis sie wieder ganz bezahlt wird. Ich gehe mit dem frühesten Frühjahr nach der Insel Rügen, wo ich, wie Sie wissen, Freunde habe, zu einer Freundin ins Haus u warte dort ab, was über mich ergehen wird, ich lebe kostenfrei u mache mich dafür ihren Kindern nützlich, die ich mancherlei lehren will, lebe bei Menschen, die mich viel mehr lieben, als ichs verdiene u die ich nicht genug lieben kann.

Ihre Briefe können Sie übrigens doch immer nach Berl. schicken, meine Adresse an meine Mutter abzugeben, oder umgekehrt.

Wenn das schöne Projekt wirklich noch ausgeführt wird, daß in Berlin eine Universität errichtet werden soll, so kann noch sehr viel Gutes von hier ausgehen – u wenn wir erst von allen Gästen befreit sein werden, dann kömmt es gewiß zu Stande....

Briefe an gelehrte Freunde
Frederik Christian Sibbern – August Twesten

An
FREDERIK CHRISTIAN SIBBERN
Berlin, 4. Sept.[ember] 1812

Gestern Abend bin ich von meiner Reise nach Rügen zurückgekommen, sie war glücklich und sehr erfreulich. Ihren Brief fand
ich hier mit mehreren anderen, denn ich ließ mir keine dorthin
nachschicken, weil sie höchsten[s] erbrochen ankommen, oft
aber gar nicht.

Ihrer Weisung folgend schrieb ich nach Nürnberg poste
restante, und dieser arme Brief liegt nun da ungelesen, wenn er
nicht überhaupt schon vernichtet ist; er war groß, und es tut
einem immer noch etwas leid, seine Worte so in die leere Welt
hinausgerufen zu haben. Einen zweiten Brief werden Sie bei
Steffens gefunden haben, wenn Sie anders wirklich nach Breslau
gekommen sind. Ihr langes Schweigen war mir allerdings unerklärlich, und ich gestehe Ihnen, daß ich mich deshalb ängstigte.
– Nun bin ich zufrieden, obgleich ich Ihnen recht geben muß,
daß der Brief weder für Sie noch für mich befriedigend ist, denn
man fühlt es ihm an, daß Sie ihn schreiben *wollten*, und nicht in
gutem Sinne *mußten*; man fühlt ihm Unruh, Eile und Kälte an,
denn nicht einmal freundlich ist er – und einen freundlichen
Brief durfte ich ja wohl erwarten von Ihnen. Sie sind ein Spätling
in meinem Leben, und diese hegt und pflegt man gar gerne. Wirklich, lieber S.! haben Sie etwas gutzumachen, und tun Sie es nur.

Über Dresden sagen Sie mir eigentlich gar nichts, und wenn
ich die Galerien auch oft gesehen und ziemlich inne habe, so
wäre es mir doch nicht weniger lieb gewesen, über einzelnen
daraus von Ihnen zu hören – Auch mir hat kein Christuskopf
genügt, außer dem von Johannes Bellini; doch ist da ein Moment
genommen, wie Christus ihn wohl selten hatte, denn er hat eine
nicht göttliche Strenge in der Miene; der in Waldenburg wird
Ihnen aber gefallen (er ist von Guido), dafür stehe ich. – *Tiedge*
ist Ihnen also wirklich interessant geworden, und Sie schätzen
ihn gar? – lieben Sie ihn nur nicht; das leide ich nun einmal
nicht, und habe meine guten Gründe dazu.

Mir ist sehr wohl, wieder in meinem Berlin zu sein, und meinen Winter fleißig und gesellig zu beginnen. Möchte er mir so freundlich wie der vorige werden! – ›Gelegenheit‹ zu *Dänisch* Lesen habe ich nicht, ich werde es aber ohne alle Gelegenheit tun, und zwar die ›Kiempeviser‹, die großen Reiz für mich haben – Nun muß ich mich allein durchwinden.

Oersted habe ich nur einmal gesehen, am Abend vor meiner Abreise aus Berlin.

Es ist einem doch ganz anders zu Mute, wenn man am unermeßlichen Meere oder auf einem sehr hohen Berge steht! Das Unübersehbare ist uns hier das Unendliche, und wie sehr unsere eigne Grenze uns auch hier gezeigt wird, so ist es doch herzerhebend, das ungeheuer Große zu sehen. Auf einem hohen Berge stehend übersehen wir doch vieles, und halten die Macht unseres Sinnes dadurch auch für sehr groß – mir wird das Herz immer am größesten, wenn ich am Meere bin, und jetzt habe ich es wieder recht herrlich gesehen.

Leben Sie wohl, lieber S.! und schreiben Sie mir bald und gut, und grüßen Sie den herrlichen Steffens – ich wünsche Ihnen herzlich gutes.   Henriette Herz

[Berlin] 20. Oct. [recte Dezember] 1812

Zuerst die Hand zur Versöhnung – und nun sei alles gut.

Ich kann es mir recht denken, wie Ihnen wohl ist bei Steffens, bei diesem höchst liebenswürdigen Menschen, der die Fülle des Geistes ausströmen läßt auf die Mitmenschen, dessen weiches, liebendes Gemüt gibt und nimmt, was ihm gegeben wird; ich liebe ihn, wie ich wenige liebe, und möchte wallfahrten zu ihm. Seine sehr schöne Frau, die gewiß alles Unheilige weit von sich hält, ist für ihn geschaffen; sie ergänzen einander, wie es die wahre Ehe soll.

Wie sehr zögern Sie, nach Italien zu gehen! jetzt sollten Sie ja schon dort sein – werden Sie so lange ausbleiben dürfen? wird Ihnen der König noch auf ein Jahr Reisekosten geben? – Einen Landsmann von Ihnen habe ich kennenlernen, den Grafen S. – Der reiste mit einer Liste herum, auf welcher die Gelehrten Deutschlands aufgezeichnet waren; nun ging er zu jedem [...], mich hat er schrecklich gelangweilt mit seinen Kalbsaugen und höchst verlebtem Wesen – das Beste, was ich von ihm hatte, war, daß ich einmal Dänisch mit ihm las – oder er vielmehr mit mir.

Gehn Sie nach Nürnberg? Stuhr, der jetzt vielleicht in Kopenhagen ist, war diesen Sommer da, und hat Schubert anders gefunden, als er dachte – er hat den Wissenschaften völlig entsagt, und lebt mit all seinen Gedanken und Gefühlen in und mit einer religiösen Sekte.

Daß Sie mir vom ›Phantasus‹ und nicht von der »Einleitung« sprechen, ist wunderbar genug; mich hat diese besonders angesprochen. In früherer Zeit hätte Tieck diese nicht schreiben können – sie ist so besonnen, er tut so tiefe Blicke in's menschliche Gemüt und in alle Verhältnisse, wie ich's nicht von ihm gedacht – seine phantasiereiche Poesie kannte ich. Er ist jetzt einige Wochen lang hier gewesen; ich sah ihn oft und finde ihn milder als je; denn sonst war er oft sehr bitter und scharf – Krankheit und Jahre mögen diese Milde wohl zumeist bewirkt haben.

Goethe's ›Leben‹ gehört gewiß zu den herrlichsten Büchern. Was Sie Schönes darin finden, das finde ich auch, aber noch vieles mehr – so die mittelalterliche Altertümlichkeit, den vornehmen Patriziergeist, der in Bemerkungen, Beobachtungen und Ansichten interessant hervortritt, die klare Ansicht der damaligen deutschen Literatur, die kleinen mutwilligen Episoden.

[...] Mein Bruder war 14 Tage hier; meine ganze Zeit war ihm gegeben, und obschon wir eigentlich durch lange Trennung, besonders aber durch verschiedene Bildung, wenig Berührungspunkte haben, so war uns dennoch sehr wohl miteinander, und vorzüglich mir bei ihm. Ach, mein lieber Sibbern! wenn die äußere Welt anfängt, uns ferner und ferner zu werden, dann erst erkennt man die innere, und wenn Blutsverwandte gute und rechtliche Menschen sind, so gehören sie ganz mit hinein und bleiben unverrückt darin. Auch hier ist der Unterschied zwischen Mann und Frau deutlich, wie in vielen andern Dingen: der Mann arbeitet mit in dem Triebwerk der äußeren Welt, sie bleibt ihm länger nahe, ja gewöhnlich bis zu seinem Ende; die Frau sieht bloß das Treiben mit an. – Warum haben Sie mich nicht früher im Leben kennengelernt, wo fast immerwährende Heiterkeit in mir wohnte? Ist das Bessere mir auch geblieben, so habe ich für's Leben doch so manches verloren, wie es auch für mich. Meine Freundin Dorothea Schlegel fand mich sehr viel ernster geworden, und jetzt bin ich es noch mehr. – Daß man doch immer von sich sprechen muß!

Leben Sie tausendmal wohl, lieber Freund! und grüßen Sie mir Steffens.   Henriette H.

Berlin, 9. März 1814

... Von mir und meinem Leben kann ich Ihnen nichts sagen, was Sie nicht wüßten; ich erkenne das Gute und Herrliche, was mir vor vielen geworden, danke Gott täglich für das Glück, Freunde zu haben, die teils mit, oder zu gleicher Zeit mit mir durch's Leben gegangen, und die teils mir später geworden sind, wie Sie, lieber Sibbern, und Twesten, den ich jetzt fast so oft sehe, als ich Sie sah – wir lesen und schwatzen miteinander, und sein Umgang ist mir sehr lehrreich und erfreulich. – In dieser großen Zeit der Aufopferung, wo jeder seine besten Kräfte dem Ganzen widmen soll, gebe ich denn auch meine geringen hin. Das Unterrichten hat mir immer Freude gemacht; jetzt da so viele Familien, durch den Krieg heruntergebracht, ihren Kindern nicht mehr die Lehrer halten können, wie sie früher getan, so habe ich mir 8 junge Mädchen aus dem Mittelstande gewählt, von denen ich täglich welche unterrichte, so daß mein Vormittag von 9–12 Uhr jeden Tag besetzt ist, und ich die Nachmittage noch immer mit Korrigieren der Arbeiten beschäftigt bin. Diese meine bestimmte, nicht ununterbrochene Beschäftigung, und mein geselliges Leben, das sich diesen Winter noch sehr erweitert hat, nehmen mir so viele Zeit, daß ich sonst gar nichts treiben kann, und mir vorgenommen, diesen Sommer, wo ich zu meiner Schwester gehen werde, fleißig Griechisch und Spanisch zu treiben.

Während Sie sich in größter Ruhe, Freude und Genuß bei interessanten Menschen in schöner Natur aufhielten, war ich von den Franzosen, mit dem halben Berlin zugleich, vertrieben, ging mit Mutter und Schwester nach Breslau, von dort weitergetrieben nach dem Österreichischen, und bin während des Waffenstillstandes zurückgekehrt. Im August, in der Schlacht bei Groß-Beeren, wenige Meilen von Berlin, ward der älteste Sohn meiner Schwester verwundet, er war dem Tode nah; meine Schwester und ihre Tochter, ein sehr liebliches Mädchen, waren 4½ bei mir um den Kranken, den ich in mein Haus bringen ließ, zu pflegen, und den 16ten Januar sind sie, mit dem von 6 Ärzten aufgegebenen, und dennoch genesenen jungen Mann wieder nach Hause gereist. – Nun von den Menschen, von welchen Sie wissen wollen. Niebuhr ist in Geschäften des Staats in Holland, Schleiermacher ist mit den Seinen wohl, und sie grüßen Sie recht freundlich, Weiß ist gleichfalls gesund. Steffens ist in irgendeinem Generalstab, und ich hatte die große Freude ihn ein paar Tage in Breslau zu sehn, wo er auf Urlaub hin kam. Frau v. d. Recke sitzt mit Tiedge auf einem Felsschloß in Böhmen. Goethe ist gesund und sieht, gewiß nicht ohne Schmerz, »einen großen Mann zu Grunde gehen« – Zelter ist der alte. Die hiesige Universität hat zwei unersetzliche Verluste erlitten: Reil und Fichte. Beide sind ein Raub des Lazarettfiebers geworden, der erste in Leipzig angesteckt, der andere hier von seiner Frau angesteckt, die, wie sehr viele Frauen hier, die Kranken besuchte und pflegte, von welchen Hospitäler und andere Gebäude voll waren – sie selbst genas, er starb – sehr und allgemein bedauert – so auch Reil...

Berlin, 23. Sept.[ember] 1814

...Schleiermacher ist seit 14 Tagen von einer Rhein- und Badereise, welche seine Gesundheit bedurfte, zurückgekehrt, u. wirklich sehr wohl – der helle Punkt ihrer Reise war Heidelberg, und beide (denn die Frau war mitgereist) sind entzückt davon. Goethe war in einem andern Bade, nur 2 Meilen von Schl.; sie haben sich aber nicht gesehen. G. erkennt Schl. nicht an, dieser aber jenen vollkommen. Goethe ist eigentlich etwas Heide, Schl. ist ihm zu christlich, so wie unser wahr christlicher Freund es vielen andern zu wenig ist; seine Viel-, ja fast möchte ich sagen Allseitigkeit läßt das Fehlende am Menschen ruhen, und ergreift das Positive; und das ist eben eine Gabe Gottes, die das Christentum ausbildet und nach allen Seiten hin verbreitet.

Unser Gesandter an Ihrem Hofe, Graf zu Dohna, bringt Ihnen diesen Brief mit. Besuchen Sie ihn; es ist ein sehr wackerer Mann, und er und seine treffliche Frau sind meine Freunde; es tut mir sehr leid, daß sie Berlin verlassen.

Diese Zeit ist wohl eine der wichtigsten für Europa; sein Glück oder Unglück wird entschieden. Die Schwerfälligsten haben sich bewegt, sich in Einen Punkt versammelt, und von ihm aus werden Fluch, oder segensreiche Strahlen ausgehn – wirklich kann das Gemüt erst nach vollendetem Kongreß Ruhe finden über die äußere Welt. Es *kann* eine schöne Zeit hier für uns aufgehen; ob sie es *wird*, ist aber die Frage; es geschieht nichts mit rechter Kraft dazu, und beim Durch*kämpfen* geht so manche Kraft schon auf dem Wege verloren....

Ihre H.

Berlin, 27. Oktober 1814

... Mit Freude habe ich von Pingel gehört, daß Sie mit vielem Beifall lesen, das heißt doch nichts anderes, daß die Leute Sie verstehn und von Ihnen lernen; dies, mit Ihrem regen, immer während innern Treiben verbunden, gibt Ihnen das schönste geistige, wissenschaftliche Leben; der Verkehr und Umgang mit gleichgesinnten und gleichstrebenden Menschen kann Ihnen auch auf keine Weise fehlen; und so, mein Freund, ist die Gestalt Ihres Lebens für die ersten Jahre die gefälligste, wünschenswerteste. Auf spätere Zeit aber, mein guter S.! muß doch noch anderes sich auftun für Sie. Ich fühle es zu lebendig, zu schmerzlich, daß man ohne Familie einem kalten, freudenlosen, toten Alter entgegengeht, und wem Gott das schönste Glück versagt hat, eine eigne Familie um sich zu bilden, der muß einer verwandten sich anschließen, um doch irgendwie einer anzugehören. Herber und früher fühlt dies Bedürfnis die Frau, und besonders die kinderlose Witwe, später aber auch der Mann. – Wenn Oersteds Ihnen die Menschen sind, die Liebe und Ehe Ihnen ersetzen können, wie so etwas ersetzt werden kann, so wünsche ich Ihnen Glück zu der seltenen, herrlichen Gabe, die Ihnen Gott geschenkt. Wenn die Welt Ihnen erst ferner treten wird, da werden Sie erst recht erkennen, was Sie haben; denn was wißt Ihr glücklichen, frischen Menschen, was ein *vereinsamtes* Leben ist! Unendlich wohltuend ist es *mir*, ein junges, aufgehendes Leben vor mir zu sehen, ich meine nicht das des Knaben zum Jüngling, sondern das des letzten zum Mann, das Ausströmen der schönsten Strahlen und ihr Sammeln wieder in Einem Punkt. Ich verstehe manches, kann leicht sehn, wo es weitergehen und wo sich wieder zurückziehen muß, von innen entweder zurückgenommen oder von außen zurückgetrieben; beides kann selten ohne tiefen Schmerz geschehen, und ich sehe oft mit Bedauern voraus, wie es kommen muß. Doch aber wünsche ich jedem jungen Gemüt diesen Schmerz, und bedaure dasjenige, das durch allzu frühes Fertigsein, durch Klarheit und eine Art von frühreifer Bestimmtheit ihn nicht zu fühlen fähig ist. Zu den letzten gehört Twesten, der nun schon in Kiel seine Vorlesungen angefangen hat. Der sehr lehrreiche Umgang dieses Freundes dürfte mir doch sobald nicht ersetzt werden – hat er mir auch oft schlaflose Nächte gemacht, hat er mich auch oft halb toll gesprochen, so bedaure ich doch jeden Tag seine Abwesenheit. – Seit er fort ist, sehe ich einen jungen Mann, den Sie auch kennen, Susemihl; der dürfte wohl zu einer andern Gattung gehören. Er ist so frisch und blühend, faßt alles mit der reinsten Unschuld auf – dem Armen steht noch viel bevor, Gott möge ihn beschützen! [...]

Nun leben Sie wohl, mein lieber Freund! und bleiben Sie mir treu.   H. H.

[Berlin] 1. Jan.[uar] 1815

Dieses Jahr habe ich bei Schleiermacher's begonnen; es ward der abwesenden Freunde glückwünschend gedacht, und ich dachte auch an Sie, lieber Sibbern! – So viele Tage sind hingegangen, ehe ich wieder dazu kommen konnte, Ihnen zu schreiben, so beschäftigt bin ich fortwährend mit Dingen und Menschen. Ich lebe diesen Winter sehr fleißig u. sehr zerstreut. Der Professor Bekker, ein äußerst tüchtiger Philolog, liest ein-, zweimal wöchentlich die Republik des Plato mit mir, und dann lesen wir einen Abend Spanisch mit Auguste Klein. Das Dänische kann ich jetzt gar nicht pflegen; ich verwahre mir es aber als ein höchst liebes Andenken von Ihnen, mein Freund, das zu seiner Zeit schon wieder in Tätigkeit kommen soll. [...] Daß Sie mir sagen, es fehlt ihr [Brun] nicht an *Sentimentalität*, ist mir ordentlich wohltuend – es liegt mir der Sinn darin, daß Sie sie vermissen, wo sie nicht ist. Man hat das Kind mit dem Bade ausgegossen. Es ist wahr, daß es eine Zeit gegeben, wo die Sentimentalität übertrieben wurde, bei Männern wie bei Frauen; die jetzige Zeit aber ist auch so leer davon, daß, aus dem Bestreben, sie ja nicht wieder aufkommen zu lassen, junge Gemüter sich gleichsam verknöchern. Das wissenschaftliche Streben ist jetzt das entschieden vorherrschende, und zwar in einem Grade, daß nicht selten das Menschliche darüber zu Grunde geht; dies kann freilich nur den Männern gelten; diese aber machen den Geist der Zeit, und so müssen die Frauen auch nach, und werden wie sie in *einer* Rücksicht ohne es in der andern werden zu können. Es berührt mich oft hart, wenn ich bei einem jungen Mann das Fehlen des Menschlichen so deutlich sehe; ich sehe es leider bei vielen, und stehen sie mir irgendwie näher, fühle ich es um so mehr. Lassen

Sie es mich Ihnen sagen, mein Freund, daß *Sie* bei all Ihrem wissenschaftlichen Treiben, bei all Ihrer Anerkennung und Würdigung des Höheren, jenes Gefühl in sich erhalten haben, was man »Sentimentalität« nennt – was dem eignen Herzen und dem der Freunde Wohltat ist, ohne dem Geiste irgendwie Eintrag zu tun. Auch Schleiermacher hat es erhalten. ... H. H.

Zossen in der Fliederlaube meiner Julie, 4. Juli 1815

Sibbern, lieber Sibbern, kiere Ben! sein Sie mir nicht gründlich böse, daß ich Ihnen so lange nicht geschrieben habe. Sie hätten alles Recht dazu; sein Sie es aber dennoch nicht, und sagen Sie mir bald, daß Sie es nicht sind – der liebe, stille, freundliche Ort hier soll für mich bitten –

Von meinem Winterleben sage ich Ihnen nichts; Sie kennen es, es gehört zu den angenehmsten Lebensweisen, die man in einer Lage, wie die meine ist, nur immer haben kann; mein Sommerleben aber zu den unangenehmsten – denn ehe ich Feld oder Wald von meinem Hause erreichen kann, bin ich ermüdet und muß mit schmerzenden Füßen an den Rückweg denken – mein Geist wie mein Körper geht dabei zu Grunde, und da ich des Alters und der Kränklichkeit meiner Mutter halber Berlin nicht, wie sonst, verlassen durfte, bin ich mit ihr nach diesem lieben, freundlichen Hause, auf 2 Monate, gegangen, wo Julie und ihr lieber, wackerer Mann uns mit Freundschaft und Liebe aufgenommen. Seit 4 Tagen sind wir hier, und ich kann es Ihnen nicht sagen, wie wohl mir ist in dieser Stille, in diesem Hause, dieser Laube, dieser Pracht von Rosen und Lilien, in dieser Ruhe, welche in diesem Augenblick allein vom Gezwitscher der Vögel und dem Rauschen der Blätter unterbrochen wird. Ja, lieber Freund, in solchen Augenblicken steht uns die Welt, mit allem, was in ihr ist, die Lieben und Treuen ausgenommen, sehr fern, und man sehnt sich nicht in sie zurück, nicht einmal nach Kunde von ihr.

Ich will nun Ihren lieben Brief, den ich vor mir habe, durchgehn. So wie Sie einst alle Abende fast mir immer von einem Paar schönen Augen vorsprachen, die Sie im Innersten getroffen hatten, so ist Ihr Brief so voll von *Goethe*, daß Sie mich selbst darüber vergessen; und ich bin schon im Grunde in allem mit Ihnen einverstanden, was Sie über diesen höchst seltnen Menschen sagen, so ist mir dennoch der eigentliche Mensch in ihm nicht lieber geworden, seit ich ihn durch seine Lebensbeschreibung kenne. Ich wußte es schon lange, daß das Heiligste ihm nicht das Heiligste ist – und hat er dies auch nicht mit deutlichen *Worten* ausgesprochen, so hat er es doch durch Taten. – Hinter dem Worte »Dichtung« glaubt er sich sicher; ist er schon klug, so sind es doch andere auch, und so gutmütige Leser dürfte er schwerlich finden, daß sie, was ihnen nicht recht ist, für Dichtung nehmen werden. Ein herrliches Buch ist die Biographie aber gewiß – das nenne ich Leichtigkeit im Styl; und dieser Mann kann vielleicht einen eben so schönen Brief schreiben als irgendeine Frau. Doch auch nur »vielleicht«, lieber Freund, und das mag Sie trösten, wenn Sie glauben, es nicht zu können. – Aus der Forderung an sich selbst mag die Schwerfälligkeit allerdings entstehn, zu der ein Mann im Briefschreiben wenigstens immer Anlage hat, und zwar gerade in Briefen an Frauen, weil sie leicht sein *sollen*. Deshalb aber, mein teurer Freund, lassen Sie sich nicht abhalten, an mich zu schreiben, und das recht oft – doch aber nur, wenn Sie »Muße« haben, nicht »Zeit« allein: ein Unterschied, den ich sehr mit Ihnen fühle – in der ersten wird alles gut, in der andern oft nur mittelmäßig, und ich bin sehr geneigt, das Wort *Muße* nicht von *müßig*, sondern von *Muse* herzuleiten – mögen mir's die Philologen verzeih'n, wenn ich unrecht habe. Schreiben Sie mir nur, und wenn es auch wieder eine große Goetheepistel wäre. Ich will Ihnen auch von ihm sagen, daß er wieder in Wiesbaden ist, und daß Zelter ihm dorthin nachgeht. – Haben Sie ›Das Erwachen des Epimenides‹ gelesen?

Von mancherlei habe ich Ihnen nun geschrieben, und noch kein Wort von den neuen großen Wundern, die Gott wieder tut – jetzt erst scheint die Schlange auf dem Haupte getreten zu sein, und wird sich nicht wieder erheben können. – Aber welche Opfer sind wieder gefallen, welche Herzen zerrissen?

Ich habe ›Helge‹, wofür ich Ihnen herzlich danke, und die ›Kiempeviser‹, und sogar ein Lexikon hierher gebracht, um recht ernstlich mit Julien zu lesen, wenn wir nur erst den Anfang machen könnten.

Schleiermacher wird den Winter wohl die ›Ethik‹ und die ›Republik‹, wenn auch die letzte nicht ganz, der Welt bekannt machen, wenn nicht durch den Frieden, der nun wohl gewiß ist, die Universität wieder so stark wird, daß er mehr lesen muß, als er sich vorgenommen.

Leben Sie wohl, mein teuerer Freund! und glauben Sie mir's nur, daß ich es nicht nur erkenne, sondern auch fühle, was Ihre Freundschaft mir ist. [...]

Wann werden Sie einmal nach Berlin kommen? – Sammeln Sie nur Geld, damit Sie kommen können; es gibt ja Ferien. – Schreiben Sie bald.

Ihre

H. H.

Berlin, 1. Sept.[ember] 1816

...Zu den hellen Punkten meines diesmaligen Lebens auf Rügen gehört die Bekanntschaft des Naturphilosophen Schubert, der einer der liebsten Menschen ist, die es geben kann. Durch seine Werke war er mir schon immer sehr lieb gewesen, und seine persönliche Bekanntschaft hat ihn mir noch werter gemacht. – Er ist Erzieher der herzoglich mecklenburgischen Kinder, hat aber ungern Nürnberg verlassen, wo er und seine kleine Frau sehr glücklich waren. – Schleiermacher, Reimer und Bekker sind auch nach Rügen gegangen. Möchte Schl. gesund von der Reise zurückkommen, die er sehr leidend angetreten. Er soll sehr herunter gewesen sein – er sprach viel von seinem Tode, und wir alle müssen fürchten, daß wir ihn nicht sehr lange behalten. Die Leute, die von ihm sagen und vielleicht auch glauben, daß er kein echter Christ sei, sollten die Ruhe sehen, mit der er von seinem Tode spricht. – Ich bin es wie von meinem Dasein überzeugt, daß er das Christentum mit all seiner Herrlichkeit in sich aufgenommen hat, von ihm durchdrungen ist und daß es die letzten Augenblicke seines Lebens erleichtern und verklären wird. Wer ihn kennt wie ich, weiß, daß das zuweilige Verletzen der äußern Predigerform dem eigentlichen Prediger in ihm nicht den geringsten Eintrag tut – das fühlen auch seine Schüler und Zuhörer, zu welchen auch Brandis gehörte, der keine seiner Predigten versäumte – Brandis, den wir alle hier sehr ungerne verloren haben. Er ist ein tiefer Mensch von Geist und Gemüt – leider läßt seine sehr schwache Gesundheit kein langes Leben für ihn hoffen....

Har De glemt Deres Beninde? Fast muß ich es glauben, lieber Sibbern, denn unerhört lange haben Sie mir nicht geschrieben. Feurige Kohlen will ich auf Ihr Haupt sammeln, indem ich diese flüchtigen Worte Ihnen zusende, und Sie bitte, recht herzlich bitte, mir zu schreiben. Ich könnte fast in sentimentale Klagen ausbrechen, daß Sie sich von mir abgewandt zu haben scheinen, daß unsere Bekanntschaft eine leere, vergängliche Teetischbekanntschaft war u. s. w.; ich will es aber nicht, weil ich es im Grunde nicht glaube.

Ich bin gesund und ruhig; was diesen Sommer aus mir werden wird, das weiß ich nicht; vielleicht reise ich weit, vielleicht auch gar nicht.

Grüßen Sie Oehlenschläger und danken Sie ihm für die Freude, die mir sein ›Correggio‹ gemacht hat, den ich dänisch gelesen habe. – Bessern Sie sich in Rücksicht meiner!

Prenzlow [Prenzlau], 5. Sept.[ember] 1822

Ich weiß nicht, mein lieber Sibbern, ob Sie oder ich im Rückstand sind mit Schreiben – d. 11. Oktober 21, sehe ich, ist Ihr letzter Brief datiert; das ist gar sehr lange, und nicht gut und lieb ist es von Ihnen, daß Sie mir so lange geschwiegen haben – ich zürne aber nicht, sondern bin ganz herzlich freundlich, und schreibe Ihnen an einem mir nicht ganz gleichgültigen Tage, an meinem Geburtstage, den ich still in der Nähe meiner geliebten Schwester begehe, bei welcher ich seit einigen Tagen von Rügen angekommen bin. Seit ich aus der Kindheit und der früheren Jugend heraus bin, stimmt dieser Tag mich immer sehr ernst; ich konnte ihn nicht mehr mit Lustigkeit begehen, wie die Leute es gewöhnlich pflegen. Nicht zu spät sah ich es, daß ich meine Zeit nicht so genutzt hatte, als ich hätte sollen; daß ich nicht so viel leistete, als ich hätte können; daß, da mir Gott das Glück versagte, Mutter zu sein, ich nur für meine alte Mutter da war – und als diese starb, mußte ich mich oft fragen, wozu ich noch lebte? Seit das Bessere in mir aufgegangen, seit ich einen festeren Halt in mir bekommen habe, als ich in der Zeit der Jugend, Schönheit und eigentlicher Weltbefangenheit hatte, bin ich ruhig und heiter, fröhlich und lustig; aber was ich früher wohl bis zur Ausgelassenheit sein konnte, bin ich nicht mehr, und ich denke, ich habe nicht dabei verloren, weder in mir noch in den Freunden;

denn ohne Schmerz sehe ich im Herbste die Blätter von den Bäumen fallen, obschon ich mehr dabei denke als: der Winter kömmt. [...] Die im Gesetz lebenden Juden sind mir so ehrwürdig, wie es mir die Urväter sind; der Weg, auf welchem sie zu Gott gelangen, ist ihnen vorgeschrieben, und daß sie ihn nicht aus Bequemlichkeit und Leichtsinn verlassen, ist lobenswert – und Gott wird nicht von seinem Throne weisen, wer sich ihm wahrhaft nähert, auf welchem Wege es auch sei. Aber, lieber Sibbern! wer sich höher stellt als alles bis jetzt Bekannte und Offenbarte, der ist, glaube ich, im allerschädlichsten Irrtum, und in diesem sind all die *Neuisraeliten* befangen – Der Deismus ist ihr höchstes und alleiniges Ziel; sie glauben sich stark genug, ohne alle Offenbarung zu dem zu gelangen, was das Höchste ist – sind dabei eingebildet auf das Judentum, das sie ja verlassen haben, indem sie die mosaischen und rabbinischen Gesetze nicht befolgen. Wir sind und bleiben Juden, sagen sie; was macht sie denn dazu? Die Geburt doch wohl nicht? eben so wenig als wir Christen wären, wenn wir nicht getauft wären, nicht unterrichtet in der Lehre Christi, nicht Teil am Abendmahl nähmen, und nicht glaubten, daß das Christentum allein der rechte Weg zum Heil der Seele sei. Christen können wir doch wohl diejenigen nicht nennen, die anderes Sinnes, anderer Meinung sind, wenn sie schon von christlichen Eltern geboren sind – und so sind auch jene nicht Juden zu nennen, die außer jenen Gesetzen leben. – Sie wissen, mein Freund, daß ich nicht immer war, was ich, Gottlob! jetzt bin. Ich bildete mir aber auch nicht ein, etwas zu sein – ich wußte, daß ich nicht Jüdin war, wußte, daß mir noch vieles fehlte, was mich zur Christin machen konnte; und ich weiß in diesem Augenblick, daß, obschon es durch Gottes Gnade heller in mir geworden, mir manches, ja vieles noch fehlt – ich habe aber den guten Willen, bin ohne Eigendünkel, und hoffe auf dem Weg, auf welchen Taufe und Abendmahl mich gebracht, fest und ernst fortzuschreiten.

Die ›Wanderjahre‹, ich meine »die falschen«, werden Sie nun wohl auch gelesen haben, und ich hoffe, sich, wie ich, darüber ergrimmt zu haben – Die Gewandtheit des Verfassers ist allerdings zu bewundern, mit welcher er sich in des von ihm Verhöhnten Styl bewegt. Der Verf. ist noch immer unbekannt.

Schleiermacher sieht mancher Fehde entgegen, die er wegen seiner ›Dogmatik‹ wird bestehen müssen. Man sagte mir sogar in Rügen, daß Hegel schon gegen ihn aufgetreten sei – den ich wohl kenne, doch nur in geselliger Beziehung, wo er viel weniger angenehm, als in wissenschaftlicher gründlich ist; seine Frau aber, eine Nürnberger Patrizierin, desto liebenswürdiger. [...]

Erinnern Sie sich wohl meiner Julie Wolf? Sie und ihr Mann sind in der Nacht vom 2ten Ostertag in ihren Betten erstickt durch Kohlendampf. – Von meinem Schmerz darüber schweige ich – er war aber sehr groß. Julie war mir geliebte Herzensschwester, Wolf mein Lehrer im Christentum.

Ihre   H. Herz

Berlin, 30. Jan.[uar] 1827

Es liegt doch so ganz in meiner Natur, das einmal Erfaßte nicht loszulassen, daß ich nicht dagegen anstreben mag, weil es mir teils Kampf kosten würde, und teils auch so ganz und gar wider meine Natur wäre, daß alles Kämpfen vergebens sein würde, und so will ich denn auch nach langer Zeit wieder einmal Ihnen schreiben, mein teurer Freund, und Sie bitten, daß Sie das auch recht bald an mich tun. Die letzten Nachrichten von Ihnen brachte mir Steffens, und das ist gar lange her, und diese waren bloß mündliche Grüße. Seitdem habe ich Ihnen geschrieben. Sie haben mir aber nicht geantwortet; das hält mich aber nicht ab, Sie an mich zu erinnern.

Wenn ich an die Reihe von Jahren zurückdenke, die über unser Sehen dahingegangen sind, so ist mir immer, als müßten große, wichtige Dinge mit uns allen vorgegangen sein im äußern Leben, und doch ist dem nicht so, wenn ich Sie ausnehme von dem ganzen Kreise. – Vom innern Leben möchte ich nicht, daß es ohne Änderung geblieben wäre; denn wir sollen ja in Allem fortschreiten, oder wir gehen zurück; – ist nun das letzte zwar nicht bei allen Menschen der Fall, so dürfte es doch mehr oder weniger bei vielen so sein, und wie man denn die meisten Lebenserfahrungen an sich selbst macht, so weiß ich es mit Gewißheit, daß, wenn ich nicht durch lebendigen, geistigen Umgang im Streben gefördert zu werden erhalten würde, ich in eine Art von Apathie versinken könnte, aus der ich nicht leicht wieder erwachte; und gebe ich schon zu, daß es eine Verwöhnung ist – denn auch die tiefste Einsamkeit kann Geist und Wissen fördern – so muß ich eben in dieser Verwöhnung fortleben, wenn ich nicht geistig zurückkommen soll. ...

... Freundliche, teilnehmende Besuche erfreuen mich oft, und die Zeit, welche die selbstgewählte Beschäftigung des Unterrichtens mir läßt, wende ich auf manche Weise an. In dieser letzten Zeit interessieren mich besonders die eben erschienenen ›Briefe von Schiller und Goethe‹, der 2te Teil besonders; sie sind aus ihrer frühen Zeit, und atmen das allerregeste geistige Leben. Schiller lobt Goethe's damalige Erzeugnisse zwar, doch wendet er hie und da manches dagegen ein, und Goethe nimmt das mit großer Liebenswürdigkeit und Anerkennung an. Die Rezension des ›Meister‹ – so möchte ich einige Briefe Schillers nennen – ist sehr brav. Die mutwillige Xenienzeit geht einem recht lebendig vorüber, und nicht selten blickt aus manchen Äußerungen Lust an Unlust hervor, die man nicht gerne bemerkt; lesen Sie die Büchlein aber, und wenn auch viel recht eigentlich Uninteressantes darin ist, Dinge aus dem ganz gewöhnlichen Leben, so ist doch anderes immer wieder interessant – wenn auch oft nur durch die Menschen, die es gesagt haben, weniger durch das, was sie sagen. Anders doch als diese Briefe haben die von Friedrich Heinrich *Jacobi*, meinem verewigten Freunde, mich ergriffen, die er mit mehreren seiner Zeitgenossen gewechselt. Den 1sten Teil möchte ich die Geschichte seines tiefsten Gemütes nennen, das wohl eines der schönsten war, die es je gegeben hat; der 2te Teil ist mehr wissenschaftlichen Inhaltes, und durch ausgezeichneter Menschen gegenseitige Mitteilung interessant. Manches fand ich darin wieder, was er zu mir gesprochen hatte. Wenn Sie diese Briefsammlung noch nicht kennen, so lesen Sie sie ja und ja.

Im vorigen nassen, kalten Sommer, wo ich in Charlottenburg wohnte, waren mehrere Berliner in Dänemark, die Sie aber nicht kennengelernt; einer von diesen war Willibald Alexis, ein *bekannter* Dichter wenigstens, der sich aber für mehr als das hält, und es Oehlenschläger übelnahm, daß er nicht von ihm wisse.

Steffens, der seine Schriftstellerei jetzt auf Novellen beschränkt, hat wieder eine herausgegeben: ›Die vier Norweger‹, die aber nicht eben gefallen hat; ich habe sie nicht gelesen ...

Berlin, Juni 1837

Mein teurer Freund!

... Von Ihrer großen, nach mehreren Seiten sich hin verbreiten-
den Tätigkeit habe ich gehört und gelesen; zu Anfang des Winters waren mehrere Dänen hier, die ich bei Steffens sah, und die
haben mir viel davon gesprochen. Gott erhalte Ihnen nur Ihre
Körper- und Geisteskraft, um noch recht lange fort zu wirken.

Mir geht es ziemlich gut mit meiner Gesundheit, doch fühle
ich das sich eingestellt habende Alter, besonders an den immer
schwächer werdenden Augen; doch aber habe ich nicht zu klagen, sondern nur zu danken. – Die ich als neugeborene Kinder
gekannt, sind erwachsene Leute geworden, die dem Heiraten
nahe sind – und da soll man sich nicht alt glauben und wissen,
wenn man sich auch nicht immer so fühlt? – Wilhelmine Schede,
die ich oft sehe, grüßt Sie mit freundlicher Erinnerung; wir lesen
Schleiermacher's Briefe an mich miteinander – welchen Schatz
besitze ich nicht daran! – Wohl ist mir ein teurer, lieber Freund
in ihm gestorben; er war mir's lange, und er war es mir geblieben
bis zu seinem Tode.

Leben Sie wohl, und vergessen Sie meiner nicht, wie ich Ihrer
nie vergessen werde. Grüßen Sie Ihre Frau und Tochter von
Ihrer alten Freundin,
H. Herz

[Berlin] Juni 1840

Kann ich doch meine lieben Freunde, Steffen's, nicht nach
Kopenhagen reisen lassen, ohne einen schriftlichen Gruß an Sie,
mein teurer Freund, zu senden – nehmen Sie ihn freundlich und
gütig auf, wie ich herzlich ihn gebe. Was ich einmal erfaßt, bleibt
in mir, solange Leben in mir ist, und wenn das auch schwächer
wird, so bleibt doch die Liebe in mir, und möge diese mir nur
bleiben bis zu meinem letzten Atemzug – eine Gnade, um die ich
täglich Gott bitte – er hat sie ja in mich gelegt; möge er sich auch
in mir erhalten!

Wie mir's geht, wird Steffens und seine Frau und Tochter
Ihnen sagen; ich lebe noch, doch äußerlich anders als ich gelebt
habe – mußte der schönsten Geselligkeit entsagen, und freue
mich, daß ich liebe Besuche *bekomme*, da ich keine mehr machen
kann.

In der Hoffnung, daß ich durch Steffens einen Brief von Ihnen bekommen werde, sage ich Ihnen ein herzliches Lebewohl, und gebe Ihnen ähnliche Grüße für Frau und Kinder. – Gott befohlen!

Ihre

H. Herz

An
AUGUST TWESTEN
Lanke, den 10. Mai [18]14

Wäre ich meiner Theorie nicht untreu geworden, lieber Twesten, so hätten Sie die Ihre nicht anzuwenden nötig gehabt. Ach, man soll ja nicht tun, wie man nicht ist, und es eben darauf ankommen lassen, was daraus entsteht.

Ich schrieb Ihnen nicht, weil ich das Versprechen, das ich mir von Ihnen geben ließ, auf keine Weise stören wollte, und hätte ich Ihre freundlichen Worte heute nicht erhalten, so hätte ich Ihnen auch nicht geschrieben. Ich weiß, wie selten Sie zum Briefschreiben überhaupt gestimmt sind. Manche Ihrer Äußerungen darüber sind mir lebendig geblieben, und da tat ich mir Zwang an und schwieg. Haben Sie Dank, Twesten, daß Sie mir die Freiheit wiedergegeben, meiner Natur zu folgen, mir wird wohler sein.

Wie mirs hier geht, wird Lotte [Schleiermachers Schwester] oder Marie [Erhard] Ihnen wohl gesagt [haben]. Ich bin ruhig, freundlich, fleißig. Die Tochter des Hauses ist ein liebes Kind voll Geist und Sinn, mit der ich manches treibe, spreche, lache. Die freundliche Umgebung außer dem Hause ist wegen der Kälte ungenießbar, und es ist noch keine Sommerwärme zu hoffen nach Aussage der Landleute.

Von Hannen [Henriette Meyer] habe ich hier einen sehr frohen Brief erhalten. Ihre Kinder sind alle, auch Müller, in und um Paris. Sie trägt es mir auf, Ihnen ihr Glück mitzuteilen, und Line [Tochter der folgenden Hanne] und Hanne [Schwester der ersten Hanne] grüßen Sie sehr freundlich. Hanne ist vor vielen Müttern glücklich, auch fühlt sie es mit gerührtem Danke gegen Gott.

Viele werden fehlen, wenn die Sieger zurückkehren, und viele Tränen der Trauer werden sich in die der Freude mischen! Wie sehr nahe geht mir Marwitz! Es ist wohl der besten einer in ihm gestorben, und wie schön sein Tod auch war, so verlieren viele Menschen für ihr ganzes Leben einen herrlichen Freund. Schleiermacher ist sehr durch die traurige Nachricht erschüttert worden, möge es nur seiner Gesundheit nicht schaden.

Leben Sie wohl, lieber Twesten, und seien Sie nicht mehr eifersüchtig auf die beiden Freundinnen – überhaupt kann man es nur da sein, wo der Glaube noch nicht vollständig ist. Haben Sie den immer zu mir, ich fühle und weiß, daß Sie es dürfen.

Gedenken Sie meiner freundlich, mein lieber Twesten.

Ich hoffe, Schleiermacher Sonnabend und Montag hier zu sehen; möge es ihn erheitern. Adieu, ich drücke Ihnen die Hand.

H.

[Lanke] d. 20. Mai [18]14

Hätte ich doch die Gabe der Rede, um Ihnen zu sagen, welch einen Genuß der dritte Teil von Goethens ›Leben‹ mir gibt und was mich so sehr darin ergreift. Dieser Mensch steht wirklich einzig da in seiner Art, die Vorwelt hatte ihn nicht, und die Nachwelt wird ihn nicht wieder bekommen. Jeder, der das Buch liest, findet sich selbst in vielen stillen Augenblicken seines Lebens darin wieder, und was er dunkel und kaum mit Bewußtsein gefühlt, wird ihm hier klar und gewiß. Die Einfachheit und große Wahrheit, mit der die tiefsten, schönsten Gefühle seines Herzens uns vertraut werden, macht sie jedem eingänglich. Der reifere Mensch muß sich oft sagen: ach es ist dir ja auch so gegangen; der jüngere: es geht dir eben so; und wer nur noch ahndet, sieht seine nahe Zukunft. Wem Gott eine solche Natur gegeben, braucht nichts zu lernen, er wird das höchste, was er werden kann durch das Leben selbst und durch die ihn umgebende Natur. Alles wirkt auf ihn ein und gibt ihm sein bestes, wie er auch nur das Beste von allem in sich aufnehmen kann.

Dieses Zettelchen, mein lieber Twesten, sollte nur die Bitte enthalten, diesen hierbei folgenden Brief Lotten zu geben, ein Tag früher oder später macht nichts aus. Nehmen Sie meinen herzlichen Gruß und den innigen Wunsch, daß es Ihnen gutgehen möge.

Jene Worte über Goethe sind mir fast unwillkürlich aus der Feder geflossen. Adieu lieber Twesten.

H.

[...] Später.

In diesem Augenblicke erhalte ich Ihr Briefchen. Sie sehen, daß ich nicht eben pünktlich auf sogenannte Antwort gewartet, Ihnen wieder zu schreiben.

Lassen Sie sich gehn, Twesten, ein Streben wie das Ihre führt zum Rechten, Einzigen, Höchsten – es kann Ihnen nicht fehlen, und Sie werden es erreichen. Wollen Sie aber nicht zu schnell von sich, was jeder nur langsam erringt.

Schleiermacher war hier recht froh. Twesten, Sie glauben es nicht, wie glücklich mich dieser Freund oft macht. Er gehört auch zu den sehr wenigen, an die ich so fest glaube, daß der Glaube noch nie wankte. Schleiermacher hat gewiß in jedem Sinn, nach jeder Seite hin die Festigkeit des tüchtigen Mannes und dabei die Zärtlichkeit der Liebe und die der *Freundschaft,* die sich noch *viel* seltener bei tüchtigen Männern findet.

Lanke, den 31. Mai [18]14

Lotte schreibt auch mir ein Wort davon, wie sie bei Goethens Zusammentreffen mit Lavater an Sie gedacht, doch weniger beim Zusammentreffen selbst als bei der Beschreibung Lavaters. Verstehe ich dies nun auch eher, so verstehe ich es dennoch nicht ganz und ordentlich, denn wir haben hier nicht mit der gehörigen Andacht und mit gar zu vielen Unterbrechungen gelesen, müssen also eben zufrieden sein, was und wie wir etwas davon zurückbehalten, und es soll mir eine neue schöne Freude sein, das Buch noch einmal zu lesen – könnte ich es doch mit Ihnen. Übrigens haben Sie sehr recht. Goethe wäre so nicht geworden, hätte er in einer anderen wie dieser Zeit gelebt, auch mache ich ihm kein Verdienst daraus. Daß er nun aber einmal so da steht, wie er ist, darüber kann man sich wohl mit Recht freuen. Dieser dritte Teil hat so, wie der zweite, noch das Nebeninteresse für mich, daß ich viele von den Leuten kenne, die in beiden genannt werden und besonders viel von dem dritten Teil durch frühere Erzählungen derer, die ihn zum Teil mit ihm gelebt haben, weiß. Mögten wir ihn doch zusammen lesen! Glauben Sie mir, Twesten, daß ich es recht gut weiß, wie es Ihnen sein muß, irgend etwas mit mir zu lesen. Das, was Sie mit Ihrem klaren, durchdringenden Geist erschauen und sich zu eigen machen oder wegwerfen, je nachdem es ist, das kann ich bloß auf mich einwirken lassen und es danach nur behalten, oder vielmehr aufnehmen, oder nicht. Sie, mein lieber Twesten, haben gewiß nur mit wenigen Menschen dieser Art gelebt; denn es ist mehr die der Frauen als der Männer, und da gehört denn ein eigenes Wohlwollen, ein wirklich freundlicher Wille dazu, wenn ein Mensch wie Sie mit einem, wie ich bin, etwas treibt und teilt. Daß Sie nun gar mein Sprechen, mein unklares, verworrenes, vermissen, ist viel. Wie dankbar ich übrigens für alles, was Sie mir versprechen, bin, wissen Sie, und daß ich es allenfalls *ver*stehe und nie *miß*verstehe, wissen Sie auch. Aber tun Sie nur nicht allen anderen Leuten unrecht, und halten Sie sich an Schleiermacher, der Sie wie wenige junge Leute liebt.

Erschreckt hat es mich, Twesten, was Sie mir sagen von dem Wiedersehen derer, von denen Sie getrennt waren, und wenn ich es bedenke, sollte es mir lieb sein. War etwas Rechtes in dem Verhältnis, so wird es nach jeder noch so langen Trennung dasselbe bleiben, und war es ein Irrtum, nun, so ist ja gut, daß er sich entdeckt, wenn auch noch so tief schmerzend. Der erste Schreck war Egoismus. *Sie* dürfen ihn mir nicht verargen.

[...] Können Sie nicht durch irgendeinen Menschen, durch die Meier vielleicht, von Ihrem Bruder erfahren? Adieu, lieber Twesten. Wissen Sie noch nicht, wie es Ihnen geht? Sie sagen kein Wort davon. Sie sprechen von heiteren Tagen. Hier war nur der erste Festtag schön, alle anderen kalt. Gott beschütze Sie. Bleiben Sie mir freundlich!

H.

[Berlin] Sonntag den 9. Okt. [18]14

Es sollen, mein teurer Freund, diese Worte Sie an Ihrem neuen Wohnorte willkommen heißen. Eine befreundete Stimme sagt sie Ihnen, Sie werden sie gerne hören und das Bekannte gleich an das Ihnen Fremdere anknüpfen. Möge Ihnen Kiel als Wohnort so angenehm und erfreulich werden, als er es in der Lage, in der Sie darin sind, immer werden kann. Zur Heimat aber soll er Ihnen nicht werden, diese muß Berlin Ihrem Herzen bleiben, wo so viele Menschen Sie, jeder nach seiner Weise liebt, und wo auch Sie Ihr Gemüt niederlegen konnten. Ich darf es dreist sagen, daß Sie vielleicht mir hier am meisten waren. Ich bin allein, und mein Geist wie mein Gemüt bedürfen der Mitteilung, die man nicht im sogenannten geselligen Verkehr findet. Ich habe viel von Ihnen gelernt, nicht Kunst oder Wissenschaft, und hätte es noch mehr, wenn ich offener gegen Sie gewesen wäre. Eine Art von tadelnswerter Scheu aber, vielleicht auch unerhörte Eitelkeit, hielten mich ab, manche Frage an Sie zu tun. Vielleicht wird es mir schriftlich leichter, und dann will ich alles nachholen. Was ich von Ihnen noch hätte lernen, was durch Sie werden können, das kann ich von keinem Menschen mehr erwarten, auch von Schleiermacher nicht, denn er hat nicht Zeit, und ich sehe ihn nie allein – und der wäre der einzige noch.

Ich blieb gestern noch lange auf und bitte Sie, sich zu besinnen, ob Sie vielleicht, ehe Sie sich niederlegten, ein paar Akkorde auf dem Piano spielten. Wenn Sie es taten, so habe ich sie gehört. Es hatte eben ein Uhr geschlagen, als ich leise wenige Töne auf meinem Klavier hörte. Ich fuhr zusammen, denn es war mir dergleichen *nie* begegnet. Ich dachte an Gott und war ruhig. Daß Sie meiner Seele gegenwärtig waren, glauben Sie mir wohl. Twesten hat vielleicht gespielt, dachte ich, und du hast ihn gehört. Besinnen Sie sich, und haben Sie es auch nicht, so bleibt es dennoch sonderbar. Nicht einzelne Töne waren es, sondern wie ein Nachhall mehrerer zugleich angeschlagener – und doch auch wieder nicht zugleich – so fast wie ein langsam gerissener Akkord. Ach hätten Sie doch einen angegeben! Sagen Sie mir ja etwas darüber. Diesen Morgen war Betty [Meyer] hier. Wir sprechen von Ihnen, und sie nannte Sie immer August Twesten. Da machten wir denn aus, daß Sie unter uns immer August genannt werden sollten.

Leben Sie wohl und erfüllen Sie mir die Bitte, bald zu schreiben. Gottes schönsten Segen über Sie, mein teurer Twesten.

H.

[Berlin] d. 21. Okt. [1814]
Jetzt sind Sie wohl schon fest in Kiel eingerichtet und fangen in wenigen Tagen Ihr neues Leben an. Gott gebe Ihnen Segen dazu.

Mancherlei ist hier vorgefallen in der kurzen Zeit Ihrer Abwesenheit; lassen Sie mich von dem Unbedeutendsten, von mir, anfangen. Den Tag nach Ihrer Abwesenheit, den Montag Abend, fühlte ich eine kleine Halsbeschwerde, die den Dienstag noch so mäßig war, daß [ich] ihrer nicht einmal in meinem Briefe an Sie erwähnte, Sie nahm aber bald so zu, daß ich das Bett hüten und heute noch, nichts weniger als ganz hergestellt, das Zimmer hüten muß. Seit gestern erst kann ich etwas Festes essen und ein wenig sprechen, bin aber so gewaltig herunter, bin an Geist und Körper so gelähmt, daß ich nach völliger Genesung, mehrerer Wochen bedürfen werde, um mich zu erholen. Hat es mir nun schon an Besuchen in diesen 11 Tagen der Unwohlheit nicht gefehlt, so vermißte ich doch freundliche, verwandte besonnene Pflege. Miene tat, was sie konnte, ich mußte aber dennoch mit krankem Haupt für mich sinnen. Ach, das ist der Fluch der Einsamen, wir wissen es ja. [...]

Adieu, Twesten, bleiben Sie mir freundlich.

Ich grüße Sie in der Seele aller derer, die mich um Nachrichten von Ihnen fragen – Schleiermachers, Schedens u. s. w.

Ich werde mich noch lange nicht daran gewöhnen, Ihnen immer nur ein schriftliches Lebewohl zu sagen.

[Berlin] d. 9. Nov.[ember 1814]

Ihren Brief vom 26. Oktober habe ich einen Tag früher erhalten als den vom 21. Seit vielen vielen Tagen sah ich mit Sehnsucht einem Briefe von Ihnen entgegen, und nun kam der kurze, unbefriedigende, ohne alle Nachricht über sich, mehr an Susemihl und Schleiermacher als an mich gerichtet, Twesten unterschrieben – kurz, ein mir unerklärlicher Brief, der, wie Sie nach Ihrer Kenntnis von mir wohl glauben werden, mich nicht ruhig ließ. Ich war nicht empfindlich, mein Freund, ich war im innersten Herzen verletzt, ich fand Sie nicht, und doch waren Sie es wieder – ich war zerrissen, so kann ichs nennen. Gestern Abend bringt Marie Ihren ersten Brief, und wie ein lieber lindernder Balsam wirkte er auf mein verletztes Gemüt. So hatte ich ihn gehofft oder – lassen Sie es mich aussprechen – unser Sein miteinander wäre ein bloß geselliges, nach meinem Begriff eines solchen, gewesen, und Sie hätten nicht aufgenommen in sich, was ich Ihnen aus meinem tiefsten Gemüt frei geboten. Ein Zufall hatte mir diesen Schmerz gemacht, und ich danke Gott, daß es nur dieser war, und Ihnen, lieber teurer August, für Ihren ersten Brief, der zweite ist mir nun eben bloß Anhang.

Niebuhr hat Schleiermacher gesagt, daß er Sie gesprochen hat und daß es Ihnen in Kiel nicht gefiele und Sie lieber hätten hier bleiben sollen. Ach! das wußten und wissen wir. Doch hoffe ich, daß es Ihnen selbst jetzt schon besser gefällt, und daß Sie sich noch mehr in die Einsamkeit hinein finden werden, in welcher Sie, im Vergleich mit Ihrem hiesigen Leben, jetzt wohl sind, wenn besonders, woran ich übrigens gar nicht zweifele, Ihre Zuhörer mit Ihnen zufrieden sind – was sich schon merken läßt.

Ihr armer Bruder! Marie [Erhard] grüßt Sie und hofft, ihr Bruder werde den nächsten Posttag schreiben. Frühjahr und Herbst sind böse Zeiten für Kränkelnde. Es wird wieder besser werden, und Sie noch die Freude haben, den gesünderen Bruder bei sich zu pflegen. Schonen Sie sich aber, mein teurer Freund, arbeiten Sie nicht zu viel – nicht so wie Schleiermacher jetzt, der entsetzlich viel arbeitet; denn außer den drei von ihm ange-kündigten Vorlesungen hält er noch zwei wöchentlich über die Liturgie, wozu wohl jene sich auf sie beziehende Kommission Gelegenheit gegeben hat. Ein an diese gerichtetes ›Glückwün-schungsschreiben‹ macht eine Sensation wie noch kein Buch gemacht hat. Man schreibt es Schleiermacher zu, und hat er es wirklich geschrieben, so zittre ich für sein Schicksal, denn der Minister ist wütend darüber. Schleiermacher beobachtet das strengste Inkognito darin und leugnet gegen jedermann, daß er der Verfasser sei; nach meiner Kenntnis seines Charakters hätte ich wohl schwören mögen, daß er das Büchelchen nicht geschrie-ben. Ich habe es gelesen, und ich schwanke sehr. Es ist viel Ernst und Tiefe über die Sache selbst darin, dann aber auch wieder sehr viel Ironie und hie und da so ein Mütchen-Kühler, daß es mir wahrscheinlich ist, es sei von ihm. Und wie ganz unpolitisch es gerade in diesem Augenblick von ihm wäre, ist nicht zu sagen. Wer anders als Schleiermacher kann so schreiben, sagt alles und Nicolovius selbst. Der Milde nennt es Mutwillen, es ge-schrieben zu haben und bei Reimer drucken zu lassen. Bleibt es ohne Folgen für ihn, mags sein. Der alte Sack hat bereits eine sehr würdige Antwort bekannt gemacht, die ich aber noch nicht gelesen habe.

d. 11.

Nicolovius und andere Verständige sagen, die Antwort wäre schwach und gewöhnlich; Schleiermacher sagt, er habe sie noch nicht gelesen. Was müssen ihm diese Unwahrheiten zu behaup-ten und durchzuführen nicht kosten! Ich werde immer mehr und mehr überzeugt, daß er das Buch geschrieben, und werde es durch die Art, wie er leugnet, was ihm gottlob nicht schlecht gelingt. Gestern war die Polizei bei Reimer und durchsuchte seine Handlungsbücher, um Licht über die Sache zu finden, fand aber keins. Man ist sehr aufgebracht über dieses Verfahren, das wirklich fast napoleonisch ist. Ich sehe es, wie Schleiermacher nicht hier bleiben kann, denn obschon sie ihn nicht eigentlich fortschicken können, so werden sie es ihm so nahelegen und ihm so begegnen, daß er gehen muß. Was mir das Fatalste bei der ganzen Sache ist, ist, daß es nur wenige Zeilen sind, die den Minister wütend gemacht haben können und die eben ganz hätten wegbleiben können ohne dem Ganzen zu schaden. ...

[Berlin] d. 25. November [1814]
Bis jetzt hat jene wohl sehr gegründete Vermutung, daß Schleiermacher der Verfasser des ›Glückwünschungsschreibens‹ ist, noch keine schlimme Folgen für ihn gehabt. Reimer ist zu einer geringen Geldstrafe verurteilt, von 50 Reichstalern glaube ich, und wenn die Sache damit beendigt ist, wollen wir froh sein. Der König hat in diesen Tagen nachgefragt, was die Sache für einen Fortgang habe, und da er gehört, daß mehreres schon darüber geschrieben sei, wolle er, daß man es ihm schicke. Jenes Buch ist ihm nun auch geschickt worden, und man wird nicht ermangeln, ihn auf alles das aufmerksam zu machen, was Schleiermacher schaden kann.

Wären Sie doch diesen 21. hier gewesen, lieber Freund; es ist Schleiermachers Geburtstag gewesen.

Hören Sie!

Das Scharlachfieber ist ins Schleiermachersche Haus eingekehrt, drei Kinder haben es schon, aber so glücklich, daß sie nicht einmal das Bett hüten müssen. Da ich selbst nur eben noch gesund bin, weil ich eben nicht krank bin, und alles dort so gut ist, daß man meiner nicht bedarf, und ich meine alte Mutter Tod ängstigen würde, wenn ich nicht das Haus miede, so gehe ich nicht hin, wäre auch am Geburtstage nicht hingegangen, auch Schedens hätten es nicht getan und andere vielleicht mit Widerwillen. Ich tat also Jetten den Vorschlag, mit ihren Gästen, ihrem Wein und Kuchen zu mir zu kommen, für alles übrige wollte ich sorgen. Der Vorschlag ward zu meiner großen Freude angenommen und Reimers, Schedens, Seck's, die Gräfin Voß, Dreist's, Bekker und Susemihl (diese zwei die einzigen mit Jettens Erlaubnis von mir gebetenen) waren die fröhlichen Gäste. Lotte, die zu dem Tage aus Prenzlau gekommen war, blieb den übrigen Teil der Nacht bei mir, denn bis ein Uhr waren es alle. Wie herzlich und lebhaft wir Ihrer, mein teurer August, gedachten, fühlen Sie wohl, und mit Lotten und Susemihl trank ich [auf] Ihre Gesundheit noch ganz besonders. Was den Abend noch eigens verherrlichte, war, daß Schleiermachern ein großes förmliches Vivat mit Fackeln gebracht wurde, was hier noch keinem Professor widerfahren war. Es waren an 300 Studenten. Mich freute das nun, als hätte ich eigentlichen Anteil daran gehabt. Den Dienstag morgen um 10 Uhr kam Schleiermacher noch, um Lotte zu sehen. Wir dachten Ihrer, und außer einem herzlichen Gruße läßt er Ihnen noch sagen, daß er zwar an der Ethik arbeite, sie aber nur langsam fortrücke, weil er auch an der Dialektik arbeite d. h. einzelnes ausführlich niederschreibe, ferner am Paulus, von welchem Sie zu seiner Zeit mehr erfahren sollten. [...]

d. 27.

[...] Die Meier und ich sehen einander viel seltener, als wir wünschen, wir wohnen aber weit voneinander. Ich gehe des Abends noch immer nicht so weit, und sie scheut Dunkelheit und Schmutz. Sie kann sich hier noch nicht gefallen; denn obschon sie ziemlich viel Leute sieht, so behagen sie ihr doch nicht. Es sind meistens die Leute von Mendelssohns Comptoir und andere ähnliche. Sie lesen und machen Musik. Wenn aber die fremden Töne schweigen, so mag man auch keine weiter von ihnen hören. Wohnten wir näher, und ich könnte ein Haus, wenn auch nur ein kleines, machen, so würde ihr wohler sein. Sie müßte aber auch in einem anderen Hause wohnen, mit keiner so nahe verwandten Familie. [...]

d. 28.

Soeben ist mir Ihr Brief von Schleiermacher geschickt worden, und alles, lieber Freund, was Sie gegen die Vermutung, daß Schleiermacher jenes Buch [das »Glückwunschschreiben«] geschrieben habe, sagen, habe ich auch gesagt, bis ich es gelesen und *ihn darüber gesprochen* habe. Die Art, wie er leugnete, war das, was mich entschied, ihn für den Verfasser zu halten. Freilich sollte er sprechen, aber warum so, daß er es für geratener hält, seinen Namen zu verschweigen! ...

Berlin den 18. Febr.[uar 18]15

Wohl habe ich Ihren Brief erhalten, wollte aber nicht eher schreiben, bis ich volle Muße dazu haben würde, um auch einmal für einen langen Brief von Ihnen gelobt zu werden, wie Sie mich wegen der zu kurzen tadeln. Nun kommt aber Ihr freundliches aufforderndes Zettelchen, und ich folge ihm, Ihnen gleich zu sagen, daß ich weder böse noch krank bin. Ich bös auf Sie! Empfindlich haben Sie mich wohl zuweilen machen können, bös aber werden Sie mich nie machen, kann ich Ihnen nie werden. Von Ihrer Gesundheit sagen Sie mir kein Wort in dem letzten Briefchen, im vorigen nannten Sie sie geschwächt und zwar merklich. Hat die Erholung von der Arbeit Ihnen geholfen? Sind Sie wohler?

Wegen des Scharlachfiebers hatte ich lange das Schleiermachersche Haus nicht besucht. Es ging nämlich alles so glücklich darin, daß man meiner nicht bedurfte, und am Weihnachtsheiligabend konnte ich zuerst wieder hin gehn, und es war mir eine doppelte Feier. Den Sylvester wollte ich zu Hause bleiben, Schleiermacher's ließen mich aber bitten, bei ihnen zu sein, da sie *ganz allein* wären. Dies bestimmte mich, die Einladung anzunehmen, und finde zu meinem Schrecken das ganze Zimmer voll Menschen, alle Schedens, alle Reimers und andere noch – jeder an und für sich vortrefflich, diesen Abend aber mir lästig und verdrießlich. Ich war still und schwer, und es soll mir nicht wieder dergleichen begegnen. Welch einen Unterschied fühlte ich gegen den vorjährigen und diesen Neujahrsabend! Wie nahe Sie meinem Herzen waren, werden Sie sich denken. Ich mag es Ihnen gar nicht sagen, wie sehr Sie mir noch immer fehlen, und wie ich noch heute nicht ohne Wehmut an Ihre Abwesenheit denken kann, und doch muß ich mir sagen, daß es gut ist, daß Sie nicht länger hier geblieben sind – wahrlich *sehr* gut – nicht Ihrer äußeren Lage halber allein, auch meinetwegen gut. Ich fühle es, daß ich Forderungen an Ihren Geist, an Ihren Umgang gemacht haben würde, die Sie vielleicht, ja gewiß nicht befriedigt hätten, teils nicht wollend, teils nicht könnend. Ich hätte es ertragen, aber nicht ohne Schmerz. Es gibt keine Freundschaft ohne Forderungen, ohne Ansprüche, wie es keine Liebe ohne dieselben gibt. Ich dürfte leicht jetzt in denen der ersten zu weit gehen, wie ich es in meinem früheren Leben in der letzten getan. Wenn wir uns einmal wiedersehen, bin ich vielleicht auch hierüber schon mehr zur Ruhe gekommen und fordere nicht mehr, als Sie geben können. Mißversteh Sie mich nicht, August, lieber *gar* nicht – doch was wäre da zu *miß*verstehn?

Das ›Glückwünschungsschreiben‹ ist gottlob hier vergessen, übelzunehmen aber war manches darin, auch ist es nicht ohne bittere Satire geschrieben, und was Ihnen unangenehm darin aufgefallen ist, haben mehrere gefühlt, und Lotte Schleiermacher, die nicht wußte, daß es von Schleiermacher sei, sagte in einer großen Gesellschaft bei mir zu Schleiermacher, daß man dem Verfasser sehr deutlich den Verdruß anmerke, daß man ihn nicht zur Kommission gezogen. Reimer ist bloß deshalb zu einer Geldstrafe condamniert, weil er einen Fehler gegen die Zensurgesetze begangen. Der Minister ist übrigens so böse auf Schleiermacher geblieben, daß er den Vorschlag der Akademie, Schleiermacher zum Sekretär der philosophischen Klasse zu machen, nur deshalb annahm, um sagen zu können, daß er nun zuviel zu tun habe und, da die Geschäfte im Departement sich sehr vermehren, er von diesem suspendiert sein solle. Dieses Herausmanövrieren aus dem Departement geschah aber auf eine so gute Art, daß Schleiermacher zufrieden ist. Er verliert nichts an Gehalt und gewinnt viel Zeit und ist dadurch aus einer unangenehmen Nähe des Ministers gekommen, in der beiden sehr unwohl war. Schleiermacher grüßt Sie sehr herzlich. Er will Ihnen immer schreiben, kömmt aber, wie zu vielem anderen, auch dazu nicht. Mit Bekker liest er jetzt wöchentlich den Dionys[ios] v. Halikarnass, und dem braven Bären wird ganz wohl in der Familie. Auf die Frau hält er sehr viel, und beide schweigen recht gut miteinander. Auch ich lese jede Woche die Republik mit Bekker, und wir sind schon im dritten Buche. Einmal wöchentlich lesen wir mit Scheden und Auguste Spanisch und einmal Shakespeare. Den letzten haben wir erst angefangen. Der Mensch [Bekker] hat ein ungeheures *Sprach*talent ohne alles *Sprech*talent. Er taut etwas auf bei uns, und wie oft ich ihn auch sehe, so kenne ich ihn doch noch *gar* nicht. Daraus ist wenigsten zu sehen, daß er gewaltig verschlossen ist.

Wenn einer von uns die ›Corona‹ von vorn und der andere von hinten angefangen hätte, so hätten wir uns beim Stillstand begegnet; denn ich bin auch nur bis in die Mitte gekommen, und wäre ich nicht krank gewesen, schwerlich so weit. Ihr Gleichnis ist sehr richtig; man wird von der Ansicht des ewigen Einerlei ganz müde, und überdies ist der Held, der Romuald, der wahre Peter Schlemihl; denn alles mißlingt ihm. Die Muse des Fouqué'schen Ehepaares ist wirklich ganz unerschöpflich; täglich erscheinen neue Bücher von einem oder dem anderen von ihnen. [...]   Haben und behalten Sie mich lieb.   H.

Meine erste und liebste Beschäftigung soll es an diesem freundlichen stillen Orte, in welchem ich seit zwei Tagen bin, sein,
Ihnen zu schreiben, mein teuerer Freund, was ich freilich lange
nicht getan. Lassen Sie mich aber meine Sünde gestehn, ich
wollte Ihnen nicht früher schreiben, um ein kleines mir nicht
wohltuendes Gefühl gegen Sie in mir vorübergehn zu lassen, das
durch Ihr langes Schweigen erzeugt war. Ich war so lange schon
um Sie besorgt gewesen, ehe ich mich entschließen konnte, an
Herz zu schreiben, und nun schwiegen Sie aus – eigentlich – keiner Ursache. Und freue ich mich auch jetzt schon, daß meine
Besorgnis unbegründet war, so hatte ich doch keine gute Stunde,
als ich Ihren Brief als Antwort auf den meinen an Herz erhielt.
Kurz vor meiner Abreise von Berlin hatte ich noch so vielerlei zu
gehen und zu tun, daß ich nicht zum Schreiben [kommen]
konnte; von hier aus hätte ich es aber in jedem Falle gleich getan,
auch wenn ich Ihren lieben Brief vom 26. nicht bekommen hätte,
der mir wenige Augenblicke vor meiner Abreise zukam und mir
in seiner Freundlichkeit ein günstiges Zeichen für mein Unternehmen war. Ja, lieber August, ein Unternehmen! Denn ich habe
meine alte Mutter hierher geführt, um sie in guter und freier Luft
atmen zu lassen, was sie in der Neuen Friedrichstraße nicht
kann. Was Gott mir in meinem früheren Leben versagt hat, ein
eigenes Wesen zu hegen und zu pflegen, das gibt er mir in meinem späteren. Meine Mutter ist durch ihre Kränklichkeit und
durch ihr Alter mein Kind geworden – mit dem schmerzlichen
Unterschiede freilich, daß ich dieses ins Leben herein gepflegt
hätte, so wie ich jene heraus pflege. Solange sie noch lebt, kann
ich Berlin nicht verlassen, da auch meine jüngste Schwester nicht
einmal dort ist. Und deshalb habe ich auch das Tiergartenwoh-
nen, das Sie sich so lieblich denken oder vielmehr wünschten,
aufgegeben und bin zu meiner Julie [Wolf] mit der Mutter
gegangen, wo wir beide mit unsäglicher Freude und Liebe aufgenommen sind. Nach dem Tiergarten hätte ich die Mutter aus vielen Gründen nicht mitnehmen können, und da sie oft krankt,
[hätte sie] keine Ruhe draußen gehabt. Wenn es sich machen
läßt, denke ich, bis zum 1. September hier zu bleiben. Ich werde
sehr fleißig sein, und das Leben in dieser Stille und in der Nähe
dieser so lieben und freundlichen Menschen wird mir sehr wohl
tun. Mein Stadtleben in Berlin war höchst unangenehm.

Sehr erfreulich ist es mir, daß Sie sich wohl fühlen – ja – recht gesund. Die Hensler sagte Schleiermacher, daß Sie es nicht wären, und ich begriff es leicht nach allem, was Ihr Gemüt durch den Tod Ihres Bruders gelitten hatte. Ich teilte der Meier mit, was Sie mir über ihn geschrieben hatten, und sie meinte, daß alles, was Sie mir von ihm gesagt, viel zu wenig sei. Die Meyer und Betty haben ihn wohl recht erkannt und gewürdigt. Ich weiß nicht, ob es Ihnen auch so ist wie mir. Ein mir lieber hingeschiedener Mensch lebt ein anderes Leben in mir als ein mir ebenso lieber abwesender. Es ist, mögte ich sagen, ein Leben ohne Zeit. Das Bild in mir altert nicht, wie der Verklärte nicht und die liebliche Jugend oder das kräftigere mittlere Alter, oder das freundliche Greisenalter; in welchem von diesen der Heimgegangene war, bleibt uns im Bilde unverändert. Die Blüte der ersten, die Kraft des anderen, die Milde des letzten bleiben auf dem Punkte in uns, auf welchem sie waren, als der Freund von uns schied. Das Andenken der letzten Krankheit selbst verläßt uns, und keine Spur derselben bleibt im Bilde.

Dem armen Niebuhr ist auch ein Teil des eigenen Lebens durch den Tod der Frau entrissen und so eine schöne seltene Ehe getrennt worden. Das Leben des einen war in dem des anderen aufgegangen. [...]

Mit Bekkern habe ich bis jetzt vielerlei getrieben, ihn also ziemlich oft gesehen, doch ist es über den wissenschaftlichen Verkehr hinaus nicht eben mit uns gekommen. Es ist ein gar harter Mensch, dessen Gemüt fest verschlossen ist, das selbst die Liebe, fürchte ich, nicht öffnen wird. Er fühlt es selbst, ist unglücklich darüber und äußerte schon in weicheren Augenblicken, daß er kaum mehr zu retten sei, so tief sei alles in ihm verschüttet. Eine traurige, gedrückte Jugend hat die Anlage zu dem starren Trübsinn ausgebildet, der ihn fast fortwährend beherrscht. Wie oft habe ich an Ihre Jugend gedacht, Twesten, sie war auch nicht rosig. Wie anders sind Sie aber geworden! Bei Schleiermachers ist Bekker am liebsten, und zweimal wöchentlich liest er mit Schleiermacher Griechisch. Jetzt sehn sie Handschriften zum Plato durch, die Bekker mit aus Paris gebracht hat. Diese Zusammenkünfte werden aber bald unterbrochen werden, denn Schleiermachers gehen nach dem Alexisbade, das dieselben Eigenschaften von dem in Wiesbaden hat, das Schleiermachern so wohl getan. [...]

Adieu, adieu Twesten! Ist mirs doch in diesem Augenblick, als leuchtete ich Ihnen die Treppe hinunter – Gute Nacht!

H.

Die schöne Freude stand mir also bevor, Sie in wenigen Monden – oder gar Wochen – zu sehen! Vielleicht ist es gut, daß der Plan nicht zur Ausführung gekommen ist, denn wie es scheint, hätte ich diese Freude nicht rein genießen können, da meine Mutter so ernstlich und gefährlich krankt, daß ich ihr Zimmer nur auf kurze Zeiten im Tage verlassen kann, und mein Gemüt in immer während er Unruhe über ihren Zustand ist. Sie ist 74 Jahre alt, und ihr Tod würde mich weniger betrüben, als ihr Leiden mich jetzt quält und mich so lähmt, daß ich zu nichts fähig bin. Vierzehn höchst glückliche Tage habe ich in Zossen verlebt. Dann fing die Krankheit der Mutter an, die dort drei Wochen dauerte; dann wagte ich die Reise mit ihr. Wenige erträgliche Tage hatte sie hier, und jetzt ist sie kränker als je. Ich flehe oft in meinen Gebeten zu Gott, ihr Leiden bald und sanft zu enden, denke ich an Sie, lieber August, an die Worte, die Sie einst mit Zuversicht sagten, daß Gott das Gebet jedes Einzelnen für jedes vernehme, und hoffe Erhörung meiner Gebete. Was ich in Zossen hatte, entbehre ich hier. Julie ist mir Freundin und Schwester, hier habe ich nur recht gute Bekannte, mehr nicht, Twesten. Mein armes Herz wird, solange es schlägt, sich nicht an Einsamkeit gewöhnen, und oft, wenn ein oder der andere Mensch mich so anzieht, daß ich mich ihm an den Busen legen mögte – so sehe ich durch Mann oder Frau oder Kinder die Stellen eingenommen; die Glücklichen!

Was Sie mir von der Hensler sagen, habe ich einzeln von mehreren gehört, die sie in der kurzen Zeit ihres hiesigen Aufenthaltes in ihrer Trauer gesehen. Man hoffte für den armen verwaisten Niebuhr, daß sie bei ihm bleiben würde, und begreift nicht, da man sie unabhängig weiß, weshalb das nicht geschehen ist. Doch wer kann über Familienverhältnisse urteilen wollen. Niebuhr geht in zwei Monaten nach Italien, er ist sehr unglücklich, daß er jetzt allein dorthin muß, und wäre gern auf deutschem Boden, besonders in Berlin, geblieben. Es scheint aber, als wolle man ihn da nicht, er ist den Dummen zu klug, und man tut, als wäre sehr viel an dem Gesandtenposten zu Rom gelegen. Auch versuchte er, davon los zu kommen, da man ihn aber in keine andere Tätigkeit setzen zu wollen schien, so ergab er sich wie ungerne auch. [...]

d. 21.

Bekker ist nach Paris geschickt worden, um Manuskripte zu holen, er kömmt im Oktober wieder und geht nächstes Frühjahr nach England, alte Inschriften zu suchen. Zu Büchern und Steinen paßt er viel mehr als zu Menschen. Ich vertraue es Ihnen, daß ich ihn nicht vermisse, obschon ich ihn sehr viel gesehen. Sie kennen mich genug, mein teuerer Freund, um zu wissen, daß so etwas nicht meine Schuld ist.

Leben Sie wohl, August, schreiben Sie mir bald wieder. Sie müssen es ja wissen, wie mein innerstes Herz Ihnen für jede Freundlichkeit, für jedes gute Wort dankt.

H.

[Berlin] Ende April [18]21

... Mein äußeres Leben ist, wie Sie es kennen, tätig und gesellig, und gibt die Geselligkeit mir schon nicht mehr den Genuß wie ehedem, so tut es doch, gottlob! die Tätigkeit. Denn ich gebe meinen 10 Mädgen den Unterricht mit eben der Freude heute noch wie vor Jahren, auch hat sich wieder ein freundlicher Geschichtslehrer gefunden, aber – er lehrt nicht auf Ihre Weise, er zieht nicht lebendig mit fort wie Sie, weil er selbst sehr langsam geht. Erlaubten es mir meine Augen, so würde ich auch für mich allein fleißig sein können. Dem muß ich aber fast ganz entsagen, was mir besonders des Griechischen halber leid ist, und da muß ich denn mehr Menschen annehmen und zu mehreren Menschen gehen, als ich meiner Neigung nach es mögte. Ich bin in den letzten Jahren, Gott sei Dank dafür, mehr auf mich selbst zurückgekommen, habe eine klarere Anschauung meiner selbst erlangt, und da finde ich denn noch mancherlei zu bekämpfen, mit dem ich schon fertig zu sein glaubte. Meine Kräfte zu solchem Kampfe sind sehr gering, und da nehme ich denn meine Zuflucht zum Gebet, das hilft stets – und wenn ich die Wirkung desselben recht lebhaft fühle, so erinnere ich mich eines Gesprächs, das wir einmal hatten, über das Gebet. Sie waren auf höherem Standpunkt als ich, mir ist aber auch seitdem viel wohler und ich um einiges besser geworden. Sie meinten, daß das einzelne Gebet erhört würde; ich war noch nicht des Glaubens, bin ihn aber geworden, denn vielfach habe ich die Wirkung desselben empfunden – nicht zu allen Zeiten, nicht in jedem Augenblick fühle ich den Frieden der Seele, um den ich bete, er wird mir aber oft, wenn ich gebetet habe. Sehn Sie, mein Freund, ich habe jetzt nur zwei Dinge, die ich zu erreichen strebe, Gleichgültigkeit ohne Unwillen oder gar Überdruß gegen die äußere Welt und Geduld und Ergebung für alles, was mir noch Hartes und Schweres bevorstehen mögte. Glauben Sie indeß nicht, daß ich närrisch oder verstimmt bin, daß ich nicht Freude an der Gegenwart, große, schöne Freude an der Vergangenheit habe. Die Zukunft, die irdische, bietet wohl keine durch Hoffnung dar, und auch habe ich gar viel im Leben gehabt, und wodurch wäre ich wohl berechtigt, mehr zu verlangen. Friede im Innern, Ruhe und Sorglosigkeit im Äußern ist alles, was ich noch wünschen kann, und ich wage es von der Gnade Gottes zu hoffen, daß diese mir werden. ...

Prenzlau im August [18]23

Ach, ich habe Ihnen sehr lange nicht geschrieben, mein guter lieber Twesten, ich weiß es wohl; lassen Sie sich aber deshalb nicht irre an mir werden – Schmerz und Freude haben auch in diesem, wie im vorigen Jahre mich heiß bewegt, und ich danke den allliebenden Gott, daß ich den ersten überstehen konnte und daß er die andere mir gegeben. Im April verlor ich meine jüngste Schwester an einem Nervenfieber; ich hatte ihre Kindheit gepflegt, das junge Mädgen erzogen, die Jungfrau ausgestattet und sie nach ihrem Herzen verheiratet – sie war trotz manchen äußeren Drangsalen glücklich bis ans Ende ihres Lebens, das sie schon im 43. Jahre erreichte. Sie war kränklich und schwach, eine unerhörte Unvorsichtigkeit zog ihr eine Erkältung zu, sie erkrankte und ihre Kräfte konnten nicht siegen, nach elf Tagen starb sie sanft ohne viel Schmerzen gelitten zu haben. Im April starben auch meine Eltern, im vorigen Jahre in demselben Monat meine beiden lieben Wolfs, und so legt man ein treues Herz nach dem andern ins Grab, bis man selbst, vereinsamt und verwaist hineingelegt wird. Gott sei Dank, daß ich noch zu fürchten habe. Möge seine Gnade mir erhalten, was er mir bis jetzt gelassen. Es war wieder einmal eine schwere Zeit für mich, und Wachen, Weinen und körperliche Anstrengung und Kummer hatten mich sehr heruntergebracht. Die Teilnahme, die ich erfuhr, war mir sehr wohltätig, und am meisten haben mich der Umgang und die täglichen Besuche eines alten treu bewährten

Freundes [gestärkt], der zufällig Geschäfte halber in Berlin war. Ohne krank zu sein, war ich eine ziemliche Zeit unwohl, bin aber jetzt durch Landluft und Bäder und durch die liebende Sorgfalt und Pflege meiner nun einzigen Schwester; die Sie *sehr herzlich* grüßt, wieder wohl.

Ich bin hier, in meinem sehr stillen Aufenthalt, handlich fleißig, lese und schreibe mehr, als ich es wegen meines Unterrichts in Berlin tun kann, und da habe ich denn die ›Weihe des Zweiflers‹ gelesen, und ich kann sagen, daß mich lange kein Buch so ergriffen und festgehalten hat. Was es in wissenschaftlicher Hinsicht ist, kann ich nicht beurteilen. Gesinnungen, Sinn und Gemüt aber sind so religiös und tief, fest und frei und mild, daß ich mich unendlich gehoben und erfreut fühlte. Wenn ich in meinem Urteil irre, so will ich mich gern zurechtweisen lassen, und ich dächte, Sie täten es, mein teurer Freund, denn aus Schleiermacher konnten Sie allein von allen, die ich kenne, am meisten Worte herausziehen. Sie wissen, wie wortkarg er am Teetisch sonst ist, und meine jungen theologischen Freunde, deren einige ganz treffliche Menschen sind, wollen keinen Moment von der strengen Wissenschaftlichkeit abgehen, was mein Standpunkt nicht sein kann. Ferner habe ich mich verstiegen und Schleiermachers ›Dogmatik‹ angefangen und mich schon bis in den zweiten Teil, aber recht mit Mühe, gebracht. Hoffe, auch diesen zu vollenden, dann aber will ich von vorne anfangen, und ist es nicht anders, mir Schleiermacher selbst zu Hilfe nehmen, um mich klarer darüber zu machen, als ich es bin, wenn ich anders die Fähigkeit dazu habe, es zu werden. Haben Sie wohl die Rezension darüber in der ›Hallischen Literaturzeitung‹ gelesen? wie hämisch und feindselig ist sie nicht! Mitunter kömmt es mir aber vor, als hätte der Mensch eine fixe Idee, da er meiner Ansicht nach keine der Anschuldigungen mit gehörigen Beweisen belegt, sondern immer auf dieser Idee, dem Pantheismus, stehn bleibt, von dort aus spricht und auch darauf hin. [...]

Schleiermacher ist in diesem Augenblicke wohl schon mit seiner Frau in Eger, wo beide den Brunnen und das Bad gebrauchen; er ist durch angestrengtes Arbeiten und mancherlei Berufsgeschäfte genötigt, jedes Jahr sich von neuem durch eine Reise Kräfte zum folgenden Jahre zu sammeln, und die Frau ist durch den großen Hausstand sehr angegriffen, da sie im ganzen schwächlich ist. Von Eger gehn sie nach Regensburg zu ihrer Schwester und dann schnell durchs Tyrol bis nach Bozen. Schleiermachers sind glückliche Menschen, mein Freund, denn sie sind glückliche Eltern. Höchst liebliche Kinder wachsen um sie her, und Schleiermachers einziger jetzt bald 3jähriger Knabe ist ein tüchtiger, sehr kluger Junge, und nie werden sie verlassen und verwaist sein im Alter, wie es kinderlose Leute sind. Nicht bloß das bürgerliche Beste und [seine] Schranken sind es, in die man gerne sich fügt – das Herz, auch besonders das weibliche, hat den schönsten Ruhepunkt gefunden und den höchsten in geliebten Kindern.

Rom 1817–1819

FRIEDRICH SCHLEIERMACHER
an Henriette Herz
[Berlin, Juli 1817]

Liebe Freundin, der spätere von diesen Briefen kam Dienstag abend mit der Post, der frühere mit Fritz Dohna Mittwoch mittag an. Ich gab mir Dienstag abend noch vergeblich Mühe, einen Boten nach Zossen zu bekommen, und ehrlich gesagt, den Einfall, eine Stafette zu schicken, bekam ich zu spät. Nun ich diese Briefe nach München schicken muß und die dortigen schrecklichen Postgesetze kenne, weiß ich kein anderes Mittel, als den andern Brief, der ein klein wenig angesiegelt war, auch aufzumachen, um diesen hineinzulegen.

Den Väterchen Jacobi grüße doch sehr verehrungsvoll von mir und sage ihm, ich glaube, wir würden uns verständigen, wenn wir uns sprechen könnten, durch Schreiben möchte ich es gar nicht darauf anlegen, weil ich in dieser Kunst zu tief unter ihm stände. Unter verständigen aber meine ich nicht gerade völlig eins werden, denn daran zweifele ich freilich, sondern nur zu einer übereinstimmenden Vorstellung von unserer Differenz gelangen, die mir Jacobi ganz anders anzunehmen scheint, als ich sie sehe. Übrigens hindern sie in mir gar nicht meine herzliche Verehrung. Aber wie soll ich auf dieses Sprechen hoffen, eher, als wenn in zwei Jahren aus der Schweizerreise etwas wird und es mir möglich ist, dann über München zu gehen. [...]

Übrigens ist die ganze Stadt voll davon, daß Du Dich in Zossen habest taufen lassen; woher, das weiß ich nicht. So geht es aber gewöhnlich mit solchen Dingen. Woher es kommt, dem habe ich nicht nachspüren können; – von uns geht es nicht aus, es müßte denn sein, daß die alte [?] sich in aller Unschuld verschnappt hätte, doch kann ich das auch nicht recht glauben. Ich habe es noch niemandem zugestanden, Arndt hat mich gut eingeübt auf das Lügen.

Eine unerwartete Freude harrt Deiner in Rom – die vortrefflichste Gelegenheit, viel englisch zu sprechen. Bunsen nämlich hat eine reiche Engländerin geheiratet und lebt mit ihr als ein großer Herr in Frascati. Ist das nicht eine sonderbare Geschichte? Nach Rom schreibe ich Dir zunächst durch Niebuhr oder Brandis, bis ich Anweisung von Dir bekomme. – Aus Alexanders Brief an mich ist nur nachzuholen die Bestätigung von Helvetius' Leiden an Herzerweiterung oder Pulsadergeschwulst, doch schreibt Alexander, er sei anscheinend gesund. Im Sept. kommt er vielleicht her und bleibt den Winter. Da will ich ihm noch einmal zureden, den Magnetismus zu versuchen. Die Scharnhorst-Dohna ist jetzt hier, ich habe sie aber noch nicht gesehen, sie wohnt leider bei Schmelzer. Fritz kommt künftigen Monat mit seinem Regiment durch. – Die beiden Sack sind zurückgekommen, sonst unverändert, aber sie sind in eine etwas widerwärtige Intoleranz und buchstäbliche Orthodoxie hineingekommen, aus der sie sich allmählich herausarbeiten müssen. Der jüngste hat bedeutenden Anstoß genommen an meiner Zueignung an de Wette. Meine Schrift über eine Synodalverfassung wird mir hoffentlich die Herzen aller verständigen Geistlichen gewinnen, mit Ausnahme derjenigen, welche gern etwas Papst sein wollen. Die hiesigen dieser Art sollen auch sehr aufgeregt sein und davon sprechen, daß ich in der Synode eine Rolle spielen wollte wie Massenbach in der Württembergischen Ständeversammlung! Neulich war ich mit Nicolovius zusammen bei Eichhorn. Er sprach aber, wiewohl von der Sache die Rede war, kein Wort von meiner Schrift. Ich hätte ihm sonst ins Gesicht gesagt, was ich sonst laut genug sage, daß er in meiner Achtung ungeheuer verloren hat dadurch, daß er den von mir getadelten Entwurf sanktioniert hat. Der alte Sack hat sich sehr zufrieden über meine Schrift erklärt, und das ist mir sehr lieb.

Du siehst, liebe Jette, wie ich alles durcheinanderschreibe in den unruhigsten Augenblicken, allein ich bin ziemlich durcheinandergetrieben, und wie auf dem kleinen Tisch alles durcheinanderfällt, so will sich auch in der Zeit nichts schicken. [...] Alles grüßt, und unsere Herzen sind mit Dir. Ein andermal schreibe ich Dir auch mehr aus dem Herzen, als ich jetzt kann. Für diesmal hast Du auch billig an Alexanders Briefe genug. Gott geleite Dich und laß es Dir recht wohl gehen.

Dein

Alter Ernst

HENRIETTE HERZ
an Frederik Christian Sibbern
Zossen, 6ten Juli 1817

Lassen Sie mich Ihnen das große Wort gelassen aussprechen, lieber Freund: *d. 26. d. M.* reise ich von hier – nach *Italien*. Auguste Klein ist meine Reisegefährtin, ein tüchtiger Bedienter unsere Begleitung. Wir werden sehr langsam reisen – werden über Leipzig und Nürnberg gehen, dann nach München, wo wir vierzehn Tage bleiben wollen, um alles recht zu genießen, dann durch Tirol nach Verona, Venedig und Florenz, wo wir 3, 4 Wochen bleiben, und in der Mitte Septembers denken wir in Rom zu sein, wo wir den Winter über bleiben. – Mit einfachen trocknen Worten habe ich Ihnen da hingestellt, was mich so lange schon bewegt, was mir in goldenem Schein in meiner Kindheit schon vorschwebte, womit meine Jugend schwärmte und was mir in meinem immer reifer werdenden Alter wünschens- und begehrenswert blieb. Meine Bekannte glauben, ich werde nicht wiederkommen; ich weiß es besser; Deutschland nicht nur, sondern Berlin bleibt meine Heimat – nicht etwa, weil ich dort geboren bin, sondern weil mein besseres Leben mir darin aufgegangen ist, weil mein innerer Sinn darin geweckt worden ist durch Dinge, Menschen, Leben. 2 Jahre könnten wohl darüber hingehn, ehe ich wieder völlig in Ruhe bin; dann bleibe ich aber auch ganz stille sitzen, gehe nur noch zuweilen zu meiner geliebten Schwester nach Prenzlow, und warte übrigens, bis das Leben hier zu Ende geht, hoffe auf ein anderes und werde stets daran arbeiten, daß durch Tugend und Religion es ein seliges werde....

HENRIETTE HERZ
an August Twesten
Zossen, den 12. July [18]17

... Durch Niebuhr oder Brandis werden Sie wohl schon wissen, daß Bekker mit Göschen von der Akademie geschickt in Verona sind, daß Bekker dann nach Rom gehen und bei Niebuhr wohnen wird. Mit diesem also kann ich die Reise nicht mehr dorthin machen, Plan war es allerding, es zu tun. Auguste Klein und ich wollten mit den beiden Herren reisen. Göschen fand aber gegründetes Bedenken dagegen, und Bekker widersetzte sich nicht. Nun wollen aber weder Auguste noch ich unser Schicksal von dem Willen, den Grillen, den Vernunftgründen jener Herren abhängen lassen, und reisen wir den 16. dieses auf unsere eigene Hand nach Italien, von einem tüchtigen gewandten Bedienten begleitet. Auguste holt mich von hier ab, wo ich schöne Wochen verlebt habe, die mir durch ruhige innere Anschauung, durch Lesen und Treiben manch hoher geistiger Dinge für mein ganzes Leben Heil bringen soll. Mit Ruhe und Heiterkeit und innerem Frieden trete ich die Reise an, gehe über Leipzig, Nürnberg (wo ich die arme Marie sehn werde) nach München, wo wir wohl 14 Tage bleiben werden, um die großen Kunstschätze, die es enthält, recht zu genießen, und ich besonders um Jacobi so lange zu bleiben wünsche. Dann gehen wir nach Verona, wo die Herren vielleicht noch sind, nach Venedig und Florenz. Dort bleiben Auguste und ich mehrere Wochen, so daß wir erst in der Mitte Oktobers in Rom sein werden, wenn die aria cattiva vorüber ist. Wie es die Herren einrichten werden von Florenz aus, das soll uns nicht kümmern. Den Winter bleiben wir dann in Rom, im Frühjahr gehen wir nach Neapel, wenn es sich tun läßt, besehn und genießen dort, was es Großes und Herrliches gibt, kehren dann nach der Gegend von Rom zurück, wohnen in Frascati oder Tivoli, bleiben den darauf folgenden Winter wieder in Rom und kehren im Frühjahr 19 nach Deutschland zurück – haben wir Geld genug, wohl durch die Schweiz – und sehn den Rhein, wodurch mir denn auch die Freude wird, die Schlegel zu sehn, wenn das Band des Bundestages so lange hält. Da die Reise so groß und weitläufig angelegt ist, ist mir zu Mute, daß ich überall hinreisen kann, und wer weiß, gehe ich nicht über Hamburg und komme nach Kiel, wo ich bei Ihnen wohl einer freundlichen Aufnahme gewiß bin, gehe dann durch Mecklenburg zu meiner

Hanne und endlich nach Berlin, wo ich dann ruhig sitzen bleibe und *warte* – denn ein spätes Leben ist doch nur noch ein Warten auf die Zeit der Auflösung. Dies, mein teurer Freund, sind meine Pläne, meine Vorsätze, die, ich weiß es wohl, ein Moment vernichten kann. Was hätte mir aber mein Leben bis jetzt mit all seinem Streben, mit all dem Guten und Schönen, das es mir durch Menschenumgang, durch Liebe und Freundschaft gegeben, genützt, wenn ich einem solchen Augenblick nicht mit der vollkommensten Ruhe entgegensähe, ohne mich stören zu lassen in dem Tun und Treiben der Welt, insofern es andern und mir Nutzen, Freude und erlaubten Genuß gewähren kann? Ja Twesten, und wenn heute mein Gott und Herr das Ende meines Lebens beschlossen hat, so ergebe ich mich still und betend seinem Willen – flehe aber auch zugleich, daß er mir mit dem Leben zugleich meinen Sinn, meine Liebe bis an das Ende desselben schenke. Diese Stimmung, dieser Friede, sollen, hoffe ich, dauernd in mir sein und Sie keine Klage mehr von mir hören, wenn schon hie und da einmal eine trübe Wolke meiner Seele vorüberzieht. Wenn Menschen mich wegwerfen, so weiß ich, wer mich nicht fallen läßt solange ich mich an ihn halte. Und so werde ich es nun auch besser ertragen, wenn mir da nicht gegeben wird, wo ich so gerne gäbe und gebe. Sie mögen wohl recht haben, mein Freund, daß ich von zu vielen fordere, was man eigentlich nur wenigen geben kann. Soll ich Ihnen aber sagen, woher das kömmt? Dazu muß ich Sie ein wenig in die Freimaurerei der Frauen einweihen. Ich scheue mich aber nicht, es zu tun, da ich jetzt aus dem Orden ausgetreten bin, die Gebräuche und Insignien aber leider noch zu überwinden habe. Sehen Sie, lieber Freund, wenn die Frauen jung und hübsch sind, dann gibt es gar zu viele Männer, die ihnen einbilden, daß es ihr Geist, ihr Gemüt ist, das sie anzieht, gar nicht das Äußere. Die besseren Männer mögen sich selbst darüber täuschen, ich will nicht richten; die besseren Frauen glauben ihnen das aufs Wort und freuen sich, daß sie außer dem hübschen Gesicht Eigenschaften des Geistes und des Herzens haben, die ihnen die Freundschaft und Achtung vorzüglicher edler Männer zuziehn und *fürs Leben* sichern; denn sie sind nicht vergänglich wie jenes. So lebt und druselt so eine arme Frau fort, bis die weiße glatte Haut gelblich und welk wird, die glänzenden Augen matt, der Mund eingefallen, die Nase spitz u. s. w. Da sieht sie denn, was die meisten jener *vorigen* Freundschafts-Versicherer gehalten hat, die sie in ihrem Herzen aufgenommen hatte. Die haben dann längst schon wieder ein griechisches Profil mit *vorzüglichen Geist- und Herzensgaben* gefunden. So leicht und scherzend ich Ihnen dies gesagt habe, lieber Twesten, so hat es doch seine sehr ernsthafte und gründlich wahre Seite, die Sie auch wohl herausfinden und als wahr erkennen werden; und deshalb will ich nicht weitläufiger darüber sein und Ihnen langweilig werden. Was vermöge seiner inneren Natur nie vergehen kann, das bleibt ewig, und was vergänglich ist, muß man als solches erkennen, wenn auch, in unserer Schwäche, mit Schmerz, je früher man es erkennt, je glücklicher. Wie vieles von dem, was Sie mir in unserem traulichen Zusammen sagten, ist mir seit der Zeit erst klar geworden, und über manches, worüber ich verschiedener Meinung mit Ihnen war, würde ich jetzt gleicher sein – doch – wir sehn uns noch einst wieder.

HENRIETTE HERZ
an August Twesten
Rom, den 8. November 1817

Ihr mir von Brandis gebrachter Brief hatte diesmal den doppelten Wert für mich, daß er, außer eben ein lieber Brief von Ihnen zu sein, auch gerade den 11. Oktober geschrieben ist, an dem Tage gerade, an welchem ich in Rom ankam. Vielleicht schrieben Sie auch zu derselben Stunde daran; es war Mittag. Den 11. Oktober also bin ich hier angekommen und bin heute wie den ersten Tag erfreut, berauscht, entzückt. Fangen Sie mir nur von neuem an zu sammeln, legen Sie jeden Thaler, jeden Groschen zurück, den sie nur immer erübrigen können, und kommen Sie mit Ihrer Tine, (auch wenn Sie beide nicht mehr ganz allein sind) sobald Sie können nach Italien. Sehen Sie, meine lieben Freunde, ich bin älter als 20 Jahre, bin viel, sehr viel ernster durchs Leben geworden, als ich meiner eigentlichen Natur nach es zu werden brauchte, bin, wie Sie wissen und es kennen, mein lieber Twesten, eine ordentliche, reinliche und, wenn ich es haben kann, in der äußeren Umgebung gern ein wenig eine elegante Frau, und es ist übertriebenes Vorurteil, das können Sie mir glauben, was die Leute von der Unordnung, Schmutz und Garstigkeit der italienischen Wirtshäuser, Straßen und Stadthäuser schreien. Sie fordern mich ganz ordentlich auf, Ihnen als unbefangene

Seherin, ich mögte lieber sagen: Fühlerin, zu sagen, wie mir Rom gefällt, wie mirs zusagt, auf mich wirkt. Ich tue es gerne, wie ganz entgegengesetzt es auch dem ist, das gerade diejenigen Ihnen gesagt haben, auf deren Wort Sie mit Recht viel geben. Wenn ich den Aufenthalt in Rom auch mit der größten Ruhe betrachte, so muß ich dennoch sagen, daß ich keine Art von Mensch, der unbefangenen innern Sinnes ist, mir denken kann, der nicht seine Rechnung finden könnte. Kunst, Wissenschaft, Natur, Gesellligkeit oder Einsamkeit sind ja wohl das Streben, Leben und Genießen der Menschen, und von diesen Dingen mangelt hier keins. Kunst und Natur sind hier in einem Grade groß, herrlich und lieblich, wie ich sie mir nie gedacht habe, trotz allem was ich darüber gelesen, davon gehört und in Bildern gesehn hatte. Der Reichtum an Kunstwerken des Altertums, der besten griechischen und römischen Zeit, im Capitol, dem ungeheuren Vatican, in einzelnen Villen, ist unglaublich und unfaßlich. Der dunkelblaue Himmel, die immergrünen Zypressen, Pinien, Stecheichen, Lorbeere, die hohen Feigenbäume, der im November frühlingsgrüne Rasen und die lieblichsten Wiesenblumen darin, die im freien offenen Boden stehenden blühenden Orangenbäume, die Jahr aus und ein blühende Monatsrose in Gärten und an altem Gemäuer, die wildwachsende Reseda in Rom selbst und in der ganz nahen Nähe von Rom, die etwas ferner liegenden herrlichen Berge in zauberhaftem blauvioletten Dunst – alles das übersteigt bei weitem, was ich mir von der hiesigen Vegetation gedacht habe. Die Menge der Deutschen, fast von allen Ständen, die hier sind, die Leichtigkeit in italienische Gesellschaften zu kommen, die Wohlfeilheit, Leute den Abend bei sich zu sehn auf italienische Weise, d. h. ihnen *gar* nichts geben zu dürfen, kann auch keinen Mangel an Gesellligkeit zulassen, wenn man sie nicht vorsätzlich entfernt. Der Altertumsforscher, der Geschichtskundige und -forscher findet in Bibliotheken und – ich mögte sagen: auf der Landstraße – Stoff zu seinen Arbeiten. Alles dieses, mein teurer Twesten, sage ich aus meiner innigsten Überzeugung und begreife es nicht, wie Niebuhrs sich so gar mißfallen können. Brandis und Bekker, der mit uns von Florenz gekommen ist und jetzt bei Niebuhrs sehr weit von uns wohnt, sprechen auch schon so. Niebuhrn ist das alte Rom zu zerstört, (Bekker nennt es schon *modern*), das neue Rom ist ihm in vieler Hinsicht zuwider, besonders aber weil es sich nicht an das alte anknüpfen läßt, es also für ihn kein Interesse hat. Und schön ist es freilich auch nicht, denn die schlechtesten Hütten stehen neben den größten *modernen* Palästen, in welchen aber auch, es sei an Gemälden, Statuen, Basreliefs, Inschriften, meistens Schätze enthalten sind. Niebuhrn wie Brandis sind die Gelehrten hier zu ungelehrt und darin haben sie nicht unrecht, denn die Borniertheit ist wirklich ungeheuer. Haben aber Niebuhr und Brandis nicht sich selbst? Ist alles andere nichts weil manches fehlt? Wie leicht Niebuhr zu verstimmen, wie schwer wieder zu stimmen ist, werden Sie wissen. Rom mißfiel ihm bei der Einfahrt schon, und so bleibt auch das Mißfallen fest. Dazu kömmt, daß er nicht wohl war, ja, ehe ich kam, gefährlich krank an der Ruhr. Jetzt ist er so wohl, wie er es vielleicht nicht war, ehe er krank ward; ich finde ihn nicht übler aussehend als in Berlin. Die Frau ist sehr frisch. Das Kind, von dem jeder mit Lob seiner Schönheit und Frische spricht, habe ich noch nicht gesehn, es schlief, als ich meinen ersten Besuch dort machte, und der zweite soll erst gemacht werden. Daß Niebuhr hier allgemein anerkannt ist wie er es verdient, können Sie denken. Sein Ruf war ihm vorangegangen, man bedauert aber, daß er ein so zurückgezogenes Leben führt, daß ihn weder Fremde noch Einheimische noch das Corps Diplomatique sieht oder hört. Diese Menschen sind ihm alle zuwider und lästig. Einige Künstler zeichnet er aus, die sowohl wacker in ihrer Kunst als auch vortreffliche Menschen sind, und er unterstützt sie nach Kräften. Die meisten der deutschen Künstler wohnen in meiner Straße, das ist sehr weit von Niebuhr; sie besuchen ihn daher seltener als sie es würden, wenn er näher wohnte. Brandis ist oft und viel krank, das wird Ihnen sein Bruder sagen, obwohl er ihn besser fand als er ihn früher gekannt hat. Kopf- und Brustschmerzen aber verlassen ihn selten, den lieben Mann.

Soviel von Rom und von denen, über die Sie etwas zu wissen wünschen. Einen Unterschied dürfte es machen, auf unbestimmte Zeit hier bleiben zu *müssen* wie Niebuhr, oder zu wollen, wie die Künstler, oder zu können, wie die freien Reisenden.

den 9. November.

Diesen Abend wird bei Bunsen das Reformationsfest gefeiert, es sind auch Frauen dabei. Auguste Klein ist nicht eingeladen, ich auch nicht. Auguste kennt er als Christin, von mir weiß er es nicht. Ich gestehe, daß ich gerne dabei wäre, kann aber doch nichts dazu tun. Bunsen hier verheiratet zu finden, war mir eine wunderliche Erscheinung. Seine Frau ist recht angenehm und gebildet und ungewöhnlich mitteilend für eine Engländerin, aber, mein Freund, er hätte doch nicht eher heiraten sollen, bis auch er einen Groschen zum Haushalt geben konnte; er kömmt mir ein bißchen wie der Prinz von Coburg vor, der die künftige Königin von England geheiratet hat.

[...] Ich schreibe Ihnen auch nicht eben oft, denn das Porto ist zu teuer und unvernünftig. Mein Tagebuch soll allen mehr als meine Briefe sagen, und *wie* gerne will ich Euch, meine lieben Freunde, daraus vorlesen, wenn ich nach Kiel komme. Ich hänge aber nicht ganz von mir ab, ach, und wage auch kaum, auf so lange Zeit etwas vorauszusagen. Bei meinem Lebensplan, Sie zu besuchen, bleibt es, wenn Sie nicht bald nach meiner Rückkehr nach Berlin kommen. Ob ich diesen Besuch aber werde mit in diesen Plan einschieben können, das ist die Frage. Dank aber, recht innigen, daß Ihr es wollt.

Gern sagte ich Ihnen etwas über den Katholizismus der jungen Leute hier, ich habe aber erst einmal Gelegenheit gehabt, mit einem Übergegangenen zu sprechen. Und weil zwei davon die Söhne der Friedrich Schlegel sind, die ich sehr liebe, so gehe ich sehr leise und will eine Gelegenheit abwarten. Der jüngere Schadow ist der, mit dem ich gesprochen habe, natürlich nicht darüber, daß sie oder warum sie katholisch geworden wären, sondern über die große Intoleranz, die sie üben sollen, über das Verwerfen aller anderen Menschen, die nicht ihrer Meinung wären u. s. w. Er antwortete, daß sie eigentlich unschuldig an diesem Rufe wären, daß andere nicht einmal katholisch Denkende durch wunderliches Wesen sie in diesen Ruf gebracht hätten, daß es ihnen allen sehr leid sei, ihn zu haben u. s. w. Daß übrigens gerade diese jungen Leute zu den besseren gehören, beweist schon, daß Niebuhr sie gerne sieht. Warum wollen Sie aber schweigen, wo Sie gegen das, was Ihnen Unrecht dünkt, sprechen könnten? Beim Abwarten kömmt nichts heraus, und die auf Irrwegen Begriffenen können vielleicht noch umkehren wenn sie zu rechter Zeit gewarnt werden.

Nun sage ich Ihnen ein herzliches Lebewohl, mein teurer Freund, und danke Ihnen für jedes liebe und gute Wort in Ihrem Briefe. Lassen Sie sich die Stimmung lieb sein, in der ich oft bin. Es ist wirklich mehr ein *Er*geben als ein *Auf*geben – obschon eigentlich immer etwas von dem letzten im ersten ist. Ich danke

Gott mit Andacht für Gesundheit und Ruhe, die er mir gibt, für regen Sinn und vieles Gute das er mir gewährt hat, – auch für jeden Schmerz, den ich im Leben gehabt habe; denn ich mögte ihn, wie Sie mit Recht sagen, nicht in mir vermissen. Wer verlieren kann, besitzt; wer arm geworden ist, war reich, und ich verkenne wahrlich nicht, was ich hatte und habe.

Von meiner eigentlichen Reise habe ich Ihnen nichts gesagt. Mir ist nichts eigentlich Merkwürdiges auf ihr begegnet. Sie war angenehm, vergnüglich und glücklich. Helle Punkte hatte ich viel in Deutschland. Einer der schönsten war, im interessanten Nürnberg Marie ganz gesund und wohl zu finden und so heiter, wie es ihre sehr unangenehme [Umgebung] nur immer erlaubt. [...] Wir waren drei Tage in Nürnberg und Marie immer mit uns. In München ging es mir auch sehr gut durch Menschen die ich gekannt und nicht gekannt habe, Jacobi, Schelling u. s. w. Nun kam das göttliche Tyrol mit seinen trefflichen Bewohnern, dann Italien. Die Menschen hörten nun freilich auf, die welche zum Lande gehören und die Überbleibsel der alten Pracht, und ihrer tiefen Zerstörung sind freilich besser als diese entarteten Menschen.

den 10.

Gestern Abend war Bekker bei mir und sagte mir ein Wort von Bonn. Wenn Sie dorthin gehn, sehe ich Sie früher; denn mein Rückweg geht über den Rhein. Nanny finden Sie dort als eingebürgerte Frau Arndt, eine gute Bekannte also. Und welch herrliches Land bewohnen Sie dann, Ihr Holstein übrigens in Ehren. Diesen Abend sind wir mit Humboldts bei Niebuhrs – ich erkenne wie ich soll. Nun will ich den langen Brief enden, den ich diesen Abend an Brandis für Sie geben will. Er ist lang und verworren, nehmen Sie ihn freundlich hin und sprechen Sie zu niemanden von dem, was allein für Sie und Ihre Frau ist. Ein wiedergesagtes Wort ist gewöhnlich oder wird unvermerkt oft anders. Leben Sie wohl, lieber, lieber Twesten, schonen und erhalten Sie Ihre Augen. Das Übel dauert lang. Wollen Sie den Magnetismus nicht versuchen? Schreiben Sie mir bald und sprechen mir von sich, Ihrem Glück, Ihrem Schicksal.

Ihre Jette

HENRIETTE HERZ
an Louise Seidler
Rom, im Februar 1818
Den 12.

Vor einer Stunde brachte Thürmer mir Ihren Brief, meine liebe Louise, und im ersten Gefühl der Freude, die er mir machte, will und muß ich Ihnen dafür danken und Ihnen sagen, wie ich es recht erkenne, daß es lieb und gut von Ihnen ist, mir geschrieben zu haben! Durch einen von hier abgehen wollenden Künstler wollten wir Ihnen schreiben, er reiste aber nicht, und so unterblieb auch unser Schreiben; jetzt, durch Ihre Freundlichkeit von neuem angeregt, verschiebe ich es nicht länger und werde den Brief durch Ringseis besorgen lassen.

Wie soll ich nur anfangen Ihnen zu erzählen, zu sagen, wie glücklich und angenehm unsere Reise war und wie unendlich herrlich es hier ist! Ja, liebste Louise, wer nicht notgedrungen muß, der soll nicht sterben, ohne Rom gesehen zu haben, ohne durch Tirol dahin gereist zu sein. Wie übertrifft die Wirklichkeit jede Beschreibung! wieviel höher steht Tirol mit seinen Bewohnern, als selbst Goethe sie beschreibt!

Wie wohl mir in München war, das müssen Sie gesehen haben; dem verehrten trefflichen Jacobi, dessen flüchtige Bekanntschaft wie ein schöner Traum mir vor der Seele schwebte, näher zu sein, ihn zu sehen, zu sprechen, mich seiner Freundlichkeit, deren er mich würdigte, zu freuen, die Bekanntschaft von Schellings, Gotters, Niethammers und des bei Jacobis versammelten Kreises – alles das war eine schöne Weihe zur Erfüllung meines Jugendtraumes.

Mit München ging mir fürs erste das Leben mit interessanten Menschen unter, das der Natur ging aber auf, und wahrlich, alles, was ich bis jetzt Großes, Schönes und Herrliches gesehen habe, vermindert den Eindruck nicht, den jenes herrliche Land auf mich gemacht hat. Alle Beschreibung der Natur und der Menschen dort gibt keinen Begriff von der Wirklichkeit – ich schweige also auch gegen Sie davon, liebe Louise, und sage Ihnen nur, daß, vom Himmel begünstigt, wir glücklich in Verona ankamen.

Verona war nun eigentlich die erste große italienische Stadt, die wir sahen, und in ihr die ersten Überbleibsel großer, längst vergangener Zeiten. Das schöne Amphitheater verfehlte seine

Wirkung nicht auf uns, auch gingen wir gläubig in ziemlich starkem Regen nach einem kleinen, wüsten Garten und holten uns ein Steinchen von Julie und Romeos Grabe. Durch unsern Bankier, einen Schweizer, sahen wir das Merkwürdigste in Verona, und nach drei Tagen reisten wir ab, gingen durch das schöne, aber öde und wüste Padua längs der Brenta nach Venedig. Liebste Louise, bilden Sie sich ja nicht ein, durch alles, was Sie gelesen, gesehen und gehört haben von dieser Zauberstadt, auch nur einen entfernten Begriff von ihr zu haben; in jeder Hinsicht übersteigt sie das Bild, das man sich von ihr macht. Bunt, voll und fast kleinlich ist alles, was ich von Venedig gemalt gesehen habe. Die Paläste stehen aber in grauer, stiller Pracht längs des großen Kanals, indes ein auf keine Weise zu beschreibendes Leben auf dem herrlichen Marcusplatz und der Riva schiavone in unendlichen Gestalten und Tönen sich zeigt. Berauscht vom Unerwarteten, Großen, Reizenden war ich die ersten Tage, und die fünf Tage unseres dortigen Aufenthalts verstrichen in einem Genuß, und das Bild Venedigs steht wie ein schöner Zauber vor meiner Seele. Von Verona nach Florenz hielten wir uns nur einen Vormittag in Bologna auf; in Florenz waren wir 4 Wochen, und dort sah ich zuerst mehrere herrliche Marmorbilder, deren schwache Nach- und Abbildungen ich früher an mehreren Orten gesehen hatte. Wie Bekannte in verklärter Gestalt traten sie mir entgegen – und mit Wahrheit kann ich Ihnen sagen, liebe Louise, daß ich zuerst vor ihrer mächtigen Herrlichkeit so erschrak, daß mir die Brust eng ward, ich die Augen niederschlug und mich wegwandte. Vor der Gruppe der Niobe war dies besonders der Fall; allmählich ward ich vertrauter mit ihnen und kehrte gern und freudig immer wieder zu ihnen zurück. Deutscher Umgang fehlte mir in Florenz, und nachdem ich alles tüchtig, nach meinen Kräften, gesehen hatte, verließ ich es gerne, um dem höheren Ziele entgegenzueilen, und vergnügt und gesund kamen wir am 11. Oktbr. vormittags um 12 Uhr in Rom an. War ich den ganzen Morgen des letzten Reisetages außer mir, so war ich es nicht weniger, als ich endlich wirklich durch das Tor einfuhr, den Obelisk, die auf dem Platze liegenden Kirchen usw. sah. Das Wetter war herrlich in den ersten Tagen unseres Hierseins, und mir war oft, als hätte ich Flügel an der Seele, so leicht, so gehoben, so getragen fühlte ich mich. In den ersten Tagen sah ich mehr, als ich vertragen konnte, und der sich einstellende Regen machte mir die nötige Ruhe erreichbar. Der Regen hielt ungewöhnlich lange an, wir waren aber dennoch sehr glücklich, denn wir waren in Rom! In Frau von Humboldt, der gegenüber wir unser kleines Quartier bereit fanden, umarmte ich eine längst bewährte Freundin, in den Söhnen der Friedrich Schlegel liebe junge Freunde, die ich wie Söhne selbst liebe, da sie meinem Herzen durch die Liebe der Mutter nahe verwandt sind; in den beiden Schadows sah ich alte, gute Bekannte, und ebenso machte ich in den ersten Tagen die Bekanntschaft von Cornelius und Overbeck. Bin ich in meiner Unkunde und Unwissenheit in der Kunst schon nicht berechtigt, etwas darüber auszusprechen, so darf ich Ihnen doch sagen, daß die Arbeiten dieser jungen Männer mich wunderbar, jedes nach seiner Individualität, ergriffen. Den jüngsten Schadow sah ich beim Abschiede von Berlin als einen zierlichen jungen Weltmann und eleganten Porträtmaler, der durch einige ähnliche Porträts vornehmer Personen schon eine Art von Ruf hatte, der ihn über die Gebühr eitel machte. Den jüngsten Veit (Philipp, den Sie wohl von Dresden her kennen) sah ich als Anfänger der Malerkunst Berlin verlassen, nachdem er von der schönen Prinzeß Wilhelm ein gut gedachtes, aber dürftig und schwach ausgeführtes Bild gemalt hatte. Von Overbeck kannte ich ein kleines Madonnenbildchen mit steifen Falten und gelben steifen und starren Haaren, von Cornelius Zeichnungen zum Faust und den Nibelungen – nichts in Farben –, und wie fand ich alle diese Leute, nachdem ich sie ganz anders zu finden, nach Goethes Main- und Rheinreise glauben mußte! Schadow war ein Porträtmaler geworden, der jedes Porträt zum Tableau erhöhte, so wie in seinen Kompositionen sich stilles frommes Gemüt ausspricht, und zwar auf die lieblichste Weise durch Form und Farbe. Philipp Veit, der im Jahre 11 sein erstes Ölbild malte, dessen Studien durch den Freiheitskrieg Deutschlands, den er mitgemacht hatte, unterbrochen wurden, hatte Riesenschritte gemacht, und stehen seine Gestalten und ihre Umgebungen vielleicht jenen an Lieblichkeit nach, so drücken sie doch ebenso tiefen Sinn auf vielleicht kräftigere Weise aus. Overbeck verbindet mit eben diesem tiefen, stillen Sinn eine ungewöhnliche Grazie in Männer- und Frauengestalten. Cornelius steht vor allen hoch da, und alles, was ich früher von ihm gesehen hatte, verschwindet gegen das, was er seitdem gemacht hat und jetzt macht. Der tiefe Ernst in den älteren Mannesköpfen, die Milde und Männlichkeit und sogar Lieblichkeit und Innigkeit in den jüngeren, die hohe Weiblichkeit in den Frauenköpfen ist in allen seinen Kompositionen gleich groß und schön. Bartholdy, der preußische General-Konsul, gab den vier Genannten zuerst Gelegenheit, ihr Talent in der Freskomalerei zu zeigen, und das kleine Zimmer, das er in der gemieteten Wohnung konnte malen lassen, enthält viel, sehr viel Schönes, und jetzt läßt der Marchese Massimo in seinem Palaste zwei Säle malen – den Dante und den Tasso – d. h. die Haupt- und bedeutenderen Nebenmomente beider Gedichte darstellend. Cornelius hat sich den Dante, Overbeck den Tasso gewählt; und beide haben schon Kartons dazu fertig, die ein selten herrliches Werk versprechen. Overbeck hat erst das Mittelstück der Decke ganz fertig; das befreite Jerusalem in der Gestalt einer auf einem prächtigen Sessel sitzenden Frau, der zwei Engel eben die Ketten abgenommen haben, die sie schwebend noch in den Händen haben. Die schöne Gestalt sieht ernst und fest und mit erlaubtem stolzen Gefühl aufwärts, den Wert der Freiheit fühlend, doch anerkennend, von wannen sie ihr kommt. Cornelius, der sehr schnell arbeitet, hat schon zwei Kartons mit vielen Figuren fertig, von denen die meisten trefflich gelungen sind.

So, liebe Louise, hat der eigene Genius diese Jünglinge über das erhoben, wonach sie sich mit Gewalt bilden wollten: ich meine, daß ihr besserer Genius sie bewahrt hat vor den Unvollkommenheiten derer, nach deren Vollkommenheiten sie mit Recht strebten und streben, die sie in einem gewissen Grade schon erreicht haben und hoffentlich immer mehr erreichen werden. Hätte Goethe die Arbeiten dieser jungen Männer gesehen, er würde vieles nicht über sie haben sagen lassen; sähe er sie noch, er nähme manches zurück. Ich habe Ihnen nur diejenigen genannt, die mit Recht als die vorzüglichsten genannt werden – es gibt aber noch einige, die Lob verdienen, und dazu gehören der älteste Veit, der langsamer als die andern arbeitet, daher auch weniger große Fortschritte gemacht hat; seine Bilder sind melancholisch in Komposition und vielleicht auch in Farben, derselbe tiefe, fromme Sinn aber ist auch in ihnen. Lassen Sie uns den Geist, der über jene gekommen ist, nicht tadeln, wenn er auch etwas in sie gebracht, das vielleicht aus ihnen wegzuwünschen wäre. Ist es in unserer Macht, zu sagen, daß sie so streng sittlich, so gründlich künstlerisch, so rechtlich, wacker, fromm und treu wären, wenn sie geblieben, was sie waren? Und das waren die meisten? Etwa Protestanten? Nein – sie waren nichts, sie waren ohne alle Religion, denn wären sie Protestanten im wahren Sinne des Wortes gewesen, so könnten sie ja wohl alles gewesen und geworden sein, was sie jetzt als Katholiken sind.

Ich habe Ihnen, liebste Louise, flüchtige Worte über die neue Kunst hier und gar keine über die alte gesagt, denn mit meinem Verstehen der Kunst steht es schwach; ich fühle sie allenfalls – die Menschen und die Natur verstehe ich besser, und so erfreue ich mich täglich des Umgangs mehrerer Künstler, die den Abend gerne teilnehmen an unserem Teetisch, der mit seinem siedenden Kessel uns nordische Abende nach südlichen Tagen bereitet – so entzückt mich täglich der dunkelblaue Himmel, die herrlichen, mit Schnee bedeckten Berge, die in der schönsten Mittag- und Abendbeleuchtung vor mir liegen, indes ich in warmer Sonne unter ewig grünen Bäumen stehe, auf hellgrünem Rasenteppich, der mit den mannigfaltigsten Blumen von ungeheurer Farbenpracht bedeckt ist – umgeben vom Duft der fast nie verblühenden Veilchen, nie aufhörendem Vögelgesang, indes fast rund umher die jetzt reifen Pomeranzen mich aus dunkelgrünem Laube anglühen. Sagen Sie nur, wie das alles eine arme Nordländerin, die im Schnee geboren und erzogen ist, aushalten soll – mir ist auch oft, als könnte ich es nicht – und nun in all dieser Himmels- und Erdepracht gesammelt und aufgehäuft Schätze der Kunst aus ihren besten Zeiten, in unglaublichem Maße, ja, aufgehäuft und einzeln; denn in jedem Winkel der Stadt findet man Andenken der großen Kunstzeit! Und doch, und doch gibt es treffliche Menschen, denen das alles nicht genügt, denen es in Rom nicht gefällt – die sich in dem, was da ist, stören lassen durch das, was sie vermissen, die über das Nichtgute, das wirklich da ist, das nicht sehen, was klar, groß und herrlich da liegt.

Zu diesen aber gehört der Kronprinz von Bayern nicht, an dessen großer Freude an Rom ich meine eigne Freude habe, dieses ist ein einziger Prinz, wahrlich, in dessen Nähe man vergißt, wie hoch er in der äußeren Welt über einem steht. Er erkennt in vollem Sinne den Wert und das Verdienst der hiesigen deutschen Künstler nicht nur, sondern alles, alles, was hier zu erkennen ist – läßt sich durch nichts stören im Genuß der Herrlichkeit, die einem gesunden inneren Sinne hier überall, aus jedem Winkel, von jedem alten Gemäuer, in hohen Sälen, wie vom Rasen, entgegenstrahlt. Er ist in einem Entzücken, das ich vollkommen mit ihm teile, und wahrhaft wohl tut es mir, daß er die deutschen Künstler, und besonders die Preußen, auszeichnet. Eberhardt, seinen Landsmann und künftigen Untertan, hat er erst während seines jetzigen Aufenthaltes recht kennen und würdigen gelernt. Steht er als Bildhauer nicht so hoch, wie mancher andere, und besonders wie Thorvaldsen – der wahrlich auf selten hoher Höhe steht so ist er als Komponist bewundernswert und wahrhaft groß. Das tiefste Gemüt spricht sich in anmutigen Gestalten und Zusammensetzungen in seinen Zeichnungen aus, auch wird der Kronprinz ihn hoffentlich beschäftigen. Dieser besucht alle deutschen Künstler und hat sich mit seinem Gefolge mit altdeutscher Tracht bekleidet; er meint, Ringseis sähe wie ein Geisterbeschwörer darin aus; und finde ich auch das grade nicht, so sieht er doch wunderlich genug mit seinem Schnurr-, Knebel- und Zwickelbart aus, der seinem mageren Gesicht ein wunderliches Ansehen gibt.

Den 17.

Nun, liebste Louise, will ich nur aufhören; denn wieviel ich auch noch zu sagen hätte, so muß ich es, denn wo die Zeit hernehmen? Des Vormittags scheint mich die Sonne zum Zimmer hinaus, ich kann es nicht aushalten im Hause, und den Abend sind entweder Leute bei uns oder wir sind später drüben bei Frau von Humboldt, wo auch immer deutsche Künstler sind. Dann habe ich die Bekanntschaft einiger englischer Häuser, die mir auch zuweilen einen Abend nehmen, und auf diese Weise lerne ich denn geläufig deutsch und englisch sprechen, an Italienisch ist nicht zu denken, da mich die italienischen Gesellschaften langweilen und ich die Bekanntschaften dieser sonst wirklich zuvorkommenden Leute vernachlässige.

Leben Sie wohl, recht wohl, streben Sie danach, uns noch in Rom zu sehen, die Reise ist bequem und nicht sehr kostbar.

Grüßen Sie Jacobis; wie soll ich Ihnen aber sagen, wie alle und wie jeden, mit Liebe und Dank? Sie werden es wohl wissen: Schellings, Roths, Niethammers, und wer freundlich meiner gedenkt. Schreiben Sie mir bald wieder, ich sage Ihnen meine Adresse in dem Papierchen, in welchem die Veilchen liegen: ein paar Veilchen, in der Villa Pamphili gepflückt!

Leben Sie wohl und sein Sie gewiß, daß wir Ihrer oft freundlich gedenken. Henriette Herz

an Anna Horkel
Rom, den 28st. Febr. 1818

Haben Sie recht herzlichen Dank, meine liebe Freundin, für die mir durch die Nordländer geschickten Zeilen – ein liebes Zeichen Ihres Andenkens waren sie mir, und diese durch jene gesandten sollen Ihnen außer dem Danke noch sagen, daß mir heute wie in den ersten Tagen meines Hierseins Kauer mit seinen Durchschlägen alter Zeilen, mit seinem durch die deutschen Künstler aufgehenden neuen Kunstlichte, seinem dunkelblauem Himmel (der heute zwar grau ist), seinem ewigen Frühling usw. wahrhaft entzückt – nicht jedem undeutlichen Menschen aber wird es da gut – so auch dem armen Atterbom – dem ist nicht wohl hier, er und viele andere lassen sich stören in dem Genuß dessen, was hier ist, durch den Mangel dessen, was nicht ist. Und dadurch sind die denn grundbedauernswert und es [ist] ihnen ganz und gar nicht zu helfen. Küder hat sich auch hier nicht gefallen – ich habe ihn zwar nicht selbst gesprochen, weiß es aber von den anderen, die es haben – wie gerne hätte ich ihn nicht ausgefragt über Schliers, die Weiß usw. usw. Er kam aber nicht zu mir und ich gerade in den wenigen Tagen meines Hierseins nicht zur Humboldt – ich hatte die ersten sehr betrübten Tage in Rom. Hatte eben durch jene mitreisenden Herren die Todesnachricht von meiner einzigen Nichte, die Tochter meiner armen Schwester Herz, bekommen und war nicht geeignet, in Gesellschaft zu sein. Sonst wäre es mir besonders lieb gewesen, Küder zu sprechen und ihm noch für meine echt protestantischen Freunde die Versicherung mitzugeben, daß ich weder katholisch geworden sei noch es werden würde – wie man in Berlin von mir gesagt hat und sagt in London. Herr von Humboldt hat es der Frau geschrieben: ich komme mir gewaltig vor, daß man um meiner Seele Heil so besorgt scheint – wäre ich aber nicht lange schon eine gute feste Protestantin, so würde ich in Rom nicht werden – wie weit also von der Katholikin! Wer unbefangenen Sinnes hier ist, wird mich besser verstehen, als man es in der anderen kann – genug davon – glauben Sie mir aber, was ich Ihnen gesagt habe. Nun habe ich die Bitte einer Freundin an Sie – meine jüngste Schwester, Nathan, ist durch unglückliche Spekulation ihres Mannes in die Notwendigkeit versetzt worden, etwas zu ihrem Unterhalt zu unternehmen – d. h. sie und ihr Mann haben in der

H. Geiststraße Nr. 51 eine Materialhandlung – schaffen Sie ihnen Kunden, wenn die Waren gut sind. – Ich sage dieser großen Bitte, aus dem höchst grundtiefen und wahrlich göttlichen Kummer gesandt, nichts hinzu. Daß mir die Bestellung am Herzen liegt, können Sie sich denken. Leben Sie wohl, recht wohl. Gott stärke Sie in Zeiten, wo Sie Trost aller Art bedürfen. Und bewahre Sie davor so lange als möglich. Grüßen Sie die Weiß, die Sebbe und Haustein sehr herzlich von mir. [...] Wir Berliner haben aber wirklich etwas Kaltes, höchst Vernünftiges, und wir wollen es uns nur gestehen, etwas, das wenigstens feind der Philisterei – es ist kein Land der Kunst und Poesie. Wer in diesem lebt, dem kann nicht wohl darin sein! Wenn er nicht an manchem hängt und in und mit diesem lebt – dem armen Atterbom ist auch nicht wohl darin geworden – denn seine Art ist nicht die unsere – und man hat gar wenig Mitleid bei uns – denn sogar hier sind die Deutschen nicht mild gegen das, was sie lieber nicht beachten sollten. Arns schwarzer Samtkragen mit Leinen und wunderbar gestickt macht gewaltige Sensation unter ihnen, und ich hatte nicht den Mut, ihm zu raten, daß er ihn abtrennen lasse. Was ich übrigens für ihn tun kann, soll geschehen – er ist nicht glücklich. Das fühlt man ihm bald an und die gesunde kräftige Natur des Hjort wird ihm wohltun. ...

Letzte Liebe –
Briefe an Immanuel Bekker

München d. 6. August [18]17
Keinen Brief, lieber Bekker, sollen Sie von hier von mir erhalten, nur einige flüchtige Worte, die Ihnen für Ihren liebenswürdigen Brief danken und Ihnen sagen sollen, daß wir nun wirklich auf der Reise nach Italien sind. Seit dem 31. l Ms [letzten Monats] sind wir hier, wo es uns so gut geht, daß wir uns ungerne zur Abreise anschicken werden – die wir indes dennoch auf d. 15. spätestens festgesetzt haben, – und dann ruhig und gerade den Weg nach Verona nehmen. Auguste [Klein] wird an Göschen schreiben und ihn bitten, uns eine Wohnung von 2 Zimmern in V[erona] zu besorgen, wenn wir auch nur kurze Zeit dort bleiben – das Wirtshaus ist uns zuwider und zu teuer. Bis jetzt ist unsere Reise so glücklich und angenehm gewesen, daß uns immer ein

heller Punkt nach dem andern aufging – Leipzig – Nürnberg, München. Daß ich Jacobi, den ich verjüngt gefunden, sehr viel sehe, können Sie denken, der ist mein hellster Punkt hier, obschon auch andere, recht ordentliche Menschen sehr freundlich gegen uns sind. Die Galerien und Merkwürdigkeiten sehn wir den Morgen und Nachmittag, den Abend sind wir in der Oper oder in Gesellschaft – Eine andere Gestalt dürfte unsere Reise von hier aus annehmen – manches wird für uns unteranderes aufgehn – ich bin voll Erwartung und Hoffnung. Ich bitte Sie, dieses Briefchen an die Veits [Philipp und Johann] nach Rom mit der nächsten Post zu schicken, es enthält den Auftrag, uns eine Wohnung zu besorgen. Wenn es wahr ist, daß man einen Paß vom Kirchenstaat haben muß, ehe man hinein darf, was Sie leicht erfahren und auch wissen müssen, so bitten wir Sie oder Göschen, uns einen von Niebuhr besorgen zu lassen – Auguste, ich und unser Bedienter [Leseur] sind die auf unsern Pass genannte Personen – Messieurs Redi Matteoni in Florenz ist das Haus, an das ich gewiesen bin, dorthin kann denn auch unser Pass adressiert werden.

Von Schleiermachern habe ich hier einen sehr lieben Brief gefunden – er ist wohl und all die Seinen; daß er eine kleine Hildegarde oder Mathilde hat, wissen Sie wohl schon – der Name war noch nicht bestimmt. – Leben Sie wohl und freuen Sie sich immer ein bißchen, mich in Italien zu sehn. Könnten Sie uns doch auch eine kleine Wohnung mit so herrlicher Aussicht verschaffen, als Sie haben.

Adieu.

H. Herz

HERRN PROFESSOR BEKKER
zu recht baldiger Besorgung
dem Herrn Prof. Göschen überschickt
Padua d. 29. August [18]17

Es gibt nichts Gewissenloseres als die Männer in Rücksicht auf das Briefbestellen! Göschen hatte Ihren Brief schon seit 10 Tagen, als wir ankamen, wir waren 3 Tage in Verona und am 3. Abend, beim Abschiede gab er mir Ihren Brief; daß ich Ihnen von V[erona] aus nicht mehr schreiben konnte, begreifen Sie. Daß ich sehr in meiner Erwartung und Hoffnung getäuscht ward, als G[öschen] und [Bethmann-] H[ollweg], ohne Sie zu uns kamen, werden Sie mir wohl glauben, ja, ich war ordentlich eine Zeit lang verdrüßlich darüber – dachte mir aber bald, daß Sie es hier nicht mehr haben aushalten können, freue mich aber gar sehr, daß Sie es in Florenz und Rom aushalten werden mit mir und ohne mich – kommen Sie mir nur bald nach – Wenn Sie mich fragen, wie es mir in Italien gefällt, so kann ich Ihnen nur antworten, daß mich vieles darin entzückt – wie mich aber das deutsche Tyrol mit seinen Bewohnern ergriffen hat, das kann ich Ihnen nicht sagen, und der große Anblick der Arena in Verona, die herrlichen Gebäude des Palladio in Vicenza, die reizende Umgebung beider Städte haben den Eindruck des Walchensee und des Zirler Tal; nicht verdrängen können – Das aber fühle ich jetzt lebendiger als je, daß ich Natur und Menschen haben muß, damit mir wohl sei – die Kunst, die ich nicht verstehe, sondern nur fühle, ersetzt mir jene nicht. So war mir in München sehr wohl – freilich nicht durch die dürre, öde Kiesnatur in der nahen Nähe M[ünchen]s – aber wohl durch die Menschen, die mich mit vieler Freundlichkeit und Liebe aufnahmen und mit vielem Interesse Ihrer gedachten. Jacobi, Niethammer, Thiersch, Kopp, alles grüßt Sie sehr herzlich und lobt und rühmt Sie – auch der alte Rudolphi, der eben hier war, rühmt sogar Ihre Gesprächig-keit – solche Wirkung haben die lauen Italischen Lüfte auf Sie.

Morgen früh geht es nach Venedig – mögen wir weniger Regen haben als heute, der uns am Ausgehn hinderte. In der Mitte Septembers sind wir in Florenz, auffinden werden Sie uns wohl, wenn Sie so früh hinkommen sollten – und kommen Sie nur – ich werde Ihnen manches zu sagen – vielleicht auch zu kla-gen haben – Ich bin sehr unzufrieden mit mir und weiß nicht recht, wo mir die Hülfe herkommen soll –

Leben Sie wohl, lieber Bekker, und sein Sie mit diesen weni-gen Zeilen zufrieden, die ich schnell schreiben mußte, weil ich Rudolphi, der sie an Göschen besorgen will, erst spät sprach – mögen Sie in Ihre Hände kommen und Ihnen sagen, wie sehr ich mich freue, Sie wieder zu sehn, und in Italien.

Ihre H. Herz

All' ornatissimo
SIGNORE PROFESSORE BEKKER
Palazzo Savelli, datto sua eccellenza
il Sign. Niebuhr, ministro prussiano a Roma
G[enzano] d. 20. Juni [18]18

Muß ich Ihnen doch ein eigentliches Lebewohl nachrufen, da Sie
es mir unmöglich machten es Ihnen vorgestern zu sagen wo Sie
mir gleichsam verschwanden, ohne daß ich Sie den ganzen Tag
fast gesehn habe. Lassen Sie bald von sich hören, und sagen Sie
mir, wie es Ihnen in Florenz geht – ich hoffe, Ihnen fortwährend
Gutes von mir sagen zu können. Verlieren Sie meinen Wunsch
nicht aus den Augen, mit uns d. 1. September – nach Neapel zu
gehn und erfüllen Sie ihn, wenn es irgend möglich ist.

Es ist mir leid, Ihnen hier einen unangenehmen Augenblick
gemacht zu haben, ich glaubte aber es Ihnen sagen zu müssen,
wie selbst das Unschuldigste hier zum Schuldigen verdreht wird.

Leben Sie wohl und nehmen Sie noch meinen herzlichsten
Dank, daß Sie nach G[enzano] gekommen sind, lieber Bekker.

Grüßen Sie Niebuhrs und Bunsens, ich hoffe noch zum
Petersfest nach Rom zu kommen, und dann sehe ich N[iebuhr]s
gewiß. Herzliche Grüße an Brandis.

Ihre H. Herz

Warum haben Sie nicht gestern noch einen kleinen Ritt nach
G[enzano] gemacht?

All' ornatissimo
SIGNORE PROFESSORE BEKKER
a Berlino, Via maggio, Palazzo Ginorino,
No 1876, a Firenze
Genzano d. 29. July [18]18

Habe ich schon früher einen Brief von Ihnen gewünscht, so habe
ich ihn doch kaum erwartet, doch hätte er früher kommen können, und ich hoffte es – am liebsten in demselben ist mir zu
hören, daß es Ihnen in allem, worin es Ihnen in Rom schlecht
ging, gut geht, am auffallendsten die grobe, boshafte Lüge, welche ein höchst schlechter Mensch – nicht nur schlechter Spaßvo-
gel – an die leicht- und vielerlei gläubige Schuhmacher geschrieben hat. Ich hoffe, daß Sie mich genug kennen, um zu wissen und
um überzeugt zu sein, daß ich Ihnen keine Unwahrheit sagen

werde, daß über vieles, worüber ich gegen andere schweige, ich gegen Sie spreche, und oft schon habe ich mir gedacht, wie lästig Ihnen, dem Schweigsamen, mein vieles Sprechen und ewiges Klagen sein mußte – haben Sie aber das letzte den verflossenen Winter hindurch so freundlich getragen, so werden Sie es jetzt um so viel lieber hören, wenn ich Ihnen sage, daß ich auf keine Weise zu klagen habe – nicht etwa, daß A[uguste Klein]s Betragen besser oder anders wäre. A[uguste], von der alles Leiden mir kam – nein, sie ist, wie sie war, nur fühle ichs weniger, weil ich eigentlich nur mit der [Dorothea] Schlegel lebe und mit den andern auf den äußerlichsten geselligen Fuß bin, und habe ich Neapel erst mit A[uguste]n überstanden, so ist es wohl gar möglich, daß ich alles Vergangene vergesse, wenn ich sie nämlich nicht mehr sehn werde, was freilich erst vom Mai 19 an geschehn wird – denn sie hat mir erklärt, daß sie bis alsdann mit der Schl[egel] und mir bleibe, dann aber eine kleine Wohnung nehme und noch 2 Jahre in Rom bleibe, um zu malen – ohne übrigens ein Wort darüber hinzuzusetzen, daß sie nicht zu halten ged[en]ke, wozu wir uns miteinander verbunden haben, die Reise her und zurück zu machen – Wären Sie jetzt hier, so würde ich Sie bitten, mit mir und Leseur nach N[eapel] zu gehen, und A[uguste] ließ ich hier – Wenn ich sage, sie ist, wie sie war, so meine ich es auch in Rücksicht ihres Kirchengehens – sooft sie wohl ist, was sie seit einigen Wochen nicht eben ist, geht sie in die Messe, und biedert sie sich dadurch sowohl als durch die äußerste, ihr wahrlich nicht eigentümliche Zuvorkommenheit und Gefälligkeit an die Schl[egel] an, so sieht sie diese doch durch und durch: sie erkennt ihr Talent an, ihr großes Geschick zu und in allem – glaubt aber deshalb nicht an ihre Religiosität, weil sie in die Kirche geht. Mild und duldsam, wie ich die Schl[egel] nie gekannt, ist sie jetzt; in ihrer frühen Zeit, wo sie das Wort Religion noch nicht verstand, (wie wir unglücklichen aufgeklärten Juden denn Gott danken müssen, wenn uns der Sinn davon nur im spätern Leben aufgeht) da war ihre große Lebhaftigkeit, Verstand und Geist immer über alles hinaus, und sie verwarf, wie sie liebte, ernstlich und wahr, und tat beides mehr als recht war – Als sie, noch mit leichtem Sinn, sich mit Schl[egel] verband und ihm folgte, führte Gott sie, nach vielem äußern und inneren Umherirren nach Köln – Hätte sie ruhig, in Verbindung mit frommen Protestanten, an einem protestan-

tischen Ort gelebt, so wäre sie auch protestantische Christin
geworden. Wie leicht der Schritt vom Nichts zum Übermaß, ist
bekannt – sie ward Katholikin und zwar fanatische, wie man mir
sagte – ich sah sie in jener Zeit nicht, und ihre Briefe an mich
wurden auch damals sehr selten. Ihr Leben in der Welt, ihr
Umgang mit wackern, frommen Leuten haben ihr Herz und
ihren Geist insofern geläutert, daß das erste ruhig und gläubig
festhält an dem, was ihr als das einzig wahre gezeigt und von ihr
angenommen worden, der andere es sieht, wie nicht alles gleich
sein kann – und wenn in ihrem frommen Katholizismus sie vielleicht jeden tief bedauret, der nicht darin ist, so habe ich doch nie
die kleinste Äußerung von Unwillen oder gar noch etwas Schlim-
meres über die Protestanten gehört. Sie spricht laut gegen alle
Unduldung von jeder Seite, und ich schwöre es Ihnen bei allem,
was uns heilig ist, daß ich nie ein Wort von ihr zu mir gehört
habe, daß nur den Wunsch verriete, daß ich katholisch werden
mögte, viel weniger, daß sie mich quälen sollte mit Zureden,
Bereden u.d.gl. Ich bin es ihr schuldig, jedem, der sie der Prose-
lytenmacherei beschuldigt, zu sagen, daß er ihr großes Unrecht
antue. Wenn im umgekehrten Falle die Liebe und die Freundschaft, die von meiner Kindheit an für die Schl[egel] in meinem
Herzen ist, mir Schonung und Verschweigung auflegen würden,
so muß ich jetzt um so lauter die Wahrheit sagen – und den
Freunden zuerst, die Teil an mir nehmen, die mich kennen und
wissen, daß ich ihnen keine Unwahrheit sagen werde, und ich
bitte Sie daher, lieber Bekker, auch Brandis, den ich herzlich
grüße, dies von der Schl[egel] zu sagen.

Sie sind ja gewaltig fleißig, ich bin es auch ein klein wenig
mehr, als ich es war, außer der Bibel des Morgens und des Brief-
schreibens lesen die Schl[egel] und ich regelmäßig jeden Tag
eine Stunde Dante und zwar recht gründlich – die Morgen sind
kurz, denn wir essen schon um 1 Uhr, um 1/2 4 sind wir am
[Nemi] See und lesen und gehn dann langsam die schönen
Gänge auf und ab, an weitere Spaziergänge ist nicht zu denken –
doch war ich mit meiner Wirtin in Civita Lanavio, war mit dem
Pr[inzen] v. Gotha in [Ca]stel Gandolfo und werde morgen mit
ihm nach Frascati fahren – que voulez vous que je fasse – wären
Sie hier, wäre es anders – so wie es vielleicht in Neapel und gewiß
in Rom wieder durch Sie anders sein wird.

An Besuchen fehlt es auch nicht hier: die Fürstin Kaunitz mit ihren Töchtern, der Pr[inz] v. G[otha] gehören Gottlob, zu den sehr seltenen, Söhne, Bräutigam und ein oder der andere von ihnen Mitgebrachte zu den sehr häufigen – daß mir nicht alle gleich lieb sind, wissen Sie wohl. Martin war 3 Tage in Genzano, ich sah ihn natürlich oft, und es ist wirklich ein guter, freundlicher Mensch, der auch keinen Versuch machte, mich bekehren zu wollen – als er Abschied nahm, wurden mir die Franzosenzeiten bei uns sehr lebhaft zurückgerufen, mir war zu Mute, als wenn man eine gute Einquartierung verlöre und eine schlimmere fürchtet. Ich wollte, daß die Schuhmacher noch in Fl[orenz] wäre, damit Sie auch ihr von diesem Briefe sagen könnten, ihr zu schreiben, ist mir jetzt zu lästig – sie ist sehr gut aber eben so schwach.

Daß Ihnen der Umgang der Pobeheim lieb ist, freut mich – ich sehe, daß man auch seine aller gekanntesten Leute nicht berechnen kann – würde diese Frau Jetten [Schleiermacher?] gefallen? Sie ist gut, gescheit und sehr klug – doch aber glaube ich nicht, daß sie ihr zusagen würde. Wie [gefal]len Ihnen die Mädgen? und welche besser? Sehn Sie sie sich einmal recht an – wer weiß!

Leben Sie wohl und schreiben Sie mir bald wieder, ich werde auch Ihre Briefe in Neapel bekommen, schicken Sie sie nur an Bunsen – d. 1. September denke ich noch zu reisen, diese Wohnung muß in jedem Falle verlassen werden, da ich sie für Niebuhr gemietet habe. N[iebuhr] ist recht freundlich gegen mich – von der Frau Herz bin ich zur liebsten Freundin avanciert – das klingt wie Spaß, Sie wissen aber, daß es mir sehr lieb ist, daß N[iebuhr]s Gesinnungen freundlicher gegen mich geworden sind.

Adieu – meinen besondern Dank für den trefflichen Wein, in welchcm Ihre Gesundheit hier allgemein ausgebracht worden ist.

Ihre H. Herz

[Am Rand] Wie bedaure ich den armen Brandis, daß er wieder neuen Schmerz durch den Tod eines Bruders hat!

[Am Rand] Grüßen Sie mir die Pobeheim recht herzlich.

[Am Rand] Denken Sie, daß wir eine recht hübsche Wohnung auf der Trinita gemietet haben, viel besser als die vorige für 2 Scudi mehr.

Ich bitte Sie, den Brief an Lotty [Wülknitz] zur Post zu geben. Das ist ein anderer Brief als der Ihrige – groß, weitläufig,

mit ziemlich guter Feder und schwarzer Tinte geschrieben, ach –
und auch wohl etwas langweilig.

d. 13. Juni [1819]
... Brig. [?] d. 16. Abends. Bis hierher wären wir denn glücklich
gekommen – und oft einander gesagt, wie viel Sie unser gedenn-
ken, wie uns bei dem fürchterlich schlechten Wetter, wenn es in
Mailand so ist wie hier, bedauern werden – Gestehn Sie mir, daß
es eine Art von Unglück ist, daß ich den kleinen Teil der Schweiz,
den ich sehen könnte, nicht sehn kann, denn heute z. B. war Ein
Regen den ganzen Tag – doch waren wir beim Übergang über
den Simplon sehr glücklich – Das Wetter war sehr klar und heiter, und wir hatten die schönsten manichfaltigsten Ansichten
beim Hinaufgehn – froren natürlich nicht wenig, denn der
Schnee und das Eis waren zu beiden Seiten des Weges mehrere
Fuß hoch. – Die Natur ist aber so wunderherrlich, daß selbst
C[aroline von Humboldt] sie schön finden mußte.

d. 19. Morgens. Ich bin eben in Bern aufgestanden, wo wir
gestern Abend ankamen. Dreitägiger, fortwährender Regen hat
mir alle Lust genommen, die ich in dieser schönen Welt, wenn
auch nur durch flüchtigen Anblick, haben könnte – Ach Gott, wie
schön ist das alles, wie groß und – ganz in der Nähe – wie
erstaunlich niedlich und zierlich – wenigstens da, wo wir durch-
reisten – Bilder, die ich mir in der Jugend gemacht, als ich mit
Entzücken die ›Neue Heloise‹ las, sah ich verwirklicht und, wie
ein Kind, das nicht losläßt, ging ich mit den beiden Geliebten
noch jetzt in das reizende Tal von Vevey, ging umher mit ihnen
und wiederholte mir, was ich noch ins Gedächtnis von all den
kleinen Begebenheiten, durch glühende Liebe herbeigeführt,
zurückrufen konnte – doch sah ich alles nur durch feuchten
Nebel, so auch den schönen cryptoprass [chrysopras] farbenen
Genfersee – worauf die Liebenden fuhren und in den St Preux die
Geliebte mit sich hineinstürzen wollte – Ach Gott, wie ist mir
recht eigentlich diese Reise zu Wasser geworden! und wie unangenehm geworden durch Wind und Kälte, denen ich besonders
auf meinem Sitze ausgesetzt bin, und die man nicht ausschließt,
weil es C[aroline]n ängstlich ist, wenn nicht alles offen bleibt –
auch bin ich etwas erkältet – C[aroline] ist oft in ihrer alten
Laune, und es täte nötig, daß wieder – nun Sie wissen schon, was
ich meine ...

A

MONSIEUR LE PROFESSEUR BEKKER
de Berlin chez Messieurs Giri et Witholm à Venice
Frankfurt d. 7. July 1819

...Liebes, liebes Herz, ich muß ja abbitten, was ich zuweilen
arges gedacht habe und tue es recht von Herzen – doch dachte
ich auch oft – und meistens – das Gute, aber ganz unmöglich auszuführen, wenn ich nicht sündlich gegen ein frisches, kräftiges
Mannsleben handeln wollte – ja – hätte blinde Leidenschaft
mich auch geblendet, so hoffe ich, daß Gott mir dennoch Kraft
verliehen hätte, recht zu tun – und hat er mir in seiner Gnade in
meinem sehr reifen Alter regen Sinn erhalten und vielleicht, zu
leicht erregtes Gefühl – so muß doch, nach dem Laufe der Natur
mein inneres wie äußeres Leben abwärtsgehen, wenn das Ihre
noch in vollster Kraft ist, und wie hätte ich es wohl umfassen
wollen, ohne es in kurzem zu Grunde zu richten, und welch ein
unabsehliches Unglück dann für uns beide – Nein, mein geliebter Freund, ich muß noch blühende Kinder von Ihnen, von jun-
gem frischen, blühenden Weibe geboren, auf meinem Schoße
wiegen – mit inniger Liebe, wie Schl[eiermacher]s, an mein Herz
drücken, und wir wollen einander in inniger Freundschaft bleiben, wozu die letzte Zeit, die wir zusammen lebten, uns gemacht
hat – Was Jahre oft nicht tun, tut ein Moment, und keine treuere
Brust als die meine können Sie, lieber, lieber B., finden Freude
und Schmerz darin niederzulegen und lange – recht lange schon
hoffte ich, daß die Ihre sich mir öffnen würde – Eine unglückliche frühe Jugend gab ihr den Schein der eisernsten Verschlossenheit, ich wußte, daß sie es nicht sei und sagte es oft allen, die
es glaubten – ich hatte Recht und meiner schönen Reife ist eine
Himmelskrone aufgesetzt.

Morgen in aller Frühe gehe ich von hier ab – d. 10 Abends bin
ich, mit Gottes Hülfe in Bonn, wo dann nicht wenig vom lieben
B. die Rede sein wird – Nanna [Arndt] hat d. 18. Juni einen Sohn
geboren und zwar in der wirklichen Siegesstunde – ich werde in
Ihrer Seele Glückwunsch dem Gruß gesellen. In Stuttgart hatte
ich großen Genuß durch die B[oisserée]schen Bilder, auch sah
ich Jean Paul nach langer Zeit wieder und lernte die [Therese
Heyne-Forster] Huber kennen – eine Verstandglänzerin, die mir
nicht wohl tat. Anders ist es mir hier mit der [Caroline von] Wolzogen, die so sanft und ruhig und still ist wie jene das Gegenteil

von allem dem – auf Jugend und Schönheit können beide keinen Anspruch mehr machen – die letzte tut es auch ganz und gar nicht – In Börnen (den Louis im Reilschen Hause) fand ich einen hier im Lande geschätzten, aber auch sehr gefürchteten Schriftsteller – er hat schon vielen Verdruß durch die Redaktion der hiesigen Zeitung [Zeitung der freien Stadt Frankfurt] und durch die ›Wage‹, ein Journal, gehabt und wird noch mehr haben. Er gehört zu den Bestgesinnten, und wäre er wirklicher Christ, wie er getaufter Jude ist, so bliebe mir nichts in ihm zu wünschen übrig – Er hat viel Geist und eigentlich ein tiefes Gemüt, das läßt mich auch hoffen, daß er noch werden kann, was er nicht ist – Er ist so gewaltig in der Vernunft befangen, daß nur von Gott ihm Rettung kommen kann. Was soll ich von Uhland sagen? Hier ein Briefchen von ihm; wenn ich mich nicht scheute, den Vorwurf der Neugierde auf mich zu ziehn, so hätte ich es, des wunderlichen Formats halber geöffnet – da es mich aber interessiert – so hätte ich es vielleicht gelesen, und da mögen Sie dann lieber etwas mehr Porto bezahlen – H[umboldt]s waren nur wenige Tage hier, die ich allerdings mit ihnen verlebte, obschon ich im ihnen nahliegenden Wirtshause wohne – C[aroline]s Laune ward immer unerträglicher, und selbst das Wiedersehen des Vaters und der Schwester [Adelheid von Hedemann] konnte sie nicht mildern – Ich habe aus Embs [Bad Ems] Briefe gehabt, und alle grüßen Sie sehr herzlich – ich habe der H[umboldt] geschrieben und ihr das aus Ihren Briefen mitgeteilt, was uns gemeinschaftlich betraf – Sie ist erträglich wohl nach Embs [Ems) abgereist und hat Weigel noch jetzt bei sich – auch sie machte die Bekanntschaft der Huber erst jetzt und, da sie in früheren Zeiten mit H[Wilhelm Humboldt] in Verbindung war, so können Sie denken, daß es sie nicht wenig interessierte. Uhland sah sie nur wenige Augenblicke – Sie kennen ihn genug, um zu wissen, daß er mehr rückwärts als vorwärts trat – er war mehrere Male bei mir, und die Huber und Cotta's konnten sich nicht genug darüber wundern, daß dieses große Ereignis stattgefunden; da er sonst zu niemanden käme – man sagt, er wolle gerne nach Bonn und sei mit einem reichen Mädgen versprochen. Seine Gedichte kommen mit einigen Zusätzen neu heraus, und ein neues Schauspiel ›Ludwig der Baier‹ gefällt mir besser als ›Johann von Schwaben‹ – man sagt – liebster Freund, wer von Euch hat denn zuerst angefangen zu sprechen, als Ihr Euch zuerst sahet? Ich habe ihm große Lust gemacht, nach Italien zu reisen – Wie bedaure ich es, daß die Freude davon Ihnen jetzt kömmt, da Sie es verlassen! Schön, daß Sie in Venedig zufrieden sind, der gute Ring: Grüßen Sie ihn – ja wohl sind wir verwöhnt, ich wagte es gar nicht, den vergangenen Sontag in die Kirche zu gehn, sosehr ich eigentlich das Bedürfnis danach hatte, ich fürchtete, daß mir begegnen würde, was Ihnen begegnet ist und blieb zurück – jetzt hoffe ich auf Bonn.

Seit 4 Tagen sieht man hier einen Kometen, und der hat dann auch eine so ungeheuere Hitze mitgebracht, daß es kaum zum Ertragen ist – nie habe ich in Italien so viel daran gelitten, dort sind die Abende und Nächte kühl, hier ist fast kein Unterschied zwischen Nacht und Tag, und dann ist man in Italien gegen die Sonne geschützt durch Jalousien und d.gl. – hier – nichts von allem dem – aber hübsch ist Fr[ankfurt] doch, viel hübscher als ichs dachte und die Umgegend höchst reizend, die ich durch Mariane Seling [Saaling?] ein wenig kennengelernt habe – wie schön ist dieses arme Wesen, mit ihren von Gram eingefallenen Augen! Was müssen Sie Armer in dieser Hitze beim Arbeiten leiden! Leben Sie wohl, mein geliebter Freund, von Bonn schreibe ich wohl wieder, adressieren Sie nur dorthin an mich – bin ich fort, so werden mir die Briefe nachgeschickt. Leben Sie wohl – der Nachklang unseres letzten Zusammenseins wird noch lange lebendig in mir bleiben und mein tiefstes Herz dankt noch für jedes liebe Wort – war mirs doch, als fände ich meine Jugend wieder an Ihrer Seite – adieu, adieu bald mehr von Ihrer Jette.

Wie ich hier lebte, sollte ich wohl noch sagen – nun – eben wie in einer großen Lebestadt. Diners und Tees bei Grafen, Gelehrten und Juden – das letzte hatte ich nur Ein Mal zu bestehn – Noch ein Mal adieu – lieber, lieber Freund – Ich komme mir entsetzlich verlassen vor – mache die Reise nach Bonn mit Börne's Bruder, ein gleichgültiger Mensch, B[örne] kann nicht – ich gehe zu Lande nach Bonn, wären Sie hier, ging ich zu Wasser – im Wagen kann man eher mit fremden Menschen sitzen als im Kahn – ich verstehe mich recht gut…

A

de Berlin, chez Messieurs Giri et Wittholm à Venice
Wiesbaden d. 18. August 1819

… Nun will ich ein wenig l'histoire de mon temps erzählen, in der viel und mancherlei vor meinen Augen vorgegangen – von dem unfehlbar, sehr lügenhafte Gerüchte, durch öffentliche Blätter zu Ihnen gekommen sind. Nachdem H[umboldt]s Frank[furt] verlassen hatten, blieb ich nur wenige Tage noch und ging über Koblenz – zu Lande – nach Bonn, wo ich N[anny] sehr bleich und angegriffen, A[rndt] äußerst glücklich mit einem gesunden Knaben fand – N[anny] erholte sich aber sichtlich und ist jetzt ganz wohl, N[anny] ist übrigens noch viel stiller geworden, als sie war, das will was sagen, es ist aber in ihrer Natur sehr erklärlich, auch ist ihre Ruhe wenig gestört worden durch das, was in ihrem und der beiden Welcker Haus sich zutrug – was denn freilich auch in der Nähe nicht so fürchterlich war, als es in der Ferne schien, obwohl unerhört genug – Schl[eiermacher] schrieb ängstliche Briefe aus B[erlin] über das, was man dort von A[rndt] sagte, und wir hörten und lasen wieder Dinge von ihm, die uns nicht weniger ängstigten, wenn wir sie auch nicht eigentlich glaubten, und jetzt ist er mit den Seinigen wohl schon nah an Bonn, wo er d. 21. eintreffen wollte – R[eimers] Erscheinung war mir sehr erfreulich, und seine wie A[rndt]s große Ruhe und Heiterkeit mußte auch dem Befangensten ihre gänzliche Unschuld beweisen. Doch ward die ganze Zeit hindurch von nichts anderem gesprochen, und die mit Recht sehr ergriffnen und bewegten Gemüter konnten eben auch nichts anders aufnehmen, und die ohnedies dort nicht sehr herrschende Geselligkeit ward nicht eben dadurch befördert. A[rndt]s Haus gehört zu den stillen und, laßt michs gestehn, nicht zu den heiteren, worin das nun liegt, weiß ich nicht recht zu sagen. N[anny] glaube ich sehr glücklich, und A[rndt] spricht es aus – ich sage es Euch aber ganz leise ins Ohr, daß es nicht mein Ideal einer glücklichen Ehe ist – A[rndt], das weiß ich längst, sieht die Frauen überhaupt wie leichte, blumige Wesen an, und mit diesen läßt sich das Tiefste nicht teilen, nicht besprechen, wohl aber tändeln, scherzen und spaßen, und daran fehlt es nicht, auf die liebevollste Art getrieben. Ein schönes, noch im Bau begriffenes Haus wird außerhalb der Stadt, nächsten Winter schon, A[rndt]s Wohnung sein, und

dort hofft er, den lieben B (anders werden Sie nicht genannt) aufzunehmen auf seiner Rückkehr ins Vaterland, und das nehmen
Sie nur an, mein Freund, denn nach allem, was wir gesehn
haben, ist der Rhein von großem Reiz, und die Lage von Bonn
noch ganz besonders reizend und schön, so auch das eine kleine
Stunde davon liegende Godesberg, wo ich 3 Tage bei der guten
alten Hagen wohnte, die jetzt ihren Neffen, den Adalbert, verloren hat – 6 Tage war ich in Köln, und der fertige Chor des
unfertigen Dohms ist wahrlich ungeheuer herrlich, so wie das
Dombild – viel Interessantes habe ich in den Bildersammlungen
dort gesehn. Die Boisserésche aber übertrifft sie doch, und wenn
Sie den Kopf des Heilandes von Memling noch nicht gesehn, so
machen Sie ja die Reise über Stuttgart – [...]

In welcher Zeit leben wir jetzt! Die Kathol. zerstören die
Gräber der Protest., die Christen steinigen die Juden – Nein B.,
es ist zu toll, daß diejenigen, welche lebend eine Art von Ruhe
genießen, im Tode nicht Ruhe haben! – Ach und die armen
Juden! soll es mir nicht zu verzeihen sein, wenn ihr Weh mir weh
tut? – ihr übergroßes Wohl tut mir deshalb doch nicht wohl –
das nenne ich, sich empören, wenn man diejenigen mit Steinen
wirft und sie zur Stadt hinaustreibt, die von der Regierung aufgenommen sind.

[Am Rand] Varnhagen ist zurückgerufen d. h. abgesetzt –
non saprei dire il perchè. [...]

A
MONSIEUR LE PROFESSEUR BEKKER
de Berlin, Rue de notre Dame des victoires N° 12 à Paris
Berl[in] d. 6. November [18]19
Nun will ich Ihnen sagen, daß ich glücklich meine Reise vollendet ha[be und] mir jetzt ganz wohl hier ist – was es mir in der
ersten Zeit meines Hierseins gar nicht war – denn welche Veränderungen habe ich hier nicht gefunden – Tod, Krankheit, Armut
waren eingekehrt in Familien, die ich in frischem Leben, gesund,
wohlhabend verlassen hatte – [Simon] Veit fand ich sehr
schlecht, und 14 Tage nach meiner Ankunft starb er; ich kann
wohl sagen, daß ich nie einen treueren, in jeder Hinsicht unei-
gennützigen Freund gehabt habe und – wieder einen bekommen? – Leider kann ich so etwas nicht mehr erwarten und mich
nicht einmal mehr täuschen – Die Leute haben mich freundlich

genug empfangen, und nun ich das langweilige Umziehn und eine Krankheit meiner Schwester [Sara Nathan] überstanden habe, bin ich ganz zufrieden in meiner allerkleinsten Wohnung (Französische Straße N 44, wieder avis au lecteur), die ich mir so niedlich gemacht habe, wie es irgend möglich war, und sieht das Zimmerchen und Kabinettchen schon wie Weinachtsmarktstübchen aus, so soll es Ihnen schon darin gefallen, carissimo – venga pure e veda. Bei Schl[eiermacher]s ist, bis auf Hildegarde, die fortwährend kränkelt, alles wohl, die Frau nur von dem Pflegen des Kindes und ihrem eignen Zustande angegriffen – im Febr. kömmt sie nieder, möge sie einen Sohn gebären. Reimers haben taufen lassen. Rühs ist sterben[d] und vielleicht schon tot in Florenz. Die Schuhmacher ist tot (warum haben Sie die Zeichnung nicht behalten, so können die Sachen kommen) Solger tot, De Wette fort, was wollen Sie noch mehr wissen – Gutes? weiß ich nicht – Leben Sie wohl Bekker – soll ich sagen, lieber Bekker? nun ja, ich tue es und recht gerne – sein Sie aber auch gut, und schreiben Sie mir baldigst. Varnhagens sind hier, und er grüßt Sie – er soll nach Amerika, will aber nicht – Adio – ich gebe Ihnen die Hand, und Sie küssen sie reuig.

Ihre H.

A

MONSIEUR LE PROFESSEUR BEKKER
de Berlin, Rue de notre Dame des victoires N° 12 à Paris
Berl[in] d. 9. Dezember [1819]
abzuschicken d. 11. [Dezember 18]19

… Bei Reimers ist alles wohl, es kribbelt und wibbelt von Kindern dort, die in allen Tönen schreien und brüllen – Die Mutter der Reimer [Frau Reinhardt] war hier mit einer sehr lieblichen 18jährigen Tochter, sie heißt Röschen und ist eines, wenn schon ein etwas dunkeles. Die Fischer zieht, leider! wieder zu Schl[eiermacher]s – ihr Einfluß auf J[ette Schleiermacher] ist ungeheuer – und nur diese Freundin, die sie über alles zu lieben scheint, würde sie in dieser Wohnung aufnehmen, die so eng und unzusammenhängend ist, daß die Fischer nur neben der Wohnstube sein kann – das Quartier mißfällt Jetten schon so sehr, daß sie an Veränderung denkt, und sie auch wohl machen wird – Was sie will, geschieht – Die Liebe bringt ja zu allem, bringt überall hin, warum nicht auch unter den Pantoffel – perdoni – Briefe aus

Rom erzählen allerlei – Niebuhrs geht es erträglich; Bunsens gut. Die arme [Dorothea] Schlegel hat noch immer das Fieber, Overbecks haben einen Knaben, und Elise [Zeizer] wird E[ggers] heiraten, der die Einwilligung seiner Mutter erwartet, um es öffentlich zu sagen. – jetzt schweigt er es noch. Gerne wüßte ich eine Gelegenheit nach Rom, um an Niebuhr das Heft des ›Sophronizon‹ zu schicken, in welchem Voss eine allergrößte Abhandlung gegen Stolberg geschrieben hat: betitelt, wodurch ward Friz St[olberg] ein Unfreier? Nein, lieber B., so soll kein rechtlicher Mann auch selbst gegen den unrechtlichen nicht schreiben, nicht denken – so bitter soll kein Mensch werden können. Und diese ganze Bitterkeit hat er weit über 20 Jahre mit sich herumgetragen, jeden kleinen Klatsch behalten und schachtelt immer Adel und Katholizismus und diesen und jenen ineinander. Ihr, mein Bester, würdet das Ding vielleicht nicht so arg finden als ich – das weiß ich schon – ich kann mir aber nicht helfen – Hätten Sie das Ding gelesen, so würde ich weitläufiger darüber sein – Schl[eiermacher] habe ich noch nicht darüber gesprochen, die H[umboldt] ist meiner Meinung – die ich öfterer sehe als Schl[eiermacher]s, da sie mir so sehr nahe wohnt, daß ich, wie in Rom, in jedem Wetter zu ihr gehn kann. Doch geschieht es bei weitem nicht so häufig als dort, weil ich gar gar zu viel Bekannte habe und mehrere recht eigentlich vernachlässige – ich esse zuweilen des Mittags dort und erkenne unsern Freund, Leseur, der Koch im H[umboldt]schen Hause geworden ist. Die Diners sind aber lange nicht so niedlich wie unsere Florentinische, das darf ich ohne Anmaßung sagen. Mit der Gesundheit der H[umboldt] geht es erträglich, aber lange noch nicht gut, und ich kann die Besorgnis um sie nicht aufgeben – ich wiederhole Ihnen ihren sehr herzlichen Gruß. – H[umboldt] sehe ich nur in seinem Hause, er ist ungeheuer beschäftigt und nicht so heiter, wie ich ihn sonst wohl kenne. C[aroline] ist sehr wohl – G[abriele] etwas bleich: wahrscheinlich nur Sehnsucht und wünscht dem Gen[eral] Claus[ewitz] eine schnelle und glückliche Reise aus tiefster Seele.

Abends. Diesen Mittag hatte ich einen höchst seltnen Besuch – Schl[eiermacher] kam und war sehr lieb und gut – er sagte mir, daß er Ihnen einen kurzen, flüchtigen Brief geschrieben habe und bald ausführlicher schreiben würde, ich sollte Ihnen das sagen – wir kennen aber sein bald. Er grüßt Brandis sehr herzlich mit mir und will auch ihm bald schreiben – sagen Sie unserem Brandis, daß ich mich seiner besseren Gesundheit freue, daß Lotte Uhden ein Nervenfieber hatte, das uns ihre Auflösung hoffen ließ, sie ist aber fast schon davon genesen und kömmt wieder in ihren vorigen kraftlosen Zustand. Die Uhden hat die am Rhein gesammelten Kräfte ziemlich wieder an Lottens Krankenbett geopfert.

Nun lebt wohl, liebes Herz, und seid lieb und gut und schreibt gleich wieder, sonst dauert es gewiss noch lange, ehe ich einen Brief bekomme. Lesen Sie zwischen den Zeilen, lesen Sie da besseres, lieberes hinein als ich ausdrücken konnte, als ich meinte, können Sie nicht. Schl[eiermacher] ist mit dem Vossbuch zum Teil sehr zufrieden, mit dem, was den Adel betrifft. Die Bitterkeit, Heftigkeit, Klatsch verwirft er wie ich. ...

[Berlin] d. 4. Jenner 20

Schl[eiermacher] will schreiben, und da will ich doch den Brief nicht abgehn lassen, ohne ihm einen Gruß für Sie mitzugeben. Möge das neue Jahr Sie heiterer machen, als Sie es am Schlusse des alten waren – wie ich fast durch jede Zeile Ihres Briefes sehe und fühle. Das Buch von Voss gegen den jetzt gestorbenen Stolberg ist hart und bitter, gegen Katholizismus und Adel ist eine wahre Wut darin, besonders gegen St[olberg]s Übertritt – und zwar ohne alle Schonung gegen frühere Freundschaft – Ich kenne Ihren Unwillen und Ihre Härte gegen die Neukatholiken, und deshalb glaubte ich, daß das Buch Ihnen weniger mißfallen würde als mir, und das ist mein ganzes Verbrechen gegen Sie, deshalb zürnen Sie mir so gründlich, daß Sie mir unwillige Worte auf langem Wege zuschicken – ich muß es über mich ergehn lassen, wenn schon es mich wahrhaftig nicht unbewegt läßt – ich werde aber künftig klüger sein und mir das Weh ersparen – Den Weihnachtsabend war ich bei Schl[eiermacher]s, wo Ihre Geschenke mit Freuden angenommen wurden, die kleine Jette hat die Bajadere bekommen – Neujahr Abend war ich allein zu Hause und dachte wohl recht herzlich an Sie und den Abend vor 3 Jahren – ich war trübe, wie ich jetzt fast immer bin, mein Herz ist oft wie ausgestorben, ich schaudere davor zurück – wie soll das werden! [...]

Die große Neuigkeit, daß der Minister H[umboldt] den Abschied hat, bekommen hat, werden Sie wohl schon wissen und zwar ganz unerwartet für den Augenblick; es macht große Sensation, und wenn man einige wenige Menschen ausnimmt, so ist nur Eine Stimme darüber von allen Seiten – man ist eigentlich ganz außer sich darüber und wahrhaft betrübt. Daß er und die Seinigen es nehmen wie sie sollen, können Sie denken. Kalt ging es übrigens nicht an ihnen vorbei – Die H[umboldt] und die Töchter lassen Sie sehr herzlich grüßen. C[aroline] noch ganz besonders: mit der Gesundheit der Mutter geht es etwas besser. Berl[in] werden sie nicht verlassen, einige Monate im Sommer nur.

An Niebuhr habe ich geschrieben, er hat mir aber nicht geantwortet – H[umboldt]s Entlassung wird ihn sehr bewegen. Lengerich schreibt aus Florenz, dass es etwas besser mit Rühs gehe. Grüßen Sie Brandis, sagen Sie ihm, daß ich alle seine Aufträge besorgen würde. Die Uhden sei wohl und Lotte [Uhden] aus einer trüblichen Krankheit erstanden.

Leben Sie wohl. Gott gebe uns ein gutes Jahr, und führe Sie darin freundlich und ohne Bitterkeit mir wieder zu – vieles kann bis dahin noch schlechter geworden sein – Gott will ich bitten für Sie und für mich, daß wir besser werden.

Ach Gott, ach Gott – Tausendmal Lebewohl
H.

A
MONSIEUR LE PROFESSEUR BEKKER
dee Berlin, Rue de notre Dame des victoires
N° 12, à Paris
B[e]r[lin] d. 23. Febr[uar 18]20
… Im Hause unseres Freundes [Schleiermacher] steht alles gut und groß, und Klein grüßt Sie – Schl[eiermacher] ist nur eb[en] einer Gefahr entronnen, die ihm sehr ernstlich drohte und die [b]öser Wille und Fe[indse]ligkeit über sein Haupt zusammengezogen hatte; ist sie [z]war für den Augenblick vorüber, so wird man doch nicht ruhen und immer neue Veranlassungen zu schaden und zu stürzen suchen und am Ende finden, wozu Schl[eiermacher] allerdings Gelegenheit geben kann. Gott möge Böses verhüten – mit R[eimer] hat Schl[eiermacher] förmlich gebrochen, und Schl[eiermacher]s Freund ist er auch nicht mehr, wie er deutlich gezeigt hat …

HERRN PROFESSOR BEKKER WOHLGEB.,
Wilhelmstrasse No 73, Berlin
Pr[enzlau] d. 8. August [18]21

Ich habe einen Brief von Augusten [Klein] gehabt – der zwei
Dinge enthält, die mich interessieren – sie bestellt mir Grüße
vom Kronpr[inzen] v. B[ayern, Ludwig I.], der ihr viel Gutes für
mich aufgetragen. Haben Sie seinen Brief an Sontheim [Seins-
heim] in der Ham[burger] Zeit[ung] v. 3. Aug. gelesen? Da wird
man gut drüber herfallen in B[e]rl[in]! und seine Gegner, denen
er immer nicht kronprinzlich genug war, werden nun ein neues
Feld haben, über ihn nach ihrer Weise zu sprechen – schaffen Sie
sich die Zeit, wenn Sie es noch nicht gelesen haben, ich wollte
fast, er hätte es nicht geschrieben [Am Rand] oder doch nicht
e[rlaubt], daß es gedruckt we[rde]. Ferner sagt Aug[uste], daß
Ph[iIipp] Veits Heirat mit der Caro[line] Pulini gewiß sei – Ist
es zu glauben! Ph[ilipp], dessen erste Liebe Nina war, als sie in
ihrer höchsten Schönheit prangte. Da war er, glaube ich, 16 Jahr
alt, oder 18 – dann liebte er ein junges, hübsches, sehr gebildetes
Mädgen, später ward die allgemein gepriesene, sehr schöne
Gräfin Julie Zichy sein Ideal, und nun heiratet er eine kleine, gar
nicht hübsche, höchst unbedeutende Italienerin und hat das
Beispiel von Cornelius vor Augen gehabt! So geht es aber gewöhnlich, Ihr Männer heiratet fast immer eine andere Art von
Frau, als Ihr liebtet, oder auch liebt – Die befreundeten Künstler
in Rom sind ganz betrübt darüber. Lengerichs Braut, sagt
A[uguste], ist sehr schön geworden, sie spricht ganz entzückt
von ihr; sonst sagt sie mir nichts von unsern Bekannten. Über
Schl[eiermacher] sage ich Ihnen nun nichts mehr, Sie können
ja nur in Ihrer Eigentümlichkeit ihn aufnehmen und ansehn;
Schl[eiermacher] kann leicht für Frauen etwas haben, das Männer gar nicht bedürfen, nämlich die Zärtlichkeit in der Freundschaft für Frauen – in der Liebe für sie, und gar in der Leidenschaft, da habt Ihr sie alle, in der Freundschaft aber vermissen
wir Armen sie in Euch – alle fast. Nun addio. Grüßen Sie mir die
Horkel recht herzlich – da ich bald komme, schreibe ich wohl
nicht mehr an sie. Sehn Sie Varnhagen[?]

    H.

[Lanke, d. 30. Mai 1822]

Der König und die Kaiserin,
Des langen Haders müde,
Erweichten ihren harten Sinn
Und machten endlich Friede.

Obschon ich scherzend angefangen, lieber B., so werden Sie mir wohl glauben, daß mir das gespannte Verhältnis, in dem wir seit mehreren Monaten gelebt haben, sehr ernst erschien, und ich danke Ihnen, daß Sie es lösen wollen und – gelöst haben, was allein dadurch geschehen ist, daß Sie das Wort verlangen, was ich längst gerne ausgesprochen hätte, wie verletzt ich auch war – In Frieden wollte ich von Ihnen scheiden, ich erwartete Sie am Tage vor meiner Abreise, Sie kamen nicht, und ich schickte Ihnen mein Lebewohl – Friede also sei zwischen uns und ungestörter – und daß er das sei, wird von Ihnen abhängen, wie es von Ihnen abgehangen hat. Ich wollte, Sie hätten in Ihrem Briefchen berührt, was uns getrennt hat, da wäre mir die Ursache, die allein in Ihnen war, deutlicher geworden – dem sei aber wie ihm wolle, was Ihr Betragen auch in Ihnen motiviert haben mag, im Augenblick, so ist mir die Dauer noch bis jetzt unerklärlich. Begreife ich schon, wie meine Schwester [Johanna Herz] in ihrer Einfachheit und Natürlichkeit kein Interesse für Sie haben kann, so ist sie eine mir höchst geliebte Person, und als solche schon, da Sie mich Freundin nennen, müßte sie Ihnen nicht in einem solchen Grade gleichgültig sein, daß Sie mein Haus auf Monate meiden, denn hatte ich schon wenig freie Abende, in denen wir hätten lesen können, so gab es Augenblicke genug im Tage, wo Sie hätten kommen können, worum ich Sie auch bat – Daß es mich unsanft traf, und ich mich dadurch verletzt fühlte, werden Sie, der Sie wissen, was Empfindlichkeit ist, wohl sehr natürlich finden, und tat es mir schon recht leid, Sie nicht zu sehen, so konnte ich doch nichts tun, was nicht zudringlich gewesen wäre, und daß meine liebste Freundin, denn das ist mir meine Schwester Hanne, Sie abhielt, zu mir zu kommen, war mir zu empfindlich – und – lieber B., wären Sie nicht schon, Gott weiß durch was, gereizt gewesen, so hätte der, gewiß gutgemeinte, Hor[kel]-sche Klatsch Sie gar nicht so aufbringen können, mir ein Billet zu schreiben, wie Sie es getan haben – meine Antwort war milde, ich gab Ihnen auch Gelegenheit zum Kommen – aber – B., Sie konnten, Sie wollten sich nicht überwinden – Sie taten es späterhin, als ich wieder allein war – Sie sollten aber sprechen, und Sie taten es nicht, da schwieg auch ich einmal. Nun, lieber B., lassen wir alles aufgelöst sein, was zwischen uns stand und uns getrennt hatte – aber – vermeiden Sie Ähnliches – mag nie wieder eine Zeit hingehn, in der ich so tiefen Schmerz und so hohe Freude hatte, ohne beides Ihnen mitteilen zu können – denn beides habe ich in der Zeit gehabt.

Leben Sie wohl, und sagen Sie mir bald, daß ich sicherer als je auf Ihr Wohlwollen und Ihre Freundschaft bauen kann.

Grüßen Sie Horkels sehr freundlich von mir – die sehr liebe Frau wünschte unsere Aussöhnung so ernstlich, als ahnete sie, daß sie mit eine Ursache der Trennung sei, obschon ich weder H[orkel]s noch Bl[eek?] je das geringste davon äußerte – Daß Sie nicht erwarteten, daß ich des 21. [Bekkers Geburtstag] gedenken würde, das müssen Sie mir abbitten! […]

Ich gebe Ihnen freundlichst die Hand.

Ihre H.

L[anke] d. 30. Mai [18]22

Haben Sie Schedens schon im Kanonierhaus gesehn?

Bis zum 15. bleibe ich hier.

Addio –

Heute vor 3 Jahren waren wir in Florenz!!!

Lanke d. 13. Juny [18]22. gleich nach der Lesung Ihres Briefes. Abends. Wie schwer, lieber B., wird es Ihnen, sich recht gründlich versöhnt zu fühlen – Sie reichen mir die Hand mit der bittersten Ironie, ich bin aber nicht verletzt, d. h. nicht empfindlich, will es Ihnen aber nicht leugnen, daß Sie meinem Gefühl, meinem Herzen weh getan haben – morgen wird dieses Wehgefühl wohl geschwunden sein, und klüger dürfte ich getan haben, wenn ich in diesem Augenblick nicht an Sie schriebe – ich will aber nicht klug, sondern wahr sein – die Klugheit hat meiner Seele oft geschadet, und wenn Sie das *geringste* wohlwollende Gefühl für mich haben, wenn gar ein freundschaftliches, so lassen Sie mich wahr sein, ich bitte Sie mit gerührtem Herzen, mit feuchten Augen darum.

Habe ich Ihnen nicht mit meinem allersten Zettelchen [vom 2. Dezember 1821], das ich Ihnen auf Ihr sehr hartes Billet schrieb, gesagt – daß, wenn ich etwas Ihnen Unangenehmes gegen H[orkel]s geäußert hätte, Sie mirs verzeihen mögten? Sie wollen das jetzt nicht wissen oder haben es wirklich vergessen.

D. 14. Morgens. Ich habe, lieber B., die unangenehme, ja, wirklich schmerzliche Empfindung noch nicht verarbeitet, die Sie mir durch Ihren Brief gemacht, und ich fühle, daß ich es Ihnen sagen muß in klaren, nicht ironischen Worten – zur Ironie bin ich überhaupt wohl zu modern und jetzt nicht freien Gemütes genug. Da ich Sie genug kenne, um zu wissen, wie eins und das andere auf Sie wirken dürfte, so fürchtete ich allerdings, daß Sie mein Brief nicht ganz versöhnen würde, wäre es aber wohl gegen Sie und gegen mich recht gewesen, wenn ich anders als mir war, vor Ihnen stände? Ich war und bin mich keines Vergehens gegen Sie bewußt, ich habe nicht geklatscht: denn wenn ich auch H[orkel]s gesagt habe, wie ich glaube, daß Ihre ökonomische Lage sei (was und wie ich mir wahrhaftig nicht mehr bewußt bin), so haben *jene geklatscht*, indem sie es Ihnen *wieder* sagten – und diesem Klatsch allein konnte und kann ich Ihren, wie mir scheint, leider! fortwährenden Unwillen gegen mich zuschreiben, und, Bekker, Sie sind zu viel, in jedem Sinne, um einen so langen Groll gegen eine 15jährige Bekanntin (Sie sehen, ich wage das Wort Freundin nicht) einer an sich geringfügigen Ursache willen festzuhalten – lassen Sie ihn fahren und glauben Sie an meine Unschuld. Sehn Sie, das kömmt vom Schweigen, wären Sie gleich zu mir gekommen, als H[orkel]s Ihnen das gesagt, und mir gesagt, daß es Ihnen unlieb gewesen, so hätte ich Ihnen gewiß gleich gestanden, daß ich unrecht gehabt hätte, und da wäre die dumme Sache abgemacht gewesen. Sie wären nicht immer bitter und bitterer geworden und hätten mir nicht so gründlich weh getan – Ich bin wahrlich weit entfernt, mich für vortrefflich zu halten, ebenso so wenig wie Sie mich, und zwar mit großem Rechte, dafür halten, aber – deshalb bin ich weder listig noch lügenshaft, und wenn Sie in vollem Ernst mich *dafür* halten, so bin ich ja Ihres und aller rechtlichen Menschen Wohlwollen unwert. *Vorschieben*, *Ersinnen* soll ich – Bekker! Wohin verleitet Sie Ihre Heftigkeit – Wie können Sie mich solcher Dinge beschuldigen – reichlich und überreichlich haben Sie mir nun die Unannehmlichkeiten vergolten, die ich Ihnen, wahrhaftig unvorsätzlich, gemacht, und lassen Sie die Sache hiermit geendet sein. Was Sie mit dem jungen Freunde meinen, verstehe ich durchaus nicht, ich weiß weder wen noch was Sie meinen – es scheint mir aber wieder ein Klatsch zu sein, weil Sie etwas *erfahren* haben.

Lassen Sie, um Gottes Willen, die Sache jetzt abgemacht sein, und nehmen wir es uns recht fest vor, wenn wir etwas gegeneinander haben, es uns sogleich zu sagen – da dürften Sie einmal mehr sprechen müssen als ich, denn leichter dürfte ich mir eine Unvorsichtigkeit zuschulden kommen lassen, als Sie es würden.

Morgen gehe ich nach Prenzlow, und ich bitte Sie, mir recht bald dahin zu schreiben – aber – lieber Bekker, recht freundlich und versöhnt, wenn Sie es können, aber *wahr*, wenn Sie es nicht können – ich werde Schmerzen haben, weiß es aber über mich ergehn lassen – denn falsch können Sie nicht sein, und das mögte ich auch um keinen Preis. Wenden Sie sich nicht ab von mir, wenn Sie auch manches tragen müssen, was Ihnen weniger lieb ist, sehn Sie aber auch unbefangen und freundlichen Sinnes, wie ich bin, und wenn es dann noch Ihre Überzeugung ist, daß ich listig und lügenhaft bin, dann stoßen Sie mich dreist von sich, wie sehr und wie gern ich mich Ihnen auch nähere, und ich müßte es in Ihnen ehren, daß Sie mit einer solchen Frau keinen fernern Verkehr haben mögen, wenn ich auch völlig klar über Ihren Irrtum wäre; – ich fürchte es aber nicht, denn da Sie meine Unbefangenheit, und – lassen Sie michs immer aussprechen, meine Geistlosigkeit und Dummheit, – aber auch meine Gutmütigkeit kennen – so werden Sie auch wissen, daß ich nie mit dem Vorsatz gekränkt habe noch es je können werde. Von dem Bewußtsein meiner Vortrefflichkeit und meiner Fürstlichkeit weiß ich mich frei, wenn ein zufälliger Moment es auch wohl einmal anders erscheinen macht.

Leben Sie wohl. Gerne ließ ich H[orkel]s grüßen, ich muß es aber gestehn, daß ich in diesem Augenblick, fast zum ersten Mal, bitter gegen sie bin, da sie die Ursache unserer nur zu langen Trennung war. Schreiben Sie mir bald, und in meiner Antwort sage ich Ihnen von meiner Reise nach Rügen, die, glaube ich, Mitte July's stattfinden wird – fest kann ich es noch nicht bestimmen, doch bald, ich will erst meine Schwester [Johanna] gesprochen haben – In Ihrer Frage über meine Reise dorthin und in den Worten vorher liegt mir eine freundliche Hoffnung – erfüllen Sie sie und lassen Sie uns recht, *recht* gut sein.

Ihre H.

Alexander von Humboldt
an Henriette Herz

[Berlin, s.d., ca. 1845]

Ich muß Ihnen sagen, teure Freundin, wie lebhaft die Freude des Königs war, als ich ihm, schön eingerahmt, Ihr liebliches Bild, von Elise Fränkel gezeichnet, gebracht habe. Ich verdankte es dem Wohlwollen von Marianne Mendelssohn, die von mir erfuhr, wie sehr der König ein Bild von Ihnen wünschte, »wie Sie ihm in der jugendlichen Einbildungskraft vorschwebten«. Er fand das Bild nicht schön genug, doch aber teilweise sehr ähnlich. »Das ist dazu der einfache Turban, das Kopftuch, wie ich es noch vor mir sehe.« Ich werde suchen, das Bild der Königin zu verbergen. Wir sollten beide, in unserem Alter, den Hof mehr zu meiden wissen.

Ich höre freudige Nachricht von Ihrer Genesung und werde kommen, Ihnen diese Freude auszudrücken. Frau v. Bülow ist jetzt trüber, als sie es in den ersten Tagen war.

Mit alter Verehrung
Ihr unleserlichster
Humboldt
Dienstag.
Antworten Sie nicht an einem mardi gras.

[Berlin] d. 20. Nov. 1845

Wenn ich so glücklich war, meine teure Freundin, Sie heute durch das gemütliche Andenken des Königs zu erfreuen, des Königs, der, wie er sich ausdrückt, ›von früher Jugend an Ihren Namen mit inniger Hochachtung hat aussprechen hören‹, so habe ich jetzt schon Veranlassung, auch die kleine Ungewißheit zu heben, die in meiner Erzählung zu liegen schien. Ich war, indem ich Sie verließ, bei dem Geh. Kabinetts-Rat Müller, der mir alles bestätigte, was ich gestern abend aus dem Munde des Königs empfing. Der König hat nämlich gestern abend schon ein Handbillett an G. C. R. Müller geschrieben, diesem meine Eingabe geschickt und auf das bestimmteste ausgedrückt, es sollen Ihnen jetzt durch mich für das laufende Jahr fünfzig Stück Fr. d'or gebracht werden, und vom 1. Jan. 1846 an sollen Sie lebenslänglich eine jährliche Pension von fünfhundert Talern ziehen.

Es ist alles schon ausgefertigt, aber der König hatte es zarter gefunden, da Sie um nichts gebeten und die ganze Sache ohne Ihr Wissen geschehen ist, keine Kabinetts-Ordre an Sie zu richten. Ich werde eine schriftliche Antwort vom König darüber erhalten, in der Ihrer auf das ehrenvollste erwähnt ist. Dann geht der Befehl unmittelbar an die Kasse, welche die Pension zahlt.

Mit alter Verehrung
Ihr
Alexander Humboldt
Ich beschwöre Sie, mir nicht zu antworten.

Z

Zeugnisse

Dem Herrn
Doktor Markus Herz
und
Mademoiselle Jette Lemos
an
Ihrem Vermählungstage
Gewidmet
von
G......z
Berlin, den 1. Dezember 1779

Dies ist die holde, muntre Hebe!
Wer sah der Göttin Abbild je,
So ganz im feinsten Reizgewebe
Und schöner noch als Pasithe?

Welch edler Zauber in den Zügen!
Wie Himmel in dem Auge blickt!
Den Gott der Donner zu besiegen,
Hätt's ihr, der Juno gleich, geglückt!

Wie blühend Ihrer Wangen Rosen!
Wie schlank der Wuchs! welch edler Gang!
Wie unschuld-liebevoll ihr Kosen!
Die Stimme, welcher Silberklang!

Ihr angenehmes frohes Scherzen,
Ihr aufgeklärtester Verstand;
Das Minniglich'in ihrem Herzen;
In Ihr – der Schöpfung – Meisterhand! –

Und wie bei trübsalsvollen Scenen
Empfindsam Ihr die Zähre rollt!
Wie mitleidsvoll, ohn'es zu wähnen,
Sie Nothbedürft'gen freudig zollt!

So ist sie, meines Freundes Jettchen,
Und so vollkommen mußt'sie seyn!
Ein anmuthreiches, sanftes Mädchen,
Das Lohn für Kummer kann verleihn!

Dies Mädchen lohnet den Verehrer
Erhabener Philosophie,
Ihn den Gefühlesquellenlehrer
In der Empfindungstheorie!

Der Denken noch durch Thun vergrößert,
So weisheitsvoll wie Sokrates.
Der Körper heilt, und Seelen bessert,
Der Liebling des Hippocrates. –

Wer Welten mißt mit einem Blicke;
Der Erdengüter Innres kennt,
Der rechnet sich's zum ächten Glücke,
Wenn heiße Lieb' im Herzen brennt!

So bringe denn die Nektarschale,
Du frohe Götterpflegerin!
Dem sehnsuchtsvollen Ehgemahle
Als Wonne höchster Wonne hin.

Ernst Immanuel Bekker: Zur Erinnerung an meinen Vater.
(In: Preußische Jahrbücher 1872, Band XXIX, S. 659)
Von Gediken einmal mit einer Bestellung zu dem damals viel
berühmten und beschäftigten Doktor Marcus Herz gesandt, wird
ihm [Immanuel Bekker] die Tür geöffnet von dessen Frau, der
späteren Freundin ... derzeit aber hatte er sie noch nie gesehn,
und steht nun vor der imposanten jugendlich schönen Erscheinung gänzlich benommen, und sucht vergebens nach Worten
den Auftrag zu besorgen. Das war ihm nach mehr als fünfzig
Jahren ... so klar erinnerlich wie ein Vorgang von gestern.

Aus Briefen des Berliner Verlegers Johann Daniel Sander
an den Publizisten Carl August Böttiger in Dresden
14. Januar 1797: ... Was Ihnen Hr. [Alexander] von Humboldt
über die zwei Damen Jüdischer Nation, Levi [Levy] u. Herz,
gesagt hat, ist ebenfalls nicht wahr. Die Levi ist eine sehr *verständige*, kenntnisreiche Frau; aber von Esprit hat sie doch auch
keine Spur. Die Herz ist ein ganz kluges Weib; aber ihresgleichen
haben wir in der Gesellschaft ein halbes Dutzend. Daß H. gerade

zwei Jüdinnen als die Wiege der Gesellschaft genannt hat, müssen Sie sich aus seinem häufigen Umgange mit Berlinischen Jüdinnen erklären. Es gibt ein kleines, schon 24 oder 25 Jahre altes Judenmädchen. Namens Rahel Levi (keine Verwandte der vorhin erwähnten.) Diese ist vor 11 oder 12 Jahren mit einer andren, Marianne Meyer, ehemals einem außerordentlichen schönen u. jetzt in ihrem 32 oder 33sten Jahre noch nicht häßlichen Mädchen Jüdischer Nation, in Karlsbad gewesen; u. beide haben die Bekanntschaft des Herrn Goethe gemacht, der auch mit ihnen korrespondiert. Die Rahel Levi, (oder mit einem Sobriquet: der kleine Kommandeur; auch: die kleine Gnome; denn sie ist wirklich fast zwergenartig) ist witzig, aber eine boshafte Kröte, u. nicht in dem besten Ruf, weil sie fast nur mit Wüstlingen beiderlei Geschlechts zu tun hat. Herr von Humboldt wohnte, als er in Berlin war, ihr gerade gegenüber; da sie nun des Hrn. von Goethe's gute Freundin ist – was Wunder, daß er mit in ihr Bureau d'esprit ging? Eins von diesen weiblichen Mitgliedern, eine gewisse Madame Flies, ist eine gute Freundin von meiner Frau u. mir; es wäre uns also leicht, mit in diesen Zirkel zu kommen; ich habe aber keine Lust dazu, weil die ganze Clique in so üblem Rufe steht, daß keine rechtlichen Menschen unter sie kommen dürfen. Wenn es Ihnen [sic!] einfällt, kommen sie noch Nachts um 11 u. 12 zum Tee zusammen, holen die Fehlenden aus den Betten, u. treiben mancherlei Unfug. Unter andren gehört in den Zirkel Madame Unzelmann, Schauspielerin, vor Zeiten ein reizendes Geschöpf, jetzt aber vor der Zeit verblüht; ferner der Fürst Reuß, Österreichischer Gesandter; Vicomte Acadia, Portugies. Gesandter; Herr von Schack, Rittmeister unter den Gensd'armes, ein Erzwüstling pp.

Ob ich Sie, wenn Sie in Berlin sind, in den ganzen Zirkel bringen kann, weiß ich nicht; aber wenigstens sollen Sie bei der Madame Fließ die beiden Korrespondentinnen des Herrn von Goethe kennen lernen. ...

25. März 1797: Hat man bei Ihnen eine Vermutung, von wem der ›Mücken-Almanach‹ sein kann? Hier tut man dem Goethe-Club sehr weh. Alles zusammengenommen, sehe ich nun, daß die Ausfälle einer Gesellschaft gelten, die Madame Herz, Frau des jüdischen Arztes u. Philosophen, noch vor Jahr u. Tag alle Mittwoch regelmäßig hielt, die aber jetzt eingegangen ist. Madame Herz ist ein feiner Kopf mit einem unförmlichen Rumpfe. Dieser Rumpf war aber vor zwölf [recte 19] Jahren, als Goethe sich einmal in Berlin aufhielt, noch nicht unförmlich. Madame Herz bekam dafür von Goethe Besuche, u. ist seitdem seine geschworne Verehrerin. Sie werden in dem ›Mücken-Almanach‹ finden: Eine beinahe zu groß; eine beinahe zu klein. Das sind die Herz, u. die kleine Rahel Levin. Die beiden Jüdinnen im … (Karls)Bade kennen Sie schon: eben diese Rahel, u. die schöne Marianne Meier.

6. Januar 1798: Gestern Abend konnte nichts mehr aus dem Schreiben werden; denn wir kamen erst um 1/2 auf 1 Uhr nach Hause, u. waren von dem Schwärmen müde. Leider habe ich noch obendrein nicht viel Beute für *Sie* aus dieser Gesellschaft mitgebracht; denn man war so lustig, daß von nichts Ernsthaftem gesprochen werden konnte. Soll ich Ihnen denn auch sagen, wen Herr von Brinkmann zu seiner Fête (einem splendiden Souper mit kalter Küche) eingeladen hatte? Niemeyer u. dessen Frau und Schwiegermutter, Madame Herz (ohne ihren Mann), Zöllner, Biester, Genz, die beiden Delbrücks, einen Herrn von Vink (Referendarius, u. Schwager des Ministers von Reck), einen gewissen Fink (Niemeyers Neffen), mich u. meine Frau. Es wurde viel u. laut gesprochen u. geschäkert, aber nichts, das des Mitheilens werth wäre, abgehandelt; u. am Ende fing man vor aller Lustigkeit sogar an zu singen …

25. August 1798: … Nun, da hat ja Herr Rat [August Wilhelm] Schlegel sich glücklich eine Professorstelle ertrompetet – Herr Friedrich S. [Schlegel] wird, wie ich höre, bald wieder nach Berlin kommen u. den Winter hier bleiben. Ich freue mich darauf, ihn einmal mit Engel zusammenzubringen, den die »Schlegeleien« der beiden Herren Schlegel sehr indigniert haben, u. der, wenn man von Goethe lobposaunend spricht, immer in eine Art von Wut gerät. Schon neulich habe ich bei Herz eine lustige Szene gesehen. Ein gewisser Prediger Schleiermacher, bei dem Friedr. Schlegel wohnte, u. ein Erz-Goethianer, aß da mit Engel zusammen; u. am Ende gab es eine lustige Zankszene, in der Engel von »Schlegeleien« u. s. w. sprach.

29. Oktober 1799: Man hat hier über Kotzebue's ›Hyperboräischen Esel‹ herzlich gelacht; auch unser Ferdinand Delbrück, der doch selbst so ein Stück von einem höheren Menschen ist, lachte, daß ihm im eigentlichen Sinne Tränen aus den Augen liefen. Herz hat, sagt mir Merkel, das drastische Drama einige Tage lang bei sich getragen u. es allenthalben zum besten gegeben. Eine gewisse Kränkung für seine Frau, die einstweilen noch zu dem Anhange der Schlegel gehört! Einstweilen, sage ich; denn, wenn erst mehrere sich über die Herren Schlegel hermachen, so wette ich darauf, daß Madame Herz, die im Grunde gar kein eigenes Urteil hat, sich ihrer Freundschaft mit diesen Menschen schämen wird.

24. November 1801: ... Habe ich Ihnen denn schon geschrieben, daß sich M. [Merkel] in einem der früheren Stücke einmal wieder bis zum völligen Pasquill vergessen hat? In der Einleitg zu seiner Rezension von Engels Lorenz Stark kommen drei Frauen vor: diese sind ganz unverkennbar die Müchler (»ein junges Ding von 19 Jahren, das, um allen jungfräulichen Rücksichten überhoben zu sein, einen schon ziemlich abgängigen Dichterling geheiratet hat«) die Koels u. die Herz. In die erste war er einmal ein wenig verliebt, u. auch im Hause der zweiten hatte er zutritt. Beiden machte er Tracasserien, u. beleidigte sie durch Insolenz. Der Umgang wurde aufgehoben; u. nun rächte er sich so unwürdig.

Aus der Besprechung ›Lorenz Stark, ein Charakter-Gemälde von Engel‹ von Garlieb Merkel in seinen ›Briefen an ein Frauenzimmer über die wichtigsten Produkte der schönen Literatur‹ (Berlin 1801, Band 3, Mai bis August 1801, S. 718–726, besonders 718f und 720f)

Wenn ein Kunstwerk, das mit reifer Einsicht entworfen, und mit fester, kraftvoller Hand ausgeführt wurde, nun endlich aufgestellt wird: nichts ist unterhaltender, als dann die Schar der Teetisch-Ästhetikerinnen und Ästhetiker nacheinander herbeitrippeln, äugeln, blinzeln und ihr leichtes Köpfchen schütteln zu sehn, indes sie ihre Aussprüche in zierlichen Epigrammen mit bleierner Spitze, oder in *kräftig-tönenden* Sentenzen hinwirft, das Werk zu beurteilen glaubt, und immer nur sich selbst zur Schau stellt. Statt es nach seiner Bestimmung zu würdigen, macht sie es wie jener Bierfiedler zu Paris, der Glucks ›Iphigenia‹ für leer erklärte, weil sie keine Arie enthielt, die er in seinen Pfennig-Schenken nachgeigen konnte. Sie geht von dem unerschütterlichen Grundsatze aus, jedes Kunstwerk müsse ganz eigentlich für *sie* gemacht sein, und findet es elend, sobald es nicht sie und *ihre* Natur wie ein Spiegel zurück- – wie soll ich sagen? – zurück-blinkt. Ob der Meister bei der Arbeit daran denken konnte, daß es – Mücken gebe, fällt ihr nicht ein. Sie, die summenden Bagatelle, fühlt, daß sie das Edelste, der Zweck des Weltalls sei: also ist es schon Todsünde, nicht an sie allein zu denken, sie allein darzustellen.

»Finden Sie nicht, sagte jemand zu einer Dame, daß Lorenz Stark mit einer außerordentlichen Wahrheit geschrieben ist. Ja wohl, erwiderte sie mit einem spöttischen Nasenrümpfen, nur zu wahr, zu natürlich!– « Kann das irgendein Werk sein? Wollte ich fragen, aber ich sah sie nur an und – schwieg. Gestern hatte sie schwarzes Haar zu einem weißen, heute gelbes zu einem dunklen Kleide, und auf ihren welken, vierzigjährigen Wangen blüht täglich ein neuer Jugendteint auf. Es läßt sich begreifen, daß einer Richterei, die selbst ein solches Kunstwerk ist, »wahr« und »häßlich«, »natürlich« und »gemein« gleichbedeutende Worte sein müssen. [...] »Je nun, sagte eine Dritte, tadeln läßt sich das Buch nicht. Es ist rein, – rein wie die Luft: man greift durch und hält nichts.« Ich brauche es wohl kaum hinzusetzen, daß die zierliche Floskel ohne Sinn, aus dem Munde einer von jenen abgestandnen Coquetten kam, welche mit der Ästhetik und der Philosophie liebäugeln, weil keine Liebhaber mehr da sind, mit denen sie es tun können, und die, um die Blöße ihres Geistes mit einer Phrasenwulst, wie die ihrer Scheitel, mit einer Haarwulst, decken zu können, die Schriften der berühmten wortkräuselnden Clique eifrig studieren.

Joseph Fürst: Henriette Herz. Ihr Leben und
ihre Erinnerungen (Berlin 1850)
Henriette Herz war von einem so hohen Wuchse, daß ihre Gestalt ziemlich weit die durchschnittliche Größe ihrer Geschlechtsgenossinnen überragte. Unter den Frauen Berlins möchte ihrer Zeit nur die Königin Luise von Preußen sie in dieser Beziehung erreicht haben. Bis zum Eintritt des Alters gesellte sich zu diesem ausgezeichneten Wuchse eine höchst gefällige Fülle der Formen,

welche scharf das Maß innehielt, erforderlich, um der ganzen Gestalt nicht den Eindruck des Schlanken zu rauben. Gewährte sie hiernach beim ersten Blick vorherrschend ein imposantes Bild, so daß es ihr in Berlin den Namen der tragischen Muse zuwege brachte, so bot bei einem näheren ihr Kopf das der zugleich reinsten und mildesten weiblichen Schönheit. Selten nur mag die Natur ein· Profil erzeugt haben, welches sich in solchem Maße wie das ihre den schönsten aus der Zeit griechischer Kunst näherte. Namentlich war die fast lotrechte Linie, in welcher die Nase sich an die Stirn ansetzte, in dieser Beziehung klassisch, ein Vorzug, welcher noch an dem Kopfe der Greisin zu erkennen war, und nicht minder staunenswert war die Reinheit des Ovals ihres Gesichts. Dem kleinen Munde, dessen perlengleiche Zahnreihen von zugleich feingezeichneten und vollen Lippen umsäumt wurden, war das anmutigste Lächeln eigen. Der Glanz der dunklen, im Bogen von feinen schwarzen Brauen umwölbten, in mildem Feuer leuchtenden Augen wurde durch einen frischen, aber durchaus zarten Teint gehoben, und dieser wieder durch das reichste dunkle Haar. Was Laien an ihrem Äußeren tadelten, während Künstler auch darin eine wunderbare Übereinstimmung mit dem kanonischen Verhältnisse aus der klassischen Zeit griechischer Skulpturen sahen, war, daß der Kopf im Verhältnis zu dem übrigen Körper etwas klein erschien.

Ihre Sprachkenntnisse gaben Anlaß, sie zu den gelehrten Frauen zu zählen. Und in der Tat wußte sie von den alten Sprachen Hebräisch, Griechisch und Latein, von den neueren Französisch, Englisch, Italienisch, Spanisch und Schwedisch, und die letzteren, namentlich das Französische, Englische und Italienische, sprach sie mit Geläufigkeit. Aber die Sprachen, mit Ausnahme der hebräischen, welche sie erlernen mußte, weil ihr Religionsunterricht es erforderte, waren ihr nie etwas anderes als ein Mittel, auf dem geeignetsten Wege die Kenntnis der Literatur der betreffenden Völker zu erlangen, sowie bei ihrer Hinneigung zu einer höheren Geselligkeit und in ihrem Bestreben, aus ihrem Umgange den möglichst größten geistigen Nutzen zu ziehen, dazu, sich mit den vielen Ausländern, zu welchen sie in Beziehung kam, in deren Muttersprache unterhalten zu können.

Marcus Herz war mit allen damaligen Trägern der Intelligenz Berlins befreundet, und gern übertrugen diese ihre Freundschaft auch auf die junge, schöne und empfängliche Frau. Daß die innigsten Beziehungen, in welche sie zunächst trat, die zu den Koryphäen der Belletristik und der geistvollen Freunde derselben waren, ist begreiflich. Wir finden in ihrem näheren Umgange die damals glanzvollsten Namen unter den ersteren, deren Glorie freilich eine spätere Literaturepoche um etwas verdunkelt hat. Ramler, Engel, Moritz gehörten in kurzem zu den Schriftstellern, mit welchen sie vielfach in und außer ihrem Hause verkehrte. Aber auch zu dem älteren Spalding, der trotz der vorgerückten Jahre den Bewegungen der schönen Literatur mit Teilnahme und jugendlicher Lebendigkeit folgte, zu Teller, welchem bis zu seinem Lebensende der Sinn für alles Schöne treu blieb, zu Zöllner, trotz seines geistlichen Standes sehr gewandter Weltmann und angenehmer und belehrender Gesellschafter, bildeten sich bald freundschaftliche Verhältnisse, ein noch vertrauteres zu Dohm, etwas später ein gleiches zu dem jüngeren Spalding. Die Musik war in ihrem Kreise durch den vielseitig gebildeten Reichardt vertreten, die Skulptur durch Schadow. Auch der nirgends fehlende Nicolai huldigte trotz der ihm inwohnenden Prosa der Jugend und Schönheit, ja sogar der damals fast schwärmerischen Sentimentalität der interessanten Frau. – Schon in den achtziger Jahren traten, kaum noch Jünglinge, die Brüder Humboldt in ihren Kreis, und ihre Beziehungen zu ihnen wurden bald sehr freundschaftliche, nicht lange nach ihnen Graf Christian Bernstorff, Gentz und der spätere preußische Minister Graf Alexander von Dohna-Schlobitten, dessen Verhältnis zu ihr vielleicht mehr als das irgendeines ihrer anderen Freunde den Charakter der Liebe trug und welcher, trotz seines hohen Standes und seiner hervorragenden Stellung in der Gesellschaft wie im Staatsdienste, nicht Anstand nahm, ihr nach dem Tode ihres Gatten seine Hand anzubieten, welche sie jedoch aus den achtungswertesten Motiven nicht annahm. Die neunziger Jahre führten ihr unter mehreren ausgezeichneten Männern von Brinckmann, Feßler, Friedrich Schlegel, endlich Schleiermacher zu, welcher wohl derjenige ihrer Freunde war, an welchen das innigste und dauerndste Band sie knüpfte. Daneben blieb ihr von fremden Notabilitäten, welche Berlin in seinen Mauern sah, fast nichts fern, und für mehrere derselben ward ein kurzer Aufenthalt Anlaß zu lange fortgesetzter brieflicher Mitteilung.

*Johann Gottfried Schadow erzählt in ›Kunst-Werke
und Kunst-Ansichten‹ (Berlin 1849):*

Bis ins Jahr 1783 wurde der Zutritt im Hause des Dr. Marcus
Herz ihm so vertraulich, daß die schöne Frau des Hauses ihm
Modell saß zu ihrer Büste. Mann und Frau empfingen an zwei
Abenden der Woche Gesellschaft.

In jener Zeit lebten in Einverständnis: Gedike, Biester, Nicolai, Engel, Ramler, Moses Mendelssohn, Spalding, Teller etc.
Marcus Herz als praktischer Arzt und als Verfasser der Abhandlung vom Schwindel, außerdem witziger Kopf, stand allgemein
und auch bei seinen· Kollegen in hoher Achtung. Des Lavoisier
Entdeckungen hatten ihn dermaßen bezaubert, daß er kostbare
Apparate herbeischaffte, um uns an Nachmittagen Experimente
vorzutragen. Als leidenschaftlicher Tabakraucher blieb er Herr
in seinem Zimmer. Hier empfing er an den Gesellschaftsabenden
junge Ärzte, durchreisende Gelehrte, unter denen nur namentlich anzuführen Geheime-Rat Selle, der Königliche Leibarzt;
N. Kunth, Erzieher der berühmten Brüder Wilhelm und Alexander von Humboldt; Klaproth; Staatsrat Karsten etc.

1m Salon der Hausfrau daneben waren zugleich mehre jüngere Männer, der deutschen Dichtkunst ergeben, das hierin Neu-
erscheinende beibringend, besprechend, rezitierend und kritisie-
rend. Von den vielen Namen sind wenige in der Erinnerung
geblieben: der Schwede Brinckmann, von dem Verse im Druck
erschienen; Woltmann, auch Geschichtsschreiber; einer namens
Meyer, Almanach versifax; Meyering; von Kleist und die Gebrüder Grafen Dohna; der ältere Graf wurde Staats-Minister, der
jüngere bekleidete mehre Gesandtschaften. Der berühmte
Schleiermacher kam mehre Jahre später erst hinzu.

Einen Abend war unser Er [Schadow] mit beiden Eheleuten
allein; der Wohnung gegenüber war ein Tanzboden, man hörte
Musik, das Stampfen und Juchhee der Tänzer. Frau Herz sagte
zu ihrem Manne: was hilft uns die feine Bildung, zu diesem Grad
von Fröhlichkeit bringen wir es nie. Ihr Mann sagte: dagegen
entbehren jene auch des stillen Genusses, den ein gutes Buch
gewährt, und der Mitteilung von Entdeckungen im Bereiche der
Naturkräfte zum Wohle der Menschheit.

Außer der Büste, seinem eigentlichen Fache, zeichnete unser
junger Künstler Profile nach dem Leben; das von Marcus Herz
wurde gestochen.

Carl August Boettiger veröffentlichte 1838 in dem
zweiteiligen Buch ›Literarische Zustände und Zeitgenossen‹
das Tagebuch einer Reise nach Berlin im Jahre 1797

Marcus Herz, Arzt beim jüdischen Lazarett und Professor der Philosophie in Berlin, waldeckischer Hofrat, gehört zu den geistreichsten und interessantesten Männern des *gelehrten Berlins* und ist mit seiner berühmten und um ihrer Schönheit und ihres Verstandes willen hochgepriesenen Frau ebenso der Mittelpunkt des philosophierenden und ästhetisierenden Zirkels, als die Itzigsche Familie in ihren zwei Repräsentantinnen, Mad. *Wolf* [Wulff] und Mad. *Levi* [Levy] einen gedrängten Kreis von Anbetern körperlicher, durch alle Künste des Reichtums und der Kultur erhöhter Reize in sich zu versammeln weiß. [...]

An dem wackern Herz möchte auch der scharfsinnigste Judenspäher keine Spur seiner Abstammung entdecken. Er ist kleiner untersetzter Statur, hat ungemein sprechende Augen und ein redendes, fast mimisches Mienenspiel, drückt sich sehr fließend; bestimmt und treffend aus, ohne nach Witz zu haschen, den er weit weniger sucht als findet, kleidet gern seine Beobachtungen und Tadel über andere in kleine Anekdoten und Geschichten ein, wovon die Anwendung auf den gegenwärtigen Fall von selbst in die Augen springt, und hat ein sehr frohmütiges, nichts weniger als satyrisches und kaustisches Lachen. Er ist gewiß einer der tätigsten Menschen in Berlin als Arzt und Gelehrter. Andere Ärzte rollen bei einer weit weniger ausgebreiteten Praxis beständig in einer Kutsche herum, und diese zu besitzen ist gewöhnlich das erste Ziel eines jungen Berliner Arztes. Er durchläuft die große Stadt beständig zu Fuße. Im Sommer wohnt seine Frau in der Mitte des Tiergartens. Da bringt Herz die Morgen und Abende zu und hat daher schon darum alle Tage eine halbe Meile zu laufen. Rechnet man dazu die häufigen Besuche der Fremden, die er alle mit großer Bereitwilligkeit aufnimmt, Korrespondenz, Schriftstellerei, Vorlesungen usw., so begreift man kaum, wie dieser rastlos tätige Mann nicht von Geschäften erdrückt wird und immer noch Zeit übrig hat, die jüngsten Blüten in jeder Literatur zu brechen und wieder in seine Gespräche und Vorlesungen zu verpflanzen. Freilich kommt ihm dabei seine alles Neue sogleich prüfende und durchschauende Frau und der Vorzug großer Städte, durch Fremdenbesuch sogleich alles Neue zu erfahren, sehr zustatten.

Ich fand ihn, als ich am Tage meiner Ankunft mit meinem braven Sander und seiner liebenswürdigen Frau abends in den Tiergarten fuhr, in der kleinen Laube sitzend, die der Sommerwohnung gegenüber fast jede Familie, die in den an der Seite des Parkes hinlaufenden Häusern sich aufhält, in das Gehölze selbst zu bauen und von da aus, indem man Tee trinkt und plaudert, die Vorübergehenden, Fahrenden, Reitenden zu mustern pflegt. Er schmauchte sein Abendpfeifchen und ging, während ich mit seiner Frau sprach, auf und ab. –

Mad. Herz ist eine langbekannte, perennierende Schönheit, seit Jahren Gegenstand vieler unerhörter Wünsche und schöngeisterischer Huldigungen. Man hatte sonst ein Sprüchwort: Wer den Gensd'armenmarkt und Mad. Herz nicht gesehen, hat Berlin nicht gesehen. Sie gehört durch ihre *kolossalischen Vollkommenheiten* zu den stolzen junonischen Schönheiten. Ihre Büste bis auf die Mitte ist im vollkommensten Ebenmaße, wozu aber die unteren Teile nicht in rechtem Verhältnisse stehen. Sie scheint mir weniger Temperament, aber viel Leidenschaftliches für Ehre und Auszeichnung zu haben. Jetzt wenigstens ist sie damit zufrieden, im ihren Triumphwagen alle Männer und Jünglinge von Geist wenigstens auf einige Zeit gespannt zu sehen. So war eben Friedr. Schlegel der erklärte Verehrer ihrer geistigen Reize. Sie liest und deklamiert vortrefflich, sie dichtet und spricht fertig Englisch und Französisch usw. Aber was mir vorzüglich von ihr gefallen hat, sie macht mit allen diesem nicht die geringste Parade und scheint es vorauszusetzen, daß, wer zu ihr kommt, schon hinlänglich von ihren Kenntnissen unterrichtet sei. Sie kann aufmerksam *hören* und andere ohne Verdruß viel und lange sprechen lassen. Goethe ist ihr Liebling. Beständig kam sie auch in ihren Unterredungen mit mir auf ihn zurück, und sie war sichtbar unzufrieden, als ich ihr, durch mein Wort gebunden, die Aushängebogen von Goethes ›Hermann und Dorothea‹ nicht mitteilen konnte. Sie leugnete es nicht, mit Jenisch über ›Wilhelm Meister‹ oft gesprochen zu haben, und daß vieles in dessen Schrift darüber auch ihre Überzeugung sei; allein sie teilte übrigens ihres Mannes Gesinnungen – von welchem sie überhaupt gewiß zu ihrem eigenen Vorteile in ihren Gesinnungen und Urteilen weit mehr abzuhängen scheint, als die gewöhnlichen schöngeisterischen Weiber – über Jenischens Charakterlosigkeit und lächerliche Eitelkeit. [...]

Ich hörte ihn [Marcus Herz] noch den letzten Mittwoch meiner Anwesenheit in Berlin an dem Versammlungsorte der Gesellschaft, die er vorigen ganzen Winter mit höchst interessanten physikalischen Vorlesungen unterhalten hatte, im Tiergarten, eine Vorlesung über inflammable Luft halten und sah ihn mehr als 15 Experimente mit außerordentlicher Fertigkeit und Behendigkeit machen. Er hatte sich die Hauptpunkte zwar aufgeschrieben, las aber nur wenig ab. Sein Vortrag ist klar und ohne Wortfülle und Schönrednerei lebhaft. Es waren mehr als 60 Menschen in dem kleinen Saale beisammen, mehr Frauen als Männer, und doch herrschte die größte Aufmerksamkeit und bei vielen sichtbare Wißbegierde, wie selbst aus ihren Fragen hervorging. Bei den Experimenten half ihm ein Bruder seiner Frau, auch ein junger Arzt. (Die Familie ist ursprünglich portugiesisch und heißt *Lemos.*) Kein Experiment verunglückte, und besonders gefiel mir das letzte, wo durch das Auf- und Niederschieben eines oben und unten offenen Glaszylinders über einem Flämmchen aus brennbarer Luft der Zylinder selbst einen harmonikaartigen Glockenton, solange das Glas noch nicht erwärmt ist, von sich gibt. Der Ton ist nach dem größern und kleinern Umfange des Zylinders heller oder tiefer. Herz versuchte es mit vier verschiedenen Zylindern, und ich teilte ihm darauf noch die Vermutung Goethes mit, bei welchem wir vor zwei Jahren eben diesen Versuch probiert hatten, daß sich wirkliche Akkorde herausbringen lassen würden, wenn man recht viele Zylinder nacheinander anwenden könnte. Herz, der alle diese, zum Teil mit beträchtlichem Aufwande verbundenen Experimente unentgeltlich macht und sich für hinlänglich belohnt hält, wenn nur recht viele Kenntnisse aus der Bücherwelt ins gemeine Leben übergehen, verdient gewiß von allen, die an dieser Gesellschaft teilnehmen können, den lebhaftesten Dank. Dies ist im edelsten Sinne des Wortes *großstädtisch.*

Daniel Jenisch: Cultur-Charakter des achtzehnten
Jahrhunderts (Berlin 1800)
Denn in der Tat! nach vielfachen Beobachtungen fand ich von jeher in der Unterhaltung eines interessanten Weibes beim Tisch [...] oft mehr Geist und Feinsinn, und Originalität, als in bändestarken Auswahlen von Gedichten »mittelmäßiger Dichter«: ja selbst noch, wo ich, als Geistlicher, auch nicht mal im Scherze,

die Unwahrheit sagen darf, gestehe ich's unverhohlen, dass ich bei meinen bloß psychologischen Beobachtungen über den Menschen und seine Bizzarerien mehr Geschmack, mehr Kunstsinn und feines Ahnungsgefühl des Schönen und Schicklichen finde in der Art, wie die junonische ++r+++ ihr ebenschwarzes Haar in Locken hinfallen läßt [...] als in allen Gedichten gewisser heuriger Dichter.

Der bekannte Naturforscher Karl Asmund Rudolphi
besuchte im Jahre 1802 Berlin. In seinen ›Bemerkungen
aus dem Gebiete der Naturgeschichte‹ (1804) schreibt er:
Sowohl um die Bekanntschaften der einheimischen als auch der fremden Gelehrten, die hier zum Besuch sind, zu machen, sind die gelehrten Gesellschaften, wie überall, und so auch in Berlin vorzüglich wichtig, und das ist auch wirklich ein Hauptvorteil, den sie stiften [...] Es gibt noch sonst eine Menge Gesellschaften in Berlin, woran Gelehrte teilnehmen, z.B. die Harmonie, das Montagskränzchen im englischen Hause, worin z.B. Goeckingk und Nicolai sind; sonntags ist sehr oft bei Herz eine Akademie; er selbst ist itzt kränklich.

Friedrich Laun (d.i. Friedrich August Schulze) schreibt
im ersten Teil seiner ›Memoiren‹ (Bunzlau 1837, S. 219–
220) über seinen Aufenthalt in Berlin etwa um 1802:
Ähnliche Tee's wie im Sanderschen Hause fanden im Hause des berühmten Arztes Hofrats Dr. Marcus Herz statt. Seine geistvolle Gemahlin, deren hohe grandiose Gestalt die Reize der frühern Jahre in ihrer edlen Gesichtsform weit besser noch an den Tag legte, als ein im Zimmer hängendes, vielleicht schon fünfzehn Jahre altes Bildnis, obschon dieses ein, übrigens freilich gearbeitetes, Werk des mit größtem Recht berühmten Porträtmalers Anton Graff in Dresden war, belebte diese Zirkel durch ihre gemessene Heiterkeit. Leider war der sonst in ihnen heimische Schleiermacher während der Zeit, wo ich einige Mal das Vergnügen hatte, denselben beizuwohnen, zufällig von Berlin abwesend. Man fand aber dort, wie im Sanderschen Hause, eine sehr gewählte Versammlung und ohngefähr auch von demselben Tone.

Gustav Parthey in seinen ›Jugenderinnerungen‹
(Berlin 1871, Teil 1, S. 95–97):
Eines Abends fanden wir bei Prinzeßchen [Dorothea von Kurland] eine nicht mehr ganz junge Frau von hoher Gestalt und von wahrhaft wunderbarer Schönheit. Wir erfuhren, es sei eine arme Jüdin, Madame *Herz*, von der die Prinzessin englischen Unterricht erhielt. Nie werde ich den Glanz dieser Erscheinung vergessen. Wenn die Prinzessin eine ideale jugendliche Figur, eine Hebe oder Venus darstellte, so konnte man Madame Herz einer Juno oder Proserpina vergleichen. Das einzige, was ihrer Schönheit Eintrag tat, war ihr Mund, der an sich von edler blühender Bildung, beim Sprechen den bekannten jüdischen Zug in den Mundwinkeln zeigte. Ein vorzügliches Bildnis von Graff befindet sich im Besitz der Frau Eugenie Schadow.

In seinen ›Denkwürdigkeiten des eigenen Lebens‹ schreibt
Karl August Varnhagen von Ense über die Zeit um 1808:
Unsere gemeinsamste Vereinigung hatten wir jüngern Freunde in dem Reimerschen und Schleiermacherschen Hause sowie auch bei der Hofrätin Herz; besonders zu der letzteren kamen wir gern und oft, weil hier die freundlichsten und zartesten Bezüge zugleich durch Bildung und Freiheit begünstigt waren und keine Störung auch nur denkbar schien. Das Erlernen und Üben fremder Sprachen war bei Madame Herz schon eine althergebrachte Gewohnheit und gab den Halt- und Mittelpunkt der vielfachsten geselligen Verbindungen, die vermöge solches in regelmäßigen Partien abwechselnden Stoffes nicht ganz leer werden konnten, bis nicht zum wenigsten eine ganze Literatur erschöpft war. Aber außer diesen Literaturen und Sprachen nahm ihr gebildeter Geist auch an Gegenständen des Denkens und Betrachtens allen liebreichen Anteil, den man von der Freundin Schleiermachers wohl erwarten durfte. Harscher empfing für seine dialektischen Nachfragen und Grübeleien hier eine unerschöpfliche Nahrung, und alles, was er über bestimmte persönliche Verhältnisse zur Berichtigung oder Erweiterung seines Wissens zu erfahren wünschte, sowie das, was er von seinen idealen Vorstellungen für das wirkliche Leben an einem taktfesten Bewußtsein – dafür aber galt ihm jedes echt weibliche – zu prüfen suchte, wurde hier durchgesprochen und in allen möglichen Formen mit allen nahen Belegen literarischer und

persönlicher Beispiele geschmückt, meistens geistreich und nicht selten kühn und wunderlich erörtert. Liebe, Freundschaft, Weiblichkeit und andre solche Gegenstände haben den großen Reiz, daß sie, auch wenn man das Allgemeine über sie schon ausgemacht und abgetan hätte, noch stets für die nächste Anwendbarkeit ein weites, mehr oder minder fruchtbares Feld eröffnen, auf dem jeder im stillen seine Persönlichkeit mag weiden lassen. Auf der andern Seite war freilich dem Übelstande nicht ganz zu entschlüpfen, daß unter geistig verbundenen Personen, denen in den wissenschaftlichen Räumen alle Türen geöffnet waren, das Gespräch bisweilen unerwartet in irgendeine abgelegene Kammer sich verlief, wo man sich unbequem und verfangen fühlte. So geschah es wohl, daß Liebe sich zur Ehescheidung wandte, Weiblichkeit zu Sitten der Griechen und Orientalen führte, was denn Harscher ohne viele Umstände bis zur befriedigenden Einsicht verarbeitete, die Damen hingegen nicht ohne schmerzlich beibehaltenes Lächeln in Verwunderung und Verlegenheit vorübergehen ließen. Weit härter noch und bis zur Grausamkeit peinlich konnte Marwitz werden, der eines Abends am Teetisch alle seine Beredsamkeit aufbot, um der gütigen Wirtin, der großen und starken Frau, gründlich ins Gesicht hinein zu demonstrieren, weibliche Grazie sei mit einer solchen Gestalt, die er beschrieb, schlechterdings unverträglich. Vergeblich boten wir alles auf, das schreckliche Gespräch zu beendigen, wenigstens abzulenken oder zu mäßigen, wir sahen diese schönen, noch mit Mühe freundlichen Züge schon ganz dem Übergange zum Weinen nahe, aber nichts konnte den arglosen Redner stören, er verstärkte nur immer mehr seine Gründe und Beweise, und als er endlich, durch fühlbare Winke aufmerksam gemacht, seines. abscheulichen Verstoßes inne wurde, vollendete er ihn dadurch, daß er nun ganz erschrocken um Verzeihung. bat und wiederholt beteuerte, ganz ohne Bemerkung der Person so gesprochen zu haben. Schleiermacher kam selten zu diesen gewöhnlich ungemein heitern und ergötzlichen Abenden; auch pflegte seine Anwesenheit uns nicht zu erfreuen, er war gewöhnlich müde, verdrießlich, schnitt die Unterhaltung ab, und wenn er alles gehörig ins Stocken gebracht, schlief er wohl gar ein. Auch in seinem eignen Hause und bei Reimer war seine Verstimmung auffallend, und man schrieb sie größtenteils körperlichem Übelbefinden zu, das freilich in dieser Zeit eincm wo nicht gebeugten, doch bedrängten Geiste leichter als sonst obherrschend wurde.

Unter den mancherlei Personen, die wir aus dem vieljährig gesammelten Lebensschatze unsrer Freundin hier oft beziehungsreich nennen oder schildern hörten, waren die Brüder von Humboldt und Frau von Humboldt, Friedrich Schlegel und seine Frau, Tieck und noch andre solchen Ranges und Interesses vorgekommen, kein Name jedoch vielfältiger und bedeutender als der von Rahel Levin. Die übrigen waren fern, diese aber lebte mit uns in derselben Stadt, sie war mit Schleiermacher und der Hofrätin Herz genau bekannt und nur zufällig jetzt außer Umgang mit ihnen; das Verlangen, sie kennenzulernen, wurde deshalb oftmals rege. Madame Herz sprach von ihr immer als von etwas Einzigem, Unvergleichbarem, und wenn auch in das strömende Lob hin und wieder einiger Tadel einfloß, zum Beispiel von allzu großer Freiheit im Aussprechen ihrer Denkart und von zu geradem und selbständigem Befolgen der eigentümlich gefaßten Überzeugung, wobei die Weiblichkeit zuweilen mehr Bewahrung des Scheins und wenn auch nur verstellten Einklang mit der Welt verlangen dürfte, so hatte sie es doch auf keine Weise hehl, daß sie vor ihr sonst in jeder wesentlichen Beziehung alle Segel strich. Wenn eine Frau, die selber so gebildet, so kenntnisreich, so fein und sittig vor unsern Augen stand, daß sie uns für alles Frauenwesen, wie es in der Schleiermacherschen Ethik sich darstellte, fast ein höchstes Muster und die lebendige Ausübung zu sein schien, in solcher Weise von einer andern sprach und sie unbedingt über jede Vergleichung erhob, so war das freilich sehr auffallend. Und Harscher insbesondere drang darauf, Madame Herz möchte ihre Freundin einmal mit uns zusammen einladen, wo er denn doch die Vergleichung zugunsten der ersteren ausfallen zu sehen im voraus entschlossen war und dies offen genug bekannte. Der Besuch wurde verabredet. Rahel erschien, aber nur auf eine Stunde, da sie an Fieber litt, und also wenig dazu bestimmt, den etwas befangenen Zuschnitt der kleinen Gesellschaft abzuändern. Harscher gewann ihr keine Aufmerksamkeit ab, und als Schleiermacher kam und gleich erfreut und ermuntert sich neben sie setzte und mit ihr in lebhaftes Gespräch einging, wurde jede andere Anknüpfung unmöglich. Wir waren nicht wenig erstaunt, sowohl im Scherze als im Ernste Schleiermacher nur in zweiter Rolle zu sehen, indem er willig eine gebotene Unterordnung anzunehmen schien und wirklich ein paarmal wie geschlagen verstummte oder doch gar sehr zu kurz kam. Als der für diesmal nicht auf längere Zeit beabsichtigte Besuch sich wegbegab, brachte er die Dame zu ihrem Wagen hinab und konnte, als er zurückgekehrt war, ihres Rühmens kein Ende finden. Mehr aber als die Worte zeugte seine Stimmung für den guten Eindruck, denn sie blieb aufgeweckt und gekräftigt für den ganzen Abend. Für uns war das ein doppeltes Phänomen, wir hatten ihn noch niemals untergeordnet und seit langer Zeit nicht so belebt gesehen. Madame Herz suchte vergebens bei Harscher den Dank für ihre bereitwillige Veranstaltung; er war mißvergnügt, daß alles gleichsam nur für Schleiermacher gewesen und dann verschwunden. Ihn ärgerte sogar dessen fortdauernde Munterkeit, und gern hätte er die ganze Erscheinung verneint oder verkleinert, deren Übergewicht er doch zu fühlen genötigt und deren vollen Wert zu ahnden er gewiß fähig war. Ich teilte seine Mißempfindung, allein in ganz anderm Bezuge, denn ich wünschte sehnlich, mit diesem wunderbaren Wesen näher bekannt zu werden, gegen welches die andern so schnell verblaßten. Und schon sah ich insgeheim mich mit ihm einverstandener und zusammengehöriger als mit diesen.

Aus Briefen Rahels an Karl August Varnhagen von Ense

29. November 1810: Mad. Herz lebt geputzt; ohne zu wissen, daß man sich ausziehen kann, und wie einem dann ist.

28. September 1811 aus Dresden: Die Hofrätin Herz ist seit gestern hier; ich habe sie heute abend in Körners Vorzimmer mit Meier gesprochen, sterile, affektiert.

Freitag, den 9ten September 1814: Du weißt, wie ich gebetene Gesellschaft hasse, nicht Soireen und Kotterien. Gestern war ich bei der Herz, die mich auf der Straße attrapierte, zum Tee, mit Ludwig Tieck, mit Graf und Gräfin Dohna, Philipp Veit – hübsch –, einer Oberhofmeisterin und Hofdame von Prinzeß Wilhelm, Staatsrat Uhden und Gemahlin und Körners aus Dresden. Ich sprach nur mit Graf Dohna, Fräulein Körner und Tieck. Er las den »Sommernachtstraum«: göttlich. Sonst war es gräßlich: ich fuhr ihn nach Hause, er wohnt bei dem Staatsrat Alberti, nicht weit von mir.

Sonnabend, den 10ten früh halb 8 im Bette: Fouqué, der hier war, überanekdotete auch ihn [Tieck]: welches sehr leicht ist: denn er spricht oft schwer: klagt oft darüber: und noch gestern: daß er sich so, leicht vernichtet fühle; durch Ennui; welches ihm den Abend bei Mad. Herz geschehen war – ich *sah* es; weil ich ihn kenne, und lachte so, daß ich mir das Tuch vorhalten mußte, weil es Fräulein Körner und die Gräfin nicht ahndeten, in ihrem breiten Dasein, ohne Unterfutter!

RAHEL VARNHAGEN
an Wilhelm von Humboldt
Berlin, 28. Juni 1809

Mad. Herz habe ich zu sprechen gesucht. Götter der Welt! wie kann man bei so wenig Leben leben bleiben. Wunder der Nichtigkeiten hätte ich Ihnen zu erzählen: denn endlich frug ich sie einmal aus! Ein Brief faßt es nur nicht; seh'ich Sie aber dereinst, so will ich Ihnen in einem kleinen Buche, wo ich jetzt manchmal Wunder und Zeichen aufmale, den Eindruck zeigen, den mir das Verhör der kolossalen Gestalt, der kolossalen Jahre und der kolossalen Erfahrung machte. Hassen kann man sie nicht; fast muß man sie achten: vernichten aber möchte man sie. Zum Spott der sich tugendhaft glaubenden Menschen lassen die ewigen Götter dies Gebilde umhergehen – und ungerecht findet man's, eine doch lebende Seele dazu zu gebrauchen! Wie um einen Kirchturm ist ihr der Wind um das hohe Haupt gegangen! Ich erhebe mich nicht vor ihr, denn endlich untersuchte ich sie ganz … Aus Rührung möchte man die Herz getötet wissen. Mündlich die tiefste Rechenschaft hiervon: so viel nur! Sie spricht nicht von Unglück, ist auch bis zu solcher Tiefe nie gedrungen.

(Rahel-Bibliothek. Rahel Varnhagen. Gesammelte Werke. München 1983. Band 9, S. 40)

RAHEL VARNHAGEN
an Henriette Herz
Den 13. Mai 1830

Einen Fehler haben Sie, und hatten Sie von je, liebste Freundin: Ihre zu große Bescheidenheit, die Ihnen nicht alle Selbstthätigkeit erlaubt, deren Sie durchaus fähig sind. Aber Ihnen schadet das weniger bei Ihren hohen Tugenden, deren Sie mit größtem Talente Folge leisten. Haben Sie die Gnade, sich die Blätter von unserer Lotte geben zu lassen. Dann kommen Sie mir ohnehin näher – Verwahren Sie diese Karakteristik.

(Rahel. Ein Buch des Andenkens für ihre Freunde.
Berlin 1834, Theil 3, S. 436)

LUDWIG ROBERT
Hofrätin Jette Herz

*J*unonische Riesin,
*E*gypt'sche Marquisin,
*T*ugend verübend,
*T*reuer, als liebend,
*E*ntzückt mit Gewalt.

*H*undertfach herzlos,
*E*del und schmerzlos,
*R*üstig und kalt,
*Z*u jung für so alt.

Die Anfangsbuchstaben ergeben den Namen »Jette Herz«.
Ludwig Geiger, der eine leicht abweichende Version kennt,
datiert das Akrostichon auf 1803 (Aus dem Nachlasse
Varnhagens. Leipzig 1867. Band 1, S. 20)

›Aus dem Nachlasse Varnhagens‹. Hg. von Ludmilla Assing.
Leipzig 1867 (Band 1, S. 15–20):
Hofräthin Herz, geb. de Lemos

Die Gräfin Genlis erzählt in ihren Memoiren, sie habe in Berlin einigen Personen Unterricht im Französischen gegeben, im Deklamiren der Verse, im Briefschreiben. Sie nennt darauf ihre Schülerinnen, und sagt: »Les premières furent madame Bernard,

aussi spirituelle qu'obligeante; madame Herz, femme d'un méde-
cin, belle comme un ange, et remplie aussi d'esprit et de bonté;
madame Cohen, femme d'un très-riche négociant, et Mr. Lom-
bard, frère du secrétaire intime du roi.«

Mém. De Mad. De Genlis, Paris 1825, Tome V, pag. 49

– »ein überaus erfreuliches Zusammentreffen mit einer Berliner
Freundin, der geistreichen Hofräthin Herz« –

Christian Wilhelm von Dohm nach seinem Wollen
und Handeln. Ein biographischer Versuch von M. Gronau.
Lemgo, 1824. S. 364

Beide Stellen – ungefähr auf gleiche Zeit bezüglich, die letztere
auf das Jahr 1800, die erstere vielleicht auf 1801 – haben das
Gemeinsame, daß sie der Dame »Geist« beilegen. Diesen aber
kann man ihr am wenigsten zusprechen, sie entbehrt dessen
gänzlich; aber dagegen hat sie eine Fülle andrer Eigenschaften,
angenehmen Verstand, Freundlichkeit, hülfreiche Sorgfalt, unge-
meine Sprachenkunde, alles aber nicht allzu tief, und mit einer
großen Neigung zur Beschränktheit. Ihr Leben ist an dem
Bedeutendsten vorbeigestreift, und hat doch immer nur das
Unbedeutendste davon – nämlich die äußere Bekanntschaft –
sich aneignen und festhalten können, dies aber mit großer Ausdauer und Beständigkeit in Freundschaften aller Art. –

–

Eine große, wunderschöne Frau, voll Anmut und Lieblichkeit,
klug, gebildet, kenntnisreich, beredt, mild und gütig, eifrig im
Wohltun. Wie kommt es, daß, bei großen Huldigungen, fest-
gehaltenen Freundschaften, heitern Umgangsverhältnissen,
wesentlichen Dienstleistungen, diese Frau gleichwohl bei den
Menschen, auf die sie am meisten hielt, keine wahre Liebe und
Zuneigung erweckte? Selbst Schleiermacher, der älteste und
ergebenste ihrer Freunde, spöttelte viel über sie, besonders in
späterer Zeit, Wilhelm von Humboldt dachte sehr gering von ihr,
Karoline von Humboldt ging darin noch weiter, Dorothea Schlegel wurde nur durch Gewalt alter Gewohnheit von ihr festgehalten, Frau Schleiermacher hegte die entschiedenste Abneigung
gegen sie, die Reimer'sche Familie ebenso, die Frau Schede nicht
minder, desgleichen Frau von Bardeleben, die Savigny's, Achim
und Bettina von Arnim, Rahel kämpfte immer zwischen Vorliebe
und Missachtung. Nur Immanuel Bekker und Herrn Fürst, auch
allenfalls den Starrkopf Börne wußte sie dauernd in Anbetung zu

erhalten. Die Schüler und Verehrer Schleiermacher's, Marwitz, Adolph Müller, Harscher, zeigten ihre Geringschätzung bis zur Grobheit. – Der Schlüssel liegt in ihrem Mangel an eigentlichem Kern, an Charakter, an tiefem Herzen. Das Innerste war schwach, leer, sollte durch Äußeres ersetzt werden, sie war eine allseitige Anempfinderin, das gefiel jedem auf kurze Zeit, wurde widrig im Wechsel. In späteren Jahren minderte sich die Ziererei, aber dafür frömmelte sie, und hätte es noch weit stärker getrieben, wäre sie dadurch nicht vielen Leuten, mit denen sie es auch nicht verderben wollte, anstößig geworden. Auch fand mit dem Alter viel Absichtliches, Berechnetes ein, was in manchen Fällen zur freventlichen Verleugnung der Wahrheit wurde.

–

Unter ihren vielen Freundinnen war Dorothea Veit ihr die liebste und vertrauteste, auch mit deren Schwestern, den andern Töchtern Moses Mendelssohn's, war sie eng verbunden, doch mit keiner so wie mit Dorothea. Als diese ihren Mann verließ, und offen mit Friedrich Schlegel lebte – ohne Scheidung und neue Heirat, die erst nach einigen Jahren Statt fanden, erschien das Ärgerniß so groß, daß Markus Herz seiner Frau untersagte, jene noch bei sich zu sehen. »Ich muß mich fügen«, sagte diese, »wenn du sie nicht mehr in deinem Hause sehen willst, aber verbiete mir nicht, sie bei sich zu besuchen, denn ich würd' es nicht unterlassen können und es heimlich doch tun!« Markus Herz erwiderte, wenn ihre Freundschaft so groß und ihnen die Trennung so schmerzlich sei, so möchten sie denn ihren Umgang fortsetzen! Friedrich Schlegel war der innigste Freund Schleiermacher's, und dieser der eifrigste Freund der Herz, sie waren stets beisammen, und letztere nahm an allen jenen Ansichten und Bestrebungen, die sich um die Lucinde und das Athenäum vereinigten, entschieden Theil. Noch im Jahre 1808 rühmte sie sich gegen uns Jüngere, daß Schleiermacher ihr zu Ehren gesagt, die Briefe über die Lucinde habe mehr sie geschrieben als er.

Doch wie veränderten sich die Zeiten! Die Ausgelassenen waren artig, die Frechen fromm geworden, Friedrich Schlegel und seine Frau sogar katholisch!

Im Jahre 1830 war Fanny Elßler in Berlin, und von Gentz dringend empfohlen viel bei Rahel. Die Herz nahm daran ein Ärgerniß, und sagte, sie könne nicht gut Rahel besuchen, weil sie die Tänzerin nicht dort treffen möchte! So groß war in der alten Frau jetzt die Prüderie! – Als Fanny Elßler fortgereist war, schrieb Rahel ein Billet an die Herz, und diese ängstigte sich, denn sie erwartete starke einschneidende Vorwürfe. Wie groß war ihr Erstaunen, als sie bloß die Worte fand: »Liebste Freundin, jetzt können Sie wieder kommen, die Luft ist rein.« Die Herz war wenigstens noch unverdorben genug, dies von Rahel ganz himmlisch zu finden, und als die liebreichste, edelste Milde zu rühmen!

–

Das Buch von Herrn Fürst über Henriette Herz ist in dem Theile, den sie nicht selbst geschrieben, sondern den er nach ihren Gesprächen und Erzählungen verfaßt hat, durchaus unzuverlässig, oft ganz falsch und unwahr, woran sie selbst nicht ohne Schuld sein mag. Sie hatte in der spätern Zeit ihres Lebens vieles zu verschweigen, zurechtzustellen, hauptsächlich in Betreff Schleiermacher's, Friedrich Schlegel's und seiner Frau, der Frau von Humboldt, den beiden Brüder von Humboldt, des Grafen zu Dohne etc. – Dies mein Urteil stand mir längst fest, ich war aber sehr erstaunt, dasselbe von zwei Damen, die hier wohl eine Stimme haben, ganz bestätigen zu hören. Die Geheimrätin Steffens und Frl. Wilhelmine Schede, beide mit der Hofrätin Herz eng befreundet, besonders aber die letztere durch volle vierzig Jahre hindurch, sprachen ganz von selber das nämliche Urteil aus, vieles sei offenbar falsch, andres verschoben, zurechtgemacht, oder grässlich verstümmelt, zum Beispiel über Dorothea Schlegel, Schleiermacher und seine Frau etc.

Januar 1853

–

Ein wenig erfreuliches Bild von der alten Frau entwirft Varnhagen in einem Tageblatt vom 26. Februar 1836; es lautet:

Ich besuchte heute die Hofrätin Herz. Die gute Frau zeigt in ihrem Alter die Seelen- und Geistesbedürftigkeit nackt und bloß, die sie früher mit erborgten Läppchen anständig genug zu verhüllen wußte. Sie ist bis zur Unsittlichkeit borniert, und auch wieder bis zur Unschuld. Sie tut einem leid, indem sie einen empört. Sie ist eigentlich bescheiden, und nur durch die Gunst der Umstände und durch ihre Leichtigkeit in allerlei Äußerlichkeiten, die Innerlichkeiten scheinen, einzugehen, zu den Ansprüchen verlockt worden, die sie jetzt macht, auf Tugend, Frömmigkeit, Weiblichkeit und konventionell Lobwürdiges aller Art. Sie kann wirklich sehr liebenswürdig sein, tut viel Gutes und Achtbares, wissentlich gegen bestimmte Personen gewiß nichts Böses; – aber ihre Meinung und Richtung ist die kleinlichste von der Welt.

Heute fing sie ganz von selbst an, sie lese ihren Briefwechsel mit Schleiermacher, und rühmte mir mit Nachdruck, wie schön, lebendig, reich, und ganz unschätzbar, Schleiermacher's Briefe seien. Sie sagte, die Witwe Schleiermacher habe sie ihr abgefordert, und wolle daraus für den Druck eine Auswahl treffen. »Ich«, setzte sie stolz hinzu, »würde sie nie drucken lassen!« Warum nicht, fragte ich, wenn der Inhalt so schön ist? »O nein! Das kann ich schwören«, erwiderte sie, »nie werde ich mich dazu hergeben.« Aber so geben Sie ja doch die Hand dazu! »Welch ein Unterschied! So bin ich es doch nicht selbst! Und die Schleiermacher hat mir versprechen müssen, nichts mitaufzunehmen, was die Lebensverhältnisse und Persönlichkeiten betrifft.« Wenn Schleiermacher darin schlecht erscheint, oder nur missverständlich, dann begreife ich Ihre Zurückhaltung, sonst aber nicht. »O vortrefflich erscheint er, aber ich will ihn nicht so zeigen, weil es zu meiner Ehre mit wäre, und jedermann würde mir Eitelkeit schuld geben!« Da rief ich aus, ganz unschuldig und arglos: »Ah! Ich glaubte, Sie dächten bei der Sache einzig an Schleiermacher, und nun seh'ich wohl, Sie denken dabei bloß an sich! Ja, da haben Sie recht. Aber für Ihren Freund bezeigen Sie sich nicht liebevoll, daß Sie sein schönstes Bild unterdrücken wollen, weil ein dummer Mensch etwa sonst sagen könnte, Sie hätten sich selber eine Ehre antun wollen.« Sie wurde verlegen, und wußte nichts mehr zu sagen. Nun fiel mir erst auf, welche Wahrheit ich scharf ausgesprochen hatte.

So ist es aber mit der gleißnerischen Züchtigkeit, Bescheidenheit und Tugend aller Art! An sich selber denken diese Leute nur, an ihren heuchlerischen Putz, den elenden Flitterstaat ihrer leinen Seelen, an das Lob und den Gewinn ihrer armseligen Tageserscheinung, – nicht an die Sache, an die Wahrheit, an das Recht des Andern, an den Gewinn der Welt, des Geistes, der Einsicht! Und ihr Wahn verblendet und verwirrt sie so, daß sie ordentlich stolz darauf sind, gewisse dehors nicht zu verletzen, als wenn es nur die wären, auf die es ankäme!

Das ist der Grundzug aller solchen Leute! – – Ist auch in mir dergleichen, so will ich es verdammen und vernichten wie ich nur kann! – In Rahel, meiner ewiggeliebten Rahel aber, das kann ich beteuern, war *nie*, *nie* die geringste Spur einer solchen Regung! In ihr war dergleichen unmöglich! Was litt sie auch unbekümmert für Tadel und Verunglimpfung! Die Liebe, Edle, Herrliche!

–

In einem Tageblatt Varnhagen's vom 11. März 1836 heißt es: Die Hofrätin Herz liegt sterbenskrank. Gott sei ihr gnädig! Eine liebe, freundliche, tätige, wackre Frau, von schwachen Geistesgaben, aber edlem Sinn. Ich bin ihr sehr gut, wenn ich auch oft, und besonders in der letzten Zeit, wie früher auch oftmals Rahel, sehr empört über sie war, und mit Recht war! –

–

In dem sehr freien Kreise, der sich um sie gebildet hatte, und zu welchem Schleiermacher, Friedrich Schlegel, Dorothea Veit, Wilhelm von Humboldt und Andre gehörten – zur Zeit der Lucinde –, war man übereingekommen, die letzte Gunst der Frauen als etwas an sich Geringes, als eine unbedeutende aber von sich selbst verstehende Zugabe der Neigung anzusehen. Man nannte sie scherzhaft nur ›das Bißchen!‹ und trieb unter diesem Ausdruck allerlei Spott mit der Sache. Gustav von Brinckmann eignete sich den Ausdruck an, so daß man ihn wieder fallen ließ. Aber noch lange Zeit nachher, wenn das Wort in ganz anderm Sinne zufällig gebraucht wurde, konnten Schleiermacher und die Hofrätin sich eines Lächelns kaum erwehren.

–

1807. Wir saßen eines Abends, Harscher, Neumann, und ich, bei der Hofrätin Herz am Teetisch, es war nur ihre Schwester zugegen und ich glaube Wilhelmine Schede mit ihrem Bruder, Schleiermacher wurde erwartet. Inzwischen kam Alexander von der Marwitz und setzte sich zu uns, die Wirtin zeigte für ihn die zuvorkommendste Freundlichkeit. Er aber achtete ihrer kaum, fing an zu dozieren, und fand sich bald im Streit mit Harscher über Grazie und graziöses Betragen, sonderlich der Frauen. Er stellte die Behauptung auf, daß eine große starke Frau von mächtigen Gliedern, wie schön sie auch immer sei, nie Grazie haben könne. Vergebens versuchte Harscher, und dann auch ich, den Streit abzubrechen, das Gespräch anders zu lenken. Marwitz wurde nur immer nachdrücklicher, erging sich in ausführlicher Darlegung seiner Beweisgründe, und schilderte mit schroffen Strichen Zug für Zug unsre längst verstummte, beschämte und verlegene Wirtin, die den Tee machte. Nachdem er seine Beweisführung auf den ärgsten Gipfel gebracht, wobei er seine Umgebung ganz vergaß und nur seine Behauptungen im Sinne hielt, verstummten in größter Verlegenheit endlich auch wir. Hierdurch aufmerksam gemacht, sah Marwitz verwundert auf, und bei dem ersten Blick auf die kolossale gepeinigte Wirtin erkannte er sein Vergehen, und bestürzt über das Übel, das er angerichtet, wandte er sich eifrig zu ihr, und rief: »O mein Gott, ich bitte tausendmal um Verzeihung! Ich habe nicht gedacht, daß meine Worte Sie treffen könnten, und ich habe Sie gar nicht gemeint!« War das Übel noch ärger zu machen, so war es hierdurch geschehen. Aber die Frau zeigte nicht weniger Ungeschick, als er, und zeigte durch die That, wie Recht er in seiner Behauptung gehabt. Sie erklärte demütig weinerlich, sie wisse recht gut was ihr fehle, und er könne sie immerhin mitgemeint haben, sie nehme ihm seine wahre Behauptung gar nicht übel. Niemals war eine Gesellschaft mehr gestört, peinlich, verdorben. Die Wirtin konnte ihre Beschämung nicht bemeistern, alle Versuche heiter zu sein schlugen hässlich fehl. Wir Andern fanden uns auch nicht mehr zurecht, und als Schleiermacher kam, sah er uns verwundert an, und konnte die Sache nicht bessern. Wir waren froh, als es Zeit war wegzugehen.

Marwitz und Adolph Müller konnten die Hofrätin Herz nie recht leiden, hielten wenig von ihr, das ganze Ansehn des verehrten Schleiermacher konnte dagegen nichts. Marwitz schrieb ihr sogar in ihr kleines dargebotenes Stammbuch die beleidigenden Worte: »Gute Gesellschaft hab'ich gesehn, man nennt'sie die gute, wenn sie zum kleinsten Gedicht keine Gelegenheit gibt.« Sie war sehr aufgebracht darüber.

–

Als junges Mädchen sollte sie an dem Unterricht, den die Itzig'schen Töchter im Französischen erhielten, Teil nehmen. Diese aber waren so vornehm und schroff gegen das fremde Kind, daß dieses nicht wieder hin wollte, und zu Hause, wo es eine Hauptperson war, auch mit Schreien und Weinen das Wegbleiben durchsetzte.

Die Itzig'schen Töchter waren Frau von Arnstein, von Esekeles, Frau Levy, Frau Oppenheim, Frau Ephraim, und blieben der Herz und ihren Kreisen lange fremd. Erst im Jahre 1808, am 8. Januar, kam die Herz mit Frau Levy in ein näheres Verhältnis, und ihre Freundschaft blieb seitdem ungetrübt, bis zum Tode. Sie feierten den 8. Januar alljährlich, die Herz schrieb morgens gleich an die Levy, diese brachte ihr ein kleines Andenken.

Der Ruf der Herz war nicht unangetastet geblieben; in früherer Zeit ein Hr von Meyring, in späterer Schleiermacher, hatten für ihre Liebhaber gegolten; auch Wilhelm von Humboldt schien keine arglose Bekanntschaft und kaum der fromme Graf von Dohna-Schlobitten. Deshalb taten viele Personen zimperlich gegen sie und meinten ihren Umgang meiden zu müssen.

(zit. nach Rahel Levin Varnhagen: Rahel. Ein Buch des Andenkens für ihre Freunde. Herausgegeben von Barbara Hahn. Göttingen 2011, Band 6, S. 256–259)

Aus Briefen von Caroline und Wilhelm von Humboldt

WILHELM VON HUMBOLDT
an Caroline

Berlin, 6. Februar 1810: ... Bei der Herzen, oder wie Caroline sie immer nennt, der Schwester, brachte ich neulich einen Abend ganz allein zu. Sie ist sehr zärtlich, und man muß offenherzig gestehen, doch noch sehr hübsch. Die Schönheit hat große Rechte, das sieht man ihr an. Übrigens treibt sie das Lernen noch immer wie ehemals. Sie übersetzte aus dem Voltaire ins Spanische, als ich hinkam. ...

Frankfurt, 4. März 1810: ... Die Schwester, da ich einmal von ihr spreche, ist übrigens von großer Zärtlichkeit und wirklich noch, wenn etwas Toilette hinzukommt, sehr schön. »Und ich bin galant!« Wenn wir allein sind, sind wir auf Du und Du und dem Bruderkuß. Die gleichen Ehren genießen Dohna und Schleiermacher. [...] Sie ist noch immer dieselbe, sie lernt ewig und nimmt ewig Stunden, ohne jemals nur irgend interessanter zu werden. ...

Berlin, 3. Julius 1810: ... Die Herz ist die einzige, die ich fortdauernd, indes freilich auf eine etwas schläfrige Art, besuche. Denn ich gehe etwa alle 14 Tage einen Abend zu ihr, bin dann gewöhnlich allein mit ihr, führe eine oft stockende Konversation, gähne aber dermaßen [...] durch die Nase, daß es kein Wunder wäre, wenn sie sich ordentlich erweiterte. Es ist wirklich wunderbar und schrecklich zugleich, daß diese Frau von (wie mir einmal die Levi nach Königsberg schrieb) kolossalen Formen, kolossalen Jahren [?] und kolossalen Erfahrungen doch im Grunde meistenteils rein langweilig ist...

Berlin, 23. Mai 1817:... Ich war heute abend ganz allein bei der Herz und sie neulich am Morgen bei mir. Sie geht nach Zossen und von da nach Italien, eigentlich auf unbestimmte Zeit. Wer weiß, ob wir uns wiedersehen? Auch sind wir beide sehr zärtlich gewesen, doch ohne alle Konsequenz. Wir haben ausgerechnet, daß wir uns 1786 zuerst gesehen, 31 Jahre....

CAROLINE VON HUMBOLDT
an Wilhelm

Florenz, 25. Mai 1819:... Die Herz wirst Du auch schrecklich verändert finden, selbst der Bau der Knochen scheint sich im Kopf verändert zu haben, und leider trägt sie noch immer die Netze und wunderbare Turbane statt einer simplen Haube, in der sie am besten aussieht. Das eigentliche Verschwinden der Schönheit ist doch eine traurige Sache, wenn sie einen gewissen Punkt erreicht hat.

WILHELM VON HUMBOLDT
an Caroline

Frankfurt, 9. Julius 1819:... Der Herz habe ich vorgestern meinen Abschiedsbesuch gemacht. Sie grüßt Dich tausendmal. Sie hatte kurze Ärmel. Dies erzähle ich nur der Seltenheit wegen. Denn seit 33 Jahren, wo ich sie kenne, habe ich sie nie so gesehen. Hätte mich auch jetzt dessen begeben. Ein kompletter Mannesarm mit starken Adern....

Die Malerin Louise Seidler, Freundin Goethes, schreibt in ihren ›Erinnerungen‹ (Berlin 1873):
Gleich nachdem ich in Rom angekommen war [im Jahre 1818], besuchte ich Frau Dorothea Schlegel, die Mutter der beiden Veit, deren Ruhm so herrlich im Erblühen war. Sie war geistreich, freundlich und wohlwollend, so daß man sich trotz ihrer Häßlichkeit und des brennenden Blicks ihrer großen dunkeln Augen

doch unendlich angezogen fühlte. Wie Henriette Herz wohnte Frau von Schlegel in dem Hause, welches einst Angelika Kauffmann besessen und worin diese Künstlerin ihr Dasein beendet hatte.

Eigentümlich war übrigens der Kontrast zwischen Dorothea Schlegel und Henriette Herz. Diese genoß in jeder Hinsicht allseitige Verehrung; über ihrem ganzen Wesen lag der Zauber der Schönheit und Anmut ausgegossen; echt weibliche Herzensgüte zeichnete sie aus. Ganz Bescheidenheit, ließ sie ihre mannigfachen Begabungen, besonders ihre großen Sprachkenntnisse, selten ahnen. Sie war nicht genial und geistreich wie Dorothea Schlegel, die von Witz und Leben sprühte. Dorothea imponierte unbewußt; nebenbei verstand sie es meisterlich, jedem etwas Passendes, Liebes und Angenehmes zu sagen. Gern setzte sie fremde Vorzüge ins rechte Licht und suchte dieselben vorteilhaft zur Geltung zu bringen. Waren beide Frauen beisammen, so überragte die häßliche Dorothea doch die schöne Herz bei weitem. Allein während das Leben der letzteren in unschuldigster Reinheit strahlte, konnte das der Schlegel nicht vor einem strengen Richterstuhle bestehen. Noch eine Scheidewand war da. Der Protestantismus, zu dem sich Henriette Herz bekannt hatte, wirkte trotz aller Vermittelungsversuche störend auf das sonst so innige Freundschaftsverhältnis der beiden seit ihrer frühen Jugend miteinander bekannten Frauen sowie auf deren ganzen Kreis ein. Dorothea war mit ihren acht- und neunjährigen Söhnen in Köln zur katholischen Kirche übergetreten; auch Overbeck und andere damals in Rom lebende Maler waren katholisch, teils durch Geburt, teils durch Wechseln mit dem Glauben. Bitter empfand dies Henriette Herz, und oft schien es mir, als ob Frau von Humboldt (von der ich sogleich näher sprechen werde), sosehr sie die überwiegende Genialität Dorothea Schlegels anerkannte, die arme Henriette durch doppelte Freundlichkeit für manche durch die katholischen Elemente erfahrene Zurücksetzung entschädigen wollte. Auf mich, die im Protestantismus geboren war, hatte der Unterschied der Konfession wenig Einfluß; wie mit beiden, von mir, jede in ihrer Art, geschätzten Frauen, verkehrte ich freundschaftlich mit meinen Kunstgenossen, gleichviel ob diese Katholiken waren oder nicht.

Caroline Bauer, Mitglied des Schauspielhauses, in ihren
Erinnerungen ›Aus meinem Bühnenleben‹ (Berlin 1871):
Als ich sie sah, im Jahr 1824, war sie schon über sechzig Jahre alt,
aber noch immer eine anmutvolle königliche Erscheinung mit
silbergrauen Locken, den wunderschönsten siegenden dunklen
Augen und einem liebreizenden Lächeln. Dabei milde und in der
Unterhaltung zurückhaltend; hierin der stärkste Kontrast zu der
sprudelnden Rahel und dem närrischen Zaunkönig Bettina.
Aber, was Henriette Herz sagte, hatte Charakter, Geist, Klarheit
und war immer wohltuend. Als ich sie nur einmal gesehen hatte,
begriff ich sogleich die langjährige Herzensfreundschaft Schleiermachers zu der schönen Jüdin. Der kleine, verwachsene Pastor
an der Dreifaltigkeitskirche mit den seelenvollen Augen und dem
herzenswarmen Munde...liebte in Henriette nicht die berau-
schende Frauenschönheit, – nur den schönen, klaren, großen
Menschen, zu dem er notwendig »Du« sagen mußte. – Ebenso
begreiflich aber war mir, daß der siebzehnjährige Ludwig Börne
die um volle zweiundzwanzig Jahre ältere Henriette Herz bis
zum Wahnsinn, – ja bis zum projektierten Rattengift lieben
konnte und daß der Staatsminister Graf Dohna-Schlobitten aller
gesellschaftlichen und höfischen Vorurteile nicht achtete und der
Witwe des jüdischen Arztes Marcus Herz Hand und Namen bot.
Sie aber dankte ihm herzlich für beides und – blieb Henriette
Herz und Schleiermachers geistige Freundin. Alexander und
Wilhelm von Humboldt vergaßen nie, daß Henriette Herz das
erste schönheitsstrahlende edle Frauenideal ihrer Jünglingsjahre
gewesen war. Die reizendste Frau Berlins hatte sie die hebräische
Schrift gelehrt, in derselben mit den jungen Söhnen von Schloß
Langweil (Tegel bei Berlin) korrespondiert und mit ihnen die
neumodische Menuet à la Reine geübt und getanzt. Die beiden
berühmten Humboldts blieben der alternden Freundin in zarten
Huldigungen treu.

Therese Schlesinger, Frau des berühmten Schauspielers
Eduard Devrient, war durch ihren Lehrer Zelter in
das Abraham Mendelssohnsche Haus eingeführt worden.
In ihren ›Jugenderinnerungen‹ (Stuttgart 1905)
berichtet sie:
Unter den Frauen waren es die Hofrätin Herz und Rahel von
Varnhagen, die mein ganz besonderes Interesse in Anspruch

nahmen. Frau Herz war eine imposante Gestalt; ihr edles, regelmäßiges Gesicht zeigte ebensoviel Verstand als Herzensgüte. Sie beherrschte angeblich sieben Sprachen und benützte diese Fähigkeit auf die schönste Weise, indem sie täglich arme Mädchen mit unermüdlichem Eifer unterrichtete. Ich selbst kannte mehrere, welche durch sie in den Stand gesetzt waren, sich ihren Unterhalt zu erwerben.

Die Schwedin Malta Montgomery-Silfverstolpe besuchte in den Jahren 1825/26 ihre Freundin Amalie von Helvig in Berlin. In ihrem Tagebuch ›Das romantische Deutschland‹ (Leipzig 1912) schreibt sie:
Den 18. [*September 1825.*] Ich ging zu Amalie. Dahin kam auch Frau Bardeleben und Atterboms ehemalige Reisegefährtin in Italien, Frau Herz, eine große dicke Frau, die sicherlich einmal sehr schön gewesen ist. Die Italiener sollen von ihr gesagt haben, sie gleiche »una bella statua male ristorata«. Das Gespräch war lebhaft und wurde es noch mehr, als die kleine Zauberin Bettina kam.
Den 23. [*Februar 1826.*] Abends bei Frau Herz mit Amalie, Frau von Bardeleben, einem Fräulein Solmar, die sehr gut singen soll, einem andern blonden Mädchen, Adelheid Kund, und unseren Engländern Hughes und Chilvers, denen sich noch ein neuer, Spry, zugesellte, der mir fast noch besser gefiel als die anderen
Den 9. [*Mai 1826.*] Abends bei Helvigs mit Bettina, Fouqué, Frau Herz u. a.
Den 25. *Juli* [*1826.*] Abschiedsvisite bei Dieffenbachs und den Damen Bardeleben, Kund, Herz und Varnhagen.

Aus Ludwig Börnes Berliner Briefen an Jeanette Wohl in Frankfurt am Main:
18. Februar 1828: … ich stieg im Hôtel de Rome [ab], wo ich mich bequemen mußte, ein Zimmer im dritten Stock zu nehmen. Ich zog mich gleich darauf an und suchte die Herz auf, in der Wohnung, wie sie der Adreßkalender angab. Ich stieg die zwei Treppen eines kleinen Hauses hinauf, und da sah alles so ärmlich aus, und das Dienstmädchen, das mir entgegenkam, war eine so elende Sudelmagd, daß mir das Herz wie zusammengeschnürt war, als ich bedachte, in welchem Glanze ich einst die Herz gesehen und in welcher bedrängten Lage ich sie wieder finde. Sie war

nicht zu Hause. Nach einigen Stunden kam ich wieder, und da fand sich zu meiner großen Freude, daß ich irregegangen und nicht bei der Hofrätin, sondern bei der Doktorin Herz, deren Schwester, gekommen. Ich sprach sie aber dennoch aus Artigkeit. Sie wohnt in einer Art Dachstube und ist die Witwe eines Arztes, der in der Provinz vor zwei Jahren gestorben. Da habe ich denn an diesen zwei Schwestern ein Beispiel gesehen, wie viel auf Verstand und festen Willen ankömmt. Beide sind Witwen, beide sind alt, beide kinderlos und arm, aber während die Hofrätin sich aufrecht hält, wie eine junge Frau in Tätigkeit und in Zerstreuung lebt, und immer noch wie in den Tagen ihrer Schönheit und ihres Glanzes geachtet und gesucht wird, läßt die andere den Kopf hängen und ist betrübt und verlassen. Auch habe ich bald gemerkt, daß beide Schwestern nicht harmonieren. Sie wohnten früher beisammen, trennten sich aber, wegen der Unverträglichkeit ihrer Ansichten und Lebensweisen. Darauf besuchte ich die echte Herz, die in einer ganz andern Gegend recht hübsch wohnt. Sie hat kleine Zimmer, die sie aber durch hundert artige Flitter zu verschönern wußte. Ich wurde mit Freude und Herzlichkeit aufgenommen. Die Herz ist jetzt 64 Jahre alt, aber die Spuren ihrer Schönheit erkennt man noch. Im Gehen hält sie sich aufrecht, aber wenn sie sitzt, ist sie eine ganz alte Frau. Ich habe sie in ihrem Sommer gesehen – eine Juno! und das war damals das Wort in jedes Mund. Und jetzt! Ich habe in alten, verfallenen, unbewohnten Palästen schwere, rote samtne, mit Gold verbrämte Vorhänge gesehen, zerfetzt und abgebleicht, – dieser Anblick schon rührte mich immer – und so ist die Herz! Sie hat das Glück, sich über ihren Verfall noch zu täuschen. Ich fand sie sehr zurückgekommen in den 9 Jahren, daß ich sie nicht gesehen; sie aber sagte mir: Sie werden mich besser aussehend finden als damals, da ich aus Italien kam. Ja wohl, antwortete ich, das italienische Klima war wohl schuld, daß Sie damals so schlecht aussahen? Sie erwiderte: nein, das nicht; aber meine Reisegefährtin hatte mir so viel Verdruß gemacht, daß meine Gesundheit darunter litt. Die Herz lebt in beständiger Tätigkeit und benutzt die Viertelstunden, als wären es Tage. Darin erscheint sie mir sehr weise und darum achtenswert. Sie vollbringt ihre Arbeiten, als wären es Vergnügungen, und behandelt ihre Vergnügungen als Geschäfte. Jeden Vormittag von 9 bis 12 Uhr unterrichtet sie die Kinder armer cinst vermögender Eltern in allen lebenden Sprachen, und zwar unentgeltlich. Sie tut dies schon seit 1813. Damals nämlich, im Befreiungskriege, als sich die Frauen zur Krankenpflege in den Spitälern vereinigt, habe sie an dieser Wohltätigkeit nicht teilnehmen können, weil sie ihren Abscheu gegen Kranke nicht zu überwinden vermochte; um aber nicht müßig zu bleiben, habe sie die Kinder derer, welche der Krieg in Armut gestürzt, zu unterrichten begonnen, und so fahre sie noch immer fort. Ich besuche die H. alle Tage, weil sie es wünscht und ich es gern tue. Beim zweiten Male fand ich den *Fürst* bei ihr […] Da kam auf meine Schriftstellerei die Rede. Als ich bemerkte, ich hätte viel Glück, sagte die Herz, ich hätte nicht weniger Verdienste. Zwar erfreue sie sich weniger an meinem Humor – (dieser ist den Frauen selten zugänglich, bemerkte ich –) aber jede sentimentale Zeile von mir mache ihr die größte Freude. Meine Rede über den J. Paul habe sie entzückt.

20. Februar 1828: Den gestrigen Abend brachte ich bei der Herz zu, wo mehrere Leute, doch keine sonderlich interessante, waren. Ich hatte den Teufel im Leib, weil ich nach Tische geschlafen hatte, und war sehr unliebenswürdig. Doch die Herz verstand das und machte es der Gesellschaft bemerklich. Man bleibt bis 11 oder länger, wenn man will.

Mittwoch, 27. Februar 1828: Mariane [Saaling] – sagte die Herz – hat ein unvergleichliches, tiefes Gemüt; aber wenig Verstand. Sie hat einen *»dünnen Verstand«*. […] Dem Urteile der Herz über den Verstand der Mariane traue ich nicht recht. Die Herz ist nur Verstand, Geist hat sie nicht, Gemüt auch nicht, ob sie zwar gut ist. Man täuscht sich oft bei großen Herzen, weil sie den Kopf bedecken. […] Als ich heute Mittag zur Herz kam, um sie zu einem Essen abzuholen, wo wir beide eingeladen waren, fand ich drei junge Leute bei ihr am Tische essend, und sie saß dabei und legte vor und sprach mit ihnen. Ich hätte sie so malen mögen, so liebenswürdig erschien sie mir. Sie gibt nämlich jeden Mittwoch vier armen Studenten zu essen. Das ist doch schön, da sie gar nicht vermögend ist. Aber das ist noch wenig; man muß ihre Aufmerksamkeit und freundliche Bedienung dabei sehen, die Nettigkeit der Gedecke, die Fülle der Speisen – es war gekocht für zehen – und den ungenierten Appetit der jungen Leute. So was geschieht in Frankfurt nicht, gewiß wenigstens nicht auf solche Art. Die Herz trug ein weiß Atlas Kleid und einen weißen türkischen Bund auf dem Kopfe und sah um

15 Jahr jünger aus, als sie ist. Es ist merkwürdig mit dieser Frau! Sie will nicht alt werden, und sie wird es nicht; sie will nicht für alt gelten, und sie gilt nicht dafür. Sie wurde im 15ten Jahre ihres Alters verheiratet und lebt jetzt schon ein halbes Jahrhundert in der großen Welt und wird noch immer als neu geachtet. Ich habe sie in zahlreicher Gesellschaft gesehen, wo viele junge Frauen-zimmer waren – es wurde ihr keine vorgezogen, und die jungen Männer unterhielten sich mit ihr, als wäre sie ein 18jähriges Mädchen. Und dennoch habe ich nie bemerkt, daß sie auf eine ihrem Alter unanständige Weise sich hervordrängte. Dabei kann ihre Unterhaltung keineswegs geistreich genannt werden. Aber sie ist verständig, und die Zeit wird einem bei ihr nicht lange. Sie hat eine seltene Festigkeit des Charakters und weiß eine kluge Regel standhaft zu befolgen. Wenn sie steht, bedeckt sie dem Auge drei bis vier Personen in der Gesellschaft und sie hat ganz das Recht, mich ihr *Louischen* zu nennen. Fünf Männchen mei-nesgleichen könnte man aus ihr schnitzen, und es blieben noch Späne genug übrig. Wir aßen bei Madame Levi [Levy], wo große Gesellschaft war: Österreichische Legationsräte, (die Diplomaten schielen mit den Ohren, sagte mir einmal die Saaling), Professo-ren, Doktoren, Frauenzimmer, die beiden Saalings. Es war recht amüsant. Die Levi [Levy] ist eine sehr brave und kluge Frau. Sie ist schon viele Jahre Witwe und hat nie Kinder gehabt.

1. März 1828 (Samstag): Nach dem Konzert ging zur Herz Tee trinken. Es unterhält mich sehr, diese Frau zu beobachten, zu belauschen und kennenzulernen. Früher war ich zu jung und zu verliebt, um sie zu verstehen. Décidément elle n'a point d'esprit; aber Verstand, aber alten, der nicht mehr gelenk. Ihre Manieren, wie ich sie früher gekannt, tauchen nach und nach aus meiner Erinnerung empor. Sie hat etwas Gebietendes, Ungedul-diges, der *Masse* ihres Daseins Angemessenes, das man einer jungen schönen Frau gern nachsieht, von einer alten aber mit Mühe erträgt. Ich bin ihr gut, ich vermute aber, daß sich andere Frauen im Stillen über sie lustig machen mögen. Sie hat noch die Minauderien, Gesten und Lächeleien, die ihr vor dreißig Jahren eigen waren und sie damals so liebenswürdig machten. Ich beob-achte die Mittel und Wege, durch welche sie sich altherkömm-liches Ansehen zu erhalten sucht und welche wohl von den Ber-linerinnen überhaupt zu gleichen Zwecken angewendet werden, besonders von den Jüdinnen, weil sie nur einen usurpatorischen

Einfluß haben. Viele Visiten, viele Korrespondenzen, junge Leute werden angezogen, Reisende in die Fremde empfohlen, empfohlene Fremde protegiert. *Protegieren* scheint hier sehr Sitte, was nun freilich manchem forthilft. Die Herz spricht von ihren vornehmen Bekanntschaften, läßt im Vorbeigehen fallen, sie habe *den* Minister, *jenen* Grafen gesprochen. »Rauch (der Bildhauer) ist von München gekommen, ich habe ihn gestern im Konzerte gesprochen. Er hat mir gesagt: »Ich habe einen Gruß an Sie von der Bayerischen Majestät, (der kennt mich noch von Rom)«... Das hörte ich sie seit drei Tagen wohl 10 Mal in verschiedenen Gesellschaften erzählen. [...] Den Abend war ich bei Mariane Saaling zum Tee gebeten. Mehrere junge Herren, die Herz [...] Bei der Saaling habe ich genau achtgegeben, wie es die Herz macht, immer im Ganze zu bleiben und nie zurückgesetzt zu werden. Mehrere junge Männer vom Gefolge der Saaling bekümmerten sich nicht um sie, [...] nur ich blieb ihr. Mit welcher Geschicklichkeit wußte sie mich festzuhalten, so daß ich sie immer mit einflechten mußte, selbst wenn ich mit andern sprach!

4. März (Dienstag) 1828: Heute habe ich in Begleitung der Herz und einiger ihrer verwandten häßlichen Damen die Gipsabgüsse der Antiken gesehen. Beim Weggehen frug ich die Herz, wie viel man dem Kastellan Trinkgeld zu geben? Raten Sie wie viel? Drei Gulden nach unserem Gelde. Ich hätte des Teufels werden mögen und verwünschte die gipserne Medizeeische Venus und meine häßlichen alten Weiberchen. Da gefiel mir die Herz wieder gar nicht. Das Kunstwerk ergreift sie, und sie begreift es nicht. Auswendiggelernter Enthusiasmus, triviale Galerie-Bemerkungen und untertänigste Huldigung jeder legitimen Fratze, ohne eigenes Urteil, ob dem Bilde auch Huldigung gebühre. Unaufhörlich wies sie den armen Kastellan zurecht, natürlich ein Papagei, der hersagt, was er auswendig gelernt. Vieles war mir bekannt, ich hatte die Originale in Paris gesehen. [...] Und weil ich nicht geschwatzt, warf mir die Herz nachher vor, ich sei so kalt gewesen. Mein armes Herz weiß gar nicht mehr, was es mit dieser alten Liebschaft machen soll. Manchmal bin ich ihr gut, manchmal muß ich mich über sie lustig machen... Ich habe sie soeben verlassen, ich habe den Abend bei ihr zugebracht. Es waren noch einige Herren da. Solange wir allein waren, spielten wir Schach. Sie war weiß angezogen und hatte einen weißen Turban um den Kopf. Während sie auf das Brett sah, sah ich sie unbemerkt an. Ihr faltenreiches Gesicht erschien mir als ein Vorhang, hinter dem sich ihre einstige Schönheit versteckt hielt. Ich zog ihn weg, aber es war nichts dahinter. Ich war so gerührt, daß ich mir die Königin darüber nehmen ließ. O die grausame Zeit, die alles zerreißt und zermalmt, ehe sie es verschlingt! – Dann fing sie aber mit einem Kunstkenner ein Langes und Breites von Gemälden zu sprechen [an], und da machte ich mich wieder über sie lustig. »Das Fleisch dieses Malers gefällt mir nicht ... sein Fleisch ist gut. ... sein Fleisch ist zu schwammig ...« so ging es in einem fort; mir ward ganz übel. Ich glaubte bei einem Metzger zu sein.

Freitag, 7. März 1828: Über meine alte gute Herz machen sich die Leute sehr lustig, weil sie sich wie ein junges Mädchen kleidet, Hals und Brust offen trägt und lieber vom Teufel als vom Altsein reden hört. Sogar die gute Mariane spottet ihrer. Ich verteidige sie und im Ernste. Das Alter ist ein Übel, denke ich, und wenn man ein unvermeidliches Übel, das man fühlen muß, nicht auch *sehen* will und die Augen zumacht, ist denn das zu tadeln? Es wird keiner der Herz ins Gesicht sagen, sie sei alt, und wenn sie selbst es sich vergessen machen kann, wem schadet das? Die Weiber sind alle so. [...] Aber es ist doch mit so einer alt gewordenen Geliebten, wie die Herz, die man nach einem Vierteljahrhundert wieder sieht, eine ganz komische und schurrige Sache! Neulich schrieb sie mir: »Wenn ihr Diner Ihnen noch etwas Lebenskraft läßt, so kommen Sie zu mir, wir spielen Schach und trinken Tee. H.« Ich dachte: Ei, was braucht man Lebenskraft zu Schach und Tee? Wenn Sie nun zu Dir spräche zwischen Schach und Tee: »Mein Freund, Sie lieben mich schon 25 Jahre. Ihre Standhaftigkeit rührt mich, Ihre Treue verdient Belohnung? – « ich kam nicht.

Montag, 24. März 1828: Die Herz ist eine sonderbare Frau! Sie hat unglaublich wenig Geld und weiß doch durch eine kluge Ökonomie sich so einzurichten, daß sie viele Wohltaten üben und ihrem Hauswesen einen Schein von Behaglichkeit geben kann. Neulich hatte sie eine Soiree, wobei Gesandten, Minister, sogar eine Prinzessin war. In Frankfurt hat man keine Vorstellung davon, wie eine Prinzessin zwei enge Treppen zu einer getauften Jüdin, die keine 1000 Gulden Einkommen hat, hinaufkriechen mag, um eine Tasse Tee und ein Stückchen Wurst zu verzehren. Zur Mariane Saaling kam neulich des Vormittags ein Herzog von Mecklenburg, blieb eine Stunde da, und sie strickte dabei, als wäre es ein anderer. An der Herz habe ich einen merkwürdigen Charakterzug oder vielmehr Geisteszug wahrgenommen, den ich noch bei keinem andern Menschen beobachtet. *Etwas Dummes begreift sie gar nicht!* Wenn einer etwas Dummes sagt oder tut, wenn auch zum Spaße, oder sie hört davon erzählen, fährt sie auf, als hätte sie eine Tarantel gestochen, und kömmt ganz außer sich. Es gibt nichts Lächerlicheres und ist ein Beweis von großer Beschränktheit. Ach, was hält sich die gute Frau an die Vergangenheit geklammert! Sie will gar nicht von ihr lassen. Es ist ein Jammer anzusehen, und es ist, als sollte sie hingerichtet werden und sträubte sich, aufs Blutgerüste zu steigen. Da hat sie so eigene Wörter an sich, die sie sich selbst gemacht und die kein anderer versteht: *handlich*, *mutschlich*, *knutschlich* und Gott weiß, welche noch. Die haben ihr alle sehr gut angestanden, als sie noch rote Lippen hatte und süßes Lächeln; aber jetzt ist es gar zu komisch. Sie geht vor keinem Spiegel vorbei, ohne sich hineinzusehen, und drückt einem die Hand und macht Augen und Mäulchen, daß einem angst und bange wird. [...] Was geniert sie mich, was werde ich gestraft für meine Jugendsünden. Die schönsten Stunden, die ich bei andern schöner zubringen könnte, muß ich bei einer alten Freundin bleiben. Ich bin aber auch gar zu gutmütig. Komme ich nicht, und sie frägt: Wo waren Sie gestern? und ich antworte: bei der Saaling, – sagt sie: ich bin doch auch ein Mensch. Neulich war ich maliziös, und als sie mir sagte: ich bin doch auch in Mensch, erwiderte ich: das weiß ich schon *sehr lange*. Und das Schlimmste ist, daß ich keinen Schritt heimlich tun, kein Wort unverraten sprechen kann. Sie erzählen sich alles wieder, was ich bei jedem gesprochen. Ich erfahre immer den andern Tag, wo ich den vorigen Tag gewesen. Das ist eine Art Eitelkeit. Ich kann keiner Dame unter vier Augen etwas Galantes sagen, ohne daß sie es ausplaudert. Das ist schrecklich.

Ostermontag, 7. April 1828: Einen Tag vor Ostern ging ich mit der Herz die Treppe ihres Hauses herab, da begegnet ihr eine Familie, Mutter, Töchter, Vater, Söhne, die im nämlichen Hause wohnt und die eben heimkehrten. Die Herz sank einer nach der andern schweigend um den Hals, man küßte sich und flüsterte einige leise halbgeseufzten Worte. Alles war so still, so traurig, so tränenvoll, man schied endlich bekümmert, still und schweigend. Ich fragte die Herz: es wäre wohl im Hause jemand gestorben? Keineswegs. Was war's? Die Familie kam vom Abendmahl. Und die fromme Dame mit ihren Töchtern war doch keine andere als die erste geschiedene Frau des Dichters Zacharias Werner, die in der Lebensbeschreibung dieses Mannes gar nicht als eine Heilige erscheint…

Dienstag, 29. April 1828: Ich komme soeben von der alten Herz, von der ich Abschied genommen. Sie reichte mir die Wange zum Kusse. Als ich vor 25 Jahren in Tränen zerfließend von ihr ging und ich kein einziges Wort vor Rührung sprechen konnte, da war ich 17 Jahre alt, sie in ihrem Sommer, ich liebte sie und durfte damals nur ihre Hand küssen. Und jetzt! Il vaut mieux jamais que tard!

Ernst Moritz Arndt an Charlotte von Kathen, Berlin den 30. Oktober 1828 (Ernst Moritz Arndt: Briefe an eine Freundin. Leipzig 1878)
… Die Herz gefällt mir auch besser, in jeder Weise mehr, wie sie älter wird. Möchten andere das einmal von einem selbst sagen…

Ehrenfried von Willich, der Stiefsohn von Friedrich Schleier-macher, in seinen Jugenderinnerungen (Berlin 1910):
Auch in den kleinen Abendgesellschaften der Hofrätin Herz, die noch immer [um 1830] einen ziemlich ausgebreiteten Verkehr hatte, war ich öfters. Mein Vater blieb ihr bis an sein Lebensende ein treuer Freund und sie uns eine liebe Hausfreundin. Sonntags pflegte sie bei uns Mittag zu essen. Mit meiner Mutter hatte sie, seitdem der Nimbus, welcher zur Zeit ihrer ersten Bekanntschaft die »große Jette« umgab, längst geschwunden war, kein näheres Verhältnis. Beide Naturen hatten im Grunde wenig Berührungs-punkte, und von der Fischer und ihrem Zauberkreis hielt sich die Herz immer fern. Sie wurde sehr alt und überlebte auch noch meine Mutter.

Der dänische Naturphilosoph Henrik Steffens erzählt
in seinen Erinnerungen ›Was ich erlebte‹ (Breslau 1842):
Als ich mit [Alexander von] Humboldt die nächtliche Promenade antrat, verließen wir die Hofrätin Herz, diese durch Geist,
Bildung, imponierende Schönheit und liebenswürdige Persönlichkeit ausgezeichnete Freundin Schleiermachers, deren herzliche Zuneigung, gehoben durch die reichsten Erinnerungen
eines Lebens, mich noch in hohem Alter beglückt.

WILHELM VON HUMBOLDT
an Charlotte Diede

Tegel, 3.–7. März 1832: Der Mensch muß also nicht anders lernen wollen, als um sein Denken zu erweitern und zu üben, und
das Denken muß immer mit dem Wissen gleichen Schritt halten.
Dies Wissen bleibt sonst tot und unfruchtbar. In Männern findet
sich das sehr oft, ja man möchte es als die Regel ansehen. Es fällt
weniger auf, weil ihnen ihr Wissen gewöhnlich zu äußeren
andren Zwecken, und wären diese auch nur Mitteilung andren
unfruchtbaren Wissens, erfordert wird und also darin einen
gewissen Nutzen, wenigstens eine Anwendung findet. Aber ich
habe dasselbe auch bei Frauen gesehen, und da erregt das Mißverhältnis des Denkens zum Wissen ein viel größeres Mißbehagen. Ich kenne von meiner frühesten Jugend an, noch vor der
Universität, eine dieser Art, der ich durch alle Perioden ihres
Lebens gefolgt bin und selbst eine Zeitlang Unterricht gegeben
habe. Sie kennt sehr gründlich die alten und die meisten neueren
Sprachen, ist frei von aller Eitelkeit und Affektation; versäumt
nie über den Büchern eine häusliche Obliegenheit, hat aber
durch ihr Wissen nichts an Interesse zugewonnen. Obgleich sie
die ersten und schwersten Schriftsteller aller Nationen gelesen
hat, schreibt sie darum keinen Brief, der einem sonderlich zusagen könnte. Daß Christus seine Jünger gerade aus der Zahl unge-
bildeter und unwissender Menschen wählte, erwähnen Sie ganz
recht in dieser Beziehung. Es hing aber auch mit den Zwecken
und der Natur der Religion zusammen, die er stiften wollte, und
unter dem Volke, unter dem er aufstand, gab es in seiner Zeit
kein anderes Wissen als ein totes und mißverstandenes Auslegen
der heiligen Bücher, welches die Schriftgelehrten auf eine
spitzfindig hochmütige Weise mit Bedrückung und Verachtung
des Volks trieben.

Ferdinand Gustav Kühne: Deutsche Männer und Frauen.
Eine Galerie von Charakteren (Leipzig 1851):
Sie war, kleine Moquerien abgerechnet, auch nicht übermütig in
Witz und Laune. Ernst ohne Melancholie, keusch ohne Prüderie,
so steht dies Frauenbild vor uns in einer schöngefügten, sittlich
reinen, naiven Harmonie. Mitten im Gefühl des versagten höchstens Lebensglücks blieb sie frei von aller sentimentalen Kränklichkeit. Ein gesunder frischer Sinn des Berlinertums, und die
orthodoxe Strenge des altbiblischen Judentums gab ihr diese
feste unzerstörbare Haltung.

Wer in Spree-Athen seine akademische Jugend verlebte, erinnert sich vielleicht, daß vorübergehend von der Hofrätin Herz die
Rede war. Hegelsche Studenten gaben sub specie aeterni wenig
auf die Erscheinung, aus Prinzip eben so wenig auf die Natur.
Was aber bleibt am Weibe übrig, streift man von ihr die Erscheinung ab, und fällt, was sie als Natur ist, nicht in's Gewicht? Der
räsonnierende Esprit hat bei den Frauen auch seinen Zauber,
aber er setzt schwerlich Welten in Bewegung. – Wer sich um
Schleiermacher scharte, hatte wohl an jenen Sonnabenden, wo er
den engeren Kreis um sich versammelte, Gelegenheit, der Frau
Herz zu begegnen. Schleiermacher war in seinem innersten
Bedürfnis so sehr eine gesellige Natur, daß er selbst seine Predigten gern im Schoß der Freundschaft vorbedachte. Es traten dann
freilich für ihn Augenblicke ein, wo er, wie weiland Sokrates mitten auf dem Markt, still in sich versank. Es waren die Momente,
wo er sich an den Ofen stellte und teilnahmlos gegen die Anwesenden mit sich selbst beschäftigt war, aber doch, wie eine
bekannte romantische Dichterin gern schreibt, wenn sie Musik
im Nebenzimmer hört, auf den Wogen des geselligen Gesprächs
sein Gedankenschiff auf- und niedergleiten ließ. [...] Wenn
Schleiermacher an jenen Sonnabenden schweigend am Ofen
stand, dann pflegte die Herz wohl vorzugsweise das Gespräch der
Freundesgruppe mit ihrer sonoren Stimme zu führen. Es waren
Erinnerungen aus alter, aphoristische Betrachtungen aus neuerer Zeit, was sie vortrug. Ein schönes Ebenmaß hielt ihre Gedanken gerundet; erschöpfend kann wohl nie die Tiefe einer weiblichen Seele sein; aber Frau Henriette wagte sich auch nicht
hinaus in steile, keck phantastische Höhen, nicht auf Vor-
sprünge, auf die sich nur – meist zu ihrem Nachtheil – eine
begeisterte Leidenschaft schwingt. Sie galt für höchst klar und

klug, obschon sie nicht für witzig galt. Wer aber in Berlin nicht witzig ist, über Den sind es Andere, bricht man ihnen nicht vorweg die Spitze des Witzes ab. In ihrer Harmlosigkeit erschien die Frau Herz, von den Berlinern die tragische Muse genannt, oft genug an Schleiermacher's Seite die Linden entlang, oder an öffentlichen Schaustellungen. Gewohnheit und Bedürfnis hielt Beide Jahrzehende lang aneinandergebannt ...«

Aus ›Meine Lebensgeschichte‹ von Fanny Lewald
(Berlin 1871):
Es war schon ziemlich spät am Tage und dämmerig, als ich zum ersten Male bei ihr eintrat. Die Hofrätin, welche ich immer als eine der schönsten Frauen ihrer Zeit hatte bezeichnen hören, war damals schon in der Mitte der Siebziger und saß, eben von einem Krankheitsanfalle genesen, mit einem Weißen Oberrocke und einer weißen, etwas großen Haube angetan, in einem alten, niedrigen Lehnstuhl, nahe an dem Fenster.

Sie empfing mich sehr verbindlich, obschon ich damals keinen äußeren Anspruch irgendeiner Art vor ihr geltend zu machen hatte, wiederholte mir das Freundliche, was die Dame, welche mich ihr vorstellte, ihr über mich gesagt, und tat eine Reihe jener Fragen an mich, welche wohlwollende, lebenssichere Menschen dem Neuling in der Gesellschaft als die Brücke unterbreiten, auf welcher er über die ersten Minuten hinwegkommen kann.

Ich hatte dabei Gelegenheit, sie zu betrachten und, so alt und verfallen ihre Züge waren, die vollendete Regelmäßigkeit ihres Kopfes zu bemerken. Die große freie Stirne, die vorspringende Braue und der edle Schnitt der Nase waren noch unverkennbar, obschon der Mund tief eingesunken war und das Kinn dadurch hervortrat, auch die Augen sahen noch klug und freundlich in die Welt, und vor allem war die Stimme noch sehr angenehm, die ganze Art und Weise ihres Behabens wohltuend.

Da man ihr gesagt hatte, daß ich eine Königsbergerin sei, sprach sie davon, daß sie früher viel liebe Freunde in Ostpreußen gehabt und in Tagen, welche vor meiner Geburt gelegen, dort mit vielen Personen in nahen Beziehungen gestanden habe. Sie fragte mich nach einem und dem andern unter den Lebenden, erhob sich dann plötzlich mit der Langsamkeit, welche ihr körperlicher Zustand ihr auferlegte, aus ihrem Lehnstuhl, und ich wurde dabei von ihrer Größe überrascht, die, trotz ihrer

Gebeugtheit durch die Jahre, mir, nachdem ich sie zuerst sitzend erblickt hatte, fast unnatürlich erschien. Schon ihre Erzählungen von Zeiten, die für mich einer sehr fernen Vergangenheit angehörten und von denen sie mit einem Ausdruck naher Gegenwärtigkeit sprach, hatten für mich etwas Mythisches gehabt; nun aber die große, magere Gestalt in dem weißen Gewande im Dämmerlicht vor meinen Augen langsam hoch und immer höher emporstieg, hatte die Erscheinung geradezu etwas Gespenstiges, und ich hätte mich kaum gewundert, wenn sie sich allmählich in Nebel gehüllt und aufgelöst und sich so meinen Blicken entzogen hätte. Es war ein Eindruck, der mir für immer unvergeßlich geblieben ist.

Später, als ich ihr näher bekannt wurde und sie öfter besuchen durfte, bemerkte ich, daß ihr Oberkörper im Verhältnis zu ihrer Gestalt eigentlich zu klein war, so daß sie sitzend nur die gewöhnliche Frauengröße zu haben schien, während sie in der Zeit ihrer vollen Kraft über die Höhe unseres Geschlechts hervorgeragt haben und eine wahrhaft majestätische Frau gewesen sein soll.

Sie wohnte, als ich sie kennenlernte, in der Markgrafenstraße in dem ersten Stockwerk eines alten und ziemlich verfallenen Hauses. Über eine finstere Treppe und einen ebenso finsteren Flur trat man durch eine kleine, kaum möbliert zu nennende einfenstrige Stube in das zweifenstrige Wohnzimmer ein, das mit der höchsten Einfachheit eingerichtet war. Keines von den modernen Möbeln, die wir jetzt beinahe zu den Unentbehrlichkeiten rechnen, keine Fauteuils, keine Causeusen, kein großer Spiegel, keine Nippessachen waren darin zu sehen. Ein mattfarbiges Papier bedeckte die Wände, ein dunkler, großer Teppich den Fußboden. Es waren ein Sofa und Stühle da, auf denen man sitzen konnte, ein runder Tisch, um den man saß, es hing auch ein alter Spiegel über der Kommode, es fehlten eben keine Möbel von denen, welche dem notwendigen Bedürfnis entsprachen, aber über dieses hinaus war nichts vorhanden, und doch vermißte man nichts, sondern man fühlte sich behaglich, sobald man eintrat, ja, man kam sich altgewohnt in diesem Raume vor, weil man in demselben nichts zu besehen und zu betrachten, sich über gar nichts zu verwundern hatte. Selbst die Büste ihres Freundes Schleiermacher, welche auf dem Sekretär stand, und die Porträts, welche hie und da an den Wänden hingen, fielen nicht als etwas Fremdes auf. Man hatte sie oft gesehen, diese Bilder der beiden Humboldts und ihrer großen Zeitgenossen; aber man blickte sie in den Zimmern dieser Frau doch mit ganz anderen Augen an als sonst, denn diese Frau hatte jene Männer in den Tagen ihrer Jugend gekannt, und ihr waren die Menschen Lebensgenossen und nahe Freunde gewesen, in welchen wir aus der Ferne die großen Männer unseres Volkes verehrten.

In den Zimmern der Hofrätin Herz befand sich, soviel ich mich erinnere, nur ein einziges Bild, das den Anspruch machen konnte, ein Kunstwerk zu heißen. Es war das Porträt der Hofrätin selbst, welches sie als dreizehnjähriges Mädchen darstellte, und zwar, wie die Sitte des achtzehnten Jahrhunderts es mit sich brachte, in einem antiken, irgendeiner Göttin oder Muse entlehnten Kostüm. Das Porträt war von der Malerin Therbusch, der Freundin Lessings, gemalt und so außerordentlich schön, daß man es nicht für wahr gehalten haben würde, wäre das Bild, welches der bekannte, vortreffliche Porträtmaler Graff zu Anfang dieses Jahrhunderts von ihr gemacht, nicht noch viel vollendeter in seiner regelmäßigen Schönheit und strahlender in dem Ausdruck von Hoheit und Güte gewesen.

Obschon nun niemand besser als die Hofrätin Herz in edle, kunstgeschmückte Räume hineingepaßt haben würde, so hob doch in ihrem Falle grade die schmucklose Einfachheit ihres Zimmers ihr eigenes Bild und die vornehme Würde ihrer Person wie ein bescheidener Hintergrund, nur mächtiger hervor. Wenn man sie in der einfachsten Kleidung, von schlichtestem Hausrat umgeben, in ihrem engen Zimmer sah, und sich erinnerte, daß die Schönheit dieser Frau einen europäischen Ruf gehabt, daß seit sechzig Jahren kaum ein bedeutender Mann gelebt, den sie nicht gekannt und der sie nicht verehrt, daß Mendelssohn und Mirabeau, daß Schiller und Goethe, Jean Paul, die Schlegel, Fichte, die Humboldts, Schleiermacher und Börne, daß die ersten Künstler und Künstlerinnen aller Länder, daß die Gebildeten unter den Fürsten und Herrschern unserer Zeit der Schönheit und dem Geiste dieser Frau gehuldigt hatten, so gewann die eingehende Freundlichkeit, welche sie dem Geringsten angedeihen ließ, etwas Bezauberndes und Rührendes zugleich.

Selbst als ich sie schon länger kannte und die Gewohnheit das Überraschende des ersten Eindrucks ausgeglichen hatte, überkam mich in ihrer Nähe stets jene Empfindung nachdenkender

Feier, von welcher man sich in den Ruinen großer Bauten aus vergangenen Zeiten ergriffen fühlt. Unwillkürlich sah man den Zug der Geister an sich vorüberziehen, welche sich dieser Frau einst mit Neigung und Anteil zugewendet, unwillkürlich meinte man auf dem Antlitz der Greisin den Widerschein vergangener Tage erblicken zu können. »Ich habe alle Menschen gekannt!« sagte sie einmal scherzend, als ich mich wunderte, wie genau sie sich einer nicht eben bedeutenden Person aus meiner Vaterstadt erinnerte, und ich möchte ihrem Worte hinzusetzen: alle Welt hat sie gekannt! Denn wie sie die Freundin unserer geistigen Heroen gewesen, so war sie für die nachfolgenden Geschlechter zu einem geistigen Wahrzeichen von Berlin geworden, und wer sie gesehen und gekannt hat, bewahrt noch heute ihr Andenken sicherlich mit Liebe.

Es war ein Vergnügen, sie sprechen, und ein Genuß, sie erzählen zu hören. Alle ihre anmutigen und würdigen Eigenschaften kamen dabei gleichmäßig zur Geltung. Sie suchte niemals die Aufmerksamkeit auf sich oder die Unterhaltung an sich zu ziehen; aber sie war mitteilsam, und das Sprechen machte ihr Freude, wie die Übung einer Kunst, in welcher sie Meister war. Alles was sie sagte, zeugte von einem wohlgeordneten Verstande, nichts kam zur Unzeit, nichts ungeregelt und wüst hingeworfen zum Vorschein, und doch machte nie etwas den Eindruck der Berechnung oder der Absichtlichkeit; denn sie war so vollkommen harmonisch ausgebildet, daß sie sich nur natürlich gehenzulassen brauchte, um eine edle und wohltuende Wirkung auf jeden Menschen hervorzubringen, der Sinn für das Edle und Schöne hatte.

Jenen liebevollen Sinn, welcher jedes Streben ehrt, jeder Begabung entgegenkommt, hatte die Hofrätin Herz sich noch in ihrem späten Alter erhalten, und er kam auch mir zugute. Formensicher, wie sie war, wußte sie mich den verschiedenen Personen, die ich bei ihr traf, in einer Weise vorzustellen, welche diese zu ähnlicher Rücksicht für mich aufforderte; und diese gleiche, fördernde Güte hatte ich auch in Frau Sara Levy angetroffen, welcher ich noch früher als der Hofrätin Herz vorgestellt worden war und welche die Eigenschaft, eines der Wahrzeichen von Berlin zu sein, in gewissem Sinne ebenso wie die Hofrätin Herz für sich in Anspruch nehmen konnte. Sie war noch um ein Jahr älter als diese letztere und von Geburt Jüdin wie sie; aber während die

Hofrätin in der Mitte ihres Lebens zum Christentum übergetreten, war Frau Levy dem mosaischen Glauben treu geblieben
und hatte sich eine Mission daraus gemacht, die Vertreterin desselben zu sein, wo man sich gegen ihn erhob, und dabei jeden
Fortschritt zur geistigen Bildung bei seinen Bekennern in der
liberalsten Weise zu unterstützen. Ebenso reich, als die Hofrätin
unbemittelt, ebenso unschön, als diese schön gewesen, waren die
Frauen von früher Jugend auf Freundinnen gewesen und einander an Güte des Herzens und an Wohltätigkeit völlig gleich; nur
daß bei der Hofrätin Herz alles, was sie tat, ein Gepräge hoher
weiblicher Anmut an sich trug, während in Frau Levy überall ein
gewisses männliches Wesen unschön hervortrat.

Anmerkungen

7 *Mein Vater ... aus Portugal fliehen mußte:* Nach Abschluss der Reconquista Spaniens stellten Ferdinand II. und Isabella I. (die »katholischen Könige«) mit dem »Alhambra«-Edikt vom 31. März 1492 die spanischen Juden vor die Wahl des Exils oder der Konversion zum Christentum. Ein Teil von ihnen wanderte nach Nordafrika aus. Ein weiterer Teil wurde durch einen persönlichen Erlass des Sultans ins Osmanische Reich geholt. Nach Einführung der Inquisition in Portugal 1531 setzte eine zweite Verfolgungswelle ein. Jetzt wanderten nicht nur Juden aus, die bei ihrem Glauben blieben, sondern auch Konvertiten und Marranen (Zwangsgetaufte). Ihr Ziel waren zunächst die Hafenstädte Nordafrikas und des Mittelmeeres (Frankreich, Italien), später dann auch Amsterdam, Hamburg und London. Die Familie de Lemos kam über Hamburg nach Preußen.

Inokulieren ... vaccinieren: Impfmethoden.

8 *vor zwei Jahren:* D. i. 1821.

9 *mit einem reichen israelitischen Hause:* Das Haus von Daniel Itzig. Mit dessen Töchtern, den späteren Frauen von Arnstein und von Eskeles, Levy, Oppenheim und Ephraim, war Henriette Herz auch später befreundet, vor allem mit Sara Levy. Aus dem Itzigschen Hause kam auch Julius Eduard Hitzig, der enge Freund und Biograph E. T. A. Hoffmanns.

Der einflußreiche Münzunternehmer und Industrielle Daniel Itzig hatte mit seiner Frau Mariane (Marianne, Miriam) geb. Wulff (1725–1788) neun Töchter und vier Söhne, von denen die meisten großen Einfluß auf die jüdische Kultur in Deutschland hatten.

Hanne (1748–1801) heiratete 1766 Joseph Fließ (geb. 1745); Bella (1749–1824) heiratete Levin Jacob Salomon (1739–1783 od. 1797), sie ist Großmutter der Musiker Fanny Hensel und Felix Mendelssohn-Bartholdy.

Isaak Daniel (1750–1806) gründete 1778 mit seinem Vater und seinem Schwager David Friedländer die erste jüdische Freischule in Berlin, Oberhofbankier, 1790 Wegebauinspektor, 1797 Hofbaurat und Chausseebauinspektor im General-Chausseedepartement des Generaldirektoriums.

Susanna (Blümchen) (1752–1814) war seit 1772 die Frau David Friedländers.

Elias Daniel (1755–1818), Besitzer der »Englischen Lederfabrik« auf dem Tornow bei Potsdam, erster jüdischer Stadtrat in Potsdam, ein Sohn von ihm ist Isaak Elias (1780–1849), der Jurist und Schriftsteller nannte sich nach dem Übertritt zum Christentum Julius Eduard Hitzig, gehörte zum Freundeskreis um E. T. A. Hoffmann.

Benjamin (Bonem) Daniel (1756–1833).

Franziska (Fanny, Feigele, Vögele) heiratete Nathan Adam Arnstein (1748–1838), Sohn des »Hoffaktors« des späteren Kaisers Franz I. und Bankier in Wien.

Sara (Sarah) (1761–1854) heiratete den Berliner Bankier Samuel Salomon Levy; Cicilie (Cäcilia, Zippora, Zipperche) (1760–1836) heiratete in zweiter Ehe den Baron Bernhard von Eskeles (1753–1839) in Wien, Geschäftspartner von Arnstein, in erster Ehe war sie mit S. B. Wulff verheiratet.

Sarah (Sara, Zerelche, Zerline) (1761–1854), zehntes Kind, heiratete 1783 den Berliner Bankier Samuel Salomon Levy (1760–1806), Tante des E.T.A. Hoffmann-Freundes Eduard Hitzig, enge Freundin von Henriette Herz.

Jacob (1764–1838).

Jacob Daniel (1764–1834).

Henriette heiratete den Sohn von Moses Mendelssohn, Nathan.

Rebekka war mit einem Sohn der Ephraims verheiratet.

Jettchen, die Jüngste, war mit einem Oppenheim verheiratet.

Die Söhne Isaak Daniel, Jakob und Benjamin (Benny) waren Mitbegründer der reformpädagogischen Cauerschen Anstalt. Die Tochter Marianne Louise war verheiratet mit dem Gründer und Direktor des Instituts, Ludwig Cauer.

Zwei Enkelinnen heirateten zwei Söhne von Moses Mendelssohn.

Laubhütte: Sukkot, das Laubhüttenfest, gehört mit Pesach und Schabuot zu den drei großen jüdischen Wallfahrtsfesten. Die Laubhütte (Sukka) ähnelt kleinen Gartenhäuschen, deren Dach aus Zweigen besteht.

10 *Zahl meiner Geschwister:* Henriette Herz hatte sieben Geschwister. Die vier Brüder waren Abraham (1766–1768), Aron Beer (Benjamin) (1772–1845), Isaak (Isaac, Itzig) (geb. 1778) und Daniel Leib (1780–1805). Aron und Daniel waren Ärzte. Ihre drei Schwestern: Chana Johanna (1768–1846) war in Prenzlau mit dem Arzt Simon Herz verheiratet (nicht verwandt mit Marcus Herz), Brendel (Brenna) (1770–1815) war Pastellmalerin in Berlin und blieb unverheiratet, Sara Benjamin (geb. 1778) heiratete 1805 den Referendar Natorff Coebel (Levi) ben Michael (geb. 1781) in Berlin, ihr Sohn fiel 1833 im Duell. In der ersten Ehe des Vaters wurden zwei Töchter geboren, die noch vor der Mutter starben (1762). Vergleiche die Anm. zu den S. 15 und 23.

12 *in der jüdischen Kolonie:* In Berlin gab es kein Ghetto wie in anderen europäischen Städten. Die Juden wohnten jedoch konzentriert in der Spandauer Straße und Umgebung. Die Zahl der Familien war durch Reglement auf 400 festgelegt. Um 1772 hatte Berlin etwa 2000 jüdische Einwohner. Im Jahre 1801 waren von den etwa 170 000 Berlinern 3 549 Juden.

Aus Reiseberichten der Zeit:

Der Publizist August Adolph Freiherr von Hennings schildert 1772 einen Besuch in der jüdischen Kolonie Berlins: »Die jüdische Colonie ist beträchtlich; man zählt 400 Familien, die auf 2000 Köpfe geschätzt werden. Sie hat den großen Vorzug, daß sie durch den Ruhm ihrer Gelehrten einen noch größeren Glanz erhält, wie durch die Schönheit der Damen. Ein Brief von Reimarus führte mich in das Haus des berühmten Mendelssohn ein. Wessely, ein Freund Lessings, dessen Bruder ich in Kopenhagen kennengelernt hatte, machte mich mit mehreren anderen Familien bekannt. Bei dem Banquier Itzig, der einen Palast bewohnt, sehe ich häufig den gelehrten Friedländer, welcher in der gebildeten Welt sehr geschätzt wird. Auch die Aerzte Bloch und Herz haben sich einen bedeutenden Namen erworben. Itzig hat sechszehn Kinder, von denen einige schon eine selbständige Stellung haben, andere gerade in dem Alter sind, wo die Schönheit sich zu entfalten beginnt. Die Töchter erhöhen die Anmuth ihrer Schönheit durch ihre Talente, besonders durch Musik, und durch einen fein gebildeten Geist. Eine von ihnen ist mit Friedländer verheiratet. Mendelssohn sehe ich häufig; seine Denkungsart gefällt mir ebenso sehr wie der Ton, welcher in seinem Hause herrscht. Zuweilen treffe ich bei ihm Männer von Geist und Bildung, meistens Fremde. Die Einheimischen schätzen und achten wohl ihren weisen Mitbürger, aber sie haben wenig Neigung zur Philosophie.« (zit. nach Ludwig Geiger: Berlin 1688–1840. Geschichte des geistigen Lebens der preußischen Hauptstadt. Berlin 1893. Band 1, S. 383–384)

»Die Juden wohnen größten Teils in dem eigentlichen Berlin, besonders in der Jüden-, Königs-, Spandauer- und einigen andern Straßen. Unter den Linden hat der Banquier Ephraim ein prächtiges Haus. In der Friedrichstadt wohnt kein einziger. Es gibt sehr reiche Juden in Berlin: Moses, Itzig und die Ephraim werden für die reichsten gehalten. Einige haben Fabriken, die meisten ernähren sich jedoch durch den Handel. Ihr Benehmen, besonders derjenigen, welche eine gute Erziehung genossen haben, ist fein und artig; sie haben lange nicht das Steife, Niedrige und Grobe, was ihrer Nation eigen zu sein pflegt. Die Vornehmen oder überhaupt diejenigen, welche nach guten Grundsätzen erzogen sind, gehen viel mit Christen um, nehmen gemeinschaftlich mit ihnen an unschuldigen Zerstreuungen teil, und oft sieht man es ihnen kaum an, daß sie Juden sind. Sehr viele tragen ihre Haare jetzt ebenso wie die Christen und unterscheiden sich auch in der Kleidung nicht von uns.

Es gibt verschiedene Gelehrte unter ihnen, denen man den Ruhm nicht absprechen kann, daß sie sich mit bemerkenswertem Eifer den Wissenschaften widmen. Wem ist Moses Mendelssohn nicht bekannt? Doctor Bloch ist ein großer Kenner der Naturgeschichte und Physik. Doctor Herz liest jetzt philosophische Collegia. Ueberhaupt lieben sie die Lektüre mehr als jemals. Schöngeisterei und Dichtkunst wechselt bei ihnen mit der Lektüre der Wochenschrift und dem Besuche des Schauspiels ab. Die Romansucht ist außerordentlich unter ihnen eingerissen, und besonders kranken die Frauenzimmer daran. Das schöne Geschlecht der Israeliten spielt in Berlin eine große Rolle. Es gibt wirklich Schönheiten im eigentlichsten Sinne unter ihnen. Hübsche Kleidung und leichter Anstand erhöhen ihre Reize. Sie sind äußerst empfindsam und treiben ihre ohne dies schon hohe Reizbarkeit oft zu weit.

Unter allen Vergnügungen lieben die Juden das Schauspiel am meisten. Am Sonnabend ist das Parterre großen Teils von ihnen besetzt. Bei gutem Wetter sieht man sie an diesem Tage in Scharen im Thiergarten oder Unter den Linden spazieren gehen.« (anon.: Bemerkungen eines Reisenden durch die Königlich Preußischen Staaten 1779. Zit. nach Landsberg 1913)

»Der berlinische Adel ist mit angesehenen Bürgerlichen öfters in Gesellschaft. Fast immer bestehen Tafeln der Staatsminister mehr aus Bürgerlichen als Adelichen, und beyde werden gleich gnädig, ich könnte sagen, gleich freundschaftlich behandelt. – Die preußischen Minister sehn auf Verdienst, nicht aber auf Ahnen allein. Eben so gütig sind sie gegen Bürgerliche, die in Geschäften zu ihnen kommen, und sie antreten. In andern Staaten dauert es vielleicht vier Wochen, ehe man einmal im Vorzimmer eines Ministers gelassen wird, und dann läuft man doch Gefahr, ihn nicht zu sprechen. In Berlin kann und darf man einen jeden Minister antreten, wenn man nur die rechte Zeit wählt. [...] Die Vergnügungen des Adels sind größtentheils mit denen, die sich die Bürgerlichen machen, einerley. Schauspiele, Promenaden, Gastmäler, Bälle, sind dem Bankier so gut, als dem Baron erlaubt. [...] Ein anderer auffallender Fehler der Berliner ist eine übel verstandene und zu weit getriebene Empfindsamkeit. Hutcheson [Francis Hutcheson, 1694–1746], so bald er unter den Deutschen bekannt ward, stimmte hierinnen in die Denkungsart derselben ein, und es verdient allerdings Lob und Nachahmung, daß man auf das moralische Gefühl viel halten, und es auf alle nur mögliche Weise zu erwecken und zu verstärken suche. Die Saiten wurden aber gar bald zu hoch gespannt.

Seit der merkwürdigen Erscheinung, welche Herr Göthe durch seine *Leiden des jungen Werther* an dem Horizonte Europens hervorführte, zerfließt man beynahe, besonders in Berlin, in Empfindsamkeit. – Sie ist fast der allgemeine Maaßstab, nach welchem man die Güte der gelehrten Werke, die fürs Publikum geschrieben sind, und, was noch übler ist, die ganze Güte des Herzens ausmessen will. Daher entstehen die sogenannten Rührungen, welche man sehr oft für den ganzen Effekt eines Schauspiels, oder einer empfindsamen Reise, oder sonst einer für das Herz geschriebenen Piece hält. Nach Ueberzeugung wird selten gefragt, und ein Thränchen, oder Seufzerchen, oder ein Ausruf, – das ist schön! das ist rührend! pflegt größtentheils die Lösung zu seyn, nach welcher in die Hände geklatscht und Beyfall zugerufen wird.

O Kopf, o Kopf! möchte man ausrufen, wo bist du geblieben!

Ich glaube, daß ich einen ansehnlichen Katalogus mit empfindsamen geschrieben Sächelgen auffüllen könnte, welche nach der Herausgabe der *Leiden des jungen Werthers* erschienen sind. Man drängt sich in Berlin nach ihnen, und ließt sie mit heißer Begierde und Sehnsucht. [...]

Eben so will man itzt lauter empfindsame Predigten hören. Auch im Gotteshause hält man Weinen und Schluchzen für ein untrügliches Kennzeichen der innern Güte einer Predigt, und glaubt, daß der Prediger der zuverläßigste Redner sey, welcher die Kunst versteht, das sinnliche Gefühl in Erschütterung zu setzen.« (Joh. Friedrich Carl Grimm und Johann Heinrich Friedrich Ullrich: Bemerkungen eines Reisenden durch die Königlich Preußischen Staaten. Altenburg 1779, Band 1, S. 591f, 595, 600–602)

»Allein nur eine Anmerkung, über die sie sich gewiß noch mehr wundern werden. Sie betrift das mosaische Geschlecht, das hier sehr stark ist, und im Durchschnitte genommen, die Crösuße in den hiesigen Ländern unter sich hat.

Wir haben zwar öfters schon über das Vorurteil unsern Unwillen bezeuget, mit welchem man bey uns auf den *Juden* verächtlich herabblickt. Ist er nicht Mensch, wie wir? Nuzt er dem Staate nicht oft mehr als mancher *getaufte Müßiggänger*? –

Allein die enge, die ganz innige Vertraulichkeit, mit der hier der Jud und Christ zusammen lebt, kann man nur von einem Volk erwarten, das durch die Weisheit seines Landesvaters zur Duldung, und zur Verachtung angebohrner Vorurtheile gelenket ward.

Wirklich, Freund, übersteigt es alle Erwartung eines Ausländers, wenn man hier eine Reihe wie Göttinen gepuzzter Jüdinnen an der Hand christlicher Charletane, dort wieder Christinnen an der Hand hebräischer Stutzer so vertraulich, ohne Zwang miteinander spatzieren gehen sieht.« (anon.: Briefe über die Galanterien von Berlin, auf einer Reise gesammlet von einem österreichischen Offizier s.l. 1782. 24. Brief, S. 233–235)

»Seitdem Israels Töchter nicht mehr den Stein und die Flamme fürchten, die das Gesez dem zuchtlosen Mädchen verhängte, ist, was Verbrechen einst war, zum Zeitvertreibe geworden. Seit dem treulosen Weibe nicht mehr vom Wasser des Fluches hoch aufschwillt der Bauch: seitdem, ha! Werden die Bräunling ›Israels blond‹: und Gojim erwecken den Samen Abrahams.

Anmerkung: Auch Christenweiber und Mädchen sind nicht rein. Aber ein verbuhlteres Geschlecht, als reiche Judenweiber und Juden-Mädchen, giebt es nicht. Die ärmere Volksklasse dieser Nazion ist der einzig schätzbare Theil derselben. Doch giebts auch unter den reichen und aufgeklärtern einige würdige

Menschen.« (anon. [Daniel Jenisch]; Diogenes-Laterne. Leipzig 1799, S. 70–71)

»Juden. Eine Klasse von Einwohnern, die an Reichthum und Macht dem Adel weit überlegen ist. Nur erst seit einer Zeit von vierzig Jahren hat die Judenschaft zu Berlin die Reichthümer gesammelt, die sie nach und nach zugleich immer mächtiger gemacht haben. Die Münze, der beträchtliche Geldhandel, während des siebenjährigen Krieges, und der siebenjährige Krieg überhaupt, legten den Grund zu ihrem Wohlstande und setzten sie in den Stand, ihren Verkehr so weit auszubreiten, daß sie sich des größten Theils des preußischen Handels bemeisterte. Die Bevölkerung hat seit dieser Zeit gleichfalls augenscheinlich unter ihr zugenommen. [...] Die Lebensart der vornehmen Juden zu Berlin ist anständig und ganz auf den Fuß christlicher angesehener Kaufleute, selbst ihr Hausgesinde wird nach und nach vom jüdischen Schmutze gesäubert. Es gibt unter denen, die Handlung treiben, belesene Leute, aber sie dünken sich schon sehr weise, wenn sie nur etwas wissen. In ihrem Tone herrscht noch sehr viel gezwungenes, besonders unter dem Frauenzimmer, das vorzüglich in Theaterbüchern und Romanen belesen ist und viel ähnliches mit den lächerlichen Schönsprecherinnen des Molliere hat.

Die jetzigen Gelehrten in der Judenschaft sind mehrentheils Aerzte und wackere, rechtschaffene Männer, die blos für die Wissenschaften leben und über die groben Vorurtheile ihrer Nazion hinweg sind.

Das jüdische Frauenzimmer fängt zum Theil an, bei der Verfeinerung seiner Sprache und seines sittlichen Benehmens, der Galanterie mehr wie vormals Gehör zu geben und den christlichen Stutzern vom Militär- und Civilstande zur angenehmen Unterhaltung zu dienen; einige machen so gar öffentlich von der Galanterie Profession und genießen hierunter aller bürgerlichen Freiheiten.« (anon.: Schattenriß von Berlin. Amsterdam [Zittau: Schöps] 1788, S. 29–31)

»Jüdinnen. Es ist nicht zu leugnen, daß die Berlinischen Jüdinnen sich eben so sehr durch Bildung und feine Lebensart auszeichnen, als sie an körperlicher Schönheit und geschmackvollem Anzuge den ungleich größern Theil unsrer hiesigen christlichen Welt übertreffen. In der That das beste und natürlichste Mittel, dem alten Vorurtheil gegen ihre Nation zu steuern, wenn es anders eine gewisse Eifersucht christlicher Damen abzulegen erlaubt! Nur Schade, daß sie auch hierbey von einem Außenende zum andern übergehen! denn sie gleichen meistentheils den Musen im Schillerschen Musenallmanach von 1797, von welchem unser Nikolai sagt: ›Sie sind précieuses et dédaigneuses [verfeinert und herablassend], wie es femmes savantes [Frauen von Geist] wie nur auf einen Molière warten. Sie leiden am Elegienwasser, am Schwindel der kritischen Philosophie, und am Nervenkrampfe der Hyperästhetik.‹

Vorzüglich ist nun die kritische Philosophie das goldne Kalb, welches sie anbeten; eine Kantianerin zu werden, ist ihr höchster Wunsch und dafür zu gelten, ihre größte Eitelkeit; Kant auf ihrer Zunge, Kant auf der Toilette und auf dem Nachttische, wetteifert mit ihrem ersten Liebhaber, und der kategorische Imperatif steht mit ihnen auf und geht mit ihnen zu Bette. Es giebt weniger Wechsler und Trödler unter unsern Juden, als Subtilitäten-Krämerinnen unter unsern Jüdinnen, die sich nicht, wie ehemals Martha, von Christus anreden ließen, wenn es nicht an dem Brunnen formaler Weisheit geschähe. Die Erscheinung des Messias könnte keine größere Sensation unter ihnen bewirken, als auch nur die eines Afterkantianers, der, selbst verrückt, ihr transscendentales Hirngespinnst noch vergrößert. Um in materia sein Glück bey ihnen zu machen, muß man schlechterdings in forma einen Angriff wagen.

Sogar im Theater hörte ich neulich eine schöne Jüdinn über ein neues Stück das Urtheil fällen: »daß zwar Verstand darin wäre, aber keine Vernunft«, ›wovon ihre nicht minder liebenswürdige Freundin grade das Gegentheil behauptete. Dieser Schwindel kritischer Philosophie findet stets Nahrung in dem Umgange mit den gelehrt seyn wollenden Juden, die ihre Weisheit nicht nach dem Königsberger philosophischen, sondern nach dem Hamburger Cours berechnen, und mit auswendig gelernten Stellen von Moses Mendelssohn und Maimon, wie mit ihren Mustercharten, prahlen.

Wenn der fromme Wunsch nach einer Religions-Vereinigung in Deutschland erfüllt werden kann, so tragen unsre Jüdischen Schönen in Berlin, durch ihre Toleranz und Anhänglichkeit an verschiedene Religions-Verwandte, gewiß das Ihrige bey. Schon verwischt sich allgemach das Charakteristische aus den Physiognomien der heranwachsenden Judenkinder; wie weit muß es nicht in den Herzen ihrer toleranten Mütter gekommen seyn? – und so bemerkt man auch nichts weniger als Religions-Haß bey unsern schmachtenden Juden gegen gefällige Christinnen, die ihre Kinder unverletzt zur Taufe schicken. Offiziere, Hausärzte, Geistliche, Civil- und Comptoir-Bediente, haben sich in die verschiedenen Stämme getheilt, die nun eben so mannichfaltige Früchte bringen.« (anon.: Neuestes Gemälde von Berlin, auf das Jahr 1798 nach Mercier. Kölln 1798, 1. Stück, S. 28–34)

S. die 3. Anm. zu S. 254.

12 *Karmen:* Gedicht, insbesondere Gelegenheits- oder Festgedicht.

Richard III.: Wahrscheinlich jenes Stück von Christian Felix Weiße (1727–1804), das seinerzeit sehr beliebt war und von Lessing in seiner »Hamburgischen Dramaturgie« gelobt wurde.

14 *einem Jugendbilde, das ich von ihm besitze:* nicht erhalten, das einzige nachweisbare undatierte Porträt siehe den Bildteil.

15 *Tod eines zweijährigen Knaben:* Vgl. Anm. S. 10

17 *mi paventi:* Durch die Mara berühmt gewordene Bravourarie »mi paventi, il figlio indegno« (Er möge mich fürchten, der unwürdige Sohn) aus der Oper »Britannicus« von Carl Heinrich Graun (1703/04–1759).

die andere noch jetzt meine Freundin: Dorothea Veit.

Leben des Siegwart: »Siegwart, eine Klostergeschichte« (1776) von Johann Martin Miller (1750–1814).

Leihbibliothek: Die Leihbibliothek des Buchhändlers und Verlegers Hans Friedrich Vieweg in der Spandauer Straße. S. Anm. zu S. 43

20 *nach einem Garten:* Gartengrundstück im Tiergarten, das Sommeraufenthalt der Familie gewesen ist.

die andere: Dorothea Veit.

Ihr Vater … war ein sehr geachteter Gelehrter … und bildete sie selbst: Moses Mendelssohn und seine älteste Tochter Brendel, spätere Veit und Dorothea Schlegel.

22 *fünfzehn Jahre älter als ich:* Der Altersunterschied zwischen Henriette und Marcus Herz beträgt 17 Jahre.

hatte er schon einige scharfsinnige kleine philosophische Schriften herausgeben: »Betrachtungen aus der spekulativen Weltweisheit« (Königsberg 1771), »Freymüthiges Kaffeegespräch zwoer jüdischen Zuschauerinnen über den Juden Pinkus, oder über den Geschmack eines gewissen Parterrs« (Berlin 1771), »Versuch über den Geschmack und die Ursachen seiner Verschiedenheit« (Leipzig & Mietau 1776).

23 *denn meine Mutter hatte Zwillinge geboren:* Diese Angabe findet sich nur bei Henriette Herz. Nach der beschriebenen Zeit könnte es sich um Sara

Benjamin handeln, die 1778 geboren wurde; möglich, daß ein Zwilling verstarb. Vgl. Anm. S. 10

24 *1. Oktober des Jahres 1779, glaube ich:* Henriette wurde am 1. Dezember 1779 mit Marcus Herz verheiratet.

26 *In kurzem fing er auch an, in unserer Wohnung philosophische Collegia zu lesen:* Berlin hatte noch keine Universität, sie wurde erst 1810 gegründet. Vorträge und Vorlesungen fanden in privaten oder gemieteten öffentlichen Räumlichkeiten statt. Marcus Herz machte die Philosophie Kants in Berlin bekannt, wie aus einem Brief Herz' vom 24. November 1778 an seinen Lehrer in Königsberg hervorgeht:»Ich verkündige heute bereits zum zwanzigsten mahl ofentlich Ihre philosophische Lehren mit einem Beyfall, der über alle meine Erwartungen geht. Die Anzahl meiner Zuhörer nimt täglich zu, sie ist schon bis auf einige u. dreyßig herangewachsen, lauter Leute vom Stande und Gelahrte von Profeßores der Medizin, Prediger, Geheimräthe, Bergräthe, u.s.w. unter denen unser würdiger Minister [von Zedlitz] das Haupt ist; er ist imer der erste auf meiner Stube u. der letzte der hinweg gehet, und hat bisher, so wie keiner von den übrigen noch nie eine Stunde versäumt.«

Seine naturwissenschaftlich-technischen Vorlesungen wurden öffentlich angekündigt:»Herr Dr. Herz wird heute mit seinen Vorlesungen über die Experimentalphysik den Anfang machen und sie den Winter über zweymal wöchentlich fortsetzen, Montags und Donnerstags von 5 bis 7 Uhr Abends.« (»Königlich privilegirte Berlinische Staats- und Gelehrte Zeitung«, 142stes Stück, Donnerstag, den 25. November 1784; wortgleich und am selben Tage auch in den »Berlinischen Nachrichten von Staats- und Gelehrten Sachen« sowie im »Neuen Berliner Intelligenzblatt«).

Daß Marcus Herz in der eigenen Wohnung Vorlesungen hielt und Experimente vorführte, zeigt ihn ganz im Zeichen der Aufklärung – und als wohlhabend. Denn speziell physikalische, chemische und mechanische Experimente waren durch den Materialeinsatz und den apparativen Aufwand sehr kostspielig.

Personen aus den höchsten Ständen: Am Dienstag, dem 29. März 1791, meldete die »Königlich privilegirte Berlinische Zeitung. Von Staats- und gelehrten Sachen« im 38. Stück: »Vorigen Freitag beehrte der Osmanische Gesandte, mit einem Theile seines Gefolges, den Hrn. Professor Herz mit einem Besuch, welcher ihn, in Gesellschaft der Herren Generale v. Möllendorff und von Schlieffen Excellenzen, des Hrn. Geh. Legationsraths v. Diez, und mehrerer vornehmen Personen, drei Stunden lang mit den instruktivsten physikalischen Versuchen unterhielt.«

27 *Der Ruf dieser Vorlesungen:* Die Vorträge und Vorführungen im Hause Herz waren über Berlin hinaus berühmt, so daß Friedrich Nicolai in seiner »Beschreibung der Königlichen Residenzstädte Berlin und Potsdam, aller daselbst befindlichen Merkwürdigkeiten und der umliegenden Gegend« (3. Auflage. Berlin 1786, Band II, S. 727) vermerkt: »Herr Hofrath Herz, (in der Spandauerstraße), ließt über die Experimental-Physik und Electrizität.« Später führte Herz auch Experimente in der Mittwochsgesellschaft vor. S. S. 50 und 484.

jüngeren Brüder des Königs: Prinz Heinrich Friedrich Ludwig von Preußen und Prinz August Ferdinand von Preußen, Brüder Friedrich Wilhelms III.

fünfjähriger Kronprinz: Friedrich Wilhelm IV.

in einem vornehmen Hause: Kunth war Erzieher im Hause der Humboldts.

Blitzableiter: Benjamin Franklin hatte am 15. Juni 1752 ein Experiment mit einem Drachen durchgeführt, das als Grundstein für die Erfindung des Blitzableiters angesehen wird. In Deutschland wurde der erste Blitzableiter 1769 auf der Hamburger Hauptkirche St. Jakobi installiert. Dann wurde er etwa zeitgleich in vielen deutschen Städten eingeführt.

Ausspruch von Malebranche: Aus »De la recherche de la verité« Paris 1764 (deutsch 1776–1780).

Das Erscheinen von Goethes »Götz« und »Werther«: Das Schauspiel »Götz von Berlichingen mit der eisernen Hand« erschien 1773, der Briefroman »Die Leiden des jungen Werthers« 1774.

29 *Eulers Brief:* Leonhard Eulers »Briefe an eine deutsche Prinzessin über verschiedene Gegenstände der Physik und Philosophie« (1768–1772, deutsch 1769 ff.).

Übersetzung einer kleinen englischen Broschüre: Manasseh Ben Israel Rettung der Juden. Aus dem Englischen übersetzt. Nebst einer Vorrede von Moses Mendelssohn. Als ein Anhang zu des Hrn. Kriegsraths Dohm Abhandlung: Ueber die bürgerliche Verbesserung der Juden. Berlin und Stettin 1782.

von einem uns befreundeten Hause: Henriette und Marcus Herz waren mit zahlreichen jüdischen wie christlichen Familien gut bekannt und befreundet, am meisten mit Cohen und Ephraim, später auch mit Itzig, den reichsten Familien in Berlin.

Der jüdische Baumwollfabrikant Ernst Gustav Wilhelm (Ezechiel Ephraim) Cohen, aus den Niederlanden eingewandert, erhielt am 6. Dezember 1786 das Generalprivileg und die Rechte christlicher Kaufleute, er war der Schwiegersohn der Fabrikantentochter Fanny (Vögelche) Bernhardt, der Schwiegertochter von Moses Mendelssohns einstigem Arbeitgeber und späteren Teilhaber Isaac Bernhardt, die wiederum Tochter des Berliner Münzjuden und Bankiers Moses Isaac Flies (Fliess) war. Cohen machte 1804 Bankrott und entzog sich durch Flucht.

Cohen war verheiratet mit Philippine (Ressel), geb. Bernhardt, die wiederum verschwägert war mit der aus wohlhabender jüdischer Familie stammenden Esther Gad, geschiedene Lucie Bernhard, verehelichte Domeier, die durch ihren Briefwechsel mit Rahel Varnhagen bekannt wurde. Philippine Cohen als Salonière und das »Haus Cohen« waren in Berlin bekannt und beliebt. Der Salon befand sich in der Münzstraße im ehemaligen Haus des Ministers Zedlitz, in dem auch eine Baumwollfabrik mit mehreren hundert Beschäftigten untergebracht war. Hier gingen Henriette Herz und Karl August Varnhagen ein und aus. Auch Heinrich von Kleist war hier häufig Gast. Am 5. Februar 1801 schrieb er an seine Schwester Ulrike von Kleist: »In Gesellschaften komme ich selten. Die jüdischen würden mir die liebsten sein, wenn sie nicht so pretiös mit ihrer Bildung täten. An dem Juden Cohen habe ich eine interessante Bekanntschaft gemacht, nicht so wohl seinetwillen, als wegen seines prächtigen Cabinets von physikalischen Instrumenten, das er mir zu benutzen erlaubt hat.«

Varnhagen, der hier in den Jahren 1803 und 1804 Hauslehrer war, schwärmt in seinen Erinnerungen von dem großen, erlesen eingerichteten Haus der Cohens mit eigenem Park: »Man führte mich in das Bibliothekszimmer, das den Blick in den großen blühenden Garten hatte, und an Büchern schnell übersehen ließ, was mein Herz nur wünschen konnte; deutsche, französische und englische Hauptwerke standen schöngebunden in dichten Reihen. Wenige Minuten war ich diesem bestechlichen Eindruck überlassen, da erschienen die Hausbewohner. Herr Cohen aus Holland von einer angesehenen und reichen jüdischen Familie stammend, aber mit den Seinigen längst getauft und jetzt in Preußen heimisch, zeigte sich als ein lebhafter freundlicher Weltmann, der auch in Wissenschaften und Künsten wohlbewandert war; die Frau, eine Berlinerin, sprach durch sanftes und verständiges Wesen an; zwei bildschöne feine Knaben, denen drei liebliche Töchter nachfolgten, kamen aus dem Garten herbei, wohin ein Spaziergang vorgeschlagen wurde. [...] Schloßartige Wohnung, weit über das Bedürfnis hinaus geräumig und vielfach, im Innern mit allem Behör einer behaglichen, teils holländischen, teils englischen Lebensart versehen, erhob sich, auch für den äußern Anblick bedeutend und geschmackvoll, zwischen tiefem Vorhof und ausgedehntem Garten. Von der Straße zurückgezogen wandte sich das ganze Leben des Hauses um so entschiedener nach der Gartenseite hin. Schattige Gänge, Rasenplätze, hochstämmige Bäume und mannigfaches Gebüsch, Blumenbeete, Obst- und Kieferpflanzungen, zuletzt ein Pavillon zwischen Treibhäusern, gaben dem weiten Raume in sinniger Anordnung die heiterste Mannigfaltigkeit, und dieser grünende und blühende Bezirk gab jedem Tag und jedem Augenblicke die nahe, offne und lockende Gelegenheit zu dem reinsten Genusse, welcher das Herz erfreuen kann, zu dem Genusse der Jugend und des Sommers in ihrem schönsten Verein.« (Varnhagen: Denkwürdigkeiten des eigenen Lebens. Frankfurt am Main 1987, Band 1, S. 234) In Cohens Haus versammelte sich auch der Kreis jener jungen Dichter, die ihre Vereinigung »Nordsternbund« nannten: Karl August Varnhagen von Ense, Adelbert von Chamisso, Karl Gustav von Brinckmann, Friedrich de la Motte Fouqué, Ferdinand Koreff, Ludwig Robert, Franz Theremin, Julius Klaproth, Eduard Hitzig, Friedrich Wilhelm Neumann, Alexander Graf zur Lippe und Gottlieb Hiller veröffentlichten 1804 ihren »Grünen Musenalmanach«, der in der Nachfolge der Brüder Schlegel bewertet und entsprechend angegriffen wurde. In dem Roman »Die Versuche und Hindernisse Karls. Eine deutsche Geschichte aus neuerer Zeit« (Berlin 1808) schildern Varnhagen, Fouqué, Neumann und Chamisso, später auch E. T. A. Hoffmann und Clemens Brentano nur wenig verschleiert die Verhältnisse im Hause Cohen. Der Herr des Hauses kommt darin nicht so vorteilhaft weg, dagegen aber Philippine Cohen. Parodiert im Stile von Goethes »Wilhelm Meister« werden zudem Jean Paul, Johannes Müller und Johann Heinrich Voß (vgl. Helmuth Rogge: Der Doppelroman der Berliner Romantik. Leipzig 1926, 2 Bände).

interessanten Auszug in Moritz' Erfahrungsseelenkunde: »Gnothi Sauton oder Magazin zur Erfahrungsseelenkunde«, herausgegeben von Karl Philipp Moritz, Friedrich Karl Pockels und Salomon Maimon, 1. Band, 2. Stück, 1783, S. 44–73.

Zirkassierin: Zirkassier oder Tscherkessen sind ein durch seine Schönheit berühmtes Volk, besonders die Frauen. Das Land liegt nördlich des Kaukasus zwischen dem Don und der Wolga.

33 Reil: Johann Christian Reil kam 1782 nach seiner Promotion zum Doktor der Medizin und Chirurgie in Halle ins Haus von Marcus Herz, um ein praktisches Jahr zu absolvieren. Reil überarbeitete hier seine Promotionsschrift »Fragmenta metachematismi Polycholiae« und widmete sie Marcus Herz, später wieder in Halle tätig, seit 1810 in Berlin.

Ein junges Mädchen ... Marianne Schadow: Irrtum von Henriette Herz; wie ihre Ausführungen zeigen, kann es sich nicht um Marianne Schadow handeln.

junge, sehr liebenswürdige Frau: Marianne Devidels, Tochter eines Hofjuweliers in Wien, heiratete den Bildhauer Johann Gottfried Schadow.

34 ihre Söhne: Rudolf und Friedrich Wilhelm von Schadow.

weil um diese Zeit ... die Erlaubnis gegeben ward: Nach einem Reglement aus dem Jahre 1790 durften jüdische Männer ihre Bärte scheren und die Frauen ihr Haar offen tragen.

Dieses Haus war sehr elegant und gewaltig nach Vornehmigkeit strebend: Das Haus Cohen. S. 3. Anm. zu S. 29.

Sachez que la comédie est finie ...: Sie müssen wissen, daß die Komödie beendet ist und daß Sie niemals weder mich noch meinen Mann im Hause antreffen werden.

meine Büste machte: Johann Gottfried Schadow schuf 1783 Henriettes Gipsbüste. Sie war seine erste plastische Arbeit. Der erste Versuch schlug beim Brennen fehl. Der Gipsabguß in der Nationalgalerie Berlin wurde 1901 nach der seit 1914 verschollenen Büste vorgenommen. S. im Bildteil.

von Freunden, deren älteste Tochter: Die jüdische Familie Levin und deren Tochter Rahel, die spätere Frau Varnhagen von Enses.

38 *... daß sie mich zur nächsten Ostermesse mitnehmen würden:* Auf der Reise zur Leipziger Messe, wahrscheinlich 1781, begleitete sie ihre Freundin Rahel Levin und deren Eltern Markus Levin und dessen Frau Chaiche (Chaie) (gest. 1809), sie reisten über Halle.

... mehr berüchtigten als berühmten Theologen Bahrdt: Der evangelische Theologe Karl Friedrich Bahrdt galt als haltlos in seinem Charakter und wurde 1778 wegen Ketzerei abgesetzt. In den 1780er Jahren gründete er den radikalen Aufklärerbund »Deutsche Union«. Ein Netz von mehr als 400 Lesegesellschaften (s. Anm. S. 43) sollte die Kaderschmiede eines Umsturzes sein. Mehrere Dutzend Gesellschaften bildeten sich in kurzer Zeit. Die Vernetzung aber wurde ihnen zum Verhängnis: Denunziation und Indiskretion an wenigen Stellen ließen das ganze Netz auffliegen. Wegen eines satirischen Lustspiels auf die Wöllnerschen Edikte wurde Bahrdt im April 1789 verhaftet und vom Berliner Kammergericht zu einem Jahr Festungshaft verurteilt. Er endete 1792 als Schenkwirt auf dem Weinberg bei Halle. Als Bahrdt eine Liste der erlauchtesten Männer von ganz Deutschland als angebliche Mitglieder dieser Gesellschaft zusammenstellte, nannte er auch Marcus Herz. Aufklärer wie Knigge konnten für dieses Projekt gewonnen werden.

39 *auf meiner Reise nach Italien:* In den Jahren 1817 bis 1819 (s. S. 119–139 und 430–447).

40 *Beelitz:* »[...] Mit Aufgang der Sonne kamen wir nach Beelitz, dort war alles voll von Reisenden und Juden aus Berlin, die auf die Leipziger Messe zogen, so daß wir nur mit Mühe ein schlechtes Frühstück erhielten ...« (Friedrich Wilhelm Joseph Schelling an seine Eltern, Leipzig, den 28. Juni 1797. »Aus Schellings Leben. In Briefen«. Band 1, Leipzig 1869).

Jüngling: der junge Karl von La Roche.

41 *»Lieder zweier Liebenden«:* Der Gedichtband Goeckingks war 1777 erschienen.

»Episteln«: Wahrscheinlich sind Goeckingks »Sinngedichte« gemeint, die 1772 und erweitert 1778 erschienen.

Lazzi: komische Gebärden.

42 *Mein Lehrer:* Johann Georg Gottlieb Lehmann, Organist und Musikdirektor an der Nikolaikirche. Der »Tod Jesu« wurde von ihm am 5. April 1781 aufgeführt.

43 *Nach einem Jahr verließ er Berlin:* Einer Notiz Sophie Beckers (»Tagebuch einer Reise durch Deutschland 1784–1786« Text nach: Vor hundert Jahren. Elisa von der Reckes Reisen durch Deutschland 1784/1786. Stuttgart 1884; Collection Spemann. 61) zufolge war Carl von La Roche 1784 wieder in Berlin.

Lesegesellschaften: In ganz Europa waren Lesegesellschaften vor allem vor und während der Französischen Revolution signifikant an der Herausbildung und Fermentierung der modernen bürgerlichen Gesellschaft beteiligt. Information, Bildung, Aufklärung, Geselligkeit, Freisinnigkeit und Gleichberechtigung auch der Geschlechter – das bedeutete die bürgerliche Emanzipation einem Staat, in dem der Geburtsadel immer weniger Bedeutung hatte. Charakteristisch für das Berlin um 1800 waren die zahlreichen geschlossenen Gesellschaften, in denen Geselligkeit außerhalb der eigenen Häuslichkeit gepflegt wurde. Wenn man die Hofgesellschaft ausnimmt, die zur Zeit Friedrich Wilhelms II. noch völlig für sich stand, war die eigentliche Gesellschaft aber weitaus kleiner, als es die nicht geringe Einwohnerzahl von ca. 180.000 Einwohnern vermuten ließe. In den Berichten und Briefen der Reisenden, die damals Berlin zahlreich besuchten, tauchen daher häufig dieselben Namen auf. Nach Untersuchungen von Otto Dann (1981) gab es in Deutschland zwischen 1750 und 1800 mehr als 600 Lesegesellschaften mit über 25.000 Mitgliedern. Nach Galitz (1986, S. 257) »spielten sie bei der Ablösung von überkommenen Weltanschauungen, z. B. durch die kollektive Lektüre revolutionärer, philosophischer und literarischer Texte, der Einübung von neuen Diskurs- und Verkehrsformen, der Herausbildung organischer Intellektueller, der Überwindung ökonomisch-ständischen Denkens (Dekorporierung), der Entwicklung der bürgerlichen Persönlichkeit (Individualisierung) und der Überschreitung lokaler Grenzen durch Horizonterweiterung und überregionale Zusammenschlüsse (Entstehung des Marktes), eine entscheidende Rolle. Das geschah, wenn auch nicht überall, so doch überwiegend unter Ausschluß der unteren Klassen und der Frauen. Mit anderen Worten, Lesegesellschaften waren an der Herausbildung bürgerlicher kultureller Hegemonie entscheidend beteiligt. In ihnen finden sich Frühformen bürgerlichen Diskurses. Größte Bedeutung hatten sie bei der Herausbildung der bürgerlichen Persönlichkeiten: Professoren, Bürgermeister, Kaufleute, Militärs, Parlamentarier, Schriftsteller, Kritiker erhielten hier ihre Grundausbildung. Lesegesellschaften sind also sowohl Widerstandsformen gegen die Hegemonie des Adels (revolutionstheoretisch) als auch als Orte der Herausbildung politischer, intellektueller und moralischer Autorität (staatstheoretisch) anzusehen.«

So hatte sich die »gelehrte Mainzer Lesegesellschaft« von 1782 in einer Weise politisiert, daß ihre Mitglieder in der Lage waren, beim Einmarsch der französischen Revolutionstruppen am 21. Oktober 1792 spontan einen Jakobinerklub zu bilden, dem General Custine die Regierungsgewalt übergeben konnte.

Die Revolutionären Lesegesellschaften um den Zürichsee in Wädenswil und Stäfa, 1790 entstanden, waren eine kulturelle Selbsthilfebewegung der Bürger auf dem Land gegen die Unterdrückung durch die Stadt Zürich. Die Stadtoberhäupter reagierten mit drakonischen Geld- und Gefängnisstrafen, Amtsenthebungen, ja in einem Fall mit einem Todesurteil, das in letzter Sekunde in eine Scheinexekution umgewandelt wurde. Das Herannahen französischer Revolutionstruppen machte den Lesegesellschaften aber wieder Mut: Es kam zum Sturm auf Zürich und am 9. März 1798 zur Ausrufung der Helvetischen Republik.

Auch in Deutschland unterlagen die Lesegesellschaften vor allem seit dem Ausbruch der Französischen Revolution vielfach einer verschärften Zensur und repressiven Kontrollen. Schon seit Beginn der 1780er-Jahre waren die Obrigkeiten durch das große gesellschaftlichen Interesse am politischen Geschehen in Nordamerika, Frankreich und England alarmiert. Die wachsende Furcht vor Verschwörungen, umstürzlerischen Geheimgesellschaften wie den Illuminaten, der seit 1776 verbotenen Jesuiten oder der als Lesegesellschaft getarnten »Deutschen Union« von Karl Friedrich Bahrdt in Halle (siehe die 2. Anmerkung Seite 38) verschärfte die Observationen. 1791 wurde auf Betreiben von Johann Christoph von Wöllner in Berlin die von ihm geleitete »Immediat-Examinations-Kommission« ins Leben gerufen, deren Aufmerksamkeit sich seit Ende 1796 auf die Lesegesellschaften richtete. Die Zahl der »beinahe täglich« zunehmenden »Leseinstitute und Lesegesellschaften« sei nicht nur für die »selbst in den niederen Klassen« um sich greifende »Lesesucht« verantwortlich, sondern vor allem auch an der Verbreitung alle Religion und Religiosität untergrabenden Schriften. Da König Friedrich Wilhelm II. im November 1797 starb, kam es nicht zu einschränkenden Maßnahmen gegen die Lesegesellschaften. Unter seinem Nachfolger wurde allerdings auch nicht der Vorschlag durchgesetzt, die Bildung breiter Schichten der Bevölkerung durch die Einrichtung öffentlicher, »unter der Direktion des Staats« stehender Lesegesellschaften zu befördern. Kultusminister Julius von Massow befürchtete grundsätzliche Gefahren für Staat und Gesellschaft: »Die Lesegesellschaften verbreiten zwar, da sie bei der itzigen Lesesucht in großen und kleinen Städten so wie auch auf dem Lande sehr häufig im Gange sind, manche nützliche Kenntnisse in ihrem Publikum, sie verderben aber auch durch schlechte und zum Theil schädliche Bücher vielleicht viel mehr als sie gut machen [...] der Samen zum politischen und moralischen Verderben dieser Klasse, zur Unzufriedenheit mit der Regierung etc. ausgestreut werde, und giftige, die Ruhe und das moralische Glük des gemeinen Mannes und der ganzen bürgerlichen Gesellschaft verzehrende Früchte trage.« (Julius von Massow: Ideen zur Verbesserung des öffentlichen Schul- und Erziehungswesens... In: Annalen des preußischen Schul- und Kirchenwesens, Heft 1–3, Berlin 1800, hier S. 133, 135, 140f.)

Das führte zur Zerschlagung einiger Lesegesellschaften als Institutionen durch Verbot oder Entzug der ökonomischen Basis, Infiltrierung durch Spitzel oder Zensur der Inhalte. So mußten die Lesegesellschaften den Ankauf von Büchern von einem staatlichen Zensor genehmigen lassen. Oder es wurden verbotene aufrührerische Schriften nur in Lesekabinetten der Gebildeten und Honoratioren erlaubt.

In Berlin gab es lange kein öffentliches Haus für jedermann, in dem Zeitungen und Journale ausgelegt waren. Die königliche Bibliothek, reichlich ausgestattet, war nur den Professoren der Universität und hohen Regierungsbeamten zugänglich. Um 1830 verfügte noch die Börsenhalle über ein großes Angebot von deutschen, englischen, französischen und italienischen Zeitschriften und politischen Blättern. »Die Journal-Cirkel der Maurerschen Buchhandlung und des Herrn Farnbach tragen das Meiste zur Verbreitung der periodischen Literatur bei, und ihrer Thätigkeit ist es gelungen, die Blätter und Hefte in die Hände fast jedes Gebildeten zu bringen. Man findet hier selten eine Restauration oder Weinstube, in der nicht die belletristischen und politischen Tagesneuigkeiten heftweise, freilich etwas veraltet, ausliegen und von den Lesern aller Classen verschlungen werden. [...] Bei dieser Lesewuth und diesem Mangel an Instituten, welche die Waare gleich vorlegen, wie sie von der Post kommt, gewinnen die Conditoreien eine weit eigenthümlichere und höhere Bedeutung als irgendwo. Sie restauriren weniger den Magen als den Geist und sind ihrer Journale und ausländischen Zeitungen halber zu bestimmten Tagesstunden der Vereinigungsort von Literaten und Gelehrten. Kommt man in einen solchen Laden [etwa die »Rote Stube« in der Konditorei Stehely am Gendarmenmarkt], so findet man keine lustige Caffeehaus-, sondern eine ernste

Akademie-Physiognomie und das Getränk verdampft unbeachtet auf dem Tische, indessen die großen Folioblätter ihre riesigen Columnen vor dem Leser ausbreiten.« (Joël Jacob: Bilder und Zustände aus Berlin. Leipzig 1833, Band 2, S. 171–194)

Neben den beiden Mittwochsgesellschaften (s. Anm. zu den S. 44 u. 47), dem Montags-Club (s. Anm. zu S. 60) und dem Dienstagskränzchen (s. Anm. zu S. 193) waren in Berlin insbesondere diese Lesegesellschaften von Bedeutung: *Martinische Journal- und Lesegesellschaft:* Seit etwa 1777 existierte im Curtischen Haus am Hackeschen Markt diese von D. Martini gegründete Gesellschaft, eine Kombination aus Leihbibliothek und Buchklub. Als Martini 1789 starb, hat seine Witwe am 15. Dezember 1789 diesen Bericht in die Zeitung gesetzt: Die Leihbibliothek »besteht [...] aus zwey Classen. In der ersten, welche die Journale enthält, circuliren folgende gelehrte Zeitungen: allgemeine Litteraturzeitung, Göttinger, Gothaer, Hallische, Erfurter, Frankfurter, Greifswalder und Nürnberger gelehrte Zeitungen; – ferner folgende gelehrte Journale; die allgemeine deutsche, Döderleins theologische, Beckmanns physikalische, imgleichen die Bibliothek der schönen Wissenschaften – endlich – nachstehende periodische Schriften: Die berlinische Monatsschrift; Schlözers Staatsanzeigen; Journal von und für Teutschland; der deutsche Merkur; Wekhrlins hyperboreeische Briefe, u. das hannöverische Magazin, in allem acht gelehrte Zeitungen, vier wissenschaftliche Journale, und sechs periodische Schriften, die zusammen genommen von alle dem, was im Gebiet der Wissenschaften, der menschliche Geist, in unsern und in den übrigen Weltheilen neues und nützliches hervorbringt, nicht nur eine vollständige Uebersicht gewähren, sondern auch, indem sie, ihrer Mannigfaltigkeit nach, von verschiedenen Gesichtspunkten ausgehen, für Einseitigkeit des Urtheils bewahren. Zu der zweiten Classe, welche die eigentliche Lesegesellschaft ausmacht, gehört alles, was zur angenehmen und nützlich unterhaltenden Lektüre gerechnet werden kann, nemlich, außer einiger hierher zu rechnenden Journalen, als dem Mode-Journal, und der Litteratur- und Völkerkunde, gute Romane, Schauspiele, Reisebeschreibungen, und gemeinnützige Abhandlungen über philosophische Materien. Die Auswahl für diese zweite Classe erfolgt von Messe zu Messe, nach dem Rath mehrerer würdigen Gelehrten und Geschäftsmänner, [...] Ein eigen dafür besoldeter Bote bringt und hohlt, den Mitgliedern beider Classen die ihnen zukommenden Journale und Lesebücher, an bestimmten Tagen; ein Mitglied der Journalgesellschaft erhält nehmlich alle drei Tage eine Lieferung von drei bis vier der dahin gehörigen vorgenannten Journale, und ein Mitglied der zweiten Classe bekommt allemahl den neunten Tag eine Sendung von 2, 3 oder 4 neuen Büchern, hiernächst steht es jedem Mitgliede frei, sich auch außer den circulirenden neuen Büchern, aus meinem Vorrathe, [...] durch den Bothen fordern zu lassen, was ihm beliebt. [...] füge ich hier nur noch hinzu, daß der Preiß auf das Billigste festgesetzt ist, indem er, selbst wenn man sich für die beiden Classen abonnirt, nicht mehr beträgt, als die allgemeine Litteraturzeitung nur allein kostet!« Die Zahlen sind von großem Aufschluß über das Lektüreverhalten: vier neue Bücher in neun Tagen bedeutet ein Angebot von 160 neuen Büchern im Jahr! Nach zwölf Jahren dürfte der Bestand der Martinischen Lesegesellschaft rund 2000 Bücher umfaßt haben. (Berlinische Nachrichten Von Staats- und gelehrten Sachen. Sonnabends, den 19. Dezember 1789, No. 152, S. 1105) S. 2. Anm. zu S. 19.

Donnerstagskränzchen: Diese literarische Gesellschaft wurde am 27. Mai 1765 von den Theologen Sack, Spalding und Dietrich gegründet. Die Zahl der

Mitglieder war auf zwölf beschränkt. Zum 25. Gründungsjubiläum 1790 werden als Mitglieder genannt: Dietrich, Teller, Dankelmann, Beyer, Worner, Struensee, Maltitz, Zöllner, Nicolai, Langhans, Mauschwitz – also hohe Staatsbeamte, ein General, die bekanntesten Berliner Theologen, der unerschrockene Aufklärer neben dem berühmten Erbauer des Brandenburger Tores. Frauen waren prinzipiell ausgeschlossen, aber sie »belebten den Glanz des festlichen Tages« der Vierteljahrhundertfeier. Gäste dagegen waren zugelassen, genannt werden Träger berühmter Namen: der Philosoph Garve aus Breslau, der Jurist Lamprecht, der Gelehrte Oelrichs, der Astronom Bode, der Bibliothekar Biester und der Schulmann Gedike. Während der Zusammenkünfte wurde gemeinschaftlich ein einfaches Mahl eingenommen, dem sich eine gesellige Unterhaltung anschloß, bei der »des Nikotischen Krauts Weihrauch« nicht fehlen durfte. (Berlin im Jahre 1786. Schilderungen von Zeitgenossen. Leipzig 1886, S. 146ff.; S. K. [Samuel Gotthelf Küster]: Der Freundesbund. Berlin 1790; Ludwig Geiger: Berliner Donnerstagsgesellschaften vor hundert Jahren. In: Vossische Zeitung vom 31. Juli 1890, Sonntagsbeilage)

Gesellschaft der Freunde: Jüdischer Hilfsverein, gegründet am 27. Januar 1792. Die Gesellschaft war zunächst eine Organisation aufklärerischer Junggesellen des Berliner Judentums, die sich aktiv in tagespolitische Auseinandersetzungen, beispielsweise um die »frühe Beerdigung«, einmischte. Angeleitet wurde sie von angesehenen und wirtschaftlich erfolgreichen Persönlichkeiten. Ihren Sitz hatte sie zu jener Zeit auf einem eigenen Grundstück im Berliner Stadtzentrum, Neue Friedrichstraße 35, in der Nähe des heutigen Alexanderplatzes. Um 1820 wandelte sich die Gesellschaft: Sie wurde zum kulturellen Zentrum der jüdischen Gemeinde und zum wichtigsten Verein des Berliner Judentums. Ab 1880 zog der Verein sich allerdings aus der Öffentlichkeit zurück – bis zum Verbot durch die Nationalsozialisten am 25. November 1935. (vgl. Ludwig Lesser: Chronik der Freunde in Berlin. Berlin 1842; Die Gesellschaft der Freunde in Berlin. In: Der Orient. Berichte, Studien und Kritiken für die jüdische Geschichte und Literatur. s.l. 1884, Band 2, S. 13–16; Hermann Boschwitz: Rückblick auf die hundertjährige Geschichte der Gesellschaft der Freunde zu Berlin. Berlin 1892; Sebastian Panwitz: Die Gesellschaft der Freunde (1792–1935). Berliner Juden zwischen Aufklärung und Hochfinanz. Hildesheim 2007; www.gesellschaftderfreunde.de)

Donnerstagskränzchen: Eine private literarische Donnerstagsgesellschaft wurde von Theodor Heinrich August Bode gegründet. Hier waren Damen und Herren zugelassen, es wurde gelesen und Theater gespielt, teilweise mit Musik. Bode verließ Berlin im Jahre 1800. Die von ihm geschriebenen »Spiele für einen fröhlichen Zirkel« erschienen 1804 unter dem Titel »Burlesken« (Leipzig 1804).

Die Gesetzlose Gesellschaft: gegründet 1806, nachdem 1809 eine weitere Gesellschaft unter demselben Namen gegründet wurde, nannte sie sich »Gesetzlose No. 1«, ab 1826 »Die Zwanglose«. Als patriotische Gesellschaft bestand sie bis ins 20. Jahrhundert hinein. (Ernst Soehlke: Die Zwanglose von 1806 bis 1906. Berlin 1906)

Die Gesetzlose Gesellschaft, auch: Die Gesetzlosen: Gegründet von dem Prinzenerzieher und Bibliothekar Philipp Buttmann, Vorsitzender war von 1829 bis 1834 Friedrich Schleiermacher. Namhafte Mitglieder waren Wilhelm von Humboldt, Niebuhr, Savigny, Achim von Arnim, Schinkel, Tieck, Zelter. Bis in die zweite Hälfte des 19. Jahrhunderts waren auffallend viele Professoren der Universität Mitglied der Gesellschaft, aber auch höhere Ministerialbeamte, Diplomaten, Offiziere. (Ph. Buttmann und die Gesetzlosen. Berlin 1834; Die Gesetzlose Gesellschaft zu Berlin. Festschrift zum 100jährigen Bestehen (1809–1909). Berlin 1909)

Die beiden Gesetzlosen Gesellschaften standen in keinerlei Verbindung, obwohl einige Mitglieder wie Zelter, Nicolovius, Staegemann, Savigny beiden angehörten. Das war möglich, weil beide Gesellschaften in unterschiedlichem Turnus alle 14 Tage ihre Mahlzeiten an einem Samstag hielten.

Christlich-deutsche Tischgesellschaft: Am 18. Januar 1811, dem Krönungstag der preußischen Monarchie gegründet von Heinrich von Kleist und Adam Müller: »Das weiseste der Gesetze bestimmt, daß jeder lederne Philister ausgeschlossen ist ... Gesang ist willkommen, Frauen können nicht zugelassen werden.« Das fröhliche Zusammentreffen zum Mittagessen fand alle vierzehn Tage dienstags beim Wirt des Casinos statt. Mitglieder waren Ludwig Achim von Arnim, Fichte, Reichardt, Clemens Brentano, Savigny sowie zahlreiche Universitätsprofessoren, Vertreter des hohen Adels und der Verwaltung. (Reinhold Steig: Heinrich von Kleist's Berliner Kämpfe. Berlin 1901, S. 21–27)

(vgl. Klaus Gerteis: Bildung und Revolution. Die deutschen Lesegesellschaften am Ende des 18. Jahrhunderts. In: Archiv für Kulturgeschichte 53, 1971, S. 127–139; Marlis Prüsener: Lesegesellschaften im 18. Jahrhundert. Ein Beitrag zur Lesergeschichte. In: Börsenblatt für den deutschen Buchhandel 28, 1972, S. 189–301; Barney M. Milstein: Eight Eighteenth-Century Reading Societies. Frankfurt am Main 1972; Otto Dann (Hg.): Lesegesellschaften und bürgerliche Emanzipation. Ein europäischer Vergleich. München 1981; Robert Galitz: Literarische Basisöffentlichkeit als politische Kraft. Lesegesellschaften des 17ten bis 19ten Jahrhunderts unter besonderer Berücksichtigung des 18ten Jahrhunderts. Frankfurt am Main, Bern, New York 1986; Uwe Puschner: Lesegesellschaften. In: Kommunikation und Medien in Preußen vom 16. bis zum 19. Jahrhundert. Herausgegeben von Bernd Södemann. Stuttgart 2002, S. 193–206)

44 *Er sagte dem Dichter davon:* In seinem umfangreichen Briefwechsel mit Goethe erwähnt Zelter Henriette Herz nur am 18. Dezember 1802: »[...] Von Ihren ungedruckten Gedichten habe ich bis jetzt keins aus Händen gelassen. ›Des Schäfers Klage‹ habe ich nicht von Ihnen, und da mich die Frau Hofrätin Herz um meine Komposition bat und das Gedicht schon hätte, habe ich ihr solche gern gegeben [...]«

Goethe ... nach Jahren in Dresden sah: Henriette Herz begegnete Goethe persönlich Ende April 1810 in Dresden. S. S. 114–116

Zweite Tochter Mendelssohns: Henriette Mendelssohn.

Eine der frühesten Lesegesellschaft: Es handelt sich um die sogenannte »Mittwochsgesellschaft« oder auch als »gelehrte Gesellschaft« bezeichnete Vereinigung, die 1783 ins Leben gerufen wurde (Undatierter Brief Biesters an Moses Mendelssohn aus dem Jahre 1783). Die Gesellschaft existierte bis 1798. Friedrich Nicolai in »Ueber meine gelehrte Bildung« (Berlin, Stettin 1799, S. 64–67): »[...] Denn derselbe [Aufsatz über Kants Moralprinzipien] ward im J. 1795 in der [...] erwähnten Privatgesellschaft von Freunden der Gelehrsamkeit vorgelesen, die seit dem J. 1783 in Berlin bestand, und erst vor weniger Zeit aufhörte, weil verschiedene Mitglieder starben, und andere ihrer Geschäftslage wegen ihr nicht beywohnen konnten. Sie bestand aus Männern, deren Namen, öffentlich genannt, allein schon das Lob derselben ausmachen würden. Aber diese Gesellschaft verlangte nicht öffentlich bekannt zu seyn; denn die Mitglieder hatten bloß eine vernünftige Unterhaltung über interessante und besonders wissenschaftliche Gegenstände zu Zwecke, um durch freundschaftliche Gedankenwechsel sich wechselseitig den Geist aufzuklären und dadurch Begriffe mancher Art sich selbst deutlicher zu machen und einer unpartheyischen Prüfung zu unterwerfen. Die Gesellschaft versammelte sich zweymal im Monate. Es wurde bey jeder Zusammenkunft entweder ein eigener Aufsatz oder auch eine interessante Stelle aus irgend einem Buche vorgelesen, in der Absicht darüber zu sprechen. Jeder sagte seine Meinung und der Disput ward oft sehr lebhaft; hernach setzte auch jeder seine Meinung schriftlich auf, und der Inhalt der verschiedenen Bemerkungen ward, wenn der Umlauf geendigt war, von dem Verfasser der Gesellschaft vorgetragen. Nie aber ward weder ein Resultat gezogen, noch irgend ein Beschluß von irgend einer Art gemacht, sondern die Absicht war bloß zu einer interessanten Unterhaltung zwey oder drey Stunden lang Gelegenheit zu geben, und solche Materien, welche denkenden Köpfen wichtig sind, durch die Gegeneinanderstellung verschiedener Meinungen, deutlicher zu denken und von allen Seiten zu betrachten. In dieser Gesellschaft befanden sich mehrere scharfsinnige Köpfe, die mit Eifer der kritischen Philosophie zugethan, und andere welche von derselben nicht überzeugt sind. Es war also natürlich, daß sehr häufig Materien aus der kritischen Philosophie vorkamen, wovon das Dafür und Dawider umständlich und zuweilen eben derselbe Gegenstand mehrmal in verschiedenen Aufsätzen auf verschiedene Art abgehandelt ward. Alle Mitglieder waren ächte Wahrheitsfreunde; daher ging die Bemühung eines jeden dahin, dasjenige was er für Wahrheit hielt, nicht durch Machtsprüche oder Berufung auf die Stimme des Innern sondern durch Gründe geltend zu machen. Jeder suchte dem andern verständlich zu werden; daher haben die Kantianer in dieser Gesellschaft den darin befindlichen Gegnern der kritischen Philosophie, mich selbst nicht ausgenommen, niemals vorgeworfen, sie verständen dieselbe nicht. Denn, diese Männer suchten sich bestimmt und deutlich auszudrücken und mit Gründen zu streiten. Sie gaben gar nicht vor, einen ursprünglichen Verstand zu besitzen, der von dem Verstande aller andern Sterblichen so unterschieden wäre, daß diese allen ihren vorigen aus ihrer Vernunft gezogenen Grundsätzen entsagen müssten, um den kritischen Verstand zu verstehen. Eben so wenig beriefen sie sich, wenn es auf Auseinandersetzung und Anwendung moralischer Grundsätze ankam, bloß auf ein ursprünglich moralisches Bewußtseyn. Jeder sagte seine Gründe, und wenn einer den andern nicht überzeugen konnte, so hatte dies keinen Einfluß auf die Gesinnungen; denn nicht Rechthaberey, sondern Wahrheitsliebe war der Geist dieser Gesellschaft. Daher hat sich während der vierzehnjährigen Dauer derselben, ungeachtet des öftern lebhaften Disputirens und ungeachtet der oftmaligen höchsten Verschiedenheit der Meinungen, nie das geringste Missverständnis noch weniger Missvergnügen gefunden. [...]«

45 *die damals noch neue Menuet à la Reine:* Richtig »menuet de la reine«, ein für Marie Antoinette choreographierter barocker Gesellschaftstanz, eines von etwa hundert verschiedenen Menuetts.

46 *ein sogenanntes »Teekränzchen«:* vermutlich die Dienstagsgesellschaft. S. Anm. zu S. 193.

47 *Mittwochs-Gesellschaft:* geselliger Zirkel in Berlin, der einmal wöchentlich (Mittwoch) zusammentraf, um über wichtige Fragen der Politik, Wissenschaft und Kunst zu sprechen. Die Mitglieder waren Intellektuelle, die im Dienst von Staat oder Kirche standen. Sie wurde Ende 1796 als Antwort auf die Schwächung der Montags-Gesellschaft (s. die Anm. zu S. 60) von dem ehemaligen Mönch Ignaz Aurelius Feßler gegründet. Die Gesellschaft, die sich gern nach der Humanität nannte, kannte keine konfessionellen Unterschiede. Es waren 50 Mitglieder zugelassen, Marcus Herz, Schadow, der Physiker Fischer

und der Schauspieler Fleck lasen hier, Friedrich Schlegel und Friedrich Schleiermacher trafen hier erstmals zusammen, bei Herz freundeten sie sich dann an. Nach Feßlers Weggang von Berlin im Jahre 1802 wurde sie auch »Feßlersche Lesegesellschaft« genannt. Johann Daniel Sander am 24. Dezember 1796 an Carl August Böttiger: »Im September entwarf Feßler, mit Bartholdi, einem hiesigen jüngeren Schulmann u. einem guten Kopf, gemeinschaftlich den Plan zu einer [...] Art von litterarischen Gesellschaft. [...] Sie kommt Mittwochs zusammen, u. ist wechselweise gesetzlich u. gesetzfrei. An den gesetzlichen Tagen liest dieser oder jener etwas Eigenes vor, bald einen historischen, einen ästhetischen, einen moralphilosophischen, artistischen Aufsatz, u.s.w. (Politik u. Theologie sind durch einen stillschweigenden Vertrag aus diesen gesetzlichen Zusammenkünften verbannt). Alles soll populär vorgetragen seyn, weil auch Frauenzimmer u. männliche Dilettanten in der Gesellschaft sind. Bis jetzt behält den Preis Marcus Herz mit seinen physikalischen Vorlesungen, die er regelmäßig alle 14 Tage hält, u. die er Theils durch seinen Vortrag, Theils durch Experimente so anziehend macht, daß Alle, besonders die Weiber und Mädchen, rings um ihn her stehen u. jedes Wort von ihm auffangen. An den gesetzfreien Tagen kommt man (wie an den andern) um 5 Uhr zusammen, u. unterhält sich bis nach 8, oder gegen 9 Uhr bald mit Musik (es ist ein Fortepiano da, das Zelter oder eine Dame spielt; auch haben wir ein Paar gute Sängerinnen, Madame Zelter, gewesene Mlle. Pappritz, denen Göcking einmal in einer Epistel über Faschs Sing-Akademie in der Berl. Monathsschrift erwähnte – u. ihre Schwester, Madame Voitus, Wittwe des großen Wundarztes, ferner Mlle. Berger, Tochter des Kupferstechers) [...] bald mit Lesen eines Schauspiels, dessen Rollen vertheilt werden, bald mit Gesprächen in verschiedenen Gruppen. Gelesen hat man bis jetzt Emilia Galotti, Nathan den Weisen; deklamirt u. am Forte-Piano gespielt: Ariadne u. Medea von Benda. [...] ich will Ihnen nennen, so viele mir jetzt einfallen. *Frauenzimmer*: Madame Levi u. M. Wolf, zwei verständige und artige Töchter des alten Juden Itzig, an denen man aber die Jüdinnen so wenig merkt, wie an Mad. Herz, einer Frau mit einem *schönen* Kopfe, auf einem unförmlichen Rumpfe; 4) Fräulein von Irwing; 5) Frau von Warkatz, geb. von Bosse, ein artiges, verständiges Weib, Wittwe eines Majors; 6) Mad. Voitus mit zwei Töchtern; 7) Mad. Zelter; 8) Madlle. Berger; 9) Mad. Feßler; 10) Mad. Schadow; 11) Oberbauräthin Becherer (beide nicht vielbedeutend); 11) [sic!] meine Frau. *Mannspersonen.* v. Irwing, Direktor; ein Referend. von Waltershausen, Sekretär; ein Rendant, Herr Fürstenberg.

Gelehrte: Feßler, Hirt, Rambach, Bartholdi, Euchel, Friedländer, Herz.

Künstler: Schadow, Frisch, Berger, Zelter.

Geschäftsleute: Oberbaurath Becherer, Geh. Oberbergrath Rosenstiel, Kriegsrath Spener, Referendarien Herr von Bassewitz, Hr. von Schwerin, Geh. Rath u. Oberauditeur Cavan, Geh. Tribunalsrath Meyer – Oberstlieutenant von Beulwitz. [...]. (vgl. Ignaz Aurelius Feßler: Rückblicke auf seine 70jährige Pilgerschaft. Breslau 1824, S. 279ff.)

Von Hitzig und Alexis durch eine öffentliche Aufforderung in der »Spenerschen Zeitung« am 24. Oktober 1824 als literarische Mittwochsgesellschaft wiederbelebt. Zum festen Kern gehörten Chamisso, Neumann, Fouqué, Grillparzer, Streckfuß, Raupach, Holtei, Häring, Simrock, Gaudy, Kopisch, Kugler und andere. (vgl. Karl von Holtei: Vierzig Jahre. Berlin 1844, Band 4, S. 139–145; 1846, Band 5, S. 18–26, 225–228, 341–342; 1846, Band 6, S. 19–20 / Friedrich Wilhelm Gubitz: Erlebnisse. Berlin 1868–1869, 3 Bände / siehe auch: Bilder aus Romantik und Biedermeier. Erlebnisse. Herausgegeben von Paul Friedrich,

Berlin 1922, S. 469–489)

Franz Grillparzer hält für den Sommer 1827 fest: »Ich glaube, es war auch Fouqué, der mich in die literarische Mittwochsgesellschaft einführte. Die Versammlung war nicht zahlreich, da der schönen Jahreszeit wegen die meisten sich von Berlin abwesend befanden. Ich lernte da Varnhagen und Chamisso kennen, der mir, bis auf seine langen Haare, sehr wohl gefiel.« (Selbstbiographie. Frankfurt am Main, Berlin 1908, S. 144)

Nach Neugründungen 1863 und 1884 ist die von 1932 bis 1944 existierende Mittwochsgesellschaft hervorzuheben – ein Gelehrtenzirkel im Widerstand gegen das Hitler-Regime.

(vgl. Die Mittwochsgesellschaft. Protokolle aus dem geistigen Deutschland 1932–1944. Herausgegeben von Klaus Scholder, Berlin 1982)

(vgl. Ernst Haberkern: Limitierte Aufklärung. Die protestantische Spätaufklärung in Preußen am Beispiel der Berliner Mittwochsgesellschaft. Marburg/Lahn 2005)

im Englischen Hause: Eines der vornehmsten und bekanntesten Berliner Restaurants und Gesellschaftshäuser in der Mohrenstraße 48.

49 *Kothurn:* Ursprünglich ein dicksohliger, mit Riemen zu schnürender Jagdstiefel (griech. Kothornos, lat cothurnus). Seit Aischylos Fußbekleidung der Schauspieler in der griechischen Tragödie, damit sie eine über das gewöhnliche Maß hinausgehende, dem würdigen Gegenstand angemessene Größe hatten. Der Kothurn war Symbol der Tragödie und ihres hohen Ranges und bezeichnete auch die Tragödie selbst und ihren erhabenen Stil.

50 *Morgenstunden:* Moses Mendelssohns philosophisches Hauptwerk »Morgenstunden oder Vorlesungen über das Daseyn Gottes« erschien 1785 in Berlin.

51 *nun aber kam Friedrich Schlegel nach Berlin:* Im Juni 1797.

von Reichardt zugewiesen: Die Familie Reichardt war mit Herz gut bekannt, obwohl darüber nur wenig überliefert ist, außer in einem Brief Börnes an Henriette Herz aus Halle vom 13. November 1804. Als Reichardts 1806 wieder nach Berlin zogen, schrieb Schleiermacher an Henriette Herz: »Möchtest Du nur recht viel mit Reichardts sein können, die sich so außerordentlich mit Dir freuen.«

52 *ihr Vater war längst tot:* Moses Mendelssohn war 1786 gestorben.

Ziegelstraße: Nach der Trennung von Veit bewohnte Dorothea Veit eine kleine Wohnung in der Ziegelstraße, die damals durch ein noch weitgehend unbebautes Gartengrundstück in der Spandauer Vorstadt nördlich der Spree führte.

53 *Übersetzung des Platon:* Friedrich Schlegel und Friedrich Schleiermacher hatten gemeinsam die Übersetzung des griechischen Philosophen begonnen. Die erste öffentliche Ankündigung findet sich in Tiecks »Poetischem Journal« (1. Band, 1800, 2. Stück, S. 493–494). Das Unternehmen endete 1802, als Schlegel nach Paris ging und Schleiermacher nach Stolpe, wo er die fünfbändige Platon-Übersetzung allein beendete. S. die S. 81–82, 323, 333–334, 336–337, 346–347, 350.

die »Lucinde« erschien: Der Künstlerroman »Lucinde« entstand zwischen Ende Oktober 1798 und Ende Januar 1799, also in der Zeit der Trennung und Scheidung Dorothea Veits von ihrem Mann. Am 2. Oktober 1798 teilte Friedrich Schlegel Novalis mit, er arbeite an einem »leichtfertigen Roman *Lucinde* leicht zu verfertigen«. Am 19. Januar 1799 kündigte die »Allgemeine Litteratur-Zeitung« den Roman für die Leipziger Ostermesse an. Anfang Februar schickte

Friedrich einen ersten Teil an seinen Bruder August Wilhelm und dessen Frau Caroline nach Jena. Henriette Mendelssohn saß derweil an einer Abschrift: »Denken Sie nur ich bin jetzt beschäftigt *einen Roman von Friedrich Schlegel* für den Druck abzuschreiben, er heißt Lucinde und ist ein gar wunderlich wunderbares Erzeugnis« (an Gustav von Brinckmann am 5. Februar 1799). Das Manuskript bzw. Abschriften kursierten im Freundeskreis. Wegen der Verfasserfrage teilte Friedrich seinem Bruder August Wilhelm am 29. Januar 1799 mit: »Die Levy meint, ich soll mich auf dem Titel nicht nennen, übrigens aber nicht schonen. Das lässt sich hören, besonders das lezte.« Obwohl der Roman anonym erschien, war bereits vor Erscheinen nicht unbekannt, daß Friedrich Schlegel der Verfasser war. Schon am 19. Februar 1799 schrieb Garlieb Merkel an Carl August Böttiger: »Schlegel steht hier in einer leichtsinnigen Ehe, wie er's nun mit einer Jüdin, Mdme. Veit die sich von ihrem Manne um Schls willen geschieden hat. Gott segne ihn: Seine Schöne ist hässlich wie eine Nachteule. Er schreibt einen Roman, Lucinde, der Ostern erscheint [...]« Und so las nicht nur Merkel das Buch als Schlüsselroman des Verhältnisses von Dorothea Veit und Friedrich Schlegel, das seinerzeit über Berlin hinaus Gesprächsthema war. Merkel an Böttiger am 9. Juni 1799: »Mit einem warmen Dank schicke ich Ihnen die Lucinde zurück. Ich habe sie nicht ganz lesen können; die merkwürdigsten Stellen aber die ich beim Durchblättern der ersten Hälfte fand, habe ich auf dem Deckelblatte angezeichnet. Manche die mir in den Aushängebogen auffielen, glaube ich zu verreißen. Vermutlich wurden Cartons gemacht, aber auch so ist das Buch eine unerschöpfliche Fundgrube von Unsinn. Anmerkungen habe ich nicht machen können, denn es verlohnt sich nicht der Mühe und – was läßt sich auch zu dem Zeuge sagen? True nonsense puzzles more than wit. Schlegel wollte offenbar [Jean Paul Friedrich] Richter und [Wilhelm] Heinse verbinden. Er nahm von jenem das Geschmacklose und Überspannte, von diesem das Schmutzige und – wird durch das schöne Produkt die Meinung nicht widerlegen, die man sich in Berlin ins Ohr raunt: er sey dem Wahnsinn nahe. Sein Verhältnis zu der bucklichen, schielenden, rothaarigen Jüdin Veit kennen Sie. Es gibt ein ganz eigenes Interesse, sich diese Fer Magotium in alle die schlüpfrigen Situationen zu denken, die er so con amore malt. Ich konnte mich gar nicht von der Erinnerung der Liebesgeschichte zwischen der Pagoden-Königin und dem Marionetten-Prinzen aus dem Feen-Märchen losmachen.«

Diese »Bekenntnisse eines Ungeschickten« namens Julius, die damals einen Skandal ausgelöst haben, werden heute als das Grundbuch der romantischen Liebesphilosophie gelesen, in dem die Freiheit der Liebe erklärt wird. Mit glühenden Ohren las man da: »wie leuchtet die Hüfte rot im Feuer des Kamins [...]« Als besonders skandalös wurde empfunden, daß der Frau eine aktive, besitzergreifende Rolle im Liebesspiel zugestanden wurde. Und das bedeutete auch in der preußischen Metropole, der Hochburg der deutschen Aufklärung, derart viel, daß Friedrich Nicolai sich höchstpersönlich im November 1799 mit seiner Schmähschrift »Vertraute Briefe von Adelheid B** an ihre Freundin Juli S**« an der Diskussion beteiligte, die sich unübersehbar tendenziös gegen die Romantiker richtete. Er zieht, wie auch Kotzebue mit seinem »Hyperboreischen Esel« (S. die Anm. zu S. 477), durch ausgewählte Zitate aus Friedrich Schlegels Schriften, insbesondere dem »Athenäum«, dessen Ansichten ins Lächerliche. (S. die Anm. zu S. 277) Eine Sammelbesprechung ließ Nicolai in seiner »Neuen allgemeinen deutschen Bibliothek« erscheinen (1801, S. 345–356).

In einem Brief an Goethe hat Schiller sich am 9. Juli 1799 erstaunlich sachlich mit der »Lucinde« auseinandergesetzt: »Ich habe mir vor einigen Stunden durch Schlegels *Lucinde* den Kopf so taumelig gemacht, daß es mir noch nachgeht. Sie müssen dieses *Pruduct* wundershalber doch ansehen. Es *characterisiert* seinen Mann, so wie alles Darstellende, beßer als alles was er sonst von sich gegeben, nur daß es ihn mehr ins frazenhafte mahlt. Auch hier ist das ewig formlose und fragmentarische, und eine höchst seltsame Paarung des *Nebulistischen* mit dem *Characteristischen*, die Sie nie für möglich gehalten hätten. Da er fühlt, wie schlecht er im poetischen fortkommt, so hat er sich ein Ideal seiner selbst aus der *Liebe* und dem *Witz* zusammengesetzt. Er bildet sich ein, eine heiße unendliche Liebesfähigkeit mit einem entsetzlichen Witz zu vereinigen und nachdem er sich so constituiert hat, erlaubt er sich alles, und die Frechheit erklärt er für seine Göttin. Das Werk ist übrigens nicht ganz durchzulesen, weil einem das hohle Geschwätz gar zu übel macht. Nach den Rodomontaden von Griechheit, und nach der Zeit, die Schlegel auf das Studium derselben gewendet, hätte ich gehofft, doch ein klein wenig an die Simplicität und Naivetät der Alten erinnert zu werden, aber diese Schrift ist der Gipfel modernen Unform und Unnatur, man glaubt ein Gemengsel aus Woldemar [Roman von Friedrich Heinrich Jacobi], aus Sternbald [Franz Sternbalds Wanderungen. Roman von Ludwig Tieck], und aus einem frechen französischen Roman zu lesen [...]«

»Es gehört zu den Zeichen des letzten Hyper-Tollhäusischen Decennium des 18ten Jahrhunderts, daß ein solches Werkchen von jemand geschrieben, von jemand gedruckt, und von jemand gelesen werden konnte. Was wird noch aus diesem Kindlein werden?« fragte Christoph Martin Wieland.

Die Kritik überwog. Das hat den mit Schlegel eng befreundeten Friedrich Schleiermacher, damals junger Prediger in Berlin, zu der anonymen Verteidigungsschrift »Vertraute Briefe über Friedrich Schlegels Lucinde« (1801) herausgefordert – was ihn dann beinahe seine Stellung gekostet hätte. Bereits im Jahr zuvor (1800) war der aus dem Jenaer Zirkel stammende Johann Bernhard Vermehren mit »Briefe über Friedrich Schlegel's Lucinde zur richtigen Würdigung derselben« beigesprungen.

Aber selbst im engeren Freundes- und Bekanntenkreis stand man dem Buch nicht unkritisch gegenüber: »Was sagt man denn bei Ihnen zu der Lucinde? Ein Paar arge Zoten sind durch Cartons weggeschafft; aber dennoch kann M.[arcus] Herz noch immer sehr richtig das Urtheil fällen: ›der eine Theil ist eine gemeine prosaische Schweinigelei; der zweite eine poetische, u. der dritte Unsinn.‹« (Johann Daniel Sander an Carl August Böttiger, 22. Juni 1799) »Indessen nimmt sie [Henriette Herz] sie [die Lucinde] zu weltlich.« (Friedrich Schlegel an Friedrich Schleiermacher, Mitte April 1799)

Aus Hamburg schrieb Karl Gustav von Brinckmann, der erst Ende 1799 die »Lucinde« wahrgenommen hatte, an Friedrich Schleiermacher am 8. April 1800: »Die Wendung, die bei Euch das Literarische Wesen nimmt, ermuntert wahrlich nicht zur öffentlichen Unparteilichkeit.«

Johann Daniel Falks »Vertraute Briefe über Friedrich Schlegels Lucinde« in seinem »Taschenbuch für Freunde des Scherzes und der Satire« (Weimar 1801, Band 5, S. 273-306) wurden noch als harmlos empfunden. Aber die in der anonymen »Diogenes-Laterne« (Leipzig 1799, S. 365-366 und 374-376) erschienenen »Anzeigen« waren nach damaligem Recht durchaus justiziabel, weshalb Friedrich Schlegel erwogen haben soll, juristisch dagegen vorzugehen:

»Anzeigen von Büchern, welche mit der nächsten Messe gewiß im Druck erscheinen.

Briefe eines *Berlinischen Lustmädchens über Herrn Friedrich Schlegels* Roman, *Lucinde,* ein fortlaufender *physischer Commentar,* zu dieser *Metaphysik des Beyschlafs.*

Die Herausgeber nehmen auf dieses wichtige Werk Pränumerazion an: indem sie sich dadurch um teutsche Sitten und teutschen Geschmack zugleich wesentliche Verdienste zu erwerben glauben.«

»Anzeigen von Büchern, welche mit der nächsten Messe gewiß im Druck erscheinen.

Billet-doux der geschiedenen Madame Veit, jüdischer Nazion, nunmehr halbverehelichte Friedrich Schlegel,* an Herren Friedrich, Schlegel, über seinen Roman, Lucinde.

Theurer, auch mitten im Unmuth geliebtester Helle meines Herzens! Kein leichtes Nebelgewölk hat die Erscheinung deines Romans auf meiner Stirne verbreitet: wie Juno möcht'ich *zürnen,* wie *Ajax* möcht'ich *rasen*; wenn ich bedenke, wie schnöde du, in diesem Werk deines *göttlichen* Genies, unser beyder Blößen vor den schauenden Augen des ehrsamen teutschen Lesepublikums aufgedeckt! Und warlich! kein Kritiker wird uns, wie Gott der Herr dem Adam und der Eva, Röcke von Fellen machen, um unsere Blößen zu bedecken. Ists doch, als wenn du uns beyde, die schönsten Augenblicke des göttlichen Beyschlafs feyernd, und in dem Allerheiligsten der Religion der Liebe, der ganzen Welt, mit Rubenscher Grellheit und Wahrheit des Pinsels, hast vor Augen mahlen wollen.

Wahr ists! Du kennst die geheimsten Falten meines Koischen Gewandes, zu teutsch, Hemde genannt: ich bin, in so manchen holden Stunden, deine *lebennackte Spartanerin.* Aber warum dies alles dem Publikum sagen und mahlen? Warum mich dem Gespött und dem Fingerzeigen der Berliner und Berlinerinnen preis geben?

Neulich komm ich zu einer Freundin, und finde auf ihrem Lesetisch, neben deiner Lucinde, den Phädon meines Vaters aufgeschlagen. Welch eine Kränkung! wie mich das durchbohrte! Ach Geliebter! Freue dich meiner geheimsten Geheimnisse: aber schreibe davon nichts in's Publikum. u.s.w.

Anm. der Herausgeber. Dieses Billet ist, wie der Leser an den unterstrichenen Stellen sehen wird, ganz in dem gräzisirenden Kunststyl der Herren Schlegel geschrieben. So heißt z. B. auch hier »Hellene« so viel als Grieche. u.s.w. Die Aechtheit des Billets würde der Leser unbezweifelter finden, wenn es uns erlaubt wäre, die Hand zu nennen, von welcher es uns mitgetheilt worden. Aber de occultis etc.

* Madame Veit, welche Herr Friedrich Schlegel in Berlin kennen lernte, und die deshalb von ihrem bisherigen Ehemanne, nach eilfjähriger Ehe, geschieden ward. Das Gelächter über den Roman Lucinde, verbunden mit dieser Geschichte, war in Berlin allgemein.«

Die »Diogenes-Laterne« stammt aus der Feder von Daniel Jenisch, der schon 1795 im »Berlinischen Archiv der Zeit und ihres Geschmacks« unter dem Pseudonym Gottschalk Nekker eine »satirische Neujahrslitanei« veröffentlicht hatte (Band 1, 1795, S. 515–534).

Die anonyme »Diogenes-Laterne« wurde zunächst Garlieb Merkel zugeschrieben. Er war zwar ein erklärter Gegner der Romantiker, darüber aber gar nicht erbaut, wie er am 12. November 1799 an Carl August Böttiger schrieb: »…empfehlen Sie mich allen meinen Gönnern und Freunden, vorzüglich Herdern und Wieland, aber sagen Sie dem Lezteren, er habe mich tief dadurch gekränkt, daß er mir ein solches Machwerk wie Die Laterne des Diogenes zutrauen konnte. Es ist fast *gewiß*, daß Jenisch der Verfasser ist, – und mit dem verwechselt zu werden ist mir schmerzhaft. Auch hier suchte freilich die Schlegelsche Clique denselben Verdacht gegen mich zu erregen, aber sie fand so wenig Glauben, daß man sie auslachte. Überhaupt geben die wohlberühmten Herren sich alle Mühe, mich auch hier ihren Zorn spüren zu lassen, aber das macht mir nur Spaß. Ich habe keinen Angriff gegen sie drucken lassen, weil ich sie schon überall verlachen hörte; auch auf den Teufel möchte ich nicht zuschlagen, wenn ich ihn im Begriffe sehe, unterzuliegen. Dagegen hat Hr. August [Wilhelm Schlegel] eine höchst beleidigende und schimpfende Bekanntmachung gegen mich eingesandt, um sie erst circuliren und dann drucken zu lassen. Die einzige Gegenmaßregel war, daß ich selbst die Sache überall erzählte; und einen Brief an den Polizei-Präsidenten schrieb, worin ich ihn bat, den Druck zu verhindern. [Der Polizeidirektor und spätere Stadtpräsident von Berlin Friedrich Philipp] Eisenberg hat mir in äußerst verbindlichen Ausdrücken geantwortet, und das Imprimatur versagt. Das ist mir genug, und ich bin fest entschlossen, durch keinen Fingerstoß zu dem Sinken der Herren mitzuwirken, wenn sie mich nicht zur Vertheidigung zwingen: dann aber werde ich von mehreren Dingen Gebrauch machen, die ich schon liegen habe. Im Grunde braucht man nur auf dem Wege fortzugehen den [Christoph Daniel] Ebeling eingeschlagen hat. Er hat in No. 179 der neuen Hamburger Zeitung [Kaiserlich privilegirte hamburgische Neue Zeitung, Nr. 179, Freitag, den 8. November 1799] in einer Recension des Hyp. Esels demonstriert, daß die Existenz der Gebr. Schlegel bloß die Fiktion eines witzigen Kopfes sey.«

Und schon am 19. November 1799 konnte Merkel Böttiger mitteilen: »Die Schlegel haben sich durch das Pasquill allgemeine Verachtung erworben und jetzt eben ist die Polizei damit beschäftigt, den Pred. [Friedrich] Schleiermacher und den Subrektor [August Ferdinand] Bernhardi zu dociren, daß es sich für sie nicht schicke, Pasquille zu colportiren. Wenigstens sagte mir der Syndicus Koels gestern freiwillig, daß er es thun wolle.«

Friedrich Schlegel selbst hatte an einer Fortsetzung der »Lucinde« gearbeitet, wie aus Briefen Dorothea Veits und Friedrich Schlegels bekannt ist (S. die S. 286, 294, 305). Einen zweiten, unveränderten Abdruck der »Lucinde« gab es jedoch erst wieder 1848, so daß man – wie in der Fachliteratur immer wieder zu lesen ist – von einem *nachhaltigen* Einfluß auf die moderne Prosaliteratur des 19. und 20. Jahrhunderts kaum sprechen kann. Allerdings geistert der einst viel geschmähte Roman wegen seiner »Frivolität«, »schamlosen Sinnlichkeit«, »Lüsternheit« und »Enthüllungen« noch heute durch die Literaturgeschichte. Dabei ist er gar kein Erotikon, sondern sowohl in Form wie Gehalt ein durchaus moderner, im Autobiographischen verankerter Roman. Herausgegeben und »fortgesetzt« wurde diese Ausgabe von einem bislang nicht identifizierten Autor namens »Christern«. Sie enthält im ersten Teil einen Nachdruck des Schlegelschen Romans, dem sich ein »Zweites Buch« mit dem Titel »Bekenntnisse einer Ungeschickten« anschließt (Hamburg [Leipzig] 1842). Erstaunlicherweise haben Gero von Wilpert und Adolf Gühring den Titel in ihre Bibliographie »Erstausgaben deutscher Dichtung« (2. Auflage, Stuttgart 1992, S. 1341, Nr. 34) aufgenommen, obwohl dieser zweite Teil nachweislich nicht von Friedrich Schlegel stammt. (vgl. Hans Eichner: Lucinde. In: Kritische Friedrich-Schlegel-Werkausgabe. München 1962, Band 5, S. XVII–LXIX; Cornelia Holz-Steinmeier: Friedrich Schlegels »Lucinde« als »neue Mythologie«. Frankfurt am Main u.a. 1985) (s. Briefe S. 269ff sowie Anm. zu S. 287)

54 *der Gattin des hiesigen Predigers Grunow:* Eleonore Grunow war un-

glücklich mit einem Kollegen Schleiermachers verheiratet, dem Prediger an der Neuen Kirche W. C. H. Grunow. Schleiermacher wandte sich ihr seit 1801 zu, sie erwiderte seine Neigung, hielt jedoch den Entschluß, sich von ihrem Mann zu trennen, nicht durch. Anfang März 1803 bat sie Schleiermacher, ihr nicht mehr zu schreiben, und zog zurück zu ihrem Mann.

55 *im Jahre 1811 in Wien:* Caroline von Humboldt an Karl August Varnhagen von Ense, Wien, den 24. Junius 1811: »... Von Madame Herz, die seit mehr wie 14 Tagen hier ist, ...«

57 *»Briefe, die Neueste Litteratur betreffend«* (1759/65) und die *»Allgemeine Deutsche Bibliothek«* (1765–1805): Hauptorgane der Aufklärung.
Richard der Dritte«: S. die 2. Anm. zu S. 12.

58 *Shakespeare ... Die Übersetzungen der Dramen ..., welche man vor Schlegel besaß:* Die Schlegel-Tieckschen Übersetzungen erschienen zwischen 1797 und 1833. Davor kannte man auf Deutsch nur ausgewählte Übersetzungen und Bearbeitungen von Caspar Wilhelm von Borck (1741), Simon Grynaeus (1758), Christoph Martin Wieland (1762–1766), Christian Felix Weiße (1767), Jakob Michael Reinhold Lenz (1774), Johann Joachim Eschenburg (1775–1777; 1782), Friedrich Ludwig Schröder (1776) und Gottfried August Bürger (1777–1783).
... welche der Liebesschwärmerei der jugendlichen Mädchenherzen süße Kost bot: etwa die sentimentalen Romane von Samuel Richardson (»Pamela oder die belohnte Tugend« 1740; »Clarissa« 1748), Henry Fielding (»Die Geschichte Tom Jones, eines Findlings« 1749), Oliver Goldsmith (»Der Landpfarrer von Wakefield« 1766), Laurence Sterne (»Das Leben und die Ansichten Tristram Shandys« 1760–1767; »Eine sentimentale Reise durch Frankreich und Italien« 1768), Sophie von La Roche (»Geschichte des Fräuleins von Sternheim« 1771), Christian Fürchtegott Gellert (»Leben der schwedischen Gräfin von G***« 1750), Lessing (»Miss Sarah Sampson« 1755) – und natürlich Goethes »Leiden des jungen Werthers« (1774).

59 *erst dreißig bis vierzig Jahre später eine Universität:* Die Berliner Universität wurde im Jahre 1810 eröffnet.

60 *Montags-Club:* Vornehmste Berliner Gesellschaft, Hauptquartier der Berliner Aufklärer. Am 16. April 1748, einem Ostermontag, von dem damals 24jährigen schweizerischen Kandidaten der Theologie Johann Georg Schulthess (Schulteß) (1724–1804) gegründet, nach anderer Quelle im Oktober 1749 von den Schweizern Schulteß und Johann George Sulzer (1720–1779) und dem Dichter Karl Wilhelm Ramler. Erst »Lachende Gesellschaft«, »Gelehrten-Klubb«, »Die Lunarier« oder »Klubb der Unsterblichen« genannt, ab 1780 »Montagsklub«. Grundbedingung war, daß weder Kartenspiel noch Tabaksrauch geduldet wurden, nur das Schachspiel war erlaubt. Frühe Mitglieder waren Lessing und dessen Bruder Karl, Friedrich Nicolai, der Kapellmeister Johann Joachim Quantz. (vgl. Kalender des Montag Klubb's zu Berlin. Auf das Jubel-Jahr 1798. Berlin 1798; Der Montagsklub zu Berlin 1749–1899. Fest- und Gedenkschrift zu seiner 150sten Jahresfeier. Berlin 1899; Die Berliner Montags-Gesellschaft. In: Vossische Zeitung, Sonntagsbeilage Nr. 26 vom 26. Juni 1881 und Nr. 27 vom 3. Juli 1881)
Man traf sich jeden Montag abend zwischen sechs und sieben Uhr »und um 8 Uhr wird mit der Mahlzeit der Anfang gemacht«. Treffpunkt war seit 1789 das Englische Haus, eine der ersten Restaurant-Adressen Berlins. Um zehn Uhr war Schluß. Die Mitgliederzahl betrug zunächst sieben, dann 12–15 und war ab 1787 auf 24, später auf 30–33 beschränkt, Gäste waren jedoch zugelassen, unter ihnen Alexander von Humboldt, Fichte, Johannes von Müller, Forster Vater

und Sohn, Goeckingk, Garve, Chamisso, Christian Rauch, Hegel, Berzelius aus Stockholm, Gauß und »von Goethe Cammer-Rath aus Weimar 1819« [nicht der Dichter!]. Mitglieder waren u. a. Nicolai, Lessing, Wöllner, v. Gerlach, Schadow, Sulzer, Abt Teller, Biester, Gedike, v. Olfers, Ramler, Zelter, Engel, Freiherr vom und zum Stein. Moses Mendelssohn, der wohl kein Mitglied war, lernte hier Lessing kennen. (Verzeichnis sämtlicher Mitglieder im »Kalender des Montag Klubb's zu Berlin«. Auf das Jubel-Jahr 1798. Berlin 1798).

22. Oktober 1801. Abends beim Präsidenten v. *Schleinitz* im gelehrten Klub gespeist. Nicolai und Biester sind noch äußerst gegen die Kuhpocken. Hofrath Marcus Herz war auch hier.

18. März 1805. Abends wurde im englischen Haus, im Montagsklub in Gegenwart von fast 100 Menschen, der 73. Geburtstag des berühmten Nicolai gefeiert, wobei ich als Gast des Geh. Raths v. *Massenbach* zugegen war.

(Georg Siegerist: Aus den Tagebüchern des alten Heim 1755–1834. Berlin 1901. [Archiv der Brandenburgia. 7])

»Außer diesen beiden Gesellschaften [die damals parallel existierenden Mittwochsgesellschaften: s. Anm. zu S. 47] existirt hier noch eine, welche stricte der gelehrte Montagsclub genannt wird. Hiervon sind die meisten Gelehrten von Profession Mitglieder, wie Gedike, Biester, Zöllner, Nicolai, Spalding, Hermbstädt u.s.w. Du kannst dir leicht denken, daß man hier seine Zeit sehr angenehm und unterhaltend zubringen kann, nur riecht es hier und da nach Pedanterie. Urbanität, Leichtigkeit, Conversationston, mit einem Worte, was der Engländer good humour nennt, ist nicht Sache der deutschen Gelehrten. Doch giebt es Ausnahmen. Ich brauche nur Zöllner zu nennen, diese lebendige Encyclopädie, dessen Rede süß wie Honig von den Lippen träufelt, und Biester, dessen beißendem Witz kein Vorurtheil, kein Aberglaube entschlüpft.« ([Wolf Davidson] Briefe über Berlin, erste Sammlung. Landau [d. i. Berlin] 1798, S. 16–17; vgl. Der Montagsklub in Berlin. 1749–1899. Fest- und Gedenkschrift zu seiner 150sten Jahresfeier. Berlin 1899)

Wie anders doch die junge Generation, etwa Georg Forster, der am 23. April 1779 Friedrich Heinrich Jacobi berichtete: »So kam ich Ausgangs Januar nach Berlin und blieb da nur fünf Wochen. Ich hatte mich in meinen mitgebrachten Begriffen von dieser großen Stadt sehr geirrt. Ich fand das Aeußerliche viel schöner, das Innerliche viel Schwärzer, als ichs mir gedacht hatte. Berlin ist gewiß eine der schönsten Städte in Europa. Aber die Einwohner! – Gastfreiheit und geschmackvoller Genuß des Lebens – ausgeartet in Ueppigkeit, Prasserei, ich möchte fast sagen Gefräßigkeit. Freie aufgeklärte Denkungsart – in freche Ausgelassenheit und zügellose Freigeisterei. Und dann die *vernünftigen, klugen* Geistlichen, die aus der Fülle ihrer Tugend und moralischen Vollkommenheit Religion von Unverstand säubern und dem gemeinen Menschenverstande ganz begreiflich machen wollen! – Ich erwartete Männer von ganz außerordentlicher Art, reiner, edler, von Gott mit seinem hellen Lichte erleuchtet, einfältig und demühtig – wie Kinder. Und siehe, da fand ich Menschen wie andere; und was das ärgste war, ich fand den Stolz und den Dünkel der Weisen und Schriftgelehrten. Ists nicht also, daß die Weisen mit sehenden Augen nicht sehen, und mit offenen Ohren nicht hören? – *Spalding* hat mir noch am besten gefallen; *Nicolai*, ein angenehmer Gesellschafter, ein Mann von Kopf, freilich von sich etwas eingenommen. *Engel*, ein launisches, aber sehr gelehrtes Geschöpf, munter und dann wieder ganz still, wie alle Hypochondriker. *Ramler*, die Ziererei, die Eigenliebe, die Eitelkeit in eigner Person. *Sulzer* – noch vor seinem Tode sprach ich ihn, *heiter* und *theilnehmend* noch, bei anhaltenden Schmerzen und

Schlaflosigkeit – weiter brauche ich nichts zu sagen. Die *französische* Akademie? Lassen Sie mich den Staub von meinen Füßen schütteln und weiter gehen. – Während der fünf Wochen habe ich wenigstens in fünfzig bis sechzig verschiedenen Häusern Mittag- oder Abendbrod gegessen, und jedesmal dieselbe Geschichte herableiern, dieselben Fragen hören und beantworten, kurz tausend müßigen Leuten die Zeit vertreiben müssen.« (Georg Forster: Briefwechsel. Leipzig 1829, Band 1, S. 200–201)

Zwanzig Jahre darauf, am 8. Juni 1797, schrieb Schelling an seine Eltern: »Heute ließ ich mich in einen literarischen Club einführen, in welchem die Berliner Gelehrten zu sehen sind. Die Einrichtung ist sonderbar. Anstatt zu sprechen, werden – Vorlesungen gehalten. Ein treffliches Mittel, für schaale Köpfe, die sonst niemand lesen und hören will, eine ganze Gesellschaft in Contribution zu setzen. Ich hörte die Vorlesung eines Juden über die Pflichten des Arztes. Gemeineres und trivialeres Zeug kann darüber nicht gesagt werden; dafür hat aber auch ein Berliner Jude eine Suffisance, die jedem andern Menschen versagt ist. Ich bewunderte die Damen, die diese Langeweile so geduldig ertrugen; ohne diesen Anblick wäre ich vielleicht eingeschlafen. Ueberhaupt hab'ich bei dieser Gelegenheit die Bemerkung gemacht, wie arm hier in Berlin die Natur und das Talent ist. Glücklicherweise haben diese Herren sammt und sonders die Meinung, daß sie die Koryphäen Deutschlands sind – aus keinem andern Grunde, als weil in Berlin früher als anderswo über manche Dinge gesprochen und gedacht wurde. Die Häupter der hiesigen gelehrten Welt sind *Teller*, der erbärmliche Exeget und der seichteste Philosoph unter den Theologen, *Biester*, ein braver und liebenswürdiger Mann, dessen ganzes literarisches Verdienst aber in der Herausgabe einiger Platonischer Dialogen und der Berliner Monatsschrift besteht, Gedike, ein suffisanter Schulpedant, der nichts als einige Schulschriften – aus andern abgeschrieben hat, endlich Nicolai, der eben jetzt in Leipzig war, den ich aber bei'm nähern Anblick der hiesigen Gelehrten *achten* lernte, weil Er der einzige ist, der doch wahrhaft gearbeitet, wenn auch nicht gedacht hat. – Das Ungeziefer junger Gelehrter und Schriftsteller, besonders unter den Juden, ist nun vollends gar nicht zu ertragen. – Das Beste an der Sache ist das Essen, das die Zusammenkunft beschließt, wobei die Freimaurer, in deren Haus sich der Club versammelt, (nach ihrer Gewohnheit) ganz trefflich tractiren, und einige Weiber und Mädchen durch ihren Gesang die ganze Gesellschaft aufheitern.« *(Aus Schellings Leben. In Briefen. Herausgegeben von Plitt, Leipzig 1869, Band 1, S. 201–202)*

60 *Zu den wenigen, welche bisweilen geladene Gesellschaft bei sich sahen, gehörte Nicolai:* Die kurländische Pfarrerstochter Sophie Becker, Reisebegleiterin der Elisa von der Recke, hält im September 1784 in ihrem Tagebuch fest: »In dem Hause des Herrn Nikolai bin ich oft, und bringe meistens die Abende da zu, wenn Elise [Elisa von der Recke] die Höfe besucht. Er lebt glücklich in dem Zirkel seiner angenehmen Familie. Nie sah ich einen thätigeren Mann als Nikolai und der bei der drückenden Last von Geschäften so viel Munterkeit des Geistes behält, welche ihn zum angenehmsten Gesellschafter macht, wenn er des Abends in einem Kreise gewählter Freunde zu Tische sitzt; hier lernt man in wechselseitigen Gesprächen die wichtigsten Endeckungen und die neuesten Begebenheiten der gelehrten Welt kennen. – Nikolai verbindet mit dem größten Gedächtnisse, das ich je gefunden habe, die ausgebreiteste Belesenheit, und das macht ihn so reich an Stoff zur Unterhaltung. – Man sollte kaum glauben, daß ein Mann von Nikolais ausgebreiteter Thätigkeit und häufigen Geschäftsarbeiten noch Zeit und Lust zur Musik übrig haben könnte;

indessen hat er wöchentlich einen Tag zu Hauskonzerten bestimmt, in denen er und seine Kinder spielen. [...] Ich fuhr um 7 zu Nikolai, der mich gestern zum Abendessen bat, weil er glaubte, daß ich allein und Elise in Friedrichsfelde sein würde. Ich fand Professor Engel und Biester mit seiner Frau bei ihm, welche nebst Ramler, der aber heute abend nicht da war, die gewöhnlichen Glieder seiner Kollationen sind. Wie angenehm sitzt sich's da im Zirkel der klugen Männer! Es ward heute viel aus den Zeiten der Jugend eines Gleim und Konsorten geredet. Es ist zum Erstaunen, welche ausgebreitete Kenntnis Nikolai von allen Verhältnissen hat, in denen die gelehrte Welt miteinander steht. Er ist wie Ulysses unerschöpflich, wenn er zu erzählen anfängt.« (Sophie Becker: Tagebuch einer Reise durch Deutschland 1784–1786. Text nach: Vor hundert Jahren. Elisa von der Reckes Reisen durch Deutschland 1784/1786. Stuttgart 1884; Collection Spemann. S. 61)

Bei Nikolai gab es keine zwanglosen Zusammenkünfte, zu denen man unangemeldet erscheinen und Freunde und Bekannte mitbringen konnte. Es gab nur eine geladene Gesellschaft, wie Nikolais Enkel Gustav Parthey in seinen Jugenderinnerungen berichtet: »Nicolai hatte sein neues Haus im Jahre 1787 mit allem Luxus der damaligen Zeit eingerichtet [heute das Nicolaihaus in der Brüderstraße 13 in Berlin-Mitte]. In den noch vorhandenen Rechnungen finden sich Möbel, die wir kaum dem Namen nach kennen: Etagèren, Bergèren, Torchèren, Guéridons u. a. Nicolai machte es nun zum Sitze der ausgedehntesten Gastfreundschaft. Da sein Ruf sich durch ganz Deutschland verbreitete, so reiste nicht leicht ein fremder Gelehrter durch Berlin, ohne Nicolai zu besuchen. Einige ließen sich bei ihm persönlich melden, andre begnügten sich, um die kostbare Zeit des vielbeschäftigten Mannes nicht zu sehr in Anspruch zu nehmen, ihre Karten in der Buchhandlung, welche zu ebner Erde eingerichtet war, abzugeben. Ein Gehilfe der Buchhandlung hatte das Nebenamt, darüber ordentliche Listen anzufertigen welche Freitags dem Principale vorgelegt wurden; er strich diejenigen Personen an, die am Sonnabende eingeladen werden sollten, und fast alle Sonntage versammelte ein glänzender Mittagstisch die alten und neuen Gäste. Waren fremde Dichter zu bewirten, so wurden von den Berlinern Ramler, Göcking, die Karschin zugezogen; für die Philosophen war Mendelssohn eine anziehende Persönlichkeit [Mendelssohn war 1786 gestorben!]; die Pädagogen scharten sich um Gedike und v. Rochow, die Bibliophilen um Biester und Ölrichs; für die Theologen hatten Teller, Zollikofer, Zöllner einzustehen; für die Mediziner Theden und Selle; die Ästhetiker waren durch Engel repräsentiert, die Juristen durch Suarez und Klein; von den Musikern wurden Fasch und Zelter aufgesucht, von den Künstlern Bernhard Rode, Chodowiecki und Meil.

So bildete Nicolais Haus eine Reihe von Jahren hindurch den literarischen und geselligen Mittelpunkt der Residenz; es vertrat die Stelle der späteren Clubs und Casinos. Die Solidität der Bewirtung war mit anständiger bürgerlicher Pracht gepaart; als Eigentümlichkeit wurde bemerkt, daß die Fremden oft von den Nicolaischen ›heißen Suppen‹ und ›scharfen Messern‹ erzählten.

Obgleich diese Gastmahle längst aufgehört hatten, als ich anfing, heranzuwachsen, so sind doch manche Vorkommnisse aufbewahrt, von denen eins mir haften geblieben.

Ein fremder von Nicolai empfohlener Gelehrter wurde zu einer großen Mittagstafel gezogen, an der unter andern Engel und der Probst Zöllner Teil nahmen. Engel war damals Theaterdirektor und wegen seines Talentes im Erzählen berühmt, allein er hatte die Eigenheit mancher guter Erzähler, daß er, einmal unterbrochen, nicht so leicht wieder das Wort nahm. Zöllner erzählte ebenfalls sehr gut, liebte aber nach einer Unsitte, welche damals besonders den Geistlichen angehangen haben, zweideutige Geschichten. Engel machte an jenem Tage anfangs einige ernsthafte Bemerkungen, wurde bald unterbrochen, und saß von nun an stumm. Zöllner dagegen erging sich in dem bekannten frivolen Thema mit großer Ausführlichkeit. Als der Fremde am andern Tage bei Nicolai sich beurlaubte, und von diesem gefragt wurde, wie ihm die Herren gefallen, erwiderte er: O sehr gut, nur hätte ich Zöllner für den Theaterdirektor und Engel für den Probst gehalten.

Mit der edlen Frau Elisa von der Recke war Nicolai in dauernder Freundschaft verbunden. Die Freimütigkeit, mit welcher sie ihre Beziehungen zu dem Betrüger Cagliostro bekannt gemacht, hatte ihr den Beifall und die Bewunderung der ganzen für Aufklärung schwärmenden gebildeten Welt erworben, an deren Spitze Nicolai stand.

Als daher Frau von der Recke in Berlin erwartet wurde, freute sich Nicolai, ihr in seinem neuen Haus einen festlichen Empfang bereiten zu können. Allein es zeigte sich ein unerwartetes Hindernis, indem Madame Nicolai erklärte, die fremde Dame sei ihr zu vornehm, und sie wolle sie nicht sehen. In der damaligen zeremoniösen Zeit war das für einen Hausherrn ein noch schlimmerer Fall als jetzt. Allein was war zu tun? Es mußte wenigstens der Versuch gemacht werden, dies Hindernis zu überwinden. Als Frau von der Recke bei Nicolai vorfuhr, eilte er ihr bis an den Wagen entgegen, und führte sie die Treppe hinauf, unter der Versicherung, daß er das neue Haus hauptsächlich darum erworben, um sie würdig empfangen zu können. Im Vorsaale verließ er sie, um seine Frau zu rufen, und Frau von der Recke hörte durch die halbgeöffnete Tür die sehr vernehmlichen Worte meiner Großmutter: ich will von deinem adligen Pack nichts wissen! – Eine andre wäre wohl auf der Stelle umgekehrt, um das Haus nie wieder zu betreten; allein Elisa öffnete die Türe ganz, trat in das Zimmer, und sagte mit der ihr eigenen milden Hoheit: meine Liebe, ich bin kein adliges Pack, sondern die Freundin Ihres vortrefflichen Gemahls, und bitte Sie, auch meine Freundin zu sein! Wer hätte da widerstehn können? Die beiden Frauen wurden in der Tat Freundinnen; der lange fortgesetzte noch vorhandene Briefwechsel zeigt genugsam, daß diese Freundschaft von beiden Seiten eine aufrichtige war; aus den Briefen meiner Mutter und meiner Tante Lottchen geht hervor, daß Elisa vom ganzen Nicolaischen Hause wie ein Schutzgeist höherer Ordnung verehrt wurde.

Nicolai genoß in jener Zeit als Buchhändler und Schriftsteller eines großen Rufes; sein Haus gehörte zu den ersten bürgerlichen Vereinigungspunkten. Er leitete nicht bloß die Liebhaberkonzerte im Korsikaschen Saale, sondern veranstaltete auch bei sich größere Musikaufführungen, in denen das neueste und beste zum Vortrage kam.« (Gustav Parthey: Jugenderinnerungen. Neu herausgegeben von Ernst Friedel. Berlin 1907, Teil 1, S. 4 f., 36–39)

Siehe auch die Anmerkungen zu den Seiten 43, 44 und 47.

61 *de rigueur:* Unerläßlich.

62 *hergebrachte große Hoffeste, Couren, ... Assembléen:* Vorschriftsmäßige Zusammenkünfte des Adels und der höheren Zivil- und Militärchargen.

63 *Pleureusen:* Trauerspitzen.

pour comble: Um das Übermaß voll zu machen.

64 *Rahels Briefwechsel, soweit er erschienen ist:* Henriette Herz kannte »Rahel. Ein Buch des Andenkens für ihre Freunde« (1833, erweitert 1834), »Galerie von Bildnissen aus Rahels Umgang und Briefwechsel« (1834, erweitert

1836) sowie »Rahel. Geistes- und Charakter-Gemälde« (1835).

65 *Reise nach England:* Moritz' Bericht »Reisen eines Deutschen in England in dem Jahre 1782 in Briefen an Gedicke« erschien 1783 in Berlin.

Als Herz die bekannt gewordene Kur mit ihm vornahm: Moritz war hypochondrisch veranlagt. Die Erkrankung wird auf das Jahr 1782 datiert. Marcus Herz berichtet über den Heilungserfolg in seinem »Versuch über den Schwindel« (1786). Ein Auszug erschien in »Gnothi Sauton oder Magazin zur Erfahrungsseelenkunde« (Band 9, 1792, 1. Stück, S. 97–103)

66 *Goethe interessierte sich ...:* Moritz hielt sich ab 1786 für zwei Jahre in Rom auf, wo er mit Goethe bekannt wurde, der darüber ausführlich in seiner »Italienischen Reise« berichtet.

dem Ritte zu Esel: Ende November 1786 auf der Rückkehr von einem Ausflug nach Fiumicino stürzte Moritz' Pferd, und er brach sich einen Arm. Abweichend von Henriette Herz berichtet Goethe am 8. Dezember 1786 in seiner »Italienischen Reise« aus Rom: »Von einer sehr angenehmen Spazierfahrt, die wir ans Meer machten, und von dem Fischfang daselbst dachte ich umständlich zu erzählen, als abends der gute Moritz hereinreitend den Arm brach, indem sein Pferd auf dem glatten römischen Pflaster ausglitschte. Das zerstörte die ganze Freude und brachte in unsern kleinen Zirkel ein böses Hauskreuz.« (zit. nach: Goethes Werke Band XI, München 1994, S. 148) Und an Charlotte von Stein schrieb Goethe am 14. Dezember 1786 aus Rom: »Moritz der an seinem Armbruch noch im Bette liegt [...]«

67 *Moritz mir seine Braut ... vorstellte:* Moritz heiratete am 5. August 1792 Christiane Friederike Matzdorff, die sechzehnjährige Schwester des Berliner Verlegers Karl Matzdorff (Mazdorf; 1765–1839), bereits im Dezember desselben Jahres Scheidung, im April 1793 erneute Verheiratung.

mit einem gewissen Sydow oder Zülow: Es könnte sich um den Deklamator, Improvisator und Dichter Theodor von Sydow und dessen späterer »Declamations-Saal. Eine neue Anthologie für Kunstredner« (Pesth 1819) handeln.

Mirabeau: Honoré Gabriel de Riqueti Graf de Mirabeau hielt sich vom 5. Juli 1786 bis 19. Januar 1787 als geheimer Agent der französischen Regierung in Berlin auf und wurde noch kurz vor seinem Tod von Friedrich II. empfangen. Friedrich von Gentz führte ihn in die Berliner Gesellschaft ein. Mit Hilfe des deutschen Majors Mauvillon schrieb Mirabeau »De la monarchie prussienne sous Frédéric le Grand« 1788 (deutsch 1790/91). In dieser Schrift enthüllte er mit scharfem Blick die Schwächen des friderizianischen Staates. Aus Geldnot veröffentlichte er 1789 seine pikanten Berliner Depeschen »Histoire secrète de la cour de Berlin« (deutsch 1789). (vgl. Mirabeau in Berlin als geheimer Agent der französischen Regierung 1786–1787. Nach Originalberichten in den Staatsarchiven von Berlin und Paris. Herausgegeben von Henri Welschinger, Leipzig 1900). Seine Studie »Sur Moses Mendelssohn, sur le rétourne politique des juifs« (Londres 1787; dt. »Über Moses Mendelssohn. Ueber die bürgerliche Verbesserung der Juden« 1787) war der Versuch, den jüdischen Aufklärer in Frankreich bekannt zu machen.

69 *Friedrich von Gentz:* Zum politischen Wirken von Gentz siehe die beiden Biographien von Golo Mann (1947) und Harro Zimmermann (2012) sowie die zwölfbändigen »Gentz-Schriften«, 1997 bis 2004 herausgegeben von Günther Kronenbitter.

so bekannt gewordenen zärtlichen Liaison: Gentz hatte ein Verhältnis mit der 46 Jahre jüngeren Tänzerin Fanny Elßler.

aimable roué: liebenswürdiger Wüstling.

71 *dem jetzigen Könige:* Friedrich Wilhelm III., von 1797 bis 1840 König von Preußen.

72 *... es hat dümmere gegeben, als sie war:* Das Urteil über Sara von Grotthuis dürfte zu abwertend sein, denn ein in der »Europa« vom 3. April 1850 aus dem Nachlaß von Riemer veröffentlichter Brief der Frau von Grotthuis läßt doch auf geistige Selbständigkeit und auf Gemüt schließen. Joseph Fürst erblickte sogar eine innere Verwandtschaft mit Rahel, wenngleich minderer Tiefe.

ihr Verhältnis zu Goethe: Goethe lernte Sara von Grotthuis und deren Schwester Marianne Meyer, spätere Frau von Eybenberg Anfang Juli 1795 in Karlsbad kennen.

Sara, die enthusiastische Goethe-Leserin, und Goethe sahen sich dann vom 8. August bis 24. September 1810 fast täglich in Teplitz, dann zwischen dem 20. und 24. September 1810 sowie am 23. und 24. April 1813 in Dresden. Goethe korrespondierte mit ihr bis ins Jahr 1824. Marianne traf mit Goethe wieder in Karlsbad im Mai/Juni 1808 und im Juli/August 1810 zusammen, als er ihr sein Quartier abtrat (Goethe an Christiane, 22. Juli 1810). Sie wird als schöne, vielumworbene, geistreiche, heitere und unterhaltende Frau geschildert. Goethe nannte sie »angenehm und liebreich«, »artig und gescheit« und eine »interessante Gesellschafterin«. Jahrelang war sie sein Kurschatten, mit dem er »gleich einen kleinen Roman aus dem Stegreif« anknüpfte (Goethe an Schiller, 8. Juli 1795), denn »die holde Seele geht ihm ans Herz« (Goethe an Friederike Brun 12. Juli 1795). An Schiller schrieb Goethe damals: »Auch ist die berühmte Mariane Meyer hier; es ist schade, daß sie nicht einige Tage früher kam; ich hätte doch gewünscht, daß Sie dieses sonderbare Wesen hätten kennen lernen.« Goethe schrieb der Bewunderin Verse ins Stammbuch und auf den Fächer, erzählte ihr seine römischen Liebesabenteuer (Wilhelm von Humboldt an Schiller, 12. Oktober 1795) und schrieb ihr charmante, leicht beschwingte Briefe. »Mariannchen« revanchierte sich mit Schokolade, Kaviar, antiken Münzen und Theaterberichten aus Wien, wo sie in den Salons die Goethe-Verehrung förderte. Sie ermahnte ihn auch, am »Faust« weiterzuarbeiten. Erst in der politisierten Atmosphäre von 1810 gingen sie getrennte Wege (Goethe an Christiane, 22. Juli und 1. August 1810).

»Von [...] Marianne Meyer muß ich Ihnen doch noch ein paar Worte sagen. Sie war *so* schön, daß sie in ganz Berlin nur die schöne Meyer hieß. Natürlicher Weise wurde sie von jungen Herren umflattert, die denn auch das vorher bescheidene, liebenswürdige Mädchen gar bald von Grund aus verdarben. (Ich selbst war vor 12, 13 Jahren bei einem Onkel von ihr öfters mit ihr in Gesellschaft, u. urtheile also nicht vom Hörensagen.) Einer von diesen jungen Herren, ein Graf Gröben, wenn ich nicht irre, der späterhin eine Zeitlang Preußischer Gesandter am Dresdner Hofe war, machte ihr weis, er würde sie heirathen, wenn sie nur getauft wäre; doch setzte er seine Ausdrücke auf Schrauben, um auch zurück zu können. Sie trauet ihrer Schönheit Wunderkünste zu, reist über die Gränze, u. lässt sich taufen; aber – nun wollte der Herr Graf sie nur zur Maitresse. Sie war zu stolz u. zu reich, um das zu werden; u. so kam sie wieder nach Berlin, u. kehrte, mit Bewilligung des Ober-Consistoriums, in aller Stille zum Judenthum zurück. Jetzt habe ich sie seit mehreren Jahren nicht gesehen; sie soll aber noch immer schön seyn. Vielleicht hängt dieser Umstand mit des Herrn v. Göthe Briefen an sie zusammen.« (Johann Daniel Sander an Carl August Böttiger, 14. Januar 1797)

»Die schöne Marianne Meyer u. der Herr von Göthe haben sich ein Rendezvous in Dresden gegeben, u. werden von da zusammen weiter gehen. Es wäre Schade, wenn das Frauenzimmer nicht vor dem August wieder käme! Sonst wären Sie ja um eine Bekanntschaft gebracht, die Ihnen doch wohl ein wenig interessant seyn muß.« (Johann Daniel Sander an Carl August Böttiger, 28. März 1797) Siehe dazu auch die Seiten 475 bis 476.

74 *er bat später um ihre Hand:* Sophie von La Roche an Georg Wilhelm Petersen, Offenbach, den 2.10.1798: »[...] Der kaiserliche Gesandte in Berlin, Prinz Reuß, soll seine Freundin, die geistvolle Israelitin Meyer geheuratet haben. Was für eine Begebenheit in Teutschland!« (zitiert nach: Sophie von La Roche: Ich bin mehr Herz als Kopf. Ein Lebensbild in Briefen. München 1983, S. 370)

morganatisch: Nicht standesgemäß verheiratet, mit linker Hand getraut. Die fürstlich-reußischen Verwandten erfuhren erst nach dem Tod von Reuß, daß sie das Recht hatte, als Fürstin aufzutreten. »Gegen bestimmte Vortheile« verzichtete sie auf den Titel, worauf ihr von Kaiser Franz der Name Frau von Eybenberg verliehen wurde. Sie lebte seit 1799 meist in Wien, wo sie in ranghöchsten Kreisen verkehrte und Mittelpunkt einer angenehmen und bedeutenden Geselligkeit war.

75 *Ich sah sie im Jahre 1811 in Wien wieder:* S. die Anm. zu S. 55.

Ein Tugendbund: Der im Zeichen einer exaltierten Empfindsamkeit gegründete Tugendbund existierte von 1785 bis 1792 und ist nicht zu verwechseln mit dem gleichnamigen 1808 in Königsberg gegründeten »sittlich-wissenschaftlichen Verein« zur Bekämpfung der französischen Fremdherrschaft (Siehe die 2. Anmerkung zur Seite 176). Undatierte Notiz Karl August Varnhagen von Enses im Nachlaß (Band 1, 1867): »Henriette Herz hatte Rahel'n (1792?) eröffnet, sie gehöre einer Verbündung an, einer Art von Orden, den sie mit Wilhelm von Humboldt, Kunth, ihrer Schwester Brenna, Göckingk und noch einigen anderen Frauen und Männern, zu gegenseitiger Veredlung und Förderung gestiftet habe, und sie bot ihr an, selber auch in diese Verbündung zu treten. Rahel, in allen Dingen auf das Wesen blickend, erkannte in allem, was ihr die Herz mittheilte, nur empfindsames Tändelwerk, eitles Schönthun, und lehnte es ab, ein Mitglied zu werden. Die Verbündeten trugen es ihr lange nach und rügten ihre Ablehnung als ein Mangel an edlem Streben.« S. dazu die Briefe S. 191 bis 237.

76 *bewundernswerte Vorträge:* Die berühmten, außerordentlich gut besuchten »Cosmos-Vorlesungen«, die Alexander von Humboldt 1827/28 in der Berliner »Singakademie« hielt (veröffentlicht 1845 bis 1858 in fünf Bänden).

77 *Sophie von La Roche:* Von ihrer seit 1798 datierenden vieljährigen Korrespondenz mit Henriette Herz weiß man von Fürst (1850, S. 168).

wo der etwa siebzehnjährige Jüngling die Bekanntschaft der drei Jahre älteren Jungfrau gemacht hatte: Wilhelm von Humboldt und Henriette Herz hatten sich im Frühjahr 1786 kennengelernt, da war er 18½ Jahre alt. Caroline von Dacheröden stieß erst im Mai 1788 zu den Verbündeten. Seit 1789 mit Wilhelm von Humboldt verlobt, 1791 verheiratet.

...eine andere der mir bis dahin persönlich unbekannt gebliebenen Bundesschwestern kennenlernte, Caroline von Wolzogen: Die Schwägerin von Friedrich Schiller war korrespondierendes Mitglied des Tugendbundes. Sie hat Jahre später die sentimentalische »Tugendbund«-Stimmung in dem anonym erschienenen Roman »Agnes von Lilien« (Berlin, bei Johann Friedrich Unger, 2 Theile, 1798) verarbeitet, der sich als Schlüsselroman des »Tugendbundes« lesen läßt. S. dazu ausführlicher im Nachwort S. 606 f.

78 *mehrjährigen Aufenthaltes daselbst:* Wilhelm von Humboldt war von 1802 bis 1808 preußischer Resident am päpstlichen Stuhle.

81 *als er Predigten aus dem Englischen übersetzte:* »Predigten« von Joseph Fawcett, mit einer Vorrede von F. S. G. Sack. 2 Theile, Berlin 1798

beeilte ich mich, ihn mit Schleiermacher bekannt zu machen: Friedrich Schlegel und Friedrich Schleiermacher lernten sich im Juni 1797 in der Feßlerschen Lesegesellschaft kennen. Ihr näheres Verhältnis wurde dann von Henriette Herz gefördert (vgl. den Brief Schleiermachers an seine Schwester vom 22. Oktober 1797, siehe Seite 241 bis 243 dieser Ausgabe).

Bijou: Kleinod.

die erste Original-Arbeit, welche von ihm im Druck erschien: Friedrich Schleiermachers erste Arbeit für das »Athenäum« waren seine Beiträge zu den »Fragmenten« (1. Band, 2. Stück, 1798, S. 179–322). Seine Autorschaft ist für 30 der insgesamt 451 Fragmente gesichert. Die anderen Fragmente sind von Friedrich Schlegel, August Wilhelm Schlegel, Novalis und mit großer Wahrscheinlichkeit auch einige von Henriette Herz. S. die Anm. zu S. 246.

82 *Übersetzung des Platon:* S. die Anm. zu S. 53.

Schleiermachers … »Reden über die Religion«: Der vollständige Titel lautet »Reden über die Religion, an die Gebildeten unter ihren Verächtern« (Berlin 1799).

83 *So verstieg sich denn der Berliner bis zu einer Karikatur auf uns:* Die Berliner bespöttelten das äußerliche Mißverhältnis der beiden, wie »Ein Pröbchen von Berliner Wiz« schon für 1798 belegt: »Madam Herz, eine an Geist und Körper große und schöne, allgemeingeschätzte Dame ließ sich, im vorigen Jahr, während ihres Aufenthaltes im Thiergarten, sehr oft mit einem gewissen Charitéprediger, Schleyermacher, an der Seite, sehen. Die kleine, unansehnliche und durch einen Höcker auf dem Rücken unglücklich-entstellte Figur des Geistlichen, stach neben der großen und schönen Frau so gewaltig ab, daß die alles heilige und unheilige bespöttelnden Berliner den armen Geistlichen, darob nannten »›den *eingebognen grünen Parasol* der Mad. H.‹« (Denn man sah den guten Mann immer in die *Farbe der Hoffnung* gekleidet.) (anon. [Daniel Jenisch Ps. Gottschalk Nekker]: Diogenes-Laterne. Leipzig 1799, S. 378–379)

Unter den Linden hing eine Karikatur aus, die die »große Herz« darstellte, die den »kleinen Schleiermacher« spazieren führt, indem sie ihn im Ridikül (gehäkelte Handtasche) mit sich trägt, aus dem er nur mit dem Kopf heraussieht. Darunter stand: »Die Hofrätin Herz hat sich ein Ridicul angeschafft.« Diese Karikatur scheint verschollen. Auf einer anderen, wohl ähnlichen und sehr seltenen großformatigen Karikatur eines unbekannten Zeichners zum »Jahrmarkt zu Plundersweilern oder die große Buchhändler-Messe. Parodie des Göthischen.« (in: Taschenbuch für Freunde des Scherzes und der Satire für das Jahr 1801. Band 5. Weimar 1800. Herausgegeben von Johann Daniel Falk) ist unten links die junonisch-üppige, beinahe schon unförmige Henriette Herz mit dem kleinen und verwachsenen Friedrich Schleiermacher zu sehen, aus dessen Jackentasche seine »Reden über die Religion« ragen, in der linken Hand hält er den erwähnten Parasol (Sonnenschirm). S. den Bildteil.

»Falks Taschenbuch macht hier einige Sensation. Mit dem Ausfall gegen die Dame Herz und den kleinen Schleiermacher ist man allgemein unzufrieden. *Das* hätte Falk sich nicht erlauben sollen.« (Johann Daniel Sander an Carl August Böttiger, 25. Oktober 1800)

84 *ein anderes Gefühl als das der Freundschaft … so haben wir uns denn auch öfter darüber ausgesprochen:* Siehe die Briefe Friedrich Schlegels an

Henriette Herz vom 19. August bis 22. November 1802 (s. S. 334–345 dieser Ausgabe).

85 *Die Geschichte seiner letzten Tage, wie sie seine Witwe niedergeschrieben hat:* Schleiermacher hatte den Wunsch, bei recht voller Besinnung zu sterben, den Tod recht sicher und bestimmt kommen zu sehen. Der Wunsch wurde ihm erfüllt. Sein Leben erlosch in einem sanften Hingleiten. Zu seiner Frau sagte er: »Ich bin in einem Zustande, der zwischen Bewußtsein und Bewußtlosigkeit schwankt. Aber in meinem Inneren erlebe ich die schönsten Augenblicke. Ich muß die tiefsten Gedanken denken – jenseits allen Wissens – und sie sind für mich eins mit den innigsten religiösen Empfindungen.« (Lotte Zielesch: Das Herz steht still. München 1946, S. 105)

85 *Frau von Genlis:* In ihren Memoiren (Paris 1825, Band V, S. 49) schreibt Madame de Genlis, daß sie während ihres Aufenthaltes in Berlin Unterricht in Französisch, im Deklamieren und Verseschreiben gegeben habe. »Zu den ersten Damen gehörten Madame Bernard, ebenso geistreich wie gefällig; Madame Herz, Gattin eines Mediziners, schön wie ein Engel und herausragend an Geist und Güte; Madame Cohen, Gattin eines sehr reichen Kaufmanns, und Monsieur Lombardi, Sohn eines Privatsekretärs des Königs.« (siehe dazu die Seiten 491 und 492)

Freundin von mir: Philippine Cohen.

86 *Repositorium:* Mit Fächern versehenes Gestell für Bücher u. a.

der kleine Casimir, ... welcher ihr Schüler auf der Harfe war: Madame de Genlis war auch selbst eine Harfen-Virtuosin, sie schrieb »Méthode de Harpe« (1810), zu dem musikalischen Wunderkind Casimir siehe »Allgemeine musikalische Zeitung« (Band 13, 1811, S. 67/68) und »Vielliebchen. Historisch-romantisches Taschenbuch« (Band 11 Leipzig, 1838, S. 103ff.).

87 *Ce n'est pas ...:* Das ist nicht der Ton einer Tragödie.

Vous ne voulez ...: Sie wollen nicht die Tragödie lesen? Sie, die Sie dazu geschaffen sind, sie zu spielen? Sie mit Ihrem tragischen Gesicht?

Mais ... j'ai joué ...: Aber ich habe mein ganzes Leben lang Komödie gespielt.

88 *prouvez moi qu'elle ...:* Beweisen Sie mir, daß sie die Zeit hat, Bücher zu schreiben, die Kinder von Orléans zu erziehen und zu unterrichten und zu tun, was Sie sagen, dann werde ich Ihnen glauben.

88 *Jean Paul:* Seine Beziehungen zu Berlin gehen auf das Jahr 1792 zurück, als Karl Philipp Moritz seinen Roman »Die unsichtbare Loge« an den Verleger Karl Matzdorff vermittelte, der ihn im Jahr darauf veröffentlichte.

Erstmals kurz in Berlin war Jean Paul Friedrich Richter im Juni 1800.

»Wir alle waren beseeligt«, schreibt Helmina von Chézy, die spätere Freundin Chamissos, in ihren Memoiren. »Jean Paul's Erscheinung hatte nichts Auffallendes; seine einfache Kleidung paßte zu seinem Gesicht und Wesen. Auf seiner Stirn thronte Licht, auf seinen Lippen Anmuth und Milde. Seine hellblauen Augen leuchteten in sanfter Glut. Seine Bewegungen waren im Einklang mit seiner Einfachheit und seinem natürlichen Anstand. Vielleicht würde seine Erscheinung einem Unkundigen nichts von seinem Genius verrathen haben. Ernst, Anstand, viel natürliche Anmuth blicken daraus hervor; durch ihre Anspruchslosigkeit selbst war sie gewinnend. [...] Neben Frau von Klencke, der Enkelin der Karschin, und Josephine von Sydow bemüht sich die Gräfin Schlabrendorf, die ähnlich wie Frau von Staël durch eine gesprächliche Zudringlichkeit den Männern stark auf die Nerven gefallen ist, [...] energisch um den Dichter, von dem wohl das Gerücht ging, er wolle sich in Berlin beweiben.« (Helmina von Chézy: Unvergessenes. Leipzig 1859, Theil 1, S. 140ff.; vgl. Hans

Landsberg: Henriette Herz. Ihr Leben und ihre Zeit. Weimar 1913, S. 24–26)

Jean Paul hielt sich dann von Oktober 1800 bis Mai 1801 in Berlin auf, in der Hoffnung, vom König eine Präbende oder Sinekure (Leibrente) zu erhalten. Er wohnte bei seinem Freund, dem Regierungsassessor Hans Georg von Ahlefeldt, in der Neuen Friedrichstraße 22, also im selben Haus wie Henriette und Marcus Herz.

Hier Auszüge aus seinen Briefen aus Berlin (nach: Die Briefe Jean Pauls. Herausgegeben von Eduard Berend. Band 3, München, 1924, S. 370–375 und Band 4, 1926, S. 1–84):

»Bei Matzdorf, dessen Eltern und Frau vortreflich sind, logiert' ich köstlich – seidne Stühle – Wachslichter – Erforschen jedes Wunsches etc – 4 Zimmer zum Gebrauch. Meinetwegen – und seinetwegen, aus Eitelkeit – lud er ein Pak Gelehrter zu sich, deren Diner von 2 bis 6. dauerte. Ich besuchte keinen Gelehrtenklub, so oft ich auch dazu geladen worden, aber Weiber die Menge. Ich wurde angebetet von den Mädgen, die ich früher angebetet hätte. Himmel! welche Einfachheit, Offenheit, Bildung und Schönheit! Auf der herlichen Insel Pickelswerder, (2½ Meilen von Berlin) fand ich so viele *schöne Freundinnen* auf einmal, daß es einen – ärgerte, weil jeder Antheil den andern aufhob. – Die herliche Königin lud mich brieflich nach Sanssouci, ich as bei ihr, sie zeigte mir alles m dasselbe etc – ferner bei dem Minister von Alvensleben – endlich überal – Zölner lud 40 Menschen in die Yorks Loge zusammen meinetwegen – Viel Haare erbeutete ich (eine ganze Uhrkette von 3 Schwestern Haaren) und viele gab mein eigner Scheitel her, so daß ich eben wohl von dem leben wolte – wenn ichs verhandelte – was auf meiner Hirnschale wächst, als was *unter* ihr – Flek, der höhere Tragikus als Iffland, und die Unzelmann spielten vor mir götlich – Jeder Hund kante mich, weil er mich in der Loge gesehen [...] Der Ton an der Hoftafel war leicht und gut – mündlich ein Mehreres! – Nur in Berlin ist Freiheit und Gesez, bei Gott! Bei Alvensleben sprach man so frei wie auf – diesem Blat. – Meine Sydow hat meine vermehrte Achtung mitgenommen. Welches Weib! Südliche Naivetät (bis zum komischen) – südliches Feuer – Festigkeit – Weichheit – und ein treues deutsches Auge! Sie lieb' ich wie es Gott haben will – Hingegen im Thiergarten blieb ich bei der *Bernard* geborne v. Gad (Eger etc.) eine Nacht und rauchte meine Pfeife und gieng *rein* von dannen und Gott sei Dank, aber nicht mir. [...] Ich habe schon viele berl[iner] Memoranda ausgeschwizt. Fasch Singschule – aus Mädgen der hohen und mitlern Stände - kleine Reisen, die ich von Berlin machte – z. B. nach Nauen zu einem nicht schönen aber herlichen Fräulein ohne Vater und Mutter auf ihrem Gütgen – der langweilige Nikolai – die Offenheit und dargebotenen Küsse der Berlinerinnen – die wizige philosophische Dlle Chamfort wie ich die Jüdin Levi nenne – überhaupt die Jüdinnen, die wenig vom A.T. [Alten Testament] haben und daher ins neue immer heirathen, und tausend dergl. sollte weitläufiger berührt sein. Mündlich! [...] Nach Berlin zieh' ich im Oktober, aber blos auf den Winter. Länger als der Schnee meine Mutter_Eva, die Natur, überdekt, kann ich dort nicht weilen. [...] ... in Berlin waren immer glänzende Aethertage ...« (an Christian Otto, 29. Juni und 3. Juli 1800)

»Den lebensfrohen und nicht lebenssatten Teller sah ich bei dem ehrlichen Herz; eben da auch Zölner und Nicolai, dieses trefliche Diogenes-Laerzius-Paar vol Anekdoten, deren Wahrheit beide durch ihre evangelistische Harmonie und durch die tägliche Wiederholung schön beweisen.« (an Carl August Böttiger, 17. Oktober 1800)

»Ich lebe hier sehr heiter unter einer Schwestergemeinde von Leserinnen und bin – überal. [...] Hier gefället mir, wie gewöhnlich anfangs, immer alles – ich finde viele schöne Gestalten, durch die ich mir die Köpfe erseze, an die mich der Herdersche gewöhnt – und so treib' ich mich denn froh und liebend und geliebt von Theetisch zu Theetisch, mir den heilgern Durst über die leichtere Erquickung verbergend.« (an Emilie von Berlepsch, 17. Oktober 1800)

»Ich will dir noch einige nennen, bei den ich zum Thee oder Essen war – Fräul. v. Hake (trefflicher Karakter) – Fr. (bedeu[tet] Frau) v. Scheve – Fr. v. Boye – der berühmte Herz und dessen grosse gelehrte Frau – Mdme Bernhard – der schlegelsche Bernhardi, der mich oft besucht – Buchhändler Sander (schöne Frau) – Mdme Clausius – Minister v. Alvensleben (3mal da diniert; er gab mir sein Mspt über das 18 Jahrh[undert] das sehr gut ist) – Fr. v. Hastfer – GeheimRat Maier (3 herrliche Töchterlein) – Kriegsrath Zoelner – Matzdorf – ein Kränzgen bei Kriegsrath Brandhorst – Lieutenant Faber – Kriegsrath Müchler (herrliche Frau) etc. Und was lernt' ich nicht kennen? 3 Himmelsgesichter müssen genannt werden, Schmucker, Stubenrauch, v. Berg (Mutter und Tochter, erlesene Wesen) – Dan Teller, Klein aus Halle, Schleiermacher etc. etc. aber wozu die leere Liste? – Ich werde auf den Händen getragen, die sonst andere küssen. [...] Die Juden und Jüdinnen sind hier so fein geglättet und zugeschnitten wie ihr Gold. Eine Sozietät von vielen Tausenden zu ihrer Religions-Revoluzion geht über Europa hin.« (an Christian Otto, 24. Oktober 1800)

»Seit 3 Wochen stand ich beinahe jeden Abend unter einer neuen Stubendecke; sucht' aber nur Weiber auf, schlecht die Gelehrten. (an Thieriot, 29. Oktober 1800)

»[...] ich verlebe die Tage und verträume die Abende jedes Mal vor anderen Gesichtern. – Der weite Zirkel schliesset enger an als der enge.« (an Friedrich von Oertel, 6. November 1800)

»Hier wiegt der Geschäftsgeist über die Kunst vor; und in den Gelehrten stekt – wenn ich so hart von ihnen reden darf bei so weniger Kenntnis derselben – zu viel Merkel'sches. Man sehnet sich fast wieder in die genialische Spitzbüberei in Jena und Weimar zurück.« (an Johann Gottfried von Herder, 11. November 1800)

»[...] hier werd' ich durch Weiber erquikt und durch mänliche Trivialität ermattet, so daß ich mich fast aus den hiesigen kleinstädtischen Gelehrten wieder zurücksehne nach ächter genialischer Spitzbüberei in Jena und W.[eimar]. Es ist etwas tieferes als Unterscheidungs-Sucht, daß der Mensch sich von jeder geistigen Krankheit gerade in der Stadt am leichtesten heilt, wo sie grassiert.« (an Heinrich Jacobi, 19. November 1800)

»Für, aber nicht gegen die Schlegel kann ich mich schlagen. Tiek, Schleiermacher (Fichte seh' ich nicht, er las nie hier) Bernhardi, Genelli und Maler Buri sind mein genial[isches] Pankrazium. [...] Nirgends fand ich so viele zugleich gute, häusliche, gebildete und schöne Weiber als hier.« (an Christian Otto, 24. Dezember 1800)

»Fichten – mit seiner Granitstirn und Nase, so knochig und felsern wie in wenigen Gesichtern, die alles ändern, nur nicht selbst – hab' ich bei Fesler nach meiner Art freundlich um elf Uhr abends (ich kam aus einem gelehrten Kränzgen, in dem wie in jedem gelehrten hier nur Blätter ohne Blumen waren) angesprochen und mit ihm 5/4 Stunden lang disputiert, aber doch so daß er mich besuchen will.« (an Heinrich Jacobi, 27. Januar 1801)

»Mit Fichte – mit einer herkulischen Stirn und Nase und wie eine Granit-Alpe anzusehen – traf ich bei Fesler abends um 10½ Uhr zusammen (ich kam aus dem gelehrten Kränzgen um meine C.[aroline] von F. abzuholen) und gieng ihn unbefangen an, disputierte heftig und meines Wissens unbesiegt mit ihm bis 12 über seine Lehre und er versprach mir freundlich, mich zu besuchen.« (an Christian Otto, 28. Januar 1801)

»Ob ich gleich hier so viele Freunde habe, von den Ministern an bis herab und oft 14 Tage hinter einander abends und mittags ausser Hause esse: so zieh ich doch weg, weil hier keine schöne Gegend, kein Bier und keine Wohlfeilheit ist.« (an Gottlieb Richter, 13. März 1801)

»Tiek, Bernhardi, Schleiermacher etc. etc. besuchen mich oft, auch Fichte ist gut mit mir, obgleich zwischen uns nur solange Waffenstillstand ist, als wir trinken.« (an Friedrich von Oertel, 28. März 1801)

Königin Luise war eine Verehrerin Jean Pauls – König Friedrich Wilhelm III. jedoch nicht. Sie schenkte ihm zur Verlobung mit Karoline Meyer ein kostbares Besteck – er gab ihm nicht die erwünschte Präbende. Jean Paul gedachte dennoch gern der Zeit, da er in Berlin als Nachbar von Marcus Herz in dem Lederschen Hause gewohnt hatte. Karl August Varnhagen hatte ihn im Garten an der Spree in der Neuen Friedrichstraße zuerst gesehen, mit Blättern in der Hand, die man ihm als zum »Hesperus« gehörig insgeheim bezeichnete. Persönlich lernten sie sich erst im Herbst 1808 in Bayreuth kennen. (Karl August Varnhagen von Ense: Denkwürdigkeiten des eigenen Lebens, Band 2, 1845, S. 25 ff.)

»... Richter ist hier, bis dato hat er sich aber nicht in mich verliebt, ja was noch schlimmer ist, er hat mich noch nicht einmal besucht. Sein beständiger Umgang und teuerster Freund ist ein blonder fader Hr. v. Ahlfeldt, auf den Du Dich auch vielleicht besinnst, und seine Geliebte Madame Bernhard, geborne Gad, die über Iffland in den Denkwürdigkeiten [»Denkwürdigkeiten und Tagesgeschichte der Mark Brandenburg« Band 3, 1799, S. 385] nichts Denkwürdiges schrieb und die sich billig mit dem Theater=[unlesbar] verheiraten sollte. Nächst diesen Personen liebt er Bernhardi, der ihn einigemal besucht und Deinen Brief abgeholt hat, am meisten. Ich habe ihn bei der Vegelin gesehn, aber nicht drei Worte mit ihm gesprochen, denn er trieb ein beständiges Aufundablaufen in dem Garten, und die Damen waren so bemüht um ihn, daß ich, da ich jetzt nicht so behende auf den Füßen bin, gar keinen Anteil an der Unterhaltung nehmen konnte. Die Herz hatte neulich eine ganze Gesellschaft auf diesen großen Mann gebeten, ich wollte ihn doch gern sprechen hören und war auch von der Partie, aber denke Dir die Kränkung, die die Herz erdulden mußte; er geht mit der Bernhard vor ihrem Fenster vorüber, ohne zu ihr heraufzukommen und sein Versprechen zu erfüllen. Die Herz aber verlor beinah die Fassung, mir war es verdrießlich, den vergeblichen Weg gemacht zu haben, aber ich gab mich bald zufrieden; Du weißt, daß ich mir aus solchem Kennenlernen überhaupt nicht viel mache ...« (aus einem Brief an Ludwig Tieck, undatiert)

(vgl. Hermann Fricke: Jean Pauls Berliner Abenteuer. In: Jahrbuch für brandenburgische Landesgeschichte, Berlin 1953, Band 4, S. 5–13)

90 *Es war die Mischung aller Stände innerhalb derselben ...:* »Der Ton hier übertrift an Unbefangenheit weit den Weimar'schen. Der Adel vermengt sich hier mit dem Bürger, nicht wie Fet mit Wasser, auf welchem dieses immer oben schwimt und äugelt, sondern sie sind innig vereinigt wie diese durch Laugensalz, woraus Saife entsteht. Gelehrte, Juden, Offiziere, GeheimeRäte, Edelleute, kurz alles was sich an andern Orten (Weimar ausgenommen) die Hälse bricht, fället einander um diese, und lebt wenigstens freundlich an Thee- und Estischen beisammen«, so Jean Paul am 12. Januar 1801 an Karoline Herder; und an den Freund Paul Emile Thieriot schrieb er am 17. Januar 1801: »Unter allen gesellschaftlichen Tönen stell'ich die hiesigen am höchsten. Juden, Minister,

Offiziere, Gelehrte, Weiber, diese macht das gesellige Band oft zu einem Straus; in Dresden hätten sie in einem Garten nicht Platz.«

Er empfahl ihn mir brieflich: Der Brief ist vom 1. September 1801 datiert (Jean Paul *Gesammelte Werke* 3. Abteilung).

91 *Präbende:* Lebensunterhalt.

Schreiben voll begeisterten Lobes: Die Passage des kurzen Briefes vom 1. September 1801 an Henriette Herz lautet: »Schleiermacher macht Predigten, die so gut sind, daß blos seine Reden noch 10mal besser sind.«

Viel weniger zufrieden als Jean Paul mit Schleiermachers Leistungen war dieser es mit denen des anderen: Siehe dazu Friedrich Schleiermachers Brief an Henriette Herz vom 8. Juli 1800, S. 302 dieser Ausgabe.

selbst an dem hochgefeierten »Titan«: Jean Pauls »Titan« erschien in fünf Bänden 1800 bis 1803.

92 *»Hesperus«:* Der Roman von Jean Paul war 1795 erschienen.

»Loge«: Jean Pauls »Unsichtbare Loge« von 1793.

Anhang und die Clavis: »Clavis Fichtiana«, eine Satire auf den Idealismus Fichtes, Jacobi gewidmet, bildet den Anhang zum ersten Teil von Jean Pauls »Titan« (1800).

Expektorationen: Ergüsse.

93 *Ludwig Börne:* Ludwig Börne, damals noch Louis (Löw) Baruch, kam am 9. November 1802 in das Haus von Marcus Herz, um sich dort auf das Medizinstudium vorzubereiten. Er verliebte sich exaltiert schwärmerisch bis zur Selbstmordabsicht in Henriette Herz. Er ging dann am 9. Juli 1803 nach Halle zu Reil, wo er sein Studium fortsetzte. Auf ihrer Rückreise von Italien nach Berlin besuchte Henriette Herz in Frankfurt am Main auch Ludwig Börne. Vom 15. Februar bis 30. April 1828 weilte Börne wieder in Berlin und war häufig ihr Gast. S. auch die S. 367–397 und 502–509 dieser Ausgabe.

bestanden hier nämlich medizinische Lehranstalten und Institute: u.a. die militärärztliche Schule Pépinière, die Goercke leitete und an der Karl August Varnhagen seine Ausbildung erhielt.

94 *Apotheker Lezius:* Carl August Lezius hatte seine Apotheke in der Königstraße 51 »in dem gekrönten Adler«.

98 *in demselben Jahre auf meiner Rückkehr aus Italien*: Henriette Herz war im Juni 1819 in Frankfurt am Main.

eine verwitwete Frau Wohl: Die Börne-Freundin und Förderin Jeanette Wohl.

ihn später bei seiner Anwesenheit in Berlin: S. Anm. zu S. 93.

99 *Die Herzogin Dorothea von Kurland und ihr Haus:* »Einen grellen Gegensatz zu den dunkeln einförmigen Winterabenden bei Großvater Nicolai bildeten die glänzenden Gesellschaften bei der Herzogin von Kurland, wohin mein Vater uns nur in sehr seltenen Fällen mitnahm, weil er den richtigen Grundsatz hatte, daß für einfache, bürgerlich erzogene Kinder eine solche fürstliche Pracht nichts tauge. Die Herzogin hatte sich nach dem Tode des Herzogs in Deutschland niedergelassen; sie lebte den Winter in Berlin, den Sommer auf ihrem Landgute Löbichau bei Altenburg. Ihr Mann, der letzte Herzog von Kurland, hatte sich entschlossen, da sein einziger Sohn gestorben war, sein Herzogtum i.J. 1795 an Rußland zu verkaufen. Der Preis war auf eine Million Dukaten festgesetzt worden, allein nach dem Tode des Herzogs (i.J. 1800) gerieten die russischen Abzahlungen allmählich ins Stocken; alle Reklamationen waren umsonst; im Wege des Prozesses blieb gar nichts zu erwarten, und so erhielten denn die Erben, wie ich dies später aus dem Munde der Herzogin selbst erfuhr, statt eines Dukatens nicht mehr als 17 Silbergroschen. Schon früher hatte der

Herzog in Deutschland große Güterankäufe gemacht; in Schlesien erwarb er das Herzogtum Sagan, in Böhmen die Herrschaft Nachod, in Sachsen das Landgut Löbichau. In Berlin besaß die Herzogin ein schönes Haus unter den Linden No. 7, das in meiner Jugend allgemein mit dem Namen des kurländischen Hauses bezeichnet wurde. Sie richtete sich darin auf das geschmackvollste ein, und versammelte einen Kreis von allen Berliner Notabilitäten um sich. Von den vier Töchtern der Herzogin erhielt die Älteste, Wilhelmine, das Herzogtum Sagan; sie war zuerst an den französischen Prinzen Rohan, dann an den russischen Fürsten Trubetzkoi verheiratet. Die zweite Tochter Pauline heiratete den regierenden Fürsten von Hohenzollern-Hechingen, die dritte, Jeanette, den neapolitanischen Fürsten Acerenza-Pignatelli. Die vierte Tochter Dorothea lebte bei ihrer Mutter; sie war im Jahre 1806, als wir Kinder anfingen in das herzogliche Haus zu kommen, 13 Jahre alt und von wunderbarer Schönheit. Als ich später den Wilhelm Meister las, bemerkte ich, daß das Bild, welches ich mir von Mignon machte, der Prinzessin Dorothea glich. Die dunkeln unergründlichen Augen hielt man anfangs für braun, sie waren aber von einem intensiven Blau; Stirn und Nasenwurzel von vollendeter griechischer Reinheit, die Nase selbst vielleicht etwas zu lang, die Oberlippe von wahrhaft klassischem Schnitt, das Oval des Gesichtes von feinster Zeichnung. Ihr rabenschwarzes glänzendes Haar trug sie ganz einfach gescheitelt, und hinten in einen Knoten geschürzt. Beim Sprechen stieß sie ein ganz klein wenig mit der Zunge an, und dies gab ihr in unseren Augen einen noch größeren Liebreiz. [...] Eines Abends fanden wir bei Prinzesschen eine nicht mehr ganz junge Frau von hoher Gestalt und von wahrhaft wunderbarer Schönheit. Wir erfuhren, es sei eine arme Jüdin, Madame *Herz*, von der die Prinzessin englischen Unterricht erhielt ...« (Gustav Parthey: Jugenderinnerungen. Handschrift für Freunde. Berlin 1871, Teil 1, S. 95-97; siehe auch Seite 486 dieser Ausgabe); bei der Schilderung ihrer Jugendzeit in Berlin gedachte Prinzessin Dorothea von Kurland besonders auch Henriette Herz (Dorothee Comtesse Jean de Castellan: Souvenirs de la Duchesse de Dino. Paris 1908, S. 141 ff.; vgl. Nicole Pohl: Europeans Networks: Dorothea von Kurland's Salons. In: Readers, writers, salonnières. Female Networks in Europe, 1700–1900. Ed. by Hilary Brown. Oxford, Bern 2011, S. 73–92).

Reise nach Leipzig ... eine unserm Hause befreundete Familie: S. die Anm. zu S. 38.

101 *Johannes von Müller:* »Ungefähr in dieser Zeit [s. auch die Anm. zu S. 112] kam auch Johann von Müller von Wien, um in Berlin eine höchst liberale Anstellung zu genießen, und der Geschichtsschreiber Friedrich's des Großen zu werden. Auch diese Erscheinung machte Aufsehn, und der Name klang uns bedeutungsvoll entgegen, wenn auch wenigstens mir der Mann selbst damals noch nicht bekannt wurde.« (Karl August Varnhagen von Ense: Denkwürdigkeiten des eigenen Lebens. Frankfurt am Main 1987, Band 1, S. 283).

103 *Elisa von der Recke:* S. auch die Anm. zu S. 60.

104 *ihr Buch über Cagliostro:* »Nachricht von des berüchtigten Cagliostro Aufenthalt in Mitau im Jahre 1779 ...« mit einer Vorrede von Friedrich Nicolai. Berlin 1787
in Folge der Aufhebung der Leibeigenschaft: Die allgemeine Leibeigenschaft in Rußland wurde erst am 3. März 1861 aufgehoben.

105 *Hielt sie sich in Berlin auf ...:* Bis zum Jahre 1806, als die Familie des Herzogs von Kurland ihren Sitz auf Schloß Sagan in Schlesien nahm, wohnte Elisa von der Recke im Schloß Friedrichsfelde bei ihrer Schwester Dorothea. In den Jahren 1814/15 lebte sie mit ihrem Freund Tiedge im heutigen Nikolai-

haus in der Brüderstraße 13.

Tiedges »Urania«: Das Lehrgedicht »Urania« erschien 1801.

107 *Staël:* Nachdem Madame de Staël 1803 wegen angeblicher regierungsfeindlicher Umtriebe von Napoleon aus Frankreich verbannt worden war, begab sie sich auf eine Deutschlandreise, die sie zunächst nach Weimar führte, wo sie den Winter verbrachte. Dann ging sie über Leipzig nach Berlin, wo sie am Abend des 8. März 1804 ankam und im Hotel »Stadt Paris« abstieg. Empfehlungsschreiben aus Weimar führten sie in die gelehrten und schöngeistigen Zirkel der preußischen Hauptstadt ein. Sie besuchte Theater und nahm am Hofball und Festessen zum Geburtstag von Königin Luise teil. August Wilhelm Schlegel gab ihr Unterricht in deutscher Literatur, und durch ihn lernte sie die führenden Köpfe der romantischen Schule kennen. Die Nachricht von der Erkrankung ihres Vaters, des Bankiers Necker, ließ sie schon am 19. April überstürzt abreisen. August Wilhelm Schlegel folgte ihr als Sekretär, Erzieher ihrer Kinder und Geliebter auf ihr Schloß Coppet am Genfer See, wo er sie bei der Niederschrift ihres wirkungsmächtigen Buches »De L'Allemagne« (1810) beriet, das von Napoleon umgehend verboten wurde.

Henriette Herz hatte nach dem Tod ihres Mannes ihren Salon in der Neuen Friedrichstraße 22 aufgegeben und wohnte nun in der Markgrafenstraße 59. Sie empfing Madame de Staël nicht nur in ihrer Wohnung, sondern traf sie auch in anderen Gesellschaften.

»Ebenso [siehe auch die Anmerkung zu Seite 112] entging mir Frau von Staël, von der allgemein gesprochen wurde, und die uns schneller, als ihre Absicht war, wieder entschwand, weil sie die Nachricht von der lebensgefährlichen Krankheit ihres Vaters empfangen hatte. Sie entführte [August Wilhelm] Schlegel'n mit sich nach der Schweiz, was wir nicht umhin konnten ihr zur Ehre zu rechnen, obgleich wir es ihm verdachten.« (Karl August Varnhagen von Ense: Denkwürdigkeiten des eigenen Lebens. Frankfurt am Main 1987, Band 1, S. 283)

Etwas ärgerlich berichtet Friedrich Baron de la Motte Fouqué in seiner Autobiographie (Halle 1840, S. 263) von einer verpatzten Verabredung mit August Wilhelm Schlegel im Sommer 1804 in Nenndorf: »Da trat die Erscheinung der Frau von Staël in Berlin dazwischen, und A.W. Schlegels näheres Anschließen an die geistreiche Fremde, welches zugleich einige Entfremdung früherer Freunde mit sich brachte, bis dann endlich die Reise nach Coppet uns den geliebten Meister und Genossen für viele Jahre völlig entführte. Die romantische Schule ging somit überhaupt einer Art von Auflösung in Betreff heiter persönlicher Wechselbeziehungen entgegen.«

(vgl. Ein fremder Gast. Frau von Staël in Deutschland 1803–1804. Herausgeben von Alfred Götze. Jena 1928; Germaine de Staël und ihr erstes deutsches Publikum. Literaturpolitik und Kulturtransfer um 1800. Herausgegeben von Gerhard R. Kaiser und Olaf Müller, Heidelberg 2008)

107 *Oh, j'y parviendrai!:* Oh, ich werde es schon schaffen!

108 *Vous avez…:* Sie haben einigen Einfluß auf ihn.

Schlegel hing mit zärtlicher Freundschaft an Sophie Bernhardi: Beide hatten ein außereheliches Kind.

Je la verrai parler: Ich werde sie sprechen sehen. *qu'est-ce qu'elle dit?:* Was sagt sie?

voir parler: Sprechen sehen.

ton de corps de garde: Gardekorpston.

110 *bei der Anwesenheit Schillers in Berlin:* Schiller hielt sich vom 1. bis 17. Mai 1804 in Berlin auf. S. die Anm. zu S. 112.

111 *seinem Bruder ..., der von Coruña aus seine Reise um die Welt antrat:*
Von La Coruña, der spanischen Hafenstadt am Atlantik, brach Alexander
von Humboldt im Juni 1799 mit Aimé Bonpland auf der spanischen Fregatte
»Pizarro« nach Südamerika auf. Die Reise dauerte fünf Jahre.

112 *Schiller:* »Im Frühjahr 1804 sah Berlin bedeutende literarische Gäste
ankommen. Schiller's Anwesenheit erregte große Bewegung, nicht nur in allen
Gesellschaftskreisen bemühte man sich um ihn, auch im Theater und auf der
Straße vor seiner Wohnung schallte ihm der Jubel entgegen. Leider hab' ich ihn
nicht gesehen; ich war grade verstimmt und mochte die Gelegenheit, die ich
besonders bei Fichte gut finden konnte, nicht aufsuchen.« (Karl August Varnhagen von Ense: Denkwürdigkeiten des eigenen Lebens. Frankfurt am Main
1987, Band 1, S. 283)

Nur wenige Wochen zuvor, als es um kritische Stellen im »Wilhelm Tell«
ging, die bei der Premiere politische Irritationen auslösen könnten, hatte Theaterdirektor Iffland seinen Sekretär Pauly zu Schiller nach Weimar geschickt.
Später wird Pauly als Quelle genannt, der Schiller seinen Wunsch, nach Berlin
überzusiedeln, anvertraut habe. Offenbar wurde schon im April 1804 darüber
gesprochen, denn es gibt aus dieser Zeit eine Äußerung Schillers, daß er »nicht
Willens [sei] in Weimar zu sterben. Nur in der Wahl des Orts, wo ich mich hin-
begeben will, kann ich mit mir noch nicht einig werden«. Zwei Wochen nach
dem Besuch Paulys brach Schiller, überraschend für alle seine Freunde in
Weimar, zu seiner Reise nach Berlin auf. Begleitet von seiner schwangeren Frau
Charlotte und den beiden Söhnen Karl und Ernst traf Schiller am 1. Mai 1804
gegen Mittag in Berlin ein und logierte im Hotel Russie, ein Haus der »1. Clas-
se« an der Promenade Unter den Linden. Am 6. und 12. Mai besuchte Schiller
Aufführungen seiner »Jungfrau von Orleans«, am 14. Mai seinen »Wallensteins
Tod«. Mehrere abendliche Theater- und Konzertbesuche sind vermerkt. Schillers Kalender gibt keine detaillierte Auskunft darüber, wen er in Berlin gesehen
und gesprochen hat. Vermerkt sind einige bekannte Namen wie Bernhardi,
Zelter und Frau. Auch suchte er Fichte auf. Am 4. Mai war er im Tiergarten »bei
Ifflands zu Mittag«, am 5. Mai vermerkt er: »beim Prinzen Louis Ferdinand
gegessen«. Der Legende nach floß bei diesem Diner im Palais des Prinzen an
der Weidendammer Brücke im Zirkel der Herren Iffland, Brinckmann, Himmel
und Müller der von Schiller geschätzte Weißburgunder – ein schwerer Mon-
trachet vom Sonnenjahrgang 1799 – in so großen Mengen, daß der Dichter
den Rückweg ins Hotel nur mit Mühe schaffte und einer eigens angesetzten
Galavorstellung seiner »Räuber« fernblieb. (Eckart Kleßmann: Prinz Louis
Ferdinand von Preußen 1772–1806. Gestalt einer Zeitenwende. München 1972,
S. 162–163)

Am 13. Mai empfing Königin Luise im Audienzzimmer des Berliner Stadt-
schlosses das Ehepaar Schiller und ließ ihn »ahnen«, daß sie ihn gerne dauerhaft in Berlin hätte.

Nicht in Schillers Kalender vermerkt, aber glaubhaft ist, daß er und seine
Frau Henriette Herz in der Markgrafenstraße 59 oder in ihrer Sommerwoh-
nung Tiergartenstraße 18 besuchten. Caroline von Wolzogen hatte Schillers
Gattin Charlotte brieflich am 29. April 1804 aufgetragen: »Wenn du die
Madame Herz siehst, so grüße sie von mir.« (Emilie von Gleichen-Rußwurm:
Charlotte Schiller und ihre Freunde. Stuttgart 1862, 2. Band, S. 89)

Am 17. Mai reiste Schiller ab nach Potsdam, wo er Verhandlungen mit dem
Kabinettsrat Carl Friedrich Beyme über eine dauerhafte Anstellung zu einem
Gehalt von 3000 Talern führte. Von da aus ging es zurück nach Weimar.

»Daß ich bei dieser Reise nicht bloß mein Vergnügen beabsichtigte, kannst Du Dir leicht denken«, schrieb Friedrich Schiller am 28. Mai 1804 nach seiner Rückkehr nach Weimar an den Freund Körner in Dresden, »es war um mehr zu thun, und allerdings habe ich es jetzt in meiner Hand, eine wesentliche Verbesserung in meiner Existenz vorzunehmen. Zwar wenn ich nicht auf meine Familie reflectiren müßte, würde es mir in Weimar immer am besten gefallen. Aber meine Besoldung ist klein und ich setze ziemlich alles zu, was ich jährlich erwerbe, so daß wenig zurückgelegt wird. Um meinen Kindern einiges Vermögen zu erwerben, muß ich dahin streben, daß der Ertrag meiner Schriftstellerei zum Capital kann geschlagen werden, und dazu bietet man mir in Berlin die Hände. Ich habe nichts da gesucht, man hat die ersten Schritte gegen mich gethan, und ich bin aufgefordert, selbst meine Bedingungen zu machen. Es ist aber kostbar in Berlin zu leben, ohne Equipage ist es für mich ganz und gar nicht möglich, weil jeder Besuch oder Ausgang eine kleine Reise ist. Auch sind andere Artikel sehr theuer, und unter sechshundert Friedrichsd'or könnte ich gar nicht mit Bequemlichkeit leben; ja diese würden nicht einmal hinreichen. In einer großen Stadt kann man sich weniger behelfen, als in einer kleinen. Es steht also bei den Göttern, ob die Forderung, die ich zu machen genöthigt bin, nicht zu hoch wird gefunden werden. Berlin gefällt mir und meiner Frau besser, als wir erwarteten. Es ist dort eine große persönliche Freiheit, und eine Ungezwungenheit im bürgerlichen Leben. Musik und Theater bieten mancherlei Genüsse an, obgleich beide bei weitem das nicht leisten, was sie kosten. Auch kann ich in Berlin eher Aussichten für meine Kinder finden, und mich vielleicht, wenn ich erst dort bin, noch auf manche Art verbessern. Auf der anderen Seite zerreiße ich höchst ungern alte Verhältnisse, und in neue mich zu begeben schreckt meine Bequemlichkeit. Hier in Weimar bin ich freilich absolut frei, und im eigentlichen Sinne zu Hause. Gegen den Herzog habe ich Verbindlichkeiten, und ob ich gleich mit ganz guter Art mich loszumachen hoffen kann, so würde mir's doch wehe thun zu gehen. Wenn er mir also einen nur etwas bedeutenden Ersatz anbietet, so habe ich doch Lust zu bleiben. So stehen die Sachen. [...] Uebrigens bleibe die Sache unter uns; es würde mir schaden, wenn vor der Zeit etwas verlautet.« (Schillers Briefwechsel mit Körner. Von 1784 bis zum Tode Schillers. Berlin 1847, Teil 4, S. 362–364)

In Weimar regte sich Widerstand gegen den Wechsel nach Berlin. Auf Goethes Betreiben verdoppelte Herzog Carl August Schillers Bezüge. Ein Jahr später war Schiller tot.

(vgl. Schillers Reise nach Berlin im Jahre 1804. Nach einer hinterlassenen Handschrift des Majors Seidel. Herausgegeben von Albert Pick. Berlin 1905 [Schriften des Vereins für die Geschichte Berlins, Heft XL]; Michael Bienert: Schiller in Berlin oder Das rege Leben einer großen Stadt. Marbach 2004 [Marbacher Magazin, 106])

113 *wie sein Posa in der berühmten Szene mit König Philipp:* Gemeint ist die Audienzszene im dritten Akt von Schillers Drama »Don Karlos« (1787).

114 *Soirée bei Frau Seidelmann:* Apollonia Seidelmann war als Porträtistin und Kopistin bekannt geworden mit einer Kopie von Raphaels Madonna, gestochen von Müller, die in Europa weit verbreitet war und ihren Ruhm begründete. Sie war verheiratet mit dem Erfinder der Sepiatechnik Jakob (Jacob) Crescenz (Crescentius) Seidelmann (Seydelmann) (1750–1829), seit 1782 Professor an der Dresdner Akademie der Künste. Sie waren befreundet mit der Familie des Malers Gerhard von Kügelgen. »[...] gleichermaßen überraschte mich ein Besuch der Professorin Seidelmann, einer Freundin, mit welcher ich früher viel

in der Dresdner Galerie zusammengearbeitet hatte. Venetianerin von Geburt, verband sie südliche Lebendigkeit mit drolliger Laune, welche durch ihre fremdartige Aussprache des deutschen noch komischer wurde; [...] In ihrer eleganten Häuslichkeit zu Dresden sah sie jeden Abend die vornehmste Gesellschaft bei sich, was ihr viele Bestellungen auf Porträts verschaffte, die sie tüchtig malte. Ihr Mann, der übrigens noch ganz der alten Zopfzeit angehörte, war Professor an der Kunstakademie in Dresden und besonders routiniert in der Anfertigung von Sepiakopien nach den bedeutendsten alten Meistern in der Größe der Originale [...]« (Erinnerungen der Louise Seidler. Berlin 1922, S. 138–139)

plötzlich seine Ankunft berichten hörte: Goethe war auf der Rückreise aus Karlsbad am 16. April 1810 für zehn Tage in Dresden geblieben.

117 *domestique de palace:* Palastdiener.

118 *Mais je ne connais que ...:* Aber ich kenne nur Madame Herz!

Aus Rom: Louise Seidler, die am 28. Oktober 1818 in Rom ankam, schreibt in ihren Erinnerungen: »Schon der herzliche Empfang, den wir fanden, rührte uns tief, und in freudiger Bewegung erreichten wir das Haus, in welchem Henriette Herz für Frau von Loewenich und mich eine Wohnung gemietet hatte. Noch am Tage meiner Ankunft in Rom hatte ich Gelegenheit, Bekanntschaft mit dem Historiensammler und späteren Kunstschriftsteller Passavant aus Frankfurt anzuknüpfen; demselben, der sich später durch sein treffliches, vom reichsten Wissen zeugendes Werk über Raffael einen berühmten Namen machte. Er war ein freundlicher, schöner und kenntnisreicher Mann. Wir holten unsern Reisegefährten, den treuen Schinz, der nicht weit von unserer Wohnung ein bescheidenes Quartier gefunden hatte, und gingen darauf dankerfüllten Herzens alle zu der uns so gefällig und dienstlich gewesenen Henriette Herz, wo wir mit dem originellen Tiroler Koch, Historien- und Landschaftsmaler, und dem braven, geschickten Suter aus Wien nebst dessen Frau zusammentrafen, mit denen wir nach deutscher Sitte Tee tranken. So endete mein erster Tag in Rom. Am nächsten Morgen besuchte uns Henriette Herz, wir gingen miteinander nach der Villa Bartholdina. Der preußische Konsul Bartholdy hatte hier zur Förderung der jugendlich aufstrebenden Künstler Cornelius, Veit, Overbeck und Schadow einige Zimmer mit Fresken, deren Figuren lebensgroß waren, ausmalen lassen [...] wenige Tage nachdem Fanny [Caspers] aus unserer Mitte geschieden war, machten auch Frau von Humboldt, Henriette Herz und der preußische Gesandtschaftssekretär Dr. Brandis Anstalt, nach Deutschland zurückzukehren (2. Mai 1819) – Die edle, schöne Henriette Herz war der allgemeine Liebling geblieben; viele Tränen flossen ihr nach. Während der letzten Tage ihres Aufenthaltes in Rom bemühte sich jeder, ihr noch irgendeine Aufmerksamkeit zu erweisen; ich selbst überreichte ihr eine von mir angefertigte Kopie des Erzengels Michael von Perugio [...], über welche Henriette Herz große Freude hatte. [...] Sowenig wie Henriette Herz konnte auch Frau von Humboldt durch irgend jemand ersetzt werden.« (Erinnerungen der Malerin Louise Seidler, zweite umgearbeitete Auflage, Berlin 1875)

Scherzend schreibt Atterbom an Schelling (25. Mai 1818, ungedruckt): »Es soll hier in Rom eine ganze Colonie von deutschen Frauen errichtet werden, und alle diese Damen wollen zusammen wohnen, in Einem Hause. Die Minerva dieses wunderlichen Olymps wird wohl die Frau von Schlegel vorstellen; den Platz der Juno wird wohl keine der Frau von Herz streitig machen wollen. Schade, daß die alte Cybele, Frau von Humboldt, bald nach England abgeht! Fräulein Seidler muß sich sputen, damit sie ja ihre Aufnahme in diesen allerliebsten Frauenstaat nicht verfehle. Es sind schon zwei junge Fräulein dort, und Auguste Klein die dritte, die sich mit Malerei beschäftigen.«(Anmerkung Hans Uhdes zu den Erinnerungen der Louise Seidler)

»Was aber übel ist bei unserer häuslichen Einrichtung, ist, daß ich nie allein, nie ungestört seyn kann, weil mein Zimmer blos vom Mittelzimmer geheizt wird, woran alle Theil haben und des Gegeneinanderrennens kein Ende ist, besonders von der großen Frau [d. i. die junonische Gestalt der Henriette Herz]; da ich nun meine Thüre offen halten muß, so sind es ewige Anreden und Störungen.« (Dorothea Schlegel an Friedrich Schlegel am 30. Dezember 1818) S. auch die S. 430–447 dieser Ausgabe.

121 *deutsche Tracht:* Von Friedrich Ludwig Jahn 1810 für seine Turner eingeführte Einheitskleidung: grobes, ungebleichtes Leinen mit weißem Kragen. Üblich für seinen geheimen »Deutschen Bund« zur Befreiung und Einigung Deutschlands war auch das Tragen langer Haare und daß keine Fremdwörter, speziell französische, benutzt wurden. Die altdeutsche Tracht oder deutsche Nationaltracht war dann eine zwischen 1813 und 1815 in Deutschland während der Befreiungskriege aufgekommene und weit verbreitete Kleidermode. Sie war Ausdruck des antifranzösischen deutschen Nationalgefühls und fand bei Frauen und Männern verschiedener Gesellschaftsschichten großen Anklang. Diese neue Mode sollte sich gegen den noch vorherrschenden Empire-Stil durchsetzen, der als »französische Modetorheit« bezeichnet wurde. Nach 1815 wurde sie Erkennungszeichen studentischer Burschenschaften, die sich dadurch von den traditionell landsmannschaftlichen Studentencorps abhoben. Ernst Moritz Arndt und die österreichische Schriftstellerin Karoline Pichler waren entschiedene Verfechter dieser deutschen Nationalmode. Prominentester Träger dieser Tracht war der bayerische Kronprinz Ludwig, der spätere König Ludwig I. Die Herren trugen einen langen, eng anliegenden Rock sowie einen weit geöffneten Hemdkragen (Schiller-Kragen), weit geschnittene Hosen und oft auch ein großes Barett aus Samt. Bei den Damen waren geschlitzte und gepuffte Ärmel und Halskrausen beliebt. Die bevorzugte Farbe war schwarz – die Farbe der Uniformen der Freikorps während der Befreiungskriege. Die junge Generation trieb es noch weiter: sie ließ Gesichts- und Kopfhaar demonstrativ ungepflegt und trat zudem aufrührerisch auf. Die Mode galt als derart provokativ, daß sie nach den »Karlsbader Beschlüssen« von 1819 während der Demagogenverfolgung teilweise verboten wurde.

»[...] er [Philipp Veit] trägt auch einen deutschen Rock und Barrett; wie er sagt, tragen alle deutschen Künstler so in Rom.« (aus einem Brief Dorothea Schlegels an Friedrich Schlegel vom 22. Mai 1818) S. dazu auch S. 136 dieser Ausgabe.

Simonetta: Oder Sermoneta. Henriette Herz wußte dies nicht mehr genau (Anmerkung von Joseph Fürst).

126 *Charles Scott:* »Auf eine ausgezeichnete Weise wurde Scotts Name kürzlich hier gefeiert. Bei einem Feste war eine glänzende Maskerade, wo die meisten Helden der Scottischen Romane in ihrer charakteristischen Äußerlichkeit erschienen. Von dieser Festlichkeit und diesen Bildern sprach man hier wieder acht Tage lang. Besonders trug man sich damit herum, daß der Sohn von Walter Scott, der sich just hier befindet, als schottischer Hochländer gekleidet und, ganz wie es jenes Kostüm verlangt, nacktbeinig, ohne Hosen, bloß ein Schurz tragend, das bis auf die Mitte der Lenden reichte, bei diesem glänzenden Feste paradierte. Dieser junge Mensch, ein englischer Husarenoffizier, wird hier sehr gefeiert und genießt hier den Ruhm seines Vaters.« (Zweiter der

»Briefe aus Berlin« von Heinrich Heine vom 16. März 1822).

»Walter Scotts Sohn ist hier und wird sehr geehrt, er ist auf das Geburtsfest der Cumberland [Herzogin Friederike Caroline von Cumberland, 1778–1841, Schwester der Königin Luise von Preußen] zu einer Maskerade eingeladen, wo alle Romane seines Vaters personifiziert waren. Er selbst war in seiner Hochländertracht, das heißt ohne Beinkleider, nur mit einer Schürze bekleidet, da. Die ganze Stadt kann sich noch nicht über diese Unverschämtheit zufriedengeben, alles spricht von seinen nackten Beinen [...]« (Bettina von Arnim an Achim von Arnim, 7. März 1822).

126 *Walter Scott ... noch nicht öffentlich zu seinem Werk bekannt:* Die ersten Werke Scotts, mit denen er berühmt wurde und den Historienroman begründete, waren anonym erschienen.

My father never ...: Mein Vater sprach nie über ein solches Buch.

He never ...: Er sprach nie über ein Buch.

In my highland-dress: In meinem Schottenrock.

127 *Feßlersche Lesegesellschaft:* S. die 1. Anm. zu S. 47.

129 *Die Begegnung, welche ihm bei seiner Weltumsegelung auf dem russischen Schiffe widerfuhr:* Adelbert von Chamisso war von August 1815 bis Oktober 1818 Teilnehmer der Romanzoffischen Entdeckungs-Expedition unter dem Kommando von Kapitän Otto von Kotzebue. Sein Bericht »Bemerkungen und Ansichten auf einer Entdeckungs-Reise. Unternommen in den Jahren 1815–1818 auf Kosten Sr. Erlaucht des Herrn Reichskanzlers Grafen Romanzoff auf dem Schiffe Rurick unter dem Befehle des Lieutenants der Russisch-Kaiserlichen Marine Otto von Kotzebue« erschien als Band 3 des dreibändigen Expeditionsberichtes von Otto von Kotzebue: »Entdeckungs-Reise in die Süd-See und nach der Berings-Straße zur Erforschung der nordöstlichen Durchfahrt [...]« (Weimar 1821). Es dürfte sich um die peinliche Bewirtungsszene auf den Sandwichinseln handeln.

131 *de rigueur:* Unerläßlich.

137 *jenes herrliche, ihm von den deutschen Künstlern veranstaltete Fest:* Die vielfach geschilderte Abschiedsfeier für den bayerischen Kronprinzen fand am 29. April 1818 in der Villa Schultheiß auf dem Monti Paroli statt (vgl. Friedrich Noack »Deutsches Leben in Rom. 1700 bis 1900«. Stuttgart und Berlin 1907, S. 377, Nr. 15). Der Saal war mit allegorischen Bildern von Cornelius, Overbeck und Veit ausgeschmückt. Friedrich Rückert gab einen dichterischen Kommentar zu den Bildern von Cornelius. »Nach der Tafel eröffnete der Kronprinz den Ball und tanzte mit allen kleinen anwesenden jungen deutschen Damen sowie mit den Künstlerfrauen, welche sämtlich Italienerinnen und größtenteils jung und schön sind [...] Der Kronprinz nahm auch an den italienischen Tänzen teil; dann setzte er sich zu den älteren Damen, den Frauen von Humboldt, Herz usw., worauf die anderen Damen um ihn einen glänzenden Halbkreis bildeten, und nun bat er um das Absingen einiger deutscher Nationallieder. Ein vortrefflicher Chor, geleitet von Dr. Ringseis, dem Leibarzt des Kronprinzen und intimen Freunde Baaders, stimmte nun vor diesem Halbkreise das bekannte ›Am Rhein, am Rhein‹, darauf Goethes ›Was hör' ich draußen vor dem Tor‹, dann das alte ›Es ritten drei Reiter zum Tore hinaus, Ade!‹ und zuletzt einige Tirolerweisen an. Diese Szene kam mir wirklich wie ein schöner Traum aus dem Mittelalter vor: Dort der Königssohn und werdende König in altdeutscher Tracht, um ihn der Kreis altdeutsch gekleideter Damen, und alle einem Chore von Sängern lauschend, die auch fast sämtlich das geschmackvolle Kleid jener Zeit trugen.« (Peter Daniel Atterbom an Geijer)

Frau von Humboldt, deren Töchter ...: Die Älteste war Caroline, dann folgten Adelheid und Gabriele.

138 *Seine Frau, eine Schwester Schleiermachers:* Anna Maria Louise, genannt Nanny, war eine Halbschwester Friedrich Schleiermachers und seit 1817 mit Ernst Moritz Arndt verheiratet.

am 14. Juli: In der Nacht vom 13. zum 14. Juli 1819 wurden die führenden Köpfe der deutschen Jugend, unter ihnen Arndt und Friedrich Ludwig Jahn, verhaftet. Das Attentat auf Kotzebue durch den Burschenschaftler Sand am 23. März 1819 in Mannheim hatte die Verfolgung »demagogischer Umtriebe« ausgelöst. Die von Metternich eingeleiteten »Karlsbader Beschlüsse« wurden am 20. September 1819 vom Bundestag angenommen: Strengste Überwachung der Universitäten durch Einsetzung von Kuratoren und verschärfte Zensur. Die »Karlsbader Beschlüsse« wurden erst 1848 aufgehoben. Die von den Universitäten relegierten Lehrer, wie etwa die Brüder Grimm, wurden 1840 rehabilitiert.

Während der Zeit der Hausdurchsuchung lebte Ernst Moritz Arndt im Hause Welckers, es wurden auch Welckers Papiere konfisziert.

139 *heftig perorierte:* Laut sprach, sich ereiferte.

140 *ich regrettiere:* Ich bedaure.

Anerkennung der Unabhängigkeit der Vereinigten Staaten: Am 30. November 1782.

141 *der Verkauf der Hessen und Braunschweiger an England:* Während des Amerikanischen Unabhängigkeitskrieges wurden etwa 30.000 Soldaten aus Deutschland (Hessen-Kassel, Nassau, Waldeck, Ansbach-Bayreuth, Braunschweig und Anhalt-Zerbst) für Großbritannien gestellt. Die Fürsten dieser Staaten erhielten dafür etwa acht Millionen Pfund Sterling.

142 *comme il faut:* Hier: von Rang, von Bedeutung.

143 *Die so schöne romantische Feier des Bundesfestes auf dem Marsfelde:* Fest zum ersten Jahrestag des Sturms auf die Bastille. Das Hochamt hielt am 14. Juli 1790 der Diplomat Talleyrand-Périgord. Parallel dazu fand in Harvestehude vor den Toren ein Freiheitsfest statt.

143 *kannegießern:* Biertischpolitik. Nach dem Lustspiel »Der politische Kannegießer« (1722) des norwegisch-dänischen Dichters Holberg.

144 *konjekturiert, Konjekturen:* Vermutet, Vermutungen.

Hamburger Correspondenten: Der »Hamburgische Correspondent« war die meistgelesene und einflußreichste Zeitung Europas.

Konjekturen ... Raisonnements: Vermutungen ... Argumentationen.

145 *der Mord der französischen Gesandten:* Der Rastatter Friedenskongreß, auf dem seit 1797 zwischen Frankreich, Preußen und Österreich verhandelt wurde, endete am 22. April 1799 mit der 97. Tagung. Die vier französischen Diplomaten Bonnier d'Arco, Jean Débry, Claude Roberjot und Heinrich Karl Rosenstiel hatten den Auftrag, im Schutz der Immunität in Deutschland Stimmung gegen Österreich zu machen und Truppenbewegungen auszukundschaften. Am 10. März wurden alle französischen Diplomaten zum Verlassen Deutschlands aufgefordert. Am 17. März wurde die Neutralität des Kongreßortes aufgehoben. Am 17. April 1799 erhielt der österreichische Oberst von Barbaczy den Befehl, den Ort mit seinem 11. Szekler Husarenregiment abzuriegeln, alle französischen Kuriere und Diplomaten zu kontrollieren und ihre Geheimpapiere zu beschlagnahmen. Am 28. April ließ er den Ort besetzen und abriegeln. Die Franzosen erhielten ein Ultimatum, innerhalb von 24 Stunden abzureisen, und kamen ihm in der folgenden Nacht nach. Was dann geschah,

ist nie richtig geklärt worden. Bonnier und Roberjot wurden nahe Rastatt ermordet. Debry und Rosenstiel konnten fliehen. Eine Untersuchungskommission arbeitete ein halbes Jahr im geheimen. Die nach Wien gesandten Ergebnisse verschwanden spurlos. Oberst von Barbaczy wurde zusammen mit mehreren Soldaten verhaftet, die sich der Tat gerühmt hatten, aber kurz darauf wieder freigelassen und zum Generalmajor befördert. Preußen beschuldigte Österreich, den Mord befohlen zu haben. Eine Anklage wegen Raubmord verlief im Sande. (de.wikipedia.org/wiki/Rastatter_Gesandtenmord, aufgerufen am 26. Oktober 2012)

146 *Der kühne abenteuerliche Zug nach Ägypten:* Napoleons Ägyptenfeldzug oder »Ägyptische Expedition« war eine militärische und wissenschaftliche Unternehmung der Franzosen unter dem Kommando von Napoleon Bonaparte in den Jahren 1798 bis 1801.

147 *Greuel in Lyon:* Eines der blutigsten Kapitel der Französischen Revolution. Gegenrevolutionäre Aufstände im Südosten des Landes wurden brutal unterdrückt. Die Massaker von Lyon fanden am 14. Dezember 1793 statt.

148 *Royalisten de pur sang:* Königstreue von reinstem Geblüt.

en escarpins: In feinen Schuhen.

Untergilet: Eine Art Weste.

Chevalier Reinhard: Vermutlich François-Volkmar Reinhard (1759–1812). Ein Buch mit dem Titel »Tableau de Berlin à la fin du dix-huitième Siècle« war 1801 erschienen.

ci-devant: Ehemalig.

150 *Danaergabe:* Bezug auf das von den Griechen (Danaern) im Kampf um Troja zurückgelassene hölzerne Pferd (Virgil »Äneide« 2,49). Sprichwörtlich für ein Geschenk, das bei anscheinenden Vorteilen gefährliche Nachteile für den Empfänger in sich birgt.

Schlacht bei Austerlitz: In der Schlacht bei Austerlitz in Mähren besiegte Kaiser Napoleon I. am 2. Dezember 1805 die russischen und österreichischen Truppen.

151 *dissolut:* Haltlos, zügellos.

152 *Heldentod bei Saalfeld:* Prinz Louis Ferdinand hatte den Befehl über die 8000 Mann starke Vorhut des Hohenloheschen Korps, das am 10. Oktober 1806, vier Tage vor der Schlacht von Jena und Auerstädt, durch napoleonische Truppen bei Saalfeld vollständig vernichtet wurde. Getötet wurde er von dem französischen Unteroffizier Guindey vom 10. Husarenregiment, der dafür das Kreuz der Ehrenlegion erhielt.

154 *de Bachsche Kunstreitergesellschaft:* Christoph de Bach (1768–1834) war ein bekannter Kunstreiter und Impresario, Inhaber des 1808 in Wien errichteten »Circus gymnasticus«. Zwischen 1816 und 1820 bekannte attraktive Reitergruppe, bei der vor allem ein Italiener, Alessandro Guerra, insgeheim der »Furioso« genannt, herausragte (vgl. Karl von Holtei: Vierzig Jahre, Berlin 1843, Band 2, S. 378f).

155 *il y'a un Dieu des ivrognes:* Es gibt einen Gott der Betrunkenen.

Gleich einem Donnerschlage rüttelte die Kunde von Saalfeld auf: Im Herbst 1806 erklärte Preußen dem kaiserlichen Frankreich den Krieg. Das unter einheitlichem Kommando stehende französische Korps traf von Süddeutschland aus auf getrennte preußisch-sächsische Truppen. Am 14. Oktober 1806 wurde die preußische Hauptmacht in der Doppelschlacht bei Jena und Auerstädt vernichtend geschlagen. Sachsen trat von dem Bündnis mit Preußen zurück und schloß einen Separatfrieden. Die französischen Truppen drangen widerstandslos vor: Am 27. Oktober zog Napoleon in Berlin ein.

156 *Ruhe ist jetzt die erste Bürgerpflicht:* Die häufig zitierte Passage lautet richtig »Die erste Bürgerpflicht ist Ruhe«. Es handelt sich um die Schlußworte einer Ansprache Friedrich Wilhelm Graf von Schulenburgs, Gouverneur von Berlin, am 18. Oktober 1806, in der er den Berlinern die Nachricht von der Niederlage der Schlachten bei Jena und Auerstädt gab. Von Willibald Alexis stammt der Roman »Ruhe ist die erste Bürgerpflicht« (1852).

158 *Chasseurs à cheval:* Berittene Jäger.

159 *capotbekleidet:* capot: Regenmantel.

pour comble d'horreur: Um den Schrecken voll zu machen.

160 *brouilliert:* Durcheinandergebracht.

161 *Calembourg:* Richtig Calembour: Kalauer, Wortspiel.

161 *Nation »à la tête de la civilisation«:* Nation »an der Spitze der Zivilisation«.

C'était la femme …: Es war die Frau meines Bürgers mit ihrem Gemahl.

162 *Bonnes françaises ou suisses …:* Gute französische und schweizerische Kindermädchen, die nur ihre Sprache sprechen.

166 *Im Sommer bewegte sich die königliche Familie an den Sonntagen nach der Tafel im Schloßgarten zu Charlottenburg, wo die Musikcorps der in Berlin garnisonierten Regimenter alsdann spielten …:* Ihrem Biographen Fürst erzählte Henriette Herz von der folgenden Begegnung: »Es war damals an jedem Sonntag Nachmittag im Schloßgarten zu Charlottenburg Militairmusik, während welcher die Königliche Familie sich entweder an den Fenstern des Schlosses zeigte, oder auf der Terrasse desselben spazierte. Ich ging an diesem Tage nie dorthin, selbst nicht, wenn ich meinen Sommeraufenthalt in Charlottenburg hatte. Aber an dem Sonntage des Herbstes 1806, dem Vorabend des Tages, an welchem der König und die Königin zur Armee abreisen wollten, trieb es mich gewaltsam hin. Mir war, als ob das schöne, edle Königspaar an einem verhängnißvollen Wendepunkt seines Geschickes stände, und als müßte ich es zuvor noch einmal in aller Glorie eines ungetrübten Glanzes sehen. – Ich hatte nie geglaubt, daß die Königin mich von Ansehn kenne. Wie überrascht war ich nun, ja wie bewegte es mich bei der Stimmung, in welcher ich mich befand, als sie, im Begriff ins Schloß zurückzukehren, auf der Terrasse nahe an mir vorübergehend, mir mit ihrer wunderbar klangvollen Stimme zurief: »Adieu, Madame Herz!« Sie schien so heiter, sie schien so gar keine Ahnung von der Gewichtigkeit des Augenblicks zu haben! – Mir aber blieb dies ›Adieu!‹ lange in bedeutungsvollem Angedenken.« (erstmals veröffentlicht in der »Konstitutionellen Zeitung« Nr. 420 vom 30. November 1849)

167 *impassible:* Kaltblütig.

171 *Tiecks »Minnelieder aus dem schwäbischen Zeitalter«:* Erschienen 1803, *»Deutsche Gedichte des Mittelalters«* 1808–1825, *Übertragung des »Nibelungenliedes«* 1807 ff.

171 f *Doch erhob man sich bald zu etwas größerem Mut …:* Über dieses Ereignis berichtet Karl August Varnhagen von Ense: »Auf dem Gendarmenmarkt hatte der Mechaniker Schütz ein Puppenspiel eröffnet, dem wir schon vor mehreren Jahren, auch jetzt wieder unsre Vorliebe zuwandten, und an einem schönen Winterabende zog die ganze Gesellschaft von Reimer's in die Vorstellung des Faust. Zuletzt füllte sich der Saal noch mit einer Schar französischer Offiziere, die sehr laut wurden, ihre Späße zwischen die der Marionetten einschalteten, und endlich auch, trotz der Anwesenheit der Damen, ihren Witz in Unsauberkeiten ausließen. Ich stand neben dem Sitze der Hoffrätin

Herz, und nicht gesonnen, ihr Ohr ungestraft so beleidigen zu lassen, wandte ich mich an den nächsten der Offiziere, und hieß ihn und seine Kameraden ein bescheidneres Betragen annehmen. Nach einem kurzen Augenblicke verwunderungsvollen Erstaunens erhob sich ein allgemeines französisches Widerbellen, und ich sah mich durch die heftigsten Anreden bestürmt. Ich ging mit mehreren Offizieren hinaus, die bei Erwähnung der Pistolen sogleich alles in Ordnung fanden, meine Adresse nahmen, und darauf mit mir wieder in den Saal gingen, und das Stück nun ganz ruhig zu Ende hörten. Wir brachten den übrigen Abend bei Reimer zu, wo das Vorgefallene näher besprochen wurde; Schleiermacher gab mir die größten Lobsprüche, daß ich seine und meine Freundin so wacker vertreten, hieß mich aber zugleich bedenken, wie viel besseres ich wert sei, als mein Leben bei solchem Anlasse jedem schlechten Franzosen bloß zu stellen, die vaterländische Sache habe in aller Art höhere Ansprüche an mich, und er ließ nicht nach, ich mußte ihm, nach großem Widerstreben, endlich mit Handschlag versprechen, daß ich den Zweikampf nicht ohne äußerste Notwendigkeit eingehen würde. Damit ich nicht allein sei, sandte er mir Reimer's Schwager, Reinhard, frühmorgens zu, der von der Universität her mit solchen Sachen vertraut und ein guter Fechter war, aber kein Wort französisch konnte, und daher, als zwei französische Offiziere kamen, ein stummer Zeuge blieb; die Herren wollten allenfalls mit der blanken Klinge, gleichsam zum Scherze, gegen mich ferraillieren, aber zu Pistolen hatten sie keine Lust, und als ich erklärte, ein Deutscher müsse jetzt mit Franzosen sich nicht anders als ganz ernstlich zum Gefechte stellen, meinten sie nach einigem Hin- und Widerreden, sie wollten die Sache, die ja gar nicht so schlimm, sondern eigentlich unbedeutend und ohne ehrenrührige Schimpfreden geblieben sei, bewenden lassen, und empfahlen sich mit vieler Artigkeit.« (Karl August Varnhagen von Ense: Denkwürdigkeiten des eigenen Lebens. Frankfurt am Main 1987, Band 1, S. 510–512)

174 *kantonpflichtig:* Wehrpflichtig.

175 *Coiffure:* Frisur.

176 *Die um diese Zeit ins Leben getretene Universität:* Die Berliner Universität, die heutige Humboldt-Universität, wurde am 16. August 1809 gegründet und nahm 1810 ihren Betrieb auf.

Tugendbund: Geheimer Orden mit dem Ziel, Deutschland von Napoleon zu befreien. Ihm gehörten zahlreiche Politiker, Militärs und Gelehrte an. Der Tugendbund wurde 1808 in Königsberg gegründet, als Friedrich Schleiermacher seine berühmten Reden an die Jugend verfaßte. Im Dezember 1809 wurde der Bund, der über ganz Deutschland verbreitet war, vom König durch Kabinettsordre verboten.

Als mit der Rückkehr des Königs: Friedrich Wilhelm III. und seine Gattin Luise flohen vor den französischen Okkupanten nach Memel. Der Friede von Tilsit im Juli 1807 ermöglichte ihnen die Rückkehr nach Berlin. Am 23. Dezember 1809 zog das Königspaar unter dem Jubel der Bevölkerung wieder in Berlin ein.

177 *ihren frühen Tod:* Königin Luise starb am 19. Juli 1810 an einer Lungenentzündung, während sie ihren Vater in Hohenzieritz besuchte.

180 *Karlsbader Beschlüsse ... Ermordung Kotzebues:* S. die 2. Anm. zu S. 138.

183 *freches Affichieren:* Anklagen, Anschlagen.

187 *das Wort des Dichters, daß man nur in das volle Menschenleben hineinzugreifen habe ...:* »Greift nur hinein ins volle Menschenleben! Ein jeder lebt's, nicht vielen ist's bekannt, und wo ihr's packt, da ist's interessant.« (Goethe,

Faust, Vorspiel)

188 *in unversiegbarer Jugend ein Genosse der alten Zeit:* Alexander von Humboldt.

191 *und Ihrer vortrefflichen Freundin:* Dorothea Schlegel.

seit der Zeit meiner Bekanntschaft mit Ihnen: Henriette Herz hatte Wilhelm von Humboldt 1784 kennengelernt. Siehe auch Seite 75 bis 80 dieser Ausgabe.

193 *Dienstag-Gesellschaft:* Friedrich von Gentz schrieb am 5. Dezember 1790 in einem Brief an Christian Garve: »[...] Außerdem ist alle Dienstage eine recht angenehme Gesellschaft entstanden, welche der Damentee heißt. Sie versammeln sich einmal bei der Demoiselle Hainchelin, einmal bei Madame Herz, einmal bei der Kriegsrätin Eichmann, und einmal bei Mademoiselle Dietrich. Zu diesem Tee sind folgende junge Mannspersonen ein für allemal geladen: Spalding, Humboldt, ein sehr artiger und wohlunterrichteter Graf Dohna, der seit einiger Zeit hier ist, Ancillon und ich. Dieses Institut hat der jetzt nach Schweden zurückkehrende Brinkmann kurz vor seiner Abreise zustande gebracht: und es ist wirklich ein recht schätzbares Vermächtnis, was er seinen Freunden hinterlassen hat [...]« (Briefe von und an Friedrich von Gentz, 1909, Band 1).

196 *ehe ich Sie auf ein halbes Jahr ... verlassen muß:* Wilhelm von Humboldt ging zum Studium nach Frankfurt/Oder, anschließend weiter nach Göttingen.

199 *mein Bruder:* Alexander von Humboldt.

202 *Sie wissen doch wohin?:* S. die S. 194f dieser Ausgabe.

Sie nähen also mit der Veit für das kleine Mädchen: Henriette Herz hatte sich eines elternlosen Mädchens angenommen. Näheres dazu s. S. 78 dieser Ausgabe.

203 *G.:* Der Name des oder der TugendbündlerIn war nicht zu verifizieren.

Carl: Carl (Karl) von La Roche.

204 *S.:* Der Name des Tugendbündlers war nicht zu verifizieren.

205 *Ihre Schwester:* Brenna de Lemos.

208 *my dearest Harriet:* Meine teuerste Henriette.

209 *der vermeinten Sophie:* Wohl eine Deckadresse.

in Zöllners Lesebuch habe einrücken lassen: Das »Lesebuch für alle Stände. Zur Beförderung aller Grundsätze, ächten Geschmacks und nützlicher Kenntnisse«, herausgegeben von Johann Friedrich Zöllner, erschien von 1782 bis 1804 in zehn Bänden. Der erwähnte Aufsatz von Wilhelm von Humboldt wurde im Jahrgang 1786 veröffentlicht. Seine Studie »Über die innere und äussere Organisation der höhern wissenschaftlichen Anstalten in Berlin« war dann 1809/1810 praktisch der Gründungstext der Berliner Universität.

214 *lest nur Kurts Brief:* Der Name des Tugendbündlers war nicht zu verifizieren.

215 *Karoline:* Caroline von Dacheröden.

216 *Prenzlau:* In der uckermärkischen Stadt lebte Chana Johanna, die Schwester von Henriette Herz, die dort mit einem Arzt Simon Herz (nicht verwandt mit Marcus Herz) verheiratet war. Henriette besuchte sie vielfach, meist, wenn sie auf dem Weg zur oder von der Insel Rügen war. Simon Herz praktizierte seit 1781 in Prenzlau, 1802 erwarb er ein Haus in der Baustraße 348, von ihm stammt ein bemerkenswerter »Versuch einer medicinischen Ortsbeschreibung der Uckermärkischen Hauptstadt Prenzlau« (1790).

216 *daß der Humboldt ein rechter Windbeutel sei:* Dieser scherzhafte Brief Alexander von Humboldts an Henriette Herz vom 4. September 1788 fand sich in deren Nachlaß. Ihrem Biographen Joseph Fürst (1850) gegenüber hat sie versichert, daß der Dialog und wie sie sich ausgedrückt habe, sehr wahrheitsgetreu und einige ihrer Ansichten sogar wörtlich wiedergegeben seien.

217 *Medisieren:* Lästern, schmähen.

218 *La trinité se passe:* Die Dreieinigkeit ist vorbei.

219 *K. V. B.:* Karoline von Beulwitz, spätere Freifrau von Wolzogen.

228 *daß die Veit ... mit einem jungen Sohne niedergekommen ist:* Johann Veit wurde am 2. März 1790 in Berlin geboren.

231 *Binny:* Der Name des oder der TugendbündlerIn war nicht zu verifizieren.

B.: Der Name des oder der TugendbündlerIn war nicht zu verifizieren.

L.: Der Name des oder der TugendbündlerIn war nicht zu verifizieren.

232 *sans expression:* Ohne Ausdruck.

233 *Lange Nacht:* Bei den Juden die dem Gebete geweihte Nacht vor dem Versöhnungstage, der in der Regel in strengster Sabbatruhe und Einsamkeit gefeiert wird.

234 *schilt Billn nicht:* Der Name des Tugendbündlers war nicht zu verifizieren.

237 *gêne:* Tortur, Marter, Qual.

Ihr schönes Meisterstück: Das berühmte Porträt der Henriette Herz von Anton Graff stammt aus dem Jahre 1792. Aus Henriette Herz' Nachlaß gelangte das Gemälde 1847 in den Besitz der Familie Schadow. 1886 wurde es von der Berliner Nationalgalerie angekauft, wo es noch heute als eines der Meisterstücke ausgestellt ist. S. dazu den Bildteil und die S. 514 dieser Ausgabe.

239 *L.:* Nicht zu verifizieren.

241 *traits:* Ausgeprägte Gesichtszüge.

246 *Hier haben Sie Ihr Fragment:* Offensichtlich könnte auch Henriette Herz einige Gedanken zu den »Fragmenten« beigetragen haben. S. die 4. Anm. zu S. 81.

247 *daß er Sie Fragmente suchen läßt:* S. die 4. Anm. zu S. 81.

seine Arbeit am Wilhelm Meister: Friedrich Schlegels Besprechung von Goethes »Wilhelm Meister« erschien im »Athenäum« (1. Band, 2. Stück, S. 323–354).

248 *hat mich in Affektion genommen:* Hier: betrachtet mich mit Wohlwollen.

249 *par charité:* Durch Nächstenliebe.

ist sein Bruder aus Jena hier: August Wilhelm Schlegel, der seit 1798 Professor in Jena war.

Fragmente: S. die 4. Anm. zu S. 81.

250 *»Wilhelm Meister«:* Goethes autobiographischer Roman »Wilhelm Meisters Lehrjahre« war im Januar, Mai und November 1795 und Oktober 1796 in vier Bänden von je zwei Büchern erschienen.

251 *Friedrich Richter:* Jean Paul.

251 *meine weiland Freundin, die Verfasserin der »Agnes«:* Caroline von Wolzogen. S. die Anm. zu S. 77.

252 *Gruß in Alexanders Briefen:* Alexander von Dohna.

wo sie eine verheiratete Schwester haben: Charlotte Ernst. Bei ihr war der seinerzeit mittellose Friedrich Schlegel schon 1794 untergekommen, und von Januar bis April 1802 lebte er mit Dorothea Veit bei ihr.

die preußischen Jahrbücher: Die »Jahrbücher der Preußischen Monarchie« erschienen seit 1798 in Berlin bei Unger.

maussade: Verdrießlich.

254 *Nieskysche Studien:* Im Pädagogium Niesky bei Görlitz, das Friedrich Schleiermacher ab Juni 1783 mit seinem Bruder besucht hatte.

Pylades: Treuer Freund (des Orest).

Soeben, meine Liebe, komme ich von der sich so nennenden reisenden Dame...: Friederike Unger, die Ehefrau des Verlegers Johann Friedrich Unger, in dessen Verlag die »Jahrbücher der preußischen Monarchie« erschienen, redigiert von Friedrich Eberhard Rambach, veröffentlichte darin die anonyme Artikelserie »Über Berlin. Aus den Briefen einer reisenden Dame an ihren Bruder in H.« (Band 2, 1798, S. 17–23, 133–143 und 287–302, hier S. 23–25): »Die Berliner Elegants und junge Gelehrte, welche keinen Zutritt zu den Vornehmen haben, oder suchen, wenden sich zum Ersatz an reiche jüdische Häuser. Die Gebildeten dieser Nazion machen eine besondre Klasse aus, die gegenwärtig mehr Einfluß gewinnt, als ihre getaufte Mitbürger ihnen gerne zugestehen möchten. Wenn unter diesem Saamen Abrahams, der immer zahlloß wie Sand am Meere gewesen ist, sich einige gute spekulative Köpfe ausgezeichnet haben, so ist das unter der ungeheuren Menge immer nur sehr wenig, und sie sind auch unaussprechlich eitel darauf; ewig vergessen sie's nicht, daß sie einen Moses Mendelssohn gehabt haben: und Juden und Judengenossen beugen noch immer ihre Kniee vor diesem ihrem Lumen, indeß hunderte eben so verdienstvolle Gelehrte, die aber nicht so rarité du fait [berühmt] waren, vergessen sind: und ihr treflicher David Friedländer nur bei einem kleinen ausgewählten Häuflein seine Verehrer findet. Streben nach Bildung ist ihnen nicht abzusprechen. Besonders zeichnen sich die jüdischen Frauenzimmer, durch einen gewissen Anstrich von Geistesbildung und Empfänglichkeit fürs Schöne, vor ihren christlichen Rivalinnen aus. Doch sind sie noch weit ab vom wahren Geschmak; der nie so, wie sie thun, in Extreme oder Übertreibung verfällt. Sie mögen sich hüten, die Töchter Israels! Schon streifen sie hart an Verbildung. Durch den häufigen Umgang mit Gelehrten, sind sie verleitet worden, die höheren Stufen der Cultur ersteigen zu wollen, ohne die mittlern berührt zu haben; und Kant und Philosophie, und Göthe, Kunst, Geschmak und Italien sind die Stichwörter ihrer Aufklärung, welche sie gern, bei den alltäglichsten Veranlassungen, hoch tönen lassen. Überhaupt sind sie, ein Geschlecht wie das andere, oft vorlauter und aroganter, als es ihnen ihr Verhältniß zur Gesellschaft gestattet. Dies Verhältniß in ein die Menschheit ehrendes Gleichgewicht zu setzen, dazu wird ihnen weder Göthe noch Kant behülflich seyn, sondern nur ein ganz schlichtes humanes Benehmen und vernunftmäßiges Entgegenkommen, durch reinen gesunden Menschenverstand und Ablegung des prätensionsvollen Starrsinns, der sie stets zum Vorwurf der Abneigung aller ältern und neuern Völker gemacht hat. – Aber wie kann das geschehen? – Die Weisern unter ihnen halten sich still, und wollen nicht den Vorwurf der Neuerungssucht bei der Gemeine auf sich ziehen, die andern wähnen sich, in ihrer unsäglichen Fatuität [Langeweile, Ermüdung], schon gut genug zu seyn: und so wird noch manches Jahrhundert dahin gehen, ehe etwas Wesentliches für ihre *wirkliche* Veredlung geschehen kann. – Zur Steuer der Wahrheit sei es indeß gesagt, daß es auch Familien giebt, welche keiner dieser Vorwürfe trift, und deren Namen auszuführen, ich mich bloß enthalte, um ihrer Bescheidenheit nicht zu nahe zu treten. Allein diese haben kein modisches Aushängeschild, und folgen nur der wahren Ehre, und dem geraden gesunden Menschenverstand.« S. dazu auch die Anm. zu S. 12.

256 *Lanke:* Ortschaft in der Mark Brandenburg, Niederbarnim, mit Park. Hier weilte Henriette Herz häufig bei Frau von Wülknitz, mit der sie befreundet war.

zur großen Freude der Cousine: Die Ehefrau des Landsberger Justizbürgermeisters Benecke (Benike), geb. Schumann, bezeichnete Schleiermacher in seinen Briefen als »Cousine«.

263 *eine sehr kleine Revenue:* Kleines Einkommen.

das schöne Bureau: Ein Schreibmöbel.

265 *unsere kleine Levin:* Rahel (Varnhagen).

in Requisition setzen: Nachforschungen betreiben.

Daß Jette nach Wien reist...: S. dazu auch die Anm. zu S. 365.

Schlegel schreibt jetzt...einen Roman: Friedrich Schlegel schrieb an der »Lucinde«. S. die Anm. zu S. 53.

266 *ich habe ein kleines Stück Religion gemacht...die zweite Rede:* Die erste Ausgabe von Schleiermachers »Über die Religion. Reden an die Gebildeten unter ihren Verächtern« erschien 1799 anonym.

267 *steht sie der Schwägerin weit nach:* Gemeint ist Caroline Schlegel.

268 *de se battre les flancs:* Sich an die Seite schlagen.

Phädon: Werk von Platon über die Bestimmung des Menschen.

269 *»Gemälde«:* Von August Wilhelm Schlegel im ersten Stück des zweiten Bandes des »Athenäums« 1799.

auch im Hülsen habe ich geblättert: »Über die natürliche Gleichheit der Menschen«, anonym von August Ludwig Hülsen im »Athenäum« (2. Band, 1. Stück, S. 152–180).

Carolinens Wort: Caroline Schlegel.

Hardenberg: Novalis.

270 ἀκρίβεια: äußerste Sorgfalt.

274 *was mit dem Archiv ist:* »Berlinisches Archiv der Zeit und ihres Geschmacks« 1795 bis 1800, herausgegeben von Friedrich Ludwig Meyer und Friedrich Eberhard Rambach, ab 1797 von Rambach allein und ab 1799 von Rambach und Ignaz Aurelius Feßler.

Refüs: Zurückweisung, abschlägige Antwort.

Biester: Die hier geschilderte Angelegenheit ist unklar. Hans Meisner vermutet eine Liebesgeschichte zwischen Biester und Brenna de Lemos. Wahrscheinlicher ist, daß ein Vorschlag Schleiermachers, vermittelt durch Marcus Herz, abgelehnt worden war.

275 *Kätzin:* Friederike Unger.

276 *qui court la ville:* Die Stadt durchläuft.

Ziegelstraße: S. die Anm. zu S. 53.

Eleonore: Eleonore Grunow.

277 *Nicolais Briefe der Adelheid:* Die »Vertrauten Briefe von Adelheid B.« (1799). S. die Anm. zu S. 53 und 4. Anm. zu S. 277.

gestiefelter Kater: »Der gestiefelte Kater. Ein Kindermährchen in drey Akten, mit Zwischenspielen, einem Prologe und Epiloge von Peter Leberecht. Erste unverbesserte Auflage. Aus d. Italien.«, Komödie von Ludwig Tieck (Peter Leberecht ist eines seiner Pseudonyme) nach einem schon von Perrault bearbeiteten Märchenstoff, Einzeldruck 1797, auch in seine »Volksmärchen« (1797) aufgenommen.

verkehrte Welt: Ludwig Tiecks »Die verkehrte Welt. Ein historisches Schauspiel« erschien 1798, wieder abgedruckt in Band 2 der »Bambocciaden«, einer Sammlung von satirischen und anderen Schriften, die Tieck mit seinem Schwager August Ferdinand Bernhardi 1797 bis 1800 herausgab.

Aber was Bernhardi in der Bambocciade gemacht hat, scheint mir noch schlechter zu sein als der erste Teil: Bezieht sich auf August Ferdinand Bernhardis »Die gelehrte Gesellschaft« (Bambocciaden, Berlin 1799, Band 3, S. 217-263) und den ersten Teil »Sechs Stunden aus Finks Leben«, den er wohl mit Ludwig Tieck gemeinsam verfaßte (Bambocciaden, Berlin 1797, Band 1, besonders S. 159-192). Es gibt nur wenige Schilderungen aus dem Inneren der Salons, der Tee-, Lese- und gelehrten Gesellschaften. Sie sind hier – wie schon in Tiecks »Die sieben Weiber des Blaubart« (1797) sowie im fünften Akt seines »Prinz Zerbino« (1799) – satirisch überzeichnet. Unter den geschilderten Teilnehmern sind Henriette Herz und ihr Mann Marcus Herz deutlich zu erkennen:

»Sind Sie, redete dieser ihn an, nicht begierig, die Damen kennen zu lernen? Es muß sehr interessant seyn – Wollen Sie mich au fait [auf Langeweile] setzen? / Das ist mit zwei Worten geschehen – Jene – Madame Moses ist eine Jüdin, und von ihr werden Sie wohl schon bemerkt haben, daß sie sich mit Mühe soviel Grazie erworben hat, daß sie dadurch ungemein misfällt – Sie ist in dieser Gesellschaft die eigentliche *schöne Seele*, sie hat von Jugend auf viel Umgang mit guten Köpfen gehabt, – welche ihr eine runde Summe von allgemeinen durchgreifenden ästhetischen Ideen hinterließen, die sie jetzt jedem neuen Bekannten Groschenweise zuzählt – Sie ist immer in irgend einen Göthischen Charakter masquirt – am liebsten zeigt sie sich als Prinzessin im Tasso, deswegen lernt sie auch jetzt Latein. Hat ihr Göthe den Charakter nicht recht auf den Leib gemacht, so schneidet sie ihn sich selbst nach der Mode – Ihre begünstigten Liebhaber indessen behaupten, unter vier Augen wäre sie – Madame Moses.

Sie scherzen! sagt Fink.

Ich stehe für jedes Wort. – Dabei ist sie fein; Leute von einigem Verstande sucht sie durch coquettiren, schmeicheln und solche kleine Künste auf ihre Seite zu bringen: diese breiten dann ihren Ruhm aus.« (Bambocciaden, 1797, Band 1, S. 183-184)

»Er ist Jude, und heißt Marcus, er hatte in seinen besten Jahren das Unglück, mit mehreren berühmten Männern in Verbindung zu stehen; und ist dadurch in einem Grade unausstehlich geworden, daß ich es Ihnen unmöglich wünschen kann, nur zwanzig Worte mit ihm zu reden. Er weiß alles durchgängig besser, und ich wollte viel wetten, wenn Sie nur ein paar Worte mit ihm wechseln, er wird Sie über ein halbes Dutzend Gegenstände belehren, und das mit einer Attitude und einem Organ, daß Sie es nicht wagen werden, ihm zu widersprechen. Man möchte so wie Hamlet den Degen dem Geiste, so ihm einen Stock entgegen halten, damit er einen nur mit seinen Gestikulationen und seinem Geschrei nicht beschädigt.

So wollen wir ein wenig warten, sagte Fink, denn vor dieser Race verzagt meine ganze Seele.

Indessen, fuhr Bissing fort, läßt dieser böse Geist sich vertreiben, man darf nur Göthe nennen, und er weicht wie jener bei dem Tobias; aber freilich sieht er seinen Gegner an, glaubt er allenfalls, daß er ihn einschüchtern könne, und vermuthet er nicht besonders viel Witz bei ihm; so läßt er sich allenfalls auf Gründe ein, wobei denn die entfernter stehenden gemeiniglich eiligst herbei kommen, vermeinend, daß jene zwei sich zanken; aber in der Regel, weicht er, so wie man Göthe den verdienten Weihrauch streut.« (Bambocciaden, 1799, Band 3, S. 223-224)

Deutlich auf die jüdischen Literatur-Zirkel, besonders aber auf Friedrich Schlegel (Pandolfo) zugeschnitten ist die Schilderung von Christoph Friedrich Nicolai in »Vertraute Briefe von Adelheid B. an ihre Freundin Julie S.« (Berlin 1799, 7. bis 9. Kapitel):

»Frau von C. hat seit einem Monat in ihrem Hause jeden Freitag einen wöchentlichen Witzmarkt angesetzt, wo Schöngeisterei verhandelt und eingetauscht wird. Gustav ist mir immer noch gut, und so hat er mich bei der Frau von C. am vorigen Freitage eingeführt; denn er möchte mich gern eingeweiht sehen in die geheiligten Gebräuche der Göttin Eitelkeit. Wer da war? Zählt man im Augustmonate die Fliegen, die um eine Mustorte schwärmen?

Die Frauen waren der unbedeutendere Teil der Gesellschaft. Die kleine Hexe, die C., kennt sich nicht genug. Sie will bei sich nur weibliche Gesichter haben, welche an Schönheit und an Witz weit unter ihr stehen. Mag sein! Aber sie hätte noch viel bessere Weiber zu Mitgliedern ihres *bureau d'esprit* machen können als die Originale, die sie zu Schatten gewählt hat, um im höhern Lichte zu erscheinen. Sie hat ja nun sogar Deine ergebenste Dienerin gebeten, ohne daß sie verloren hat. Ich tue ihr keinen Eintrag, weder durch Schönheit noch durch Witz. Ich bin nur glatt, nicht glänzend.

Um ein paar der merkwürdigsten zu nennen, so daß obenan die Frau N. etwas mehr als Weibergröße, mit ihrem braunen, knochenreichen Gesichte und einer langen Nase. Sie blickt mit ihren schwarzen Augen männlich herum, und die Stimme ist tief und etwas rauh; sonst aber ist die Frau so süß, so zart, so eingenommen von den Empfindungen des Herzens, daß sie alle Elegien aus den ›Horen‹ auswendig gelernt hat. Als am letzten Freitage bei der Frau von C. der zweite Band von ›Wilhelm Meister‹ vorgelesen ward, hatte sie die Rolle der Mignon. Die Frau A., ein munteres, sehr hageres Blondinchen, ist eine Gönnerin des Erhabenen und Schrecklichen; die Rolle der Amalia in den ›Räubern‹ soll sie, wie alle versicherten, trefflich vorlesen, nur lispelt sie ein wenig. Die Frau G. ist ein junges Ding, erst kürzlich verheiratet an einen Schöngeist, dessen Verse in dem engen Zirkel der Auserwählten viel Aufsehen machen, noch mehr aber seine Theorie über die Verse anderer, denn die ist höchst erhaben. Schade, daß er nicht zugegen war, ich hätte solch ein Wesen nebenher wohl mögen kennenlernen. Seine junge Frau würde schön sein, wenn sie klug genug wäre, sich allein auf ihre Schönheit zu verlassen. Da hatte sie aber wer weiß alles auf sich geladen, hatte sich so verputzt, daß sie Mittel gefunden hatte, häßlich auszusehen. Das ist doch gar zuviel Gefälligkeit gegen die C.! Ebenso ist auch der Geist der Frau G. Sie hat Verstand und Empfindung, sehr viel Sanftes und Einnehmendes; aber alles ist so manieriert, daß darunter Verstand und Empfindung verloren geht wie ihre Schönheit unter ihrem Putze. Die Mademoiselle Z. ist prüde und zärtlich, hat ein langes Gesicht mit ründlichem Kinne, das etwas vorsteht, flache geschlitzte Augen, ist kränklich und liebt alles, was edel und holdselig ist. Vor vierzehn Tagen hatte sie den Auftrag, im dritten Teile des ›Meisters‹ die ›Bekenntnisse einer schönen Seele‹ vorzulesen; denn sie lesen hier den ›Wilhelm Meister‹ rückwärts, wo er viel größere Wirkung tun soll; künftigen Freitag kommen sie an den ersten Teil.

Dies wären denn die Merkwürdigsten von unserm Geschlechte, die andern magst Du Dir vorstellen. Mit den Männern war's viel besser bestellt. Da sah man alle Liebhaber der Frau von C., viel blühende Jugend, charmante Blonde und bärtige Gelehrte. Sie sahen sehr verschieden aus, aber die Selbstzufriedenheit saß in jedem Antlitze wie ein allgemeiner Zug in einem Familiengemälde.

Vor allem zeigte sich Herr R., ein Geistlicher und schöner Geist, kurz, rund, wohlbeleibt und schnellfüßig, immer auf vier Nadeln gezogen, im schwarzen seidenen Klapprock mit Gilet, mit krausem Jabot, einen hohen Hut unterm Arme, schwarze seidene Strümpfe und spitze Schuhe mit runden silbernen Schnallen. Und dann die Haare! So frisiert, als wären sie eine Perücke! Wie soll ich Dir das beschreiben! Ein hohes Toupet, jedes Haar ganz gleich und fein und sorgfältig gepudert; und die Locken fallen herab über die Schultern, eine nach der andern und eine über der andern. Hast Du Kosegartens ›Ritogar‹ gelesen? Wie da die Hexameter, so liegen hier die Locken, fallend und doch steif. Mit dieser Frisur, mit den spitzen Schuhen und mit der Schöngeisterei ist Herr R. ein tiefsinniger Philosoph, weiß überhaupt sehr viel, besonders weiß er, daß er viel weiß, und hört selten auf zu reden. Wenn er so predigt, wie er spricht, muß er viel Worte machen können, ehe die Sanduhr abläuft. Er saß dicht neben der Frau von C. als einer ihrer ältesten Anbeter; und wollte sie ihn auch abschaffen, so schafft er sich doch nicht ab: denn bei ihr gibt's immer etwas, um seine Zunge geläufig zu halten.

An der andern Seite saß ein Dichter und Kunstkenner, ein hagerer, blasser, abgehärmter Jüngling, der sprach desto weniger. Er hing nur immer an den schönen Augen seiner Nachbarin, und da hatte er auch sehr recht. Denn er ist ein enthusiastischer Liebhaber des Schönen und ist vertieft in die Schönheiten Raffaels. Nun hat der arme Mensch aber vom Raffael nichts gesehen als Kupferstiche und schlechte Kopien, und die schöne C. sieht er täglich von Antlitz zu Antlitz. Wie muß das in der magern Seele wirken! Seine Gedichte sollen voll Feuer sein. Ich sah vor ein paar Tagen eins, das kam mir gemein vor. Aber gestern sagte mir Herr O., es sei voll shakespearischer Phantasie. Meinethalben! Dieser Herr O. ist ein winzig kleines Männchen mit runden, steifgepuderten Haaren, ein Schöngeist und ein Philosoph für die Welt nach neuester Art. Weltkenntnis hat er eben nicht viel; aber er soll viel Tiefsinn in seiner Empfindung und in seiner Ideenphilosophie hohe Dichtung haben. Er studiert fleißig, schien auch sehr aufmerksam auf alles zu sein, und sobald unsere gnädige Frau etwas Artiges sagte, sprang er auf, um ihr die Hand zu küssen. Das lag bei seiner Statur gerade in seinem Bereich.

Unzählige andere waren da, worüber kein Wort weiter. Was aber den Tag hauptsächlich glänzend machte und worauf jeder seine Aufmerksamkeit richtete, war ein Fremder, ein Professor von einer benachbarten Universität, den der Ruf dieser Gesellschaft herbeigezogen hatte. Sie nannten ihn den Doktor Pandolfo und bezeugten ihm sehr große Ehrfurcht; auch war er ein außerordentlich außerordentlicher Mann. Den soll ich Dir also beschreiben, nicht wahr? Liebes Kind, das ist so leicht nicht. Du mußt ihn aus seinen Taten kennenlernen, das heißt aus seinen Worten; denn nur Worte sind die Handlungen solcher gelehrter Philosophen [...]

Doktor Pandolfo also [...] ist nicht groß, nicht klein, nicht blond, nicht braun, nicht mager, nicht fett, sprach nicht geschwind, nicht langsam, nicht stark, nicht sachte, nicht hoch, nicht tief, setzte die Füße nicht auswärts, nicht einwärts, war nicht kleidsam gekleidet, nicht unkleidsam. Wie war er denn? Wisse, liebes Kind, bei einem Professor wie Doktor Pandolfo ist gar nichts äußerlich, alles sitzt inwendig im innern Ich. Es ist noch guter Wille, daß ein solcher Pandolfo eine Gestalt annimmt, daß wir ihn sehen können; denn eigentlich ist an ihm alles unsichtbar, der Geist sieht's nur, und sein Geist sieht sich selbst. Er war auch bei uns da und war nicht da. Er sagte von sich selbst: ›Wer einen höhern Gesichtspunkt für sich gefunden hat als sein äußeres Dasein, kann auf einzelne Momente die Welt aus sich entfernen.‹ Nebenher fällt mir ein, daß er einen roten Rock anhatte und eine schwarze Weste, rot gestickt, und einen kleinen runden Haarbeutel nahe am Kopf, sehr fest, dabei war der Oberleib kürzer als die Beine und die Waden etwas schief, doch das sind Nebensachen; ich hätte es gar nicht bemerken sollen.

Alle unsere Herren waren sehr mit sich zufrieden [...] Aber wie süß die Selbstgenügsamkeit auf der Stirn und im Blicke des Doktor Pandolfo saß, wie sehr er selbst fühlte, daß er ein seltener und über uns alle erhabener Mensch sei, das hättest Du sehen müssen.

Was er sagte?

Alles und nichts: nur so viel war zu merken, daß er alles besser wußte, und zwar auf eine Art, wovon sonst niemand einen Begriff hatte als er; wie er aber dazu käme, sagte er nicht. Man hörte ihn eine Weile lang mit sehr wichtiger Miene eine Menge Worte vorbringen, wo man sich oft hätte wundern mögen, wie sie zusammenstehen könnten; dann schien es zuweilen, als käme ein heller Gedanke, aber es war wie ein Wetterleuchten, urplötzlich versank alles wieder im Dunkel. Sein Diskurs war mit einer Menge ungewöhnlicher Ausdrücke durchwebt, und die meisten brauchte er in ganz fremder Bedeutung, welche ihm wohl allein bekannt sein mochte, und er nickte sich selbst Beifall zu. Alle seine Rede war, als käme sie aus einer höhern Sphäre, nur in abgebrochenen Sentenzen. Zu antworten war ihm eben nicht: denn er ließ bald merken, daß nur wenige ihn verstehen könnten. Freilich, sein Reden war nicht zum Verstehen eingerichtet!

Doch sprach er von allem, was auf der Erde und über der Erde ist, und streifte sogar bis an die Theologie. Er sagte z. B. mit dem Tone großer Wichtigkeit: ›Da alle Sachen, die recht eins sind, zugleich drei zu sein pflegen, so läßt sich nicht einsehen, warum es mit Gott gerade anders sein sollte. Gott ist aber nicht ein bloßer Gedanke, sondern zugleich auch eine Sache, wie alle Gedanken, die nicht bloße Einbildungen sind.‹ Und bald darauf setzte er mit noch kräftigerm Tone hinzu: ›Jeder gute Mensch wird immer mehr und mehr Gott. Gott werden, Mensch sein, sich bilden sind Ausdrücke, die einerlei bedeuten.‹ Das schien allen sehr seltsam. Der redselige Herr R. faßte es auf, da es an seine theologischen Grenzen streifte; und weil er wirklich scheint auf dem philosophischen Schauplatze hinter die Kulissen geguckt zu haben, legte er dem Doktor diese Sentenzen deutlich auseinander, dergestalt, daß man fast hätte meinen sollen, Pandolfo wisse nicht recht, was er wolle. Dieser fertigte aber den geistlichen Herrn bald ab, indem er mit unbeschreiblicher Würde sagte: ›Man soll nicht mit allen symphilosophieren wollen, sondern nur mit denen, die hochstehend sind.‹ Da hatte er wieder recht. Er und sein Wissen standen erstaunlich hoch, wie ein paar Mücken auf einem Kirchturme.

Der geistliche Herr ließ sich indes von diesem Ausspruche nicht abschrecken und antwortete etwas spitzig. Die Frau von C. legte sich zum Besten der Gesellschaft dazwischen und brachte den Diskurs wieder vom Himmel auf die Erde, auf Poesie und Künste. Unglücklicherweise nannte einer Klopstocken einen großen Dichter. Pandolfo rümpfte die Nase und versetzte in entscheidendem Tone: ›Klopstock ist ein grammatischer Poet und ein poetischer Grammatiker. Es gibt auch grammatische Mystiker. Moritz war einer.‹ Das schien doch zu arg, einen Riesen wie Klopstock und einen bucklichten Zwerg wie Moritz so nahe zusammenzusetzen, und es ward verschiedenes darüber gesprochen, besonders von dem kleinen Herrn O. Pandolfo aber zog die Augenbrauen und sagte mit verächtlichem Lächeln: nur ein Dichter unter allen Nationen in diesem Jahrhunderte könne man einen Riesen der Dichtkunst nennen, das sei Goethe. ›Goethes Werke‹, sagte er mit höchst derber Stimme und sah mit funkelnden Augen seinem kleinen Gegner so ins Gesicht, daß dieser auf seinem Stuhle noch kleiner ward, ›Goethens Werke sind überall scharf begrenzt, innerhalb der Grenzen aber grenzenlos und unerschöpflich; daher sind sie gebildet, denn sie sind sich selbst ganz treu, überall gleich und doch über sich selbst erhaben. Das Höchste und Letzte eines Werks ist wie bei der Erziehung eines jungen Engländers *le grand tour*. Es muß durch alle drei oder vier Weltteile der Menschheit gewandert sein, nicht um die Ecken seiner Individualität abzuschleifen, sondern um seinen Blick zu erweitern und seinem Geiste mehr Freiheit und innere Vielseitigkeit und dadurch mehr Selbständigkeit und Selbstgenügsamkeit zu geben.‹

Darüber stand nun Herr R. wieder auf, der, wie nun bemerklich war, auch satirische Laune hat. Es ging auf die *le grand tour*, auf die scharfbegrenzten grenzenlosen Grenzen und auf das Erhabensein über sich selbst. Es war hübsch anzuhören, wie Pandolfo seinen Galimathias durch Nonsense verteidigte. Andere Frauen und auch ich wollten etwas dareinreden, aber er nahm gleichfalls eine satirische Miene an und sagte: es gäbe Weiber, die von Goethe und einer Weinsuppe in gleichem Tone sprächen. [...] Das ging allein auf mich; denn ich war wohl die einzige, die eine Suppe kochen kann. Ich schwieg, aber nicht Pandolfo. Es kamen eine Menge baumstarker Worte zum Vorscheine, und wenn jemand fragte: wie das zu verstehen sei, so kam ein neues, noch vierschrötigeres Wort; und endlich, wie er immer mehr in die Enge geriet, tat er einen pathetischen Machtspruch: ›Dantes prophetisches Gedicht‹, sagte er, ›ist das einzige System der transzendentalen Poesie. Shakespeares Universalität ist wie der Mittelpunkt der romantischen Kunst. Goethes reinpoetische Poesie ist die vollständigste Poesie der Poesie. Das ist der große Dreiklang der modernen Poesie, der innerste und allerheiligste Kreis der Klassiker der neuen Dichtkunst.‹

›Ach ja!‹ rief die Mademoiselle Z. minaudierend [sich zierend]. ›Ich habe vorgestern einen Brief von Goethe bekommen; ich gehöre auch zum innern Kreise!‹ Das ward denn sehr wohl aufgenommen von uns allen; denn wirklich, das Gehirn war uns so angespannt worden, daß wir froh waren, ein wenig lächeln zu können. Gustav kam nun der Sache näher. Shakespeare ist sein Held, und er verehrt Goethen aufs innigste; mit dem Dante mag er's nun wohl so sachte angehn lassen. Er stimmte ein in Shakespeares und Goethens Lob, nur hatte er viel wider den Dreiklang von drei so sehr verschiedenen Dichtern einzuwenden und erklärte die reinpoetische Poesie und die Poesie der Poesie Unsinn. Für nicht viel weniger als und die Vollständigkeit der Poesie. Der Doktor versetzte aber sehr vornehm: man könne sich mit Leuten nicht aufs klare setzen, die nicht *à la hauteur* [auf der Höhe] wären. Den Shakespeare verstände die ganze engländische Nation nicht, die Italiener nicht den Dante, und was Goethe anbetreffe, so verstehe er ihn nur allein und sonst kein Deutscher; daher sei es kein Wunder, daß niemand Goethens Poesie der Poesie finden könne. Es stehe noch dahin, ob Goethe sich selbst so verstehe wie er ihn.

Über diese erstaunenswürdigen Dinge ward nun verschiedenes hin und her geredet, und endlich ließ jemand das Wort ›arrogant‹ hören. Der Doktor warf den Mund und auf. ›Hm!‹ sagte er, ›arrogant ist, wer Sinn und Charakter zugleich hat und sich dann und wann merken läßt, daß diese Verbindung gut und nützlich sei. Wer beides auch von den Weibern fordert, ist ein Weiberfeind.‹ (Doktor Pandolfo brachte nicht einmal seine eigenen Gedanken hervor. Es findet sich, daß alle mit › ‹ bezeichneten Machtsprüche in der Zeitschrift der Herren Gebrüder Schlegel, ›Athenäum‹, im zweiten Stücke, S. 100, 63, 73, 34, 31, 68, 99, in den sogenannten ›Fragmenten‹, wörtlich abgedruckt sind. Diese ›Fragmente‹ dienen übrigens noch dazu, ein Zeugnis abzulegen, daß dergleichen Wesen [...] in der deutschen Welt wirklich existieren, und zwar mit noch größerer Anmaßung der alles zermalmenden Poesie der Poesie und mit noch frischerm Kolorite der sich selbst einbildenden Einbildung, hochtrabend und dunkelhell, als hätten sich Kaspar Lohenstein und Jakob Böhme zusammen auf den Dreifuß der Priesterin zu Delphi gesetzt.) ›Wie verstehen Sie das?‹ war der Ausruf aller weiblichen Stimmen außer der meinigen. Du siehest wohl, das hölzerne Geschöpf wollte Ironie beweisen. Das fiel mir ins Lachen, und ich stand auf, als sich noch die Blondinen zu Ehren der Weiber mit dem arroganten Wehrwolf stritten, und fuhr nach Hause und lachte noch im Wagen und lachte noch im Bette über die Menschen, die sich ihre gesunde Vernunft verstudieren und sich dann einbilden, sie wären wichtige Männer, weil sie sich herausnehmen, mit orakelhaften Geistreicheleien über alles nach Gefallen abzusprechen.

Ich lachte noch beim Frühstücke über meinen Pandolfo; nach und nach aber, sowie ich die ganze Szene weiter überdachte und mir mein armer Schwager Gustav dabei in den Sinn kam, fiel ich auch auf ihre ernsthafte Seite. Die Torheiten der *bureaux d'esprit* und der *bureaux de philosophie*, welche die kleinen Weiber und die kleinen Männer halten, die gern witzig und gelehrt sein möchten, kann man mit gutem Herzen belachen; denn sie sind unschädlich und zuletzt doch besser als Kartenspielen oder Neuigkeitsschnack. [...] Das wunderliche Geschwätz über Goethe, das ich oft auch in Zeitungen finde, ist mir ärgerlich, eben weil Goethe ein so vorzüglicher Dichter ist, der nicht nötig hat, so plump angepriesen zu werden. Kaum hat er ein paar Hexameter oder irgendein Büchlein ausgehen lassen, so ist's, wie wenn der Kaiser von Monomotapa genieset hätte. Da niesen sodann, wie Helvetius erzählt, aus untertäniger Ehrfurcht die Hofleute und darauf die Hauptstadt und zuletzt das ganze Monomotapa.

Bei Goethens Sklaven regiert ein beständiger Lobschnupfen. [...] Ich erinnere mich, Doktor Pandolfo sagte auch sehr pompös: »Die Französische Revolution, Fichtens Wissenschaftslehre und Goethens Meister sind die größsten Tendenzen des Zeitalters.« Muß man nicht ein Pandolfo sein, um so zu reden? Tendenzen! Das ist auch so ein neu gebrauchtes Wort, wobei der Doktor immer mit der Zunge schnalzte, wenn er's vorbrachte, damit es wichtig klänge. [...]«. S. die Anm. zu S. 53.

Weitere Satiren:

Ludwig Tieck: Die gelehrte Gesellschaft. Erzählung 1797. In: Schriften. Band 15, 1829, S. 225–244

Der Theebesuch. In: Zeitung für die elegante Welt, 2. Oktober 1802, Sp. 941–943 und 5. Oktober 1802, Sp. 949–953

E. T. A. Hoffmann: Die ästhetische Teegesellschaft [1819]. In: Gesammelte Werke in Einzelausgaben. Berlin 1978, Band 5, S. 532–535

Ludwig Robert: Promenaden eines Berliners in seiner Vaterstadt an L. Tieck. [um 1822]. In: Schriften. Gedichte. Mannheim 1838, Band 2, S. 139–141

Am bekanntesten ist Heinrich Heines Gedicht aus den 1820er Jahren:
Sie saßen und tranken am Teetisch,
Und sprachen von Liebe viel.
Die Herren, die waren ästhetisch,
Die Damen von zartem Gefühl.
»Die Liebe muß sein platonisch«,
Der dürre Hofrat sprach.
Die Hofrätin lächelt ironisch,
Und dennoch seufzet sie: »Ach!«
Der Domherr öffnet den Mund weit:
»Die Liebe sei nicht zu roh,
sie schadet sonst der Gesundheit.«

Das Fräulein lispelt: »Wieso?«
Die Gräfin spricht wehmütig:
»Die Liebe ist eine Passion!«
Und präsentieret gütig
Die Tasse dem Herren Baron.
Am Tische war noch ein Plätzchen;
Mein Liebchen, da hast du gefehlt.
Du hättest so hübsch, mein Schätzchen,
Von deiner Liebe erzählt.

278 *Fichtes kleine Demütigung:* Der sogenannte Atheismusstreit, in dessen Folge Fichte im März 1799 seine Jenaer Professur aufgeben mußte. Er wurde ausgelöst durch einen Aufsatz von Karl Forberg (1773–1848), der 1798 unter dem Titel »Entwicklung des Begriffes Religion« in dem von Fichte und Friedrich Immanuel Niethammer herausgegebenen »Philosophischen Journal einer Gesellschaft Teutscher Gelehrter« erschien. Fichte hatte dem Aufsatz eine Einleitung »Über den Grund unsers Glauben an eine göttliche Weltregierung« vorangestellt. Daraufhin erschien anonym das denunziatorische Pamphlet »Schreiben eines Vaters an seinen Sohn über den Fichteschen und Forbergschen Atheismus«. Die darin erhobene Anschuldigung des Atheismus griff die kursächsische Regierung in Dresden auf, forderte in einem Schreiben an den Weimarer Hof die Bestrafung der Herausgeber des »Philosophischen Journals« und drohte andernfalls, ihren Untertanen den Besuch der Universität Jena zu verbieten. Sowohl Forberg als auch Fichte wehrten sich, Forberg mit dem Aufsatz »Apologie eines angeblichen Atheismus« (1799), Fichte mit seiner »Appellation an das Publikum. Eine Schrift, die man erst zu lesen bittet, ehe man sie konfisziert« (Jena und Leipzig 1799), in der Fichte die Denkfreiheit verteidigt. Im Verlaufe der Auseinandersetzungen verlor Fichte, der wegen seiner öffentlich und unerschrocken vertretenen freiheitlichen Gesinnung schon länger im Visier der obrigkeitlichen Staatsverwaltung war, seine Professur in Jena. Fichte verkehrte in den Kreisen der Jenaer Frühromantiker, die in dieser Auseinandersetzung völlig auf seiner Seite standen. Friedrich Schlegel verfaßte 1799 »Für Fichte. An die Deutschen«; seine Verteidigungsschrift blieb unveröffentlicht. Der Streit wurde als Modellfall gesehen, eine Kraftprobe von weitreichender Bedeutung. August Wilhelm Schlegel schrieb am 12. Januar 1799 an Novalis: »Der wackere Fichte streitet eigentlich für uns alle, und wenn er unterliegt, so sind die Scheiterhaufen wieder ganz nahe herbeigekommen.« Fichte ging im Juli nach Berlin, wo er weiterhin beobachtet wurde. S. S. 283 u. 284 dieser Ausgabe.

280 *en rapport:* In Beziehung.
Die Fabel vom Herzog: Karl August, Herzog von Sachsen-Weimar.
Daß Fichte die Ideen liest: Vermutlich das im Jahr darauf erschienene Buch »Die Bestimmung des Menschen« (1800).

281 *Bellevue:* Gegend nördlich des Tiergartens.
notiziert: Bespricht, rezensiert.
fatigiert: Angestrengt, erschöpft.

282 *affizieren:* Beeinflussen.
Grobheiten: August Wilhelm Schlegels Kritik der Tieckschen Volksmärchen im »Athenäum«, 1. Band, 1. Stück, 1798, S. 167.

283 *Chambre garnie:* Möbliertes Zimmer.

284 *da ich mit dem Briefe über die Philosophie fertig bin:* »Über die Philosophie« im »Athenäum« (2. Band, 1. Stück, S. 1–38).

285 *Enfin:* Kurzum, endlich.

286 *Jetzt arbeitet er, wie er sagt, am zweiten Teil der »Lucinde«:* Ein zweiter Teil ist nicht erschienen. S. die Anm. zu S. 53.

287 *Was in aller Welt sagen Sie nur zum Bonaparte:* Am 18. Brumaire (9. November des Jahres 1798) erklärte sich Napoleon zum Ersten Konsul.

Götz von Berlichingen: Die Selbstbiographie des Raubritters »mit der eisernen Hand« wurde 1731 von Pistorius herausgegeben und diente als Vorlage für Goethes Drama (1773).

Benvenuto Cellini: Die 1558 entstandene Selbstbiographie des Künstlers ist in Deutschland durch Goethes Übersetzung (1803) bekannt geworden.

Zwist mit der Literaturzeitung: Die »Allgemeine Litteratur-Zeitung« war das bedeutendste Rezensionsorgan in Deutschland Ende des 18. Jahrhunderts. Sie erschien von 1785 bis 1803 in Jena, von 1804 bis 1849 in Halle. Sie wurde mit Unterstützung von Christoph Martin Wieland und Friedrich Justin Bertuch (1747–1822) von dem Philologen Christian Gottfried Schütz gegründet, als Mitherausgeber stieß der Jurist Gottlieb Hufeland (1760–1817) hinzu. Seit 1796 war August Wilhelm Schlegel ständiger Mitarbeiter und besprach nahezu alle bedeutenden belletristischen Neuerscheinungen. Unter ihm gewann die romantische Schule immer mehr Einfluß, was am Ende zu einem heftigen Streit zwischen Schlegel und Schütz führte. Schlegel hatte erfahren, daß in Schütz' Haus in Leipzig bei einer Gesellschaft im Oktober 1799 August von Kotzebues gegen die von ihm mit seinem Bruder herausgegebene Zeitschrift »Athenäum« und gegen Friedrich Schlegels Roman »Lucinde« gerichtete Satire »Der hyperboreeische Esel, oder die heutige Bildung. Ein drastisches Drama und philosophisches Lustspiel für Jünglinge« (1799) mit einem von Schütz verfaßten Prolog theatralisch aufgeführt worden war. Hinzu kam die positive Besprechung der »Vertrauten Briefe über Adelheid B. an ihre Freundin Julie S.« (1799) in der »Allgemeinen Literatur-Zeitung«, während das »Athenäum« verschwiegen wurde. Der Roman von Friedrich Nicolai war anonym erschienen und richtete sich ebenfalls gegen die »Lucinde«. August Wilhelm Schlegel kündigte am 30. Oktober 1799 offiziell seine Mitarbeit und brach öffentlich mit den Herausgebern. Seinen Austritt veröffentlichte er am 13. November 1799 im Intelligenzblatt der Literaturzeitung (Nr. 145). In der gleichen Ausgabe, jedoch im Hauptblatt, gab der Herausgeber Schütz eine auf den 6. November 1799 datierte Stellungnahme ab. Dies war das Signal zum Kampf der Romantiker gegen die Literaturzeitung, »ein Kampf, der namentlich von Schelling in maßloser und unwürdiger Form geführt wurde«. (Joachim Kirchner: Das deutsche Zeitschriftenwesen. Seine Geschichte und seine Probleme. Band 1, Wiesbaden 1958; vgl. Die ästhetische Prügeley. Streitschriften der antiromantischen Bewegung. Herausgegeben von Rainer Schmitz. Göttingen 1992). S. auch die Anm. zu S. 53.

288 *à l'ordre du jour:* An der Tagesordnung.

290 *spanische Fliege:* Käferart, getrocknet und pulverisiert stimuliert die »spanische Fliege« das Zentralnervensystem, wird heute auch als Potenzmittel verwendet.

Widerborst: Gedicht von Friedrich Wilhelm Schelling: »Heinz Widerborstens epikurisch Glaubensbekenntnis«.

291 *Tieck hat ihm in zwei Abenden seine »heilige Genoveva« vorlesen müssen:* Tiecks Trauerspiel »Leben und Tod der heiligen Genoveva« in dessen »Romantische Dichtungen«, Band 2, 1799–1800.

Schlegel wird »Heinrich VI.« vorlesen, den er eben fertig hat: August Wilhelm Schlegel übersetzte seit 1797 William Shakespeares Werke, später gemeinsam mit Ludwig Tieck und dessen Schwester Sophie.

out of my reach: Außerhalb meiner Reichweite.

293 *ottave rime:* Stanzen.

294 *neue Mythologie:* Die Friedrich Schlegels. S. das Nachwort S. 612 bis 615.

295 *Stettiner Freunde:* Dazu gehörte G. W. Bartholdi, Gymnasiallehrer und Prorektor in Stettin. Ihn hatte Schleiermacher auf dem Gedikeschen Seminar in Berlin kennengelernt.

295 *Schlegels Gespräch über die Poesie:* »Athenäum«, 3. Band, 1. Stück.

Notiz von Wilhelm Schlegel über Voß: Witzige Bemerkung August Wilhelm Schlegels über Voß'»Musenalmanach« im »Athenäum«, 3. Band, 1. Stück.

297 *povera me!:* Ich Arme!

299 *Jean Paul über Fichte:* »Clavis Fichtiana«, eine Satire auf den Idealismus Fichtes, Jacobi gewidmet, Anhang zum ersten Teil des »Titan«, 1800.

300 »*Titan«:* S. Anm. zu S. 91.

weniger die Reden als die Monologen: »Reden über die Religion, an die Gebildeten unter ihren Verächtern« (Berlin 1799) und die »Monologen. Eine Neujahrsgabe« 1800, anonym erschienenes Werk von Friedrich Schleiermacher.

301 *Brentano…hat eine Farce geschrieben, »Gustav Wasa«:* »Satiren und poetische Spiele. Erstes Bändchen: Gustav Wasa« (1800).

302 *derb mitgenommen im Journal:* Tiecks »Poetisches Journal«.

303 *Heinrich von Ofterdingen:* Unvollendeter Roman von Novalis, erschien 1802 in seinen von Friedrich Schlegel und Ludwig Tieck herausgegebenen Schriften.

meine »Briefe über die Lucinde«: Schleiermachers »Vertraute Briefe über Friedrich Schlegels Lucinde« erschienen 1800 anonym bei Friedrich Bohn, Lübeck und Berlin. S. dazu die Anm. zu S. 53.

305 *Eutin:* Kleiner Ort zwischen Lübeck und Kiel, wo Johann Heinrich Voß als Schuldirektor tätig war.

Nicolai: Er hatte im Juli in der »Berlinischen Monatsschrift« einen Aufsatz über die »Secunda Petri« veröffentlicht, worin er den von Kant verwendeten Begriff erklärt.

Engelsche Notiz: Vgl. die Rezension Schleiermachers zu Engels'»Letzte Schriften« im »Athenäum«.

306 *pour l'amour de ses beaux yeux:* Seiner schönen Augen zuliebe.

Rezension im Archiv: Schleiermachers anonyme Rezension von Friedrich Schlegels »Lucinde« erschien Juli 1800 im »Berlinischen Archiv der Zeit und ihres Geschmacks« (Band 2, Heft 7, S. 37–44). S. Anm. zu S. 53.

307 *Aushängebogen:* Von Dorothea Veits Roman »Florentin«.

308 *Philipp:* Ihr Sohn Philipp Veit.

die kleine Paulus: Sophie Paulus, Tochter von Heinrich Eberhard Gottlob Paulus und Karoline Paulus.

Arie von Erwin und Elmire: Singspiel nach dem Libretto von Goethe. Die erste Fassung wurde am 13. September 1775 in Frankfurt am Main mit der Marchandschen Truppe aufgeführt, die zweite am 10. Juni 1796 von Luise von Göchhausen in Weimar.

Annalen: Ein gescheitertes Zeitschriftenprojekt.

309 *Velin:* Handgeschöpftes, weiches pergamentähnliches Papier, wurde für Vorzugsausgaben verwendet.

314 *Schillers »Wallenstein«:* Das Drama erschien 1800 in zwei Bänden.

Wielands »Aristipp«: »Aristipp und einige seiner Zeitgenossen« erschien in vier Bänden 1800 bis 1801.

315 *»Schöpfung« von Haydn:* Das Oratorium »Die Schöpfung« war 1798 entstanden.

317 *Fichtes »Nicolai«:* »Friedrich Nicolais Leben und sonderbare Meinungen. Ein Beitrag zur Literaturgeschichte des vergangenen und zur Pädagogik des angehenden Jahrhunderts« von Johann Gottlieb Fichte. Herausgegeben von August Wilhelm Schlegel, Tübingen bei Cotta 1801.

pétillant: Funkelnd.

Maria Stuart: Schillers »Maria Stuart, ein Trauerspiel« (1801).

Schillers Macbeth, von dem Schlegel wunderliche Dinge erzählt: Von Friedrich Schiller übersetzte und bearbeitete Fassung von Shakespeares »Macbeth«, eingerichtet für das Hoftheater in Weimar (1801).

Charakteristiken und Kritiken: Die »Charakteristiken und Kritiken« von August Wilhelm und Friedrich Schlegel erschienen 1801 in Königsberg.

318 *Monologen:* S. die Anm. zu S. 300.

319 *zwölf Meilen:* Eine deutsche Meile betrug 7 532,5 Meter.

Wolf: »In Zossen wohnte der Superintendent Wolf mit seiner Familie, ein alter Freund meines seligen Vaters und auch ein guter Bekannter meines Vaters Schleiermacher.« (Ehrenfried von Willich: »Aus Schleiermachers Hause, Jugenderinnerungen«, 1909).

321 *der ältere Schlegel ... fatales Verhältnis zwischen ihm und seiner Frau:* August Wilhelm Schlegel und seine Frau Caroline lebten in Scheidung, sie hatte sich Schelling zugewandt.

322 *die längst gewünschte Anwesenheit dessen, der mir ... so unendlich wert ist:* Friedrich Schlegel.

Er hat jetzt ein Trauerspiel gemacht: »Alarcos« von Friedrich Schlegel (1802).

323 *den »Platon« abgerechnet:* S. die Anm. zu S. 53.

huj.: Hujus, soviel wie »dieses Monats«.

325 *Wilhelm:* Graf Wilhelm von Schwerin-Putzar.

328 *den herrlichen Roman ... des seligen Hardenberg:* »Heinrich von Ofterdingen«.

330 *Auxiliärsprache:* Hilfssprache.

331 *Schellings »Bruno«:* Schellings Schrift »Bruno. Ein Gespräch« (1802) über den Pantheismus Giordano Brunos.

Pastor Haken aufsuchen, den Verfasser der grauen Mappe: Der evangelische Theologe und Schriftsteller Johann Christian Ludwig Haken war zu dieser Zeit Pfarrer in Symbow bei Stolp/Pommern. Sein Werk »Die graue Mappe aus Ewald Rink's hinterlassenen Papieren« war zwischen 1790 und 1794 in vier Teilen erschienen.

335 *Rimessen:* Geldtransfers zwischen Migranten und ihrer Heimat.

337 *Frankreich behage ihm:* Friedrich Schlegel und Dorothea Veit gingen 1802 nach Paris.

338 *ist heute Dein Geburtstag:* Henriette Herz wurde am 5. September geboren, nicht am 6.

339 *Kants Tugendlehre:* »Metaphysik der Sitten« (1797).

Fichtes Sittenlehre: »Das System der Sittenlehre nach dem Principe der Wissenschaftslehre« von Johann Gottlieb Fichte (Jena und Leipzig 1798).

Helvetius: Claude Adrien Helvetius' »De l'esprit« (1758) und »De l'homme et ses facultés intellectuelles et de son éducation« (1772).

340 *attrapierte ich mich:* Erwischte ich mich.

Schillers arithmetisch moralisches Sprüchelchen vom Zahlen der schönen Seelen: In »Über Anmuth und Würde« (1793).

341 *Buch von Scheffner:* Zugabe zum ersten Band der von Gedike herausgegebenen »Annalen des preußischen Schul- und Kirchenwesens« (1800).

345 *ich gehe jetzt ordentlich mit einem förmlichen Tituskopf herum:* Um 1795 bis 1835 nach dem römischen Kaiser Titus benannte Herrenfrisur, bei der das Haar vom Wirbel aus nach allen Seiten gekämmt, gleichmäßig kurz geschnitten und gelockt ist und seitlich mit den Favoris (Backenbart) getragen wurde. Der Tituskopf wurde durch den französischen Maler Jacques Louis David erstmals für die Rolle des Titus in Voltaires »Brutus« 1789 vorgeschlagen. Der Tituskopf stand im Einklang mit der A-la-grèque-Mode. Im Directoire frisierte ihn sich auch die Frau (allerdings ohne Bart). (www.colorway.de/lexikon/mode-lexikon/T/Tituskopf/ aufgerufen am 26. Oktober 2012)

emballiert: Verpackt, verkleidet.

345 *einem Pensionär:* Ludwig Börne. S. die S. 93–99, 367–397 und 502–509 dieser Ausgabe und die entsprechenden Anmerkungen.

346 *Wie Alex durch Humboldts gelitten hat:* Die angesprochene Affäre hängt sicher mit Dohnas Versetzung nach Marienwerder zusammen. Es sind auch männliche Rivalitäten in der Beziehung zu Henriette Herz denkbar. Als Innenminister hat Dohna 1809/10 Wilhelm von Humboldt bei der Gründung der Berliner Universität unterstützt.

349 *Tiedges Urania:* S. die Anm. zu S. 105.

Dorpat: Universitätsstadt im Baltikum.

351 *Augmentation:* Zuwachs, Vermehrung, Ergänzung.

Es ist geschehen … sie hat mich aufgegeben: Siehe die Anmerkung zu Seite 54

354 *»Die Braut von Messina«:* »Die Braut von Messina oder die feindlichen Brüder«, Drama von Friedrich Schiller (1803).

aus dem »Freimüthigen«: Von 1803 bis 1806 in Berlin erschienene Zeitschrift, zunächst von Kotzebue, dann von Merkel herausgegeben.

wird man nicht Goethes »Eugenie« bald geben: Eugenie ist die Hauptfigur aus Goethes »Die natürliche Tochter« (1803).

355 *Andacht zum Kreuz:* Das Schauspiel von Don Pedro Calderôn de la Barca erschien 1803 in der Übersetzung von August Wilhelm Schlegel.

den Aufsatz die Gemälde im »Athenäum«: Der von August Wilhelm Schlegel gezeichnete Aufsatz »Die Gemählde« erschien im »Athenäum« (Berlin 1799, 2. Band, Erstes Heft, S. 39ff.). Er stammt allerdings von Caroline Schlegel. Zum Thema Bilder und Bildkommentierung war ein Aufsatz »Gedanken über die Malerei« von Friedrich Schlegel in dessen eben (1803) gegründeter Zeitschrift »Europa« erschienen.

356 *»Delphine«:* Der erste Roman von Germaine de Staël (1802; dt. Berlin 1803), der sie bekannt machte.

Besitz genommen hast von Deiner neuen Wohnung: Nach dem Tode ihres Mannes zog Henriette Herz in die Markgrafenstraße 59.

Asafoetida: Asant, Stinkasant oder Teufelsdreck ist ein Beruhigungsmittel.

359 *damals von Gall und Schiller voll:* Goethe war ein Anhänger der Schädellehre von Gall, die damals in aller Munde war. Schiller war völlig überraschend am 9. Mai 1805 gestorben.

360 *Wie geht es meiner guten Jette:* Henriette von Willich, geb. von Mühlenfels, erwartete ihr erstes Kind.

361 *Wegen Louis Börne:* Börne war nach Marcus Herz' Tod zur weiteren medizinischen Ausbildung zum Herz-Schüler Reil nach Halle gekommen. Auf Empfehlung von Henriette Herz war er häufig Gast bei Schleiermacher.

362 *Wittow:* Halbinsel auf Rügen.

Sagard: Eine Gemeinde auf der Insel Rügen.

Schwarzens: Familie Schwarz in Wiek auf Rügen.

Lotte in Stettin: Lotte Schwarz.

Garz: Stadt auf Rügen.

363 *in Eurem Lande:* Rügen war damals von Schweden besetzt.

dieser Friede hat die Drohungen erfüllt: Der Friede von Tilsit im Juli 1807.

Rußland: Die Vermittlung als Kaiserin-Erzieherin der nach Rußland verheirateten preußischen Prinzessin Charlotte verdankte Henriette Herz der Herzogin Dorothea von Kurland.

Schleier wird nun hier wohnen: Nach der Schließung der Universität Halle während der napoleonischen Besetzung kam Schleiermacher zurück nach Berlin als Prediger an die Dreifaltigkeitskirche.

364 *ich komme zu Euch:* An Charlotte von Kathen schrieb Schleiermacher am 31. Dezember 1807: »Mir war sehr bange vor allen Auswanderungsplänen, die unsre Freundin Herz machte, und ich tat, was ich nur konnte, um sie zu zerstören und auf Mittel zu denken, wie sie die Entscheidung der Dinge hier abwarten könne. Sie bei Ihnen zu wissen, ist mir aber wahrlich, wenn auch ich darunter verliere, weit lieber, als sie hier zu wissen. Lange ist mir nichts so freudiges begegnet als dieses.« Henriette Herz war hier vom März 1808 bis Ende 1809 als Erzieherin auf dem Gut Götemitz auf Rügen tätig und später oft als Sommergast willkommen.

Paris: In Paris wollte man Henriette Herz als Erzieherin einer Nichte des Königs Murat gewinnen. Joachim Murat, ehemals Marschall von Frankreich, war seit 1805 König von Neapel.

Ein ähnliches in Wien: S. die 3. Anm. zu S. 265.

365 *daß ich zu ihrer Schwester gehe:* Sarah Levys Schwester Fanny von Arnstein in Wien.

weil Schleier hier wohnt: S. die Anm. zu S. 363

366 *Jasmund, Sagard, Stubbenkammer, Berthahain, Bobien, Wiek, Poseritz:* Orte auf der Insel Rügen.

372 *Er ist tot:* Marcus Herz war am 19. Januar 1803 gestorben.

378 *Apotheker Lezius:* S. die Anm. zu S. 94.

389 *Dmlle. Itzig:* Eine der Töchter des reichen Fabrikanten Isaak Daniel Itzig. Die Itzigs wohnten, wie man aus Chamissos Jugendbriefen weiß, während des Sommers in Charlottenburg. S. die Anm. zu S. 9.

Blanc: Vermutlich eine französische Gouvernante.

Mad. Levi: Sarah Levy.

399 *Kiempeviser:* Sammlung dänischer und norwegischer Balladen des königlichen Historiographen Anders Sörensen Vedel.

400 *Phantasus:* »Phantasus. Eine Sammlung von Mährchen, Erzählungen, Schauspielen und Novellen« von Ludwig Tieck (3 Bände, Berlin 1812–1816).

Goethes Leben: Der erste Teil von Goethes Autobiographie »Dichtung und Wahrheit. Aus meinem Leben« war Ende Oktober 1811 bei Cotta in Stuttgart und Tübingen erschienen, der zweite Anfang November 1812. Bis 1822 folgten noch vier weitere Bände.

402 *Beide (Reil und Fichte) sind ein Raub des Lazarettfiebers geworden:* Sie starben an einer Typhusepidemie.

erst nach vollendetem Kongreß: Der »Wiener Kongreß« fand vom 18. September 1814 bis 9. Juni 1815 statt. Er legte zahlreiche Grenzen in Europa neu fest und definierte neue Staaten. Anlaß war die Niederlage Napoleons, der die politische Landkarte Europas deutlich verändert hatte.

404 *Die Republik des Plato:* »Die Republik« (Politeia), sokratischer Dialog von Plato.

405 *Zossen:* Südlich von Berlin gelegener Ort.

S. die Anm. zu S. 319.

406 *Das Erwachen des Epimenides:* »Das Erwachen des Epimenides, patriotisches Festspiel« von Goethe 1815.

jetzt erst scheint die Schlange auf dem Haupte getreten zu sein: Gemeint ist Napoleon, der nach der verlorenen Schlacht bei Waterloo am 21. Juni 1814 abdankte und später von den Alliierten auf die Insel St. Helena verbannt wurde.

Helge: »Helge: et digt« von Adam Oehlenschläger (Kopenhagen 1814).

407 *Brandis, den wir alle hier sehr ungerne verloren haben:* Brandis war als Legationssekretär der preußischen Botschaft nach Rom abgereist.

408 *Har De glemt Deres Beninde:* Hast Du Deine Freundin.

Correggio: Trauerspiel von Oehlenschläger (1811 und öfter).

409 *»Wanderjahre«, ich meine »die falschen«:* 1821 kündigte Goethe die Fortsetzung seines »Wilhelm Meister« an, dessen erster Teil bereits 1795 erschienen war. Doch vor Erscheinen kam anonym ein Buch unter dem gleichen Titel heraus – verfasst von dem Quedlinburger Pfarrer Johann Friedrich Wilhelm Pustkuchen (1793–1834). Pustkuchen versammelt alle Ressentiments, die bereits zu Anfang des Jahrhunderts gegen Goethe ausgesprochen wurden. In »Wilhelm Meisters Tagebuch« (1822) macht er sich den Spaß, den 1795 erschienenen ersten Teil für eine Fälschung, seine eigenen »Wanderjahre« für die echten zu erklären. Hilflos mußte Goethe mit ansehen, wie bis 1828 noch fünf weitere Teile erschienen. Sein »Wilhelm Meister« konnte erst im Frühjahr 1829 in drei Teilen als Band 21–23 in der Ausgabe letzter Hand fortgesetzt werden.

Dogmatik von Schleiermacher: Schleiermachers Hauptwerk »Der christliche Glaube, nach den Grundsätzen der evangelischen Kirche im Zusammenhang dargestellt« (2 Bände, Berlin 1821–22).

410 *Kohlendampf:* Kohlenmonoxidvergiftung.

411 *die eben erschienenen »Briefe von Schiller und Goethe«:* »Briefwechsel zwischen Schiller und Goethe in den Jahren 1794 bis 1805« (6 Bände, Stuttgart und Tübingen 1828/29).

mutwillige Xenienzeit: In Schillers »Musenalmanach für das Jahr 1797« hatten Goethe und Schiller die gesamte literarische Welt ihrer Zeit in scharfen Distichen attackiert, was eine Flut von teils wütenden Gegenschriften hervorrief. (vgl. Eduard Boas: Schiller und Goethe im Xenienkampf. 2 Bände, Stuttgart und Tübingen 1851).

anders doch als diese Briefe: Friedrich Heinrich Jacobi »Auserlesener Briefwechsel« (2 Bände, Leipzig 1825–1827).

die vier Norweger: »Die vier Norweger. Ein Cyclus von Novellen« (Breslau 1828) von Henrik Steffens.

413 *Lanke:* Gut und Dorf in der Mark, bei Biesenthal.

Marie Erhard: Tochter des mit Twesten eng befreundeten Arztes.

Henriette Meyer: Auch: Hanne, Hinny, war mit Joseph Mendelssohn verheiratet, dem ältesten Sohn von Moses Mendelssohn und Begründer des Bankhauses, Mutter von Benny und Alexander.

Wie sehr nahe geht mir Marwitz: Alexander von Marwitz, der Freund von Rahel Varnhagen, der begeisterte Freiheitskämpfer fiel im preußischen Yorkschen Korps am 11. Februar 1814 in der Schlacht bei Montmirail.

414 *Der dritte Teil von Goethens Leben:* Er erschien 1818 und enthält das 11. bis 15. Buch.

416 *An Ihrem neuen Wohnorte*: Twesten lehrte ab Herbst 1814 an der Universität in Kiel.

419 *Glückwünschungsschreiben:* Das »Glückwunschschreiben an die hochwürdigen Mitglieder der von Seiner Majestät dem Könige von Preußen zur Aufstellung neuer liturgischer Formen ernannten Commission« (Berlin 1814) wird Schleiermacher zugeschrieben. Schleiermacher selbst schrieb an Blanc: »Den Verfasser des Glückwunschschreibens kann ich der Anonymität wegen nicht tadeln, [...]«

Der alte Sack hat bereits eine sehr würdige Antwort bekannt gemacht: Noch im selben Jahr (1814) erschien die »Antwort auf die unter dem Titel ›Glückwunschschreiben an die Mitglieder der zur Aufstellung neuer liturgischer Formen ernannten Commission‹ erschienene Schrift«. Sie war unterzeichnet von den Mitgliedern der Kommission: Sack, Ribbeck, Hanstein, Hecker, Offelsmeyer und Eylert.

421 *daß Schleiermachern ein großes förmliches Vivat mit Fackeln gebracht wurde:* Schleiermachers Stiefsohn Ehrenfried von Willich beschreibt Jahre später diese Geburtstagsfeier: »Bis Mittag war ein beständiges Kommen und Gehen von gratulierenden Freunden, die mit Schokolade und Kuchen bewirtet wurden. Manche brachten Geschenke. Mittags waren nur wenige Gäste da, die Herz, die alte treue Freundin, die Verwandten, Forstners u.a. Abends wurde meist eine größere Gesellschaft gegeben: Reimers, Schedes, Eichhorns, Nikolovius mit seinen Damen, auch wohl Klenzes usw. Wenn alles versammelt war, so erschien im Hintergrund des Gartens ein Lichtermeer, und bald entwickelte sich ein stattlicher Fackelzug von Studenten, die im Garten vor unserer Wohnung einen Halbkreis bildeten. Man sang und brachte ein Toast aus, eine Deputation mit Festgeschenk trat in das Haus und hielt die Anrede, die mein Vater bewegt beantwortete. Die deputierten jungen Leute behielt man natürlich in der Gesellschaft [...] Eine solche Ovation [war damals] etwas höchst Seltenes und ging von Herzen zu Herzen.« (Aus Schleiermachers Haus: Jugenderinnerungen seines Stiefsohnes. Berlin 1909, S. 98–99)

Ich könnte ein Haus, wenn auch nur ein kleines, machen: Vgl. den Brief an Twesten von Ende April 1821.

Meier: Sie war als Witwe von Altona nach Berlin gezogen.

Mit keiner so nahe verwandten Familie: Die Familie Mendelssohn.

423 *condamniert:* Verurteilt.

Dionys[ios] v. Halikarnass: Griechischsprachiger römischer Schriftsteller und Geschichtsschreiber des 1. Jahrhunderts v. Chr.

die Republik von Plato: »Die Republik« (Politeia), sokratischer Dialog von Plato.

Corona: »Corona. Ein Rittergedicht in drei Büchern« von Friedrich de la Motte Fouqué (Stuttgart, Tübingen 1814).

Die Muse des Fouqué'schen Ehepaares: Das Schriftsteller-Ehepaar veröffentlichte in den Jahren 1813 und 1814 insgesamt zehn Bücher, hinzu kommen einige Herausgaben.

424 *An Herz zu schreiben*: Ein Verwandter ihres Mannes in Kiel, dessen zwei Töchter später eng mit dem Twestenschen Haus befreundet waren.

425 *Die Hensler*: Dore Hensler war nach Amalie Niebuhrs Tod mit ihrer Nichte Gretchen nach Berlin gekommen.

Dem armen Niebuhr ...: Amalie Niebuhr, geb. Behrens, starb am 20. Juni 1815 in Berlin.

429 *Die Weihe des Zweiflers*: »Theodor oder des Zweiflers Weihe« von W. M. L. De Wette. 2 Bände, Berlin 1822.

Schleiermachers ›Dogmatik‹ angefangen: S. die Anm. zu S. 409.

429 *In der Hallischen Literaturzeitung*: Die in Jena gegründete »Allgemeine Litteratur-Zeitung« wurde vom Gründer und Herausgeber Christian Gottfried Schütz, nachdem er eine Professur in Halle erhalten hatte, von 1804 bis 1849 in Halle fortgeführt. S. die Anm. zu S. 287.

431 *Meine Schrift über eine Synodalverfassung*: »Über die für die protestantische Kirche des preußischen Staates einzurichtende Synodalverfassung«, Berlin 1817.

433 *aria cattiva*: Schlechte Luft, Mief.

das Band des Bundestages: Der Bundestag oder auch Bundesversammlung war auf Beschluß des Wiener Kongresses ins Leben gerufen worden. Als oberstes Organ des Deutschen Bundes war er als einzige zentrale Institution von 1815 bis 1848 und von 1851 bis 1866 für ganz Deutschland zuständig. Seine Zielsetzung war nach den Napoleonischen Kriegen die Herstellung einer Friedensordnung für Europa und einer neuen Verfassungsordnung, da sich die deutschen Staaten (vier Freie Städte, 37 Fürstenstaaten) nicht auf die Wiedererrichtung des 1806 aufgelösten Kaiserreiches einigen konnten. Als ständiger Gesandtenkongreß trat er an die Stelle der kaiserlichen Zentralgewalt. Sein Sitz war Frankfurt am Main, wo er ab dem 5. November 1816 einmal wöchentlich tagte.

437 *Bunsen hier verheiratet zu finden*: Bunsen verheiratete sich am 1. Juli 1817 in Rom mit der Engländerin Frances Waddington (vgl. »Freifrau von Bunsen. Ein Lebensbild«. 2. Auflage, Band I, 1883)

440 *Louise Seidler*: »Als ich in München eben erst angekommen war, hatte ich die große Freude des Wiedersehens mit Frau Henriette Herz, welche ich schon in Dresden so liebgewonnen. Ich traf sie bei Schelling, in dessen Hause sie die Geselligkeit besonders verschönte. Wir besichtigten miteinander die Kunstschätze; Abends schrieben wir dann über das Gesehene Notizen nieder. Die edle Frau wurde mir durch ihren gebildeten Geist, ihr tiefes Gefühl und ihre Anmuth täglich theurer. Wie gern hätte ich sie nach Rom, wohin sie nur zu bald abreiste, begleitet; ein heißer Wunsch, dessen Erfüllung ich mir mit so vielen Schwierigkeiten verbunden dachte, daß ich ihm in meiner Seele keinen Raum zu geben wagte. So bat ich denn Henriette Herz, mir wenigstens von Rom aus öfters zu schreiben, denn es schien mir schon ein besonderes Glück, einen Brief von Rom zu bekommen. In der That hielt die liebenswürdige Freundin das mir gegebene Versprechen, und am 5. März 1818, an welchem Tage mich Pauline Schelling zu Tisch gebeten hatte, überraschte mich deren Gatte zum Dessert mit folgendem Briefe von ihr: ... [hier wiedergegeben] Als ich diesen Brief gelesen hatte, beherrschte mich nur noch Ein Gedanke, Ein Gefühl: Italien zu sehen! Auch Schelling und die übrigen Freunde waren der Meinung, ich müsse Alles daran setzen, dieses Ziel zu erreichen. So schickte ich denn den Brief der Henriette Herz an meinen Vater, mit der Bitte, ihn auf irgend eine Art in die Hände meines gnädigen Gönners, des Großherzogs Carl August, gelangen zu lassen. Frau von Heygendorf, deren Theilnahme für mich schon einmal so wirksam in meinen Lebensgang eingegriffen hatte, übernahm abermals den Liebesdienst freundlicher Vermittlung. Der Erfolg war bald der günstigste. Schon am 3. Mai 1818 erhielt ich einen Brief der gütigen Künstlerin, in welchem sie mir anzeigte, daß der Großherzog mir abermals ein Geschenk von 400 Thalern bewilligt habe, mit der Erlaubniß, für diese Summe in Rom zu studiren.« (Louise Seidler, Erinnerungen der Malerin, 2. Auflage, Berlin 1875, S. 154 ff.)
Henriettes Brief hat in den Münchner Künstlerkreisen einiges Aufsehen

erregt: »Hätte ich Flügel«, vermerkte Kaspar Schinz, nachdem er ihn gelesen hatte, in seinem Tagebuch, »er hätte mich gleich zu einer Reise entschlossen gemacht.« Eines der mitgesandten Veilchen, das ihm Louise Seidler schenkte, erfüllte ihn mit dankbarer Freude. (Anmerkung Hans Uhdes zur 2. Auflage der Erinnerungen von Louise Seidler, 1875)

442 *in den Söhnen der Friedrich Schlegel:* Die Ehe Friedrich Schlegels mit Dorothea blieb kinderlos. Mit den Söhnen sind Dorothea Schlegels Kinder aus erster Ehe gemeint: Johann und Philipp Veit.

444 *Kronprinz von Bayern:* Ludwig I., Karl August von Bayern.

446 *die Weiß:* Die Frau des Kupferstechers David Weiß (1775–1846).

jüngste Schwester: Sara, verheiratet mit Nathan.

451 *wie lästig Ihnen, dem Schweigsamen, mein vieles Sprechen und ewiges Klagen sein mußte:* Bekker schrieb am 13. Dezember 1817 an Schleiermacher: »Unterwegs habe ich zu leiden gehabt von empfindsamer und übelnehmender Tugendhaftigkeit, und hier wieder reizt die unablässige Kunstbegeisterung zum Widerspiel, wie die Unbefangenheit, mit der sie dem Papste vorgestellt sein und christlichen Privatgottesdienst einrichten will, zur Verwunderung. Bei dem allen bin ich natürlich von Herzen froh sie hier zu haben.«

452 *P[rinzen] v. Gotha:* Friedrich IV., Herzog von Sachsen-Gotha und Altenburg, lebte von 1814 bis zum Tode seines Bruders 1822 in Italien, dessen Thron er übernahm, 1816 Übertritt zum Katholizismus.

que voulez vous que je fasse: Was wünschen Sie, was ich für Sie tun kann.

454 *neue Heloise:* »La nouvelle Héloïse« / Die neue Héloïse«, der Briefroman von Jean-Jacques Rousseau erschien erstmals 1761.

cryptoprass [chrysopras]: Grüne Abart des Chalzedons.

455 *B[oisseré]schen Bilder:* Die berühmte Sammlung deutscher und niederländischer Gemälde des Mittelalters und der Renaissance, die die Brüder Melchior und Sulpiz Boisserée in Köln zusammengetragen hatten. König Ludwig I. von Bayern kaufte 1827 die nach ihnen benannte Sammlung für 240.000 Gulden und begründete damit die Alte Pinakothek in München.

456 *Verdruß durch die Redaktion der hiesigen Zeitung:* 1819 war Börne für vier Monate Herausgeber der »Zeitung der freien Stadt Frankfurt«.

Wage: Börne veröffentlichte zwischen 1818 und 1820 in der Zeitschrift »Die Wage. Zeitschrift für Bürgerleben, Wissenschaft und Kunst«.

Seine Gedichte kommen mit einigen Zusätzen neu heraus: »Gedichte« 2. vermehrte Auflage, Stuttgart, Tübingen 1820.

›Ludwig der Baier‹ gefällt mir besser als ›Johann von Schwaben‹: »Ludwig der Baier. Schauspiel in fünf Aufzügen« (Heidelberg 1820) und »Ernst, Herzog von Schwaben. Trauerspiel in fünf Aufzügen« (Heidelberg 1818) – Theaterstücke von Ludwig Uhland.

457 *Seit 4 Tagen sieht man hier einen Kometen:* Seit Ende Juni war der helle »Große Komet«, auch »Komet Tralles« (astronomisch: 1819 II) für einige Wochen über Deutschland zu sehen.

459 *Varnhagen ist zurückgerufen d. h. abgesetzt:* Karl August Varnhagen von Ense wurde im Juli 1819, im Vorfeld der »Karlsbader Beschlüsse« wegen seiner liberalen Haltung als Diplomat abberufen.

non saprei dire il perchè: Ich könnte Dir nicht sagen, warum.

460 *avis au lecteur:* Als Hinweis für den Leser.

carissimo – venga pure e vedo: Komm doch einfach und schau es Dir an.

Hildegarde: Tochter Friedrich Schleiermachers.

Rühs ist sterbend: Der Historiker Christian-Friedrich Rühs starb in der Nacht

vom 31. Januar auf den 1. Februar 1820 in Florenz auf seiner Reise nach Italien.
Die Schuhmacher ist tot: Nicht zu identifizieren, eventuell dem Kreis um Reimer zugehörig.

es kribbelt und wibbelt von Kindern dort: Die Reimers hatten 16 Kinder.

perdoni: Verzeihung (Mz.).

461 *Sophronizon:* Die von Heinrich Eberhard Paulus herausgegebene Zeitschrift »Sophronizon oder unpartheyisch-freimüthige Beyträge zur neueren Geschichte, Gesetzgebung und Statistik der Staaten und Kirchen« erschien in Heidelberg von 1819 bis 1830.

Voss eine allergrößte Abhandlung gegen Stolberg geschrieben: »Wie ward Friz Stolberg ein Unfreier? Beantwortet von Johann Heinrich Voß« (Sophronizon, Band 1, Heidelberg 1819).

462 *Das Buch von Voss:* »Bestätigung der Stolbergischen Umtriebe, nebst einem Anhang über persönliche Verhältnisse« von Johann Heinrich Voss (Stuttgart 1820).

Bajadere: Eine Kette aus Halbedelsteinen.

daß der Minister H[umboldt] den Abschied hat: Wilhelm von Humboldt wurde am 31. Dezember 1819 von Hardenberg entlassen. Seine Tochter Gabriele schrieb an Heinrich von Bülow in London: »Wie ich gestern hinterging, fand ich die Eltern zusammen und erfuhr, daß eben der Vater seinen Abschied erhalten habe. Dich wird das erschrecken, da Du nicht so darauf vorbereitet bist, als ich es war, die ich wußte, daß es lange nicht mehr dauern könne nach allem Vorgegangenen und nach des Ministers Beyme Verabschiedung. Doch so bald haben wir uns es nicht vermuthet, doch war unser Aller erster Gedanke, daß, da es über kurz oder lang so kommen mußte, es im besten Augenblicke für die Person meines Vaters selbst geschehen ist, und so sind wir sehr ruhig, da wir überdem in unserem häuslichen Leben unendlich mehr gewinnen als verlieren. Aber betrüben, tief schmerzen muß es Einen um der Sache willen, daß das Böse siegt, daß alle Guten entfernt werden ...« Und einige Tage später (am 4. Januar 1820) schreibt sie erneut an Bülow: »Es hat die größte Sensation gemacht, die ganze Stadt ist in Aufregung, und man soll von nichts Anderem sprechen ...« (Gabriele von Bülow, Tochter Wilhelm von Humboldts. Ein Lebensbild. Berlin 1900, S. 172, 174).

463 *Schleiermacher ist nur eben einer Gefahr entronnen:* Er hatte gegen die Entlassung De Wettes aus der Theologischen Fakultät protestiert. Siehe die zweite Anmerkung zu Seite 138.

Mit Reimer hat Schleiermacher förmlich gebrochen: Anlaß war ein Streit um Geld, das Schleiermacher Reimer gegeben hatte, um es für ihn zu investieren.

464 *Sontheim [Seinsheim] in der Ham[burger] Zeit[ung] v. 3. Aug. gelesen? Da wird man gut drüber herfallen in B[e]rl[in]! und seine Gegner:* In einem Brief vom 3. Juli 1821 an seinen Vertrauten Karl von Seinsheim beschrieb der Thronfolger, wie seine Taubheit auf wunderbare Weise durch seinen Vertrauensarzt Prinz Alexander Hohenlohe-Schillingsfürst behandelt worden war. Der Brief wurde am 3. August 1821 in der »Hamburger Zeitung« veröffentlicht und löste einen Skandal aus.

466 *Kanonierhaus:* Nachdem Schleiermacher mit Reimer gebrochen hatte (s. Anm. 462), zog er im Herbst 1821 auch aus dessen Sackenschem Palais, Wilhelmstraße 73, aus und bezog das Haus in der Kanonierstraße 4.

469 *König:* Friedrich Wilhelm IV., seit 1840 König von Preußen.

mardi gras: Fastnachtsdienstag.

473 *G.........z:* Aaron Gomperz, der enge Freund von Marcus Herz, kann es

nicht gewesen sein, wie Martin L. Davies irrig annimmt (Identity or History? Marcus Herz and the End of the Enlightenment. Detroit 1995, S. 271f). Aaron ben Solomon Emerich Gomperz (geb. 1723) war schon 1770 gestorben.

Dies ist die holde muntre Hebe: Das verschollene Original des Carmens, einst in der Königlichen Bibliothek zu Berlin, ist mit einer eigenen Melodie versehen. Gedruckt bey Georg Ludewig Winters Wittwe. Vgl. das Porträt von Therbusch im Bildteil, die Henriette als Hebe malte.

Pasithe: Griech. Pasithee, auch Pasithea, in der griechischen Mythologie eine der Grazien.

475 *die Bekanntschaft des Herrn Goethe gemacht:* S. die Anm. zu S. 72.

Sobriquet: Spitzname.

Mücken-Almanach: »Mücken-Almanach für das Jahr 1797«. Pest [d. i. Neustrelitz: Krüger].

»Ueber den Mücken-Almanach, den ich Ihnen schon in meinem vorigen Briefe genannt habe, hat man hier eine Vermuthung. Er ist wahrscheinlich in Neu-Strelitz bei Michaelis, einem jungen Juden, dem Verleger des Schillerschen Musen-Almanachs für 1796, herausgekommen; u. in diesem Falle läßt sich nicht ohne Grund vermuthen, daß er von einem, jetzt in Strelitz wohnenden, Herrn Krüger seyn müsse. Dieser Krüger ist, wie ich höre, bei seinem ehemaligen Aufenthalte in Berlin zwar kein Mitglied des Göthe-Clubs gewesen, hat aber bei Madame de Lemos, Mutter der Madame Herz, im Hause gewohnt u. ihn dadurch sehr genau kennen lernen.« (Johann Daniel Sander an Carl August Böttiger, 28. März 1797)

Der Verleger Krüger gab 1796 bis 1800 Schillers »Musenalmanach« heraus. Verfasser des »Mücken-Almanachs« ist Heinrich Salomo Michaelis, Hofbuchhändler in Neustrelitz, 1810 Professor für deutsche und französische Literatur, ab 1808 Redakteur des Württembergischen Regierungsblattes.

Zu den Pamphleten, Streitschriften und Satiren in der Folge der Goethe/Schillerschen »Xenien« und des Goethe-Kultes ausführlich in »Debatten und Kontroversen. Literarische Auseinandersetzungen in Deutschland am Ende des 18. Jahrhunderts« (herausgegeben von Hans-Dietrich Dahnke und Bernd Leistner. 2 Bände, Berlin und Weimar 1989) sowie in »Die ästhetische Prügeley. Streitschriften der antiromantischen Bewegung« (herausgegeben von Rainer Schmitz, Göttingen 1992).

476 *Vor zwölf Jahren ... Göthe ... in Berlin:* Als Begleiter des Herzogs Carl August war Goethe mit Fürst Leopold III. Friedrich Franz von Anhalt-Dessau vom 15. bis 20. Mai 1778 in Berlin, um im drohenden Bayerischen Erbfolgekrieg die Haltung Friedrichs II. zu erkunden. In der minutiösen Studie »Goethe / Berlin / Mai 1778« (Berlin 2001) von Siegfried Detemple findet sich kein Hinweis auf einen Besuch Goethes bei Herz.

da hat ja Herr Rat Schlegel sich glücklich eine Professorenstelle ertrompetet: August Wilhelm Schlegel war zum außerordentlichen Professor an die Jenaer Universität berufen worden.

477 *über Kotzebue's Hyperboräischen Esel herzlich gelacht:* August von Kotzebue hatte in seinem Bühnenstück »Der hyperboreeische Esel oder Die heutige Bildung. Ein drastisches Drama, und philosophisches Journal für Jünglinge« (1799) seinem zu belachenden »Helden« Karl wörtliche Zitate aus dem »Athenäum« und der »Lucinde« in den Mund gelegt. Ausführlich dazu in »Die ästhetische Prügeley. Streitschriften der antiromantischen Bewegung« (herausgegeben von Rainer Schmitz, Göttingen 1992). S. dazu auch die Anm. zu den S. 53, 277 und 287.

Tracasserien: Schikanen, Intrigen.

Insolenz: Anmaßung, Unverschämtheit.

481 *Almanach versifax:* Kalenderdichter.

482 *Mad. Wolf und Mad. Levi:* Sarah Meyer, geschiedene Lippmann-Wulff, spätere Frau Grotthuis und Sara Levy.

483 *perennierend:* Anhaltend.

Wer den Gensd'armenmarkt … nicht gesehen: Gensd'armen-Markt, später Gendarmenmarkt (heute Platz der Akademie), benannt nach dem Elite-Regiment Gensdarm, das hier bis 1773 seine Reitställe, bis 1782 seine Hauptwache hatte. Seit 1729 wurde hier Wochenmarkt gehalten. Der Platz war seinerzeit von einigen Prachtbauten Berlins umschlossen: neben dem Französischen und dem Deutschen Dom beispielsweise auch von der »Seehandlung« (Königliche Bank), dem Französischen Waisenhaus und dem Hotel de Brandenbourg. Reisende schrieben oft begeistert über diese gestalterische wie architektonische Leistung: »Der Gens d'armes-Markt ist, nach meinem Gefühl, unstreitig der schönste öffentliche Platz in Berlin und von ungeheurem Umfang. Die Straßen, welche man von ihm aus gewahrt, sind die schönsten und regelmäßigsten und kein widriger Gegenstand, kein Gebäude, das Armut oder Kleinlichkeit verrät, stört den schönen Anblick. In seiner Mitte stehen die französisch- und die deutsch-reformierte Kirche und zwischen beiden das Schauspielhaus. Die beiden Kirchen haben die prächtigsten, schönsten und geschmackvollsten Türme in Berlin, welche nach dem Modell der Kirche Maria maggiore und minore auf dem Platz del popolo zu Rom gebaut und mit unübertrefflichen Basreliefs nach Chodowieckis und Meils Zeichnungen geziert sind. Der eine dieser Türme wurde beim Bau etwas übereilt und stürzte daher unter der Arbeit wieder ein, so daß die neue Aufführung viele Kosten verursachte. Dennoch war der Bau in nicht völligen drei Jahren vollendet, und die Kosten betrugen nicht mehr als ungefähr hunderttausend Dukaten. So wußte der große Friedrich Ökonomie und Prachtliebe zu vereinigen.« (Georg Friedrich Rebmann: Kosmopolitische Wanderungen durch einen Teil Deutschlands. Leipzig 1793)

Das Schauspielhaus war zu Rebmanns Zeiten das ehemalige französische Komödienhaus, der Langhansbau des Königlichen Nationaltheaters existierte noch nicht.

Jenisch über ›Wilhelm Meister‹: Daniel Jenisch feiert 1797 in seinem Buch »Ueber die hervorstechendsten Eigenthümlichkeiten von Wilhelm Meisters Lehrjahren« Goethe als Höhepunkt der deutschen Literatur.

485 *ein … vielleicht schon fünfzehn Jahre altes Bildnis:* Von Anton Graff 1792. Siehe den Bildteil.

493 *sie war eine allseitige Anempfinderin:* Nach Goethe eine Frau, die eine männliche Kunstform sentimentalisiert: »Vielmehr schrieben ihr diejenigen, die mit ihr umgingen, gewöhnlich einen schönen Verstand zu, denn sie [Melina] war, was ich mit einem Worte eine Anempfinderin nennen möchte, sie wußte einem Freunde, um dessen Achtung ihr zu tun war, mit einer besonderen Aufmerksamkeit zu schmeicheln, in seine Ideen so lange als möglich einzugehen, sobald sie aber ganz über ihren Horizont waren, mit Extase eine solche Erscheinung aufzunehmen.« (Wilhelm Meisters Lehrjahre, 1795/96, 2. Teil, 5. Buch).

Im Jahre 1830 war Fanny Elßler in Berlin: Die österreichische Tänzerin war von 1830 bis zum Tod des 46 Jahre älteren Friedrich von Gentz (1832), des Sekretärs Metternichs, dessen Lebensgefährtin. Er protegierte sie, wo er nur konnte. Wohl durch ihn kam im Oktober 1830 ein von Rahel Varnhagen und ihrem Freundeskreis gefördertes Gastspiel in Berlin zustande, das ihren Ruhm als Tänzerin begründete.

495 *dehors:* Äußerlichkeiten.

499 *Die Herz wirst Du auch schrecklich verändert finden:* Dorothea Schlegel berichtet: »[...] Die Herz habe ich sehr verändert und veraltet gefunden; kaum noch eine Spur der vorigen Schönheit und dabey völlig verlohren und unglücklich unter alle dem jungen Volk; sie hat mich herzlich gedauert, da sie so gar nicht sich finden konnte in einer neuen Generation, die die Ansprüche von ehemals nicht will mehr gelten lasen. Ich nehme mich daher doppelt ihrer an, denn auch ihre Anhänglichkeit an mich ist mir wahrhaft rührend [...]« (an Friedrich Schlegel, Rom, den 3. Juni 1818)

»[...] sie hat sich in diesem Jahr von der schreklichen Magerkeit, die sie in Italien angenommen hatte, doch schon ziemlich wieder erholt und ihr Leben ganz auf die gewohnte Weise geführt.« (Schleiermacher an Bekker, 18. Mai 1820; Schleiermacher-Bekker, S. 125)

500 *in dem Hause, welches einst Angelika Kauffmann besessen:* Nach Friedrich Noack (»Deutsches Leben in Rom« Stuttgart und Berlin 1907) wohnten Dorothea Schlegel und Henriette Herz gemeinsam in der Via Sistina 82; das Haus der Kauffmann aber war die Via Sistina 72.

502 *una bella statua male ristorata:* Eine schöne, aber schlecht restaurierte Statue.

504 *Meine Rede über Jean Paul:* Börne hielt am 2. Dezember 1825 im Museum Frankfurt am Main eine »Denkrede auf Jean Paul Friedr. Richter«. Sie wurde in der Nummer 294 und 295 des »Morgenblatts für gebildete Stände« noch 1825 abgedruckt, erschien separat als »Eine Neujahrsgabe für die Freunde und Verehrer des unsterblichen Jean Paul's« (Erlangen 1826) und erregte weites Aufsehen.

505 *Décidément elle n'a point d'esprit:* Sie hat keinen Funken Geist.

Minauderien: Zierereien.

509 *Il vaut mieux jamais que tard:* Lieber nie als zu spät.

Die Herz gefällt mir auch besser ...: Arndt war von Oktober bis Dezember in Berlin, um seine Wiedereinstellung zu betreiben – vergeblich. S. dazu S. 137 und 138 dieser Ausgabe und die 2. Anm. zu S. 138.

von der Fischer und ihrem Zauberkreis: Luise Fischer war somnambul und wahrsagte, sie beherrschte Schleiermachers Frau und gehörte zu deren Haushalt. S. S. 460 dieser Ausgabe.

511 *Moquerien:* Spöttische Bemerkungen.

sub specie aeterni: Unter dem Gesichtspunkt der Ewigkeit.

514 *das Porträt war von der Malerin Therbusch:* Siehe den Bildteil.

das Bild, welches der bekannte, vortreffliche Porträtmaler Graff: S. 237f. dieser Ausgabe und die dazugehörige Anm.

Nachwort

Während ihres fast zweijährigen Aufenthaltes in Rom begann Henriette Herz 1818 mit der ersten Niederschrift ihrer Erinnerungen. Mit dem Erlebnis der Ewigen Stadt fühlte sie sich am Ziel ihres Lebens in der Gesellschaft und erwartete keine Höhepunkte mehr. Ihr Blick, so glaubte sie, war »freier und geeigneter zur Umschau über die Wandelungen geworden«, welche sie seit ihren frühen Jahren miterlebt hatte. Mehrfach hat die Matrone sich an die Arbeit gemacht. Die ersten Notizen führte sie 1822, 1824 und 1829 konsequenter weiter. Doch dann verließen sie wohl die Kraft und der Mut, dieses Unternehmen zu Ende zu bringen. Sie war über sechzig Jahre alt. Es war ruhiger um sie geworden. Und vielleicht hat die sonst immer Bescheidene ihr Leben als gar nicht so exemplarisch angesehen. Wie von plötzlicher Unlust gepackt, brechen ihre Aufzeichnungen mitten in einem Satz ab...

Als 1833, nur wenige Monate nach Rahel Varnhagens Tod, der noch von ihr selbst und von Karl August Varnhagen vorbereitete Briefwechsel erschien, erschrak Henriette Herz zutiefst. Die Scheu, ihr Innerstes und die engen Beziehungen zu namhaften Freunden wie Rahel vor der Welt bloßzulegen, ließ sie ihre seit Jahrzehnten gesammelte Korrespondenz nahezu vollständig vernichten. So sind von ihr bedeutend weniger schriftliche Zeugnisse als von anderen Frauen der Romantik überliefert. Henriette Herz nahm an, durch die Veröffentlichung ihres Briefwechsels mit bedeutenden Männern und Frauen könne eigentlich nur sie selbst sich eine Ehre antun. Abgesehen von einigen Abschriften sind nur wenige originale Briefe und eine erste Niederschrift ihrer Erinnerungen von ihrer Hand erhalten geblieben. Ihre Tagebücher, die sie spätestens seit 1784 führte, ebenso wie ihr italienisches Reisetagebuch von 1817 bis 1819 sind verschollen oder vernichtet. Zurückgefordert und vernichtet sind ihre Briefe an bzw. ihr Briefwechsel mit Sophie von La Roche, Lucie Domeier, Dorothea Veit-Schlegel und Ludwig Tieck. Vernichtet ist das Archiv des Tugendbundes; nur Briefe Wilhelm von Humboldts an Henriette Herz sind überliefert. Nur wenig überliefert zudem ist über ihre Beziehungen zur Familie des ehemaligen Hofkapellmeisters Johann Friedrich Reichardt und dessen sieben Töchtern, zu Johann Christian Reil und zahlreichen anderen. Überhaupt: Kaum Originales, das meiste in Abschriften.

Doch bald schon haben Freunde ihr deutlich machen können, wie verantwortungslos die Vernichtung der Briefschaften war, und sie versuchte daraufhin, durch mündliche Mitteilung das Verlorene einigermaßen zu ersetzen. Der Berliner Journalist und Schriftsteller Joseph Fürst, mit dem sie seit Ende der zwanziger Jahre bekannt war, hat unter Verwendung des Fragmentes der Erinnerungen und ihrer damals wohl noch vorhandenen Tagebücher Ende der dreißiger Jahre in zahllosen Unterhaltungen mit Henriette Herz die ihr wichtigen Begegnungen und Urteile festgehalten. Oft verführte eine einzige Frage oder ein Name sie zu längeren Erzählungen, und verließ sie ihr Gedächtnis bei Einzelheiten, versprach sie darüber nachzusinnen. Gleich nach den Gesprächen, so der Biograph und Ghostwriter, habe er mit der Niederschrift begonnen. Eine Veröffentlichung war erst nach dem Ableben von Henriette Herz vorgesehen. Nach dem 26teiligen Vorabdruck wesentlicher Passagen in der Berliner »Konstitutionellen Zeitung (30. September 1849 bis 30. März 1850) erschien die erste Buchausgabe 1850, eine durchgesehene und erweiterte acht Jahre später.

Seitdem werden die Erinnerungen der Henriette Herz oft zitiert. Es erhoben sich jedoch Stimmen, daß manches verzerrt dargestellt sei. Karl August Varnhagen von Ense schreibt dazu in seinen Tagebüchern, Henriette sei viel zu fein und zu geschmackvoll gewesen, um zu lügen. »Aber sich etwas einzureden und fest einzubilden, dazu war sie geschickt und bereit, und dies den Leuten dann, wie sich selber, als Wahrheit vorzutragen, war nicht gegen ihr Gewissen« – eine Meinung, die er Äußerungen von Sarah Levy, Bettina von Arnim, Wilhelmine Schede und Hanna Steffens entnommen haben will. Da es von ihm nur Vorhaltungen, nicht aber Richtigstellungen gibt, bleiben diese Erinnerungen trotz einiger Unschärfen eine einzigartige Quelle über die Berliner Romantik und Klassik, über die Zeit zwischen Aufklärung und Biedermeier.

Und von »Unzuverlässigkeit« kann keine Rede sein. Denn Henriette Herz' Absicht war es ja nur, noch Unbekanntes oder nur oberflächlich Gekanntes zur Sprache zu bringen, Irrtümliches zu berichtigen oder durch kleine Pinselstriche an bereits fixierten Bildern einige neue Züge hervorzuheben. Die Memoiren- und vor allem die Briefliteratur jener Zeit ist kaum überschaubar. Dennoch ließe sich nur äußerst mühsam ein derart reiches und ähnlich umfassendes Bild jener Epoche herausarbeiten. Die für die vorliegende Edition herbeigebrachten zeitgenössischen Dokumente und Äußerungen sprechen eindeutig für Henriette Herz' Darstellung. (s. Anmerkungsteil zum Text)

Der Adel vermengt sich hier mit dem Bürger

Die Erhebung des Kurfürstentums Preußen zum Königreich hatte in kurzer Zeit aus der märkisch-brandenburgischen Residenzstadt Berlin eine moderne Metropole erstehen lassen. Prächtige Bauten wurden errichtet: Das Schloß, das Zeughaus, Knobelsdorfs Opernhaus, die Prachtallee

Unter den Linden, der Gendarmenmarkt und die Stadtpalais des geborenen wie des Geldadels. Berlin galt zur Zeit des Klassizismus als eine der schönsten Städte des Kontinents und war um 1800 nach London, Paris, Neapel, Wien, Amsterdam und Lissabon die siebtgrößte Stadt Europas und die modernste des Reiches.

Vor allem Friedrich II. betrieb eine das Wachstum der Bevölkerung fördernde und tolerante Politik. Die Immigranten (Hugenotten, Böhmen, Salzburger Exulanten) und Juden, Teile des Militärs, der Aristokratie und der Gelehrten, später dann auch die französischen Revolutionsflüchtlinge fanden ihren Zusammenhalt in der bürgerlichen Kultur. Berlin war zu einer neuen wirklichen Metropole geworden, die sich durch eine neue Gesellschaft und Kultur auszeichnete – mit florierenden Banken, Handwerk, Wissenschaft und Publizistik. Nach Leipzig war Berlin die zweite große Verlagsstadt im deutschsprachigen Raum geworden. Und was die Zahl der Schriftsteller angeht, die hier lebten, so kam Berlin um 1800 mit 288 erfaßten Schriftstellern gleich nach Wien. (Meusel, Das gelehrte Teutschland, Band 12, 1806)

Die Zeit des Zopfes, in der noch Rang und Geburt bestimmend waren und der Hof die zentrale gesellschaftliche Rolle spielte, wandelte sich so in ein Gesellschaftsprinzip, das auf den persönlichen Werten des einzelnen beruhte. Gegenseitig erlöste man sich von den Fesseln der geistlos gewordenen Herkunft und fühlte sich geheimnisvoll verbunden. Alles, was Esprit in sich verspürte, drängte zueinander, um am großen heraufbeschworenen Wechsel des Jahrhunderts teilzuhaben. Im ausklingenden 18. Jahrhundert begann eine Epoche ständiger geistiger Neuorientierungen, die, erschüttert von der Französischen Revolution, dann von den napoleonischen Befreiungskriegen und schließlich von der Julirevolution, den Boden für eine neue Gesellschaft fruchtbar machte, deren geistig-sittliche Errungenschaften in der Aufklärung wurzelten.

Zwischen 1790 und 1806 lebte man das Idyll einer gemischten Geselligkeit, in dem man sich den gesellschaftlichen Zwängen entziehen konnte. Man kam zusammen, um sich »im freien Umgang vernünftiger sich untereinander bildender Menschen« (Schleiermacher) zu üben. Es wurden Freundschaften geknüpft, Briefe gewechselt, Ehen gelöst und gestiftet. Rahel Varnhagen sprach von den »Geistern aller Zonen«, die sich winken; und Wilhelm von Humboldt verglich die Literaturgesellschaft in engerem Sinne mit einer unsichtbaren Loge. Zu den gelockerten Sitten, dem sich in dem sonst so märkisch kargen und strengen Berlin ausbreitenden Luxus und der Genußsucht (vgl. den Brief Georg Forsters an Jacobi vom 23. April 1779), traten Ideen, die alle Seiten des gesellschaftlichen Lebens umgestalten wollten und neue Umgangsformen hervorbrachten. In Berlin waren es neben den älteren deutschen Wissenschaftlerkreisen, den Gelehrten und »schönen Geistern« der französischen Kolonie vor allem die jüdischen Bevölkerungsteile, die sich durch das rasche Aufgreifen der ihrer eigenen Emanzipation entgegenkommenden neuen Kulturmomente hervortaten. Seit Moses Mendelssohn stellten die jüdischen Häuser zwischen der adligen und der bürgerlichen Gesellschaft praktisch ein neutrales Terrain dar. Wissen wurde weitergegeben, Begegnungen wurden vermittelt, Konnexionen stellten sich her, die den Anspruch der Individualität tolerierten. Die Juden erwarben sich so bei den Gelehrten und Künstlern, der Beamten-Intelligenz, der Geistlichkeit, dem Adel, dem Militär und der Diplomatie ein Ansehen, das man ihnen nie zuvor gezollt hatte. Es herrschte ihnen gegenüber eine merkwürdige Balance von Zuneigung und Aversion, von freudiger Duldung, aber auch von häßlichem Widerwillen.

»... und ich glaube schon gemerkt zu haben, daß man einen vertrauten Zirkel für Herz und Kopf nicht grade in der Ersten Klasse suchen muß, sondern im Mittelstande; wo vielleicht im ganzen genommen noch mehr Aufklärung und feine Bildung anzutreffen ist, und die Verhältnisse den Genuß dieser Eigenschaften weniger erschweren, als in der höhren Sfäre, wo der tägliche Strudel von Visiten, Assembleen und Bällen jeden Genuß einer vernünftigen Unterhaltung, oder einer seligen Einsamkeit unmöglich macht ...« (Gustav von Brinckmann an Friedrich Schleiermacher, Berlin, den 4. Dezember 1789)

»Der Ton hier übertrift an Unbefangenheit weit den Weimar'schen. Der Adel vermengt sich hier mit dem Bürger, nicht wie Fet mit Wasser, auf welchem dieses immer oben schwimt und äugelt, sondern sie sind innig vereinigt wie diese durch Laugensalz, woraus Saife entsteht. Gelehrte, Juden, Offiziere, GeheimeRäte, Edelleute, kurz alles was sich an andern Orten (Weimar ausgenommen) die Hälse bricht, fället einander um diese, und lebt wenigstens freundlich an Thee- und Estischen beisammen«, so Jean Paul am 12. Januar 1801 an Karoline Herder; und an den Freund Paul Emile Thieriot schrieb er am 17. Januar 1801: »Unter allen gesellschaftlichen Tönen stell'ich die hiesigen am höchsten. Juden, Minister, Offiziere, Gelehrte, Weiber, diese macht das gesellige Band oft zu einem Straus; in Dresden hätten sie in einem Garten nicht Platz.«

Diplomaten, Revolutionsflüchtlinge, Glücksritter, Intellektuelle, Bohemiens, Dichter, Künstler, Durchreisende und flüchtige Berlin-Besucher wurden herumgereicht. Das Wort »Fremder« war ein Türöffner, und in zeitgenössischen Berichten wird stets der besondere Status der Berliner Juden und Jüdinnen hervorgehoben. (S. Anm. zu S. 12)

Das schöne Geschlecht der Israeliten spielt in Berlin eine große Rolle

In seinem »Lexicon von Berlin« (1806) faßt Johann Christian Gaedicke die Geschichte der Juden in Berlin kurz zusammen: »Vor alten Zeiten sind die Juden, wie aus mehreren christlichen Staaten, auch aus der Churmark, und zuletzt 1572 vertrieben worden. Im Jahre 1671 wurden unter dem Churfürsten Friedrich Wilhelm dem Großen wieder 15 Familien aufgenommen, und diese haben sich seitdem, blos in Berlin, außerordentlich vermehrt. Bey einem schwedischen Einfalle wichen sie jedoch aus Berlin und kamen erst bey verschwundener Gefahr wieder hierher, wofür sie 4000 Rthlr. Strafe erlegen mußten. Ihre Verfassung beruht auf den Generalprivilegien vom 29 Sept. 1730 und 17 April 1750, in welchen ihre Einrichtung und ein jährliches Schutzgeld bestimmt ist. Sie wohnen vorzüglich im Berliner Viertel. In Hinsicht ihres Nahrungsverhältnisses stehen sie unter der Churmärkischen Kammer, und in Hinsicht der persönlichen Gerichtsbarkeit unter dem Kammergericht. Streitigkeiten unter sich können auch von dem Oberrabbiner geschlichtet werden. Fremde Juden, welche sich hier niederlassen wollen, müssen 10,000 Rthlr. eigenes Vermögen besitzen. Unter König Friedrich Wilhelm II. haben sie mehrere vortheilhafte Freyheiten erhalten, z. B. Güter auf dem Lande an sich zu bringen, und die Itzigsche Familie erhielt selbst das Bürgerrecht, den Christen gleich. An ihren Kleidern und Sprache erkennt man nur wenige, und der Uebergang zu einer der christlichen Confessionen ist nicht selten. Kinder von Jüdinnen, welche sich von Christen haben schwängern lassen, erhalten die christliche Taufe. Ihre Nahrungszweige sind Handel, Fabriken und Manufacturen und einige freye Künste. Man findet unter ihnen sehr reiche Leute, große Bankiers, Gelehrte, Aerzte und Künstler. Sie haben ihre Oberältesten, freye Religionsübung, eine Synagoge, eine Buchdruckerey, in welcher hebräische Bücher gedruckt werden, mehrere Schulen und wohlthätige Anstalten und eine öffentliche Freyschule.«

Die jüdische Kolonie sei beträchtlich, so der Publizist August Adolph Freiherr von Hennings 1772, »man zählt 400 Familien, die auf 2000 Köpfe geschätzt werden.«

Im Jahre 1786 hatte Berlin 110.000 Einwohner, davon 30.000 Mann Militär, 5000 Emigranten (zumeist Hugenotten) und 3372 Juden. 1805 schon war die Einwohnerzahl auf etwa 177.000 gestiegen, inklusive etwa 25.500 Angehörigen des Militärs. Die Zahl der Juden aber war etwa konstant bei 3483 Personen geblieben. Im Verhältnis zur Gesamtbevölkerung war somit der Anteil jüdischer Einwohner gesunken. Ein Regulativ von 1750 gestattete jedem jüdischen Hausvater nur ein einziges Kind mit eigenem Haushalt zu behalten, auf das dann der Schutzbrief übertragen werden konnte.

Berlin hatte zwar kein Ghetto wie die meisten europäischen Städte, aber die Juden wohnten größtenteils in dem zwischen der Spree und der Neuen Friedrichstraße gelegenen Alt-Berlin, in der Nähe der Marien- und Nikolaikirche, besonders in der Jüden-, Königs- und Spandauerstraße sowie einigen benachbarten Straßen.

Die »Neuen Revidierten General-Privilegien« von 1750 unter Friedrich II. unterschieden sich nur wenig von den Schutzbriefen des Mittelalters. Die Juden waren in sechs Klassen eingeteilt. Danach erhielten nur die Vermögendsten, Schutzjuden erster Klasse, ein persönliches Privileg. Im allgemeinen erhielten nur jüdische Hoflieferanten, Münzpächter,

Juweliere, Finanziers und Unternehmer Schutzbriefe. Handwerke waren den Juden versagt, der Handel stark reglementiert. Nur in neuen Bereichen der Fabrikation und des Handels durften sie tätig werden, etwa in Samt- und Plüschmanufakturen. In den Zünften und Handelsgilden waren Juden nicht zugelassen, auch die Königliche Akademie der Wissenschaften blieb ihnen versperrt.

Im Reich Friedrichs des Großen sollte jeder nach seiner Façon leben können. Da der König jedoch antijüdisch eingestellt war, setzte das der vielbeschworenen preußischen Toleranz allerdings Grenzen. Aber damit hatte er nicht gerechnet:

»Die jetzigen Gelehrten in der Judenschaft sind mehrentheils Aerzte und wackere, rechtschaffene Männer, die blos für die Wissenschaften leben und über die groben Vorurtheile ihrer Nazion hinweg sind. Das jüdische Frauenzimmer fängt zum Theil an, bei der Verfeinerung seiner Sprache und seines sittlichen Benehmens, der Galanterie mehr wie vormals Gehör zu geben und den christlichen Stutzern vom Militär- und Civilstande zur angenehmen Unterhaltung zu dienen; einige machen so gar öffentlich von der Galanterie Profession und genießen hierunter aller bürgerlichen Freiheiten«, bemerkt ein anonymer Reisender 1788 (Schattenriß von Berlin. Amsterdam [Zittau: Schöps] 1788, S. 29–31). Schon 1772 hielt der Publizist Hennings nach einem Besuch Berlins fest: »Die jüdische Colonie hat den großen Vorzug, daß sie durch den Ruhm ihrer Gelehrten einen noch größeren Glanz erhält, wie durch die Schönheit der Damen. [...] Die Töchter erhöhen die Anmuth ihrer Schönheit durch ihre Talente, besonders für Musik, und durch einen fein gebildeten Geist.«

»Das schöne Geschlecht der Israeliten spielt in Berlin eine große Rolle. Es gibt wirklich Schönheiten im eigentlichsten Sinne unter ihnen. Hübsche Kleidung und leichter Anstand erhöhen ihre Reize. Sie sind äußerst empfindsam und treiben ihre ohne dies schon hohe Reizbarkeit oft zu weit.« (Bemerkungen eines Reisenden durch die Königlich Preußischen Staaten 1779, zit. nach Landsberg 1913) Es sei nicht zu leugnen, meinte ein anderer anonymer Beobachter, »daß die Berlinischen Jüdinnen sich eben so sehr durch Bildung und feine Lebensart auszeichnen, als sie an körperlicher Schönheit und geschmackvollem Anzuge den ungleich größern Theil unsrer hiesigen christlichen Welt übertreffen«. (Neuestes Gemälde von Berlin, auf das Jahr 1798 nach Mercier. Kölln 1798, 1. Stück, S. 28–34)

Es war also nicht nur der Ruhm der Gelehrten – Moses Mendelssohn, David Friedländer, Marcus Herz nebst dem christlichen Kreis um Friedrich Nicolai –, sondern mehr noch die Attraktivität der jüdischen Damen, die weit über Berlin hinausstrahlte und viele anzog, im Jahre 1778 sogar einen Johann Wolfgang Goethe (s. S. 476 und die dazugehörige Anm.).

Nach dem Ende des Siebenjährigen Krieges (1756 bis 1763) begann sich auch das jüdische Leben in Berlin deutlich zu verändern. Eine kleine Gruppe jüdischer Münzunternehmer half während des Krieges der Regierung Preußens, die Währung des Landes und die seiner Nachbarstaaten systematisch zu entwerten und wurde dadurch unermeßlich reich: insbesondere Veitel Heine Ephraim, Daniel Itzig und Moses Isaac Fliess, deren Familien geschäftlich wie auch privat eng verquickt und verschwägert waren (vgl. Heinrich Schnee: Die Hoffinanz und der moderne Staat. 3 Bände, Berlin 1953–1955). Sie begannen das Leben der Berliner Oberschicht zu führen. Sie kleideten sich nach der neuesten Mode, kauften oder errichteten stattliche Palais, sammelten Kunstwerke und Bücher und gaben ihren Kindern eine weltliche Ausbildung. Den neuen Lebensstil ahmten die anderen Berliner Juden nach: Die Männer begannen, ihre Bärte abzunehmen und Perücken zu tragen, die Frauen trugen ihr Haar unverhüllt, und beide Geschlechter wechselten in ihrer gesprochenen wie geschriebenen Sprache vom Westjiddischen zum Hochdeutsch über. Es wurden Intellektuelle als Hauslehrer eingestellt und Stipendien vergeben.

David Friedländer, sein Schwager Isaak Daniel Itzig und Hartwig Wessely gründeten 1778 die »Jüdische Freischule für mittellose Kinder«, die von einer »Gesellschaft für Knabenerziehung« (Chevrat Chinuch Ne' anim) betrieben und in der in Deutsch unterrichtet wurde. Das Privileg einer Druckerei für deutschsprachige Schulbücher erhielt sie aber nicht. Jedoch wurde hier von 1782 bis 1797 die hebräische Zeitschrift »Ha-Meassef« (Der Sammler) gedruckt, das wirkungsvolle Organ der Haskala, das oft mit der »Berlinischen Monatsschrift« verglichen wird, den Zentralorgan der Berliner Aufklärung. In diesem Zusammenhang ist die »Gesellschaft der Freunde« zu sehen, ein 1792 gegründeter jüdischer Hilfsverein. (S. die Anmerkung zu S. 43)

War Moses Mendelssohn bis etwa 1770 der einzige jüdische Intellektuelle Berlins, der im Geist der Aufklärung schrieb, so bildete sich um ihn ein wachsender Kreis von Denkern und Schriftstellern nicht nur jüdischer Herkunft. Lessing und Nicolai sind legendär, vor allem der Zirkel um die »Allgemeine Deutsche Bibliothek«. Es kamen aber auch andere, gefördert und unterstützt insbesondere von David Friedländer, dem Schwiegersohn Itzigs: Salomon Maimon, Herz Homberg und nicht zuletzt – Marcus Herz.

Moses Mendelssohn war zwar ein Fürsprecher der deutschen Sprache und der Aneignung der westlichen Kultur, er bestand allerdings auf dem jüdischen Religionsgesetz für alle Angehörigen des Judentums. Nach dem Tod Friedrichs des Großen und Moses Mendelssohns (Mendelssohn im Januar, Friedrich II. im August 1786) beschleunigte sich dieser Prozeß der Assimilation von innen wie von außen. Schon 1781 hatte der preußische Jurist und Diplomat Christian Wilhelm Dohm in seiner Streitschrift

»Ueber die bürgerliche Verbesserung der Juden« – es handelt sich um das erste Plädoyer für eine völlige Emanzipation der europäischen Juden – argumentiert, die Juden seien nur deshalb ein Problem für die Gesellschaft, weil die Ursache ihrer ökonomischen und kulturellen Diskriminierung in den ihnen auferlegten »Judenverordnungen« läge, die ihnen Feindschaft und Verachtung entgegenbringe. Würden diese aufgehoben, so Dohm, würden sich Juden den Nichtjuden rasch angleichen. Dohms Überlegungen lösten eine Flut von Kommentaren und Gegenschriften aus. Abgesehen von einigen Ausnahmen überwog die Auffassung von der Notwendigkeit der »Verbesserung«. Dohms Ausführungen führten dazu, daß orthodoxe jüdische Bräuche wie der Sabbat oder die Speisegesetze gelockert wurden, die viele Juden als Hindernis für ihre Integration sahen. So kaufte beispielsweise dreißig Jahre später, um 1814, etwas mehr als die Hälfte der jüdischen Gemeindemitglieder kein koscheres Fleisch mehr, und die Zahl der Konvertiten nahm rapide zu.

Im April 1799 erschien das anonyme »Sendschreiben an [...] Probst [Abraham] Teller zu Berlin«. Es war an den Vorsitzenden des evangelischen Konsistoriums in Berlin im Namen »einiger Hausvaetern juedischer Religion« (dahinter verbarg sich David Friedländer) gerichtet. Die darin vorgeschlagene Konvergenz beider Religionen wurde heiß diskutiert. »Was alle frommen Wünsche, was Aufklärung, Philosophie, Humanität, oder wie die neumodischen Redensarten heißen mögen, sammt dem jüdischen Sendschreiben an den Probst *Teller* nicht vermocht haben, werden der Heißhunger nach Gold und die Sitten unserer Zeit zu Stande bringen – *die endliche Vereinigung der Juden mit Christen.* Es war eine Zeit, wo die Verehelichung eines reformierten Predigers mit der Tochter eines lutherischen geistlichen beinahe ein allgemeines Aergernis gab. Heut zu Tage aber sind die Taufen der Juden und Jüdinnen, so wie ihre Trauung mit christlich gebohrenen Ehehälften, zur Mode geworden. Eine jüdische Taufe ist nun ein neues Volksfest, und so oft ich die christlichen Kirchen, – der Himmel verzeih mir den entehrenden Ausdruck! – *brillant* finde, stoße ich gewiß jedes Mal auf einen Juden oder eine Jüdinn an dem Taufsteine. Wir haben der Religion, als Mittel zum Zwecke, so unendlich viel zu verdanken: warum nicht auch die Verschmelzung, und fast möchte ich sagen, die Versilberung des Judenthums in das Christenthum? Wenn Vorurtheil und falsche Politik so manche Bande der menschlichen Gesellschaft verschmähen, so muß die Vereinigung und Erweiterung derselben unter jeder Firma uns willkommen seyn. Ich rede hier blos von der schönen ex-jüdischen Welt, durch deren Uebergang die christliche offenbar gewinnt. [...] Künste und Wissenschaften sind zwischen beiden getheilt, und die *steinernen Tafeln,* vor Eleganz in den Häusern der erstern, nirgends mehr zu sehen. Die altmodischen Vornahmen *Dina, Sorchen* etc. sind verschwunden, und auch ohne Taufe schon längst in *Diana, Laura* etc. umgeschaffen. Alles hat das Gepräge der Mythologie des Christenthums. Die den Ton angebenden jüdischen Häuser geben und nehmen christliche Neujahrs-Visiten-karten an, beschenken ihre Kinder mit den gewöhnlichen Weihnachts-gaben, und halten strenge auf die christliche Zeitrechnung und Verfall-zeit. Sie verbreiten sich täglich mehr in den Gegenden der Stadt, wo ihnen ein barbarisches Gesetz, mitten unter den Christen, außer ihrem angewiesenen Bezirke, sonst nicht zu wohnen erlaubte, und sie sind in der That oft verträglicher, als ihre christlichen Nachbarn.« Völlig kon-trärer Meinung als der namenlose Autor der »Zeitung für die elegante Welt« (1803, Nr. 13, Spalten 97 bis 99) war der Berliner Rechtsanwalt Carl Wilhelm Friedrich Grattenauer. Sein im selben Jahr erschienenes, überaus gehässiges Pamphlet »Wider die Juden. Ein Wort der Warnung an alle unsere christlichen Mitbürger« erfuhr in kürzester Zeit mehrere Auflagen, Nachträge und begleitende zustimmende Veröffentlichungen, erhielt aber auch Widerspruch aus christlichen Reihen. Denn Grattenau-ers Judenfeindschaft gründete sich nicht auf die Religion, sondern er for-mulierte einen rassistischen Antijudaismus und forderte, daß Juden mit dem Mal des Ausgestoßenseins gebrandmarkt werden sollten – mit dem gelben Zeichen.

Mit der Einführung des »Code civile« in den von Napoleon okkupier-ten Gebieten haben die Städteordnungen von 1808 den Juden die Rechte von *Stadt*bürgern, das Emanzipationsedikt vom 11. März 1812 die von *Staats*bürgern gegeben (Hardenbergsche Reform). Die Ausnahmestel-lung hatte damit ihr Ende erreicht, auch wenn das eine und andere davon wieder zurückgenommen wurde.

Wer die Schönen Israels in unsern Tagen kennt …

In Berlin wurde damals nahezu jedes fünfte Kind unehelich geboren. Die romantischen Schriftsteller erklärten die meisten Ehen für bloße Konkubinate, für »Ehen an der linken Hand oder vielmehr für pro-visorische Versuche und entfernte Annäherungen zu einer wirklichen Ehe …« (»Athenäum« 1798, 1. Teil, 2. Heft, Fragment No. 34). Selbst König Friedrich Wilhelm II. hielt sich in aller Öffentlichkeit eine Mätresse, die Gräfin Lichtenau.

Der Wandel in den Geschlechterbeziehungen hatte aber schon früher begonnen: 1782 berichtet ein anonymer Besucher Berlins: »Wirklich, Freund, übersteigt es alle Erwartung eines Ausländers, wenn man hier eine Reihe wie Göttinen gepuzzter Jüdinnen an der Hand christlicher Charletane, dort wieder Christinnen an der Hand hebräischer Stutzer so vertraulich, ohne Zwang miteinander spatzieren gehen sieht.« (Briefe über die Galanterien von Berlin, auf einer Reise gesammlet von einem österreichischen Offizier s.l. 1782. 24. Brief, S. 233 bis 235) Und als die Zahl der Liebesbeziehungen zwischen Juden und Christen zunahm, erließ die preußische Regierung 1789 ein Dekret, daß alle unehelichen Kinder von gemischten Paaren, ungeachtet der Religion der Mutter, zu taufen seien.

Das neue »Allgemeine Preußische Landrecht« von 1794 hatte die Situation bereits generell entspannt: Scheidungen wurden erleichtert, und seit dem Jahre 1798 war es erlaubt, daß Christen und Juden heirateten, ohne die Religion zu wechseln (Vossische Zeitung, Nr. 154, 1798). Unter diesen Umständen ließen sich um 1800 von den 19 jüdischen Salonières, die Deborah Hertz in ihrer sozialhistorischen Querschnittsstudie (Die jüdischen Salons im alten Berlin. Frankfurt am Main 1991, S. 330 ff.) aufzählt, 15 taufen, und sechs von ihnen heirateten nach der Scheidung von ihrem jüdischen Gatten einen adligen Mann. Namenswechsel durch Konversion oder mehrfache Eheschließungen und unterschiedliche Schreibweisen waren daher durchaus nicht ungewöhnlich. Welche Schwierigkeiten der Zuordnung sich aus diesen häufig wechselnden bürgerlichen Identitäten ergeben, zeigt ein illustres Beispiel: Die als Freundin Jean Pauls bekannt gewordene Gräfin Johanna Hedwig Wilhelmine Sparre war drei Ehen eingegangen; sie taucht in der Literatur als vormalige Baronin Boye (Boyen), vormalige Doktorin Flies (Fliess, Fließ), geborene Hitzel Bernhard, als Hitzel Zülz, aber auch als getaufte Johanna Hedwig auf...

Spätestens seit den 1770er Jahren war das geistige und kulturelle Leben von den wohlhabenden und wissenschafts- wie kunstliebenden Juden der preußischen Hauptstadt dominiert. Man fand sich zu anspruchsvollen Vorträgen, physikalischen und chemischen Experimenten, Lesungen, Theateraufführungen und Konzerten im privaten Kreis zusammen. Vor allem die Frauen eilten voran, die höchsten Stufen der Kultur zu ersteigen, ohne die mittleren betreten zu haben. So schrieb ein anonymer Autor am 29. Januar 1803 in der »Zeitung für die elegante Welt« (Nr. 13, Spalte 97–99): »Die Erziehung und Bildung in unseren jüdischen Familien vom ersten Range hat den höchst möglichen Grad erreicht, und wer die Schönen Israels in unsern Tagen kennt, der wird lange unentschlossen bleiben, ob er ihnen nicht den Vorzug vor den Christinnen geben soll.«

»Daß junge Gelehrte und Elegants die hiesigen großen jüdischen Häuser fleißig besuchen, ist sehr natürlich«, erklärte Friedrich Schleiermacher am 4. August 1798 seiner Schwester Charlotte, »denn es sind bei weitem die reichsten bürgerlichen Familien hier, fast die einzigen, die ein offenes Haus halten und bei denen man wegen ihrer ausgebreiteten Verbindungen in allen Ländern Fremde von allen Ständen antrifft. Wer also auf eine recht ungenierte Art gute Gesellschaft sehn will, läßt sich in solchen Häusern einführen...« Fast drei Jahrzehnte später schrieb Börne an Jeanette Wohl (7. März 1828): »Es ist doch sonderbar, daß hier wirklich nur die Juden oder getauften Juden Häuser machen und die Christen fast gar nicht. Christliche reiche Kaufleute gibt es hier wenige, und die übrigen Stände, die Staatsbeamten und solche haben kein Geld.« Und wenn Theodor Fontane Ende des Jahrhunderts anmerkt, daß in Berlin das gesellschaftlich höher potenzierte Leben immer nur »ein Juden-, will sagen Jüdinnenleben gewesen ist«, war der Bezug auf Henriette Herz, Sarah Levy, Rahel Varnhagen und Dorothea Veit deutlich genug.

Nüchterner Rationalismus trifft ungestüme Empfindsamkeit

Henriette Herz entstammte einer aus Portugal über Hamburg eingewanderten jüdisch-sephardischen Familie. Sie wurde am 5. September 1764 als dritte Tochter von acht Kindern des Arztes Benjamin de Lemos und dessen zweiter Frau Esther de Charleville in Berlin geboren. Ihr Vater, dessen Großvater noch in Portugal gelebt hat, gehört zu den ersten Juden, die an einer deutschen medizinischen Fakultät (Halle an der Saale) promovieren konnten. 1744 ist er als Gemeindearzt der Berliner Judenschaft bezeugt, von 1756 bis 1789 war er erster Arzt (Direktor) des jüdischen Krankenhauses Berlin in der Oranienburger Straße. In erster Ehe war er verheiratet mit Chana de Simon Abraham Charleville. Nach ihrem Tod heiratete er 1763 Ester Samuel de Charleville, eine Nichte seiner ersten Frau. Sie war Tochter des aus dem Elsaß stammenden Samuel Charleville, Arzt der jüdischen Gemeinde in Halle/Saale. Aus der ersten Ehe von Benjamin de Lemos stammen zwei, aus der zweiten Ehe acht Kinder. Sein Bruder Moses Abraham lebte seit 1743 in Amsterdam, dort sind aus zwei Ehen elf Kinder bekannt. (S. Anm. zu den S. 7, 10, 15 u. 23)

Gefördert von ihrem Vater, hatte Henriette Herz die Möglichkeit, sich frühzeitig ein für ihren Lebenskreis überdurchschnittliches Wissen anzueignen. Sie erlernte mit Leichtigkeit mehrere Sprachen und machte sehr schnelle Fortschritte in der Musik: Sie war erst acht Jahre alt, als sie in einem öffentlichen Konzert auftrat. Im Ganzen gesehen war ihre Kindheit in der jüdischen Gemeinschaft Berlins glücklich verlaufen. Geprägt wurden jene Jahre durch die Liebe zu einer Tante und zu ihrem Vater; Henriettes Sinn für Wohltätigkeit, der bis zu ihrem Lebensende ein wichtiger Zug ihres Charakters war, stammt gewiß von ihm.

Das Leben in der Gesellschaft begann für Henriette Herz, als sie im Alter von noch nicht dreizehn Jahren mit dem jüdischen Arzt Marcus Herz verlobt und nach drei Jahren, am 1. Dezember 1779, mit großem Zeremoniell verheiratet wurde.

Marcus Herz, geboren am 17. Januar 1747 in Berlin, war in diesen Jahren bereits ein angesehener Arzt. Der mehr als siebzehn Jahre ältere Mann stammte aus einer armen Familie. Sein Vater war Thoraschreiber der jüdischen Gemeinde in Berlin. Er sollte jüdische Theologie studieren, nahm mit fünfzehn aber eine Lehre bei einem jüdischen Kaufmann in Königsberg auf. Am 21. April 1766 immatrikulierte er sich an der dortigen Universität im Fach Medizin und besuchte gleichzeitig die Vorlesungen von Immanuel Kant. Sein Studium wurde von der Königsberger Bankiersfamilie Joachim Moses Friedländer finanziell unterstützt. Deren Sohn David Friedländer war ein Kommilitone von Marcus Herz.

Immanuel Kant verfolgte die Entwicklung seines bevorzugten Schülers sehr aufmerksam. Auf seinen Wunsch hin war Herz 1770 Respondent bei der öffentlichen Verteidigung seiner Dissertation, allerdings gegen den Widerstand einiger Vertreter der Universität, die Schwierigkeiten bereiteten, einen jüdischen Studenten, wie begabt und den christlichen überlegen er auch sein mochte, als ebenbürtig zuzulassen. Kant aber bestand darauf und setzte die Zulassung durch. Im gleichen Jahr unterbrach Marcus Herz sein Studium aus finanziellen Gründen. Auch weil ein Jude an der Königsberger Universität nicht promoviert werden durfte, kehrte Herz in seine Geburtsstadt zurück. Als Kassenverwalter des Bankiers Veit Ephraim reiste er über Polen nach Berlin zurück. Wieder in Berlin, schrieb er sich am 19. September 1770 am Collegium medico-chirurgicum ein, schriftstellerte ein wenig und ernährte sich durch verschiedene kleine Ämter, bis er schließlich, unterstützt von seinem Freund David Friedländer, das Medizinstudium in Halle/Saale fortsetzen und 1774 mit der Promotion abschließen konnte. Durch Vermittlung von Benjamin de Lemos erhielt er im gleichen Jahr eine Anstellung am Berliner jüdischen Hospital.

Mit Marcus Herz kam ein frischer Wind aus Königsberg nach Berlin. »Vor etwan 10, oder 12 Jahren fing die Judenschaft in Königsberg an sich einigermaßen zu bilden, und sie wurde inne, daß man in modernen Sprachen, eben so viele Weisheiten finden könne, als in der hebräischen. Die Veranlasser zu dieser Bildung, waren wohl der jetzige Doctor Herz in Berlin, und noch einige andere, die zum Theil sich ganz dem Studium widmeten, theils Liebhaber der Litteratur waren. Ich war zu dieser Zeit in Königsberg, und sahe diesen Uebergang von der Finsterniß in das Licht. Die Lesemode fing an, wie jede andre Mode, um sich zu greifen. Man fand in den Händen der Jünglinge: *Romanen*, und auf der Toiletten der jüdischen Schönen: *Baumgartens Metaphysik*. Es war genug, wenn man nur ein deutsches Buch hatte!« (Gomperz an Inspector Bobrick, 4. Oktober 1784. In: Briefwechsel zwischen Herrn Canzlei-Director Göckingk, Herrn Inspector Bobrick, und Gomperz. Marienwerder 1785, Seite 136 bis 137)

Empfehlungsschreiben von Kant an Moses Mendelssohn, Johann Heinrich Lambert und Johann Georg Sulzer führten Marcus Herz in den Kreis des jüdischen Philosophen, dessen enger Freund und Mitarbeiter er wurde: »Kam dann der Abend, so versammelten sich bei Mendelssohn einige Hausfreunde, mehrere der jungen Gelehrten Berlin's, wie Engel, Moritz, Herz, Friedländer und Andere.« (Moses Mendelssohn's Lebensgeschichte. In: Moses Mendelssohn's gesammelte Schriften. Leipzig 1843, Band 1, S. 53)

Im Jahre 1782 erkrankte Marcus Herz schwer. Bei einem anschließenden Kuraufenthalt in Bad Pyrmont lernte er den Fürsten von Waldeck kennen, der ihn 1785 zum fürstlich Waldeckschen Leibarzt und Hofrat ernannte. Zwei Jahre darauf wurde er als erster Jude von Friedrich Wilhelm II. zum Professor der Philosophie mit einem jährlichen Gehalt von 500 Talern berufen. Diese Würdigungen verdankte Marcus Herz neben seinen herausragenden ärztlichen Leistungen vor allem seinen Collegia über Medizin, Philosophie und Experimentalphysik, die er seit 1776 vor einem auserwählten Zuhörerkreis in seinem Hause hielt. In ihnen stellte er auch die Kantsche Philosophie erstmals in Berlin vor in einem verständnisvollen Kreis.

Die Aufnahme in die Königlich Preußische Akademie der Wissenschaften wurde ihm als Juden 1792 allerdings verwehrt. Der antisemitisch eingestellte Friedrich II. hatte schon Moses Mendelssohn die Aufnahme in die Akademie aus diesem Grunde verweigert. In seiner Empfehlung für Marcus Herz schrieb Hertzberg an Friedrich Wilhelm II., er wäre nun der erste Jude, der in eine europäische Akademie aufgenommen würde. Hinter der Ablehnung steckten vermutlich auch politische Erwägungen. Herz könne, so referierte Duvernois dem König die Angst zahlreicher vom Jakobinismus verschreckter Adliger, mit seinen neuen Ideen politische Umwälzungen begünstigen.

Denn Herz war, neben seiner medizinischen Praxis, wissenschaftlich und publizistisch überaus rege. Bekannt wurde er durch seine medizinischen Beiträge in der von Campe, Basedow und Trapp seit 1784 herausgegebenen »Allgemeinen Revision des gesamten Schul- und Erziehungswesens«. Er war weiterhin Mitarbeiter der »Allgemeinen Deutschen Bibliothek«, der »Allgemeinen Litteratur-Zeitung«, der »Berlinischen Monatsschrift«, des »Deutschen Museums«, des »Journals der practischen Arzneykunde und Wundarzneykunst«, der »Königsbergischen Gelehrten und Politischen Zeitung«, der »Medizinischen Annalen für Aerzte und Gesundheitsuebende«, der »Medicinisch-chirurgischen Zeitung«, der »Neuen Beiträge zur Natur- und Arznei-Wissenschaft«, des »Neuen teutschen Merkurs«, der »Neuen Berlinischen Monatsschrift« sowie Mitherausgeber des Magazins »Ha-Me' assef« (Der Sammler), der ersten modernen hebräischen Zeitschrift in Deutschland. Gemeinsam mit Mendelssohn und Moritz entwarf er das »Magazin zur Erfahrungsseelenkunde als ein Lesebuch für Gelehrte und Ungelehrte«.

Zu seinen naturwissenschaftlich-medizinischen Veröffentlichungen gehören: »Grundriss aller medizinischen Wissenschaften« (1782), »Versuch über den Schwindel« (1786), »Grundlagen zu meinen Vorträgen über die Experimentalphysik« (1787) »Über die frühe Beerdigung der Juden« (1801) und »Über die Brutalimpfung und deren Vergleichung mit der humanen« (1801).

Seine rationalistisch geprägte Ästhetik arbeitete er im »Versuch über den Geschmack und die Ursachen seiner Verschiedenheit« (1776 und zweite Auflage 1790) aus. »Geschmack« ist für ihn das Vermögen, das Schöne bzw. den schönen Gegenstand zu erkennen.

Der wissenschaftliche Ruf von Marcus Herz reichte weit über Berlin hinaus und führte dazu, daß viele und bedeutende Leute den Kontakt zu ihm suchten, unter ihnen nicht nur Mitglieder des königlichen Hauses sondern auch der Kultusminister Karl Abraham von Zedlitz und die jungen Brüder Humboldt. Kamen hochgestellte Fremde nach Berlin, besuchten sie das Haus Herz wie eine Sehenswürdigkeit, was – wie der Besuch des osmanischen Gesandten – durchaus eine Zeitungsmeldung wert war. (S. Anm. zu S. 26 u. 27)

»So jung und unwissend ich auch war«, schreibt Henriette Herz, »unterhielten sie [die Gäste] sich doch viel mit mir, weil sie mir und auch wohl sich selbst einbildeten, ich sei klug, weil ich hübsch war; doch waren diese Gespräche nicht ohne Nutzen für mich, denn es waren größtenteils gescheite Leute, die sie führten, und konnten sie auch nicht immer mit mir sprechen, so sprachen sie doch zu mir.« In einer Zeit, da die schönen Weiber unter die Talente ihrer Männer gerechnet wurden (Lichtenberg) – und Henriette Herz galt als eine der schönsten Frauen ihrer Zeit –, war zudem ihr Sinn für alles Wissenschaftliche aufsehenerregend. Hinzu kam ihre ungewöhnliche Sprachkenntnis. Deutsch und Hebräisch waren ihr geläufig, die wichtigsten modernen Sprachen – Französisch, Italienisch, Spanisch – beherrschte sie; Französisch sogar so gut, daß sie selbst Unterricht erteilen konnte. Englisch betrieb sie intensiv mit praktischem Erfolg: Sie übersetzte zwei Reiseberichte (*Mungo Parks Reisen in das Innere Afrikas* 1799 und *Isaac Welds Reise in die Vereinigten Staaten von Nordamerika* 1800). Durch einen Zufall lernte sie während ihres Rom-Aufenthaltes 1817 bis 1819 Isaac Weld kennen. Sie » stieg eben die spanische Treppe hinauf, als ein Herr herabkam, welchen ihr Begleiter, nachdem er einige Worte mit ihm gewechselt hatte, ihr als Mr. Weld vorstellte. Sieh da, es war ihr Reisebeschreiber! Sie hatte ihn jedoch als solchen viel unterhaltender gefunden, als sie ihn als Reisenden fand.« (Fürst) Henriette Herz hatte auch Latein und Griechisch gelernt und war in die Geheimnisse des Sanskrit eingedrungen. Durch Bekanntschaften und freundschaftliche Beziehungen kamen Kenntnisse in Schwedisch, Dänisch, Türkisch und sogar Malayisch hinzu.

Marcus Herz war ein angenehmer Gesellschafter und eine sympathische Erscheinung: »Herr M. Herz kam nun auch, ein Mann von mittlerer Größe, in sich bestimmt, ohne Umstände fest und stolz, sollte man sagen, in der ruhigen Haltung des Mannes von Welt. Aber je länger man um ihn ist, desto lieber gewinnt man ihn wegen seines hellen Verstandes, und seiner Freundlichkeit alles Gute einem zu erweisen, und für das Gute seine Theilnahme zu zeigen.« (Johann Friedrich Abegg: Reisetagebuch von 1798. Herausgegeben von Walter und Jolanda Abegg in Zusammenarbeit mit Zwi Batscha. Frankfurt am Main 1976, S. 103–104) Und er liebte die Geselligkeit. Seinen geschliffenen philosophischen Verstand und seinen Witz hat Goeckingk in mehreren Gedichten verehrt. (Berlinische Monatsschrift 1794, S. 335–339, und »Gedichte von Leopold Friedrich Günther Goeckingk« (Frankfurt am Main 1821, 3. Teil, S. 188–191)

Literarisch allerdings stand Herz ganz unter dem, was heute als Aufklärung verstanden wird. Als unverständlich und verstiegen lehnte er alles ab, was über die Klarheit und Schärfe Lessings, den er noch persönlich kannte, hinausging; selbst Goethe und Schiller stand er kritisch gegenüber. Er genoß, wie die von Schadow überlieferte Anekdote belegt, ausschließlich mit dem Verstand. Wirkungen auf das Gemüt konnte er nicht nachvollziehen, und ihn amüsierten manchmal sogar die Schwärmereien seiner Frau. (S. S. 27–28 u. 481 dieser Ausgabe)

Herz' nüchterner Rationalismus und die ungestüme Empfindsamkeit der jungen Henriette trafen aber mit Wohlwollen und anerkennender Duldung aufeinander. Zwar überwog der wissenschaftliche und streng geistige Tenor, denn bei Marcus Herz traf man sich, um philosophische, theologische und naturwissenschaftliche Probleme zu erörtern, während sich bei Henriette der Literatur ergebene Frauen und Männer einfanden. Hier wurde rezitiert, besprochen, kritisiert, angepriesen und kräftig geflirtet und getändelt. Der Doppelsalon des Hauses Herz in der Spandauer Straße und in der Neuen Friedrichstraße 22 (»im Haus des Kaufmanns Löhder«), später Henriettes Wohnungen in der Französischen Straße 44, in der Kronenstraße 58 und letztlich in der Markgrafenstraße 59, aber auch der Sommerwohnsitz in der Tiergartenstraße 18 war für viele Jahrzehnte Mittel- und Schnittpunkt des geistigen Lebens Berlins. Es entstand das Sprichwort: »Wer den Gensd'armenmarkt und Mad. Herz nicht gesehen, hat Berlin nicht gesehen.« In ihren Erinnerungen schreibt Henriette Herz: »Ich glaube nicht viel zu behaupten, daß es damals in Berlin keinen Mann und keine Frau gab, die sich später irgendwie auszeichneten, welche nicht längere oder kürzere Zeit, je nachdem es ihre Lebensstellung erlaubte, diesen Kreisen angehört hätten [...] Eine lange Reihe von Jahren lebte ich mit allen vorzüglichen Menschen Berlins in geselligem Verkehr [...]« Hunderte kannten sie, doch sie entgegnete bescheiden: »Ich habe sie gekannt.«

Freimaurer des Herzens

Marcus Herz war ein vielbeschäftigter Arzt und Philosoph. Seine Frau verfügte über ausreichend Spielraum, sich ihren Interessen und den Schwärmereien der Zeit zuzuwenden. Sich häufig selbst überlassen, wußte Henriette Herz Ende 1785 einen Kreis junger Leute um sich zu scharen, der sich »Tugendbund« nannte und sich die »gegenseitige sittliche und geistige Heranbildung sowie Übung werktätiger Liebe« aufs Schild geschrieben hatte. Es gab ein Statut, eigene Chiffren und man duzte sich untereinander, übrigens ganz im Gleichklang mit den Ritualen der Freimaurerlogen: »Der Zweck unserer Loge ist Beglückung durch Liebe. Daher hat auch ein Verbündeter gegen den andern eigentlich keine Pflichten. Denn die Liebe kennt keine Pflichten. Sie beseligt eben darum so sehr, weil sie für das, was andre aus Pflicht tun, höhere beglückendere Prinzipien kennt. Weil der Zweck der Loge Beglückung durch Liebe ist, und der Grad des Glücks wahrer Liebe immer im genausten Verhältnis mit dem Grade der moralischen Vollkommenheit der Liebenden steht; so ist moralische Bildung das, wonach jeder Verbündete am eifrigsten strebt.«

Zentraler Programmpunkt war die »Vermehrung wahrer Menschenkenntnis«, was in der Praxis des Schutzraumes »Tugendbund« hieß, daß von jedem einzelnen Mitglied Indiskretion abverlangt wurde: Eine rückhaltlose Offenlegung der Gefühle und Handlungen und Bindungen der Mitglieder untereinander, ungeachtet tatsächlicher intimer Beziehungen untereinander. Also eine Vereinigung von Herzen, wie Humboldt meinte, »die sich lieben und eine natürliche Sprache durch Mime und Blicke kennen«.

Die deutlich erotisch aufgeladenen jugendlichen Schwärmereien (die Teilnehmer waren zwischen 17 und 30 Jahre alt, die meisten um die 20) standen ganz im »Siegwart«- und »Werther«-Fieber. Ein Reisender wußte 1785 über die Lektüre der Berliner zu berichten: »So wurden vor einigen Jahren Werthers Leiden bis zum Unsinn verehrt. Viele junge Mädchen haben dabey ihren Verstand verlohren; andere sind fast für Empfindung zerschmolzen.« ([Carl Heinrich Krögen] Freye Bemerkungen über Berlin, Leipzig und Prag. Kopenhagen 1785, S. 74)

Zu diesen »Freimaurern des Herzens« zählten die Brüder Alexander und Wilhelm von Humboldt, Carl von La Roche, Sohn der Schriftstellerin Sophie von La Roche, Kunth, damals der Jugenderzieher der beiden Humboldts, später Staatsrat, Sarah und Mariane Meyer, die späteren Frauen von Grotthuis und von Eybenberg, Caroline von Wolzogen, Schwägerin Friedrich Schillers, Dorothea Veit, älteste Tochter Moses Mendelssohns, später Frau von Friedrich Schlegel, ihre Schwester Henriette Mendelssohn und andere. Caroline von Dacheröden, Sophie Schubart, Karoline von Beulwitz und Therese Heyne, in erster Ehe mit Georg Forster verheiratet, standen brieflich in engem Kontakt zu diesem Bund.

Auch die Freundin Rahel Levin war zur Teilnahme aufgefordert worden. Wie spätere Aufzeichnungen ihres Mannes aussagen, wies sie dieses jedoch entschieden zurück, weil sie in den Zielen des Bundes »nur empfindsames Tändelwerk und eitles Schöntun« entdeckte. Die Verbündeten sollen es ihr lange nachgetragen und ihre Ablehnung als Mangel an edlem Streben gewertet haben.

Der »Tugendbund« war die erste Antwort der Jugend auf das »Schloß Langeweile« (Alexander von Humboldt) der Aufklärung und besiegelte lebenslange Freundschaften. Er klang 1792 aus. Und es ist vielleicht kein Zufall, daß in jenem Jahr Rahel mit ihrer Mutter in der Jägerstraße 54/55 ihren ersten Salon installiert, in dem die Brüder Humboldt allein wegen ihrer nahegelegenen Stadtwohnung häufig anzutreffen waren.

Wilhelm von Humboldt und Caroline von Dacheröden heirateten 1791. Schon zwei Jahre zuvor, am 1. September 1789, hatte Wilhelm ihr geschrieben: »[...] den größten Theil der Bildung meines Herzens dank ich unserer Jette. Wie geändert bin ich, seit ich sie kenne. Aber schon lange bin ich von ihr entfernt [...]« Und er kehrte vom »Du« zum offiziellen »Sie« zurück.

Trotz aller Überspanntheit war die Selbsteinschätzung der Mitglieder sachlich genug geblieben: Die weiblichen Tugendbündler ließen sich ihre Briefe zurückschicken.

Der von Caroline von Wolzogen Jahre später anonym veröffentlichte Roman »Agnes von Lilien« (Berlin 1798) ist, genau gelesen, in weiten Teilen, bis in die Dialoge hinein, ein Schlüsselroman über den »Tugendbund«. Noch deutlicher ist der bereits 1789 von dem späteren Berliner Arzt Johann Christian Weitsch veröffentlichte Roman »Wilhelm und Karl oder der entdeckte Zärtlichkeitsorden, enthüllt aus den Akten der zärtlichen Brüder«, von dem 1792 eine zweite, verbesserte Ausgabe erschien. Es ist nicht gesichert, ob er aus dem Innern des »Tugendbundes« berichtet oder ob es nicht noch andere »Zärtlichkeitsorden« in Berlin gab – aber der Autor polemisiert darin heftig gegen die Empfindelei. Gleich im ersten Artikel wird das Arkan-Prinzip festgelegt:»Jeder, welcher in den Orden aufgenommen seyn will, muß sich zuvor zur Verschwiegenheit anheischig machen, und dieselbe unverbrüchlich beobachten.« Nur ein zärtliches Herz kann aufgenommen werden. Das Zeichen des Ordens ist ein in »eine Kapsel gefaßter Schattenriß, der das Bild von Werthers Charlotte vorstellet«. Jedes Ordensmitglied trägt es »an einem rosenfarbenen Bande auf der bloßen Brust. Geben die Umstände ihm ein Recht, dasselbe zu vertauschen, so ist es seine Schuldigkeit es dem Orden anzuzeigen, worauf ihm denn der Praeses das neue Zeichen, mit dem Buchstaben O.Z. bezeichnen wird.« Wenn die Mitgliedernamen »nicht zärtlich« genug sind, verlangt der Zärtlichkeitsorden eine Änderung des Namens – es bestand eine Liste mit verfemten Vornamen. Wie im »Tugendbund« war Indiskretion der Emotionen ein wichtiger Programmpunkt. Empfindungen und Beziehungen unterstanden der Gruppenkontrolle: »Hat jemand sein Herz verschenkt, so muß er den [sic] Orden Nachricht davon ertheilen, und ihn mit seiner Geliebten bekannt machen.«

Der »Zärtlichkeitsorden« ist vielleicht nur eine Karikatur des »Tugendbundes«, denn zu außerliterarischem Handeln ist er unfähig. In der »Nachschrift« des Verfassers »an die Leser« heißt es: »Ihr empfindelt so lange, bis eure ganze Vernunft dahin ist, und ihr zu allen ernsthaftern Beschäftigungen verdorben seyd.« Wo der »Tugendbund« moralisch wirken will, begnügt sich der »Zärtlichkeitsorden« mit dem Artikel 3 seines Statuts: »literarisch« zu handeln: »Wer aufgenommen ist, muß einen Roman in die allgemeine Bibliothek geben ...«

Es scheint mir aber wieder ein Klatsch zu sein

Louis Ferdinand, umschwärmter schöner Prinz von Preußen, führte die vierzigjährige Henriette Herz zur Herzogin Dorothea von Kurland mit den Worten: »Betrachten Sie diese Frau! Sie ist nie so geliebt worden, wie sie es verdiente!« – »Und er hatte Recht, der geniale Prinz!« fügte Henriette Herz in ihren Erinnerungen hinzu. Dieser harte Vorwurf traf ihren Mann, der, genau betrachtet, nur ihr älterer Freund gewesen war. Andererseits verdankte sie ihm das Bewußtsein, eine ganze Epoche mit wachem Blick erlebt zu haben. »So unendlich gut mein Mann gegen mich war, so liebend er sich die Bildung meines Geistes angelegen sein ließ, – eine Liebe, wie ich sie im Herzen trug, kannte er nicht. Die Ehe bildete für ihn nicht einen Mittelpunkt seines Seins«, erkannte sie später.

Es hat nicht an stürmischen Attacken kecker Jünglinge und raffinierten Bemühungen älterer Männer gefehlt, die für die Schönheit entbrannten. Dem jungen Mädchen stellten preußische Offiziere nach. Die Jungvermählte beichtete dem Ehegatten ein zugesagtes heimliches Treffen mit dem späteren englischen Gesandten Ewart. Man weiß nicht, wie unerhört die Liebesbeteuerungen eines jungen Herrn von Meyering blieben oder jene Carls von La Roche. Als gesichert darf ein Verhältnis mit dem jungen Wilhelm von Humboldt gesehen werden, als eine pubertäre »Wertheriade« dagegen jene des sechszehnjährigen Ludwig Börne, der im Jahr vor Marcus Herz' Tod als Pensionär in dessen Haus aufgenommen worden war.

Börne, damals noch Louis Baruch, kam am 9. November 1802 zu Herz, um sich dort auf das Medizinstudium vorzubereiten. Ekstatisch verliebte sich der Sechszehnjährige in die Hausherrin, der er glühende Briefe und offene Liebeserklärungen zusandte. Als er milde von ihr zurechtgewiesen wurde, trug er sich mit Selbstmordgedanken. Nach dem Tode ihres Mannes schickte Henriette Herz mit Einverständnis der Eltern Börne zu Marcus Herz' Schüler Reil nach Halle. Im Juli 1803 setzte er dort sein Studium fort. Auf ihrer Rückreise von Italien nach Berlin im Sommer 1819 besuchte Henriette Herz in Frankfurt am Main auch Ludwig Börne. Bereits ein berühmter Schriftsteller, war Börne vom 15. Februar bis 30. April 1828 wieder in Berlin und häufig bei ihr zu Gast. Seine Beziehung zu Henriette Herz hatte sich in eine Art kritische Verehrung gewandelt. (S. S. 93–99, 367–397 und 502–509 dieser Ausgabe)

Selbst Friedrich Nicolai, in Gesellschaft ein feiner und zurückhaltender Mensch, und der verwöhnte Mirabeau huldigten Henriette Herz. In Rom waren die Reize der Mittfünfzigerin noch stark genug, um den zwanzig Jahre jüngeren Immanuel Bekker sich lebhaft um eine eheliche Verbindung mit Henriette bemühen zu lassen. Auf der Rückreise nach Deutschland beriet sie sich in dieser Sache in Frankfurt am Main mit ihrem alten Freund Wilhelm von Humboldt, der darüber am 6. Juli 1819 seiner Frau Caroline berichtete: »Die Herz war bei mir diesen Morgen. Der Komet hat sie gebleicht, tut er mehr, gehen auch einige Falten weg.

[siehe dazu die Anmerkung zu Seite 457] Sie war wirklich viel hübscher. Bekker hat nun Heiratsvorschläge getan. Ich habe abgeraten. Ohne den Altersunterschied täte sie's, das glaube mir. Sie hat mir gestanden, daß es ihr doch viel Vergnügen mache, noch solchen Eindruck hervorzubringen. Das finde ich wirklich natürlich. Ich hätte es selbst gern, wenn man mich noch hübsch fände.« Bereits am Tag darauf schrieb Henriette Herz Bekker den Scheidungsbrief. (S. S. 455–457 dieser Ausgabe)

(Nebenbei: Bekker heiratete im September 1825 Sophie Simon, Tochter eines portugiesisch-jüdischen Kaufmanns aus Cadiz, die als Stieftochter des Pastors von Willich, ein Bruder Ehrenfried von Willichs, auf Rügen lebte.)

Der Berlin-Historiker Ludwig Geiger interpretierte, daß die meisten ihrer Beziehungen mit jüngeren und älteren hochgestellten, geistig hervorragenden Männern des In- und Auslandes Jahre, ja mitunter Jahrzehnte gepflegt wurden, ohne daß einer dieser Männer, auch keine Frau, von Henriette Herz etwas Ehrenrühriges hätte sagen können, so daß sie sich auch im Alter zu keiner »Schuld« hat bekennen können. Ihrem italienischen Tagebuch vertraute sie am 1. Dezember 1817, ihrem Hochzeitstag, an: »Unsittlich habe ich freilich nie gelebt, wenn auch Jugend mich fehlen machte.« Sophie von La Roche schrieb an Henriette Herz: »Es ist schwer, geistvoll und schön zu sein, weil man immer in Gefahr ist, von Männern, die gern leiten oder gern versuchen wollten, verleumdet zu werden.« Karl August Varnhagen von Ense hielt aber fest: »Der Ruf der Herz war nicht unangetastet geblieben; in früherer Zeit ein Hr von Meyring, in späterer Schleiermacher, hatten für ihre Liebhaber gegolten; auch Wilhelm von Humboldt schien keine arglose Bekanntschaft und kaum der fromme Graf von Dohna-Schlobitten. Deßhalb thaten viele Personen zimperlich gegen sie und meinten ihren Umgang meiden zu müssen.« Und nachdem Immanuel Bekker von Henriette Herz abgewiesen worden war, zeigte er sich auch später noch eifersüchtig. Am 13. Juni 1822 antwortete sie auf seine Vorhaltungen: »Was Sie mit dem jungen Freunde meinen, verstehe ich durchaus nicht, ich weiß weder wen noch was Sie meinen – es scheint mir aber wieder ein Klatsch zu sein, weil Sie etwas erfahren haben.«

War es Naivität oder Koketterie, als Henriette Herz Friedrich Schleiermacher fragte, warum die Männer sie nicht mehr suchen? »Nun bist Du freilich sehr schön«, weihte der Freund sie am 15. November 1802 in »Männermysterien« ein, »aber ich möchte sagen, Du bist zu schön, Du bist zu imponierend und zu wenig pikant, es ist nichts an Dir, was ein bißchen liederlich aussähe, und das ist notwendig für die Asthenie der Männer. Auch Dein Imposantes ist zu passiv; es fragt gar nicht: wollt Ihr nicht niederknien allesamt?; sondern es sagt nur ganz gelassen: ich will doch sehen, was Ihr mit mir machen wollt. Ebenso kläglich steht es nun um Deinen Geist; Du bist nicht recht witzig, nicht recht schalkhaft, nicht recht herrschsüchtig; kurz die asthenische geistliche Sinnlichkeit kommt auch zu kurz, und Du wirst Dich mit all Deinem Charakter, Deinem Verstand und Deiner Schönheit mit ein paar so getreuen Hunden begnügen müssen wie Alexander und ich.« Zu den »getreuen Hunden« zählte dann auch Adelbert von Chamisso, der nicht versäumte, »seine Herrin, die Herz« in Briefen an Eduard Hitzig und Wilhelm Neumann grüßen zu lassen.

Anders verhielt sich die Beziehung zum Grafen Alexander von Dohna. Aus anfänglich ritterlicher Verehrung erwuchs eine feste Freundschaft. Dohna ist vermutlich der einzige Mann gewesen, zu dem sie eine tiefe Neigung gefaßt hatte: »Mein Schicksal nahet sich seiner Vollendung, nur noch zwei Schläge und es ist vollendet, ich bin dann tot, ohne gestorben zu sein«, schrieb sie geradezu verzweifelt am 4. März 1802 an den Freund Ehrenfried von Willich, als Alexander von Dohna nach Marienwerder versetzt und Schleiermacher nach Stolp berufen worden war. »Es ist eine sehr harte Prüfung für mich, Ehrenfried, denn was Alexander seit 10 Jahren ungeteilt mir war, wird kein Mensch mir wieder und ich keinem [...] Ich werde aufrecht bleiben bei dem, was ich jetzt leide, weil ich Kraft genug habe, mir zu sagen, daß mir ein seltnes Glück ward und daß ich nicht klagen darf [...]« Vier Monate später, am 6. Juni, schrieb sie: »Ich vertrage Alexanders Abwesenheit sehr schlecht, und ich weiß nicht, wie es mit mir werden wird, wenn das so fort geht [...] Meine Gegenwart wirkte so wohltätig auf ihn, daß, was tief in ihm verborgen lag, ans Licht kam.« Alexander von Dohna fühlte sich seinerseits so sehr an Henriette Herz gefesselt, daß er sich zeitlebens, auch als sie nach Marcus Herz' Tod seinen Ehevorschlag verwarf, zu keiner Ehe entschließen konnte.

Der Parasol der Madame Herz

Die Beziehungen zu den Berliner Gesellschaftskreisen um Herz, Veit, Levy und Reichardt verdankte Friedrich Schleiermacher seinem alten Freunde Gustav von Brinckmann und dem ältesten der Dohnaschen Söhne, Alexander, mit dem er aus seiner Hauslehrerzeit in Schlobitten bekannt war. Schon während seines ersten Berlin-Aufenthalts 1794 war Schleiermacher bei Marcus Herz eingeführt worden. Unbeholfen, voll Schulstaub und ohne richtigen Mut, blieb er da noch fremd. Als Schleiermacher dann zwei Jahre später als Prediger der Reformierten Gemeinde an die Charité berufen wurde, schloß er sich enger an das Haus Herz an. »Ich habe den Auftrag Sie zu befragen«, so Alexander Graf von Dohna am 30. Dezember 1796 an Schleiermacher, »ob Sie Morgen zum Thee und Abendessen bey Professor Herz sich einfinden können? Hoffentlich werden Sie keine Abhaltung haben.« Zunächst begnügte Schleiermacher sich als stiller Beobachter, wie er es überhaupt bevorzugte, lieber en famille bei Herz zu sein. Doch dann entwickelte sich zwischen ihm und Henriette Herz ein Grad der Vertrautheit, der sich über Konfessionen und Ressentiments hinwegsetzte. Es liege tief in seiner Natur, hatte Friedrich Schleiermacher an seine Schwester geschrieben, daß er sich immer intensiver an Frauen anschließe, da so vieles in seinem Gemüte sei, was Männer selten verständen. Sein vielbesprochenes Verhältnis zu Henriette Herz und seine Korrespondenzen mit Frauen belegen und erhellen diese Äußerung. »Es ist eine recht vertraute und herzliche Freundschaft, wobei von Mann und Frau aber auch gar nicht die Rede ist; ist das nicht leicht vorstellbar?« fragte Schleiermacher seine Schwester. »Warum gar nichts anders sich mit hineingemischt hat und nie hineinmischen wird, das ist freilich wieder eine andere Frage; aber auch das ist nicht schwer zu erklären. Sie hat nie eine Wirkung auf mich gemacht, die mich in dieser Ruhe des Gemüts hätte stören können. Wer sich etwas auf den Ausdruck des Innern versteht, der erkennt gleich in ihr ein leidenschaftsloses Wesen, und wenn ich auch bloß dem Einfluß des Äußeren Raum geben wollte, so hat sie für mich gar nichts Reizendes, obgleich ihr Gesicht unstreitig sehr schön ist, und ihre kolossale königliche Figur ist so sehr das Gegenteil der meinigen [Schleiermacher war als Kleinkind von seiner Schwester Charlotte fallen gelassen worden, worauf sich Wachstumsstörungen und Verwachsungen in Form eines Buckels einstellten], daß, wenn ich mir vorstellte, wir wären beide frei und liebten einander und heirateten einander, ich immer von dieser Seite etwas Lächerliches und Abgeschmacktes finden würde.«

Deutlich ist Schleiermachers Verhältnis zu Henriette Herz auch aus seinem »Athenäums«-Fragment No. 364 (1. Band, 1798, 2. Stück) herauszulesen. In der »Idee zu einem Katechismus der Vernunft für edle Frauen« schreibt er: »[...] du sollst Freundin sein können, ohne in das Kolorit der Liebe zu spielen und zu kokettieren oder anzubeten.« Und seinem Tagebuch vertraute er an: »Die Liebe geht darauf, aus Zweien eins zu machen, die Freundschaft darauf, aus Jedem Zwei zu machen.«

Die Beziehung zwischen dem evangelischen Theologen und der verheirateten orthodoxen Jüdin erregte in Berlin Aufsehen und lieferte ausreichend Stoff für Médisance und Anekdotenjägerei. Schleiermacher nannte man allgemein den »Parasol der Madame Herz«, und Unter den Linden hing 1798 eine Karikatur aus, die die »große Herz« darstellte, die den »kleinen Schleiermacher« spazieren führt, indem sie ihn im Strickbeutel mit sich trägt, aus dem er nur mit dem Kopf heraussieht. Darunter stand: »Die Hofrätin Herz hat sich ein Ridicul angeschafft.« Auch eine andere Karikatur zeigt deutlich die körperlichen Unterschiede zwischen den beiden. (S. Anm. zu S. 83 und den Bildteil)

Die vielen kleinen Briefe, die Schleiermacher fast täglich aus Potsdam an Henriette Herz schrieb, geben am besten Aufschluß, welchen Einfluß Henriette auf »Schleier«, wie er im Freundeskreis genannt wurde, hatte. Stück für Stück teilte er ihr das Entstehen seiner »Reden über die Religion« mit und erwartete ihr Urteil; sie wiederum wünschte seine Meinung über ihre »Fragmente« und nahm seine Hilfe bei der Übersetzung der erwähnten zwei Reiseberichte aus dem Englischen in Anspruch. Als die Bücher dann erschienen, verweigerte Schleiermacher die Annahme eines Teilhonorars. Doch Henriette Herz wußte, daß er sich stets einen Schreibschrank mit vielen Fächern, ähnlich dem, an welchem Spalding arbeitete, gewünscht hatte. Sie ließ einen völlig gleichen anfertigen, den er nun nicht abschlagen konnte.

Weil ihre ausgedehnte Korrespondenz nicht erhalten ist, ja von ihr vernichtet wurde, die Auskunft darüber geben könnte, wie ihr Wesen auf Freunde wirkte und wieder zurückstrahlte, hat man von ihr gesagt, sie sei – anders als Rahel Varnhagen, deren Mann selbst ihren kleinsten Äußerungen nachjagte und sie eifrig notierte – geistig nicht produktiv gewesen. Fürst hat berichtet, daß sie nicht wagte, mit eigenen Schöpfungen an die Öffentlichkeit zu treten, weil ihr Vertrauen in ihre schaffende Kraft zu gering war. Henriette Herz hatte zwei Novellen geschrieben, von denen die eine die Zustimmung ihrer immer scharf urteilenden Freundin Dorothea erhielt, während die andere getadelt wurde. »Ich übertrug den Tadel auch auf die erste. Ich sah beide von da ab mit Unlust an, und vernichtete sie bald mit Lust.«

Als Schleiermacher sich 1802 aufgrund verschiedener Mißhelligkeiten – Sack, sein geistlicher Vorgesetzter, hatte ihm gerade seine Beziehung zu jüdischen Kreisen vorgehalten – in seinem Amt veranlaßt sah, einem Ruf nach Stolp zu folgen und bis 1807 Berlin verließ, vertauschten beide das »Sie« der Anrede mit dem intimeren »Du«. Nach dem Tode von Marcus Herz (19. Januar 1803) stand er ihr tröstend und hilfreich zur Seite. In Stolp erging es Schleiermacher gesundheitlich nicht gut. Hinzu kamen seelische Bedrängnisse in seiner sich seit 1801 hinschleppenden, für ihn zunehmend peinlicher werdenden Beziehung zu Eleonore Grunow, die ihn in seinen Briefen mit großer Gewißheit von seinem Tode sprechen lassen. Henriette Herz und Schleiermacher gaben sich das Gelübde, »daß, wenn wir unser Lebensende herannahen fühlen, wir einander rufen wollen«.

Ihr Verhältnis war so vertraut, daß Friedrich Schlegel, obwohl mit Dorothea Veit liiert, sich nicht wenig eifersüchtig zeigte: »Ich habe noch einen andern, wichtigern und tiefern Kummer«, heißt es Anfang Dezember 1798 in einem Brief an seine Schwägerin Caroline in Jena. »Schleiermacher verdirbt durch den Umgang mit der Herz an sich und auch für mich die Freundschaft. Die Weiblichkeit dieser Frau ist doch wirklich so gemein, daß sie selbst diesen fünften Mann am Wagen allein besitzen muß, wenn es ihr Freude machen soll. Sie machen sich einander eitel, es ist kein großer Stolz, sondern ein alberner Dampf wie von einem barbarischen Punsch. Jede kleine, noch so lausige Tugendübung rechnen sie sich hoch an. Schleiermachers Geist kriecht ein, er verliert den Sinn für das Große. Kurz, ich möchte rasend werden über die verdammten und winzigen Gemütereien. Doch ist ihr Betragen gegen uns bei dieser Sache [Schlegels Liaison mit Dorothea Veit] tadellos gewesen.« Schleiermacher sah die Sache anders, wie er schon am 23. Mai 1798 seiner Schwester Charlotte schrieb: »Schlegel bekannte mir aufrichtig, er wäre eifersüch-

tig auf die Herz, meine Freundschaft mit ihr wäre so schnell und so weit
gediehen, als er es mit mir nicht hätte bringen können, er sei fast nur auf
meinen Verstand und meine Philosophie eingeschränkt, und sie habe
mein Gemüt. Was hatte ich da ins Klare zu bringen, und wie stach ich ab
gegen die andern mit meiner Ruhe und Sicherheit. Beim Licht besehen
war dann neben dem allen noch etwas andres. Beide nämlich, sowohl
Schlegel als die Veit, hatten einige Besorgnis, daß ich mich über mich
selbst täuschte, daß Leidenschaft bei meiner Freundschaft gegen die
Herz zum Grunde läge, daß ich das früher oder später entdecken und
daß es mich unglücklich machen würde. Das war mir denn zu arg, und
ich habe ausgelassen darüber stundenlang gelacht [...]«

Die Geburt einer neuen Mythologie

Friedrich Schlegel kam im Juni 1797 aus Jena nach Berlin. In den nächsten zwei Jahren versuchte er, hier das Zentrum der Spätaufklärung zu
erobern. In seiner Arbeit »Über das Studium der griechischen Poesie«
(1795) hatte er die Theorie der romantischen Literatur weitgehend aus-
gearbeitet und führte nun Verhandlungen mit dem Verleger Vieweg über
die Herausgabe der Zeitschrift »Athenäum«, dessen erstes Heft schon
im Jahr darauf erschien. Auf Empfehlung des ehemaligen Hofkapellmeisters Reichardt wurde Schlegel in den Salon von Henriette Herz eingeführt. Eine Neuorientierung der geistigen Interessen begann.

Schleiermacher, der Schlegel zuvor bereits in der Feßlerschen Lesegesellschaft kennengelernt hatte, freundete sich nun eng mit ihm an: Sie
nahmen zusammen eine Wohnung. Schleiermacher schrieb über Friedrich an seine Schwester (am 22. Oktober 1797): »Ich bin zwar hier nie
ohne gelehrten Umgang gewesen, und für jede einzelne Wissenschaft,
die mich interessiert, hatte ich einen Mann, mit dem ich darüber reden
konnte. Aber doch fehlte es mir gänzlich an einem, dem ich meine philosophischen Ideen so recht mitteilen konnte, und der in die tiefste Abs-
traktion mit mir hineinging. Diese große Lücke füllt er nun aufs Herrlichste aus; ich kann ihm nicht nur, was schon in mir ist, ausschütten,
sondern durch den unversiegbaren Strom neuer Ansichten und Ideen,
der ihm unaufhörlich zufließt, wird auch in mir manches in Bewegung
gesetzt, was geschlummert hatte. Kurz, für mein Dasein in der philosophischen und literarischen Welt geht seit meiner näheren Bekanntschaft
mit ihm gleichsam eine neue Periode an.«

Diese neue Periode ist in dem 216. der »Athenäums«-Fragmente
(1798, 1. Band, 2. Stück) umrissen: »Die Französische Revolution, Fichtes
Wissenschaftslehre und Goethes Meister sind die größten Tendenzen des
Zeitalters.«

War unter Friedrich II. der Aufklärungsgedanke praktisch Staatsphi-
losophie, so galt er unter seinem Nachfolger eher als staatsgefährdend.
Über ein Jahrzehnt herrschten unter Friedrich Wilhelm II. Mystizismus
und Obskurantismus, Einschränkungen der Presse- und Religionsfrei-

heiten in Preußen. In dieser Zeit ging die vom Sturm und Drang geprägte junge deutsche Intelligenz in Stellung gegen die Aufklärung. Sie kam zu einem Zeitpunkt nach Berlin, als zudem Teile der jüdischen Oberschicht, die die Aufklärung unter den Berliner Juden gefördert hatte, in eine wirtschaftliche Krise geraten waren.

Ihre Taktik bestand in »Grobheit« und in »romantischer Ironie«. Friedrich Schlegel und sein Bruder August Wilhelm, außerordentlicher Professor an der Jenaer Universität und Mitarbeiter des »Athenäums« sowie der einflußreichen »Allgemeinen Litteratur-Zeitung«, machten die Konventikel um Friedrich Nicolai und jene auf der Bühne um Kotzebue und Iffland lächerlich, was ihnen in der literarischen Welt viele Feindschaften eintrug. Aber in ihrem Gefolge finden sich die gebildeten und umschwärmten jüdischen Schönheiten. (Siehe die Anmerkungen zu Seite 53, 277, 287 und 477)

Die Theoreme der Romantiker, vor allem aber das Erscheinen des »Wilhelm Meister« begründeten den Goethe-Kult, dessen Wurzeln in der »Werther«-Verehrung etwa des Tugendbundes liegen und durch die Kontakte der Berliner Jüdinnen Marianne von Eybenberg, Sara Grotthuis und Rahel Varnhagen (damals noch Levi) zu Goethe seit etwa Mitte der 1790er Jahre intensiviert wurde. Das Interesse an Kant, das Marcus Herz nach Berlin gebracht hatte, wurde dadurch verdrängt.

Kaum bekannte, auch satirische Beobachtungen und vertrauliche briefliche Mitteilungen von Zeitgenossen zeugen bildhaft von diesem Wandel:

»Schau an, zwei kleine jüdische Damen! Hören Sie, hören Sie, wie sie sich gegenseitig etwas über die Kantsche Philosophie ins Ohr flüstern? Meine Schwester, ach, wie herrlich ist es, Philosoph zu sein ... Sieh doch, wie die Christen in die Kirche rennen. Sie wissen zweifellos nicht, daß Gott nur eine Idee ist ... Seitdem ich meine kleine Rachel nach dem kakagorischen Ambarativ [kategorischen Imperativ] erziehe, ist sie so nett und so gelehrig! Und wie sie ihn liebt! Sie wird sicher auch eine bedeutende Kantianerin werden: denn ihm gelingt es, sie von aller Sinnlichkeit bis hin zur Transzendenz zu befreien!« (Gottschalk Nekker [d. i. Daniel Jenisch] in: Archiv der Zeit und ihres Geschmacks. Berlin I, 1795, Seiten 515 bis 534)

»Vorzüglich ist nun die kritische Philosophie das goldne Kalb, welches sie anbeten; eine Kantianerin zu werden, ist ihr höchster Wunsch, und dafür zu gelten, ihre größte Eitelkeit; Kant auf ihrer Zunge, Kant auf der Toilette und auf dem Nachttische, wetteifert mit ihrem ersten Liebhaber, und der kategorische Imperatif steht mit ihnen auf und geht mit ihnen zu Bette. Es giebt weniger Wechsler und Trödler unter unsern Juden, als Subtilitäten-Krämerinnen unter unsern Jüdinnen, die sich nicht, wie ehemals Martha, von Christus anreden ließen, wenn es nicht an dem Brunnen formaler Weisheit geschähe. Die Erscheinung des Messias könnte keine größere Sensation unter ihnen bewirken, als auch nur die eines Afterkantianers, der, selbst verrückt, ihr transscendentales Hirngespinnst noch vergrößert. Um in materia sein Glück bey ihnen zu machen, muß man schlechterdings in forma einen Angriff wagen.

Sogar im Theater hörte ich neulich eine schöne Jüdinn über ein neues Stück das Urtheil fällen: ›daß zwar Verstand darin wäre, aber keine Vernunft,‹ wovon ihre nicht minder liebenswürdige Freundin grade das Gegentheil behauptete. Dieser Schwindel kritischer Philosophie findet stets Nahrung in dem Umgange mit den gelehrt seyn wollenden Juden, die ihre Weisheit nicht nach dem Königsberger philosophischen, sondern nach dem Hamburger Cours berechnen, und mit auswendig gelernten Stellen von Moses Mendelssohn und Maimon, wie mit ihren Mustercharten, prahlen.« (anon.: Neuestes Gemälde von Berlin, auf das Jahr 1798 nach Mercier. Kölln 1798, 1. Stück, Seiten 28 bis 34)

Und im »Mücken-Almanach für das Jahr 1797« (Pest [d. i. Neustrelitz: Albanus], Seite 64) heißt es unter »Scandal«:

»Über den Wilhelm Meister verbrennen die Weiber die Grütze, Lesen sie Erbsen zur Saat, lieget der Göthe dabei.«

»Die Wörter: *Aesthetik, Enzyklopädie, Methodologie, Hermeneutik, Chronologie, Numismatik, Epigraphik, Mythologie, Archäologie, Organon und Kriterium der Philosophie, Poesie der Poesie* u.s.w. elektrisiren gewisse Klassen von Zuhörerinnen, welche dieselben kaum aussprechen, vielweniger schreiben und definieren können. Als hinge von dem richtigen Begriffe dieser Benennungen das Wohl ihrer Männer, Liebhaber und Kinder ab, oder als könnten sie sich ohne dergleichen in die laufenden *Marktpreise* nicht finden, so harren sie der Auflösung dieser Räthsel entgegen, und wundern sich höchlich, wie Männer ganz unbedeutenden Dingen einen so großen Namen geben konnten.« (anon. [Josef Aloys Mercy]: Berlinische Nächte. Zweiter Theil. Berlin 1804, Seiten 31 bis 32)

»In Berlin, sagt man mir, sey die Aesthetik bey den Jüdinnen förmliche Hirnwuth geworden, aber das übrige Publicum nimmt wenig Notiz von den Schlg. Gebrüdern.« (Garlieb Merkel an Carl August Böttiger, 3. April 1802)

Aber auch engste Vertraute und Mitarbeiter waren von der Vehemenz, mit der die neue ästhetische Ideologie durchgesetzt werden sollte, letztendlich nicht überzeugt. Da schrieb Friedrich Schleiermacher am 22. März 1800 an Gustav von Brinckmann: »[...] Gar sehr empfehle ich Dir Friedrich Schlegels Gespräch über die Poesie in dem neuesten Stücke des Athenäums, welches in diesen Tagen erscheint – es ist voll sehr schöner Ideen und gewiß das Klarste, was er noch geschrieben hat. Nur die neue Mythologie hat mir so etwas Sonderbares an sich; ich kann nicht begreifen, wie eine Mythologie *gemacht werden* kann. Dagegen sind die Ideen noch ein, hoffentlich das letzte, Produkt seiner sich immer mehr verlierenden innern Unfertigkeit und ungeordneten Fülle von Gedanken und Anregungen [...]«

Friedrich Schleiermacher, Dauergast in den Salons von Herz und Rahel, Mitglied verschiedener Gesellschaften und Zirkel, veröffentlichte 1799 den »Versuch einer Theorie des geselligen Betragens«. Dieses bis heute nicht recht gewürdigte Manifest der Salonkultur erschien anonym in der renommierten Berliner Zeitschrift »Archiv der Zeit und ihres Geschmacks« (Band 1, Januar- und Februarheft 1799, Seiten 48 bis 66). Schleiermachers Autorschaft blieb in seiner Zeit unbekannt, sie wurde erst 1909, 110 Jahre später, enthüllt. In den Briefwechseln des romantischen Zirkels und den Publikationen der Zeit hat die Veröffentlichung erstaunlicherweise keine Spuren hinterlassen.

Schleiermacher hat den Versuch unternommen, die sozialen Umgangsformen zu erklären, aus denen der Habitus der neuen geistigen Bewegung erwuchs. Er richtet sich damit gegen die damalige populäre Geselligkeitslehre, die durch Knigges »Über den Umgang mit Menschen« vertreten war und die ihm naiv und egoistisch-individualistisch erschien. Er zeigt die Funktionsweisen einer »freien Geselligkeit« und entwickelt sie zu einer »allgemeinen Handlungspragmatik«, zu einer »ethischen Pflichtenlehre«. Für ihn ist die »freie Geselligkeit [...] eine nicht zu umgehende natürliche Tendenz«, die als »Zustand« des in die Gesellschaft eingebundenen Individuums das private wie das berufliche Umfeld erweitert. Schleiermacher meinte jedoch keine zweckorientierten Vereine und Organisationen, »denn es liegt in dem Prädikat der Freiheit, daß hier von einem einzelnen und bestimmten Zweck gar nicht die Rede sein kann«. Es gehe um den »freien Umgang vernünftiger sich unter einander bildender Menschen«, die die Gesellschaft, in der sie sich befinden, als »seyend und werdend« betrachten und das »gesellige Leben als ein Kunstwerk construiren«. Voraussetzung ist für Schleiermacher die aktive Teilnahme an einem System, das allein auf die Prämissen der Vernunft baut, aber Konventionen und Regeln ablehnt. Jeder soll »für sich selbst Gesetzgeber seyn«, aber darauf hinarbeiten, daß daraus kein Schaden für andere entsteht: jeder strebe danach, das, »was er ist, an den Tag zu geben«. Schleiermacher will »ein freies Spiel der Gedanken und Empfindungen, wodurch alle Mitglieder einander gegenseitig aufregen und beleben«. Jeder Mensch habe, so Schleiermacher, »ein endloses Wesen, seine bestimmte Sphäre, innerhalb der er denken und handeln, und also auch sich mitteilen kann«. Und er postuliert: »Alles soll Wechselwirkung seyn.« Die Nähe von Kunst und Geselligkeit, ja Geselligkeit als Kunstform hat Schleiermacher 1805 in seinem »Brouillon zur Ethik« noch einmal hervorgehoben: »Ursprünglich fällt die freie Geselligkeit ganz in das Gebiet der Kunst; welches eben dadurch Allgemeinheit bekommt. Nämlich sie [die freie Geselligkeit] hat mit der Kunst im engeren Sinne gemein, daß sie die Darstellung des Individuellen ist.« Mit diesem Postulat von Geselligkeit als Kunst liegt er nahe bei Novalis, der bereits in seinen Fragmenten formulierte: »[...] die ganze Poësie beruht auf thätiger Idéenassociation – auf selbstthätiger, absichtlicher, idealischer *Zufallproduktion* [...]«

Das *ethische* Programm aber, das Schleiermacher entwirft, stellt eine Art Gesellschaftsvertrag dar, die Idee einer höheren Menschheit. Bemerkenswert, daß er dabei keinen Bezug auf Schillers »Briefe über die ästhetische Erziehung des Menschen« (1795) nimmt, in dem – ganz anders – die Forderung einer Bildung durch Freiheit und Humanität durch Schönheit zum ästhetischen Staat propagiert wird.

Die Frage von den »feinen Gesellschaften« und dem Ideal der »feinen Geselligkeit« blieb dennoch Thema, etwa als »Zeichen der Zeit« in der Zeitschrift »Eunomia« (1802, S. 327–332 und 481–493) oder in Anne Germaine Staëls »Deutschland«-Buch von 1814, worin der Geist der Unterhaltung der Deutschen nicht gerade gut wegkommt, worauf dann wiederum Karoline de la Motte Fouqué mit ihrer Streitschrift »Ueber deutsche Geselligkeit« (Berlin 1814) antwortete.

Lucinde, ach, Lucinde!

Die neue Geselligkeit, die neue Ästhetik, die neue Mythologie erhielten ihre Nagelprobe mit der Veröffentlichung des Künstlerromans »Lucinde«. Er erschien anonym im März 1799 zur Leipziger Ostermesse. Schon vor der Veröffentlichung wurde bekannt, daß Friedrich Schlegel der Autor ist. Am 19. Februar 1799 schrieb Garlieb Merkel an Carl August Böttiger: »Schlegel steht hier in einer leichtsinnigen Ehe, wie er's nun mit einer Jüdin, Mdme. Veit die sich von ihrem Manne um Schls willen geschieden hat. Gott segne ihn: Seine Schöne ist hässlich wie eine Nachteule. Er schreibt einen Roman, Lucinde, der Ostern erscheint [...]« Und so las nicht nur Merkel das Buch als Schlüsselroman des Verhältnisses von Dorothea Veit und Friedrich Schlegel, das über Berlin hinaus Gesprächsthema war. Merkel an Böttiger am 9. Juni 1799: »Schlegel wollte offenbar [Jean Paul Friedrich] Richter und [Wilhelm] Heinse verbinden. Er nahm von jenem das Geschmacklose und Überspannte, von diesem das Schmutzige und – wird durch das schöne Produkt die Meinung nicht widerlegen, die man sich in Berlin ins Ohr raunt: er sey dem Wahnsinn nahe. Sein Verhältnis zu der bucklichen, schielenden, rothaarigen Jüdin Veit kennen Sie. Es gibt ein ganz eigenes Interesse, sich diese Fer Magotium in alle die schlüpfrigen Situationen zu denken, die er so con amore malt.« Und nach der brieflichen Mitteilung Johann Daniel Sanders an Carl August Böttiger (22. Juni 1799) soll Marcus Herz geurteilt haben: »Der eine Theil ist eine gemeine prosaische Schweinigelei; der zweite eine poetische, u. der dritte Unsinn.«

Dorothea Veit, die in der Figur der Lucinde gesehen wurde, litt sehr unter der Veröffentlichung. »Was Lucinde betrifft – – ja was Lucinde betrifft! – Oft wird mir es heiß und wieder kalt ums Herz, daß das Innerste so herausgewendet werden soll – was mir so heilig war, so heimlich; jetzt nun allen Neugierigen, allen Hassern Preis gegeben«, schrieb sie am 8. April 1799 an Friedrich Schleiermacher. Friedrich Schlegel und Dorothea Veit – die Tochter Moses Mendelssohns war sieben Jahre älter als der Pfarrerssohn, Mutter zweier Kinder und verheiratet mit dem Berliner Bankier Simon Veit – hatten sich im Salon von Henriette Herz kennengelernt. Noch 1798 trennte Dorothea sich von ihrem Mann und nahm eine eigene Wohnung in der Ziegelstraße, nördlich der Spree. Ihre Ehe mit Simon Veit wurde am 11. Januar 1799 vor dem Berliner Rabbinatsgericht geschieden. Dorothea erhielt das Sorgerecht für den jüngeren Sohn Philipp, jedoch unter der Bedingung, daß sie beim jüdischen Glauben bleibt.

Gegen den anfänglichen Widerstand von Marcus Herz hatte Henriette Herz die Scheidung verhandelt, und selbst Friedrich Schleiermacher befürwortete die neue Beziehung. Dorothea Veit und Friedrich Schlegel übersiedelten im Oktober 1799 nach Jena, wo sie für kurze Zeit im Hause von August Wilhelm und Caroline Schlegel lebten. Sie waren vom 11. bis 14. November Teilnehmer des in die Literaturgeschichte eingegangenen Jenaer Romantikertreffens mit August Wilhelm und Caroline Schlegel, Ludwig Tieck, Novalis, Friedrich Wilhelm Joseph Schelling, Friedrich Schlegel und Dorothea Veit. Doch es kam zur Entfremdung zwischen den Brüdern und August Wilhelms Noch-Ehefrau Caroline. Deren Ehe kriselte schon länger, kurz darauf verließ Caroline ihren Mann und schloß sich dem Philosophen Schelling an. Dorothea wiederum schrieb Rezensionen fürs »Athenäum«, und ihr Roman »Florentin« erschien 1801 unter dem Namen Friedrichs.

Friedrich Schleiermacher ist dem heftig attackierten Freund beigesprungen. Das Mißverstehen der »Lucinde« durch das größere Lesepublikum weckte seinen Oppositionsgeist: Er veröffentlichte 1801 anonym »Vertraute Briefe über Friedrich Schlegels Lucinde«. Sie blieben neben Johann Bernhard Vermehrens »Briefe über Friedrich Schlegel's Lucinde zur richtigen Würdigung derselben« (Jena 1800) der einzige Erklärungs- und Rechtfertigungsversuch in einer Übermacht an Kritik. Und noch im Jahre 1808 rühmte Henriette Herz sich gegen den Kreis um Varnhagen, daß Schleiermacher ihr zur Ehre gesagt habe, die Briefe über die *Lucinde* habe mehr sie als er geschrieben. (Anm. zu S. 53)

Ich möchte Sie Deutschland erhalten

Bis zum Tode ihres Mannes lebte Henriette Herz in gesicherten Verhältnissen. Ihr Leben blieb im Ganzen betrachtet auch späterhin ruhig und ausgeglichen. Viele Stunden konnte sie der Lektüre widmen. Obwohl noch mitten im gesellschaftlichen Leben Berlins stehend, wurde sie nun häufiger von einsamen Stimmungen erfaßt. Eine Ehe mit Alexander von Dohna hatte sie nicht gewollt. An Aufforderungen, wirksam zu werden, hat es nicht gefehlt, doch später schrieb sie: »Man hat mich nicht genug benutzt, als ich noch fähig war zu nützen.« Als Henriette Herz Schleiermacher ihren Mangel an Tätigkeit und immer wieder ihr nutzlos vorübereilendes Leben beklagte, notierte er in sein Tagebuch: »Das Menschen hüten und regieren wollen, ist doch ein gar böser und eingewurzelter Fehler. Ich habe ihn noch neulich wieder bei J[ette] zu meinem großen Schmerz bemerkt, und sie sah nicht einmal das Unrecht davon ein.« Schon im September 1798 hatte Schleiermacher versucht, ihr Selbstvertrauen zu stärken, indem er ihre persönliche Wirkung als ihre eigentliche Aufgabe umriß: »Eigentlich gibt es doch keinen größeren Gegenstand des Wirkens als das Gemüt, ja überhaupt keinen andern, wirken Sie etwa da nicht? O Sie Fruchtbare, Sie Vielwirkende, eine wahre Ceres sind Sie für die innere Natur und legen einen so großen Akzent auf jene Tätigkeit in die Außenwelt, die so durchaus nur Mittel ist [...]« Am 3. Juni 1802 schrieb ihr der Freund: »Deine [Natur] besteht [...] darin, daß Du nur in der Zukunft lebst, darum machst Du so gern Pläne, darum denkst Du so ungern an den Tod. Zu dieser Natur gehört aber unumgänglich notwendig, wenn nicht das Ganze ein leerer Zirkel sein soll, auch dieses als die andre Hälfte, daß Du eine Prophetin sein mußt und also die Zukunft auch in der Gegenwart sehen und führen. Genieße also jetzt schon die Freude an allem Guten, was Du durch Deine seltene wohlwollende Tätigkeit noch um Dich her stiften wirst; genieß also schon jetzt die Ruhe, die es Dir geben wird, eine Menge von schwierigen Verhältnissen so richtig behandelt zu haben und unter tausend Entbehrungen Dir selbst immer treu geblieben zu sein; genieße endlich schon jetzt die späte Zukunft, die Deine Freunde Dir bereiten werden.«

Die Besetzung Preußens durch Napoleon nach der verlorenen Schlacht von Jena und Auerstedt im Oktober 1806 betraf auch Henriette Herz sehr ernst und direkt. Die Zinsen ihrer Kapitalien und vor allem ihre Bezüge aus der Witwenkasse wurden von den Okkupanten zurückbehalten oder nur spärlich und unregelmäßig gezahlt. Bekannte und Freunde waren ihr behilflich, die für sie äußerst dringlich gewordene Frage nach einem angemessenen Einkommen zu klären. In ihrer materiellen Sorge hatte sich Henriette Herz an Wilhelm von Humboldt, der damals Ministerresident beim päpstlichen Stuhl in Rom war, mit der Bitte gewandt, ihr entweder in Rußland oder durch Bekannte in Paris eine Stelle als Erzieherin in der Maison de St. Cyr zu verschaffen. Sie machte die Bekanntschaft des Henri Campans, des Sohnes der Vorsteherin dieses Erziehungsheimes, der Auditeur im französischen Staatsrat und kurze Zeit Chef der preußischen Postverwaltung war. Auf kürzestem Wege konnten nun die Verhandlungen geführt werden. Henriette Herz sollte die Erziehung einer Nichte Joachim Murats, Schwager Napoleons und bald danach König von Neapel, übernehmen. Aber man forderte von ihr eine Namensänderung, vielleicht nur wegen der im Französischen schwierigen Aussprache. Sie lehnte ab. Auch ein anderes Projekt – Rahel Levin versuchte, ihr eine Erzieherstelle in Ecouen an der von Napoleon gegründeten Mädchenschule zu verschaffen – zerschlug sich. Eine Aufforderung, die preußische Prinzessin Charlotte, die spätere Kaiserin von Rußland, zu unterrichten, verdankte sie noch dem bei Saalfeld gefallenen Prinzen Louis Ferdinand sowie den Beziehungen der kurländischen Herzogin Dorothea und auch Friedrich Delbrücks, die ihr bei Hofe gutes Ansehen verschafft hatten. Doch auch in diesem Falle lehnte sie ab, da man von ihr die Taufe forderte, die sie mit Rücksicht auf ihre noch lebende Mutter zurückwies. »Meine sehr unverdiente Zelebrität und die Jüdin sind mir in Deutschland im Wege [...] Rußland ist mir so kalt und fern und fremd, daß ich wie an ein Grab denke, wenn ich dorthin sollte.«

Wilhelm von Humboldt schrieb Henriette Herz am 18. November 1807 aus Rom: »[...] Schreiben Sie mir offenherzig, liebe Freundin, sagen Sie mir, was Sie brauchen, wünschen, ich tue sicherlich, was ich kann. Ich danke Ihnen sehr viel, ich habe es nicht vergessen, ich werde es nicht vergessen. – Ich war einer der genauesten Freunde Ihres Mannes. Sie hatten sonst Güte und Freundschaft für mich. Wenige haben so gegründete Ansprüche auf Ihr Vertrauen. – Ihr Plan, nach Frankreich oder Rußland [zu gehen,] schmerzt mich vorzüglich und gefällt mir ganz und gar nicht. Ich möchte Sie Deutschland erhalten, wieder nur Deutsche könnten Ihren Wert in jenen Landen erkennen, und sollten wir, nachdem schon so viel verloren gegangen, auch noch die besten Menschen verlieren?«

Rahel Levin wollte sie bei sich aufnehmen. Die Jugendfreundin Fanny von Arnstein bot ihr ein gleiches aus Wien an, wo sie sich bereits einige Jahre zuvor als Erzieherin erprobt hatte. (Siehe Seite 364 und 365 dieser Ausgabe)

Und bereits 1805, in einer Zeit tiefer Depression, wollte Henriette Herz zu Schleiermacher ziehen, der in Halle eine Professur bekleidete, und »schön und ruhig im Arm der Freundschaft« leben. Der aus dem Halberstädter Dichterkreis kommende Goeckingk unterstützte sie wirksam. Goeckingk lebte seit 1793 in Berlin als Geheimer Oberfinanzrat und gehörte schon seit den achtziger Jahren zu Henriette Herz' Verehrern. Er vermittelte ihr eine Tätigkeit als Englischlehrerin bei der jungen Prinzessin Dorothea von Kurland.

Monate später entschied sich Henriette Herz, zu Charlotte von Kathen, der älteren Schwester Henriette von Willichs, auf deren Landsitz Götemitz bei Rambin auf Rügen als Erzieherin zu gehen. Die Bekanntschaft mit dieser Familie geht auf Schleiermacher zurück, als dieser Gast bei der Hochzeit seines Freundes Ehrenfried von Willich und Charlotte Kathens jüngerer Schwester Henriette Charlotte Sophie war. Henriette Herz war im Juni 1804 erstmals auf Rügen, in Begleitung von Schleiermacher und seinem Verleger Georg Reimer. Charlotte von Kathen führte hier einen literarisch-geselligen Salon, zu dem kulturell interessierte Gutsherren und Gutspächter und deren Frauen sowie Pastoren und Gelehrte von der Insel, aus Greifswald und aus Berlin gern gesehen waren. Zu dem Kreis gehörten Ernst Moritz Arndt und Ludwig Gotthard Kosegarten. Sie ist die Adressatin von Arndts »Briefe an eine Freundin« (Leipzig 1878). »Die Kathen«, schrieb Henriette Herz respektvoll, »schwebt mir immer wie ein etwas höheres verklärtes Wesen vor, dem ich nicht zu sehr nähern darf, und dennoch war sie so zutraulich und lieb, daß mir ihre Größe und Höhe ganz verschwand, als ich ihr nahe war.«

Bereits kurz nach ihrer Ankunft traf im Frühjahr 1808 auch Friedrich Schleiermacher in Götemitz ein. Während dieses Aufenthaltes fand er in der jugendlichen Witwe seines im Jahr zuvor verstorbenen intimen Freundes Ehrenfried von Willich, zu der er bisher ein mehr väterliches Verhältnis hatte, seine Frau. Einige Jahre später, 1817, verheiratete sich hier Ernst Moritz Arndt mit Nanna Maria Schleiermacher, der Halbschwester Friedrich Schleiermachers. Henriette Herz lernte in diesem abgelegenen romantischen Eckchen den Physiker Hans Christian Oersted und den Philosophieprofessor Frederik Christian Sibbern kennen und korrespondierte lange Jahre mit ihnen; der Briefwechsel mit Sibbern läßt sich bis in die vierziger Jahre verfolgen.

Die Herz ist unendlich tätig

Nach fast zweijähriger Abwesenheit wandte sich Henriette Herz im Mai des Jahres 1809 wieder ihrer Geburtsstadt zu. Die Zahlungen aus der Witwenkasse kamen nun stetig. Aber sie fand jetzt nicht mehr den rechten inneren Anschluß an die Gesellschaft. Zwar war sie an vielem beteiligt, aber die ursprünglichen geselligen Kreise hatten sich aufgelöst, und so spielte sie in jener bewegten Zeit nicht die Rolle, die sie lange Jahre an der Seite ihres Mannes innehatte. Die zwanglose Geselligkeit der Salons fand mit Napoleons Einzug in Berlin am 27. Oktober 1806 ihr Ende. »Es gibt aber eigentlich gar keine Gesellschaft hier«, schrieb Varnhagen am 5. November 1812 an Caroline von Humboldt, »wenn auch in zwei bis drei Häusern einige Leute zusammenkommen.« Während der Zeit der äußeren Erniedrigung bildeten sich Gesellschaften um Personen von Rang und Namen: Staegemann, Gräfin Voß und die Fürstin Radziwill. Anders als die jüdischen Salons waren sie von hoher Exklusivität und politisch orientiert.

Mit dem Verlust ihrer Rolle konnte Henriette Herz sich schwer abfinden. Sie kleidete sich, wie auch später, auffallend jung – zu jung, so daß Rahel 1810 bissig bemerkte: »Madame Herz lebt geputzt; ohne zu wissen, daß man sich ausziehen kann, und wie einem dann ist.« Doch drei Jahre später schrieb sie: »Die Herz ist unendlich tätig, ich sporne sie noch mehr.«

Nachdem Schleiermacher 1807 nach der Schließung der Universität aus Halle nach Berlin an die Dreifaltigkeitskirche und dann 1810 an die Universität berufen worden war, war Henriette Herz in engem Kontakt mit seiner Familie. Häufig war sie bei ihm zu Gast. Auf eine stille, verständnisvolle Weise beteiligte sie sich an den Sonnabendgesprächen in Schleiermachers Arbeitsstube in der Kanonierstraße 4. (S. S. 511–512 dieser Ausgabe) Durch Friedrich Schleiermacher war Henriette in die

preußisch-patriotischen Kreise um den Verleger Georg Reimer eingeführt worden. Wie Varnhagen in den »Denkwürdigkeiten seines Lebens«
berichtet, traf sich der Zirkel – zu dem Niebuhr, Nicolovius, Uhden,
Philippsborn, Chamisso, Varnhagen selbst, Alexander von der Marwitz
und unter den Frauen Reimers Frau zählten – regelmäßig abwechselnd
bei Reimer, Henriette und an den Sonnabenden bei Schleiermacher.

Während der Befreiungskriege arbeitete Henriette Herz, wie es für
Frauen üblich war, zunächst in den Lazaretten, und zwar am linken Elb-
ufer unter ihrem Freund Reil, der die Oberleitung innehatte. Ihrem Biographen Fürst berichtete sie: »Die verhängnißvolle Zeit zwischen der
Schlacht bei Jena und der bei Leipzig, gab oft zu dem schnellsten Wechsel der Empfindungen, ja mitunter zu den wunderlichsten Gegensätzen
und Scenen Anlaß. So bleibt mir die Erinnerung an den Tag der Dank-
feier für den Sieg bei Groß-Görschen stets gegenwärtig. Mit aufrichtiger
Andacht und tiefstem Dankgefühl gegen den Höchsten hatte ich ihr in
der Dreifaltigkeitskirche beigewohnt, wo Schleiermacher sie abhielt.
Unmittelbar nach derselben gehe ich, Freude und Ruhe im Herzen, zu
diesem, um mich noch an seinem heiteren und dankbaren Gesichte ein
wenig zu erbauen. Was finde ich? Ihn und sein ganzes Haus in Bewegung. Und mit unsäglichem Staunen hörte ich von ihm, daß er seine
Frau und Kinder am nächsten Tage mit dem Frühesten fortschicke, weil
man Berlin gegen einen feindlichen Ueberfall nicht sicher glaube. Er
räth mir, schleunigst dem Beispiele seiner Familie zu folgen. Das war ein
Abstand von dem, was ich erwartete! So eilte ich denn von der Sieges-
feier nach Hause, um das zu thun, was nur die Folge einer Niederlage
hatte geschehen müssen. Einzupacken und mich für mich und eine alte
kranke Mutter und eine kränkliche Schwester, welche beide ich nicht
mit Eventualitäten einer feindlichen Besetzung der Stadt aussetzen
durfte, nach einer Gelegenheit umzuthun, die uns schnell aus Berlin
brächte. Aber wo eine solche finden? Alles, was einen Wagen bezahlen
konnte, und nicht durch Pflichten an Berlin gebunden war, wollte
fliehen, denn was kampffähig war, war ins Feld gezogen. Und wohin
fliehen? Darüber entstand ein förmlicher Meinungskampf. Die Furcht
des einen wollte in dieser Beziehung immer scharfsichtiger sein, als die
des anderen.

Endlich aber gingen die kleineren Fraktionen ziemlich alle auf in zwei
großen Parteien, der der Schlesier und der der Pommeraner, das heißt
derjenigen, welche nach Schlesien, und derjenigen, welche nach Pommern davonlaufen wollten. Ich schlug mich zu den Schlesiern, und nach
unglaublichen Bemühungen saßen wir am nächsten Nachmittage in
einem Wagen vor dem Thore Berlins.

Breslau wimmelte schon von noch rascheren Flüchtlingen, als wir es
waren. Kaum irgendwo ein Unterkommen. Wer Bekannte hatte, eilte, sie
aufzusuchen. Ich ging sogleich zu Steffens'. Sie waren schon bis zur Er-
schöpfung von Flüchtlingen überlaufen worden, die sie kaum kannten. –

»Nach so vielen Leuten endlich ein Mensch!« rief mir Frau Steffens in sehr schmeichelhafter Uebertreibung zu, als sie mich erblickte. – Aber bald hielt man auch Breslau nicht mehr für sicher, und wir gingen, um der Gränze des damals noch neutralen Österreichs näher zu sein, nach der Festung Neisse. Hier erreichte mich aber die Nemesis für die Ueberschätzung, die ich mir von Frau Steffens hatte gefallen lassen. Eine Verordnung gebot hier, daß alle ›Ueberflüssigen‹ die Stadt räumen sollten. Die Meisten zögerten, sich selbst für solche zu erklären, zumal die Berliner, auch ich, wie sich versteht. Da waren denn ich und die Meinigen von den Ersten, welche die Behörde kund that, daß sie ›Ueberflüssige‹ seien. – Was half's? Wir mußten Knall und Fall fort, und gingen nach Zuckmantel [heute: Zlaté Hopry], wo wir uns in der schönsten Gebirgsgegend aufhielten, bis man Berlin sicher glaubte.

Als aber später zwei Meilen von Berlin die Schlacht von Groß-Beeren [südlich von Berlin; am 23. August 1813 schlugen preußisch-russische Koalitionstruppen unter General von Bülow die französischen Truppen und ihre Verbündeten] geschlagen wurde, und die Gefahr in der That dringend war, dachte Niemand daran, zu fliehen. Es fehlte an Zeit, um sich zu fürchten.«

Karl August Varnhagen von Ense, der wie Schleiermacher nach der Schließung der Hallenser Universität wieder in Berlin weilte, hat Henriette Herz in dieser äußerlich wie innerlich bedrückenden Zeit erlebt: »Das Erlernen und Üben fremder Sprachen war bei Madame Herz schon eine althergebrachte Gewohnheit und gab den Halt- und Mittelpunkt der vielfachsten geselligen Verbindungen [...] Aber außer diesen Literaturen und Sprachen nahm ihr gebildeter Geist auch an Gegenständen des Denkens und Betrachtens allen liebreichen Anteil, den man von der Freundin Schleiermachers wohl erwarten durfte [...] Liebe, Freundschaft, Weiblichkeit und andre solche Gegenstände haben den großen Reiz, daß sie, auch wenn man das Allgemeine über sie schon ausgemacht und abgetan hätte, noch stets für die nächste Anwendbarkeit ein weites, mehr oder minder fruchtbares Feld eröffnen [...] Auf der andern Seite war freilich dem Übelstande nicht ganz zu entschlüpfen, daß [...] das Gespräch bisweilen unerwartet in irgendeine abgelegene Kammer sich verlief, wo man sich unbequem und verfangen fühlte.« Die Geselligkeiten unter der feindlichen Besatzung waren in dem »alle freie Mittheilung ertödtende Spionirsystem« (Henriette Herz) steif und mühsam geworden.

Um so mehr allerdings pries Henriette Herz ihre Freundin Rahel. Die spielte in jenen Jahren ebenfalls keine Rolle in der Gesellschaft. Aber Henriette Herz hatte die enge Jugendfreundin wohl heimlich immer etwas wegen ihrer Leidenschaftlichkeit und Lebhaftigkeit beneidet. Nach Rahels Verbindung mit Varnhagen kam es zu einem einseitig gespannten Verhältnis. Rahel – als klein, geradezu gnomenhaft, und als »furchtbar häßlich«, »parvenühaft, schwatzhaft, aufdringlich« (Wilhelm von Humboldt) und »prätentiös« (Ehrenfried von Willich) geschildert – war äußerlich das Gegenteil von Henriette Herz.

Varnhagen selbst hat sich mehrfach äußerst bissig über Henriette Herz geäußert. Am 5. November 1812 schrieb er an Caroline von Humboldt: »[...] Madame Herz habe ich nach fünf Jahren endlich wiedergesehn, ich fand sie in den fünfen wenigstens um zehn älter geworden an Körper, und an Seele um dreißig Jahre jünger, ein zaghaft, kindisch Wesen, dem keine Erfahrung etwas genutzt hat, weder der Aufenthalt in Rügen und Wien, noch die französische Revolution, weder die Verheirathung Schleiermachers, noch der Brand von Moskau; es ist ganz lächerlich neben solch unreifer Grüne die Welkheit des Überreifen zu sehn. Ich schreibe das sehr freundlich, als bloße Einsicht, ohne Bosheit an Sie, und bin übrigens der Herz, die ich auch bisweilen besuche, ganz gut.« Worauf ihm Caroline am 16. Februar 1813 antwortete: »Warum, mein lieber Varnhagen, spornt es Sie denn immer ein Wort des Scherzes über die Hofräthin Herz zu sagen? Sie ist doch gut und lieb, man kann einmal aus seiner Individualität nicht heraus und was dem einen gut ist, from[m]t dem andren nicht. Ihr Gesicht war mir unbeschreiblich rührend als ich sie hier wiedersah. Auch noch im Verblühen so schön – und dann schiens mir durchzublicken wie durch einen Schleier auf die seeligen Jugendgefilde ihres und meines Lebens.«

Diese zwiespältige Boshaftigkeit reichte über Rahels Tod hinaus. So verfügte Varnhagen im Februar 1834 an den künftigen Herausgeber von Rahels Briefen: »Solange Marianne Saaling, die Hofräthin Herz [...] in Berlin, und Frau von Frohberg, in Wien, am Leben sind, sollen die gegen die letztern Frauen gerichteten scharfen Stellen in Rahels Briefen *nicht* gedruckt werden.« (Siehe die Seiten 486 bis 498 dieser Ausgabe)

Nach dem überraschend schnellen Tod ihres Mannes hatte Henriette sich eine kleinere Wohnung genommen. Ihre Schwester Brenna zog zu ihr. Jetzt fühlte sie sich auch nicht mehr so an Berlin gebunden, wie es die Praxis ihres Mannes erforderlich gemacht hatte. Nicht oft hatte sie zuvor Berlin verlassen. Eine Reise zur Messe nach Leipzig im Jahre 1784, eine Reise 1799 nach Dresden zu den Kunstsammlungen und der Familie Körner und auch gelegentliche Besuche bei ihrer Schwester Johanna in Prenzlau, die dort mit dem Arzt Marcus Herz (nicht verwandt mit ihrem Mann) verheiratet war, bildeten Höhepunkte. Die Sommer verbrachte sie jetzt meist außerhalb Berlins, in Lanke, Zossen oder auf der Insel Rügen.

In ihrer Entscheidung im Wesentlichen ungebunden, und vor allem nachdem sich in der Pensionskasse einige Kapitalien angesammelt hatten, reiste sie nun öfter, soweit es ihre Mittel erlaubten. Ihre Kontakte schufen ihr genügend Verbindungen, daß sie an den Orten ihres jeweiligen Aufenthaltes Zugang zu den Gesellschaften fand. Im Sommer 1803 war sie bei Körner in Dresden, in den Jahren 1805 und 1810 erneut in der sächsischen Metropole. Hier machte sie bei ihrem letzten Aufenthalt die

Bekanntschaft Goethes, die ihr jedoch nicht das »Anbrechen einer neuen Lebensepoche« brachte, obwohl sie ihn seit Jahren hoch verehrte. Hier gewann sie aber die Freundschaft und Achtung der Malerin Louise Seidler.

Von Juni bis September 1811 hielt sich Henriette Herz in Wien bei ihrer Freundin Fanny von Arnstein auf. Trotz des Verkehrs in den glänzenden Adelskreisen fühlte sie sich in dieser gesellschaftlichen Repräsentation nicht so recht wohl, obwohl sie die Welt der Schönheit begierig in sich aufnahm, wie Caroline von Humboldt berichtete, die hier mit ihrem Mann Wilhelm lebte, der von Herbst 1810 bis Frühjahr 1814 Gesandter Preußens war.

Zehn Jahre hatte sie ihre Freundin Dorothea nicht gesehen, als sie sie und ihren Mann Friedrich Schlegel mit den Söhnen Philipp und Johann Veit in Wien wiedertraf. Sie lebten hier in bescheidenen Verhältnissen, und dennoch verbrachte Henriette Herz die meiste Zeit bei ihnen. »Wien«, erzählte Henriette Herz ihrem Biographen Fürst, »hat im Ganzen keinen wohlthuenden Eindruck in mir zurückgelassen. So viel leibliches Wohlbehagen neben geistiger Armuth, daß jenes fast beleidigend wird. Dabei sind diejenigen, welche der Gesellschaft etwas zubringen, viel anspruchsvoller als bei uns, wohl schon deßhalb weil sie seltener sind. Vielleicht hat schon, weil sie darin eine Ausnahme machte, Caroline Pichler allein eine angenehme Erinnerung in mir hinterlassen. Aeußerlich häßlich, aber angeregt und sehr anregend, und dabei gemüthlich und einfach.« Caroline Pichler wiederum erinnerte sich an »Madame Herz« aus Berlin als »eine sehr majestätische, und hätte man sie durch ein Verkleinerungsglas betrachten können, wirklich schöne, dabei geistvolle, freundliche, gebildete Frau, mit der ich manche vergnügte Stunde zugebracht«. (Denkwürdigkeiten aus meinem Leben. München 1914, Band 1, S. 384)

Für Henriette Herz' Generation war Italien *das* Bildungserlebnis – le grand tour. Die Begegnung mit dem antiken heidnischen Rom, das jetzt Zentrum des Katholizismus war, bedeutete in jenen Jahren zugleich Flucht aus der Enge und Idylle der deutschen Kleinstaaterei, die durch den Wiener Kongreß manifestiert worden war. Henriette Herz hatte allerdings erkannt, daß Berlin, wenn auch kein Land der Kunst und Poesie, so doch wenigstens nicht philisterhaft war. »Wer in diesem lebt, dem kann nicht wohl darin sein! Wenn er nicht an manchem hängt und in und mit diesem lebt [...] und man hat gar wenig Mitleid bei uns [...]« Dieses Urteil kommt dem Lessings und Schillers sehr nahe. Berlin aber blieb stets ihre Heimat.

Bevor Henriette Herz nach Rom aufbrach, tat sie einen Schritt, der schon lange in ihr beschlossen war: der Übertritt zum Christentum. Es war nicht allein der Umgang mit den Aufklärern und Freidenkern, der sie wie viele Juden und vor allem Jüdinnen um die Wende zum 19. Jahrhundert zum Christentum konvertieren ließ, sondern das Bedürfnis nach Assimilation, nach vollkommenem Zugehörigkeitsgefühl zum Vaterland. In ihrer Jugend hatte Henriette Herz dem orthodoxen Judentum angehört. Dorothea Veit, die konvertierte, um Friedrich Schlegel zu heiraten (beide traten zum Katholizismus über), wird nicht den ersten Gedanken dazu ausgelöst haben. Der Umgang mit Schleiermacher und den anderen aufgeklärten evangelischen und protestantischen Theologen mag ein übriges dazu getan haben. Doch erst nach dem Tode einer Schwester (1815) und dem der Mutter im Frühjahr 1817, die einen Religionswechsel als schwer empfunden haben dürfte, ließ sie sich in dem südlich von Berlin gelegenen Zossen von Superintendent Wolff taufen. Das sollte im stillen geschehen. Doch jemand mußte sich »in aller Unschuld verschnappt« haben, Henriette Herz nahm an, daß es Schleiermacher gewesen sei, der sich allerdings dagegen verwahrte. Die ganze Stadt war voll davon, daß sie sich habe taufen lassen. Als dann während ihres Aufenthalts in Rom sogar Gerüchte auftauchten, sie sei katholisch geworden, schrieb sie an eine Freundin nach Berlin: »Ich komme mir gewaltig wichtig vor, daß man um meiner Seele Heil so besorgt scheint – wäre ich aber nicht lange schon eine gute feste Protestantin, so würde ich es in Rom nicht werden – wie weit also von der Katholikin.«

Am 26. Juli 1817 brach Henriette Herz von Zossen aus auf. Begleitet wurde sie von der Berliner Malerin Auguste Klein und ihrem Bediensteten, dem französischen Koch Leseur, der später in die Dienste der Humboldts übertrat. Über Leipzig, Jena, Bayreuth, Nürnberg und Augsburg ging es nach München, wo sie einige Tage bei Schelling blieb, »in dessen Haus sie die Geselligkeit besonders verschönte.« Schellings zweite Frau Pauline Gotter war eine Freundin von Louise Seidler, die sie hier auch wiedertraf und mit der sie gemeinsam Kunstschätze besichtigte. »Die edle Frau«, erinnerte sich Louise Seidler, »wurde mir durch ihren gebildeten Geist, ihr tiefes Gefühl und ihre Anmut täglich teurer. Wie gern hätte ich sie nach Rom, wohin sie nur gar zu bald abreiste, begleitet.«

Etwa vierzehn Tage blieb sie in »Deutschlands heimlicher Hauptstadt«, um alles recht genießen zu können, traf sich oft mit Jacobi, bei dem sie auch ihren Jugendfreund Dohm wiedersah. Durch Tirol ging es über Verona und Padua nach Venedig, wo sie sich acht Tage den Kunstwerken der Lagunenstadt widmete. In Florenz blieb sie ganze vier Wochen, gefesselt von den Kunstschätzen und von Ausflügen nach Pisa und Livorno. Aus ihrem Reisetagebuch ist eine Sequenz über Florenz erhalten, wo sie in den Häusern Orlandi und Santini verkehrte: »In beiden Häusern fand ich viele schöne Frauen, aber fast alle hatten roth und weiß aufgelegt. Dies paßte auch ganz zu ihren Verhältnissen. Denn nur zwei waren in Gesellschaft ihrer Männer da, die meisten aber mit ihren cavalieri serventi. Diese, der Ruchlosigkeit Thür und Thor öffnende Sitte ist noch in völligem Flor.«

In Florenz stieß ihr jüngerer Freund und Verehrer Immanuel Bekker zu den Reisenden. Immer näher kam Henriette Herz nun dem, was sie schon lange bewegte und was ihr im Alter wünschens- und begehrenswert blieb. Ihre Freunde glaubten zu wissen, daß sie in der Ewigen Stadt den Rest ihres Lebens zubringen werde, aber Henriette Herz hielt zwei Jahre für ausreichend, es waren am Ende etwas mehr als anderthalb Jahre.

Am 11. Oktober 1817 mittags zwölf Uhr erreichte sie Rom und wurde von der Freundin Caroline von Humboldt herzlich begrüßt. Die war mit drei Töchtern bereits Ende Mai eingetroffen. Sie hatte für Henriette Herz eine Wohnung in unmittelbarer Nähe jener Villa gemietet, in der einst Angelika Kauffmann wohnte und die jetzt verschiedene Künstler-wohnungen beherbergte. Rasch fand sie Aufnahme in den Kreisen der deutschen Künstlerkolonie um Cornelius, Overbeck, die Veits, die Schadows, Eberhard, Koch und den bayerischen Kronprinzen Ludwig, kam in Kontakt mit einigen der berühmteren italienischen Künstler. Tage voller Erlebnisse und gehobener Stimmung blieben in ihrer Erinnerung. Immanuel Bekker blieb ihr auf den Ausflügen ein ständiger Begleiter. Im Juni 1818 kamen Dorothea Schlegel, die ihre beiden Söhne Philipp und Johann Veit besuchte, später auch Louise Seidler, Fanny Caspers, Bertel Thorwaldsen, Per Daniel Amadeus Atterbom, Adam Oehlenschläger und die Brüder Riepenhausen hinzu. Am 2. April 1819 reiste Friedrich Schlegel für kurze Zeit im Gefolge von Kaiser Franz und Metternich an.

In Rom erlebte Henriette Herz das Aufblühen einer neuen Kunst. Die Fresken in der Casa Bartholdy und dann im Hause des Marchese Massimo eröffneten die Reihen der nazarenischen Meisterwerke. Sie begeisterte sich für die Farben der Nazarener ebenso wie für die altdeutschen Festlichkeiten der Künstlerkolonie. Sie maßte sich nicht an, als Kunstkennerin zu gelten, aber ihr Schönheitssinn, der sich bisher nahezu ausschließlich in der Wissenschaft und Literatur ausgelebt hatte, wurde nun auch auf dem Gebiet der Kunst befriedigt.

»Sie ist in einer Art Rausch, in Rom zu sein, ist wohl und heiter und grüßt«, berichtet Caroline von Humboldt ihrem Mann Wilhelm am 11. Oktober 1817. Und am 4. November 1817 schrieb sie: »die Herz ... [ist] ganz ergriffen von Roms unaussprechlicher Schönheit.«

Dann am 15. November: »[...] Die Herz genießt ihren hiesigen Aufenthalt sehr vernünftig, langsam, ohne Wagen als zu den großen Touren, sieht aber sehr ordentlich alles [...]«

Am 20. November: »[...] Die Herz, die Dich tausendmal grüßt, ist in einem Entzücken über Rom. Das Wetter hat denn auch seinen Anteil daran, denn einen schöneren November sah man nie [...]«

Am 22. Januar 1818: »[...] Ich hatte die Herz [gestern] mit mir [zum Karneval] genommen, der es eine Erleichterung ist, wenn man ihr die Wagen erspart, und deren Nähe durch die große Freude belohnend ist, die sie an den Dingen nimmt. Sie gefällt sich unaussprechlich hier und kommt mir dadurch noch näher [...]«

Im Sommer 1818 mietete Henriette Herz sich gemeinsam mit Dorothea Schlegel, die am 2. Juni in Rom eingetroffen war, und Auguste Klein ein Haus in Genzano. Niebuhr, der das Haus im Anschluß bezog, schrieb am 17. September 1818 an Dora Hensler: »Es ist hier eine ganz außerordentlich schöne Gegend. Das Haus sieht in den See von Nemi hinab, und von der andern Seite über das Städtchen auf die Ebene bis Antium, und über das Meer, wo bei hellem Wetter die Inseln Ponza sichtbar sind.« (Lebensnachrichten von Barthold Georg Niebuhr. Hamburg 1838–1839, Band 2, S. 384)

Im August war auch Caroline von Humboldt ein paar Tage zu Gast in Genzano. An ihren Mann Wilhelm schrieb sie am 19. August 1818: »Ich bin seit vorigen Freitag abends hier, wo ich in demselben Hause der Schlegel und Herz wohne. Die Damen wohnen hier sehr ruhig und hübsch, jede hat ein eigenes Zimmer und ein Salon ist zur allgemeinen Vereinigung da. Die Herz führt die Wirtschaft für alle und hat mich auch für diese Tage in die Kost genommen. Auf eine andere Weise hätte es mich geniert, sechs Tage lang hier zu sein, da sie alle nicht reich sind und es nicht übrig haben ...«

Anschließend unternahm sie vom 4. September bis 5. Oktober 1818 in Begleitung von Thorwaldsen einen Ausflug nach Neapel und dessen Umgebung.

Als unangenehm erlebte Henriette Herz in der deutschen Künstlerkolonie eine aufdringliche katholische Missionierung. »Hier treibt man das Bekehrungswesen mit verdoppeltem Eifer: ein Französischer Geistlicher [Abbé Martin] hat ein an sich schlechtes, aber für Jünglinge welche hierher kommen, hinreichend captiöses [verfängliches] Buch drucken lassen, welches nun gewiß jedem Ankömmling von ältern Proselyten zugesteckt wird.« (Niebuhr an Dora Hensler, 16. Mai 1818; II, S. 347) Von einem »intoleranten Zelotismus«, der sich auf das »gehässigste« kundtat, von »steigender Unart« »catholischer Freundinnen«, von »papistischem Eifer und Unverstand in immer engerem Kreise«, in dem Henriette Herz sich verlassen zu fühlen begann und geängstigt wurde, berichtet Immanuel Bekker an Schleiermacher (16. Mai, 13. Juni und 10. August 1818).

Am 2. Mai 1819 brach Henriette Herz gemeinsam mit Caroline von Humboldt, Immanuel Bekker und dem preußischen Gesandtschaftssekretär Christian August Brandis wieder nach Deutschland auf. »Es war ein trauriger Morgen. Es regnete furchtbar. Unsere guten Hausleute, die Butis und alle Hausgenossen, wie Thorwaldsen [...], die beiden Schadows [...], Lengerich und mehrere andere Künstler, fünf Caretellen voll, begleiteten uns und die Herz, die mit Professor Bekker und Brandis in einem Wagen fährt. [...] Die Herz ist auf der Reise sehr liebenswürdig, voller Attentionen, und Bekker und Brandis äußerst gefällig.« (Caroline an Wilhelm Humboldt, 6. Mai 1819)

»Die edle, schöne Henriette Herz war der allgemeine Liebling geblieben; viele Tränen flossen ihr nach. Während der letzten Tage ihres Aufenthaltes in Rom bemühte sich jeder, ihr noch irgendeine Aufmerksamkeit zu erweisen; ich selbst überreichte ihr eine von mir angefertigte Kopie des Erzengels Michael von Perugio ..., über welche Henriette Herz große Freude hatte«, erzählt Louise Seidler.

Die Rückreise nach Deutschland in Begleitung von Caroline von Humboldt und Immanuel Bekker ging zunächst nach Florenz, wo sie nochmals drei Wochen blieben. Der Weg nach Mailand wurde über Bologna, Parma und Piacenza genommen. Acht Tage blieben sie in der Hauptstadt der Lombardei, unternahmen von hier aus einen Ausflug zum Comer See, ehe es über den Simplon, durch das Wallis, über Vevey, Bern, Zürich nach Schaffhausen ging. In Stuttgart traf sie bei Cotta zufällig auf Jean Paul, den sie auf der Hinreise in Bayreuth verfehlt hatte, und machte die flüchtige Bekanntschaft Ludwig Uhlands, begegnete erstmals den Tugendbündlerinnen Therese Heyne und Caroline von Wolzogen. In Frankfurt am Main begegnete sie Wilhelm von Humboldt und Ludwig Börne.

Doch endete die schöne, genuß- wie erlebnisreiche Reise mit einem starken Mißton. Im Hause Ernst Moritz Arndts in Bonn hatte sie eine unangenehme Hausdurchsuchung erlebt. Nach dem Attentat auf Kotzebue durch den Burschenschaftler Sand (23. März 1819) hatte die Verfolgung »demagogischer Umtriebe« begonnen, die dann durch die »Karlsbader Beschlüsse« manifestiert wurde: Verschärfung der Zensur und Einschränkung der Freiheiten der Universitäten. Am 15. Juli 1819 schrieb Henriette Herz in ihr Reisetagebuch: »Gestern habe ich hier im Hause etwas erlebt, was ich nie erlebt haben wollte. Arndt's Papiere wurden weggeholt.« Arndt wurde verhaftet, aber nach einem halben Tag wieder freigelassen. Zahlreiche Hochschullehrer, unter ihnen die Brüder Grimm, verloren ihre Stellungen und wurden erst 1840 rehabilitiert.

Henriette Herz' Vertrauen in das preußische Vaterland, das nach den Befreiungskriegen eine restaurative Entwicklung genommen hatte, war erschüttert. Obwohl sich ihr Leben nahezu ausschließlich in privater Sphäre abspielte, zeigt das Kapitel »Zeitgeschichtliches« ihrer Erinnerungen, daß der ständige Kontakt mit führenden Männern in Staat, Verwaltung und Wissenschaft ihren Blick für die großen Entwicklungen der Politik und Gesellschaft durchaus geschärft hatte. Sie ist Zeitzeugin.

Wir Weltkinder und die Poesie des Lebens

Mitte September 1819 traf Henriette Herz wieder in Berlin ein. Nach ihrer Rückkehr wurde es still um sie. Natürlich bewegte sie sich wieder im Zirkel um Rahel oder bei den musikalischen Abenden bei Mendelssohns und unterhielt selbst kleine Gesellschaften. Aber sie stand abseits, und sie spürte sehr deutlich, daß eine Epoche angebrochen war, in die sie sich nicht mehr hineinzufinden vermochte. Unter der Jugend, die die Ansprüche von ehemals nicht mehr gelten lassen wollte, fühlte sie sich verloren und unglücklich. Die ursprüngliche Zwanglosigkeit war der Gewolltheit gewichen, überschattet vom wachsenden Mißtrauen der Metternich-Ära.

Einige wenige überlieferte Tagebuch-Passagen lassen den Schluß zu, daß Henriette Herz in eine tiefe Depressionen gefallen war:

13. Februar 1820: »Wenn ich einen Menschen, wie ich selbst bin, immer hören müßte, ich hielte es vor Langerweile nicht aus – Ist wohl eine Selbstkenntniß zu wünschen, die einem zugleich den Mangel an Kraft zeigt, den Fehlern abzuhelfen? Mein Wille ist gut, aber schwach. Den Glauben an die Vernunft habe ich verloren, sie kann nicht, das weiß ich, alles begreifen und alles, was ich nach oder durch den Verlust dieses Glaubens gewonnen habe ist, daß ich nicht wegwerfe, was ich mit jener Vernunft nicht begreife – Wie nah sind die Nationalisten nicht am Atheismus! Kann die Vernunft Gott begreifen? Und verwirft sie nicht meist immer, was sie nicht begreift?

Ich freue mich, wenn kluge Männer sprechen, daß ich verstehe, wie sie's meinen: So hoch habe ich es höchstens auch gebracht mit all meinen Leben und Lernen, selbst sagen und machen kann ich *gar* nichts«.

15. Februar 1820: »Tiefe Melancholie befällt mich oft, auch ist meine Stimmung im ganzen so trübe, daß ich es mir nicht zu erklären weiß – nichts macht mir rechte Freude, gar nichts – Gestern hörte ich die Alceste. Diese himmlische Music von der Engelstimme der Milder gesungen, entzückte mich nicht, wie sie es sonst schon hat – Bewahre mich, o mein Gott, daß ich meinen Verstand nicht verliere – ich denke mir zuweilen die Möglichkeit und schaudere.

Erleuchte mich, o Du Vater der Milde und Liebe und gieb mir Deinen Frieden, Deine Gnade«.

18. Februar 1820: »Woher kömt es nur, daß mir oft so ganz die Ruhe und der Friede der Seele fehlt? Wenn ich viel bete und bitte, dann erhört mich Gott wol und giebt mir einen leichteren Tag, es dauert aber nicht, und wenn ich mich körperlich unwohl fühle, was, in einem geringen Grade zwar – aber fast immer der Fall diesen Winter ist, dann bin ich noch viel trüber. Beten und Weinen, sagt Albertini, bewegt Gott, uns zu segnen – so will ich denn auch nicht ablaßen mit Beten«.

Auch quälten sie die körperlichen Beschwerden des Alters, ihre Kinderlosigkeit und das Vergehen ihrer einstigen Schönheit: »Ich bin jetzt 65 Jahr alt, wir zählen 1829, und ich darf daher wohl von meiner damaligen, anerkannten Schönheit sprechen, von der auch keine kleinste Spur mehr sichtbar ist. Die dunkeln, glänzenden Augen sind heller und matt geworden, das rabenschwarze Haar weiß, die weißen perlenartigen Zähne schwarz und schadhaft, das schöne Oval des Gesichts mager und lang [...]«

»Ich fühle es zu lebendig, zu schmerzlich, daß man ohne Familie einem kalten, freudenlosen, toten Alter entgegengeht, und wem Gott das schönste Glück versagt hat, eine eigne Familie um sich zu bilden, der

muß einer verwandten sich anschließen, um doch irgend wie einer anzugehören. Herber und früher fühlt dieses Bedürfnis die Frau, und besonders die kinderlose Witwe [...]« (an Sibbern 27. Oktober 1814)

Ihre Kinderlosigkeit gab ihr zu einer gewissen Zeit vielleicht viele
Freiheiten, warf dann aber einen tiefen Schatten auf ihr Leben und
erklärt vielleicht die innere Unruhe, die sie immer neuen Anregungen
und Begegnungen entgegentrieb.

»Nicht zu spät sah ich es, daß ich meine Zeit nicht so genutzt hatte,
als ich hätte sollen; daß ich nicht so viel leistete, als ich hätte können;
daß, da mir Gott das Glück versagte Mutter zu sein, ich nur für meine
alte Mutter da war – und als diese starb, mußte ich mich oft fragen, wozu
ich noch lebte? Seit das Bessere in mir aufgegangen, seit ich einen festeren Halt in mir bekommen habe, als ich in der Zeit der Jugend, Schönheit und eigentlicher Weltbefangenheit hatte, bin ich ruhig und heiter,
fröhlich und lustig; aber was ich früher wohl bis zur Ausgelassenheit
sein konnte, bin ich nicht mehr, und ich denke, ich habe nicht dabei verloren, weder in mir noch in den Freunden; denn ohne Schmerz sehe ich
im Herbste die Blätter von den Bäumen fallen, obschon ich mehr dabei
denke: der Winter kömmt.« (an Sibbern, 5. September 1822)

Mit großer Liebe und Zuwendung aber begleitete sie die Entwicklung der Kinder ihrer Freunde und vor allem denen ihrer Schwester in
Prenzlau.

Eine mögliche letzte Liebe – mit dem zwanzig Jahre jüngeren Gelehrten Immanuel Bekker – zerschlug sich in dieser Zeit. (S. S. 447–468
dieser Ausgabe)

Nur wenig ist über Henriette Herz' letzte Lebensjahre bekannt. Spä-
testens seit 1814 erteilte sie jeden Tag zwischen neun und zwölf Uhr
Kindern »armer, einst vermögender Eltern« unentgeltlich Unterricht in
allen lebenden Sprachen. Mehreren verhalf sie dadurch zu einem
Lebensunterhalt. Wie erzählt wurde, meldeten sich so manche junge
Mädchen bei ihr, die gehört hatten, daß sie »Mädchens vermietet«.

Mit wenig Geld ausgestattet, wußte sie – wie Börne 1828 berichtet –
sich durch kluges Wirtschaften so einzurichten, daß sie Wohltaten ver-
üben und ihrer bescheidenen Wohnung ein wenig Behaglichkeit geben
konnte. Mittwochs unterhielt sie einen freien Mittagstisch für vier Stu-
denten, kochte dann aber immer für zehn. Ludwig Börne 1828 und zehn
Jahre später Fanny Lewald erlebten die einfachen Räume der alten
Dame, deren einziger Schmuck Bilder der Freunde und sie selbst war.
Wie in ihrer Jugend meist weiß gekleidet und mit turbanähnlichem
Kopfschmuck, empfing sie ihre Gäste, die mit Hochachtung vor ihrem
Ruf zu ihr kamen.

Nur wenige neue Kontakte erwiesen sich als dauerhaft. Der Naturphilosoph Henrik Steffens, der aus Breslau einem Ruf nach Berlin gefolgt
war, ihre Gesellschafterin Luise Wolf und eine verwitwete Schwester
blieben ihr bis zu ihrem Ende verbunden. Schmerzhaft erlebte Henriette

Herz, wie die Freunde vor ihr starben: Wilhelm von Humboldt, Friedrich Schleiermacher, Ludwig Börne, Alexander von Dohna, August Wilhelm und Friedrich Schlegel, viele ihr näher bekannte Männer und Frauen des Künstler- und Gelehrtenkreises, des Adels und Bürgertums. Von ihren engsten Freundinnen wurde sie nur von Sarah Levy überlebt; Rahel starb 1833, Dorothea 1839. 1846 verlor sie die einzige ihr verbliebene Schwester.

Im Laufe der Jahre war das von den Eltern und ihrem Mann ererbte und ohnehin nicht sehr große Vermögen aufgebraucht. Henriette Herz mußte sich, als sie bereits die achtzig überschritten hatte, mit einer mäßigen Witwenpension begnügen. Der greise Alexander von Humboldt verwendete sich für sie beim König, beschaffte ihr 1845 ein königliches Geschenk von 50 Friedrichsd'or und ab Januar 1846 eine Pension von 500 Talern jährlich aus dessen Privatschatulle. Man hatte darüber gesprochen, daß die Frauen von Geist so selten geworden wären, und Humboldt erinnerte dabei an die Hofrätin Herz. Es waren freundliche Worte der Ermunterung und das »gemütliche Andenken« an seine früheste Jugend, als Friedrich Wilhelm IV. in die Vorträge von Marcus Herz über Physik mitgenommen worden war, die den König diese Order geben ließen. Geschickt hatte Alexander von Humboldt ihm ein Bildnis der Henriette Herz überreicht, über das der Monarch sich lebhaft freute, da die schöne Frau zu seinen angenehmsten Jugenderinnerungen gehörte. Dieses Bild, das er vor der Königin verbarg, war der Anlaß für Friedrich Wilhelm IV., die Herz am 6. Juli 1847 in ihrer Sommerwohnung im Tiergarten zu besuchen und mit ihr über die Vergangenheit zu plaudern – ein Ereignis, das auch der alles aufzeichnende Varnhagen vermerkte.

Nicht mehr lange konnte Henriette Herz sich ihrer erleichterten Umstände erfreuen. Sie starb kurz nach Vollendung ihres dreiundachtzigsten Lebensjahres am 22. Oktober 1847 abends »um acht ein Viertel Uhr«, ohne viel zu leiden. Mehrfach hatte sie den »Brand der Alten«, eine periphere arterielle Verschlußkrankheit, überwunden. Erstaunlicherweise war auch ein Sturz über das Treppengeländer ihrer Sommerwohnung auf das Granitpflaster ohne Folgen geblieben.

Bestattet wurde sie auf dem II. Jerusalemer Friedhof Vor dem Hallischen Tor am heutigen Blücherplatz in der Nähe der Außenmauer Zossener-/Ecke Baruther Straße (heute: Jerusalems- und Neue Kirche, Friedhof II). Nach Schinkels Reihenentwurf wurde ihr Grabmal, ein 1,60 Meter hohes, gußeisernes, in einem Dreipaß endendes Kreuz, in der Berliner Königlichen Eisengießerei gegossen. Der Berliner Senat widmete ihr mit Beschluß vom 3. Dezember 1956 eine Ehrengrabstätte. Und seit dem 2. August 1999 ist in Berlin-Mitte ein zwischen den Hackeschen Höfen und der Museumsinsel gelegener Platz nach ihr benannt.

Es gibt einen ergreifenden Brief ihrer Jugendfreundin Dorothea Veit-Schlegel, nur wenige Wochen vor deren Tod, vermutlich im Juni des

Jahres 1839 geschrieben und einer der wenigen von ihr an Henriette Herz, die überliefert sind: »[...] Alles was wir Weltkinder sonst Poesie des Lebens genannt haben, das ist weit, weit! – Ich könnte sagen wie Du, ich bin es satt. Aber ich sage es dennoch nicht, und ich bitte und ermahne Dich: sage auch Du es nicht mehr. Sei tapfer! das heißt, wehre Dich nicht, sondern ergieb Dich in tapferer Heiterkeit! [...] Laß den Ueberdruß des Lebens nicht herrschend werden, ich bitte Dich darum, sondern denke beständig daran, daß dieses arme Leben weder Dein Eigenthum, noch Dir zur willkürlichen Benutzung oder zur angenehmen Beschäftigung verliehen worden ist; jeder Tag desselben ist ein Kleinod der Gnade, ein Kapital das Du weder vergraben noch von Dir werfen darfst [...]«

25. Januar 1852: Nach dem Besuch des oldenburgischen Barons von Rennenkampf vermerkte Varnhagen in seinem Tagebuch: »Was für Menschen kennen wir zusammen, haben wir zusammen gekannt! Humboldts, Tettenborn, Wallmoden, die Hofrätin Herz [...]«

Erläuterndes Personenverzeichnis

A

ACADIA, Vicomte, portugiesischer Gesandter in Berlin. 475

AHLEFELDT, (Ahlfeldt) Hans Georg von, Freund von Jean Paul seit 1796, Regierungsassessor/Kriegsassessor in Berlin. Jean Paul wohnte während seines Berlin-Aufenthalts von Oktober 1800 bis Mai 1801 bei ihm in der Neuen Friedrichstraße Nr. 22. 298, 550   ALBERTI, Karl, Staatsrat, Geheimer Finanzrat, Kriegsrat im Zolldepartement in Berlin, verschwägert mit Johann Friedrich Reichardt und der Familie Pistorius. 489

ALBERTINI, Johann Baptista von (1769-1831), Schleiermachers Freund aus der Zeit in Niesky, später Bischof der Brüdergemeinde. 254

ALEXANDER I. (1777-1825), Zar von Rußland. 105, 164   ALEXIS, Willibald (1798-1871), eigentlich Wilhelm Häring, Romanschriftsteller. 411, 534, 563   ALVENSLEBEN, Graf Philipp Karl von (1745-1802), preußischer Minister der Auswärtigen Angelegenheiten. 550, 551

AMALIA (AMÉLIE) von Preußen (1723-1787), jüngste Schwester Friedrichs II., als Musikerin und Komponistin hervorgetreten. 9

ANCILLON, Jean Pierre Fréderic (1767-1837), Schriftsteller, Prediger an der französischen Werderschen Kirche in Berlin, Erzieher des späteren Königs Friedrich Wilhelm IV., 1832 preußischer Minister der Auswärtigen Angelegenheiten, Professor für Geschichte an der Militärakademie in Berlin, Mitglied der Akademie. 46   ARN. 447   ARNDT, Ernst Moritz (1769-1860), Historiker und Dichter, seit 1818 Professor für Geschichte an der Universität Bonn. Arndt war seit September 1817 mit Friedrich Schleiermachers Halbschwester Anna Maria Louise (Nanny) verheiratet. Nach einer Hausdurchsuchung am 14. Juli 1819 suspendiert. 137-139, 431, 509, 559, 561, 588, 620, 621, 629   ARNDT, Anna Maria Louise, genannt Nanny, geb. Schleiermacher (1786-1869), Friedrich Schleiermachers Halbschwester. 138, 439, 455, 621   ARNIM, Achim von, eigentlich Carl Joachim Friedrich Ludwig von Arnim (1781-1831), neben Clemens Brentano und Joseph von Eichendorff wichtigster Vertreter der Heidelberger Romantik. 492, 531, 532, 560   ARNIM, Anna Elisabeth (Bettina) von (1785-1859), Schriftstellerin, die »Sybille der romantischen Literatur«, Enkelin der Sophie von La Roche, Schwester von Clemens Brentano. 1811 wurde sie Frau des Dichters Achim von Arnim, lebte auf dem Arnimschen Gut Wiepersdorf, seit 1819 in Berlin, in den 1830er und 1840er Jahren war ihr politisch progressiver und musikalischer Salon in Berlin, In den Zelten 5, ein wichtiger kultureller Treffpunkt. 492, 501, 560, 591   ARNSTEIN, Baronin Franziska (Feigele, Vögele, Fanny) von (1758-1818), Tochter des Berliner jüdischen Bankiers Isaak Daniel Itzig, verheiratet mit Nathan Adam Freiherr von Arnstein (1743-1838), Bankier und schwedischer Generalkonsul in Wien, wo sie mit ihrer Tochter Henriette, späterer Frau

von Pereira, sowie mit ihrer Schwester, der Baronin Cäcilia von Eskeles
(Zippora Wulff) (1760–1836), zur Zeit des Wiener Kongresses
eine ähnliche gesellschaftliche Bedeutung erlangte wie zuvor in Berlin.
55, 348, 497, 518 f., 620, 625   *ATTERBOM,* Per Daniel Amadeus
(1790–1855), schwedischer romantischer Dichter und Philosoph,
stark von Schellings Philosophie beeinflußt, »Reiseerinnerungen aus
den Jahren 1817–1819« (1867). 105, 122, 446, 447, 502, 558, 561, 627
AUGUST FERDINAND (1730–1813), Prinz von Preußen,
Bruder Friedrichs II. 27, 107

B

B., Tugendbündler oder Tugendbündlerin. 231
BACH, Christoph de (1768–1834), Kunstreiter und Impresario. 154
BAHRDT, Karl Friedrich (1741–1792), evangelischer Theologe, radikaler
Vertreter des Philanthropismus. 38, 527, 529   *BÄR,* Diener im Haus von
Marcus Herz. 216 f.   *BARDELEBEN,* Christine Wilhelmine Henriette Sofie
von (1765–1835). 492   *BARTHOLDY,* Jakob Salomon (1779–1825),
preußischer Generalkonsul in Rom, Verfasser der »Bruchstücke zur nähern
Kenntnis des heutigen Griechenland«, war ein Onkel Felix Mendelssohns,
von dem dieser den zweiten Namen Bartholdy annahm. 443, 558, 627
BARUCH, Louis (Löw) siehe Börne, Ludwig   *BARUCH,* Philipp, Bruder
Ludwig Börnes. 457   *BARUCH,* Vater Ludwig Börnes, Bankier
in Frankfurt/Main. 93, 98   *BASSEWITZ,* Friedrich Magnus von
(1773–1858), Referendar der kurmärkischen Kammer und des Manufaktur-
kollegiums, zuletzt Oberpräsident. 534   *BAUER,* Hofrat in Berlin. 45, 46
BAUER, Caroline (1807–1877), Schauspielerin. 501   *BAUSE,* Johann Friedrich (1738–1814), Kupferstecher. 39   *BEAUHARNAIS,* François Marquis
de (1756–1823), Schwager Napoleons. 147   *BECK,* Schauspielerin. 49
BECKER, Sophie (1754–1798), Reisebegleiterin der Elisa von der Recke.
Ihr »Tagebuch einer Reise durch Deutschland 1784–1786« (Stuttgart 1784)
ist eine wichtige Quelle über das aufgeklärte Deutschland. 527, 542 f.
BEKKER, Immanuel, eigentlich August Emanuel Bekker (1785–1871),
deutscher Altphilologe und Kritiker, ein Schüler Wolfs, hervorragender
Gräcist und Virtuose der Textkritik. Die Wissenschaft verdankt ihm
eine ansehnliche Zahl von Ausgaben griechischer Autoren, von dem »Corpus
scriptorum Byzantinorum« hat er allein 25 Bände bearbeitet, und dies sind
die wertvollsten. 1808–1810 Hauslehrer bei der Familie Wülknitz in Lanke,
wo er Henriette Herz kennenlernte, 1811–1817 außerordentlicher Professor
an der Universität in Berlin, studierte 1817 im Auftrag der Universität
in Verona und Rom Schriften des Aristoteles. Seine Schweigsamkeit
ist sprichwörtlich geworden. Schleiermacher sagte von ihm:
»Er schweigt in sieben Sprachen. Diese Sprachen aber kannte er wirklich.«
Henriette Herz an Twesten (18. Februar 1815): »Der Mensch [Bekker]
hat ein ungeheures Sprachtalent ohne alles Sprechtalent. Er taut etwas auf
bei uns, und wie oft ich ihn auch sehe, so kenne ich ihn doch gar nicht.
Daraus ist wenigstens zu sehen, daß er gewaltig verschlossen ist.«
Selbst die »Allgemeine Deutsche Biographie« (Leipzig 1875, Band II,
S. 300–301) vermerkt: »Bei seiner Unlust sich im Reden zu ergehen, konnte
er eine wirksame Thätigkeit als academischer Lehrer nicht entfalten [...]

Ebensowenig einladend war die Art seines Vortrags; aber die wenigen, die ihn hörten, rühmten alle, wieviel man bei ihm lernen konnte und welche Fülle der feinsten Bemerkungen er im trockensten Tone, oft aussetzend und sich gleichsam zum Sprechen zwingend, auszuschütten hat.« 134, 136, 404, 407, 420, 423, 425, 427, 433, 436, 439, 447–468, 584, 588, 608, 626 f., 628, 629, 631 *BENDAVID,* Lazarus (1762-1832), Buchhändler, Privatgelehrter, Schriftsteller jüdischer Herkunft in Berlin, Redakteur der »Spenerschen Zeitung«, übernahm 1806 das Direktorat der 1778 von David Friedländer gegründeten jüdischen Freischule. 57 *BENECKE (BENIKE),* geb. Schumann, Frau des Justizbürgermeisters von Landsberg a. W., Cousine Schleiermachers. 270, 568 *BERG,* Caroline Friderike von, geb. von Haeseler (1760-1826), Tochter des preußischen Gesandten am dänischen Hof, Witwe des 1789 verstorbenen Geheimen Justizrates und Halberstädter Domherrn Christian von Berg. Sie war Oberhofmeisterin und Biographin der Königin Luise. Ihre Tochter Louise war seit 1800 mit Ernst August Graf von Voß verheiratet. 91, 109, 551 *BERLICHINGEN,* Götz oder Gottfried, mit der eisernen Hand (1480-1562), Raubritter. 287 *BERNARD (BERNHARD),* Esther, geb. Gad (1767-1833), deutsche Schriftstellerin und Übersetzerin jüdischer Herkunft, entstammte einer wohlhabenden Berliner Familie, geschiedene Bernhardt, Geliebte von Ahlefeldt, später verheiratet als Lucie Domeier mit Dr. Domeier, dem Leibarzt des Herzogs von Sussex, über ihre Freundin Schlabrendorf befreundet mit Jean Paul. 1798 nahm sie gemeinsam mit Henriette Herz Französischunterricht bei Madame de Genlis in Berlin. Bekannt durch ihren Briefwechsel mit Rahel Varnhagen, ihr umfangreicher Briefwechsel mit Henriette Herz ist nicht überliefert. 86, 88, 549, 550, 551 *BERNHARD,* Karl (1792-1862), Herzog von Sachsen-Weimar. 114 *BERNHARDI,* August Ferdinand (1769-1820), Sprachforscher und Kritiker, romantischer Dichter, Schwager Ludwig Tiecks, Konrektor des Friedrichwerderschen Gymnasiums in Berlin, Redakteur des »Berlinischen Archivs der Zeit und ihres Geschmacks«, gab 1802 die Zeitschrift »Kynosarges« heraus. 277, 298, 300, 303, 307, 339, 539, 551, 552, 556, 569 *BERNHARDI,* Sophie (1775-1833), romantische Schriftstellerin, Schwester Ludwig und Friedrich Tiecks, war 1799-1804 (Scheidung 1807) mit Ludwig Tiecks Jugendfreund August Ferdinand Bernhardi verheiratet, später (1810) Frau des estländischen Barons Karl Georg von Knorring, beteiligt an den Zeitschriften der Romantiker mit verschiedenen Gedichten, schrieb den Roman »Julius St. Alban« (Leipzig 1802). 108, 555 *BERNSTORFF,* Christian Günther Graf von (1769-1835), dänischer und später deutscher Staatsmann. 46, 74, 75, 480 *BERZELIUS,* Jöns Jakob (1779-1848), schwedischer Mediziner und Chemiker, gilt als Begründer der modernen Chemie. 541 *BESCHORT,* Friedrich Jonas (1767-1840), Sänger und Schauspieler. 48 *BETHMANN,* Christina Friederika Conradina Auguste, geb. Flittner (1760-1815), Schauspielerin der Berliner Theater- und Opernbühne, 1785 in erster Ehe verheiratet mit dem bekannten Sänger und Schauspieler Karl Wilhelm Ferdinand Unzelmann (1753-1832), dem sie 1788 nach Berlin folgte, 1803 in zweiter Ehe mit dem viel jüngeren Schauspieler Bethmann, verehrt von August Wilhelm Schlegel. 48, 113, 165, 179 *BETHMANN-HOLLWEG,* Moritz August von (1795-1877), Rechtsanwalt und Staatsmann. Von Juli bis Oktober 1817 arbeitete er mit Bekker in Verona an der Herausgabe des »Codex Gaius« für Göschen. 448

BEULWITZ, Karl August von (1736-1799), 1797 Chef der Kadettenanstalten, 1798 königlich preußischer Generalmajor. 534
BEULWITZ, Caroline von siehe Wolzogen, Caroline von
BEYME, Karl Friedrich (1765-1838), Jurist, 1798 preußischer Kabinettsrat, 1808 Staatsrat und Großkanzler, ab 1816 Mitglied des Staatsrats für Justizangelegenheiten, maßgeblich beteiligt an der Berufung Fichtes, Wilhelm von Humboldts und Hufelands nach Berlin. 557, 585
BIESTER, Johann Erich (1749-1816), ab 1784 Bibliothekar an der öffentlichen Bibliothek in Berlin und einer der Hauptwortführer der Berliner Aufklärung, 1793 Mitglied der Akademie der Wissenschaften in Berlin, Mitherausgeber und Redakteur der »Berlinischen Monatsschrift« (1783-1796), der »Berliner Blätter« (1797-1798) und der »Neuen Berlinischen Monatsschrift (1799-1811). 274, 476, 481, 531, 532, 541, 542, 543, 568
BIGNON, Louis Pierre Edouard (1771-1841), Pair von Frankreich und Mitglied der Akademie, Geschäftsträger Frankreichs in Berlin. 150, 170
BILL. 234 *BING,* Karl Ludwig, Student in Göttingen. 205, 219
BINNY, Tugendbündler oder Tugendbündlerin. 231 *BLANC,* Demoiselle. 389 *BLANKENBURG,* Christian Friedrich von (1744–1796), Ästhetiker und Popularphilosoph. 39 *BLOCH,* Marcus Elieser (1723-1799), Arzt und Naturforscher. 519, 520 *BLÜCHER,* Gebhardt Leberecht Fürst B. von Wahlstatt (1742-1819), preußischer Generalfeldmarschall. 179 *BODE,* Theodor Heinrich August (1778-1804), Gründer des Donnerstagskränzchens. 531 *BODMER,* Johann Jakob (1698-1783), Gelehrter, Kritiker und Schriftsteller. 62 *BÖRNE,* Carl Ludwig, eigentlich Louis (Löw) Baruch (1786-1837), Arzt und Jurist, später revolutionär-demokratischer Schriftsteller des Vormärz, kam 1802 nach Berlin, um bei Marcus Herz Medizin zu studieren. Er verliebte sich in Henriette Herz. Als sie ihn abwies, trug er sich mit Selbstmordgedanken. Nach Herz' Tod wurde er zu Johann Christian Reil nach Halle geschickt, um dort das Medizinstudium fortzusetzen, doch hörte er auch bei Schleiermacher und Henrik Steffens. Wegen schwerer Schulden seit 1807 im Prozeß mit seinem Vater. Zwischen 1818 und 1820 publizierte er literaturkritische Arbeiten in »Die Wage. Zeitschrift für Bürgerleben, Wissenschaft und Kunst«. 1819 war er für vier Monate Herausgeber der »Zeitung der freien Stadt Frankfurt«. 1818 konvertierte er zum Christentum. Seit 1822 Emigrant in Frankreich. 93-99, 361, 367-397, 502-509 *BÖTTIGER (BOETTIGER),* Carl August (1760-1835), Philologe, Archäologe und Kritiker, Oberkonsistorialrat und Gymnasialdirektor in Weimar, dann Oberinspektor der Königlichen Museen in Dresden, Redakteur zahlreicher Zeitschriften, u. a. von Wielands »Teutschem Merkur« (1795-1810) und Bertuchs »Journal des Luxus und der Moden« (1796-1804). 474-477, 482-484 *BOHN,* Friedrich, Verleger in Lübeck und Berlin, brachte 1800 Schleiermachers »Vertraute Briefe über Friedrich Schlegels Lucinde« heraus. 293, 303, 305
BONAPARTE, Napoleon de (1769-1821), französischer Konsul und später Kaiser von Frankreich. 132, 146, 149 ff., 406 *BOUCHÉ,* Johann Peter Paul (1759-1846), Gartengestalter, entstammte einer alten Berliner Familie, die im Osten der Stadt große Gärtnereien besaß. 194 *BOYE,* Johanna Hedwig Wilhelmine von, geb. Hitzel Bernhard, auch Hitzel Zülz (1772-1839), gesch. Fliess (Flies, Fließ), in zweiter Ehe verheiratet mit dem in Stralsund stationierten schwedischen Major Gustav Freiherr von Boye, in dritter Ehe verheiratet mit dem schwedischen General, Ingenieur und

Polizeimagistrat Bengt Erlland Franc Graf von Sparre (1774–1837), Freundin Rahel Varnhagens und Ernst Moritz Arndts. 362, 475, 599
BOYEN, Leopold Hermann Ludwig von (1771–1848), preußischer General-feldmarschall und Kriegsminister. 118   *BRAHE,* aus Königsberg. 351
BRANDIS, Christian August (1790–1867), klassischer Philologe und Philosophiehistoriker, Jugendfreund August Twestens, ging 1816 mit Niebuhr nach Rom als dessen Legationssekretär. Nach seiner Ablösung durch Bunsen unterstützte er Bekker bei seinen Recherchen zu den Aristoteles-Manuskripten in italienischen Bibliotheken und begleitete ihn nach Paris und England. 1832 wurde er Professor der Philosophie in Bonn. 391, 407, 431, 433, 435, 436, 437, 439, 450, 452, 453
BRAUNSCHWEIG, Karl Wilhelm Ferdinand, Herzog von (1735–1806), preußischer Feldmarschall. 153   *BRENDEL* siehe Schlegel, Dorothea
BRENTANO, Clemens (1778–1842), romantischer Dichter, Bruder Bettina von Arnims, nach dem frühen Tod von Sophie Mereau (1806) war er in zweiter Ehe unglücklich mit Auguste Busmann verheiratet. 301, 526, 532, 577   *BRINCKMANN (BRINKMANN),* Carl (Karl) Gustav Baron von (1764–1847), schwedischer Diplomat und Schriftsteller, 1792–1797 Legationssekretär, 1801 Gesandtschaftssekretär und dann Gesandter (1807/1808) in Berlin, seit 1811 wieder in Stockholm, nahm mehrmals das Hofkanzleramt an, fiel dann aber in Ungnade, eng mit Schleiermacher und den Brüdern Schlegel befreundet, veröffentlichte unter dem Pseudonym Selmar einen Band »Gedichte« (1804) in deutscher Sprache. 41, 46, 231, 237, 263 f., 291 f., 295 f., 299 f., 303 f., 305, 354, 480, 481, 496, 526, 536, 537, 556, 593, 610, 615   *BRUN,* Sophie Christiane Friederike, geb. Münter (1765–1835), Frau des dänischen Konsuls Brun in St. Petersburg, dänische Dichterin und Reiseschriftstellerin, ihre Gedichte wurden 1795 herausgegeben von Friedrich von Matthisson, von Interesse sind ihre Reise-bücher »Briefe aus Rom« (1816) und »Römisches Leben« (1833). 404, 546
BÜLOW, Frau des Friedrich von Bülow (1762–1827), zunächst Oberpräsident der Provinz Sachsen, dann von der reaktionären Hofpartei zum Zwecke der Demagogenverfolgung nach Berlin berufen. 469
BÜLOW, Heinrich von (1792–1846), preußischer Diplomat, unter Wilhelm von Humboldt in London, dann dessen Nachfolger. Heiratete im Januar 1821 Wilhelm von Humboldts Tochter Gabriele. 585, 623   *BÜSCHING,* Anton Friedrich (1724–1824), Direktor des Gymnasiums zum Grauen Kloster in Berlin. 171   *BUNSEN,* Christian Karl (Carl) Josias von (1791–1860), preußischer Diplomat und Theologe, Legationsrat beim preußischen Gesandten in Rom, kam 1816 auf Einladung von Niebuhr nach Rom und wurde 1818 Nachfolger von Brandis als Botschafter in Rom beim Vatikan. 1817 heiratete er die junge Engländerin Fanny Waddington, dessen Frau. Er schrieb eine dreibändige »Beschreibung der Stadt Rom« (1840–43). Er hatte ein Haus in Frascati. Später Botschafter in London. 431, 437, 450, 453, 461, 583   *BUNSEN,* Frances, geb. Waddington (1791–1876). 431, 450, 461, 583   *BUTI,* Anna Maria, geb. Atticciati, unterhielt mit ihrem Mann, dem Architekten Camillo, ein Künstlerhaus in Rom. 134
BUTTMANN, Philipp (1764–1829), Bibliothekar, Gründer der »Gesetzlosen Gesellschaft«. 531

C

CAGLIOSTRO, eigentlich Giuseppe Balsamo (1743–1795), italienischer Abenteurer, nannte sich Alexander Graf von Cagliostro. 104
CAMBRIDGE, Herzog von. 127   CAMPE, Johann Heinrich (1746–1818), Edukationsrat in Braunschweig, bekannter Jugendschriftsteller (»Robinson der Jüngere«), kurzzeitig Erzieher der Humboldts. 76, 149, 602
CANOVA, Antonio, seit 1815 Marquis von Ischia (1757–1822), italienischer Bildhauer, Hauptmeister des Klassizismus, Hauptwerke: »Amor und Psyche«, »Pauline Bonaparte« u.a. 124   CARL (KARL) HERZOG ZU MECKLENBURG (1785–1837). 126   CARMER, Johann Friedrich Heinrich Graf von (1765–1809), Kammergerichtsassessor, Kriegs- und Domänenrat, Tugendbündler. 205   CAVAN, Georg Wilhelm, Geheimer Kriegsrat und Generalauditeur, wohnte 1797 in der Taubenstraße in Berlin. 534   CELLINI, Benvenuto (1500–1571), italienischer Goldschmied und Bildhauer. 287, 576   CHAMISSO, Adelbert von, eigentlich Louis Charles Adélaïde de Chamisso de Boncourt (1781–1838), deutscher Dichter und Naturforscher, war als französischer Emigrant Page am Berliner Hof und 1798 preußischer Fähnrich, 1801 Leutnant, nach dem Zusammenbruch Preußens 1806 nahm er seinen Abschied und kehrte nach Frankreich zurück, botanische Studien, im Herbst 1812 an der Berliner Universität, 1815–1818 Weltumseglung, sein Bericht ist eines der glänzendsten Reisewerke des 19. Jahrhunderts, nach der Rückkehr Adjunkt am Botanischen Garten in Berlin, später Vorsteher des Herbariums. Seine Erzählung »Peter Schlemihls wundersame Geschichte« (1814) machte ihn weltberühmt. 129 f., 148, 526, 534, 535, 541, 549, 560, 580, 609, 621
CHARLOTTE VON PREUSSEN (1798–1860), älteste Tochter der Königin Luise, durch Heirat mit Nikolaus I. als Alexandra Fjodorowna Kaiserin von Rußland. 119   CHÉZY, Helmina von (1783–1856), geb. von Klenke (Klencke), Dichterin, Enkelin der Berliner Dichterin Anna Louisa Karsch. 549   CHILVERS, ein Engländer. 502   COHEN, Ezechiel Benjamin (1759–1813), ein aus Holland eingewanderter Kaufmann in Berlin. »An dem Juden Cohen habe ich eine interessante Bekanntschaft gemacht, nicht so wohl seinetwillen, als wegen seines prächtigen Cabinets von physikalischen Instrumenten, das er mir zu benutzen erlaubt hat.« (Heinrich von Kleist an seine Schwester Ulrike, 5. Februar 1801) Siehe die dritte Anmerkung zu Seite 29. 9, 36 f., 87, 525 f., 527   COHEN, Philippine, geb. Bernhardt (um 1770–nach 1804), dessen Frau. 34, 37, 492, 549
CONSALVI, Ercole, Marchese (1757–1824), Kardinal und päpstlicher Staatssekretär. 78, 80, 131 f.   CORNELIUS, Peter Ritter von (1783–1867), spätromantischer deutscher Fresken- und Historienmaler, lebte von 1811 bis 1819 in Rom, wo er 1814 eine außerordentlich schöne Italienerin heiratete, die mit Caroline Pulini verglichen wurde. Später Akademiedirektor in München, ein Freund Philipp Veits. 134
COTTA, Johann Friedrich, Freiherr Cotta von Cottendorf (1764–1832), Buchhändler und Verleger (u.a. von Goethe, Wieland, Herder und Schiller) bis 1811 in Tübingen, dann in Stuttgart. Er besaß das bedeutendste Verlagsunternehmen seiner Zeit. In seinem Verlag erschienen die »Allgemeine Zeitung« und seit 1807 das »Morgenblatt für gebildete Stände«. 93, 308, 456, 629   CROLA, Elisabeth Concordia (Elise), geb. Fraenkel (1809–1878), Zeichnerin, Malerin und Tonbildnerin in Berlin. 469

D

E

gesellschaft, Tochter des Hofpredigers Bamberger, den Schleiermacher in Potsdam vertreten hat. 312, 344, 352   *ELSSLER,* Fanny (Franziska) (1810–1884), eine der bekanntesten Tänzerinnen des 19. Jahrhunderts. 493, 588   *ENGEL,* Johann Jakob (1741–1802), Ästhetiker, Kritiker, Popularphilosoph, Vertreter der Berliner Aufklärung, seit 1776 Professor am Joachimsthaler Gymnasium, Erzieher Friedrich Wilhelms II. und Friedrich Wilhelms III., 1787–1794 mit Ramler Leiter des Berliner Nationaltheaters, verließ Berlin zeitweilig wegen des Wöllnerschen Edikts, kehrte nach der Thronbesteigung Friedrich Wilhelms III. als Mitglied der Akademie zurück. 45 f., 76, 305, 476, 477, 480, 481   *EPHRAIM,* Nathan Veitel Heine (Chaim) (1703–1775), Bankier und Juwelier in Berlin, Münzjude Friedrichs II., geschäftlich und familiär eng verquickt mit Daniel Itzig. 518, 519, 520, 525, 596, 601   *EPHRAIM,* dessen Frau. 497   *ERHARD,* Marie. 413, 419 *ERNST,* Charlotte, geb. Schlegel, Schwester der Brüder Schlegel in Dresden. 252   *ESTÈVE,* Neffe des Schatzmeisters der französischen Armee. 118   *EUCHEL,* Isaak Abraham (1758–1804), Schriftsteller, Hauslehrer bei der Familie Friedländer in Königsberg. 1784–1789 Mitherausgeber der in Berlin erscheinenden Zeitschrift »Der jüdische Sammler«. 534   *EULER,* Leonhard (1707–1783), Schweizer Mathematiker und Physiker, Universalgelehrter. 31   *EWART,* Gesandtschaftssekretär, der spätere englische Gesandte in Berlin. 34 ff.   *EYBENBERG,* Frau von, geb. Mariane (Marianne) Meyer (1770–1812 od. 1814), stammte wie ihre Schwester Sara Grotthuis aus reichem jüdischen Berliner Kaufmannshaus, Tochter von Rösl und Aaron Meyer, konvertierte mit ihrer Schwester zum Protestantismus, befreundet mit dem preußischen Gesandten in Dresden, Graf Geßler, dann mit dem dänischen Diplomaten Graf Bernstorff, heiratete am 8. Juni 1797 den österreichischen Gesandten Fürst Heinrich XIV. von Reuß-Greiz (1749–1799), lebte nach dessen Tod 1799 unter dem Namen von Eybenberg in Wien. 72–75, 546 f., 605, 614

FABIAN, Graf. 241   *FALK,* Johann Daniel (1768–1826), Schriftsteller, seit 1798 als Privatgelehrter in Weimar, gründete 1813 eine Erziehungsanstalt für verwahrloste Knaben. Sein bekanntestes Werk ist »Goethe aus näherem persönlichen Umgang dargestellt« (1832), das sich trotz mancher Goethe in den Mund gelegter »ungoethischer« Redeweisen als zuverlässig erwies. Das erwähnte Taschenbuch ist sein »Taschenbuch für Freunde des Scherzes und der Satyre«, das von 1797 bis 1806 in verschiedenen Verlagen erschien. 537 f., 548   *FANCHON,* Jugendfreundin Wilhelm von Humboldts. 193 *FAWCETT,* Joseph (1758–1804). 548   *FESCH,* Joseph (1763–1839), Kardinal und Erzbischof von Lyon. 132 f.   *FESSLER,* Ignaz Aurelius (1756–1839), Historiker, Schriftsteller, ehemaliger Kapuzinermönch, protestantischer Geistlicher, Freimaurer, Orientalist, Mitherausgeber des »Berlinischen Archivs der Zeit und ihres Geschmacks« (1796–1801), in Berlin 1797 Gründer der literarisch-philosophischen »Mittwochsgesellschaft«. Siehe die Anmerkungen zu Seite 43 und 47, 47, 127, 274, 480, 533 ff., 548, 560, 568, 613   *FICHTE,* Johann Gottlieb (1762–1814), Philosoph, wegen des Verdachts des Atheismus von der Universität Jena vertrieben, zunächst im Kreis der Romantiker in Jena, dann in Berlin, im Winter

1804/1805 traf sich das geistige Berlin zu seinen Privatvorlesungen über die »Wissenschaftslehre« und über die »Grundzüge des gegenwärtigen Zeitalters«, am 13. Dezember 1807 hielt er im besetzten Berlin öffentlich im Akademiegebäude Unter den Linden seine berühmte »Rede an die deutsche Nation« (gedruckt 1808), 1810 einer der ersten Professoren der neugegründeten Berliner Universität, starb während einer Typhus-Epidemie. 107, 277, 278, 280, 283, 291, 297, 299, 303, 304, 306, 317, 339, 340, 341, 354, 402, 514, 532, 541, 551, 552, 553, 556, 574, 575, 577, 578 f., 581, 613   *FISCHER,* Ernst Gottfried (1754–1831), Mathematiker und Physiker, seit 1787 Lehrer am Gymnasium zum Grauen Kloster in Berlin, 1810 Professor an der neugegründeten Universität, Mitglied der Akademie der Wissenschaften. 47 *FISCHER,* Luise, geb. Lommatsch, Tochter von Karoline Lommatsch, Witwe eines Gymnasialprofessors Fischer, Somnambule und Wahrsagerin, in Schleiermachers Haushalt eingeführt durch seinen Hausarzt Dr. K. Ch. Wolfart, der ihn »magnetisch« behandelte. Sie beherrschte Schleiermachers Frau Henriette vollständig und betrachtete deren Familie als die ihrige, praktisch zum Haushalt Schleiermachers gehörend, später sogar verschwägert. 460, 509   *FLECK,* Friedrich Ferdinand (1757–1801), Schauspieler und Regisseur, seit 1783 in Berlin, er und seine Frau Sophie Louise, geb. Mühl (1777–1846) waren sehr beliebte Schauspieler. 47, 48, 113, 550   *FLIESS,* Moses Isaac (1708–1776), jüdischer Bankier in Berlin. 518, 525, 596   *FLIESS (FLIES)* siehe Boye, Johanna Hedwig Wilhelmine von   *FORMEY,* Johann Ludwig (1766–1823), Arzt, Chirurg, Pharmakologe, Mineraloge und Schriftsteller, 1796 königlicher Leibarzt, Commissarius der Hofapotheke, 1798 Professor am Collegium Medico Chirurgicum in Berlin, 1817 vortragender Rat in der Medicinal-Abteilung des Ministeriums des Innern. 38   *FORSTER,* Georg (1754–1794), Naturforscher und einer der Führer des jakobinischen Mainzer »Klubs«. 77, 541 f., 592 f., 606   *FORSTER,* Johann Reinhold (1729–1798), Naturforscher. 541   *FORSTER,* Therese siehe Huber, Therese *FOUQUÉ,* Friedrich Heinrich Karl Baron de la Motte (1777–1843), romantischer Dichter, nahm als Kommandeur freiwilliger Jäger an den Befreiungskriegen teil, lebte später als Major a. D. auf dem Gut Neunhausen seiner Frau, der Romanschriftstellerin Karoline de la Motte Fouqué. 423, 489, 502, 526, 535, 555, 582   *FOUQUÉ,* Karoline de la Motte, geb. von Briest (1773–1831). 423, 582, 616   *FRAENKEL,* Elise siehe Crola, Elisabeth Concordia   *FRIEDLÄNDER (FRIEDLAENDER),* David (1750–1834), Besitzer einer Seidenfabrik und Schriftsteller in Berlin, Assessor des Manufaktur-Kollegiums, jüdischer Aufklärer und Reformer, enger Freund und Schüler von Moses Mendelssohn und Marcus Herz, Schwiegersohn des Bankiers Daniel Itzig, 1778 Mitbegründer der ersten jüdischen Freischule Chevrat Chinuch Ne'arim (Gesellschaft für Knabenerziehung) in Berlin, für die er auch Lehrbücher verfaßte. Er war der erste jüdische Stadtrat in Berlin, 1808 zu einem der Ältesten der Berliner Jüdischen Gemeinde gewählt, Friedrich Wilhelm II. berief ihn zusammen mit Daniel Itzig in ein Komitee über die Rechte der Juden, das jedoch ohne Ergebnis blieb. Seine Konvergenzbestrebungen zwischen Juden und protestantischen Christen erregten Aufsehen und Widerspruch (anon. »Sendschreiben von einigen Hausvätern jüdischer Religion an Probst Wilhelm Abraham Teller«, Berlin 1799). Nach Mendelssohns Tod (1786) war Friedländer Wortführer und der entscheidende Organisator der jüdischen

GESSLER, Graf, sächsischer Gesandter in Berlin. 73   *GIRI, WITHOLM*
Immanuel Bekkers Agenten in Venedig. 455   *GLEICHEN-RUSSWURM,*
Emilie, geb. Schiller (1804–1872), jüngste Tochter Friedrich Schillers. 112
   GODOY, Manuel de Godoy Alvarez de Faria Rios Sanchez Zarzoza,
Fürst von Basano (1767–1851). 133   *GOECKINGK,* Leopold Friedrich
   Günther von (1748–1828), Dichter und Finanzrat, kam aus dem
Halberstädter Gleim-Kreis, seit 1793 in Berlin. 41f., 99f., 116ff., 485, 527, 541,
   604, 620   *GOERCKE,* Johann (1750–1822), Generalchirurg, Chef und
Organisator des preußischen Medizinalwesens, gründete 1795 in Berlin die
   militärärztliche Bildungsanstalt Pépinière, an der u. a. Karl August
Varnhagen von Ense ausgebildet wurde. 60   *GÖSCHEN,* Johann Friedrich
   Ludwig (1778–1837), Jurist und Professor an der Berliner Universität.
Im Jahre 1817 begleitete er Immanuel Bekker nach Verona, um das Gaius-
   Manuskript zu entziffern. 433, 447, 448, 449   *GOETHE,* Johann
Wolfgang von (1749–1832). 27f., 44, 49, 62, 66, 72, 110, 112–116, 250, 256, 279,
   280, 282, 289, 400, 406, 409, 411, 414, 475, 476, 483, 525, 526, 532, 537,
540, 545, 546, 558, 560, 565, 566, 573f., 576, 577, 579, 580, 581, 582, 586, 587,
   596, 604, 613f., 624   *GOLDHAGEN,* Johannes Friedrich Gottlieb
(1701–1788), Professor der Medizin an der Universität Halle, später Rektor
der Magdeburger Domschule. Auf Vermittlung von Immanuel Kant studierte
Marcus Herz bei ihm Medizin und wurde an David Friedländer nach Berlin
   empfohlen. 33, 38   *GOMPERZ (GUMPERTZ)* Aaron Emmerich
   (1723–1769), Philosoph und Arzt, Sekretär beim Marquis d'Argens,
   dem literarischen Freund Friedrichs des Großen, Freund von Moses
Mendelssohn, Lessing und Marcus Herz. 473   *GOTTER,* Friedrich Wilhelm
(1746–1797), Dichter. 440   *GOTTSCHED,* Johann Christoph (1700–1766),
   Gelehrter und Dichter in Leipzig, der erste deutsche »Literaturpapst«. 62
   GRAFF, Anton (1736–1813), berühmter Porträtist des Klassizismus, malte
   u. a. Friedrich den Großen, Friedrich Schiller – und 1792 Henriette Herz.
Siehe den Bildteil. 237f., 514   *GRATTENAUER,* Carl Wilhelm Friedrich
   (1773–1838), Jurist und antisemitischer Publizist in Berlin. 598
GREGORY. 238   *GROSSING.* 394   *GROTTHUIS (GROTTHUSS,*
   GROTTHUS), Sara von, geb. Sarah Meyer (1763–1828), stammte wie
   ihre Schwester Marianne von Eybenberg aus einer reichen, jüdischen
Berliner Kaufmannsfamilie, Tochter von Rösl und Aaron Meyer, sie heiratete
   1778 den Kaufmann Lippmann-Wulff und verließ ihn zehn Jahre später,
   im selben Jahr konvertierte sie zum Protestantismus, kehrte aber schon
   wenige Wochen später zum Judentum zurück, 1797 heiratete sie den
   livländischen Baron Ferdinand Dietrich von Grotthuis, sie starb 1828 in
Oranienburg. 72–75, 482, 534, 546, 587, 605, 614   *GRUNOW,* Eleonore,
geb. Krüger, Geliebte Friedrich Schleiermachers. 54, 270, 290, 298, 310, 311,
   312, 316, 326, 328, 331, 333, 337, 351, 540, 568, 612   *GRUNOW,* W. C. H.,
Prediger an der Neuen Kirche in Berlin, Ehemann von Eleonore Grunow. 54
   GUNDLING, Jacob Paul Freiherr von (1673–1731), als Hofgelehrter
   Vorsitzender der Akademie und unfreiwilliger Hofnarr im Umkreis des
Soldatenkönigs Friedrich Wilhelm I. 102   *GUTZKOW,* Karl (1811–1878),
   Schriftsteller des Jungen Deutschland. 140

H

HAGEDORN, Friedrich von (1708-1754), Dichter. 62
HAGEN, Frau, in Godesberg. 459 HAGEN, Friedrich Heinrich von der
(1780-1856), Professor für deutsche Literatur. 171 HAKEN, Johann Ludwig
Christian (1767-1835), Pastor, Schriftsteller, sein Werk »Die graue Mappe
aus Ewald Rink's hinterlassenen Papieren« war zwischen 1790 und 1794
in vier Teilen erschienen. 331, 578 HALLE. 239 HALLER, Albrecht von
(1708-1777), Naturforscher und Arzt, Dichter der frühen Aufklärung. 62
HARDENBERG, Friedrich Leopold Freiherr von siehe Novalis
HARDENBERG, Karl August Fürst von (1750-1822), 1797 Minister
in Berlin, 1804-1806 preußischer Minister des Auswärtigen, seit 1810
preußischer Staatskanzler. 150, 585, 598 HARSCHER, Nikolaus
(1783-1845), Studienfreund Varnhagens in Halle, später Arzt in seiner
Schweizer Heimat. 486, 487, 488 f., 493, 496 HATZFELD, Franz Ludwig,
Fürst von (1756-1827), Gouverneur von Berlin. 156 HAUGWITZ, Christian
August Heinrich, Graf von (1752-1832), preußischer Staatsmann. 150, 155
HAUSTEIN. 447 HAYDN, Joseph (1732-1809), österreichischer
Komponist. 315 HEDEMANN, Adelheid von (1800-1859), Tochter
von Caroline und Wilhelm von Humboldt, verheiratet mit August von
Hedemann (1785-1859). 137, 456 HEINDORF, Ludwig Friedrich
(1774-1816), Philologe in Halle, Berlin, Breslau. 278, 297 HEINE, Heinrich
(1799-1838). 99, 560, 574 f. HEINRICH, Prinz von Preußen
(1781-1846), Oberst, 1807 Generalmajor, 1813 Generalleutnant, 1819 bis zu
seinem Tod in Rom. 165 HEINRICH FRIEDRICH LUDWIG
(1726-1802), Prinz von Preußen, Bruder Friedrichs II. 27
HELVETIUS, Claude Adrien (1715-1771), französischer Philosoph. 339, 431
HELVIG, Anna Amalia (Amalie) von (1776-1831), geb. Freiin von Imhoff,
Nichte Charlotte von Steins, dem Weimarer Dichterkreis zugehörig:
»Die Schwestern von Lesbos« 1799. Hofdame der Herzogin Anna Amalia
in Weimar. Als Frau des schwedischen General-Feldzeugmeisters
Karl Gottfried von Helvig war sie Vermittlerin zwischen der deutschen und
der schwedischen Romantik. 122, 502 HENNINGS, August Adolph
Freiherr von (1746-1826), Publizist. 519 f. HENSLER, Dora (Dore).
Mit Niebuhr verschwägert. 425, 426 HERMBSTÄDT, Sigismund
Friedrich (1758-1833), Arzt und Apotheker, seit 1791 Professor der Chemie
und Pharmazie am Collegium Medicum Chirurgicum und Administrator der
Hofapotheke, chemischer und pharmazeutischer Schriftsteller, später
Obermedizinalrat. 541 HERZ, Johanna (Hanne) (1768-1846), Lieblings-
schwester von Henriette Herz, war mit einem Arzt namens Simon Herz
(nicht verwandt mit Marcus Herz) in Prenzlau verheiratet. Von deren
drei Söhnen starb der eine als Major, ein anderer in hohem Alter als
Pensionär der niederländischen Regierung, der er einst als Beamter auf Java
gedient hatte, der dritte, August Herz, erlag den Folgen einer Verwundung,
die er als Jüngling 1813 während der Befreiungskriege in der Schlacht
bei Großbeeren erhalten hatte und die am fünfzigjährigen Gedenktag
der Schlacht wieder aufgebrochen war. 23, 319, 432, 519 HERZ, Marcus
(1747-1803), Arzt, Philosoph und Naturwissenschaftler, Schüler und
Anhänger Kants, seit 1. Dezember 1779 mit Henriette Herz verheiratet,
seit 1774 Arzt am jüdischen Krankenhaus, 1789 Nachfolger Benjamin de
Lemos' am »Juden-Lazareth«, 1785 Hofrat und fürstlich waldeckscher
Leibarzt, 1787 von Wilhelm II. zum Professor ernannt. 21 ff., 47, 53, 65 f., 68,

78, 109, 207, 209, 211 f., 237 ff., 252, 260, 274, 315, 329, 345, 473, 479 f., 481, 482
ff., 485, 519, 520, 524, 526, 527, 534, 537, 541, 545, 550, 551, 552, 568, 569 f.,
580, 586, 596 ff. *HERZ*, Simon, Ehemann von Henriette Herz' Schwester
Johanna, Arzt in Prenzlau. 565 f. *HEYGENDORF*, Henriette Caroline
Friederike von, geb. Jagemann (1777-1848), Sängerin und Schauspielerin
am Weimarer Hoftheater. 584 *HEYNE*, Therese siehe Huber, Therese
HILLER, Gottlieb H. (1778-1826). 526 *HIRT*, Aloys (Alois) (1759-1839),
Archäologe und Kunsthistoriker, seit 1796 in Berlin als Mitglied der
Akademie der Künste mit dem Auftrag, die zerstreuten königlichen
Kunstschätze in einem Museum zusammenzuführen, später Professor für
Archäologie an der neuerrichteten Universität. 47, 534 *HITZIG (ITZIG)*,
Julius Eduard (1780-1849). 518, 519, 526, 534, 609 *HJORT*, Peter (1793-
1871), dänischer Kritiker und Sprachforscher, hielt sich 1818 in Rom auf. 447
HOFFMANN, E. T. A. (Ernst Theodor Amadeus) (1776-1822). 518, 526, 574
HOLWEDE, von, Tante der Humboldts. 197 *HORKEL*, Anna, geb.
Schleiden, Frau des Johann Horkel (1769-1846), dänischer Arzt, Professor
der Medizin in Berlin. Sie war eine Jugendfreundin August Twestens, der
im Hause ihrer Eltern in Hamburg Hauslehrer war. 446, 464, 466
HUBER, Ludwig Ferdinand (1764-1804), Schriftsteller, 1787 kursächsischer
Legationsrat in Mainz, dann Privatgelehrter in Bosle bei Neuchâtel,
1798-1803 Schriftleiter von Cottas »Allgemeiner Zeitung«, zuletzt höherer
Beamter des Schulddepartements in Ulm. Neben reicher politischer Schriftstellerei veröffentlichte er Übersetzungen und Bearbeitungen englischer und
französischer Bühnenstücke seiner Frau unter seinem Namen. Befreundet
mit Christian Gottfried Körner und durch diesen ab 1785 mit Schiller. 77
HUBER, Therese (1764-1829), geistreiche Tochter des bekannten Göttinger
Altphilologen Christian Gottlob Heyne (1729-1812), in erster Ehe mit
dem Naturforscher und Weltumsegler Georg Forster (1754-1794) verheiratet,
nach dessen Tod mit Ludwig Ferdinand Huber, nachdem der sein lange
hingezogenes Verlöbnis mit Körners Schwägerin Dora Stock gelöst hatte.
1814 übernahm sie in Stuttgart die Schriftleitung des »Morgenblatts« und
zog 1824 nach Augsburg. Zahlreiche Romane und Erzählungen. 77, 455, 456
HÜLSEN, August Ludwig (1765-1810), philosophischer Schriftsteller,
1794-1797 Schüler Fichtes, Anhänger Fichtes im Jenaer Kreis, unterhielt in
Lenzke in der Mark eine sokratische Knabenschule. Mitarbeiter am
»Athenäum« und an Niethammers »Philosophischem Journal«, Hauslehrer
bei Fouqué, geschätzt von Schlegel und Novalis. 269, 280, 295, 306, 313,
326 f., 328 *HUGHES*, ein Engländer. 502 *HULIN*, Pierre Augustin Graf
(1758-1841), französischer General, Kommandant des besetzten Berlin. 116 f.
HUMBOLDT, Adelheid siehe Hedemann, Adelheid
HUMBOLDT, Alexander von (1769-1859), deutscher Naturforscher,
Mitglied des Tugendbundes. 27, 45, 62, 73, 76, 110 f., 199, 208, 210 ff., 216, 469 f.,
480, 481, 488, 494, 501, 510, 514, 541, 547, 565, 566, 603, 605, 606, 632
HUMBOLDT, Caroline (Karoline) Friederike von, geb. von Dacheröden
(1766-1829), Mitglied des Tugendbundes, seit 1789 verlobt, seit 1791
verheiratet mit Wilhelm von Humboldt. Jena, Rom und Wien waren die
Hauptstationen ihrer jungen Ehe. Das von Schinkel umgebaute Schloß Tegel
wurde ihr endgültiges Domizil. Die Ehe der Humboldts wurde von Zeitgenossen in ihrer geistig-seelischen Harmonie unter Wahrung der persönlichen
Freiheit beider Partner als vorbildlich angesehen. 77, 79, 126, 133 f., 137, 222,
225, 226-237, 265, 439, 442, 446, 454, 488, 492, 494, 498 f., 500, 540, 556,

Universität, enger Freund von Schleiermacher. 582   *KNOBLAUCH,*
Frau von, Frau des »rüstigen Streiters« der Aufklärung Karl von Knoblauch
auf Hatzbach (1756–1794), Tochter des Ministers Schrötter. 49
KOCH, Joseph Anton (1768–1839), Maler und Radierer. 121, 134
KOELS. 477, 539   *KOREFF,* David Ferdinand (1783–1851), Arzt, Diplomat,
Schriftsteller, Mitglied des »Nordsternbundes«, Freund Varnhagens,
in Paris Arzt von Heinrich Heine (vgl. David Ferdinand Koreff. Serapions-
bruder, Magnetiseur, Geheimrat und Dichter. Der Lebensroman eines
Vergessenen. Aus Urkunden zusammengestellt und eingeleitet von Friedrich
v. Oppeln-Bronikowski. Berlin, Leipzig 1928). 526   *KÖRNER,* Christian
Gottfried (1756–1831), philosophisch gebildeter Jurist und Kunstkenner
in Dresden, hoher kursächsischer Staatsbeamter, Freund Friedrich Schillers
und Mitarbeiter an dessen Zeitschriften, Vater des Dichters Theodor Körner,
veröffentlichte »Ästhetische Ansichten« (Leipzig 1808). 115, 489
KÖRNER, dessen Frau. 114, 115, 489   *KÖRNER,* Fräulein. 489, 490
KORFF, Frau von. 103   *KOTZEBUE,* August Friedrich Ferdinand
von (1761–1819), Dichter der Berliner Aufklärung, erfolgreichster
Bühnenschriftsteller seiner Zeit, neben Romanen, Novellen und
Reisebeschreibungen veröffentlichte er 211 Theaterstücke, lebte zeitweise
in Russland, 1785 Präsident des Gouvernementsmagistrats der Provinz
Estland, 1800 Direktor des deutschen Theaters in Petersburg, lebte
1802–1806 in Berlin, wo er die Zeitschrift »Der Freimüthige« (1803–1806)
herausgab, wegen seiner antinapoleonischen Haltung seit 1806 in Russland,
dort 1813 russischer Generalkonsul in Königsberg, 1816 Staatsrat für
Auswärtige Angelegenheiten, seit 1817 persönlicher Berichterstatter
Zar Alexanders I. über die Zustände in Deutschland, wo er 1819 als
»russischer Agent« von dem Studenten Karl Ludwig Sand ermordet wurde.
Siehe die Anmerkung zu Seite 477. 180, 477, 536, 561, 564, 576, 579, 587
KUND, Adelheid. 502   *KUNTH,* Gottlob Johann Christian (1757–1829),
Geheimrat, Staatsrat, Erzieher der jungen Humboldts. 27, 42, 75 f., 198, 204,
206, 208, 209, 210, 214, 220, 481, 524, 547, 604   *KURLAND,*
Anna Charlotte Dorothea von, geb. Reichsgräfin von Medem (1765–1821),
seit 1779 mit dem Herzog von Kurland Peter Biron verheiratet, Schwester
der Elisa von der Recke. 1800 Witwe. Sie führte »ein schönes Haus« Unter
den Linden Nr. 7 – einen aristokratischen Salon, geschmackvoll eingerichtet,
den alle Berliner Notabilitäten, aber auch jüdische Salonnières besuchten.
99–102, 103, 108, 109, 116   *KURLAND,* Dorothea von (1783–1862),
Prinzessin, spätere Herzogin von Dino, seit 1809 Frau des Grafen Edmond
Talleyrand-Périgord, Tochter der Vorigen, sie war Spielgefährtin der Kinder
des späteren Königs Friedrich Wilhelm IV. 99, 102, 348, 486
KURLAND, Peter Biron (1724–1800), Herzog von Kurland und Sagan.
Da sein einziger Sohn gestorben war, beschloß er im Jahre 1795,
sein Herzogtum an Rußland zu verkaufen. Der Preis war auf eine Million
Dukaten festgesetzt, doch nach seinem Tod gerieten die Zahlungen ins
Stocken. Zu den Gütern, die der Herzog bereits vorher erworben hatte,
gehörten das Schloß Sagan in Schlesien, die Herrschaft Nachod in Böhmen,
das Landgut Löbichau in Sachsen und das Palais Unter den Linden Nr. 7
in Berlin. Sie gingen an seine Witwe und vier Töchter über. 102, 104
KURT, Vorname eines Tugendbündlers. 214

angestellt. 433, 448   *LESSING,* Gotthold Ephraim (1729-1781), deutscher Dichter, Philosoph und Kritiker, vom Herbst 1748 bis 1755 erster, 1758-1760 zweiter, 1765-1767 dritter und letzter längerer Aufenthalt in Berlin, sein Vetter Gottlob Mylius, Redakteur der von Voß verlegten »Königlich privilegirten Zeitung«, ermöglichte ihm erste kritische Veröffentlichungen. In Berlin entstanden: »Critische Nachrichten aus dem Reiche der Gelehrsamkeit« (1750-1751), »Das Neueste aus dem Reiche des Witzes« (1751) und neben zahlreichen Übersetzungen das »bürgerliche Trauerspiel« »Miß Sarah Sampson« (1755), später erschienen in Berlin die von ihm, Mendelssohn und Nicolai herausgegebenen »Briefe, die neueste Literatur betreffend« (1759-1765). Lessing war eng mit Moses Mendelssohn befreundet, dem er mit dem Theaterstück »Nathan der Weise« (1779) ein Denkmal setzte. Lessing verließ die preußische Hauptstadt, als ihm Friedrich II. die erhoffte Stelle eines Vorstehers der königlichen Bibliothek versagte (vgl. Die Ehre hat mich nie gesucht. Lessing in Berlin. Herausgegeben von Gerhard Wolf. Berlin 1985). 27, 31, 49, 58   *LESSING,* Karl, Bruder von Gottfried Ephraim Lessing. 540   *LEUCHSENRING,* Franz Michael (1746-1827), deutscher Literat der Genieperiode, insbesondere der empfindsamen Wertherzeit, 1769 Unterhofmeister beim Erbprinzen von Darmstadt, dort in Mercks Kreis und bekannt mit Jacobi, Herder und Goethe, die aber mit ihm brachen, weil sie ihm nicht trauten, kam 1782 nach Berlin, 1784 kurzzeitig Lehrer für Philosophie des Prinzen Friedrich Wilhelm, Kontakte zu den Kreisen der Aufklärung um Nicolai, Biester und Mendelssohn, verkehrte in den gebildeten jüdischen Zirkeln, Besucher der Mittwochsgesellschaft, wollte einen geheimen Orden der Empfindsamkeit gründen, 1792 zog ihn die Französische Revolution nach Frankreich, wo er vergessen als Jakobiner in Paris starb. Goethes Fastnachtsspiel »Pater Brey« (1774) ist auf Leuchsenring gemünzt, im zweiten Theil seines Romans »Armuth, Reichthum, Schuld und Buße der Gräfin Dolores« (1810) hat Achim von Arnim mehrere Züge vom Wesen Leuchsenrings auf seinen Prediger Frank übertragen. 46   *LEVIN,* Chaiche (Chaie) (gest. 1809), Mutter von Rahel Varnhagen und Ludwig Robert. 37, 39 f.   *LEVIN,* Marcus siehe Robert, Ludwig   *LEVIN,* Markus (gest. 1789), Juwelier und Bankier, Vater von Rahel Varnhagen und Ludwig Robert. 37, 39 f.   *LEVIN (LEVI),* Rahel siehe Varnhagen, Rahel   *LEVY,* Samuel Salomon (1760-1806), Berliner Bankier, seine Familie war geschäftlich und familiär mit den Ephraims, Mendelssohns und Itzigs verbunden, heiratete 1783 Sara Itzig. 252   *LEVY (LEVI, LÖWY),* Sarah (Sara, Zerelche, Zerline), geb. Itzig (1761-1854), zehntes Kind des Bankiers Daniel Itzig, 1783 heiratete sie den Berliner Bankier Samuel Salomon Levy (1760-1806), Tante des E.-T.-A.-Hoffmann-Freundes Eduard Hitzig, anders als ihre Geschwister konvertierte sie nicht zum Christentum. Von den Salons, die Ende des 18. Jahrhunderts gegründet wurden, währte ihrer am längsten. Sie war eine hochbegabte Cembalistin, 1774-1784 Lieblingsschülerin von Wilhelm Friedemann Bach. 169 f., 239, 348, 365, 389, 474, 482, 496, 498, 505, 515, 516, 518, 534, 536, 580, 587, 591, 600, 610, 632   *LEWALD,* Fanny (1811-1889), Schriftstellerin. 512-516   *LEZIUS,* August Carl, Apotheker, Königstraße Nr. 51 »in dem gekrönten schwarzen Adler«. 94, 378, 380   *LINDNER,* Dr. 285   *LIPPE,* Alexander Graf zur (1776-1839), Mitglied des »Nordsternbundes«. 526   *LÖFFLER,* Frau, im Haushalt der Humboldts. 206, 210   *LÖHR,* Julian Wilhelmine, geb. Bause (1768-1837), Zeichnerin, Radiererin

und Kupferstecherin, Tochter des Kupferstechers Johann Friedrich Bause
(1738-1814), verheiratet mit dem Bankier Carl Eberhard Löhr (Loehr)
(1763-1813). 39   *LOEWEN,* Gastwirt in Berlin. 238
LOUIS FERDINAND, eigentlich Friedrich Ludwig Christian (1772-1806),
Prinz von Preußen. 64, 101 f., 108, 109 f., 151 f., 155   *LOUIS PHILIPPE*
(1747-1793), Herzog von Orleans. 88   *LUDWIG I.,* Karl August
(1786-1868), König von Bayern, unterstützte Kunst und Künstler, schuf
bedeutende Sammlungen von Kunstschätzen. Besuchte Rom als Kronprinz
von Bayern 1817-1818. Henriette Herz hat ihn durch Caroline von Humboldt,
Niebuhr und die deutschen Künstler kennengelernt, die mit ihm befreundet
waren. 133 ff.   *LUDWIG XV.* (1710-1774), König von Frankreich. 148
LUDWIG XVI. (1754-1793), König von Frankreich. 144 f.
LUISE (1776-1810), Königin von Preußen. 90 f., 151, 164 ff., 177 ff., 478, 522,
555, 556, 563, 564   *LUISE* (1770-1836), Prinzessin von Preußen, Schwester
der Königin, Frau des Fürsten Radziwill. 90 f., 101, 560
LUTHER, Martin (1483-1546), deutscher Reformator. 287

M

MACKENZIE, Frances Lady, Frau des schottischen Entdeckungs-
reisenden in Amerika Sir Alexander Mackenzie (1755-1820). 105, 126
MAIMON, Salomon (1751/1754-1800), jüdischer Aufklärer und
philosophischer Schriftsteller. 57   *MALEBRANCHE,* Nicolas de
(1638-1715), französischer Philosoph. 27   *MARA,* Gertrud Elisabeth
(1749-1833), eine der besten Sängerinnen ihrer Zeit. 17   *MARI,* Italienerin,
die am Kampf gegen Napoleon teilnahm. 179 f.   *MARIANNE,* Frau des
Prinzen Wilhelm. 165, 167 f.   *MARTIN,* Abbé. Französischer Priester
in Italien, Verfasser eines einflussreichen Proselyten-Traktats, der unter den
deutschen Künstlern in Rom zirkulierte. 453, 628   *MARWITZ,* Christian
Gustav Alexander von der (1787-1814), brandenburgischer Adliger und
Gutsherr, während der Befreiungskriege fiel er im preußischen Yorckschen
Korps in der Schlacht bei Montmirail. Studienfreund Varnhagens in Halle,
war seit 1809 in Berlin sehr eng mit Rahel Varnhagen befreundet und stand
in Briefwechsel mit ihr. 413, 487, 492, 496 f., 582, 621   *MASSENBACH,*
Christian von (1758-1827), preußischer Oberst und historischer Schriftsteller.
431, 541   *MASSIMO,* Camillo Massimiliano Marchese (1771-1840) und sein
Bruder Carlo Marchese (1766-1827) waren Auftraggeber der Nazarener. 128
MASSIMO, Maria Christina Sabina (1775-1837), dessen Frau, Tochter von
Prinz Xaver, dem Bruder des Königs Friedrich August von Sachsen. 128
MATTAUSCH, Franz (1767-1833), Schauspieler, seit 1789 am National-
Theater in Berlin. 48   *MATTHISSON,* Friedrich von (1761-1831),
deutscher Schriftsteller. 256   *MATZDORFF,* Christiane Frederike
(1749-1793). 67, 545   *MATZDORFF (MAZDORF),* Karl (1765-1839),
Verleger in Berlin u. a. von Jean Paul. 545, 549, 550   *MAY,* enger Freund
von Franz von Dacheröden, dem Bruder von Caroline von Dacheröden. 221
MAYER (MEIER), Johann Siegfried Wilhelm (1747-1819), Mediziner,
Geheimer Obertribunalrat in Berlin, später Jean Pauls Schwiegervater. 551
MECKLENBURG, Carl, Herzog von siehe Carl, Herzog von   *MEIER.* 489
MEIER, Frau. 416, 421, 425, 582   *MENDELSSOHN,* Abraham
(1776-1835), Sohn des Moses Mendelssohn. 50

MENDELSSOHN, Dorothea siehe Schlegel, Dorothea
MENDELSSOHN, Fromet, geb. Gugenheim (1737–1812), seit 1762 mit
Moses Mendelssohn verheiratet. 61 *MENDELSSOHN*, Henriette
(1775–1831), Tochter Moses Mendelssohns, Mitglied des Tugendbundes, 1799
Erzieherin in Wien, übernahm dann in Paris die Erziehung der Tochter
des Bankiers Fopuld, später leitete sie ein Mädcheninstitut in Paris in einem
großen Garten an der Rue Richter, 1812 übernahm sie die Erziehung der
Kinder des Grafen Sébastiani in Paris und nach dem Tod der Gräfin
die Leitung des Hauses. Zu ihren Zöglingen gehörte auch die spätere, durch
ihr unglückliches Ende berühmt gewordene Herzogin Horace-François
de Praslin, geb. Sébastiani (sie wurde 1847 von ihrem Mann ermordet).
Für Rahel war Henriette »das Tiefste und Feinste«. Madame de Staël,
Benjamin Constant, die beiden Humboldts besuchten sie, wenn sie in Paris
weilten. Der Ritter von Eskeles in Wien, der früher einmal um ihre Hand
geworben hatte, blieb ihr zeitlebens zugeneigt. 48, 50, 77 *MENDELS-*
SOHN, Joseph (1770–1848), Sohn von Moses Mendelssohn, Gründer des
Bankhauses Mendelssohn. 217 *MENDELSSOHN*, Marianne. 469
MENDELSSOHN, Moses (1729–1786), philosophischer Schriftsteller
und jüdischer Aufklärer in Berlin, folgte seinem Lehrer, dem Dessauer Rabbi
Fränkel, 1742 an die neugegründete Talmudschule nach Berlin, 1750
Hauslehrer des Berliner Seidenfabrikanten Isaak Bernhard, 1754 dessen
Buchhalter, 1761 Geschäftsführer, 1768 Teilhaber und Betriebsleiter. Kam
1754 über die Bekanntschaft und Freundschaft mit Lessing, der ihm zu einer
ersten Publikation verhalf, in die Berliner Kreise der Aufklärung. Durch
die Mitarbeit an den »Briefen, die Neueste Litteratur betreffend« wurde er
zu einem einflußreichen Kritiker der neuen deutschen Literatur. Mit Lessing
und Nicolai, der den Vorsitz hatte, gehörte er dem Montagsklub der Berliner
Aufklärung an. 1762 heiratete er Fromet Gugenheim, mit ihr hatte er zehn
Kinder, von denen sechs das Erwachsenenalter erreichten: *BRENDEL*
(DOROTHEA FRIEDERIKE) siehe Schlegel, Dorothea
RECHA Mendelssohn siehe Meyer (Meier), Recha
HENRIETTE (MARIA) Mendelssohn siehe Meyer, Henriette
JOSEPH MENDELSSOHN siehe Mendelssohn, Joseph
ABRAHAM MENDELSSOHN BARTHOLDY, Vater der Komponistin
Fanny Hensel und ihres Bruders Felix Mendelssohn Bartholdy.
NATHAN MENDELSSOHN. 25, 35, 44 ff., 49 ff., 56 ff., 59 ff., 255, 421,
481, 493 *MERKEL*, Garlieb (1769–1850), deutsch-baltischer Journalist,
Kritiker und Schriftsteller, 1797 in Weimar, 1800–1806 in Berlin, wo er
die »Briefe an ein Frauenzimmer über die neuesten Produkte der schönen
Literatur in Teutschland« (3 Bände, 1801–1803), 1803 die Zeitschrift »Ernst
und Scherz« herausgab, die er mit August von Kotzebues Zeitschrift
»Der Freimüthige« (1803–1806) zusammenlegte und mitredigierte. Merkel wie
Kotzebue waren ausgesprochene Gegner von Goethe und den Romantikern.
477, 536, 538, 539, 551, 579, 615, 616 *MEYER*. 481 *MEYER*, Henriette
(Hanne, Hinny), geb. Mendelssohn, verheiratet mit Johann Siegfried
Wilhelm Meyer (1747–?), seit 1774 Kammergerichtsrat und Pupillenrat beim
kurmärkischen Pupillenkollegium, 1792 außerdem Syndicus bei der mittel-
märkischen Ritterschaftsdirektion, seit 1794 Geheimer Obertribunalrat beim
Geheimen Obertribunal. 413 *MEYER*, Betty, deren Tochter. 417, 425
MEYER, Mariane siehe Eybenberg, Mariane *MEYER*, Sara siehe
Grotthuis, Sara *MEYERING (MEYRING)*, von, Tugendbündler. 205,

206, 481, 498, 607 *MILDER-HAUPTMANN,* Pauline Anna (1785–1838), eine der erfolgreichsten und bewundertsten Sängerinnen ihrer Zeit. 630 *MINETTE,* Tugendbündlerin. 213, 214 *MIRABEAU,* Honoré Gabriel de Riqueti Graf de (1749–1791), französischer Staatsmann und Aufklärer, Publizist, berüchtigt wegen seines ausschweifenden, wüsten Lebens, Schulden, Gefangensetzung durch den Vater und Entführung, das Urteil wurde 1783 nach glänzender Selbstverteidigung aufgehoben, aktiv an der Revolution beteiligt, berühmt für seine große Redegabe in der National-versammlung, 1791 Präsident der Nationalversammlung, seine Reden wurden in vielen deutschen Zeitungen abgedruckt und galten als Muster der Rhetorik. Siehe die Anmerkung zu Seite 67. 67f., 514 *MÖLLENDORF,* Wichard Joachim Heinrich von (1724–1816), preußischer Generalfeld-marschall. 153, 524 *MONTGOMERY-SILFVERSTOLPE,* Malla (1782–1861), schwedische Schriftstellerin und eine bekannte Persönlichkeit in der literarischen Welt der ersten Hälfte des 19. Jahrhunderts. 502 *MORGENSTERN,* Karl Simon (1770–1852), Professor der Philologie und russischer Staatsrat in Dorpat. 350 *MORITZ,* Karl Philipp (1757–1793), Schriftsteller, Ästhetiker, Redakteur der »Vossischen Zeitung«, 1784 Professor am Köllnischen Gymnasium und Schriftleiter der »Vossischen Zeitung«, 1789 Professor für Altertumskunde und Theorie der schönen Künste an der Akademie der Künste in Berlin, Selbstdarstellung in dem Roman »Anton Reiser« (1785–1790), Autor und Mitherausgeber des »Magazins der Erfahrungsseelenkunde« (10 Bände, 1783–1793), Schüler und enger Freund von Marcus Herz. 28, 32, 44, 45, 64–67, 526, 545, 549, 572, 602 *MOSLER,* Karl Joseph Ignaz (1788–1862), Kunstgelehrter, befand sich 1816–1820 zu Studien in Italien. 134 *MÜCHLER,* vermutlich Tochter des Publizisten und Pädagogen Johann Georg Philipp Müchler (1724–1819). 477 *MÜLLER,* Adolph (1784–1811), Schriftsteller, Arzt. 493, 497 *MÜLLER,* Johannes von (1752–1809), Politiker, Schriftsteller und der Geschichtsschreiber der Epoche, 1792 in Wien an der Hof- und Staatskanzlei, 1804 preußischer Historiograph, 1807 unter napoleonischer Besetzung in französischen Diensten, zuletzt Generaldirektor der Universitäten im Königreich Westfalen, von Bedeutung ist seine »Geschichte der Schweizer« (1780). 101f., 108, 526, 540, 554, 556 *MÜLLER,* G. C. R. (Conrad Barthold?) (gest. 1849), Kammergerichtsrat, Geheimer Kabinettsrat in Berlin und Wirklicher Geheim-Rat, Mitglied der Gesetzlosen Gesellschaft zu Berlin. 469

N

NATHAN, Sara, Schwester von Henriette Herz, verheiratet mit Levin Michael Nathan. 239, 391, 394, 460 *NECKER,* Jacques (1732–1804), Schweizer Bankier, Finanzminister unter Ludwig XVI., Ehemann der Schrift-stellerin und Salonnière Madame Necker, Vater der Germaine de Staël. 110 *NEUMANN,* Friedrich Wilhelm (1781–1834), Schriftsteller, Kaufmann, Freund Varnhagens, Mitglied des »Nordsternbundes«. 526, 534, 609 *NICOLAI,* Christoph Friedrich (1733–1811), Verlagsbuchhändler, Historiker und Schriftsteller, Hauptvertreter der Berliner Aufklärung, Gegner von Kant, Fichte und den Romantikern, in seinem Verlag erschienen die von ihm, Mendelssohn und Lessing herausgegebenen »Briefe, die Neueste

Litteratur betreffend« (1759–1765) sowie die »Allgemeine deutsche Bibliothek« (1759–1805) – die wichtigsten Rezensionsorgane der Aufklärung in Deutschland, die 1806 unter dem Titel »Neue Allgemeine deutsche Bibliothek« fortgesetzt wurde. Befreundet mit Lessing, Moses Mendelssohn und Biester, Gründer der Berliner Mittwochsgesellschaft, Freimaurer, 1783 Mitglied der Illuminaten. Zu seinen Hauptwerken gehört die »Beschreibung einer Reise durch Deutschland und die Schweiz im Jahre 1781« (12 Bände, 1783–1796). In seinen Roman-Pamphleten »Freuden des jungen Werthers. Leiden und Freuden Werthers des Mannes« (1775) und »Vertraute Briefe von Adelheid B. an ihre Freundin Julie S.« (1799) zeigt er sich als Gegner von Goethe und den Romantikern. Siehe die 2. Anmerkung zu Seite 53. 60, 247, 276, 305, 317, 480, 485, 524, 530, 532, 536, 540, 541, 542 ff., 550, 553, 554, 568, 570 ff., 576, 578, 596, 608, 613   *NICOLOVIUS,* Georg Heinrich Ludwig (1767–1839), preußischer Ministerialbeamter (Staatsrat) für Kirchen- und Schulangelegenheiten, heiratete 1795 Maria Anna Louise Schlosser (1774–1811), eine Tochter von Johann Georg Schlosser und Nichte Goethes. 116   *NICOLOVIUS,* Alfred (1806–1890), sechster Sohn des Vorigen, Großneffe von Goethe, Jurist. 116   *NIEBUHR,* Barthold Georg (1776–1831), deutscher Historiker und Diplomat, 1816–1823 Botschafter Preußens in Rom. 1823 Rückkehr nach Berlin, 1825 Professor an der Bonner Universität, bekannt ist seine »Römische Geschichte« (1811/1812, 1832). Er heiratete in zweiter Ehe Margarethe Lucie Hensler, eine Nichte von Dora Hensler. 120, 402, 418, 425, 426, 431, 433, 436 ff., 448, 450, 461, 463, 531, 583, 620, 628   *NIEBUHR,* Amalie, geb. Behrens (gest. 1815). 583   *NIEMEYER.* 476   *NIETHAMMER,* Friedrich Philipp Immanuel (1766–1848), deutscher Theologe, Philosoph und Pädagoge, Privatdozent in Jena, Anhänger Fichtes und dessen Verteidiger im »Atheismusstreit«, gab gemeinsam mit Fichte die damals einflußreiche Zeitschrift »Das Philosophische Journal einer Gesellschaft teutscher Gelehrten« heraus (1795–1800), bis 1804 Professor für Theologie in Jena, dann Würzburg, dann 1808–1826 Oberschulkommissar für Bayern in München, Mitglied der Bayerischen Akademie der Wissenschaften. 440, 445, 449   *NOLDE,* ein Baron aus Kurland, Sekretär von Christian Wilhelm von Dohm. 68   *NOVALIS,* eigentlich Friedrich Leopold Freiherr von Hardenberg (1772–1801), früh verstorbener Dichter der Romantik, seine Hauptwerke sind der nachgelassene Roman »Heinrich von Ofterdingen« (1802) und die »Hymnen an die Nacht«, im Mai 1795 verlobte er sich mit der dreizehn-jährigen Sophie von Kühn (1782–1797), nach ihrem Tod verlobte er sich im Dezember 1798 mit Julie von Charpentier, der Tochter eines Berghaupt-manns. Er starb noch vor der beabsichtigten Heirat. 28, 267, 269, 285, 288 f., 297, 303, 305, 328, 333, 535, 548, 578, 616, 618

OEHLENSCHLÄGER, Adam Gottlob (1789–1850), dänisch-deutscher Dichter, bedeutendster Vertreter der dänischen Romantik und Begründer der dänischen Tragödie. Sein bekanntestes Werk sind die »Helge«-Romanzen (1814). 122 f., 408, 410, 581, 627   *OERSTED,* Hans Christian (1777–1851), dänischer Physiker und Chemiker, Mitbegründer der Elektrizitätslehre und der Elektrotechnik. 399, 403

OESER, Adam Friedrich (1717-1799), Maler, Bildhauer und Radierer
in Leipzig. 39   *OTTO,* Georg Christian (1763-1828), Kaufmann und
Privatgelehrter in Hof, Intimus und Biograph von Jean Paul. 550, 551, 552
OVERBECK, Johann Friedrich (1789-1869), Maler, Hauptvertreter
der Nazarener, lebte von 1810 bis zu seinem Tod in Rom. 442 f.

P

PARTHEY, Daniel Friedrich (1745-1822), Hofrat im Generalfinanz-
direktorium in Berlin, Verleger, verheiratet mit Wilhelmine Nicolai
(gest. 1803), der ältesten Tochter Friedrich Nicolais. Bedeutender Klavier-
und Flötenvirtuose. 276   *PARTHEY,* Gustav (1798-1872), Sohn von
Daniel Friedrich Parthey, Enkel Nicolais, leitete die Nicolai'sche Buchhandlung und veröffentlichte als Privatgelehrter, 1857 Mitglied der Berliner
Akademie der Wissenschaften. 486, 543, 544, 554   *PAULUS,* Heinrich
Eberhard Gottlob (1761-1851), Theologe und Orientalist, 1789-1803 Professor
für orientalische Sprachen in Jena, seit 1803 für Theologie in Würzburg
und 1811 in Heidelberg. 308, 357, 421, 585   *PAULUS,* Karoline (Caroline)
(1767-1844), geb. Paulus, dessen Cousine und Frau, Schriftstellerin, veröffentlichte unter dem Pseudonym Eleutheria Holberg. 308   *PAULUS,* Sophie
(1791-1847), deren Tochter. 308, 577   *PHILIPP II.* (1527-1598), König von
Spanien. 113   *PHILIPPSBORN,* Adolf von (1793-1850), Offizier, badischer
Gesandtschaftsattaché. 621   *PICHLER,* Caroline (1769-1843), österreichische Schriftstellerin, berühmt durch ihre historischen Romane. Ihre
»Denkwürdigkeiten aus meinem Leben« erschienen postum 1844. 559, 625
PINGEL. 403   *PISTORIUS,* Charlotte Helene, geb. Pritzbur (1777-1850),
Frau von Christian Brandanus Hermann Pistorius, Dichterin, Freundin Ernst
Moritz Arndts und Charlotte von Kathens. 362   *PISTORIUS,* Christian
Brandanus Hermann (1763-1823), Geistlicher in Poseritz, Sohn des
philosophischen Schriftstellers Hermann Andreas Pistorius (1730-1790),
gleichfalls philosophischer Schriftsteller und Übersetzer. 362
PIUS VII. (1740-1823), Papst. 78, 79, 130 f.   *PLATNER,* Ernst (1744-1818),
Arzt und Anthropologe, Professor an der Leipziger Universität. 38, 39
PLATO (PLATON) (427-347 v. Chr.), griechischer Philosoph. 53, 82, 266,
297, 303, 305, 309, 317, 323, 333 f., 337, 339, 347, 350, 354, 404, 425, 535, 542,
548, 568, 578, 581, 582   *POBEHEIM,* S., gehörte zum Bekanntenkreis
von Henriette Herz in Rom, lebte in Dresden. 453   *PULINI,* Carolina
(Caroline) (1806-1890), Tochter eines italienischen Bildhauers,
Frau von Philipp Veit. 464

R

RADZIWILL, Anton Heinrich (1775-1833), polnischer Staatsmann,
preußischer Statthalter von Posen. 101, 621   *RAFFAEL,* eigentlich Raffaelo
Santi (1483-1520), italienischer Maler. 588, 571   *RAMLER,* Karl Wilhelm
(1725-1798), Berliner Dichter, Übersetzer und Kritiker der Aufklärung,
seit 1748 Professor am Kadettenkorps, befreundet mit Lessing, Nicolai
und Gleim, seit 1786 neben Engel Direktor des Nationaltheaters in Berlin.
45, 480, 540 f., 543   *RECK,* Eberhard Friedrich Christian Freiherr von der,

seit 1784 Geheimer Staats- und Justizminister. 476 *RECKE,*
Charlotte Elisabeth (Elisa) Konstantia von der, geb. Reichsgräfin von
Medem (1756–1833), Schwester der Herzogin Dorothea von Kurland,
Schriftstellerin, ihr damals vielgelesenes Buch »Nachricht von des
berüchtigten Cagliostro Aufenthalt in Mitau«, 1787 verlegt von Nicolai
in Berlin, trug erheblich zu dessen Entlarvung bei, seit 1797 lebte sie
abwechselnd in Berlin, Leipzig und Dresden. Seit 1803 lebte der Schriftsteller
Tiedge in ihrem Haus. 103–106, 402, 527, 542, 544 *REDI MATTEONI,*
Agenten für Henriette Herz in Florenz. 448 *REICHARDT*
(REICHARD), Johann Friedrich (1752–1814), Komponist, Musikschrift-
steller, Publizist und Regisseur, auch erster bedeutender Goethe-Komponist,
gehörte zu den tonangebenden Persönlichkeiten in Berlin, wurde 1794
seines Amtes als königlicher Hofkapellmeister in Berlin wegen seiner
Sympathien für die Französische Revolution (»Vertraute Briefe aus Paris«
1792–1793) enthoben, dann Salineninspektor in Giebichenstein bei
Halle/Saale, 1796 Rehabilitation, wirkte jedoch fortan »für sich selbst«.
Schwager von Ludwig Tieck, der ihm die Beziehung zu Friedrich Schlegel
vermittelte. 51, 256, 275, 532, 534, 590, 610, 613 *REIL,* Johann Christian
(1759–1813), Mediziner, kam auf Vermittlung des Hallenser Mediziners
Johann Friedrich Gottlieb Goldhagen, bei dem Marcus Herz promoviert
hatte und mit dem er befreundet war, im Spätherbst 1782 zur Absolvierung
seines obligatorischen »Cursus anatomicus« zu Herz nach Berlin, den
zweiten Teil seiner 1783 abgeschlossenen Dissertation, die »Fragmenta
metaschismatismi polycholiae«, widmete er Marcus Herz, nach Herz' Tod
1803 nahm er auf Wunsch von Henriette Herz den jungen Ludwig Börne
bei sich auf, später außerordentlicher Professor in Halle, 1811 der erste
gewählte Dekan der Medizinischen Fakultät der Berliner Universität, starb
während einer Typhus-Epidemie. 33, 95, 97, 394, 402, 526, 553, 580, 581, 590
REIL, dessen Frau. 361 *REIMARUS,* Hermann Samuel (1694–1768),
Gymnasialprofessor für orientalische Sprachen in Hamburg, Früh-
aufklärer. 519 *REIMER,* Georg Andreas (1776–1842), Verleger in Berlin,
Jugendfreund von Ernst Moritz Arndt, seit Mai 1802 mit Schleiermacher
befreundet, Begründer der bekannten »Realschulbuchhandlung« in Berlin,
die ab 1819 unter seinem Namen firmierte. Er verlegte Schleiermacher,
Niebuhr, Humboldt, Bekker, De Wette, Jean Paul, die Brüder Schlegel, Arndt
und viele andere. Er bewohnte mit seiner Familie das Sackensche Palais
in der Wilhelmstraße 73, in dem auch Schleiermacher mit seiner Familie eine
Wohnung hatte und in dem auch Immanuel Bekker nach seiner Rückkehr
aus England von 1821 bis zu seiner Heirat 1825 wohnte. Nach der Ermordung
Kotzebues wurden Reimers Haus durchsucht und seine Papiere beschlag-
nahmt. Mit seiner Frau Wilhelmine, geb. Reinhardt, hatte er 16 Kinder.
333, 334, 346, 351, 352, 360, 390, 396, 407, 419, 420, 422, 460, 486, 487, 492
REINHARD, François-Volkmar (Volkar) (1753–1812), französischer
Exilant. 148 *REINHARD,* Karl Friedrich (1761–1837), französisch-
deutscher Diplomat, Schwager des Verlegers Reimer, später Geheimer Justizrat, Freund Goethes. 173 *REINHOLD,* Karl Leonhard (1758–1823), 1784
Mitarbeiter an Wielands »Teutschem Merkur«, später dessen Schwiegersohn, 1787 Professor der Philosophie in Jena, seit 1794 in Kiel, Anhänger
Kants, später Fichtes. 304 *RENNENKAMPF,* Baron Alexander von
(1783–1854), Oberkammerherr in Oldenburg. 633 *REUSS,* Heinrich XIV.,
Fürst von Reuß-Greiz (1749–1799), österreichischer Gesandter in Berlin. 74 f.

RICHTER, Jean Paul Friedrich siehe Jean Paul   *RIEPENHAUSEN,*
Franz (1786–1831) und Johannes (1789–1860), bekannte Kupferstecher. 135 f.
RINGSEIS, Johann Nepomuk von (1785–1880), Arzt. 134, 440, 445, 560
   RITTER, Johann Wilhelm (1777–1810), Physiker und Chemiker in Jena,
Gotha und Weimar, Naturphilosoph, seit Sommer 1800 den Romantikern
verbunden, ab 1805 Mitglied der Akademie in München, bekannt geworden
   durch seine Versuche über Galvanismus und Magnetismus. 308
   ROBERT (TORNOW), Ernst Friedrich Ludwig, eigentlich Marcus
Levin (1778–1832), Berliner Schriftsteller, Bühnenautor, Bruder von Rahel
Levin Varnhagen, sein Schauspiel »Die Überbildeten« wurde 1804 in
Berlin aufgeführt. 491, 526, 574   *ROSE,* Staatsrat, Finanz-, Kriegs- und
Domänen-Rat bei der Hauptbank. 29   *ROSENSTIEL* (1754–?), Geheimer
Oberbergrat. 534   *RÜCKERT,* Friedrich (1788–1866), Dichter. 121 f., 560
   RUDOLPHI, Karl (Carl) Asmund (1771–1832), schwedischer Arzt,
   Schüler Hufelands, seit 1810 Professor für Anatomie und Direktor des
anatomischen Instituts an der Berliner Universität, Mitglied der Königlich-
Preußischen Akademie der Wissenschaften, reiste 1817 acht Monate
   durch Italien. 449, 485   *RÜHS,* Christian Friedrich (1781–1820),
   deutscher Historiker. 460, 463

S

S. Tugendbündler. 204   *S.* Durch Deutschland reisender dänischer Graf. 399
   SAALING (SELING), Mariane (Marianne), geb. Mirjam Salomon
   (1786–1869), Tochter des jüdischen Juwelierhändlers Jakob Salomon,
verlobte sich nach Rahels Tod 1833 mit Karl August Varnhagen von Ense,
   das Verhältnis wurde jedoch wieder gelöst. Ihre Schwester Julie Heyse
   (1788–1864) war die Mutter von Paul Heyse. 457, 504, 505, 506, 508, 624
   SACK, Friedrich Samuel Gottfried (1738–1817), evangelischer Bischof
in Berlin, geistlicher Vorgesetzter von Friedrich Schleiermacher. 253, 255,
   261, 273, 275, 419, 431, 530, 548, 582, 586, 611   *SAINT-HILAIRE,*
Louis Vincent (1766–1809), französischer Divisionsgeneral, Nachfolger
   Hulins als Stadtkommandant des besetzten Berlin, in der Schlacht
bei Aspern gefallen. 117   *SAINT PATERNE,* Chevalier, französischer
Exilant. 148   *SALIERI,* Antonio (1750–1825), Kapellmeister und Komponist
in Wien. 256   *SALM-REIFFERSCHEIDT-RAITZ,* Hugo Franz Erb- und
Altgraf zu (1776–1836), Naturforscher und Industrieller, enger Freund von
Henriette Herz, später verheiratet mit Marie Josephe Gräfin Maccafry
Maguire von Keanmore. 330   *SANDER,* Johann Daniel (1759–1825),
Buchhändler und Verleger in Berlin, verlegte August Lafontaine und August
Kotzebue sowie dessen Zeitschrift »Der Freimüthige«, arbeitete als Korrek-
tor für Goethes »Hermann und Dorothea« und dessen »Neueste Gedichte«,
befreundet mit Carl August Böttiger. 474–477, 483, 485, 534, 537, 546, 548,
   551, 586, 617   *SANDER,* Sophie, geb. Diederichs (1787–nach 1826),
   dessen Frau. 485, 551   *SCHACK,* Otto Friedrich Ludwig von
(1763–1815), 1797 Rittmeister, 1803 Major im Regiment Gensd'armes. 475
SCHADOW, Eugenie, geb. d'Alton-Rauch (geb. 1818), Enkelin von Christian
Daniel Rauch, seit 1852 mit Felix Schadow (1819–1861) verheiratet. 486, 566
SCHADOW, Friedrich Wilhelm von (1789–1862), Sohn des Johann Gottfried
Schadow, Bruder von Rudolf Schadow, Maler, lebte 1810–1819 in Rom,

1819 Mitglied der Akademie der Künste Berlin. 34, 526, 558
SCHADOW, Johann Gottfried (1764-1850), bedeutendster deutscher
Bildhauer um 1800. Seine berühmtesten Werke sind die Quadriga auf dem
Brandenburger Tor, die Doppelstatue der Königin Luise von Preußen
und ihrer Schwester, die Büste Wielands, das Blücher-Denkmal in Rostock
und das Luther-Denkmal in Wittenberg. Die Büste der Henriette Herz 1783
war seine erste plastische Arbeit (siehe den Bildteil). 36, 47, 442, 480, 481,
527, 533, 534, 604   *SCHADOW,* Marianne (Matel), geb. Devidels
(1758-1815), Tochter eines Wiener Juwelierhändlers, Jugendfreundin
von Henriette Herz, Frau des Bildhauers Johann Gottfried Schadow,
den sie im Salon der Henriette Herz kennengelernt hatte. Ihr Vater hatte sie,
nachdem sie vom jüdischen zum katholischen Glauben übergetreten war,
aus einem Kloster in Wien befreit und nach Berlin gebracht. Schadow floh
mit ihr zu ihren Eltern nach Wien und reiste, nachdem sie 1785 geheiratet
hatten, mit ihr weiter nach Italien. 1787 kehrte er mit seiner jungen Frau
nach Berlin zurück. Sie hatten zwei begabte Kinder: den späteren Bildhauer
Rudolf und den späteren Maler Wilhelm Schadow. 33, 36, 442, 526, 534
SCHADOW, Rudolf (1786-1822), Sohn des Johann Gottfried Schadow,
Bruder von Wilhelm Schadow, Bildhauer, lebte 1811, 1812-1819 und
1819-1822 in Rom. 34, 526, 558   *SCHEDE,* Charlotte Wilhelmine Elisabeth
(1772-1858), Schwester des Karl Schede in Berlin, enge Freundin von
Henriette Herz und des Schleiermacherschen Hauses. 240, 313, 412, 418, 420,
422, 492, 494, 496, 582, 591   *SCHEDE,* Karl Wilhelm Ludwig (1774-1833),
Regierungsrat und Justizkommissar (Notar) in Berlin, Mitglied der 1809
gegründeten »Gesetzlosen Gesellschaft« in Berlin, enger Freund von
Schleiermacher und Henriette Herz. Übernahm nach Schleiermachers Tod
das »Kanonierhaus«. 422, 466, 496, 582   *SCHEFFNER,* Johann George
(1736-1820), Gerichtsrat und Freund Kants in Königsberg. 341, 579
SCHELLING, Caroline (1763-1809), Tochter des Göttinger Theologen und
Philosophen Johann David Michaelis (1717-1791), 1784 in erster Ehe mit dem
Clausthaler Bergmedikus Franz Böhmer (gest. 1788) verheiratet, von
mehreren gemeinsamen Kindern blieb nur Auguste (1785-1800) am Leben.
Sie lebte dann vorübergehend wieder in Göttingen, dann in Marburg bei
ihrem Bruder, in Gotha bei ihren Freunden Friedrich Wilhelm und Luise
Gotter, 1792-1793 bei Forsters in Mainz, nach ihrer Gefangenschaft
(Sommer 1793) im Thüringischen. Der Aufenthalt in Göttingen wurde ihr
verboten. 1795-1796 lebte sie in Braunschweig. Am 1. Juli 1796 heiratete sie
August Wilhelm Schlegel, der damals an der Universität Jena lehrte.
Im Mai 1800 unternahm sie mit Tochter Auguste und Schelling eine
Erholungsreise über Bamberg nach Boklet, wo Auguste starb. Darauf lebte
sie in Braunschweig, seit dem Frühjahr 1801 wieder in Jena. Gleich nach der
Scheidung von Schlegel lebte sie ab Anfang Juni 1803 an Schellings Seite,
1804-1806 in Würzburg, seitdem in München. Sie starb auf einer Reise am
7. September 1809 in Maulbronn. 55, 267, 313, 263, 269, 289, 297, 321, 569,
578, 579, 612, 618   *SCHELLING,* Friedrich Wilhelm Joseph
von (1775-1854), deutscher Naturphilosoph der Romantik, schrieb
»Ideen zu einer Philosophie der Natur« (1797), »Von der Weltseele« (1798),
»Erster Entwurf eines Systems der Naturphilosophie« (1798/1799),
»System des transzendentalen Idealismus« (1800), gab die »Zeitschrift für
speculative Physik«(1800-1801) heraus. Seit Juni 1803 liiert mit Caroline,
der geschiedenen Frau von August Wilhelm Schlegel, lebte mit ihr 1804-1806

in Würzburg, dann bis zu ihrem Tod 1809 in München. 280,
286, 287, 288, 291, 306, 331, 332, 357, 439, 440, 445, 527, 542, 558, 576, 578,
583, 618, 626   *SCHELLING,* Pauline, geb. Gotter (1786–1854), zweite Frau
Schellings. 440, 445, 583, 626   *SCHILL,* Ferdinand von (1776–1809),
preußischer Freischärler. 175   *SCHILLER,* Friedrich von (1759–1805). 110,
112–116, 136, 251, 282, 286, 288, 291, 314, 317, 320, 340, 354, 359, 385, 411,
514, 522, 537, 546, 556 f., 559, 578, 579, 581, 586, 604, 616, 625
SCHINZ, Johann (Hans) Kaspar (Caspar) (1792–1874), Schweizer Maler. 558
SCHLABRENDORF, Henriette Gräfin von, geb. von Mützschefal
(1773–1853), nach der Scheidung von Schlabrendorf heiratete sie Friedrich
Christian August von Schwendler. Freundin von Sophie Bernard. 89
SCHLEGEL, August Wilhelm von (1767–1845), Schriftsteller, Sprach- und
Literaturwissenschaftler, Übersetzer, Kritiker und Orientalist, Theoretiker
der deutschen Romantik, Bruder von Friedrich Schlegel, 1786 Studium
der Theologie und Philologie in Göttingen, anschließend Hauslehrer in
Amsterdam, 1796–1801 in Jena freier Schriftsteller, Übersetzer und Publizist,
1798 außerordentlicher Professor an der Universität Jena, 1798–1800
Herausgeber der programmatischen Zeitschrift »Athenäum« in Berlin,
1796 mit Caroline Michaelis/Böhmer/Forster verheiratet und Zentrum
der »Jenaer Romantik«, kam im Anschluß an seine Verpflichtungen in Jena
im Sommer 1801 nach Berlin, hielt in den Wintern 1801/1802, 1802/1803
und 1803/1804 Vorträge »Über schöne Literatur und Kunst«, über »Literatur
der neuen Völker Europas« und über »romantische« Poesie, geschieden
1803, ging 1804 als Sekretär und Lebensgefährte der Madame de Staël sowie
Erzieher ihrer Kinder nach Coppet in die Schweiz, mehrere Jahre auf Reisen,
1818 nach Staëls Tod Professor der Kunst- und Literaturgeschichte in Bonn.
55, 58, 107–112, 247 f., 250, 252, 289, 313, 321, 326, 476, 526, 540, 548, 551,
555, 566, 568, 575, 576, 577, 578, 579, 586 f.   *SCHLEGEL,* Dorothea
Friederike von (1763–1839), eigentlich Brendel, Veronica, älteste Tochter
Moses Mendelssohns, Schriftstellerin und Kritikerin, 1778 heiratete sie den
Bankier Simon Veit (seit 1796 getrennt lebend). Aus der Ehe mit Simon Veit
(gest. 1. Oktober 1819) gingen vier Söhne hervor, von denen nur die späteren
Maler Johann und Philipp Veit am Leben blieben. Tugendbündlerin.
Ihre wilde Ehe mit Friedrich Schlegel, wie sie auch in dem Roman
»Lucinde« (1799) dargestellt ist, löste einen Skandal über Berlin hinaus aus.
Im Oktober 1799 ging sie mit Friedrich Schlegel nach Jena, wo sie –
Anfang 1799 von Veit geschieden – bis zum Januar 1802 blieb. Nach
einem Besuch in Dresden ging sie mit Schlegel nach Paris (1802–1804),
wo sie am 6. April 1804 getauft und getraut wurden, dann von 1804 bis 1808
nach Köln, wo beide am 16. April 1808 zur katholischen Kirche
übertraten. Seit 1808 in Wien, mit Unterbrechung vom April 1817 bis
Sommer 1820, als sie Friedrich zum Frankfurter Bundestag begleitete und
ab April 1818 ihre Söhne in Italien besuchte. Nach Friedrichs Tod 1829 lebte
sie von 1830 bis zu ihrem Tod bei ihrem Sohn Philipp in Frankfurt/Main.
18, 25, 33, 37, 38, 44, 49–56, 77, 82, 121, 122, 131, 194, 202, 203, 205,
206, 207, 214, 216–219, 222, 223, 225, 226 f., 228, 230 f., 232, 237, 248 f.,
255, 260, 263, 268, 274, 275 f., 281, 285, 286, 288, 290, 293, 296, 297, 298, 300,
305, 307, 309, 313 f., 322, 328, 334, 400, 433, 442, 451, 461, 493, 494, 496,
499 f., 514, 523, 535–540, 558, 559, 565, 566, 577, 578, 584, 588, 590, 600, 605,
610, 612, 617 f., 625, 626, 627, 628, 633   *SCHLEGEL,* Karl Wilhelm
Friedrich von (1772–1829), Schriftsteller, Geschichtsforscher und Publizist,

660

Bruder von August Wilhelm Schlegel, geistiger Führer der romantischen Schule, ursprünglich Kaufmann, dann Studium der Rechtswissenschaft, später hauptsächlich der Literatur und Kunst in Göttingen und Leipzig, 1797 in Jena, anschließend bis Herbst 1799 in Berlin, dann wieder Jena, 1798-1800 Herausgeber der programmatischen Zeitschrift »Athenäum«, anonymer Verfasser des Skandalromans »Lucinde« (1799), wilde Ehe mit Dorothea Veit, der verheirateten ältesten Tochter von Moses Mendelssohn, 1802 Paris, wo er Dorothea heiratet, 1804 in Köln, 1808 gemeinsamer Übertritt zum Katholizismus, 1809 Sekretär bei der Hof- und Staatskanzlei in Wien, 1817-1820 am Bundestag in Frankfurt/Main, 1818 österreichischer Legationsrat, gefördert von Metternich, lebte dann teils in Wien und auf Reisen. 44, 51 f., 81 f., 243 f., 249 f., 252 f., 254, 257, 259, 263, 265, 267, 268, 269, 273 f., 275, 277, 279, 281, 282, 284, 286, 287, 289, 290, 291, 292, 294 f., 295 f., 300, 303, 304, 306, 313, 314, 317, 321, 322, 323, 324, 325 ff., 328, 332, 333, 337, 339, 347, 349, 476, 480, 483, 488, 493, 494, 496, 526, 534, 535-540, 548, 551, 559, 566, 568, 570-574, 575, 576, 577, 578, 579, 584, 588, 606, 612-615, 617 f., 625, 626, 627, 632 *SCHLEIER-MACHER,* Carl, Bruder Friedrich Schleiermachers. 241, 252, 290 *SCHLEIERMACHER,* Charlotte (Lotte) (1765-1831), unverheiratete Schwester Friedrich Schleiermachers, lebte zuerst in der Herrnhuter Gemeinde in Gnadenfrei, dann von 1813 bis 1825 im Haus ihres Bruders als Erzieherin von dessen Kindern. 239, 243, 248, 252, 261, 270, 289, 296, 299, 310, 315, 319, 321, 325, 413 *SCHLEIERMACHER (SCHLEYER-MACHER),* Friedrich Daniel Ernst (1768-1834), protestantischer Theologe, Schriftsteller, engster Freund von Henriette Herz. Wurde auf dem Pädagogium der Brüdergemeinde in Niesky, dann im theologischen Seminar zu Barby in herrnhutischer Frömmigkeit erzogen, 1786 Trennung wegen seiner kritischen Denkweise, Studium der Theologie und Philosophie in Halle, 1790-1793 Hauslehrer bei den Grafen Dohna in Schlobitten (Ostpreußen), 1794 Hilfsprediger in Landsberg a.d.W., 1796 Prediger an der Charité in Berlin, 1802 Hofprediger in Stolp, 1804 Professor in Halle, nach Auflösung der Universität (1807) Rückkehr nach Berlin, 1809 Prediger an der Dreifaltigkeitskirche, 1810 erster Dekan an der theologischen Fakultät der Berliner Universität und maßgeblich an deren Aufbau beteiligt, Mitglied und seit 1814 Sekretär der Akademie der Wissenschaften und eine Zeitlang Referent in der Unterrichtsabteilung des Ministeriums. In seiner ersten Berliner Zeit stand er, befreundet mit Friedrich und August Wilhelm Schlegel und Henriette Herz, stark unter dem Einfluß der Romantik, wie seine ersten selbständigen Werke zeigen: »Über die Religion. Reden an die Gebildeten unter ihren Verächtern« (anonym 1799, in späteren Auflagen sehr verändert), »Vertraute Briefe über F. Schlegels Lucinde« (anonym 1800), die »Monologen« (1800). Die Übersetzung des Platon, die er anfangs gemeinsam mit Friedrich Schlegel plante, hat er allein verwirklicht (5 Bände, 1804-1810; 2. Auflage, 6 Bände, 1817-1828). Dann Überwindung der Romantik und umfassende philosophische und fachtheologische Arbeit. 53, 54, 80-85, 91 f., 95 ff., 176, 181, 185, 239, 243, 246, 247, 248, 252, 256, 257, 259, 260, 261, 263, 266, 267, 268, 269, 270, 272, 273, 274, 275, 276, 277, 278, 279, 281, 283, 284, 285, 286, 288, 289, 290, 291, 293, 294, 295, 296, 297, 299, 300, 302, 303, 304, 305, 306, 307, 309, 310, 315, 317, 318, 319, 321, 322, 323, 325, 327, 330, 331, 333, 334, 335, 337, 338, 339, 340, 341, 343, 344, 346, 347, 348, 349, 351, 353, 355, 356, 357, 358, 359, 361, 362, 388, 390,

393, 396, 402, 404, 405, 406, 407, 409, 412, 414, 415, 416, 417, 418, 419, 420, 421, 423, 425, 429, 430, 448, 453, 460, 463, 476, 480, 481, 485, 486 ff., 492, 494, 495, 496, 497, 498, 501, 510, 511 f., 513, 514, 531, 535, 537, 540, 548, 549, 551, 552, 553, 561, 564, 567, 568, 577, 578, 580, 581, 582, 583, 584, 585, 586, 588, 592, 593, 609, 610 ff., 613, 615 ff., 617 f., 620 f., 621 f., 624, 626, 628, 632

SCHLEIERMACHER, Henriette (Jette) Charlotte Sophie, geb. von Mühlenfels, verw. von Willich (1788–1840), Tochter des königlich-preußischen Grenadierhauptmanns Bernhard Gottlieb von Mühlenfels (gest. 1799), Gutsherr auf Sissow (heute Ortsteil von Gustow, Rügen), und der Johanna Pauline von Campagne (1747–1797), jüngere Schwester der Charlotte von Kathen, seit 1809 mit Friedrich Schleiermacher verheiratet. 360, 364 ff., 620   SCHLEIERMACHER, Anna Maria Louise siehe Arndt, Anna Maria Louise   SCHLESINGER, Therese siehe Devrient, Eduard   SCHLIEFFEN, Martin Ernst von (1732–1825), preußischer Generalmajor, Politiker, Schriftsteller. 524   SCHLIER. 446   SCHLOSSER, Cornelia (1750–1777), Schwester Goethes. 116   SCHMELZER, Gebhard August (1733–1798), Theologe. 431   SCHMIEDER, Heinrich Eduard, preußischer Gesandtschaftsprediger in Rom vom Sommer 1919 bis Oktober 1923, wohnte anfänglich bei Niebuhr im Palazzo Orsini, dann am Kapitol. 120   SCHÖNER, Georg Adolf (1774–1841), Maler in Berlin, Schüler von Anton Graff, malte Henriette Herz im Jahre 1802. Siehe den Bildteil.   SCHRÖCK, Schauspielerin. 48, 113   SCHRÖTTER, Friedrich Leopold Freiherr von (1743–1815), preußischer Verwaltungsbeamter. 49   SCHUBERT, Gotthilf Heinrich (1780–1860), naturphilosophisch-mystischer Schriftsteller, »Ahnungen einer Allgemeinen Geschichte des Lebens« (1807), »Ansichten von der Nachtseite der Naturwissenschaften« (1808), »Symbolik des Traumes« (1814). 400, 407   SCHUHMACHER, die. 450, 453, 460   SCHULENBURG-KEHNERT, Friedrich Wilhelm Graf von der (1742–1815). 157   SCHÜTZ, Christian Gottfried (1747–1832), Philologe, studierte Theologie in Halle, 1767 Magister, 1769 Inspektor des theologischen Seminars in Halle, 1779 Professor der Poesie und Beredsamkeit in Jena, wo er 1784 mit Wieland, Bertuch und Hufeland die »Allgemeine Litteratur Zeitung« herausgab, seit 1804 in Halle, 1824 verkaufte er die Zeitschrift an den Buchhändler Zwetschke. 576, 583   SCHWARZ, Georg Theodor Philipp (1777–1850), Propst in Wiek auf Rügen, Halbbruder von Ehrenfried von Willichs Vater. 362   SCHWARZ, Lotte. 362   SCHWERIN-PUTZAR, Wilhelm Graf von (geb. 1791), Zögling Ehrenfried von Willichs, Henriette Schleiermachers erstem Ehemann. Sein Sohn Maximilian heiratete Schleiermachers Tochter Hildegard, und eine von seinen Töchtern heiratete Schleiermachers Stiefsohn Ehrenfried von Willich. 327   SCOTT, Charles (1805–1841), Sohn von Sir Walter Scott, dem schottischen Romancier und Begründer des modernen historischen Romans. 126 f.   SCOTT, Walter (1771–1832). 126   SEBBE. 447   SECK. 420   SEIDELMANN, Apollonia, geb. de Forgue (gest. 1829), Porträtistin und Kopistin in Dresden. 114, 557 f.   SEIDLER, Louise (1786–1866), Malerin, Goethe-Freundin, sie zeichnete 1810/1811 ein Goethe-Porträt, für das Goethe beim Großherzog Karl August ein Stipendium heraussschlug, so daß sie in München Kunst studieren konnte. Ein Brief von Henriette Herz (siehe Seite 440–445 dieser Ausgabe) lockte sie nach Italien, ihr Stipendium wurde erneuert, und sie lebte 1818–1823 in Italien. 1820 kopierte sie in den Uffizien Raphaels »Madonna« für den Großherzog. 440, 499 f., 558 f., 583 f.,

624, 626, 627, 629 *SEINSHEIM,* Karl von, Vertrauter von Ludwig I. 464, 585 f. *SELLE,* Jacob Christian Gottlieb (1748–1800), philosophischer Schriftsteller und Arzt an der Charité, 1785 Leibarzt Friedrichs des Großen, später behandelte er auch Friedrich Wilhelm II. und Friedrich Wilhelm III., 1786 Mitglied der Akademie der Wissenschaften, 1798 zweiter Direktor des Collegium Medico Chirurgicum. 29, 31, 543 *SHAKESPEARE,* William (1564–1616). 58, 108, 248, 303, 309, 354, 423, 540, 571, 573, 577, 578 *SIBBERN,* Frederik Christian (1785–1872), dänischer Philosoph, befreundet mit Schleiermacher und Fichte, gehörte zum Rügener Freundeskreis von Schleiermacher und Henriette Herz. 398–413, 432, 621, 631 *SIMON,* Sophia Patricia Juana Maria del Rosario Dorothea (1799–1885), seit 1825 verheiratet mit Immanuel Bekker. 608 *SIMONETTA,* Principessa. 121 f. *SOKRATES* (470–399 v. Chr.), griechischer Philosoph. 341, 474, 511 *SOLGER,* Karl Wilhelm Ferdinand (1780–1819), Philologe, Philosophieprofessor in Berlin. 460 *SOLMAR,* Henriette Marie, vorm. Jettchen Salomon (1794–1886 oder 1890), war in ihrer Jugend eine der Solistinnen der Berliner Singakademie, führte nach Rahel Varnhagens Tod 1833 in Berlin einen eigenen Salon. 502 *SOPHIE* (Deckname). 209 *SOULT,* Nicolas Jean de Dieu, Herzog von Dalmatien (1769–1851), Marschall und Pair von Frankreich. 155 *SPALDING,* Georg Ludwig (1762–1811), Professor der Philologie am Gymnasium zum Grauen Kloster in Berlin, Verfasser didaktischer Gedichte (1804), Sohn von Johann Joachim Spalding. 107, 291, 312, 348, 351, 355, 480, 565 *SPALDING,* Johann Joachim (1714–1804), evangelischer Theologe, seit 1764 Propst der Nikolaikirche in Berlin und Oberkonsistorialrat, legte nach dem Wöllnerschen Religionsedikt von 1788 sein Predigeramt nieder. 239, 480, 530, 541, 611 *SPINOZA,* Baruch (1632–1677), Philosoph. 278, 280, 339 *STADION,* Friedrich Lothar Graf von (1761–1811), Abbé, Bruder des österreichischen Ministers Johann Philipp Graf von Stadion (1763–1824), österreichischer Gesandter in Berlin, später (1805–1809) in München, Onkel von Clemens und Bettina Brentano. 71 *STAËL-HOLSTEIN,* Anna Louise Germaine Baronesse de (1766–1817), französische Schriftstellerin, wurde mit ihrem Buch »De l'Allemagne« (1810) zur Bahnbrecherin der deutschen Romantik in Frankreich. Wegen ihrer liberalen und feministischen Politik mußte sie 1803 unter Napoleon ins Exil gehen, im Winter 1803 in Weimar und vom 8. März bis 19. April 1804 in Berlin, ihre Begleiter, Hausgenossen und Lebensgefährten waren Benjamin Constant und August Wilhelm Schlegel, 1811 heiratete sie einen zwanzig Jahre jüngeren Offizier namens Rocca, nach dem Sturz Napoleons lebte sie wieder in Paris. 101, 107–112, 161, 555, 579, 616 *STEFFENS,* Hanna, Frau von Henrik Steffens. 591, 622 f. *STEFFENS,* Henrik (Heinrich) (1773–1845), deutschsprachiger Philosoph, Naturforscher und Dichter aus Norwegen, 1804 Professor der Mineralogie in Halle, 1811 der Physik in Breslau, 1832 in Berlin, Vermittler zwischen deutscher und nordischer Kultur, schrieb eine zehnbändige Autobiographie: »Was ich erlebte«, Breslau 1840/1844. Er und seine Frau waren eng mit Henriette Herz befreundet. 510, 581, 632 *STEIN,* Karl Reichsfreiherr vom und zum (1757–1831), seit 1780 im preußischen Staatsdienst, im Oktober 1804 Minister des Akzise-, Zoll-, Fabrik- und Handelsdepartements im preußischen Generaldirektorium sowie Direktor der Seehandlung. Das vom ihm initiierte Edikt vom 9. Oktober 1807 hob die bäuerliche Erbuntertänigkeit auf und

beseitigte alle ständischen Beschränkungen im Grundstückserwerb und
der Berufswahl. Er schuf damit ein einheitliches Staatsbürgertum. Während
der Befreiungskriege Berater des Zaren Alexander I., später Marschall
des westfälischen Provinziallandtages, 1827 im preußischen Staatsrat. 173
STIEGLITZ, Tugendbündler oder Tugendbündlerin. 231
ST. PATERNE, Chevalier de. 148   *STOLBERG-STOLBERG,* Friedrich
Leopold Graf zu (1750–1819), konvertierte 1800 zum Katholizismus.
Kurz nach seinem Tod erschien eine heftige Polemik gegen ihn von Johann
Heinrich Voss. 461, 585   *STUHR.* 400   *SUSEMIHL,* später Bibliothekar
in Göttingen. 400, 418, 420   *SUSSEX,* Herzog von. 88, 127
SYDOW, Josephine von (1757?–1829), geb. Peyrennit de l'Escun, gesch.
Monbart, Schriftstellerin, eine nach Berlin und der Mark Brandenburg
verschlagene »südliche Rassefranzösin«. 549, 550
SYDOW, Theodor von. 67, 545

T

TALLEYRAND-PÉRIGORD, Charles Maurice Herzog von (1754–1838),
Fürst von Benevent, französischer Staatsmann, Großkämmerer, Außen-
minister des Direktoriums und Napoleons 1799–1807, begleitete Napoleon
1808 zum Fürstenkongreß nach Erfurt, dann von Napoleon entlassen, vertrat
1814 auf dem Wiener Kongreß die Bourbonen, Ministerpräsident, Minister
des Auswärtigen, Botschafter in London. 79, 561
TALLEYRAND, Edmond Graf (1787–1872), dessen Neffe, seit 1809
mit der Prinzessin Dorothea von Kurland verheiratet. 102   *TARENT,*
Erzbischof von. 106   *TELLER,* Wilhelm Abraham (1734–1804), Theologe
und Philosoph, ab 1767 Oberkonsistorialrat in Köln an der Spree,
später Pastor Primarius an der Petrikirche in Berlin, 1786 Inspektor des
vereinten Berlinischen und Kölnischen Gymnasiums. Mitglied der Akademie
der Wissenschaften in Berlin. 45, 531, 541, 542, 550   *TETTENBORN,*
Friedrich Karl von (1778–1845), russischer General, badischer Gesandter. 633
THERBUSCH, Anna Dorothea, geb. Lisiewska (1721–1782), Malerin,
Freundin von Lessing, entstammte einer zu jener Zeit berühmten
Malerfamilie aus polnischem Adel, sie malte Henriette Herz 1778 als »Hebe«.
Siehe den Bildteil. 514, 586, 588   *THEREMIN,* Ludwig Friedrich Franz
(1780–1846), evangelischer Theologe und Schriftsteller, damals Predigeramts-
kandidat der französischen Kolonie, 1814 Hofprediger in Berlin. 526
THIERIOT, Paul Emile (1780–1831), Philologe und Violinvirtuose,
enger Freund Jean Pauls. 551, 553, 593   *THIERSCH (TIERSCH),*
Friedrich (1784–1860), unterrichtete Philologe am Münchner Gymnasium.
449   *THORWALDSEN,* Bertel (1768–1844), dänischer Bildhauer. 105, 121,
123 f., 134, 627, 628   *THÜRMER,* Joseph (1789–1833), Architekt, Maler,
Radierer. 440   *TIECK,* Christian Friedrich (1776–1851), Bildhauer und
Hauptmeister des Berliner Klassizismus, Schüler Schadows. 265
TIECK, Ludwig (1773–1853), bedeutendster Dichter und Übersetzer der
deutschen Romantik, 1782–1792 Besuch des Gymnasiums in Berlin, Freundschaft mit Wackenroder, wollte ursprünglich Schauspieler werden, studierte
auf Wunsch der Eltern Theologie und Philologie in Halle, dann jedoch
bis 1795 Geschichte und englische Literatur in Göttingen, 1799 im Kreis der
Romantiker in Jena, 1801–1803 in Dresden, 1804–1805 Reise nach Italien,

ab 1819 in Dresden, 1841 Vorleser des Königs von Preußen.
171, 265, 277, 282, 285, 287 f., 291, 298, 300, 302, 400, 488, 531, 535, 537, 540, 552, 563, 568, 574, 577, 580, 590, 618   TIEDGE, Christoph August (1752–1844), Dichter der »Urania« (1801), Lebensgefährte und Reisebegleiter der Elisa von der Recke. 105, 349, 398, 402, 555, 579   TOMASO, Priester in Ischia. 105   TWESTEN, Detlef Christian August (1789–1876), war im Oktober 1810 einer der ersten Studenten der Berliner Universität, 1813 Lehrer am Werderschen Gymnasium, dann Inspektor am Joachimsthalischen Gymnasium in Berlin. Er kam durch Schleiermacher zu Henriette Herz, um sie im Lateinischen und Griechischen zu fördern. Später Professor der Theologie in Kiel und Berlin. Er war ein Nachfolger Schleiermachers. 401, 403, 413–430, 433, 435 ff., 581, 582

U

UHDEN, Wilhelm (1763–1835), Archäologe, Staatsrat, preußischer Diplomat, war vor Niebuhr preußischer Gesandter in Rom. Als Staatsrat im Erziehungsministerium war er maßgeblich an der Gründung der Universität beteiligt. 489, 621   UHDEN, Susanne, geb. Huth, verheiratet mit Wilhelm Uhden, den sie verließ, nachdem sie in Italien eine Affäre mit dem dänischen Bildhauer Bertel Thorwaldsen hatte. 462, 489   UHDEN, Lotte, deren Tochter. 462   UHLAND, Ludwig (1787–1862), schwäbischer Dichter, seit 1812 für die nächsten 17 Jahre Sekretär im Justizministerium in Stuttgart. 456, 584, 629   ULRIKE, Luise Ulrike von Preußen (1720–1782), Schwester Friedrichs II., Königin von Schweden. 12   UNGER, Helene Friederike, geb. Rothenburg (1751–1813), Schriftstellerin, Tochter des Berliner Bildhauers Christian Unger, Frau des Verlegers Johann Friedrich Unger, nach dessen Tod heiratete sie den Schauspieler und Regisseur Stawinsky und ging mit ihm nach Breslau. »Mamsell Unger« war befreundet mit dem Hause Schadow, sie stand Schadow Modell für die Statue der Hoffnung (1802) und als Seraph für ein Grabmal (1806), auch hat er sie gern gezeichnet. 254 f., 567 f.   UNGER, Johann Friedrich (1753–1804), Holzschneider, Buchdrucker, Schriftsteller und Verleger in Berlin, bei ihm erschienen eine Werkausgabe Goethes sowie Bücher der Romantiker August Wilhelm Schlegel, Wilhelm Wackenroder, Ludwig Tieck, weiterhin verlegte er Schriften des mit ihm befreundeten Arztes Hufeland und die »Götterlehre« von Karl Philipp Moritz sowie das Journal »Deutschland« von Johann Friedrich Reichardt. Seit 1794 druckte er in seiner Offizin in der Jägerstraße 43 die Kalender der Akademie der Wissenschaften, die einzigen, die in Preußen verkauft werden durften – ein lukratives Geschäft für den Staat, der damit seine Akademie finanzierte, wie auch für Unger, der im Tiergarten ein offenes Haus führte, ein Hauptsammelpunkt der Berliner Literaten. Eine von ihm entwickelte neue Schrift, die noch heute gelegentlich verwendete Ungersche Fraktur, machte ihn über Berlin hinaus bekannt. 1802 erwarb er Anteile an der »Königlich privilegirten Berlinischen Staats- und gelehrten Zeitung«, nach ihrem Verleger Christian Friedrich Voß kurz »Vossische Zeitung« benannt. Sie wurde von nun ab in besserem Layout dreimal wöchentlich in seiner Offizin gedruckt. Nach seinem frühen Tod übernahm seine Frau Helene Friederike die Verlagsgeschäfte. 273   UNZELMANN, Friederike Auguste siehe Bethmann, Friederike Auguste

V

VARNHAGEN VON ENSE, Karl August (1785–1858), Diplomat und Schriftsteller, studierte Medizin an der Pépinière in Berlin, Sekretär des Grafen Bentheim im österreichisch-französischen Krieg 1809, 1813 kaiserlich-russischer Hauptmann im Regiment des Grafen Tettenborn, redigierte eine Feldzeitung, Sekretär während des Wiener Kongresses, was ihm den Posten des Ministerresidenten in Baden einbrachte, nach den Karlsbader Beschlüssen bereits im Juli 1819 wegen seiner liberalen Haltung demissioniert. Eine angebotene Position in Amerika lehnte er ab, seither Privatier. Seit 1808 mit Rahel Levy bekannt, seit 1814 mit ihr verheiratet. Nach Rahels Tod veröffentlichte er ihre Briefe in unterschiedlichen Zusammenstellungen. Aus den Tausenden überlieferten Briefen und Aufzeichnungen konstruierte er ein verklärendes Bild. 72, 172 f., 459, 460, 464, 486 ff., 494 f., 496   *VARNHAGEN VON ENSE,* Rahel Friederike Antonie, geb. Levin (Levi) (1771–1833), älteste Tochter des Juwelenhändlers Marcus Levin und seiner Frau Chaie in Berlin, nach dem Tod des Vaters eröffnete die Neunzehnjährige mit ihrer Mutter in beschränkten wirtschaftlichen Verhältnissen in ihrer gemeinsamen Wohnung in der Jägerstraße ihren ersten Salon, um 1800 nannte sie sich mit Familiennamen Robert, nach zwei unglücklichen Verlobungen mit Graf Karl von Finkenstein (1797) und dem spanischen Legationssekretär in Berlin Don Raphael d'Urquijo bis 1802 längere Reisen durch Europa, 1814 heiratete sie den preußischen Diplomaten Karl August Varnhagen von Ense, nachdem sie zum Christentum übergetreten war. Sie führte in Berlin einen Salon vor den Befreiungskriegen und ab 1819 gemeinsam mit Karl August Varnhagen von Ense, begeisterte Anhängerin Goethes, mit dem sie seit 1795 bekannt war und der sich mehrfach wohlwollend über sie geäußert hat. 39, 59, 265, 299, 354, 389, 475, 476, 488, 490, 498, 501, 502, 527, 550, 568, 606, 614, 619, 620   *VEGELIN.* 298   *VEIT,* Daniel Jos. (1771–1814), Mediziner aus dem Kreis um Rahel Varnhagen, Berlin, später in Hamburg. 265 *VEIT,* Dorothea siehe Schlegel, Dorothea   *VEIT,* Johann (Jonas) (1790–1854), Maler der Nazarener, ältester Sohn von Dorothea Schlegel, getauft 1810, lebte 1811–1819 in Rom. Er war Mitglied der katholischen Fraktion unter den deutschen Künstlern in Italien. 51, 328, 438, 442, 443, 448, 499, 558, 560, 584, 625, 627   *VEIT,* Philipp (1793–1877), Maler der Nazarener, Sohn von Dorothea Schlegel, lebte von 1815–1830 in Italien. Bereits 1810 zum Katholizismus konvertiert. Seit 1820 mit der Römerin Caroline Pulini verheiratet. 51, 56, 228, 438, 442, 448, 464, 489, 499, 558, 559, 560, 584, 625, 627   *VEIT,* Simon (1754–1819), Berliner Bankier, mit Dorothea Schlegel in erster Ehe verheiratet. Sie verließ ihn 1798. 50, 52, 53, 212, 255, 263, 459   *VERMEHREN,* Johann Bernhard (1774–1803), Schriftsteller, Privatdozent in Jena. 537, 618 *VIEWEG,* Hans Friedrich (1761–1835), seit 1784 Buchhändler und ab 1786 Verleger in Berlin, seit 1799 in Braunschweig, bei ihm erschien der erste Band des »Athenäums« (1798), sein Privileg übernahm Heinrich Frölich. 19, 43, 44, 219 f., 523, 613   *VOITUS,* Johann Christoph Friedrich (1741–1787), Oberwundarzt an der Charité. 31, 534 *VOLTAIRE,* eigentlich François Marie Arouet (1694–1778), französischer Geschichtsschreiber, Kritiker, Philosoph und Dichter, Juli 1750 bis März 1752 Kammerherr Friedrichs II. im Potsdamer Schloß. 58, 498, 579 *VOSS,* Johann Heinrich (1751–1826), auch Voß geschrieben, Dichter,

Übersetzer (insbesondere Homer), ab 1772 Studium in Göttingen, Gründer des Göttinger Hainbundes, Redakteur des »Göttinger Musenalmanachs«, 1782 Rektor in Eutin, 1786 Hofrat, nach der Pensionierung 1802 Privatgelehrter in Jena, als Philologe von 1805 bis 1826 Professor an der Universität Heidelberg. 153, 291, 295, 461 f., 526, 577, 585 *VOSS,* Luise Gräfin von (1780–1865), Tochter von Caroline von Berg, der bekannten Oberhofmeisterin der Königin Luise, seit 1800 verheiratet mit dem Grafen August Ernst von Voß, preußischer Kammerherr und Diplomat. Die Freundin Herders stand dem Schlegel-Kreis nahe. 420, 621

W

WALLMODEN, Ludwig Georg Thedel von (1769–1862), österreichischer General. 633   *WALTERSHAUSEN,* Georg Karl Walther von, Referendar am Kriegs-Konsistorium, Auditeur. 534   *WASHINGTON,* George (1732–1799), erster Präsident der USA. 141   *WEDECKE,* J. C., Pastor in Hermsdorf in Ostpreußen, seit 1808 in Königsberg. 328, 346 *WEDECKE,* dessen Frau. 345   *WEIGEL,* Christian Ehrenfried von (1748–1831), Hausarzt der Humboldts. 456   *WEISS,* David (1775–1846), Kupferstecher. 584   *WEISS,* dessen Frau. 446, 584 *WEISSE,* Christian Felix (1726–1804), Schriftsteller. 39, 523 *WELCKER,* Friedrich Gottlieb (1784–1868), 1806 in Rom Lehrer der Kinder Wilhelm von Humboldts. Nach einer Professur in Göttingen kam er 1819 nach Bonn, wo sein Bruder Recht lehrte. Die Familie Arndt lebte in seinem Haus während der Hausdurchsuchung (siehe Seite 137 und 138 dieser Ausgabe). 139, 458, 561   *WELKER,* dessen Frau. 139 *WELCKER,* Karl Theodor (1790–1869), Jurist und Publizist, Bruder von Friedrich Gottlieb Welcker.   *WERNER,* Zacharias (1768–1823), Schriftsteller, 1814 wurde er katholischer Priester und Prediger. 458 *WESSELY,* Hartwig (1725–1805), Kaufmann, Schriftsteller, Freund Lessings. 519, 596   *WIELAND,* Christoph Martin (1733–1813), Schriftsteller und Publizist in Weimar. 537, 538, 540, 576, 578 *WILHELM,* Prinz von Preußen (1783–1851), Bruder Friedrich Wilhelms III. 27, 165   *WILLICH,* Johann Ehrenfried Theodor von (1777–1807), evangelischer Militärprediger, Erzieher des Grafen Wilhelm von Schwerin-Putzar in Prenzlau, seit Frühjahr 1803 Feldprediger beim Leibregiment der Königin zu Stralsund, das damals zu Schwedisch-Pommern gehörte, seit Mai 1801 ein enger Freund und vertrauter Briefpartner von Henriette Herz und Friedrich Schleiermacher. Willich verlobte sich 1803 mit der seit zwei Jahren verwaisten, gerade 15jährigen Henriette von Mühlenfels (1788–1840). Am 5. September 1804 heiratete er sie als 17jährige. Aus dieser Ehe stammen die beiden Kinder Henriette (1805–1886) und Ehrenfried (1807–1880). Zwei Monate vor der Geburt des Sohnes starb er in der von napoleonischen Truppen belagerten Stadt Stralsund an Nervenfieber (Typhus). Zwei Jahre nach seinem Tod heiratete Schleiermacher die 21jährige Witwe und nahm ihre Kinder als Stiefkinder an (vgl. Rainer Schmitz [Hg.]: Bis nächstes Jahr auf Rügen. Briefe von Friedrich Daniel Ernst Schleiermacher und Henriette Herz an Ehrenfried von Willich 1801–1807. Berlin 1984). 318, 319 ff., 322, 323, 324, 325, 327, 328, 331, 345, 346 f., 359, 362, 608, 620 f.   *WILLICH,* Ehrenfried von (1807–1880), Sohn des vorigen Ehrenfried von *WILLICH*, Stiefsohn Schleiermachers, Jurist und königlich-preußischer Oberregierungsrat in Breslau. Er heiratete Charlotte Gräfin Schwerin-Putzar (1826–1898). 509, 578, 580, 582, 623

WILLICH, Henriette siehe Schleiermacher, Henriette

WINCKELMANN, Johann Joachim (1717–1768), Archäologe, Altertumsforscher. 39 *WOHL*, Jeanette (1783–1861), langjährige vertraute Freundin und Korrespondentin Ludwig Börnes. 98, 502–509, 600

WOLF, Friedrich August (1729–1824), klassischer Philologe und Professor in Halle 1783 bis zur Schließung der Universität 1807. Nachdem sein Protegé Immanuel Bekker 1810 nach der Universitätsgründung in Berlin abgelehnt worden war, untersagte er seiner Tochter und ihrem Mann den Kontakt zu Schleiermacher und Henriette Herz. 358, 361 *WOLF*, M. 534

WOLF (WOLFF), Pastor in Prenzlau, später Superintendent in Zossen, wo er 1817 Henriette Herz taufte. 319 f., 410, 428, 578, 626

WOLF (WOLFF), Julia (Julie, Ena), dessen Frau. Beide waren Freunde von Henriette Herz' Schwester Johanna in Prenzlau. 410, 424, 428

WOLF (WOLFF), Luise, deren Tochter, Freundin, später Pflegerin und Gesellschafterin von Henriette Herz. 632 *WOLTMANN*, Karl (Carl) Ludwig von (1770–1817), Historiker und Schriftsteller, 1795 Professor der Philosophie in Jena, 1797 in Berlin als Geschäftsträger verschiedener deutscher Kleinstaaten, 1799 Hofrat, gab 1805 den Berliner Damenkalender heraus. 481 *WOLZOGEN*, Caroline (Karoline) Freifrau von, geb. von Lengefeld (1763–1847), Schriftstellerin, korrespondierendes Mitglied des Tugendbundes. 1784 Heirat mit Geheimrat Freiherr von Beulwitz, 1787 lernte sie ihren späteren Schwager Friedrich Schiller kennen, mit dem sie eng befreundet war, 1793 Scheidung, 1794 Heirat mit ihrem Vetter, dem weimarischen Oberhofmeister in Rudolstadt Wilhelm Freiherr von Wolzogen (1762–1809), nahe Beziehungen zum Weimarer Hof. 1825, nach dem Tod ihres Sohnes, zog sie nach Jena. (Anonyme) Verfasserin des Romans »Agnes von Lilien« (1798), anonym erschienen auch »Walter und Nanny« (1802) und »Erzählungen von der Verfasserin der Agnes von Lilien« (1826). 77, 113, 220, 251, 547 f., 556, 566, 605, 606 f., 629

WÜLKNITZ, Hans Heinrich Otto von, Major. Von 1783 bis 1826 Besitzer des Rittergutes Schloß Lanke in der Nähe von Bernau, nördlich von Berlin. Hier war Immanuel Bekker von 1808 bis 1810 Hauslehrer. Henriette Herz, Schleiermacher und seine Familie, von der Marwitz, Wolf und der Verleger Reimer verbrachten hier mehrfach die Sommermonate. 130, 256

WÜLKNITZ, Lotty, Tochter von Hans Heinrich Otto Wülknitz und dessen Frau in Lanke. Sie lernte gemeinsam mit ihrem Bruder Otto bei Immanuel Bekker in den Jahren 1808–1810 Griechisch und Latein. 256, 453, 568

X

XAVER VON SACHSEN, Franz (1730–1806), Prinz, Bruder des Königs Friedrich August von Sachsen. 128

Z

Editorische Notiz

Die Handschrift ihrer Jugenderinnerungen hat Henriette Herz noch zu Lebzeiten ihrer langjährigen Freundin und Gesellschafterin Luise Wolf geschenkt. Aus deren Nachlaß gelangten die Aufzeichnungen in den Besitz von Professor Heinrich Hahn. Der übergab sie dem Literaturarchiv in Berlin, das 1896 für seine Mitglieder eine Ausgabe in 100 Exemplaren veranstaltete. Das fünfundfünfzig Seiten umfassende Manuskript befand sich ursprünglich in einer blauen Mappe mit der Anweisung »nach meinem Tode zu verbrennen«, was offensichtlich nicht befolgt wurde. Das Original der Handschrift gehört heute dem Archiv der Akademie der Wissenschaften zu Berlin.

Für die vorliegende Ausgabe sind diese handschriftlichen Aufzeichnungen nach dem Erstdruck mit der »zweiten und durchgesehenen«, um den Abschnitt »Zeitgeschichtliches« erweiterten Edition von Joseph Fürst von 1858 zusammengestellt. Auch Fürst verwendete teilweise die originale Handschrift sowie Teile der seinerzeit noch vorhandenen Tagebücher. Vergleichend wurden der in der Berliner »Konstitutionellen Zeitung« in 26 Fortsetzungen erschienene Vorabdruck (Ausschnitte vom 30. September 1849 bis 30. März 1850 im Varnhagen-Nachlaß) sowie die späteren Ausgaben von Hahn (1896) und Landsberg (1913) herangezogen, Dopplungen entsprechend redigiert. Die Erinnerungen der Henriette Herz liegen somit vollständig vor.

Die Briefauswahl fokussiert auf wesentliche Ereignisse und Begegnungen, die Zeugnisse sind Augenzeugenberichte. Für die vorliegende durchgesehene und erweiterte Neuedition wurde der Varnhagen-Nachlaß in der Bibliothek der Jagiellonen-Universität Krakow eingesehen.

Die Wiedergabe der Briefe vom 20. Mai 1790 und 28. Februar 1818 erfolgt mit freundlicher Genehmigung der Deutschen Staatsbibliothek Berlin, Sammlung Autographen.

Die Texte der Erinnerungen, der ausgewählten Briefe sowie der Zeugnisse wurden unter Beibehaltung sprachlicher Eigenheiten und des Lautstandes behutsam heutigen Regeln der Orthographie und Interpunktion angeglichen.

Die Zeugnisse sowie die zeitgenössischen Dokumente in den Anmerkungen und im Nachwort sind weitgehend im Original belassen.

Unterschiedliche Schreibweisen der Personen- und Ortsnamen wurden vereinheitlicht, offensichtliche Schreib-, Lese- bzw. Druckfehler stillschweigend korrigiert und Abkürzungen aufgelöst.

Hervorhebungen in den Vorlagen (Unterstreichungen, Sperrungen, Fettungen, Kursivierungen) sind einheitlich *kursiv* wiedergegeben, Titel von Büchern, Theaterstücken und Zeitschriftenaufsätzen in › ‹.

Auslassungen im Text mit […], Auslassungen am Anfang oder Ende mit …

670

Texte

chronologisch

JOHANN GOTTFRIED SCHADOW
Kunst-Werke und Kunst-Ansichten. Berlin 1849

JOSEPH FÜRST
Henriette Herz. Ihr Leben und ihre Erinnerungen. Berlin 1850
[Reprint: Leipzig 1977; 2011; Europäischer Literaturverlag 2012; Auszüge:
Henriette Herz: Berliner Salon – Erinnerungen und Portraits.
Herausgegeben und mit einem Nachwort versehen von Ulrich Janetzki.
Berlin 1984, Ullsteinbuch 30165, 2. Auflage 1986]

FERDINAND GUSTAV KÜHNE
Deutsche Männer und Frauen. Eine Galerie von Charakteren. Leipzig 1851,
S. 214–244

JOSEPH FÜRST
Henriette Herz. Ihr Leben und ihre Erinnerungen. Berlin 1858,
2. durchgesehene und vermehrte Auflage

WILHELM DILTHEY (Hg.)
Aus Schleiermacher's Leben. In Briefen. Berlin 1860–61, 3 Bände

JOSEPH FÜRST (Hg.)
Briefe des jungen Börne an Henriette Herz. Leipzig 1861

Karl August Varnhagen von Ense
Tagebücher. Leipzig 1861–1870. 15 Bände

KARL VON HOLTEI (Hg.)
Briefe an Ludwig Tieck. Breslau 1864, Band 3

CHRISTIAN LUDWIG NICOLAI MYNSTER (Hg.)
Breve til og fra Frederik Christian Sibbern. Kopenhagen 1866, Band 1

Briefe von Wilhelm von Humboldt an Henriette Herz
In: Ludmilla Assing (Hg.): Aus dem Nachlaß Varnhagen's von Ense. Leipzig
1867, Band 1, S. 1–133

ERNST MORITZ ARNDT
Briefe an eine Freundin. Leipzig 1878

HEINRICH HAHN
Aus dem Nachlaß von Henriette Herz. In: Nord und Süd. Berlin 1892,
S. 58–74

HEINRICH HAHN (Hg.)
Jugenderinnerungen von Henriette Herz. In: Mittheilungen aus dem
Litteraturarchive in Berlin, Band 1, 1896, S. 141–184

LUDWIG GEIGER (Hg.)
Briefwechsel des jungen Börne und der Henriette Herz. Oldenburg
und Leipzig 1905

FRIEDRICH GUNDELFINGER (Hg.)
Romantikerbriefe. Jena 1907

JOHANNES BAUER (Hg.)
Ungedruckte Predigten Schleiermachers aus den Jahren 1820 bis 1828 mit
Einleitungen und mit einem Anhang ungedruckter Briefe von Schleiermacher
und Henriette Herz. Leipzig 1909

EHRENFRIED VON WILLICH
Aus Schleiermachers Haus. Jugenderinnerungen seines Stiefsohns.
Berlin 1909

O. F. VON BOENIGK (Hg.)
Schleiermacher und seine Lieben. Nach Originalbriefen der Henriette Herz.
Magdeburg 1910

HANS MEISNER (Hg.)
Briefe von Karl Gustav Brinckmann an Friedrich Schleiermacher. Berlin 1912
(Mitteilungen aus dem Litteraturarchive in Berlin. Neue Folge 6)

HANS LANDSBERG (Hg.)
Henriette Herz. Ihr Leben und ihre Zeit. Weimar 1913
[Reprint: Eschborn 2000]

ANNA VON SYDOW (Hg.)
Wilhelm und Caroline von Humboldt in ihren Briefen. Berlin 1913, 7 Bände

GEORG HENRICI (Hg.)
Briefe von Henriette Herz an August Twesten (1814–1827). In: Zeitschrift
für Bücherfreunde, Neue Folge 5,2 1913. S. 301–316, 333–347

Briefe von Dorothea Schlegel an Friedrich Schleiermacher
Berlin 1913 (Mitteilungen aus dem Litteraturarchive in Berlin. Neue Folge 7)

ERICH SCHMIDT (Hg.)
Caroline. Briefe aus der Frühromantik. Nach Georg Waitz [1882] vermehrt
herausgegeben. Leipzig 1913. 2 Bände

ERNST WIENEKE (Hg.)
Caroline und Dorothea Schlegel in Briefen. Weimar 1914
Albert Leitzmann (Hg.): Wilhelm und Karoline von Humboldt:
Die Brautbriefe. Leipzig 1920 (Memoiren und Chroniken. 5)

HANS MEISNER (Hg.)
Friedrich Schleiermachers Briefwechsel mit seiner Braut. 2. Auflage.
Gotha 1920

HANS MEISNER (Hg.)
Schleiermacher als Mensch. Familien- und Freundesbriefe. Gotha 1920–1922,
Band 1 und 2

WILHELM DILTHEY (Hg.)
Leben Schleiermachers. 2. Auflage, vermehrt um Stücke aus dem Nachlaß des
Verfassers. Herausgegeben von Hermann Mulert. Berlin und Leipzig 1922

HEINRICH FINKE (Hg.)
Der Briefwechsel Friedrich und Dorothea Schlegels 1818–1820 während
Dorotheas Aufenthalt in Rom. München 1923

WILLI A. KOCH (Hg.)
Briefe deutscher Romantiker. Leipzig 1938 (Sammlung Dieterich. 4)

LUDWIG BÖRNE
Sämtliche Schriften. Herausgegeben von Inge und Peter Rippmann.
Düsseldorf, Darmstadt 1968, Band 4

MAX J. PUTZEL (Hg.)
Letters to Immanuel Bekker from Henriette Herz, S. Pobeheim and
Anna Horkel. Bern, New York 1972 (German Studies in America. No. 6)

ILSE JAHN UND FRITZ G. LANGE (Hg.)
Die Jugendbriefe Alexander von Humboldts 1787 bis 1799. Berlin 1982
(Beiträge zur Alexander-von-Humboldt-Forschung. 2)

Rahel-Bibliothek: Rahel Varnhagen. Gesammelte Werke.
Herausgegeben von Konrad Feilchenfeldt, Uwe Schweikert und
Rahel E. Steiner. München 1983, 10 Bände

RAINER SCHMITZ (Hg.)
Henriette Herz in Erinnerungen, Briefen und Zeugnissen. Leipzig und
Weimar 1984 [Mitdruck: Frankfurt am Main 1984]

FRIEDRICH DANIEL ERNST SCHLEIERMACHER
Bruchstücke der unendlichen Menschheit. Fragmente, Aphorismen
und Notate der frühromantischen Jahre. Herausgegeben von Kurt Nowak.
Berlin 1984

RAINER SCHMITZ (Hg.)
Bis nächstes Jahr auf Rügen. Briefe von Friedrich Schleiermacher und
Henriette Herz an Ehrenfried von Willich (1801–1807). Berlin 1984

KARL AUGUST VARNHAGEN VON ENSE
Denkwürdigkeiten des eignen Lebens. Erstmals vollständige und
kommentierte Edition. Herausgegeben von Konrad Feilchenfeldt. Frankfurt
am Main 1987. 3 Bände

BERND MAURER (Hg.)
Die Briefe Garlieb Helwig Merkels an Carl August Böttiger. Bern u. a. 1987

BERND MAURER (Hg.)
Die Briefe Johann Daniel Sanders an Carl August Böttiger. Bern u. a.
1990–1993, 4 Bände

BARBARA HAHN (Hg.)
Rahel. Ein Buch des Andenkens. Göttingen 2011, 5 Bände

Eine ausführliche Bibliographie zu Henriette Herz sowie Forschungsliteratur
zur deutschen und internationalen Salonkultur unter

WWW.DIE-ANDERE-BIBLIOTHEK.DE

Henriette Herz

in Erinnerungen, Briefen und Zeugnissen

ist im November 2013 als dreihundertsiebenundvierzigster Band
der ANDEREN BIBLIOTHEK erschienen.

Die Herausgabe lag in Händen von Christian Döring.

Er hat mit Linda Vogt das Lektorat besorgt, die sich auch
um die Bildredaktion gekümmert hat.

Über die Textgrundlage dieser Ausgabe gibt die Editorische Notiz
umfassend Auskunft.

Der Editor Rainer Schmitz lebt als freier Publizist
und Lehrbeauftragter der Ludwig-Maximilians-Universität
in München.

Dieses Buch wurde von Jonas Vogler, Berlin, gestaltet
und aus der Miller gesetzt.

Die Herstellung betreute Renate Stefan, Berlin.

Das Memminger MedienCentrum druckte auf $100\,\mathrm{g/m^2}$
holz- und säurefreies, ungestrichenes Munken Lynx.
Dieses wurde von Arctic Paper ressourcenschonend hergestellt.
Den Einband besorgte die Buchbinderei Lachenmaier
in Reutlingen.

Die Originalausgaben der ANDEREN BIBLIOTHEK
sind limitiert und nummeriert.

1. – 4.444   2013

Dieses Buch
trägt die Nummer:

1795 ✳

ISBN 978-3-8477-0347-1
AB – Die Andere Bibliothek GmbH & Co. KG
Berlin 2013

Die Andere
Bibliothek